# El cuidado de su hijo pequeño

Este manual de valor inestimable se escribió bajo la dirección editorial de dos pediatras de reconocido prestigio: Steven P. Shelov, M.D., M.S. y Robert E. Hannemann, M.D., y se nutre de los conocimientos y experiencia práctica de más de 75 especialistas pediátricos y revisado por un equipo editorial integrado por seis miembros de la AAP *(American Academy of Pediatrics*—Academia Americana de Pediatría). Escrito con un estilo, cálido y accesible e ilustrado con más de 350 dibujos y diagramas, este libro le ofrece toda la información que necesita para velar por la más preciosa de las posesiones que tiene su hijo: su salud.

En *El cuidado de su hijo pequeño* encontrará:

- Una guía mes a mes sobre el primer año de vida de su hijo, que le permitirá saber qué es lo que puede esperar en lo que se refiere a crecimiento físico, comportamiento y desarrollo en general.
- Una guía para el período entre los dos y los cinco años de edad, con consejos prácticos para afrontar los problemas más habituales, como pesadillas, orinarse en la cama y rabietas.
- Un “reloj de la salud” para alertarle sobre problemas poteniciales en cada etapa.
- Consejos prácticos sobre cómo impartir disciplina eficazmente y educar a su hijo con afecto y comprensión.
- Una lista de juguetes y actividades apropiadas para cada etapa.

Además, encontrará información fiable sobre:

- Enfermedades infecciosas más habituales, desde varicela y sarampión, hasta gripe e infecciones de oído.
- Discapacidades que afectan el desarrollo, tales como anomalías congénitas, perlesia cerebral, pérdida de audición y retraso mental.
- Problemas músculo-esqueléticos, como artritis, piernas arqueadas, pies varos y torceduras.
- Problemas de la piel, desde marcas de nacimiento hasta sarpullidos y quemaduras solares.
- Trastornos y enfermedades crónicas, como el SIDA.
- Medicinas de uso común.

# El cuidado de su hijo pequeño

## *desde que nace hasta los cinco años*


**Steven P. Shelov, M.D,** M.S., FAAP,
Editor jefe.
Profesor y jefe de Pediatría del Centro Médico Maimonides, Universidad Estatal de Nueva York-Centro Médico Downstate.

**Robert E. Hannemann, M.D.,** FAAP,
Editor médico asociado. Profesor visitante de Psicología Infantil, Universidad de Purdue

**Donald E. Cook, M.D.,** FAAP,
Revisor de la Junta Directiva. Director médico y fundador de la Fundación Centro Médico de Colorado del Norte.

**Roger F. Suchyta, M.D.,** FAAP,
Revisor médico
Subdirector ejecutivo
Academia Americana de Pediatría

**Lisa Rae Reisberg,** Revisora técnica,
Directora del Departamento de Educación Pública
Academia Americana de Pediatría

**Mark T. Grimes,** Manesador del Proyecto
Director del programa de publicación de libros para el consumidor.
Departamento de Educación Pública
Academia Americana de Pediatría

*Traducido al español por*
*Ana Pérez*
*Doctora en Psicologia*

*Revision y adaptación por*
*Santiago García-Tornel Florensa*
*Profesor Asociado de Pediatría*
*Universidad de Barcelona*
*Hospital Sant Joan de Déu*
*Barcelona*

*Nota sobre las revisiones.*
*Se ha hecho todo lo posible para que* El cuidado de su hijo pequeño *refleje la información y las recomendaciones más recientes de la Academia Americana de Pediatría. En las sucesivas ediciones y reimpresiones que se han hecho de la obra original americana, el texto ha sido convenientemente actualizado.*

*Las ilustraciones las páginas 435 a 438*
*son de Nancy Beaumont.*
*Utilizadas con su autorización.*



*ISBN 1-58110-059-0*

# Revisores y Colaboradores



*Editor Jefe*
Steven P. Shelov, M.D., M.S.

*Editor asociado*
Robert E. Hannemann, M.D.

*Junta editorial*
Catherine DeAngelis, M.D.
Paul H. Dworkin, M.D.
Morris Green, M.D.
Robert J. Haggerty, M.D.
Andrew P. Mezey, M.D.
Jack P. Shonkoff, M.D.

*Revisor de la Junta Directiva de la AAP (Academia Americana de Pediatría)*
Donald E. Cook, M.D.

*Academia Americana de Pediatría*
Academia Director Ejecutivo:
Joe M. Sanders, Jr., M.D.
Subdirector ejecutivo:
Roger F. Suchyta, M.D.
Directora del Departamento de Comunicaciones: Linda L. Martin.
Directora del División de Educación Pública: Lisa R. Reisberg.
Director de Proyectos, División de Educación Pública: Mark T. Grimes.
Coordinador de Proyectos, División de Educación Pública: Hope Hurley.

*Colaboradores*
Henry Adam, M.D.
Watson Arnold, M.D.
Susan S. Aronson, M.D.
Elizabeth Ascher, M.D.
Sami Labib Bahna, M.D. Dr. P.H.
James Bale, M.D.
William F. Balistreri, M.D.
Joel L. Bass, M.D.
Judith Ann Bays, M.D.
Cheston Berlin, M.D.
Bram Bernstein, M.D.
Phillip Berry, M.D.
Scott J. Boley, M.D.
Margaret Bowden, M.A.
John T. Boyle, M.D.
William E. Boyle, Jr., M.D.
Patrick E. Brookhouser, M.D.
Philip Alfred Brunell, M.D.
Marilyn Bull, M.D.
Linda Cahill, M.D.
Ralph Cash, M.D.
William J. Cochran, M.D.
Herbert J. Cohen, M.D.
J. Carl Craft, M.D.
Murray Davidson, M.D.
William Dietz, M.D, Ph.D.
Harold Diner, D.D.S.
Chester M. Edelmann, Jr., M.D.
Howard Eigen, M.D.
Ralph D. Feigin, M.D.
Vincent A. Fulginiti, M.D.
Lawrence W. Gartner, M.D.
Carol Roberts Gerson, M.D.
Fredda Ginsberg-Fellner, M.D.
Peter Gorski, M.D.
John Green, M.D.
Joseph Greensher, M.D.
Donald Gromisch, M.D.
Robert Gross, M.D.
Ken Grundfast, M.D.
Dennis Gurwitz, M.D.
Howrad Gutgesell, M.D.
Roy Haberkern, M.D.
Katerina Haka-Ikse, M.D.
Ronald C. Hansen, M.D.

Terry Hatch, M.D.
Alfred Healy, M.D.
Frederick M. Henretig, M.D.
Robert N. Hensinger, M.D.
Alan R. Hinman, M.D.
Marjorie Hogan, M.D.
Judy Hopkinson, Ph. D.
Nancy Hutton, M.D.
Barbara J. Ivens, M.S.R.D.
Michael Steven Jellinek, M.D.
Murray Katcher, M.D.
John Kattwinkel, M.D.
Robert Kay, M.D.
Connie Keefer, M.D.
Avanelle Kirksey, Ph. D.
Ronald Ellis Kleinman, M.D.
Barry Allan Kogan, M.D.
Harold P. Koller, M.D.
John Kraft, M.D.
Richard Krugman, M.D.
Ruth A. Lawrence, M.D.
Moise Levy, M.D.
Nathan Litman, M.D.
Martin I. Lorin, M.D.
Stephen Ludwig, M.D.
Ronald B. Mack, M.D.
M. Jeffrey Maisels, M.D.
S. Michael Marcy, M.D.
Robert W. Marion, M.D.
Morri Ezekiel Markowitz, M.D.
Karin McCloskey, M.D.
Anna McCullough, M.S.R.D.
Lotti Mendelson, R.N., P.N.P.
Robert A. Mendelson, M.D.
Peter Miller, M.D.
Claes Moeller, M.D., Ph.D.
Howard C. Mofenson, M.D., F.A.A.C.T.
James H. Moller, M.D.
Corinne Montandon, Dr. P.H.
Douglas Moodie, M.D.
Dennis Murray, M.D.
Edwin Myer, M.D.
George Nankervis, M.D.
Kathleen G. Nelson, M.D.
Buford L. Nichols, Jr., M.D.
Lucy Osborn, M.D.
Mark Papania, M.D.
Jack L. Paradise, M.D.
James Perrin, M.D.
Peter Pizzutillo, M.D.
Stanley Alan Plotkin, M.D.
Shirley Press, M.D.
Gary S. Rachelefsky, M.D.
Isabelle Rapin, M.D.
Peter Rappo, M.D.
Leonard Rome, M.D.
Arnold Rothner, M.D.
Lawrence Schachner, M.D.
Edward L. Schor, M.D.
Gwendolyn Scott, M.D.
Jay Selcow, M.D.
Janet Silverstein, M.D.
James E. Simmons, M.D.
Frank R. Sinatra, M.D.
Lynn T. Staheli, M.D.
Russell Steele, M.D.
Martin Stein, M.D.
Ruth E. K. Stein, M.D.
George Sterne, M.D.
James Anthony Stockman III, M.D.
Robert R. Strome, M.D., F.A.C.S.
Janice Stuff, R.D.
Ciro Valent Sumaya, M.D.
Lawrence T. Taft, M.D.
Edward Tank, M.D.
Daniel M. Thomas, M.D.
George R. Thompson, M.D.
Deborah Tinsworth
Vernon Tolo, M.D.
David Tunkel, M.D.
Renee Wachtel, M.D.
Ellen R. Wald, M.D.
Esther H. Wender, M.D.
Claire Wenner, R.D.
Mark Widome, M.D.
Eugene S. Wiener, M.D.
Catherine Wilfert, M.D.
Modena Hoover Wilson, M.D.
Peter F. Wright, M.D.
Michael W. Yogman, M.D.

# Agradecimientos

*Ilustraciones:*
Wendy Wray (Primera Parte)
Alex Grey (Segunda Parte)

*Redacción:*
Aimée Liu

*Diseño:*
Richard Oriolo

*Apoyo secretarial:*
Debbie Carney
Patti Coffin
Debbie Cruz
Christine Esposito-Torres
Helen Fischman
Donita Kennedy
Delores Menting
Giselle Reynolds
Gale Ringeisen
Nancy Wagner
Mary Ellen Watson

*Otras colaboraciones:*
Susan A. Casey
Michelle Esquivel
Sarah Hale
Eleanor Hannemann
Christine Kang
Kate Larson
Marlene Lawson, R.N.
Nancy Macagno
Leslie Nadell
Marsha L. Shelov, Ph.D.
Richard Trubo
Mary Claire Walsh
Kathy Whitaker, R.N.

*Department of Marketing and Publications:*
Maureen DeRosa, Director, Department of Marketing and Publications
Mark Grimes, Director, Division of Production Development
Diane Beausoleil, Senior Product Development Editor
Sandi King, Director, Division of Publishing and Production Services
Thomas Sharpe, Director, Division of Marketing
Kathleen Riedell, Manager, Publications Marketing and Sales
Natalie Arndt, Department Coordinator

Dedicamos este libro a
todas las personas que reconocen
que los niños son la principal fuente
de inspiración del presente
y la mayor esperanza para el futuro.

También queremos agradecer
la contribución del fallecido
Leonard P. Rome, M.D.,
a la versión original de esta obra.

**Nota importante:**

La información contenida en este libro no busca substituir sino complementar, los consejos del pediatra de su hijo. Antes de iniciar cualquier tratamiento o programa médico, debe consultarlo con su pediatra, que tendrá en cuenta las necesidades individuales de su hijo y le aconsejará sobre síntomas y tratamientos específicos. Si tiene la más mínima duda sobre en qué medida la información contenida en este libro se ajusta al caso concreto de su hijo, hable con el pediatra del niño.

La infomación y los consejos que se brindan en este libro se ajustan a niños de ambos sexos, a pesar de utilizar el género masculino para efectos de uniformidad.

---

La Academia Americana de Pediatría se mantiene informada sobre los nuevos avances científicos y actualiza constantemente sus recomendaciones. Por ejemplo, las investigaciones que se realicen en el futuro y el desarrollo de nuevas vacunas pueden modificar las pautas de vacunación infantil. Por este motivo, es posible que el calendario recomendado en este libro sufra ciertas modificaciones. Ésta y otras situaciones posibles permiten apreciar lo importante que es que consulte siempre al pediatra, para que le informe sobre los últimos avances científicos relacionados con la salud de su hijo.

# Tabla de contenido

## PARTE II

### 15 Emergencias 507



### 16 Aparato digestivo 535



### 17 Comportamiento 565



### 18 Pecho y pulmón 581



### 19 Discapacidades del desarrollo 599



### 20 Oído, nariz y garganta 615

# Prefacio

*El cuidado de su hijo pequeño: desde que nace hasta los cinco años* es el primero de una serie de tres volúmenes sobre el cuidado infantil publicado por la Academia Americana de Pediatría.

La Academia Americana de Pediatría es una organización integrada por 53.000 pediatras primarios, pediatras de distintas especialidades médicas y cirujanos pediátricos, dedicados a velar por la salud física, mental y social de todo lactante, niño, adolescente y joven. Este libro es un reflejo del constante esfuerzo educativo de la Academia para proporcionar a los padres una información de gran calidad sobre una amplia variedad de temas sobre salud infantil.

Lo que diferencia a este libro del resto de los libros sobre cuidado infantil que se encuentran en liblerías y bibliotecas es que ha sido escrito y cuidadosamente revisado por los miembros de la Academia Americana de Pediatría. Un equipo editorial integrado por seis miembros elaboró la versión inicial con la ayuda de más de setenta y cinco colaboradores y revisores. El primer borrador fue revisado por una cantidad incontable de pediatras. Puesto que la información médica sobre los temas relacionados con la salud infantil cambian constantemente, se ha hecho todo lo posible para que la información contenida en este libro esté plenamente actualizada.

La Academia confía en que este manual se convierta en un libro de consulta y una guía inestimable para los padres. Estamos convencidos de que se trata de la mejor fuente de información sobre temas relacionados con la salud y el bienestar infantil. Aunque estamos seguros de que cualquier lector encontrará en este libro una ayuda muy valiosa, le instamos a que lo utilice junto con los consejos y recomendaciones del pediatra de su hijo, quien le proporcionará una guía y una ayuda individualizada sobre la salud del niño.

JOE M. SANDERS, JR., M.D.
*Director Ejecutivo*
*Academia Americana de Pediatría.*

# Introducción: El milagro de ser padres

Su hijo o hija es el mejor regalo que recibirá en toda su vida. Desde el primer momento en el que tome en brazos a ese milagro de vida, su mundo se ensanchará y se enriquecerá. Experimentará multitud de sentimientos, algunos de dicha, admiración y asombro; otros de confusión y agobio, y se preguntará si será capaz de colmar las necesidades de su bebé. Sentirá cosas que jamás había imaginado, sentimientos que sólo surgen cuando se tienen hijos.

El vínculo que se crea entre padres e hijos es tan intenso y personal, que resulta difícil describir todas esas sensaciones y sentimientos. ¿Por qué se nos llenan los ojos de lágrimas cuando nuestro hijo nos sonríe por primera vez? ¿Por qué nos sentimos tan orgullosos de sus primeras palabras? ¿Por qué se nos desboca el corazón la primera vez que vemos cómo tropieza y se cae? La respuesta reside en la relación bidireccional y absolutamente única que se establece entre padres e hijos.

## Lo que le ofrece su hijo

Las cosas que le ofrece su hijo, aunque sencillas, son lo suficientemente importantes como para cambiar su vida positivamente.

***Lo que le ofrece su hijo***

- **Amor absoluto**
- **Plena confianza**
- **El entusiasmo de descubrir cosas nuevas**
- **Emociones intensas.**

**Amor absoluto.** Desde el momento de su nacimiento, usted será el centro del universo de su hijo. Le entregará todo su amor sin pedirle nada a cambio. A medida que crece, le demostrará lo mucho que le quiere de mil maneras diferentes, desde dedicándole sus primeras sonrisas hasta regalándole una tarjeta en el dia del amor y la amistad. Su amor se nutre de la admiración, el afecto, la lealtad y un intenso deseo de complacerle.

**Plena confianza.** Su hijo cree y confía en usted. A sus ojos, usted es fuerte, capaz, poderoso y sabio. Con el tiempo, le demostrará su confianza relajándose cuando usted esté cerca, buscándole cuando tenga algún problema, y enorgulleciéndose de usted ante los demás. A veces, también acudirá a usted para que le proteja de las cosas que le asustan, incluyendo sus propios sentimientos. Por ejemplo, cuando usted esté a su lado, puede atreverse a hacer cosas nuevas, que jamás haría estando solo o en presencia de un extraño. Confía en que usted velará por su seguridad.

**El entusiasmo de descubrir cosas nuevas.** Tener un hijo le ofrece la oportunidad única de redescubrir el placer y el entusiasmo de la infancia. Aunque usted no puede volver a vivir su propia vida a través de su hijo, sí puede compartir su emoción al explorar el mundo. En este proceso, probablemente descubrirá capacidades y talentos que jamás soñó poseer. La empatía, mezclada con un creciente conocimiento de sí mismo, le ayudarán a mejorar su capacidad de jugar y relacionarse con su hijo. El hecho de descubrir cosas los dos juntos, se trate de nuevas habilidades, palabras o formas de superar obstáculos, se sumará a su experiencia y a su confianza en sí mismo como padre y le preparará para asumir retos que usted jamás imaginó.

**Emociones intensas.** Gracias a su hijo experimentará la alegría, el amor, el orgullo y el entusiasmo de una forma totalmente nueva. Probablemente también experimentará ansiedad, enfado y frustración. Por mucho que usted se deleite durante esos momentos maravillosos en que, al coger a su hijo en brazos, siente sus amorosos bracitos alrededor del cuello, habrá momentos en que se sentirá incapaz de comunicarse con él. Estos sentimiento extremos se irán haciendo más patentes conforme su hijo se vaya haciendo mayor e intente conquistar su independencia. El mismo niño que a las tres está bailando alegremente con usted, puede sorprenderle con un inesperado ataque de rebeldía a las cuatro. Estas reacciones extremas no son ninguna contradicción sino, simplemente, parte del crecimiento. El reto que usted debe afrontar, como padre, es aceptar y valorar todos los sentimientos que su hijo exprese o despierte en usted, y utilizarlos para guiarle firmemente.

## Lo que usted ofrece a su hijo

Como padre, lo que usted puede aportarle a su hijo es de vital importancia. Algunas de estas cosas son sutiles, pero fundamentales. El hecho de ofrecérselas le convertirá en una buena madre o un buen padre. El hecho de recibirlas convertirá a su hijo en una persona sana, alegre y capaz.

### *Lo que usted ofrece a su hijo*

- **Amor incondicional**
- **Autoestima**
- **Valores y tradiciones**
- **Alegría de vivir**
- **Buena salud**
- **Un entorno seguro**
- **Habilidades y destrezas**

**Amor incondicional.** El amor constituye el núcleo de la relación con su hijo. Debe fluir libremente en ambas direcciones. Del mismo modo que él le quiere a usted sin reservas, usted debe ofrecerle todo su amor y aceptarlo de forma absoluta. Su amor no debe depender del aspecto que tenga o de lo bien que se porte. Nunca debe ofrecérselo como recompensa ni amenazarlo con retirárselo si se porta mal. Su amor por su hijo es algo incondicional e incuestionable y es usted quien debe trasmitirle este mensaje, sobre todo cuando se porte mal y deba fijarle límites o corregir su comportamiento. Su amor debe estar por encima de cualquier sentimiento pasajero de enfado o frustración por la forma en que se comporte su niño. No confunda nunca a su hijo con su conducta, y no permita que él crea que usted actúa de ese modo. Cuanto más seguro esté su hijo del amor que usted le tiene, más seguridad tendrá en sí mismo cuando sea mayor.

**Autoestima.** Uno de los mejores regalos que los padres pueden hacerle a su hijo es fomentar su autoestima. No se trata de un proceso fácil ni rápido. Hacen falta años para que el autorespeto y la capacidad de confiar y creer en uno mismo—bases sobre los que se asienta la autoestima—se establezcan firmemente. Su hijo o hija necesita todo su apoyo y su estímulo para poder descubrir sus puntos fuertes. Necesita que usted crea en él o ella para que aprenda a creer en sí mismo. Demostrarle que le quiere, dedicarle tiempo, escucharle y elogiar sus logros, todo ello forma parte de este proceso. Si él confía en su amor, admiración y respeto, le resultará mucho más fácil desarrollar una autoestima sólida, necesaria para crecer feliz y emocionalmente sano.

**Valores y tradiciones.** Independientemente de si usted desea o no inculcarle sus valores y creencias a su hijo, él absorberá algunos de ellos por el simple hecho de convivir con usted. Su hijo se dará cuenta de lo responsable que usted es en el trabajo, lo profundas que son sus convicciones y si practica o no lo que predica. Su hijo participará en los ritos y celebraciones familiares y reflexionará sobre su significado. No puede pretender que su hijo comparta todas sus opiniones, pero sí puede exponerle sus creencias con sinceridad, claridad y sensatez, teniendo en cuenta la edad y la madurez del niño. No debe darle sólo órdenes, sino ofrecerle su guía e infundirle ánimo. Cuando la edad y el lenguaje del niño lo permitan, anímelo a que le haga preguntas y fomente el diálogo, en vez de forzarlo a asumir sus propios valores. Si sus convicciones son sensatas y usted cree sinceramente en ellas, es probable que su hijo adopte gran parte de las mismas. Si sus acciones no son congruentes con lo que predica, algo que nos ocurre a todos, es muy probable que sea su hijo quien le haga darse cuenta de ello, sea sutilmente a travės de su forma de comportarse o, cuando sea mayor, mostrándose en desacuerdo con usted. El camino para adquirir valores no es recto ni infalible. Exige una flexibilidad asentada sobre unas bases firmes. Conocernos a nosotros mismos, estar dispuestos a escuchar a nuestros hijos y estar abiertos al cambio cuando sea conveniente y, sobre todo, demostrar con nuestras obras nuestra firme adhesión a lo valores que defendemos, son ingredientes fundamentales para mantener una buena relación con nuestros hijos. Aunque la elección de valores y principios es algo que, en última instancia, deben hacerla ellos mismos, lo que sí está en nuestras manos es proporcionarles las bases de esa elección, a través de nuestras ideas y reflexiones, y sobre todo, de nuestro comportamiento y nuestras obras.

**Alegría de vivir.** Su niño no necesitará que le enseñe a ser alegre, pero sí necesita el permiso y algunas veces el estímulo para que su entusiasmo natural fluya libremente. Cuanto más alegre sea usted, sobre todo cuando esté a su lado, más atractiva le parecerá la vida a su hijo y más disfrutará de las cosas. Cuando oiga música, bailará; cuando el sol brille, mirará hacia el cielo; cuando esté contento, reirá. Estas ganas de vivir se manifiestan a través del interés, la curiosidad y el deseo de explorar cosas y lugares nuevos, descubrir el mundo que le rodea e ir incorporando las nuevas imágenes, objetos y personas a su creciente cúmulo de experiencias. Debe tener en cuenta, no obstante, que no todos los bebés son iguales: algunos son más alegres, otros más bulliciosos, otros más juguetones y otros más reservados. Cada bebé demuestra su alegría de vivir a su manera, y es usted, como padre, quien debe descubrir en qué consiste esa manera para poder estimularlo y ayudarle a expresarla libremente.

**Buena salud.** La salud de su hijo depende en gran medida de los cuidados y de la guía que usted le proporcione durante sus primeros años de vida. El proceso empieza con el embarazo, cuando usted acude regularmente a sus citas y se prepara para el parto. Si después lleva a su hijo regularmente al pediatra, lo protege de lesiones, le da una alimentación equilibrada y lo anima a que haga ejercicio desde niño, le ayudará a fortalecer su cuerpo y a tener buena salud. Usted mismo deberá mantener buenos hábitos alimentarios y evitar hábitos insanos, como fumar, beber en exceso, consumir drogas y no hacer ejercicio físico. Actuando de este modo, dará a su hijo un buen ejemplo a seguir cuando sea mayor.

**Un entorno seguro.** Naturalmente usted desea que su hijo viva en un hogar seguro y confortable. Esto significa mucho más que una cama caliente donde dormir y un arsenal de juguetes. Proporcionarle un hogar que le reporte seguridad emocional con el mínimo de estrés y el máximo de consistencia y amor es tan importante como darle un techo que le proteja y le reporte una seguridad física. Su hijo puede percibir los problemas que hay entre otros miembros de la familia y puede sufrir mucho por este motivo. Por eso es importante que *todos* los miembros de la familia intenten resolver de forma cooperativa, directa y rápida hasta los conflictos más mínimos. Es posible que esto implique pedir ayuda profesional, pero recuerde que mantener un buen clima familiar es un requisito indispensable para que su hijo desarrolle todas sus potencialidades. Si los miembros de su familia son capaces de afrontar sus diferencias con eficacia, su hijo se sentirá seguro de su habilidad para afrontar los conflictos y desacuerdos, y tendrá un buen ejemplo a seguir a la hora de afrontar los retos que le depare la vida.

**Habilidades y destrezas.** A medida que su hijo crece, pasará la mayor parte del tiempo adquiriendo y puliendo habilidades y destrezas en todos los ámbitos de su vida. Usted debe hacer todo cuanto esté en sus manos, animándole y facilitándole la indumentaria y la formación que necesite. En cuanto su hijo entre en la etapa pre-escolar, los libros, las revistas, los grupos de juego, y el jardín infantil empezarán a desempeñar un papel central en su vida. Es importante que usted no se olvide de algunos principios básicos del aprendizaje: su hijo aprenderá más y mejor si se siente seguro, tranquilo y querido, y si se le presenta la información de forma adecuada. Cierta información se trasmite mejor a través del juego que es el lenguaje de los niños. Los niños pequeños pueden aprender gran cantidad de información jugando, sobre todo cuando lo hacen con sus padres o amigos. Hay información que se aprende mejor a través de la experiencia directa. Esto implica exponer al niño a lugares, personas, actividades y experiencias nuevas. Otras cosas se trasmiten mejor a través de relatos, libros de ilustraciones, revistas, o libros de actividades. Y hay cosas que su hijo aprende por observación—sea observándole a usted o a otros niños y adultos. Las experiencias pre-escolares también fomentan la socialización.

Si usted disfruta aprendiendo y descubriendo cosas con su hijo, él en seguida se dará cuenta de que el logro puede ser una fuente de satisfacción personal, aparte de una forma de complacerle a usted. El secreto está en darle las oportunidades que necesita para aprender, y dejarle que lo haga a su modo y a su ritmo.

## Como hacer del compartir parte de la vida familiar

Para darle a su hijo toda la guía y el apoyo que necesita para crecer sano, deberá poner en práctica todas las habilidades que implica la paternidad: amar, guiar, proteger, compartir y servir de modelo o ejemplo. Como ocurre con todas las habilidades, primero hay que adquirirlas y después irlas perfeccionando con la práctica. Algunas le parecerán más fáciles que otras y algunas le parecerán más fáciles o difíciles según el día. Estas variaciones son parte de la educación de un niño y hacen que la paternidad se convierta a veces en un reto. Las siguientes sugerencias le ayudarán a sacar el mejor partido de sus habilidades naturales para que su hijo pueda tener el mejor principio posible.

**Disfrute de su hijo como individuo.** Acepte que su hijo es único y diferente a los demás y valore sus cualidades especiales. Descubra sus necesidades, sus puntos fuertes, sus puntos flacos, y, sobre todo, su sentido del humor, que empieza a manifestarse desde muy temprano. Déjele que le trasmita la alegría y el placer de jugar. Cuanto más disfrute estando con su hijo y más valore su individualidad, más le ayudará a desarrollar su sentido de confianza, su seguridad y su autoestima. Además, usted gozará más del hecho de ser padre.

**Edúquese a sí mismo.** Probablemente usted sabe mucho más de lo que cree sobre la paternidad. Ha observado durante años a sus propios padres y a otras familias. Quizás haya cuidado a otros niños. Además, usted cuenta con muchas respuestas instintivas que le ayudarán a ser una buena madre o padre. En otras épocas, ésta es toda la preparación que habría necesitado para criar a su hijo. Sin embargo, la sociedad actual es extremadamente compleja y está en constante proceso de cambio. Para que los padres puedan guiar a su hijo en un mundo tan complejo, es recomendable que cuenten con cierta formación adicional. Hable con el pediatra y con otros padres, y hágales preguntas. Lea sobre cuestiones y problemas que afecten a su familia. Póngase en contacto con las organizaciones religiosas de su localidad, asociaciones de padres y alumnos, guarderías, equipos que impartan seminarios de formación para padres y otros grupos especializados en temas infantiles. Estos grupos suelen funcionar como redes de apoyo para padres responsables e interesados en el cuidado de sus hijos. El hecho de contar con una red de apoyo le ayudará a sentirse más tranquilo y seguro cuando las cosas se pongan difíciles y usted se sienta desorientado y frustrado, algo que hoy en día es bastante habitual.

Cuando busque consejo, seleccione la información adecuada para usted y su hijo. Gran parte de esa información será valiosa, pero no toda. Puesto que cuidar y educar a un niño es algo tan personal, es lógico que haya desacuerdos. No tiene la obligación de creer todo lo que oiga o lea. De hecho, uno de los principales objetivos del proceso de educarse a sí mismo es proteger a su hijo de aquellas recomendaciones que no se ajusten a sus características familiares. Cuanto más sepa, más preparado estará para decidir qué es lo que se adapta mejor a su caso en concreto.

**Dé buen ejemplo.** Una de las formas que tiene su hijo de demostrarle su amor es imitándole. Ésta es también una de las formas que tiene de aprender a comportarse, a cuidar de sí mismo y a adquirir nuevas destrezas. Desde temprano, su hijo le observará atentamente y ajustará su comportamiento y sus creencias a las suyas. El ejemplo que usted le dé se convertirá en un punto de referencia permanente que modulará sus actitudes y sus acciones durante el resto de su vida.

Darle un buen ejemplo a su hijo significa ser responsable, afectivo y consistente, no sólo con él, sino con todos los miembros de la familia. El modo en que lleve su matrimonio, por ejemplo, le enseñará algunos aspectos sobre los roles masculino y femenino y sobre cómo “se supone” que debe comportarse cuando sea mayor. En su relación de pareja, demuestren abiertamente el afecto que se tienen mutuamente y resérvense tiempo para estar los dos solos. Si su hijo ve que sus padres se comunican abiertamente y que saben cooperar y compartir las responsabilidades domésticas, reproducirá este mismo patrón en sus relaciones futuras.

Dar buen ejemplo también significa saber cuidarse. El deseo por ser unos padres consagrados, pueda hacer que se dediquen tanto a su familia, que se olviden de sus propias necesidades. Esto es un gran error. Su hijo depende de usted para estar sano, tanto física como emocionalmente, y se fija en usted para saber cómo mantenerse sano. Cuidarse a uno mismo es una forma de manifestar la propia autoestima, algo que es de vital importancia tanto para usted como para su hijo. Tomarse un respiro y descansar cuando esté agotada o enferma, podrá enseñarle a su hijo que usted se respeta a sí misma y tiene en cuenta sus propias necesidades. Si reserva tiempo y energía para sus aficiones, le trasmitirá a su hijo el mensaje de que trata de cultivar ciertas habilidades e intereses. A la larga, es probable que su hijo adopte algunos de sus hábitos y aficiones. Por lo tanto, cuanto más sana y feliz se sienta usted, mejor será para ambos.

**Demuestre su amor.** Dar amor significa mucho más que decir: "te quiero". Su hijo no entenderá lo que significan estas palabras a menos que le trate con amor. Sea espontáneo y afectivo con él. Establezca frecuentemente contacto corporal con él en forma de besos, abrazos, caricias y juegos. Resérvese un rato cada día para hablar, cantar y leer con él. Al prestarle atención y demostrarle abiertamente su afecto, conseguirá que se sienta especial y seguro, lo que sentará las bases de su autoestima.

**Comuníquese abierta y sinceramente.** Una de las habilidades más importantes que usted debe fomentar en su hijo es la comunicación. La lección empieza cuando su hijo es sólo un bebé que le mira atentamente a los ojos y se tranquiliza al escuchar su voz. El aprendizaje continúa cuando ve y escucha cómo se comunica usted con otros miembros de la familia y, más adelante, cuando usted le ayuda a resolver sus inquietudes, problemas y conflictos. Su hijo necesita de su paciencia, compresión, sinceridad y claridad.

Comunicarse bien en el seno de una familia no siempre es fácil. Resulta especialmente difícil cuando los dos padres están saturados de trabajo o bajo estrés, o cuando alguien está enfadado o deprimido. Evitar que se rompa la comunicación exige compromiso, cooperación entre los miembros de la familia y estar dispuestos a reconocer los problemas cuando surjan. Exprese sus propios sentimientos y anime a su hijo a que se abra del mismo modo. Esté pendiente de aquellos cambios en su comportamiento que puedan sugerir que está triste, asustado, frustrado o preocupado, y demuéstrele que entiende sus sentimientos. Hágale preguntas, escuche sus respuestas y déle sugerencias.

Escúchese también a sí mismo y reflexione sobre lo que le dice a su hijo *antes* que las palabras salgan de su boca. En pleno enfado o cuando se sienta muy frustrado, es fácil que haga comentarios hirientes y hasta crueles, que en el fondo no quería decir, pero que es probable que su hijo no olvide nunca. Los comentarios tontos o las bromas que para usted carecen de importancia pueden hacerle mucho daño a su hijo. Frases como: "Ven aquí idiota" o "Lo que has dicho es una tontería", o "No me fastidies" hacen que un niño se sienta despreciado y pueden dañar seriamente su autoestima. Si critica constantemente a su hijo o le hace de menos, es muy probable que acabe alejándose de usted. En lugar de acudir a usted en busca de consejo y guía, lo pensará mucho antes de hacerle alguna pregunta y es posible que acabe dejando de confiar en usted. Como cualquier persona, los niños necesitan que les animen a hacer preguntas y a expresar sus opiniones. Cuanto más sensible sea a las necesidades de su hijo, más sincero sea con él y más dispuesto esté a escucharle, menos le costará al niño sincerarse con usted.

**Dedíquele tiempo.** No puede darle a su hijo todo lo que necesita si sólo lo ve unos minutos al día. Para que su hijo pueda conocerle y sentirse seguro de que usted lo quiere, tiene que pasar mucho tiempo con usted, tanto física como emocionalmente. Esto es posible incluso si usted tiene obligaciones fuera de casa. Si trabaja a jornada completa, puede reservar un rato para estar a solas con su hijo. Lo más importante es que ese tiempo se lo dedique *sólo* a él, colmando tanto las necesidades del niño como las suyas propias. ¿Qué cantidad de tiempo es la más recomendable? Es imposible saberlo. Una hora de tiempo de calidad significa mucho más que pasarse todo el día en la misma casa pero en habitaciones separadas. Usted puede estar todo el día en casa y, sin embargo, no dedicarle a su hijo la atención individualizada que necesita. Organizar bien su horario y dedicar a su hijo la atención que requiere, es algo que sólo depende de usted.

Una buena posibilidad sería dedicar un período especifico de tiempo al día para estar a solas con su hijo haciendo algo que a él le guste. Trate también de hacer un esfuerzo por incluirlo en todas las actividades familiares: preparar la comida, comer y cosas por el estilo. Aproveche estos momentos de reunión familiar para hablar de los problemas o preocupaciones personales de cada uno y de lo que han hecho o van hacer ese día.

**Estimule el crecimiento y el cambio.** Cuando su hijo es recién nacido, es difícil imaginar que algún día se convertirá en un niño hecho y derecho, pero su principal obligación como padre consiste en fomentar, guiar y apoyar el crecimiento. Su hijo no sólo depende de usted en lo que se refiere al alimento, la protección y los cuidados físicos que necesita para crecer físicamente, sino que también depende de su guía para llegar a ser un individuo sano y maduro. En lugar de resistirse al cambio, su tarea debe consistir en aceptar y fomentar ese cambio.

Fomentar el crecimiento de su hijo significa tener mucha disciplina, tanto con él como con usted mismo. A medida que su hijo se haga más independiente, necesitará que se le fijen normas y directrices para que sepa a qué atenerse y hasta dónde puede llegar. Es usted quien tiene que darle este marco de referencia, fijando normas apropiadas para cada etapa evolutiva y ajustándolas a los cambios que vaya percibiendo en su hijo. De este modo, en lugar de frenar el crecimiento, lo estimulará.

La confusión y el conflicto no le ayudan a un niño a madurar. La consistencia sí. Asegúrese de que todas las personas que van a cuidar de su hijo entienden y esten de acuerdo con las normas que debe respetar. Establezca pautas claras para quienes cuidan del niño, para que sepan cómo actuar cuando se porte mal, y vaya reajustando esas pautas, a medida que el niño se haga más responsable.

Otra forma de fomentar el crecimiento de su hijo es enseñarle a adaptarse a los cambios que le rodean. Para ayudarle en este proceso, demuéstrele que usted sabe afrontar los cambios y prepárelo para lo cambios importantes que vayan a tener lugar en la familia. Un nuevo hermanito, la enfermedad de algún miembro de la familia, un cambio de trabajo, problemas con su pareja, una separación, un divorcio, un nuevo matrimonio, desempleo o una enfermedad crónica. Todos estos cambios no sólo le afectarán a usted, sino tambien a su hijo. Si la familia afronta estos cambios como una unidad en la que todos los miembros se apoyan mutuamente, su hijo se sentirá seguro, aceptará el cambio y se adaptará a él. Si usted es abierto y sincero con él, le ayudará a afrontar este tipo de retos y a crecer con ellos.

**Reduzca la frustración y propicie el éxito.** Una de las formas que tiene su hijo de desarrollar su autoestima es a través del éxito. El proceso empieza en la cuna, con sus primeras tentativas de comunicación y de control de su cuerpo. Si alcanza estas metas y recibe la aprobación de sus padres, enseguida empezará a sentirse bien consigo mismo y deseoso de asumir nuevos retos. Si por el contrario, no se le permite alcanzar esas metas o se ignoran sus esfuerzos, puede sentirse desalentado, darse por vencido, aislarse, enfadarse y sentirse cada vez más frustrado.

Como padre, debe intentar exponer a su hijo a retos que le ayuden a descubrir sus habilidades y a tener éxito, y simultáneamente evitar que tenga que enfrentarse a tareas u obstáculos que lo lleven a la frustración y al fracaso. Esto no significa que usted tenga que hacer las cosas por el o ella ni que tenga que protegerlo de retos que tenga que asumir. El éxito tiene muy poco valor si no implica cierta esfuerzo. De todos modos, permitir que un niño sufra demasiadas frustraciones ante retos que están muy por encima de lo que está preparado para asumir, es contraproducente, y sólo permite crear y perpetuar una autoimagen negativa. La clave está en moderar los retos de tal modo que estén dentro de las posibilidades de su hijo, al tiempo que le pide que dé un poco más de sí mismo. Por ejemplo, tenga juguetes apropiados para la edad del niño: ni demasiado sencillos ni demasiado complicados. Intente buscar un grupo de compañeros de juego para su hijo, algunos más pequeños y otros mayores. A medida que vaya madurando, pídale a su hijo que le ayude cada vez más en los quehaceres domésticos, pero sea realista y no espere cosas que están muy por encima de sus posibilidades.

Cuando se tiene un hijo, es fácil dejarse llevar por los deseos y sueños. Es natural que quiera que su hijo reciba la mejor educación, todas las oportunidades posibles, y que, a la larga, tenga una buena carrera y éxito en la vida. Pero tenga cuidado de no confundir sus propios deseos y elecciones con las de su hijo. En la sociedad altamente competitiva de hoy, a muchos niños se les presiona demasiado para que estén "bien preparados". Algunas guarderías incluso fijan requisitos de ingreso. En algunas profesiones y deportes se descarta a toda persona que haya empezado a entrenar más tarde de los 10 años. En esta atmósfera, es lógico que los programas que prometen convertir a "los bebés normales" en "superbebés" ganen adeptos. Muchos padres bien intencionados se obsesionan con que sus hijos empiecen con buen pie la carrera del éxito en la vida. Lamentablemente, este enfoque muy pocas veces beneficia a los niños.

Los niños que se ven presionados a hacer las cosas pronto, a largo plazo no aprenden más ni adquieren mejores destrezas. Al contrario, las presiones psicológicas y emocionales resultan a veces totalmente contraproducentes y provocan problemas de aprendizaje o de comportamiento. Si un niño tiene talentos especiales, es posible que pueda asumir todo un arsenal de aprendizajes precoces y desarrollarse con normalidad, pero la mayoría de estos niños necesitan menos presión en lugar de más. Si sus padres les exigen demasiado, pueden sentirse agobiados y sufrir de ansiedad. Si no son capaces de vivir a la altura de las expectativas de sus padres, pueden sentirse fracasados y creer que no merecen su amor.

Su hijo necesita comprensión, seguridad y oportunidades ajustadas a sus capacidades, necesidades y nivel de desarrollo. Esto no lo encontrará en ningún programa de aprendizaje precoz ni garantiza un buen futuro, pero permitirá que su hijo tenga éxito a su modo y dentro de sus posibilidades.

**Ofrézcale estrategias para afrontar las cosas.** Es inevitable que su hijo sufra decepciones y fracasos. Por eso, necesita aprender formas constructivas de afrontar el enfado, el conflicto y la frustración. Gran parte de las cosas que su hijo ve en el cine y la televisión le enseñan que la violencia es la mejor forma de solucionar los desacuerdos. Cuando se sienta decepcionado o enfadado, explotará o se aislará, dependiendo de cuáles sean sus inclinaciones personales. Es posible que no pueda distinguir entre lo importante y lo insignificante. Necesita su ayuda para organizar y entender los mensajes confusos y contradictorios que le llegan y encontrar formas adecuadas y constructivas de expresar sus sentimientos negativos.

Empiece por demostrarle a su hijo que usted sabe afrontar su propio enfado y tristeza de una forma madura, para que pueda aprender de su ejemplo. Anímelo a que acuda a usted cuando tenga problemas que lo agobian, y ayúdele a entenderlos y a que pueda solucionarlos por su cuenta. Fíjele límites claros para que entienda que la violencia no está permitida, pero, al mismo tiempo, trasmítale que es correcto y completamente normal sentirse triste, enfadado, dolido o frustrado.

**Reconozca los problemas y pida ayuda cuando la necesite.** Aunque es un gran reto, ser padre puede ser una de las épocas más divertidas y satisfactorias de la vida de una persona. De todos modos, a veces pueden surgir problemas y, en algunas ocasiones, usted no sabrá resolverlos por sí solo. No hay ningún motivo para sentirse culpable o avergonzado por ello. Las familias sanas aceptan este hecho y afrontan los problemas directa y abiertamente. También saben identificar las señales de alarma y pedir ayuda cuando la necesitan.

A veces, es suficiente con hablar con un buen amigo. Si tiene la suerte de que sus padres o familiares vivan cerca, podrá contar con su apoyo. Si no, puede sentirse aislado, a menos que sepa crear su propia red de apoyo, integrada por vecinos, amigos y otros padres. Una forma de crear este tipo de redes es afiliarse a una de las clases para padres y bebés que ofrecen organizaciones como el YMCA o centros comunitarios. Los demás padres pueden brindarle apoyo y consejos. No dude en acudir a ellos cuando lo necesite.

En algunas ocasiones, es posible que necesite ayuda profesional para afrontar una crisis o un problema específico. Su médico de cabecera y su pediatra son fuentes de información muy valiosas, a las que puede acudir en busca de consejo o para que remitan su caso a otros profesionales de la salud, como, por ejemplo, un terapeuta familiar o de pareja. No dude en comentar sus problemas familiares con el pediatra. Si no se resuelven adecuadamente, muchos de estos problemas pueden acabar, repercutiendo negativamente sobre la salud de su familia. Su pediatra debe conocer estos problemas y le interesa ayudarle a resolverlos.

El viaje con su hijo está a punto de empezar. Será una etapa maravillosa, con sus altas y sus bajas, con momentos de gran alegría y otros de tristeza y frustración. En los capítulos que vienen a continuación le proporcionaremos una serie de conocimientos para que las responsabilidades que implica la paternidad le resulten más llevaderas y esperamos que también mucho más divertidas.

# PARTE I

# 1

# Preparativos para un nuevo bebé

El embarazo es un período de anticipación, emoción, preparativos, y, en muchos casos, de incertidumbre. Usted sueña con un bebé sano, fuerte y brillante y quiere proporcionarle todo lo que necesitará a fin de que crezca bien. Probablemente también tendrá miedos y dudas, sobre todo si se trata de su primer hijo, o si ha tenido algún problema en éste u otro embarazo. ¿Y si algo va mal durante el embarazo? ¿Y si las cosas se complican durante el parto? ¿Y si resulta que ser madre no es lo que había soñado? Afortunadamente, la mayoría de estas preocupaciones son innecesarias. Nueve meses de embarazo son suficientes para que sus preguntas encuentren respuesta, calme sus temores y se prepare para la maternidad.

Parte de estos preparativos empiezan cuando usted recibe la noticia de que está embarazada. La mejor forma de ayudar a su hijo a desarrollarse bien es cuidar de sí misma. La atención medica y una buena nutrición beneficiarán directamente a la salud de su hijo. Descansar mucho y hacer ejercicio con moderación la ayudarán a superar el estrés físico asociado al embarazo. Pregúntele a su médico sobre las vitaminas prenatales y el no furmar, ni tomar alcohol.

A medida que el embarazo advance, deberá enfrentarse a una larga lista de decisiones, desde prepararse para el parto hasta decorar la habitación del futuro bebé. Probablemente usted ya habrá tomado muchas de estas decisiones y habrá pospuesto otras porque su bebé todavía no le parece "real". De todos modos, cuanto más se prepare para la llegada del bebé, más real le parecerá su hijo y más corto se le hará el embarazo.

Al final, tendrá la sensación de que toda su vida gira alrededor del bebé que está a punto de nacer. Esta creciente preocupación es sana y completamente normal y, de hecho, la ayudará a prepararse emocionalmente para los retos que implica la maternidad. Después de todo, ¡usted va a estar tomando decisiones sobre su hijo por las dos próximas décadas! Ahora es el mejor momento para empezar.

Éstas son algunas recomendaciones que la ayudarán a hacer los preparativos más importantes:

## Déle a su bebé un comienzo sano

Prácticamente todo lo que usted ingiera o inhale mientras esté embarazada acabará llegando al feto. Este proceso empieza desde el momento de la concepción. De hecho, el embrión es mucho más vulnerable durante los dos primeros meses, cuando están empezando a formarse las principales estructuras corporales (brazos, piernas, manos, pies, hígado, corazón, genitales, ojos y cerebro). Algunas sustancias químicas, como las contenidas en el tabaco, el alcohol, las drogas o ciertas medicinas, pueden interferir el proceso de formación del embrión, así como el desarrollo ulterior del feto; y algunas de ellas pueden, incluso, provocar malformaciones congénitas.

Consideremos, por ejemplo, el tabaco. Si usted fuma durante el embarazo, su hijo pesará menos de lo que debería pesar. Hasta el mero hecho de inhalar el humo del tabaco fumado por terceros (lo que se ven obligados a hacer los denominados "fumadores pasivos") puede influir negativamente sobre el feto. Aléjese de las zonas de fumadores y pida que nadie fume cuando usted esté cerca. Si usted fumaba antes de quedar embarazada y sigue haciéndolo, éste es el mejor momento para dejar de fumar—no hasta que dé a luz, sino para siempre. Los niños que crecen en una casa en la que uno de los dos padres es fumador tienen más infecciones de oído y más problemas respiratorios durante la infancia y la niñez temprana. Además tienen más probabilidades de fumar cuando sean mayores.

El consumo de alcohol es exactamente igual de perjudicial. Beber en exceso durante el embarazo incrementa notablemente el riesgo de aborto. También puede provocar un trastorno denominado Síndrome alcohólico fetal, que causa defectos congénitos y retraso mental. Hasta la fecha, nadie ha determinado con exactitud qué cantidad de alcohol es excesiva para una mujer embarazada, pero existen pruebas de que, cuanto más alcohol se bebe, mayores son los riesgo para el feto. Mientras no dispongamos de datos más precisos, lo más recomendable es no probar el alcohol durante el embarazo.

También deberá evitar medicinas y suplementos vitamínicos, a menos que su médico le recomiende específicamente que los utilice durante el embarazo. Esta recomendación no se refiere exclusivamente a las medicinas con receta médica sino a cualquier medicina que se pueda adquirir en una farmacia, como la aspirina, las medicinas para el resfriado o antihistamínicos. Hasta las vitaminas pueden resultar perjudiciales si se consumen en exceso (Por ejemplo, se ha comprobado que el consumo excesivo de vitamina A provoca malformaciones congénitas). Antes de tomar alguna medicina o suplemento vitamínico durante el embarazo, consúltelo con su médico.

También debe limitar el consumo de cafeína durante el embarazo. Aunque no se ha demostrado que el consumo de las dosis habituales de cafeína se asocie a efectos adversos, su consumo suele provocar que nos sintamos más alertas e irritables, lo que puede hacerle las cosas más difíciles en un momento en que necesita precisamente descanso y relajación.

Otra de las causas de malformaciones congénitas son las enfermedades contraídas por la madre durante el embarazo. Algunas de las enfermedades más peligrosas de las que usted se debería proteger son:

La *rubéola*, o sarampión alemán, que puede provocar retraso mental, malformaciones cardíacas, cataratas y sordera. Afortunadamente, hoy en día esta enfermedad se puede prevenir mediante vacunación, pero *no debe ponerse la vacuna de la rubéola cuando esté embarazada*.

La mayoría de las mujeres adultas son inmunes a la rubéola porque tuvieron la enfermedad de pequeñas o fueron vacunadas en su momento. Si usted no está segura de si ya tuvo la enfermedad o se vacunó en su momento, pídale a su obstetra que le solicite un análisis de sangre. En el caso improbable de que el análisis indique que usted no es inmune a la rubéola, haga todo lo posible por evitar el contacto con niños enfermos, sobre todo durante los tres primeros meses de embarazo. Es recomendable que, después de dar a luz, se vacune contra esta enfermedad para evitar este tipo de inquietud en futuros embarazos.

La *varicela* es particularmente peligrosa si se contrae justo antes del momento del parto. Si usted no ha tenido está enfermedad, debe evitar a las personas afectadas o que han estado en contacto con alguien que tenga la enfermedad. Si usted no ha tenido la varicela, es recomendable que se vacune antes de quedar embarazada.

La *toxoplasmosis* es primordialmente un peligro para las personas que tienen gatos. Esta enfermedad es provocada por una infección parasitaria bastante común en los gatos. Al defecar, el animal infectado expulsa una forma del parásito en las heces, y toda persona que entre en contacto con heces infectadas puede contraer la enfermedad.

Si usted tiene gatos en casa, hágales la prueba de la toxoplasmosis antes de quedar embarazada o lo antes posible si ya está embarazada. Puede reducir las probabilidades de que su gato contraiga la infección alimentándolo sólo con productos preparados especialmente para gatos, cuyo proceso de elaboración destruye el parásito que provoca la toxoplasmosis. Además, para reducir el riesgo de que usted se contagie, asegúrese de que sea otra persona la que se encargue de limpiar el cajón de los excrementos del gato. (Los organismos que provocan la toxoplasmosis no pueden infectar a un humano hasta que pasen cuarenta y ocho horas desde la excreción). Si usted no tiene más remedio que encargarse de limpiar el cajón de los excrementos de su gato, asegúrese de lavarse bien las manos después de hacerlo. Evite también consumir carne o pescado crudo o a medio cocinar (como el sushi) y lávese bien las manos después de manipular carnes crudas.

## Nuestra posición

El mensaje de la Academia es claro: no fume durante el embarazo. Muchos estudios demuestran que, si una mujer fuma durante el embarazo, es probable que el peso del bebé en el momento del nacimiento y su crecimiento durante el primer año de vida estén por debajo de lo normal. La gama de efectos incuestionables del tabaco va desde una reducción de los movimientos respiratorios durante la vida intrauterina hasta cáncer, trastornos respiratorios y enfermedades cardíacas durante su vida.

Si usted fuma, deje de hacerlo. Si es incapaz de dejarlo, no fume cuando haya niños cerca (sobre todo en interiores o cuando vaya en el auto). Los hijos de fumadores tienen más infecciones respiratorias, como bronquitis o neumonía, y una menor capacidad pulmonar que los hijos de no fumadores. La Academia está a favor de las leyes que prohíben fumar en lugares públicos frecuentados por niños. También apoya el veto a la publicidad de tabaco, el uso de etiquetas más severas en los paquetes de tabaco avisando de los riesgos que implica su consumo y subir los impuestos a los cigarrillos.

# La elección del pediatra

Todo pediatra tiene la responsabilidad de ayudar a los padres a criar a sus hijos con la mayor facilidad, comodidad, placer y éxito posibles. Sin embargo, cada pediatra tiene su propio enfoque, por lo que tal vez quiera entrevistar a varios pediatras antes de elegir al que mejor se ajuste a las preferencias y necesidades particulares de su familia. Haga las entrevistas *antes* de que nazca el niño, para que el pediatra que elija pueda ser el primero en examinarlo.

Aquí tiene algunas consideraciones que le pueden ayudar a tomar la decisión.

## La formación de un pediatra

Los pediatras son graduados en medicina que, aparte de los cuatro años de carrera, han hecho tres años de residencia para formarse en la especialidad de pediatría. Durante su proceso de formación, el futuro pediatra adquiere, los conocimientos y habilidades necesarios para tratar una amplia gama de trastornos, desde las molestias más leves hasta las enfermedades más graves. Al completar su residencia, el pediatra es elegible para tomar un examen escrito impartido por la Junta Americana de Pediatría. Si pasa este examen, se le otorga un certificado, que probablemente colgará en la pared de su consultorio. Si usted ve las iniciales FAAP después del nombre del pediatra, significa que es *Fellow* (miembro) de la Academia Americana de Pediatría. Sólo los pediatras certificados pueden ser miembros de esta organización profesional.

Después de los años de residencia, algunos pediatras prefieren formarse durante tres años más en una subespecialidad, como, por ejemplo, la neonatología (atención de recién nacidos prematuros o con problemas) o la cardiología pediátrica (diagnóstico y tratamiento de problemas cardíacos en niños). Los pediatras especializados son consultados por los pediatras generales para atender a pacientes con problemas especiales o poco frecuentes. Si su niño necesita un pediatra especializado, el pediatra le ayudará a encontrar al más adecuado para su caso concreto.

## Cómo encontrar un pediatra para su hijo

Una buena forma de empezar a buscar un pediatra para su hijo es pedir referencias a su obstetra. Éste conocerá a pediatras de su localidad que sean competentes y respetados dentro de la comunidad médica. Otros padres que estén contentos con el pediatra de sus hijos también pueden ser una buena fuente de información.

Cuando tenga varios nombres de pediatras, pida una entrevista personal con cada uno de ellos durante los últimos meses de su embarazo. La mayoría de los pediatras ofrecen este tipo de entrevista preliminar. Conviene que los dos padres estén presentes durante la entrevista para garantizar que ambos estén de acuerdo con la filosofía del pediatra sobre cómo se debe criar a un niño. No tenga miedo ni se avergüence de hacer preguntas. Aquí tiene algunas sugerencias:

- ***¿Cuánto tardará el pediatra en ver al bebé después del parto?***
La mayoría de los hospitales piden el nombre del pediatra que va a atender al bebé cuando la madre ingresa para dar a luz. La enfermera de parto llamará al pediatra o a su colaborador en cuanto nazca el niño. Si usted tiene complicaciones durante el embarazo y/o durante el parto, el pediatra debería examinar al bebé al nacer. En caso contrario, el examen puede hacerse durante las primeras veinticuatro horas de vida del bebé. Pídale al pediatra que le deje estar presente durante el examen. Así tendrá la oportunidad de aprender más sobre su hijo y de obtener respuestas a las preguntas que le puedan surgir.

- ***¿Cuándo volverá a examinar al bebé?***
Los pediatras suelen examinar a los recién nacidos y hablar con los padres justo antes de que sean dados de alta. De este modo, el médico puede identificar cualquier problema que haya surgido y responder a las preguntas que usted tenga durante su estancia en el hospital, antes de llevarse el bebé a casa. Su pediatra también le indicará cuando será la primera visita en la oficina (tan pronto como un día después de abandonar el hospital), y cómo podrían conseguirle en caso de que surgiera algún problema médico antes de esa fecha.

- ***¿A qué horas podrán hablar por teléfono con él?***
Muchos pediatras tienen un período de tiempo específico durante el que reciben llamadas telefónicas de los padres. Si otros miembros del equipo responden rutinariamente a estas llamadas, trate de averiguar cuál es la preparación de estas personas. Así mismo, pídale al pediatra que le dé algunas directrices sobre qué tipo de preguntas pueden resolverse por teléfono y cuáles requieren llevar al niño a la consulta.

- ***¿Qué hospital recomienda?***
Pregunte al pediatra a dónde deberá acudir en caso de que su hijo tenga una enfermedad seria o se lesione. Si se trata de un hospital universitario, con internos y residentes, averigüe quién se haría cargo de su hijo en el caso de que fuera necesario ingresarlo.

- ***¿Qué ocurrirá en caso de emergencia?***
Averigüe si es el pediatra quien se encarga de atender las llamadas de emergencia por la noche. En caso negativo, ¿quién cumplirá esa función? Pregúntele también si atiende a los pacientes fuera de horas de consulta o si, en tales casos, usted tendría que llevar al niño a una sala de emergencia. Siempre que sea posible es mejor acudir a la consulta del pediatra, pues los hospitales suelen requerir mucho papeleo y largas esperas. De todos modos, los problemas médicos graves suelen tratarse mejor en los centros hospitalarios, que cuentan con la infraestructura necesaria y personal disponible a todas horas.

■ ***¿Quién lo reemplazará cuando él no pueda atenderle?***
Si su pediatra forma parte de un grupo médico, es conveniente que usted conozca a sus compañeros, puesto que es muy probable que ellos se hagan cargo de su hijo cuando él no esté disponible. Si su pediatra trabaja sólo, probablemente habrá hecho algún arreglo con otros doctores de la comunidad. Generalmente, el contestador automático le remitirá al médico con quien debe ponerse en contacto, pero sigue siendo una buena idea pedirle a su pediatra los nombres y teléfonos de los médicos que cubrirán su ausencia—por si tiene problemas para ponerse en contacto con él.

Si su hijo es atendido por la noche o durante el fin de semana por otro médico, usted debe informar a su propio pediatra a la mañana siguiente (o el próximo lunes). Probablemente su pediatra ya estará informado, pero al llamarlo podrá ponerle al día de cómo van las cosas y asegurarse de que se está haciendo lo adecuado.

■ ***¿Con que frecuencia verá a su hijo para vacunarlo y hacerle chequeos medicos?***
*La Academia Americana de Pediatría recomienda hacer evaluaciones médicas cuando el niño tenga un mes y luego cuando tenga dos, cuatro, seis, nueve, doce, dieciocho y veinticuatro meses y, a partir de este momento, anualmente.* Si su pediatra tiene un programa de visitas diferente, comente con él las diferencias. El itinerario de vacunaciones recomendado por la Academia Americana de Pediatría figura en la página 70.

■ ***¿Cuáles son sus honorarios?***
Su pediatra debe tener unas tarifas regulares para las visitas en el hospital o consultorio, así como para las visitas fuera del horario habitual de trabajo y al domicilio (en el caso de que lo haga). Entérese de sí las tarifas de las visitas rutinarias incluyen el precio de las vacunas. En caso contrario, pregunte cuánto le van a costar. Si usted está cubierto por un plan de salud administrado (HMO, etc.), asegúrese de que el pediatra que ha elegido está adscrito al misma.

Después de las entrevistas, debe preguntarse si se siente cómodo con la filosofía y la forma de proceder de cada uno de los pediatras entrevistados. Debe sentir que es una persona en la que se puede confiar, que escuchará pacientemente sus dudas y preocupaciones y responderá a todas sus preguntas. También debe sentirse a gusto con el resto del personal de la consulta y con la atmósfera que en ella se respire.

En cuanto nazca su hijo, la mejor "prueba" para el pediatra que haya seleccionado será ver cómo cuida de él y cómo responde a todas las dudas y preocupaciones que le vayan surgiendo. Si no está satisfecho con algún aspecto del trato que está recibiendo usted o su hijo, exponga el problema directamente al pediatra. Si su respuesta no le convence o el problema, simplemente, no se resuelve, no dude en cambiar de pediatra.

## Cuestiones que debe comentar con su pediatra

Cuando encuentre un pediatra con el que se sienta a gusto, deje que le ayude a planificar los cuidados básicos y la alimentación de su bebé. Hay ciertas decisiones y preparativos que deben hacerse antes del nacimiento de la criatura. Su pediatra puede aconsejarle al respecto.

### ¿Cuándo deberían salir del hospital?

El hecho de que para un niño sano y nacido a tiempo la hospitalización pueda ser corta (menos de cuarenta y ocho horas), no significa que esto sea lo mejor para cualquier madre ni para cualquier bebé. Cada madre y cada bebé deberían ser examinados individualmente para determinar en qué momento se les debe dar de alta. Esta decisión debe tomarla el pediatra del bebé y no la compañía de seguros.

### ¿Se debe circuncidar al bebé?

Si tiene un hijo de sexo masculino, tendrá que decidir si quiere o no que se le haga la circuncisión. A menos que sepan que van a tener una niña, conviene que tomen esta decisión con la suficiente antelación para no tener que preocuparse de ello inmediatamente después del parto, cuando estarán demasiado fatigados y excitados.

#### *Circuncisión*

Al nacer, la mayoría de los varones tienen un pedazo de piel que cubre, o casi cubre, el extremo del pene. La circuncisión consiste en cortar parte de esta piel terminal para que la punta del pene (glande) y la abertura de la uretra, por donde orina el bebé, estén en contacto con el aire. Este procedimiento se practica de forma rutinaria en algunos hospitales pocos días después del nacimiento. Si la practica un médico con experiencia, se trata de una operación muy sencilla y que sólo dura unos minutos. Un número reducido de médicos aplican anestesia local para reducir el estrés del bebé, pero la mayoría de las circuncisiones se hacen sin administrar ningún tipo de medicamentos. La opción de utilizar anestesia local para minimizar el sufrimiento del bebé debe considerarse con reservas, ya que su uso se asocia a ciertas complicaciones potenciales.

La circuncisión se ha practicado como rito religioso durante miles de años. En Estados Unidos se le practica la circuncisión a la mayoría de los niños, pero generalmente se hace por motivos más sociales que religiosos. Se hace porqué "se la han hecho a todos los hombres de la familia", o porque no quieren que el niño se sienta "diferente".

Actualmente existe cierta controversia sobre si la circuncisión es o no recomendable desde el punto de vista médico. La información publicada recientemente sugiere que esta operación se asocia a beneficios médicos potenciales. Estudios recientes han permitido concluir que los bebés de sexo masculino que no se han circuncidado tienen más probabilidades de adquirir infecciones de orina que los que han sido operados. Hacen falta más estudios para confirmar este hallazgo.

Hace tiempo se sabe que el cáncer de pene, una condición rara, se da casi exclusivamente en hombres no circuncidados. Informes publicados recientemente sugieren que el cáncer de cuello de útero es más frecuente en las mujeres cuyas parejas no son circuncidados. Sin embargo, los resultados de los estudios realizados hasta la fecha no son concluyentes. Y tampoco lo son algunos estudios recientes que relacionan la circuncisión con las enfermedades de trasmisión sexual.

## Nuestra posición

La Academia Americana de Pediatría considera que la circuncisión tiene beneficios médicos potenciales y ventajas, así como ciertos riesgos y desventajas inherentes. Por eso recomendamos que la decisión de practicar o no esta operación la tomen los padres del bebé, en consulta con el pediatra. Entre los factores que influyen sobre esta decisión cabe mencionar consideraciones médicas y estéticas, religión, actitudes culturales, presiones sociales y tradición. El pediatra deberá comentar con los padres los beneficios y los riesgos que implica este procedimiento y, pedirles un consentimiento informado antes de realizarlo.

De todos modos, esta intervención entraña ciertos riesgos, tales como hemorragias y e infecciones. Si el niño es prematuro, nace con alguna enfermedad o tiene malformaciones congénitas o problemas sanguíneos, no debe ser circuncidado inmediatamente. Esta intervención sólo debe practicarse en bebés sanos y estables.

## ¿Debo darle el pecho o el biberón?

Antes de que nazca su hijo, deberá decidir si va a darle el pecho o el biberón. Aunque la leche de fórmula no es idéntica a la leche materna, es prácticamente tan nutritiva y digerible. Ambos enfoques son seguros y buenos para la salud, y cada uno tiene sus ventajas. La Academia Americana de Pediatría recomienda la lactancia materna como la mejor forma de alimentar a un bebé.

Los beneficios más obvios de la lactancia materna son la comodidad y el costo. Pero existen beneficios médicos también. Si da el pecho a su hijo, le proporcionará los anticuerpos naturales que le ayudarán a resistir ciertos tipos de infecciones. Los bebés lactados tienen menos probabilidades de tener alergias que los que consumen productos elaborados con leche de vaca.

Las madres que lactan a sus hijos afirman que la lactancia reporta muchos beneficios emocionales. Cuando le baja la leche a la madre y la lactancia se normaliza, tanto ella como el lactante experimentan una profunda sensación de proximidad y bienestar, un vínculo que se mantendrá durante toda la infancia.

Si usted no puede darle el pecho a su hijo o prefiere no hacerlo, puede conseguir la misma sensación de proximidad dándole el biberón. Abrazándolo, arrullándolo, acariciándolo y mirándole a los ojos, conseguirá convertir el momento de alimentarlo en una experiencia intensa y placentera, independientemente de cuál sea la procedencia de la leche.

Antes de tomar una decisión al respecto, lea el Capítulo 4, para entender plenamente las ventajas y desventajas de la lactancia natural y de la lactancia con biberón y conocer todas las opciones posibles.

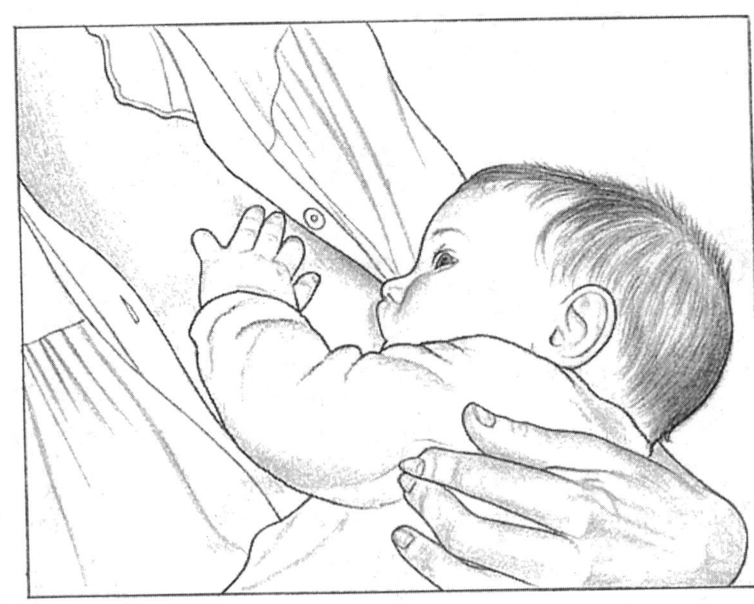

**La Academia Americana de Pediatría recomienda la lactancia materna como la mejor forma de alimentar a un lactante.**

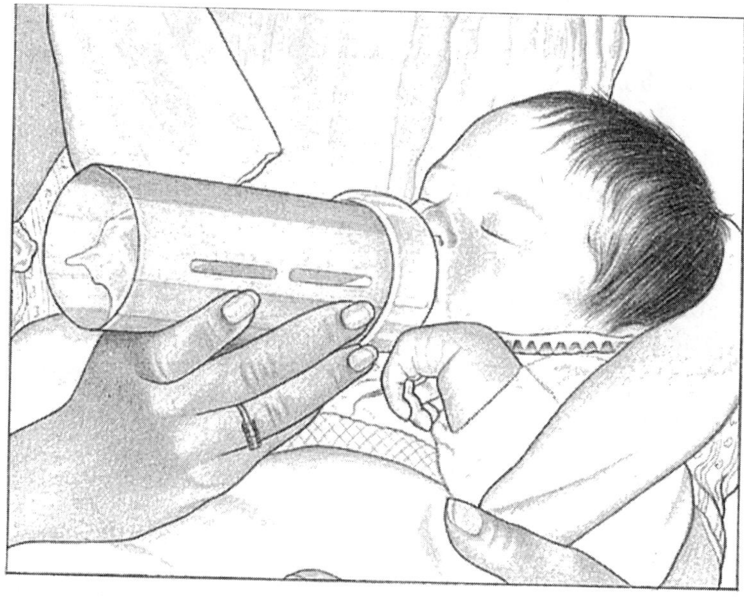

**Si usted no puede darle el pecho a su hijo o prefiere no hacerlo, puede conseguir la misma sensación de proximidad dándole el biberón.**

# Preparar la casa y la familia para la llegada del bebé

## Elegir la ropita del bebé

Cuando se aproxime su fecha prevista de parto, deberá adquirir el ajuar del bebé, esto es, los elementos básicos de su vestuario y los accesorios que necesita un recién nacido durante las primeras semanas de vida. Para empezar, sugerimos la siguiente lista:

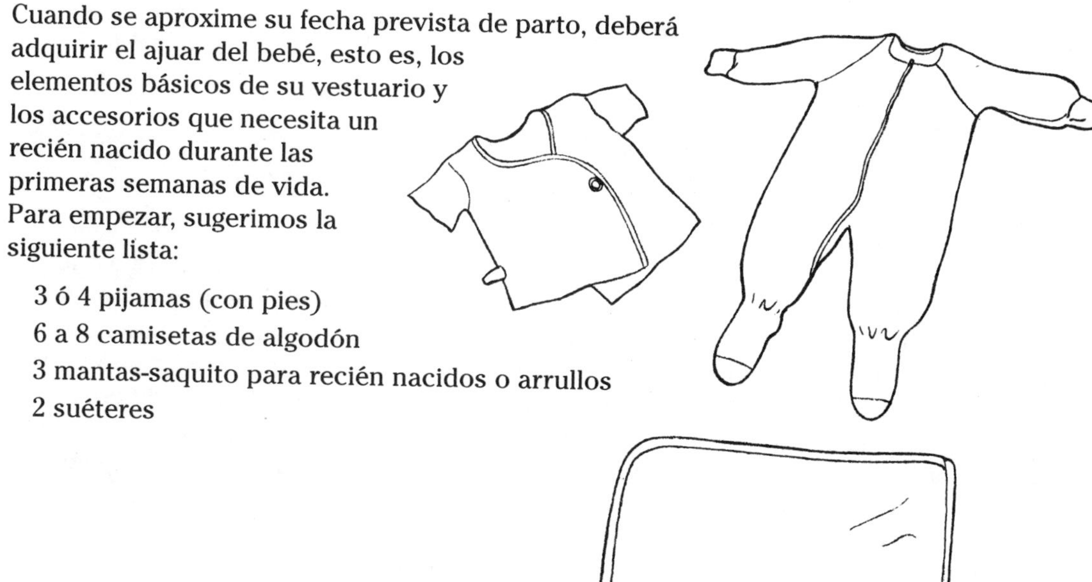

- 3 ó 4 pijamas (con pies)
- 6 a 8 camisetas de algodón
- 3 mantas-saquito para recién nacidos o arrullos
- 2 suéteres

1 cobertor abrigado
2 gorros
4 pares de calcetines o botitas
4 a 6 mantas o cobijas
1 juego de ropa de baño y toallas (busque toallas que tengan capucha)
3 a 4 docenas de pañales de recién nacido (y 4 ganchos o imperdibles y 4 pantaloncitos de hule, si va a utilizar pañales de tela)

Si usted ya ha tenido otro hijo, podrá aprovechar la mayor parte del ajuar. Si éste es su primer niño, probablemente sus familiares o amigos le regalarán muchos de estos artículos. A continuación hay algunas recomendaciones para ayudarle a elegir el resto de los artículos que necesitará.

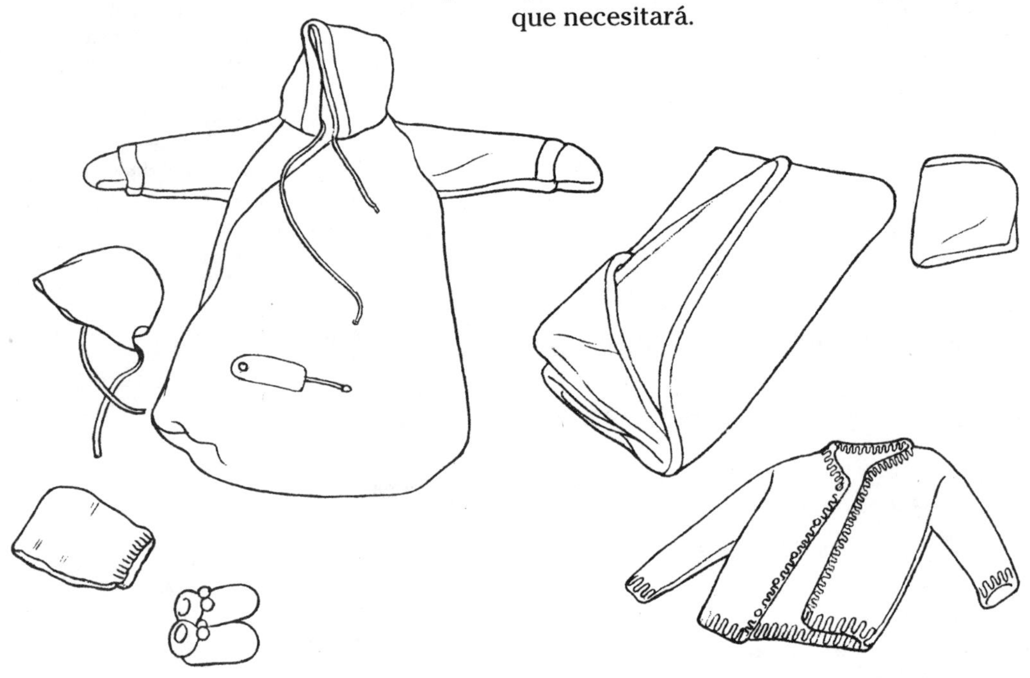

- Compre tallas grandes. A menos que su hijo nazca prematuramente o que sea muy pequeño, probablemente la talla de "recién nacido" le quedará pequeña en pocos días ¡si es que le sirve al principio! Hasta las prendas para niños de tres meses se le pueden quedar pequeñas en sólo un mes. Necesitará un par de prendas algo más pequeñas para vestir al niño durante los primeros días, pero en lo que se refiere al resto del vestuario, es mejor comprar tallas grandes. Al niño no le importará llevar prendas un poco holgadas durante unos cuantos días.

## *Aviso de seguridad: el moisés*

Muchos padres prefieren utilizar un moisés durante las primeras semanas de vida del niño para que el bebé pueda dormir por la noche con ellos en la habitación. De todos modos, debe tener en cuenta que los bebés crecen muy deprisa, por lo que un moisés que parece suficientemente grande para un niño de pocas semanas puede quedársele pequeño cuando cumpla dos meses. Para darle un uso más seguro y prolongado a la primera cama de su hijo, tenga en cuenta los siguientes aspectos antes de efectuar la compra:

1. El fondo del moisés debe estar bien sujeto para que no pueda desplomarse.
2. Debe tener una base amplia y ser muy estable para que no pueda ladearse aunque alguien se tropiece con él.

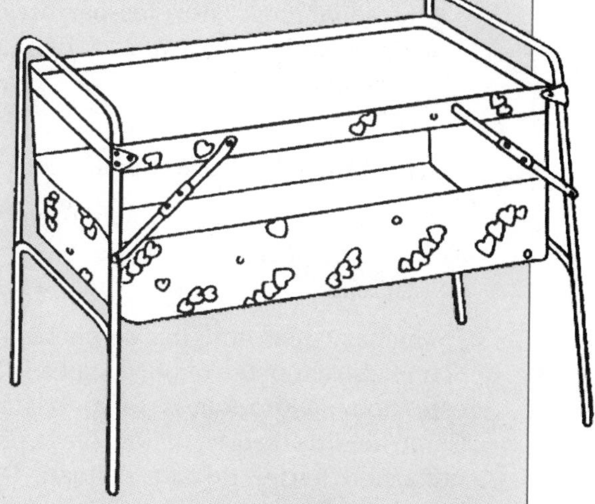

Si tiene patas plegables, asegúrese de que están correctamente fijadas antes de colocar al bebé. Debería cambiar a su hijo a una cuna cuando tenga aproximadamente un mes o cuando pese diez libras.

- Todos los niños deben llevar prendas de ropa no flamables. Revise las etiquetas. Estas prendas deben lavarse con detergentes para ropa, evitando productos que anulen las propiedades que retardan el fuego. Fíjese en las etiquetas de las prendas y de los productos de limpieza a la hora de elegir el detergente.
- Asegúrese de que el cierre de las entrepiernas se abra y se cierre fácilmente para poder cambiarle los pañales cómodamente.
- Evite cualquier prenda que le apriete a su hijo en el cuello, los brazos o las piernas. Estas prendas no sólo pueden ser peligrosas sino que, además, resultan muy incómodas.

## *Aviso de seguridad: Cunas*

La mayor parte del tiempo que su hijo pase en la cuna nadie lo supervisará. Por ello, debe ser un entorno lo más seguro posible. Las caídas son las lesiones más habituales, a pesar de que son los más fáciles de prevenir. Existen más probabilidades de que un niño se caiga de la cuna cuando el colchón se coloca demasiado alto o cuando la barandilla lateral se deja bajada.

Si usted utiliza una cuna nueva o fabricada a partir de 1985, esta cumplirá con, los requisitos de seguridad exigidos. Si tiene pensado utilizar una cuna más antigua, compruebe si cumple los criterios que figuran a continuación.

- La separación entre los barrotes de la cuna no deberá superar las 2⅜ pulgadas, para que al bebé no se le pueda quedar la cabeza atrapada.
- No debe haber ningún hueco en la cabecera ni en los pies de la cuna, para que el bebé no pueda meter la cabeza.
- Si la cuna tiene salientes puntiagudos en las esquinas, desatorníllelos o córtelos. Si la ropa del bebé se enganchara en los salientes, podría estrangularse.

Muchas cunas antiguas se pintaron con productos que tenían plomo. Si un bebé chupetea o mordisquea la barandilla de una cuna pintada con este tipo de productos (algo bastante habitual), podría intoxicarse. Como medida de precaución, lije la pintura vieja y vuelva a pintar la cuna utilizando barniz de alta calidad. Deje que la cuna se seque en una habitación bien ventilada. A continuación, coloque una cinta de plástico (de venta en la mayoría de tiendas de artículos para bebés) sobre la parte superior de la barandilla.

Puede evitar otros peligros relacionados con la cuna siguiendo éstas indicaciones:

1. Si compra un colchón nuevo, retire todas las envolturas de plástico del embalaje, pues un niño puede asfixiarse con ellas. Si desea colocar un forro grueso de plástico en el colchón, asegúrese de que se ajusta bien. Los forros con cremallera son los más recomendables.
2. En cuanto su bebé aprenda a sentarse, baje el colchón de la cuna para que no pueda caerse al apoyarse o asomarse por la barandilla o al intentar impulsarse hacia fuera. Cuando aprenda a ponerse de pie, coloque el colchón en la posición más baja posible. La mayoría de las caídas de la cuna tienen lugar cuando los bebés intentan saltar fuera

de ella; por lo tanto, cambie a su hijo a otra cama cuando mida 35 pulgadas o la altura de la barandilla de la cuna sea inferior a tres cuartos de la altura del niño.

3. Cuando la barandilla lateral de la cuna esté completamente bajada, debería quedar, como mínimo, 4 pulgadas por encima del colchón, incluso si éste está colocado en la posición más alta. Asegúrese de que el soporte que mantiene la barandilla subida está bien fijo para que el niño no pueda bajarlo de forma accidental. Cuando su hijo esté en la cuna, tenga siempre la barandilla subida.
4. El colchón debe ajustarse bien a la base de la cuna para que el bebé no pueda caerse en el hueco que queda entre aquél y el lateral de la cuna. Si usted puede introducir más de dos dedos entre el colchón y los laterales de la cuna, cambie el colchón por otro que se ajuste mejor.
5. Revise la cuna periódicamente para asegurarse de que no haya bordes cortantes o abrasivos en las partes metálicas, ni roturas o astillas en las de madera. Si ve marcas de dientes en la barandilla, cubra la madera con una cinta de plástico (de venta en la mayoría de tiendas de artículos para bebés).
6. Mientras su hijo sea un infante, utilice protectores. Asegúrese de que rodean la cuna por completo y están bien atados, con un mínimo de 6 cordeles o correas, para que no se caigan. Para evitar posibles estrangulamientos, no utilice correas de más de 6 pulgadas de longitud.
7. En cuanto su hijo aprenda a ponerse de pie, retire los protectores, así como todos los juguetes, cojines o peluches que sean lo suficientemente grandes como para que el bebé los pueda utilizar como escalones para saltar fuera de la cuna.
8. Si cuelga un móvil encima de la cuna del bebé, asegúrese de que queda bien fijo. Cuélguelo suficientemente alto para que su hijo no pueda tirar de él y retírelo de la cuna cuando el niño empiece a sentarse o bien cumpla cinco meses, lo que ocurra antes.
9. Los juguetes para hacer gimnasia deben retirarse de la cuna en cuanto el niño aprenda a ponerse a gatas. Aunque están diseñados para fomentar la capacidad de coger y tirar, los bebés pueden hacerse daño al caerse encima de ellos.
10. Para prevenir las caídas más graves, no coloque la cuna—ni cualquier otra cama infantil—al lado de una ventana.

- Lea las instrucciones para lavar las prendas. La ropa de un niño de cualquier edad debe ser fácil de lavar y apenas requerir planchado.
- *No* le ponga zapatos a un recién nacido. No los necesitará sino hasta que empiece a andar. Si se los pone antes, podría interferir el proceso de crecimiento de sus pies. Ocurre exactamente lo mismo con los calcetines y los pijamas con pies demasiado pequeños que se le dejan durante demasiado tiempo.

## Mobiliario y accesorios del bebé

Si entra en una tienda de artículos para bebés, probablemente le sobrecogerá la cantidad de productos disponibles. Unos pocos son imprescindibles, pero la mayoría, aunque tentadores, no son necesarios. De hecho, algunos ni siquiera son útiles. Para ayudarle a elegir entre todas las opciones posibles, a continuación hay una lista de los artículos que debería tener preparados para cuando nazca su hijo.

- Una cuna que cumpla todos los requisitos de seguridad (véase *Cunas*, página 16). Las cunas que se fabrican hoy en día tienen que satisfacer estos requisitos, pero, si piensa utilizar una de segunda mano, deber comprobar si los cumple o no. A menos que le sobre el dinero o que alguien se lo regale, no hace falta que se preocupe por adquirir un moisés. Enseguida se le quedará pequeño.
- Un colchón para la cuna que sea firme y que esté forrado de un material que sea fácil de lavar. Si el forro del colchón es de plástico o de cualquier otro material que no sea absorbente, coloque una base acolchonada lo suficientemente gruesa para que el cuerpo del bebé no esté directamente en contacto con la humedad provocada por el sudor, las babas o la orina.
- El interior de la cuna debe estar acolchado para evitar que el bebé se golpee la cabeza con los barrotes de la cuna. Asegúrese de que los protectores están bien atados a la barandilla de la cuna utilizando todos los cordeles. Los protectores deberán retirarse cuando el bebé empiece a ponerse de pie; pues podría subirse a ellos y saltar de la cuna. No es necesario y sí potencialmente peligroso poner almohadas en la cuna de un recién nacido.
- Ropa para la cuna, incluyendo un forro de franela impermeable para el colchón (más fresco y mucho más agradable que los de plástico o goma), dos sábanas a medida, y un edredón grande. No utilice nunca almohadones de tela fina rellenos de bolitas de espuma plástica. Estos almohadones han sido prohibidos por la *U.S. Consumer Product Safety Commission* (Comisión Seguridad de los Productos de Consumo en los E.U.) porque han estado implicados en treinta y seis casos de asfixia.
- Un cambiador que satisfaga todos los requisitos de seguridad (Véase *Cambiadores,* página 427). Es recomendable colocarlo sobre una alfombra o

colchoneta y apoyarlo en la pared, no en una ventana, para evitar posibles caídas. Coloque estantes o repisas para que los pañales, los ganchos y todo lo que necesite para cambiar al bebé esté a su alcance pero fuera del alcance del niño. Así no tendrá que alejarse del cambiador ni un segundo para ir a buscar algo.

- Un cubo de unos 10 litros con desodorante para los pañales. Si piensa lavar los pañales, necesitará un segundo cubo para separar los pañales que sólo estén mojados de los que lo estén sucios. Si usa un servicio de recogido y lavado de pañales, ellos le proveeran estos cubas.
- Una bañerita de plástico lo suficientemente grande para bañar al bebé. Como alternativa a la bañerita, puede utilizar el fregadero de la cocina para bañar a su hijo cuando sea un recién nacido, siempre que la disposición de los grifos lo permita. Pero, pasado el primer mes, es más seguro utilizar una bañera aparte, porque el niño podría abrir el grifo del fregadero. Asegúrese siempre de que el lugar donde va a bañar al niño está completamente limpio.

Todo lo que haya en la habitación del bebé debe estar limpio y sin polvo. (Para más información sobre este tipo de precauciones, véase el Capítulo 13). Todas las superficies, incluyendo las de las ventanas y el suelo, deben ser lavables. Y lo mismo debería ocurrir con todos los juguetes que haya por el suelo. A pesar de que los peluches se ven bien al lado de un recién nacido (parecen ser el regalo favorito de los amigos), tienden a atraer el polvo y pueden contribuir a congestionar la nariz. Puesto que el bebé no empezará a jugar activamente con ellos hasta que tenga varios meses, lo mejor es guardarlos hasta que pueda sacarles mejor partido.

Si el aire de la habitación del bebé está demasiado seco, es posible que su pediatra le recomiende utilizar un humidificador. Así, cuando su hijo esté resfriado, le ayudará a tener la nariz despejada. Si utiliza un humidificador, lávelo con frecuencia, tal y como se especifica en la instrucciones, y vacíelo cuando no lo vaya a utilizar. En caso contrario, podrían crecer bacterias y hongos en el agua estancada. Los vaporizadores no son recomendables debido al riesgo de quemaduras asociado.

Un objeto que puede estar seguro que hará las delicias de su bebé es un móvil. Busque uno de colores brillantes y formas variadas. Algunos llevan música incorporada. A la hora de comprar un móvil, mírelo desde abajo, para saber qué aspecto tiene desde el punto de vista de un bebé. Evite los modelos que resultan atractivos sólo vistos desde arriba o desde el lado—se diseñaron pensando más en los adultos que podían comprarlos que en los bebés. No se olvide de quitar el móvil de la cuna cuando su hijo cumpla cinco meses o en cuanto aprenda a sentarse, pues, a partir de este momento podrá cogerlo y estirar de él, existiendo el peligro de que se lastime.

Una mecedora, una caja de música y un tocadiscos o una casetera son otros elementos recomendables para la habitación de un bebé. El movimiento oscilante de la mecedora producirá en su hijo un efecto calmante mientras lo carga.

Escuchar una música suave cuando usted no esté cerca le ayudará a tranquilizarse y a conciliar el sueño.

Es aconsejable que las luces de la habitación del recién nacido sean poco intensas y dejar un punto de luz o una lamparita encendida por la noche. Así, le resultará más fácil comprobar cómo está el bebé y, cuando su hijo crezca, ver un poco de luz cuando se despierte por la noche le ayudará a sentirse más seguro. Compruebe que todas las luces e interruptores están fuera del alcance del bebé.

## Prepare a los hermanitos para la llegada del nuevo bebé

Si usted ya tiene otros hijos, debe planificar con mucho cuidado cómo y cuándo les va a dar la noticia. Si su hijo tiene cuatro años o más, debería saber que va a tener un hermanito en cuanto usted lo empiece a contar a sus amigos y familiares. También le debería informar sobre los aspectos fundamentales de la concepción y el embarazo, para que entienda su relación con su nuevo hermano. El cuento de la cigüeña y otros por el estilo pueden parecer bonitos, pero no le ayudan a un niño a entender ni a aceptar la nueva situación. Alguno de los libros de ilustraciones publicados sobre este tema pueden ayudarle a explicarle a su hijo "de dónde vienen los niños".

Si usted queda embarazada cuando su hijo tiene menos de cuatro años, puede dejar que pase cierto tiempo antes de darle la noticia. A esta edad los niños están todavía muy centrados en sí mismos y es difícil que logren entender un concepto tan abstracto como el de "un niño que todavía no ha nacido".

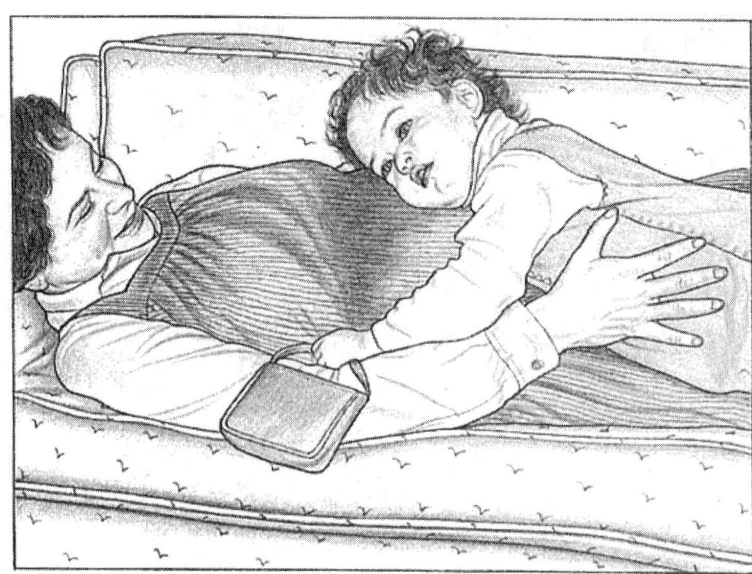

**Aproveche cualquier pregunta que le haga su hijo sobre "la barriga cada vez más grande de mamá" para explicarle lo que está pasando.**

Pero, en cuanto empiece a preparar la habitación del nuevo hermanito, a desempolvar su vieja cuna y a comprar ropa de bebé, le debería explicar qué es lo que está ocurriendo. Además, puede aprovechar cualquier pregunta que le haga su hijo sobre "la barriga cada vez más grande de mamá" para explicarle lo que está pasando. Los libros de ilustraciones pueden ser de gran ayuda para los niños pequeños. Incluso en el caso de que su hijo no le haga ninguna pregunta, háblele sobre su nuevo hermanito durante los últimos meses de embarazo. Si su hospital ofrece clases de preparación para hermanos, inscriba a su hijo para que pueda ver dónde nacerá su hermanito y dónde podrá ir a visitarle a usted. Póngale otras parejas de hermanos como ejemplo y dígale que pronto se va a convertir en el hermano mayor.

No le prometa a su hijo que todo volverá a ser igual cuando nazca su nuevo hermanito, porque no lo será, por mucho que usted lo intente. Pero asegúrele que le querrá tanto como ahora y ayúdele a entender el lado positivo de tener un hermanito.

Si su hijo tiene entre dos y tres años, es difícil darle la gran noticia. A esta edad, los niños están muy apegados a sus madres y todavía no entienden el concepto de compartir sus pertenencias, el tiempo o el afecto de su madre con otra persona. Además, les afectan mucho los cambios que tienen lugar en su entorno y pueden sentirse amenazados ante la idea de que se vaya a añadir un nuevo miembro a la familia. La mejor forma de evitar los celos es incluir al hermano mayor en los preparativos de la llegada del bebé. Déjele que le acompañe cuando vaya a comprar el ajuar, los muebles y demás artículos relacionados con el bebé. Enséñele

**Los libros de ilustraciones pueden ser de gran ayuda para los niños pequeños.**

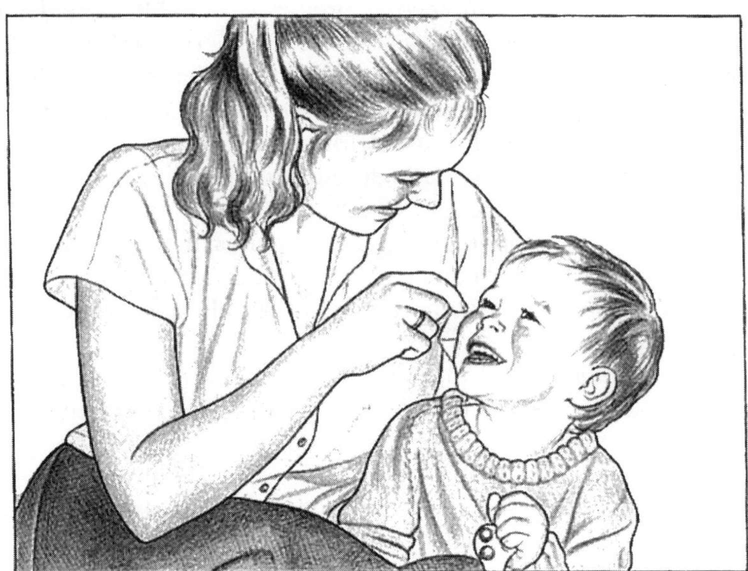

**Reserve cada día un tiempo especial para estar a solas con su hijo mayor.**

fotografías de cuando él era un recién nacido y, si piensa "reciclar" algunas de sus antiguas prendas y/o juguetes, déjele que juegue con ellos antes de empezar a prepararlos para el nuevo bebé.

Cualquier logro importante en la vida de un pre-escolar, como aprender a usar el inodoro, pasar de la cuna a la cama, cambiar de habitación, o empezar a ir al jardín infantil deberían completarse antes de la llegada del nuevo hermanito. Si no puede ser así, pospóngalos hasta que el bebé esté completamente instalado en casa. De lo contrario, es probable que su hijo mayor se sienta agobiado, cuando, a la convulsión provocada por la llegada del nuevo hermanito, se añada el estrés de los nuevos retos que se le plantean.

No se alarme si la noticia de que va a tener un bebé—o, más adelante, su nacimiento—desencadena en su hijo mayor conductas de carácter regresivo. Es posible que le pida de nuevo el biberón, que quiera volver a llevar pañales o que no quiera separarse de usted. Ésta es su forma de pedirle amor y atención y de demostrarse a sí mismo que todavía los merece y puede contar con ellos. En vez de reñirlo o de pedirle que se comporte como corresponde a la edad que tiene, simplemente acepte sus requerimientos y no se enfade con él. Aunque un niño de tres años que sabe usar el inodoro le pida a su madre que le ponga pañales durante unos días o un niño de cinco años reclame su vieja manta (que todo el mundo creía que ya había olvidado) durante una semana, ambos volverán a la rutina normal cuando se den cuenta de que siguen desempeñando un papel importante en la familia.

Por muy atareado o preocupado que esté con el nacimiento de su segundo hijo, asegúrese de que cada día reserva un tiempo especial para estar a solas con su hijo mayor. Léale cuentos, juegue con él, escuchen música juntos, o, simplemente, hable con él. Demuéstrele que le interesa lo que hace, lo que piensa y lo que siente —no sólo en lo que se refiere al bebé, sino a cualquier otro aspecto de la vida.

## Prepárese para el parto

Cuando el embarazo esté llegando a su fin, usted puede empezar a sentirse un poco inquieta. Deseará con todas sus fuerzas que nazca el bebé, pero, al mismo tiempo, le preocupará que pueda nacer antes de que esté todo listo. A medida que se acerque su fecha prevista de parto (y, en algunos casos, se supere), tendrá que atender innumerables llamadas de amigos y familiares que estarán casi tan inquietos y preocupados por su bienestar. Esta presión social, añadida a la incomodidad física propia del final del embarazo, puede hacer que el noveno mes le parezca interminable. Pero, como la historia va a tener un final feliz, lo mejor es intentar disfrutar de su tiempo libre tanto como pueda.

Si se organiza bien, podrá dejar listas algunas cosas que, en caso contrario, deberá dejar para después del parto. Por ejemplo:

- Haga una lista de la gente a la que se le tiene que dar la noticia del nacimiento, piense en el contenido y el diseño de la tarjeta y ponga las direcciones en los sobres con antelación.
- Prepare varios platos y congélelos. Es posible que no le apetezca meterse en la cocina cuando llegue el bebé.
- Busque alguien que le cuida al niño o alguien que le haga las tareas domésticas si es posible, y entreviste a las candidatas con antelación (Véase *Ayuda temporal para cuidar del bebé*, página 175). Incluso si cree que no necesitará ayuda, debería disponer de una lista de personas a quienes poder acudir por si las cosas no acaban siendo como usted cree.

Antes de empezar su noveno mes de embarazo, haga los preparativos de última hora para el parto. Su lista debería incluir lo siguiente:

- Nombre, dirección, y número de teléfono del hospital.
- Nombre, dirección, y número de teléfono del médico o enfermera partera que se encargará del parto, y de la persona que lo sustituiría en el caso de que no pudiera atenderle.
- La ruta más rápida y más directa al hospital o clínica.
- La ubicación de la entrada del hospital o clínica que deberá utilizar cuando vaya a dar a luz.
- El número de teléfono del servicio de ambulancias, por si necesitara utilizarlo en una situación de emergencia.

- El número de teléfono de la persona que le llevará al hospital (si esa persona no vive con usted).
- Un maletin con todo lo que necesitará para el parto y durante el tiempo que permanezca en el hospital, incluyendo articulos de tocador, ropa, direcciones y números de teléfono de amigos y familiares, material de lectura, una cobija y una muda de ropa para cuando el bebé salga del hospital.
- Una sillita de seguridad para llevar al bebé en el auto. Asegúrese de que cumpla todos los requisitos de seguridad. Colóquela mirando hacia atrás (debera seguir en esta posición durante los primeros 4 a 6 meses de vida del niño, o hasta que pese 20 libras o sea capaz de sentarse solo). Entonces, podrá colocarla mirando hacia adelante. (Para más detalles, véase *Asiento de seguridad para el auto*, en la página 442)
- Si tiene más hijos, defina quién va a cuidar de ellos mientras usted está en el hospital.

Cuando, al fin nazca su bebé, todas las esperas y las incomodidades del embarazo le parecerán insignificantes. De repente, va a encontrarse cara a cara con esa personita que ha estado tan cerca de usted, y al mismo tiempo tan extrañamente lejos, durante todos estos meses. El resto del libro trata sobre el niño en que se convertirá y el trabajo que le espera a usted y a su pareja, como padres.

2

# El parto y los primeros momentos

Dar a luz es una de las experiencias más extraordinarias en la vida de una mujer. A pesar de todos los meses de anticipación y preparación, el momento del nacimiento casi nunca es como se esperaba. Su parto puede ser más fácil o, contrariamente, exigir más esfuerzo físico del que usted había imaginado. Puede acabar en una sala de partos en lugar del cuarto para nacimientos en el que le habría gustado dar a luz o es posible que se le tenga que practicar una cesárea en lugar de un parto vaginal. Su salud, el estado del feto y las políticas del hospital determinarán lo que va a ocurrir exactamente. Pero, afortunadamente, independientemente de lo que a usted haya podido pensar durante el embarazo, el que el nacimiento de su hijo sea todo un "éxito" no dependerá de este tipo de cuestiones. Lo importante, en el fondo, es que, al fin, el bebé estará ahí, con usted, y sano.

## Parto vaginal rutinario

En un parto vaginal rutinario, la primera visión que tendrá de su hijo será la coronilla que podrá ver con la ayuda de un espejo. En cuanto salga la cabeza, el obstetra succionará la nariz y la boca del bebé y éste tomará la primera bocanada de aire. No hace falta que nadie le pegue en las nalgas o le dé una cachetada para que empiece a respirar, ni tampoco es imprescindible que llore; muchos recién nacidos hacen su primera inspiración en silencio.

Completada la parte más difícil del parto, suele haber una pausa antes del último empujón, que permite que el resto del cuerpo del bebé, mucho más estrecho que su cabeza, salga al exterior y sea recogido por los brazos del médico. Después de volver a succionar cuidadosamente la boca y la nariz del recién nacido, el médico se lo podra entregar a usted para que lo cargue y lo contemple.

Aunque haya visto fotografías de recién nacidos, la primera visión de su propio hijo le sorprenderá. Cuando abra los ojos, le mirará con curiosidad. Es posible que todo el movimiento del parto le haya activado, por lo que estará muy alerta y será muy receptivo a su voz, su contacto y su calor. Aproveche este momento de vivacidad que suele durar unas pocas horas: acarícielo, háblele, y contemple de cerca el niño que ha traído al mundo.

Al nacer, su hijo puede estar cubierto de una sustancia cremosa denominada vérnix. Esta cubierta protectora es producida al final del embarazo por las glándulas sebáceas de la piel del feto. También puede estar impregnado de líquido amniótico. Además, si en el parto ha habido episiotomía (corte quirúrgico) o rotura de tejidos en la zona vaginal, es posible que el niño nazca cubierto de sangre. Su piel, sobretodo la de la cara, puede estar bastante arrugada debido a la humedad y a la presión del parto.

Las proporciones y el tamaño de su bebé también le sorprenderán, sobre todo si se trata de su primer hijo. Por un lado, le costará hacerse a la idea de que un ser humano pueda ser tan pequeño. Y por otro, le parecerá mentira que una criatura tan "enorme" pudiera caber dentro de usted. Es posible que el tamaño de su cabeza le alarme. ¿Cómo es posible que haya pasado por el canal del parto? La respuesta está en su forma ligeramente alargada. La cabeza puede amoldarse a los contornos del canal del parto en el momento de pujar, estrechándose para poder pasar. Una vez fuera del canal del parto, es posible que le cueste varios días recuperar su forma ovalada normal.

Es posible que la piel de su hijo tenga al principio un tono ligeramente azulado, pero irá volviéndose rosada a medida que su respiración se normalice. Sus manos y sus pies estarán fríos y es posible que continúen así durante varias semanas hasta que el cuerpo del bebé se haya adaptado a la temperatura ambiental.

También es posible que tenga la sensación de que la respiración de su hijo es irregular y muy rápida. Mientras que usted hace entre doce y dieciséis inspiraciones por minuto, un recién nacido puede hacer hasta sesenta. También es posible que inspiraciones profundas ocasionales se alternen con secuencias de inspiraciones rápidas, breves y poco profundas seguidas de pausas breves. No deje que esto le preocupe. Es completamente normal durante los días inmediatamente posteriores al parto.

## Parto por cesárea

Más del veinte por ciento de los partos que tienen lugar en Estados Unidos son por cesárea. En este tipo de intervenciones se realiza una incisión en el abdomen de la madre que permite extraer al bebé directamente del útero, en lugar de obligarlo a atravesar el canal del parto. Las cesáreas se practican, bien cuando la madre ya ha pasado por otro parto de este tipo, o bien cuando el obstetra considera que la salud del bebé podría peligrar si naciera por parto vaginal. Generalmente, si el ritmo cardíaco del feto es demasiado lento o se hace irregular, el obstetra practicará una cesárea de emergencia en lugar de exponerse a los riesgos que, en tales circunstancias, implicaría un parto vaginal.

La experiencia de un parto por cesárea es muy distinta a la de un parto vaginal. La operación completa no suele durar más de una hora y—en función de las circunstancias—es posible que no se vaya de parto la mujer. Una diferencia importante es que exige administrar medicación, que afecta tanto a la madre como al bebé. Si se les deja elegir, la mayoría de mujeres prefieren que se les administre anestesia espinal ó epidural mediante una inyección en la espalda que bloquea el dolor. La administración de anestesia a ese area duerme el cuerpo de cintura para abajo, tiene relativamente pocos efectos secundarios y permite que la madre sea consciente de lo que va ocurriendo durante el parto. Pero a veces, sobre todo cuando es preciso practicar una cesárea de emergencia, se tiene que utilizar anestesia general, lo que implica que la madre no se enterará de nada durante el parto. Su obstetra y el anestesiólogo decidirán cuál enfoque es el más recomendable en función de las circunstancias médicas particulares de cada caso.

Debido a los efectos de la anestesia, los bebés que nacen mediante cesárea pueden tener dificultades para empezar a respirar y es posible que necesiten ayuda. Durante un parto por cesárea suele estar presente un pediatra u otro especialista en recién nacidos para examinar y, en caso de que sea necesario, atender al bebé inmediatamente después del nacimiento.

Si usted está despierta durante la operación, podrá ver al bebé en cuanto haya sido examinado y se haya comprobado que está sano. Después se lo llevarán a la sala de recien nacidos para que pase varias horas a temperatura controlada. De este modo, el personal del hospital podrá observarlo mientras va eliminado la anestesia y se va adaptando al nuevo medio.

En el caso de que tengan que administrarle anestesia general, es posible que permanezca dormida durante varias horas. Cuando, al fin, se despierte, probablemente se sentirá atontada y confundida y le dolerá la incisión que le han practicado en el abdomen. Pero pronto podrá coger a su bebé y enseguida recuperará el tiempo perdido.

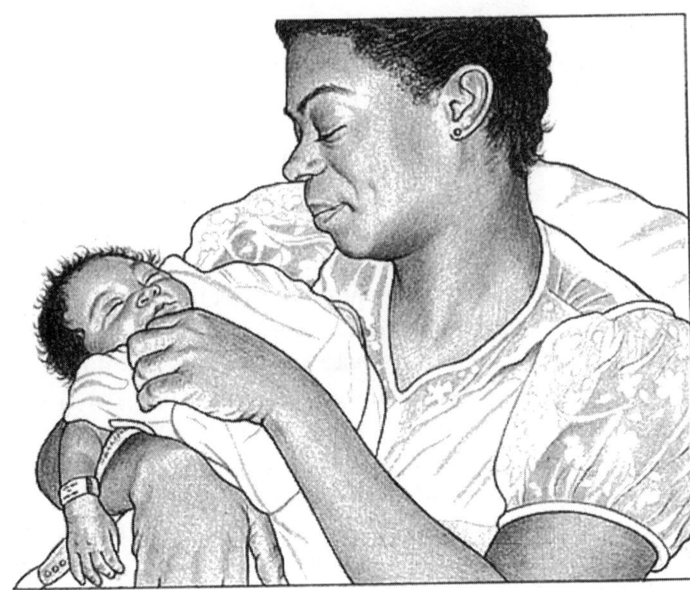

**Aunque haya visto fotografías de recién nacidos, se sorprenderá al ver por primera vez a su propio bebé.**

Los bebés que nacen por cesárea suelen tener mejor aspecto que los que nacen por parto vaginal, ya que, al no tener que atravesar el canal del parto, su cabeza, en lugar de deformarse, conserva su forma redondeada original.

No debe sorprenderle que durante las seis a doce horas que siguen al parto su hijo esté bajo los efectos de la anestesia y parezca un poco adormilado. Si tiene pensado darle el pecho, intente amamantarlo en cuanto se encuentre lo suficientemente recuperada. Por muy adormilado que parezca, alimentarse por primera vez fuera del útero le dará una buena razón para despertarse y encontrarse con su nuevo mundo—¡y con usted!

## Procedimientos que siguen a un parto vaginal normal

Cuando le acerquen a su hijo después de haber tenido un parto vaginal rutinario, el cordón umbilical seguirá unido a la placenta. Es posible que el cordón siga latiendo durante varios minutos, suministrando al bebé el oxígeno que necesita mientras va estableciendo su propia respiración. En cuanto el cordón umbilical deje de latir, se colocará una grapa en su extremo terminal y se cortará. (Puesto que el cordón umbilical no contiene ningún nervio, el bebé no experimenta ningún dolor durante este proceso). La grapa seguirá allí durante un período de tiempo que oscilará entre las veinticuatro y las cuarenta y ocho horas o hasta que el cordón esté seco y haya dejado de sangrar. El muñón umbilical que quede después de retirar la grapa se caerá por si solo al cabo de entre diez días y tres semanas.

Cuando usted haya podido ver y tomar a su bebé en brazos durante unos momentos, lo secarán para evitar que se enfríe demasiado. Así mismo, el médico y la enfermera lo examinarán brevemente para asegurarse de que no presenta ninguna anormalidad o problema obvio. Un minuto después del nacimiento y, de nuevo, al cabo de cinco minutos, le aplicarán la escala Apgar (véase la página 34), que evalúa el nivel de reactividad global de un recién nacido, y después lo envolverán en una cobija y se lo volverán a entregar.

## *La formación del vínculo*

Si usted tiene un parto sin complicaciones, podrá pasar la hora inmediatamente posterior al nacimiento de su hijo cargándolo, acariciándolo y observándolo. Puesto que los bebés suelen estar muy despiertos y activos durante este período, los investigadores lo han denominado el "período sensible".

Estos primeros intercambios de miradas, sonidos y contactos entre madre e hijo forman parte del proceso de formación del vínculo, que ayuda a sentar las bases de la relación materno-filial. Aunque tardará meses en conocer el temperamento básico y la personalidad de su hijo, muchas de las emociones que le provocará pueden empezar a gestarse durante este período tan breve que sigue al nacimiento. Cuando le mire y él le devuelva la mirada, siguiendo sus movimientos y, quizás incluso, reproduciendo algunas de sus expresiones, es posible que usted experimente una oleada de admiración, y deseos de protegerlo. Esto forma parte del proceso de apego.

También es posible y bastante normal que usted no experimente unos sentimientos tan cálidos y profundos hacia su bebé. El parto es una experiencia dolorosa y agotadora y su primera reacción ante el nacimiento de su hijo puede ser de alivio porque, al fin, se ha acabado. Si está agotada y decaída, es probable que tan sólo quiera descansar. Esto es perfectamente normal. Dése una media hora hasta que la tensión del parto se haya disipado y, después, pida que le traigan a su hijo. El proceso de establecimiento del vínculo no tiene límites temporales.

Si se llevan inmediatamente al bebé a la sala de recién nacados para que reciba atención médica o si a usted le administran sedantes durante el parto, no se angustie. No tiene que preocuparse pensando en que la relación con su hijo puede verse dañada porque no "se vinculó" con él durante sus primeras horas de vida. Usted querrá a su hijo con la misma intensidad a pesar de que no haya podido estar consciente durante el parto o cargarlo al nacer. Su hijo también reaccionará igual de bien, le querrá con la misma intensidad y se sentirá igual de apegado a usted.

Dependiendo de la política del hospital, es posible que el bebé sea pesado, medido y medicado antes de que abandone la sala de partos. Todos los recién nacidos tienen una ligera carencia de vitamina K, que es necesaria para los proceso de coagulación, por lo que se les pone una inyección de esta vitamina para evitar que sangren demasiado.

Puesto que las bacterias que hay en el canal del parto pueden infectar los ojos del bebé, le pondrán gotas antibióticas o pomada de nitrato de plata en los ojos, sea inmediatamente después del parto o luego, en la sala de recién nacidos, para evitar posibles infecciones.

Hay por lo menos otro procedimiento importante a realizar antes de que tanto usted como su bebé abandonen la sala de partos: se les entregarán etiquetas parejas donde figuren sus nombres y otros datos de identificación. Después de comprobar la corrección de los datos, le colocarán una etiqueta en la muñeca y la otra en la muñeca de su hijo. Cada vez que se lleven al niño y se lo vuelvan a traer, la enfermera comprobará ambos brazaletes para asegurarse de que coinciden. Muchos hospitales toman huellas de los pies de los bebés como precaución adicional.

## Procedimientos que siguen a un parto prematuro

Entre cinco y seis de cada cien niños nacidos en este país son prematuros. Puesto que estos niños nacen antes de que estén físicamente preparados para abandonar el útero materno, suelen tener problemas. Por este motivo, los niños prematuros reciben atenciones y cuidados médicos especiales inmediatamente después del parto. Dependiendo de lo que se haya adelantado el niño, es posible que el pediatra consulte a otro pediatra (el neonatólogo), especializado en cuidados intensivos de bebés prematuros, para que determine si necesita un tratamiento especial y, en caso afirmativo, qué tipo de tratamiento necesita.

Si su hijo nace prematuramente, es posible que no tenga el aspecto ni el comportamiento propio de un bebé a término. Mientras que un bebé a término promedio pesa unas 7 libras al nacer, un bebé prematuro puede pesar 5 libras e incluso menos. Cuanto más se adelante, más pequeño será el bebé, más grande parecerá su cabeza en relación con el resto del cuerpo y menos grasa tendrá. Con tan poca grasa, su piel parecerá más fina, casi trasparente, dejando entrever las venas que pasan por debajo. Sus rasgos serán más penfilados que los de un recién nacido a término y probablemente no estará impregnado de vérnix, la capa cremosa so que suele recubrir el cuerpo de un recién nacido a término, puesto que ésta se produce cuando el embarazo está avanzado.

Puesto que carece de esta capa de protección grasa, un bebé prematuro se enfriaría si se deja a temperatura ambiente. Por este motivo, inmediatamente después del nacimiento lo colocarán en una cuna cerrada dotada de un sistema de

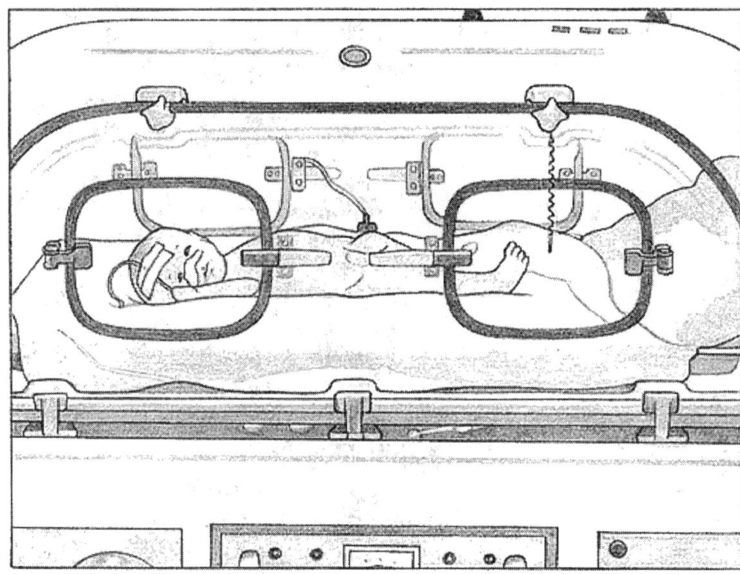

**Los bebés prematuros se colocan inmediatamente después del nacimiento en una cuna cerrada para que se mantengan calientes.**

regulación de la temperatura para que se mantenga caliente. Después del examen rápido realizado en la sala de partos, probablemente se lo llevarán a una sala de cuidados especiales.

Muchas veces los niños prematuros lloran muy bajito, si es que lloran, y pueden tener problemas para respirar. Esto se debe a que su sistema respiratorio aún no está lo suficientemente maduro.

Si el parto se adelanta más de dos meses, las dificultades respiratorias del bebé pueden ocasionarle graves problemas de salud, ya que es posible que no llegue suficiente oxígeno a los órganos del cuerpo. Para evitar que esto ocurra, los bebés prematuros están bajo estricta observación médica. Si precisan ayuda respiratoria, se les puede administrar oxígeno mediante mascarilla o se puede utilizar temporalmente un equipo especial de respiración asistida.

El hecho de que se lleven inmediatamente al bebé a la sala de recién nacidos resulta tan doloroso para la madre como importante es para el bebé recibir los cuidados especiales que necesita. Aparte de la preocupación por su estado de salud, la madre puede echar de menos la experiencia de estrecharlo entre sus brazos, amamantarlo y empezar a forjar el vínculo con su hijo inmediatamente después del parto. No podrá cargarlo ni tocarlo cuando ella lo desee ni tampoco tenerlo consigo en la habitación.

¿Cuál es la mejor forma de defenderse ante una experiencia como ésta? Solicitando ver a su hijo lo más pronto posible después del parto e insistiendo en que quiere hacerse cargo de él. Vaya a la sala de recién nacidos y pase con él todo el tiempo que permita el estado de salud de ambos. Si no se lo dejan cargar, tóquelo y acarícielo cuando esté en la cuna o a través de la puertecilla de la incubadora, si su estado lo permite. Déle el pecho siempre que sea posible o pídale a la enfermera que le facilite un extractor de leche para que pueda sacarse leche y dársela después al bebé; de este modo, estimulará la producción de leche y podrá amamantarlo cuando llegue el momento de hacerlo.

Cuanto más participe usted en el proceso de recuperación y más contacto tenga con el bebé durante estos momentos, mejor se sentirá con toda la situación y más fácil le resultará cuidar de su hijo cuando abandone la sala de recién nacidos. Si en una situación como la descrita, usted tiene preguntas, no dude en hacérselas a los médicos y al personal de enfermería. Además, no olvide que su pediatra también participará en el proceso, o, por lo menos, recibirá información puntualmente

## *Amamantar al bebé después del parto*

¿Piensa darle el pecho a su hijo? Si es así, infórmese previamente sobre cuál es la política del hospital en lo referente al amamantamiento en la sala de partos. Hoy en día, la mayoría de los hospitales recomiendan dar el pecho inmediatamente después de un parto rutinario, a menos que el bebé tenga un bajo puntaje en la escala Apgar o respire demasiado rápido, en cuyo caso conviene retrasar temporalmente la lactancia.

Dar el pecho inmediatamente después del parto es beneficioso para la madre, ya que hace que el útero se contraiga, reduciendo, de este modo, la hemorragia uterina. (La hormona que desencadena las contracciones del útero es la misma que estimula la producción de leche).

El mejor momento para empezar a darle el pecho a un bebé es durante la hora que sigue al nacimiento, ya que durante este período de tiempo los bebés están muy despiertos y hambrientos. Cuando usted acerque al bebé a su pecho, lo primero que hará será lamerlo. Después, ayudándole un poco, cogerá el pezón y lo chupará con fuerza durante varios minutos. Si retrasa mucho la lactancia, es posible que el bebé esté adormilado y le cueste más succionar eficazmente.

La leche materna como tal no empieza a fluir sino de tres a cinco días despues del el parto, pero el bebé recibe el calostro, un líquido poco más denso y amarillento que contiene proteínas y anticuerpos para protegerlo de las infecciones. El calostro no proporciona tantas calorías como la leche materna, pero sigue siendo una importante fuente de nutrición e inmunidad. (Para profundizar en el tema de la lactancia materna, véase el Capítulo 4).

sobre el tratamiento que esté recibiendo su hijo y, por lo tanto, podrá responder a la mayoría de las preguntas que usted tenga.

## Salida de la sala partos

Si usted da a luz en una habitación ó en una clínica de partos no convencional, probablemente no la moverán de allí por el momento. Si da a luz en la sala de partos de un hospital, se le trasladará a un área de recuperación donde estará en observación por los problemas que pudieran surgir, como las hemorragias uterinas. Mientras tanto, es posible que se lleven al bebé a la sala de recien nacidos o que lo examinen junto a usted.

En este primer examen, se evaluarán sus signos vitales: temperatura, respiración y ritmo cardíaco. El pediatra o la enfermera evaluará su color, su nivel de actividad y su respiración. Si no se le administró antes vitamina K ni gotas oculares, se le administrarán en este momento. Y, en cuanto haya controlado la temperatura suficiente, lo bañarán por primera vez y le pintaran el muñón umbilical con una tintura bactericida u otra medicina para evitar posibles infecciones. A continuación, lo envolverán en una cobija y, si usted lo desea, se lo entregarán a usted.

Después de tanta actividad durante sus dos primeras horas de vida extrauterina, probablemente su bebé se quedará profundamente dormido, lo que le permitirá a usted descansar y pensar en todo lo que ha ocurrido desde que empezaron los dolores del parto. Si tiene al bebé a su lado, probablemente lo mirará y se preguntará cómo ha podido ser la artífice de un milagro como ése. Es posible que unas emociones tan intensas barran temporalmente la sensación de agotamiento físico, pero no se engañe: en esos momentos usted necesitará relajarse, dormir y recuperar fuerzas. Va a tener mucho trabajo como madre.

## La Escala Apgar

En cuanto nazca su hijo, la enfermera programará un cronómetro para que suene, primero al cabo de un minuto y después al cabo de cinco minutos. Cuando pasen estos periodos de tiempo, una enfermera o un médico le practicará al bebé sus primeros "examenes" denominados escala Apgar.

Esta escala (que debe su nombre a su creadora, Virginia Apgar) ayuda al médico a evaluar la condición general del bebé al nacer. Con la escala se evalúan el ritmo cardíaco, la respiración, el tono muscular, los reflejos y el color del bebé. No permite predecir lo sano que crecerá o se desarrollará, ni tampoco lo brillante que será ni la personalidad que tendrá. Pero avisa al personal médico de si está más adormilado o si sus reacciones son más lentas de lo normal y/o si necesita algún tipo de atención especial para adaptarse al mundo que le espera fuera del vientre de su madre.

Cada característica recibe un puntaje individual y después se suman los puntajes parciales para obtener una puntuación total. Por ejemplo, un bebé que tenga un ritmo cardíaco superior a 100 pulsaciones por minuto, llore vigorosamente, se mueva activamente, haga muecas y tosa como reacción ante un cáteter nasal, pero tenga un tono azulado, obtendrá una puntuación Apgar de 8. Aproximádamente nueve de cada 10 recién nacidos en este país puntúan entre 8 y 10 en esta escala. Puesto que las manos y los pies de muchos recién nacidos permanecen azuladas hasta que aumenta su temperatura corporal, muy pocos bebés obtienen una puntuación de 10.

Si un bebé obtiene un puntaje Apgar entre 5 y 7 al minuto de nacer, es posible que haya tenido algunos problemas durante el parto que redujeron el aporte de oxígeno. En tal caso, el personal médico probablemente lo secará vigorosamente con una toalla mientras se le suministra oxígeno por la nariz. El bebé debería empezar a respirar profundamente, incrementándose el aporte de oxígeno, de tal modo que en el segundo examen de la escala Apgar, cinco minutos después del nacimiento, obtenga un puntaje entre 8 y 10.

Un porcentaje reducido de recién nacidos tiene un puntaje inferiora 5. Por ejemplo, los bebés prematuros o que nacen mediante cesárea de emergencia tienen más probabilidades de obtener índices bajos que los bebés a término que nacen en partos vaginales sin complicaciones. La obtención de índices tan bajos puede deberse a las dificultades que tuvo el bebé durante el parto o a problemas en su sistema respiratorio o cardíaco.

### Puntuaciones de la Escala Apgar

| **Puntuación** | **0** | **1** | **2** |
|---|---|---|---|
| **Ritmo cardíaco** | Ausente | Menos de 100 pulsaciones por minuto | Más de 100 pulsaciones por minuto |
| **Respiración** | Ausente | Lenta, irregular (gemidos) | Fuerte, regular (llanto fuerte) |
| **Tono muscular** | Flácido | Leve flexión de las extremidades | Movimiento activo |
| **Reflejos*** | Nulos | Muecas | Muecas, tos o estornudos |
| **Color** | Azul o pálido | Cuerpo sonrosado, manos y pies azulados | Completamente sonrosado |

* Los reflejos se evalúan colocando un catéter o bomba succionadora en la nariz del bebé y observando su reacción.

Si un bebé obtiene una puntuación muy baja en la escala Apgar, se le suele colocar una mascarilla para bombearle oxígeno directamente a los pulmones. Si no empieza a respirar por si solo en pocos minutos, se le coloca un tubo en la tráquea y se le administran fluidos y fármacos a través de una de las venas del cordón umbilical para fortalecer su ritmo cardíaco. Si la puntuación sigue siendo baja después de aplicar este tratamiento, se le trasladará a la sala de cuidados especiales para que reciba una atención médica intensiva.

# 3

# Cuidados básicos del bebé

Cuando nazca su bebé, es posible que se sienta agobiada por todo el trabajo que se le avecina. Hasta las tareas más rutinarias, como cambiarle los pañales o vestirlo, pueden llenarle de ansiedad—sobre todo si no ha convivido antes con bebés. Pero en poco tiempo adquirirá la experiencia y la confianza que necesita para ser una buena madre y, además, no va a estar sola. Mientras esté en el hospital, el personal de enfermería y el pediatra de su hijo le darán instrucciones y resolverán sus dudas. Más adelante, su familia y amigos pueden serle de gran ayuda; no dude en pedírsela. De todos modos, será su hijo quien le trasmitirá la información más importante: cómo le gusta que lo traten, le hablen, lo carguen y lo tranquilicen. Despertará en usted el instinto maternal, que le guiará de una forma bastante automática hacia muchas de las respuestas correctas, casi desde el mismo momento del nacimiento.

Los siguientes secciones intentan responder a las preocupaciones y preguntas más habituales de los padres durante los primeros meses de vida de su hijo.

# Día a día

## Qué hacer cuando su hijo llora

El llanto de un recién nacido cumple múltiples funciones. Le permite pedir ayuda cuando tiene hambre o se siente molesto. Le permite desconectarse de sonidos, visiones u otras sensaciones demasiado intensas para él. Y le ayuda a tranquilizarse.

También notará que en ciertos momentos del día su hijo se pone a llorar, a pesar de no estar hambriento, molesto ni cansado. Nada de lo que haga logrará calmarlo, pero comprobará que después de estas "crisis", parecerá estar más alerta que antes y que, al cabo de un rato, se quedará profundamente dormido. Parece que estos llantos repentinos ayudan a los bebés a "quemar" la energía que les sobra, calmándolos y permitiéndoles conciliar el sueño.

Si se fija atentamente en las distintas formas de llorar que tiene su hijo, pronto sabrá distinguir cuándo necesita que lo cargue, lo consuele o se incline sobre él y cuando es mejor que lo deje solo. Es posible que, incluso, aprenda a identificar necesidades específicas de su hijo por el modo que tiene de llorar. Por ejemplo, el llanto de hambre suele ser corto y grave, con subidas y bajadas de intensidad. El llanto de enfado suele ser más turbulento y el de dolor o malestar suele ser repentino y sonoro, empezando con un chillido largo y agudo, seguido de una larga

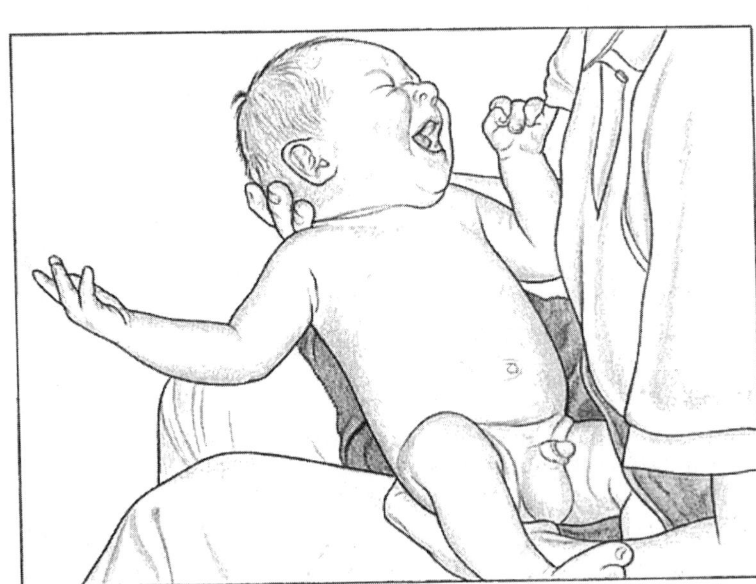

**No tardará mucho tiempo en aprender qué es lo que le está intentando decir su hijo cuando llora.**

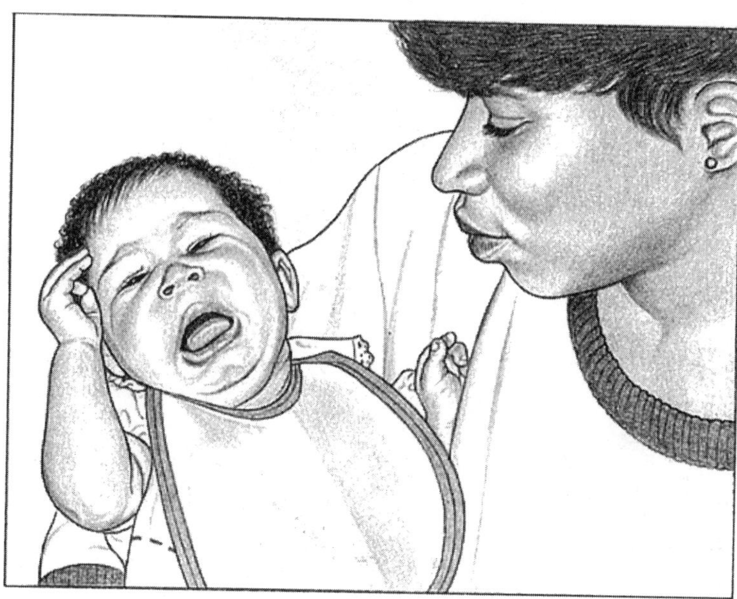

**Durante los primeros meses, responda con prontitud al llanto de su hijo. Por el hecho de prestarle atención, no lo va a malcriar.**

pausa, para acabar con un gemido uniforme. El llanto de "quiero estar solo" suele ser bastante parecido al de hambre. No le costará mucho tiempo aprender qué es lo que le está intentando decir su hijo cuando llora.

A veces pueden mezclarse varios tipos de llantos distintos. Por ejemplo, los recién nacidos suelen despertarse hambrientos y lloran porque tienen hambre. Si usted no acude en seguida, el llanto de hambre puede dar paso a un grito de rabia. Oirá la diferencia. A medida que el bebé vaya madurando, sus llantos se irán haciendo más fuertes, más sonoros y más insistentes. También presentarán mayor variabilidad, como si trasmitieran diferentes necesidades y deseos.

La mejor forma de afrontar el tema del llanto durante los primeros meses es responder con prontitud cuando su hijo llore. Por el hecho de prestarle atención, no va a "malcriar" a ningún bebé; y, si usted responde a sus llamadas de ayuda, llorará menos en general.

Cuando responda al llanto de su bebé, intente satisfacer en primer lugar su necesidad más apremiante. Si tiene frío y hambre y sus pañales están mojados, déle calor, cámbielo y aliméntelo. Si el llanto parece más bien un chillido, debería considerar la posibilidad de que se haya abierto alguno de los imperdibles que sujetan el pañal o que se haya enredado un mechón de pelo en un dedo. Si está abrigado, seco y alimentado, pero no hay forma de calmarlo, ensaye las siguientes técnicas de consuelo para encontrar las que funcionen mejor con su bebé.

- Arrúllelo ya sea en una mecedora o en sus brazos, balanceándose, de un lado a otro.

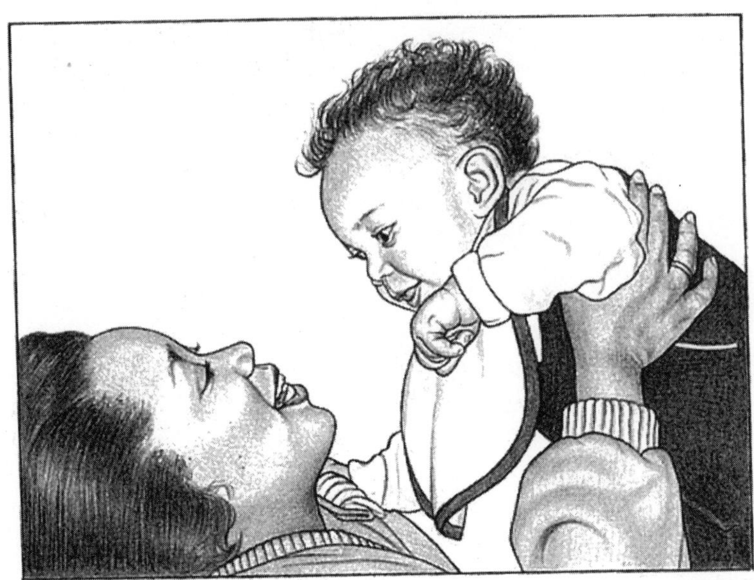

**Disfrute de todos esos momentos maravillosos con su hijo.**

- Acarícielo suavemente en la cabeza o déle unas palmaditas en la espalda o en el pecho.
- Arrópelo o envuélvalo en un arrullo bien ajustado.
- Háblele o cántele algo.
- Póngale música suave.
- Paséelo un rato en brazos, o en el cochecito.
- Paséelo en el auto.
- Expóngalo a un ruido rítmico o a una vibración.
- Hágale eructar para que pueda expulsar los gases acumulados.
- Un baño tibio (a la *mayoría* de bebés les encanta, pero no a todos).

A veces, si todo esto falla, lo mejor es simplemente dejarlo solo. Muchos bebés no saben conciliar el sueño sin llorar antes y tardan mucho menos en dormirse si se les deja llorar a sus anchas durante un rato. De todos modos, el llanto no debería durar mucho si el niño está realmente cansado.

Si, después de intentarlo todo, el bebé sigue llorando desconsoladamente, podría estar enfermo. Tómele la temperatura (véase *Cómo tomar la temperatura rectal*, en la página 64). Si supera los 100° Fahrenheit ó 37.77° centigrados (rectales), podría tener una infección. En tal caso, póngase en contacto con el pediatra.

Cuanto más relajado, esté más fácil le resultará consolar al niño. Hasta los bebés más pequeños son capaces de percibir la tensión que les rodea y reaccionan ante ella llorando. Escuchar los sollozos de un recién nacido puede ser muy angustioso, pero, si deja que su frustración se convierta en enfado o pánico, sólo conseguirá intensificar el llanto del bebé. Si siente que no puede hacerse cargo de la situación, pida ayuda a otro miembro de la familia o a un amigo. Así, no sólo se podrá desconectar un poco, sino que es posible que una cara nueva logre calmar al niño. Por muy enfadado o impaciente que se sienta, no sacuda al bebé. Sacudir un bebé puede provocarle ceguera, lesiones cerebrales e, incluso, la muerte.

Sobre todo, no se tome el llanto de su bebé como algo personal. Su hijo no llora porque usted sea una mala madre o un mal padre o porque no le quiere. Todos los bebés lloran, a menudo sin motivo aparente. Los recién nacidos lloran habitualmente un total de entre una y cuatro horas al día. Esto forma parte de su proceso de ajuste a una nueva y extraña forma de vida fuera del vientre de su madre.

Ninguna madre puede calmar a su hijo *cada* vez que llora, o sea que no espere hacer milagros con su hijo. En lugar de ello, sea realista, pida ayuda y déjese ayudar, descanse lo suficiente y disfrute de todos esos momentos maravillosos con su hijo.

## Cómo ayudar a su hijo a conciliar el sueño

Al principio, su hijo no sabrá distinguir entre el día y la noche. Su diminuto estómago le permite estar satisfecho sólo durante tres o cuatro horas, por lo que no hay más remedio que alimentarlo a intervalos regulares durante las 24 horas del día en las primeras semanas de vida. De todos modos, incluso a esta edad, puede empezar a enseñarle a su hijo que la noche es para dormir y el día para jugar. Para ello, intente que las tomas nocturnas pasen lo más desapercibidas posible: no encienda la luz ni alargue demasiado el cambio de pañales. En lugar de jugar un rato con su hijo, vuélvalo a acostar en cuanto lo haya alimentado y cambiado. Si duerme más de tres o cuatro horas seguidas, sobre todo cuando la tarde esté ya muy avanzada, despiértelo y juegue un rato con él. Así tendrá más sueño "acumulado" y dormirá mejor por la noche.

## La mejor postura para dormir

Durante muchos años y hasta hace relativamente poco tiempo se recomendaba que los lactantes, sobre todo desde el nacimiento hasta los cuatro meses de edad, debían ser colocados boca abajo para dormir. Se creía que ésta era la mejor forma de evitar la asfixia por aspiración (bloqueo de la tráquea por comida) en caso de que vomitaran o escupieran comida. *Sin embargo, investigaciones recientes indican que la postura más segura es boca arriba, sobre todo en lo que se refiere al Síndrome de Muerte Súbita del Lactante (SMSL). Por lo tanto, la Academia Americana de Pediatría recomienda que los lactantes sanos se coloquen boca arriba para dormir.* El

## *Cómo duerme su hijo*

Incluso antes de nacer, los días de su hijo estaban divididos en períodos de sueño y de vigilia. A partir del octavo mes de embarazo, o incluso antes, sus períodos de sueño constaban ya de las dos fases claramente diferenciadas que todos experimentamos:

1. **Sueño MOR***, La fase en que se sueña. Durante esta fase, los ojos del lactante se mueven debajo de los párpados, que permanecen cerrados, casi como si estuviera observando lo que está pasando en su sueño. También puede tener sobresaltos, dar patadas, hacer muecas y sacudir manos y pies. Todo ello son manifestaciones normales del sueño MOR.
2. **Sueño no-MOR,** integrado, a su vez, por cuatro subfases: somnolencia, sueño ligero, sueño profundo y sueño muy profundo. A medida que el lactante va avanzando desde la somnolencia hasta el sueño muy profundo, va reduciéndose paulatinamente su ritmo de actividad, su respiración se hace más lenta y se vuelve muy silenciosa, de tal modo que en el sueño muy profundo el bebé está prácticamente inmóvil. Durante esta fase sueña muy poco o nada en absoluto.

Al principio, su hijo, como todo recién nacido, dormirá hasta dieciséis horas diarias, en períodos de tres o cuatro horas de duración distribuidos uniformemente entre tomas.

Cada uno de estos períodos incluirá cantidades relativamente iguales de sueño MOR y no-MOR, organizadas en el siguiente orden: 1. somnolencia; 2. sueño MOR; 3. sueño ligero; 4. sueño profundo; 5. sueño muy profundo.

Pasados entre dos y tres meses, el orden cambiará, de tal modo que, cuando sea mayor, su hijo pasará por todas las fases de sueño no-MOR antes de entrar en el sueño MOR. Esta pauta perdurará durante el resto de su vida. A medida que se vaya haciendo mayor, la cantidad de sueño MOR irá disminuyendo y su sueño se irá haciendo cada vez más tranquilo. Alrededor de los tres años, sólo un tercio o menos del tiempo total de sueño será de tipo MOR.

*MOR-Movimiento Oculares Rápidos

motivo exacto de por qué esta postura es más segura no está del todo claro, pero puede deberse al hecho de que el lactante colocado boca abajo obtiene menos oxígeno o elimina menos dióxido de carbono porque está “volviendo a respirar” el aire contenido en la pequeña bolsa formada por la ropa de cama que le rodea la nariz. Aunque la postura adoptada no es probablemente la única causa del Síndrome de Muerte Súbita del Lactante, parece estar tan relacionada con este síndrome que la Academia Americana de Pediatría se siente obligada a hacer esta recomendación. Pero queremos dejar claro que existen algunas excepciones, que su pediatra se encargará de comentar con usted.

Esta recomendación se aplica a todo el primer año de vida de un niño. Sin embargo, es especialmente importante durante los primeros seis meses, cuando la incidencia del SMSL es mucho mayor.

También es importante que evite colocar la cabeza del bebé sobre superficies blandas y porosas, como una almohada o un edredón. Si la cara del bebé se hunde demasiado en tales superficies, el paso del aire podría quedar bloqueado. Un colchón firme cubierto por una sábana es el lugar más seguro para que duerma un lactante.

A medida que su hijo crezca, su estómago también crecerá y podrá aguantar más tiempo sin comer. Probablemente a usted le gustará saber que más del 90 por ciento de los bebés de tres meses duermen entre seis y ocho horas seguidas por la noche. La mayoría de los lactantes son capaces de aguantar tanto tiempo sin comer cuando pesan unas 12 o 13 libras. Por lo tanto, si el suyo es un bebé grande, es posible que aguante toda la noche sin comer incluso antes de cumplir tres meses. Por mucho que le puedan animar estas palabras, no espere que los problemas de sueño se acaben de golpe. La mayoría de los niños tienen altas y bajas: duermen plácidamente durante varias semanas, e incluso meses, y luego vuelven a la pauta de despertarse varias veces por la noche. Es posible que esto se relacione con los períodos de crecimiento rápido, los denominados "estirones", en los que aumentan las necesidades alimenticias o, más adelante, con la dentición u otros cambios del desarrollo.

De vez en cuando tendrá que ayudar a su hijo a conciliar el sueño o a volver a dormirse. Sobre todo cuando aún sea un recién nacido, probablemente le resultará más fácil conciliar el sueño si usted lo estimula suavemente de forma continua. A algunos lactantes les sirve que los mezan, los paseen de un lado a otro, les den palmaditas en la espalda o les pongan un chupete en la boca. A otros los calma la música de la radio o de una grabadora a bajo volumen. Hasta el sonido lejano de la televisión puede actuar como ruido de fondo reconfortante. Sin embargo, hay algunos estímulos sonoros que resultan irritantes para un bebé como, el sonido del teléfono, el ladrido de un perro o el ruido de una aspiradora.

No hay ningún motivo para obligar a un bebé a dormir siempre en su cuna. Si, por cualquier motivo, usted prefiere tenerlo cerca mientras duerme, utilice su asiento de seguridad o un moisés como cuna temporal y así podrá moverlo por toda la casa cuando cambie de sitio. (Si no tiene un moisés "oficial", él se encontrará perfectamente bien en un cesto acolchado).

## Nuestra posición

A partir de la evaluación de los datos de que disponemos actualmente sobre el SMSL, la Academia Americana de Pediatría recomienda que los lactantes sanos deben domir boca arriba, es decir, sobre la espalda. A pesar de lo que cree mucha gente, no existen pruebas de que las asfixias por aspiración sean más frecuentes en los lactantes acostados sobre la espalda (posición supina) en comparación con otras posturas. De todos modos, en algunas circunstancias, existen buenos motivos para colocar a algunos lactantes boca abajo, es decir, sobre el vientre. Le instamos a que comente su caso particular con el pediatra.

## Pañales

Hasta que aparecieron los pañales desechables en el mercado, hace unos 35 años, la única opción posible era utilizar pañales de tela que requerían lavarse. Hoy en día, los pañales desechables satisfacen las necesidades y las expectativas de la mayoría de los padres y representan más del 80% de los pañales utilizados en todos los países industrializados. Sin embargo, la elección del pañal es una decisión que debe tomar cualquier padre. Lo ideal es que elija entre los pañales de tela o los desechables antes de que nazca el niño, para que pueda contar con un buen suministro o contratar un servicio de lavado con suficiente antelación. Para que tenga una idea, la mayoría de los recién nacidos gastan aproximadamente diez pañales al día.

**Pañales desechables.** La mayoría de los pañales desechables de hoy en día tienen una capa interna que está en contacto con la piel del niño para mantenerlo seco, un núcleo absorbente hecho de pasta de celulosa purificada y polímeros superabsorbentes, y una cubierta externa impermeable. Pueden tener elásticos en la cintura y las piernas para que ajusten mejor y, de este modo, evitar que se salga la orina, y distintos tipos de bandas adhesivas para poder ponerlos y quitarlos con más facilidad. Con el paso de los años, los pañales desechables se han hecho más delgados y ligeros, al tiempo que siguen satisfaciendo las necesidades de contención, comodidad, facilidad de uso y protección de la piel.

Para ponerle un pañal a un bebé, colóquelo sobre el pañal abierto de tal modo que las bandas adhesivas queden en la espalda del bebé y doble la parte delantera del pañal entre las piernas del niño. A continuación, coja los dos extremos posteriores del pañal, colóquelos sobre el vientre del bebé y presiones sobre las bandas adhesivas para que quede bien ajustado. Después de quitarle al bebé un pañal sucio, tire al inodoro las deposiciones que estén sueltas pero nunca el pañal

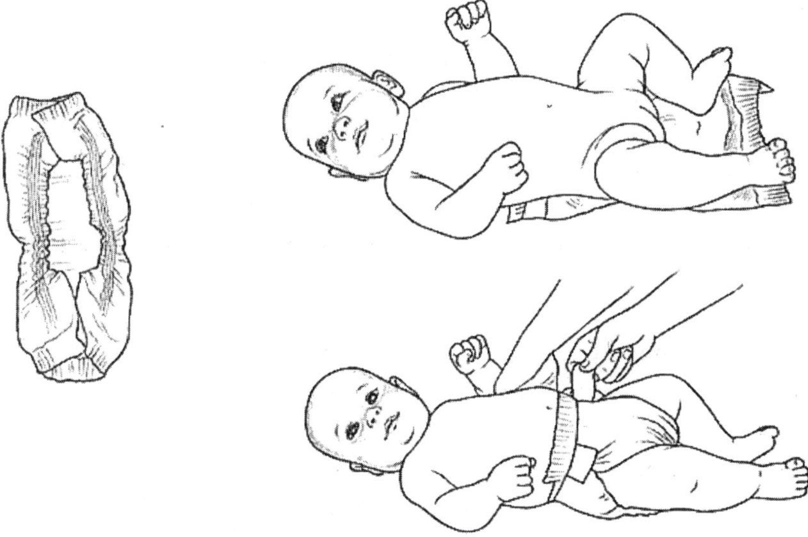

entero porque podría tapar las tuberías. Envuelva el pañal en su cubierta exterior y tírelo a la basura.

**Pañales de tela.** Al igual que los pañales desechables, los pañales de tela han mejorado con el paso de los años, y actualmente existe una gran variedad de texturas y absorbencias. El pañal original de una sola capa de algodón ha sido substituido por el pañal rectangular de dos capas de algodón con una franja central de múltiples capas o rellena de hilo. La mayoría de los padres los ajustan con imperdibles. Para evitar pinchar al niño con los imperdibles, se debe colocar la mano entre el imperdible y la piel del bebé. También puede utilizar cinta adhesiva especial para pañales, que se adhiere a la ropa. La forma correcta de colocar un pañal de tela se muestra en los diagramas de las próximas páginas. Para evitar que se moje la ropa o la cama del bebé, los pañales de tela se pueden cubrir con un pantaloncito de plástico o una faja impermeable. También existen pañales de tela que se venden con la faja incorporada.

Si desea usar un servicio de suministro de pañales, averigüe bien antes de escoger uno. Lo ideal es que este servicio recoja los pañales sucios y deje pañales limpios dos veces por semana. Algunos servicios piden que les entreguen los pañales enjuagados, mientras que otros prefieren que se los entreguen tal como están, con todo y excrementos, en un balde para pañales.

Si no cuenta con un servicio de lavado o decide lavarlos en casa, manténgalos separados del resto de la ropa. Después de tirar al inodoro las heces que no estén adheridas al pañal, enjuáguelos en agua fría y después déjelos en remojo con un detergente suave y blanqueador. A continuación, escúrralos y lávelos con agua caliente.

## *Cómo cambiar a su bebé*

Antes de empezar a cambiar a su bebé, asegúrese de que tiene a mano todo lo que va a necesitar. No deje nunca a su hijo a solas en el cambiador—ni siquiera por un segundo. Muy pronto aprenderá a darse vuelta y, si lo hace cuando sus ojos o su atención están en otra parte, podría resultar lesionado.

Para cambiar a un recién nacido, necesitará:

- un pañal limpio (e imperdibles, si va a utilizar un pañal de tela)
- pomada o vaselina (a utilizar sólo en el caso de que el bebé tenga salpullido)
- motas de algodón y una vasija pequeña con agua tibia y un paño para lavar al bebé (también se pueden utilizar toallitas limpiadoras para niños, aunque algunos bebés no las toleran; si aparece alguna irritación, deje de utilizarlas)
- talco para bebé (si lo recomienda el pediatra)

Esto es lo que tiene que hacer:

1. Retire el pañal sucio y utilice algodones y agua tibia para limpiar suavemente al bebé (recuerde que en las niñas deberá proceder de delante hacia atrás).
2. Utilice el paño húmedo para limpiar a fondo la zona cubierta por el pañal.
3. Utilice la pomada para la irritación en la piel recomendada por el pediatra, si es necesario.
4. Póngale el nuevo pañal tal y como se muestra en las próximas páginas.

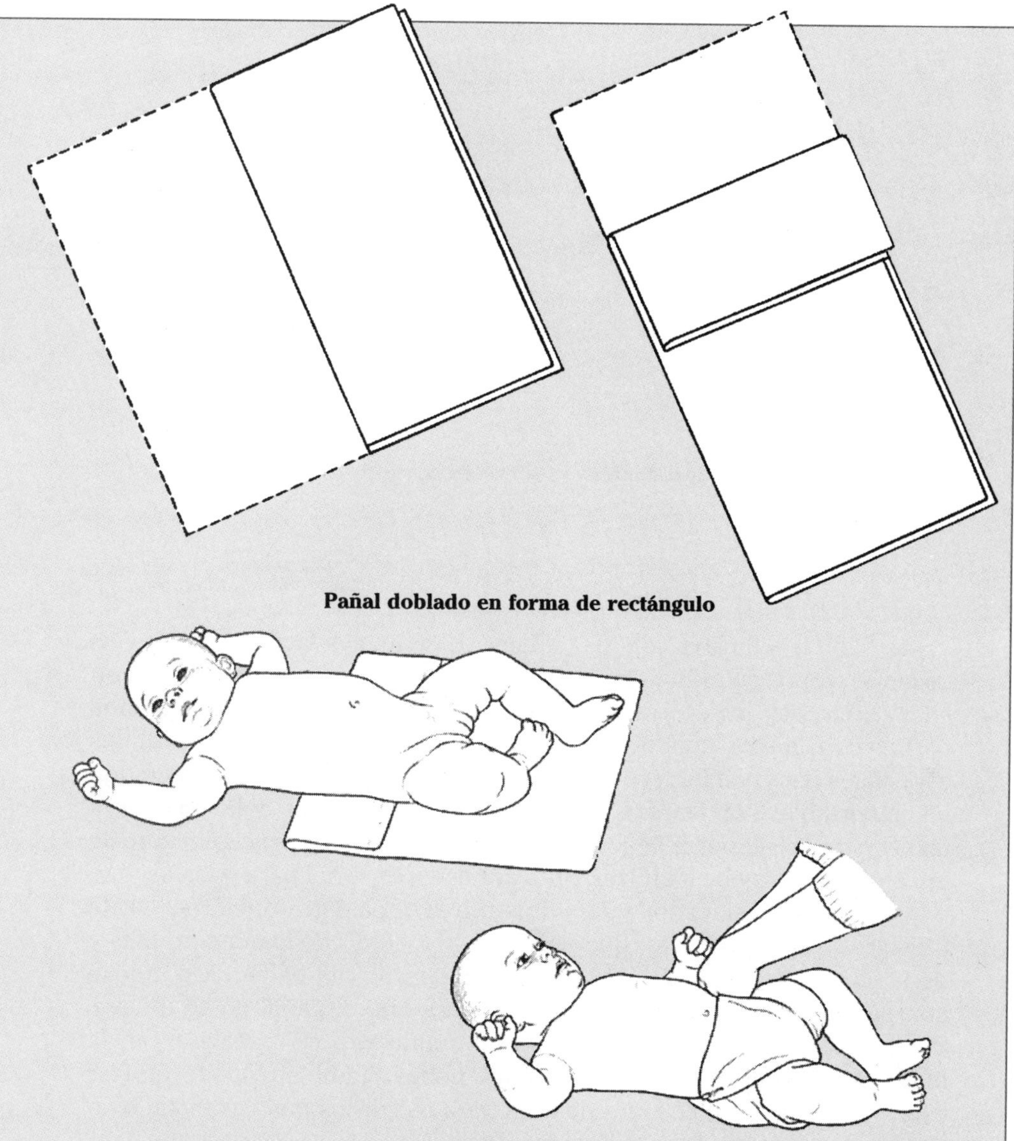

Pañal doblado en forma de rectángulo

Los pañales de tela se pueden comprar ya doblados en forma de rectángulo (14 × 20 pulgadas) o en cuadrados de unas 27 pulgadas de lado, que usted puede doblar de distintas formas para que se ajusten mejor al cuerpo del bebé. Al principio, tendrá que doblar un tercio del pañal por el extremo superior para que no resulte demasiado largo. Así, también conseguirá aumentar su absorbencia. Si el pañal tiene una zona más acolchada y su hijo es varón, colóquela delante. Si se trata de una niña, la zona acolchada deberá ir detrás.

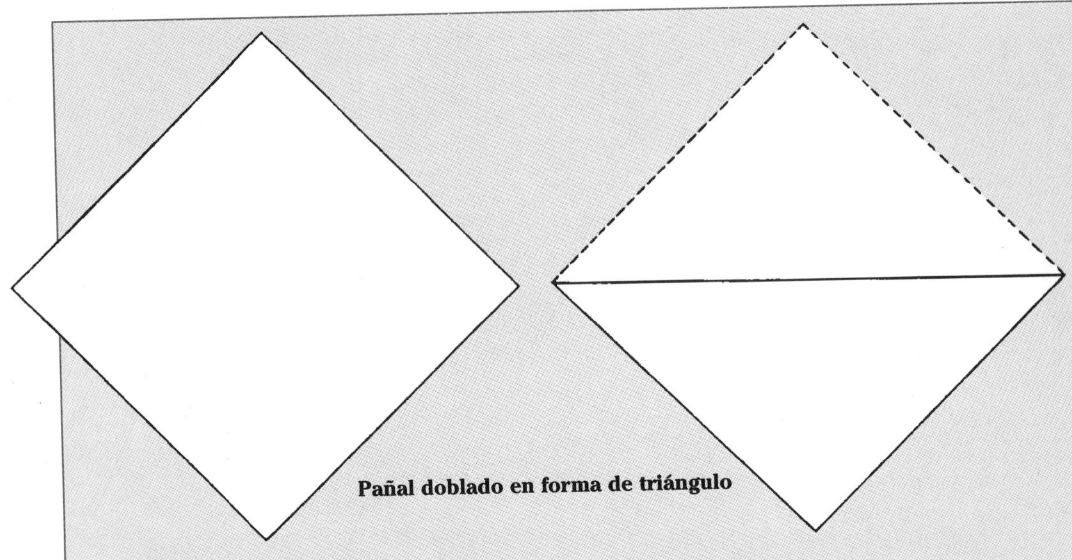

Pañal doblado en forma de triángulo

Las bandas adhesivas de los pañales desechables facilitan mucho las cosas (excepto cuando la pomada o la vaselina entra en contacto con ellas), pero hay otra forma de ajustar un pañales de tela que muchos padres consideran igual de satisfactoria. La mayoría utiliza imperdibles especiales para pañales (con cabezales de plástico y mayor tamaño que los imperdibles corrientes). Para no pinchar al bebé, se debe colocar la mano entre el imperdible y la piel del niño. Si este procedimiento le intranquiliza, pruebe a utilizar cinta adhesiva especial para pañales, que se vende con dosificador y se adhiere a la ropa. Otra opción es la de utilizar fajas para pañales, que permiten prescindir de los imperdibles y de la cinta adhesiva. Las fajas rodean el cuerpo del bebé, ajustándose con un velcro alrededor de la cintura para que el pañal no se mueva. Pueden adquirirse en los servicios de suministro de pañales y en la mayoría de tiendas de artículos para bebés. También puede utilizar estas fajas cuando esté fuera de casa para cubrir los pañales mojados o sucios hasta que pueda deshacerse de ellos.

**La elección del pañal.** La elección del pañal ha sido complicada durante los últimos años debido a la polémica surgida en torno a los efectos ambientales de los pañales, centrada básicamente en la repercusión al botarlos en los vertederos. De hecho, tanto los pañales desechables como los de tela tienen efectos negativos sobre el medio ambiente, tanto en lo que se refiere a los materiales como a la energía utilizada, la contaminación del aire y el agua y la generación de

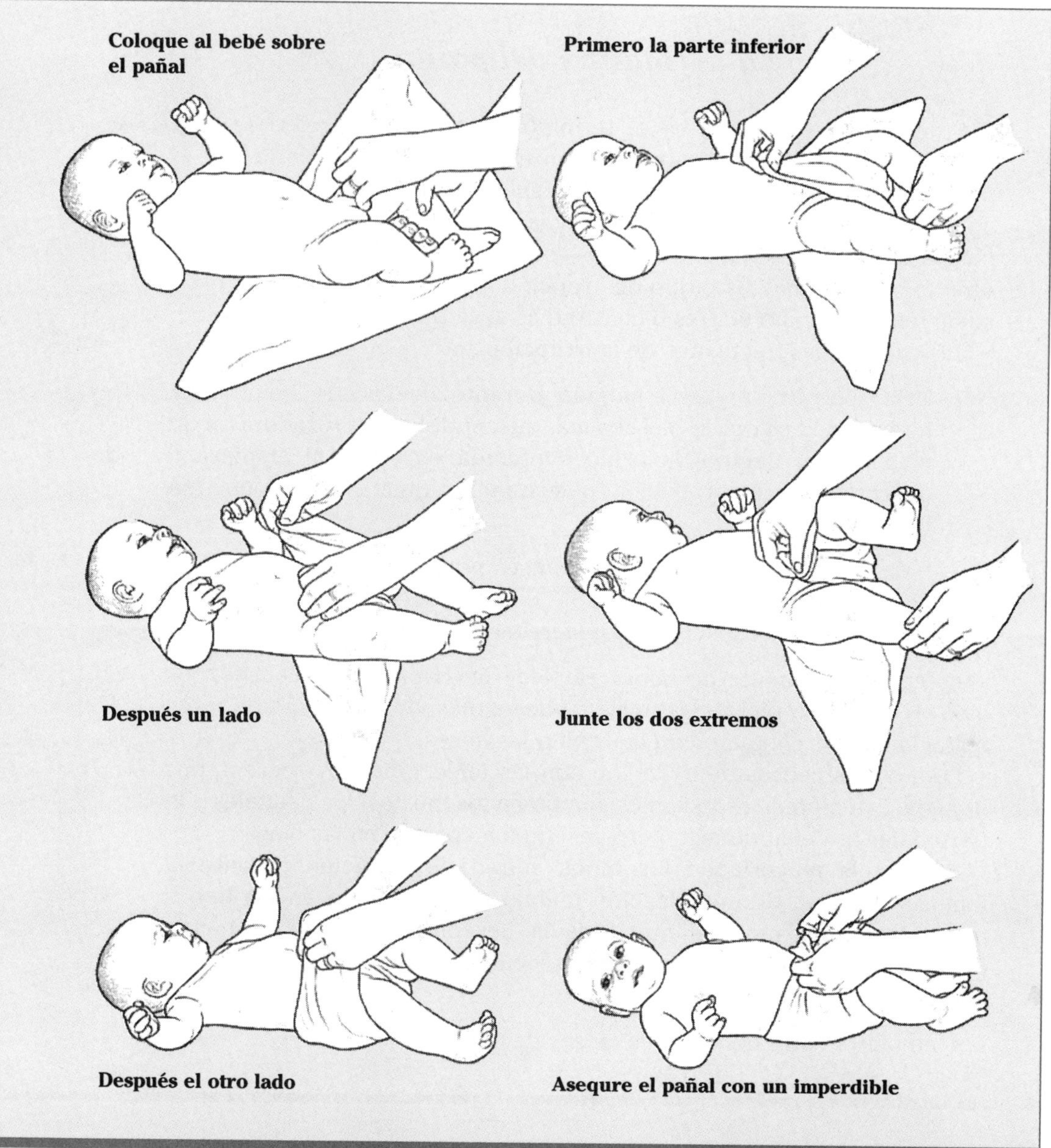


desperdicios. Diversas investigaciones científicas han revelado que ambos tipos de pañales tienen algún efecto ambiental. Los pañales desechables aumentan entre el 1% y el 2% el volumen de los vertederos municipales, mientras que los de tela obligan a utilizar más energía y más agua en el proceso de lavado y, por lo tanto, contribuyen a la contaminación del agua y el aire. Es difícil determinar si la producción de basura sólida es más importante que la energía gastada y la

## *La dermatitis del pañal*

La dermatitis del pañal es el término utilizado para referirse a la erupción o irritación que aparecen en el área de piel cubierta por el pañal. El primer síntoma de irritación suele ser el enrojecimiento o la aparición de pequeñas ampollas, en la parte baja del abdomen, las nalgas, los genitales y la entrepierna—superficies que están en contacto directo con el pañal. Este tipo de erupción muy pocas veces es grave y suele remitir al cabo de tres o cuatro días si se trata adecuadamente.

Las causas más frecuentes de la irritación son:

1. Dejar puesto un pañal mojado durante demasiado tiempo. La humedad hace que la piel sea más susceptible a las rozaduras. Con el paso del tiempo, la orina contenida en el pañal empieza a descomponerse, produciendo sustancias químicas que pueden irritar la piel.
2. Dejar puesto un pañal sucio de heces por demasiado tiempo. Los agentes digestivos contenidos en las heces atacan la piel, haciéndola más susceptible a la irritación.

Independientemente de cómo empiece la irritación, la cuestión es que, en cuanto la piel se lastima, se vuelve más vulnerable a ulteriores irritaciones por contacto con la orina o las heces.

Otra de las causas de irritación son las infecciones provocadas por hongos. Este tipo de erupción es común en los muslos, los genitales y la parte inferior del abdomen, pero casi nunca aparece en las nalgas.

Aunque la mayoria de los niños sufren de irritación durante la infancia, se trata de una afección mucho menos común en los bebés que lactan (por motivos que todavía desconocemos). La irritación provocada por el pañal aparece más a menudo a determinadas edades y en determinadas circunstancias:

- en bebés entre ocho y diez meses de edad

contaminación del agua y el aire. Al fin y al cabo, cada individuo es libre de tomar sus propias decisiones sobre qué tipo de pañal utilizar, según sus inquietudes y necesidades.

En lo que respecta al valor económico, el uso de pañales desechables y de un servicio de pañales de tela es más o menos equivalente. El lavar los pañales en casa puede ahorrarle dinero, pero deberá decidir si ésta es una buena forma de "invertir" su tiempo y su energía.

- si el bebé no se mantiene limpio y seco
- en bebés que evacuan con frecuencia (sobre todo si se les deja toda la noche sin cambiar).
- cuando el bebé empieza a ingerir alimentos sólidos (probablemente debido a la introducción de alimentos más ácidos y a los cambios en el proceso digestivo provocados por la nueva variedad de alimentos)
- cuando el bebé toma antibióticos (ya que estas medicinas aumentan las probabilidades de que crezcan organismos como hongos, que pueden infectar la piel)

Para reducir las probabilidades de que su hijo sufra de irritación provocada por el pañal, incluya estos pasos en la rutina del cambio de pañales:

1. Cuando el bebé evacúe, cámbiele el pañal lo antes posible. Limpie el área que estaba en contacto con el pañal con agua y un paño suave después de cada evacuación.
2. Cambie los pañales mojados frecuentemente para reducir el tiempo que la piel del bebé está expuesta a la humedad.
3. Exponga las nalgas del bebé al aire siempre que pueda. Si utiliza pantaloncitos de plástico o pañales desechables ajustados a la cintura y las piernas, asegúrese de que el aire puede circular por dentro del pañal.

Si, a pesar de todos sus esfuerzos, aparece la irritación y la piel de su hijo se agrieta, probablemente tendrá que utilizar alguna crema o pomada; si se trata de una irritación húmeda, utilice una loción desecante. La irritación deberá mejorar visiblemente entre 48 y 72 horas. Si no mejora, consulte al pediatra.

También hay algunos aspectos relacionados con la salud dignos de mención. Tener la piel mojada y el contacto con la orina o las heces pueden provocar irritaciones. Puesto que los pañales de tela no permiten mantener la piel del bebé tan seca como los desechables, es muy importante cambiarlos rápidamente, a ser posible, en cuanto se mojen o se ensucien. Si usted suele utilizar pañales de tela, debería considerar la posibilidad de utilizar pañales desechables por la noche o en los viajes o cuando sea difícil o poco conveniente cambiarlos con frecuencia.

Otra cuestión relacionada con la salud es la capacidad del pañal para evitar que se salga la orina o las heces. Esto es particularmente importante en los lugares donde coinciden varios niños, como las guarderías o los jardines de infancia, donde es fácil que se contagien infecciones intestinales. Los pañales desechables suelen prevenir mejor este tipo de pérdidas que los de tela, ya que sus polímeros superabsorbentes bloquean la salida de la humedad. Por este motivo y por su facilidad de uso, muchos centros de cuidado exigen que los niños lleven pañales desechables.

## Orina

Un bebé puede orinar tan a menudo como cada una a tres horas, o tan infrecuentemente como cuatro o seis veces al día. Si el niño está enfermo, tiene fiebre o hace mucho calor, su producción de orina puede reducirse a la mitad y seguir siendo normal.

Orinar no debe ser una experiencia dolorosa. Si percibe algún indicio de malestar cuando su hijo orina, informe al pediatra, pues podría deberse a una infección o algún otro problema en el aparato urinario.

En un niño sano, la orina es de un color amarillo claro u oscuro (cuanto más oscuro, más concentrado; la orina estará más concentrada si su hijo no bebe mucho líquido). Es posible que a veces encuentre una mancha rosada en el pañal que es fácil confundir con sangre.

Pero, de hecho, esta mancha no suele ser más que la orina concentrada de un niño completamente sano. Mientras su hijo moje por lo menos cuatro pañales al día, no debe haber motivo para preocuparse, pero si la mancha rosada persiste, coménteselo al pediatra.

La presencia de sangre en la orina o de una mancha de sangre en el pañal nunca es normal, por lo que, en caso de que las detecte, deberá informar al pediatra. Podría deberse a algo tan poco importante como una raspadura provocada por la dermatitis del pañal, pero también podría ser el síntoma de un problema más grave. Si estas manchas de sangre van acompañadas de otros síntomas, tales como dolor abdominal o sangrado en otras zonas, acuda al médico inmediatamente.

## Evacuaciones

A los pocos días de nacer, su hijo tendrá su primera deposición, denominada meconio. Esta sustancia densa y de color verde oscuro o negro es lo que llenaba los intestinos del bebé antes del nacimiento, y, para poder digerir con normalidad, deberá eliminarla. En cuanto su hijo elimine esta sustancia por completo, sus heces adquirirán un tono amarillo verdoso.

Si le da el pecho a su hijo, su heces pronto adquirirán un color mostaza claro con pequeñas partículas que parecen semillas. Hasta que empiece a ingerir alimentos sólidos, la consistencia de las heces debe ser blanda, e, incluso, un poco líquida. Si le da leche de fórmula, sus heces serán de un tono canela o amarillento. Serán más consistentes que las de los bebés alimentados con leche materna, pero no más consistentes que la mantequilla de maní.

Ya sea que le dé el pecho o el biberón, si su hijo evacua muy duro o seco, o no está ingiriendo suficiente líquido o está eliminando demasiado debido a alguna enfermedad, fiebre o el calor. En cuanto empiece a ingerir alimentos sólidos, las heces duras pueden indicar que está tomando demasiados alimentos que causan estreñimiento, como cereales o leche de vaca, antes de que su sistema digestivo esté preparado para ello. (La leche de vaca entera no es recomendable para bebés de menos de 12 meses).

Debe tener presente que los cambios ocasionales en el color y la consistencia de las heces son normales. Por ejemplo, si la digestión se retarda debido a que el niño ha ingerido bastante cereal ese día u otros alimentos que exigen mayor esfuerzo digestivo, los excrementos pueden adquirir un tono verdoso; o si le da un suplemento de hierro, sus evacuaciones pueden volverse de un color castaño oscuro. Si el bebé tiene el ano un poco irritado, pueden aparecer vetas de sangre en la parte externa de la evacuación. Sin embargo, si detecta gran cantidad de sangre, mucosidad o agua en las heces de su hijo, llame inmediatamente al pediatra. Estos síntomas pueden indicar una diarrea grave o algún problema intestinal.

Puesto que las heces de los lactantes suelen ser blandas y un poco líquidas, no siempre es fácil saber si un bebé tiene o no una diarrea leve. Los signos más determinantes son un incremento repentino de la frecuencia de las deposiciones (más de una deposición por toma) y una elevada proporción de líquido en las heces. La diarrea puede ser el síntoma de una infección intestinal o puede ser provocada por un cambio en la dieta. Si usted está dando el pecho a su hijo, puede deberse, incluso, a un cambio en su propia dieta.

El principal problema de la diarrea es el riesgo de deshidratación. Si va acompañada de fiebre y su hijo tiene menos de dos meses, llame inmediatamente al pediatra. Si su hijo tiene más de dos meses y la fiebre persiste durante más de un día, fíjese en su orina, tómele la temperatura rectal e informe al médico para que le diga cómo debe proceder.

La frecuencia de las deposiciones varía enormemente de un bebé a otro. Muchos lactantes evacuán un poco después de cada toma. Esto se debe al reflejo gastrocólico, que hace que el sistema digestivo se active en cuanto entra alimento al estómago.

Entre tres y seis semanas de edad, algunos bebés que lactan hacen una sola deposición a la semana. Esto no es anormal, ya que se debe a que la leche materna genera muy pocos deshechos sólidos. Por lo tanto, el hecho de que las deposiciones sean poco frecuentes no debe considerarse un síntoma de estreñimiento y no debe ser motivo de preocupación mientras las heces sean blandas (no más duras que la mantequilla de maní), y el niño parezca estar sano gane peso y coma con regularidad.

Si su hijo se alimenta con leche de fórmula, debería hacer por lo menos una deposición diaria. Si defeca con menos frecuencia y sus heces son duras, es posible que esté estreñido. Pregúntele al pediatra cuál es la mejor forma de tratar este problema. (Véase *Estreñimiento*, página 542)

## El baño

Su bebé no necesita casi que lo bañe, siempre y cuando le limpie bien la parte del cuerpo que está en contacto con el pañal cada vez que lo cambia. Bañarlo dos o tres veces a la semana durante el primer año es más que suficiente. Si se le baña más a menudo, se le podría resecar la piel.

Durante la primera semana (o las dos primeras semanas), hasta que el muñón del cordón umbilical se haya caído, sólo debe darle al bebe baños de esponja. En una habitación caldeada, coloque al bebé estirado sobre cualquier superficie que sea blanda y resulte cómoda para ambos—el cambiador, una cama, el suelo, el mostrador de la cocina. Si la superficie es dura, cúbrala con un edredón o una toalla esponjosa. Si la superficie donde está el bebé se encuentra por encima del nivel del suelo, utilice una correa de seguridad o mantenga una mano *constantemente* sobre él para que no se caíga.

Antes de empezar, tenga a la mano una vasija con agua, una esponja o un paño húmedo bien aclarado (que no contenga restos de jabón) y un jabón suave para bebés con dosificador. Mantenga al niño envuelto en una toalla, destapando exclusivamente la parte del cuerpo que vaya a lavar a continuación. Utilice primero la esponja o el paño húmedo sólo con agua para lavarle la cara, y evitar así que le

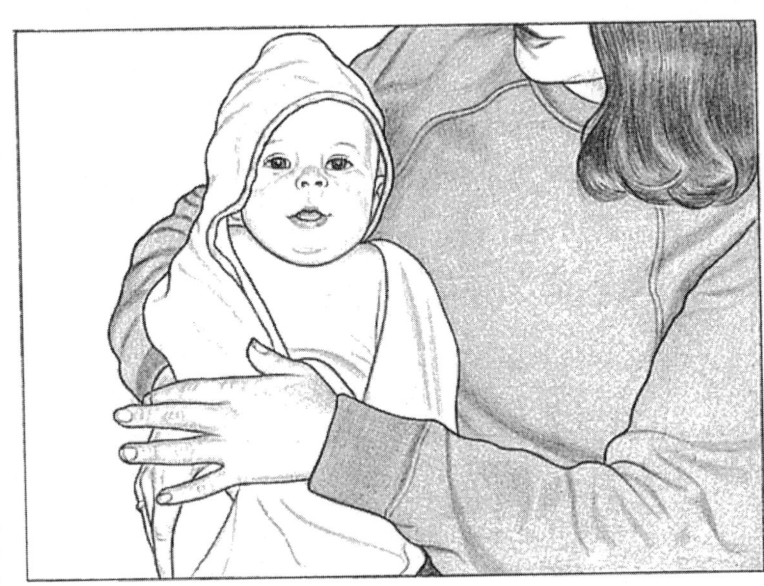

**Las toallas con capucha son la forma más eficaz de mantener abrigada la cabeza de su bebé cuando esté mojado.**

entre jabón en los ojos o en la boca. A continuación, introduzca el paño en la vasija con agua jabonosa, y páselo por el resto del cuerpo del bebé, dejando para el final las partes cubiertas por el pañal. Fíjese sobre todo en los pliegues de las axilas, detrás de las orejas, alrededor del cuello y, sobre todo en las niñas, en la zona genital.

En cuanto el área umbilical haya cicatrizado por completo, podrá meter a su hijo en el agua. Los primeros baños deben ser lo más suaves y breves posibles. Probablemente su hijo protestará un poco; si le parece que lo está pasando muy mal, debería volver al sistema de la esponja durante una o dos semanas y, después, intentarlo de nuevo. Descuide: cuando esté preparado, su hijo se lo demostrará con toda claridad.

A muchos padres les resulta más fácil bañar a sus hijos recién nacidos en un recipiente, en el fregadero o en una bañerita de plástico recubierta con una toalla limpia.

Llene la bañerita con unas dos pulgadas de agua que le parezca "tibia más no caliente" al tocarla con el dorso de la muñeca o con el codo. Si va a llenar la bañerita directamente con agua del grifo, abra primero el grifo del agua fría (y ciérrelo en último lugar) para evitar quemarse usted o quemar al bebé. Aparte de esto, compruebe que su calentador esté graduado a menos de 120° Fahrenheit ó 49° centígrados.

Asegúrese de que tiene a mano todo lo que necesita y de que la habitación está caldeada antes de desnudar al bebé. Necesitará los mismos utensilios que utilizaba para bañarlo con esponja y también un envase pequeño para verter agua clara. Cuando le salga pelo también necesitará champú.

Si se da cuenta de que se ha olvidado de algo o tiene que contestar al teléfono o ir a abrir la puerta, *cargue al niño y lléveselo con usted,* por lo que debe tener una toalla seca a mano. *No deje nunca a su hijo solo en la bañerita, ni siquiera por un instante.*

Si a su hijo le gusta bañarse, deje que se entretenga salpicando y explorando su entorno. Cuanto más disfrute la hora del baño, menos miedo le tendrá al agua. A medida que su hijo crezca, el juego irá ocupando una parte cada vez mayor de la hora del baño. Bañarse debería ser una experiencia relajante y gratificante para su hijo, así que no lo acelere, a menos que a él parezca disgustarle.

Los juguetes para el baño no son realmente necesarios para bañar a un bebé tan pequeño: el estímulo del agua y del baño son lo suficientemente excitantes. Sin embargo, cuando el niño haya crecido lo suficiente como para empezar a bañarse en la tina, los juguetes se convertirán en un estímulo inestimable. Los juguetes que flotan, los envases y hasta los "libros sumergibles" se convertirán en magnificas distracciones a la hora del baño.

Cuando saque al bebé de la bañerita, utilice una toalla con capucha para mantenerle la cabeza caliente. Bañar a un bebé de cualquier edad es un oficio "húmedo", por lo que resulta recomendable llevar puesto, una bata o bien ponerse una toalla sobre los hombros para evitar mojarse.

## *Cómo bañar a su bebé*

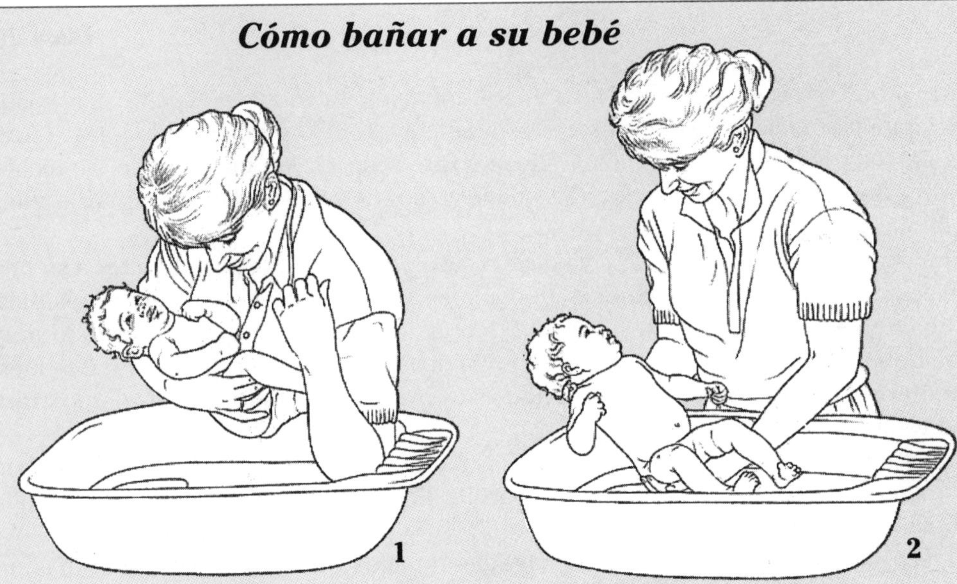


Llene la bañerita con unas 2 pulgadas de agua que se sienta tibia, no caliente, al tocarla con el dorso de la muñeca o con el codo. En cuanto haya desnudado al bebé, introdúzcalo inmediatamente en el agua para que no se enfríe. Utilice una mano para aguantarle la cabeza y la otra para meterlo en la bañerita, empezando por los pies. Háblele con voz dulce y estimulante al tiempo que va bajando el resto del cuerpo hasta que quede dentro de la bañerita. La mayor parte del cuerpo y la cabeza del bebé debe estar por encima del nivel del agua por motivos de seguridad. Por eso, usted tendrá que verter frecuentemente agua sobre el cuerpo del niño para que no se enfríe.

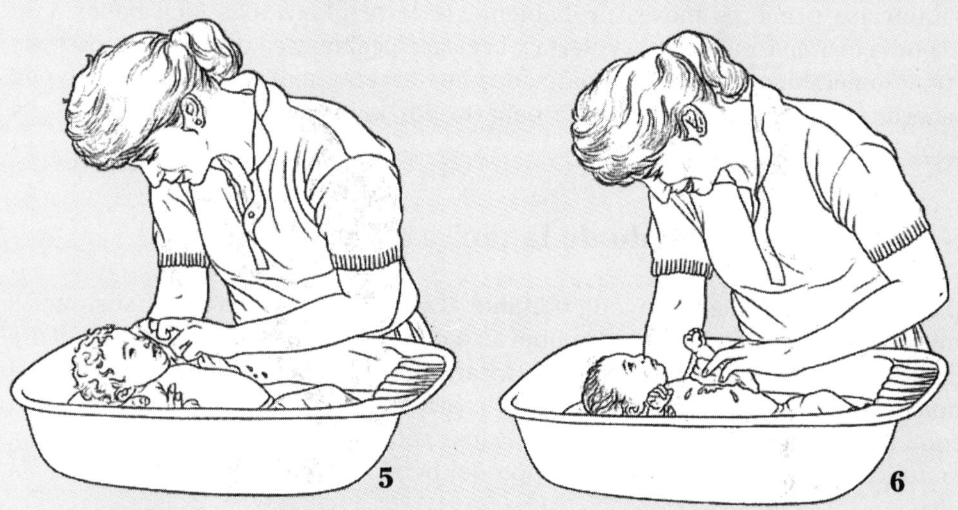


Utilice un paño suave para lavarle la cara y el pelo, usando champú sólo una o dos veces a la semana. Masajee suavemente su cuero cabelludo, incluyendo el área que recubre las fontanelas (puntos blandos). Para aclarar el jabón o el champú de la cabeza, ahueque la mano sobre la frente del bebé de tal modo que el agua caiga hacia los lados en lugar de sobre los ojos. En el caso de que se le meta un poco de jabón en los ojos y llore en señal de protesta, simplemente tome el paño húmedo y enjuague los ojos del bebé con agua templada hasta eliminar los restos de jabón y el niño vuelva a abrir los ojos. Lave el resto del cuerpo del bebé de arriba a abajo.

Durante los primeros meses probablemente le resultará más fácil bañar a su bebé por la mañana, cuando esté alerta y la casa en calma y caldeada. Cuando pase a la tina (generalmente cuando el niño sepa mantenerse sentado o ya no quepa en la bañerita) probablemente preferirá bañarlo por la tarde. El baño es una forma relajante de prepararlo para dormir.

## El cuidado de la piel y de las uñas

La piel de un recién nacido puede irritarse al entrar en contacto con sustancias químicas contenidas en las prendas nuevas o con los restos de jabón o detergente contenidos en prendas ya usadas. Para evitar problemas, enjuague dos veces toda la ropa del bebé, su ropa de cama y todos los artículos lavables antes de que entren en contacto con su piel. (Lave también su ajuar antes de utilizarlo por primera vez). Durante los primeros meses, lave la ropa del bebé separada de la del resto de la familia.

Contrario a lo que pueda leer o ver en los anuncios sobre productos infantiles, un lactante no necesita que le pongan diariamente cremas, aceites, ni talcos. Si su hijo tiene la piel muy seca, puede ponerle un poco de crema para bebé sin perfume, sobre las zonas más secas. No utilice nunca productos dermatológicos que no sean fabricados específicamente para bebés, puesto que suelen contener perfumes y otras sustancias químicas que pueden irritar la piel de un lactante. Evite también utilizar aceites para bebés, que no penetran ni lubrican tan bien como las cremas para bebés.

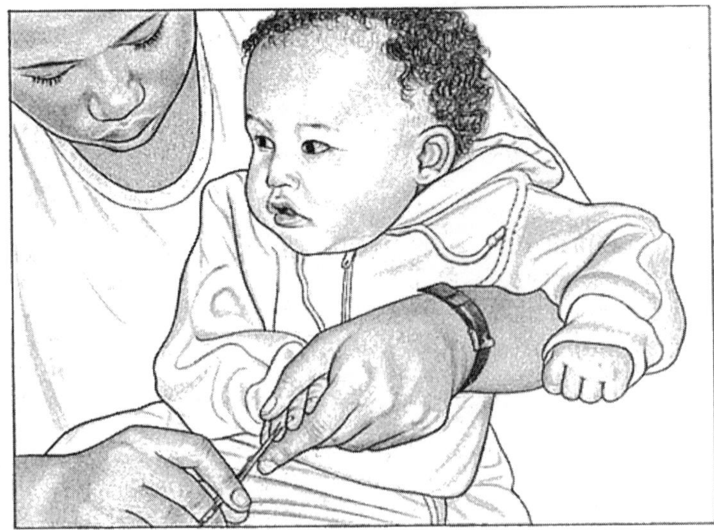

**Durante las primeras semanas, los dedos de un bebé son tan pequeños y sus uñas crecen tan deprisa, que a veces es preciso cortarlas hasta dos veces por semana.**

Si la sequedad persiste, es posible que esté bañando demasiado a su hijo. Báñelo sólo una vez a la semana y compruebe si remite la sequedad. Si no es así, consulte al pediatra.

El único cuidado que necesitan las uñas de un bebé es que se las corten. Puede utilizar una lima de uñas suave, cortadores de uñasde bebé o tijeras para las uñas de los pies con la punta roma. Un buen momento para cortarle las uñas es después del baño, si se está quieto; si no, probablemente le resultará más fácil hacerlo mientras duerma. Mantenga las uñas de las manos del bebé tan cortas y parajas como sea posible para que no pueda arañarse ni arañarle a usted. Durante las primeras semanas, los dedos de las manos de un bebé son tan pequeños y sus uñas crecen tan deprisa, que a veces es preciso cortarlas hasta dos veces por semana.

Contrariamente, las uñas de los pies de un lactante crecen mucho más lentamente y suelen ser muy blandas y flexibles. No hace falta que las lleve tan cortas como las de las manos, por lo que probablemente bastará con que se las corte una o dos veces al mes. Al ser tan blandas, a veces puede dar la sensación de que están creciendo encarnadas, pero no hay motivo de alarma, a menos que la piel alrededor de la uña se ponga roja, se inflame o se endurezca. A medida que su hijo crece, las uñas de los pies se le irán endureciendo y adquiriendo una forma más definida.

## Vestimenta

A menos que haga calor (sobre 75° Fahrenheit ó 24° centígrados), un recién nacido necesitará varias capas de ropa para mantenerse abrigado. Generalmente, lo mejor es ponerle los pañales y una camiseta y encima un pijama o faldón, y después envolverlo en una manta. (Si se trata de un niño prematuro, es posible que necesite otra capa más hasta que su peso se equipare al de un niño a término y su cuerpo sepa adaptarse a los cambios de temperatura). Cuando haga calor, puede reducir las capas a una sola, pero no se olvide de taparlo ante las corrientes de aire o cuando esté puesto el aire acondicionado. Una regla que suele funcionar bastante bien es ponerle al bebé una capa de ropa más que las que usted lleva en el mismo ambiente.

Si nunca ha cuidado de un recién nacido, las primeras veces que intente cambiar de ropa a su hijo pueden resultarle bastante frustrantes. No sólo le parecerá difícil introducir el bracito diminuto de su bebé por la manga sino que es muy probable que él llore y proteste. Es lógico: a ningún recién nacido le gusta sentir el roce del aire en la piel, ni tampoco que empujen o estiren de partes de su cuerpo a través de las prendas de ropa. Las cosas serán más fáciles para ambos si lo coloca en su regazo para cambiarle la mitad superior del cuerpo y después lo estira sobre la cama o el cambiador y se dedica a la mitad inferior del cuerpo. Cuando le quiera poner un pijama de una sola pieza, empiece primero por las piernas antes de intentar ponerle las mangas. En lo que se refiere a las camisetas, póngaselas primero por la cabeza y pase después a las mangas, una detrás de otra. Aproveche

## *Cómo vestir a su bebé*

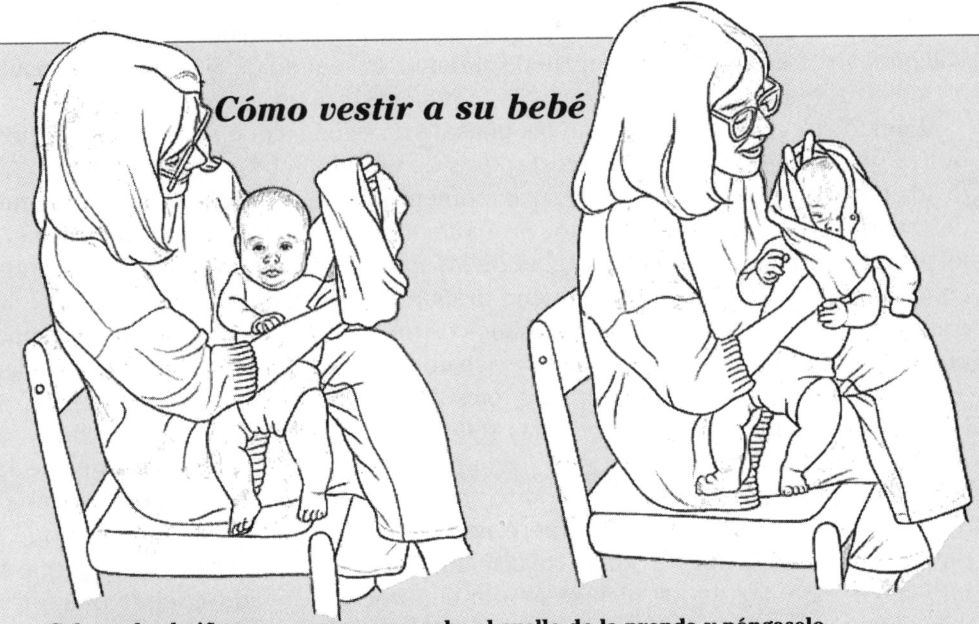

Colocando al niño en su regazo, ensanche el cuello de la prenda y póngaselo al bebé por la cabeza, utilizando los dedos para evitar que se le enganche en la cara o las orejas.

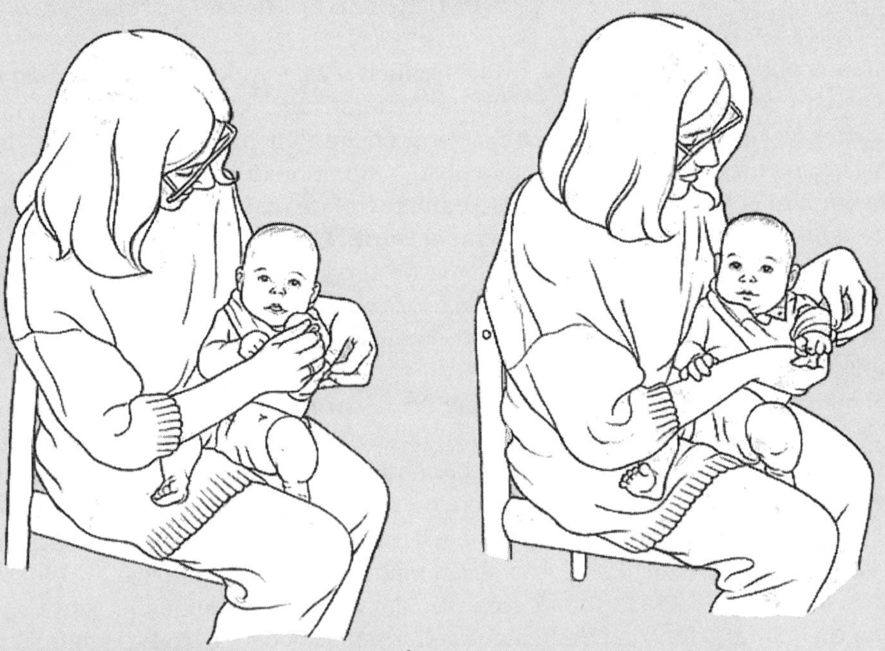

No intente introducir directamente los brazos del bebé por las mangas de la prenda. Introduzca su propia mano en la manga desde fuera, tome la mano del bebé y estire de ella.

## *Cómo desvestir a su bebé*

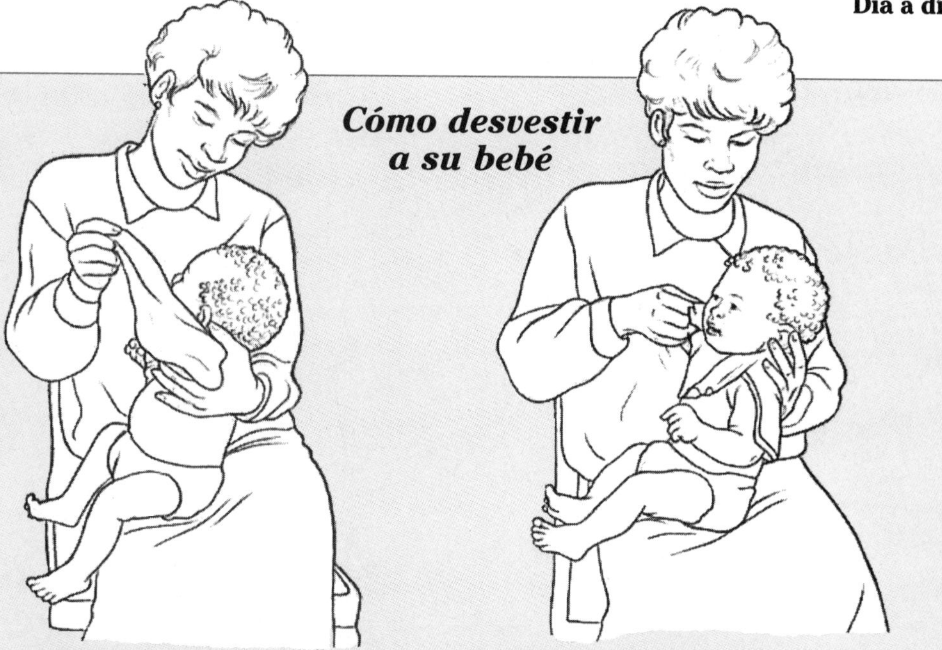

**Quítele las mangas una a la vez con una mano mientras, con la otra mano, le aguanta la espalda y la cabeza.**

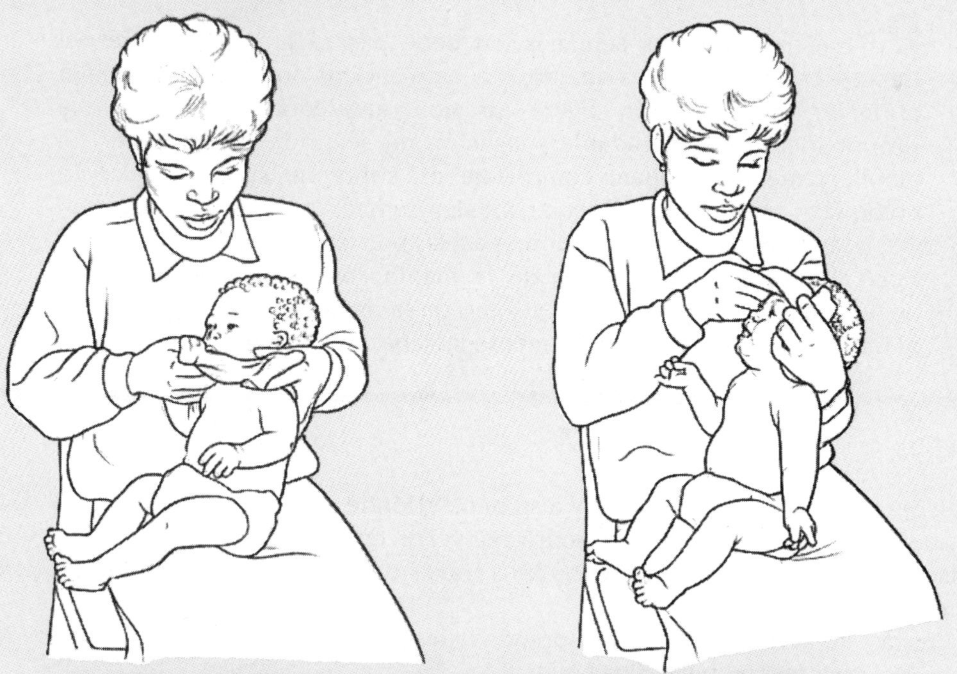

**A continuación ensanche el cuello de la prenda para que no se enganche en la barbilla ni en la cara del bebé y estire hacia arriba de la prenda suavemente.**

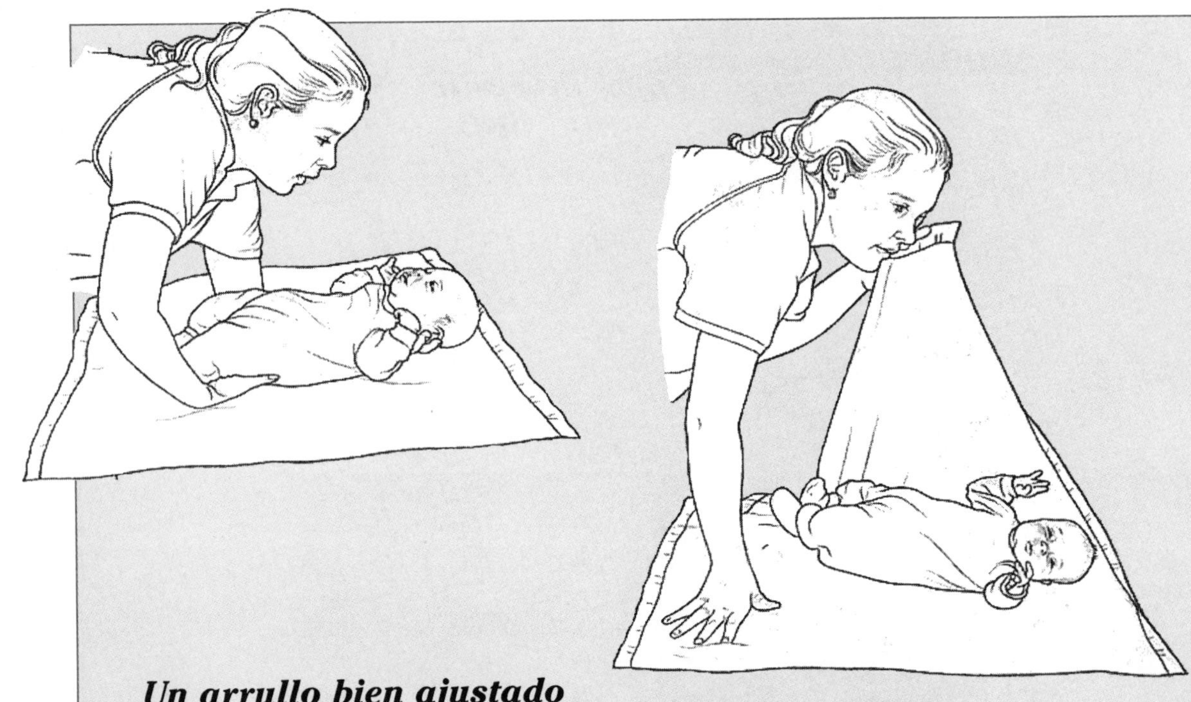

## *Un arrullo bien ajustado*

Durante las primeras semanas, su bebé pasará la mayor parte del tiempo envuelto en una manta. De este modo, no sólo estará bien abrigado, sino que la ligera presión alrededor del cuerpo le proporcionará una agradable sensación de seguridad. Para hacer un arrullo, extienda la sábana completamente sobre una superficie plana y coloque al bebé encima, boca arriba. Estire hacia arriba de un extremo de la manta y, a continuación, pásela por encima del cuerpo del bebé. Doble la parte inferior de la manta sobre los pies del bebé. Seguidamente, estire del otro extremo de la manta y acabe de envolver al bebé, dejando a la vista solamente la cabeza y el cuello.

esta oportunidad para preguntarle a su hijo, "¿Dónde está la manita del bebé?" Así, cuando su hijo crezca, esto se podrá convertir en un juego muy divertido, y él mismo se encargará de estirar el brazo a través de la manga para oírle decir, "*¡Ahí está* la manita del bebé!"

Ciertas características de las prendas de vestir pueden ser muy útiles. Al comprar ropa para el bebé fíjese que:

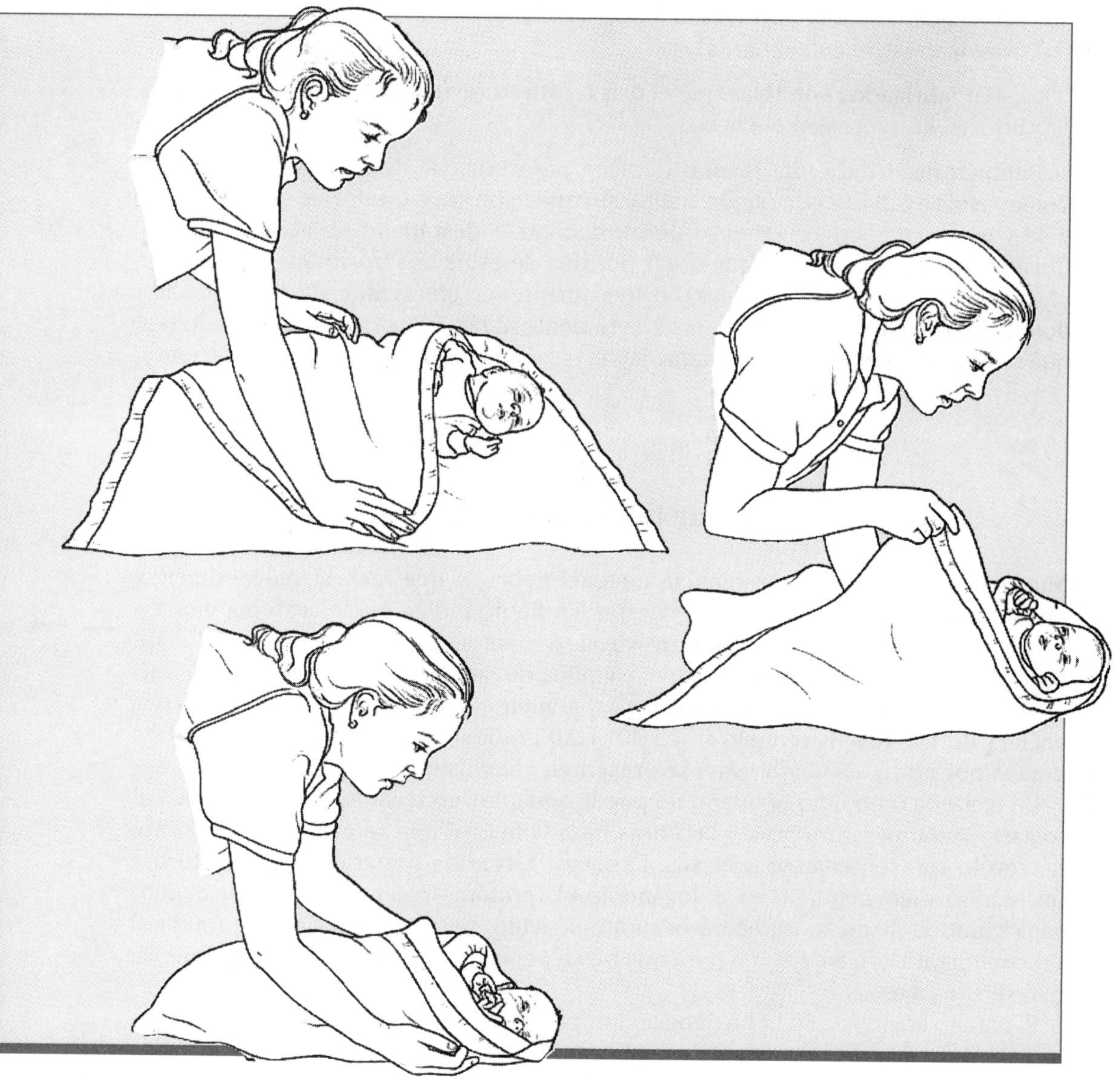

- los botones a presión o cremalleras estén situadas en la parte frontal en lugar de en la espalda
- tengan cremalleras o botones a presión en ambas piernas para facilitar el cambio de pañales
- tengan mangas anchas, para que usted pueda introducir la mano desde fuera y estirar del brazo del bebé

- no tengan cintas ni cordeles, sueltos o atados, alrededor del cuello (podrían provocar estrangulamientos)
- estén fabricados con telas que cedan o estiren (evite ribetes apretados en los brazos, las piernas o el cuello).

También necesitará una manta o colcha para tapar a su hijo cuando duerma. Colóquesela de modo que quede suelta, sin que le oprima. Conforme su hijo crezca y se vuelva más activo, usted lo podrá encontrar destapado de vez en cuando. Cuando esto ocurra, tendrá que optar por una de estas dos posibilidades: ponerle pijamas más calientes (con pies), o bien mantener bien caldeada la habitación donde duerma. Intente no exponer directamente al bebé al aire acondicionado o al que sale de la calefacción, a ventanas abiertas o a cualquier otro tipo de corriente.

## Cuidados básicos de salud

### Cómo tomar la temperatura rectal

Muy pocos bebés pasan por infancia sin tener fiebre, lo que suele significar que hay una infección en alguna parte del cuerpo. La fiebre indica que el sistema inmune está luchando activamente contra virus o bacterias, por lo tanto—en este sentido—es algo positivo, puesto que significa que el cuerpo está protegiéndose a sí mismo. Pero, si la temperatura corporal aumenta demasiado y muy rápido (por encima de los 104° Farenheit, o los 40° centígrados aumentando más de varios grados por hora), es posible que se presenten convulsiones.

Un lactante o un niño pequeño no puede aguantar un termómetro en su boca al tomarle la temperatura oral, y las "tiras para la fiebre" que se colocan en la frente no son lo suficientemente precisas. La mejor forma de tomarle la temperatura a un bebé o niño pequeño es colocándole el termómetro en el recto. En cuanto sepa cómo se hace, le parecerá bastante sencillo; pero es mejor que aprenda el procedimiento con antelación para que no se ponga nerviosa la primera vez que su hijo se enferme.

El equipo básico de su bebé debe incluir por lo menos un termómetro rectal, con un bulbo corto y redondeado. "Dos es mejor que uno", ya que los termómetros se rompen. Tenga cuidado: es muy fácil romper un termómetro golpeándolo contra el

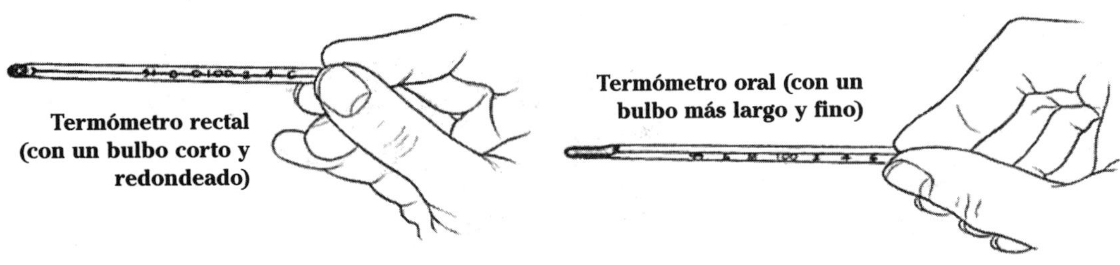

**Termómetro rectal (con un bulbo corto y redondeado)**

**Termómetro oral (con un bulbo más largo y fino)**

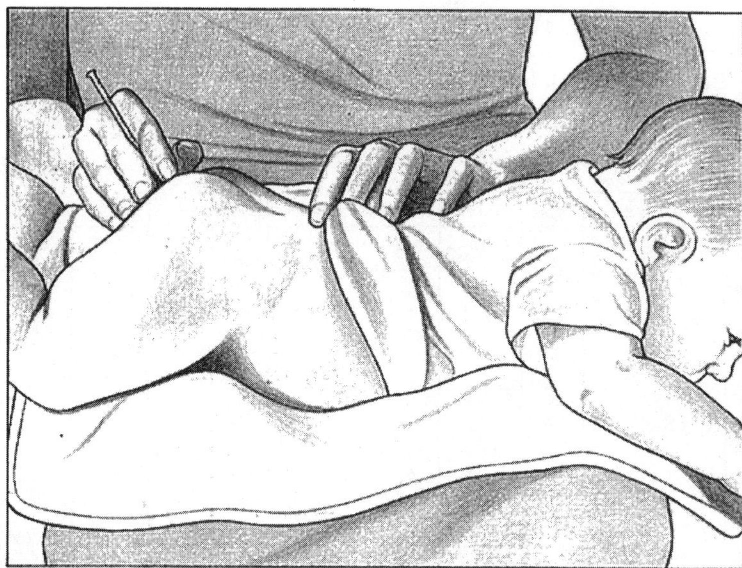

**Tomando la temperatura rectal**

lavamanos al agitarlo para bajar la temperatura antes de usarlo, o que se le caiga mientras hace juegos malabares con el bebé en brazos.

Saber leer un termómetro requiere cierta práctica y es bueno que aprenda a hacerlo antes de que se encuentre en plena crisis. El truco está en coger el termómetro entre el pulgar y el índice (por el extremo opuesto al del bulbo) y moverlo lentamente hacia adelante y hacia atrás hasta que vea la columna de mercurio. La temperatura será la que marque el final de la columna. Los termómetros digitales son más fáciles de leer, pero también son más costosos.

El procedimiento para tomar la temperatura rectal con un termómetro de vidrio es el siguiente:

1. Agite el termómetro hasta que marque menos de 96°F (35°C). Para ello, cójalo fuertemente con los dedos por el extremo opuesto al del bulbo y agite la muñeca (*lejos* de cualquier saliente u objeto).

2. Limpie el bulbo con alcohol o con agua y jabón y enjuáguelo con agua.

3. Ponga un poco de lubricante, por ejemplo, vaselina, en el extremo del bulbo.

4. Coloque al bebé boca abajo sobre una superficie firme. Si se trata de un lactante de pocos meses, puede ponérselo en el regazo, pero si es de mayor tamaño o muy escurridizo, el cambiador o hasta el suelo serán una opción más segura.

5. Con la palma de una mano presione con firmeza sobre la parte inferior de la espalda del bebé, justo encima de las nalgas. Si el niño intenta darse la vuelta, aumente la presión para que no se mueva.

# Recomendaciones para el Cuidado Pediátrico Preventivo

### Comité de Medicina Práctica y Ambulatoria
### *Commmitte on Practice and Ambulatory Medicine*

| | INFANCIA[3] | | | | | | | | NIÑEZ TEMPRANA[3] | | | |
|---|---|---|---|---|---|---|---|---|---|---|---|---|
| EDAD[4] | Recién nacido[1] | 2-4días[2] | By 1mes | 2meses | 4meses | 6meses | 9meses | 12meses | 15meses | 18meses | 24meses | 3años |
| HISTORIAL Inicial/Intérvalo | • | • | • | • | • | • | • | • | • | • | • | • |
| MEDIDAS | | | | | | | | | | | | |
| Estatura y Peso | • | • | • | • | • | • | • | • | • | • | • | • |
| Circunferencia de Cabeza | • | • | • | • | • | • | • | • | • | • | • | |
| Presión Arterial | | | | | | | | | | | | • |
| CERNIMIENTO SENSORIAL | | | | | | | | | | | | |
| Visión | S | S | S | S | S | S | S | S | S | S | S | O[5] |
| Audición[6] | S/O | S | S | S | S | S | S | S | S | S | S | O |
| EVALUACIÓN DEL DESARROLLO Y CONDUCTA[7] | • | • | • | • | • | • | • | • | • | • | • | • |
| EXAMEN FÍSICO[8] | • | • | • | • | • | • | • | • | • | • | • | • |
| PROCEDIMIENTOS/GENERAL[9] | | | | | | | | | | | | |
| Cernimiento Hereditario/Metabólico[10] | ← | — | • | | | | | | | | | |
| Inmunizacion[11] | •— | — | → | • | • | • | | ← | • | → | | |
| Cernimiento de Plomo[12] | | | | | | | •— | → | | | • | |
| Hematocrito o hemoglobina | | | ← | — | — | — | • | | | | | |
| Urinalisis | | | | | | | | | | | | |
| PROCEDIMIENTOS PACIENTES A RIESGO | | | | | | | | | | | | |
| Prueba de tuberculina[15] | | | | | | | | * | * | * | * | * |
| Prueba de Colesterol[16] | | | | | | | | | | | * | * |
| Cernimiento ETS[17] | | | | | | | | | | | | |
| Exámen pelvico[18] | | | | | | | | | | | | |
| GUÍA ANTICIPATORIA[19] | • | • | • | • | • | • | • | • | • | • | • | • |
| Prevenión de Lesiones[20] | • | • | • | • | • | • | • | • | • | • | • | • |
| Referido dental inicial[21] | | | | | | | | ← | — | — | — | • |

Leyendas: • = a realizar en cualquier caso; * = a realizar en pacientes a riesgo; S = subjetivo, por historial; O = objetivo, a partir de pruebas estandarizadas; ←→ = rango de edades durante las cuales se puede ofrecer el servicio, el punto indica la edad más recomendable.

RN (Recién nacidos): Las pruebas químicas, inmunológicas y endocrinas especiales suelen llevarse a cabo solamente en los casos de indicaciones específicas. Aplicar estas pruebas a niños de otros grupos de edad (ej.: trastornos metabólicos congénitos, anemia falciforme) depende de la decisión del pediatra.

Las recomendaciones aquí especificadas no se proponen como único curso de tratamiento posible ni se pueden considerar un punto de referencia estándar de cuidado médico. Es posible que, en función de las circunstancias individuales, sea conveniente introducir variaciones en esta pauta.

Cada niño o familia son únicos: de ahí que estas **Recomendaciones para el cuidad pediátrico preventivo** sean diseñadas para niños que están recibiendo una atención paterna adecuada, no tienen síntomas de problemas de salud importantes y están creciendo y madurando de forma satisfactoria. Es posible que sea necesario hacer **visitas adicionales,** si las circunstancias así lo requieren. Estas pautas representan el consenso al que ha llegado el *Commmitte on Practice and Ambulatory Medicine,* en consulta con comités nacionales y secciones de la Academia Americana de Pediatría. El comité enfatiza la importancia de la **continuidad del cuidado médico** para el mantenimiento de un buen estado de salud general, así como la necesidad de evitar **un cuidado fragmentado**.

A los padres que están en situación de alto riesgo, son primerizos o solicitan una entrevista, se les recomienda realizar una **visita prenatal**. Ésta debe incluir un historial médico pertinente y orientación anticipatoria. Todo recién nacido debe ser examinado al nacer.

1. Fomentar la lactancia materna, dar instrucciones y ofrecer apoyo.
2. Para recién nacidos dados de alta antes de que hayan pasado 48 horas desde el parto.
3. Las cuestiones relacionadas con trastornos del desarrollo o psicológicos o enfermedades crónicas en niños y adolescentes pueden requerir visitas frecuentes para consulta y tratamiento, aparte de las visitas preventivas.
4. Si un niño acude a la consulta del pediatra por primera vez en cualquier punto del calendario, o si alguno de los procedimientos especificados no se ha cumplido a una edad determinada, el programa debe ponerse al día lo antes posible.
5. Si el paciente no coopera, se programará una nueva visita para dentro de seis meses.
6. Algunos expertos recomiendan realizar una evaluación objetiva de la capacidad auditiva en los recién nacidos. El *Joint Committee of Infant Hearing* (Comité Conjunto de Audición en Lactantes) ha identificado pacientes con alto riesgo de pérdida auditiva. A todos los niños que cumplan estos requisitos se les debe realizar una puebra objetiva. Véase la declaración de principios del *Joint Committee of Infant Hearing.*

| TEMPRANA[3] | | | ESCOLAR[3] | | | | ADOLESCENTE[3] | | | | | | | | | | | |
|---|---|---|---|---|---|---|---|---|---|---|---|---|---|---|---|---|---|
| 24meses | 3años | 4años | 5años | 6años | 8años | 10años | 11años | 12años | 13años | 14años | 15años | 16años | 17años | 18años | 19años | 20años | 21años |
| • | • | • | • | • | • | • | • | • | • | • | • | • | • | • | • | • | • |
| • | • | • | • | • | • | • | • | • | • | • | • | • | • | • | • | • | • |
| • | | | | | | | | | | | | | | | | | |
| | • | • | • | • | • | • | • | • | • | • | • | • | • | • | • | • | • |
| S | O[5] | O | O | S | S | O | S | O | S | S | O | S | S | O | S | S | S |
| S | O | O | O | S | S | O | S | O | S | S | O | S | S | O | S | S | S |
| • | • | • | • | • | • | • | • | • | • | • | • | • | • | • | • | • | • |
| • | • | • | • | • | • | • | • | • | • | • | • | • | • | • | • | • | • |
| | | ← | • | → | | | • → | → | → | → | → | → | | | | | |
| • | | | | | | | | | | | | | | | | | |
| | | | | | | | ← | | | | • 13 | | | | | | → |
| | | | • | | | | ← | | | | • 14 | | | | | | → |
| * | * | * | * | * | * | * | * | * | * | * | * | * | * | * | * | * | * |
| * | * | * | * | * | * | * | * | * | * | * | * | * | * | * | * | * | * |
| | | | | | | | * | * | * | * | * | * | * | * | * | * | * |
| | | | | | | | * | * | * | * | * | * | * | ← * | * 18 | * | → * |
| • | • | • | • | • | • | • | • | • | • | • | • | • | • | • | • | • | • |
| • | • | • | • | • | • | • | • | • | • | • | • | • | • | • | • | • | • |
| ——— | • | | | | | | | | | | | | | | | | |

7. A partir del historial y del examen físico: si hay sospechas, a partir de pruebas de desarrollo objetivas específicas.
8. En todas las visitas, es imprescindible realizar un examen físico completo del paciente, con los lactantes totalmente desnudos y los niños mayores sin ropa y cubiertos con una sabana.
9. Este punto puede modificarse, en función del momento en que se inicie el programa y de las necesidades individuales.
10. Cernimiento metabólico (p.ej.: tiroides, hemoglobinopatías, PKU, galactosemia) debe realizarse tendiendo en cuenta las leyes estatales.
11. De acuerdo con el itinerario de vacunación establecido por el *Committee on Infectious Diseases* (Comité de Enfermedades Infecciosas), publicado periódicamente en la revista Pediatrics. Cada visita debe considerarse como una oportunidad para poner al día y completar este itinerario.
12. Cernimiento de plomo en sangre, de acuerdo con la declaración de la AAP—*"Lead Poisoning: From Screening to Primary Prevention"* (Intoxicación por plomo: del cernimiento a la prevención primaria) (1993).
13. Debe realizarse un cernimiento en todas las adolescentes que tengan la menstruación.
14. Realizar una análisis de orina para detectar la presencia de leucocitos en los adolescentes de ambos sexos.
15. De acuerdo con la declaración de la Academia Americana de Pediatría—*"Screening for Tuberculosis in Infants and Children"* (Prueba de tuberculosis en Infantes y niños) (1994). Esta prueba debe aplicarse en el caso de que existan factores de alto riesgo. Si la prueba es negativa pero persiste la situación de alto riesgo, debe repetirse anualmente.
16. Prueba de colesterol en los pacientes de alto riesgo. De acuerdo con la declaración de la AAP—*"Statement on Cholesterol"* (Declaración sobre el colesterol) (1992). Si no se puede indagar en la historia y están presentes otros factores de riesgo, la prueba debería depender de la decisión del médico.
17. Todos los pacientes que lleven una vida sexual activa deben someterse a una prueba para detectar enfermedades de trasmisión sexual (ETS).
18. Todos los pacientes de sexo femenino que lleven una vida sexual activa deberían someterse a un examen pélvico. En las chicas de entre 18 y 21 años la medicina preventiva debería incluir un examen pélvico y un frotis de Papanicolau rutinario.
19. Conversar con el paciente y/o los padres, según el caso, y darles las recomendaciones pertinentes debe ser parte integral de todas las visitas.
20. Desde el nacimiento hasta los 12 años, consulte el programa de prevención de lesiones de la AAP *(TIPPMR)*, descrito en la *"A Guide to Safety Counseling in Office Practice"* (Guía para aconsejar sobre asuntos de seguridad en la consulta) (1994).
21. En algunos niños puede ser recomendable ir antes al dentista. Las visitas subsiguientes se realizarán cuando lo indique el dentista.

6. Con la otra mano introduzca el termómetro por el extremo lubricado de ½ a 1 pulgada en la abertura anal. Sostenga el termómetro con los dedos índice y medio, mientras su mano permanece ahuecada sobre las nalgas del niño. Manténgalo así durante dos minutos y después retírelo y lea lo que marca.
7. Si la temperatura rectal supera los 100°F (38°C), es probable que el niño tenga fiebre. Si cree que la temperatura puede haber subido porque su hijo ha estado físicamente muy activo o demasiado abrigado, repita la toma de temperatura en 30 minutos.

La temperatura rectal se puede tomar en niños de todas las edades, pero, a partir de los cuatro o cinco años, probablemente su hijo cooperará lo suficiente como para que se la pueda tomar oralmente, lo que implica colocarle el termómetro debajo de la lengua durante unos dos minutos.

## La visita al pediatra

Probablemente usted verá más al pediatra durante el primer año de vida de su hijo que en todo el resto de su vida. El primer examen físico del bebé tendrá lugar justo al nacer. En el programa de visitas que figura en la tabla Recomendacio nes para el Cuidado Pediátrico Preventivo, se especifican las revisiones rutinarias mínimas por las que debe pasar su hijo durante los dos primeros años de vida. Sin embargo, es posible que el pediatra quiera ver a su hijo más a menudo.

Lo ideal es que ambos padres estén presentes en las primeras visitas. Estas citas representan una buena oportunidad para que los padres y el pediatra se conozcan mutuamente e intercambien preguntas y respuestas. No se limite a hacerle preguntas de carácter médico; su pediatra también es un experto en temas generales sobre el cuidado de los niños y una fuente muy valiosa de información si usted está buscando quién le cuide a su hijo, si busca una asociación de padres o necesita algún otro tipo de ayuda. Muchos pediatras ofrecen folletos explicativos sobre los problemas más comures, pero es una buena idea que, cuando tenga que acudir a la consulta del pediatra, haga una lista de las preguntas que desea formularle para no olvidarse de nada importante.

Si su pareja no puede ir con usted, sería bueno que la acompañara algún amigo o pariente. Le resultará mucho más fácil concentrase en la conversación con el pediatra si alguien se encarga de desnudar y volver a vestir al bebé y de ir recogiendo todas sus cosas. Hasta que se habitúe a salir de casa con el bebé, conviene que le acompañe un adulto para ayudarle a llevar la pañalera y le abra y cierre puertas.

El objetivo de estas primeras visitas al pediatra es asegurarse de que su hijo está creciendo y desarrollándose adecuadamente y que no tiene problemas graves. En concreto, el pediatra se fijará en los siguientes aspectos:

**Crecimiento.** El pediatra le pedirá que desnude a su hijo y lo pesará en una balanza para bebés. También medirá su largo, colocándolo sobre una mesa con las piernas estiradas. Utilizará una cinta especial para medir el tamaño de la cabeza. Todas estas medidas deben representarse en un gráfico para determinar su curva de crecimiento de una a otra visita. (Usted también puede representar la curva de crecimiento de su hijo llenando las gráficas de las páginas 134 a 137) Ésta es la forma más fiable de saber si su hijo está creciendo con normalidad y le permitirá ver la posición que ocupa en relación a otros niños de su edad.

**Cabeza.** Los "puntos blandos" de las fontanelas deben seguir abiertos durante los primeros meses. Entre el segundo y el tercer mes, la fontanela posterior debe cerrarse. La fontanela anterior del cráneo debe cerrarse antes de que el niño cumpla dos años (alrededor de los dieciocho meses).

**Oídos.** El médico examinará los oídos del bebé con un otoscopio, un instrumento que permite ver el canal auditivo y el tímpano y determinar si hay evidencia de algún fluido o alguna infección. También le preguntará si el niño responde normalmente a los sonidos. Pruebas auditivas formales rara vez se realizan en los infantes a menos que no exista sospecha de algún problema.

**Ojos.** El médico utilizará un objeto brillante o una linterna para captar la atención del bebé y examinar sus movimientos oculares. También puede mirarle los ojos por dentro con un instrumento dotado de luz denominado oftalmoscopio—repitiendo el examen del interior del ojo que ya se le hizo en la sala de recién nacidos. Esto es particularmente útil para detectar cataratas (opacidad del cristalino). (Véase *Cataratas*, página 646.)

**Boca.** Se examina para detectar posibles signos de infección y, más adelante, para hacer un seguimiento de la dentición.

**Corazón y pulmones.** El pediatra utilizará un estetoscopio para auscultar al bebé por el pecho y por la espalda. Este examen permite identificar problemas respiratorios y posibles anormalidades en el ritmo cardíaco o los sonidos respiratorios.

**Abdomen.** Colocando la mano sobre el abdomen del niño y presionando suavemente, el médico comprobará si algún órgano está agrandado o si existen masas o malestares anormales.

**Genitales.** Los genitales se examinarán en cada visita para detectar posibles masas o bultos, molestias o signos de infección. En el primer examen o en los dos primeros, el médico se fijará con especial atención en el pene de aquellos bebés que hayan sido circuncidados, para asegurarse de que está cicatrizando bien. Así

## Itinerario de vacunaciones infantiles recomendado
## Estados Unidos, Enero a Diciembre del 2000

Las vacunas aparecen debajo de las edades recomendadas rutinariamente. Las barras indican los rangos de edad recomendables. Cualquier dosis que no se suministre en la edad recomendada, debe ponerse al día en cualquier visita posterior que sea factible. Los óvalos indican las vacunas que deben suministrarse si no se administraron previamente las dosis recomendadas o si se le dieron antes de la edad mínima recomendada

| Edad ▶ Vacuna ▼ | Nacimiento | 1 mes | 2 meses | 4 meses | 6 meses | 12 meses | 15 meses | 18 meses | 24 meses | 4–6 años | 11–12 años | 14–16 años |
|---|---|---|---|---|---|---|---|---|---|---|---|---|
| Hepatitis B[2] | Hep B | | | | | | | | | | | |
| | | | Hep B | | Hep B | | | | | | (Hep B) | |
| Difteria, Tétanos, Tos ferina[3] | | | DTaP | DTaP | DTaP | | DTaP[3] | | | DTaP | Td | |
| H. *influenzae* tipo b[4] | | | Hib | Hib | Hib | Hib | | | | | | |
| Polio[5] | | | IPV | IPV | | IPV[5] | | | | IPV[5] | | |
| Sarampión, Rubéola, Paperas[6] (MMR) | | | | | | MMR | | | | MMR[6] | (MMR[6]) | |
| Varicela[7] | | | | | | | Var | | | | (Var[7]) | |
| Hepatitis A[8] | | | | | | | | | Hep A[8]-en áreas específicas | | | |

Aprobado por el Advisory Committee on Immunization Practices (ACIP) (Comité de expertos en vacunaciones), la Academia Americana de Pediatría y la American Academy of Family Physicians (AAFP) (Academia Americana de Médicos de Familia).

El 22 de octubre de 1999, el Advisory Committee on Immunization Practices (ACIP), recomendó que el Rotashield (RRV-TV), la única vacuna contra el rotavirus con licencia en EE.UU, no se siguiera usando en Estados Unidos (MMMWR Morb Mortal Wkly Re. Nov 5, 1999;48(43):1007). Se debe decir a los padres que, si sus hijos recibieron la vacuna contra el rotavirus antes de julio, no tienen un mayor riesgo de intususcepción.

1 Este calendario indica las edades recomendadas para la administración rutinaria de vacunas infantiles autorizadas al 11/1/99. Es posible que se autoricen y recomienden vacunas adicionales durante el curso del año. Las vacunas combinadas que tienen licencia se pueden usar cuando esté indicado cualquier componente de la combinación y sus demás componentes no estén contraindicados. Para obtener recomendaciones detalladas, los proveedores deben consultar los folletos explicativos que acompañan al empaque de cada producto.

2 **Los bebés nacidos de madres negativas al HBsAg** deben recibir la 1ª dosis de hepatitis B (Hep B) antes de cumplir los 2 meses de edad. La 2ª dosis debe aplicarse al menos un mes después de la 1ª dosis. La 3ª dosis debe administrarse por lo menos 4 meses después de la 1ª dosis y por lo menos 2 meses después de la 2ª dosis, pero no antes de los 6 meses de edad si se trata de un bebé.

**Los bebés nacidos de madres positivas al HBsAg** deben recibir la vacuna contra la hepatitis B y 0.5 mL de globulina inmune de la hepatitis B (HBIG) dentro de un período de 12 horas después del nacimiento, en sitios separados. La 2ª dosis se recomienda a la edad de 1 a 2 meses y la 3ª dosis a los 6 meses de edad.

**Los bebés nacidos de madres cuyos resultados de HBaAg no se conocen** deben recibir la vacuna contra la hepatitis B dentro de un período de 12 horas después del nacimiento. Se debe obtener una muestra de sangre materna en el momento del parto para determinar el resultado de HBsAg de la madre; si la prueba de HBsAg es positiva, el bebé debe recibir el HBIG lo antes posible (no después de una semana de edad).

**Todos los niños y adolescentes (hasta los 18 años de edad)** que no han sido inmunizados contra la hepatitis B pueden comenzar la serie durante cualquier visita. Se deben realizar esfuerzos especiales para vacunar a niños que nacieron, o cuyos padres nacieron, en áreas del mundo con problemas endémicos moderados o altos de infección del virus de hepatitis B.

3 La 4ª dosis de DTaP (toxoides diftérico y tetánico, y vacuna acelular contra la pertussis) puede administrarse desde los 12 meses de edad, siempre y cuando hayan pasado 6 meses desde la 3ª dosis y que no sea probable que el niño regrese entre los 15 y los 18 meses de edad. Se recomienda la Td (toxoides tetánico y diftérico) a los 11 y 12 años de edad, si han transcurrido por lo menos 5 años desde la última dosis de DTP, DTaP o DT. Se recomiendan vacunas de refuerzo de Td cada 10 años.

4 Hay tres vacunas conjugadas contra la H. influenzal tipo B (Hib) autorizadas para infantes. Si se administra la PRP-OMP (PedvaxHIB o ComVax (Merck]) a los 2 y 4 meses de edad, no se requiere una dosis a los 6 meses de edad. Como los estudios clínicos realizados en bebés han demostrado que el uso de algunos productos combinados puede inducir una respuesta inmune más baja al componente HiB de la vacuna, los productos combinados DTaP/Hib no se deben usar para inmunización primaria de bebés a los 2, 4 ó 6 meses de edad, a no ser que la FDA los haya aprobado para estas edades.

5 Para eliminar el riesgo de la parálisis asociada a la vacuna contra el polio (VAPP), actualmente se recomienda la vacuna inactivada contra el virus de polio (IPV) para todas las dosis de la vacunación rutinaria contra el polio en EE.UU. Todos los niños deben recibir cuatro dosis de IPV a los 2 meses, a los 4 meses, entre los 6 y los 18 meses y entre los 4 y 6 años de edad. La OPV (si está disponible) sólo se puede usar en las siguientes circunstancias especiales:

1) Campañas de vacunación masivas para controlar brotes de polio.
2) Niños sin vacunar que viajarán en un lapso de 4 semanas a zonas donde hay problemas endémicos de polio.
3) Hijos de padres (madres) que no aceptan el número recomendado de inyecciones. Estos niños pueden recibir la OPV sólo en la 3ª y la 4ª dosis o en ambas. En este caso, los profesionales médicos deben administrar la OPV sólo después de comentar el riesgo de la VAPP con los padres o encargados del niño.
4) Durante la transición a una administración IPV total, se han expedido recomendaciones para el uso de los últimos suministros de OPV a los consultorios médicos y clínicas por parte de la Academia Americana de Pediatría (ver *Pediatrics*, diciembre de 1999).

6 La 2ª dosis de la vacuna contra sarampión, paperas y rubéola (MMR) se recomienda rutinariamente de los 4 a los 6 años de edad, pero puede administrarse durante cualquier visita, siempre y cuando hayan transcurrido por lo menos 4 semanas después de recibir la 1ª dosis, y que ambas dosis se administren a partir de los 12 meses de edad. Quienes no han recibido anteriormente la segunda dosis, deben completar el programa a más tardar para la visita de los 11 a los 12 años de edad.

7 La vacuna contra la varicela (Var) se recomienda en cualquier visita, ya sea en el primer cumpleaños o a partir del primer cumpleaños, en niños susceptibles; esto es, niños que no tengan un historial confiable de varicela (según opine un profesional médico) y quienes no hayan sido inmunizados. Las personas susceptibles de 13 años de edad en adelante, deben recibir 2 dosis, administradas con un intervalo de por lo menos 4 semanas.

8 La hepatitis A (Hep A) está sombreada para indicar que su uso se recomienda en estados y/o regiones específicos; consulte con las autoridades de salud pública de su localidad. (También ver *MMMWR Morb Mortal Wkly Rep.* Oct 01, 1999;48 (RR-12); 1-37.

## *Las vacunas protegen a los niños*

Los chequeos médicos rutinarios en el consultorio de su pediatra son un modo importante de mantener a sus hijos saludables.

Al asegurarse de que su hijo/a reciba las vacunas a tiempo, puede proporcionarle la mejor defensa posible contra muchas enfermedades peligrosas de la niñez. Las vacunas protegen a los niños contra: hepatitis B, polio, sarampión, parotiditis (paperas), rubéola (sarampión alemán), pertussis (tos ferina), difteria, tétanos (trismus), *Haemophilus influenzae* tipo B y varicela. Todas estas vacunas deben administrarse antes de que los niños cumplan 2 años de edad, con el fin de que estén protegidos durante su período más vulnerable. ¿Están al día las vacunas de su hijo/a?

La tabla en la página anterior incluye recomendaciones de la Academia Americana de Pediatría sobre inmunizaciones. Recuerde que debe anotar las vacunas de su hijo/a; ésa es la única forma de tener la seguridad de que las vacunas están al día. Además, consulte con su pediatra o clínica de salud en cada visita, para determinar si su hijo necesita alguna vacuna de refuerzo o si se ha recomendado alguna vacuna nueva desde que se preparó este itinerario.

Si usted no tiene un pediatra, llame a su departamento local de salud. Las clínicas de salud pública generalmente tienen surtidos de vacunas y podrían dar inyecciones gratis.

*La información contenida en esta publicación no debe usarse como substituto de la atención médica ni del consejo de su pediatra. Es posible que existan variaciones en el tratamiento que su pediatra podría recomendar según hechos y circunstancias individuales.*

mismo, comprobará si en los bebés de sexo masculino han descendido ambos testículos en el escroto.

**Caderas y piernas.** El pediatra moverá las piernas del bebé para comprobar que no haya ninguna luxación o algún otro problema en la articulación de la cadera. Más adelante, cuando el niño empiece a andar, el médico observará como lo hace, para asegurarse de que las piernas y los pies están correctamente alineados y se mueven con normalidad.

**Piedras angulares del desarrollo.** El pediatra también le preguntará sobre el desarrollo general de su hijo. Entre otras cosas, comentará con usted cuándo empezó a sonreír, a darse la vuelta, a sentarse y a andar y cómo utiliza las manos y los brazos. En la consulta, analizará sus reflejos y el tono muscular general. (Para más detalles sobre el desarrollo normal, véanse los capítulos 5 al 12).

## Vacunas

Su hijo debe recibir la mayoría de las vacunas infantiles antes de que cumpla los dos años. Así estará protegido de diez enfermedades importantes: la poliomielitis, el sarampión, las paperas, la varicela, la rubéola, la tos ferina (pertussis), la difteria, el tétanos, las infecciones provocadas por la *Haemophilus Influenzae* tipo b y la hepatitis B. El calendario de vacunaciones recomendado por la Academia Americana de Pediatría figura en la página 70.

**DTP o DTPa.** En el chequeo de los dos meses, a su hijo le pondrán la primera dosis de las vacunas contra la difteria, el tétanos y la pertussis (conocida popularmente como tos ferina), bien del tipo acelular (DTPa) o bien del tipo inactivada (DTP). Estas vacunas se ponen en cinco inyecciones, las primeras tres dosis se inyectan a los dos, cuatro y seis meses de edad. La cuarta dosis se inyecta entre seis y doce meses después de la tercera, generalmente alrededor de los dieciocho meses de edad. La última dosis se suele inyectar antes de que el niño empiece a ir a la escuela, entre los cuatro y los seis años. Esta dosis "de refuerzo" eleva aún más la respuesta inmunitaria ante los agentes que provocan las tres enfermedades señaladas.

Durante las veinticuatro horas que siguen inmediatamente al pinchazo, su hijo puede estar irritable y menos activo que de costumbre. Es posible que la zona del pinchazo se enrojezca y le duela y que el niño tenga fiebre baja (menos de 102° Farenheit [38.9°C]). Estas reacciones, completamente normales, no deberían durar más de 48 horas. Pueden tratarse administrando acetaminofen cada cuatro horas (Para saber cuál es la dosis adecuada, véase la tabla de la página 675). No le dé nunca aspirina.

Informe al pediatra si su hijo presenta alguna de las siguientes reacciones mucho menos comunes:

- Llanto constante y desconsolado durante más de tres horas
- Un llanto mucho más agudo de lo normal
- Somnolencia excesiva o dificultad para despertarse
- Palidez o flo jera
- Temperatura igual o superior a los 105° Farenheit (40.6°C).
- Convulsiones (generalmente provocadas por la fiebre alta)

Aunque estos efectos secundarios pueden ser alarmantes, hay menos de un 1 por ciento de probabilidades de que su hijo presente *cualquiera* de ellos.

En 1992 se autorizó el uso de un nuevo tipo de vacuna antitosferina que no utiliza toda la célula muerta sino sólo una parte de la misma en la cuarta y quinta dosis. Esta vacuna se denomina "acelular" (DTPa) y desde 1997 se prefiere a la forma "inactivada" (DTP) en todas las dosis. La DTPa tiene menos probabilidades de provocar los efectos secundarios adversos, leves o moderados, que suele provocar la DTP. Ambas tienen la misma eficacia preventiva. Si a un bebé no se le ponen estas vacunas, su riesgo de contraer estas enfermedades aumenta enormemente. La difteria, el tétanos y la tos ferina son enfermedades muy peligrosas. (Véase el capítulo 27: *Vacunas*).

Estos peligros incluyen:

- Dos de cada diez personas que contraen el tétanos mueren debido a esta enfermedad.
- Antes de que existiera la vacuna, una de cada quince personas que contraía la difteria moría debido a esta enfermedad.
- Uno de cada cien bebés de menos de dos meses que contraen la tos ferina muere de esta enfermedad (La tasa de mortalidad global, considerando a todos los infantes, es de uno por mil).
- Casi tres de cada cuatro infantes que contraen la tos ferina requieren hospitalización, y uno de cada cinco desarrolla neumonía.

Ha habido cierta controversia en torno a las reacciones que provoca la DTP, pero, puesto que sus beneficios superan con creces a los riesgos implicados, *la Academia Americana de Pediatría recomienda fuertemente seguir con la rutina de inyectar esta vacuna, preferentemente en su modalidad acelular (DTPa), a partir de los dos meses de edad.*

Sin embargo, hay algunos niños en los que se debería posponer el momento de empezar a vacunarlos y algunos que no deberían ser vacunados. Entre ellos, se incluyen los que tienen uno o más de los siguientes problemas:

- Una reacción severa ante la primera dosis (reacción alérgica o inflamación del cerebro, denominada encefalopatía)
- Convulsiones previas o existir la sospecha de que el niño tenga una enfermedad del sistema nervioso de carácter progresivo.

Si su hijo tiene alguno de estos problemas, asegúrese de que el pediatra está convenientemente informado *antes* de ponerle la vacuna DTP.

**Vacuna contra la poliomielitis.** La poliomielitis es una enfermedad de origen viral que puede paralizar algunos músculos del cuerpo. Puede ser de leve a muy grave, dependiendo de los músculos afectados y de la gravedad de la afectación. Afortunadamente, la forma natural del virus de la poliomielitis ha sido eliminada en la los Estados Unidos gracias al uso de vacunas eficaces para prevenir esta enfermedad.

Vacunarse es la mejor forma de protegerse contra la poliomielitis. Los niños deben recibir cuatro dosis de esta vacuna antes de ingresar a la escuela. Hay dos tipos de vacunas de la poliomielitis: la IPV *(Inactivated Polio Vaccine)* o vacuna de la poliomielitis inactivada, que se inyecta en la pierna o el brazo, y la OPV *(Oral Polio Vaccine)* o vacuna de la poliomielitis atenuada, que se toma por vía oral en forma de gotas. Esta vacuna se pone a los dos meses, a los cuatro meses, entre los doce y los dieciocho meses y entre los cuatro y los seis años. (En los niños a quienes se administra la forma oral en todas las dosis, la tercera toma puede efectuarse en cualquier momento entre los seis y los dieciocho meses de edad)

Las dos vacunas de la poliomielitis proporcionan una protección excelente contra la polio. Los padres pueden elegir entre tres posibles pautas de vacunación: sólo IPV, sólo OPV y combinado. Pregúntele al pediatra qué pauta de vacunación debería seguir su hijo.

La OPV proporciona una protección excelente contra la poliomielitis y, aparte de no tener que inyectarse, evita que la forma natural del virus de la poliomielitis se trasmita de una persona a otra. Aunque contiene una forma atenuada del virus, en raras ocasiones puede provocar un cuadro de parálisis en niños inmunodeprimidos. También puede provocar un cuadro de este tipo en las personas que no sean inmunes al virus de la poliomielitis y que estén en contacto con niños que hayan recibido la vacuna contra la polio por vía oral (el virus estará presente en las heces del niño al poco tiempo de la vacunación). De todos modos, las probabilidades de que esto ocurra son bajísimas. Si su hijo es alérgico a los antibióticos neomicina y estreptomicina, es probable que el pediatra le recomiende la forma oral de la vacuna, ya que los antibióticos mencionados se utilizan para preparar la forma inyectable.

La IPV proporciona una protección excelente contra la poliomielitis y se ha visto que, exceptuando la leve inflamación en la zona del pinchazo, apenas se asocia a efectos secundarios. La IPV protege al niño que recibe la inyección, y, al estar elaborada con un virus de la poliomielitis inactivado, no puede provocar cuadros de parálisis. Sin embargo, en el caso de que haya un brote de poliomielitis, la forma inyectable no es tan eficaz como la oral para prevenir la trasmisión de la forma natural del virus de la poliomielitis. De todos modos, si su hijo o alguien que está habitualmente en contacto con él tiene el sistema inmune debilitado, debido a alguna enfermedad como cáncer o SIDA, se le debe administrar exclusivamente la forma inyectable de la vacuna. Esta recomendación también es válida para aquellos niños que, por el hecho de tener cáncer o alguna una enfermedad crónica, se estén sometiendo a radioterapia o quimioterapia o a un tratamiento a largo plazo a base de esteroides.

Si se opta por la pauta de vacunación integrada por dos dosis de la forma inyectable de la vacuna y dos dosis de la forma oral (pauta combinada), su hijo podrá beneficiarse de las ventajas de ambas vacunas—excelente protección contra la poliomielitis y menor riesgo de presentar un cuadro de parálisis.

**Vacuna contra el sarampión, la rubéola y las paperas (Triple vírica).** Cuando su hijo tenga entre doce y quince meses de edad, recibirá un sólo pinchazo en el que se le inmunizará contra las paperas, el sarampión y la rubéola. Aunque estas enfermedades se conocen sobre todo por las erupciones (sarampión y rubéola) y la inflamación glandular (paperas) que provocan, también pueden ocasionar complicaciones médicas graves. (Véase *Sarampión*, página 743; *Paperas*, página 697; *Rubéola* página 735) Las vacunas contra estas enfermedades no suelen tener efectos secundarios graves, pero su hijo puede experimentar las siguientes reacciones, al cabo siete a diez días:

- Salpullido de carácter leve
- Leve hinchazón de los ganglios linfáticos del cuello o del área que queda cubierta por los pañales
- Fiebre baja
- Adormilamiento

En los niños alérgicos a los huevos, esta vacuna puede provocar reacción en raras ocasiones (ya que en su proceso de elaboración se emplean huevos). Por lo tanto, si su hijo tiene este tipo de alergia, debería indicárselo al pediatra. Si su hijo está tomando alguna medicina que interfiera con el funcionamiento del sistema inmune o su sistema inmune está debilitado por cualquier motivo, no se le debe inyectar esta vacuna. Puesto que no todos los niños se inmunizan con un sólo pinchazo, para garantizar una mayor protección se recomienda una segunda dosis antes de que cumplan 12 años. Muchos estados recomiendan dar esta segunda dosis antes (entre los cuatro y los seis años de edad), por lo que es recomendable consultar con su pediatra.

**Vacuna contra la varicela.** Se recomienda vacunar contra la varicela a todos los niños sanos de entre doce y dieciocho meses que no hayan tenido la enfermedad. Los niños de menos de trece años que no hayan tenido varicela ni fueron vacunados contra esta enfermedad en su momento, también deberían recibir una única dosis de esta vacuna. Los adolescentes y adultos jóvenes que no hayan tenido esta enfermedad ni se hayan vacunado contra ella deberían recibir dos dosis de esta vacuna separadas entre sí por un período de entre cuatro y ocho semanas. Aunque la varicela no suele provocar complicaciones en la mayoría de niños sanos, hay ciertos sectores de la población que tienen mayor riesgo de desarrollar problemas graves. Entre ellos, cabe destacar a los niños de menos de un año, los que tiene el sistema inmune debilitado, los que tienen eccema u otros trastornos dérmicos, los asmáticos y los adolescentes.

**Vacuna contra la *Haemophilus Influenzae* Tipo B (Hib).** Es recomendable administrar la vacuna contra las infecciones provocadas por la bacteria denominada *Haemophilus Influenzae* tipo b a partir de los dos meses de edad. (Véase también *Epiglotitis*, página 621; *Meningitis*, página 693) El uso de esta vacuna ha permitido reducir notablemente la incidencia de las enfermedades provocadas por esta bacteria.

## Nuestra posición

La Academia Americana de Pediatría considera que los beneficios de las vacunas superan con creces los riesgos implicados. A pesar de la publicidad que se ha hecho sobre los efectos secundarios adversos de las vacunas—sobre todo de la vacuna antitosferina—éstos son muy poco habituales. La Academia Americana de Pediatría considera que la vacunación es la forma más segura y económica de prevenir la enfermedad, las discapacidades y la muerte, e insta a los padres a que se aseguren de que a sus hijos reciben todas las vacunas necesarias para prevenir las enfermedades infantiles más peligrosas.

En lo que se refiere a la varicela, la Academia Americana de Pediatría recomienda inyectar esta vacuna de forma universal en los niños muy pequeños y también en los niños mayores y adolescentes que sean más susceptibles a esta enfermedad. Esta vacuna se debe inyectar en una sola dosis cuando el niño tenga entre doce y dieciocho meses de edad, pudiendo administrase junto con la triple vírica (sarampión, varicela, rubéola). A los niños mayores también basta con inyectarles una sola dosis lo antes posible.

**Vacuna contra la Hepatitis B.** La vacuna para prevenir la hepatitis B se ha añadido al listado de las vacunas que es recomendable administrar durante la infancia. La hepatitis B (a veces denominada hepatitis sérica) es una enfermedad viral que afecta al hígado. Se puede dar en personas de cualquier edad, incluyendo a los recién nacidos. Puede trasmitirse de madre a hijo en el momento del parto y entre las personas que conviven en la misma casa. También se puede contagiar por vía sexual y por el contacto con la sangre infectada o con utensilios quirúrgicos contaminados.

Los infantes y los niños pequeños pueden contraer la enfermedad y manifestar síntomas leves o, incluso, no manifestar ningún síntoma en absoluto, pero es posible que más adelante desarrollen problemas de hígado de carácter crónico, incluyendo cáncer.

Puesto que parece ser que esta enfermedad está aumentando y los contactos no siempre se pueden predecir o evitar, las autoridades sanitarias incluyento la AAP recomiendan administrar esta vacuna temprano en la infancia.

La vacuna se administra en tres dosis: la primera dosis se inyecta pocos días después del nacimiento, la segunda uno o dos meses después y la tercera entre los seis y los dieciocho meses de edad.

Los niños mayores, adolescentes y adultos también deberían vacunarse. Muchas guarderías y escuelas públicas exigen pruebas de vacunación contra hepatitis B para admitir a un niño. Estas personas también tendrían que ponerse tres inyecciones, dejando pasar un mes entre la primera y la segunda, y seis meses entre la segunda y la tercera.

No se han descrito reacciones adversas graves a esta vacuna. De todos modos, pueden presentarse efectos secundarios menores, como malestar e inflamación y enrojecimiento de la zona del pinchazo. Esta vacuna sólo está contraindicada en las personas alérgicas a la levadura (algo poco habitual en los niños).

En este capítulo hemos dado una visión de conjunto de los cuidados que necesita un bebé. De todos modos, su hijo es un individuo único, por lo que probablemente tendrá algunas preguntas que sólo son pertinentes para su caso en concreto. Estas preguntas serán mejor resueltas por su propio su pediatra.

# 4

# La alimentación del bebé: el pecho y el biberón

Las necesidades nutricionales de su hijo durante el período de crecimiento rápido denominado infancia son mayores que en ninguna otra etapa de su vida. Su hijo triplicará aproximadamente su peso corporal durante el primer año de vida.

Alimentar a su hijo es mucho más que nutrirlo. Al hacerlo, tendrá la oportunidad de estar cerca de él, arrullarlo y mirarle a los ojos. Serán momentos de relajación y disfrute para ambos y también de proximidad emocional.

Antes del parto, usted deberá decidir si va a darle el pecho o el biberón a su hijo. Se trata de una decisión importante que exige reflexión: deberá evaluar cuidadosamente ambas posibilidades antes de decidirse. En este capítulo encontrará la información que necesita para elegir la mejor opción para usted y su bebé.

Debido a su composición nutricional, la leche humana es el alimento ideal para un infante humano. Los bebés a quienes se les da el pecho tienen menos probabilidades de contraer infecciones de oído, tener diarreas graves y desarrollar reacciones alérgicas. Además, existen algunas pruebas de que, para las madres, dar el pecho reduce la probabilidad de contraer ciertos tipos de cáncer y de tener fracturas de cadera en el futuro. Por esto motivo, la mayoría de los pediatras recomiendan la lactancia materna.

Pero es importante que no se sienta culpable si decide darle el biberón a su hijo. La leche de fórmula es una alternativa nutritiva y aceptable a la leche materna. Sea cuál sea el motivo que tenga para no amamantar (y puede ser simplemente que no quiera hacerlo), es usted quien tiene que decidirlo. De todos modos, es importante que reflexione al respecto antes de que nazca el bebé, puesto que empezar con el biberón y luego intentar darle el pecho puede ser bastante complicado o, incluso, imposible, si espera demasiado. La producción de leche se optimiza si la lactancia se inicia justo después del parto. Si usted empieza dándole el pecho a su hijo y después decide, por cualquier motivo, que esto no funciona, siempre estará a tiempo de pasarse al biberón.

En los Estados Unidos, aproximadamente un 44% de los recién nacidos son amamantados al nacer. A los seis meses, sólo el 20% sigue alimentándose de este modo. La Organización Mundial de la Salud y muchos expertos recomiendan a las mujeres amamantar a sus bebés al máximo, hasta el año o incluso más, puesto que la leche materna no sólo proporciona una nutrición óptima, sino también protección contra las infecciones. Es posible que usted utilice ambos métodos durante el primer año de vida de su hijo; otro motivo más para que se familiarice previamente con ambos tipos de lactancia.

## Ventajas y desventajas de la lactancia materna

Como ya mencionamos, la leche humana es el mejor alimento que se le puede dar a cualquier infante. Sus principales ingredientes son azúcares (lactosa), proteínas fáciles de digerir (suero y caseína) y grasas (ácidos grasos digeribles)—todo ello en las proporciones adecuadas para alimentar a un lactante y protegerlo contra ciertos trastornos, como las infecciones de oído (otitis media), las alergias, los vómitos, la diarrea, la neumonía, el asma, la bronquiolitis y la meningitis. Además, la leche materna contiene muchos minerales y vitaminas, así como enzimas que ayudan al proceso de digestión y absorción. La leche de fórmula sólo se aproxima a esta combinación de nutrientes y no contiene las enzimas, anticuerpos y muchos otros ingredientes importante de la leche materna.

Hay muchos motivos de carácter práctico para optar por la lactancia materna. La leche materna es relativamente barata. El hecho de que la madre mantenga una dieta equilibrada y aumente el consumo de calorías le costará sólo la mitad de lo que se tendría que gastar en leche de fórmula. Además, la leche materna no tiene que prepararse: es instantánea y siempre está disponible en el lugar que sea. Otra ventaja física para la madre es que la lactancia materna ayuda a recuperar la forma después del parto y a perder el peso ganado durante el embarazo, ya que consume cerca de 500 calorías diarias y contribuye a que el útero se contraiga y recupere su tamaño original más rápidamente.

Las ventajas psicológicas y emocionales de la lactancia materna, tanto para la madre como para el hijo, son tan convincentes como las físicas. Dar el pecho permite establecer un contacto directo "piel a piel" entre madre e hijo, que, aparte de calmar al bebé, resulta sumamente gratificante para la madre. Las mismas hormonas que estimulan la producción de leche pueden estimular también los sentimientos maternales. La mayoría de las madres que dan el pecho a sus hijos sienten que esa experiencia les ayuda a sentirse más cerca de sus hijos y más seguras de su capacidad de cuidarlos y protegerlos. Esta ventaja de la lactancia materna tiene un valor inestimable.

Cuando la lactancia materna funciona, no tiene ningún inconveniente conocido para el bebé. Dar el pecho puede exigir más tiempo para la madre que dar el biberón, en el sentido de que las tomas suelen ser frecuentes y más largas. Pero este aumento del tiempo que pasan juntos es positivo para el desarrollo del bebé y puede ser muy gratificante para la madre. Suele implicar perder horas de sueño y que otros miembros de la familia tengan que asumir otras tareas domésticas. En pocas semanas, la familia se acostumbrará a estos cambios en la rutina cotidiana. Aunque no puedan darle el pecho al bebé, los demás miembros de la familia pueden participar activamente en muchos otros aspectos relacionados con su cuidado. Es importante ser sensible a las necesidades del padre y de los hermanos. Todos pueden colaborar mientras la madre da el pecho al bebé. Por ejemplo, pueden disfrutar de la experiencia de cargarlo para sacarle los gases. El papel del padre es muy importante, pues brinda apoyo a madre e hijo. Puede cargar al bebé, cambiarle los pañales, bañarlo y alimentarlo cuando haya que darle algún biberón suplementario. La mejor forma de evitar malentendidos es que la pareja hable abiertamente sobre el tema de la alimentación, asegurándose de que tanto el padre como la madre están de acuerdo con la elección tomada antes de que nazca el bebé. La mayoría de los padres quieren que su hijo reciba la mejor alimentación desde el principio y esto significa, sin lugar a dudas, la leche materna. Las madres que necesitan estar alejadas de sus hijos durante cierto tiempo (para ir al trabajo, de compras o asistir a actividades sociales) pueden seguir alimentando a sus hijos con su propia leche utilizando un extractor de leche y guardando la leche extraída en el congelador, para que el padre, otro miembro de la familia o la persona que cuide al bebé se la dé.

¿Hay algún trastorno médico que haga desaconsejable la lactancia materna? Sí, aunque muy pocos. Si una madre está muy enferma, puede no tener la energía o el aguante necesario para darle el pecho a su hijo sin que ello interfiera en su propio proceso de recuperación. Así mismo, aunque la mayoría de las medicinas son inocuas, algunos de ellas, al pasar a la leche, pueden resultar perjudiciales para el bebé.

Si usted se está medicando por cualquier motivo (ya sean medicinas con receta médica o no), informe a su pediatra al respecto antes de empezar a darle el pecho a su hijo. Su pediatra le indicará si, al pasar a la leche, los medicamentos que usted toma pueden ser perjudiciales para el bebé. Algunas medicinas pueden cambiarse por otras que no hagan daño al bebé.

Para algunas madres, dar el pecho significa un gran esfuerzo. Aunque dar al pecho puede ser molesto al principio, la mayoría de estas molestias desaparecen con el tiempo, los buenos consejos y la experiencia. De todos modos, si las cosas continúan sin mejorar al final del segundo mes, y usted considera que las desventajas de la lactancia materna superan las ventajas que aporta, probablemente será mejor que se cambie a la leche de fórmula. No deje que esto la desanime ya que; usted y su hijo tienen que encontrar la mejor combinación para que la experiencia de la alimentación resulte gratificante en todo sentido.

## Ventajas y desventajas de la alimentacion con biberón

A pesar de reconocer las ventajas de la lactancia materna, tanto las madres como los padres pueden considerar que la alimentación con biberón da a la madre una mayor libertad y más tiempo para dedicarse a tareas no relacionadas con el cuidado del bebé. El padre, los abuelos, e, incluso, un hermano mayor pueden darle el biberón al bebé, ya sea que contenga leche materna o leche de fórmula. Esto no sólo proporciona mayor flexibilidad a la madre sino que representa una buena oportunidad para que los demás miembros de la familia fortalezcan su vínculo con el bebé.

Hay otras razones que pueden llevar a una pareja a elegir el biberón: permite saber exactamente qué cantidad de alimento consume el bebé y no hace falta preocuparse de la dieta de la madre ni de las medicinas que consume.

Los fabricantes de leche de fórmula no han encontrado aún un modo de reproducir los componentes únicos de la leche humana. Aunque la leche de fórmula suministra los nutrientes que un lactante necesita, carece de los anticuerpos y componentes que sólo la leche de la madre contiene.

La leche de fórmula además es costosa y puede representar un inconveniente para algunas familias. Tiene que ser comprada y preparada (a menos que use las leches "listas para usar" que son más costosas). Esto implica tener que hacer viajes a la cocina a media noche, y disponer de varios biberones, mamaderas y otros utensilios. La contaminación casual del preparado también representa una riesgo potencial.

# Cómo dar el pecho a su bebé

## La actitud correcta

¡Usted puede hacerlo! Ésta debería ser su actitud ante la lactancia materna desde el principio. Puede contar con la ayuda procedente de múltiples fuentes: recomendaciones de expertos, consejos, clases y reuniones con otras madres. Por ejemplo, usted puede:

- Hablar con la instructora de las clases de preparación para el parto o acudir a una clase sobre lactancia materna.
- Hablar con su obstetra y su pediatra. Éstos no sólo le podrán facilitar información médica, sino también darle ánimos y apoyarle cuando lo necesite.
- Hablar con mujeres que estén dando el pecho a sus hijos y pedirles consejo.
- Hablar con miembros de alguna asociación en defensa de la lactancia materna, como La Liga de la Leche en su comunidad. Ésta es una organización mundial que ayuda a las familias para que aprendan a disfrutar de la experiencia de amamantar al bebé. Pregúntele a su pediatra cómo puede ponerse en contacto con La Liga de la Leche.
- Lea sobre el tema de la lactancia materna. Los libros recomendados por la AAP son *Breastfeeding,* de M. Renfrew y C. Fisher (Celestial Arts Publishing Co.); *Nursing Your Baby,* de K. Pryor (Harper & Row); y *The Nursing Mother's Companion,* de K. Huggins (Harvard Common Press).

## El punto de partida: Preparar los senos para la lactancia

Independientemente de que piense darle o no el pecho a su hijo, en cuanto quede embarazada, su cuerpo empezará a prepararse para la lactancia. El área que hay alrededor del pezón—la areola mamaria—se oscurecerá. Sus senos aumentarán de tamaño, a medida que las células que se encargarán de producir leche se van multiplicando y que los conductos que se

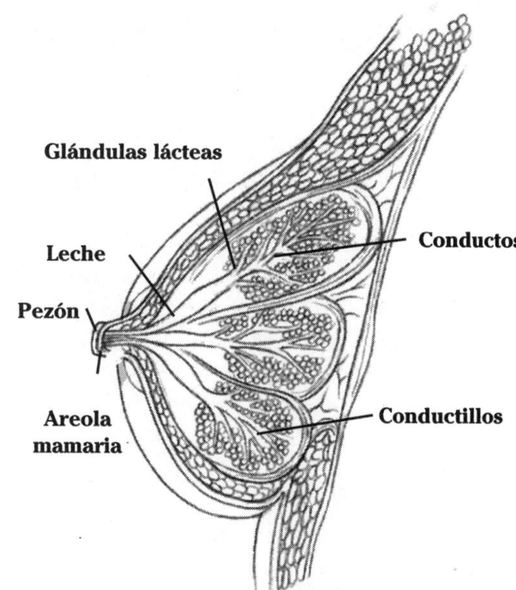


**La leche se produce en las glándulas lácteas, después pasa a través de los conductillos de este mismo nombre y sale por el pezón.**

encargarán de trasportarla se van desarrollando. Mientras tanto, otras partes de su cuerpo empezarán a almacenar un exceso de grasa para proporcionarle la energía adicional que necesitará durante la lactancia.

Tan pronto como a las dieciséis semanas de embarazo, los senos de una mujer embarazada están preparados para producir leche en cuento nazca el niño. El primer fluido que sale por el pezón—una solución densa de color naranja-amarillento que se produce durante los días que siguen inmediatamente al parto hasta que es sustituida por la leche propiamente dicha—se denomina calostro. El calostro contiene más proteínas, sales, anticuerpos y otros componentes con propiedades protectoras que la leche, pero menos grasas y calorías. Su cuerpo producirá calostro durante varios días, hasta que "baje" la leche propiamente dicha. Ésta, que será mas fina y tendrá el color típico de la leche, se ajustará a las necesidades de su bebé durante el resto de la lactancia. La leche materna va cambiando sus propiedades nutricionales a medida que van cambiando las necesidades del bebé.

A medida que su cuerpo se prepara de forma natural para la lactancia, no hay mucho que hacer en este sentido.

A menos que sus pezones sean planos o invertidos, *no tiene* por qué estirarlos, alargarlos, dilatarlos, friccionarlos ni masajearlos cuando se aproxime el final del embarazo. No es necesario endurecer ni "fortalecer" los pezones para que resistan la lactancia. De hecho, algunas de estas manipulaciones pueden interferir con la lactancia normal al dañar las pequeñas glándulas de la areola mamaria que secretan un fluido lechoso que lubrica el pezón para prepararlo para la lactancia.

Hay otra razón más: a medida que se aproxima el final del embarazo, estimular excesivamente los pezones puede desencadenar la liberación de un hormona que

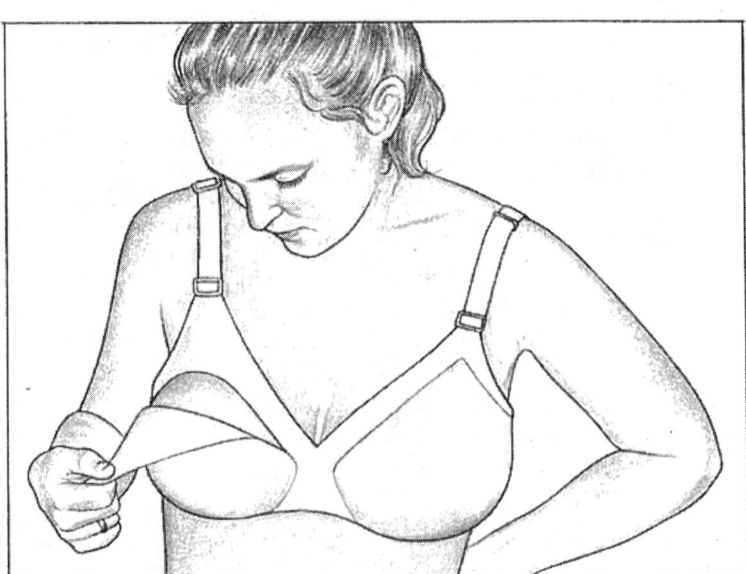

**Es importante que los senos estén bien sujetos durante el embarazo y la lactancia.**

## *Cómo preparar los pezones invertidos*

Normalmente, cuando se presiona la areola mamaria entre dos dedos, el pezón sobresale y se pone erecto. Pero, si, el pezón parece retraerse hacia dentro en lugar de proyectarse hacia afuera, se dice que está invertido. Esto puede dificultar la lactancia, ya que al niño le costará mucho coger el pezón con la boca para succionarlo y obtener la leche. Afortunadamente, si el problema se detecta durante el embarazo, puede tratarse fácilmente antes de que nazca el bebé.

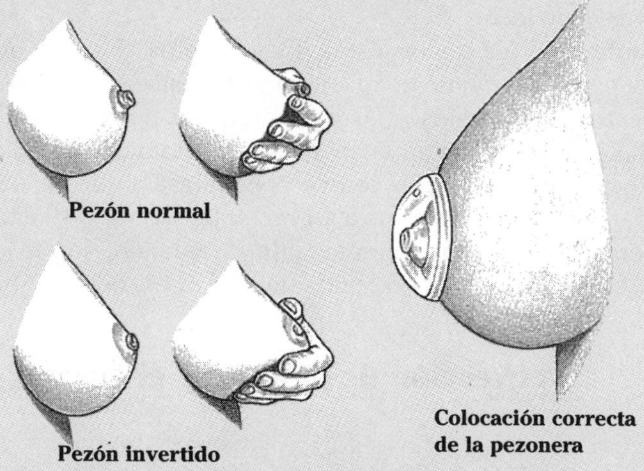


**Colocación correcta de la pezonera**

El tratamiento más sencillo de un pezón invertido consiste en utilizar una pezonera, esto es, un protector especial que la futura madre se coloca dentro del sujetador para llevarlo mientras está despierta, varias semanas o meses antes del parto. Este protector de plástico, de venta en la mayoría de tiendas de artículos para bebés y farmacias, tiene la forma de una cúpula agujereada. La cara interior, la que debe estar en contacto con la piel, tiene un agujero por donde se introduce el pezón. El área circular alrededor de este agujero ejerce una presión suave y uniforme sobre la areola, haciendo que el pezón sobresalga hacia fuera y se introduzca en el agujero. Al final, el pezón acaba adoptando esta forma, incluso cuando se retira la pezonera.

Raramente, en casos muy graves de pezón invertido, las pezoneras no resultan eficaces. Algunas veces el pezón invertido no se diagnostica hasta después del parto. En tales casos, el personal de enfermería del hospital donde haya tenido lugar el parto, enseñarán a la madre a utilizar un extractor antes de colocarle el bebé en el pecho. La succión del bebé también contribuirá a que los pezones invertidos acaben proyectándose hacia fuera.

hace que el útero se contraiga, lo que podría provocar un parto prematuro. Por lo tanto, aunque la estimulación suave y ocasional del pecho—por ejemplo, mientras se hace el amor—es inofensiva, se debe evitar manipular excesivamente los pezones durante el embarazo. Lavarlos, como se hace habitualmente durante el baño o la ducha y secarlos con suavidad es todo el cuidado que necesitan los senos durante el embarazo.

Aunque muchas mujeres se ponen cremas y aceites en los senos para suavizarlos, no es necesario y además pueden tapar los poros de la piel. Los bálsamos, sobre todo los que contienen vitaminas u hormonas, son innecesarios y pueden perjudicar al bebé si se utilizan cuando ya se ha empezado a darle el pecho. Las sustancias que contiene pueden ser absorbidas por la piel de la madre y pasar al bebé a través de la leche.

Es importante que los senos estén bien sujetos durante el embarazo y la lactancia (independientemente de que la madre piense darle el pecho o el biberón a su hijo), puesto que los senos, aparte de aumentar de tamaño, pesan mucho más de lo habitual. Si no se utiliza un buen sujetador, el volumen y el peso adicionales estirará los ligamentos del pecho, lo que contribuirá a que los senos caigan en el futuro. Algunas mujeres empiezan a llevar sujetadores de lactancia durante el embarazo. Conforme el pecho va creciendo de tamaño, son más grandes y más fáciles de ajustar y mucho más cómodos que los sujetadores normales.

## La eyección de la leche y el agarre

En cuanto nazca su hijo, sus senos estarán listos para producir leche. A medida que vaya mamando, las acciones del bebé harán que su cuerpo sepa cuándo debe iniciar e interrumpir la producción de leche. El proceso empieza cuando su hijo se "pega" correctamente a la areola, no al pezón, y empieza a succionar. Este fenómeno se llama "agarre". Es algo que debería hacer de forma instintiva, en cuanto sienta el seno en contacto con su boca. Usted puede ayudarle cogiéndolo de tal modo que la cara del bebé esté justo delante de su seno, y acariciándole el labio inferior o la mejilla con el pezón. Así estimulará el reflejo que le llevará a

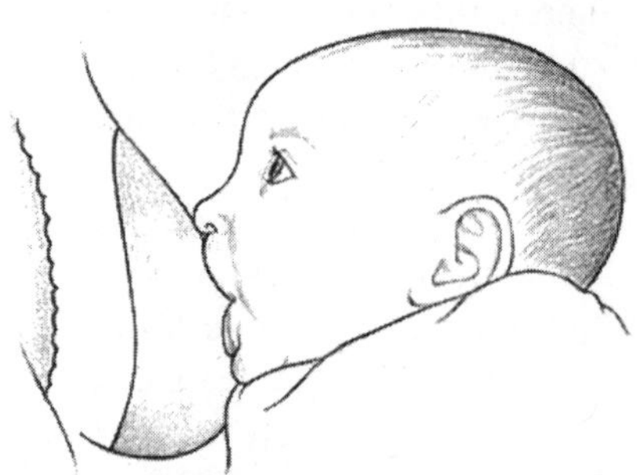

**Este bebé está correctamente agarrado al seno.**

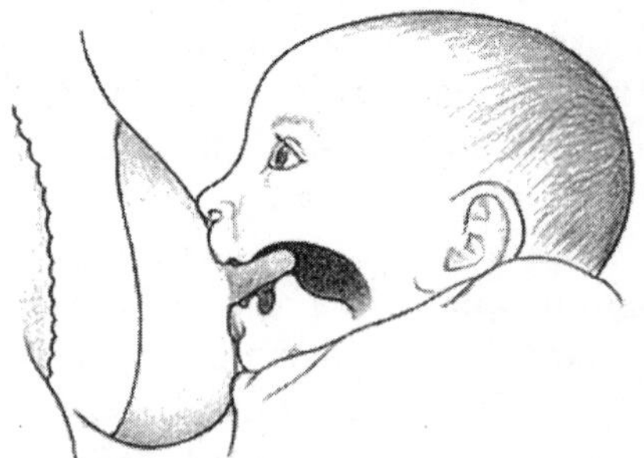

**La areola y el pezón están completamente dentro de su boca.**

## *El proceso de eyección*

Al chupar, el bebé estimula la producción de varias hormonas diferentes que se encargan de producir y expulsar la leche. Desde el momento en que un bebé empieza a mamar, en el interior del cuerpo de la madre se pone en marcha el siguiente proceso:

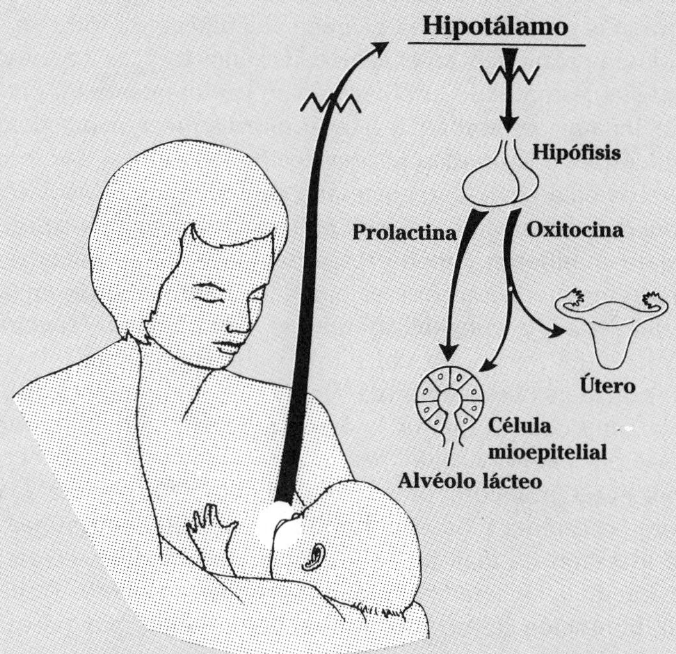


1. El chupado estimula las terminaciones nerviosas del pezón.
2. Las terminaciones nerviosas del pezón trasmiten la información de que se necesita leche a través de la médula espinal hasta la hipófisis, pituitaria que está en el cerebro.
3. La hipófisis reacciona liberando las hormonas prolactina y oxitocina.
4. La prolactina estimula la producción de más leche en los senos.
5. La oxitocina estimula los pequeños músculos que rodean los conductos lácteos, haciendo que se contraigan. Estas contracciones estrechan los conductos y la leche es expulsada al depósito que hay debajo de la areola.

buscar el pezón con la boca (denominado el reflejo de búsqueda). El bebé abrirá la boca de par en par y, en este momento, usted lo podrá acercar a su seno.

Cuando el bebé se agarre al seno, sus mandíbulas deben cerrarse alrededor de la areola y, no del pezón. Sus labios se separarán y sus encías rodearán la areola. Su lengua realizará un movimiento ascendente, presionando el pezón contra el paladar y vaciando los conductos lácteos. Darle el pecho al bebé durante la primera hora posterior al parto ayuda a establecer un buen patrón de lactancia en un momento en que los bebés suelen estar bien alertas y activos. Más adelante se podrán quedar dormidos, pero, si empiezan a lactar durante la primera hora de vida extrauterina, habrá más probabilidades de que la lactancia sea todo un éxito.

A veces, los bebés tienen problemas en el agarre. Esto ocurre más a menudo en recién nacidos a los que se les ha dado el biberón o se les ha puesto un chupete. En lugar de utilizar la lengua, se limitan a lamer, mordisquear o masticar. Sin embargo, estos movimientos no estimulan la producción de leche y, por lo tanto, hará falta "enseñarle" al bebé a agarrarse correctamente al seno. El pediatra o la enfermera de parto pueden echarle una mano. Mamar del seno es distinto que tomar de la mamadera de un biberón. Algunos expertos consideran que introducir el biberón demasiado pronto puede interferir el establecimiento de un buen patrón de lactancia. Otros discrepan y consideran que la denominada "succión no nutritiva", esto es, mamar del pecho sin consumir leche (utilizándolo como un chupete), no interfiere con la lactancia materna. Hable con su médico al respecto.

En cuanto su hijo empiece a mamar correctamente, sus movimientos estimularán las terminaciones nerviosas del pezón. A su vez, el vaciado del pecho y la liberación de la hormona prolactina por parte de la hipófisis pituitaria (véase el recuadro anterior) estimulará la liberación de otras hormonas que desencadenarán la producción de más leche. La estimulación del seno también desencadena la expulsión de la leche a través de los conductos lácteos (reflejo de eyección), a raíz de la liberación de otra hormona, la oxitocina, por parte de la hipófisis.

Esto también provoca la contracción de los músculos del útero. Por lo tanto, es posible que durante los primeros días o semanas después del parto experimente espasmas o cólicos en el útero, cada vez que le dé el pecho a su hijo. Aunque esto puede ser molesto y ocasionalmente hasta doloroso, ayuda a que el útero recupere rápidamente su tamaño y forma habitual y reduce el sangrado después del parto. También es un indicador de que la lactancia está yendo bien.

Cuando un bebé empieza a succionar, generalmente sólo tarda unos pocos minutos en conseguir que la leche baje (empieze a fluir). El simple hecho de oír el llanto del bebé puede bastar para desencadenar la salida de la leche.

Los síntomas de que la leche está bajando varían de una mujer a otra y cambian en función del volumen de leche que necesita el lactante. Algunas mujeres experimentan una ligera sensación de hormigueo mientras que otras experimentan un aumento de la presión, como si sus pechos estuvieran hinchados y sobrecargados, sensaciones que se alivian rápidamente, en cuanto la leche empieza a fluir. Sin embargo hay mujeres que, a pesar de no tener ningún problema con la lactancia, nunca experimentan sensaciones de este tipo.

El modo que tiene la leche de fluir también varía ampliamente. Puede salir a borbotones, por aspersión o a gotas. También puede haber diferencias de un seno a otro. Por ejemplo, en uno puede salir a chorro y en el otro gota a gota. Ello se debe a las diferencias existentes entre los conductos de cada lado y no debe ser motivo de preocupación.

## La primera vez

Si usted tuvo un parto vaginal rutinario y tanto usted como su hijo están despiertos y activados, debería darle el pecho en cuanto nazca. Si el parto se complica o su hijo tiene que recibir atención médica inmediata, probablemente deberá esperar varias horas. Si le puede dar el pecho a su hijo durante el primero o segundo día, es muy posible que no tenga dificultades físicas para amamantarlo. Pero, si la lactancia tiene que posponerse más tiempo, el personal de enfermería le ayudará a sacarse leche, bien manualmente o bien utilizando un extractor de leche.

Si puede amamantar a su hijo inmediatamente después del parto, probablemente se sentirá más cómoda si lo hace estirada sobre un costado, con el bebé estirado de cara a usted y colocado delante de su seno. Si prefiere sentarse, utilice almohadas para apoyar los brazos y coja al bebé a la altura del pecho, asegurándose de que todo su cuerpo, no sólo su cabeza, está orientado hacia

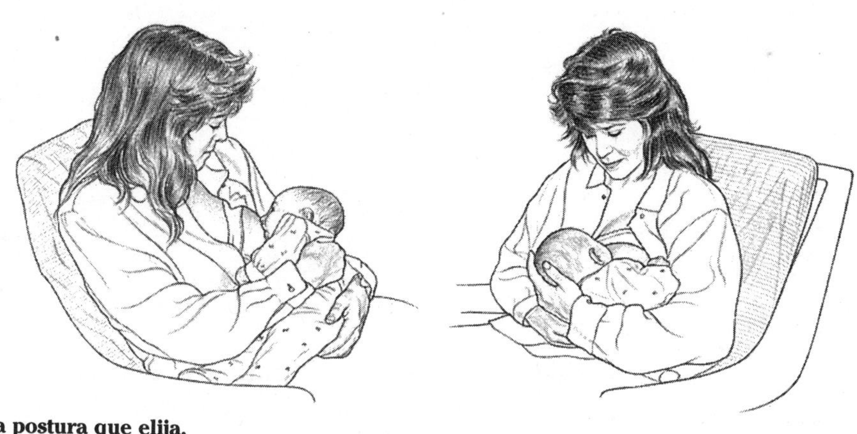

**Sea cuál sea la postura que elija, lo importante es que todo el cuerpo del bebé, no sólo su cabeza, esté de cara a usted.**

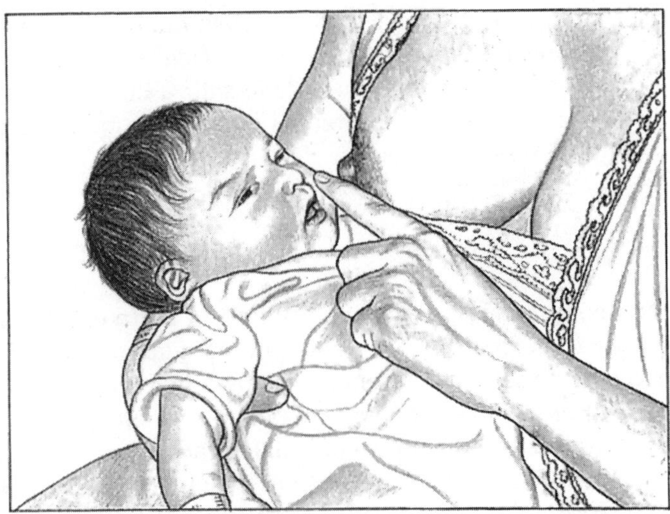

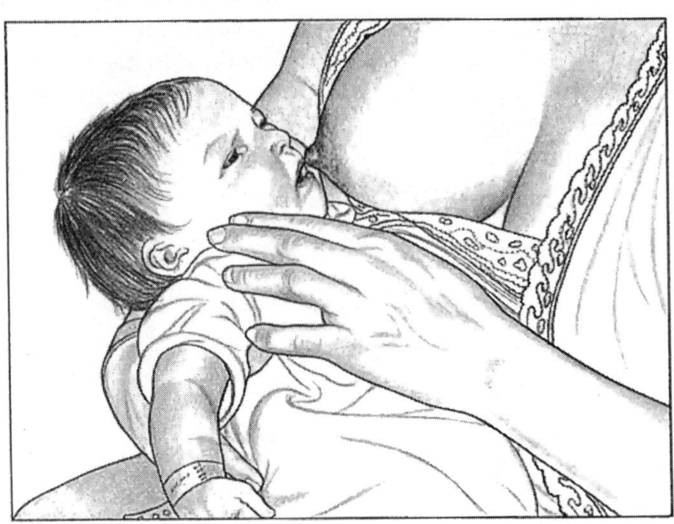

**Si acaricia la mejilla o el labio inferior del recién nacido con el dedo o el pezón, instintivamente girará la cabeza, se agarrará al pecho y empezará a succionar.**

usted. Después de un parto por cesárea, la postura más cómoda para amamantar al bebé es probablemente cogiéndolo de lado, la denominada "posición de rugby". Mientras usted está sentada, coloque un brazo, doblado, debajo del bebé, y aguante y dirija su cabeza hacia el pecho con la otra mano. De este modo, el peso del bebé no reposará sobre su abdomen y, al mismo tiempo, el bebé estará delante de su seno para poder agarrarlo bien.

Si acaricia el labio inferior o la mejilla del recién nacido con el pezón, él abrirá instintivamente la boca de par en par, se agarrará al seno y empezará a succionar. Su hijo ha estado practicando este movimiento durante cierto tiempo, chupándose la mano, y quizás hasta el pie, mientras estaba dentro de su útero. (De hecho, algunos bebés nacen con ampollas en los dedos provocadas por estas succiones prenatales).

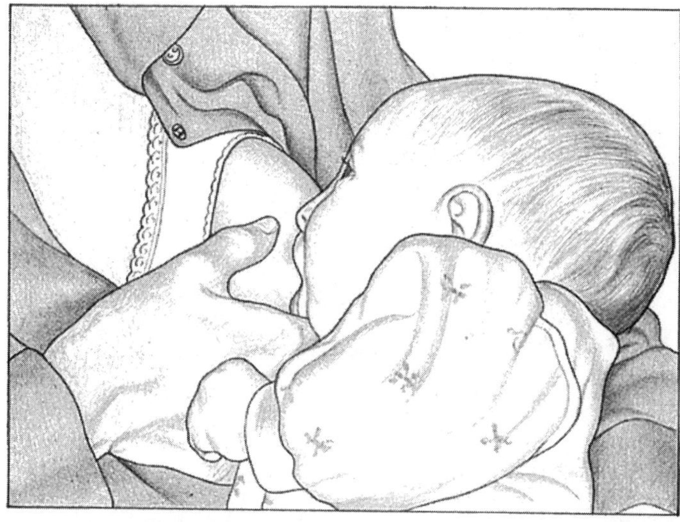

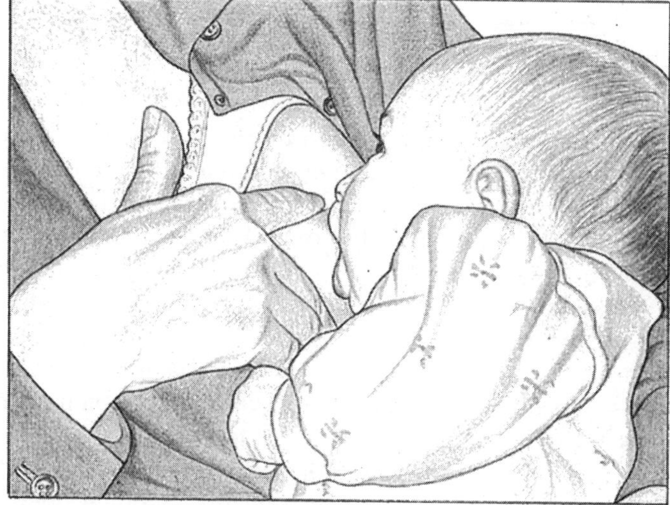

**Es posible que tenga que dirigirlo un poco para que agarre bien la areola.**

Apenas tendrá que estimularlo para que empiece a mamar, pero es posible que tenga que dirigirlo para que agarre correctamente la areola. Usted puede cogerse el seno colocando el pulgar por encima de la areola y los demás dedos y la palma de la mano por debajo de la misma y después puede presionar ligeramente el seno y dirigirlo hacia la boca del bebé. Es importante mantener los dedos por debajo de la areola y asegurarse de que el pezón está orientado hacia delante o ligeramente hacia abajo para evitar que roce el paladar del bebé. Sea cuál sea la técnica que utilice, es importante que sus dedos no tapen la areola para que el bebé pueda agarrarse a ella. Asegúrese de que sus dedos no están a menos de dos pulgados de la base del pezón.

Deje que el bebé mame de un seno todo el tiempo que quiera y, después, póngaselo en el otro seno hasta que deje de mamar. La eyección de la leche, las

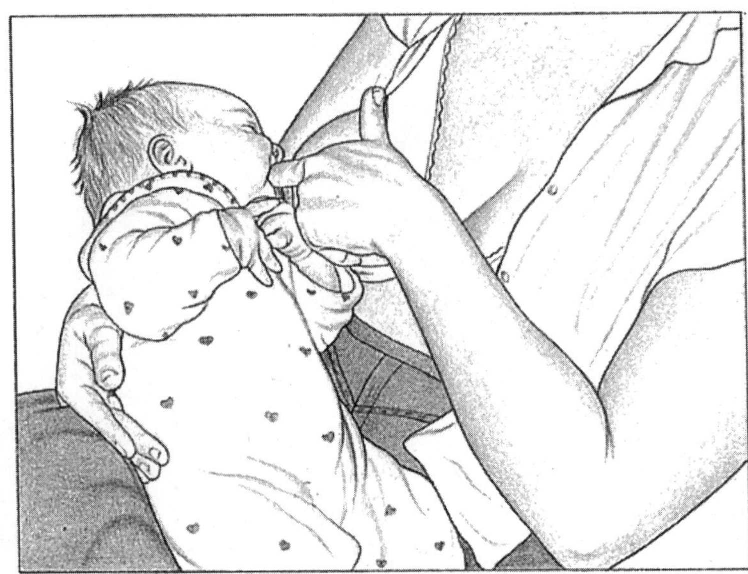

**Puede introducir un dedo por la comisura de la boca del bebé, interrumpiendo la lactancia, para comprobar si está saliendo líquido por el pezón.**

contracciones uterinas, los ruiditos que el bebé hace al tragar y el hecho de que después de mamar se quede dormido, son todos signos de que la lactancia está yendo bien. Probablemente las primeras veces que dé el pecho a su hijo, la leche tardará dos o tres minutos en salir. Pero, en cuestión de una semana, su hijo habrá consumido todo el calostro, la salida de la leche tendrá lugar mucho más rápidamente y usted producirá cada vez más leche.

Si no está segura de si le ha bajado la leche, sólo tiene que observar a su hijo. Al principio de cada toma, debería tragar después de succionar varias veces. Al cabo de entre cinco y diez minutos, puede cambiar a la denominada "succión no nutritiva"—una forma más relajada de mamar, que proporciona bienestar emocional en lugar de alimento. Otra forma de comprobar si le ha bajado la leche es descubrirse el seno que le queda libre mientras su hijo está mamando del otro y ver si, mientras succiona, sale calostro o leche por ese pezón. También puede introducir un dedo por la comisura de la boca del bebé, interrumpiendo la succión, para comprobar si está saliendo líquido por el pezón.

Cuanto más relajada y segura se sienta, más rápido le fluirá la leche. La primera vez que amamante a su hijo en el hospital puede parecerle bastante complicado, debido a la excitación o, quizás, a las dudas sobre lo que debe hacer. Dar el pecho no debería causar dolor persistente en el pezón, la areola o los senos. Si experimenta dolor más allá de los momentos iniciales de las primeras tomas, pídale consejo al personal de enfermería, la consultora de lactancia o el médico para que evalúen la tecnica y sugieran cambios. No dude en pedir ayuda al personal del hospital puesto que éste tiene mucha experiencia en el tema de la lactancia.

Una vez en casa, pruebe las siguientes sugerencias para estimular la producción de leche:

- Siéntese en una silla cómoda y en la que pueda apoyar brazos y espalda (Muchas madres recomiendan utilizar mecedoras).
- Asegúrese de que el bebé está bien colocado de frente al seno y de cara a él y de que está succionando correctamente, no mordiendo.
- Escuche música relajante y tome a sorbos alguna bebida nutritiva mientras amamanta al niño.
- No fume, beba alcohol, ni consuma ninguna droga ilegal, puesto que todos estos productos contienen sustancias que pueden interferir la salida de la leche, alterar su composición y ser perjudiciales para el bebé. Informe a su obstetra o a su pediatra de cualquier medicina, ya sea recetada o no, que esté tomando.
- Si en su casa hay mucho ajetreo, busque un rincón apartado y tranquilo donde nadie la pueda interrumpir mientras amamanta a su hijo.

Si la leche sigue sin bajarle después de probar todas estas sugerencia, pídale consejo al pediatra. Si sigue teniendo problemas, sugiérale que la remita a un experto en lactancia.

## Producción de leche

En el primer día después de dar a luz, sus senos estarán blandos; pero a medida que aumente el aporte de sangre y las células encargadas de producir leche empiecen a funcionar eficazmente, sus senos se volverán cada vez más duros y firmes. Hacia el tercer o cuarto día después del parto, sus senos estarán produciendo leche de transición y es posible que los sienta muy llenos. Al final de la primera semana, sus pechos empezarán a producir una leche más blanca cuyo aspecto le puede recordar al de la leche desgrasada, pero, si sigue amamantando a su hijo, el contenido de grasa aumentará y la leche adquirirá un aspecto más cremoso. Entonces, es posible que tenga la sensación de que sus pechos están hinchados. Amamantar al niño con frecuencia y masajearse los pechos durante la lactancia puede ayudarle a minimizar esa sensación de congestión.

La congestión tiene lugar cuando los senos contienen una cantidad excesiva de leche. Puede ser muy molesto y, a veces, doloroso. La mejor solución a este problema consiste en dar de mamar a su hijo siempre que tenga hambre, vaciando ambos senos aproximadamente cada dos horas. A veces, es posible que los senos estén tan congestionades, que el bebé tenga problemas para agarrarse a la areola. En tal caso, lo mejor es sacarse leche manualmente o utilizar un extractor antes de cada toma. De este modo, el niño se podrá agarrar mejor al seno y mamar más eficazmente. Para sacarse leche manualmente, coloque el dedo pulgar sobre el seno por encima de la areola y los demás dedos por debajo de la misma. Con suavidad pero firmeza deslice los dedos hacia el pulgar y viceversa, apretando el tejido mamario contenido entre ambos. Dejar caer una cuantas gotas en la boca del bebé puede ser un buen estímulo para que un lactante adormilado empiece a succionar. También puede utilizar algunas de las técnicas que figuran a continuación para reducir el dolor de la congestión:

- Moje un paño en agua tibia y póngaselo en los senos. O dése una ducha caliente.
- Cuando sus pechos estén muy congestionados, es posible que el calor no ayude demasiado. En estos casos, es mejor utilizar compresas frías mientras se va sacando leche.
- Intente dar el pecho al bebé de varias formas distintas. Puede sentarse y luego acostarse.
- Masajéese suavemente los senos, desde la axila hasta el pezón. Así conseguirá reducir el dolor y facilitará la salida de la leche.
- No se medique sin que su médico le dé el visto bueno. El acetaminofén (un calmante que no tiene aspirina) ayuda a reducir el dolor y se puede tomar ocasionalmente durante la lactancia.

Afortunadamente, la congestión suele durar sólo unos días, mientras se va normalizando el patrón de lactancia. De todos modos, puede ocurrir en cualquier momento, si se salta alguna toma y no vacía sus senos a menudo durante las primeras semanas.

La cantidad de leche que producen los senos aumenta considerablemente a lo largo de la primera semana de vida del bebé. Durante los dos primeros días, su pecho puede producir una cantidad tan escasa de leche como media onza (15 cc.) por toma. Hacia el cuarto o quinto día puede producir hasta una onza (30 cc.) y al final de la primera semana—dependiendo del tamaño y el apetito del bebé y de la duración de las tomas—puede producir entre 2 y 6 onzas (60 y 180 cc) por toma. Al final del primer mes, su hijo debería consumir un promedio de 24 onzas (750 cc) de leche diarios. Para saber si su hijo está ingiriendo suficiente leche, remítase a la página 99.

## *Amamantar a gemelos*

Los gemelos representan todo un reto para la madre que lacta. Al principio, es mejor darles el pecho separadamente, pero, en cuanto el patron de lactancia esté establecida, es mejor alimentarlos simultáneamente para ganar tiempo. Puede hacerlo utilizando la "posición de rugby", colocándose un bebé a cada lado, o bien colocarlos a los dos delante suyo, con sus cuerpos cruzándose entre sí.

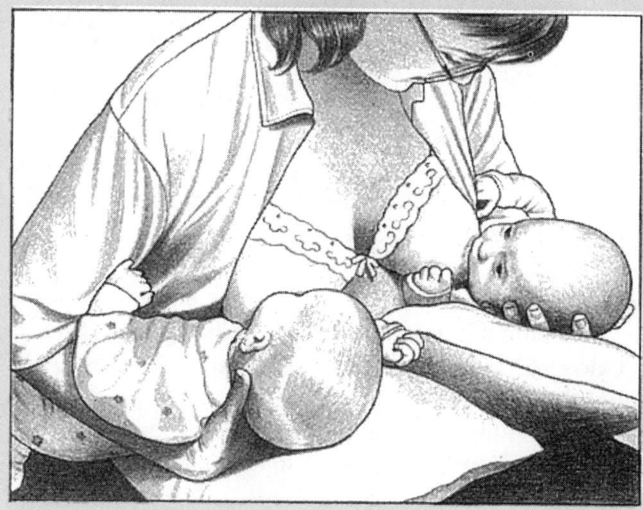

**"Posición de rugby" (un bebé a cada lado)**

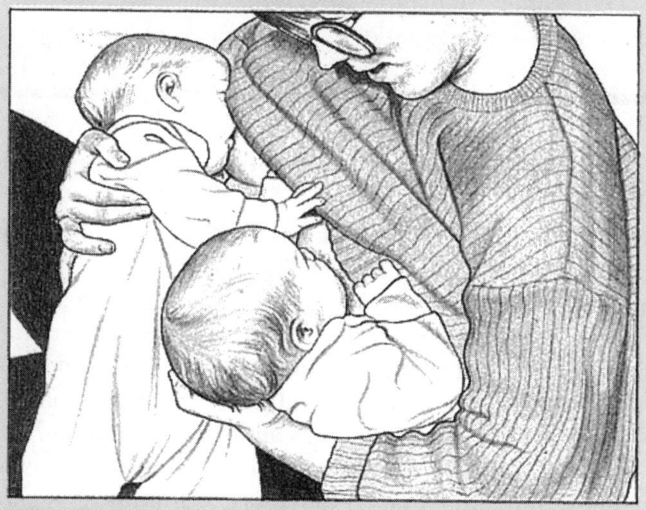

**Posición de "cuerpos-cruzados"**

### *Cómo descubrir el patrón de alimentación de su bebé*

Cada bebé tiene su propia estilo de alimentarse. Hace algunos años, los investigadores de la Universidad de Yale asignaron nombres ingeniosos a cinco patrones de alimentación bastante habituales. Vea si reconoce la pauta de alimentación de su hijo entre ellas:

*Barracudas:* van al grano. En cuanto se les pone el pecho delante, se agarran a la areola y succionan con fuerza durante diez a veinte minutos. Su energía suele ir disminuyendo a medida que va pasando el tiempo.

*Excitados e ineficaces:* en cuanto ven el pecho se ponen como locos. Inician un ciclo que se repite varias veces en cada toma: se agarran al pecho, se les sale de la boca y empiezan a llorar desconsoladamente. Es preciso calmarlos varias veces en cada toma. La clave para alimentar a este tipo de niños consiste en amamantarlos acabando de despertarse, antes de que estén muertos de hambre. Además, si la leche empieza a manar del seno mientras el bebé "se pelea" con él, puede ser útil extraer manualmente unas cuantas gotas antes de cada toma para detener algo el flujo.

*Morosos:* a este tipo de niños no les interesa amamantar a menos que puedan obtener leche. Al comprobar que toda la recompensa que pueden obtener es el calostro, pierden completamente el interés. A estos niños no se les deben dar biberones con agua ni leche de fórmula. Se les debe seguir poniendo regularmente el pecho delante, en cuanto parezca que están alerta o empiecen a hacer movimientos con la boca. A veces es efectivo colocar a los lactantes morosos desnudos durante un rato sobre la piel del abdomen y del pecho de su madre mientras ésta permanece acostada. Si el bebé no se mueve espontáneamente hacia el seno, se puede colocar sobre él al cabo de un rato. También es útil

## ¿Con qué frecuencia y por cuánto tiempo?

Los bebés amamantados suelen alimentarse más frecuentemente que los que toman el biberón. Algunos recién nacidos necesitan alimentarse cada dos horas; otros cada tres. A medida que crecen, son capaces de aguantar más tiempo entre tomas, porque tanto la capacidad de su estómago como la capacidad de producir leche de sus madres aumenta. Los niños que maman del pecho consumen al principio menos cantidad de leche que los que toman el biberón.

¿Cuál es el mejor horario para alimentar a un bebé? El que dicte él mismo. Su hijo le indicará cuándo tiene hambre despertándose, llevándose las manos a la boca, haciendo movimientos de succión, llorando y flexionando brazos y piernas, seguir consejos sobre cómo mejorar la posición del bebé durante las tomas y cómo ayudarle a agarrarse al pecho. Si un bebé se resiste a mamar durante los primeros días, la madre puede utilizar un extractor eléctrico o mecánico entre tomas para estimular la producción de leche (véase página 103). ¡No se dé por vencida! Déjese aconsejar por otras mujeres que hayan pasado por la misma experiencia o busque asesoramiento profesional.

*Gourmets o Juguetones:* insisten en jugar con el pezón, probando primero la leche y relamiéndose antes de empezar a succionar. Si se les afana o se les presiona, se ponen furiosos y gritan en señal de protesta. La mejor solución es la tolerancia. Después de estarse varios minutos jugando, suelen aquietarse y maman bien. Sólo conviene asegurarse de que los labios y las encías rodean toda la areola, no sólo el pezón.

*Dormilones:* prefieren mamar durante unos minutos, descansar varios minutos, y volver a mamar. Algunos se quedan completamente dormidos encima del pecho, hacen siesta durante una media hora, y se despiertan listos para el postre. Este patrón puede confundir a la madre, pero a este tipo de bebés no se les puede presionar. ¿La solución? Simplemente programar tomas largas y ser lo más flexible y paciente posible.

Descubrir el patrón de alimentación de su hijo es uno de los mayores retos que tendrá que afrontar durante las semanas inmediatas al parto. En cuanto lo haya descubierto, le resultará mucho más fácil saber cuándo tiene hambre, cuándo ha comido suficiente, cuántas veces tiene que darle de mamar y cuánto tiempo debe durar cada toma. Generalmente suele ser mejor amamantar a un bebé en cuanto parece que empieza a tener hambre, antes de que estalle en llanto. Así mismo, los bebés suelen tener posturas preferidas para mamar y es posible, incluso, que prefieran un seno al otro.

metiéndose los puños en la boca, moviéndose en la cuna y pegándose a su pecho (podrá olerlo incluso a través de la ropa). Es mejor empezar a dar el pecho a un bebé antes de que rompa a llorar. El llanto es un signo de hambre tardío. Siempre que sea posible, siga las señales que le trasmita su hijo, en vez del reloj, para decidir cuándo debe amamantarlo. De este modo, podrá estar segura de que come con hambre y, si tiene hambre, estimulará mejor el seno para que produzca leche.

La lactancia materna funciona mejor cuando se puede amamantar al bebé acabado de nacer (durante la primera hora). Manténgalo cerca la mayor cantidad de tiempo posible (en la habitación donde está la madre) y responda con prontitud a las señales que indican que tiene hambre (siguiendo la práctica de "oferta y demanda"). Si usted tiene que pasar varios días en el hospital mientras su hijo está en la sala de recién nacidos, es bastante probable que las tomas estén más determinadas por las necesidades del personal hospitalario que por las del niño. En algunos casos, esto puede ser necesario. Una vez en casa, es posible que el bebé tarde varios días en reajustar su reloj interno. Por lo tanto, es mejor que, mientras tanto, vaya alimentándolo cada dos o tres horas aunque no llore porque tiene hambre. A los niños dormilones se les debe despertar para darles el pecho cada tres o cuatro horas durante las primeras semanas.

Deje que su hijo siga mamando del primer seno todo el tiempo que quiera. Cuando se detenga espontáneamente durante un buen rato o se le salga el pecho de la boca, expulsele los gases. Si su hijo parece adormilado después de mamar del primer pecho, puede despertarlo cambiándole los pañales o jugando un poco con él antes de colocárselo en el otro seno. Puesto que los bebés succionan mejor en el primer seno del que maman en cada toma, es conveniente alternar el orden de los senos en tomas sucesivas. Algunas mujeres se colocan un gancho de seguridad o un pañito absorbente de más en el lado del sujetador del pecho utilizado en último lugar, a modo de recordatorio de que en la próxima toma han de empezar por ese seno.

Al principio, su hijo se alimentará cada dos o tres horas, independientemente de que sea de día o de noche. Pero, cuando se acerque el final del primer mes, empezará a dormir más por las noches, quizás desde las 10 P.M. hasta las 2 A.M. de forma ininterrumpida y después hasta las 6 A.M., sin que usted tenga que levantarse frecuentemente para darle de lactar. Usted puede estimular esta pauta manteniéndolo despierto por la tarde, alargando la toma de las 10 P.M. y teniendo su habitación oscura, caldeada y en silencio. No encienda la luz en la toma de las 2 A.M., cámbiele rápidamente los pañales antes de darle de mamar y acuéstelo inmediatamente después. Cuando tenga cuatro meses, su hijo debería ser capaz de dormir por la noche de forma ininterrumpida durante seis horas o más. (Véase *Cómo ayudar a su hijo a conciliar el sueño,* página 41).

También notará que su hijo necesitará tomas muy largas en ciertos momentos del día, mientras que en otros se quedará satisfecho muy pronto. Le indicará que ya está satisfecho soltando el pecho o quedándose dormido entre ráfagas de succiones no nutritivas. Un número reducido de bebés, se podrían pasar todo el día mamando para satisfacer sus necesidades de succión. Si su bebé pertenece a esta categoría, deberá fijarle ciertos límites. Si un bebé pasa 10 minutos mamando en cada seno, obtendrá aproximadamente el 90 por ciento de la leche disponible; si supera este límite, pasará a obtener menos cantidad de leche por succión. De vez en cuando, si lleva mucho rato succionando desesperadamente, puede intentar ofrecerle un chupete—pero no confíe mucho en que esta táctica va a funcionar ni dé un chupete a un bebé de menos de seis semanas. Si un bebé prolonga mucho las tomas (por ejemplo, entre veinte y treinta minutos por seno) es posible que esté teniendo dificultades para obtener suficiente leche. Si desconoce el motivo de que su hijo quiera amamantar por tanto tiempo, consulte al pediatra.

## ¿Cómo puede saber si su hijo está tomando suficiente leche?

Los pañales de su hijo le dirán si su hijo está alimentándose adecuadamente. Durante el primer mes, si su alimentación es adecuada, debería mojar los pañales entre seis y ocho veces al día y tener, por lo menos, dos deposiciones diarias (generalmente una deposición pequeña después de cada toma). Más adelante, se reducirá la frecuencia de las deposiciones y hasta es posible que su hijo se pase uno o varios días sin tener una deposición. Si su hijo se ve sano, no hay por que preocuparse. También es posible que oiga cómo su hijo traga leche, generalmente después de hacer varias succiones seguidas. Dormir durante un par de horas inmediatamente después de una toma también es un buen indicador de que ha comido lo suficiente. Por otro lado, un niño que no ha comido suficiente durante varios días puede estar muy adormilado y dar la impresión de que "se porta muy

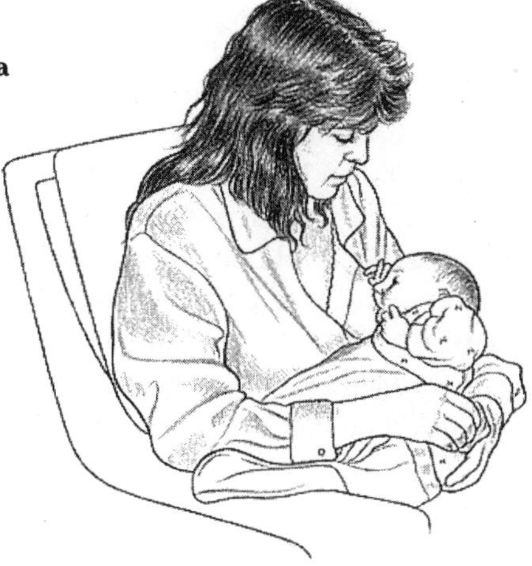

**Cada toma debería empezar con unos diez minutos en un seno, seguidos de uno o varios eructos y, a continuación, de otros diez minutos en el otro seno.**

bien". Durante las primeras semanas, si un bebé duerme mucho tiempo seguido (cuatro horas seguidas o más) debe ser visto por el pediatra.

Otra forma de saber si su hijo está comiendo lo suficiente es pesarlo una vez a la semana o cada quince días. Durante la primera semana, un bebé puede perder entre el 7 y el 10 por ciento de su peso al nacer (es decir, entre 6 y 12 onzas, sobre las siete libras y media que pesa un bebé a término promedio), pero, a partir de este momento, debe ir ganado peso de una forma bastante regular. Al final de la segunda semana, debería haber recuperado el peso perdido durante la primera. Si usted ya ha dado el pecho previamente, probablemente la pauta de alimentación del nuevo bebé se establecerá más rápidamente, y su nuevo su hijo perderá muy poco peso y recuperará su peso inicial en sólo uno o dos días. Con cada hijo sucesivo, la leche le bajará antes y usted producirá más leche más deprisa.

En cuanto su suministro de leche esté establecido, su hijo debe ganar cerca de ⅔ de onza al día durante los tres primeros meses. Entre los tres y los seis meses de edad, este incremento de peso se atenuará ligeramente, situándose entorno a la media onza diarias y, a partir de los seis meses, bajará todavía más. Si su hijo no aumenta de peso como debería, coménteselo al pediatra. Base sus medidas en la balanza del consultorio de su pediatra para mas confiabilidad.

## El biberón suplementario

Usualmente es mejor distribuir las tomas de un recién nacido a lo largo de las veinticuatro horas del día. Esto será más fácil si le dejan tenerlo con usted en la habitación del hospital. Es posible que se sienta tentada a dejar a su hijo en la sala de recién nacidos para poder dormir por la noche de forma ininterrumpida. Sin embargo, las investigaciones han demostrado que las madres que tienen a sus hijos en su habitación las veinticuatro horas al día duermen exactamente la misma cantidad de tiempo que las madres cuyos hijos pasan la noche en la sala de recién nacidos. Además, si su hijo está todo el día a su lado, podrá evitar que le den agua o leche de fórmula durante los primeros días, lo que podría interferir con la lactancia materna.

Pero, si no puede proveerle varias tomas seguidas, el niño deberá tomar o bien leche extraída de su pecho, sea manualmente o con la ayuda de un extractor, o bien leche de fórmula. En ambos casos, usted deberá sacarse leche para estimular su producción ininterrumpida. La leche de fórmula puede sustituir a la leche materna durante las primeras tres o cuatro semanas sólo cuando sea absolutamente necesario y no se le debería dar al bebé más de un biberón cada veinticuatro horas, ya que el hecho de que el bebé se acostumbre a tomar el biberón podría interferir con la lactancia materna. Por norma, sólo se debe acudir a la leche de fórmula cuando la madre esté enferma o deba tomar algúna medicina que podría pasar a la leche y perjudicar al niño. La mayoría de las medicinas suelen ser seguras durante la lactancia, pero siempre deben recibir la aprobación del pediatra o el farmacéutico.

Cuando vea que la lactancia materna está funcionando y que ya tiene un suministro de leche establecido (generalmente al cabo de cuatro semanas), usted podría introducir algún biberón de vez en cuando, sea de su propia leche o de leche de fórmula, para que tenga la opción de estar fuera durante algunas tomas. Probablemente esto no interferirá con los hábitos de lactancia de su hijo, pero puede provocar otro problema: es posible que sus pechos se congestionen y empiecen a gotear leche. Puede mitigar la congestión sacándose leche para vaciarlos. Llevando discos absorbentes podrá solucionar el problema del goteo. (Algunas mujeres tienen que llevar discos absorbentes constantemente durante el primer mes o los dos primeros meses de lactancia.) Además, si usted se saca leche con antelación y la guarda, alguien podrá dársela en el biberón a su hijo, en lugar de la leche de fórmula. En bebés cuyas familias tienen historial de alergias, es muy recomendable evitar la leche de fórmula.

La leche se puede extraer manualmente o utilizando un extractor. Si prefiere extraerla manualmente, asegúrese de que sus manos y el área del pezón están bien limpias y utilice un recipiente estéril para recoger la leche. Sosténgase el seno con una mano, colocando los dedos en la parte superior e inferior de la areola. A continuación, presione rítmicamente el seno contra el pecho hasta que la leche empiece a fluir o a salpicar. La técnica manual descrita anteriormente funciona igual de bien. Transfiera la leche a un biberón estéril, un recipiente de plástico rígido o una bolsa de plástico especial y guárdela en la nevera. (Véase la página 105)

La mayoría de las madres encuentran más fácil utilizar un extractor que sacarse la leche manualmente. Los extractores manuales se pueden adquirir en la mayoría de farmacias o tiendas de artículos para bebé. Evite los extractores "tipo pera". Su diseño no es eficaz, ya que permite que la leche bombeada fluya hacia atrás impregnando la pera de goma, que es virtualmente imposible de limpiar. Por lo tanto, la leche se puede contaminar.

¿Cuál es la mejor elección? Los extractores más utilizados son los que constan de dos cilindros, uno colocado dentro del otro, adosados a un dispositivo rígido en forma de embudo que se ajusta al seno. Cuando se desplaza el cilindro exterior hacia arriba y hacia abajo, se crea una presión negativa sobre el área del pezón y la leche se recoge en el cilindro interior. Este cilindro puede utilizarse con una mamadera especial para que el bebé pueda alimentarse sin que sea necesario transferir la leche a otro recipiente, y todo el extractor puede lavarse en la lavadora de platos. Varias empresas fabrican distintas versiones de este diseño básico.

Algunos extractores que utilizan una pera de goma para crear una presión negativa, aspirando la leche hacia un biberón, son efectivos para algunas mujeres. Tienen un reborde suave y flexible que se ajusta al pezón, haciendo que la areola produzca leche al bombear.

Los extractores eléctricos son más eficaces que los manuales o que la manipulación directa de los senos. Se utilizan básicamente para inducir o mantener la lactancia, cuando la madre no puede dar el pecho a su hijo durante varios días. Estos extractores son más fáciles de usar y más eficaces que los manuales, pero también cuestan bastante más. Los más elaborados cuestan más de $1,000 dólares,

## *Sistemas de ayuda a la lactancia*

La cantidad de leche que producen sus senos depende de la cantidad de leche que salga de ellos. Por lo tanto, si se salta muchas tomas, su cuerpo reducirá automáticamente la producción de leche. Esto le puede ocurrir incluso a pesar de que se saque leche cuando tenga que saltarse alguna toma porque los extractores no estimulan ni vacían los pechos tan eficazmente como la succión de un bebé.

Si tiene que saltarse varias tomas por motivos de enfermedad o porque su hijo no sabe mamar por alguna razón, existe la posibilidad de seguir alimentando al bebé mientras va reestableciendo la producción de leche utilizando un sistema de ayuda a la lactancia, un aparato que permite alimentar al bebé de forma suplementaria con leche de fórmula. Contrario a lo que ocurre con el biberón, que enseña al bebé a alimentarse lejos del pecho materno, este aparato proporciona leche de fórmula suplementaria, mientras el bebé permanece pegado al seno.

Consta de un pequeño recipiente de plástico que contiene leche de fórmula o leche materna previamente extraído que cuelga de un cordel que la madre se coloca alrededor del cuello. Del recipiente sale un tubito flexible de plástico que pasa por encima del seno acabando a la altura del pezón. El extremo del tubito se coloca en la comisura de la boca del bebé cuando succiona. Al succionar, el bebé obtiene la leche contenida en el recipiente y, por lo tanto, a pesar de que la madre no produzca suficiente leche, su hijo estará bien alimentado. Esto hará que se estimule su deseo de amamantar y, a su vez, estimulará la producción de leche.

Este dispositivo, de venta en tiendas de suministros médicos y en alguna farmacias, también se puede utilizar para enseñar a mamar a los bebes que tienen problemas con la lactancia. Puede incluso estimular la lactancia en madres adoptivas, o en madres que han dejado de dar el pecho durante un tiempo prolongado y desean volver a hacerlo. Aunque los sistemas de ayuda a la lactancia no ofrecen garantías de éxito seguro, para aquellas mujeres que, de otra forma se verían obligadas a abandonar la lactancia materna, constituyen una buena opción.

Los sistemas de ayuda a la lactancia también se utilizan en casos de ictericia provocada por la leche materna. La ictericia asociada a la

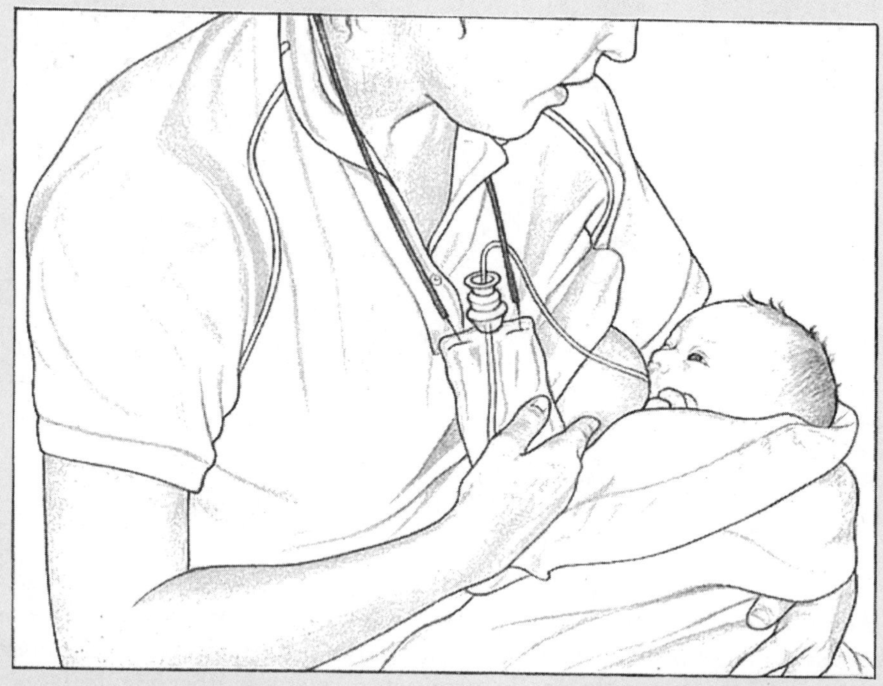

lactancia es un trastorno que se da en bebés amamantados de entre 4 días y dos semanas de edad. Esta ictericia, que a veces puede ser pronunciada, se debe a que algunos componentes de la leche interfieren con el proceso de eliminación de la bilirrubina del cuerpo del lactante. (La bilirrubina es una sustancia química que se forma durante la ruptura normal de viejos glóbulos rojos. La sangre de cualquiera persona contiene pequeñas cantidades de bilirrubina, pero los recién nacidos suelen tener niveles más elevados de esta sustancia porque tienen glóbulos rojos extra en el momento del nacimiento y su hígado, todavía inmaduro, tiene dificultades para procesar este exceso de bilirrubina.) Esta ictericia no suele provocar problemas graves, pero si se prolonga mucho, el pediatra querrá ver al niño. Es posible que recomiende interrumpir la lactancia materna durante un período de tiempo breve.

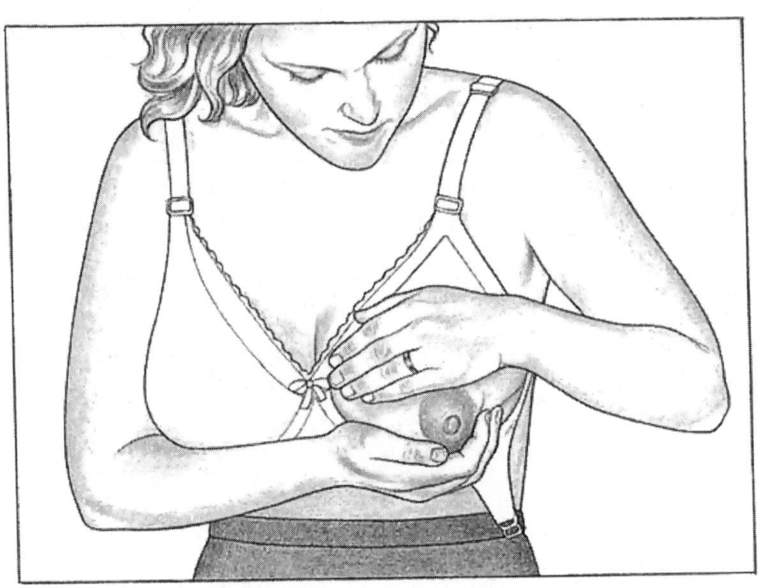

**Le extracción de la leche es más fácil si se estimula el seno primero con un masaje suave.**

por lo que, si usted va a necesitar un extractor durante un período de tiempo breve, resulta mucho más económico alquilarlo a un hospital, una tienda de suministros médicos o agencia de productos relacionados con la lactancia. También puede comprarse un extractor eléctrico pequeño y portátil, que cuesta alredador de $75 dólares. Si tiene que reincorporarse al trabajo al poco tiempo del nacimiento de su hijo pero quiere seguir dándole el pecho, es fundamental que consiga un extractor para sacarse leche.

A la hora de comprar o alquilar un extractor eléctrico, asegúrese de que hace que la leche salga de forma continua ejerciendo una presión variable y que no se trata simplemente de un dispositivo de succión. También existe la posibilidad de adquirir un extractor que permite extraer leche de ambos senos a la vez; con lo que aumentará su producción de leche y ahorrará tiempo.

Independientemente del extractor que elija, fíjese en que todas las partes que entran en contacto con la piel o la leche pueden desmontarse y esterilizarse (véase la página 112). En caso contrario, el extractor se convertirá en un campo de cultivo para las bacterias y la leche no será segura para su hijo. Siempre que utilice el extractor, lávese antes las manos.

La leche debe guardarse en frascos estériles, preferentemente de cristal o plástico rígido o en bolsas de plástico especiales. Las bolsas desechables que se acoplan al biberón no son lo suficientemente fuertes ni gruesas para evitar la contaminación de la leche. Si piensa darle la leche a su hijo durante las siguientes cuarenta y ocho horas, deberá cerrarla herméticamente y guardarla en la nevera. Si no utiliza la leche que ha guardado en la nevera antes de que pasen 48 horas, deberá botarla. Se puede congelar luego de un máximo de 24 horas de refrigerada.

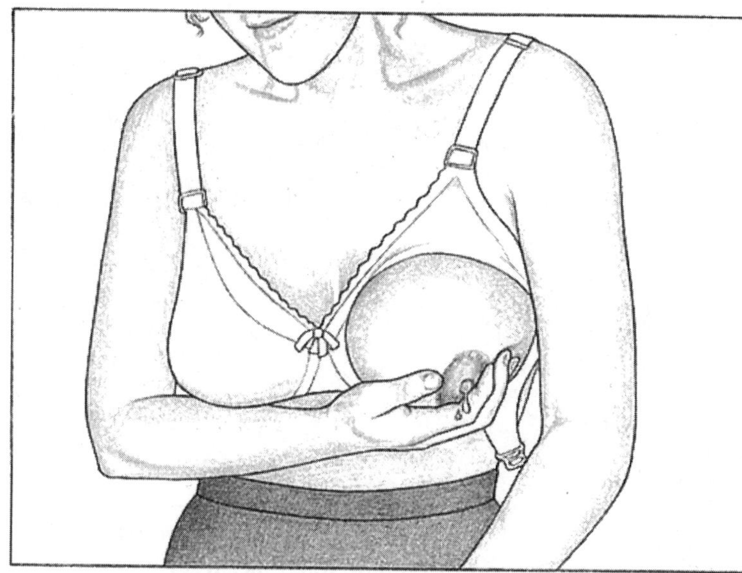

**Para sacarse leche manualmente, sosténgase el seno con una mano colocando los dedos en la parte superior e inferior de la areola. A continuación, presione rítmicamente contra el pecho hasta que la leche empiece a fluir.**

Si usted sabe con antelación que no va a utilizar la leche durante los dos próximos días, congélela inmediatamente. La leche congelada dura por lo menos dos semanas y hasta por dos meses. Guárdela en la parte de atrás del congelador. Si dispone de un armario congelador, le puede durar hasta seis meses. Es conveniente poner una etiqueta con la fecha de extracción en cada recipiente, para que utilice primero la leche que se extrajo antes. Es útil congelar la leche en porciones de entre 3 y 4—la cantidad aproximada de una toma. También resulta conveniente congelar pequeñas cantidades de leche (entre 1 y 2 onzas), para tenerlas a mano por si el bebé parece quedarse con hambre en alguna de las tomas.

Cuando vaya a utilizar la leche almacenada, tenga en cuenta que su hijo está acostumbrado a tomarla a la temperatura de su cuerpo, por lo que deberá calentarla por lo menos hasta que esté a temperatura ambiente antes de dársela (de 68° a 72° Farenheit). La forma más sencilla de calentar leche fría o congelada es colocar el recipiente en agua caliente e ir girándolo frecuentemente. Para acelerar el proceso, puede colocar el recipiente en una olla llena de agua y calentarla a fuego bajo en la estufa. También puede descongelar la leche dejándola a temperatura ambiente, pero el proceso será mucho más lento y, si se deja la leche fuera de la nevera durante muchas horas, es posible que le crezcan bacterias.

*No debe utilizar el microondas para calentar biberones.* Los microondas calientan excesivamente la leche en el centro del recipiente. Aunque al tacto le parezca que el biberón está a una temperatura agradable, la leche caliente del centro del biberón puede quemar la boca del bebé. Además, el biberón podría llegar a explotar si lo deja en el microondas durante demasiado tiempo.

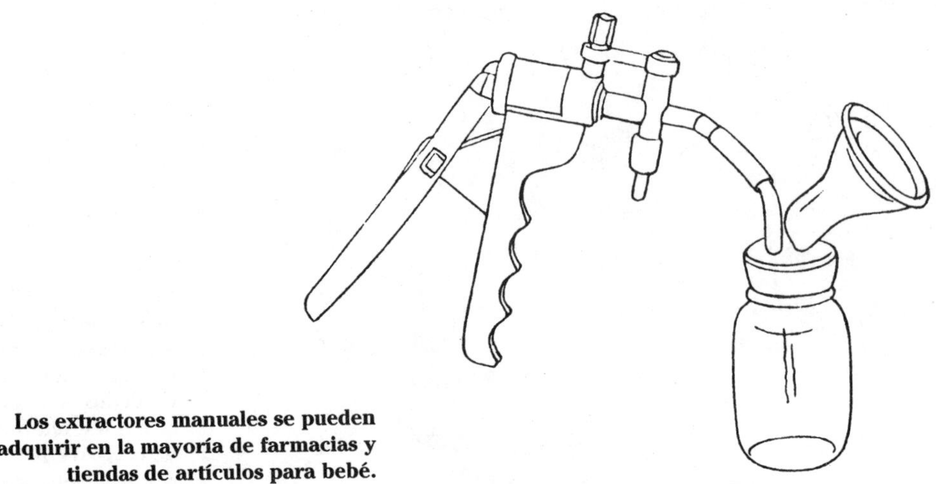

**Los extractores manuales se pueden adquirir en la mayoría de farmacias y tiendas de artículos para bebé.**

En algunas ocasiones, al descongelarse la leche, es posible que se forme nata, pero esto no supone ningún problema. Basta con que agite suavemente el biberón para que la leche vuelva a adquirir una consistencia uniforme. La leche descongelada debe utilizarse en un plazo máximo de 4 horas. Nunca la vuelva a congelar.

No todos los niños acostumbrados a la lactancia materna reaccionan del mismo modo ante el biberón. Algunos lo aceptan enseguida, independientemente del momento en que se introduzca. A otros les gusta tomarse un biberón de vez en cuando, pero sólo si se lo da una persona que no sea su madre o cuando ella está fuera de casa.

Para aumentar las probabilidades de que un lactante acepte el biberón, lo mejor es que primero se lo ofrezca una persona que no sea su madre y, a ser posible, cuando ella no esté presente. Una vez se haya familiarizado con el biberón, es posible que acceda a tomárselo delante de su madre e, incluso, que se lo pueda dar ella misma, pero no se puede dar como un hecho. Si quiere disminuir la resistencia al cambio definitivo del pecho al biberón, ofrézcale a su hijo por lo menos un biberón a la semana a partir del segundo mes. En otros casos, un lactante puede no necesitar nunca un biberón, y el destete puede hacerse directamente del pecho al vaso.

## Posibles problemas

Para algunos bebés y algunas madres la lactancia materna va sobre ruedas desde el principio y nunca tienen problemas al respecto. Sin embargo, la lactancia materna puede tener sus altas y sus bajas, sobre todo al principio. Afortunadamente, muchas de la dificultades más habituales pueden solucionarse rápidamente si sabe qué esperar y cómo reaccionar en cada caso. Éstas son algunas sugerencias para afrontarlas:

**Sensibilidad o intolerancia a determinados alimentos.** En algún momento, a todos nos ha sentado mal algún alimento. Del mismo modo, los alimentos que usted come pueden provocar reacciones en su hijo, ya que una parte de ellos pasa a través de la leche. El niño puede reaccionar con nerviosismo, mamando más frecuentemente de lo habitual, y generalmente llorando desconsoladamente. Es fácil confundir este problema con los cólicos, pero hay una diferencia. Mientras que los verdaderos cólicos ocurren diariamente durante los tres primeros meses (véase *Cólicos,* página 161), el comportamiento provocado por la sensibilidad a determinados alimentos tiene lugar sólo cuando la madre consume el alimento responsable de la reacción adversa y desaparece en menos de veinticuatro horas.

Su hijo puede tener una reacción de este tipo siempre que usted consuma determinado alimento o sólo cuando consuma una gran cantidad de un alimento que, a dosis reducidas, no ocasiona ningún problema. Los alimentos "flatulentos", tales como el repollo, la cebolla, el ajo, el brécol o el nabo no son bien tolerados por algunos lactantes. Generalmente los síntomas de la reacción duran menos de veinticuatro horas y desaparecen hasta la próxima vez que la madre ingiera los alimentos no tolerados.

En casos bastante excepcionales, los bebes son alérgicos a la leche de vaca o a ciertos derivados lácteos que forman parte de la dieta de la madre, por lo que sufren de cólicos prolongados cuando su madre consume alguno de estos productos. Aparte de los llantos y la inquietud general propia de estos cólicos temporales, una alergia a determinados alimentos puede provocar fuertes molestias gastrointestinales, llevando al niño a levantar las piernas y a retorcerse de dolor. Si su hijo presenta este tipo de reacciones, debería comentarlo con su pediatra antes de eliminar los alimentos problemáticos de su dieta durante por lo menos dos semanas. (Si se trata de una sensibilidad a los productos lácteos, debería dejar de consumir leche, queso, yogurt, helados y requesón) Si los síntomas persisten durante estas dos semanas, lo más probable es que su hijo tenga un verdadero cólico en lugar de una alergia o una intolerancia a los alimentos que usted ha ingerido. Pero si los síntomas desaparecen durante estas dos semanas, deberá considerar seriamente la posibilidad de que el niño no tolere la leche de vaca. En el caso de bebés cuyas familias tienen un historial de alergias, las madres que amamantan deberían reducir al máximo o eliminar estos alimentos de su dieta incluso si el niño no presenta ningún síntoma de malestar.

Puede comprobar si determinado alimento o grupo de alimentos provoca la reacción volviendo a introducirlos en su dieta uno a la vez y viendo si su hijo vuelve a presentar la reacción adversa.

La cafeína es otra sustancia que a veces crea problemas en los bebés amamantados. Parte de la cafeína que consume la madre pasa a su hijo a través de la leche y puede provocar que el niño esté más irritable y quiera lactar más a menudo. Puesto que los lactantes no eliminan bien la cafeína, ésta tiende a acumularse en su organismo. Por lo tanto, es posible que usted no perciba ninguna reacción en su hijo hasta que tenga dos o tres semanas de vida.

No es necesario que elimine toda la cafeína de su dieta. Pero aunque no tome café, puede estar consumiendo más cafeína de la que cree en los refrescos, el chocolate, bebidas de cacao e, incluso, algunos tés de hierbas. Los tés de hierbas pueden ser particularmente perjudiciales, ya que a los fabricantes no tienen la obligación de indicar sus ingredientes en los envoltorios. Tampoco debe olvidar que muchos de los medicamentos que se venden sin receta médica contienen cafeína. No debe tomar ninguna medicina sin consultarlo antes con su médico.

**Pezones agrietados.** Si no se coloca correctamente al bebé al lactar o él no se agarra bien a su seno, puede acabar con los pezones agrietados, inflamados o doloridos. La causa más frecuente de los pezones agrietados es una mala posición o un agarre incorrecto que permite que el bebé lo muerda o lesione. Amamantar no debería ser una experiencia dolorosa o molesta. Si le duelen los pezones o alguna otra parte del seno, pida consejo a un experto en lactancia. Lávese los senos sólo con agua y no use jabón. Las cremas, pomadas y masajes fuertes tampoco ayudan mucho y es posible que incluso agraven el problema. Vaya cambiando al bebé de posición en cada toma y limite la duración de éstas y de las succiones no nutritivas (utilizar el pecho como un chupete) a cinco o diez minutos (al tiempo que aumenta la cantidad de tomas).

En climas húmedos, el mejor tratamiento de los pezones agrietados es la sequedad, la luz del sol y el calor. No se ponga en los senos forros ni pañitos de plástico que retienen la humedad. En cambio, y hasta puede utilizar un secador (poniéndolo a baja intensidad y no demasiado cerca de la piel). Algunas mujeres prefieren utilizar una lámpara con una bombilla de 60 vatios colocada a unas 18 pulgadas de los senos durante veinte o treinta minutos varias veces al día. También es conveniente lavarse los pezones después de cada toma para enjuagar la saliva del niño y después sacarse un poco de leche y dejarla secar sobre los pezones. La leche seca formará una capa protectora que puede acelerar el proceso de curación. En climas secos, podría untarse bálsamos de lanolina purificada e hipoalérgica. Si estas medidas no parecen solucionar las cosas, consulte a su médico.

**Congestión.** Como ya hemos comentado, una vez le haya bajado la leche, sus pechos pueden congestionarse si su hijo no lacta a menudo o no lo hace eficazmente. Aunque es lógico que sus pechos se congestionen un poco al principio de la lactancia, una congestión excesiva provoca una hinchazón de los conductos galactóforos y de los vasos sanguíneos del pecho. El mejor tratamiento es sacarse leche entre tomas, sea manualmente o utilizando un extractor y asegurándose de que el niño mame de ambos senos en cada toma. Puesto que el calor estimula la salida de la leche, puede servir de ayuda el darse una ducha caliente mientras se extrae leche manualmente o bien utilizar compresas tibias. También alivia bastante utilizar compresas tibias mientras amamanta y compresas frías entre tomas.

Sin embargo, si sus pechos están muy congestionados, el calor puede ser contraproducente, al estimular la circulación sanguínea. En tal caso, utilice compresas de agua fría o tibia para sacarse leche. Algunas mujeres prefieren alternar el agua caliente y fría entre tomas. Sea cual sea el método que utilice, la congestión debería disminuir en pocos días.

**Mastitis.** La mastitis es una infección de los senos de origen bacteriano. Causa inflamación, escozor y dolor, generalmente sólo en uno de los dos senos o en una parte del seno, y puede provocar fiebre baja y malestar general. Si usted tiene alguno de estos síntomas, informe a su médico enseguida para que pueda empezar a tratar la infección con antibióticos. No se olvide de comentarle que piensa seguir dándole el pecho a su hijo, para que le recete una medicina que no esté contraindicado con la lactancia. No deje de tomar los antibióticos aunque se encuentre mejor. Tampoco deje de darle el pecho a su hijo; con ello sólo conseguiría empeorar la mastitis y aumentar el dolor. Al bebé no le hará daño la mastitis y la composición de su leche no va a cambiar debido a la mastitis o al hecho de que usted tome antibióticos.

La mastitis puede ser un síntoma de que sus defensas están bajas. Guarde cama, duerma y disminuya su ritmo de actividad para reponer fuerzas. Así mismo, al drenar los senos evitará que la infección se vaya extendiendo. En lo que respecta a la salud de su hijo, puede estar tranquila: la mastitis no va a infectar la leche y, por lo tanto, no hay ningún motivo para interrumpir la lactancia. En contadas ocasiones, algunas mujeres encuentran demasiado doloroso amamantar con el seno infectado. En tal caso, lo mejor es dejar que la leche del seno infectado fluya sobre una toalla o cualquier otro tejido absorbente, como un pañal limpio, mientras el bebé mama del otro seno. De este modo, el niño podrá mamar del pecho infectado sin que resulte tan doloroso para la madre.

**La cuestión del cáncer.** Las investigaciones indican que dar el pecho ofrece cierta protección contra el cáncer de los senos premenopáusico. Si a una mujer se le ha diagnosticado un cáncer y se le ha extirpado el tumor, su médico puede recomendarle que amamante a su hijo. Sin embargo, muchos médicos consideran que dar el pecho no representa ningún inconveniente aun si a una a mujer se le ha extirpado un quiste o un tumor benigno (no canceroso).

**La lactancia después de la cirugía estética.** El hecho de que una mujer se haya sometido a una intervención para aumentar el volumen de los senos no tiene por qué interferir con la lactancia, siempre que los pezones no se hayan desplazado ni se hayan cortado los conductos lácteos. Últimamente existe cierta preocupación sobre los posibles riegos que tienen, tanto para la madre como para el bebé, los escapes de los implantes de silicona. Se trata de una cuestión que todavía no está resuelta, pero la mayoría de autoridades sanitarias recomiendan amamantar incluso después de haberse realizado este tipo de implantes. Sin embargo, las intervenciones para reducir el volumen de los senos son un tema diferente; a menudo tiene como consecuencia que la lactancia resulta imposible, sobre todo si se han desplazado los pezones o se han cortado conductos y células nerviosas. De todos modos, muchas mujeres a las que su cirujano les había advertido que no podrían lactar a sus hijos, han comprobado, para su sorpresa, que pueden lactar sin ningún problema. Por lo tanto, merece la pena intentarlo.

## Alimentación con biberón

Si ha optado por darle el biberón a su bebé, lo primero que deberá hacer es elegir la leche de fórmula que va usar. Su pediatra le ayudará a elegir el producto que mejor se ajuste a las necesidades de su hijo. Veinte o treinta años atrás, la mayoría de las madres tenían su propia fórmula casera para elaborar la leche para sus hijos: una mezcla de leche de vaca evaporada, agua y azúcar. Hoy en día, existen muchas variedades y marcas para elegir.

### ¿Por qué leche de fórmula en lugar de leche de vaca?

Muchos padres se preguntan por qué no pueden darle a sus bebés leche de vaca corriente. La respuesta es muy sencilla: los bebés pequeños no pueden digerir la leche de vaca completamente ni con tanta facilidad, como la leche de fórmula. Además, la leche de vaca contiene concentraciones elevadas de proteínas y minerales, que pueden sobrecargar los riñones, todavía inmaduros, de un lactante y provocar alteraciones graves en momentos de mucho calor, fiebre o diarrea. Además, la leche de vaca no contiene la cantidad de hierro y vitamina C que necesita un lactante. Puede, incluso, provocar anemia por déficit de hierro en algunos bebés, puesto que las proteínas que contiene pueden irritar las paredes del estómago y del intestino, provocando pérdidas de sangre a través de las heces. Por este motivo, su hijo no debe consumir leche de vaca durante los primeros 12 meses de vida.

Algunas familias todavía preparan su propia leche de fórmula, pero los pediatras no lo aconsejan. Si la familia insiste, el pediatra debe prescribir leche evaporada, que es leche de vaca concentrada y mezclada con un azúcar especial a dosis precisas, y ajustar las dosis. No es sensato darle a un bebé leche preparada en casa sin contar con el visto bueno del pediatra.

Cuando su hijo ya tenga un año, podrá darle leche de vaca entera, junto con una dieta de alimentos sólidos equilibrada (cereales, verduras, frutas y carnes). De todos modos, su consumo diario de leche no debería superar el cuarto de litro. Sobrepasar este límite puede suministrar demasiadas calorías, y evitar que el niño tenga ganas de comer otros alimentos que necesita. Si a estas alturas su hijo todavía no come una amplia gama de alimentos sólidos, debería darle leche de fórmula enriquecida con hierro en lugar de leche de vaca.

No le dé a su hijo leche baja en grasa (al 2% o menos) antes de que cumpla dos años. Su niño necesita el elevado contenido de grasa de la leche entera para seguir ganando peso con normalidad y, además, su organismo absorbe mejor las vitaminas A y D a partir de la leche entera. Así mismo, la leche sin grasa o baja engrasa des contiene una concentración excesiva de proteínas y minerales, por lo que no debería darse a lactantes o niños menores de dos años. Cuando su hijo cumpla los dos años, debe hablar con su pediatra sobre sus necesidades nutricionales (incluyendo la elección de los productos lácteos).

## La elección de la leche de fórmula

Cuando se disponga a comprar leche de fórmula, encontrará tres tipos básicos de productos:

*Leche de fórmula elaborada con leche de vaca:* Representa el 80% de las leches de fórmula que hay en el mercado. Aunque están elaboradas a base de leche de vaca, su composición ha sido alterada considerablemente para que sea adecuada para un lactante. La leche se trata con diversas técnicas, como el calentamiento, para que las proteínas sean más fáciles de digerir. Así mismo, se añade lactosa (el azúcar de la leche) para que la concentración de azúcar se asemeje a la de la leche humana, y la grasa de la leche (grasa de mantequilla) se substituye por aceites vegetales y, en algunos casos, por otras grasas animales más fáciles de digerir.

Hay leches de fórmula elaboradas con leche de vaca que están enriquecidas con hierro. Algunos lactantes no tienen suficientes reservas de hierro para colmar sus necesidades. Por lo tanto, recomendamos una fórmula fortificada con hierro para todos los lactantes alimentados con biberón desde el nacimiento hasta que cumplan un año. Hay otros alimentos para bebés que también están enriquecidos con hierro, como los cereales.

*Leche de fórmula con soya:* Contiene una proteína distinta (soya) y diferentes carbohidratas (polímeros de glucosa o sucrosa) que la leche de fórmula elaborada con leche de vaca. Suele recomendarse cuando el bebé no puede digerir la lactosa, el principal carbohidrato de la leche de vaca, aunque ahora ya existen productos elaborados con leche de vaca que no contienen lactosa. Muchos lactantes pasan por fases en las que no pueden digerir la lactosa, sobre todo después de tener fuertes diarreas, ya que estas afectan el funcionamiento de las enzimas intestinales. Al cambiar a un producto que no contenga lactosa, estas enzimas pueden retornar a la normalidad. Dependiendo de la gravedad y persistencia de la diarrea, puede ser conveniente darle al bebé una leche de fórmula que no contenga lactosa durante sólo una semana o bien, en contadas ocasiones, durante varios meses. Su pediatra le dirá cuándo se le puede volver a dar al bebé un producto elaborado con leche de vaca.

Otro motivo (mucho menos común) para optar por la leche de soya es que el lactante sea alérgico a la leche, lo que puede provocar cólicos, estancamiento en el crecimiento e, incluso, diarrea sanguinolenta. Este tipo de reacción puede ser tan peligrosa en un recién nacido, que algunos médicos recetan leche de soya desde el nacimiento como medida preventiva cuando existe un historial familiar de alergias a la leche de vaca. Lamentablemente, la mitad de los lactantes que son alérgicos a la leche de vaca tampoco toleran la proteína de la soya, por lo que se les deben dar leches de fórmula especiales o bien leche materna.

La leche de soya también se recomienda a aquellos lactantes que tienen un trastorno muy poco común denominado galactosemia. Se trata de una intolerancia a la galactosa, uno de los dos azúcares que componen la lactosa. Los carbohidratos utilizados para sustituir a la lactosa en la mayoría de las leches de soya son la sucrosa y el jarabe de maíz (o una combinación de los dos). Ambos son fáciles de digerir y de absorber para un lactante. La mayoría de estas leches de fórmula cuestan lo mismo que las elaboradas con leche de vaca y están enriquecidas con hierro. Algunos estados incluyen la prueba de la galactosemia entre los análisis de cernimiento que se practican a los recién nacidos. Los lactantes que tienen este raro desorden pueden consumir leche materna.

Las leches de soya disponibles actualmente en el mercado contienen bastantes proteínas, pero no tantas como la leche de vaca (que, a su vez, contiene menos proteínas que la leche humana). Además, un lactante absorbe el calcio y otros minerales menos eficazmente de la leche de soya que de la leche de vaca. Puesto que los bebés prematuros necesitan un mayor aporte de minerales, no se les suele dar leche de soya.

A un niño sano nacido a término sólo se le debe dar leche de soya cuando sea médicamente necesario. Sin embargo, algunos padres vegetarianos estrictos prefieren usar este tipo de leche porque no contiene productos de origen animal.

*Fórmulas especiales:* son productos elaborados específicamente para lactantes que tienen trastornos o enfermedades concretas. También existen productos especiales para bebés prematuros. Si su bebé tiene necesidades especiales, pregúntele al pediatra cuál es la leche de fórmula que más se ajusta a tales necesidades. Fíjese también en las instrucciones del paquete (cantidades, patrón de administración y proceso de preparación), ya que pueden diferir bastante de las instrucciones de los productos más habituales.

## Preparación, esterilización y almacenamiento de lás fórmulas

La mayoría de lás fórmulas para lactantes se pueden adquirir de tres formas distintas: líquidas y listas para usar, concentradas, y en polvo. Aunque los productos líquidos "listos para usar" son muy convenientes, también son los más caros. Los productos concentrados se preparan mezclando a partes iguales el producto con agua estéril (por ejemplo, una lata del concentrado y una de agua potable; o un biberón a la vez dejando el resto del concentrado cubierto en la nevera durante no más de cuarenta y ocho horas). Los productos en polvo, más económicos, vienen bien en paquetes previamente medidos o en latas grandes con un medidor. Para preparar la leche, se debe añadir la cantidad de producto especificada en las instrucciones a la cantidad indicada de agua y mezclarlos bien para que no se formen grumos en el biberón. Si utiliza agua un tanto caliente, la solución se mezclará mejor y ser disolverán mejor los grumos.

Aparte del precio, la ventaja de los productos en polvo es que son mucho más ligeros y manejables. Puede poner la cantidad adecuada del producto dentro del biberón cuando tenga que salir con el bebé y limitarse a añadir el agua necesaria antes de darle el biberón. El polvo no se estropeará aunque esté varios días dentro del biberón antes de mezclarlos con agua. Si elige un producto que requiere preparación, siga al pie de la letra las instrucciones del fabricante. Si añade demasiada agua, su hijo no obtendrá las calorías ni los nutrientes que necesita para

## *Cómo preparar leche de fórmula usando concentrado*

***(Un biberón cada vez)***

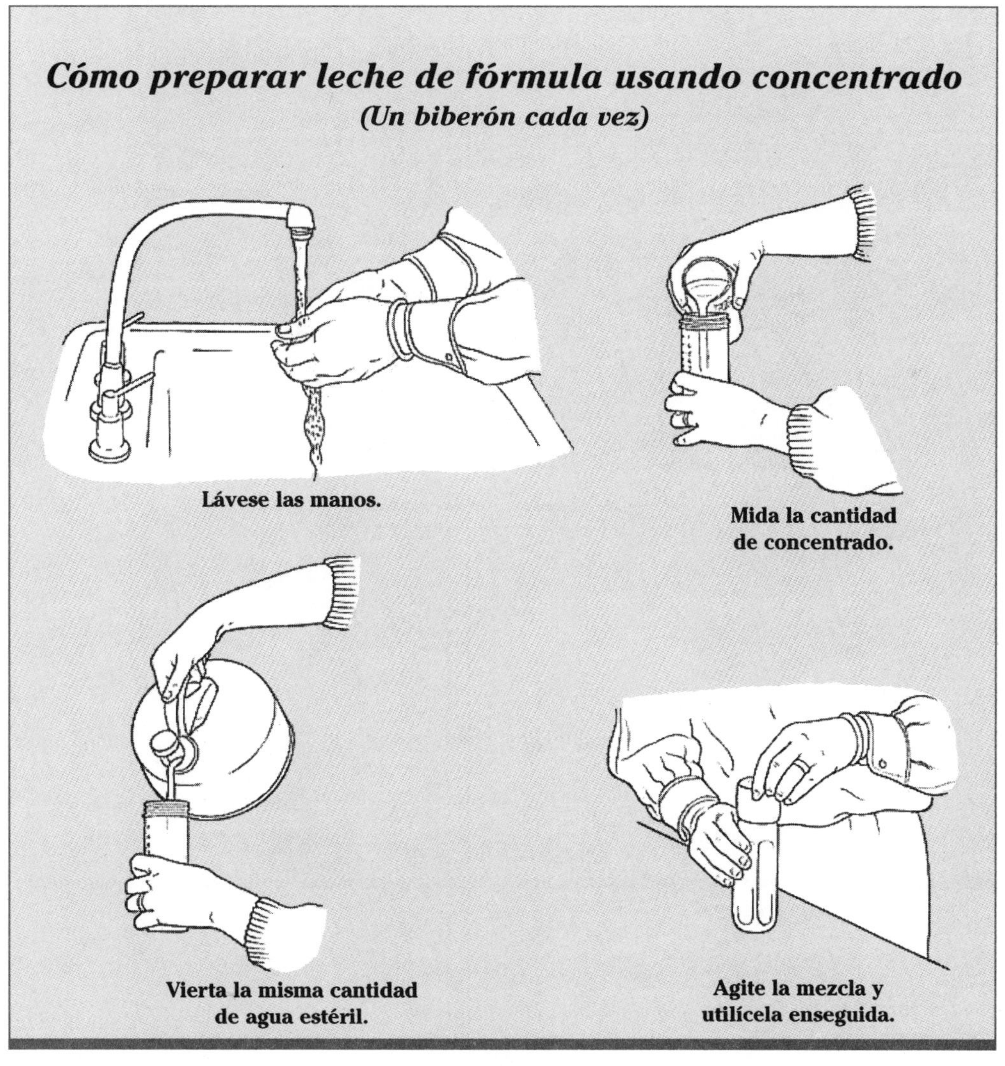

**Lávese las manos.**

**Mida la cantidad de concentrado.**

**Vierta la misma cantidad de agua estéril.**

**Agite la mezcla y utilícela enseguida.**

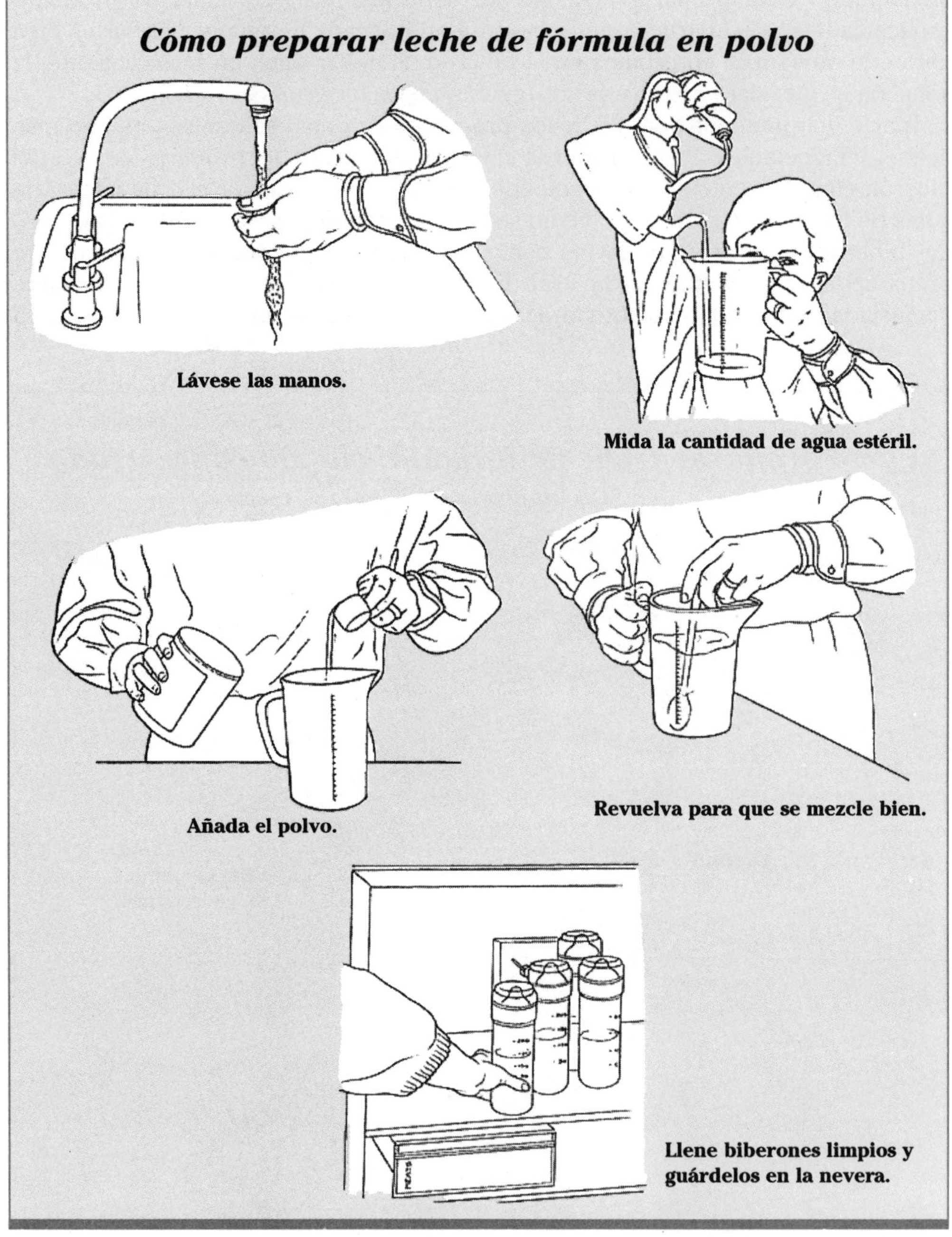

Cómo preparar leche de fórmula en polvo
Lávese las manos.
Mida la cantidad de agua estéril.
Añada el polvo.
Revuelva para que se mezcle bien.
Llene biberones limpios y guárdelos en la nevera.

crecer; y si añade muy poca, le dará a su hijo más calorías de las que necesita y la excesiva concentración del preparado podría provocarle diarrea y deshidratación.

El agua que se debe utilizar para preparar la leche (tanto en los productos concentrados como en los productos en polvo) debería hervirse durante aproximadamente un minuto antes de efectuar la mezcla. Asegúrese también de que todos los biberones, mamaderas y demás utensilios que utilice para preparar la leche y darle el biberón al bebé esten limpios. Si el agua de su casa es tratada con cloro, puede utilizar el lavaplatas o lavar a mano los utensilios con agua caliente y jabón, enjuagándolos después con agua caliente. Si tiene agua de depósito o agua no tratada con cloro, ponga los utensilios en agua hirviendo durante cinco a diez minutos o bien utilice un procedimiento denominado calentamiento terminal.

En el calentamiento terminal: se lavan los biberones, pero no se esterilizan, después se llenan con la leche ya preparada y se tapan con el capuchón sin llegarlos a cerrar del todo. A continuación se colocan los biberones llenos en una olla en la que se ha vertido agua hasta aproximadamente la mitad y se deja hervir a fuego lento durante unos veinticinco minutos.

Siempre que prepare leche con antelación, deberá refrigerarla para evitar que crezcan bacterias. Si no utiliza la leche refrigerada en un plazo de veinticuatro horas, deshágase de ella. Calentar la leche refrigerada antes de dársela a su hijo no es estrictamente necesario, pero la mayoría de los bebés la prefieren a temperatura ambiente. Puede dejar la leche fuera de la nevera durante una hora hasta que alcance temperatura ambiente o bien calentarla al baño María (insistimos, de nuevo, en que no utilice un microondas). Si calienta la leche que ha sacado de la nevera al baño María o la utiliza inmediatamente después de prepararla siguiendo el procedimiento del calentamiento terminal, compruebe su temperatura antes de dársela a su hijo. La mejor forma de comprobar la temperatura de la leche es dejar caer unas pocas gotas en la cara interna de su muñeca.

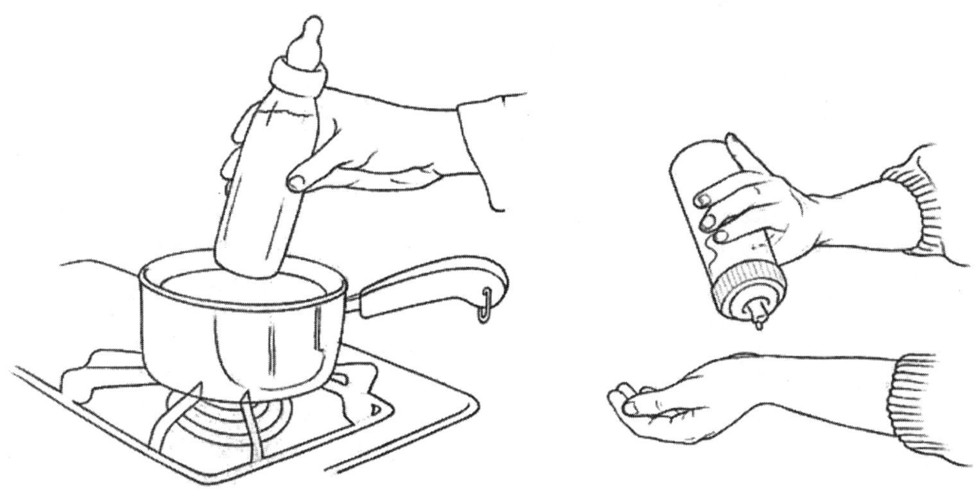

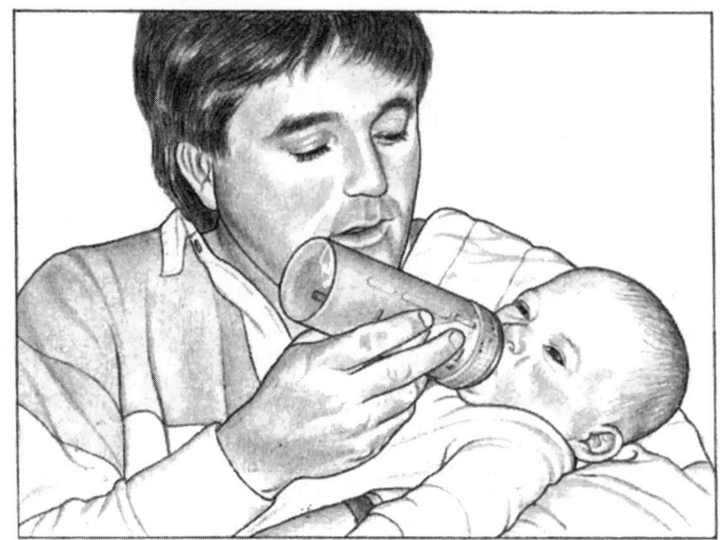

**Sostenga el biberón de tal modo que la leche llene el cuello y cubra la mamadera. Así evitará que el bebé trague aire al chupar.**

Los biberones pueden ser de cristal, plástico ó plástico con bolsas plasticas interiores. Estas bolsas pequeñas son muy convenientes y pueden prevenir que el bebé trague mucho aire al chupar, pero son más costosas. Conforme el bebé crezca y comience a agarrar la botella por sí mismo, debe evitar botellas de cristal que puedan romperse.

Los biberones diseñados para que el bebé los tome por su cuenta no son recomendables, puesto que pueden contribuir al deterioro de la dentadura y a la formación de caries. Al dejar que el niño se alimente cuando quiera, los dientes están expuestos a los azúcares de la leche constantemente. Cuando la leche se acumula detrás de los dientes, se crea un campo de cultivo favorable a la proliferación de bacterias. Así mismo, se ha comprobado que si se deja al bebé tomando el biberón en una postura supina (estirado boca arriba), puede favorecer las infecciones de oído (véase *Infecciones de oído,* página 618). Nunca debe dársele un biberón a un lactante o a un niño mayor para que se lo vayan tomando por la noche. Si se le da un biberón al bebé a la hora de acostarse, es recomendable hacerlo con relativa rapidez y retirarle el biberón vacío.

Pregúntele a su pediatra qué tipo de mamadera recomienda. Elegirá entre las mamaderas estándar de goma, las ortodónticas y otros modelos especiales para bebés prematuros o para bebés con paladar hendido. Sea cuál sea el tipo de mamadera que utilice, fíjese en el tamaño del agujero. Si es demasiado pequeño, su hijo succionará con tanta fuerza que tragará demasiado aire; si es demasiado grande, la leche saldrá tan rápido que el niño podría atragantarse. En el caso ideal, la leche debería salir por la mamadera a un ritmo de una gota por segundo cuando coloque el biberón boca a bajo. (Debería dejar de gotear al cabo de unos segundos.) Muchos padres consideran que una mamadera con un agujero pequeño es adecuado para darle agua al bebé, pero hace falta un agujero mayor o varios agujeros pequeños para darle leche.

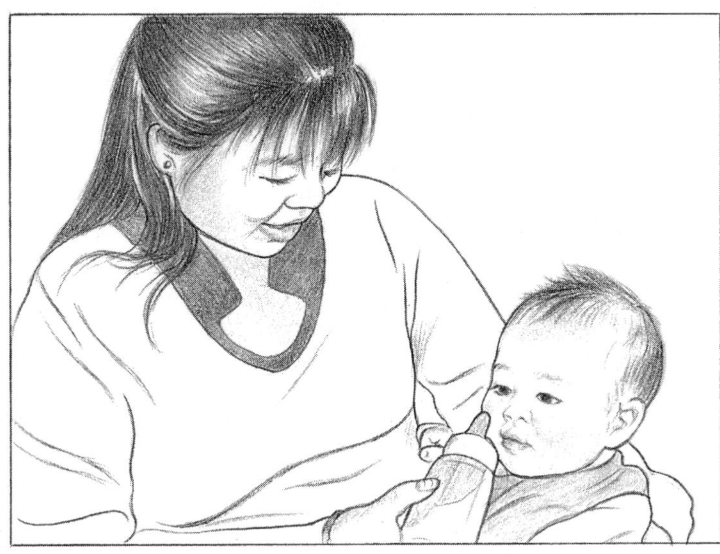

**Para conseguir que abra la boca y se agarre a la mamadera, estimule su "reflejo de búsqueda" acariciándole la mejilla o el labio inferior con la mamadera.**

## Cómo dar el biberón

El alimentar a su hijo debería ser una experiencia relajante, reconfortante y placentera, tanto para usted como para el bebé. Es una buena oportunidad para demostrarle su amor y para que se conozcan mutuamente. Si usted está tranquilo y confiado, el bebé responderá del mismo modo. Si usted está nervioso o no pone suficiente interés, su hijo podría percibir estos sentimientos negativos y esto afectará su alimentación adecuada.

Probablemente estará más cómodo en una silla con brazos, o en una con cojines para poder apoyar los brazos mientras alimenta al bebé. Cargue al bebé en su regazo en una postura semierguida y aguántele la cabeza. No le dé el biberón cuando esté acostado sobre una superficie plana, porque podría atragantarse; además, la leche se le podría meter en el oído medio y provocarle alguna infección.

Sostenga el biberón de tal modo que la leche llene el cuello del biberón y cubra la mamadera. Así evitará que el bebé trague aire al succionar. Para conseguir que abra la boca y se agarre a la mamadera, estimule su "reflejo de búsqueda" acariciándole la mejilla o el labio inferior con la mamadera. En cuanto tenga ésta en la boca, su hijo empezará instintivamente a chupar y a tragar.

## Horarios y cantidad de biberones

Un recién nacido ingiere entre 2 y 3 onzas de leche por toma, y se alimenta cada tres o cuatro horas durante las primeras semanas. Durante el primer mes, si su hijo duerme más de cuatro o cinco horas seguidas y empieza a saltarse tomas, despiértelo y déle un biberón. Hacia el final del primer mes, las tomas serán de unas 4 onzas de leche y el horario de las mismas será bastante predecible: aproximadamente cada cuatro horas. A los seis meses, las tomas serán de 6 a 8 onzas y estarán más espaciadas, realizándose un total de cuatro o cinco tomas en veinticuatro horas.

Como promedio, su hijo debería tomar 2½ onzas de leche al día por cada libra de peso. De todos modos, probablemente regulará su consumo diario en función de sus necesidades específicas. Por lo tanto, en lugar de fijarle cantidades estrictas, deje que sea él quien le diga cuándo está satisfecho. Si empieza a moverse o se distrae fácilmente mientras le está dando el biberón, probablemente ya tiene suficiente. Si vacía el biberón y sigue relamiéndose, probablemente tiene más hambre. Sin embargo, existen ciertos límites, tanto por exceso como por defecto. La mayoría de lactantes se quedan satisfechos con 3 a 4 onzas por toma durante el primer mes, y van aumentando una onza por mes hasta llegar aproximadamente a las 8 onzas. Si su hijo siempre quiere más o menos de estas cantidades, coménteselo al pediatra. Un lactante no debe tomar más de 32 onzas de leche en veinticuatro horas.

Como recomendamos al hablar de la lactancia materna, al principio es mejor alimentar a un recién nacido cuando él se lo pida, o cuando llore porque tiene hambre. A medida que pase el tiempo, él mismo irá estableciendo un horario de alimentación bastante regular. Y a medida que usted se familiarice con sus señales y necesidades, irá ajustando cada vez mejor su horario a sus necesidades.

Cuando tienen unos dos meses (o pesan 12 libras), la mayoría de bebés no necesitan tomarse un biberón a media noche, porque comen más durante el día y su patrón de sueño se ha hecho más regular. Pero esto varía bastante de un bebé a otro. A esta edad, la capacidad de su estómago también ha aumentado, lo que significa que pueden aguantar más tiempo entre tomas durante el día—hasta cinco horas. Si su hijo aún sigue queriendo comer frecuentemente, intente distraerlo jugando con él y dándole de vez en cuando un biberón lleno de agua entre tomas. Así tendrá más hambre en la próxima toma, chupará más y se sentirá satisfecho durante más tiempo.

Lo más importante que debe recordar, ya sea que le dé el pecho o el biberón a su hijo, es que sus necesidades alimentarias son únicas. Ningún libro puede explicarle exactamente cuánto o cada cuánto tiempo debe comer su hijo, o cómo debe actuar usted entre tomas. Usted irá descubriendo todas estas cosas por sí mismo, a medida que ambos se vayan conociendo mutuamente.

## Suplementos nutritivos para lactantes

### Suplementos vitamínicos

La leche humana contiene una proporción naturalmente equilibrada de vitaminas, sobre todo C, E y B. Por lo tanto, si tanto usted como su hijo están sanos y usted se alimenta bien, no hará falta que le dé ningún suplemento vitamínico al bebé.

Algunos lactantes que viven en áreas urbanas y no se exponen suficientemente a la luz del sol pueden necesitar un suplemento de vitamina D. Esta vitamina es producida naturalmente por la piel al ser expuesta a la luz del sol. Si usted vive en una zona de clima cálido y saca a su hijo a la luz varias veces a la semana, aunque sea por breves períodos de tiempo, usted y el niño producirán suficiente vitamina D. Un total de 15 minutos de luz solar a la semana es suficiente para un niño de piel blanca. Si su hijo es de piel morena y viven en una zona de clima relativamente frío—o si no puede exponerlo al sol con regularidad—deberá darle un suplemento de vitamina D en gotas desde el momento del nacimiento hasta que deje de lactar. (Las leches de fórmula están enriquecidas con vitamina D) Su hijo también necesitará un suplemento de vitamina D si nació prematuramente o tiene determinados problemas médicos. Comente esta cuestión con su médico cuando su hijo nazca.

Algunos pediatras recomiendan a las mujeres que amamantan tomar diariamente un suplemento vitamínico para asegurarse de que obtienen la proporción adecuada de vitaminas, pero no existen pruebas definitivas de que sea necesario hacerlo. Si usted lleva una dieta equilibrada, debería obtener todas las vitaminas necesarias para usted y para su hijo. Sin embargo, si sigue una dieta vegetariana estricta, debería tomar un complejo de vitamina B, ya que determinadas variantes de la vitamina B sólo se encuentran en las carnes, aves y pescados. Si su hijo toma leche de fórmula, probablemente obtendrá todas las vitaminas que necesita, ya que estas leches suelen estar enriquecida con vitaminas.

## Hierro

La mayoría de bebés nacen con suficientes reservas de hierro que los protegen contra la anemia. Si usted lacta a su hijo, éste tomará y absorberá la cantidad de hierro que necesita, por lo que no hará falta darle ningún suplemento adicional. Cuando tenga entre cuatro y seis meses, debe empezar a darle alimentos de bebé

### Nuestra posición

La Academia Americana de Pediatría considera que los niños sanos que siguen una dieta equilibrada no necesitan tomar suplementos vitamínicos que superen los niveles recomendables. Las megadosis de vitaminas—por ejemplo, cantidades enormes de vitamina A, C o D—pueden provocar síntomas de intoxicación, que van desde náuseas y erupciones, hasta dolor de cabeza y, a veces, efectos adversos mucho más graves. Antes de darle a su hijo cualquier suplemento vitamínico, consúltelo con su pediatra.

enriquecidos con hierro (cereales, carne y verduras), que le aportarán la cantidad de hierro que necesita para crecer adecuadamente.

Si ha optado por darle el biberón, es recomendable que le dé a su hijo leche de fórmula enriquecida con hierro desde el momento del nacimiento hasta que cumpla un año. Como último recurso, puede darle suplementos vitamínicos o gotas que contengan hierro, pero sólo en el caso de que cuente con el visto bueno y la supervisión del pediatra. Estos medicamentos no siempre se toleran bien y se ha comprobado que manchan los dientes.

## Agua

Hasta que su hijo empiece a comer sólidos, obtendrá toda el agua que necesita de la leche, sea materna o de fórmula. Si hace mucho calor, puede ofrecerle un biberón lleno de agua entre tomas, pero no le fuerce a tomárselo ni se preocupe si lo rechaza. Es posible que prefiera obtener el líquido extra que necesita aumentando la frecuencia de las tomas. Los bebés a quienes se les da el pecho no suelen necesitar dosis adicionales de agua.

### Contenido promedio de carbohidratos (g/100g) en frutas y jugos de frutas

| Fruta / Jugo de fruta | Fructosa | Glucosa | Sucrosa | Sorbitol |
|---|---|---|---|---|
| Ciruela | 14.0 | 23.0 | 0.6 | 12.7 |
| Pera | 6.6 | 1.7 | 1.7 | 2.1 |
| Cereza | 7.0 | 7.8 | 0.2 | 1.4 |
| Durazno | 1.1 | 1.0 | 6.0 | 0.9 |
| Manzana | 6.0 | 2.3 | 2.5 | 0.5 |
| Uva | 6.5 | 6.7 | 0.6 | rastros |
| Fresa | 2.2 | 2.3 | 0.9 | 0.0 |
| Frambuesa | 2.0 | 1.9 | 1.9 | 0.0 |
| Mora | 3.4 | 3.2 | 0.2 | 0.0 |
| Piña | 1.4 | 2.3 | 7.9 | 0.0 |
| Naranja | 2.4 | 2.4 | 4.7 | 0.0 |

La tabla muestra cuántos gramos de cada tipo de azúcar contienen los distinto jugos. Los jugos con un elevado contenido en sorbitol deberían evitarse cuando el niño esté recuperándose de una diarrea, puesto que este azúcar puede tener propiedades laxantes. Todos los demás jugos pueden considerarse equivalentes.

En cuanto su hijo empiece a comer alimentos sólidos, aumentará su necesidad de consumir líquido. Aproximadamente el 90 por ciento de los bebés de un año beben jugos de fruta. Los jugos que se les dan con más frecuencia son los de manzana, uva, y más recientemente, pera. Los pediatras recomiendan los jugos para que un lactante normal o un niño consuma el agua que necesita. Sin embargo, si un niño bebe demasiado jugo, es posible que no pueda digerirlo bien y le provoque gases o diarrea. Algunos jugos, como el de uva blanca, se digieren más fácilmente que otros porque contienen una proporción equilibrada de carbohidratos y no contienen sorbitol, un azúcar natural. Para regular la cantidad de jugo que bebe su hijo, asegúrese de que no tome más de 4 a 6 onzas diarias, ofrézcale el jugo junto con algún alimento sólido para demorar el proceso de absorción, y mézclelo con agua a partes iguales (véase en el próximo recuadro la composición de los principales jugos de frutas). Si le ofrece leche o jugos a su hijo a la hora de las comidas, podría quitarle el apetito, lo más recomendable es darle agua en las comidas.

Su hijo también necesitará beber más agua cuando esté enfermo, sobre todo si tiene fiebre. Consulte con su pediatra qué cantidad de agua necesita su hijo en tales circunstancias. El mejor líquido para un bebé enfermo que es amamantado es la leche materna.

### Flúor

Durante los primeros seis meses, un lactante no necesita tomar ningún suplemento de flúor. Si después de esta fecha la leche materna sigue siendo su principal fuente alimenticia, sólo es recomendable darle un suplemento de flúor si el agua que bebe la madre contiene menos de 0.3 ppm. de esta sustancia. Si su hijo necesita un aporte adicional de flúor, ya se lo indicará su pediatra o su dentista.

Los lactantes que se alimentan con leche de fórmula consumen flúor cuando se les da el biberón y cuando beben agua (si ésta contiene flúor). La Academia recomienda preguntar al pediatra en cada caso si el bebé necesita algún suplemento adicional de flúor.

## Gases, hipo y regurgitaciones

### Gases

Los bebés pequeños por lo natural se ponen inquietos y molestos si tragan aire al chupar. Aunque esto puede ocurrir tanto con los bebés amamantados como con los que se les da el biberón, es más frecuente en el segundo caso. Cuando esto le ocurra, es mejor que interrumpa la toma para que el niño pueda respirar tranquilamente. En caso contrario, tragaría todavía más aire, lo que aumentaría su sensación de malestar y podría llegar a regurgitar.

La mejor estrategia es sacarle los gases frecuentemente, incluso aunque no haya dado ninguna muestra de malestar. Por el mero hecho de hacer una pausa y cambiarle de posición, el niño empezará a tragar más despacio y, por lo tanto, disminuirá la cantidad de aire ingerido. Si le da el biberón, hágale eructar cada vez que ingiera entre 2 y 3 onzas de leche; si le da el pecho, hágalo cada vez que cambie de seno.

## Hipo

La mayoría de los bebés tienen hipo de vez en cuando. Esto puede preocuparle más a usted que a su hijo, pero si le ocurre mientras lo alimenta puede resultarle bastante desagradable. Cámbiele de posición, intente hacerle eructar y que se relaje. Espere a que se le vaya el hipo para reanudar la toma. Si el hipo no desaparece en cinco o diez minutos, darle un poco de agua puede ayudar. Si su hijo tiene hipo a menudo, intente darle de comer cuando esté calmado y antes de que esté muy hambriento. Así reducirá la probabilidad de que le entre hipo durante las tomas.

## Regurgitaciones

Regurgitar es otra de las constantes de la lactancia. A veces, se debe a que el niño ha comido más de lo que le permite su estómago; a veces, se presenta cuando se le sacan los gases. Aunque puede ser un poco fastidioso, no debe ser motivo de preocupación. El hecho de regurgitar muy raramente se asocia a atragantamiento, tos o malestar, y no suele implicar ningún peligro para el bebé, incluso aunque ocurra mientras duerme.

Algunos bebés regurgitan más que otros, pero la mayoría dejan de hacerlo cuando empiezan a sentarse. Unos pocos siguen haciéndolo hasta que empiezan a andar o hasta que aprenden a beber en vaso e incluso hay algunos que siguen haciéndolo durante todo el primer año.

Usted debe saber percibir la diferencia entre regurgitar y vomitar. Cuando un bebé regurgita, apenas parece darse cuenta. Vomitar, sin embargo, implica expulsar violentamente el alimento ingerido y suele asociarse a malestar. Generalmente los vómitos ocurren poco después de las tomas e implican expulsar una cantidad mucho mayor de alimento. Si su hijo vomita regularmente (una o más veces al día), consulte a su pediatra. (Véase *Vómitos,* página 561)

Aunque es prácticamente imposible evitar que un bebé regurgite, las siguientes recomendaciones le ayudarán a reducir la frecuencia de estos episodios y la cantidad de líquido regurgitado:

1. Convierta las tomas en una experiencia tranquila, relajada y placentera.
2. Evite interrupciones, ruidos repentinos, luces brillantes y cualquier otro tipo de distracciones mientras esté alimentando a su hijo.
3. Si le da el biberón, sáquele los gases por lo menos cada cinco minutos.

4. No alimente a su hijo mientras está acostado.
5. Coloque al bebé en una posición vertical, por ejemplo, sentado en su sillita o en su coche inmediatamente después de cada toma.
6. No zarandee al bebé ni juegue vigorosamente con él después de darle de comer.
7. Intente alimentarlo antes de que esté muy hambriento.
8. Si le da el biberón, asegúrese de que el agujero de la mamadera no es ni demasiado grande (lo que haría que la leche saliera demasiado de prisa) ni demasiado pequeño (lo que, además de frustrar al niño, le haría tragar demasiado aire). Si el tamaño del agujero es el adecuado, deberían caer sólo unas pocas gotas al invertir el biberón.
9. Eleve la cabecera de la cuna (no use almohadas) y coloque al niño boca arriba para dormir. Así, tendrá la cabeza más alta que el estómago y no se podrá atragantar ni ahogar en caso de que regurgite mientras duerma.

Por la extensión y los detalles de este capítulo, ya se habrá dado cuenta de que alimentar a su hijo es uno de los retos más importantes y, a menudo, desconcertante que tiene que afrontar los padres. Las recomendaciones de esta sección se refieren a los lactantes en general. Recuerde que su hijo es único y puede tener necesidades especiales. Si algunas de sus dudas no se han resuelto completamente en estas páginas, pídale a su pediatra que le dé respuestas adecuadas para el caso concreto de su hijo.

## *Cómo sacarle los gases a un bebé*

Aquí tiene algunas técnicas de eficacia probada. Después de experimentar un poco con ellas, sabrá cuáles son las que funcionan mejor con su hijo.

**1.** Coloque al bebé en posición vertical, de tal modo que la cabeza del niño repose sobre su hombro. Aguante la espalda y la cabeza de su hijo con una mano y déle unas palmaditas en la espalda con la otra.

Si sigue sin eructar durante varios minutos, siga alimentándolo y no se preocupe: ningún bebé eructa en todas las tomas. Cuando haya acabado, repita el mismo procedimiento y téngalo durante diez o quince minutos en posición vertical para que no regurgite.

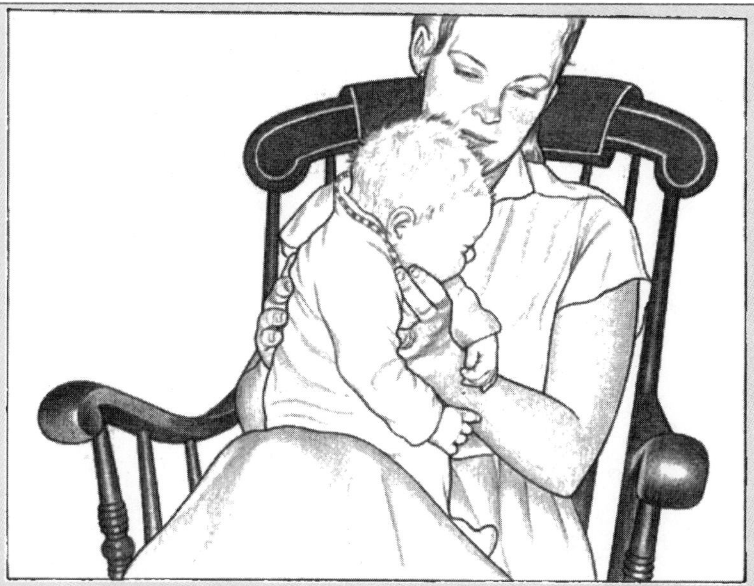

2. Siente al niño en su regazo aguantándole el pecho y la cabeza con una mano y dándole palmaditas en la espalda con la otra.

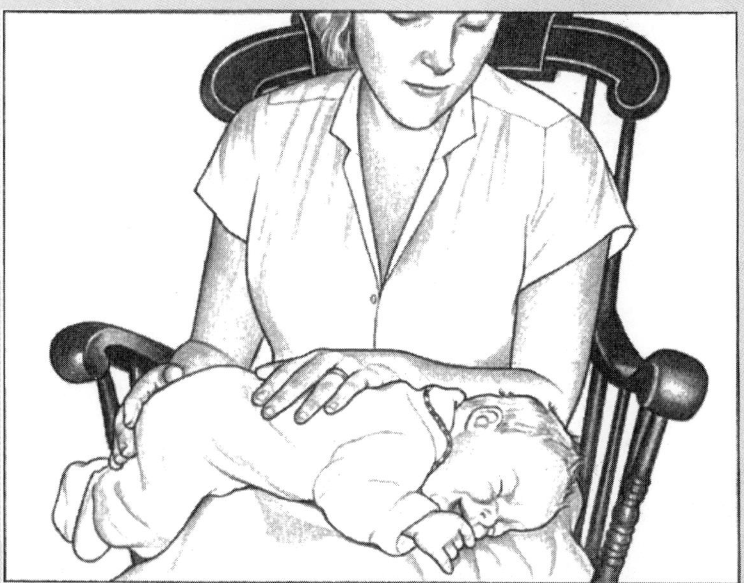

3. Coloque al niño estirado boca abajo sobre su regazo y déle palmaditas o hágale masajes en la espalda.

5

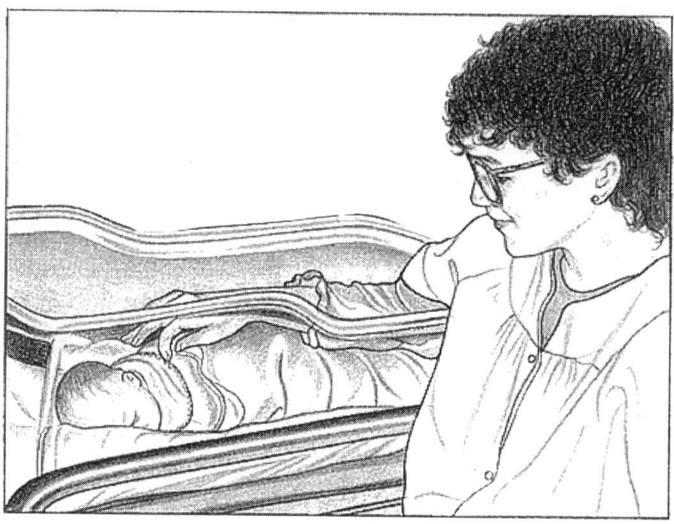

# Los primeros días en la vida de su hijo

Después de nueve largos meses de embarazo, quizás crea que ya conoce a su bebé. Ha sentido sus patadas, ha seguido sus momentos de calma y de actividad, y ha acariciado su vientre mientras lo llevaba en sus entrañas. Aunque todas estas experiencias la acercan a su hijo, se sorprenderá ante la primera visión de su rostro y la sensación al agarrar sus deditos.

Durante los primeros días que sigan al nacimiento de su hijo, probablemente usted no le quitará los ojos de encima. Al mirarlo, quizás le encuentre algún parecido con usted o con otros miembros de su familia. Pero en líneas generales no se parece a nadie. Además tendrá su propio temperamento que enseguida se dejará ver. Cuando se mueve y se estira, sólo él sabe lo que siente y lo que quiere. Por ejemplo, puede protestar por tener los pañales mojados o sucios desde el primer día, quejándose a voz en grito hasta que lo cambien, lo alimenten y lo arrullen. Los lactantes que se comportan de este modo, no sólo tienden a pasar más tiempo despiertos que otros bebés, sino que también suelen llorar y comer más. Por otro lado, algunos recién nacidos no parecen darse cuenta cuándo tienen los pañales sucios y se quejan cuando se les deja las nalgas al aire mientras se les cambian los pañales. Estos bebés suelen dormir mucho y comen menos a menudo que los bebés más sensibles. Estas diferencias individuales son indicios precoces de la futura personalidad del niño.

Algunas madres dicen que, después de tantos meses de "poseer" literalmente a su hijo en sus entrañas, resulta difícil ver al bebé como un ser humano distinto, con pensamientos, emociones y deseos propios. De todos modos, aceptar que las cosas son así y respetar su individualidad es una parte importante del trabajo de ser padre. Si usted es capaz de acoger a su hijo como el ser único que es desde el momento de su nacimiento, le resultará mucho más fácil aceptar a la persona en que se acabará convirtiendo en el futuro.

## El bebé recién nacido

### Su aspecto al nacer

Mientras disfruta en su habitación con su hijo en brazos, destápelo y obsérvelo de arriba a abajo. Percibirá algunos detalles que se le escaparon cuando lo vio nacer. Por ejemplo, cuando abra los ojos, verá de qué color son. Muchos recién nacidos de raza blanca tienen los ojos azules, pero muchas veces les cambian de color durante el primer año. Generalmente los recién nacidos de piel morena tienen los ojos marrón y conservan ese color durante el resto de su vida. Si los ojos de su hijo van a volverse marrón durante el primer año, probablemente durante los primeros seis meses adquirirán un tono indefinido, próximo al gris; pero si siguen siendo azules al cabo de seis meses, probablemente conservará este color durante el resto de su vida.

Es posible que su hijo tenga alguna mancha de sangre en la parte blanca de uno o ambos ojos. Esto, igual que la hinchazón general de su rostro, se debe a la presión a la que se vió sometido durante el parto. Ambos desaparecerán al cabo de pocos días. Si su hijo nació mediante cesárea, no tendrá el rostro hinchado y el blanco de sus ojos no debería tener rastros de sangre.

Después de bañarlo y secarlo, la piel de su hijo parecerá muy delicada. Si su hijo nace más tarde de la fecha prevista de parto, probablemente habrá perdido la capa protectora de vérnix, y su piel estará, arrugada y pelándose. Si nace justo a término o antes de lo que le tocaba, es posible que se le pele un poco la piel al entrar en contacto con el aire después de limpiarle el vérnix. Esto es normal y no requiere tratamiento alguno.

Al examinar los hombros o la espalda de su bebé, es posible que encuentre un vello, fino denominado lanugo. Como el vérnix, este vello crece al final del

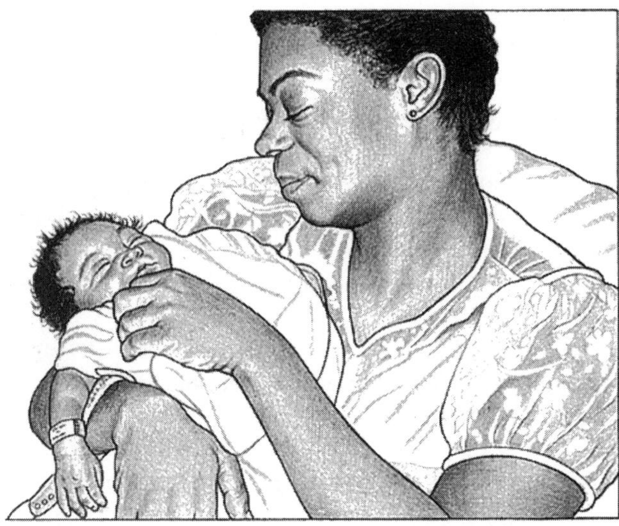

embarazo; sin embargo, se suele caer antes de la fecha prevista de parto o un poco después. Si su hijo nace antes de tiempo, será más probable que tenga vello en los hombros y la espalda, y que tarde varias semanas en perderlo.

También es posible que encuentre algunas manchas y marcas rosadas en la piel del bebé. Las que se forman en las zonas que están en contacto con los bordes del pañal, se deben simplemente a la presión. Las manchas jaspeadas o moteadas suelen ser una reacción ante la exposición de la piel del bebé al aire fresco y desaparecerán rápidamente en cuanto lo vuelva a tapar.

Si detecta algún razguño, sobre todo en la cara del bebé, córtele las uñas. (O cúbrale las manos hasta que tenga la ocasión de hacerlo). En caso contrario, seguirá arañándose cuando mueva los brazos y las manos.

Su hijo también puede presentar erupciones y marcas de nacimiento. La mayoría desaparecerán rápidamente sin necesidad de recibir tratamiento alguno, pero algunas pueden ser permanentes. Éstas son las erupciones y marcas de nacimiento más frecuentes en los recién nacidos:

**Hemangioma plano o "picotazo de cigüeña".** Manchas de un color rosado intenso, generalmente localizadas en el puente de la nariz, la parte baja de la frente, los párpados superiores, la base de la cabeza y el cuello. Son las manchas más habituales en los recién nacidos, sobre todo en los que tienen la piel clara. Desaparecen durante los primeros meses.

**Manchas mongólicas.** Zonas extensas y lisas de la piel muy pigmentadas, que parecen azules o verdes (como los moretones) y suelen aparecer en las nalgas o en la espalda. Son muy comunes, sobre todo en los bebés de piel morena. Suelen desaparecer cuando el niño está en edad escolar y no tienen ninguna importancia.

**Melanosis pustulosa.** Pequeñas ampollas que se secan rápidamente y se pelan, dejando manchitas oscuras como las pecas. Algunos bebés solamente presentan estas manchitas, lo que indica que tuvieron la erupción antes de nacer. Las manchitas desaparecen al cabo de varias semanas.

**Acné miliar,** o "milia". Granitos blancos o amarillos que aparecen en la punta de la nariz o la barbilla, provocados por las secreciones de las glándulas sebáceas de la piel. Se trata de acumulaciones de grasa que parecen tener volumen, pero son casi planas y suaves al tacto. Desaparecen al cabo de dos o tres semanas.

**Miliaria.** Erupción de pequeñas ampollas elevadas llenas de líquido. Este líquido es una secreción normal de la piel y puede ser trasparente o de color lechoso. Suele desaparecer al lavar la piel del bebé.

**Eritema tóxico.** Una erupción de pequeñas manchas rojas con elevaciones de color blanco-amarillento en el centro. Generalmente sólo aparece el día siguiente al parto y suele desaparecer sin tratamiento durante la primera semana.

**Hemangioma capilar.** Zonas rojas prominentes de textura rugosa. Durante la primera semana pueden ser de color blanco o pálido, pero más tarde se vuelven rojos. Son provocados por la dilatación de los vasos sanguíneos de las capas más superficiales de la piel. Van aumentando de tamaño durante los primeros meses y después disminuyen progresivamente de tamaño sin necesidad de tratamiento.

**Manchas tipo "vino de oporto".** Áreas de la piel extensas y lisas de formas irregulares y de color rojo o morado. Son provocadas por un exceso de vasos sanguíneos bajo la piel. No desaparecen sin tratamiento. Pueden ser extirpadas por un cirujano plástico o un dermatólogo pediátrico cuando el niño sea mayor.

(Véase también *Marcas de Nacimiento y Hemangiomas,* página 727)

Si su hijo nació mediante parto vaginal, además de tener la cabeza alargada, podría presentar hinchazón en la parte de la cabeza que fue expulsada en primer lugar. Si usted comprime ligeramente con el dedo la zona hinchada es posible que deje una pequeña marca. No se trata de nada grave y debe desaparecer en pocos días.

A veces, el cuero cabelludo parece hinchado varias horas después del parto, lo que puede deberse a la rotura de vasos sanguíneos durante el parto. (Se trata de hemorragias superficiales, que ocurren por fuera de los huesos del cráneo, no en el interior del cerebro). Esta hinchazón provocada por la presión a la que se ve sometida la cabeza durante el parto, suele afectar solamente un lado de la cabeza, y parece desplazarse en cuanto se presiona sobre ellas. No son graves, pero suelen tardar entre seis y diez semanas en desaparecer.

*Todos* los bebés tienen dos puntos blandos o fontanelas, en la parte superior de la cabeza. Se trata de las áreas donde los huesos del cráneo, todavía inmaduros, se están cerrando. La abertura de mayor tamaño está en la parte superior de la

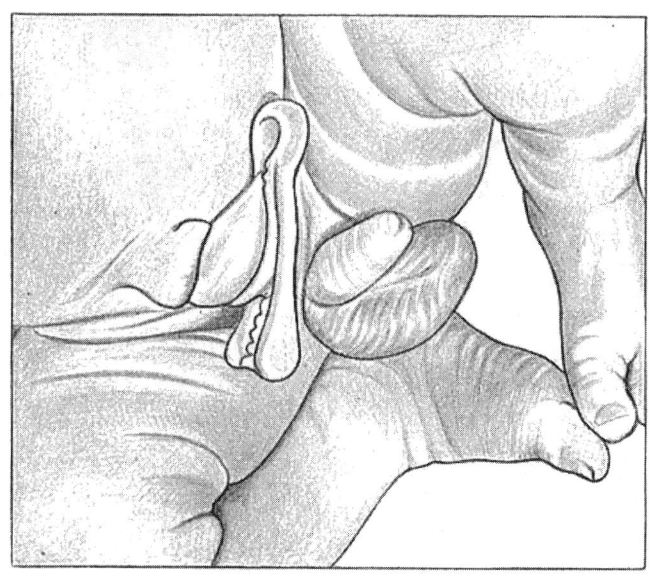

**El muñón del cordón umbilical es blanco, translúcido y brillante justo después del parto. Los genitales de los recién nacidos suelen parecer bastante grandes en relación al tamaño de su cuerpo.**

cabeza y la menor en la parte posterior. No pasa nada si se tocan estas áreas con suavidad. Están cubiertas por una membrana gruesa y resistente que protege las estructuras del interior del cráneo.

Los recién nacidos se ven afectados por la enorme cantidad de hormonas que sus madres secretaron durante el embarazo. Por este motivo, es posible que los senos de un recién nacido estén abultados e, incluso, que segreguen algunas gotas de leche. Esto puede ocurrir en bebés de ambos sexos y generalmente no dura más de una semana, aunque puede prolongarse durante varias. No manipule ni presione los pechos de su hijo; no conseguirá reducir la hinchazón y podría provocarle alguna infección.

Cuando esté examinando el abdomen de su hijo, puede encontrarlo bastante abultado y quizás perciba unos espacios entre los músculos abdominales en los que la piel se proyecta hacia afuera cuando su hijo rompe a llorar. Estos espacios pueden formar una línea en el centro del abdomen o bien un círculo en la base del cordón umbilical. Se trata de algo normal y que desaparece durante el primer año.

El muñón umbilical es blanco, translúcido y brillante después del parto. Si se curó utilizando una solución bactericida, estará azulado y enseguida empezará a secarse y a encogerse. Debería desprenderse en un plazo de tres semanas.

Los genitales de los recién nacidos suelen verse enrojecidos y parecen bastante grandes en relación al tamaño del cuerpo. Las niñas pueden segregar por la vagina una especie de flujo, trasparente, blanco o con restos de sangre, debido al influjo de las hormonas maternas durante el embarazo. El escroto de un niño recién nacido puede estar muy terso y apenas ser lo suficientemente grande para contener los testículos; o bien puede ser grande y estar arrugado. Los testículos

## *El cuidado del pene*

**El cuidado del pene circuncidado.** Si usted quiere que a su hijo le practiquen la circuncisión, probablemente se la harán durante el segundo o tercer día de vida, a menos que se retrase por motivos religiosos. Después de la intervención, le vendarán el glande con una gasa impregnada de vaselina. Generalmente, este vendaje se caerá la primera vez que el niño orine. Algunos pediatras recomiendan seguir vendando el pene con una gasa limpia hasta que sane por completo, mientras que otros prefieren dejarlo al descubierto. Lo más importante es mantener la zona operada lo más limpia posible. En caso de que el pene se ensucie con materias fecales, lávelo suavemente con agua y jabón cuando le cambie los pañales.

La punta del pene puede estar bastante roja durante los primeros días y es posible que secrete un fluido amarillento. Ambos indican que el glande está sanando bien. Durante la semana siguiente, tanto el color rojo como la secreción amarillenta irán desapareciendo progresivamente. Si persiste el enrojecimiento, el pene se inflama o se forman costras amarillentas que supuran, es posible que la herida se haya infectado. Esto algo bastante raro, pero, si sospecha que ha ocurrido, consulte al pediatra.

Generalmente, después de que la herida haya cicatrizado, el pene no necesita ningún cuidado adicional. En contadas ocasiones, queda un trocito de prepucio. En tales casos, se deberá levantar con suavidad

pueden salir y entrar dentro del escroto. A veces se replegarán hasta la base del pene o, incluso, hasta el pliegue que se forma en la parte superior del muslo. Mientras estén dentro del escroto la mayor parte del tiempo, es normal.

Algunos varoncitos tienen una bolsita llena de líquido denominada hidrocele (véase página 553) en el interior del escroto. Ésta irá encogiéndose de forma progresiva sin recibir tratamiento alguno, a medida que el cuerpo del bebé vaya reabsorbiendo el líquido contenido en su interior. Si el escroto se hincha de golpe o aumenta de tamaño cuando el niño llore, coménteselo a su pediatra; podría ser un síntoma de hernia inguinal, que requiere tratamiento.

El prepucio de un recién nacido está adherido a la cabeza del pene, o glande, y no se puede retraer como en los niños mayores y en los hombres adultos. Hay una pequeña abertura en la punta del pene a través de la cual fluye la orina. Si su hijo es circuncidado, le cortarán las adherencias prepuciales, dejando el glande al descubierto. En el caso de que no opere a su hijo, el prepucio se separará naturalmente del glande durante los primeros años.

cada vez que se bañe al niño, examinar el surco que rodea el glande y asegurarse de que está limpio.

A veces, esta operación debe posponerse porque el niño es prematuro o por otros problemas de carácter médico. Si no se realiza durante los primeros días, suele posponerse varias semanas o meses. Su pediatra le indicará cuál es el mejor momento para operar a su hijo. Los cuidados posteriores son siempre los mismos independientemente de cuándo se realice la intervención.

**El cuidado del pene no circuncidado.** Durante los primeros meses, deberá limpiar el pene de su hijo simplemente con agua y jabón, como el resto del área que queda cubierta por el pañal. Al principio, el prepucio estará unido al glande o cabeza del pene, por lo que usted no debe intentar separarlos. No hace falta lavar el pene con aplicadores de algodón ni ningún antiséptico, pero debería observar cómo orina su hijo de vez en cuando para asegurarse de que el agujero del prepucio es lo suficientemente grande como para que pueda hacerlo sin problemas. Si el agujero sólo deja pasar un hilillo de orina o parece que su hijo tiene molestias al orinar, consulte al pediatra.

El médico le indicará cuándo se ha separado el prepucio del glande y, por lo tanto, se puede retraer sin problemas. Esto puede tardar en ocurrir de varios meses a varios años. Cuando haya tenido lugar la separación, debería retraer de vez en cuando el prepucio para limpiar el extremo del pene que queda cubierto por él. En cuanto su hijo deje de llevar pañales, deberá enseñarle a hacerlo él solo, para que pueda orinar y tener el pene bien limpio.

Mientras usted permanezca en el hospital, el personal se encargará de examinar con detenimiento la primera orina y las primeras deposiciones de su hijo, para asegurarse de que elimina bien. Esto puede ocurrir justo al nacer o al día siguiente. La primera deposición, y a veces también la segunda, será de un color negro-verdoso y muy viscosa. Esta contiene una sustancia denominada meconio, que llenaba el intestino del su hijo durante el embarazo y que debe ser expulsada para que pueda digerir nuevos alimentos y eliminar sus productos de deshecho. Si un lactante no elimina el meconio durante las primeras cuarenta y ocho horas de vida, podría significar que tiene algún problema en los intestinos.

Si detecta un poco de sangre en las materias fecales de su hijo durante los primeros días, probablemente se deberá a sangre que tragó durante el parto o mientras amamantaba. Aunque esto no puede hacerle ningún daño al niño, siempre es mejor que se lo comente al pediatra, para que él se pueda asegurar de que ése es el motivo; si la causa fuera una hemorragia interna, debería tratarse inmediatamente.

## El peso y las medidas de su hijo al nacer

¿Su hijo pesa más o menos de lo que usted esperaba? El peso de un niño al nacer depende de diversos factores tales como las siguientes:

- La duración del embarazo. Cuanto más tarde nazca un bebé, más grande será.
- El tamaño de lo padres: si la madre y el padre son muy grandes, es probable que el bebé también lo sea.

**Centro Nacional de Estadísticas de Salud**
**Peso de una niña en percentiles de edad**
**Edad: desde el nacimiento hasta los 36 meses**

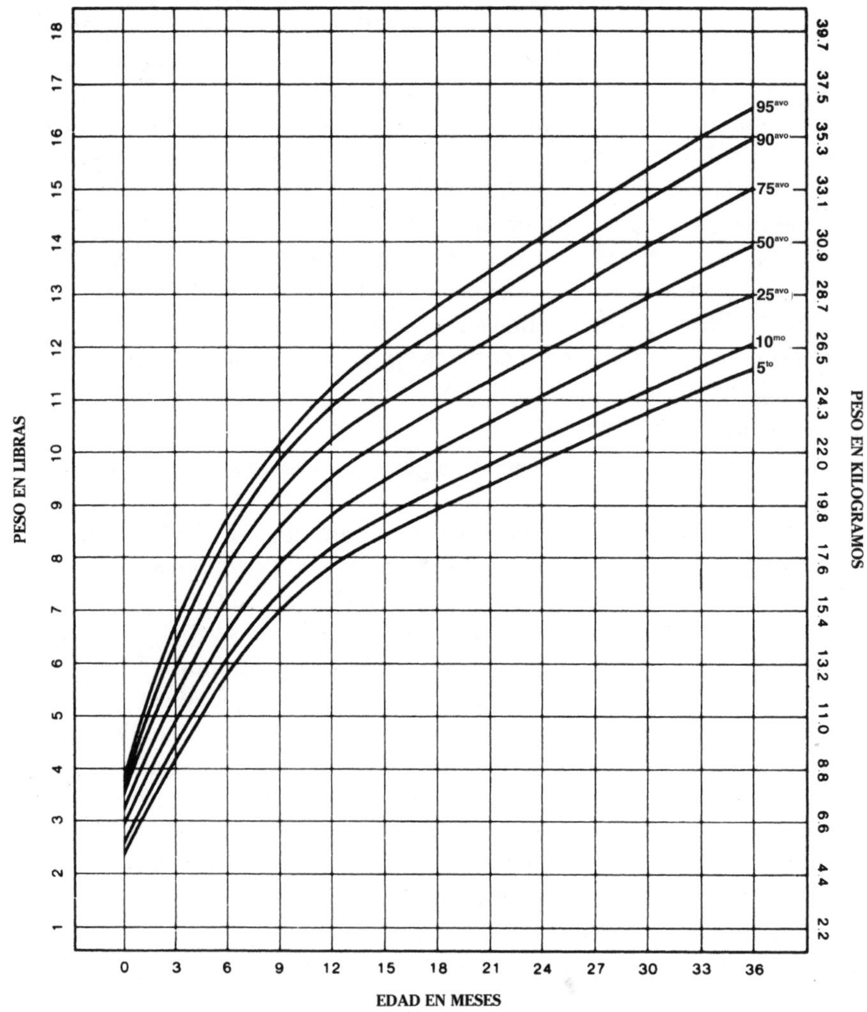

- Las complicaciones durante el embarazo: si la madre tuvo la tensión arterial alta o alguna enfermedad durante el embarazo, el bebé podría ser más pequeño. Sin embargo, si tuvo diabetes durante el embarazo, el bebé podría ser más grande de lo esperado.
- La alimentación de la madre durante el embarazo: si el bebé no obtuvo los nutrientes que necesitaba cuando estaba en el útero, ya sea porque su madre siguió una dieta pobre o poco equilibrada o porque tuvo problemas médicos durante el embarazo, el bebé podría ser más pequeño de lo esperado.

**Centro Nacional de Estadísticas de Salud**
**Longitud de una niña en percentiles de edad**
**Edad: desde el nacimiento hasta los 36 meses**

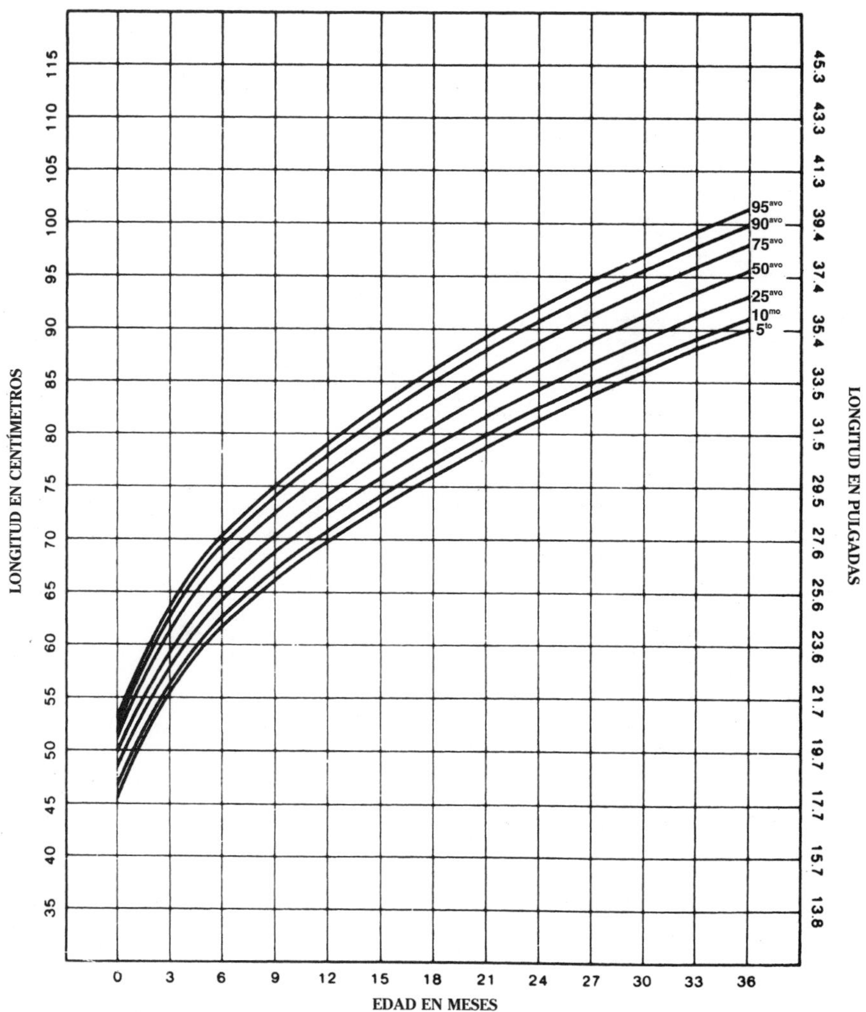

- El consumo de tabaco, alcohol o alguna otra droga durante el embarazo.

Si un bebé es mucho más pequeño o mucho más grande de los esperado, será más probable que tenga problemas para adaptarse a la vida fuera del vientre de su madre. Para determinar la relación que guardan las medidas corporales de su hijo con las de otros niños nacidos después del mismo tiempo de embarazo, su pediatra utilizará la gráfica de crecimiento que figura a continuación.

Como se puede ver en esta gráfica, ochenta de cada 100 bebés nacidos de 40 semanas a término, pesan entre 5 libras 11½ onzas y 8 libras 5¾ onzas. Éste es el promedio normal. Los que están por encima del percentil noventa se consideran

**Centro Nacional de Estadísticas de Salud**
**Peso de un niño en percentiles de edad**
**Edad: desde el nacimiento hasta los 36 meses**

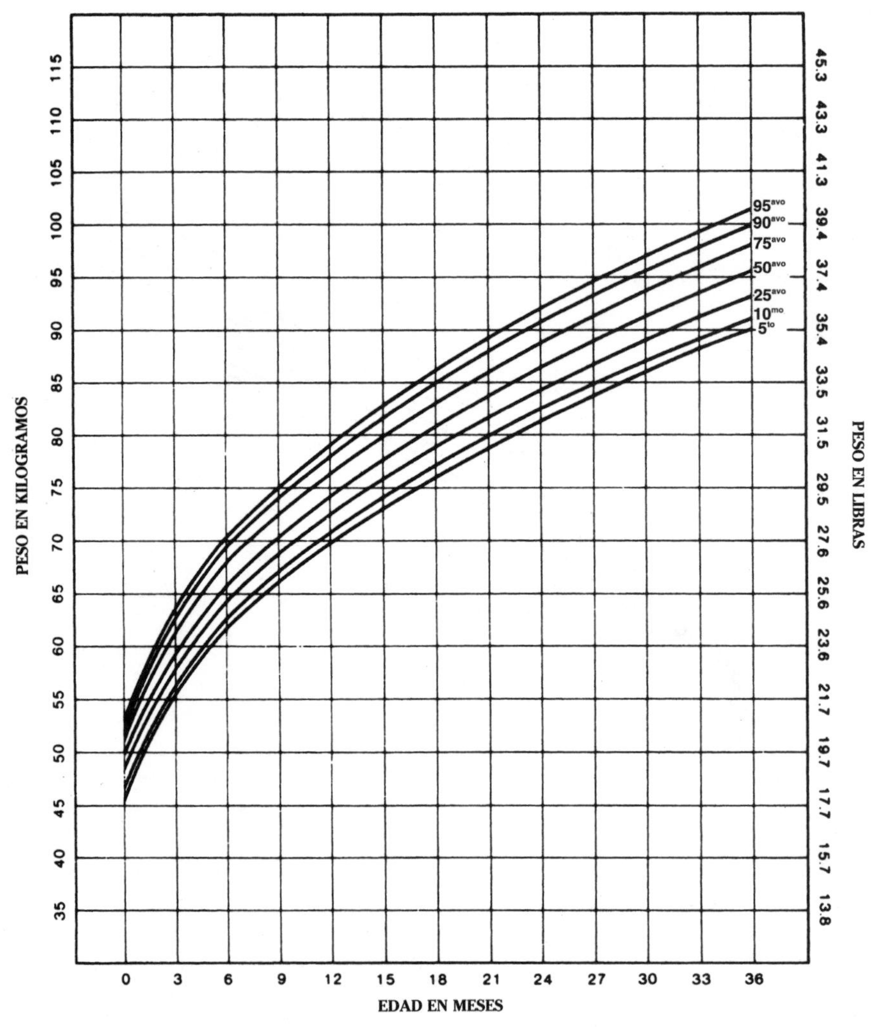

grandes y los que están por debajo del percentil diez se consideran pequeños. Algunos niños grandes al principio tienen dificultades para regular el nivel de azúcar en sangre, y se les debe alimentar con más frecuencia para prevenir la hipoglucemia (bajo nivel de azúcar en sangre). Los niños pequeños pueden tener problemas con la alimentación o la regulación de la temperatura corporal. El hecho de catalogar a un niño como grande o pequeño al nacer, no constituye un predictor del tamaño que alcanzará cuando crezca. Sin embargo, ayuda al personal hospitalario a determinar si necesita recibir atención especial durante sus primeros días de vida.

**Centro Nacional de Estadísticas de Salud**
**Longitud de un niño en percentiles de edad**
**Edad: desde el nacimiento hasta los 36 meses**

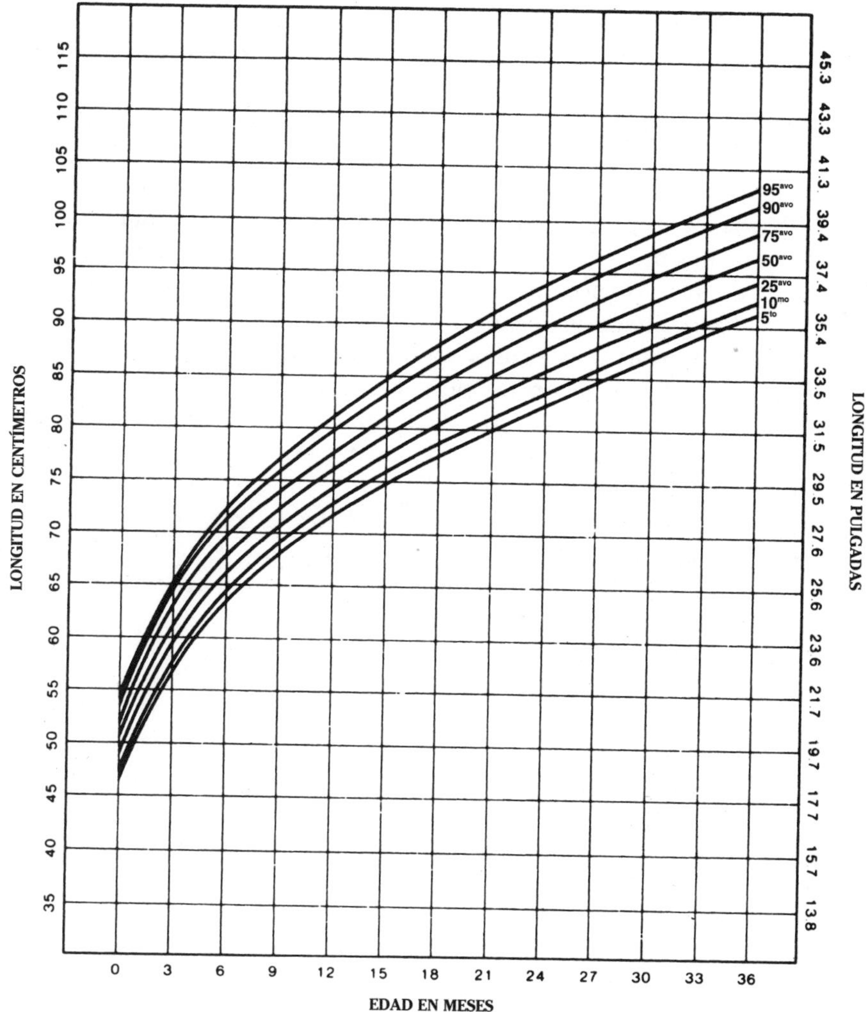

Cada vez que el pediatra examine a su hijo, empezando por el primer chequeo después del parto, tomará una serie de medidas. Por norma, medirá su largo, su peso y su perímetro craneal (la circunferencia de la cabeza) y representará estas medidas en unas gráficas similares a las que figuran en estas páginas. En un lactante sano y bien alimentado, estas tres medidas deberían aumentar a un ritmo predecible. Los estancamientos o interrupciones de este partrón de crecimiento ayudarán al doctor a detectar problemas de alimentación, desarrollo o médicos.

## Cómo se comporta un recién nacido

Mientras descansa en sus brazos o bien en la cuna al lado de su cama, su hijo parece un bultito bien abrigado. Como cuando estaba dentro de su vientre, estará acurrucado, con los brazos y las piernas replegados y los dedos apretados, aunque usted debería poder enderezarlos suavemente con las manos. Sus pies estarán doblados hacia adentro. Tardará varias semanas en abandonar esta postura fetal. Y tendrá que esperar todavía más para poder escuchar los típicos gorjeos y balbuceos que solemos identificar con los bebés. Sin embargo, desde el principio, su hijo será muy ruidoso. Aparte de llorar cuando algo vaya mal, tendrá una amplia gama de gruñiditos, gemidos, grititos, estornudos e hipos. (¡Quizás ya pudo "sentir" sus hipos en su propia carne durante el embarazo!) La mayoría de estos sonidos, igual que sus movimientos repentinos, son reacciones ante los cambios y perturbaciones de su entorno; por ejemplo, un sonido chirriante o un fuerte olor pueden sobresaltarlo o hacerle llorar.

Estas reacciones y otras más sutiles son una muestra de lo bien que funcionan los sentidos de su hijo al nacer. Después de pasar tanto tiempo dentro de su vientre, enseguida reconocerá la voz de su madre (y es posible que también reconozca la de su padre). Si pone música suave, es posible que, al escucharla, se tranquilice o se mueva suavemente.

Los recién nacidos son capaces de distinguir entre la leche humana y cualquier otro líquido, usando sus sentidos de olfato y gusto. Al nacer con una clara preferencia por los sabores dulces, su hijo preferirá el agua azucarada al agua sola y arrugará la nariz ante sabores ácidos o amargos.

Su hijo verá mejor a distancias comprendidas entre las 8 y las 12 pulgadas, lo que significa que podrá ver su cara bien cuando lo cargue y lo alimente. Pero cuando usted se aleje más, los ojos de su hijo se desplazarán sin rumbo fijo, pudiendo dar la impresión de que tiene estrabismo. No debe preocuparse. A medida que vayan madurando sus

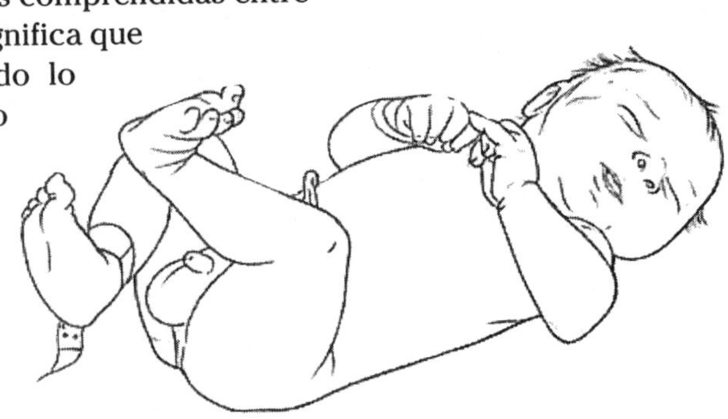

músculos oculares y mejorando su vista, aprenderá a enfocar los dos ojos en el mismo punto a la vez. Esto suele ocurrir entre el segundo y el tercer mes.

Aunque su hijo nacerá con la capacidad de distinguir entre la luz y la oscuridad, aún no verá toda la gama de colores completa. Por lo tanto, un diseño de fuertes contrastes, por ejemplo, entre blanco y negro o entre un rojo intenso y un amarillo pálido, le llamará mucho la atención, pero apenas se fijará en otro que contenga colores poco contrastantes.

Probablemente el sentido más importante para un recién nacido es el tacto. Después de pasar tanto tiempo sumergido en el fluido cálido que llenaba el vientre de su madre, su piel quedará expuesta a toda clase de sensaciones nuevas —algunas desagradables, otras maravillosamente reconfortantes. Aunque puede sobresaltarse ante una corriente repentina de aire frío, le encantará la sensación de una cobija suave y sentir el calor de los brazos de su madre alrededor del cuerpo. El sentirse en sus brazos es tan agradable para su hijo como lo es para usted. Al hacerlo, le trasmite sensaciones de seguridad, comodidad y amor. Las investigaciones muestran que cargar a un bebé estimula su crecimiento y su desarrollo.

## Una vez en casa

Si su hijo nace en un una clínica de partos no convencional, probablemente les darán el alta al cabo de veinticuatro horas. Si tiene un parto rutinario en un hospital convencional, probablemente estarán internados hasta tres días y, si le practican una cesárea o tiene alguna complicación durante el parto, su estancia en el hospital se puede prolongar hasta a una semana. Últimamente, hasta los bebés a término que están completamente sanos permanecen dos días en el hospital.

Tanto desde el punto de vista emocional como desde el punto de vista físico, hay argumentos a favor de ambas opciones: alargar o acortar la estancia en el hospital. A algunas mujeres sencillamente no les gusta estar en el hospital y se siente más cómodas y relajadas en casa. En cuanto se comprueba que tanto ellas como el niño están sanos y suficientemente fuertes para desplazarse, sólo piensan en volver a casa. Al acortar la estancia en el hospital no cabe duda de que tanto los padres como las compañías de seguros, se ahorran dinero. Sin embargo, las madres por lo general no pueden descansar tanto en casa como podrían hacerlo en el hospital —sobre todo si tienen otros hijos que reclaman su atención. Tampoco pueden contar con el apoyo y los consejos del personal de enfermería para lactarlo y cuidarlo durante los primeros días. Usted debería sopesar con cuidado estas ventajas y desventajas antes de tomar una decisión sobre cuándo quiere volver a casa.

Antes de abandonar el hospital, su casa y su auto deberán estar equipados por lo menos con los elementos más imprescindibles. En casa, deberá tener un lugar seguro donde pueda dormir el bebé, varios pañales y suficiente ropa para mantenerlo abrigado y protegido. Si va a darle el biberón, también necesitará tener una buena provisión de leche de fórmula. Por último, asegúrese de instalar en el auto un asiento de seguridad que cumpla la normativa vigente. Debe colocarla en el asiento trasero y fijarla bien al asiento utilizando el cinturón de seguridad. Siga atentamente las instrucciones para instalarla correctamente.

### Nuestra posición

La decisión sobre el momento en que un recién nacido debe abandonar el hospital o la clínica debe depender tanto del estado físico del bebé como del de la madre. La Academia Americana de Pediatría considera que la salud y el bienestar de la madre y el niño debe estar por encima de cualquier consideración de tipo económico. La política de la AAP establece unos requisitos mínimos para pode dar de alta a la madre y al bebé y considera que es muy poco probable que estos requisitos se puedan cumplir en menos de cuarenta y ocho horas. La Academia apoya las leyes estatales y federales basadas en los parámetros de la AAP, siempre y cuando sea el médico, con el consentimiento informado de los padres, quienes decidan cuándo se le debe dar el alta al paciente.

## En torno a la paternidad

### Los sentimientos de la madre

Si usted es como la mayoría de las madres, lo primeros días que pase con su bebé serán una mezcla de dicha, dolor y agotamiento, y—sobre todo si se trata de su primer hijo—dudas sobre sus capacidades como madre. En los momentos de mayor ansiedad, le costará creer que alguna vez pueda llegar a convertirse en una experta en bebés. Pero tranquilícese. En cuanto vuelva a su casa, las cosas empezarán a caer en su sitio. Por lo tanto, mientras esté en el hospital, aproveche el tiempo para descansar y recuperarse físicamente.

Muy a menudo, las madres están tan emocionadas con el nacimiento de su hijo, que no se dan cuenta de lo agotadas y adoloridas que están. Si no planea bien las cosas, la decisión de tener o no a su hijo en su habitación puede complicar todavía más las cosas. Debe tener en cuenta que el hecho de que su hijo duerma en la sala de recién nacidos puede no darle la paz que quizás imaginó, si cada vez que oye llorar a un bebé, piensa que es el suyo. Puede solucionar este problema dejándole dormir al lado suyo, en el moisés facilitado por el hospital, para que usted pueda dormir cuando él lo haga y cargarlo cuando se despierte.

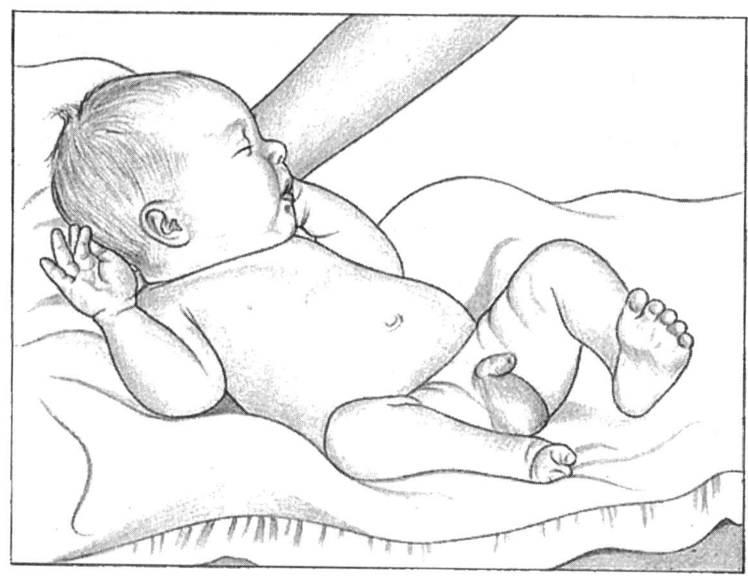

**Acaba de traer al mundo a un nuevo y maravilloso ser, pero también acaba de adquirir una nueva e inmensa responsabilidad.**

Por otro lado, sobre todo si le han practicado una cesárea o ha tenido un parto largo y prolongado, probablemente no tendrá las fuerzas ni el ánimo suficientes como para hacerse cargo del bebé durante todo el día. Si le han hecho una cesárea, es posible que le cueste trabajo levantar a su hijo durante varias semanas; probablemente tendrá que probar distintas posturas para cargarlo y darle de mamar sin forzar los puntos de la herida. Estos obstáculos pueden hacerle sentir que no está estableciendo el vínculo que imaginaba que se iba a forjar con su hijo; y, si usted esperaba tener un parto natural sin complicaciones, todavía se sentirá más decepcionada. Afortunadamente, las principales preocupaciones de su hijo durante estos días serán dormir y recuperarse, y no le importará demasiado dónde lo haga, siempre que esté abrigado y seco y lo alimenten cuando tenga hambre. Así que, por el momento, el personal de enfermería del hospital podrá cumplir perfectamente esta función. Usted y su hijo tendrán suficiente tiempo para forjar un buen vínculo afectivo cuando los dos se hayan recuperado físicamente.

Si éste no es su primer hijo, es posible que se plantee algunas de las siguientes preguntas:

- ***¿Se interpondrá el nuevo bebé entre usted y su hijo mayor?***

Esto no tiene por qué ocurrir, si usted dedica cierto tiempo a estar a solas con cada uno de sus hijos. Cuando empiece a establecer la nueva rutina diaria durante las primeras semanas de vida del nuevo bebé, no olvide incluir un tiempo especial para estar con su hijo mayor.

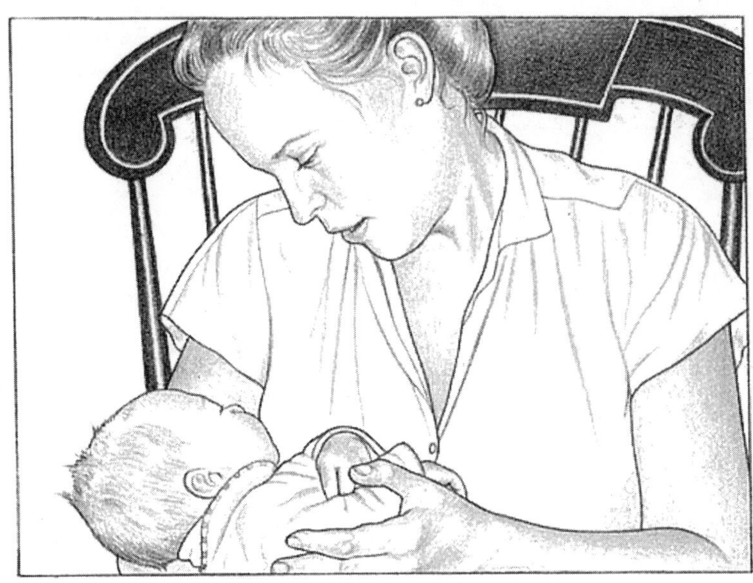

**No dude en pedir ayuda y consejo si se siente incapaz de afrontar sus preocupaciones.**

- ***¿Será capaz de darle al nuevo bebé todo el amor que le dio al primero?***

De hecho, cada niño es especial y es lógico que despierte sentimientos y reacciones diferentes en usted. La forma en que usted se relacione con su nuevo bebé no tendrá demasiado que ver con el hecho de que sea el primero, el segundo o el tercero.

- ***¿Cómo puede evitar compararlos entre sí?***

Puede sorprenderse a sí misma pensando que el nuevo bebé no es tan hermoso o no está tan despierto como lo estaba el primero al nacer, o puede preocuparse porque es *más* atractivo y despierto. Al principio, estas comparaciones son inevitables, pero, a medida que se vayan haciendo evidentes las cualidades únicas del recién llegado, se sentirá tan orgullosa de las diferencias que haya entre sus hijos como de sus parecidos.

Desde un punto de vista más práctico, la idea de tener que ocuparse de dos o más niños pequeños a la vez puede preocuparle y con razón. A partir de ahora, el temor a no disponer de suficiente tiempo y a no saber enfocar el tema de la rivalidad entre hermanos se cernirá sobre usted. No deje que todo esto le agobie. Con tiempo y paciencia, todos aprenderán a ser una familia.

Si la novedad de la situación, el agotamiento y las dudas aparentemente sin respuesta que se plantea la hacen estar triste e, incluso, llorar, no se sienta culpable. No será la primera madre primeriza que llora, ni tampoco la última. Si el llorar la hace sentir mejor, es posible que sus hormonas tengan parte de la culpa de su frágil estado emocional.

Los cambios hormonales que experimentó en la adolescencia o los que tiene cada vez que le viene la menstruación no son nada al lado del cataclismo hormonal que sigue a un parto. Culpe a las hormonas de su estado emocional y tranquilícese. Esto también acabará pasando.

Aparte de los cambios hormonales, experimentará importantes cambios emocionales. Acaba de traer al mundo a un nuevo ser maravilloso, pero también acaba de adquirir una nueva e inmensa responsabilidad. Su vida familiar y su relación con su pareja van a experimentar cambios importantes. Es normal que piense en todas estas cosas y es fácil que les dé demasiada importancia.

Sin embargo, no sirve de nada agobiarse por tanto cambio ni tomarse las cosas *demasiado* a pecho. Si le parece que es eso lo que le está ocurriendo, lo mejor que puede hacer es comentar sus preocupaciones con su pareja, su ginecólogo, su pediatra o cualquier otra persona cuyas opiniones respete y valore. No dude en pedir ayuda si se siente incapaz de afrontar sus preocupaciones o si cada vez está más deprimida. Aunque deprimirse un poco después de dar a luz es algo bastante normal, estos sentimientos no deberían ser demasiado acentuados ni durar más de unos cuantos días.

## Los sentimientos del padre

Si usted es papá por primera vez, su papel no es menos complicado que el de su pareja. Es cierto: usted no tuvo que llevar a su hijo en el vientre durante nueve meses, pero tuvo que irse adaptando física y emocionalmente a la nueva situación a medida que se iba acercando la fecha de la salida de cuentas y los preparativos del parto se convertían en la cuestión más importante. Por un lado, es posible que se haya sentido como si no tuviera nada que ver con el nacimiento; pero, por otro, éste también es su hijo.

Cuando llegó el bebé, probablemente se sintió tremendamente aliviado, emocionado y, en cierto sentido, asustado. Mientras presenció el parto, es posible que le salieran a flote unos sentimientos de compromiso, responsabilidad y amor por su hijo que temía no experimentar. También es posible que sintiera una admiración y un amor por su pareja que jamás había experimentado antes. Al mismo tiempo, el pensar en la responsabilidad de cuidar de ese niño durante los próximos veinte años puede resultarle bastante agobiante.

¿Cómo puede afrontar unas emociones tan conflictivas? La mejor forma de hacerlo es participar lo más activamente posible en el cuidado del bebé. Por ejemplo, dependiendo de la política del hospital y de su propio horario, podría "alojarse" en el hospital con su mujer y su hijo hasta que llegue el momento de llevarlos a casa. Así evitará sentirse como simple espectador para convertirse en uno de los actores principales. Esto le permitirá conocer a su hijo desde el principio y compartir una intensa experiencia emocional con su pareja.

Una vez estén todos en casa, usted puede y debe ayudar a cambiarle los pañales al bebé, bañarlo y consolarlo. Contrariamente a los estereotipos pasados de moda, estas tareas no son sólo "cosas de mujeres". Representan oportunidades maravillosas para que todos ustedes—madre, padre y hasta hermanos—puedan conocer y querer al nuevo integrante de la familia.

## Los sentimientos de los hermanos

Los niños mayores pueden recibir al recién llegado ya sea con los brazos abiertos o con la mente cerrada. Su reacción dependerá en gran medida de su edad y nivel de desarrollo. Supongamos, por ejemplo, que se trata de un niño de dos años. Es muy poco lo que se puede hacer para prepararle de antemano para los cambios que se avecinan. Para empezar, se sentirá confundido cuando sus padres desaparezcan de repente con motivo del nacimiento del bebé. Cuando vaya de visita al hospital, la visión de su mamá, en cama y quizás llena de tubos, puede asustarle.

También puede estar celoso de que sus padres carguen a alguien más aparte de él, y puede empezar a portarse mal o como si fuera más pequeño. Por ejemplo, puede insistir en llevar pañales o empezar a tener "accidentes" cuando ya hacía varios meses que había aprendido a usar el inodoro. Éstas son respuestas normales ante el estrés y el cambio y no se resuelven con mano dura. En lugar de castigarlo o de insistir en que tiene que compartir el amor de sus padres, demuéstrele aún más amor y trasmítale una sensación de seguridad. El cariño por su hermano irá creciendo de forma gradual con el paso del tiempo.

**Trasmita al hermano mayor que hay suficiente espacio y amor en su corazón para los dos.**

Si su hijo mayor ya está en la etapa preescolar, entenderá mejor lo que está ocurriendo. Si lo va preparando durante el embarazo, le ayudará a superar la confusión y, en cierta medida, los celos. Podrá entender los principales hechos de la situación ("El bebé está en la barriga de mamá"; "El bebé dormirá en mi antigua cuna") y probablemente tendrá mucha curiosidad por conocer a esa misteriosa personita.

Una vez haya nacido el nuevo bebé, el hijo mayor echará de menos a sus padres y se sentirá resentido con su nuevo hermanito por ser el nuevo centro de atención. Pero, si se le elogia por el hecho de ayudar y de comportarse como "un niño mayor", sabrá que él también tiene un papel importante que desempeñar en la familia. Asegúrese de que en algunos momentos se le permita ser "el centro de atención" y que se le deja "ser el bebé" cuando lo necesita. Y transmítale que hay suficiente espacio y amor en su corazón para los dos.

Si su hijo mayor ya va a la escuela, no debería sentirse amenazado por la llegada de un nuevo miembro a la familia. Probablemente se sentirá fascinado por el embarazo y por el nacimiento del bebé y estará deseoso de conocerlo. Cuando, al final, llegue el bebé, probablemente el hermano mayor se sentirá muy orgulloso y deseoso de proteger a su hermanito. Deje que le ayude a cuidar del él, pero no olvide que su hijo mayor sigue necesitando tiempo y atención. Aunque él no se lo pida, fije cada día un período de tiempo para estar a solas con él.

## Alertas de salud

Hay algunos trastornos físicos que son comunes durante las primeras semanas de vida. Si percibe alguno de los siguientes, póngase en contacto con el pediatra.

**Distensión abdominal.** La mayoría de bebés tiene el abdomen protuberante, sobre todo después de una toma copiosa. Entre tomas, sin embargo, el vientre del bebé debe sentirse blando al tacto. Si el abdomen de su bebé está hinchado y duro y lleva más de dos días sin tener deposiciones o ha tenido vómitos, llame al pediatra. Lo más probable es que el problema se deba a un exceso de gases o a estreñimiento, pero podría ser el síntoma de un problema intestinal más grave.

**Lesiones perinatales.** Un bebé puede lesionarse durante el parto, si éste es largo o difícil, o si él es muy grande. El tipo más habitual de lesión es la rotura de una clavícula, que suele curarse bastante deprisa si el brazo de ese mismo lado se mantiene relativamente inmóvil. En tal caso, su pediatra le indicará como debe actuar. Es posible que, al cabo de unas semanas, se forme una pequeña protuberancia en el lugar de la fractura. No se preocupe; esto es un síntoma positivo de que se está soldando el hueso y de que el proceso de curación avanza.

La debilidad muscular, provocada por la presión y los estiramientos de los nervios unidos a los músculos, es otra de las posibles consecuencias de un parto complicado. Suele afectar a un lado de la cara, a un hombro o a un brazo y suele desaparecer al cabo de varias semanas. Mientras tanto, conviene preguntarle al pediatra cómo cargar y alimentar al bebé para acelerar el proceso de recuperación.

**Color azulado o cianótico.** El hecho de que un recién nacido tenga las manos y los pies azulados no debe ser motivo de preocupación. Su cara, lengua y labios, de vez en cuando pueden adquirir una tonalidad azulada cuando llore muy fuerte; pero, en cuanto se calme, estas áreas deberían recuperar rápidamente su color original. Así mismo, si las manos y los pies se le vuelven azulados con el frío, deberían recuperar su color al entrar en calor. Tener un color azulado persistentemente es síntoma de que el corazón o los pulmones no están funcionando correctamente y de que la sangre no se está oxigenando suficientemente. En estos casos, el bebé debe recibir atención médica inmediata.

**Tos.** Si su hijo traga la leche muy deprisa o intenta beber agua por primera vez, es posible que tosa o se atragante un poco; pero la tos debería desaparecer en cuanto se familiarice con la rutina de la alimentación. Si persiste la tos o su hijo se atraganta frecuentemente durante las tomas, consulte al pediatra. Estos síntomas podrían indicar un problema subyacente en los pulmones o el aparato digestivo.

**Llanto excesivo.** Todos los recién nacidos lloran, a menudo sin motivo aparente. Si su hijo llora, a pesar de haber comido suficiente, haber eructado, estar abrigado y tener los pañales recién cambiados, la mejor táctica será probablemente cogerlo en brazos, arrullarlo y hablarle o cantarle algo hasta que deje de llorar. No va a "malcriar" a un bebé tan pequeño por el hecho de prestarle mucho atención. Si no consigue calmarlo, envuélvalo en una cobija bien ajustada o intente alguna de las tácticas especificadas en la página 39.

Usted acabará acostumbrandose al patrón normal de llanto de su bebé. Si alguna vez le parece que está llorando de una forma distinta—por ejemplo, si suena más como un quejido o un lamento—o si el llanto persiste durante más tiempo de lo habitual, podría indicar un problema médico subyacente. Llame al pediatra y pídale consejo.

**Marcas de fórceps.** Cuando se utilizan fórceps durante el parto, el bebé puede tener marcas rojas y hasta razguños superficiales en la cara y la cabeza, en las partes donde el metal presionó sobre la piel del bebé. Estas marcas deberían desaparecer en pocos días. A veces, pueden aparecer unos bultitos duros aunque poco prominentes debido al tejido que ha sido lesionado debajo de la piel. Estos bultitos también deberían desaparecer en unos dos meses.

**Ictericia.** Muchos lactantes normales y sanos presentan una tonalidad amarillenta en la piel durante los primeros días de vida. Este trastorno, denominado "ictericia fisiológica", se debe a que su sangre contiene demasiada bilirrubina, una sustancia química que se forma durante la ruptura normal de viejos glóbulos rojos. La sangre de cualquiera de nosotros contiene pequeñas cantidades de bilirrubina, pero los recién nacidos suelen tener niveles más elevados de esta sustancia porque tienen un exceso de glóbulos rojos en el momento del nacimiento y su hígado, todavía inmaduro, tiene dificultades para procesar este exceso de bilirrubina.

Si el nivel de bilirrubina aumenta por encima de lo normal, la ictericia se manifestará primero en la cara, después en el pecho y el abdomen y finalmente en las piernas. Normalmente, después de ir aumentando progresivamente durante varios días, la ictericia suele remitir sin que sea necesario aplicar ningún tratamiento. Si el nivel de bilirrubina es muy elevado y no desciende, existe el riesgo de que se lesione el sistema nervioso. Su médico solicitará que le hagan análisis de sangre a su hijo para determinar la causa de la ictericia y es posible que recomiende que lo traten con fototerapia. Este tratamiento consiste en exponer al bebé a la radiación de unas lámparas tipo fluorescente durante un día o dos hasta que el hígado madure lo suficiente para metabolizar el exceso de bilirrubina. La luz solar normal tendría el mismo efecto, pero no es lo suficientemente intensa como para provocar la respuesta deseada. Exponer al bebé directamente a los rayos del sol, *no* sería más eficaz, y es algo que debe evitarse, por el peligro asociado de que sufra quemaduras solares.

La leche materna puede interferir con la capacidad del hígado para procesar la bilirrubina, por lo que algunos bebés amamantados pueden tenar episodios más largos de ictericia. Cuando ocurra esto, probablemente el pediatra le recomendará

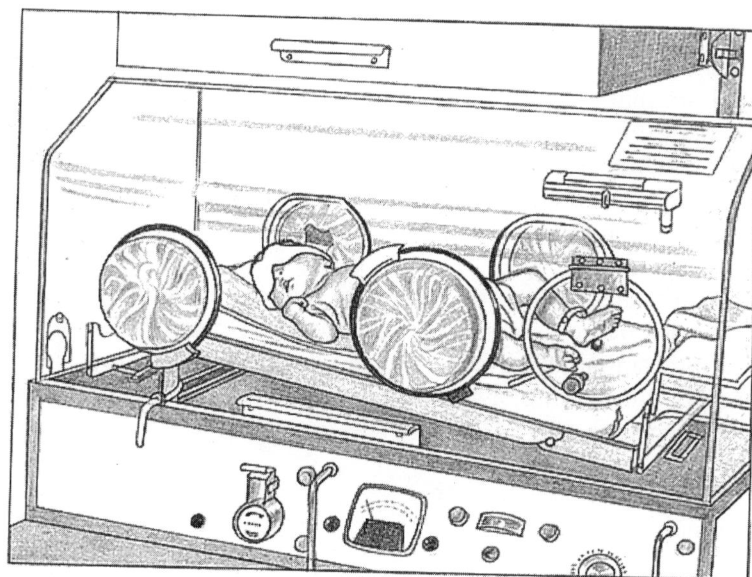

**El el tratamiento de la ictericia, se expone al bebé a la radiación de unas lámparas tipo fluorescente durante uno o dos días.**

que deje de darle el pecho a su hijo durante un período de tiempo breve (no superior a las cuarenta y ocho horas) para que descienda el nivel de bilirrubina. Este enfoque se adoptará sólo cuando sea estrictamente necesario, puesto que el hecho de que el bebé succione frecuentemente el pecho materno durante los primeros días es fundamental para estimular la producción de leche.

**Aletargamiento y adormilamiento.** Todos los recién nacidos se pasan la mayor parte del tiempo durmiendo. Siempre y cuando su hijo se despierte de vez en cuando, coma bien, elimine bien, se vea sano, y esté alerta durante parte del día, es perfectamente normal que duerma durante el resto del tiempo. Pero si casi nunca está alerta, nunca se despierta espontáneamente, parece estar demasiado cansado o desganado cuando se le da el pecho o el biberón, debería ponerse en contacto con el pediatra. Este aletargamiento—sobre todo si se trata de algo que no es habitual en él—podría ser el síntoma de una enfermedad grave.

**Dificultades para respirar.** Después de nacer, a su hijo le costará varias horas establecer un patrón de respiración normal, pero a partir de ahí no debería tener dificultades para respirar. En el caso de que presente algunos de los siguientes síntomas, informe inmediatamente al pediatra.

- Respiración rápida (más de sesenta respiraciones por minuto).
- Retracciones intercostales (hundimiento visible de los músculos que hay entre las costillas, con proyección de estas últimas hacia afuera)
- Dilatación de los orificios de la nariz
- Respiración quejumbrosa.
- Persistencia de un color azulado en la piel.

**Cordón umbilical.** Mientras el cordón umbilical vaya cicatrizando antes de desprenderse, usted deberá mantener el extremo limpio y seco. Cada vez que le cambie los pañales al bebé, utilice un algodón húmedo (mojado en alcohol y escurrido) para limpiar la sustancia pegajosa que a veces se forma en el área donde el muñón entra en contacto con la piel. Estas curas, así como exponer el muñón al aire, contribuirán a que el cordón se vaya secando y cicatrizando. Al cambiarle los pañales a su hijo, dóblelos por debajo del ombligo, de tal modo que evite que la orina lo moje. Es posible que encuentre varias gotas de sangre en el pañal cuando el muñón umbilical se desprenda o esté a punto de hacerlo. No se preocupe: es completamente normal. Sin embargo, en caso de que llegara a infectarse, debe recibir tratamiento médico. Por lo tanto, avise al pediatra si detecta cualquiera de los siguientes signos de infección:

- Pus en la base del cordón
- Piel enrojecida alrededor de la base del cordón

- Llanto cuando le toca el cordón o la piel adyacente (Si su hijo llora cuando se le pone alcohol es normal porque este está frío, pero si llora cuando le toca el cordón con el dedo, no lo es).

**Granuloma umbilical.** En contadas ocasiones, después de que el cordón umbilical se haya desprendido, el área adyacente sigue estando húmeda y se inflama ligeramente. Esto recibe el nombre de granuloma umbilical. Si es de tamaño reducido, el pediatra lo tratará aplicándole una sustancia desecante denominada nitrato de plata. Si esto no es efectivo o si el área aumenta de tamaño o profundidad y supura, es posible que se tenga que extirpar quirúrgicamente. Se trata de una intervención muy sencilla que no requiere anestesia ni hospitalización.

**Hernia umbilical.** Si el cordón umbilical de su hijo parece proyectarse hacia fuera cuando llora, es posible que tenga una hernia umbilical. Se trata de un pequeño agujero en los músculos de la pared abdominal que permite que el tejido sobresalga cuando se ejerce una presión en el interior del abdomen (por ejemplo, cuando el bebé llora). No es nada grave y suele curarse por si sola durante los primeros doce a dieciocho meses. (En los bebés de raza negra tarda más en curarse). En el caso improbable de que el agujero no cierre, debería cerrarse quirúrgicamente.

## Los primeros exámenes físicos del recién nacido

A su hijo se le debe practicar un examen físico detallado durante las primeras veinticuatro horas de vida y volvérselo a repetir antes de abandonar el hospital. En el caso de que tanto usted como su hijo salgan pronto del hospital (antes de que hayan pasado veinticuatro horas desde el parto), su pediatra debe volver a ver al bebé cuando tenga dos o tres días de nacido para darle seguimiento. En esta visita podrá identificar problemas como los arriba descritos.

Aproveche estas visitas iniciales para hacerle preguntas sobre el cuidado del bebé y aclarar cualquier inquietud que pudiera tener. No le dé vergüenza hacer preguntas que parezcan poco importantes; las respuestas, aparte de proporcionarle información útil, podrían tranquilizarle y ayudarle a sentirse más seguro.

### Análisis de sangre

En todos los estados a los recién nacidos se les hacen análisis para detectar ciertas enfermedades graves. Una de estas enfermedades es la fenilcetonuria (PKU, por sus siglas en inglés), que puede provocar retraso mental, lo que puede evitarse si se detecta pronto la enfermedad y se trata con una dieta especial. También se hacen pruebas para detectar el hipotiroidismo (que también puede provocar retraso mental) y, en algunos estados, la anemia falciforme (una enfermedad de la sangre que afecta sobre todo a la población negra) y otros trastornos. Estos análisis implican pinchar al bebé en el talón para obtener una pequeña muestra de sangre. La prueba de PKU es recomendable hacerla cercana al alta del bebé. Si se hace antes de que hayan pasado veinticuatro horas desde el nacimiento, deberá llevar a su hijo al pediatra para que se la repita. Este segundo análisis no debería realizarse más tarde de la tercera semana de vida.

6

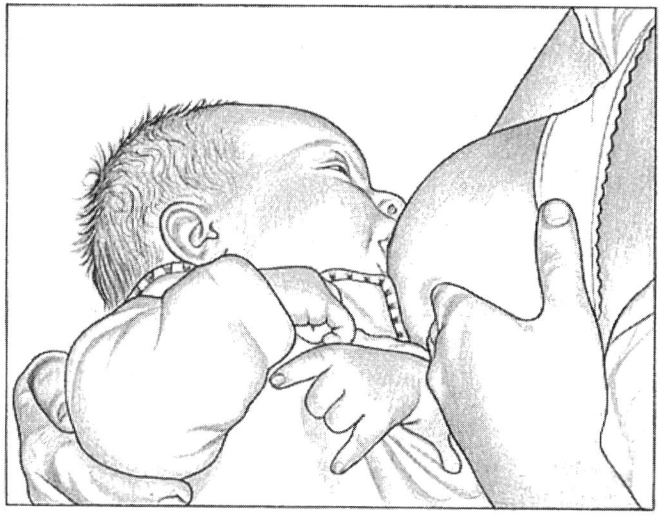

# El primer mes

## Crecimiento y desarrollo

Al principio, le puede dar la impresión de que su hijo no hace nada, aparte de comer, dormir, llorar y ensuciar pañales. Sin embargo, al final del primer mes, estará mucho más despierto y activo. Poco a poco irá aprendiendo a mover su cuerpo con mayor suavidad y coordinación—sobre todo en lo que se refiere a la habilidad de llevarse la mano a la boca. Se dará cuenta de que escucha cuando le habla, le mira cuando lo coge en brazos y, de vez en cuando, reacciona a usted moviéndose o tratando de atraer su atención. Pero antes de explorar estas capacidades en constante proceso de expansión, veamos los cambios que van a tener lugar en el aspecto físico del bebé durante su primer mes de vida.

## Aspecto físico y crecimiento

Al nacer, el peso corporal de su hijo reflejaba un exceso de fluidos corporales que fue perdiendo durante los primeros días de vida extrauterina. La mayoría de los bebés pierden aproximadamente una décima parte de lo que pesan al nacer durante los primeros cinco días y lo recuperan durante los siguientes cinco días; por lo tanto, hacia el décimo día suelen pesar lo mismo que al momento del nacer. Usted puede representar el crecimiento de su hijo en los gráficos de las páginas 134 a 137.

La mayoría de los bebés crecen rápidamente después de recuperar su peso natal, sobre todo durante los denominados "estirones", que tienen lugar entre los siete y los diez días y de nuevo entre la tercera y la sexta semana. Un recién nacido a término suele aumentar un promedio de ⅔ onzas (entre 20 y 30 gramos) al día, y, cuando tiene aproximadamente un mes, pesa unas 9 libras (4 kilos). En este mes crece entre una y una y media pulgada (2.5 a 4 centímetros). Los niños suelen pesar un poco más que las niñas (la diferencia es de menos de una libra ó 400 gramos). También suelen ser algo más largos que las niñas (aproximadamente media pulgada ó 1.25 cm. más).

El pediatra se fijará especialmente en el crecimiento de la cabeza de su hijo, ya que éste refleja el crecimiento de su cerebro. El cráneo le debe crecer más deprisa durante los primeros cuatro meses que en ningún otro momento de su vida. La circunferencia craneal de un recién nacido es de unas 13¾ pulgadas (35 centimetros) y en un mes crece hasta aproximadamente 14¾ pulgados (37.75 centimetros). Puesto que los niños suelen ser algo más grandes que las niñas, su perímetro craneal también es algo mayor, aunque la diferencia promedio es de menos de ⅓ de pulgada (1 centímetro).

Durante las primeras semanas, el cuerpo de su hijo se irá estirando gradualmente desde la postura encorvada, que adoptó durante los últimos meses que pasó en el útero materno. Empezará a estirar los brazos y las piernas y quizás arquee la espalda de vez en cuando. Es posible que sus piernas y pies sigan estando orientados hacia adentro, dándole un aspecto corvado. Esta característica se suele corregir gradualmente de forma natural a lo largo de los próximos cinco o seis meses. Si su hijo tiene las piernas muy arqueadas o este rasgo se asocia a una curvatura excesivamente pronunciada en la parte anterior de los pies, el pediatra sugerirá utilizar una férula o un yeso para corregir estas alteraciones. De todos modos, se trata de una alteración muy inusual (Véase *Piernas arqueadas* y *rodillas juntas*, en la página 721, y *Pies varos*, en la página 724.)

Si su hijo vino al mundo mediante parto vaginal y nació con la cabeza deformada, no se preocupe: pronto recuperará su forma normal. Cualquier contusión que tenga en la cabeza o cualquier inflamación de los párpados desaparecerá aproximadamente al final de la primera o segunda semana. Si tiene manchas rojas en los ojos también desaparecerán al cabo de tres semanas.

Para su desconsuelo, es posible que el pelo fino que cubría la cabeza de su hijo cuando nació se le empiece a caer. Si el bebé apoya la parte posterior de la cabeza en la cuna, puede desarrollar una calva temporal en esa zona, incluso si conserva el resto del pelo. No hay por qué preocuparse. El pelo le volverá a crecer en pocos meses.

Otro hallazgo común es el denominado "acné del bebé". Son granitos que salen en la cara generalmente durante la cuarta o quinta semana de vida. Se cree que se deben a la estimulación de las glándulas sebáceas de la piel por efecto de las hormonas maternas que le llegaron al bebé a través de la placenta durante el embarazo. Este acné puede empeorar si las sábanas del bebé se han lavado con detergentes fuertes o están sucias de leche que él mismo ha escupido. Si su hijo tiene acné, póngale una manta suave y limpia debajo de la cabeza y lávele la cara con cuidado una vez al día con un jabón suave especial para bebés para limpiarle los restos de leche o detergente.

La piel de su hijo también puede tener un aspecto moteado, con manchas que pueden ir desde el rosado hasta el azul. Sobre todo las manos y los pies, pueden estar más frías y más azules que el resto del cuerpo. Los vasos sanguíneos de estas áreas son más sensibles a los cambios de temperatura y reaccionan ante el frío contrayéndose. Como resultado, llega menos sangre a la piel, lo que hace que se vea pálida o azulada. Pero si usted mueve las manos y los pies del bebé, verá como pronto vuelven a adquirir un tono sonrosado.

El "termostato" interno de su hijo, que le hace sudar cuando hace demasiado calor o temblar cuando hace demasiado frío, no funcionará bien durante cierto tiempo. Además, durante las primeras semanas de vida le faltará la capa aislante de grasa que más adelante le protegerá de los cambios repentinos de temperatura. Por tal motivo, es importante que lo vista adecuadamente: bien abrigado cuando haga frío y ligero de ropa cuando haga calor. No lo abrigue demasiado automáticamente sólo porque sea un bebé.

Cuando tenga aproximadamente tres semanas, el muñón del cordón umbilical debe haberse secado y caído, dejando tras de sí un área limpia y cicatrizada. A veces, al caerse el cordón, queda un área en carne viva que supura un fluido sanguinolento. Limítese a limpiarlo y secarlo y se cerrará solo. Si no está completamente cerrado y seco al cabo de dos semanas, consulte al médico.

## Reflejos

Gran parte de la actividad de su hijo durante estas primeras semanas es debida a reflejos. Por ejemplo, cuando usted le mete un dedo en la boca, él no *piensa* qué debe hacer, simplemente actúa de forma refleja: chupa. Si lo expone a una luz brillante, cerrará automáticamente los ojos con fuerza, porque esto es lo que sus reflejos le dicen que debe hacer. Ha nacido con muchas de estas reacciones reflejas; algunas de éstas las mantendrá durante meses, otras desaparecerán en cuestión de semanas.

En algunos casos, los reflejos son sustituidos por conductas voluntarias. Por ejemplo, su hijo nace con un "reflejo de búsqueda", que le hace girar la cabeza en la dirección de la parte del cuerpo en que le acaba de tocar o acariciar la boca o la mejilla. Esto le ayuda a encontrar el pezón para mamar. Al principio, girará la cabeza de un lado a otro buscando el pezón y luego la alejará en una longitud progresivamente decreciente. Pero, cuando tenga unas tres semanas, simplemente girará la cabeza hacia el pecho y cogerá el pezón con la boca.

El reflejo de succión es otro de los reflejos de supervivencia que están presentes incluso antes del nacimiento. Si a usted le hicieron ecografías durante el embarazo, es posible que viera a su hijo chupándose el dedo. Después del parto, cuando le pongan un pezón o una mamadera en la boca, empezará a chupar automáticamente. Este movimiento suele tener lugar en dos fases: primero coloca los labios alrededor de la areola y aprieta el pezón entre la lengua y el paladar. En esta fase, denominada "de expresión", se consigue que la leche salga del pezón. A continuación, la lengua se mueve de la areola al pezón. Todo el proceso es favorecido por la presión negativa, o succión, que hace que el seno permanezca dentro de la boca del bebé.

## *Los reflejos del recién nacido*

A continuación, se relacionan algunos de los reflejos que podrá detectar en su hijo durante la primera semana de vida. No todos los lactantes manifiestan ni pierden estos reflejos exactamente en el mismo momento, pero esta tabla le dará una idea general de lo que se puede encontrar.

| Reflejo | Edad de aparición | Edad de desaparición |
|---|---|---|
| **Reflejo de Moro** | Nacimiento | 2 meses |
| **Reflejo de la marcha** | Nacimiento | 2 meses |
| **Reflejo de búsqueda** | Nacimiento | 4 meses |
| **Reflejo tónico del cuello** | Nacimiento | 4–5 meses |
| **Reflejo palmar** | Nacimiento | 5–6 meses |
| **Reflejo plantar** | Nacimiento | 9–12 meses |

El coordinar estos movimientos rítmicos de succión con la respiración y la acción de tragar, es una tarea relativamente compleja para un bebé. Por lo tanto, aunque la succión sea un acto reflejo, no todos los bebés maman eficazmente desde el principio. Con la práctica, el reflejo se acaba convirtiendo en una habilidad, que llegan a dominar a la perfección.

A medida que las acciones de búsqueda, de succión y de llevarse la mano a la boca se vuelvan menos reflejas y más dirigidas, su hijo empezará a utilizarlas para consolarse. ¿Lo ha visto alguna vez acurrucándose en la cuna y mordisqueándose la mano cuando está cansado? Usted puede estimular estas técnicas de autoconsuelo dándole un chupete o ayudándole a encontrar el pulgar.

Otro reflejo más llamativo que está presente durante las primeras semanas de vida, es el denominado reflejo de Moro. Si la cabeza del bebé cambia de posición bruscamente o cae hacia atrás, o bien si se sobresalta ante un estímulo fuerte o repentino, reaccionará abriendo brazos y piernas y extendiendo el cuello y después volviendo a juntar los brazos mientras llora desconsoladamente. El reflejo de Moro alcanza su pico máximo durante el primer mes y desaparece a partir del segundo.

Otra de las reacciones automáticas más interesantes es el reflejo tónico del cuello, también conocido como "postura de espadachin". Se dará cuenta de que, cuando su bebé gira la cabeza hacia un lado, estira el brazo del mismo lado, doblando el otro brazo, como si estuviera practicando esgrima. De todos modos, si no detecta este reflejo en su hijo, no se preocupe: se trata de un reflejo muy sutil y, si su hijo está un poco alterado o llorando, puede no manifestarse. Desaparece entre los cinco y los siete meses de edad.

También podrá observar el reflejo palmar: cuando toque o acaricie a su hijo en la palma, cerrará la mano y le cogerá inmediatamente el dedo, y el reflejo plantar: cuando toque o acaricie a su hijo en la planta del pie, la doblará flexionando los dedos hacia adentro.

Durante los primeros días, sentirá que su hijo es capaz de agarrarle la mano con tanta fuerza, que puede darle la impresión de que sería capaz de aguantar su propio peso colgado de manos y pies. No lo intente: su hijo no tiene ningún control sobre este tipo de respuestas y podría caerse de golpe.

Aparte de tener esta fuerza "hercúlea", su hijo tiene otro talento oculto: ¡es capaz de "andar"! Por supuesto, es incapaz de aguantar su propio peso, pero, si lo coge

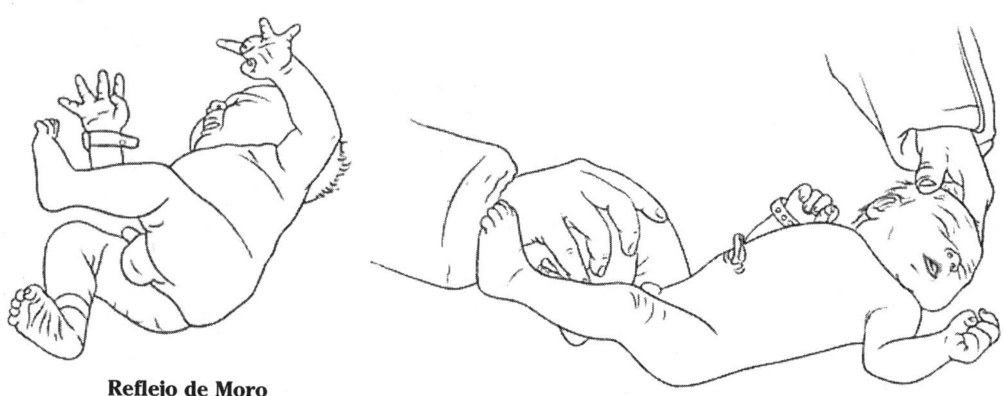

**Reflejo de Moro**

**Reflejo tónico del cuello**

por las axilas (sosteniéndole al mismo tiempo la cabeza) y deja que las plantas de los pies toquen una superficie plana, él colocará un pie delante de otro y "caminará". Este reflejo desaparecerá alrededor de los dos meses y volverá a aparecer a medida que el niño aprenda a caminar voluntariamente hacia el final del primer año.

Aunque crea que su hijo está completamente indefenso, tiene varios reflejos de protección. Por ejemplo, si le cae una manta o un cojín encima de los ojos, la nariz o la boca, sacudirá la cabeza de un lado a otro y extenderá los brazos para apartarlo de tal modo que pueda respirar y ver. O, si un objeto viene directo hacia él, girará la cabeza e intentará esquivarlo (Sorprendentemente, si la trayectoria del objeto sugiere que no va a chocar con él y sólo va a pasar cerca, observará tranquilamente cómo se acerca sin inmutarse). Sí, su hijo depende de usted, pero no está completamente indefenso.

## Estadíos de conciencia

A medida que conoce a su hijo, pronto se dará cuenta de que hay momentos en que está muy alerta y activo, momentos en que está observante y bastante pasivo, y momentos en que está cansado e irritable. Incluso es posible que usted intente organizar sus actividades diarias aprovechando los "momentos altos" de su hijo y evitando agobiarle durante los "momentos bajos". Sin embargo, no dé por sentado que estas "altas" y "bajas" van a seguir siempre al mismo patrón. Los denominados "estadios de conciencia" cambian notablemente durante el primer mes de vida.

De hecho, existen seis niveles o estadíos de conciencia por los que su hijo pasará varias veces al día. Dos de ellos son estadíos de sueño y los otros cuatro de vigilia.

El estadío 1 es el sueño profundo, cuando el bebé duerme tranquilamente sin moverse ni reaccionar casi.

Si agita un sonajero fuertemente junto a la oreja del bebé, puede moverse un poco, pero no mucho. Durante el sueño ligero (Estadío 2), el mismo ruido le provocará un sobresalto y podría llegar a despertarlo. Durante el sueño ligero usted podrá percibir cómo se mueven rápidamente sus ojos debajo de los párpados cerrados. Su hijo irá alternando de forma cíclica entre estas dos fases de sueño. A veces, se "retirará" a estos estadíos cuando esté sobreestimulado o físicamente agotado.

Cuando su hijo empiece a despertarse o a dormirse, atravesará el estadío 3. Los párpados se le cerrarán, sus ojos girarán hacia atrás y es posible que se desperece, bostece o tenga pequeños espasmos musculares en brazos y piernas. Una vez despierto, pasará a uno de los tres estadíos restantes.

Puede estar completamente despierto, satisfecho y alerta, pero relativamente inmóvil (Estadío 4). O puede estar alerta, satisfecho y muy activo (Estadío 5). O puede ponerse a llorar desconsoladamente (Estadío 6).

Si usted sacude un sonajero junto a la oreja del bebé cuando esté satisfecho y alerta (Estadíos 4 y 5), probablemente se quedará callado y girará el rostro

## *Desarrollo temprano del cerebro*

Como padre, usted sabe que su comportamiento afecta a su hijo. Usted se ríe y el se ríe, lo elogia y él manifiesta satisfacción, lo riñe por portarse mal y él se pone triste. Usted es el centro del universo de su hijo.

Las investigaciones han demostrado que durante los tres primeros años de vida, el cerebro del niño crece y se desarrolla significativamente y durante esta etapa se establecen los patrones básicos de pensamiento y respuesta. ¿Qué significa todo esto para usted como padre? Significa que tiene una oportunidad muy especial de ayudar a su hijo a desarrollarse adecuadamente y a madurar social, emocional, física y cognoscitivamente. Los primeros años son para toda la vida.

Durante años, la gente creyó erróneamente que el cerebro de un bebé era una réplica exacta del cerebro de sus padres. Por ejemplo, si la madre era artista, el bebé tenía más probabilidades de heredar este mismo talento. Aunque la genética tiene su papel a la hora determinar las habilidades y destrezas de un niño, investigaciones realizadas recientemente subrayan que el ambiente desempeña un papel igual de importante. En los últimos años, la neurociencia ha puesto de manifiesto que las experiencias que llenan los primeros días, meses y años de un bebé tienen un gran impacto sobre el desarrollo de su cerebro. Tanto la naturaleza como la crianza trabajan mano a mano en el desarrollo de un niño.

Recientemente se ha demostrado que los niños necesitan ciertos elementos en las etapas iniciales de su vida para crecer y desarrollar todos su potencial:

- Un niño necesita sentirse especial, querido y valorado.
- Necesita sentirse seguro.
- Necesita crecer en un ambiente predecible.
- Necesita que lo guíen.
- Necesita un equilibrio entre libertad y disciplina y unos límites a que atenerse.
- Necesita ser expuesto a ambientes distintos, donde haya lenguaje, juego, exploración, libros, música y juguetes apropiados.

Aunque pueda dar la impresión de que lo que ocurre en el cerebro de un bebé es relativamente simple comparado con lo que ocurre en el cerebro de un adulto, de hecho, el cerebro de un bebé es el doble de activo que el de un adulto. Los especialistas en neurociencias se están centrando especialmente en los tres primeros años de vida por considerarlos una etapa crucial. Durante estos años el cerebro humano posee el mayor potencial de aprendizaje. No sólo aprende más deprisa, sino que durante esta etapa se establecen las formas básicas de pensar, responder y solucionar problemas. Por ejemplo, fíjese en lo fácil que le resulta a un niño aprender palabras de otro idioma y lo que le cuesta a un adulto.

¿Que significa esto para usted como padre? Significa que *usted* y el entorno que cree para su hijo influirán sobre su forma de afrontar las emociones, su forma de relacionarse con los demás, su forma de pensar y su forma de desarrollarse físicamente. Creando un entorno adecuado para su hijo permitirá que su cerebro se desarrolle con normalidad. Usted puede preguntarse en qué consiste un entorno "adecuado". Consiste en un entorno "centrado en el niño" y que ofrezca oportunidades para aprender adaptadas a los intereses, el nivel de desarrollo y la personalidad del niño. Afortunadamente, los componentes de un entorno adecuado incluyen cosas básicas que muchos padres están dispuestos a ofrecer a su hijos: una buena alimentación; un entorno familiar cálido, receptivo y afectivo; tiempo para jugar y divertirse; refuerzos consistentes y positivos; disponibilidad para conversar; buenos libros para leer y escuchar; música para estimular la actividad cerebral; y la libertad para poder explorar y aprender de todo lo que le rodea.

Reflexione sobre los siguientes elementos y sobre cómo cada uno de ellos contribuye al desarrollo cerebral de su hijo:

- *Lenguaje*. Comunicarse abiertamente de tú a tú con un niño, así como leerle, fomenta el aprendizaje del lenguaje.
- *Identificación temprana de problemas de desarrollo*. Muchos problemas médicos y de desarrollo pueden tratarse eficazmente si se detectan pronto. Los niños con discapacidades o necesidades médicas especiales también pueden beneficiarse enormemente de la supervisión temprana y atenta de su desarrollo cerebral.
- *Entorno estimulante*. La oportunidad de explorar y solucionar problemas en ambientes variados y seguros fomenta el aprendizaje.

- *Educación positiva*. Educar a un niño en un entorno que prodigue afecto, apoyo y respeto fomenta su autoestima y su confianza en sí mismo, y tiene un impacto muy positivo sobre su desarrollo ulterior.

Las investigaciones sugieren cada vez más lo importante que es el entorno para moldear la vida de un niño. Los nuevos hallazgos científicos nos ayudan a entender lo fundamental que es nuestro papel como padres en el desarrollo cerebral de nuestros hijos.

Para construir un entorno positivo para su hijo en su casa y en su comunidad, siga estas recomendaciones:

- ***Obtenga una buen cuidado prenatal.*** Puesto que el desarrollo cerebral se inicia antes del parto, cuidarse durante el embarazo es una forma de garantizar el correcto desarrollo del cerebro de su hijo. Hágase examinar desde el comienzo del embarazo, vaya al medico con regularidad y siga sus instrucciones. Llevar una dieta equilibrada y evitar el tabaco, el alcohol y las drogas son algunos de los pasos a seguir para contribuir al futuro bienestar de su hijo.
- ***Intente crear "una aldea" a su alrededor.*** Sacar a un niño adelante estando solo es muy duro. Busque apoyo en sus amigos, en la familia y en su comunidad. Pídale a su pediatra información sobre actividades y grupos de apoyo de padres.
- ***Pase con su hijo el máximo tiempo posible.*** Hable con su hijo; lean, escuchen música, hagan dibujos y jueguen los dos juntos. Este tipo de actividades le permitirán pasar tiempo enfocado en los intereses de su hijo. Además, así conseguirá que su hijo se sienta especial e importante. También le enseñará el lenguaje de la comunicación, que podrá utilizar para entablar relaciones en su vida futura.
- ***Déle a su hijo mucho amor y atención.*** Un entorno cálido y afectivo ayuda a los niños a sentirse seguros, competentes y bien cuidados, y a que les importen los demás.
- ***Proporciónele pautas y normas consistentes.*** Asegúrese de que usted y las demás personas que colaboran en el cuidado de su hijo siguen las mismas normas. Asegúrese también de que esas normas se adaptan a las capacidades del niño. La coherencia le ayuda a un niño a saber qué es lo que puede esperar de su entorno.

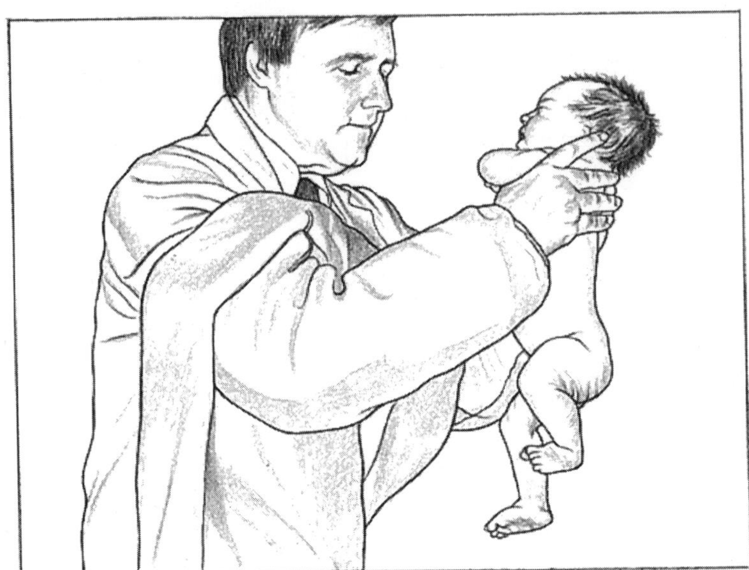

Reflejo de la marcha

buscando la fuente del extraño sonido. En estos estadíos es cuando los bebés responden más a lo que les rodea, están más atentos y se participan más de los juegos.

**Niveles de conciencia de un bebé**

| Estadío | Descripción | Qué hace el bebé |
|---|---|---|
| **Estadío 1** | Sueño profundo | Descansa tranquilamente sin moverse |
| **Estadío 2** | Sueño ligero | Se mueve mientras duerme; se sobresalta ante los ruidos |
| **Estadío 3** | Somnolencia | Los ojos se empiezan a cerrar; puede dormirse a ratos |
| **Estadío 4** | Vigilia relajada | Ojos completamente abiertos, expresión radiante, cuerpo relajado |
| **Estadío 5** | Vigilia activa | La cara y el cuerpo se mueven activamente |
| **Estadío 6** | Llanto | Llora, puede gritar; el cuerpo se mueve de modo descontrolado |

Generalmente es un error esperar que un niño que está llorando, le haga caso. En estos momentos, no está receptivo a nuevas informaciones y sensaciones; lo único que quiere es consuelo. El sonido del sonajero que parecía encantarle hace cinco minutos sólo conseguirá irritarlo y sacarle de quicio todavía más. A medida que crezca, es posible que a veces pueda distraerlo con un objeto o sonido atractivo y conseguir que deje de llorar, pero durante las primeras semanas la mejor forma de calmarlo es cogerlo y tenerlo en brazos durante cierto tiempo (Véase *Qué hacer cuando su hijo llora,* página 38)

A medida que el sistema nervioso de su hijo va madurando, empezará a seguir un patrón de comportamiento—llorar, dormir, comer y jugar—que cada vez se ajustará mejor a su propio horario diario. Es posible que siga necesitando comer cada tres o cuatro horas, pero hacia el final del primer mes, cada vez se pasará más tiempo despierto durante el día y estará más alerta y atento.

## Cólicos

¿Tiene su hijo regularmente un período de gran agitación al día, durante el cual no parece haber forma de tranquilizarlo? Es algo que ocurre bastante a menudo, sobre todo entre las 6 P.M. y la medianoche, justo cuando usted está más cansada después de estar todo el día al pie del cañón. Estos momentos pueden parecerle una verdadera tortura, sobre todo si usted tiene trabajo pendiente o más niños a su cargo. Afortunadamente, suelen durar poco. La duración de estos arranques suele alcanzar su pico máximo (unas tres horas) alrededor de las seis semanas y después disminuye a una o dos horas alrededor de los tres meses de edad. Mientras el bebé acabe calmándose en el plazo de unas pocas horas y esté relativamente tranquilo durante el resto del día, no hay de qué alarmarse.

Si el llanto no cesa sino que se intensifica y persiste a lo largo del día o de la noche, podría tratarse de un cólico. Aproximadamente una quinta parte de los lactantes tienen cólicos, sobre todo entre la segunda y la cuarta semana de vida. Lloran desconsoladamente, generalmente gritando, extendiendo y agitando brazos y piernas y teniendo ventosidades. Su estómago puede estar hinchado y lleno de gases. Las crisis de llanto pueden ocurrir en cualquier momento del día, pero suelen empeorar al anochecer.

Desafortunadamente, no hay una explicación definitiva sobre la causa de los cólicos. La mayoría de las veces los cólicos significan simplemente que el niño está más sensible de lo habitual a los estímulos. Conforme el niño vaya madurando, los cólicos irán disminuyendo y suelen desaparecer alrededor del tercer mes. A veces, en los niños que maman del pecho, los cólicos son síntoma de sensibilidad o intolerancia a algún alimento de la dieta de la madre. Este malestar raramente es provocado por la sensibilidad a las proteínas de la leche de fórmula. Los cólicos también pueden ser el síntoma de problemas médicos, como una hernia o alguna enfermedad.

Quizás le tranquilice saber que hay un límite temporal para los cólicos, aunque esto no le permitirá frenarlos en el presente. Usted puede limitarse a aguantar y esperar, pero hay algunas cosas que tal vez le convendría ensayar. Antes que nada, póngase en contacto con el pediatra para descartar posibles problemas médicos. Después, pregúntele cuáles de las siguientes tácticas pueden ser más adecuadas:

- Si está dándole el pecho a su hijo, elimine de su dieta los productos lácteos, la cafeína, las cebollas, el repollo, col y cualquier otro alimento potencialmente irritante. Si lo alimenta con leche artificial, pruebe a darle algún producto que no contenga leche de vaca. Si la causa del malestar se debe a intolerancia alimentaria, los cólicos deberían remitir al cabo de uno o dos días.
- Pasee al bebé en un cargador blando. Aunque persista el malestar, el movimiento y el contacto con su cuerpo le tranquilizará.
- Mézalo, ponga en marcha la aspiradora en la habitación contigua o coloque al bebé cerca de la secadora de ropa. Es posible que los movimientos y sonidos rítmicos y constantes le ayuden a conciliar el sueño.
- Déle un chupete. Aunque algunos bebés que maman del pecho lo rechazarán, otros se calmarán instantáneamente. (Véase la página 173.)
- Coloque al bebé estirado boca a bajo sobre su regazo y frótele la espalda con suavidad. La suave presión en el abdomen puede aliviarle el dolor.
- Envuélvalo en una manta para que se sienta caliente y seguro.
- Cuando usted se sienta tensa y ansiosa, pídale a otra persona que se haga cargo del niño y salga de casa. Pasar sólo una hora o dos fuera de casa le ayudará a adoptar una actitud más positiva. Por muy enfadada o impaciente que se sienta, no sacuda al bebé. Sacudir a un bebé puede provocarle ceguera, lesiones cerebrales e, incluso, la muerte.

## Nuestra posición

Sacudir a un bebé es un forma de maltrato infantil que se da mayoritariamente en lactantes de menos de 6 meses de edad. El hecho de sacudir fuertemente a un bebé—generalmente como reacción ante sus llantos e irritabilidad—puede provocarle graves problemas físicos y mentales e, incluso, la muerte.

## La primera sonrisa

Uno de los hitos en el desarrollo más importantes del primer mes de vida de un niño es la aparición de las primeras sonrisas y risitas. Aparecen por primera vez mientras el niño está durmiendo, por motivos aún desconocidos. Tal vez sea una señal de que se siente activado de algún modo o de que está reaccionando ante determinado impulso interno. Aunque ver cómo un recién nacido sonríe mientras duerme puede ser muy entretenido, la verdadera alegría llegará cuando, cerca del final de este primer mes, empiece a sonreírle a usted mientras está despierto.

Estas primeras sonrisas les ayudarán a sentirse todavía más cerca el uno del otro, y pronto descubrirá que es capaz de predecir el momento en que su hijo va a sonreírle, a mirarle, a hacer ruiditos e, igual de importante, a indicarle que ya ha jugado bastante y necesita un descanso. Gradualmente usted irá reconociendo las reacciones de su hijo y él las de usted, de tal modo que sus juegos se convertirán en una especie de danza en la que irán alternando los roles de guía y seguidor. Identificando y respondiendo a las señales sutíles de su hijo, incluso cuando sólo tenga unas semanas, podrá transmitirle que sus pensamientos y sentimientos son importantes, y que puede influir sobre el mundo que le rodea. Este tipo de mensajes son de vital importancia para el desarrollo de su autoestima.

## Movimiento

Durante la primera y segunda semana, los movimientos de su hijo serán inconexos y espasmódicos. Le pueden temblar las manos y la barbilla. Se sobresaltará fácilmente cuando le muevan con brusquedad y ante ruidos fuertes, y es posible que el sobresalto le lleve al llanto. Cuando un bebé se mueve agitada y espasmódicamente, la mejor forma de contenerlo es cogerlo en brazos y apretarlo contra el pecho o bien envolverlo en una manta. Pero cuando se acerque el final del primer mes, a medida que su sistema nervioso vaya madurando y su control muscular mejore, estos estremecimientos y temblores irán dando paso a unos movimientos de brazos y piernas mucho más suaves y sincronizados, parecidos a los movimientos que se hacen al montar en bicicleta. Pongalo sobre su estómago

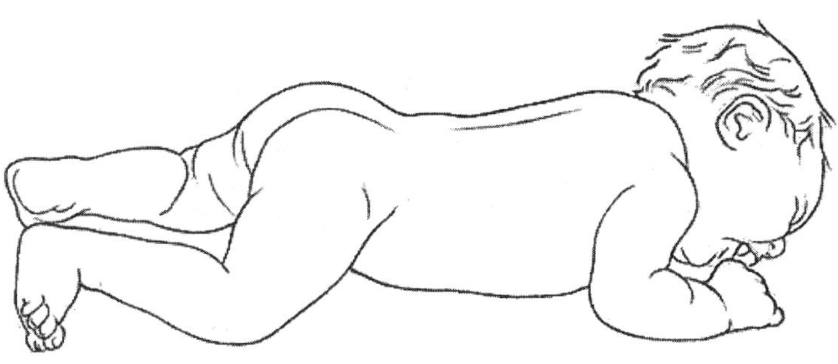

y verá como hace movimientos de gateo con la piernas y puede incluso empujarse con los brazos.

Los músculos del cuello del bebé también se desarrollarán rápidamente, permitiéndole controlar mucho mejor los movimientos de la cabeza cuando se acerque el final del primer mes. Estirado boca abajo, podrá levantar ligeramente la cabeza y girarla a un lado y a otro. Sin embargo, no podrá aguantar la cabeza en el aire sino hasta que tenga unos 3 meses, por lo que usted deberá sostenérsela cada vez que lo cargue.

Las manos de su hijo, una fuente de fascinación durante la mayor parte de su primer año de vida, captarán su atención durante estas semanas. Los movimientos de sus dedos serán todavía limitados: la mayor parte del tiempo tendrá los puños cerrados y apretados. De todos modos, podrá doblar los brazos y llevarse las manos a la boca o colocarlas dentro de su campo de visión. Aunque no podrá controlar los movimientos de sus manos con precisión, las observará de cerca mientras estén en su campo de visión.

### *Hitos relacionados con el movimiento hacia el final de este período*

- **Movimientos inconexos y temblorosos de piernas y brazos.**
- **Se lleva las manos a la boca y las coloca dentro de su campo de visión.**
- **Mueve la cabeza de un lado a otro mientras está estirado boca abajo.**
- **La cabeza se le cae hacia atrás si no se le sujeta.**
- **Mantiene los puños cerrados y apretados.**
- **Movimientos reflejos muy marcados.**

## Visión

La visión de su hijo experimentará muchos cambios durante el primer mes de vida. Además de haber nacido con vision periférica (capacidad para ver en derredor), irá desarrollando gradualmente la capacidad de enfocar la vista en un único punto ubicado en el centro de su campo visual. A esta edad, a su hijo le gustará mirar objetos colocados delante de él a una distancia de entre 8 y 15 pulgadas y, al final del primer mes, podrá enfocar brevemente objetos situados hasta a tres pies de distancia.

Así mismo, aprenderá a seguir con la vista el recorrido de objetos en movimiento. Para ayudarle a practicar esta habilidad, puede hacerle juegos de seguimiento ocular. Por ejemplo, mueva lentamente la cabeza de un lado a otro mientras sostiene a su hijo en brazos delante de usted; o mueva un objeto de arriba a abajo o de un lado a otro delante del bebé (asegurándose de que está dentro de su campo de visión). Al principio, es posible que sólo pueda seguir objetos grandes

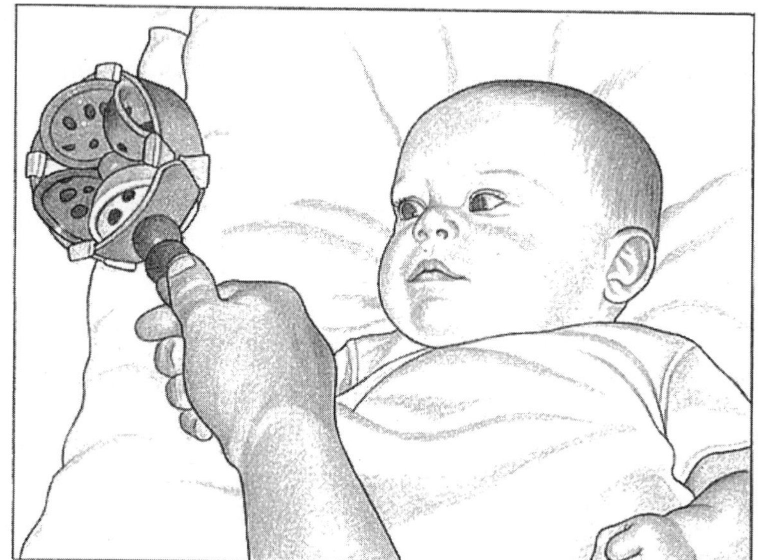

**A esta edad, a su hijo le gustará mirar objetos colocados delante de él a una distancia de entre 8 y 15 pulgadas.**

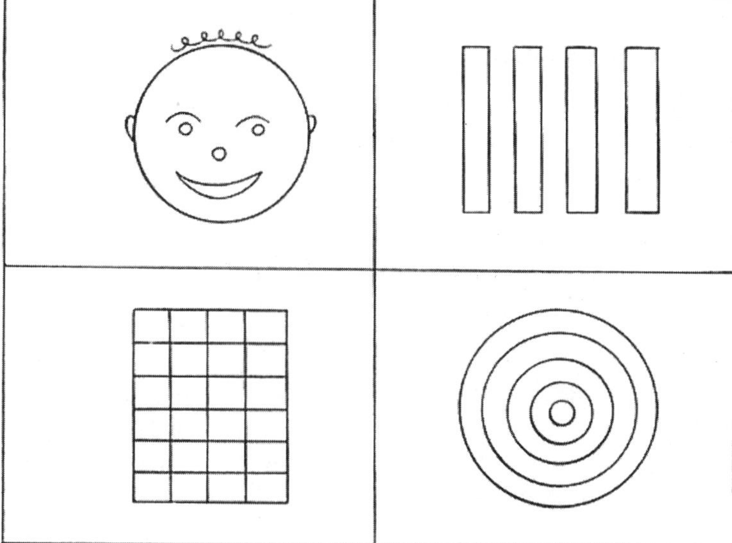

**Su hijo prestará más atención a los diseños que tengan blancos y negros o fuertes contrastes, por ejemplo, espirales un tablero de ajedrez, rayas sobre un fondo muy contrastado o una cara muy esquemática.**

que se mueven muy despacio y durante una parte muy limitada de su recorrido, pero en poco tiempo podrá seguir hasta objetos pequeños que se mueven deprisa.

Cuando nació, su hijo era muy sensible a las luces brillantes, y sus pupilas estaban contraídas (achicadas) para limitar la cantidad de luz que le entraba por los ojos. A las dos semanas, las pupilas de un bebé empiezan a aumentar de tamaño, permitiéndole captar una gama más amplia de luces y sombras. Así mismo, conforme la retina (el tejido sensible a la luz que hay dentro del globo ocular) se vaya desarrollando, su capacidad de percepción y reconocimiento de formas irá aumentando.

Los patrones que presenten un mayor contraste, captarán más la atención de un bebé. Por eso su hijo se fijará más en los diseños que tengan blancos y negros o fuertes contrastes, como espirales tablero de ajedrez, rayas sobre un fondo muy contrastado y caras muy esquemáticas.

Si usted le enseña a su hijo tres juguetes idénticos—uno azul, otro amarillo y otro rojo—probablemente fijará la mirada durante más tiempo en el rojo, aunque todavía no sabemos por qué. ¿Se debe al color rojo en sí mismo? ¿O es más bien el brillo de este color lo que atrae a los recién nacidos? Sabemos que la visión del color no madura completamente hasta aproximadamente los cuatro meses de edad, por lo que, si usted le enseña a su hijo de un mes dos colores muy parecidos como el verde y el turquesa, probablemente no podrá distinguirlos.

### *Hitos relacionados con la vista hacia el final de este período*

- **Enfoca a una distancia de entre 8 y 12 pulgadas**
- **Sus ojos se desplazan constantemente de un lado a otro y de vez en cuando se cruzan**
- **Prefiere diseños en blancos y negros o muy contrastados**
- **Prefiere el rostro humano a cualquier otro diseño**

## Audición

Durante el primer mes, su hijo prestará mucha atención a las voces humanas, sobre todo a las que sean muy agudas y utilicen el tono que se suele emplear con los bebés. Cuando usted le hable, su hijo girará la cabeza hacia usted y escuchará atentamente el sonido de las distintas sílabas y palabras. Si lo observa atentamente, es posible que pueda verle describir sutiles movimientos de brazos y piernas sincronizados con su voz.

A esta edad, su hijo será muy sensible a los niveles de ruido. Si usted hace un chasquido fuerte junto a su oreja o lo lleva a una habitación ruidosa y llena de gente, es posible que se "encierre en sí mismo" sin reaccionar para nada, como si no oyera ningún ruido. O bien puede sobresaltarse y empezar a llorar y girar todo su cuerpo en la dirección contraria al ruido. (Los bebés demasiado sensibles también lloran cuando se les expone a luces muy brillantes). Si sustituye el ruido por el sonido de un sonajero o una música suave, el bebé volverá a estar alerta y orientará la cabeza y los ojos hacia la fuente de ese interesante sonido.

Su hijo no sólo es capaz de oír bien sino que, incluso a esta edad, es capaz de recordar algunos de los sonidos que ha oído. Algunas madres que leyeron repetidamente el mismo cuento en voz alta al final del embarazo, han notado que sus hijos parecen reconocerlo cuando lo vuelven a oír después del parto; se tranquilizan y están más atentos. Intente leer su cuento infantil preferido en voz alta varios días seguidos delante de su hijo cuando esté alerta y atento. Espere un día o dos y vuélvaselo a leer. ¿Parece reconocerlo?

### *Hitos relacionados con la audición hacia el final de este período*

- **La audición ha madurado por completo.**
- **Reconoce algunos sonidos.**
- **Puede orientarse hacia sonidos y voces familiares.**

## Olfato y Tacto

Del mismo modo que prefiere ciertos estímulos visuales y ciertos sonidos a otros, su hijo tendrá ciertas preferencias en cuanto a sabores y olores. Aspirará profundamente para percibir el aroma de la leche, la vainilla, la banana o el azúcar, pero arrugará la nariz ante el olor del alcohol o el vinagre. Si le da el pecho, al final de la primera semana será capaz de distinguir entre los pañitos de lactancia de su madre y los de otras madres, orientándose hacia aquéllos e ignorando el resto. Esta especie de radar le ayudará a orientarse durante las tomas y le avisará cuando tenga que alejarse de sustancias potencialmente perjudiciales.

Su hijo también es sensible al tacto y a la forma en que lo cogen. Se sumergirá en una manta de franela o raso y se retirará de un superficie rugosa, áspera o abrasiva, como el papel de lija. Si lo acaricia suavemente con la palma de la mano, se relajará y tranquilizará. Si lo coge bruscamente, probablemente se sentirá agredido y se pondrá a llorar. Si lo coge con suavidad y lo mece lentamente, se calmará y se mostrará más atento. Al cargarlo, abrazarlo, acariciarlo y arrullarlo conseguirá calmarlo cuando esté agitado y animarlo cuando esté adormilado. Además, al hacerlo, le trasmitirá un mensaje de amor y afecto. Mucho antes de que empiece a entender las palabras que le dice, su hijo captará sus estados de ánimo y sus sentimientos por la forma en que lo coge y lo toca.

### *Hitos relacionados con el olfato y el tacto hacia el final de este período*

- **Prefiere olores dulces**
- **Evite olores amargos o ácidos**
- **Reconoce el aroma de la leche de su madre**
- **Prefiere tactos suaves a ásperos**
- **Le molesta que lo cojan bruscamente**

## Temperamento

Consideremos a dos bebés, los dos de sexo femenino y pertenecientes a la misma familia:

Una es tranquila y calmada y le gusta jugar sola. Observa todo cuanto ocurre a su alrededor, pero raramente intenta acaparar la atención de quienes le rodean. Si se le dejara, dormiría durante muchas horas seguidas y comería infrecuentemente.

La otra es muy nerviosa y se sobresalta fácilmente. Agita brazos y piernas, moviéndose casi siempre, ya sea despierta o dormida. Aunque la mayoría de los recién nacidos duermen unas catorce horas al día, ella sólo duerme diez y se despierta en cuanto percibe la más mínima actividad a su alrededor. Parece tener prisa por hacerlo todo y hasta come de afán, tragando tanto aire que necesita que le hagan eructar frecuentemente.

Los dos bebés que acabamos de describir son absolutamente normales y están igual de sanos. Ninguno es "mejor" que otro, pero, puesto que sus personalidades son tan distintas, deberán tratarse de forma diferente desde el principio.

Como estas dos niñas, su hijo manifestará muchos de los rasgos de su personalidad desde las primeras semanas de vida. Ir descubriendo estos rasgos es una de las partes más excitantes de tener un hijo. ¿Es muy activo y vivaz, o es más bien tranquilo? ¿Es tímido ante las situaciones nuevas, como el primer baño, o disfruta con la novedad? Encontrará claves de la personalidad de su hijo en todo cuanto haga, desde dormirse hasta llorar. Cuanto más se esfuerce en identificar estas señales y aprenda a responder adecuadamente a la personalidad única de su hijo, más tranquila y más predecible será su vida durante los meses que se le avecinan.

Aunque muchos de estos rasgos de caracter dependen de la constitución genética que el niño ha heredado, si su hijo nace prematuramente, es posible que demore en presentar tales rasgos. Los niños prematuros no expresan sus necesidades—hambre, cansancio o malestar—con tanta claridad como los recién nacidos a término. Pueden ser extremadamente sensibles a la luz, el sonido y el tacto durante varios meses. Hasta unas frases cariñosas pueden resultar demasiado intensas para un niño prematuro, poniéndolo nervioso y haciéndole retirar la mirada. Cuando ocurra esto, lo mejor que puede hacer es dejar en paz al bebé y esperar a que esté más alerta y preparado para recibir más atenciones. Con el tiempo, la mayoría de estas reacciones iniciales desaparecerán y los rasgos de carácter natural del bebé se harán más evidentes.

Los bebés de bajo peso al nacer (menos de 5.5 libras), aunque hayan nacido a término, suelen ser más pasivos que los demás recién nacidos. Al principio suelen estar muy adormilados y poco vívaces.

Al cabo de unas semanas, parece como si se despertaran y empiezan a comer ávidamente, pero siguen estando irritables e hipersensibles a los estímulos entre tomas. Esta irritabilidad puede persistir hasta que el niño crezca y madure un poco

## *Alertas sobre el desarrollo*

Si durante la segunda, tercera o cuarta semana de vida su hijo presenta alguno de los siguientes síntomas de retraso del desarrollo, informe a su pediatra:

- Chupa con poca fuerza y se alimenta con lentitud.
- No parpadea ante una luz brillante.
- No enfoca ni sigue objetos cercanos que se muevan de un lado a otro.
- Raravez mueve brazos y piernas; parece rígido.
- Sus extremidades parecen demasiado laxas, o flácidas.
- La mandíbula inferior le tiembla constantemente, incluso cuando no llora o está excitado.
- No reacciona ante ruidos fuertes.

más. Cuanto más se le proteja de la sobreestimulación y se le consuele en los momentos de intranquilidad, antes pasarán.

Desde el principio, los rasgos de personalidad de su hijo influirán sobre la forma que usted tenga de tratarlo y sobre lo que sienta hacia él. Si usted tenía determinadas ideas sobre el cuidado de los niños antes del nacimiento de su hijo, reevalúelas ahora para ver si se adaptan a las características de éste. Haga exactamente lo mismo con los consejos de los expertos—libros, artículos y, sobre todo, amigos y familiares bien intencionados—sobre "la forma correcta" de cuidar y educar a un niño. La única verdad es que no existe ninguna "forma correcta" de criar a un niño. Usted debe crear sus propias guias de actuación, basadas en la personalidad única de su hijo, sus propias ideas y las circunstancias particulares de su vida familiar. Lo más importante es que acepte y respete la individualidad de su hijo. No intente encasillarlo en ningún molde o esquema definido. La personalidad exclusiva de su hijo es su principal valor y respetándola desde el principio, contribuirá a sentar las bases de su autoestima y de su capacidad para mantener relaciones armoniosas con los demás.

### *Juguetes apropiados para el primer mes de vida*

- **Un móvil de colores y diseños contrastantes.**
- **Un espejo irrompible fijado de forma segura al interior de la cuna.**
- **Cajas de música y discos o cintas de música suave.**
- **Juguetes blandos, de colores brillantes y que emitan sonidos suaves y agradables.**

## Cuidados básicos

### Alimentación y nutrición

*(Para más información, véase el Capítulo 4)*

La leche, sea materna o de fórmula, debe ser la principal fuente de nutrición de su hijo durante los primeros doce meses. Pero, aunque por ahora no debe preocuparse demasiado por la dieta de su hijo, necesitará establecer un patrón de alimentación regular y asegurarse de que su hijo está consumiendo suficientes calorías para crecer bien.

Establecer un patrón de alimentación no significa fijar un horario rígido y empeñarse en que su hijo consuma 4 onzas de leche en cada toma. Es mucho más importante aprender a escuchar las señales de su hijo e intentar satisfacer sus necesidades. Si le alimenta con leche de fórmula, probablemente llorará al final de la toma si aún tiene hambre. Por otro lado, si ya queda satisfacho en los primeros diez minutos, dejará de succionar y es posible que se quede dormido. Los bebés que maman del pecho se comportan de una forma un poco distinta en el sentido de que no siempre que tienen hambre lloran. La única forma de saber si están comiendo lo suficiente es observando si van ganando peso. Además, se les debe dar el pecho por lo menos cada tres o cuatro horas y no permitir que salten tomas por el hecho de estar dormidos hasta que tengan al menos cuatro semanas.

Al principio de la segunda semana de vida y, de nuevo, entre la tercera y la sexta semana, su hijo experimentará "estirones", durante los cuales es posible que esté más hambriento de lo habitual. Aunque usted no perciba un crecimiento claramente visible, durante estos "estirones" el cuerpo de su hijo experimentará cambios importantes y necesitará un aporte extra de calorías. Prepárese para espaciar un poco menos las tomas en el caso de que le dé el pecho, o para aumentar ligeramente la cantidad de leche si toma biberón.

Si su hijo tiene algún problema nutricional, probablemente empezará a perder peso. Hay varias señales que le pueden ayudar a detectar este tipo de problemas.

Si le da el pecho, una de las posibles señales de alarma es que sus senos no se sientan llenos de leche al cabo de una semana. Si no gotean leche al iniciar cada

**A un lactante de pocos meses, por no tener todavía suficiente tono muscular en el cuello, hay que cargarlo de tal modo que la cabeza le quede bien sostenida, para evitar que se mueva de un lado a otro o que se caiga hacia delante o hacia atrás.**

nueva toma, es posible que el bebé no los esté estimulando suficientemente al chupar. Más adelante se mencionan otras señales de alarma. Estas señales también pueden indicar la existencia de un problema médico no relacionado con la alimentación. En el caso de que persistan, llame al pediatra.

## Señales de que el bebé está comiendo demasiado:

- Si se le da el biberón, el bebé toma más de 4 a 6 onzas por toma (120 a 180cc).
- Después de alimentarlo, el bebé vomita la mayor parte o todo lo que ha ingerido.
- Las heces son blandas y acuosas y hace ocho o más deposiciones al día.

## Señales de que el bebé no está comiendo lo suficiente:

- Si se le da el pecho, el bebé deja de chupar al cabo de diez minutos o antes.
- Moja menos de cuatro pañales diarios.
- Su piel continúa estando arrugada después de la primera semana.
- Al cabo de tres semanas todavía no se le ha puesto la cara redonda.
- Parece que se queda con hambre, ya que al poco rato de finalizar la toma busca algo para chupar.
- Se pone cada vez más amarillo, en lugar de menos, a partir de la primera semana.

## Alergias o problemas digestivos:

- Después de alimentarlo, el bebé vomita la mayor parte o todo lo que ha ingerido.
- Las heces son blandas y acuosas, y hace ocho o más deposiciones al día.
- Si le da el pecho, se pone cada vez más amarillo, en lugar de menos, a partir de la primera semana.

La mayoría de los bebés de esta edad regurgitan de vez en cuando después de comer. Esto se debe a que la válvula muscular que hay entre el esófago y el estómago todavía no ha madurado lo suficiente. En lugar de cerrarse por completo, queda lo suficientemente abierta como para que el contenido del estómago suba, pase por el esófago y salga por la boca. Se trata de algo normal e inofensivo para el bebé.

## Cómo cargar al bebé

Puesto que un lactante de pocos meses no tiene todavía suficiente tono muscular en el cuello, se le debe cargar de tal modo que la cabeza le quede bien erguida, para evitar que vaya de un lado a otro o que se caiga hacia delante o hacia atrás. Esto se consigue apoyando la cabeza en alguna parte del cuerpo del adulto, como el brazo o el hombro, cuando se carga al niño en una posición horizontal, y sosteniendo la cabeza y el cuello con la mano cuando se lleva al niño en posición vertical.

## Chupetes

Muchos padres tienen opiniones extremas acerca de los chupetes. Algunos se oponen a su uso, bien por el aspecto que tienen o bien porque no les gusta la idea de "consolar" a un bebé con un objeto. Otros creen—erróneamente—que utilizar un chupete puede ser perjudicial para el bebé. Los chupetes no provocan problemas médicos ni psicológicos. Si su hijo quiere seguir chupando después de mamar o de tomar el biberón, un chupete colmará esa necesidad.

La razón de ser de un chupete es satisfacer las necesidades de succión no nutritiva del bebé, no sustituir o retrasar la alimentación. Por lo tanto, ofrézcale el chupete a su hijo sólo después de alimentarlo o entre cada alimentación, cuando esté seguro de que no tiene hambre. Si su hijo tiene hambre y usted le ofrece el chupete a cambio, es posible que se enfade tanto que tenga problemas al momento de alimentarlo. Recuerde: debe darle el chupete a su hijo cuando él lo necesite, no cuando a usted le convenga. Por lo tanto, deje que sea él quien decida cuándo quiere utilizarlo.

A algunos bebés el chupete les ayuda a conciliar el sueño. El problema radica en que suelen despertarse en cuanto se les sale de la boca. Cuando su hijo sea lo suficientemente mayor como para cogerlo y volvérselo a poner en la boca, no habrá ningún problema. Pero, mientras sea muy pequeño, probablemente llorará para que usted venga a ponérselo. En este sentido, los bebés que se chupan los dedos o las manos tienen una ventaja, puesto que sus manos están siempre a su alcance.

A la hora de comprar un chupete, elija uno de una sola pieza (algunos modelos tienen dos piezas) y fíjese que sea blando y suave. Debe ser lavable, de tal modo que pueda hervirlo o meterlo en el lavaplatos antes de que lo utilice el bebé. Hasta que su hijo cumpla seis meses, usted debe lavar de ese modo el chupete frecuentemente, para evitar exponerlo a posibles infecciones cuando su sistema inmune todavía está muy inmaduro. A partir de los seis meses, la probabilidad de contraer infecciones se reduce considerablemente, por lo que bastará con que lo lave con agua y jabón y lo enjuague bien.

Existen dos tamaños de chupetes: para bebés de hasta seis meses de edad y para bebés de siete meses en adelante. También encontrará una gran variedad de formas, desde modelos cuadrangulares u "ortodónticos", hasta los modelos estándar que recuerdan la mamadera del biberón. Cuando haya elegido el más adecuado para su hijo, compre varios de reemplazo; los chupetes tienen la extraña tendencia de desaparecer o a caerse al suelo o por la calle en los momentos más inoportunos. Sin embargo, *nunca* intente solucionar este problema atando el chupete a un cordel y colgándoselo a su hijo alrededor del cuello. Podría interferir con su respiración o, incluso, llegar a estrangularlo. Por motivos de seguridad, tampoco fabrique usted mismo los chupetes de su hijo utilizando mamaderas de antiguos biberones. Algunos bebés han sacado la mamadera de estos chupetes "caseros" y se han ahogado con ellas.

## Salir de casa

El aire fresco y cambiar de ambiente es algo que necesita tanto usted como su hijo, incluso durante el primer mes. Por lo tanto, sáquelo de paseo cuando haga buen tiempo. Sin embargo, tenga mucho cuidado en vestirlo adecuadamente para estas salidas. Su control interno de la temperatura no madurará completamente hasta el final del primer año. Por este motivo, a su hijo le cuesta mucho regular su temperatura corporal cuando se le expone al calor o al frío excesivos. La ropa que le ponga ha de cumplir parte de esta función, conservando el calor cuando haga frío y dejándolo escapar cuando haga calor. Por norma general, su hijo debería llevar una capa de ropa más que usted.

Durante los primeros seis meses de vida, la piel de un bebé también es extremadamente sensible y, por lo tanto, muy susceptible de sufrir quemaduras solares. Por ello, procure mantener a su hijo lo más alejado posible de la luz del sol, tanto directa como reflejada (por el agua, la arena o el cemento, por ejemplo). Si tiene que sacarlo cuando hace sol, vístalo con ropa ligera y de colores claros, y póngale un gorrito para protegerle la cara de los rayos del sol. Si va a estar acostado o sentado en algún sitio durante cierto tiempo, asegúrese de que está a la sombra y vaya modificando su posición a medida que se vaya moviendo el sol. En las infantes menores de 6 meses no se recomienda el uso de bloqueadores solares.

Otra recomendación importante para los meses de más calor: no deje el equipo del bebé (asiento protector, coche, etc.) al sol durante mucho tiempo seguido. Las partes metálicas y de plástico se pueden calentar hasta el punto de poder quemar la piel de un bebé. Compruebe a la temperatura de estas superficies antes de permitir que toquen el cuerpo de su hijo.

Si llueve mucho o hace mucho frío, evite sacar a su hijo de casa. Si no tiene más remedio que salir con él, abríguelo con un suéter caliente, o métalo en una bolsa de manta y utilice una gorra caliente para taparle la cabeza y las orejas. Cuando esté fuera, puede protegerle la cara del frío con una cobija.

Para comprobar si está suficientemente abrigado, tóquele las manos, los pies y la piel del pecho. Sus manos y pies deberían estar un poco menos calientes que el resto del cuerpo pero no frías y su pecho debería estar caliente. Si sus manos, pies y pecho están fríos, llévelo a una habitación caliente, destápelo y déle algo caliente de tomar, o cójalo y apriételo contra su cuerpo para que vaya entrando en calor. Hasta que no recupere la temperatura corporal normal, las capas extra de ropa sólo conseguirán retener el frío. Por lo tanto, utilice los demás métodos para calentarlo antes de abrigarlo más.

## Ayuda temporal para cuidar del bebé

La mayoría de las madres necesitan ayuda cuando salen del hospital y llegan a casa con el nuevo bebé. Si el padre puede faltar al trabajo durante una semana o dos, el problema se suele solucionar. Pero, si esto es imposible y la economía familiar no permite contratar a alguien para que ayude a la madre, lo mejor suele ser acudir a un pariente cercano o un amigo. Es mejor dejar todo organizado antes del parto que esperar hasta el último momento para buscar este tipo de ayuda.

En algunas zonas, existen enfermeras visitantes o servicios a domicilio para colaborar en las tareas domésticas o en el cuidado del bebé. Aunque este tipo de servicios no soluciona los problemas que puedan surgir a la media-noche, le dan a la madre una hora o dos para ponerse al día en las tareas domésticas o simplemente para descansar un poco. Este tipo de servicios también debe programarse con antelación.

Sea selectivo a la hora de pedir ayuda. Elija a personas que realmente van a apoyarle. No olvide que la meta es reducir el nivel de estrés en lugar de aumentarlo.

Antes de empezar a hacer entrevistas o a pedir ayuda a amigos o familiares, decida exactamente qué tipo de ayuda le irá mejor. Hágase a sí misma las siguientes preguntas:

- ¿Quiere a una persona que le ayude a cuidar del niño, a limpiar la casa, a cocinar o a hacer un poco de todo?
- ¿Durante qué horas necesita ayuda?
- ¿Necesita a alguien que sepa conducir (para recoger a otros niños en la escuela, ir de compras, hacer diligencias y cosas por el estilo)?

Cuando sepa lo que necesita, asegúrese de que la persona elegida entiende y está de acuerdo con lo que usted espera de ella.

**La primera niñera de su hijo.** En algún momento del primer o segundo mes probablemente tenga que dejar a su hijo con otra persona por primera vez. Cuanto más confíe en ella, más fáciles serán las cosas. Por lo tanto, lo mejor es que deje a su hijo con una persona de plena confianza con quien mantenga una relación muy estrecha: la abuela, un buen amigo o un pariente que esté familiarizado con el niño.

Después de sobrevivir a la primera separación, es posible que piense en la posibilidad de buscar un niñero o niñera regular. Empiece pidiendo referencias a sus amigos. Si no se les ocurre nadie, pregúntele al pediatra si conoce alguna agencia de cuidado infantil en su localidad o un servicio de referencias. Si tampoco así consigue un nombre, póngase en contacto con los servicios de empleo en las universidades para que le faciliten listas de alumnos que se ofrecen para cuidar niños. También puede encontrar nombres de posibles candidatos en las páginas amarillas, la sección de demandas de trabajo de los periódicos locales, tablones de anuncios de iglesias, y supermercados. Sin embargo, debe tener en cuenta que estos anuncios no han pasado por ningún tipo de control.

Entreviste personalmente a todos los candidatos, con su hijo delante. Debería buscar a alguien que sea afectuoso y capaz y que coincida con usted en cómo se debe cuidar a un niño. Si le gusta la persona después de hablar un rato con ella, deje que cargue al niño para que pueda ver cómo lo trata. Aunque la experiencia, las referencias y tener buena salud son aspectos importantes, la mejor forma de evaluar a una niñera es poniéndola a prueba un día que usted vaya a estar en casa. Así su hijo y esa persona tendrán la oportunidad de conocerse mutuamente antes de estar solos y usted podrá comprobar si puede quedarse tranquila dejando a su hijo en sus manos.

Siempre que deje a su hijo con alguien, déle una lista con todos los teléfonos útiles en caso de emergencia, incluyendo aquellos en los que podría localizarle a usted o a algún otro familiar cercano si surgen problemas. Indíquele con toda claridad cómo debe actuar en caso de emergencia. Asegúrese de que la niñera sabe qué se tiene que hacer con un niño que se ha atragantado o no puede respirar por algún otro motivo (véase *Atragantamientos*, página 515; *Resucitación cardiopulmonar* y *respiración boca a boca*, página 512). Pídale tambien que anote cualquier duda que se le ocurra sobre el cuidado del bebé durante el día. Informe a sus amigos y vecinos que va a dejar a su hijo con una niñera para que puedan echarle una mano en caso de emergencia y pídales que le comenten cualquier sospecha que pudieran tener sobre lo que ocurre en su casa durante su ausencia.

## Viajar con su hijo

Los viajes que haga con su hijo mientras todavía sea un lactante serán probablemente los más fáciles de todos los que hagan los dos juntos. Durante esta etapa, lo único que le preocupará a su hijo es estar cómodo, lo que significa tener el estómago lleno, los pañales limpios y un sitio agradable donde sentarse o estirarse. Si usted colma estas necesidades básicas, probablemente su hijo viajará sin ocasionar grandes problemas. La clave está en intentar mantener la rutina diaria en lo posible.

Los viajes largos que implican un cambio de horario pueden alterar el patrón de sueño de un bebé. Por lo tanto, en estos casos deberá programar sus actividades teniendo en cuenta el patrón de sueño de su hijo y darle varios días para que se vaya ajustando al cambio de horario. Por ejemplo, si usted viaja de Nueva York a California (donde es tres horas más temprano) y su hijo se despierta muy de mañana, trate de empezar antes sus propias actividades. Y también vaya preparándose para irse a dormir antes, pues su pequeño empezará a estar cansado e intranquilo mucho antes de que el reloj indique que es hora de acostarse. Para evitar problemas, deje que sean las señales del bebé las que fijen los límites de cada día.

Si usted va a permanecer en una nueva franja de tiempo durante más de dos o tres días, el reloj interno de su hijo se irá sincronizando de forma gradual hasta coincidir con el horario de esa zona. Usted tendrá que alimentar a su hijo en los momentos en que el cuerpo del bebé le diga que tiene hambre. Mamá y papá—e incluso sus hermanos mayores—probablemente serán capaces de posponer las comidas para adaptarse al nuevo horario, pero un bebé no es capaz de ajustarse tan fácilmente.

Su hijo se adaptará mejor al nuevo ambiente si lleva consigo algunas de sus cosas. Si tiene una manta favorita, no se olvide de incluirla en el equipaje. Su sonajero y algunos de sus juguetes también le trasmitirán una sensación de

**Cuando llegue el bebé, probablemente su hermano mayor se sentirá muy orgulloso y deseoso de proteger al nuevo hermanito.**

bienestar y seguridad. Utilice el jabón de siempre, una toalla conocida y no se olvide de llevar alguno de los juguetes de baño para que se sienta a gusto al bañarlo. A la hora de comer, déle lo que le da siempre. No es el mejor momento para cambiar de leche o introducir nuevos sabores.

Cuando haga el equipaje, es mejor utilizar una bolsa aparte para las cosas del bebé. Así le será más fácil encontrarlo todo y evitará olvidarse cosas importantes. También necesitará un bolso grande, en la que puede llevar también biberones, juguetes pequeños, algo para comer, pomada pañales y toallitas limpiadoras. Lleve el bolso siempre con usted.

Cuando viajen en auto, compruebe que su hijo está bien colocado y bien sujeto en su asiento protector. Para más información sobre asientos protectores, véase la página 442. El asiento trasero es el sitio más seguro para un niño pasajero. Con bebés tan pequeños, el asiento protector debe orientarse siempre en el sentido opuesto al de la marcha y debe colocarse en el asientos traseros. Los asientos protectores orientados hacia atras *nunca* se deben colocar en el asiento delantero en un auto que tenga *bolsas de aire*. Si va a alquilar un auto, reserve con antelación un asiento protector o lleve el suyo propio, en el caso de que tenga uno. Si el asiento rentado le parece demasiado grande, puede utilizar pañales enrollados para centrar y sujetar bien al bebé.

Si no sabe cómo colocar a su hijo para que viaje seguro en avión o en tren, pida ayuda al auxiliar de vuelo o al conductor. A menos que compre un boleto para su hijo, se supone que debe llevarlo en su regazo. Cuando sobren asientos, quizás le permitan colocar al bebé en un asiento distinto del suyo sin tener que pagar un boleto más (véase página 414, *Viajar en avión*).

Si su hijo toma el biberón, no lleve la leche justa, sino bastante más que la que necesitaría durante el viaje, por si hubiera algún retraso inesperado. El auxiliar de vuelo o el conductor le ayudarán a mantenerla fría hasta que tenga que utilizarla. Si desea tener intimidad para darle el pecho a su hijo, pídale al auxiliar de vuelo una manta para cubrirse.

## La familia

### Un mensaje especial para las mamás

Una de las razones de que este primer mes sea tan difícil es que usted todavía está recuperándose físicamente del estrés y del cansancio del embarazo y el parto. Para que su cuerpo vuelva a la normalidad, sus heridas (si le practicaron una episiotomía o una cesárea) cicatricen y usted pueda reanudar su actividades cotidianas, deberán pasar varias semanas. También es muy probable que experimente altibajos en su estado de ánimo debido a los cambios hormonales que están teniendo lugar en su cuerpo. Estos cambios pueden provocar llantos repentinos sin motivo aparente y sentimientos depresivos durante las primeras semanas. Además es fácil que estas emociones se intensifiquen debido al agotamiento provocado por el hecho de tener que levantarse por las noches cada dos o tres horas para alimentar y cambiar al bebé.

Si tiene los ánimos por los suelos, es posible que se avergüence de sus sentimientos o, incluso, que crea que es una "mala madre". Por muy difícil que le pueda parecer, intente relativizar estas emociones recordándose a sí misma que se trata de algo *normal* después de un embarazo y un parto. Hasta los padres se sienten a veces tristes y están más sensibles de lo habitual cuando acaban de tener un hijo (probablemente como reacción ante la intensidad psicológica de la experiencia). Para evitar que la tristeza domine su vida—y para poder disfrutar de su bebé—evite aislarse durante las primeras semanas. Intente dormir cuando duerma su hijo, para que no se le vaya acumulando el cansancio. Si los sentimientos de tristeza llegan a bloquearle por completo o persisten más allá de las primeras semanas, hable con el pediatra o, pida ayuda a su médico de cabecera.

Las visitas de familiares y conocidos pueden ayudarle a combatir la tristeza celebrando con usted la llegada del bebé. Pueden traer regalos de bienvenida para el recién nacido o—algo todavía mejor para estas primeras semanas—ofrecerle ayuda con las comidas u otras tareas domésticas. Pero también pueden resultar agotadoras, abrumadoras para el bebé e, incluso, pueden exponerlo a infecciones. Por lo tanto, le recomendamos que restrinja las visitas durante las dos primeras semanas y que mantenga al bebé alejado de cualquier persona que tenga tos, un resfriado o cualquier otra enfermedad contagiosa. Pida a las visitas que avisen con antelación y que no se alarguen demasiado, sobre todo durante las primeras semanas, cuando su familia todavía no se ha adaptado a la nueva situación. Si al bebé parece molestarle el ajetreo, no deje que las visitas lo carguen o se le acerquen demasiado.

Si le agobian las llamadas telefónicas y tiene un contestador automático, utilícelo para tener un poco de paz. Grabe un mensaje informando sobre el sexo, nombre, fecha y hora de nacimiento, peso y longitud del bebé. Después active el contestador y quítele el timbre a su teléfono. Así podrá contestar las llamadas cuando pueda sin sentirse estresada o culpable cada vez que suene el teléfono. Si no tiene un contestador automático, desconecte el teléfono o tape el timbre con una almohada.

Con un nuevo bebé en casa, visitas constantes, el cuerpo adolorido, cambios impredecibles en el estado de ánimo y, en algunos casos, otros hijos reclamando su atención, es fácil descuidar las tareas domésticas. Resígnese con antelación: los platos sucios van a acumularse en la cocina mucho más de lo habitual, la casa va a estar más sucia que de costumbre y muchas comidas serán, congeladas o traidas de un restaurante. Ya se pondrá al día el próximo mes. Por ahora, lo importante es que se concentre en recuperarse físicamente y en disfrutar de su hijo.

## Un mensaje especial para los papás

Éste puede ser un período muy estresante para una pareja. Es casi imposible encontrar tiempo—y todavía menos, energía—para dedicarlo uno al otro, entre las atenciones que reclama constantemente el bebé, las necesidades de otros niños, los quehaceres domésticos y el horario laboral del padre (en nuestra sociedad, muy pocos padres pueden tomar una licencia por paternidad, lo que permitiría reducir muchas tensiones). Una noche detrás de otra despertándose para alimentar y cambiar al bebé y para calmarlo cuando se pone a llorar acaban con las fuerzas de cualquiera. Si ambos padres no se ponen de acuerdo para compartir estas tareas, de tal modo que puedan irse alternando mientras uno de los dos toma una siesta, el agotamiento puede levantar un muro inmenso e innecesario entre ambos.

Durante este período, algunos padres sienten que se les "deja de lado" y que no "reciben el cariño de la pareja", sobre todo cuando se ha optado por la lactancia materna. Y el hecho de que los ginecólogos suelen desaconsejar las relaciones sexuales durante las primeras semanas, no ayuda demasiado. Aunque no existiera esta advertencia, muchas mujeres, simplemente, no están interesadas en mantener relaciones sexuales después del parto por el agotamiento físico y el estrés emocional asociado al posparto.

Los conflictos y los celos que puedan aparecer serán temporales. Pronto se establecerá una nueva rutina que les permitirá dedicarse tiempo el uno a otro y normalizar su vida sexual y sus actividades sociales. Mientras tanto, hagan un

**Participe todo lo que pueda en el cuidado del bebé y juegue con él. Así establecerá un vínculo emocional tan fuerte como el que tiene con su madre.**

esfuerzo por pasar tiempo juntos cada día, y recuerde que está permitido que se abracen, besen y mimen el uno al otro. ¡No todos los mimos tienen que ser para el bebé!

Una forma positiva de afrontar este asunto es que el padre participe todo lo que pueda en el cuidado del bebé y pase el máximo de tiempo posible jugando con él. El tiempo que le dedique, permitirá establecer un vínculo emocional con el bebé tan fuerte como el de la madre.

Esto no significa que las madres y los padres jueguen con sus bebés de la misma forma. En general, los padres suelen activar y excitar a los bebés, mientras que las madres suelen estimularlos de formas más suaves, meciéndolos e implicándolos en juegos y canciones relajantes. Los padres suelen ser más bruscos y ruidosos y mueven al bebé con más fuerza. Los bebés reaccionan en consonancia, riéndose y moviéndose más con papá que con mamá. Desde el punto de vista del bebé, ambos estilos de juego son igual de valiosos y, de hecho, se complementan perfectamente. Este es otro motivo más para que *ambos* padres participen activamente del cuidado del bebé.

## Hermanos

Ante el entusiasmo que se respira en casa por la llegada del nuevo bebé, los hermanos suelen sentirse relegados. También pueden estar molestos por la hospitalizacion de mamá, sobre todo si se trataba de su primera separación prolongada. Incluso cuando la madre esté ya en casa, es posible que les cueste entender por qué está tan cansada y no puede jugar con ellos como solía hacerlo antes de la llegada del bebé. Si a esto le sumamos las atenciones que la madre va a empezar a prodigar al recién llegado—¡atenciones que hace dos semanas sólo recibía el hermano o hermanos mayores!—es lógico que éstos tenga celos y sientan que se les ha dejado de lado. Depende de ambos padres encontrar formas de transmitir a los hermanos que se les quiere y se les valora igual que antes y ayudarles a llevarse bien con su nuevo “competidor”.

He aquí algunas sugerencias para tranquilizar a los hermanos mayores y hacerles sentir partícipes en el cuidado del bebé durante el primer mes.

1. Si está permitido, deje que los hermanos vayan al hospital a visitar a su madre y al nuevo bebé.
2. Cuando la madre vuelva a casa, haga un regalo especial a cada uno de los hermanos, para celebrar el acontecimiento.
3. Resérvese diariamente un período de tiempo especial para estar a solas con cada uno de sus hijos. Asegúrese de que tanto usted como su pareja pasa un rato con cada uno de ellos, individualmente y juntos.
4. Cuando esté sacando fotos al bebé, tómeles alguna foto a los niños mayores, con y sin el bebé.

5. Pídale a los abuelos o a otro pariente cercano que lleve a los otros niños a algún sitio especial: al zoológico, al cine o a merendar. Esta atención especial puede ser de gran ayuda en los momentos en que se sientan abandonados.
6. Sobre todo durante el primer mes, cuando es preciso alimentar frecuentemente al bebé, los hermanos mayores pueden ponerse muy celosos por la intimidad que usted tiene con el recién nacido mientras le da de comer. Demuéstreles que puede compartir esa intimidad convirtiendo las tomas en momentos para contar cuentos. Leer relatos que traten específicamente sobre el tema de los celos anima a los niños pequeños a ventilar sus sentimientos y les ayuda a aceptar más al recién llegado.

## Alertas de salud

Los problemas médicos que deben preocupar a los padres durante el primer mes de vida de su hijo son los que figuran a continuación. (Para más información sobre problemas que pueden ocurrir durante toda la infancia, remítase a los listados de la segunda parte de este manual.)

**Problemas respiratorios.** Normalmente, su bebé debe tener entre veinte y cuarenta respiraciones por minuto. Este patrón será más regular cuando su hijo esté sano y durmiendo. Cuando esté despierto, de vez en cuando puede respirar más deprisa durante un período corto y luego hacer una pausa (de menos de diez segundos) antes de volver a respirar con normalidad. Si el bebé tiene fiebre, su ritmo respiratorio puede aumentar en unas dos respiraciones por minuto por cada grado de fiebre. Si tiene mucha mucosidad, su respiración puede verse afectada, debido a que sus conductos respiratorios son muy estrechos y se llenan fácilmente. Para atenuar este problema, lo mejor es utilizar un humidificador de vapor frío y un aspirador nasal de goma (generalmente se lo darán en el hospital, para su uso, véase la página 616). En algunas ocasiones, es recomendable echarle gotas nasales con una solución salina para ablandarle la mucosidad y despejarle la nariz.

**Diarrea.** Un bebé tiene diarrea si hace deposiciones muy blandas y aguadas más de seis a ocho veces al día. Usualmente suelen ser provocadas por infecciones virales. El peligro, sobre todo a esta edad, está en que pierda demasiada agua y acabe deshidratándose. Los primeros síntomas de deshidratación son la sequedad de boca y una disminución significativa de la cantidad de pañales mojados. De todos modos, no debe esperar a que aparezcan estos síntomas. Si las evacuaciones del bebé son demasiado blandas y ocurren más a menudo que después de cada toma (más de seis a ocho veces al día), llame al pediatra.

**Sueño excesivo.** Puesto que no todos los lactantes necesitan dormir la misma cantidad de horas, es difícil saber cuándo un bebé está demasiado adormilado. Si su hijo empieza a dormir más de lo habitual, puede significar que tiene una infección, por lo que debe informar al pediatra. Así mismo, si su hijo mama del pecho y duerme más de cinco horas seguidas sin despertarse en el primer mes, debe plantearse la posibilidad de que no esté comiendo lo suficiente o de que, a través de la leche ingerida, se vea afectado por algún medicamento que usted toma.

**Infecciones oculares.** (Véase también *Problemas de lagrimeo*, página 645) Algunos bebés nacen con uno o ambos conductos lagrimales parcial o totalmente bloqueados. Éstos suelen abrirse alrededor de la segunda semana, cuando se empiezan a producir las primeras lágrimas. En caso contrario el bloqueo producirá un lagrimeo líquido o un tanto mucoso. Las lágrimas, en lugar de drenarse a través de la nariz, empezarán a caer por los párpados. Esto no es doloroso y los conductos suelen abrirse sin necesidad de tratamiento. Usted puede ayudar a que se abran masajeando suavemente la comisura del ojo y, hacia abajo, el lado correspondiente de la nariz. De todos modos, hágalo sólo bajo la supervisión del pediatra.

Si los conductos lagrimales siguen bloqueados sin dejar que las lágrimas drenen como deberían, es posible que se infecten. Estas infecciones producen una secreción blanquecina en la comisura del ojo. Las pestañas se vuelven pegajosas y es posible que, al secarse, se peguen entre sí mientras el bebé duerme, de tal modo que le resulte imposible abrir el ojo. Este tipo de infecciones suelen tratarse con gotas o pomadas especiales que receta el médico después de examinar el ojo del bebé. A veces, basta con limpiar suavemente las pestañas con agua estéril. Cuando las pestañas de su hijo estén pegajosas, empape una mota de algodón en agua estéril y pásela suavemente por los párpados del bebé, avanzando desde la nariz hacia afuera. Utilice cada algodón sólo una vez y luego tírelo a la basura. Utilice todos los algodones que necesite hasta que vea que el ojo está bien limpio.

Aunque este tipo de infecciones leves pueden ocurrir varias veces durante los primeros meses, lo más probable es que remitan sin que haga falta aplicar ningún tratamiento complejo y sin dejar secuelas. En muy pocas ocasiones el bloqueo de los conductos lagrimales requiere intervención quirúrgica.

Si el ojo del bebé está inyectado en sangre o enrojecido, probablemente tendrá una infección más grave, denominada conjuntivitis. En tal caso, informe inmediatamente al pediatra.

**Fiebre.** Si su hijo está inquieto o lo nota más caliente que de costumbre, póngale el termómetro (Véase *Cómo tomar la temperatura rectal*, página 64). Si su temperatura rectal supera los 100°F. (37.8°C) en dos lecturas independientes y la fiebre no puede explicarse por el hecho de que el bebé esté demasiado abrigado, llame al pediatra inmediatamente. La fiebre puede indicar la existencia de una infección, y, a esta edad, el estado de un bebé se puede agravar rápidamente.

**Flacidez.** Todos los recién nacidos parecen un tanto flácidos, ya que sus músculos todavía están formándose, pero si su hijo parece excesivamente laxo o pierde tono muscular, podría ser el síntoma de un problema grave, como una infección. Póngase en contacto con el pediatra inmediatamente.

**Audición.** Fíjese en cómo reacciona su hijo ante los sonidos. ¿Se sobresalta ante los ruidos fuertes o repentinos? ¿Se tranquiliza o se orienta hacia usted cuando le habla? Si no parece responder con normalidad a los sonidos, pídale al pediatra que le haga una prueba formal de audición. Este tipo de pruebas son particularmente recomendables en bebés prematuros, que sufrieron anoxias (falta de oxígeno) durante el parto, bebés que han tenido infecciones graves o bien que han nacido en familias con antecedentes de pérdidas auditivas durante la primera infancia. Si usted tiene la más mínima sospecha de que su hijo no oye correctamente, debe pedir que le hagan este tipo de pruebas lo antes posible, ya que es muy fácil que un retraso en el diagnóstico y el tratamiento de una pérdida auditiva interfiera con el desarrollo normal del lenguaje.

**Ictericia.** La ictericia, esto es, el color amarillento que a menudo tiene la piel de los recién nacidos, a veces persiste durante la segunda semana en los bebés que maman del pecho (véase la página 147). Esto se debe a que en algunos bebés la leche materna interfiere con la función hepática, en concreto, con la capacidad del hígado de descomponer la bilirrubina, las sustancia responsable del color amarillento. A veces, su tratamiento exige interrumpir la lactancia materna durante veinticuatro o cuarenta y ocho horas. En cuanto remite la ictericia, se puede volver a dar el pecho al bebé, ya que este tipo de ictericia no suele ser recurrente. Si volviera a aparecer, se puede intentar una nueva interrupción de la lactancia materna o bien un cambio definitivo a la leche de fórmula. En tal caso, el pediatra le ayudará a tomar la decisión más oportuna.

**Temblores.** A muchos recién nacidos les tiembla la barbilla y agitan las manos continuamente, pero, si todo el cuerpo del bebé parece temblar, puede deberse a que tiene un nivel muy bajo de azúcar o calcio en la sangre o a algún tipo de trastorno convulsivo. Póngase en contacto con el pediatra para determinar la causa de los temblores.

**Erupciones e infecciones.** Entre las erupciones más habituales en los recién nacidos se incluyen las siguientes:

1. **Eccema seborreico (dermatitis seborreica)** Este trastorno, conocido popularmente como "costra infantil", consiste en la aparición de escamas gruesas, en forma de costra, en el cuero cabelludo del bebé. Lavar el pelo y cepillar las escamas diariamente ayuda a controlar este trastorno. Suele desaparecer por si solo durante los primeros meses, pero puede requerir tratamiento con un champú especial (véase *Costra infantil y dermatitis seborreica*, página 731)

## *Síndrome de Muerte Súbita del Lactante*

Aproximadamente entre uno y dos de cada mil lactantes mueren mientras duermen, sin motivo aparente, entre la cuarta y la decimosexta semana de vida. Estos bebés generalmente han recibido un trato adecuado y no tienen síntomas obvios de ninguna enfermedad. La autopsia no permite identificar la causa de estos fallecimientos que, por este motivo, se consideran casos de *Síndrome de Muerte Súbita del Lactante* o *Muerte en la Cuna* (SMSL).

Este tipo de muerte se da más frecuentemente durante el invierno y entre niños de sexo masculino que pesaron poco al nacer. Los niños prematuros, los que cuentan con un historial familiar de muertes súbitas, los hijos de madres fumadoras y los que duermen boca abajo (véase página 41) también corren mayores riesgos. Hay muchas teorías que intentan explicar este síndrome, pero ninguna de ellas ha sido validada. Las infecciones, la alergia a la leche, la neumonía y los malos tratos han sido descartados como posibles causas. La teoría que actualmente cuenta con más defensores es la que postula cierto retraso en la maduración de los centros de activación del cerebro de algunos niños, que provocaría paros respiratorios en ciertas circunstancias.

Si su hijo deja de respirar de vez en cuando o se pone azul, el pediatra probablemente querrá hospitalizarlo para asegurarse de que este tipo de episodios no obedecen a causas que se puedan tratar y para evaluar la gravedad del trastorno. Si los episodios son muy graves, es posible que el pediatra le sugiera que aprenda las técnicas de reanimación cardio-pulmonar (CPR, por sus siglas en inglés) y que instale un monitor en casa para conectarlo mientras el bebe duerme. Estos aparatos miden el ritmo respiratorio y hacen sonar una alarma cuando baja demasiado. Si su hijo nació prematuramente, es posible que el pediatra prefiera controlar este trastorno con medicinas tales como las cafeína o la teofilina, que estimulan la respiración.

Aparte de los sentimientos de tristeza y amargura, muchos padres que pierden a sus hijos debido al Síndrome de Muerte Súbita del Lactante, se sienten culpables y se vuelven extremadamente protectores, tanto con los hermanos mayores como con los bebés que vienen más adelante. Una pareja puede encontrar ayuda en los grupos de apoyo locales o a través de la National SIDS Alliance, con sede en Maryland. En caso necesario, el pediatra le puede indicar qué recursos hay en su comunidad.

2. **Infecciones en las uñas de la manos o de los pies.** Se ven como zonas enrojecidas alrededor de las uñas, que dan la sensación de que duelen al tocarse. A veces, pueden remitir tratándolas con compresas calientes, pero generalmente es mejor que las vea el médico.
3. **Infecciones umbilicales.** Suelen manifestarse por el enrojecimiento de la zona que rodea la base del cordón umbilical. Deben ser examinadas por el pediatra.
4. **Dermatitis del pañal.** Véase las instrucciones para su tratamiento en la página 50.

**Aftas.** La aparición de áreas blanquecinas en la boca del bebé puede indicar que tiene una infección provocada por hongos bastante común. Se trata con medicinas fungicidas recetadas por el pediatra.

**Visión.** Observe cómo le mira su hijo cuando está alerta. Cuando el rostro del bebé está a una distancia de entre 8 y 15 pulgadas del suyo, ¿le sigue con la mirada cuando se mueve? ¿Sigue una lucecita o un juguete pequeño en movimiento situado a esta misma distancia? A esta edad, es posible que su hijo se ponga bizco de vez en cuando o que un ojo se le vaya hacia adentro o hacia afuera de forma ocasional. Esto se debe a que los músculos oculares, encargados de controlar los movimientos de los ojos, todavía no han madurado lo suficiente. De todos modos, su hijo debería ser capaz de mover ambos ojos a la vez en todas las direcciones y debería ser capaz de seguir objetos cercanos que se mueven lentamente. Si no puede hacerlo, o si es muy prematuro o sufrió anoxia durante el parto, es posible que el pediatra le remita a un especialista para que le examine la vista a fondo.

**Vómitos.** Si su hijo empieza a tener fuertes vómitos (expulsando grandes cantidades de líquido, en lugar de sólo unos pocos buches), acuda inmediatamente al pediatra para asegurarse de que no tiene obstruída la válvula que hay entre el estómago y el intestino delgado (estenosis hipertrófica del píloro; véase página 562) Así mismo, si los vómitos persisten durante más de doce horas o van acompañados de diarrea o fiebre, debe llevar a su hijo al pediatra.

**Aumento de peso.** A partir de la segunda o tercera semana, su hijo debe ganar peso deprisa (de media onza a una onza diaria). En caso contrario, el pediatra querrá asegurarse de que su hijo está consumiendo suficientes calorías y que las está absorbiendo correctamente. Prepárese a responder a las siguientes preguntas:

- ¿Cuantas veces alimenta al bebé?
- ¿Cuánto ingiere en una toma? (si le da el biberón), ¿Durante cuánto tiempo lacta? (si le da el pecho)

- ¿Cuántas deposiciones hace al día?
- ¿Qué consistencia tienen las materias fecales?
- ¿Cuántas veces orina?

Si su hijo come bien y sus evacuaciones son normales, tanto en cantidad como en consistencia, probablemente no hay ningún motivo de alarma. Quizás su hijo está un poco demorado en su crecimiento, o quizás cometieron algún error cuando lo pesaron al nacer. Su pediatra probablemente le citará para otra visita dentro de dos o tres días para reevaluar la situación.

## Cuestiones de seguridad

### Asientos protectores

- *Cada vez* que vaya en auto, su hijo debe ir en un asiento que cumpla con todos los requisitos federales de seguridad y que esté correctamente colocado en el auto. A esta edad, debe ir en el asiento trasero y orientado en el sentido opuesto al de la marcha esto es, mirando hacia atrás. No siente nunca a un bebé en el asiento delantero de un auto dotado de *bolsas de aire* en el asiento del pasajero.

### El baño

- Cuando bañe a su hijo, colóquelo sobre una toalla para evitar resbalones y sosténgalo por las axilas.
- Regule el termostato de su calentador a menos de 120°F (49°C) para evitar posibles quemaduras.

### Caídas

- No deje nunca al bebé solo encima de ninguna superficie que esté por encima del nivel del suelo. Incluso siendo tan pequeño, podría estirar el cuerpo cuando esté cerca del borde y caerse.

## Prevención de asfixia

- Si utiliza talcos, póngaselos primero en la mano, lejos de la cara de su hijo para que no pueda inhalarlos, y después aplíquelos al cuerpo del bebé.
- Evite que en la cuna haya objetos pequeños (imperdibles, piezas de juguetes, etc.), que el bebé podría tragar.
- No deje nunca bolsas de plástico o algún otro tipo de envoltorio al alcance del bebé.

## Precauciones en caso de incendio

- Vista a su hijo con ropa tratada con productos químicos que repelen las llamas.
- Instale detectores de humo en los lugares apropiados de la casa.

## Supervisión

- No deje nunca a su hijo solo en la casa, el jardín o dentro de un auto.

## Cadenitas y cordones

- No cuelgue chupetes, medallas u otros objetos en la cuna o alguna parte del cuerpo del bebé.
- No ponga ninguna cadenita, collar o cordel alrededor del cuello del bebé.

## Manejo del bebé

- No agite ni sacuda vigorosamente la cabeza del bebé.
- Cuando mueva al bebé, sujételo siempre la cabeza y el cuello.

# 7

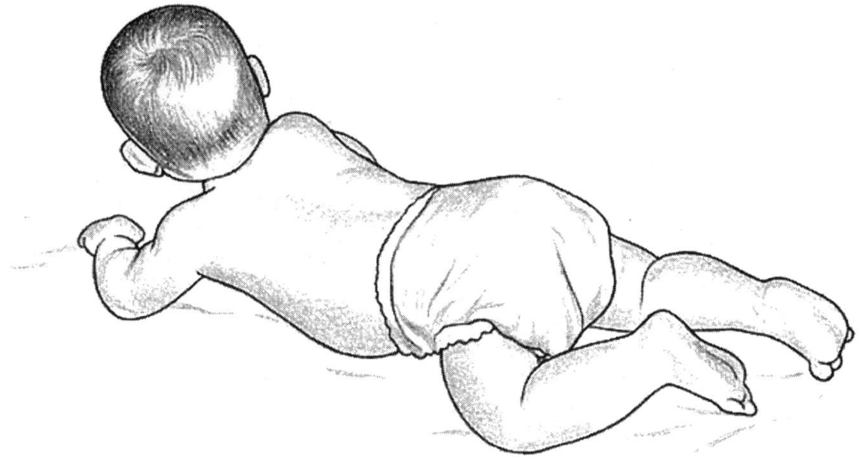

# El segundo y el tercer mes

Al empezar el segundo mes del bebé, gran parte de la inquietud, agotamiento e incertidumbre que sintió después del parto habrá dado paso a la confianza. Probablemente habrá conseguido establecer cierta rutina (aunque bastante dura) que gira entorno a las tomas y los períodos de sueño del bebé. Ya se habrá adaptado a tener a un nuevo miembro de la familia y habrá empezado a conocer su temperamento. Y probablemente habrá recibido un regalo que compensará con creces todos sus sacrificios: la primera sonrisa verdadera del bebé. Esto es sólo un pequeño anticipo de las delicias que le esperan durante los próximos tres meses.

Entre el primer y el cuarto mes, su hijo experimentará una trasformación espectacular, dejando de ser un recién nacido totalmente dependiente para convertirse en un infante activo y expresivo. Perderá

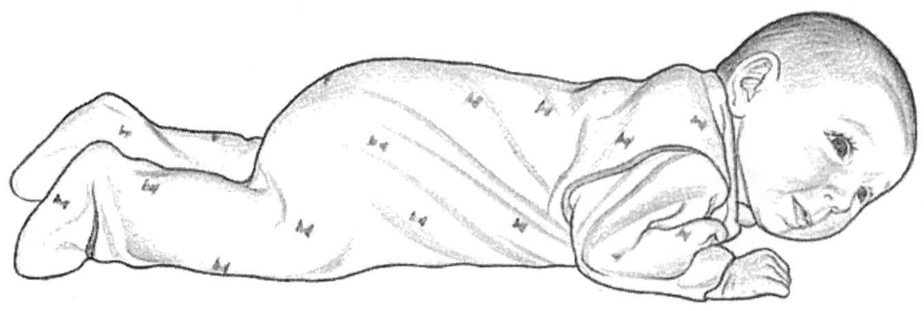

muchos de sus reflejos de recién nacido, al tiempo que irá adquiriendo un mayor control voluntario de su cuerpo. Se pasará horas y horas mirándose las manos y observando sus movimientos.

Así mismo, cada vez le interesará más su entorno, sobre todo la gente que le rodea. Pronto aprenderá a reconocer su rostro y su voz y sonreirá cuando le vea o le oiga. En algún momento del segundo o tercer mes hasta llegará a "contestarle" emitiendo gorjeos y ruiditos intencionales. En cada uno de sus nuevos descubrimientos, tendrá la oportunidad de ver alguna faceta de la personalidad emergente de su hijo.

De vez en cuando, habrá momentos en que le parecerá que su hijo retrocede en su desarrollo. Por ejemplo, es posible que lleve varias semanas durmiendo por la noche sin despertarse y, de repente, empiece a despertarse otra vez cada tres horas. ¿Qué significa esto? Lo más probable es que sea una señal de que su hijo va a dar un importante paso hacia adelante en su proceso evolutivo. Probablemente en una semana o dos volverá a dormir bien por las noches y, durante el día, estará mucho más despierto, y responderá más a la gente y a las cosas que le rodean. Los progresos evolutivos como éste suelen ir precedidos de "retrocesos" temporales. Por muy frustrante que pueda parecer al principio, enseguida aprenderá a leer las señales y a anticipar y valorar positivamente estas etapas de cambio.

## Crecimiento y desarrollo

### Aspecto físico y crecimiento

Durante el segundo y tercer mes, su hijo seguirá creciendo al ritmo que estableció durante las primeras semanas. Cada mes ganará entre 1½ y 2 libras (0.7 y 0.9 kg) y crecerá entre 1 y 1½ pulgadas (2.5 y 4 cm). El tamaño de su cabeza aumentará aproximadamente media pulgada (1.25 cm) cada mes. De todos modos, estas cifras son promedios, por lo tanto, mientras el desarrollo de su hijo se ajuste a la curva normal de las gráficas de crecimiento de las páginas 134 a 137, no debería preocuparse.

A los dos meses, las fontanelas de un bebé deberían seguir estando abiertas y ser blandas al tacto, pero hacia el cuarto mes la fontanela de la parte posterior de

**Cuando cumpla cuatro meses, su hijo podrá levantar la cabeza y el pecho y mantenerse en esta postura apoyándose sobre los antebrazos.**

la cabeza debe haberse cerrado. Por otra parte, la cabeza de un bebé de esta edad puede parecer desproporcionada, ya que está creciendo más deprisa que el resto del cuerpo. Esto es normal; su cuerpo no tardará mucho en ponerse al día.

A los dos meses, su hijo le parecerá rollizo y regordete, pero, en cuanto empiece a utilizar los brazos y las piernas más activamente, sus músculos se desarrollarán y la grasa empezará a desaparecer. Sus huesos también crecerán rápidamente y, conforme sus brazos y piernas se vayan "aflojando", tanto el tronco como las extremidades parecerán estirarse, confiriéndole un aspecto más espigado.

## Movimiento

Al empezar este período, muchos de los movimientos de su hijo seguirán siendo reflejos, Por ejemplo, es posible que adopte la postura de "espadachín" cada vez que gire la cabeza (reflejo tónico del cuello, véase la página 154) o que extienda los brazos si oye un ruido fuerte o percibe que se está cayendo (reflejo de Moro, página 154). Pero, como ya señalamos, estos reflejos empezarán a desaparecer durante el segundo o tercer mes. Es posible que, al ir perdiendo tales reflejos, su hijo parezca menos activo, pero, a partir de ahora, sus movimientos, aunque sutiles, serán intencionales, lo que representa un importante paso evolutivo.

Uno de los avances más importantes de este período evolutivo es el aumento del tono muscular del cuello. Coloque a su hijo sobre el estómago y observe qué ocurre. Antes de los dos meses se esforzará por levantar la cabeza para mirar a su alrededor. Aunque sólo consiga mantenerla levantada durante uno o dos segundos,

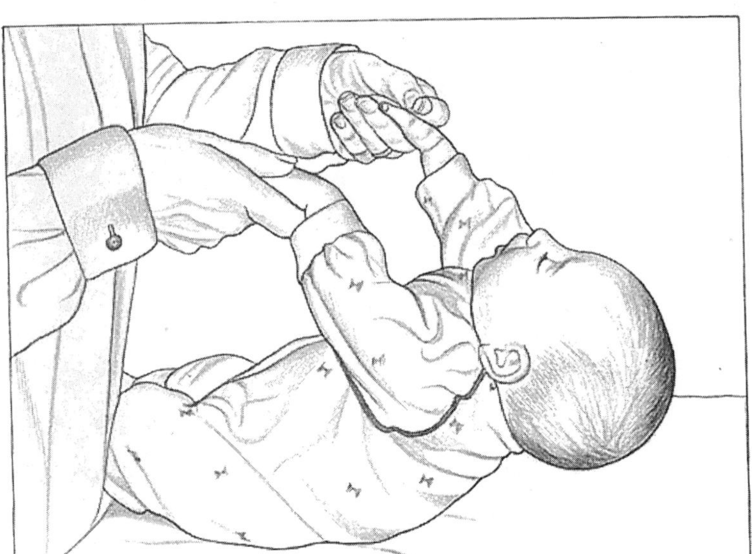

**Al mes de nacido, si hala suavemente al bebé de los brazos para sentarlo, la cabeza se le caerá hacia atrás (por lo tanto, sosténgale siempre la cabeza cuando lo cargue).**

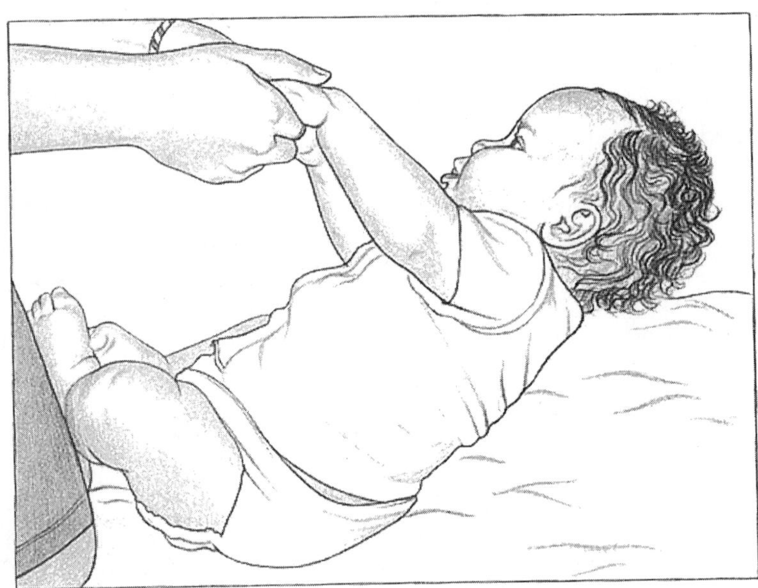

**Sin embargo, a los cuatro meses, su hijo podrá sostener la cabeza en cualquier dirección.**

podrá tener una visión ligeramente distinta de su entorno, y retirar la nariz y la boca de cualquier cojín o manta que se interponga entre él y el mundo. Estos "ejercicios" momentáneos le ayudarán a fortalecer los músculos de la parte posterior del cuello, de tal modo que, hacia el cuarto mes, podrá levantar la cabeza y el pecho sosteniéndose en los codos.

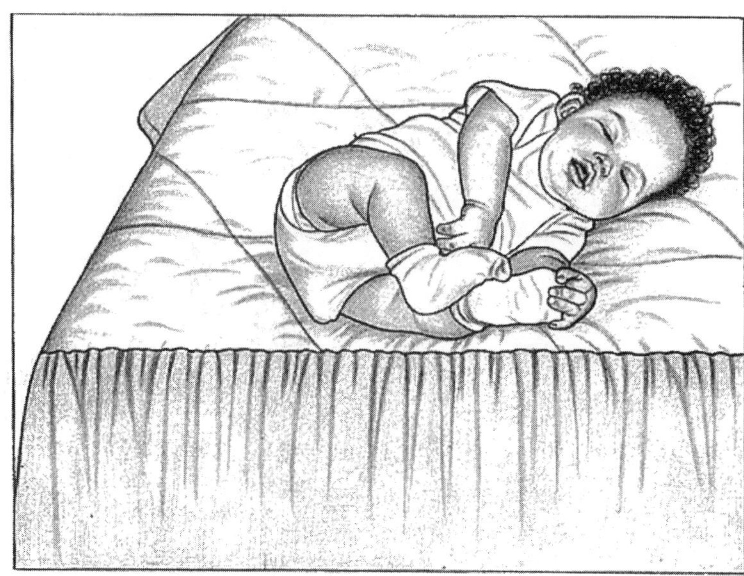

**Puesto que no se puede predecir cuándo va a darse la vuelta, deberá estar muy pendiente de él.**

Esto es un verdadero logro, ya que le permitirá tener el control y la libertad de mirar a su alrededor cuando lo desee, en lugar de tener que limitarse a mirar el colchón o el móvil de su cuna.

Para usted, esto también será una gran ventaja, pues no tendrá que preocuparse tanto por sujetarle la cabeza cuando lo cargue. Si usted utiliza un cargador ajustado a su espalda o al frente para llevar al bebé, a partir de ahora podrá aguantar la cabeza él solo y mirar a su alrededor mientras usted anda.

El control de los músculos de la parte anterior del cuello y de los abdominales se desarrolla más lentamente, por lo que su hijo tardará más tiempo en levantar la cabeza cuando esté boca arriba.

Cuando su hijo tenía sólo un mes, si le estiraba suavemente de los brazos para sentarlo, la cabeza se le caía hacia atrás. Hacia el cuarto mes, su hijo podrá sostener la cabeza en cualquier dirección.

Las piernas de su hijo también se volverán más fuertes y activas. A lo largo del segundo mes, empezarán a estirarse desde la postura arqueada hacia adentro propia de los recién nacidos. Aunque las patadas que dé seguirán siendo en su mayoría reflejas durante cierto tiempo, las piernas de su hijo adquirirán fuerza rápidamente y, al final del tercer mes, hasta es posible que sea capaz de darse la vuelta, colocándose boca arriba a partir de la postura boca abajo. (Probablemente no podrá voltearse de la postura boca arriba a la postura boca abajo hasta que tenga seis meses). Puesto que usted no podrá predecir cuándo va a darse la vuelta, deberá estar muy pendiente de él cuando lo ponga sobre el cambiador o cualquier otra superficie que esté por encima del nivel del suelo.

El reflejo de la marcha que tuvo de recién nacido desaparece alrededor de las seis semanas, por lo que probablemente no vuelva a ver su hijo dar un paso hasta

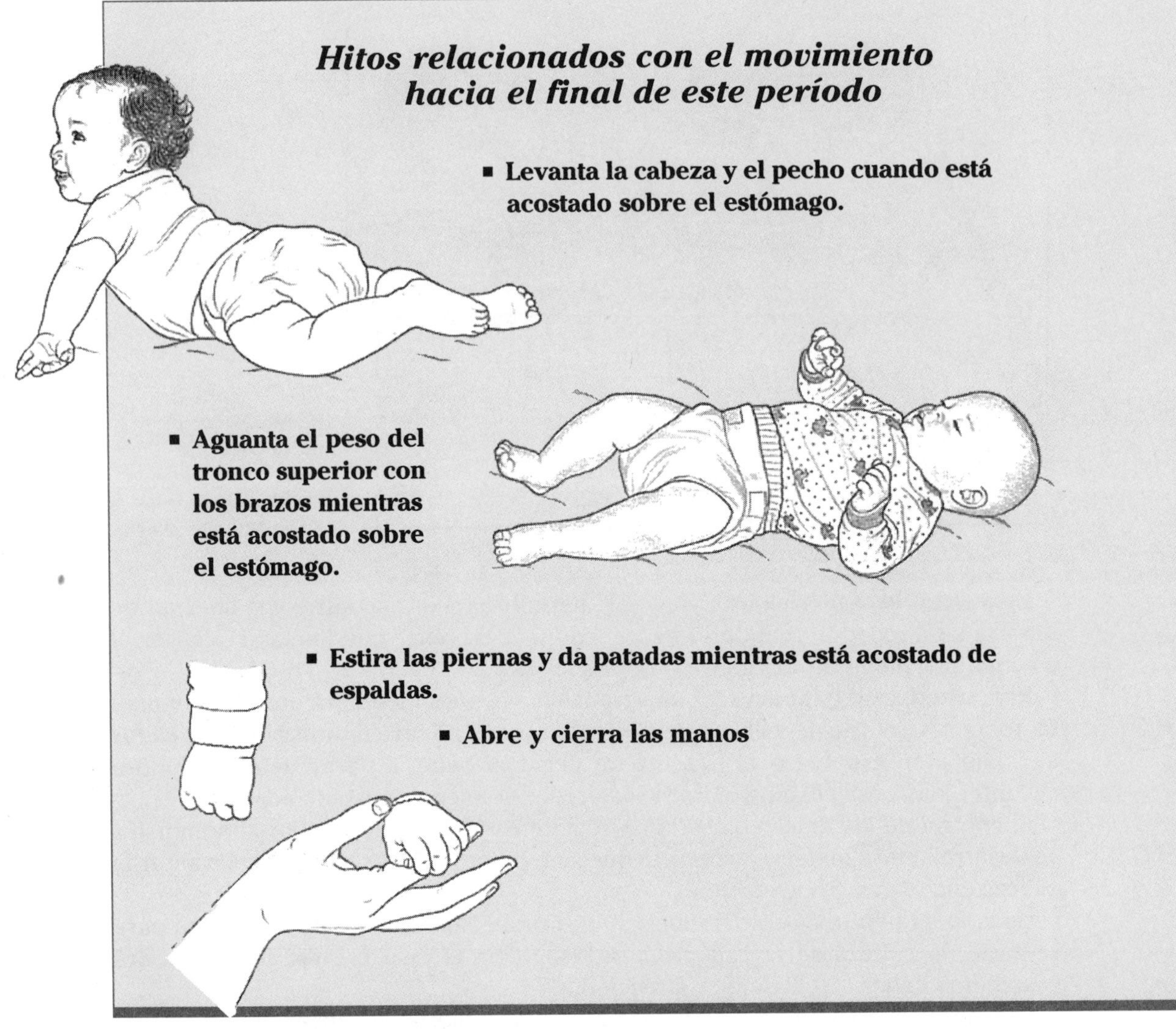


que esté listo para andar. De todos modos, a partir del tercer o cuarto mes podrá doblar y estirar las piernas a voluntad. Si lo coloca en posición vertical y deja que apoye los pies en el suelo, empujará hacia abajo y estirará las piernas como si se parara por sí mismo (sólo que usted lo está sosteniendo). Entonces, intentará doblar las rodillas y descubrirá que puede impulsarse hacia arriba.

Los brazos y las manos de su hijo también adquirirán mayor movilidad durante esta etapa. Al principio, tendrá las manos fuertemente cerradas, con el pulgar aprisionado por los demás dedos; si le abre la mano separándole los dedos y le coloca un sonajero en la palma, lo cogerá automáticamente, pero no sabrá agitarlo

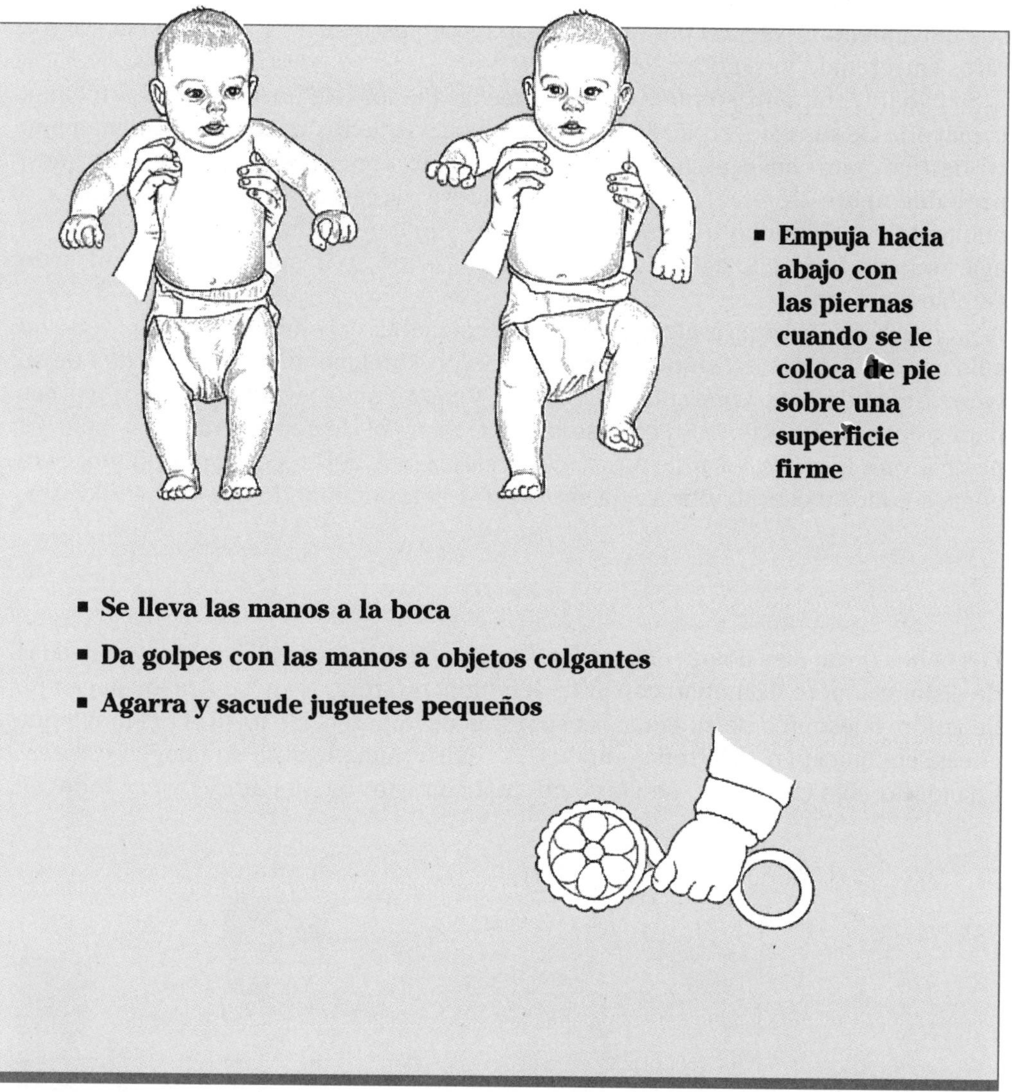


ni llevárselo a la boca. Se mirará las manos con detenimiento cuando, por casualidad o a raíz de algún movimiento reflejo, entren en su campo visual, pero probablemente no podrá acercárselas a la cara por su cuenta.

Sin embargo, en sólo uno o dos meses tendrán lugar muchos cambios.

De repente, las manos de su hijo parecerán relajarse y los brazos se abrirán hacia afuera. Durante el tercer mes, tendrá las manos medio abiertas la mayor parte del tiempo y usted verá como las abre y las cierra cuidadosamente. Si le coloca un sonajero en la palma de la mano, lo agarrará, quizás se lo lleve a la boca y, después de examinarlo bien, lo soltará (cuanto más ligero sea el objeto, mejor controlará sus movimientos). Nunca parecerá cansarse de sus manos, y podrá pasar largos ratos entretenido mirándose los dedos.

Su hijo intentará insistentemente llevarse las manos a la boca, pero, al principio, la mayoría de sus esfuerzos serán infructuosas; sus dedos rozarán ocasionalmente su destino, pero enseguida se alejarán de él. Sin embargo, hacia el cuarto mes, probablemente dominará este juego y podrá llevarse el pulgar a la boca y mantenerlo allí cuando quiera. Si le pone un sonajero en la palma de la mano, lo agarrará con fuerza, lo agitará, se lo llevará a la boca y hasta es posible que se lo cambie de mano.

Su hijo también podrá alcanzar objetos colgantes con precisión y rapidez—no sólo con ambas manos, sino con todo el cuerpo. Cuelgue un juguete encima de su cabeza cuando esté acostado boca arriba y verá como levanta manos y piernas para golpearlo o cogerlo. Su cara se tensará en señal de concentración y hasta es posible que llegue a levantar un poco la cabeza en la dirección del objeto. Será como si todo su cuerpo vibrara de entusiasmo al ir dominando nuevas habilidades.

## Visión

Los bebés de un mes no pueden ver con mucha claridad más allá de las 12 pulgadas de distancia, pero examinan con gran detenimiento todo lo que entra en su campo de visión: la esquina de su cuna, las sombras de la pared, las formas del móvil que cuelga encima suyo... De todos modos, el rostro humano será su imagen favorita. Cuando lo coja en brazos, se fijará automáticamente en su cara y, sobre todo, en

**A los dos meses de edad, los ojos de su hijo tendrán más coordinación y funcionarán de forma sincronizada, moviéndose y enfocando al mismo tiempo.**

sus ojos. A menudo, la mera visión de sus ojos le hará sonreír. Su campo de visión irá aumentando gradualmente y podrá contemplar todo su rostro en vez de solamente un rasgo, como los ojos. Cuando ocurra esto, responderá mucho más a las expresiones faciales que envuelvan el uso de la boca, la mandíbula y las mejillas. También le encantará hacer muecas delante del espejo. Cómprele un

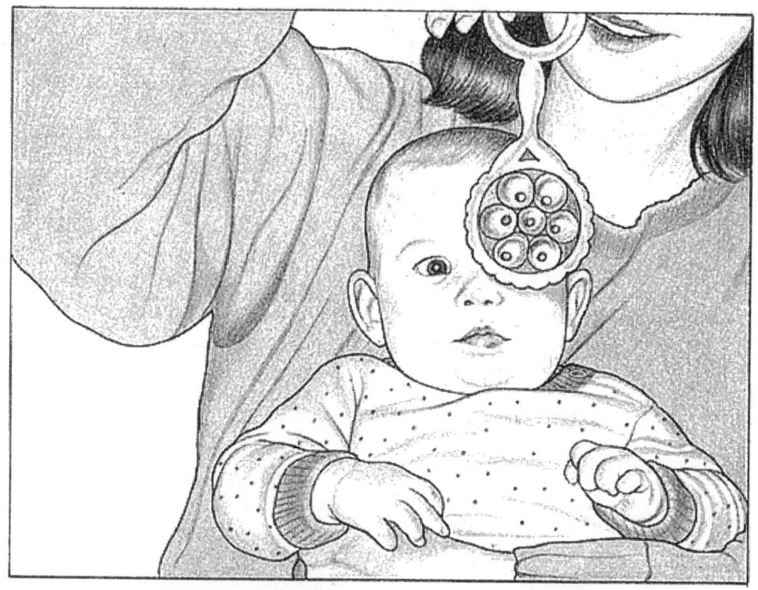

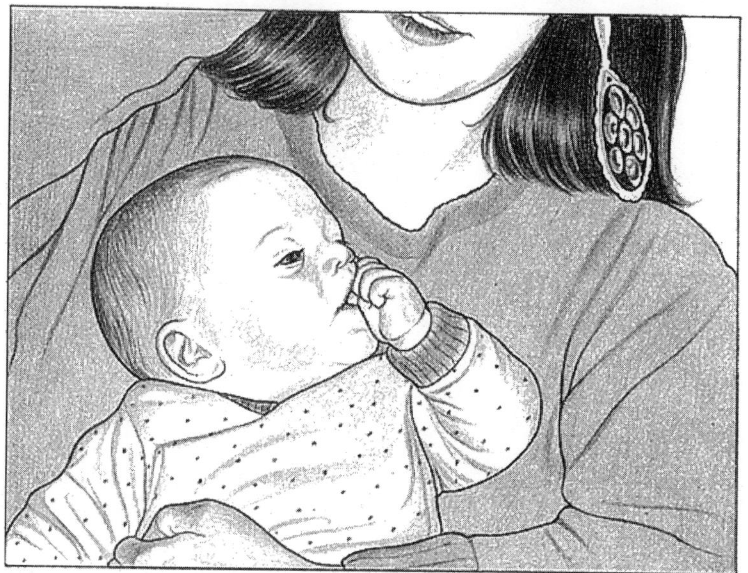

**Pronto podrá seguir un objeto que se mueve en semicírculos completos delante de él.**

espejo irrompible diseñado especialmente para colocarlo en el interior de una cuna o corral, para que su hijo pueda entretenerse cuando esté solo.

Durante las primeras semanas, a su hijo le costará bastante seguir visualmente la trayectoria de un objeto en movimiento. Si usted mueve rápidamente una pelota, un juguete o la cabeza de un lado a otro delante de su hijo, perderá el foco. Sin embargo, hacia el segundo mes se producirá un cambio espectacular, ya que los ojos de su hijo estarán más coordinados y funcionarán de forma sincronizada, moviéndose y enfocando al mismo tiempo. Pronto podrá seguir objetos que se mueven en un semicírculo completo delante suyo. Esta mayor coordinación visual también le permitirá percibir la profundidad necesaria para seguir visualmente

## *Hitos relacionados con la visión hacia el final de este período:*

- **Observa caras intencionadamente**
- **Sigue objetos en movimiento con la mirada**
- **Reconoce objetos y personas familiares a distancia**
- **Empieza a utilizar manos y ojos de forma coordinada.**

objetos que se acercan o se alejan de él. Hacia los tres meses, el mayor control de los movimientos de brazos y manos le permitirán golpear objetos que cuelgan delante o encima de él. Su puntería tardará mucho tiempo aún en perfeccionarse, pero con la práctica irá mejorando la coordinación visomotriz.

La vision a distancia también se desarrolla durante este período. Quizás se dé cuenta de que cuando tenga unos tres meses, su hijo le sonríe de un extremo a otro de la habitación o que observa un objeto que está a varios pies de distancia.

Hacia el cuarto mes, lo puede encontrar observando la pantalla del televisor a distancia o mirando por la ventana. Éstas son muestras de que su capacidad de ver a distancia está plenamente desarrollada.

La visión de los colores madura aproximadamente al mismo ritmo. Los bebés de un mes son bastante sensibles al brillo y a la intensidad de los colores; por lo tanto, prefieren mirar diseños visuales llamativos, con blancos y negros o fuertes contrastes. De hecho, los colores pastel que solemos asociar al ajuar de los recién nacidos no son precisamente los más apreciados por los bebés debido a su limitada visión de los colores.

Alrededor de los cuatro meses, ya los bebés son capaces de percibir toda la gama de colores y tonos.

A medida que su vista va madurando, los bebés empiezan a buscar espontáneamente cosas más estimulantes que mirar. Con sólo un mes de edad, sus estímulos visuales favoritos son las imágenes lineales simples, como rayas anchas o un tablero de ajedrez. A los tres meses, sin embargo, les interesan mucho más los diseños que contienen elementos circulares (tablero de dardos, espirales). Éste es el motivo por el que las caras, que contienen tantos círculos y curvas, les resultan tan atractivas.

## Audición y producción de sonidos

Del mismo modo que un bebé prefiere el rostro humano a cualquier otro diseño visual, prefiere la voz humana a cualquier otro sonido. La voz de su madre es a todas luces su sonido preferido, puesto que lo asocia a calor, alimento y bienestar. A los bebés les gustan las voces agudas de las mujeres en general—algo que la mayoría de los adultos parecen entender de forma intuitiva, ya que, sin darse cuenta, hablan con ese tono cuando se dirigen a un bebé.

Escúchese a sí mismo la próxima vez que hable con su hijo. Probablemente se dará cuenta de que utiliza un tono más agudo, habla más despacio, exagera ciertas sílabas y abre la boca y los ojos más de lo habitual. Esta actitud teatral es la mejor forma de captar la atención de un bebé y hacerle reír.

Al escuchar cómo usted y otras personas le hablan, su hijo descubrirá la importancia del lenguaje mucho antes de entender o repetir palabras específicas. Cuando tenga un mes, será capaz de reconocerle a partir de la voz, incluso estando en habitaciones diferentes y, cuando usted le hable, se sentirá más seguro, aliviado y distraido. Cuando le sonría y gorjee en respuesta a sus palabras, su hijo verá la alegría en su rostro y aprenderá que la conversación es un proceso de dos vías. Estas primeras "conversaciones" le enseñarán muchas reglas sutíles de la comunicación, tales como el turnarse para hablar, la entonación, las pausas y la regulación de la velocidad.

Hacia el segundo mes de vida, es posible que el bebé empiece a repetir algunos sonidos vocálicos (aahh, oohh), sobre todo después de que usted le hable utilizando palabras o frases claras y simples. Es fácil adoptar el hábito de hablarle a un bebé utilizando siempre un lenguaje infantil, pero debe tratar de alternarlo con el lenguaje adulto y dejar de utilizar el lenguaje infantil cuando su hijo ya tenga seis meses.

Hacia el cuarto mes, su hijo balbuceará asiduamente y se pasará largas horas entretenido produciendo nuevos sonidos (mu-mu, ba-ba). También será más sensible al tono de su voz y al énfasis que ponga en ciertas palabras y frases. Con el tiempo, su hijo aprenderá a distinguir a partir de lo que usted le diga cuándo va a alimentarlo, a cambiarle los pañales, a sacarlo de paseo o a acostarlo. La forma en que usted le hable le trasmitirá muchas cosas de su temperamento y su estado de ánimo, y la forma en que él le responda a usted le dirá mucho de él. Si le habla con un tono de voz dulce y reconfortante, probablemente su hijo le sonreirá, gorjeará y balbuceará, pero si le grita o le habla con voz de enojo, probablemente se echará a llorar.

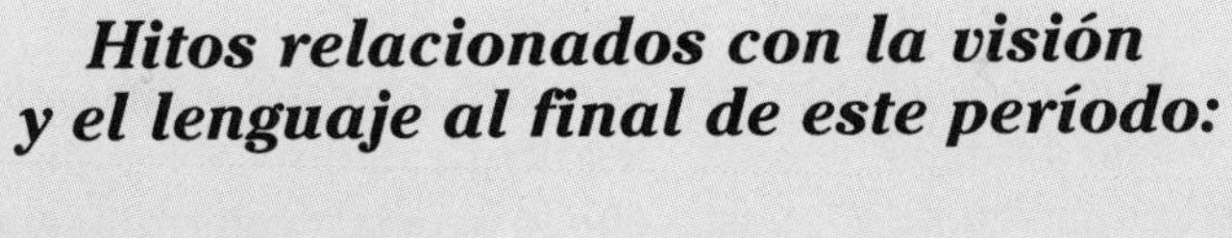

## *Hitos relacionados con la visión y el lenguaje al final de este período:*

- **Sonríe al escuchar su voz**
- **Empieza a balbucear**
- **Empieza a imitar algunos sonidos**
- **Gira la cabeza en la dirección del sonido**

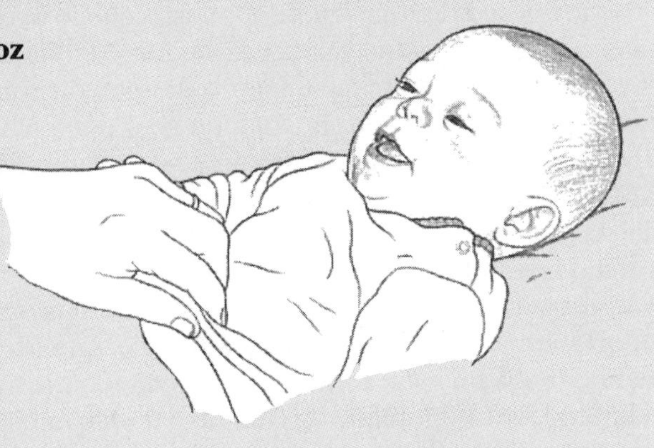

## Desarrollo emocional y social

Cuando tenga aproximadamente dos meses su hijo se pasará la mayor parte del tiempo observando y escuchando a la gente que le rodea. Aprenderá que los demás lo entretienen y lo tranquilizan, lo alimentan y le ayudan a sentirse a gusto. Se sentirá bien cuando le sonrían y parecerá saber instintivamente que él también puede sonreír a los demás. Incluso durante su primer mes de vida habrá hecho alguna mueca que otra. Durante el segundo mes, estos movimientos se convertirán en señales genuinas de placer y simpatía.

¿Ha visto ya su primera sonrisa verdadera? Cuando lo haga, será un punto culminante para ambos: usted y su hijo. Si usted tenía alguna duda, de repente, le parecerá que todas las noches en vela y todos los días caóticos merecen la pena, y hará todo lo posible por seguir cosechando más sonrisas. Por su parte, su hijo descubrirá que, con sólo mover los labios, puede mantener "conversaciones" ya que, al sonreír, consigue captar todavía más la atención de los demás y sentirse mejor. Además, la sonrisa, igual que el llanto, le permitirá expresar sus necesidades y ejercer cierto control sobre el mundo que le rodea.

Al principio, su hijo parecerá sonreír al vacío, sin mirarle a los ojos. No deje que esto le mortifique. Mirar hacia otro lado le confiere cierto control y, al hacerlo, evita sentirse abrumado por usted. Es su forma de tener una visión de conjunto sin "focalizarse" demasiado en sus ojos. De este modo, puede fijarse al mismo tiempo en su expresión facial, el sonido de su voz, el calor de su cuerpo y la forma que tiene de cargarlo. A medida que vayan conociéndose mejor, su hijo cada vez le mirará más a los ojos y usted aprenderá a fomentar su "tolerancia"—quizás

**A medida que se conozcan mejor, su hijo cada vez le sostendrá más la mirada por más tiempo.**

sosteniéndolo a cierta distancia de su rostro, modulando la intensidad de su voz o modificando sus expresiones faciales.

Hacia los tres meses, su hijo se convertirá en el maestro de las sonrisas. A veces, empezará una "conversación" dirigiéndole una amplia sonrisa y emitiendo ruiditos para captar su atención. Otras veces, se limitará a estar a la expectativa, observando su rostro hasta que usted le dedique la primera sonrisa para devolvérsela después con entusiasmo. Todo su cuerpo participará en estos diálogos. Sus manos se abrirán completamente, sus brazos se elevarán en el aire y moverá brazos y piernas al ritmo de su voz.

Sus expresiones faciales también serán un espejo de las suyas. Mientras le habla, puede abrir los ojos y la boca de par en par y, si usted saca la lengua, ¡es posible que su hijo haga lo mismo!

Por supuesto, su hijo no se comportará del mismo modo con todo el mundo. Como los adultos, los bebés prefieren ciertas personas a otras. Y sus adultos favoritos serán, lógicamente, sus padres. Alrededor del tercer o cuarto mes, su hijo empezará a interesarse por otros niños. Si tiene algún hermano, lo verá alegrarse en cuanto aquél empiece a hablarle. Si oye voces de niños procedentes de la calle o de la televisión, es posible que se oriente hacia ellas para ver de dónde vienen. Esta fascinación por los niños irá en aumento conforme vaya haciéndose mayor.

Los abuelos o las niñeras conocidas pueden recibir al principio una sonrisa cautelosa, que irá seguida de gorjeos y gestos corporales cuando lleven un rato jugando con él. Contrariamente, los desconocidos cosecharán, como mucho, una mirada de curiosidad o un esbozo de sonrisa. Esta selectividad sugiere que, incluso siendo tan pequeño, su hijo está empezando a categorizar quién es quién en su vida. Aunque las señales que emite son todavía muy sutiles, no cabe duda de que está empezando a apegarse a las personas más cercanas a él.

Es posible que esta interacción no verbal sólo parezca un juego, pero estos intercambios iniciales desempeñan un papel muy importante en el desarrollo emocional y social de un bebé. Si usted responde con rapidez y entusiasmo a las sonrisas de su hijo y se implica frecuentemente en este tipo de "conversaciones" con él, le trasmitirá el mensaje de que él es alguien importante para usted, que puede confiar en usted y que puede ejercer cierto control sobre su entorno. Reconociendo estas señas y evitando interrumpirlo o ignorarlo cuando "le hable", también le demostrará que lo valora y le interesa saber cómo se siente. Así fomentará su autoestima.

A medida que su hijo crezca, su forma de comunicarse con usted variará en función de sus deseos y necesidades. En el día a día, usted se dará cuenta de que su hijo tiene tres niveles generales de necesidad, cada uno de los cuales reflejará una faceta distinta de su personalidad:

1. Cuando sus necesidades sean apremiantes—por ejemplo, cuando tenga mucha hambre o le duela algo—se lo hará saber a su propio modo: gritando, gimiendo o utilizando un lenguaje corporal intenso. Con el tiempo aprenderá a reconocer estas señales tan rápidamente, que podrá colmarlas casi antes de que él mismo sepa qué es lo que quiere.

2. Si su hijo duerme apaciblemente, o está despierto y se entretiene solo, usted podrá tener la seguridad de que, en ese momento, todas sus necesidades han sido satisfechas. Y podrá aprovechar esos momentos de paz para descansar u ocuparse de otras cosas. Así mismo, los momentos en que su hijo juegue solo son magníficas oportunidades para observar—desde la distancia—cómo está adquiriendo nuevas habilidades, tales como alcanzar y coger cosas, seguir el movimiento con la mirada o maniobrar con sus manos.

3. Cada día su hijo tendrá momentos en que, a pesar de tener cubiertas sus necesidades más básicas, seguirá estando inquieto e intranquilo. Puede trasmitírselo con un quejido, moviéndose agitadamente o teniendo estallidos de actividad desenfrenada entre períodos de calma. Es probable que ni siquiera él sepa qué es lo que le pasa, pero es posible que alguno de los siguientes recursos permitan calmarlo: jugar con él, hablarle, cantarle, arrullarlo o pasearlo, cambiarlo de postura o simplemente dejarle que "se desahogue". También es posible que, aunque una respuesta determinada parezca calmarlo momentáneamente, enseguida se ponga aún más intranquilo y reclame todavía más su atención. El círculo puede no romperse nunca a menos que lo deje llorar durante un rato o le distraiga haciendo algo distinto, por ejemplo, sacarlo de casa o alimentarlo. Por muy agotadoras que puedan parecer estas experiencias, les darán, a usted y a su hijo, la oportunidad de conocerse mutuamente. Gracias a ellas, descubrirá cómo le gusta a su hijo que lo mezan, qué expresiones o voces cómicas le divierten más y qué es lo que más le gusta mirar. Él, a su vez, descubrirá qué es lo que tiene que hacer para captar su atención, cómo se esforzará usted por complacerlo y cuál es su umbral de tolerancia.

Con el tiempo, los períodos de necesidades acuciantes irán disminuyendo y su hijo será capaz de distraerse por su cuenta durante lapsos de tiempo cada vez más largos. Esto se debe, en parte, a que usted aprenderá a anticipar y a colmar muchas de las necesidades de su hijo antes de que se sienta incómodo. Así mismo, el sistema nervioso del bebé irá madurando y, por lo tanto, cada vez estará más preparado para afrontar las situaciones diarias por su cuenta. Conforme vaya controlando su cuerpo, podrá hacer más cosas para distraerse a sí mismo y experimentará menos frustraciones. Los períodos de intranquilidad no desaparecerán de golpe, pero, a medida que su hijo vaya haciéndose más activo, le resultará más fácil entretenerse solo. Con el tiempo, deberá aprender a superar estos momentos de inquietud él solo.

### *Hitos socio-emocionales hacia el al final de este período:*

- **Desarrolla la sonrisa social**
- **Disfruta jugando con los demás y tal vez llore cuando se acaba el juego**
- **Se vuelve más comunicativo y expresivo con el rostro y el cuerpo**
- **Imita algunos movimientos y expresiones faciales**

Durante los primeros meses no tema "malcriar" a su hijo por el hecho de conferirle demasiadas atenciones. Obsérvelo atentamente y reaccione con prontitud cuando le necesite. Es posible que no siempre consiga tranquilizarlo, pero de todos modos es bueno demostrarle que se preocupa por él. De hecho, entre más se apresure a tranquilizar a su hijo cuando esté inquieto durante sus primeros seis meses de vida, menos reclamará su atención cuando sea mayor. A esta edad, su hijo necesita que lo calmen frecuentemente para poder sentirse seguro y poder confiar en usted. Al ayudarle a adquirir esta sensación de seguridad ahora, le suministrá la confianza inicial para que pueda irse separando progresivamente de usted y se convierta en una persona fuerte e independiente.

# Cuidados básicos

## Alimentación

Idealmente, durante los primeros cuatro meses la dieta de su bebé debe consistir exclusivamente de leche, sea materna o de fórmula. La cantidad de leche ingerida en cada toma debería aumentar de 4 a 5 onzas durante el segundo mes a 5 a 6 onzas durante el cuarto. La cantidad de leche ingerida diariamente por un bebé de 4 meses debería ser de unas 30 onzas. Por norma general, esta cantidad es suficiente para satisfacer las necesidades nutricionales de un bebé de esta edad.

Si ve que su hijo se queda persistentemente hambriento después de lo que usted cree que es una toma adecuada, hable con el pediatra para que le indique cómo actuar. Cuando un bebé que lacta no gana peso, es posible que la madre haya empezado a producir menos leche. En tales casos, la solución suele consistir en darle uno o dos biberones suplementarios. Si está claro que, aunque el bebé está tomando suficiente leche, sigue teniendo hambre, es posible que el pediatra le recomiende que empiece a darle alimentos sólidos. Sin embargo, los sólidos sólo

## *Alertas sobre el desarrollo*

Aunque cada bebé se desarrolla de una forma distinta y a su propio ritmo, el fracaso en alcanzar ciertos pasos del desarrollo, puede implicar un problema médico o un problema de desarrollo que requiera atención especial. Si percibe alguna de las señales de alarma que se especifican a continuación, póngase en contacto con el pediatra.

- Sigue teniendo el reflejo de Moro después de los cuatro meses
- No reacciona ante ruidos fuertes
- No percibe sus propias manos a los dos meses
- No sonríe al escuchar la voz de su madre a los dos meses
- No sigue con la mirada objetos en movimiento a los dos a tres meses
- No agarra ni sostiene objetos a los tres meses
- No sonríe a la gente a los tres meses
- No sostiene la cabeza bien cuando tiene tres meses.
- No intenta alcanzar ni coger juguetes para los tres a cuatro meses
- No balbucea cuando tiene tres o cuatro meses.
- No se lleva objetos a la boca cuando tiene cuatro meses.
- Empieza a balbucear, pero no intenta imitar ninguno de los sonidos que usted hace cuando tiene cuatro meses
- No empuja hacia abajo con las piernas cuando se le coloca de pie sobre una superficie dura cuando tiene cuatro meses.
- Tiene problemas para mover uno o ambos ojos en todas las direcciones
- Vira sus ojos la mayor parte del tiempo (es normal que se le crucen los ojos de vez en cuando durante los primeros meses)
- No presta atención a las caras nuevas o se asusta mucho ante caras u objetos desconocidos
- Sigue teniendo el reflejo tónico del cuello después de cumplir los cuatro o cinco meses

deberían introducirse al final de este período, puesto que los bebés más pequeños tienden a expulsar la comida con la lengua, lo que dificulta alimentarlos con cuchara. Además, es posible que los bebés de pocos meses no toleren algunos alimentos sólidos.

Si realmente necesita introducir sólidos en la dieta de su hijo, empiece con los alimentos menos alergénicos, como cereales de arroz, y dilúyalos al máximo con leche materna o de fórmula (para más información sobre la introducción de sólidos, véase el Capítulo 8).

## *Juguetes y actividades apropiadas para un bebé de uno a tres meses*

- **Imágenes o libros que tengan fuertes contrastes**
- **Móviles de formas variadas y colores brillantes**
- **Un espejo irrompible adosado a la cuna**
- **Sonajeros**
- **Cantarle canciones**
- **Ponerle música (discos, cintas, cajas de música)**

Aunque no modifique la dieta de su hijo, probablemente comprobará que sus deposiciones experimentan ciertos cambios durante estos meses. Sus intestinos tendrán más capacidad y absorberán mas nutrientes de la leche por lo que los excrementos tenderán a estar más sólidos.

Su hijo también irá perdiendo el reflejo gastro-cólico, por lo que ya no debe tener una deposición después de cada toma. (Véase *Evacuaciones*, en la página 52). De hecho, entre el segundo y el tercer mes la frecuencia de las deposiciones debe disminuir notoriamente, tanto en los bebés que lactan como en los que toman el biberón. Algunos niños de esta edad que son amamantados sólo evacuan una vez cada tres o cuatro días, y un número reducido de ellos ensucian los pañales solamente una vez a la semana lo que sigue siendo normal. Mientras su hijo coma bien, siga ganando peso y sus heces no sean demasiado duras o secas, no tiene por qué preocuparse por esta disminución en la frecuencia de las deposiciones.

## Sueño

A los dos meses, su hijo estará más alerta y sociable y pasara más horas despierto durante el día. Esto le ayudará a estar un poco más cansado por las noches, cuando todo está oscuro y en silencio y no haya nadie para entretenerlo. Al mismo tiempo, la capacidad de su estómago habrá crecido, por lo que no necesitará alimentarse tan a menudo; por lo tanto, es posible que empiece a saltarse una toma nocturna y que duerma desde las 10 P.M. hasta que amanezca. A los tres meses, la mayoría de bebés (aunque no todos) duermen de forma ininterrumpida por la noche (entre siete y ocho horas sin despertarse).

Si su hijo no empieza a dormir toda la noche cuando tenga tres meses, probablemente deberá ayudarle manteniéndolo despierto en las horas de la tarde y el anochecer. Juegue activamente con él o deje que se una al resto de la familia en la cocina o la sala, para que no tenga la tentación de quedarse dormido antes de que sea la hora de acostarse. Aumente también la cantidad de leche (si le da el biberón) o la duración (si le da el pecho) de la última toma del día para que no se despierte demasiado pronto porque tiene hambre.

Incluso después de que su hijo tenga un patrón establecido de sueño bastante regular y razonable, pueden surgir problemas. Por ejemplo, es bastante habitual que a esta edad los bebés confundan el día con la noche y viceversa, de tal modo que duerman más por el día. Aunque este tipo de situaciones parecen ocurrir sin previo aviso, suelen tener un desarrollo de varios días. El bebé empieza durmiendo más de lo normal por el día, lo que le hace estar más despierto por la noche. Si lo alimentan y lo consuelan cuando se despierta por la noche, adoptará este nuevo ciclo de una forma bastante natural. Para evitar que se instaure este hábito o

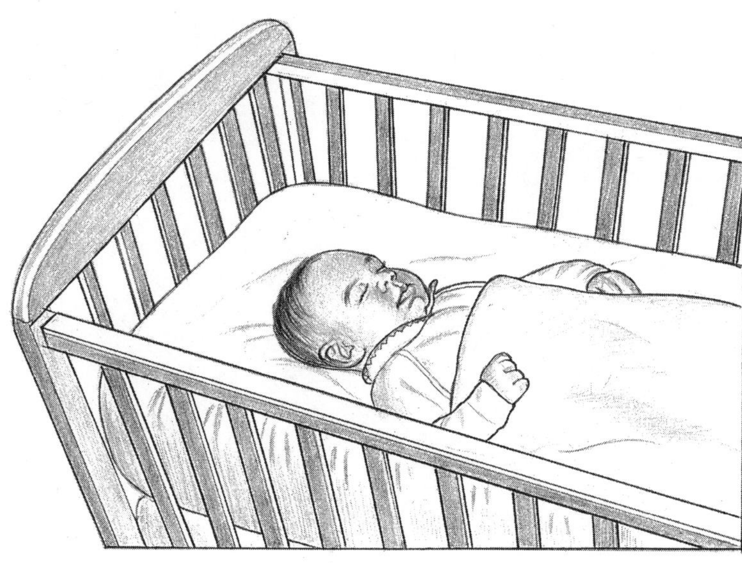

**A los tres meses de edad, la mayoría de bebés (aunque no todos) duermen de forma ininterrumpida durante toda la noche.**

conseguir que desaparezca, induzca a su hijo a que se duerma lo más pronto posible cuando se despierte por la noche. No encienda la luz, no le hable ni juegue con él. Si necesita alimentarlo y/o cambiarlo, intente alterarlo lo menos posible. Así mismo, manténgalo despierto lo máximo posible durante el día y no lo acueste por la noche antes de las 10 o las 11 P.M. Recuerde que a esta edad los bebés deben dormir boca arriba. Si tiene paciencia y es consistente, el patrón de sueño de su hijo enseguida empezará a regularizarse (véase *Cómo ayudar a su hijo a conciliar el sueño*, página 41).

Muchos bebés tienden a despertarse demasiado temprano por la mañana. A veces, este problema puede evitarse colocando cortinas en las ventanas para que no entre el sol; en caso de que el niño se despierte, es posible que, al cabo de unos minutos de intranquilidad, vuelva a dormirse. Si esto no funciona, puede intentar mantenerlo despierto una hora más por la noche. Lamentablemente, no todos los bebés son capaces de seguir durmiendo hasta tarde por las mañanas; muchos se despiertan automáticamente y están listos para empezar el nuevo día en cuanto amanece. Si éste es el patron de su hijo, no tendrá más remedio que adaptar su propio horario al del bebé. Cuando crezca un poco más (entre los seis y los ocho meses), dejarle sus juguetes preferidos en la cuna podría mantenerlo ocupado mientras usted disfruta de unos cuantos minutos más de sueño.

A veces, usted puede creer que su hijo se ha despertado cuando, de hecho, está atravesando una fase de sueño ligero. Puede retorcerse, moverse agitadamente y hasta llorar, y, sin embargo, estar dormido. O puede estar despierto pero a punto de volver a quedarse dormido si se le deja solo. No cometa el error de intentar calmarlo en esos momentos; sólo conseguirá despertarlo más y retrasar el

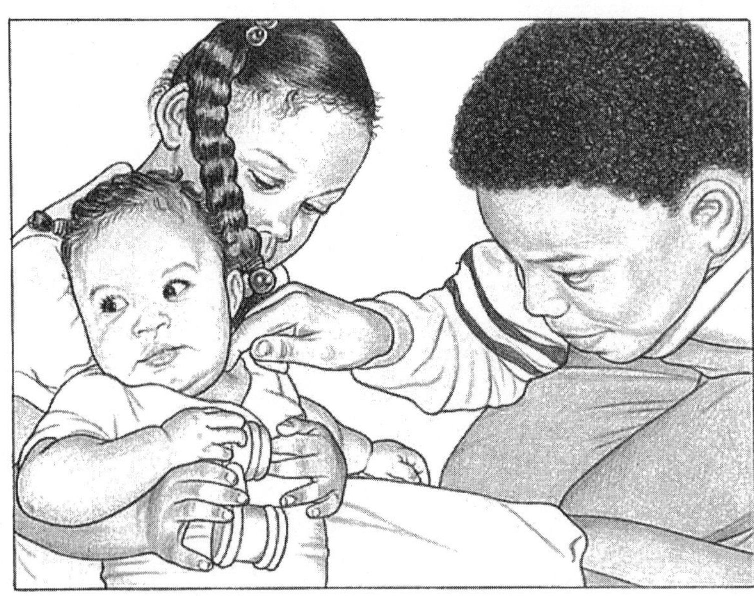

**Invite a los hermanos mayores a jugar con el bebé.**

momento en que vuelva a coger el sueño. Si, en lugar de ello, permite que haga aspavientos y llore unos minutos, aprenderá a volverse a dormir sin tener que contar con su ayuda. Algunos bebés necesitan "quemar energía" llorando para coger el sueño o para despertarse. Tanto como quince a veinte minutos de llanto no le harán daño a su hijo. Lo único que debe hacer es asegurarse de que no llora porque tiene hambre, le duele algo o tiene los pañales mojados. Aunque le cueste mucho dejar llorar a su hijo por tan siquiera uno o dos minutos, si lo consigue, a largo plazo será mejor para ambos.

## Hermanos

Durante el segundo mes de vida de su hijo, es posible que usted esté acostumbrado al hecho de tener un nuevo bebé en casa. Sus hijos mayores, sin embargo, todavía pueden tener problemas para adaptarse a la nueva situación. Sobre todo si éste es su segundo hijo, probablemente el primero se resentirá por haber dejado de ser el centro de todo. Habiéndosele usurpado esta posición privilegiada, es muy probable que intente recuperarla a toda costa, lo que suele significar empezar a portarse mal.

A veces, su hijo mayor puede expresar su frustración contestándole mal, haciendo cosas que sabe que están prohibidas o literalmente gritando para llamar su atención. También es posible que presente conductas de tipo regresivo, como volver a mojar la cama o tener "accidentes" durante el día cuando ya hacía meses que había aprendido a usar el inodoro. Si usted y su pareja pasan cada día un rato a solas con el hermano mayor el problema se podría solucionar.

**Establezca normas claras y consistentes, como no cargar nunca al bebé sin permiso.**

Sin embargo, si el hermano mayor dirige su rabia contra el bebé—tirando al suelo su biberón o incluso pegándole—deberá tomar medidas más directas.

Siéntese y hable con él, y prepárese a escuchar frases como: "Me gustaría que el bebé no hubiera nacido nunca". Intente tener en cuenta éstos y otros sentimientos del niño cuanto hable con él. Asegúrele que usted sigue queriéndole muchísimo, pero explíquele con firmeza que no debe hacerle daño al bebé. Haga un esfuerzo adicional para incluirlo en todas las actividades familiares e invítelo a jugar con su nuevo hermanito. Hágale sentirse como el "hermano mayor", asignándole tareas específicas relacionadas con el cuidado del bebé, tales como llevar la bolsa de pañales, ordenar sus juguetes, o ayudar a vestirlo. Así mismo, establezca desde el principio normas claras y consistentes, como no cargar nunca al bebé sin permiso.

## Alertas de salud

Los siguientes problemas médicos son bastante habituales entre los dos y cuatro meses. Para obtener más información sobre enfermedades y trastornos que se pueden presentar durante la infancia, remítase a la segunda parte de este manual.

**Diarrea.** (Véase también *Diarrea*, en la página 544). Si su hijo presenta vómitos, seguidos de diarrea al cabo de uno o dos días, puede tener una infección de origen viral en el tracto intestinal. Si le está dando el pecho, el pediatra le sugerirá probablemente que siga amamantándolo como hasta ahora. Si lo está alimentando con leche de fórmula, en la mayoría de los casos le recomendará que siga haciéndolo. En algunos casos los pediatras recomiendan alimentar al bebé sólo con agua o con una solución especial que contiene electrolitos (como sal y potasio) y azúcar. Cuando se introduzca la leche, es posible que el pediatra le sugiera empezar dándole a su hijo una leche diferente durante varios días. Esto se debe a que la diarrea puede acabar con las encimas necesarias para digerir el azúcar de la leche de vaca.

**Infecciones de oído.** (Véase también *Infecciones de oído*, página 618). A pesar de que las infecciones de oído son más frecuentes en bebés mayores, ocurren tambien ocasionalmente en lactantes de menos de tres meses. Los lactantes tienden a contraer este tipo de infecciones porque tienen muy corto el conducto que conecta la cavidad nasal con el oído medio, lo que propicia que los agentes infecciosos que provocan los resfriados pasen de la nariz al oído medio. Si la infección se agrava o no se trata correctamente, el tímpano puede llegar a romperse y el fluido infectado pasa a través de él al canal auditivo externo. Pero con el tratamiento adecuado, el tímpano se cura sin dejar secuelas permanentes.

La primera manifestación de una infección de oído suele ser la irritabilidad, sobre todo por las noches. También es posible que el bebé se golpee o se estire la oreja con las manos. Si la infección progresa, puede producir fiebre. Si sospecha

## *Estimulación del crecimiento cerebral: del primero al tercer mes*

- **Déle una alimentación sana; llévelo al pediatra para que le haga chequeos periódicos y siga puntualmente el calendario de vacunaciones recomendado.**
- **Sea cálido y afectivo con el bebé; tenga contacto físico con él en forma de abrazos, besos y caricias para trasmitirle una sensación de seguridad y bienestar.**
- **Háblele o cántele canciones mientras lo viste, lo baña, lo alimenta, juega o pasea con él o mientras van en auto. Utilice frases sencillas y estimulantes y llame al bebé por su nombre.**
- **Sea sensible a su ritmo y a su estado de ánimo. Aprenda a leer las claves que le da y respóndale cuando esté molesto así como cuando esté contento. Los bebés no pueden "malcriarse".**
- **Facilítele objetos coloridos, de diferentes formas, tamaños y texturas. La cara de papá y mamá es el estímulo visual más interesante para un bebé de esta edad.**
- **Si usted habla un idioma distinto al del lugar donde vive, utilícelo en casa.**
- **Evite someter al bebé a experiencias estresantes o traumáticas, tanto físicas como psicológicas.**
- **Asegúrese de que todas las personas que van a cuidar de su hijo, aparte de velar por su salud y seguridad, entienden lo importante que es darle cariño y consuelo.**

que su hijo tiene una infección de oído, llame al médico lo antes posible. Si en el examen se confirma que hay infección, probablemente el pediatra le recetará antibióticos.

**Erupciones y problemas de la piel.** Muchas de las erupciones que aparecen en las primeras semanas persisten durante el segundo y tercer mes. Además, el eccema puede aparecer en cualquier momento después del primer mes. El eccema, o dermatitis atópica (véase también *Eccema*, página 732) produce placas secas, escamosas y a menudo rojas generalmente en el rostro y en los codos y detrás de las rodillas. En los infantes las dos últimas son las ubicaciones más frecuentes. Las placas pican mucho, por lo que el bebé puede estar muy irritable. Pídale al pediatra que le recomiende un tratamiento. No le ponga ninguna pomada o crema al bebé a menos que el pediatra se la recomiende específicamente. Para evitar que vuelva a aparecer el eccema, utilice solamente jabones muy suaves tanto para lavar al bebé como su ropa y vístalo con tejidos suaves (no utilice lana ni tejidos ásperos). No lo bañe más de tres veces a la semana, puesto que los baños frecuentes pueden secarle todavía más la piel.

**Infecciones de las vías respiratorias altas.** (Véase también *Catarros/ Infecciones de las vías respiratorias altas*, página 615). Muchos bebés tienen su primer resfriado durante estos meses. La leche materna confiere cierta inmunidad, pero no garantiza bajo ningún concepto una protección total, sobre todo si otro miembro de la familia padece alguna enfermedad respiratoria. Este tipo de infecciones se contagian fácilmente por gotas de saliva en el aire o por contacto por las manos. (La exposición al frío o las corrientes de aire *no* provocan resfriados). Lavarse las manos, taparse la boca al toser o estornudar y no besar al niño cuando uno está resfriado son las mejores formas de evitar contagiarlo.

La mayoría de las infecciones respiratorias que contraen los bebés son leves, provocándoles tos, gotereo nasal y un ligero aumento de la temperatura, pero rara vez fiebre alta. La mucosidad, no obstante, puede ser un verdadero problema para un lactante. Al no poderse sonar, las mucosidades pueden acabar bloqueándole las vías nasales. Antes de cumplir tres o cuatro meses, los lactantes todavía no respiran bien por la boca, por lo que este bloqueo puede provocarles más malestar que a los niños mayores. Así mismo, una nariz tapada puede provocar problemas de sueño, ya que, al no poder respirar por la nariz, el bebé se despertará. También puede interferir con la alimentación, puesto que tendrá que dejar de chupar para poder respirar por la boca.

Para atenuar este problema, coloque un humidificador de vapor frío en la habitación del bebé. Si persiste la congestión, utilice un aspirador nasal, sobre todo antes de las tomas o cuando su hijo tenga la nariz muy tapada. Si antes vierte unas cuantas gotas de solución salina (recetada por el pediatra) en cada una de las ventanas de la nariz, conseguirá reblandecer las secreciones, lo que facilitará la aspiración. Apriete primero la pera de goma y *seguidamente*, introduzca la punta por la ventana de la nariz y vaya soltando suavemente la pera. Aunque es cierto que el acetaminofén baja la fiebre y reduce la irritabilidad, debe darse a un bebé de esta edad *sólo* bajo prescripción médica. *No use nunca aspirina* (Véase *Síndrome de Reye*, página 560; *Medicamentos*, página 768)

Normalmente, no hará falta que lleve a su hijo al médico cuando tenga una infección de las vías respiratorias altas. De todos modos, debe llamarle si presenta alguno de los síntomas a continuación:

- Tos persistente.
- Pérdida del apetito (se salta varias tomas).

- Fiebre: *Siempre que su hijo (de menos de tres meses) tenga una temperatura rectal superior a los 101° Farenheit (38.3° centígrados), debe informar al pediatra.*
- Irritabilidad excesiva.
- Mayor somnolencia de lo habitual y dificultad para despertarlo.

## Atención a las vacunas

Al momento de nacer y, de nuevo, al mes o a los dos meses, su bebé debe recibir:

- la vacuna contra la Hepatitis B.

Cuando tenga dos meses y, de nuevo, cuando tenga cuatro, debe recibir:

- la vacuna DTPa o DTP (es preferible la DTPa)
- La vacuna contra la poliomielitis. Pregunte a su pediatra cuál es el mejor calendario a seguir.
- La vacuna contra la Hib (Esta vacuna puede provocar fiebre baja e inflamación del área que rodea al pinchazo. Ayuda a prevenir la meningitis, la neumonía y otras infecciones provocadas por la bacteria *Haemophilus influenzae* tipo b.)

(Para una información más detallada, véase la página 70 y el Capítulo 27, "Vacunas".)

## Cuestiones de seguridad

### Caídas

- No coloque nunca a su hijo dentro de su asiento protector sobre una mesa, silla o cualquier otra superficie que esté sobre el nivel del suelo.
- No deje nunca a su hijo solo en una cama, sofá, mesa o silla.

### Quemaduras

- No cargue nunca a su hijo mientras esté fumando, bebiendo algo caliente o cocinando en la estufa o el horno.
- No permita que fume nadie cerca del bebé.

- Antes de meter a su hijo en la bañera, compruebe siempre la temperatura del agua con la cara interna de la muñeca, el codo o el antebrazo.
- No caliente nunca la leche del bebé (o, más adelante, cualquier otro alimento) en el microondas.

## Atragantamiento

- Revise habitualmente todos los juguetes de su hijo en busca de bordes cortantes o partes que podrían romperse o despegarse.
- Si su hijo tiene un gimnasio, un móvil o algún otro juguete colgante adosado a la cuna, asegúrese de que está bien sujeto para que no pueda descolgarlos ni enredarse en ellos.

# 8

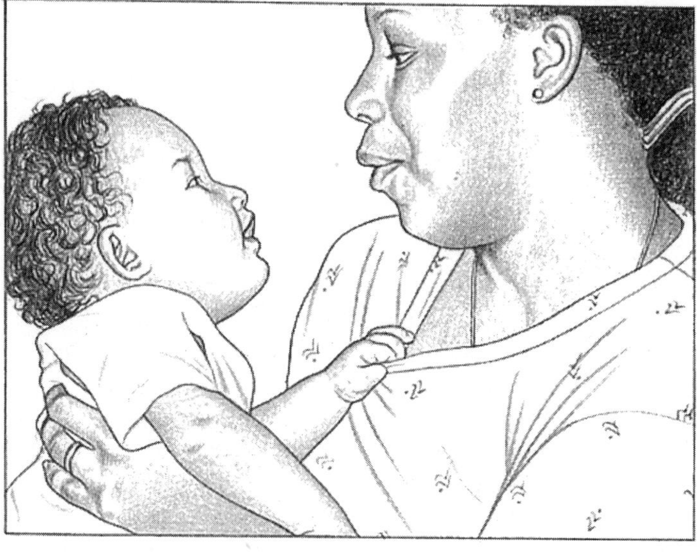

# De los cuatro a los siete meses

Cuando su hijo cumpla cuatro meses, probablemente usted ya habrá establecido una rutina en lo que respecta a su alimentación, siestas, baños y hora de acostarlo en la noche. Esta rutina permitirá que las cosas sean predecibles, lo que contribuirá a que su hijo se sienta seguro, y le permitirá a usted programar sus actividades. Sin embargo, esa rutina debe ser flexible para dar lugar a momentos de diversión improvisados. Ir a dar un paseo cuando después de un día gris sale el sol, una visita inesperada de los abuelos a la hora del almuerzo o ir al zoológico o al parque en familia, son magníficas excusas para romper la rutina. Estar abierto a la novedad y a los impulsos hará que su vida en común sea mucho más agradable y ayudará a su hijo a adaptarse a todos los cambios que va a tener que afrontar en el futuro.

Por el momento, los cambios más importantes son los que están teniendo lugar en su interior. En este período va a aprender a coordinar sus capacidades emergentes de percepción (utilizar los sentidos de la vista, el tacto y el oído) y sus capacidades motoras en proceso de expansión, desarrollando habilidades como agarrar cosas, darse la vuelta, sentarse y, quizás, hasta gatear. El control, que es tan evidente en el plano motor, se pondrá de manifiesto en todas las facetas de su vida. En vez de reaccionar fundamentalmente por reflejos, como hacía durante los primeros meses de vida, ahora decidirá lo que quiere o no quiere hacer. Por ejemplo, cuando era un recién nacido chupaba prácticamente todo lo que entraba en contacto con su boca; pero ahora tendrá preferencias claras. Mientras que en el pasado se limitaba a mirar un nuevo objeto, ahora se lo llevará a la boca, lo palpará y explorará todas sus características.

Ahora su hijo sabrá comunicar mejor sus emociones y sus deseos, lo que hará con frecuencia. Por ejemplo, llorará no sólo cuando tenga hambre o se sienta molesto, sino también cuando quiera otro juguete o desee cambiar de actividad.

También notará que su hijo, de cinco o seis meses, se pone a llorar cuando usted sale de la habitación o cuando entra un extraño de repente. Esto se debe a que está estableciendo un fuerte vínculo de apego con usted y las demás personas que habitualmente cuidan de él. Ha aprendido a asociarle con el bienestar y a distinguirlo de otras personas. Incluso si no se pone a llorar ante la visión de un extraño, su hijo demostrará esta nueva capacidad examinando atentamente el rostro de esa persona. Cuando tenga entre ocho y nueve meses, probablemente rechazará abiertamente a un extraño que se le acerque demasiado. Esta reacción, conocida como "ansiedad ante los desconocidos", señala el principio de una etapa del desarrollo completamente normal.

Sin embargo, durante los meses que preceden a la etapa de la "ansiedad ante los desconocidos", su hijo atravesará probablemente un período de "don de gentes", sonriendo y jugando con todo el que se cruce en su camino. Su personalidad empezará a manifestarse abiertamente y hasta las personas que lo vean por primera vez percibirán algunos de sus rasgos. Aproveche la sociabilidad de esta fase para introducir a aquellas personas que le ayudarán a cuidar de su hijo en el futuro: niñeras, parientes o amigos. Esto no es ninguna panacea contra las tempestades de la etapa de la "ansiedad ante los desconocidos", pero quizás ayude a capear el temporal.

Durante estos meses también aprenderá, si es que todavía no se ha dado cuenta, que no existe una fórmula para criar a un niño ideal. Tanto usted como su hijo son únicos y la relación que mantienen también es singular. Por lo tanto, lo que funciona con un niño no tiene por qué funcionar con otro. Usted tiene que descubrir lo que funciona en *su caso* mediante ensayo-error. Mientras que es posible que el bebé de los vecinos no tenga ningún problema para conciliar el sueño y duerma toda la noche seguida, su hijo puede necesitar que lo carguen, lo abracen y lo acunen para poder dormirse cuando lo acuesta y para volver a conciliar el sueño cuando se despierta a media noche. Es posible, por ejemplo que, mientras que su primer hijo necesitaba mucho consuelo y muchos abrazos, el segundo necesite estar más tiempo a solas. Estas diferencias individuales no implican necesariamente que el modo en que está criando a su hijo sea "bueno" o "malo"; implican, simplemente, que cada niño es único y como tal se le debe educar. Con el paso del tiempo, usted irá conociendo cada vez mejor los rasgos individuales de cada uno de sus hijos y desarrollará pautas de actividad y de relación adaptadas específicamente a cada uno de ellos. Si usted es flexible y está abierto a estos rasgos especiales, sus hijos le guiarán en la dirección adecuada.

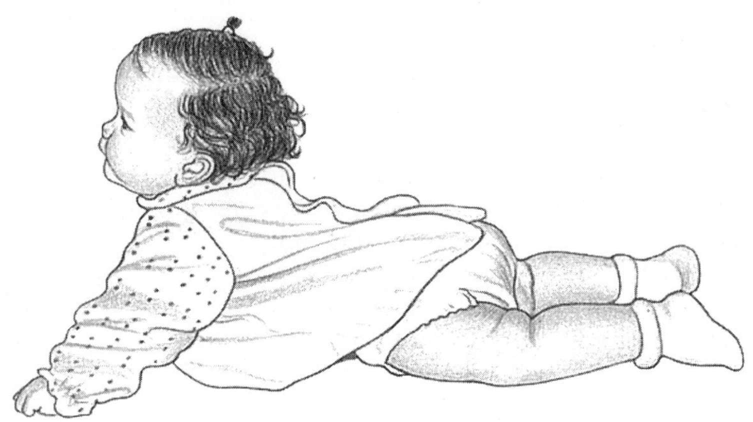

# Crecimiento y desarrollo

## Aspecto físico y crecimiento

Entre los cuatro y los siete meses, su hijo seguirá ganando aproximadamente entre 1 y 1¼ libras (0.45 a 0.56 kg.) al mes. Cuando cumpla ocho meses, probablemente pesará aproximadamente dos veces y media lo que pesó al nacer. Sus huesos también seguirán creciendo a un ritmo rápido y, como resultado, durante estos meses su longitud aumentará unas 2 pulgadas (5 cm) y su circunferencia de cabeza 1 pulgada (2.5 cm).

El peso y la altura específicos de su hijo no son tan importantes como su *ritmo* de crecimiento. En este momento usted ya deberá haber establecido su posición en las curvas de crecimiento de las páginas 134 a 137. Siga representando gráficamente sus medidas a intervalos regulares para asegurarse de que sigue creciendo al mismo ritmo. Si se da cuenta de que está empezando a seguir un patrón de crecimiento distinto o está ganando peso o altura a un ritmo demasiado lento, coménteselo al pediatra.

## Movimiento

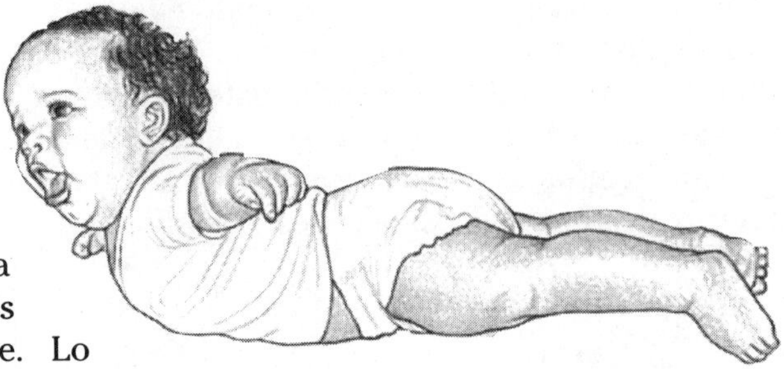

Durante los cuatro primeros meses, su hijo adquirió el control muscular necesario para mover ojos y cabeza, lo que le permitía seguir visualmente la trayectoria de objetos en movimiento. Ahora dará un paso todavía más grande: aprenderá a sentarse. Lo conseguirá de forma gradual, conforme vaya fortaleciendo los músculos del cuello y la espalda y vaya adquiriendo más equilibrio en tronco, cabeza y cuello. Primero aprenderá a levantar la cabeza y a sostenerla mientras está acostado boca abajo. Usted puede fomentar esta conducta colocándolo sobre el estómago y extendiéndole los brazos hacia adelante al tiempo que sostiene un sonajero o algún otro juguete atractivo delante de él para captar su atención. Así también podrá poner a prueba su vista y su audición.

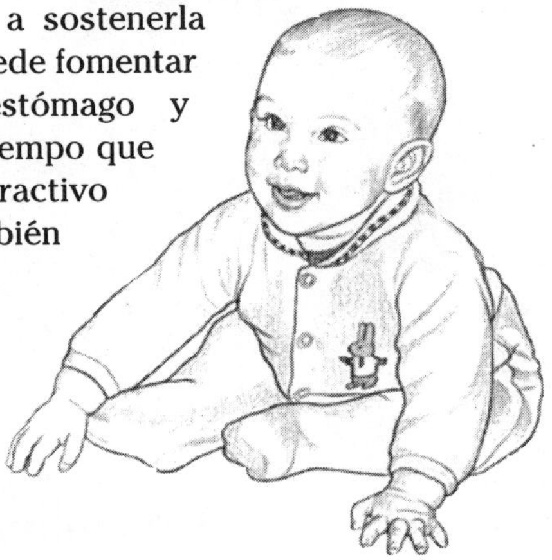

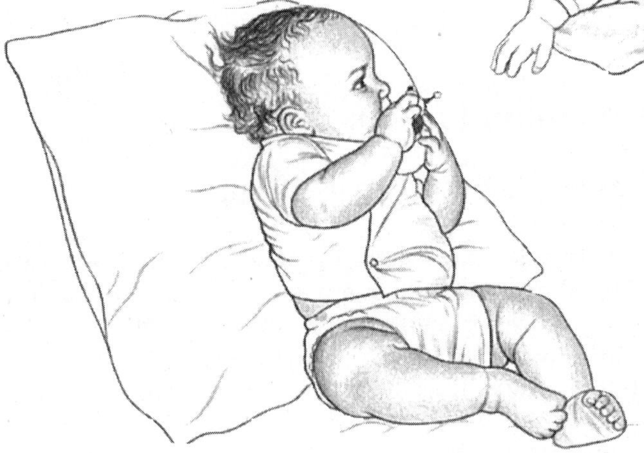

En cuanto su hijo pueda levantar la cabeza, se apoyará con las manos y arqueará la espalda para levantar el pecho. Al hacer esto, fortalecerá la parte superior del cuerpo, lo que le permitirá mantener el tronco derecho cuando esté sentado. Al mismo tiempo, es posible que, mientras está sobre el estómago, se balancee de un lado a otro, dé patadas en el aire y haga como si nadara con los brazos.

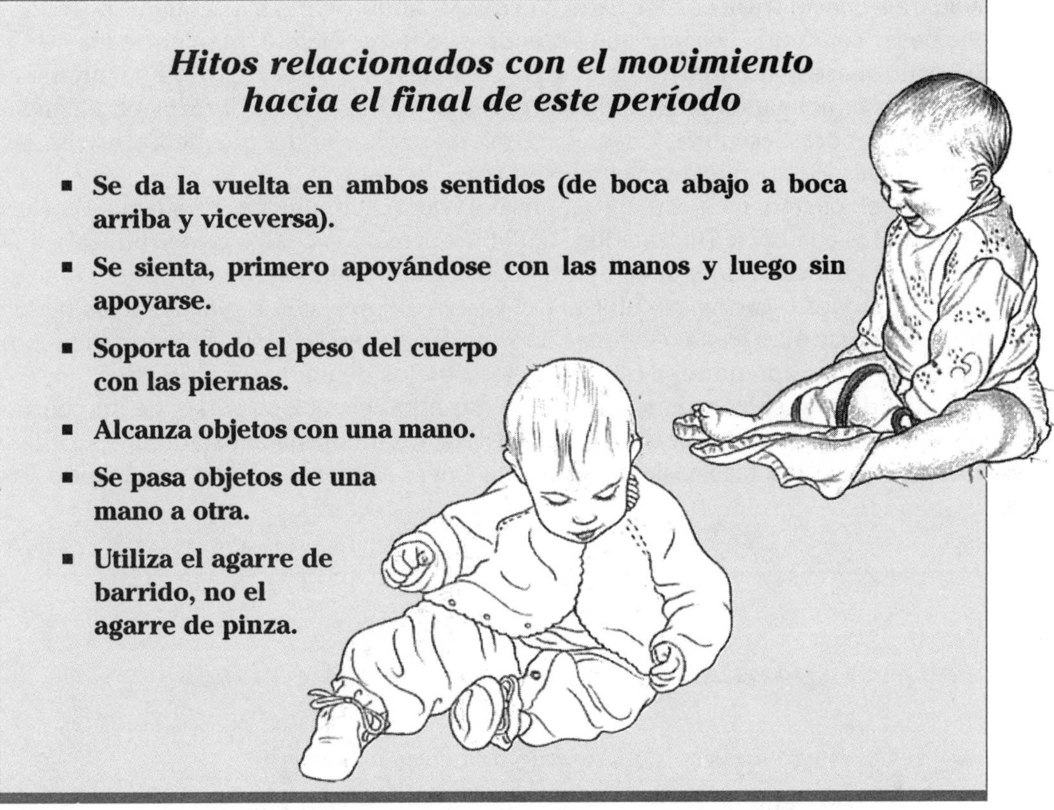

## *Hitos relacionados con el movimiento hacia el final de este período*

- **Se da la vuelta en ambos sentidos (de boca abajo a boca arriba y viceversa).**
- **Se sienta, primero apoyándose con las manos y luego sin apoyarse.**
- **Soporta todo el peso del cuerpo con las piernas.**
- **Alcanza objetos con una mano.**
- **Se pasa objetos de una mano a otra.**
- **Utiliza el agarre de barrido, no el agarre de pinza.**

Estas habilidades, que suelen aparecer entorno a los cinco meses, son necesarias para darse la vuelta y para gatear. Al final de este período su hijo probablemente podrá darse la vuelta en ambos sentidos. La mayoría de los bebés aprenden a colocarse boca arriba a partir de la posición boca a bajo antes que al revés, pero seguir la secuencia inversa también es completamente normal.

En cuanto su hijo tenga suficiente fuerza para levantar el pecho, usted podrá ayudarle a "practicar" la postura de sentado. Elévele la espalda y apóyesela con una almohada o contra la esquina de un sofá para que vaya aprendiendo a mantener el equilibrio. Pronto aprenderá a adoptar la postura de "trípode", inclinándose hacia adelante y extendiendo los brazos para apoyar las manos en el suelo y, así, equilibrar la parte superior del cuerpo. Si le pone delante juguetes brillantes e interesantes, le ayudará a concentrase en algo a medida que va adquiriendo más equilibrio. Tendrá que pasar algún tiempo para que aprenda a sentarse él solo, pero entre los seis y los ocho meses, si usted lo coloca en esta postura, será capaz de mantenerse sentado sin inclinarse hacia adelante ni tener que apoyar los brazos en el suelo. Entonces podrá descubrir todas las cosas maravillosas que puede hacer con las manos y desde este nuevo y ventajoso punto de vista.

Hacia el cuarto mes, su hijo podrá llevarse sin ningún problema objetos interesantes a la boca. Durante los siguientes próximos cuatro meses utilizará a la vez todos los dedos de la mano para coger cosas, a manera de rastrillo, como si tuviera mitones o garras. No utilizará el agarre de precisión o pinza con los dedos índice y pulgar, sino hasta que tenga unos nueve meses de edad, pero entre el sexto y el octavo mes aprenderá a cambiarse los objetos de mano y a voltearlos.

A medida que su coordinación mejore, su hijo descubrirá partes de su cuerpo que antes ni siquiera sospechaba que existían. Cuando esté acostado de espaldas, podrá cogerse los pies y llevárselos a la boca. Mientras le esté cambiando los

## *Juguetes apropiados para un bebé de cuatro a siete meses*

- **Un espejo irrompible, adosado a la cuna o al corral.**
- **Pelotas blandas, incluyendo algunas que hagan ruidos suaves y atractivos.**
- **Jugetes con textura y que hagan ruido.**
- **Juguetes con agujeros donde meter los dedos.**
- **Juguetes musicales, tales como campanas, maracas y panderetas (asegúrese de que no tienen piezas que se desprendan).**
- **Sonajeros "traslúcidos", en los que se pueden ver las piezas que hacen ruido.**
- **Revistas viejas con fotos vistosas para enseñárselas.**
- **Libros para bebés con páginas de cartón, tela o vinilo.**

pañales podrá estirar los brazos y tocarse los genitales. Cuando esté sentado, podrá darse golpecitos en las rodillas o los muslos. A través de estas exploraciones descubrirá nuevas e interesantes sensaciones. También empezará a entender la función de cada parte de su cuerpo.

Por ejemplo, cuando le coloque los pies que acaba de descubrir sobre el suelo, es posible que al principio doble los dedos hacia adentro y se limite a acariciar el suelo, pero pronto descubrirá que puede utilizar los pies para practicar el movimiento de "andar" o para impulsarse de abajo a arriba. Todo esto son formas de prepararse para dos importantes hitos de desarrollo: gatear y mantenerse de pie.

## Visión

Mientras su hijo pone en práctica sus nuevas habilidades motoras, ¿se ha fijado en lo detenidamente que observa todo cuanto hace? La concentración con la que contempla un juguete le puede recordar a un científico enfrascado en sus investigaciones. No cabe duda de que la vista desempeña un papel fundamental en las primeras fases del desarrollo motor y cognoscitivo: los ojos de su hijo se volverán completamente funcionales justo cuando más los necesite.

Aunque su hijo ya veía al nacer, su vista tarda varios meses en madurar por completo. Sólo hasta ahora podrá distinguir diferentes tonalidades de rojos, azules y amarillos.

No se sorprenda si comprueba que su hijo prefiere el rojo o el azul a los demás colores; parece que son los favoritos de la mayoría de infantes de esta edad. A

**Cuando su hijo tenga unos cuatro meses, no sólo se dará cuenta del modo en que usted le habla sino que empezará a discriminar sonidos individuales.**

medida que crecen, la mayoría de bebés prefieren estímulos visuales cada vez más complejos, algo que conviene que tenga en cuenta cuando compre libros de dibujos o carteles para la habitación de su hijo.

Cuando tenga cuatro meses, el alcance de la vista de su hijo habrá aumentado notablemente y seguirá aumentando hasta que, alrededor de los siete meses, su vista esté mucho más madura. Simultáneamente, podrá seguir con la mirada objetos moviéndose cada vez más deprisa. Durante sus primeros meses de vida, cuando usted hacía rodar una pelota por el suelo de la habitación, su hijo no podía coordinar los movimientos oculares lo suficientemente bien como para seguirla con la mirada. Ahora, sin embargo, podrá hacerlo sin problemas. A medida que vaya mejorando su coordinación visomotriz también aprenderá a coger estos objetos en movimiento.

Un móvil colgado encima de la cuna o delante del asiento del bebé es una forma ideal de estimular la visión de un infante. Sin embargo, cuando ya tenga cinco meses se aburrirá pronto y buscará otras cosas que mirar. Además, a esta edad es posible que sepa sentarse y podría tumbar el móvil o enredarse en él. *Por este motivo, los móviles deben retirarse de la cuna o el corral en cuanto el bebé aprenda a incorporarse o a pararse sosteniéndose de algo.*

Otra forma de estimular el interés visual de su hijo es pasearlo por la casa o por la calle, o llevarlo al supermarcado o a un sitio especial. En estas salidas, ayúdele a descubrir cosas que no había visto antes y vaya diciendo sus nombres en voz alta.

Un espejo es otra de las grandes fuentes de fascinación para un bebé de esta edad. La imagen reflejada cambia constantemente y, lo que es más importante, responde directamente a sus propios movimientos. Esta pista le permitirá comprender más adelante que la persona que está reflejada en el espejo es, de

hecho, él mismo. Es posible que le cueste un poco hacer esta asociación, pero probablemente lo hará al final de este período.

Por lo tanto la conciencia visual de un bebé debería *aumentar* claramente durante estos cuatro meses en general. Observe cómo reacciona su hijo cuando le enseña nuevas formas, colores y objetos. Si no manifiesta ningún interés por observar cosas nuevas, o si uno o ambos ojos se le van hacia dentro o hacia fuera, informe al pediatra. (Véase también el Capítulo 21, "Ojos".)

## Desarrollo lingüístico

La adquisición del lenguaje tiene lugar en varias etapas. Su hijo ha estado *recibiendo* información sobre el lenguaje desde que nació, al oír los sonidos que emiten las personas y observar cómo se comunican entre sí. Al principio le interesan más el tono y la intensidad de su voz. Cuando usted le habla utilizando un tono suave y dulce, se tranquiliza y deja de llorar. Sin embargo, cuando le grita con enojo se pone a llorar, porque su voz le transmite el mensaje de que algo va mal. Cuando su hijo tenga unos cuatro meses no sólo percibirá el modo en que le habla sino que empezará a discriminar sonidos individuales. Escuchará las vocales y las consonantes, y empezará a darse cuenta de cómo se combinan formando sílabas, palabras y oraciones.

Aparte de oír sonidos, su hijo ha estado produciéndolos desde el principio, primero en forma de llantos y luego de ruiditos y gorjeos. Alrededor de los cuatro meses empezará a balbucear, utilizando muchos de los ritmos y características de su lengua materna. Aunque al principio sus balbuceos pueden parecerle sin sentido, si lo escucha atentamente, percibirá cómo modifica la entonación, como si estuviera afirmando o preguntando algo. Para estimularlo, converse con él a todas horas. Cuando diga una sílaba reconocible, repítala y seguidamente diga algunas palabras simples que contengan esos sonidos. Si, por ejemplo, dice "be", dígale "bebé", "baño", "bola".

Su participación en el desarrollo lingüístico de su hijo será incluso más importante a partir del sexto o séptimo mes, cuando empiece a imitar activamente los sonidos del habla. Hasta ese entonces, su hijo se podia pasar un día o varios días seguidos repitiendo determinado sonido antes de probar con otro. Pero ahora estará más pendiente de los sonidos que oiga e intentará seguir las directrices que usted le marque. Por lo pronto, empiece a presentarle sílabas y palabras simples, tales como "bebé", "agua", "toma", "dame", "leche", y "caminar", así como los típicos "mamá" y "papá". Aunque es posible que pase un año hasta que usted pueda interpretar los balbuceos de su hijo, él podrá entender muchas de las palabras que escucha antes de su primer cumpleaños.

Si, con siete meses, su hijo no balbucea ni imita sonidos, podría tener algún problema auditivo o en el desarrollo del lenguaje. Un bebé que tenga una pérdida auditiva parcial puede sobresaltarse ante ruidos fuertes o bien orientarse en su dirección e, incluso, reaccionar al oír su voz, pero tendrá dificultades para imitar los sonidos del habla. Si su hijo no balbucea o produce diversos sonidos, informe al pediatra. Si ha tenido infecciones de oído recurrentes es posible que le haya quedado algo de líquido dentro del oído interno, lo que podría interferir con su audición.

La capacidad auditiva de un bebé de pocos meses puede evaluarse utilizando un equipo especial, pero sus propias observaciones son el sistema de aviso que determinará si es preciso o no practicarle a su hijo este tipo de pruebas. Si usted sospecha que su hijo tiene problemas de este tipo, debe pedirle al pediatra que le remita a un especialista en audición.

### *Hitos relacionados con el lenguaje hacia el final de este período*

- **Responde cuando se le llama por su nombre**
- **Empieza a entender la palabra "no"**
- **Distingue emociones a partir de la entonación**
- **Responde a sonidos emitiendo sonidos**
- **Utiliza la voz para expresar alegría y malestar**
- **Balbucea secuencias de consonantes.**

## Desarrollo cognoscitivo

Durante los primeros cuatro meses de la vida de su hijo, ¿dudaba usted de que realmente entendiera algo de lo que ocurría a su alrededor? Esta reacción paterna no es nada sorprendente. Después de todo, aunque usted sabía cuándo su hijo estaba a gusto o a disgusto, probablemente le daba muy pocos indicios de que realmente *pensaba*. Ahora, a medida que vaya aumentando su atención y su memoria, empezará a tener pruebas de que su hijo no sólo está absorbiendo información sino también aplicándola en sus actividades cotidianas.

Durante este período, uno de los conceptos más importantes que asimilará su hijo es el principio de causa-efecto. Probablemente lo captará de forma accidental entre los cuatro y cinco meses de edad. Quizás se dé cuenta de que, cuando da patadas al colchón, la cuna se mueve. O quizás compruebe que el sonajero hace ruido cuando lo golpea o lo agita. En cuanto entienda que él puede *causar* estas reacciones, seguirá experimentando de otros modos para conseguir que pasen más cosas interesantes.

Su hijo enseguida descubrirá que ciertas cosas, como las campanas y las llaves producen ruidos interesantes cuando se mueven o agitan. Cuando golpee ciertas cosas contra la mesa o las deje caer al suelo, desencadenará una secuencia de reacciones en su audiencia, desde caras divertidas hasta quejas y otras reacciones que pueden conllevar la reaparición—o la desaparición—del objeto. Muy pronto empezará a tirar intencionadamente cosas al suelo para ver cómo usted las recoge. Aunque esto pueda llegar a molestarle a veces, es un mecanismo importante para que su hijo aprenda el concepto de causa y efecto y cómo puede influir sobre su entorno.

Es fundamental que facilite a su hijo los objetos que necesita para realizar estos experimentos y que le anime a poner a prueba sus "teorías". Pero aseqúrese de que todos los objetos que le da son irrompibles, ligeros y lo suficientemente grandes para que no se los pueda tragar.

Si estropea o pierde sus juguetes habituales o dejan de interesarle, las cucharas de plástico o madera, las tazas irrompibles, las tapas de vasijas y cajas son objetos muy baratos y entretenidos.

Otra de las cosas importantes que aprenderá su hijo durante este período es que los objetos continúan existiendo aunque él no pueda verlos, un principio denominado *permanencia de objeto*. Durante sus primeros meses de vida su hijo asumía que el mundo consistía exclusivamente en lo que él podía ver. Cuando usted salía de su habitación, asumía que se había desvanecido; cuando regresaba, le veía como una persona completamente distinta. Del mismo modo, cuando usted escondía un juguete debajo de una manta o dentro de una caja, su hijo pensaba que se había desvanecido y no se preocupaba por buscarlo. Pero en algún momento después de cumplir los cuatro meses, su hijo empezará a darse cuenta de que el

**Cuando golpee ciertas cosas contra la mesa o las deje caer al suelo, desencadenará una secuencia de reacciones en su audiencia.**

mundo es mucho más permanente de lo que creía. Usted es la misma persona que le saluda cada mañana. El osito de peluche de esta noche es el mismo con el que durmió ayer. El cubo que usted acaba de esconder detrás de la caja no se ha desvanecido. Jugando a esconder cosas y viendo cómo los objetos y las personas que le rodean desaparecen y reaparecen, su hijo continuará aprendiendo cosas sobre la permanencia de objeto durante los próximos meses.

### *Hitos cognoscitivos hacia el final de este período*

- **Encuentra objetos escondidos parcialmente.**
- **Explora el entorno utilizando las manos y la boca.**
- **Se esfuerza por coger objetos que están fuera de su alcance.**

## Desarrollo emocional

Entre el cuarto y el séptimo mes su hijo experimentará un gran cambio en su personalidad. Al principio de este período puede parecer relativamente pasivo, y no demostrar mayor interés aparte de comer, dormir y recibir cariño. Pero, en cuanto aprenda a sentarse, a utilizar las manos y a moverse con mayor soltura, cada vez se volverá más activo y estará más pendiente del mundo que le rodea. Hará lo posible por tocar y coger todo cuanto vea, y si no puede hacerlo solo, le pedirá ayuda gritando, haciendo ruido, dando patadas o dejando caer lo que tenga en las manos. En cuanto usted entre en escena, probablemente se olvidará de lo que quería y se concentrará en usted, sonriéndole, riendo, balbuceando e imitándole durante un buen rato. Aunque se puede aburrir de jugar hasta con el juguete más entretenido, nunca se cansará de que usted le haga caso.

Los aspectos más sutíles de la personalidad de su hijo son determinados por su temperamento.

¿Es inquieto o tranquilo? ¿De trato fácil o irascible? ¿Testarudo o complaciente? En gran parte, éstos son rasgos de carácter innatos y se irán haciendo cada vez más evidentes durante estos meses. No todas estas características resultan agradables—sobre todo cuando su testarudo hijo de seis meses llora de frustración porque quiere atrapar a toda costa al gato de la familia. Pero, a largo plazo, adaptarse a la personalidad natural de su hijo será lo mejor para todos.

Los bebés testarudos y muy excitables requieren una dosis extra de paciencia y atención. No suelen adaptarse a los cambios con tanta facilidad como los niños más calmados y les sienta muy mal que les presionen o les obliguen a hacer algo antes de que estén preparados. De todos modos, con un niño irritable, el mero hecho de hablarle y abrazarlo puede hacer maravillas. Distraerlo también puede ayudarle a recanalizar su energía. Por ejemplo, si le da por gritar porque usted no le recoge el juguete que ha tirado al suelo por décima vez, acérquelo al suelo para que pueda cogerlo él mismo.

Los niños tímidos o "sensibles" también necesitan una atención especial, sobre todo si conviven con otros niños más ruidosos que los eclipsan por completo. Si su hijo es silencioso y no reclama su atención, es fácil suponer que está bien o, si apenas ríe o sonríe, es posible que usted acabe perdiendo el interés por jugar con él. Sin embargo, este tipo de bebés suele necesitar incluso más contacto personal que los demás. Este tipo de niños pueden agobiarse fácilmente y necesitan que alguien les enseñe a ser asertivos y a participar en las actividades del mundo que les rodea. ¿Cómo puede lograrlo. Déle suficiente tiempo a su hijo para que se vaya adaptando poco a poco a cada situación y asegúrese de que la gente se acerca a él lentamente. Deje primero que observe la situación antes de animarlo a que interactúe directamente con otros niños. En cuanto se sienta seguro, cada vez responderá más a la gente que le rodea.

En el caso de que le preocupe algún aspecto del desarrollo emocional de su hijo, coménteselo al pediatra. Si le comunica sus inquietudes él podrá ayudarle; de no hacerlo, a el le será difícil detectar ciertos problemas en una visita rutinaria. Por eso es importante que usted comente sus dudas con él y le describa sus observaciones diarias sobre su hijo. Anótelas para que no se le olviden.

## *Hitos socio-emocionales hacia el final de este período*

- **Disfruta con el juego social**
- **Le gusta mirase en el espejo**
- **Reacciona ante las expresiones de emoción de otras personas**

## *Alertas sobre el desarrollo*

Puesto que cada bebé se desarrolla de una forma particular, es imposible saber exactamente en qué momento su hijo dominará completamente determinada habilidad. Los hitos de desarrollo citados en este libro le darán una idea general de los cambios que puede esperar, pero no se preocupe si su hijo sigue un patrón ligeramente distinto. En caso de que su hijo presentara algunos de los siguientes síntomas, que pueden indicar la existencia de un retraso del desarrollo en bebés de esta edad, consulte al pediatra.

- Parece rígido, con los músculos muy tensos
- Parece flojo, como si fuera una marioneta.
- Todavía se le cae la cabeza hacia atrás cuando se le estira de los brazos para sentarlo.
- Sólo coge cosas con una mano
- Rechaza los abrazos
- No manifiesta afecto por la persona que cuida de él
- No parece gustarle estar rodeado de gente
- Uno o ambos ojos se le van constantemente hacia adentro o hacia afuera
- Lagrimea constantemente, con secreciones o es muy sensible a la luz

# Cuidados básicos

## La introducción de los alimentos sólidos

A los cuatro meses, la dieta de un bebé debe consistir en leche (materna o de fórmula), que puede estar enriquecida con vitaminas o hierro si su pediatra así lo recomienda. Entre los cuatro y los seis meses, ya pueden empezar a introducirse los sólidos. Algunos bebés ya están preparados para ingerir sólidos con sólo tres meses de edad, pero la mayoría de ellos todavía no han perdido el reflejo que les hace sacar la lengua cuando se les mete algo en la boca. Debido a este reflejo, un lactante de pocos meses empujará la lengua contra la cuchara o cualquier otra cosa que se le introduzca en la boca, incluyendo, la comida. La mayoría de bebés pierden este reflejo aproximadamente al cuarto mes. Coincidencialmente, las

- No reacciona ante los ruidos
- Tiene dificultades para llevarse objetos a la boca
- No gira la cabeza para localizar la fuente de un sonido hacia los cuatro meses
- No es capaz de voltearse en ningún sentido (de bocabajo a boca arriba y viceversa) hacia los cinco meses de edad
- Por las noches llora desconsoladamente después de haber cumplido los cinco meses
- No sonríe espontáneamente a los cinco meses
- No puede sentarse con ayuda a los seis meses
- No se ríe ni emite grititos agudos a los seis meses
- No se esfuerza activamente en alcanzar objetos a los seis y los siete meses.
- No sigue con ambos ojos la trayectoria de objetos en movimiento cercanos (1 pie) o lejanos (6 pies) cuando tiene siete meses
- No soporta el peso del cuerpo con las piernas a los siete meses
- No intenta atraer la atención con su comportamiento a los siete meses
- No balbucea cuando tiene ocho meses
- No le interesan los juegos ni el escondite a los ocho meses

necesidades energéticas de un bebé aumentan alrededor de esta misma edad, por lo que es el momento ideal para empezar a introducir más calorías en su dieta a través del consumo de sólidos.

Usted puede empezar a introducir los alimentos sólidos a la hora del día más oportuna tanto para usted como para su bebé. De todos modos, recuerde que, conforme su hijo vaya haciéndose mayor, querrá comer con el resto de la familia. Para evitar que se atragante, asegúrese de que está sentado bien derecho, ya sea en su regazo o en una sillita infantil. Si llora o se resiste cuando usted intenta meterle comida en la boca, no lo fuerce. Es más importante que ambos disfruten durante las comidas que el hecho de introducir los sólidos en la dieta de su hijo en una fecha específica. Vuelva a darle el pecho o el biberón durante una o dos semanas y después inténtelo de nuevo.

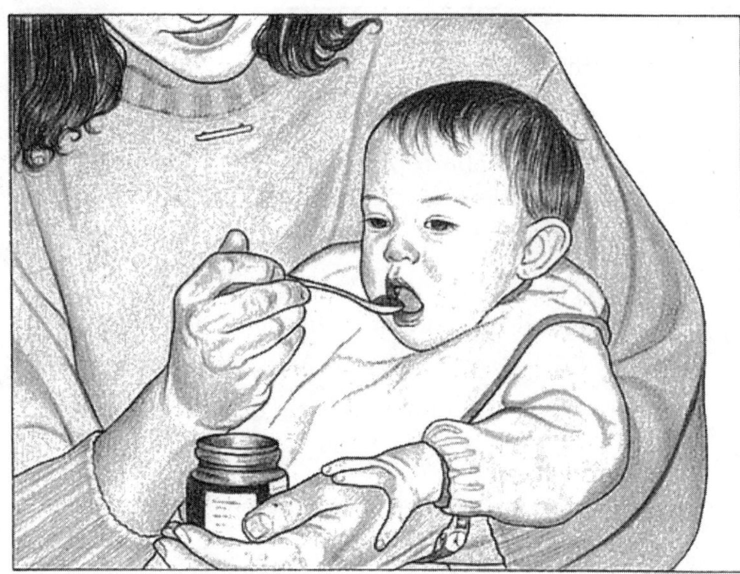

**Empiece dándole media cucharadita o menos (un cuarto de una cucharita) háblele durante el proceso.**

Utilice siempre una cuchara para darle alimentos sólidos a su hijo, a menos que, por recomendación de su pediatra, tenga que espesar la leche de fórmula porque el niño presenta reflujo gastroesofágico (tendencia a expulsar el contenido del estómago). Algunos padres intentan introducir los alimentos sólidos en el biberón, pero este sistema puede aumentar drásticamente la cantidad de alimento que el bebé consume en cada toma, lo que puede conllevar un aumento de peso excesivo. Además, es importante que su hijo se habitúe al rito de las comidas: sentarse bien derecho, coger el alimento de la cuchara con la boca, descansar entre cucharada y cucharada y parar cuando se sienta lleno. Estas experiencias iniciales ayudarán a sentar las bases de unos buenos hábitos alimentarios para el resto de su vida.

Hasta las cucharitas estándar para bebés pueden ser demasiado anchas para un bebé de esta edad, pero una cucharita de café puede servir. Empiece ofreciéndole media cucharadita o menos (un cuarto de una cucharita) y vaya hablándole durante todo el proceso ("Mmmm, qué rico está")

Probablemente la primera y la segunda vez su hijo no sabrá qué hacer. Puede parecer confundido o molesto, arrugar la nariz, empezar a darle vueltas a la comida dentro de la boca o rachazarla por completo. Es una reacción totalmente comprensible, teniendo en cuenta lo distinta que ha sido su alimentación hasta el momento.

Una forma de facilitar esta transición a los alimentos sólidos consiste en darle primero un poco de leche, después pasar a darle varias medias cucharaditas de comida y acabar con un poco más de leche. Así evitará que se sienta completamente frustrado cuando tenga mucha hambre y, además, podrá asociar la satisfacción de la lactancia con la nueva experiencia.

Por mucho que se esfuerce, la mayor parte de los primeros alimentos sólidos terminarán en la cara y el babero del bebé. Por ello, empiece dándole muy poca cantidad de alimento—una o dos cucharaditas—e incremente paulatinamente la dosis hasta que se acostumbre a tragar sólidos.

El primer alimento sólido que se le suele dar a los bebés es el cereal de arroz, seguido por cereal de avena y de cebada. Generalmente es mejor introducir el trigo y los cereales mixtos más adelante, puesto que pueden provocar reacciones alérgicas en bebés de pocos meses.

Puede darle cereales, listos para usar o en hojuelas, en cuyo caso tendrá que mezclarlas con leche materna, de fórmula o con agua. Los productos ya preparados son muy cómodos, pero los que se venden en hojuelas suelen tener más hierro y su consistencia puede modificarse según las necesidades de cada bebé. Independientemente del cereal que elija, asegúrese que es un producto hecho para bebés. Así tendrá la certeza de que contiene los nutrientes que su hijo necesita a esta edad.

En cuanto su hijo acepte los cereales, podrá empezar a darle lentamente otros alimentos. Un orden posible es el siguiente: verduras o vegetales (exceptuando el maíz, que es difícil de digerir para muchos lactantes de menos de seis meses), frutas y carnes. Introduzca solamente un alimento nuevo a la vez, y espere por lo menos dos o tres días hasta darle el siguiente. Cada vez que le dé un alimento nuevo, esté pendiente de posibles reacciones alérgicas, como diarreas, erupciones o vómitos. Si detecta algunas de estas reacciones, elimine el alimento sospechoso de la dieta del bebé e informe al pediatra. En los siguientes dos o tres meses, la dieta de su hijo deberá incluir leche (materna o de fórmula), cereales, verduras, carnes y frutas, todo esto distribuido en tres comidas diarias. Puesto que los huevos provocan alergias con bastante frecuencia, suelen ser el último alimento que se introduce en la dieta.

En cuanto su hijo sepa mantenerse sentado, puede empezar a darle alimentos que se puedan agarrar con las manos para que vaya aprendiendo a comer solo. Asegúrese de que todo lo que le da es blando, fácil de tragar y que se deshace en trocitos pequeños para que no se atragante. Guisantes verdes, arvejas, habichuelas tiernas y papas, bien cocidas y cortadas, o trozos pequeños de galletas tipo wafer o galletitas de soda, son buenos ejemplos. No le dé a esta edad alimentos que exijan masticar.

En cada una de las tres comidas diarias, su hijo debería ingerir unas 4 onzas o el contenido de un frasco pequeño de compota para bebé. (Puesto que los alimentos enlatados para adultos suelen contener sales y conservativos, no se le deben dar a ningún bebé.)

En este momento también puede introducir los jugos. Sin embargo, puesto que muchos bebés de pocos meses son sensibles al jugo de naranja, es mejor retrasar su introducción, así como la de otros cítricos, hasta el sexto mes. Los jugos de frutas—o ingerir grandes cantidades de fruta en general—pueden hacer que las heces se vuelvan ácidas e irriten la piel del bebé. Esto puede provocar salpullidos de un rojo intenso y que pueden dolerle bastante al limpiarle al cambiarle el pañal.

Dejar la zona afectada en contacto con el aire y aplicar una pomada protectora suele bastar para curar la irritación, pero también es recomendable reducir la cantidad de fruta y/o de jugo que se le da durante cierto tiempo.

Si su hijo parece tener sed entre comidas, amamántelo o dele un biberón adicional. Durante los meses más calurosos, cuando pierda mucho líquido a través del sudor, dele a tomar de 2 a 4 onzas de agua o dele más leche para ayudarle a no deshidratarse.

¿Y si usted prefiere darle a su hijo alimentos frescos, en lugar de enlatados o deshidratados? En tal caso, utilice una licuadora o procesador de alimentos, o simplemente maje bien los alimentos blandos con un tenedor. Todo lo que le dé a su hijo debe ser blando, bien cocido y no se le debe añadir sal ni ninguna otra especia. Las verduras o vegetales frescos hervidas o la compota de frutas (véase el próximo recuadro para casos excepcionales) son muy fáciles de preparar. Aunque puede darle a su hijo bananas frescas en puré, deberá hervir todas las demás frutas hasta que sean lo suficientemente blandas. Refrigere todos los alimentos preparados que no use inmediatamente e inspecciónelos bien antes de dárselos a su hijo para detectar posibles indicios de que se están empezando a dañar. A diferencia de los productos comerciales, los alimentos que usted prepara pueden contener bacterias, por lo que se estropearán mucho antes.

Cuando su hijo tenga seis o siete meses, probablemente ya se sentará bien y podrá comer sentado en una silla alta para bebé. Para que esté más cómodo, es recomendable cubrir la base de la sillita con un cojín que se pueda quitar y lavar, para eliminar los restos de comida que se acumulen allí. Así mismo, a la hora de comprar la silla para comer, elija una con bandeja extraible y bordes sobresalientes. (Véase en la página 434 *Sillas para comer)* De este modo, los platos o la comida no se podrán resbalar de la bandeja cuando el bebé esté muy inquieto a la hora de comer. Además, una bandeja extraible puede llevarse directamente al fregadero, donde podrá lavarla con facilidad, algo que valorará mucho durante los meses que se le avecinan. (De todos modos, es posible que algunos días la única forma de limpiar la silla alta sea ¡ponerla bajo la ducha!)

A medida que aumenta la variedad de alimentos en la dieta de su hijo y éste empiece a comer por si mismo con regularidad, comente sus necesidades nutricionales con el pediatra. Recientes investigaciones indican que la obesidad en la etapa adulta tiene un importante componente hereditario, pero, si su hijo adquiere hábitos alimentarios inadecuados durante la infancia, podría tener problemas de salud más adelante.

El pediatra será quien le diga si su hijo está sobrealimentado, no come lo suficiente o come demasiada cantidad de algunos alimentos inadecuados. Si usted se familiariza con el contenido calórico y nutricional de los alimentos que come su hijo, podrá proporcionarle una dieta equilibrada. Fíjese también en los hábitos alimentarios de los demás miembros de la familia. Puesto que su hijo cada vez irá "picando" más alimentos de la mesa familiar (lo que suele iniciarse entre los ocho y los diez meses de edad), imitará la forma en que ustedes comen—incluyendo la tendencia a utilizar excesivamente el salero o a estar comiendo bocaditos salados y alimentos procesados. Por el bien de su hijo, y también por el suyo propio, reduzca al mínimo el uso de la sal.

¿Y si a usted le preocupa que su bebé *ya* pese demasiado? Siga las recomendaciones del pediatra antes de hacer algún cambio en su dieta. Durante estos meses de crecimiento rápido su hijo necesita una proporción equilibrada de grasas, carbohidratos y proteínas. Por lo tanto, no es recomendable darle leche descremada a un niño de esta edad o cualquier otro sustituto bajo en grasa en lugar de la leche materna o de fórmula. Es mejor que reduzca ligeramente las porciones de comida, asegurándose de que su hijo sigue ingiriendo toda la variedad de nutrientes que necesita.

En cuanto empiece a darle a su hijo alimentos sólidos, sus heces se volverán más duras y cambiarán de color. Debido a los azúcares y grasas contenidos en los sólidos, también olerán más fuerte. Los guisantes u otras verduras pueden teñir las heces de un verde intenso; la remolacha puede hacerlo de rojo. (La remolacha a veces también tiñe la orina de rojo.) Si los alimentos no son majados o licuados, sus heces pueden contener partículas de comida no digeridas, sobre todo pieles de guisantes, maíz, tomate u otros productos de origen vegetal. Todo esto es completamente normal. El sistema digestivo de su hijo todavía está inmaduro y tendrá que pasar cierto tiempo para que pueda procesar completamente todos los alimentos que se introduzcan en su dieta. De todos modos, si las heces son extremadamente blandas e, incluso, acuosas o están llenas de mucosidad, podría significar que su tracto digestivo está irritado. En tal caso, acuda al pediatra para saber si su hijo tiene algún problema digestivo.

## *No prepare estos alimentos en la casa*

**Remolacha, nabos, col rizada, zanahorias, espinacas.** En algunas zonas del país, estas verduras o vegetales contienen importantes cantidades de nitratos, una sustancia química que puede provocar un tipo poco común de anemia en los infantes. Las empresas fabricantes de alimentos para bebés son conscientes de este problema y analizan la cantidad de nitratos contenida en las verduras que utilizan para preparar sus productos; así mismo, evitan comprar estas verduras en los lugares en que se ha detectado una mayor acumulación de nitratos. Puesto que usted no puede analizar la cantidad de nitratos contenida en los alimentos que prepare, es mejor que utilice productos comerciales de estos alimentos, sobre todo mientras su hijo sea un lactante. Si, de todos modos decide preparar estos alimentos en casa, sírvalos siempre frescos y no los almacene. Con el paso del tiempo la cantidad de nitratos contenida en estos productos va aumentando.

## Suplementos dietéticos

La leche de fórmula contiene todas las vitaminas necesarias. Por lo tanto, a los bebés que toman el biberón no hace falta darles ningún suplemento vitamínico. Los bebés de raza negra que lactan deben seguir tomando un suplemento de vitamina D, puesto que, al entrar en contacto con la luz del sol, producen una cantidad muy escasa de esta vitamina.

Durante los primeros cuatro meses, los bebés que lactan no necesitan tomar ningún suplemento de hierro. La cantidad de hierro que tenían al nacer es más que suficiente para soportar el crecimiento inicial. Pero, ahora sus reservas habrán disminuido y sus requerimientos de hierro aumentarán a medida que crezca. Afortunadamente, cuando empiece a introducir los sólidos en la dieta de su hijo, recibirá el hierro de los cereales enriquecidos con hierro, de los vegetales verdes de las carnes. Cuatro cucharadas colmadas de papilla de cereal enriquecido diluidas en leche, proporcionan unos 7 mg de hierro. (Véase también *Suplementos nutritivos para lactantes*, página 118.)

## El "destete": del pecho al biberón

Muchas madres inician el "destete" cuando sus hijos tienen de cuatro a siete meses, para poder volver a trabajar o reanudar otras actividades fuera de casa. Pero, incluso si ha decidido prolongar la lactancia hasta que su hijo sea mayor, es posible que quiera darle algún biberón ocasional, sea de leche materna o de leche de fórmula, para poder pasarse varias horas seguidas lejos de su hijo mientras el padre, los abuelos o algún hermano se encarga de alimentarlo. El biberón también les dará mayor flexibilidad cuando estén de viaje.

En cualquier caso, usted debería seguir dándole leche materna o de fórmula a su hijo hasta que tenga aproximadamente un año. Entonces podrá empezar a darle leche entera de vaca.

No espere que la transición del pecho al biberón sea muy fácil. Generalmente los bebés rechazan el biberón las primeras veces, sobre todo si es la madre quien intenta dárselo. A estas alturas, asocia a su madre con el pecho, por lo que es totalmente comprensible que se sienta confuso y hasta enfadado ante este cambio repentino e inesperado en su rutina. Las cosas probablemente irán mejor si es el padre u otro miembro de la familia quien empieza a darle el biberón—mientras la madre no está presente. Cuando el bebé se acostumbre a tomar el biberón, la madre podrá volver a alimentarlo, pero tendrá que abrazarlo, acariciarlo y animarlo constantemente para que supere la pérdida del contacto piel a piel.

En cuanto su hijo haya aprendido a tomarse un biberón de vez en cuando, el destete definitivo debería ser relativamente fácil. De todos modos, el tiempo necesario para realizar el destete varía bastante, en función de las necesidades emocionales y físicas de ambos, el niño y la madre. Si su hijo se adapta bien a los cambios y usted está preparada para hacer la transición, es posible que consiga destetar a su hijo en sólo una o dos semanas. Los dos primeros días, sustituya un amamantamiento por un biberón cada día. (No se extraiga leche por el momento.) Al tercer día, déle el biberón en dos tomas diarias. El quinto día ya podrá darle el biberón tres o cuatro veces al día.

En cuanto deje de lactar a su hijo por completo, su producción de leche disminuirá rápidamente. Sin embargo, es posible que necesite extraerse leche durante los dos o tres primeros días para mitigar el malestar provocado por la congestión de los senos. Ingerir un poco menos de líquido o ponerse una faja que le comprima los senos también puede ayudarle bastante. En el plazo de una semana el malestar debería remitir.

Muchas mujeres prefieren destetar a sus hijos de una forma más paulatina, incluso cuando éstos cooperan plenamente. El amamantamiento proporciona una proximidad entre madre e hijo que es difícil conseguir de otra forma y, comprensiblemente, algunas madres se resisten a renunciar a este tipo de intimidad. En tales casos, se puede seguir ofreciendo una combinación de pecho y biberón hasta que el niño cumpla un año o incluso un poco más tarde. Sin embargo, si su hijo se niega a seguir lactando, no lo fuerce. Muchos bebés pierden el interés por el pecho entre el noveno y el doceavo mes o cuando aprenden a beber en vaso. Es importante que usted no interprete este cambio como un rechazo personal, sino como un signo de la creciente independencia de su hijo. En otros casos, darle el pecho puede seguir formando parte de la alimentación del bebé incluso después de que haya cumplido un año.

## Sueño

La mayoría de bebés de esta edad siguen necesitando por lo menos dos siestas al día, de una a tres horas de duración, una por la mañana y la otra por la tarde. Por lo general, es mejor dejar que duerman todo el tiempo que quieran, a menos que les cueste conciliar el sueño por la noche. Si esto se convierte en un problema, despiértelo antes de su siesta de la tarde.

Cuando su hijo tenga cuatro meses, sólo debería despertarse una vez por la noche para alimentarse, o bien dormir toda la noche seguida. "Toda la noche" puede significar de las 7 P.M. a las 7 A.M. o de las 10 P.M. a las 6 A.M., dependiendo del reloj interno de su hijo; pero a esta edad debería ser capaz de dormir por lo menos durante ocho horas seguidas sin despertarse para comer.

Puesto que a esta edad su hijo estará más vivaz y activo, es posible que le cueste conciliar el sueño al final del día. Seguir una rutina consistente a la hora de acostarlo puede ayudarle bastante. Ensaye qué es lo que funciona mejor son su hijo, teniendo en cuenta tanto las actividades del resto de la familia como el temperamento del bebé. Un baño caliente, un masaje, mecerlo, leerle un cuento, cantarle una canción, poner música suave o darle el pecho o el biberón le ayudarán a relajarse y lo prepararán para el descanso. Al final, acabará asociando estas actividades con el hecho de dormirse, lo que le ayudará a tranquilizarse y a relajarse.

En lugar de esperar a que su hijo se duerma durante el "ritual", métalo en la cuna y arrópelo cuando todavía esté despierto para que aprenda a dormirse solo. Acuéstelo suavemente, susúrrele buenas noches al oído y abandone la habitación. Si se pone a llorar, no vuelva a entrar a toda prisa. Es posible que se calme al cabo de unos minutos y consiga conciliar el sueño sin su ayuda.

¿Y si continua llorando después de que hayan pasado cinco minutos? Vuelva a su habitación y consuélelo durante un minuto aproximadamente, sin cogerlo en brazos, y vuelva a dejarlo solo. Trasmítale el mensaje de que lo quiere y que estará disponible en caso de que le necesite, pero no se quede en su habitación. Si sigue llorando, espere algo más de cinco minutos antes de volver a entrar en la habitación y repita la misma secuencia. Sea consistente y manténgase firme. Por muy duro que pueda resultarle, más duro será para su hijo si percibe en usted la más mínima duda. La verdadera recompensa vendrá cuando su hijo se despierte a media noche y sepa volver a dormirse solo.

Algunos bebés lloran cada noche, lo que hace a los padres pensar si el hecho de llorar tanto puede perjudicarles psicológicamente. Pero, si cronometran realmente el tiempo que se pasan sus hijos llorando, probablemente verían que no es tan largo como creían—sólo *parecía* eterno. Si los padres fueran más constantes y más firmes, la mayoría de los bebés llorarían mucho menos por las noches y acabarían durmiéndose solos después de quejarse un poco. Pero, incluso en el caso de que un bebé llore durante bastante tiempo seguido (veinte a treinta minutos), no existen pruebas de que esto le perjudique.

Si el llanto persiste durante más de viente minutos, es conveniente comprobar si hay algún problema (como que al bebé se le haya enganchado pelo en los dedos del pie). De todos modos, estas intervenciones deben ser cortas: no aproveche la ocasión para jugar un rato con su hijo. Lo importante es que usted sepa controlar sus sentimientos completamente naturales de frustración y, hasta de enfado, que mantenga la calma y sea consistente y afectivo cuando su hijo no logre conciliar el sueño.

Cuando su hijo se despierte a media noche, dele unos cuantos minutos para ver si puede conciliar el sueño solo. Si sigue llorando, háblele y consuélelo, pero no se le ocurra llevárselo a su habitación. Así mismo, a menos que tenga motivos para pensar que pueda tener hambre (por ejemplo, si se durmió antes de lo habitual o se saltó alguna toma), no lo alimente. Por muy tentador que le parezca intentar tranquilizarlo con comida o metiéndolo en su cama, enseguida empezará a esperar este tipo de respuestas en cuanto se despierte por la noche, y no volverá a dormirse a menos que las obtenga.

Cuando un bebé se despierta más de una vez por la noche, es posible que haya algo que no le deja dormir. Si su hijo sigue durmiendo con usted en la habitación después de cumplir seis meses, ha llegado el momento de sacarlo de ahí; es posible que se despierte porque le oye a usted o porque percibe su presencia. Si todavía duerme en el moisés, probablemente se le habrá quedado pequeño; a esta edad, un bebé necesita espacio para estirarse y moverse libremente mientras duerme y debería tener una cuna grande dotada de protectores. Otra de las posibles causas del llanto es que su habitación esté demasiado oscura. Los bebés necesitan dormir con un poco de luz para que, cuando se despierten, puedan comprobar que están en un entorno conocido. Una simple lamparita de noche puede solucionar este problema.

## La salida de los dientes

Los dientes suelen empezar a salir durante estos meses. Los incisivos centrales inferiores suelen ser los primeros en salir, seguidos, entre cuatro y ocho semanas después, de los cuatro incisivos superiores (centrales y laterales) y, aproximadamente un mes después, de los otros dos incisivos inferiores. A continuación suelen salir los primeros molares, seguidos de los caninos.

Si a su hijo no le ha salido todavía ningún diente, no se preocupe. Esto puede ser una característica hereditaria y no significa necesariamente que algo vaya mal.

La salida de los dientes provoca *en algunas ocasiones* irritabilidad, llantos, fiebre baja (no superior a los 100° Farenheit o 37.8° centígrados), babeo excesivo y ganas de morder cosas duras. A menudo las encías se inflaman y se vuelven muy sensibles. Para mitigar el malestar del bebé, intente frotar o masajearle suavemente las encías con los dedos. Los aros mordedores también suelen ayudar, pero deberían estar hechos de caucho duro (los mordedores que se tienen que meter en el congelador suelen ponerse demasiado duros y pueden provocar más dolor que alivio). Los analgésicos que se aplican sobre las encías no son necesarios ni útiles, puesto que permanecen muy poco tiempo en la boca del bebé. Si su hijo parece tener muchas molestias o le sube la fiebre por encima de los 100° Fahrenheit, lo más probable es que estos síntomas no se deban a que le están saliendo los dientes, por lo que debería informar al pediatra.

¿Cómo se le deben lavar los dientes a un bebé? Simplemente cepillándolos con un cepillo suave para niños o pasándoles una gasa al final del día. Para evitar que le salgan caries, no deje que su hijo se duerma con el biberón en la boca, sea durante el día o por la noche. Evitando este tipo de situaciones, la leche no se le quedará entre los dientes creando un campo de cultivo idóneo para la formación de caries.

## Columpios y corrales

Muchos padres encuentran que los columpios mecánicos, sobre todo aquellos que se pueden acoplar al moisés, pueden calmar a un bebé que llora desconsoladamente cuando todo lo demás ha fracasado. Si piensa usar uno de estos aparatos, no coloque a su hijo en la silla del columpio sino hasta que sepa sentarse solo (generalmente entre los siete y los nueve meses). Utilice sólo

## *Estimulación del crecimiento cerebral: del cuarto al séptimo mes*

- **Cree un ambiente estimulante y seguro, donde su hijo pueda moverse a sus anchas y explorar libremente su entorno.**
- **Sea cálido y afectivo con el bebé, abrácelo, béselo y acarícielo para trasmitirle una sensación de seguridad y bienestar.**
- **Sea sensible a su ritmo y a su estado de ánimo. Respóndale tanto cuando está molesto como cuando está contento.**
- **Háblele o cántele canciones mientras lo viste, lo baña, lo alimenta, juega o pasea con él o mientras van en auto. Si le parece que su hijo no oye bien y/o no imita las palabras que oye, informe al pediatra.**
- **Establezca diálogos de tú a tú con su hijo. Imite sus sonidos para demostrarle su interés.**
- **Léale algo cada día.**
- **Si usted habla un idioma distinto al del lugar donde vive, utilícelo en casa.**
- **Participe en actividades que implican movimientos rítmicos con su hijo, tales como bailar juntos al ritmo de la música.**
- **Evite someter al bebé a experiencias tensas o traumáticas, tanto físicas como psicológicas.**
- **Déle a su hijo la oportunidad de relacionarse con otros niños y padres; éste es un período muy especial para los bebés.**
- **Anime a su hijo a que alcance él mismo sus juguetes.**
- **Asegúrese de que todas las personas que van a cuidar de su hijo, aparte de velar por su salud, entienden lo importante que es darle cariño y consuelo.**
- **Procure que su hijo vaya durmiendo cada vez más tiempo seguido por las noches; si necesita que le aconsejen sobre este paso tan importante en el desarrollo de su hijo, hable con el pediatra.**
- **Pase un rato cada día jugando en el suelo con su hijo.**
- **Elija bien a la persona que cuidará a su hijo: que sea preparada, atenta, afectiva y que sepa velar por la seguridad del niño. Hable con ella frecuentemente e intercambien ideas sobre el cuidado de los niños.**

columpios estables y que se coloquen sobre el suelo, no los que se cuelgan de los marcos de las puertas. Además, no utilice el columpio durante más de media hora ni más de dos veces al día; aunque puede calmar a un bebé, no substituye la atención de unos padres.

Cuando su hijo empiece a desplazarse de un sitio a otro, probablemente necesitará un corral. Incluso antes de que su hijo gatee o ande, un corral es un lugar seguro donde puede estar estirado o sentado, tanto en casa como al aire libre. (Véase *Corrales*, en la página 436, para recomendaciones específicas). Acuérdese de no dejarlo nunca con los laterales bajados. Probablemente si se acostumbra a estar en el corral ahora, estará más dispuesto a quedarse en él cuando crezca. Pero no se ilusione. Aunque a algunos bebés no les importa estar metidos en un corral, otros se resisten vigorosamente.

# Comportamiento

## Disciplina

A medida que su hijo se vuelva más activo, más móvil y más curioso, también se volverá más asertivo. Esto es maravilloso para su autoestima y es algo que usted debería fomentar al máximo. Sin embargo, cuando quiera hacer algo que sea peligroso o que pueda molestar al resto de la familia, usted deberá tomar cartas en el asunto.

Durante los primeros seis meses, la mejor forma de afrontar este tipo de conflictos es distraer al bebé con un juguete o una actividad alternativa. Las técnicas de disciplina estándar no empiezan a surtir efecto sino hasta que aumenta el alcance de la memoria del bebé, alrededor de los siete meses de edad. Sólo a partir de este momento podrá utilizar una mayor variedad de técnicas para erradicar el comportamiento no deseado.

Cuando, finalmente, decida empezar a impartir disciplina, no lo haga con "mano dura". A menudo, el enfoque adecuado consiste en reforzar siempre la conducta deseada, reteniendo las recompensas cuando su hijo no se comporte de la forma deseada. Por ejemplo, si su hijo llora sin motivo aparente, asegúrese de que no tiene alguna molestia física; y, cuando deje de llorar, recompénsele con atención extra, palabras cariñosas y abrazos. Si vuelve a ponerse a llorar, espere un poco más antes de dedicarle su atención y háblele con voz firme. Esta vez, no lo recompense con atención extra, ni abrazos.

El principal objetivo de la disciplina es fijarle a su hijo unos límites claros, así que debe ayudarlo a entender exactamente qué es lo que está haciendo mal cada vez que viole una norma. Si hace algo que no está permitido, como tirarle del pelo, hágale saber que no está bien diciéndole "no" con voz serena, impídale que lo siga haciendo y dirija su atención hacia otra actividad aceptable.

Si su hijo está tocando o metiéndose en la boca algo que no debe, apártele la mano suavemante mientras le dice que no está permitido coger ese objeto en particular. Pero, puesto que quiere estimularlo a que toque *otras* cosas, evite decirle "No se toca". Frases más concretas, tales como "La flores no se comen" o "Las hojas no se comen", trasmiten mensajes que no lo confunden.

Puesto que a esta edad es relativamente fácil modificar su comportamiento, es un buen momento para establecer su autoridad. Pero trate de no tener reacciones exageradas. Su hijo todavía es demasiado pequeño para portarse mal intencionadamente y, si le grita o lo castiga, no va a entender nada. Por lo tanto, aunque debe ser firme y consistente, cuando lo corrija, también deberá mantener la calma y ser cariñoso con él. Si su hijo aprende ahora que es usted quien tiene la última palabra, será mucho mejor para ambos cuando, más adelante, se vuelva más testarudo.

## *Su hijo y los antibióticos*

Los antibióticos son unos de los medicamentos más importantes y efectivos. Cuando se utilizan adecuadamente, pueden salvar vidas, pero, si se utilizan mal, pueden ser muy perjudiciales.

La mayoría de las infecciones son provocadas por dos tipos de gérmenes: los virus y las bacterias. Los virus provocan todos los resfriados y la mayoría de los dolores de garganta y toses. Las infecciones virales más comunes no se curan con antibióticos. Su hijo se recuperará de la infección viral cuando la enfermedad haya seguido su curso. *Los antibióticos no deben utilizarse para tratar infecciones virales.*

Los antibióticos pueden utilizarse para tratar infecciones bacterianas, pero algunas cepas de bacterias se han hecho resistentes a ciertos antibióticos. Si su hijo sufre una infección provocada por una bacteria resistente a los antibióticos, es posible que le tengan que tratar en un hospital, con medicinas más fuertes por vía intravenosa. Hay un número reducido de cepas de bacterias que son intratables. Para proteger a su hijo contra estas bacterias resistentes a los antibióticos, déle antibióticos sólo cuando el pediatra crea que pueden ser eficaces, puesto que el uso repetido o inadecuado de los antibióticos contribuye a la proliferación de bacterias resistentes.

- ***¿Cuándo conviene administrar antibióticos? ¿Cuándo no conviene?***

Éstas son preguntas que debe responder el pediatra, puesto que su respuesta depende del diagnóstico específico de la afección que tenga su hijo. Si cree que su hijo podría requerir tratamiento, póngase en contacto con su pediatra.

## Hermanos

Si su hijo tiene un hermano o hermana mayor, es posible que en esta etapa empiece a percibir señales cada vez más claras de rivalidad. Antes, su hijo era más dependiente, dormía muchas horas y no requería constantemente su atención.

Pero ahora que se ha vuelto más exigente, deberá racionar su tiempo y energía para que pueda atender a cada niño individualmente, así como o toda la familia junta. Esto es más importante—y mucho más difícil—si usted regresa a trabajar.

Una forma de dedicarle una atención extra a su hijo mayor es encargarle tareas especiales "de hermano mayor", en las que no pueda participar el bebé. Así podrá

- *Infecciones de oído:* La mayoría requieren tratamiento con antibióticos, pero algunas no.
- *Sinusitis:* Los antibióticos son necesarios en los casos más graves o persistentes, pero el mero hecho de que su hijo tenga mucosidad de color amarillo o verde no significa necesariamente que tenga una infección de origen bacteriano. Es normal que la mucosidad se espese y cambie de color a lo largo de un resfriado de origen viral.
- *Bronquitis:* Los niños rara vez necesitan tomar antibióticos cuando tienen bronquitis.
- *Dolor de garganta:* La mayoría de los casos son de origen viral. Sólo los provocados por estreptococos, que se deben diagnosticar con una prueba de laboratorio, requieren antibióticos.
- *Resfriados:* Los resfriados son provocados por viruses y pueden durar hasta más de dos semanas. Los antibióticos no tienen ningún efecto sobre los resfriados. El pediatra le indicará cómo puede aliviar los síntomas mientras la enfermedad sigue su curso.

Las infecciones virales pueden desembocar a veces en infecciones bacterianas. De todos modos, no deben tratarse con antibióticos para prevenir la infección bacteriana ulterior, ya que esto, aparte de no curar la infección viral propiamente dicha, puede fomentar el desarrollo de infecciones provocadas por cepas de bacterias resistentes a los antibióticos. En el caso de que la enfermedad empeore y/o dure demasiado, mantenga informado al pediatra para que le indique el tratamiento a seguir.

Si el pediatra le receta antibióticos, asegúrese de que su hijo se tome todas las dosis prescritas. Nunca guarde antibioticos para usarse mas tarde.

pasar tiempo a solas con aquél y, al mismo tiempo, adelantar las tareas domésticas. No se olvide de demostrarle a su hijo mayor lo mucho que valora su ayuda.

También deberá fomentar la relación entre ambos hermanos incluyendo al mayor en actividades con el bebé. Por ejemplo, el bebé puede disfrutar al escucharlos leer juntos un cuento o cantar una canción. También puede pedirle al hermano mayor que colabore en algunas tareas relacionadas con el cuidado del bebé, por ejemplo, a la hora del baño o cuando le cambie los pañales. Pero, a no ser que su hijo mayor tenga por lo menos diez años, no lo deje a solas con el bebé, incluso aunque él insista en que quiere ayudar. Un niño pequeño puede dejar caer a un infante o hacerle daño sin darse cuenta.

## Alertas de Salud

No le sorprenda que su hijo atrape su primer resfriado o su primera infección de oído poco después de cumplir cuatro meses. Ahora, que puede agarrar objetos por su cuenta, entrará en contacto con muchos más objetos y personas, por lo que será más probable que contraiga enfermedades infecciosas.

La mejor forma de proteger a su hijo es mantenerlo alejado de cualquier persona que está enferma. Tenga cuidado especial con las enfermedades infecciosas como la varicela, el sarampión y las paperas (véase *Varicela*, página 729; *Sarampión*, página 743; y *Paperas*, página 697). Si alguien del grupo de juegos de su hijo contrae alguna de estas enfermedades, mantenga a su hijo alejado del grupo hasta comprobar no ha habido ningún contagio.

De todos modos, por mucho que usted intente proteger a su hijo, habrá veces en se enferme. Las enfermedades son parte inevitable del crecimiento y se presentarán más a menudo a medida que su hijo se relacione con otros niños. No siempre es fácil saber si un bebé está enfermo, pero hay algunos signos que pueden ayudar a saberlo. ¿Está pálido u ojeroso? ¿Está más pasivo o más irritable que de costumbre? Si tiene una enfermedad infecciosa, probablemente tendrá fiebre (véase el Capítulo 23 “Fiebre”) y podría perder peso debido a falta de apetito, diarrea y/o vómitos. Algunas infecciones pulmonares o renales difíciles de detectar impiden que los bebés ganen peso. A esta edad, la pérdida de peso también puede obedecer a que el bebé tiene problemas digestivos, como una alergia a las proteínas del trigo o la leche (véase *Alergia a la leche*, página 557; *Enfermedad celíaca*. página 541), o a que carece de las enzimas digestivas necesarios para procesar ciertos alimentos sólidos. Si sospecha que su hijo está enfermo pero no sabe qué es lo que le pasa exactamente, o si tiene alguna duda sobre su estado de salud, llame al pediatra y descríbale los síntomas que le preocupan.

Las enfermedades más comunes a esta edad son las siguientes (todas se describen en la segunda parte de este manual)

Bronquiolitis
Resfriados (Infecciones de las vías respiratorias altas)
Conjuntivitis
Crup
Diarrea
Dolor de oído
Fiebre
Infecciones de origen viral
Vómitos
(Infección de oído)
Neumonía

## Atención a las vacunas

Cuando su hijo tenga cuatro meses, debe recibir:

- La segunda dosis de DTPa o la DTP.
- La segunda dosis de la vacuna contra la poliomielitis.
- La segunda dosis de la vacuna contra la Hib.

Y a los seis meses:

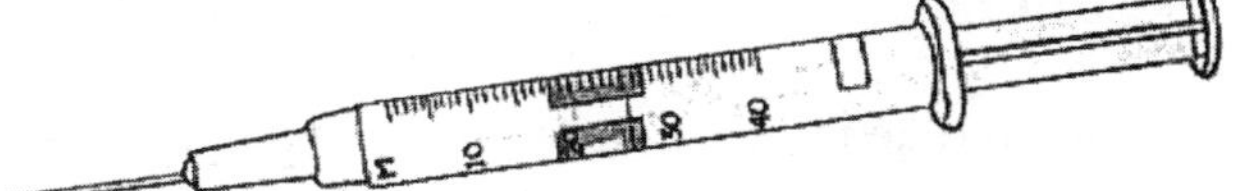

- La tercera dosis de la DTPa o la DTP.
- La tercera dosis de la vacuna contra la poliomielitis (generalmente se administra ente los doce y los dieciocho meses, pero puede administrarse entre los seis y los dieciocho meses si se usó exclusivamente la forma oral de la vacuna en las dosis anteriores).
- Es posible que se tenga que administrar una tercera dosis de la vacuna contra la Hib, dependiendo del tipo de vacuna que se utilizó en las dos primeras dosis.
- La tercera dosis de la vacuna contra la Hepatitis B puede administrarse ente los seis y los dieciocho meses.

## Cuestiones de seguridad

### Viajar en auto

- Lleve a su hijo en un asiento protector que cumpla todos los requisitos de seguridad y esté correctamente colocado. Sujételo bien con los arneses y el cinturón antes de poner el auto en marcha. El asiento protector debe estar orientado en el sentido opuesto al de la marcha (mirando hacia atrás) hasta que su hijo pese 20 libras o haya cumplido un año. El asiento trasero es el sitio más seguro para todo niño. No coloque nunca un asiento protector en el asiento delantero de un auto dotado de *bolsas de aire* para el acompañante.

### *Ahogamientos*

- No deje nunca a su hijo solo en la bañera o cerca de ninguna acumulación de agua, por muy poca o poco profunda que parezca. Los infantes pueden ahorgarse en solo pulgadas de agua.

## Caídas

- No deje nunca a su hijo sobre una superficie que esté por encima del nivel del suelo, como una mesa o la cuna con la barandilla bajada. En el caso de que su hijo se caiga, si usted detecta algo anormal en su comportamiento, llame inmediatamente al pediatra.

## Quemaduras

- No cargue nunca a su hijo mientras esté fumando, bebiendo algo caliente o cocinando.
- Para evitar quemar al bebé cuando lo bañe, gradúe el termostato de su casa a menos de 120° Farenheit.

## Atragantamientos

- Nunca le dé a su hijo alimentos u objetos pequeños con los que se pueda atragantar. Todos los alimentos que le dé deben ser molidos o majados o ser lo suficientemente blandos como para que los pueda tragar sin masticarlos.

9

# De los ocho a los doce meses

Durante estos meses, su hijo será cada vez más activo, lo que será todo un reto para ambos. Poderse mover de un sitio a otro le dará a su hijo una maravillosa sensación de poder y control—su primera experiencia real de independencia física. Y, aunque esto será emocionante para él, en esta etapa también tenderá a sentir miedo de separarse de usted. Por lo tanto, por muy deseoso que esté de moverse por sí solo y de explorar los confines más alejados de sus dominios, a menudo se sentirá desconsolado cuando se aleje demasiado de usted o usted lo haga de él.

Para usted, la movilidad de su hijo puede ser motivo de orgullo y de preocupación a la vez. Gatear y andar son señales de que se está desarrollando correctamente, pero también significan que usted tendrá que "multiplicarse" para velar por su seguridad. Si todavía no ha puesto su casa "a prueba de niños", éste es el mejor momento para hacerlo

(Véase el Capítulo 13, sobre cuestiones de seguridad). A esta edad, su hijo no tiene ningún sentido del peligro y muy poca memoria para recordar las advertencias de los adultos. Por lo tanto, la única forma de protegerlo de los cientos de peligros que le acechan en su casa es colocar cierres de seguridad en armarios y cajones, guardar los objetos peligrosos y delicados lejos de su alcance, y vetarle completamente el acceso a las habitaciones peligrosas, como el baño, a menos que sea bajo la supervisión de un adulto.

El poner su casa "a prueba de niños" también le dará a su hijo más libertad. De este modo, conseguirá reducir la cantidad de áreas prohibidas y podrá dejar que el niño vaya haciendo sus propios descubrimientos, sin que usted tenga que estar interviniendo. El hecho de realizar estos descubrimientos por sí mismo será un buen acicate para su emergente autoestima. Usted incluso puede idear formas de fomentar estos descubrimientos, como por ejemplo:

1. Llene una alacena baja de la cocina con objetos que no impliquen peligro alguno y deje que su hijo los descubra por sí mismo.
2. Coloque varios utensilios de jardinería de juguete en un rincón del jardín para que su hijo los encuentre cuando ambos salgan al jardín.
3. Coloque cojines y almohadones de diversas medidas, texturas y colores por toda la casa para que su hijo experimente distintas formas de subirse, bajarse y desplazarse entre ellos.

Saber cuándo se tiene que guiar a un niño y cuándo es mejor dejarlo hacer cosas por su cuenta forma parte del difícil arte de ser padre. A esta edad, su hijo será extremadamente expresivo y le dará las pistas necesarias para saber cuándo tiene que intervenir. Cuando parezca estar frustrado en lugar de entusiasmado, no lo deje batallar solo. Por ejemplo, si su hijo se pone a llorar porque la pelota se la metió debajo del sofá donde no puede alcanzarla, o porque subió las escaleras y no las sabe bajar, necesita de su ayuda. En otras circunstancias, sin embargo, es mejor dejar que sea él quien solucione sus propios problemas. No permita que la impaciencia le haga intervenir antes de que sea absolutamente necesario. Por ejemplo, puede sentirse tentado a darle de comer a su hijo de nueve meses porque es más rápido y sencillo que dejarle que intente comer solo. Sin embargo, si hace esto, le privará de la oportunidad de adquirir una nueva y valiosa habilidad. Cuantas más oportunidades le dé a su hijo para que descubra, pruebe y mejore sus nuevas destrezas, más seguro de sí mismo y más aventurero será.

# Crecimiento y desarrollo

## Aspecto físico y crecimiento

Su hijo seguirá creciendo rápidamente durante estos meses. Un niño promedio de ocho meses pesa de 14½ a 17½ libras (6.5 Kg y 8 Kg.) Las niñas suelen pesar media

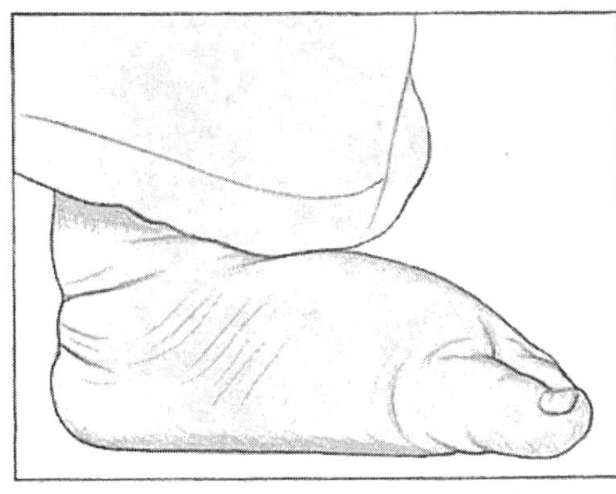

**A esta edad, los pies de su hijo parecen planos porque el arco queda oculto tras una capa de grasa. Pero, en dos o tres años, esta capa de grasa desaparecerá y el arco se hará evidente.**

libra menos. Al cumplir un año, un niño promedio ha triplicado su peso al nacer mide entre 28 y 32 pulgadas (71 y 81 cm). El crecimiento de la cabeza se hace un poco más lento con respecto a los seis primeros meses. El tamaño promedio de la cabeza de un niño de ocho meses es de 17½ pulgadas (45 cm) y el de un niño de un año de 18 pulgadas (47 cm).

De todos modos, insistimos en que cada niño crece a su propio ritmo, por lo que es recomendable situar las curvas de crecimiento de peso y de longitud de su hijo en las gráficas de las páginas 134 a 137 para comprobar si está siguiendo el mismo patrón de los primeros ocho meses.

La primera vez que su hijo se ponga de pie puede sorprenderle su postura. Sacará el abdomen y las nalgas y arqueará la espalda. Aunque le parezca rara, esta postura es completamente normal desde que el niño empieza a ponerse de pie hasta que desarrolla un buen sentido del equilibrio, lo que ocurre durante el segundo año.

Los pies de su hijo también pueden parecerle un poco extraños. Cuando está acostado de espaldas, es posible que los dedos de sus pies se doblen hacia adentro como si estuvieran virados. Esta tendencia, muy habitual, suele desaparecer alrededor de los dieciocho meses de edad. Si persiste, es posible que el pediatra le recomiende que practique con su hijo algunos ejercicios de pies o de piernas. Si el problema es grave, probablemente le remitirá a un ortopeda pediátrico quien, a su vez, es posible que lo corrija colocándole un yeso (véase *Pies varos*, página 724).

Cuando su hijo dé sus primeros pasos, podría notar que ahora sus pies están torcidos hacia *afuera* en lugar de hacia adentro. Esto se debe a que los ligamentos de la cadera están todavía tan laxos que las piernas rotan hacia afuera de forma natural. Durante los primeros seis meses del segundo año, estos ligamentos se fortalecerán y sus pies deberán apuntar prácticamente hacia adelante.

A esta edad, los pies de su hijo le parecerán planos porque el puente queda oculto tras una capa de grasa. Pero, en dos a tres años, esta capa de grasa desaparecerá y el puente se hará evidente.

## Movimiento

Hacia los ocho meses de edad, probablemente su hijo se pueda sentar sin necesidad de apoyarse. Aunque es posible que pierda el equilibrio de vez en cuando y esté a punto de caerse, generalmente lo evitará apoyando las manos en el suelo. A medida que se fortalezcan los músculos de su tronco, empezará a inclinarse para coger juguetes. Con el tiempo descubrirá cómo dejarse caer hacia adelante para quedar sobre el estómago y cómo volverse a sentar.

Cuando esté acostado sobre una superficie plana, su hijo no parará de moverse. Cuando esté boca abajo, levantará el cuello para poder mirar a su alrededor, y cuando esté boca arriba se cogerá los pies (o cualquier otra cosa que tenga cerca) y se los llevará a la boca.

Pero no se contentará con permanecer acostado de espaldas por mucho rato. Podrá darse la vuelta una y otra vez en un abrir y cerrar de ojos. Esto puede ser especialmente peligroso durante el cambio de pañales, por lo que tal vez prefiera dejar de utilizar el cambiador y pasar a cambiarlo en el suelo o en una cama, desde donde es más difícil que se caiga. Nunca lo deje solo ni por un instante.

Toda esta actividad fortalecerá los músculos de su hijo, preparándolo para gatear, habilidad que dominará entre los siete y los diez meses de edad. Durante algún tiempo se limitará a ponerse a gatas y a balancearse. Puesto que los músculos de los brazos se han desarrollado más que los de las piernas, es posible que, al principio, en lugar de impulsarse hacia delante, lo haga hacia atrás. Pero con tiempo y práctica, descubrirá que apoyándose sobre las rodillas y empujando el cuerpo hacia adelante, puede desplazarse por toda la habitación en la dirección que desee.

Un número reducido de niños nunca llegan a gatear. En lugar de ello, utilizan otros métodos para desplazarse, tales como arrastrase sobre las nalgas o deslizarse sobre el estómago. Siempre y cuando su hijo aprenda a coordinar ambos lados del cuerpo y utilice por igual ambos brazos y piernas, no hay por qué preocuparse. Lo importante es que pueda explorar el entorno por su cuenta y que vaya fortaleciendo su cuerpo como preparación para andar. Si le da la impresión de que su hijo no se desplaza con normalidad, comente sus preocupaciones con el pediatra.

¿Cómo puede estimular a su hijo para que gatee? Muéstrele objetos interesantes y déjelos fuera de su alcance. A medida que se vuelva más ágil, coloque pequeños obstáculos en su recorrido, como cojines, cajas y almohadones para que los suba o atraviese. Participe en el juego escondiéndose detrás de alguno de los obstáculos y reapareciendo con un "¡Aqui estoy!". De todos modos, nunca lo deje solo entre estos obstáculos. Si se cae entre dos almohadones o se queda enganchado debajo de una caja, es posible que no sepa salir. Probablemente se asustaría y hasta se podría asfixiar.

Las escaleras también son una carrera de obstáculos, pero representan un peligro. Aunque es cierto que su hijo tiene que aprender a subir y bajar escaleras, a esta edad no debe dejarle jugar a solas cerca de ellas. Si en su casa hay escaleras, probablemente su hijo se irá directo hacia ellas cada vez que tenga la oportunidad, por lo que es muy importante que cierre su paso colocando portones tanto en la parte de arriba como en la de abajo. Los portones de seguridad deben tener aberturas pequeñas y un travesaño firme. Los antiguos portones tipo acordeón deben evitarse, puesto que los niños pueden estrangularse al meter la cabeza por sus aberturas (véase la ilustración del Capítulo 13, página 433).

Como sustituto de las escaleras, deje que su hijo practique subiendo y bajando escalones construidos con cubos de espuma o cajas de cartón resistente forradas de tela. Cuando su hijo tenga aproximadamente un año y se haya convertido en un "gateador" experto, le podrá enseñar a bajar las escaleras reales desplazándose hacia atrás. Probablemente tendrá varios tropiezos antes de entender la lógica de que los pies han de ir antes que la cabeza. Por lo tanto, es mejor que empiece a practicar en escaleras con alfombra y sólo en los primeros peldaños. Si las escaleras de su casa no son alfombradas, deje que su hijo practique esta habilidad cuando vayan de visita a otra casa donde las haya.

Aunque el hecho de gatear modificará enormemente la visión que tendrá su hijo del mundo que le rodea y de lo que puede hacer en él, no espere que se contente con eso durante mucho tiempo. Verá que todo el mundo que le rodea se desplaza andando y eso es lo que él querrá hacer. Preparándose para este gran paso, aprovechará cualquier oportunidad para ponerse de pie, aunque las primeras veces que lo haga no sabrá cómo volver a sentarse. Si se pone a llorar pidiendo ayuda, demuéstrele cómo doblar las rodillas para que pueda volver al suelo sin caerse. Si le enseña a hacer esto, se ahorrará muchas excursiones nocturnas a la habitación de su hijo, cuando se ponga a llorar porque no sabe cómo sentarse después de haberse puesto de pie en la cuna.

**Aunque es cierto que su hijo tiene que aprender a subir y bajar escaleras, a esta edad no debe dejarle jugar a solas cerca de ellas.**

Cuando ya se sienta seguro estando de pie, su hijo intentará dar algunos pasos sosteniéndose en algo. Por ejemplo, cuando usted no le dé la mano, se desplazará cogiéndose de los muebles. Compruebe que lo que pueda usar como apoyo no tiene bordes cortantes y que es estable o está bien sujeto a la pared para que no se le caiga encima.

A medida que el equilibrio de su hijo mejora, se soltará brevemente, volviéndose a apoyar en cuanto se sienta inseguro. Los primeros pasos que dé sin ningún apoyo serán muy temblorosos. Al principio puede dar sólo un paso y caerse con gesto de sorpresa o de alivio. Pero, pronto aprenderá a dar varios pasos seguidos avanzando hacia donde usted está. Por milagroso que pueda parecer, la mayoría de los niños pasan de los primeros y titubeantes pasos a caminar con bastante seguridad en cuestión de días.

Aunque ambos estarán entusiasmados con este progreso tan espectacular, habrá momentos en que usted se desespere, sobre todo cuando su hijo tropiece y se caiga.

Por mucho que se esfuerce en proporcionarle a su hijo un entorno seguro y mullido, durante este período es casi imposible evitar los golpes y moretones. Enfrente estos accidentes como algo natural. Déle un abrazo rápido o una palabra de aliento y deje que siga intentándolo. A su hijo no le afectarán demasiado las caídas si usted no exagera el asunto.

A esta edad, o incluso antes, muchos padres empiezan a usar andadores. Contrariamente a lo que sugiere su nombre, estos aparatos no enseñan a caminar a los bebés. Aunque fortalecen las pantorrillas, no fortalecen los músculos de los

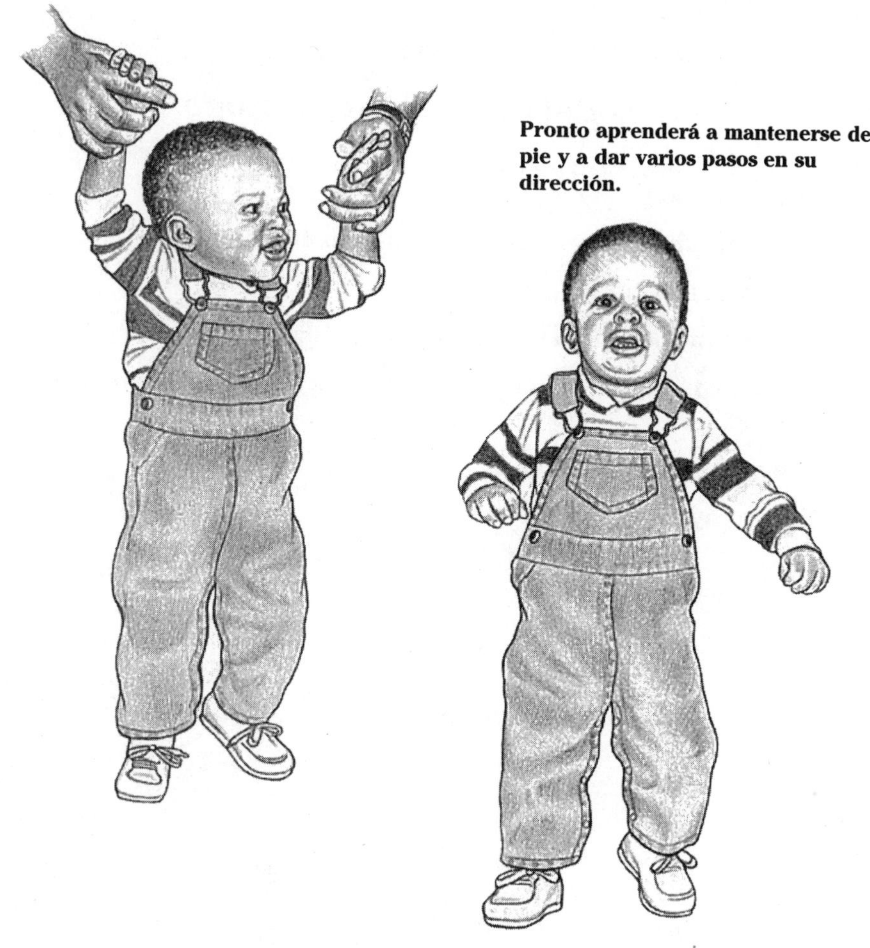

**Pronto aprenderá a mantenerse de pie y a dar varios pasos en su dirección.**

muslos ni los de las caderas, que son los que se usan al caminar y necesitan ejercitarse. Los andadores, de hecho, no estimulan el deseo de caminar, puesto que permiten que el niño se desplace sin demasiado esfuerzo. Como si fuera poco, implican un serio riesgo, puesto que se pueden volcar fácilmente cuando el niño choca con algún obstáculo, como un juguete pequeño o una alfombra. Además, es más fácil que un niño que va en un andador se caiga por las escaleras o llegue a lugares peligrosos que, de otro modo, no estarían a su alcance. *Por este motivo, la Academia Americana de Pediatría no aconseja el uso de andadores.*

Las carretillas o los carritos de empujar son una elección mucho mejor. Compruebe que el juguete tiene una barra para que el niño pueda empujarlo y que es estable para que no se vuelque cuando el niño se suba a el.

En cuanto su hijo empiece a caminar, necesitará zapatos para tener los pies bien protegidos. Cuñas, suelas dobles, talones reforzados, ribetes altos, arcos especiales

## *Hitos relacionados con el movimiento hacia el final de este período*

- **Se sienta solo**
- **Se arrastra hacia adelante apoyándose sobre el vientre**
- **Adopta la postura de gatear**
- **Se arrastra apoyándose en manos y rodillas**
- **Si está sentado, puede colocarse en posición de gatear o estirarse boca abajo**
- **Se empuja hasta ponerse de pie**
- **Anda apoyándose en los muebles**

- **Se mantiene de pie momentáneamente sin apoyarse**
- **Puede dar de dos a tres pasos sin apoyarse**

y otros rasgos diseñados para moldear y proteger los pies encarecen los zapatos, pero no se ha demostrado que sean beneficiosos para un niño promedio. Por lo tanto, lo mejor es buscar unos zapatos que sean cómodos y que tengan suela antideslizante, para evitar resbalones. Los zapatos tenis son una buena elección. Los pies de su hijo crecerán muy deprisa durante los próximos meses y sus zapatos tendrán que ir cambiando a este ritmo. Aunque su primer par de zapatos le durará probablemente dos o tres meses, durante este período de rápido crecimiento debe comprobar mensualmente si todavía le quedan bien o si ya son muy pequeños.

Muchos niños dan sus primeros pasos cuando tienen aproximadamente un año de edad, pero es completamente normal que empiecen un poco antes o un poco después. Al principio, su hijo andará con los pies muy separados, para mantener su todavía precario equilibrio. Durante los primeros días y semanas, es posible que ande demasiado rápido de forma involuntaria y que se caiga cuando intente detenerse. Conforme vaya adquiriendo seguridad, aprenderá a parar y cambiar de dirección. No tardará mucho en aprender a agacharse para coger algo y después volverse a incorporar. Cuando domine este nivel de habilidad, se divertirá mucho con los juguetes de arrastre. Cuanto más ruidosos sean, mejor.

## Habilidades manipulativas

Aprender a ponerse de pie, a gatear y a dar los primeros pasos, son los logros más espectaculares de este período, pero no ignore todas las cosas maravillosas que su hijo aprenderá a hacer con las manos. Al principio de este período su hijo todavía cogerá los objetos de una forma un tanto torpe, utilizando toda la mano, pero al final de este período aprenderá a coger las cosas con precisión utilizando el pulgar y el índice. Usted descubrirá a su hijo practicando el movimiento de pinza con cualquier objeto pequeño que caiga en sus manos, desde motas de polvo hasta trozos de cereal, e incluso es posible que intente chasquear los dedos si usted le enseña a hacerlo.

Cuando su hijo aprenda a abrir los dedos a voluntad, disfrutará enormemente tirando y lanzando cosas. Si usted le deja juguetes pequeños en la bandeja de la silla de comer o en el corral, los tirará al suelo y después gritará para que alguien se los alcance a fin de poder tirarlos otra vez. Si tira objetos duros puede causar, algún daño y en su casa aumentará considerablemente el nivel de ruido. Su vida será un poco más tranquila si dirige la atención de su hijo hacia objetos blandos, como pelotas de distintos tamaños, colores y texturas. (Incluya algunas que tengan cuentas o campanitas dentro y que suenen al rodar).

Una actividad que, aparte de ser divertida, permite observar las crecientes habilidades de un bebé de esta edad, es sentarse en el suelo y hacer rodar una pelota hacia donde él está. Al principio, la golpeará al azar, pero, al final, aprenderá a impulsarla para que ruede en la dirección en que se encuentra usted.

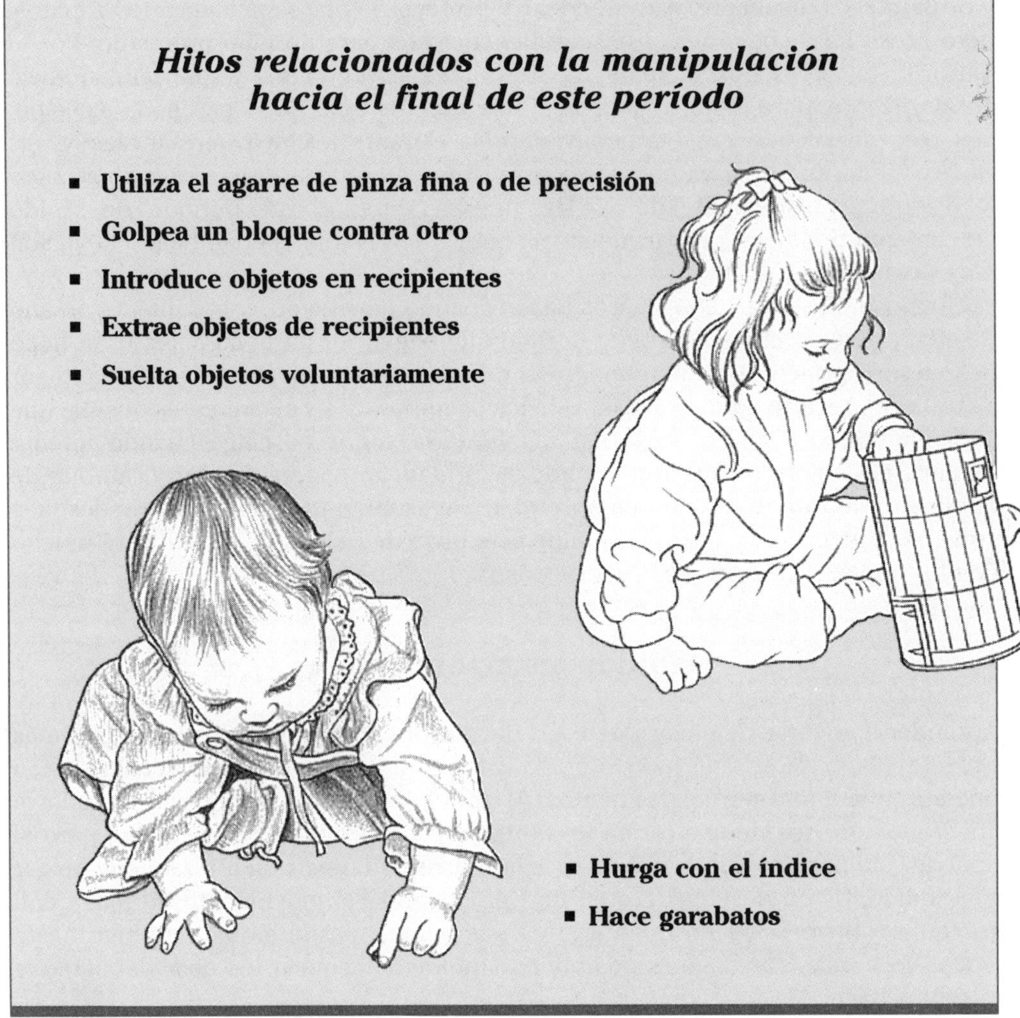


Al mejorar su coordinación, su hijo ahora podrá explorar los objetos que encuentre a su paso con gran detenimiento. Los recogerá, los agitará en el aire, golpeará unos contra otros, se los cambiará de mano. Le intrigarán especialmente los juguetes que tengan partes móviles, como ruedas que giran, palancas y bisagras que se abren y cierran. También le fascinará meter los dedos entre agujeros y, cuando sea aún más diestro, introducir o dejar caer objetos a través de huecos.

Los bloques son otro de los juguetes favoritos de los niños de esta edad. De hecho, no hay nada que incite más a gatear a un bebé que una torre de bloques esperando a ser derribada. Hacia el final de este período, es posible que su hijo hasta empiece a construir torres apilando varios bloques.

## Desarrollo lingüístico

Hacia el final del primer año, su hijo empezará a indicar qué quiere señalando o haciendo gestos en la dirección del objeto deseado. También imitará muchos de los gestos que ve hacer a los adultos mientras hablan. Sin embargo, esta forma no verbal de comunicarse sólo es una técnica temporal que utilizará hasta que aprenda a expresar sus mensajes en palabras.

Los ruiditos y balbuceos de su hijo darán paso a la pronunciación de sílabas reconocibles, tales como "ba", "da", "ga", "pa" y "ma". Es posible que su hijo diga alguna palabra completa, como "mamá" o "tata", de forma accidental y, al ver el entusiasmo que suscita en su audiencia, se dé cuenta de que ha dicho algo significativo. Muy pronto comenzará a decir "mama" para captar su atención. A esta edad, también puede pasarse un día entero diciendo "mama" sólo por practicar. Al final acabará usando las palabras sólo cuando quiera trasmitir lo que éstas significan.

Aunque usted le ha hablado a su hijo desde que era recién nacido, durante este período empezará a entender muchas más cosas y, por lo tanto, sus conversaciones adquirirán un significado completamente nuevo. Antes de que sepa decir muchas palabras, su hijo entenderá mucho más de lo que usted pueda sospechar. Por ejemplo, observe cómo reacciona cuando usted nombra su juguete favorito que está en la otra punta de la habitación. Si el bebé lo mira, significa que le ha entendido. Para fomentar su comprensión, háblele lo máximo posible. Cuéntele lo que pasa a su alrededor, especialmente cuando lo bañe, lo cambie y lo

### *Hitos relacionados con el lenguaje hacia el final de este período*

- **Cada vez presta más atención a lo que se dice a su alrededor**
- **Responde a peticiones verbales simples**
- **Reacciona ante el "no"**
- **Utiliza gestos simples, tales como mover la cabeza de un lado a otro para decir "no"**
- **Balbucea con entonación**
- **Dice "dada" y "mama"**
- **Utiliza exclamaciones, tales como "¡Oh-oh!"**
- **Intenta imitar palabras**

alimente. Utilice un lenguaje simple y concreto: "Te estoy secando con la toalla azul grande. ¡Qué suave es!" Póngale un nombre concreto a objetos y juguetes familiares, e intente ser consistente. Es decir, si hoy llama gato a la mascota de la familia, no le llame miau-miau mañana.

Los libros de ilustraciones pueden estimular este proceso de aprendizaje, reforzando la comprensión incipiente de que todas las cosas tienen su nombre.

Busque libros que tengan páginas de cartón, tela o vinilo, para que su hijo pueda pasar las hojas por su cuenta. Intente también que tengan dibujos sencillos pero vistosos de cosas que su hijo pueda reconocer.

Cuando le lea o le explique algo a su hijo, déle muchas oportunidades de participar en la conversación. Hágale preguntas y escuche sus respuestas, o deje que sea él quien lleve la voz cantante. Por ejemplo, si dice "Gaagaagaa", repita lo mismo y observe lo que hace. Es cierto que estos intercambios en apariencia no tienen sentido, pero le transmiten a su hijo el mensaje de que la comunicación es un proceso de dos vías y que usted valora su participación. Además, al prestar atención a lo que le dice su hijo, podrá identificar mejor las palabras que es capaz de entender y reconocer sus primeras palabras.

Las primeras palabras de su hijo pocas veces serán en perfecto español. Para su hijo, una "palabra" es cualquier sonido que se refiere consistentemente a la misma persona, objeto o acontecimiento. Por lo tanto, si su hijo dice "tete" cada vez que quiere leche, esta palabra debería tratarse con todo el respeto de una palabra legítima. Sin embargo, cuando usted le hable sobre la leche, utilice la palabra correcta y, al final, él mismo acabará corrigiéndose.

La edad en la que los niños empiezan a decir palabras reconocibles varia mucho. Algunos tienen un vocabulario de una o dos palabras al cumplir su primer año, pero lo más frecuente es que a esta edad el habla de un bebé parezca una algarabía en la que sólo se reconocen las inflexiones y las variaciones del lenguaje. Conforme su hijo vaya experimentando con sonidos de intensidad, tono y timbre variables, irá preparándose para hablar como tal. Cuanto más le conteste usted como si él le hablara de verdad, más estimulará su deseo de comunicarse.

## Desarrollo cognoscitivo

Un bebé de ocho meses es muy curioso, pero el alcance de su atención todavía es muy limitado, por lo que cambia constantemente de actividad. Pasará de dos a tres minutos como máximo jugando con el mismo juguete y enseguida encontrará otra cosa que le llame la atención. A los doce meses de edad, aunque será capaz de pasarse hasta quince minutos jugando con la misma cosa, la mayor parte del tiempo seguirá siendo un cuerpo en movimiento, lo que es totalmente normal.

Irónicamente, aunque los fabricantes de juguetes no dejan de sorprendernos con multitud de juguetes nuevos y caros, los objetos que más fascinan a los niños de esta edad son los utensilios domésticos corrientes, como las cucharas de madera, las cajas de huevos y los recipientes de plástico de todas las formas y tamaños. A

## *Jugando a las escondidas*

Hay muchas variaciones del juego de esconder que puede hacer con el bebé a esta edad. A medida que se vuelve más activo y vivaz, propóngale juegos en que sea él quien lleve la voz cantante. He aquí algunas sugerencias:

1. Cúbrale la cabeza con un pañuelo suave y pregúntele: "¿Dónde está el bebé?". En cuanto entienda en qué consiste el juego, se quitará el pañuelo y sacará la cabeza sonriendo.

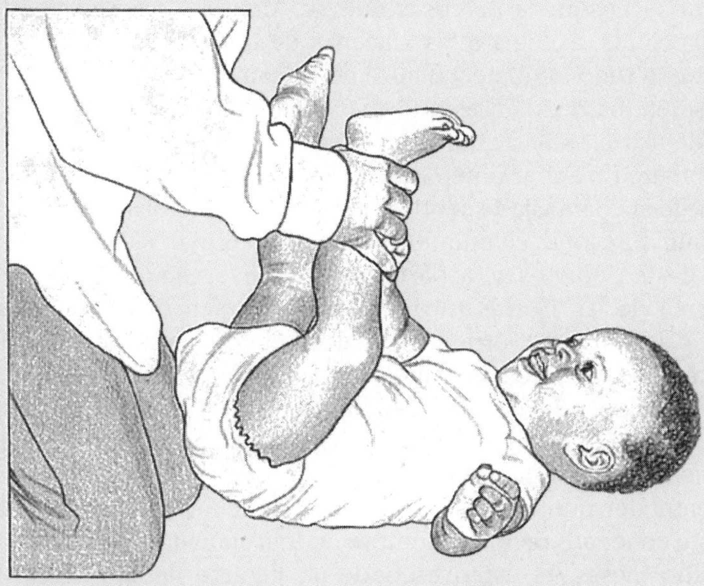

2. Con el bebé estirado boca arriba y de cara a usted, lévantele las dos piernas—"Arriba, arriba"—y júnteselas de modo que no pueda verle la cara. Entonces, ábraselas de golpe: "¡Cu-cu!". En cuanto capte la idea, él mismo abrirá las piernas para verle. (Este es un buen juego a la hora de cambiarle los pañales).
3. Escóndase detrás de una puerta o un mueble, dejando a la vista un pie o un brazo a modo de pista. ¡A su hijo le encantará ir a buscarlo!
4. Esconda la cabeza debajo de una toalla grande y deje que su hijo tire de ella. Luego intercambien los roles, de tal modo que sea él quien se esconda y usted quien tire de la toalla.

su hijo le interesarán sobre todo las cosas que difieran levemente de los objetos que ya conoce. Por lo tanto, si nota que empieza a cansarse de jugar con el envase de avena, puede renovar su interés metiendo una pelota dentro del envase o convirtiéndolo en un juguete de arrastre atándole un cordel. Estos cambios le ayudarán a detectar las pequeñas diferencias existentes entre lo conocido y lo nuevo. Así mismo, cuando le compre un juguete nuevo, tenga presente que, si le ofrece un objeto demasiado parecido a los que ya tiene, le echará un vistazo y luego lo ignorará, mientras que si es demasiado extraño es posible que se sienta confundido e, incluso, asustado. En lugar de ello, ofrézcale objetos y juguetes que le permitan ir ampliando sus horizontes.

Muchas veces su hijo no necesitará de su ayuda para descubrir objetos que encajen en este nivel intermedio de novedad. De hecho, en cuanto aprenda a gatear, iniciará su búsqueda de cosas nuevas. Meterá las narices en los cajones, vaciará las papeleras, esculcará las alacenas de la cocina y realizará elaborados experimentos con todo lo que encuentre en su camino. (Asegúrese de que no hay nada peligroso en los recipientes que encuentre y no le quite los ojos de encima mientras se dedica a estas actividades). Nunca se cansará de dejar caer, hacer rodar, tirar, sumergir o agitar objetos para ver lo que ocurre. A usted esto le puede parecer un juego sin demasiado sentido, pero es la única forma que tiene su hijo de averiguar cómo funciona el mundo. Como todo buen científico, analizará las propiedades de los objetos y, a partir de sus observaciones, irá desarrollando nociones acerca de las figuras (algunas cosas ruedan y otras no), las texturas (algunas cosas son rugosas, otras son suaves), y el tamaño (algunas cosas caben dentro de otras). Hasta aprenderá que algunas cosas se pueden comer y otras no, aunque seguirá metiéndoselo todo en la boca para comprobarlo. (De nuevo, asegúrese de que no haya por ahi nada peligroso que se pueda meter en la boca.)

Las continuas observaciones de su hijo durante estos meses también le ayudarán a entender que los objetos siguen existiendo incluso cuando él no los puede ver. Este concepto recibe el nombre de “permanencia de objeto”. Cuando su hijo tenga ocho meses, si usted esconde un juguete debajo de un pañuelo, el levantará el pañuelo y cogerá el juguete que había debajo, una reacción que no habría tenido tres meses atrás. Pero si esconde el juguete debajo del pañuelo y lo cambia de sitio sin que su hijo se dé cuenta, cuando levante el pañuelo y vea que no está, se quedará confundido. A los diez meses, estará tan seguro de que el objeto tiene que estar en alguna parte, que seguirá buscándolo. Para ayudarle a su hijo a dominar la “permanencia de objeto”, juegue con él a taparse y destaparse la cara. Si va introduciendo variaciones en la forma de jugar, conseguirá mantener el interés del niño.

A medida que su hijo se acerque a su primer cumpleaños, irá haciéndose más consciente de que las cosas no sólo tienen nombres, sino que también tienen funciones particulares. Esto se pondrá de manifiesto en sus juegos, que reflejarán una forma muy incipiente de fantasía. Por ejemplo, en lugar de tratar un teléfono de juguete como un objeto interesante para morderlo, empujarlo o golpearlo, su hijo se pondrá el auricular en la oreja tal y como le ha visto hacer a usted. Puede

## *Hitos cognoscitivos hacia el final de este período*

- **Explora los objetos de diversos modos (agitándolos, golpeándolos unos contra otros, tirándolos, dejándolos caer)**

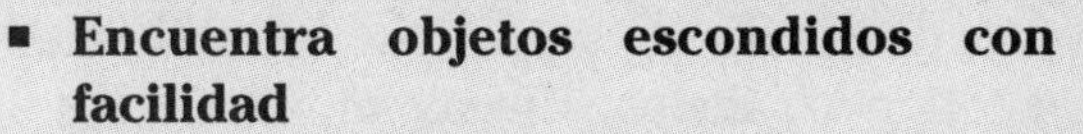

- **Encuentra objetos escondidos con facilidad**
- **Mira la ilustración correcta cuando se nombra el motivo ilustrado**
- **Imita gestos**

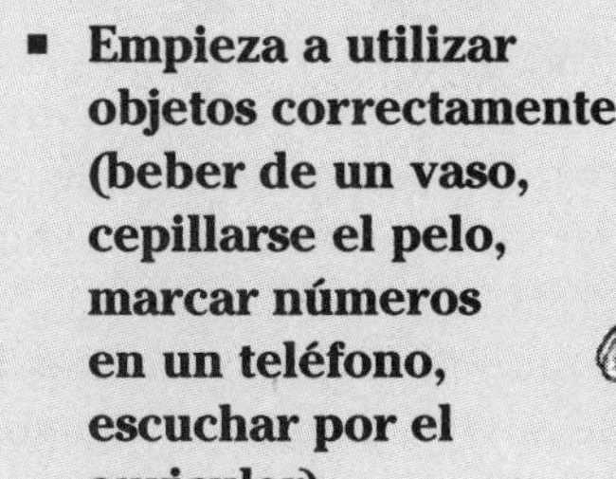

- **Empieza a utilizar objetos correctamente (beber de un vaso, cepillarse el pelo, marcar números en un teléfono, escuchar por el auricular)**

fomentar este tipo de actividades facilitándole accesorios indicados—un peine, un cepillo de dientes, un vaso, una cuchara—y convirtiéndose en un espectador entusiasta de sus representaciones.

## Desarrollo socio-emocional

Durante estos cuatro meses, habrá momentos en que le dará la impresión de que su hijo tiene dos personalidades distintas. A veces es abierto, cariñoso, extrovertido y comunicativo con usted, pero ansioso, pegajoso, miedoso y tímido con las personas y objetos desconocidos. Algunas personas le dirán que su hijo es miedoso y tímido porque usted lo está mimando demasiado, pero no les haga caso. Esta enorme variabilidad en el patrón de comportamiento de su hijo no se debe al modo en que usted lo está educando; obedece a que ahora, por primera vez en su vida, es capaz de apreciar la diferencia entre lo familiar y lo desconocido. De hecho, las ansiedades y los miedos predecibles de este período no son más que una señal de la sana relación que su hijo mantiene con usted.

La ansiedad ante los desconocidos es uno de los primeros hitos del desarrollo emocional de un bebé. Tal vez usted crea que algo anda mal, pues a los tres meses su hijo se relacionaba sin problemas con todo el mundo y ahora empieza a ponerse tenso cuando se acerca un desconocido. Es algo normal a esta edad y no tiene por qué preocuparse. Hasta los parientes y niñeras con quienes su hijo estaba a sus anchas hace algunos meses, pueden provocar ahora reacciones de miedo y llanto, sobre todo si se le acercan bruscamente.

Aproximadamente al mismo tiempo, su hijo se volverá mucho más "pegajoso" cuando tenga que separarse de usted. Es el principio de la ansiedad de separación. Del mismo modo que está empezando a entender que cada objeto es único y permanente, también ha descubierto que usted es único. Cuando no le puede ver, sabe que usted está en *algún sitio*, pero no con él, y esto lo inquieta mucho. El sentido del tiempo de un niño de esta edad es tan limitado, que no sabe cuándo volverá usted o si volverá. Cuando sea un poco mayor, el recuerdo de las experiencias previas con usted le tranquilizará cuando usted esté ausente y podrá anticipar su regreso. Pero por ahora, su hijo sólo tiene conciencia del presente, por lo que, cada vez que le pierda de vista—incluso si es sólo para coger algo en la habitación de al lado—empezará a hacer aspavientos y a llorar. Si lo deja con alguna otra persona, es posible que se ponga a gritar como si se le estuviera partiendo el corazón. Por las noches, a la hora de acostarlo, se resistirá a que usted se marche de su habitación y es posible que se despierte a media noche buscándole.

¿Cuánto tiempo debería durar esta ansiedad de separación? Suele manifestarse con mayor intensidad entre los diez y los dieciocho meses y luego va desapareciendo hacia el final del segundo año. En cierto modo, esta fase del desarrollo emocional de su hijo será muy tierna para ambos, pero puede ser dolorosa.

**Las ansiedades y los miedos predecibles de este período son una señal de la sana relación que su hijo mantiene con usted.**

De hecho, el deseo que tiene su hijo de estar siempre a su lado no es otra cosa que la manifestación del apego que siente por su primer y gran amor: usted. La intensidad de los sentimientos que experimenta cuando se echa en sus brazos es irresistible para él, sobre todo si tenemos en cuenta que nadie—incluyéndolo a él mismo—volverá a considerarle una persona tan perfecta como su hijo cree ahora que es usted. Al mismo tiempo, es posible que le agobie que su hijo esté tan apegado a usted y se sentira culpable cada vez que lo tenga que dejar llorando por su ausencia. Afortunadamente, estas tormentas emocionales terminarán acabando junto con la ansiedad de separación. Mientras tanto, haga todo lo posible por quitarle importancia a su partida. He aquí algunas sugerencias que pueden ayudarle.

1. Es más probable que su hijo tenga ansiedad de separación cuando esté cansado, hambriento o enfermo. Si usted sabe que va a salir, organícese para que su partida tenga lugar cuando el niño haya comido y dormido. E intente estar a su lado el máximo de tiempo posible cuando caiga enfermo.

2. No haga un drama de su partida. Pídale a la persona que se va a quedar con su hijo que lo distraiga de algún modo (enseñándole un juguete o un espejo, bañándolo, etc.) Dígale adiós y váyase deprisa.

3. Recuerde que las lágrimas de su hijo desaparecerán a los pocos minutos de su partida. Si llora es para persuadirle de que se quede con él. Cuando usted desaparezca, pronto dirigirá su atención a la persona que se quede con él.

4. Ayúdele a afrontar la separación con breves sesiones de práctica. Las separaciones le resultarán más fáciles cuando sea *él mismo* quien las inicie,

por lo tanto, cuando su hijo vaya a otra habitación (que también esté "a prueba de niños") no lo siga como si fuera su sombra; espere uno o dos minutos antes de entrar. Cuando *usted* tenga que salir de la habitación por unos segundos, dígale a dónde va y que volverá en seguida. Si empieza a quejarse, vuélvale a decir lo mismo en voz alta desde fuera de la habitación en lugar de volver corriendo. Poco a poco aprenderá que no ocurre nada terrible cuando usted se va e, igual de importante, que usted siempre vuelve cuando dice que lo hará.

5. Si lleva a su hijo a una guardería o a casa de una niñera, no se limite a llevarlo allí y a marcharse. Quédese algunos minutos jugando con él en el nuevo entorno. Cuando se marche, asegúrele que volverá a buscarlo más tarde.

Si su hijo ha establecido un vínculo de apego fuerte y sano con usted, su ansiedad de separación aparecerá antes que en otros bebés y le durará menos. En lugar de agobiarse por la posesividad de su hijo durante estos meses, tenga

## *Hitos socio-emocionales hacia el final de este período*

- **Es tímido o miedoso con los desconocidos**
- **Llora cuando se marcha la madre o el padre**
- **Disfruta imitando a la gente cuando juega**
- **Manifiesta preferencias claras por ciertas personas y juguetes**
- **Pone a prueba las reacciones de sus padres ante su comportamiento cuando le dan de comer (¿Qué hace usted si él rechaza la comida?)**
- **Pone a prueba las reacciones de sus padres ante su comportamiento en general (¿Qué hace usted si él se pone a llorar en cuanto usted sale de la habitación?)**
- **Puede ser muy miedoso en ciertas situaciones**
- **Prefiere a la madre (o a quien suele hacerse cargo de él) a cualquier otra persona**
- **Repite sonidos y gestos para llamar la atención**
- **Es capaz de comer alimentos con las manos**
- **Estira el brazo o la pierna para colaborar cuando lo visten**

## *Juguetes apropiados para bebés de entre ocho y doce meses*

- **Juguetes que tengan piezas de distintos tamaños, formas y colores y que se puedan apilar**
- **Tazas, cubos y otros recipientes irrompibles**
- **Espejos irrompibles de tamaños variados**
- **Juguetes para la hora del baño, que floten, salpiquen o se puedan llenar de agua**
- **Bloques grandes para construir torres y similares**

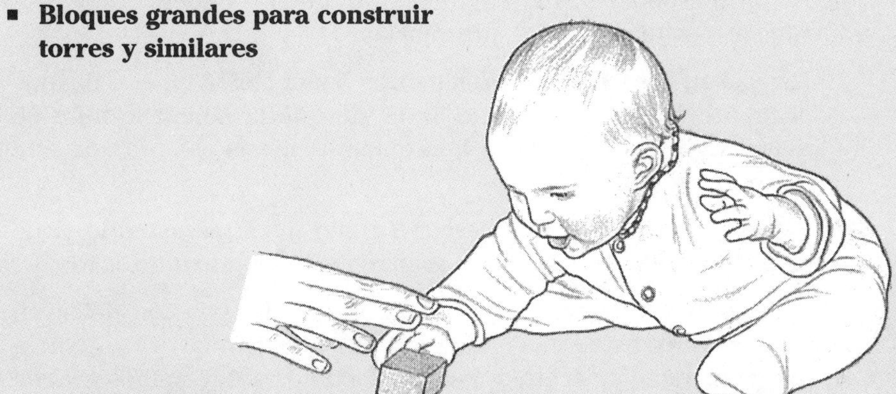

- **"Cajas sorpresa", que hacen ruido, se abren y se mueven**
- **Juguetes para apretar**
- **Muñecos grandes y títeres**
- **Carritos, camiones y otros vehículos de juguete hechos de plástico flexible, sin bordes cortantes ni partes que se puedan desmontar**
- **Pelotas de todos los tamaños (pero no tan pequeñas como para que se las pueda meter en la boca)**
- **Libros de cartón con ilustraciones grandes**
- **Discos, casetes, cajas de música y juguetes musicales**
- **Juguetes de arrastre**
- **Teléfonos de juguete**
- **Tubos de cartón o papel, cajas vacías, revistas viejas, cajas de huevos, botellas de plástico vacías (bien enjuagadas)**

## *El primer contacto entre el bebé y su niñera*

¿Va a dejar a su hijo por primera vez a solas con una niñera por unas cuantas horas? Siempre que sea posible, lo más recomendable es que su hijo se relacione por primera vez con esa persona mientras usted está presente. Lo ideal es dejar que su hijo pase cierto tiempo con la niñera durante varios días seguidos antes de dejarlos solos. Si no es posible, pase con ellos una o dos horas para que puedan irse familiarizando el uno con el otro antes de que usted se marche.

En el primer encuentro, su hijo y la niñera deben conocerse gradualmente, siguiendo estas sugerencias:

1. Tenga a su hijo en el regazo mientras habla con la niñera. Busque pistas de que está tranquilo antes de que la niñera lo mire de frente. Espere a que sea su hijo quien la mire a ella o a que esté jugando tranquilamente.
2. Pídale a la niñera que hable con su hijo mientras usted lo sigue cargando. Todavía no debería acercarse a él ni intentar tocarlo.
3. Cuando su hijo parezca sentirse cómodo con la situación, déjelo en el suelo entre usted y la niñera y déle su juguete favorito. Invite a la niñera a que se acerque poco a poco hasta que ambos acaben jugando con el juguete. Si su hijo parece estar a gusto en su compañía, usted puede irse retirando poco a poco.
4. Vea qué ocurre cuando usted sale de la habitación. Si su hijo no se da cuenta de que usted se ha ido, significa que la presentación ha ido sobre ruedas.

paciencia y continúe siendo cariñoso y de buen humor con él. Con su comportamiento, le enseñará a expresar y a devolver amor. Ésta es la base emocional sobre la que se apoyará en el futuro.

Desde el principio, usted sabía y aceptaba que su hijo era un individuo único, con rasgos de personalidad y preferencias específicas. Él, sin embargo, sólo tenía una noción muy incipiente de sí mismo como una persona distinta de usted. Pero ahora su sentido de la identidad se desarrollará notablemente. Conforme vaya adquiriendo un creciente sentido de sí mismo como individuo, más consciente será de que usted es una persona distinta de él.

Puede seguir exactamente las mismas pautas cuando su hijo vaya a encontrarse con alguna persona que no haya visto en los últimos días, incluyendo a familiares y amigos. Los adultos suelen agobiar a los bebés de esta edad si se les acercan mucho y empiezan a hacerles ruiditos graciosos o lo que es peor, intentan cargarlos y alejarlos de sus madres. Cuando ocurra esto, no dude en intervenir. Explique a estas personas bien intencionadas que su hijo necesita tiempo para familiarizarse con la gente y que es más probable que reaccione bien si se le acercan poco a poco.

Una de las señales más claras de que su hijo está empezando a tener una conciencia de sí mismo es la forma en que se mira en el espejo. Hasta aproximadamente los ocho meses, un bebé observa un espejo, como a cualquier otro objeto fascinante. Quizás crea que su reflejo es otro bebé o bien que se trata de una superficie mágica de luces y sombras. Pero ahora su comportamiento cambiará radicalmente, indicando que entiende que una de las imágenes que contempla es la suya. Mientras observe el espejo, por ejemplo, es posible que su hijo se toque una mancha que tiene en la nariz o se estire de un mechón de pelos. Usted puede reforzar su sentido de la identidad proponiéndole juegos con el espejo. Por ejemplo, mientras se estén mirando juntos en el espejo, vaya tocando diferentes partes de su cuerpo y del cuerpo del niño y vaya diciendo: "Ésta es la nariz de Juan... Ésta es la nariz de mamá." O juegue a aparecer y desaparecer del espejo. O haga muecas delante del espejo y póngale nombre a las emociones que quiere transmitir.

A medida que pasen los meses y el autoconcepto de su hijo se vaya consolidando, tendrá menos dificultad al conocer nuevas personas y al separase de usted. También se volverá más asertivo. Antes, usted podía dar por sentado que si estaba cómodo, no le plantearía mayores problemas. Pero, a partir de ahora, casi siempre querrá que las cosas se hagan a su manera. Por ejemplo, no le extrañe si retira la cara cuando le ofrece determinados platos u objetos. Así mismo, debido a su mayor independencia de movimientos, usted no tendrá más remedio que decir "no" constantemente para mantenerlo alejado de las cosas que no puede tocar. Pero, incluso cuando entienda perfectamente el significado de la palabra "no", es posible que las toque de todos modos. Espere y verá: esto es sólo un pequeño anticipo de las luchas de poder que le deparará el futuro.

## *Altertas sobre el desarrollo*

Puesto que cada bebé se desarrolla de una forma particular, es imposible saber exactamente en qué momento su hijo dominará completamente determinada habilidad. Los hitos de desarrollo citados en este manual le darán una idea general de los cambios que puede esperar a medida que su hijo crece, pero no se preocupe si su hijo sigue un patrón ligeramente distinto. En el caso de que su hijo presente alguno de los siguientes signos, que pueden indicar la *posible* existencia de un retraso del desarrollo en niños de entre ocho y doce meses de edad, informe al pediatra.

- No gatea
- Arrastra un lado del cuerpo al gatear (por más de un mes)
- No se aguanta de pie mientras le sujetan
- No busca objetos que se han escondido en su presencia
- No dice ninguna palabra aislada (como "mama" o "papa")
- No aprende a utilizar gestos, como saludar con la mano o negar con la cabeza
- No señala objetos ni dibujos

Es posible que su hijo empiece a asustarse de objetos y situaciones que antes no le afectaban. A esta edad, los miedos a la oscuridad, a los truenos y a los ruidos fuertes, como el de la aspiradora, son muy habituales. Más adelante, usted podrá mitigar estos temores hablando sobre ellos con su hijo, pero ahora la única solución posible es eliminar en la medida de lo posible las circunstancias que los provocan. Por ejemplo, deje una lamparita de noche encendida en la habitación de su hijo o pase la aspiradora cuando él no esté cerca.

Y, cuando no pueda protegerlo de algo que usted sabe que lo asusta, intente anticipar su reacción y esté cerca de él para calmarlo. En estos momentos, mantenga la calma para que su hijo vea que usted no tiene miedo. Si le da seguridad cada vez que oye un trueno o el ruido de un avión, el miedo de su hijo se irá mitigando paulatinamente hasta que todo lo que tenga que hacer para sentirse seguro será buscarle con la mirada.

## Cuidados básicos

### Alimentación

A esta edad, los bebés necesitan ingerir entre 750 y 900 calorías diarias, de las cuales, entre 400 y 500 deberían proceder de la leche, sea materna o de fórmula (unas 24 onzas diarias). De todos modos, si le parece que su hijo tiene menos apetito que durante los primeros ocho meses, no se preocupe. Esto se debe a que su ritmo de crecimiento esta disminuyendo, y también a que hay muchas actividades nuevas e interesantes que captan su atención.

Alrededor de los ocho meses, es posible que usted quiera introducir en la dieta de su hijo alimentos "junior" (para bebés mayores). Éstos son algo más densos que los alimentos que utilizaba, vienen en frascos más grandes (de 6 a 8 onzas) y exigen masticar más. También puede ampliar la dieta de su hijo añadiendo alimentos blandos, como pudines, puré de papas, yogur o gelatina. Los huevos son una excelente fuente de proteínas, pero, al principio, déle sólo la yema, ya que su valor nutritivo es mayor y puede provocar menos reacciones alérgicas que la clara.

Dentro de uno o dos meses ya podrá darle el huevo entero. Como dijimos antes, introduzca un solo alimento a la vez y espere dos o tres días antes de introducir otro para estar seguro de que su hijo no presenta ninguna reacción alérgica.

Cuando tenga entre ocho y nueve meses, puesto que sus habilidades manipulativas habrán mejorado notablemente, puede darle su propia cuchara y dejarle jugar con ella a las horas de las comidas. En cuanto aprenda a agarrarla, guíe su mano para que coja un poco de comida y déjele que intente comer por su cuenta. No espere grandes cosas al principio: va a caer más comida en el suelo y en la silla de comer que dentro de su boca. Colocar un plástico debajo de la silla puede facilitar las tareas de limpieza.

Tenga paciencia y resístase a la tentación de retirarle la cuchara. No sólo necesita practicar sino también saber que usted confía en que puede comer solo.

## *Objetos de transición*

Casi todo el mundo conoce al personaje de Lino y su manta. La arrastra por todas partes, mordisqueándola o abrazándose a ella cuando las cosas se ponen feas. Los objetos que fomentan la sensación de seguridad, como las mantas, forman parte del sistema de apoyo emocional de todo niño durante sus primeros años de vida.

Es posible que su hijo no elija precisamente una manta. Quizás prefiera un peluche o incluso el cinturón de la bata de mamá. Probablemente su hijo hará su elección entre los ocho y los doce meses de edad y conservará ese objeto especial durante años. Cuando esté cansado, le ayudará a conciliar el sueño. Cuando esté lejos de usted, le servirá para consolarse. Cuando esté asustado o molesto, le tranquilizará. Cuando se encuentre en un lugar desconocido, le ayudará a sentirse como en casa.

Estos objetos especiales se denominan "objetos de transición", porque ayudan a los niños a hacer la transición emocional de la dependencia a la independencia. Funcionan, en parte, porque son agradables al tacto: son suaves, blandos y mullidos. También son efectivos debido a la sensación de familiaridad que transmiten: Tienen el aroma de lo conocido y traen recuerdos del bienestar y la seguridad de su propia habitación. Por ello, trasmiten la sensación de que todo va a ir bien.

Contrariamente a los mitos populares, estos objetos no son una señal de debilidad o inseguridad y, por lo tanto, no hay por qué evitár que su

Durante cierto tiempo quizás sea conveniente que vaya alternando las cucharadas de su propio hijo con las cucharadas que le vaya dando usted con una cuchara distinta. En cuanto sepa llevarse consistentemente la cuchara a la boca (lo que es posible que no ocurra sino hasta después de su primer cumpleaños), usted puede seguir llenándole la cuchara para reducir el caos y evitar desperdiciar demasiada comida. Sin embargo, deje que sea él quien se alimente como tal.

Cuando empiece a dejarle utilizar la cuchara a su hijo, probablemente las cosas irán mejor si tiene mucha hambre, pues así estará más interesado en comer que en jugar. Aunque a esta edad su hijo comerá sólo tres veces al día, igual que el resto de la familia, es posible que usted no desee imponer a los demás miembros de la familia su comportamiento caótico a la hora de las comidas. En la mayoría de familias se llega a un punto medio, dándole al bebé la mayor parte de la comida justo antes de que el resto de la familia empiece a comer y dejándole que ocupe su hijo los use. De hecho, los objetos de transición pueden ser tan útiles que quizás desee ayudar a su hijo a elegir uno e incluirlo en el ritual de la hora de acostarse. Desde el principio, intente tener una manta pequeña y suave o un juguete pequeño en la cuna de su hijo. Es posible que al principio lo ignore, pero si siempre está allí, acabará cogiéndolo en algún momento.

También puede facilitar las cosas teniendo dos objetos de seguridad *idénticos*. Así podrá lavar uno mientras su hijo está utilizando el otro, evitando, de este modo, que su hijo (y usted) tenga una crisis emocional cuando le falte ese objeto. Si su hijo elige una manta grande como objeto de seguridad, podrá convertirla en dos mantas idénticas fácilmente, cortándola por la mitad. Su hijo aún tiene una noción muy limitada del concepto de tamaño y no se dará cuenta del cambio. Si elige un juguete, intente encontrar un duplicado lo más pronto posible. Si no empieza a alternarlos enseguida, su hijo podría rechazar el segundo por sentirlo muy nuevo o raro.

A los padres les suele preocupar el hecho de que los objetos de transición fomenten chuparse el dedo y, de hecho, a veces lo hacen (aunque no siempre). Pero, es importante tener presente que chuparse el dedo es una forma normal y natural que tienen los niños pequeños de tranquilizarse. Gradualmente, su hijo irá dejando tanto los objetos de transición como el hábito de chuparse el dedo, a medida que madura y encuentra otras formas de afrontar el estrés.

sitio en la mesa y vaya picando cosas que se pueden coger con las manos mientras los demás comen.

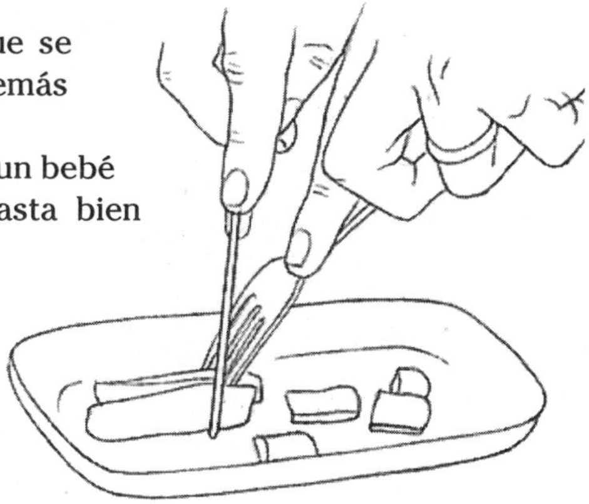

Entre los alimentos apropiados para que un bebé coma con las manos figuran tostadas, pasta bien cocida, trocitos pequeños de pollo, huevos revueltos, cereales y pedacitos de banana. Intente ofrecerle una variedad de sabores, formas, colores y texturas, y esté siempre pendiente por si se atraganta al comer un trozo demasiado grande (véase *Atragantamientos*, página 515). Así mismo, puesto que su hijo tenderá

a tragarse las cosas sin masticar, no le dé nunca cucharadas de mantequilla de maní, trozos grandes de zanahoria cruda, nueces, uvas, palomitas de maíz, guisantes crudos, apio, caramelos duros u otros alimentos redondos y duros.

Los atragantamientos también pueden producirse con las salchichas ("hot dogs"), por lo que siempre se deben cortar a lo largo y luego, en trocitos más pequeños, antes de dárselas a un bebé de esta edad.

## Del biberón al vaso

Si su hijo ya ha empezado a comer solo con regularidad, es el momento idóneo para enseñarle a beber en vaso. Para facilitar el proceso, deje que se vaya entrenando utilizando un vaso con doble asa y qué tenga tapa con pico, o bien un vaso de plástico pequeño.

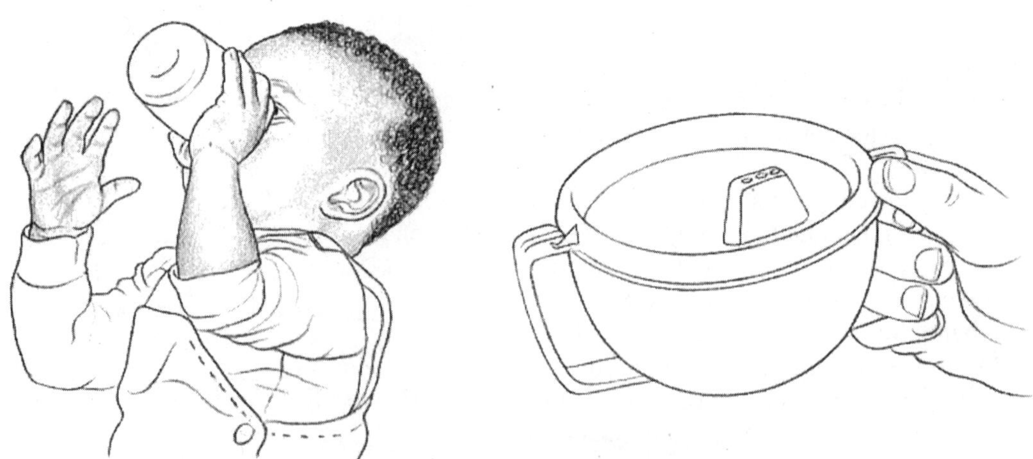

**Pueden pasar seis meses hasta que su hijo acepte beber todo el contenido de un vaso.**

**Cuando empiece a dejarle utilizar la cuchara a su hijo, probablemente las cosas irán mejor si tiene mucha hambre, pues así estará más interesado en comer que en jugar.**

Ambas opciones minimizarán los derrames mientras su hijo experimenta con las distintas formas de coger (y con toda probabilidad de tirar) el vaso.

Al principio, llene el vaso de agua y ofrézcaselo solamente en una comida cada día. Enséñele cómo llevarlo a la boca e inclinarlo para que pueda beber. No se desespere si durante las primeras semanas trata el vaso como si fuera un juguete; la mayoría de los bebés lo hacen. Tenga paciencia y, antes de llenarle el vaso con leche o jugo o de dárselo en todas las comidas, espere a que aprenda a verter la mayor parte del líquido dentro de la boca—en lugar de regárselo por la barbilla o de salpicar toda la habitación.

Beber en vaso tiene grandes ventajas: estimula la coordinación mano-boca y prepara al bebé para el destete, que suele tener lugar entorno a esta edad. Usted podrá saber que su hijo está listo para el destete cuando:

1. Empiece a mirar a su alrededor mientras le amamanta o le da el biberón.
2. Agarre el seno o la mamadera con la boca pero no chupe.
3. Intente bajar de su regazo antes de terminar de comer.

Incluso en la mejor de las circunstancias, el destete no suele ocurrir de la noche a la mañana. Tendrán que pasar seis meses para que su hijo quiera tomar todas sus bebidas con un vaso. De todos modos, usted puede empezar ahora el proceso e ir avanzando de forma gradual, dejando que sea el interés y los deseos de su hijo los que le guíen. Probablemente, al principio, le parecerá más fácil sustituir el pecho o el biberón por el vaso en la toma del mediodía. En cuanto se adapte a este cambio, intente hacerlo también en la toma de la mañana. La toma de antes de acostarse será probablemente la última en ser modificada, y por un buen motivo: su hijo se

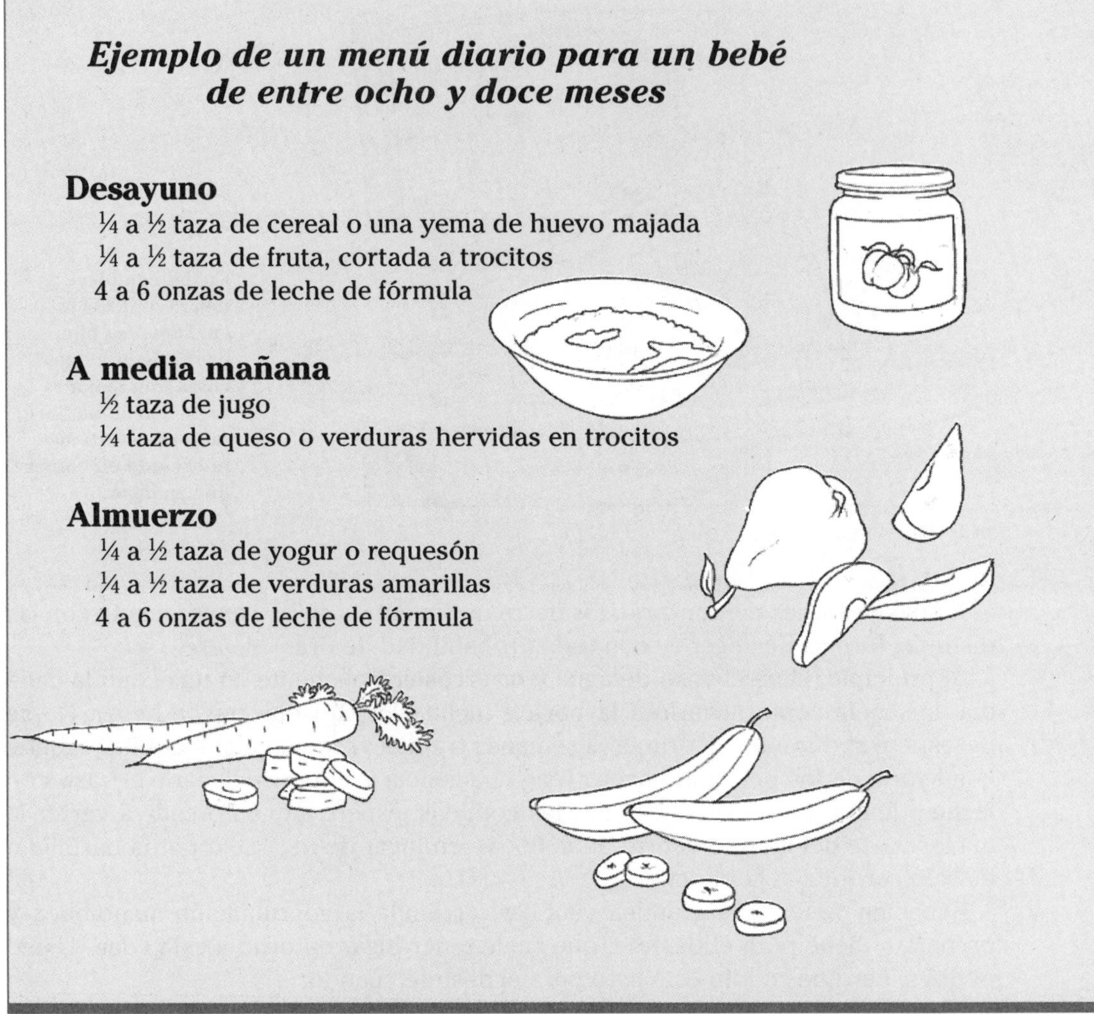

### *Ejemplo de un menú diario para un bebé de entre ocho y doce meses*

**Desayuno**

¼ a ½ taza de cereal o una yema de huevo majada
¼ a ½ taza de fruta, cortada a trocitos
4 a 6 onzas de leche de fórmula

**A media mañana**

½ taza de jugo
¼ taza de queso o verduras hervidas en trocitos

**Almuerzo**

¼ a ½ taza de yogur o requesón
¼ a ½ taza de verduras amarillas
4 a 6 onzas de leche de fórmula

ha acostumbrado a esta forma de tranquilizarse y de obtener bienestar antes de conciliar el sueño y le costará cierto tiempo renunciar a ella.

Si su hijo duerme toda la noche de forma ininterrumpida, desde el punto de vista físico no necesita comer nada antes de acostarse. En este caso, usted puede intentar romper el hábito en varias etapas, sustituyendo primero la leche de la hora de acostarse por un biberón lleno de agua y pasando luego a sustituir el biberón por el vaso.

Durante el proceso, puede tener la tentación de ponerle leche o jugo en el biberón para ayudarle a conciliar el sueño, pero no lo haga. Si se quedara dormido

## Merienda

½ taza de jugo
1 galletita dulce o salada
½ taza de queso o de algún tipo de carne en trocitos

## Comida

¼ taza de pollo, carne o tofu en trocitos
¼ a ½ taza de verduras verdes
¼ taza de fideos, pasta, arroz o papas
¼ taza de fruta
4 a 6 onzas de leche de fórmula

## Antes de irse a dormir

6 a 8 onzas de leche de fórmula o de agua. (Si se le da leche, déle agua después o lávele los dientes)

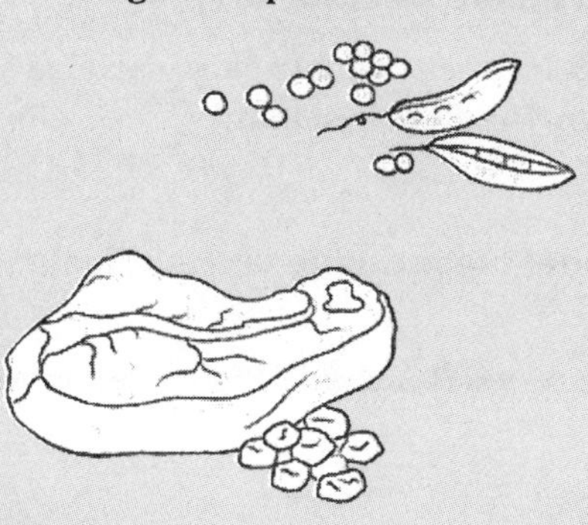

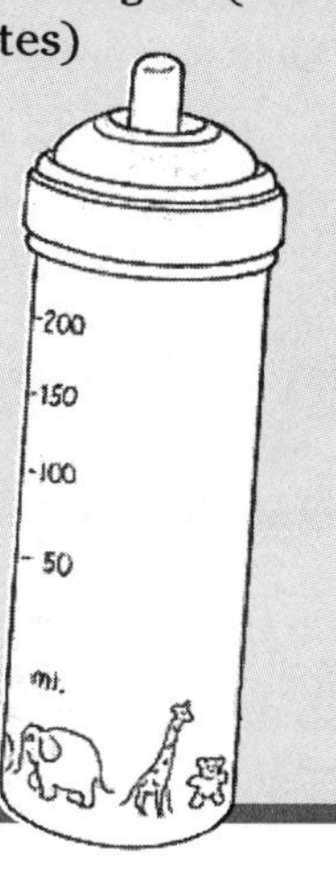

con el biberón en la boca, la leche o el jugo le impregnarían sus dientes incipientes, lo que facilitaría la formación de caries—un trastorno conocido como el "Síndrome del biberón". Para empeorar más las cosas, beber mientras se está acostado boca arriba contribuye a las infecciones de oído, puesto que el líquido puede pasar al oído medio a través de la trompa de Eustaquio.

Hay otro inconveniente asociado al hecho de alargar demasiado el uso del biberón. Éste puede acabar convirtiéndose en un objeto que le brinda seguridad al bebé, sobre todo si sigue conservándolo después de cumplir un año. Para evitar que esto ocurra, no deje que su hijo se pasee con el biberón o que beba de él

## *Estimulación del crecimiento cerebral: del octavo al doceavo mes*

- **Hable con su hijo (usando lenguaje adulto) mientras lo viste, lo baña, lo alimenta, juega o pasea con él o van en el auto. Si le parece que su hijo no responde a los sonidos o si no pronuncia ninguna sílaba ni ninguna palabra inteligible, informe al pediatra.**
- **Sea sensible a su ritmo y a su estado de ánimo. Aprenda a leer las señales que le envía y respóndale tanto cuando se sienta molesto como cuando está contento.**
- **Anime a su hijo a jugar con bloques y con juguetes blandos que le ayudarán a desarrollar la coordinación mano-ojo, la motricidad fina y la confianza en sí mismo.**
- **Cree un ambiente estimulante y seguro, donde su hijo pueda moverse a sus anchas y explorar libremente su entorno.**
- **Sea cálido y afectivo con el bebé; dele abrazos, besos y caricias para trasmitirle una sensación de seguridad y bienestar.**
- **Léale algo cada día.**
- **Si usted habla un idioma distinto a la del lugar donde vive, utilícelo en casa.**

mientras juega. Limite el uso del biberón a las horas de las comidas, cuando el niño esté sentado o alguien lo tenga cargado. Las demás veces déle un vaso. Si usted no le deja llevar el biberón de un lado a otro, ni siquiera pensará que existe esa posibilidad. No cometa el error de retractarse después de haber tomado esta decisión: su hijo podría empezar a pedirle el biberón después de haberlo dejado “oficialmente”.

## Sueño

La mayoría de los bebés de ocho meses siguen necesitando tomar dos siestas al día, una por la mañana y otra por la tarde. También suelen dormir unas doce horas seguidas por la noche, sin necesidad de despertarse para comer. Pero tenga en cuenta algunos problemas que posiblemente deberá afrontar. Conforme la ansiedad de separación de su hijo se vaya intensificando durante los próximos

- **Evite someter a su hijo a experiencias estresantes o traumáticas, tanto físicas como psicológicas.**
- **Juegue con su hijo al escondite y a las palmitas para estimular su memoria.**
- **Déle a su hijo la oportunidad de relacionarse con otros niños y padres.**
- **Proporcione a su hijo juguetes seguros y apropiados para su nivel de desarrollo y que no sean costosos.**
- **Enséñele a decir "adiós" con la mano y a asentir y a negar con la cabeza.**
- **Asegúrese de que todas las personas que van a cuidar de su hijo, aparte de velar por su salud, entienden lo importante que es darle afecto.**
- **Respete la intraquilidad de su hijo en presencia de desconocidos o de personas que no ve con regularidad.**
- **Pase un rato cada día jugando en el suelo con su hijo.**
- **Elija bien a la niñera de su hijo: que sea una persona preparada, atenta, afectiva y que sepa tratar y velar por la seguridad del niño. Hable con ella frecuentemente e intercambien ideas sobre el cuidado de los niños.**

meses, es posible que se resista a irse a dormir y que se despierte más por las noches reclamando su presencia.

Durante este difícil período probablemente tendrá que ensayar diversas estrategias hasta encontrar las que le ayuden a su hijo a conciliar el sueño. Por ejemplo, a algunos niños les resulta más fácil conciliar el sueño si se les deja la puerta abierta (de tal modo que puedan oír a sus padres); otros desarrollan hábitos de autoconsuelo como chuparse el pulgar o balancearse. Como ya hemos comentado, es posible que su hijo adopte una manta o un peluche especial como objeto de transición, que le servirá de consuelo cuando usted no esté a su lado. Cualquier cosa que sea suave y que se pueda abrazar, acariciar o chupar servirá. Usted puede ayudar a su hijo a adoptar un objeto de transición proporcionándole un surtido de mantas pequeñas o juguetes blandos y agradables al tacto. Pero, evite utilizar un chupete; si su hijo depende de él para conciliar el sueño, llorará para que se lo vuelva a poner cada vez que se le caiga de la boca durante la noche.

En cuanto su hijo se quede dormido, su patrón de sueño será bastante predecible. Después de una o dos horas de sueño profundo, pasará por una fase de sueño más ligero y es posible que se despierte parcialmente antes de volver al sueño profundo. Durante el resto de la noche, se irán alternando fases de sueño profundo y de sueño más ligero. En las fases de sueño más ligero, que pueden ocurrir de cuatro a seis veces cada noche, es posible que su hijo hasta llegue a abrir los ojos, mire a su alrededor y empiece a llorar llamándole. Ésta experiencia puede ser bastante exasperante, sobre todo si usted ya se estaba acostumbrando a dormir toda la noche de un tirón. De todos modos, puede consolarse pensando en que la mayoría de los bebés de esta edad se comportan de este modo debido a la ansiedad de separación. Lo único que necesita su hijo es tener la seguridad de que usted está cerca cuando se despierta. También tiene que aprender a volverse a dormir y es usted quien debe enseñarle cómo hacerlo. Para ello, puede utilizar las mismas técnicas que para ayudarle a conciliar el sueño al acostarlo. (Véase *Cómo ayudar a su hijo a conciliar el sueño*, página 41.) Si actúa correctamente, este período de despertares nocturnos no debería durar más de unas pocas semanas.

He aquí algunas sugerencias más para que este periodo pase pronto. En primer lugar, no haga nada que recompense a su hijo por ponerse a llorar a media noche. Vaya a verle para asegurarse de que está bien y dígale que usted estará cerca en caso necesario. No encienda la luz, no lo meza, ni lo pasee en brazos. Puede ofrecerle un poco de agua, pero no le dé de comer y, sobre todo, no se lo lleve con usted a la cama. Si está sufriendo debido a la ansiedad de separación, el llevárselo a la cama sólo hará que sufra más, cuando lo vuelva a dejar en la cuna.

Cuando vaya a ver a su hijo, haga lo necesario para que esté lo más cómodo posible. Si se ha enredado en las cobijas o está en una esquina de la cuna, acomódelo bien. Así mismo, compruebe que no está enfermo. Algunos problemas, como las infecciones de oído o el crup, pueden aparecer de repente por la noche. Si no detecta ningún síntoma de enfermedad, compruebe cómo tiene los pañales y cámbielo sólo si tuvo una deposición o si están demasiado mojados. Cámbielo lo más rápido posible, en la penumbra, y vuelva a acostarlo en la cuna inmediatamente.

Antes salir de la habitación de su hijo, susurre unas palabras para tranquilizarlo y dígale que es hora de dormir. Si sigue llorando, espere cinco minutos y vuelva a consolarlo durante un período de tiempo breve. Regrese a su habitación cada cinco a diez minutos por un rato corto hasta que vuelva a dormirse.

Insistimos en que este período puede ser extremadamente difícil para los padres. Después de todo, escuchar llorar a un hijo por la noche es algo que resulta emocional y físicamente agotador y usted probablemente reaccionará con una mezcla de lástima, enfado, preocupación y resentimiento. De todos modos, tenga en cuenta que el comportamiento de su hijo no es intencional. Contrariamente, es la forma que tiene de reaccionar ante la ansiedad y el estrés propios de esta etapa evolutiva. Si usted mantiene la calma y sigue un patrón consistente noche tras noche, su hijo no tardará mucho en aprender a dormirse solo. Tenga presente esta meta mientras se enfrenta a la lucha del "entrenamiento" nocturno. A la larga, éste hará que la vida sea mucho más fácil para ambos.

# Comportamiento

## Disciplina

El deseo de explorar que tiene un bebé de esta edad es prácticamente imposible de satisfacer. Su hijo querrá tocar, manipular y probar absolutamente todo lo que caiga en sus manos. En el proceso, está predestinado a meterse en lugares y situaciones prohibidas. Por lo tanto, y a pesar de que su curiosidad es vital para su desarrollo global y no debería coartarse innecesariamente, no se puede permitir que ponga en peligro su integridad física ni que destruya objetos valiosos. Ya sea que a su hijo se le occurra tocar las hornillas de la estufa o arrancar plantas del macetero, usted necesita ayudarle a detenerse.

Tenga en cuenta que el modo en que usted enfoque estos incidentes iniciales sentará las bases de la futura disciplina de su hijo. Aprender a no hacer algo que le encantaría hacer es un gran paso hacia el autocontrol. Si su hijo aprende bien esta lección ahora, usted tendrá que intervenir menos en los años que se avecinan.

Por lo tanto, ¿cuál es la mejor estrategia? Como sugerimos antes, la distracción suele ser una forma eficaz de frenar las conductas indeseables. La memoria de su hijo todavía es muy limitada por lo que podrá modificar su foco de atención, con muy poca resistencia. Si su hijo va directo hacia algo que no debería tocar, usted no tiene necesariamente que decirle "no". Si abusa de esta palabra, a largo plazo, dejará de surtir efecto. En lugar de ello, cárguelo y diríjalo hacia algo que *pueda* hacer. Busque algo que pueda captar su atención y que le permita seguir estando activo sin coartar su curiosidad natural.

La disciplina seria debe reservarse a aquellas situaciones en que el comportamiento del niño podría exponerlo a un peligro real, como por ejemplo, jugar con cables eléctricos. Éste es el momento de decir "no" con firmeza, al tiempo que lo aleja del peligro. Pero, no espere que su hijo aprenda a partir de sólo uno o dos incidentes. Debido al escaso alcance de su memoria, esta escena se tendrá que repetir una y otra vez hasta que su hijo reconozca la situación y siga sus advertencias.

Para mejorar la eficacia de la disciplina, la consistencia es fundamental. Por lo tanto, asegúrese de que todas las personas que van a hacerse cargo de su hijo sepan qué puede y qué no puede hacer. Establezca un número reducido de normas, a ser posible limitadas a aquellas situaciones que son potencialmente peligrosas para el niño. Y asegúrese de que oye "no" cada vez que entra en territorio prohibido.

La inmediatez es otra de las componentes esenciales de una buena disciplina. Reaccione en cuanto vea que su hijo puede meterse en problemas, no al cabo de cinco minutos. Si usted pospone la reprimenda, su hijo no entenderá el motivo de su enfado y sus palabras serán en balde. Así mismo, no lo consuele inmediatamente después de reñirlo. Sí, quizás se ponga a llorar, a veces tanto por la sorpresa como por el disgusto; pero espere uno o dos minutos antes de consolarlo. De lo contrario, su hijo no sabrá si realmente hizo algo indebido.

A medida que mejora sus técnicas de disciplina, no pase por alto la importancia de reaccionar positivamente cuando su hijo *se porte bien*. Este tipo de reacción es igual de importante para ayudarle a adquirir el autocontrol que necesita. Si su hijo se detiene antes de tocar la estufa, demuéstrele que notó cómo se controló y dígale lo mucho que le gusta que se comporte de ese modo. Así mismo, déle un abrazo cada vez que se porte bien con otra persona. Conforme vaya creciendo, su buen comportamiento dependerá, en gran medida, del deseo de complacerle a usted. Si ahora le trasmite lo mucho que usted valora que se porte bien, será mucho menos probable que se porte mal sólo para llamar la atención.

A algunos padres les preocupa la posibilidad de "malcriar" a un niño de esta edad por el hecho de dedicarle demasiadas atenciones, pero usted no debe preocuparse. De los ocho a los doce meses, un bebé tiene una capacidad muy limitada para manipular voluntariamente a los demás. Usted debe asumir que, cuando su hijo llora, no está fingiendo, sino que lo hace porque alguna de sus necesidades no ha sido convenientemente satisfecha.

Estas necesidades cada vez serán más complejas y usted percibirá más variaciones en el llanto de su hijo y en la forma que usted reacciona ante el mismo. Por ejemplo, usted acudirá corriendo cuando oiga el quejido contundente que indica que algo va realmente mal. En cambio, podrá acabar lo que está haciendo antes de reaccionar ante el gritito agudo que significa "ven-aquí-quiero-que-estés-a mi lado". Probablemente también aprenderá a reconocer el llanto lastimero y apagado que trasmite algo parecido a "me podría quedar dormido ahora si me dejaran solo". Reaccionando adecuadamente a los mensajes que se ocultan tras los llantos de su hijo, conseguirá trasmitirle que sus necesidades son importantes, pero que sólo responderá a los llamados que merecen ser atendidos.

**Un bebé de esta edad puede ser un magnífico compañero de juegos para sus hermanos.**

De todos modos, habrá veces que usted no sabrá exactamente por qué motivo está llorando su hijo. En estos casos, es posible que ni siquiera él mismo sepa qué es lo que le ocurre. Lo que mejor suele funcionar en estos casos es consolarlo un poco, junto con las técnicas de autoconsuelo que él mismo escoja. Por ejemplo, cárguelo mientras él abraza a su peluche favorito o a su manta especial, juegue a algo con él o léale un cuento. Ambos se sentirán mejor si él está contento. No olvide que la necesidad de atención y afecto es tan importante como la necesidad de alimento o de estar limpio.

### Hermanos

A medida que su hijo adquiere mayor movilidad, podrá jugar más con sus hermanos, y probablemente éstos se mostrarán dispuestos a cooperar. A los hermanos mayores, sobre todo si tienen entre seis y diez años, les encanta construir torres para que su hermanito de ocho meses las destruya, o darle la mano a su hermanito de once meses para que dé sus primeros pasos. Un bebé de esta edad puede ser un maravilloso compañero de juegos para sus hermanos.

Sin embargo, aunque la creciente movilidad del bebé le permitirá participar más activamente en los juegos de sus hermanos, también aumentará las probabilidades de que invada su territorio privado. Esto puede violar el incipiente sentido de la propiedad y de la intimidad de los hermanos mayores y puede representar una amenaza a la seguridad del bebé, ya que los juguetes de los niños mayores suelen tener piezas pequeñas fáciles de tragar. Usted puede garantizar la paz y la seguridad de todos reservando un espacio cerrado para los hermanos mayores, donde éstos puedan guardar sus juguetes y jugar a sus anchas sin temer la "invasión del bebé".

Por otra parte, ahora que el bebé puede coger prácticamente todo lo que ve, habrá llegado el momento de afrontar la difícil cuestión del compartir. Los niños de menos de tres años son incapaces de compartir nada sin la guía y, en la mayoría de los casos, la intervención directa de los adultos. Haga todo lo posible por evitar el problema, animando a cada uno de sus hijos a jugar con sus propios juguetes, aunque lo hagan uno al lado de otro. Cuando quieran jugar juntos, sugiérales actividades como escuchar música, mirar libros, pasarse la pelota, o jugar al escondite, en otras palabras, actividades que exigen escasa cooperación.

## Cuestiones de seguridad

### Asiento protector

- Lleve a su hijo en un asiento protector que cumpla todos los requisitos de seguridad y esté correctamente colocado, y sujételo bien con los arneses y el cinturón antes de poner el auto en marcha. Puesto que a esta edad su hijo ya puede sentarse sin apoyo, podrá orientarlo mirando hacia el frente.

## Caídas

- Coloque portones de seguridad en la parte superior e inferior de las escaleras y en las puertas de las habitaciones que contengan muebles u objetos a los que podría subirse el bebé, o que tengan bordes cortantes o puntiagudos con los que podría hacerse daño.
- No deje que su hijo se suba a sillas de base estrecha y respaldo tipo "escalera", pues, si intentara "subir la escalera", la silla se volcaría, lo que podría provocarle lesiones en la cabeza y posibles fracturas en piernas o brazos.

## Quemaduras

- No se acerque ni cargue a su hijo llevando bebidas o comidas calientes.
- No deje nunca recipientes llenos de bebidas o comidas calientes cerca del borde de una mesa o mostrador.
- No permita que su hijo gatee cerca de estufas calientes, calentadores de piso o rendijas de la calefacción.

## Ahogamientos

- No deje nunca a su hijo solo en la bañera o cerca de algún recipiente que contenga agua, como un balde, una piscinita, el fregadero, o lavamanos, o un inodoro abierto.

## Envenenamiento y atragantamientos

- No deje nunca objetos pequeños en el área por donde se desplace su hijo.
- No le dé a su hijo trozos de alimentos duros.
- Guarde todos los medicamentos y productos de limpieza en un lugar alto y que esté fuera del alcance se su hijo.
- Coloque pestillos de seguridad en los cajones y armarios donde guarde objetos que podrían ser peligrosos para el bebé.

# 10

# El segundo año

Al acercarse a su segundo cumpleaños, su hijo o hija dejará de ser un bebé y entrará en una nueva etapa evolutiva: la primera infancia. Gateará enérgicamente, caminará e, incluso, empezará a hablar. A medida que se vuelve más y más independiente, los días de adoración incuestionable que su hijo sentía por usted empezarán a estar contados.

Este hecho, probablemente le produzca tristeza y emoción a la vez—aparte de un poco de ansiedad, al pensar en los conflictos que se le avecinan. De hecho, es posible que ya haya tenido un anticipo de este tipo de enfrentamientos. Por ejemplo, si intenta quitarle algo, su hijo puede llorar en señal de protesta. O, si lo aleja de una peligrosa puerta giratoria, a los pocos segundos lo volverá a ver allí, ignorando sus advertencias. O es posible que, al ofrecerle su plato favorito—cereal con fruta—lo rechace de forma inesperada. Éstas son sus primeras tentativas para poner a prueba los límites que usted le impone y descubrir los suyos propios.

Durante los próximos años, su hijo dedicará gran parte del tiempo a explorar y poner a prueba los límites fijados por las normas que usted establezca y sus propios límites físicos. Afortunadamente, estas tentativas empezarán de forma paulatina, dándoles tiempo a ambos para irse adaptando a su incipiente independencia. Al principio, como a todo niño que está aprendiendo a andar, lo que más le interesará a su hijo será descubrir qué aspecto tiene el mundo "desde arriba". Sin embargo, esta curiosidad lo llevará a situaciones prohibidas y peligrosas. De cualquier manera, recuerde que su hijo no se porta mal a propósito. Sigue dependiendo de usted para que le indique qué está bien y qué está mal, y acudirá a usted frecuentemente en busca de apoyo y seguridad.

No obstante, a medida que su hijo camina con más soltura, empezará a dar muestras de su creciente asertividad. Hacia los dieciocho meses de edad, su palabra favorita será probablemente "no" y, cuando se aproxime a su segundo cumpleaños, probablemente empezará a tener rabietas cuando usted le obligue a hacer algo en contra de su voluntad.

Su hijo también será más posesivo, tanto con sus pertenencias como con las personas más cercanas. Si ve que usted carga a otro niño, es posible que se ponga a llorar desesperadamente, o, si otro niño coge un juguete que le gusta a él, inicie una batalla campal para quitárselo. En pocos meses, conforme su vocabulario vaya creciendo, la palabra "mío" se convertirá en otra de sus favoritas.

Por ahora, el vocabulario de su hijo es todavía muy limitado, pero aumentará muy deprisa. Su hijo entiende mucho de lo que usted le dice, siempre que le hable con claridad y con palabras sencillas. También es posible que usted pueda descifrar algunas de las cosas que él le dice. Por increíble que parezca, dentro de un año podrán mantener largas conversaciones.

## Crecimiento y desarrollo

### Aspecto físico y crecimiento

Hacia el final del primer año la tasa de crecimiento de su hijo o hija empezará a disminuir. Desde ahora hasta el siguiente "estirón" (que ocurre a principios de la adolescencia), la estatura y el peso de su hijo deber án aumentar de forma gradual, pero no tan deprisa como durante los primeros meses de vida. Cuando era bebé, ganaba aproximadamente 4 libras (1.8 Kg) de peso en cuatro meses o menos, pero, durante todo el segundo año probablemente no ganará más de 3 a 5 libras (1.4 a 2.3 Kg). Siga representando sus medidas cada pocos meses en las gráficas de las páginas 134 a 137, para asegurarse de que se ajusta al patrón de crecimiento normal. Comprobará que a esta edad la pauta definida como "normal" presenta un margen de variabilidad mucho mayor que en las etapas anteriores.

Con quince meses, una niña promedio pesa unas 22 libras (10 Kg) y mide unas 31 pulgadas (77.5 cm.); un niño promedio pesa unas 24 libras (10.4 Kg) y mide unas 31 pulgadas (78 cm). Durante los próximos tres meses ambos ganarán aproximadamente 1½ libras (0.7 Kg) y crecerán aproximadamente una pulgada (2.5 cm). Por lo tanto, cuando cumpla dos años, una niña promedio medirá unas 38 pulgadas (86 cm) y pesará unas 27 libras (12.2 Kg) y un niño promedio medirá unas 36 pulgadas (88 cm) y pesará casi 28 libras (12.6 Kg).

El crecimiento del perímetro craneal también se enlentece durante el segundo año. Aunque el perímetro craneal de su hijo tan sólo aumente alrededor de una pulgada (2.5 cm) en el transcurso de todo este año, habrá alcanzado cerca del 90 por ciento de su tamaño adulto cuando cumpla los dos años de edad.

Sin embargo, el aspecto de su hijo probablemente cambiará más que su tamaño. A los doce meses, su hijo todavía parecía un bebé, a pesar de que ya habia empezado a dar sus primeros pasos o a decir sus primeras palabras. La cabeza y el abdomen seguían siendo las partes más voluminosas de su cuerpo; su vientre sobresalía cuando se ponía de pie y sus nalgas, en comparación, parecían pequeñas—¡por lo menos cuando no tenia pañales!—. Las extremidades todavía eran bastante cortas y rollizas, en lugar de ser musculosas, y la cara tenía contornos suaves y redondeados.

Todo esto cambia a medida que se vuelve más activo. Sus músculos se irán desarrollando y perderá parte de la grasa que antes tenía. Sus brazos y piernas se irán alargando paulatinamente, y al caminar, sus pies empezarán a apuntar hacia adelante, y no hacia afuera. Su rostro se hará más anguloso y su mandíbula se irá definiendo cada vez más. Cuando su hijo cumpla dos años, será dificil recordar el aspecto que tenía cuando era todavía un lactante.

## Movimiento

Si su hijo o hija no empezó a caminar antes de cumplir un año, deberá hacerlo durante los próximos seis meses. De hecho, perfeccionar esta habilidad será uno de los logros más importantes de este segundo año. Aunque su hijo ya camine, es posible que necesite uno o dos meses más para que sea capaz de incorporarse y andar con soltura y sin apoyo alguno. De todos modos, no espere que se ponga de pie como lo haría usted. Su técnica particular podría ser colocar primero las palmas de las manos en el suelo, estirar los brazos, y elevar las nalgas en lo que endereza las piernas empujando contra el suelo. Por último, estirará las piernas y se colocará de pie enderezando el tronco.

Al principio su hijo sólo dará varios pasos inseguros, lo que dista bastante de la forma de andar madura. Separará mucho las piernas, apuntando con los pies hacia afuera e irá dando tumbos a ambos lados mientras avanza. Por muy lento y dificil que pueda

## *Hitos relacionados con el movimiento hacia el final de este período*

- Camina solo
- Arrastra juguetes detrás de él mientras camina
- Lleva un juguete grande o varios juguetes pequeños mientras camina
- Empieza a correr
- Se pone de puntillas
- Patea una pelota

- Se sube y baja de los muebles sin ayuda
- Sube y baja escaleras apoyándose en la barandilla

parecer el proceso al principio, su hijo enseguida cogerá velocidad. De hecho, no le extrañe que usted tenga que correr para seguirle el paso.

Una parte inevitable del proceso de aprender a andar es, lógicamente, caerse. Sobre todo, el desplazarse sobre superficies irregulares será todo un reto a esta edad. Al principio, su hijo tropezará con los obstáculos más insignificantes, como una pequeña arruga en la alfombra o una ligera inclinación a la entrada de una habitación. Tendrán que pasar meses para que su hijo pueda subir y bajar escaleras o cambiar de dirección sin caerse.

Así mismo, no espere que su hijo utilice las manos al andar desde el primer momento. Aunque los brazos le servirán para mantener el equilibrio (doblados a la altura de los hombros, como a la "defensiva"), al principio no podrá utilizar las manos para coger o transportar cosas mientras camina. Pero, cuando lleve andando dos o tres meses, ya tendrá todo el proceso bajo control: no sólo podrá detenerse para coger un juguete y trasportarlo de un lugar a otro, sino que será capaz de empujar o halar un cochecito de juguete, andar de lado o hacia atrás e, incluso, tirar una pelota mientras anda.

Pasados seis meses desde que su hijo dé sus primeros pasos, su forma de andar será mucho más madura. Juntará más los pies y dará los pasos con mayor soltura. Con su ayuda, hasta es posible que sepa subir y bajar escaleras. Sin embargo, cuando lo intente él sólo, subirá gateando sobre manos y rodillas y bajará un escalón a la vez apoyándose en el estómago. Pronto empezará a dar sus primeras carreras cortas, aunque probablemente no correrá bien sino hasta el tercer año. Cuando cumpla dos años, su hijo se moverá con gran eficacia. ¡Y pensar que hace un año apenas podía dar un paso!

## Habilidades manipulativas

Los grandes avances que hará su hijo o hija durante este segundo año en el ámbito de la motricidad gruesa, es posible que eclipsen los cambios más sutiles en su habilidad para usar las manos, tanto independientemente como en coordinación con los ojos. Estos avances le permitirán tener mayor control y precisión a la hora de examinar objetos y ensayar nuevos movimientos. También le permitirán ampliar enormemente su capacidad para explorar y aprender cosas sobre el mundo que le rodea.

Cuando tenga doce meses, coger cosas muy pequeñas utilizando el índice y pulgar todavía le costará bastante, pero, cuando tenga dieciocho meses, la tarea será simple. Observe cómo manipula objetos pequeños, explorando las formas en que se pueden combinar y modificar. Entre sus juegos preferidos podrian figurar los siguientes:

- Construir torres de hasta cuatro pisos, y después destruirlas.
- Tapar y destapar cajas y otros recipientes.
- Coger pelotas y otros objetos en movimiento.
- Darle la vuelta a la perilla de las puertas y pasar páginas.
- Encajar fichas redondas en sus agujeros.
- Hacer garabatos y pintar.

Estas actividades no sólo le ayudarán a perfeccionar sus habilidades manipulativas, sino que también le permitirán aprender conceptos espaciales, tales como "dentro", "fuera", "sobre", "debajo" y "alrededor". Al acercarse a su segundo cumpleaños y mejorar su coordinación física, podrá participar en juegos más complejos, tales como:

- Doblar papel (si usted le enseña a hacerlo).
- Encajar fichas cuadradas grandes (que es más dificil que introducir fichas redondas, pues implica encajar ángulos).
- Construir torres de hasta cinco o seis pisos.

## *Hitos relacionados con destrezas finas de manipulación hacia el final de este período*

- **Hace garabatos espontáneamente**
- **Vuelca recipientes para verter su contenido**
- **Construye torres con 4 bloques o más**
- **Es posible que utilice una mano más que la otra**

- Separar varios juguetes y luego volverlos a juntar.
- Moldear con plastilina.

Aproximadamente a partir de los dos años, su hijo puede demostrar una clara tendencia a ser diestro o zurdo. Sin embargo, muchos niños no demuestran una tendencia clara sino hasta mucho más tarde. Otros son ambidextros, lo que significa que pueden usar ambas manos con la misma destreza. No hay motivo para forzar a su hijo a utilizar más una mano que otra ni a acelerar el proceso natural que le llevará, a preferir el uso de una mano en particular.

## Desarrollo lingüístico

Poco después de su primer cumpleaños, tendrá la impresión de que, de golpe, su hijo o hija entiende todo lo que usted le dice. Si le avisa de que es la hora de almorzar, se dirigirá hacia su sillita. Si le dice que ha perdido un zapato, lo buscará y se lo traerá. Al principio, la rapidez de sus reacciones le sorprenderá. ¿Entendió realmente lo que le dijo o es que usted estaba soñando despierto? Tranquilícese:

### *Hitos relacionados con el lenguaje hacia el final de este período*

- **Señala objetos o dibujos cuando alguien se los nombra**
- **Reconoce el nombre de personas conocidas, objetos y partes del cuerpo**
- **Dice palabras aisladas (ente los quince y los dieciocho meses)**
- **Utiliza frases simples (entre los dieciocho y los veinticuatro meses)**
- **Construye frases de dos a cuatro palabras**
- **Sigue instrucciones simples**
- **Repite algunas de las palabras que oye en las conversaciones**

no es cosa de su imaginación. Su hijo está desarrollando sus habilidades lingüísticas de acuerdo con el patrón de desarrollo normal.

Este avance gigantesco probablemente influirá sobre el modo en que usted empezará a hablarle y a conversar con los demás cuando él esté presente. Por ejemplo, si usted no quiere que su hijo se entere de algo, puede deletrearlo (Por ejemplo: ¿Vamos a tomar un H-E-L-A-D-O?). Al mismo tiempo, es posible que le hable con más entusiasmo, puesto que sabe que él le entiende mucho mejor.

Tal vez ya no tenga que usar tanto el "lenguaje de bebé" ni acudir a los monólogos agudos y cantarines para captar la atención de su hijo. En cambio, háblele con lentitud y claridad, utilizando palabras simples y frases cortas. Enséñele los nombres correctos de los objetos y de las partes del cuerpo, y deje de utilizar motes infantiles como "tete" para referirse al biberón. Si le proporciona un buen modelo de lenguaje, le ayudará a aprender a hablar sin confundirlo.

La mayoría de los niños saben decir por lo menos cincuenta palabras al final del segundo año y hablan utilizando frases cortas, aunque hay importantes diferencias entre uno y otro niño.

Incluso teniendo una capacidad auditiva e intelectual completamente normal, algunos niños no hablan demasiado durante el segundo año. Así mismo, los niños suelen presentar un desarrollo lingüístico más lento que las niñas. Independientemente del momento en que su hijo empiece a hablar, probablemente las primeras palabras que aprenderá serán los nombres de personas conocidas, de sus juguetes favoritos y de algunas partes del cuerpo. Es posible que usted sea la única persona que entienda esas primeras palabras, puesto que su hijo omitirá o cambiará algunos sonidos. Por ejemplo, es posible que pronuncie bien la primera consonante (b, d, t) y la primera vocal (a, e, i, o, u) de una palabra, pero que deforme el resto. O es posible que substituya sonidos que no puede pronunciar por otros que puede pronunciar sin problemas (como la d y la b).

Con el tiempo, usted aprenderá a entender lo que le dice su hijo con la ayuda de los gestos que haga. Ante todo, no se le ocurra ridiculizar los errores que cometa su hijo al hablar. Déle todo el tiempo que necesite para decir las cosas, sin afanarlo y contéstele pronunciando correctamente todas las palabras. ("Muy bien, es una *pelota*"). Si usted se muestra comprensivo y tiene paciencia, la pronunciación de su hijo irá mejorando de forma gradual.

Cuando tenga aproximadamente un año y medio, su hijo utilizará unos cuantos verbos activos, como "dale" y "brinca" y algunas palabras de dirección, como "arriba", "abajo", "adentro" y "afuera". Cuando cumpla dos años, entenderá las palabras "tú" y "yo" y las utilizará continuamente.

Al principio utilizará unas frases muy particulares, combinando una sola palabra con un gesto o un ruidito. Por ejemplo, puede señalar y decir "pelota"—su forma de trasmitirle que quiere que le tire la pelota. O puede hacerle una pregunta diciendo "¿Arriba?" o "¿Abajo?", elevando la voz al final. Pronto empezará a combinar los sustantivos con los verbos o preposiciones, construyendo frases como “pelota arriba”, o “tomar leche” y haciendo preguntas como “¿Qué esto?”. Por lo tanto, al final del segundo año o un poco después empezará a utilizar frases de dos palabras.

## Desarrollo cognoscitivo

Cuando su hijo o hija está jugando, ¿se ha dado cuenta de cómo se concentra en todo lo que hace? Cada juego o tarea es para él una propuesta de aprendizaje y una forma de reunir todo tipo de información sobre el funcionamiento de las cosas. Además, sabrá utilizar lo que ya ha aprendido para tomar decisiones y encontrar soluciones a los retos que le planteen esos juegos o tareas. Sin embargo, su hijo sólo manifestará interés por aquellos problemas que sean apropiados para su nivel

### *Hitos cognoscitivos hacia el final de este período*

- **Encuentra objetos escondidos incluso debajo de dos o tres capas**
- **Empieza a clasificar cosas según forma y color**
- **Empieza a practicar juegos de simulación**

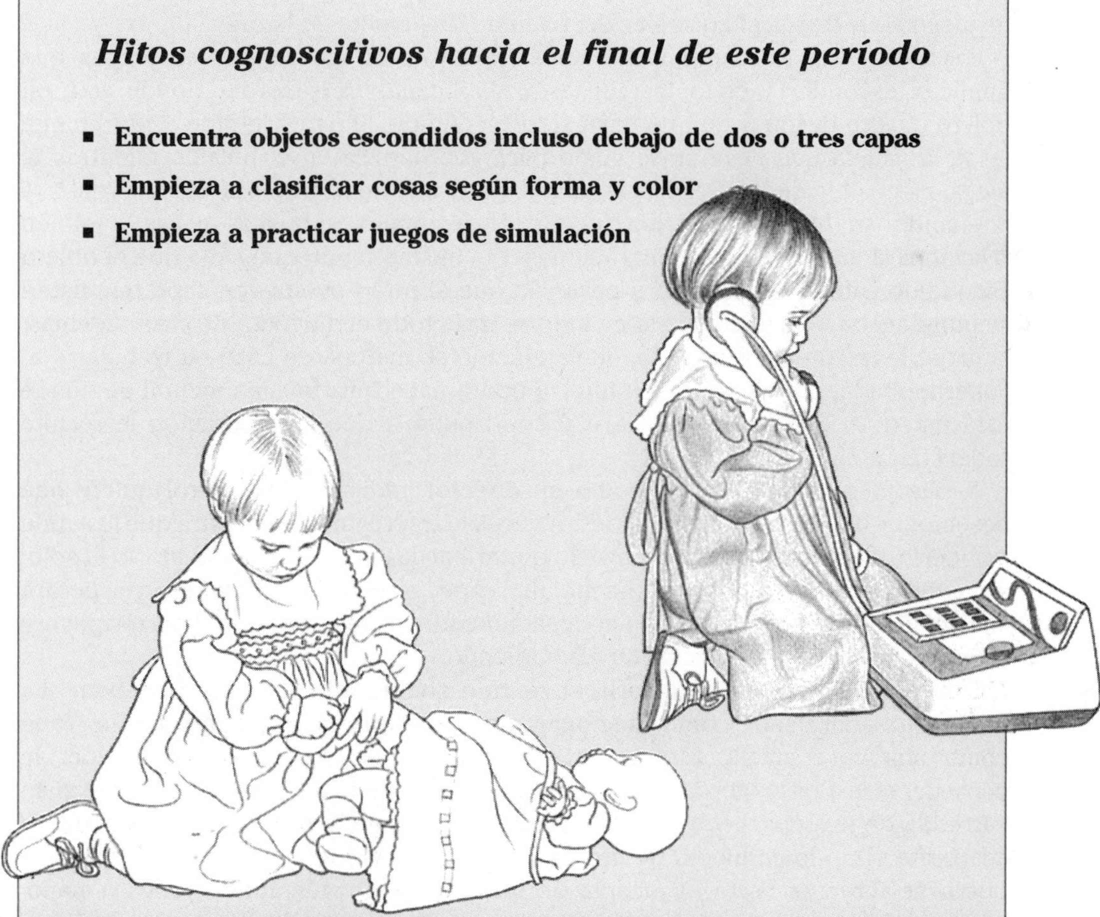

de desarrollo y aprendizaje. Por lo tanto, si le ofrece un juguete que le encantaba cuando tenía once meses, es muy probable que lo ignore por completo, y si le propone un juego demasiado complicado, se niegue a jugar. Le atraerán especialmente los aparatos mecánicos, como los juguetes de cuerda o los que tengan interruptores, perillas o botones. Quizás usted no sepa exactamente con qué puede jugar su hijo a esta edad, pero puede estar tranquilo: a él no le costará nada saberlo. Por lo tanto, lo mejor es que le proponga un abanico de actividades y que sea él quien seleccione las que le resultan más atractivas sin que estén por encima de sus posibilidades.

A esta edad, la imitación es parte muy importante del aprendizaje. En lugar de limitarse a manipular los utensilios domésticos, como lo hacía antes, su hijo utilizará el peine para peinarse, balbuceará al coger el auricular del teléfono, dará vueltas al timón de su carro de juguete y lo empujará hacia adelante y hacia atrás. Al principio, él será la única persona que participará en estas actividades, pero irá incluyendo, progresivamente, a otros jugadores. Por ejemplo, es posible que peine a su muñeca, le "lea" un libro a usted, ofrezca una bebida ficticia a su compañero de juegos o le ponga el auricular del teléfono de juguete en la oreja.

Bastante antes de cumplir dos años, su hijo será un experto en juegos que implican esconder y encontrar cosas y será capaz de recordar donde está un objeto mucho después de que haya sido escondido. Si usted le pide a su hijo que le dé la galleta que lleva en la mano para guardársela en el bolsillo mientras él juega, es posible que a usted se le olvide, pero ¡su hijo seguro que se acuerda!

Cuando su hijo domine los juegos de esconder y buscar cosas, también reaccionará mejor ante las separaciones. Del mismo modo que sabe que el objeto escondido esté en algún sitio a pesar de que él no lo pueda ver, sabe que usted siempre acaba volviendo, hasta cuando se pasa todo el día fuera de casa. Además, si usted le puede mostrar a dónde va cuando se marcha de casa—a trabajar o al supermercado, por ejemplo—su hijo se podrá hacer una imagen mental de dónde está usted, lo que le tranquilizará y contribuirá a que la separación le resulte todavía más fácil.

A esta edad, su hijo actúa como un director, indicándole qué rol quiere que desempeñe usted en sus actividades. A veces le traerá un juguete para que le ayude a ponerlo en marcha; otras veces se lo quitará de las manos para intentarlo él solo. A menudo, cuando crea que ha hecho algo especial, su hijo se detendrá y esperará sus aplausos. Si usted responde adecuadamente a estas pistas, le dará el apoyo y el ánimo que necesita para seguir aprendiendo.

También deberá proporcionarle el sentido común que él todavía no tiene. Es cierto que ahora sabe cómo funcionan algunas cosas, pero puesto que no sabe cómo una cosa afecta a otra, todavía no domina plenamente la noción de consecuencia. Por lo tanto, aunque es posible que sepa qué es lo que ocurrirá si su carretilla de juguete rueda por una pendiente, no puede predecir qué ocurrirá si acaba aterrizando en medio de una calle de mucho tráfico. Aunque sabe que una puerta se abre y se cierra, es incapaz de anticipar que, según donde ponga la mano, le puede pillar un dedo. Y, aunque su hijo ya haya pasado antes por esa dolorosa experiencia, no asuma que aprendió la lección. Es perfectamente posible que no asocie el dolor a la cadena de acontecimientos que lo provocó y, con toda probabilidad, la próxima vez no recodará esa secuencia. Hasta que su hijo no tenga su propio sentido común, necesitará que usted vele por su seguridad.

## Desarrollo social

Durante su segundo año de vida, su hijo o hija se formará una imagen muy específica de su mundo social, integrado por familiares, amigos y conocidos. Él está en el centro de todo, y, aunque probablemente usted estará muy cerca de él, lo que más le preocupa ahora es dónde está todo en relación a su propia persona. Sabe que existen otras personas, y le interesan vagamente, pero no tiene la más mínima idea de qué piensan o cómo se sienten. En lo que a él le concierne, todo el mundo piensa igual qué él.

Como puede imaginar, esta forma de ver el mundo (que algunos expertos denominan egocentrismo) representa un obstáculo para que pueda jugar con otros niños en un sentido plenamente social. Podrá jugar al lado de otro y competir por los juguetes, pero es muy difícil que participe en juegos realmente cooperativos. Le gustará observar y estar cerca de otros niños, sobre todo si son un poco mayores que él. Es posible que intente imitarlos o que los trate como trata a las muñecas—por ejemplo, intentando cepillarles el pelo—pero le extrañará mucho que ellos intenten hacer lo mismo con él y probablemente se resistirá. Tal vez les ofrezca juguetes o cosas de comer, pero es posible que se enfade si se les ocurre coger lo que les ofrece.

*Compartir* es una palabra que no tiene absolutamente ningún sentido para un niño de esta edad: cree que todo le pertenece. Lamentablemente, la mayoría de ellos son tan asertivos como egocéntricos, por lo que la competencia por los juguetes y por la atención de los adultos provoca frecuentes peleas y llantos. ¿Cómo puede reducir este tipo de enfrentamientos cuando su hijo esté con sus "amiguitos"? Intente que haya suficientes juguetes para todos, y prepárese para hacer de árbitro.

Como ya hemos anticipado, es posible que su hijo sea muy posesivo con los objetos que sabe que le pertenecen. Si otro niño se atreve a tocar alguno de sus juguetes, probablemente irá corriendo hacia él y se lo quitará. Dígale que el otro niño "sólo le estaba echando un vistazo" y que "está bien que le deje jugar con él un ratito". Pero también tranquilícelo diciéndole: "Sí, es tu juguete; y nadie se lo va a llevar". Tambien puede ser recomendable no permitir que los demás niños jueguen con los dos o tres juguetes favoritos de su hijo. Así, sentirá que tiene cierto control sobre el mundo que le rodea y será menos posesivo con el resto de sus pertenencias.

Puesto que los niños de esta edad apenas tienen conciencia de los sentimientos ajenos, pueden ser bastante bruscos al relacionarse con otros niños. Incluso cuando quieren expresar afecto, pueden meterle el dedo en el ojo a otro niño o darle un abrazo demasiado fuerte. (Lo mismo ocurre cuando se relacionan con animales).

Cuando se enfadan, pueden darle patadas o pegarle a otro niño, sin darse cuenta de que le están haciendo daño. Por tal motivo, esté pendiente siempre de que su hijo juegue con otros niños de su edad e intervenga en cuanto se presente algún tipo de agresividad física. Dígale, "No le pegues", y dirija su atención hacia un juego amistoso.

Afortunadamente, su hijo también demostrará su creciente conciencia de sí mismo de formas menos agresivas. Cuando tenga unos dieciocho meses, sabrá decir su nombre. Aproximadamente a esa misma edad, identificará su propia

### *Hitos sociales hacia el final de este período*

- **Imita el comportamiento de los demás, sobre todo si se trata de adultos o de niños mayores**
- **Cada vez tiene más conciencia de sí mismo como un individuo independiente de los demás**
- **Cada vez le entusiasma más la compañía de otros niños**

### *Identificación del género*

Si usted reuniera a un grupo de niños y niñas de un año de edad, los vistiera a todos igual y los dejará jugar a sus anchas en un parque, ¿podría distinguir los niños de las niñas? Probablemente no, porque—exceptuando pequeñas diferencias de tamaño—a esta edad apenas existen diferencias entre ambos sexos. Ambos adquieren sus habilidades aproximadamente al mismo ritmo (aunque las niñas suelen empezar a hablar antes) y les gusta hacer el mismo tipo de cosas. Algunos estudios han permitido constatar que los niños son más activos que las niñas, pero las diferencias durante los dos primeros años son insignificantes.

Aunque a esta edad los padres suelen tratar a los niños de ambos sexos de una forma muy similar, suelen fomentar juegos distintos y comprarles juguetes también distintos a los niños y a las niñas. Pero, dejando a un lado la tradición, no hay motivo para comprarle muñecas a las niñas y carritos a los niños. Si se les dejara elegir, los niños de ambos sexos se sentirían igual de atraídos por todos los juguetes. Por lo tanto, desde un punto de vista de desarrollo, se beneficiarán mucho más si se les deja jugar tanto con juguetes "de niña" como con juguetes "de niño".

Los pequeños aprenden a verse como niñas o como niños, relacionándose con otros miembros de su propio sexo. Pero éste es un proceso que dura años. Ponerle siempre faldas a su hija o llevar a su hijo a juegos de béisbol no servirá de mucho a esta edad. Lo que realmente importa es el amor y el respeto que tenga usted por su hijo como *persona*, independientemente de cuál sea su sexo. Ésta es la mejor forma de garantizar que, en el futuro, tenga una autoestima elevada.

imagen en el espejo y empezará a demostrar mayor interés por cuidarse. Al acercarse a su segundo cumpleaños, es posible que empiece a lavarse las manos y los dientes si usted le enseña a hacerlo. También colaborará a la hora de vestirse y sobre todo de desvestirse. A menudo lo encontrará concentrado quitándose los zapatos y los calcetines, incluso en medio del supermercado o del parque.

Puesto que a esta edad los niños son grandes imitadores, su hijo participará con entusiasmo en cualquier actividad casera. Ya sea que usted esté leyendo el periódico, barriendo el suelo, cortando el césped o preparando la comida, él querrá "ayudar".

### *La masturbación*

Cuando su hijo explore su cuerpo, lógicamente descubrirá sus genitales. Puesto que tocárselos le producirá sensaciones agradables, lo hará a menudo cuando no tenga puestos los pañales. Aunque estos contactos pueden ir acompañados de erección del pene en los niños, a esta edad estas experiencias no tienen connotaciones sexuales ni emocionales. Simplemente, le resulta agradable. No hay ningún motivo para preocuparse ni para intentar erradicar esta conducta. Si usted reacciona negativamente al ver que su hijo se toca los genitales, le trasmitirá el mensaje de que pasa algo malo con esa parte de su cuerpo. Hasta es posible que interprete su reacción como que pasa algo malo con él. Espere a que sea mayor para hablarle sobre temas como la intimidad y el pudor. Por ahora, acepte este comportamiento como una curiosidad completamente normal.

Aunque el aceptar la "ayuda" de su hijo puede alargar el oficio bastante, intente convertirlo en un juego. Si está haciendo algo en lo que su hijo no puede colaborar—porque es peligroso o tiene mucha prisa—busque alguna otra "tarea" en la que *pueda* participar. Ante todo, no desaliente estes maravilloso deseo de ser servicial. Ayudar, igual que compartir, es una habilidad social de vital importancia y, cuanto antes la adquiera su hijo, más agradable será la vida para todos.

## Desarrollo emocional

Durante su segundo año de vida, su hijo o hija oscilará constantemente entre la acérrima independencia y el querer aferrarse a usted. Ahora que ya sabe andar y hacer cosas por su cuenta, podrá alejarse de usted y poner a prueba nuevas habilidades. Pero, al mismo tiempo, todavía no se siente del todo cómodo con la idea de ser un individuo, separado de usted y del resto del mundo. Sobre todo cuando esté cansado, enfermo o asustado, querrá que usted esté a su lado para que lo consuele y lo acompañe.

Es imposible predecir cuándo su hijo le dará la espalda y cuándo vendrá corriendo en busca de protección. Es posible que cambie de actitud de un momento a otro, o que parezca muy maduro e independiente por varios días seguidos y, de repente, tenga un retroceso en su comportamiento. Usted también podrá tener reacciones encontradas: mientras que en algunos momentos le encantará que su "bebé" acuda en su busca, habrá otros en que le molestará que su hijo siga siendo tan dependiente y tan llorón. Algunas personas denominan este

## *El niño agresivo*

Algunos niños son agresivos por naturaleza y esto es algo que se suele empezar a manifestar durante el segundo año. Quieren controlar absolutamente todo lo que ocurre a su alrededor. Cuando no consiguen lo que quieren, transforman su energía en violencia, dando patadas, puñetazos y mordiscos.

¿Se ajusta su hijo o hija a esta descripción? En tal caso, deberá vigilarlo muy de cerca y fijarle límites firmes y consistentes. Permítale canalizar su energía de forma positiva a través del ejercicio y juegos activos. Y, cuando se relacione con otros niños, no le quite la vista de encima para evitar problemas graves, y no se olvide de elogiarlo cuando no provoque ningún conflicto en una sesión de juegos.

En algunas familias se fomenta la agresividad, sobre todo en los varones. Ciertos padres dicen con orgullo que sus hijos son "duros", lo que el niño puede interpretar como que tiene que pegar y morder para ganarse su aprobación. Contrariamente, en otras familias, los estallidos agresivos propios de esta edad se interpretan como un mal presagio de que el niño será un delincuente. Con el convencimiento de que tienen que frenar este comportamiento lo antes posible, los padres lo castigan "con mano dura". Sin embargo, un niño al que se le trata de este modo es probable que acabe creyendo que así es como debe tratar a la gente cuando no le gusta cómo actúa. Por lo tanto, este tipo de reacción puede acabar reforzando su agresividad. La mejor forma de enseñarle a su hijo a controlar sus impulsos agresivos es actuar con firmeza y coherencia cuando se porte mal. Así mismo, debe recibir un buen ejemplo, tanto de usted como de sus hermanos.

(Véase también *Enfados, agresiones, y mordiscos*, página 565)

período "la primera adolescencia". No es más que el reflejo de los sentimientos contradictorios que tiene su hijo ante la experiencia de crecer y de alejarse de usted, y es algo absolutamente normal. Recuerde que la mejor forma de ayudarle a recuperar la compostura es ofrecerle toda la atención y todo el apoyo que necesite. Si usted le recrimina diciendo que tiene que comportarse "como un niño mayor" sólo conseguirá que se sienta peor y que se comporte más inseguramente.

El separarse de usted durante breves períodos de tiempo puede ayudar a su hijo a adquirir mayor independencia. Seguirá experimentando cierta ansiedad de separación y es posible que haga un escándalo cuando usted se vaya, incluso si sólo va a estar fuera unos minutos. Pero sus protestas durarán poco. Es posible que estas separaciones le intranquilicen más a usted que a su hijo, pero intente que

## *El niño tímido*

A algunos niños les asustan mucho las situaciones y personas nuevas. Antes de decidirse a participar en una actividad grupal, se mantienen al margen, observando y esperando. Si se les fuerza a probar algo nuevo, se resisten y, cuando se les presenta a una persona desconocida, se pegan literalmente a las faldas de su madre. Para quien desea fomentar la independencia y la sociabilidad en sus hijos, este comportamiento puede resultar muy frustrante. Pero el forzar o ridiculizar a un niño tímido solo hará que se sienta todavía más inseguro.

La mejor solución es dejar que el niño vaya a su propio ritmo. Déle el tiempo que necesita para adaptarse a las situaciones nuevas y déjele que le agarre de la mano en los momentos en que necesite su apoyo. Si usted está a la altura de las circunstancias, los demás serán menos propicios a ridiculizar al niño y éste adquirirá más seguridad en sí mismo. De todos modos, si su hijo continua comportándose de este modo durante mucho tiempo, coménteselo al pediatra. Él podrá darle consejos específicos para su caso concreto y, si fuera necesario, remitirle a un psicólogo o a un psiquiatra infantil.

## *Hitos emocionales hacia el final de este período*

- **Muestra mayor independencia**
- **Empieza a presentar conductas desafiantes**
- **La ansiedad de separación va en aumento hasta los dieciocho meses y después remite**

### *Alertas sobre el desarrollo*

Puesto que cada niño evoluciona a su propio ritmo, es imposible saber exactamente en qué momento su hijo dominará completamente determinada habilidad. Los hitos de desarrollo citados en este libro le darán una idea general de los cambios que puede esperar a medida que su hijo vaya creciendo, pero no se preocupe si su hijo sigue un patrón ligeramente distinto. Sin embargo, en el caso de que presentara algunos de los siguientes síntomas, que pueden indicar la existencia de un retraso del desarrollo en niños de esta edad, informe pediatra.

- Con dieciocho meses cumplidos, todavía no camina
- Todavía no ha desarrollado una forma madura de andar—apoyando primero el talón y luego los dedos de los pies, a pesar de llevar varios meses caminando, o anda exclusivamente en puntillas
- Con dieciocho meses cumplidos, dice menos de quince palabras
- Con dos años todavía no utiliza frases de dos palabras
- Con quince meses no parece conocer la función de los objetos domésticos de uso habitual (cepillo, teléfono, timbre, tenedor, cuchara)
- No imita acciones ni palabras al final de este período
- Con dos años no sigue instrucciones simples
- Con dos años no sabe empujar juguetes que tienen ruedas

él no se dé cuenta. Limítese a darle un beso y a decirle que volverá. Y, cuando regrese, salúdelo con entusiasmo y dedíquele toda su atención durante un rato antes de dedicarse a otras cosas. Cuando su hijo entienda que usted siempre vuelve y sigue queriéndolo, se sentirá más seguro.

## Cuidados básicos

### Alimentación y nutrición

Probablemente, después del primer cumpleaños de su hijo o hija, notará que su apetito decae mucho. De repente se volverá remilgado, volteará la cabeza después de unos pocos bocados o se resistirá a sentarse a la mesa a la hora de comer. Ahora

## *Estimulación del crecimiento cerebral: el segundo año*

- **Anime a su hijo a jugar con bloques y juguetes blandos que le ayudarán a desarrollar la coordinación visomotriz, la motricidad fina y la confianza en sí mismo.**
- **Sea cálido y afectivo con su hijo; dele abrazos, besos y caricias para trasmitirle una sensación de seguridad y bienestar.**
- **Sea sensible a su ritmo y a su estado de ánimo. Aprenda a leer las pistas que le envía y respóndale tanto cuando se sienta molesto como cuando esté contento. Anímelo y apóyelo, utilizando una disciplina firme cuando sea necesario, pero sin gritarle ni pegarle; déle normas claras y consistentes.**
- **Hable con su hijo o cántele mientras lo viste, lo baña, lo alimenta, juega o pasea con él o van en auto, utilizando un lenguaje adulto. Háblele despacio y déle tiempo para que pueda responderle. Intente no contestarle con el típico "ajá", porque se dará cuenta de que no le está escuchando; en lugar de ello, alargue las frases de su hijo.**
- **Sea regular con los horarios; establezca un patrón predecible en lo que respecta a las comidas, la siesta y la hora de acostarse.**
- **Fomente las asociaciones de palabras poniéndole un nombre concreto a las actividades y objetos cotidianos.**

que es mucho más activo que antes, es de suponer que debería comer *más* en lugar de menos, pero hay un buen motivo para este cambio. Su ritmo de crecimiento se ha hecho más lento, y no necesita comer tanto como antes.

Su hijo necesita unas 1000 calorías diarias para satisfacer sus necesidades de crecimiento, energía y nutrición. Si usted ha seguido alguna vez una dieta de 1000 calorías, sabrá que no significa comer mucho. Pero su hijo tendrá suficiente con este aporte de calorías, que se debe dividir en tres comidas pequeñas y dos meriendas. De todos modos, no dé por sentado que su hijo siempre va a comer de este modo, pues los hábitos alimentarios de los niños de esta edad son bastante erráticos e impredecibles.

Es posible que su hijo se coma todo a la hora del desayuno y, no pruebe bocado durante el resto del día. O puede querer comer solamente su alimento favorito durante tres días seguidos y después rechazarlo por completo.

- **Léale algo cada día. Elija libros que inciten a tocar y señalar objetos, y léale rimas, poemas y cuentos infantiles.**
- **Si usted habla una lengua distinta a la del lugar donde vive, utilícela en casa.**
- **Ponga música suave y melódica para que su hijo la escuche.**
- **Escuche y responda a las preguntas de su hijo. Hágale preguntas para estimular el proceso de toma de decisiones.**
- **Empiece a explicarle algunas "normas de seguridad" de forma sencilla, por ejemplo, el sentir el calor de la estufa ayuda a entender los peligros que entrañan los objetos calientes.**
- **Asegúrese de que todas las personas que van a cuidar de su hijo, aparte de velar por su salud, entienden lo importante que es darle cariño.**
- **Anime a su hijo a mirar libros y a dibujar.**
- **Ayude a su hijo a utilizar palabras para describir emociones y para expresar sentimientos, como felicidad, alegría, enfado o miedo.**
- **Pase un rato cada día jugando en el suelo con su hijo.**
- **Elija bien a la niñera de su hijo: que sea una persona preparada, atenta, afectiva y que sepa tratar a los niños y velar por su seguridad. Hable con ella frecuentemente e intercambie ideas sobre el cuidado de los niños.**

Por regla general, es una grave equivocación convertir las horas de las comidas en una lucha de poder para conseguir que su hijo siga una dieta equilibrada. Debe pensar que, cuando su hijo se niega a comer lo que le ha preparado, no le está rechazando a *usted*. Por lo tanto, no se lo tome como algo personal. Además, cuanto más le fuerce a comer, menos dispuesto estará a ceder. En cambio, ofrézcale una selección de alimentos nutritivos en cada comida y déjele elegir el que prefiera. Varíe el sabor y la textura de los alimentos en lo posible.

Si su hijo se niega a comer lo que usted le ofrece, lo mejor es retirarle el plato y ofrecérselo más adelante, cuando tenga más hambre. Sin embargo, no le deje que se llene de galletas o caramelos después de haberse negado a comer, puesto que así sólo conseguirá que pierda el apetito y aumente su interés por unos alimentos que, aunque calóricos, son bajos en nutrientes importantes como las vitaminas y los minerales. Por mucho que le cueste creerlo, la dieta de su hijo se acabará

## *Juguetes y actividades apropiadas para el segundo año*

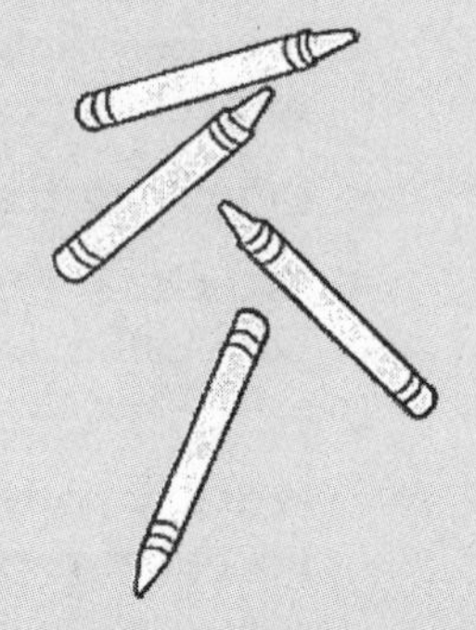

- **Libros de cartón con ilustraciones grandes y argumentos sencillos**
- **Libros y revistas con fotografías de bebés**
- **Bloques**
- **Juguetes de encajar**
- **Clasificadores de formas simples y tableros de clavijas de colores**
- **Rompecabezas sencillos**
- **Juguetes que fomentan el juego de simulación (máquina de cortar césped, cocinitas, escobas)**
- **Utensilios de jardinería de juguete (baldes, palas, rastrillos)**
- **Muñecas de todos los tamaños**
- **Carritos, camiones, trenes**

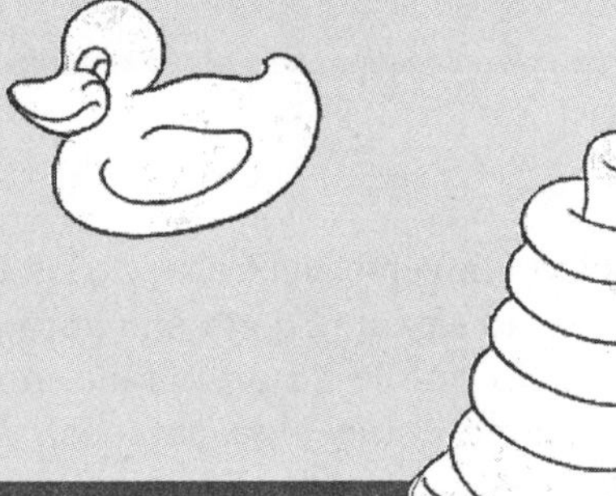

equilibrando de forma natural al cabo de varios días, si usted le ofrece una variedad de alimentos nutritivos y saludables entre los que pueda elegir y no le obliga a comerse un alimento en concreto en cada comida.

A esta edad, su hijo necesita comer alimentos pertenecientes a los mismos cuatro grupos básicos que usted consume:

- **Recipientes irrompibles de diversas formas y tamaños**
- **Juguetes para la hora del baño (barcos, recipientes, juguetes que flotan y salpican)**
- **Pelotas de todos los tamaños y formas**
- **Juguetes de arrastre**
- **Juguetes para el exterior (toboganes, columpios, areneras)**
- **Triciclos para principiantes**
- **Juguetes de conectar (cadenas, cuentas grandes para ensartar, figuras en forma de s)**
- **Teclados y otros instrumentos musicales.**
- **Juguetes de peluche**
- **Creyones grandes**
- **Teléfonos de juguete**
- **Espejos irrompibles de todos los tamaños**
- **Ropa para disfrazarse**
- **Cucharas de madera, revistas viejas, cestas, cajas y tubos de cartón y otros objetos similares irrompibles que pueda ir "encontrándose" por la casa (como ollas y cacerolas).**

1. Carne, pescado, pollo y huevos
2. Productos lácteos
3. Frutas y verduras o vegetales
4. Cereales, papas, arroz, pan y pasta

**Las preferencias alimenticias se adquieren desde ahora.**

## *Reducir los dulces*

A casi todo el mundo le gustan los dulces, y su hijo no va a ser ninguna excepción. Como cualquier ser humano, nació con una preferencia por el sabor dulce y es bastante sensible a sus distintas concentraciones. Déle a elegir entre un boniato o camote y una papa asada, y elegirá el primero. Déle a elegir entre un camote y una galleta, y ganará la galleta. Tenga la seguridad de que, usted no tiene la culpa si su hijo prefiere un caramelo o un helado cuando usted preferiría que se comiera un trozo de queso. Pero es responsabilidad suya limitar su consumo de dulces y proporcionarle a su hijo una dieta integrada fundamentalmente por alimentos nutritivos y que fomenten el crecimiento, no las caries.

Afortunadamente, cuando los dulces no estén dentro del campo de visión de su hijo, tampoco estarán en su cabeza. Por lo tanto, no tenga dulces en casa o bien escóndalos. Evite también añadir azúcar a los alimentos y no convierta los postres en cosa de todos los días. A la hora de la merienda, en lugar de ofrecerle a su hijo dulces o cosas grasosas, déle fruta, pan, galletitas y queso. En otras palabras, empiece a fomentar en su hijo unos hábitos alimentarios saludables, que durarán de por vida.

A la hora de planificar el menú de su hijo, recuerde que el colesterol y otras grasas son muy importantes para que crezca y se desarrolle con normalidad, por lo que no deben restringirse durante este período.

Cuando tenga un año, su hijo debe estar en capacidad de comer la mayoría de los alimentos que se sirven para el resto de la familia, pero con ciertas precauciones. Primero, asegúrese de que la comida no está demasiado caliente para que no se queme la boca. Compruebe la temperatura antes, porque él empezará a comer sin tener en cuenta ese detalle. No le dé alimentos muy condimentados, con muchas especias, sal, mantequilla o azúcar. Estos condimentos, aparte de que no permiten experimentar el sabor natural de los alimentos, podrían ser perjudiciales para la salud de su hijo a largo plazo. Al perecer, los niños pequeños son más sensibles a estos sabores y es posible que rechacen los alimentos muy condimentados.

Su hijo todavía puede atragantarse si le da trozos demasiado grandes de alimentos duros que podrían bloquearle las vías respiratorias. Por lo tanto, asegúrese de que todo lo que le da está macerado o cortado en trocitos pequeños y fáciles de masticar. No le ofrezca nunca maní, uvas, zanahorias, salchichas (hot dogs) enteras o cortadas en rodajas ni caramelos duros. Las salchichas y las zanahorias, en particular, siempre se deben cortar a lo largo y luego, en trocitos más pequeños. Asegúrese también de que su hijo come solamente mientras está sentado y supervisado por un adulto. A estas edades, comer mientras se está andando, jugando o haciendo cualquier otras cosa aumenta el riesgo de atragantamiento.

Cuando cumpla un año o poco después su hijo debería saber beber en vaso. A partir de ahora ya no necesitará tomar tanta leche, ya que obtendrá la mayor parte de las calorías de los alimentos sólidos.

**Suplementos dietéticos.** Los niños en edad preescolar no necesitan tomar suplementos vitamínicos. Si usted le da a su hijo una selección de alimentos de los cuatro grupos básicos y le deja que pruebe una variedad de sabores, colores y texturas, lo más probable es que su dieta sea equilibrada y con suficientes vitaminas. Sin embargo, si los hábitos dietéticos de su familia implican limitar ciertos grupos de alimentos, es posible que su hijo necesite algún suplemento vitamínico o mineral. Por ejemplo, si ustedes son vegetarianos estrictos, y no consumen huevos ni productos lácteos (una dieta no recomendable para un niño), es posible que su hijo necesite suplementos de las vitaminas B-12 y D, así como riboflavina y calcio. En tal caso, pregunte al pediatra qué suplementos vitamínicos debe darle a su hijo y en qué cantidades.

Algunos niños tienen deficiencias en hierro, que pueden provocar anemia (un trastorno que limita la capacidad de la sangre para transportar oxígeno). En algunos casos, la causa de la anemia está en la dieta. Los niños de esta edad necesitan consumir por lo menos 15 mg de hierro diarios contendidos en los alimentos que consumen, pero muchos no lo obtienen (Véase la tabla de alimentos ricos en hierro). Beber demasiada leche puede provocar anemia indirectamente, ya

## *Ejemplo de un menú diario para un niño de un año*

Este menú está ideado para un niño de un año que pese aproximadamente 21 libras

1 cucharada = ½ onza (15 cc)

1 cucharadita = ⅓ de cuchara (5 cc)

1 taza = 8 onzas (240 cc)

**DESAYUNO**

½ taza de cereal enriquecido con hierro o un huevo cocido (no más de tres huevos a la semana)

¼ taza de leche entera (con cereal)

½ vaso de jugo

Añada al cereal alguna de estas frutas:

½ banano, cortado

2 a 3 fresas, cortadas

**A MEDIA MAÑANA**

1 tostada o un panecillo integral

1 a 2 cucharadas de queso para untar (sobre la tostada) o mantequilla de maní

1 taza de leche entera

**ALMUERZO**

½ sándwich (de atún, huevo duro, mantequilla de maní o carnes frias)

½ taza de vegetales verdes

½ vaso de jugo

**A MEDIA TARDE**

1 a 2 onzas de queso en cuadritos, o 2 a 3 cucharadas de dátiles sin pepa en trocitos

1 vaso de leche entera

**COMIDA**

1 a 2 onzas de carne, molida o en trocitos

½ taza de vegetales amarillos

½ taza de pasta, arroz o papas

½ vaso de leche entera

## ¡Adiós al biberón!

La mayoría de pediatras recomiendan dejar por completo el biberón alrededor del año o, como muy tarde, a los dieciocho meses. En cuanto su hijo aprenda a beber en vaso, ya no necesitará utilizar el biberón. Lamentablemente, el "destete" definitivo no es tan fácil como parece. Para facilitar las cosas, lo mejor es empezar eliminando el biberón del mediodía y después el de la tarde y el de la mañana, dejando el de la noche para el final, puesto que es el que suele crear más problemas.

Si a un niño le cuesta mucho conciliar el sueño o se despierta repetidamente por las noches, es fácil adquirir el hábito de utilizar la comida o el biberón para tranquilizarlo. Pero, a esta edad, los niños no necesitan comer ni beber nada por las noches. Si usted todavía alimenta a su hijo por la noche, debería dejar de hacerlo. Aunque su hijo le pida el biberón y parezca beber con sed, las tomas de la noche son una forma de consolarse y no un modo de satisfacer sus necesidades alimenticias. Es fácil que el biberón se acabe convirtiendo en un arma de doble filo, al no permitir que su hijo aprenda a dormirse por su cuenta. Si el niño llora sólo durante un período de tiempo breve, deje que llore hasta que se duerma. Al cabo de unas cuantas noches, probablemente se olvidará por completo del biberón. Si no es así, hable con el pediatra y lea las demás secciones sobre el sueño que hay en este libro (véase, por ejemplo, la página 274 y la página 308).

De paso, no hay ningún problema en darle a su hijo una bebida o algo de comer *antes* de acostarlo. De hecho, es posible que le ayude a conciliar el sueño. Unos minutos dándole el pecho, un poco de leche de vaca u otro líquido, o incluso un poco de fruta u otro alimento nutritivo pueden servir. Pero, si todavía le da el biberón, podría substituirlo gradualmente por el vaso.

Independientemente de lo que le dé a su hijo antes de acostarlo, no olvide lavarle los dientes. Si no, la comida o el líquido permanecerá en la boca del niño durante toda la noche, creando un campo de cultivo idóneo para la formación de caries. Si su hijo necesita algo para tranquilizarse antes de conciliar el sueño, déjele que utilice un peluche, una manta o su pulgar, pero no el biberón.

**Asegúrese de que su hijo come sólo mientras está sentado y supervisado por un adulto.**

que el niño perderá parte del apetito para consumir otros alimentos, algunos de los cuales son ricos en hierro.

Si su hijo está bebiendo entre 24 y 32 onzas de leche al día o menos, no tiene por qué preocuparse. Pero si bebe mucho más y usted no consigue que coma alimentos ricos en hierro, comente con el pediatra la posibilidad de introducir un suplemento de hierro en su dieta. Mientras tanto, no le dé tanta leche a su hijo y ofrézcale una amplia variedad de alimentos ricos en hierro. Es posible que, al final, no haga falta acudir a ningún suplemento.

**Comer solo.** A los doce meses, su hijo estaba empezando a beber en vaso y a comer solo, bien utilizando una cuchara o con las manos. Cuando tenga quince meses, dominará mucho más la situación, metiéndose la comida en la boca con relativa facilidad cuando le apetezca o regándola por toda la habitación cuando quiera un poco de diversión. Habrá aprendido a llenar la cuchara y a llevársela a la boca con relativa soltura, aunque de vez en cuando la ladeará demasiado y se le caerá el contenido en el último segundo. Con un niño de esta edad es imprescindible utilizar platos, vasos y tazas irrompibles, puesto que también pueden salir volando cuando su contenido le empiece a aburrir. Este tipo de comportamientos se debe desalentar riñendo al niño y volviendo a colocar los utensilios donde les corresponde estar.

Cuando tenga dieciocho meses, su hijo podrá utilizar cucharas, tenedores y vasos o tazas irrompibles cuando quiera, pero es posible que no siempre quiera. Habrá veces en que preferirá usar el pudín para pintar o convertir el plato en un platillo volador. Algunos niños superan esta caótica forma de comer hacia los dos

**Alimentos ricos en hierro**

| Excelente | | | |
|---|---|---|---|
| Hígado | | Ostras | Melaza de caña de azúcar |
| Hojuelas de salvado al 40% (Bran) | | Almejas | |
| **Bueno** | | | |
| Hamburguesas | Camarones | Papas, cocidas con piel | Albaricoques secos |
| Carne magra | Salchichas o hot dogs | Frijoles | Pasas |
| Pollo | Huevos, yemas de huevo | Habichuelas | Ciruelas pasas, jugo de ciruela pasa |
| Atún | Espinacas | Semillas de soya | Fresas |
| Jamón | Espárragos | guisantes secos | Jugo de tomate |
| **Adecuado** | | | |
| Arroz enriquecido | Aguacate | Brócoli | Guisantes |
| Pasta enriquecida, fideos | Jugo de arándanos | Tomate | Tocineta |
| Pan enriquecido | Naranjas | Zanahorias | Mantequilla de maní |
| Bananas | Manzanas | Judías verdes | |

años de edad y a partir de este momento incluso se molestan si derraman algo o se manchan con la comida. Sin embargo, hay otros que siguen manifestando este tipo de comportamientos durante el tercer año.

## Preparar a su hijo para usar el inodoro

A medida que su hijo o hija se acerca a los dos años de edad, usted se empezará a plantear la cuestión de enseñarle a usar el inodoro. Quizás sea a instancia de los abuelos o quizás piensa llevar a su hijo a un jardín infantil o a una guardería donde le exigen que ya no lleve pañales. Sin embargo, antes de iniciar su campaña, tenga en cuenta que los niños suelen aprender a usar el inodoro más fácil y rápidamente cuando son un poco mayores. Sí, se les puede enseñar antes, pero no es necesariamente lo mejor. De hecho, puede ejercer una presión innecesaria sobre un niño que quizás todavía no ha adquirido ni el control de los esfínteres ni las habilidades motoras necesarias para quitarse la ropa eficaz y rápidamente antes de usar el inodoro.

Muchos niños están preparados para aprender a usar el inodoro en cuanto cumplen dos años (los niños a menudo un poco más tarde que las niñas), pero es posible que su hijo esté listo antes. En tal caso, usted lo sabrá por las siguientes señales:

1. Sus deposiciones siguen un horario relativamente regular.
2. Sus pañales no siempre están mojados, lo que sugiere que su vejiga puede almacenar bastante orina.
3. Entiende y sigue las instrucciones.
4. Muestra interés por imitar a otros miembros de la familia cuando utilizan el inodoro.
5. A través de palabras, expresiones faciales o un cambio de actividad, demuestra que sabe cuándo tiene la vejiga llena o cuándo tiene ganas de evacuar.

Si su hijo está preparado para aprender a usar el inodoro, lea la página 346, para obtener más detalles. Incluso en el caso de que su hijo todavía no esté listo, puede empezar a familiarizarlo con el proceso enseñándole la sillita-orinal y explicándole de una forma muy simple cómo funciona. Cuanto más familiarizado esté con el proceso, se sentirá menos confuso y temeroso cuando empiece el entrenamiento propiamente dicho.

## Sueño

A esta edad, ningún niño quiere irse a dormir. Meterse en la cama significa perderse la acción, separarse de usted y tener que afrontar la noche solo. Si le dejara elegir, probablemente se pasaría toda la noche posponiendo la hora de acostarse. Un cuento más, otro beso, un poco más de agua; su hijo utilizará todos los trucos que se le occurran para retenerle a su lado. Conforme vaya dominando el lenguaje verbal, sus peticiones y tácticas dilatorias se volverán más complejas y elaboradas. Y, en cuanto crezca lo suficiente y se haga más fuerte, hasta es posible que se salga de la cuna para ir a buscarle.

A veces es tentador ceder y dejar que se acabe durmiendo sentado, por puro agotamiento. Pero así sólo conseguirá empeorar las cosas. En lugar de ello, fíjese en qué momento su hijo parece tener sueño y convierta esa hora en la hora de acostarlo. Piense en un ritual tranquilo para acostar a su hijo y coméntelo con él. Ya sea que incluya un baño, un cuento o una canción, el ritual debería acabar con el niño tranquilo pero despierto, dentro de la cuna y listo para recibir su beso de buenas noches antes de que usted salga de la habitación. Si su hijo se pone a llorar y continua así durante un buen rato, siga el procedimiento descrito en el Capítulo 9 para que aprenda a conciliar el sueño por su cuenta.

Lamentablemente, la resistencia a irse a dormir no será la única batalla que tendrá que librar con su hijo en este ámbito. ¿Se acuerda de la primera vez que durmió durante toda la noche siendo todavía un bebé y usted creyó que ya se habían acabado sus problemas de sueño? Como padre de un niño pequeño ahora conoce la triste realidad: no dé *nunca* por sentado que a esta edad va a dormir toda la noche seguida. Es posible que durante unos pocos días, semanas e incluso meses, duerma como un angelito, pero de repente empiece a despertarse casi tan a menudo como cuando era recién nacido.

Los cambios en la rutina diaria son la causa más frecuente de estos despertares nocturnos. Un cambio de habitación o de cama, la pérdida de su peluche, juguete o manta favorita o el hecho de tener que dormir fuera de casa son las interferencias más habituales. Si su hijo está enfermo o le está saliendo un diente, también se despertará más a menudo. Además, entre los doce y los catorce meses empezará a soñar activamente, lo que probablemente le sobresaltará y le asustará. Todos éstos son motivos más que suficientes para que su hijo se despierte por las noches—pero no para que usted lo cargue y se lo lleve a su habitación. Su hijo necesita aprender volverse a dormir, aunque para ello tenga que llorar un poco antes. De nuevo, puede aplicar las estrategias explicadas en el Capítulo 9.

¿Y si su hijo está acostumbrado a que le dedique mucho tiempo por las noches? En tal caso, deberá ir deshabituándolo progresivamente. Supongamos que usted ha estado dándole leche cada vez que se despierta por la noche. Ya es hora de sustituirla primero por leche diluida o agua, y después suspenderla por completo. Si usted ha estado encendiendo la luz y jugando con él, intente tranquilizarlo a oscuras. Si ha estado cargándolo, intente calmarlo a distancia utilizando exclusivamente la voz. Por encima de todo, no se enfade con él si sigue protestando. Aunque debe mantererse firme, también tiene que trasmitirle apoyo y consuelo. No es nada fácil, pero, a la larga, tanto usted como su hijo dormirán mejor.

# Comportamiento

## Disciplina

Tener un niño de entre uno y dos años es una experiencia un tanto humillante. Antes de que naciera su hijo, o incluso cuando sólo era un bebé, era fácil observar a distancia a los hijos de los demás cuando tenían una rabieta y decir: "*Mi* hijo *nunca* se portará así". Sin embargo, ahora podrá comprobar que *cualquier* niño se puede salir de sus casillas sin motivo aparente. Usted puede guiar a su hijo y enseñarle lo correcto. Sus enseñanzas influirán sobre él, pero no puede forzarlo a actuar exactamente como usted quiere. Por lo tanto, afronte la realidad: habrá veces en que el niño insoportable a quien se dirigen todas las miradas será precisamente el suyo.

A esta edad, los niños tienen una idea muy limitada de lo que significan las palabras “bueno” y “malo”, y no captan por completo los conceptos de reglas y de advertencias. Usted le puede decir “Si le tiras la cola al gato, te va a arañar”, pero para él eso no tiene ningún sentido. Hasta la frase “Sé bueno con el gatito” puede no parecerle lo suficientemente clara. Por lo tanto, cuando a su hijo le da por correr hacia la calle o cuando rechaza el beso de su abuela, no se está portando mal a propósito, ni su comportamiento indica que usted ha fracasado como madre o padre. Simplemente, se comporta siguiendo los impulsos del momento. Harán falta largos años de disciplina firme pero amable para que logre entender lo que usted espera de él y sepa autocontrolarse para colmar tales expectativas.

Mucha gente identifica la disciplina con el castigo. Aunque el castigo puede formar parte de la disciplina, el amor constituye una parte mucho más importante de la misma. Querer a su hijo y velar por su integridad física y su bienestar constituyen el núcleo de la relación que mantiene con él y desempeñan un papel muy importante en la modulación de su comportamiento. El amor y el respeto que usted trasmita le enseñarán a su hijo a preocuparse de los demás y de sí mismo. Su propio ejemplo diario de honestidad, responsabilidad y confianza le enseñará a su hijo a ser honesto, responsable y digno de confianza. Así mismo, si usted da un buen ejemplo a la hora de distinguir ente el bien y el mal, le servirá de modelo de autodisciplina cuando sea mayor. En otras palabras, si usted quiere que su hijo se porte bien con usted y con los demás, deberá portarse del mismo modo con él.

Si llevara la cuenta, lo ideal sería que sus muestras de afecto superaran a los castigos y las críticas. Un abrazo o un beso rápido o hasta una discusión bien intencionada sirven para trasmitirle a su hijo lo mucho que lo quiere. En aquellos días en que su hijo mete las narices absolutamente en todo y usted tiene que reprenderlo constantemente, asegúrese de que es capaz de “cambiar de actitud” cuando el niño se porte bien, dándole un beso y diciéndole que ha hecho algo bueno. Especialmente durante su segundo año de vida, a su hijo le importará mucho complacerle. Por lo tanto, el elogio y la atención se convertirán en recompensas muy poderosas para motivarlo a obedecer las normas razonables que usted haya fijado para él.

Es importante que tenga expectativas realistas sobre el comportamiento de su hijo basadas en el temperamento y la personalidad del niño y no en sus propias fantasías. Es posible que sea mucho más activo y mucho más curioso de lo que usted habría deseado, pero el insistir en que se pase largas horas encerrado en el corral o sentado en la silla de comer sólo conseguirá que se vuelva más reticente y esté más frustrado.

Incluso aunque su hijo sea un niño “modelo”, le debe enseñar qué espera de él. Por muy obvio que a usted le parezca, él no sabrá automáticamente que no está bien comer tierra, cruzar solo la calle halarle el pelo a otro niño. Y no bastará con decírselo una vez para que aprenda la lección. Tendrá que aprender por ensayo-error (a menudo, varios errores) para asimilar la norma.

Otro aviso importante. Si empieza a exigirle demasiado a su hijo desde tan pronto, usted acabará frustrada y él dolido y agobiado. Por lo tanto, haga la vida más agradable para ambos estableciendo prioridades y definiendo sus normas poco a poco. Dé prioridad a las normas que velen por la seguridad de su hijo, así como a las que prohíben pegar, morder o dar patadas. En cuanto su hijo domine estas normas, podrá introducir las que se refieran a conductas impropias, tales como gritar en público, tirar la comida al suelo, garabatear en las paredes o quitarse la ropa en momentos o sitios inadecuados. Más vale que deje los detalles más sutiles de la buena educación para dentro de unos cuantos años. Pedirle a un niño de dieciocho meses que sea amoroso con su abuela cuando se muere de ganas por salir a jugar al jardín, es pedirle demasiado.

A esta edad, puesto que su hijo todavía no entiende todo lo que le dicen, conviene eliminar al máximo las tentaciones. Su hijo necesita libertad para explorar. Sembrar la casa de zonas prohibidas le privará de esa libertad y creará más restricciones de las que es capaz de asimilar. También le frustrará. Por lo tanto, aunque usted no puede deshacerse del horno, sí puede colocar la vajilla o las plantas en un lugar al que su hijo no tenga acceso.

Para evitar comportamientos no deseados, preste especial atención a su hijo cuando esté cansado, hambriento, enfermo o cuando esté en un lugar desconocido, en otras palabras, cuando tenga más probabilidades de sentir estrés. Intente también que la rutina diaria sea lo más flexible posible, para que su hijo no se sienta demasiado presionado. Si los dos están en el supermercado a la hora en que le toca hacer la siesta, no le extrañe que tenga una de sus rabietas.

A pesar de todos sus esfuerzos, su hijo violará a veces algunas de las normas principales. Cuando esto ocurra, hágaselo saber, transmitiéndole su desagrado con la expresión facial y el tono de voz y, después, llévelo a otro sitio. A veces, con esto bastará, pero con la misma frecuencia será preciso tomar otras medidas. Es mejor que desde ahora decida cómo va a reaccionar en esas circunstancias. De lo contrario, cuando su hijo crezca y actúe con malicia, será más fácil que usted pierda el control y que haga algo que después lamentará.

He aquí un importante pacto que debe hacer consigo mismo. *Nunca* aplique un castigo que pueda perjudicar física o emocionalmente a su hijo. Indicarle que ha hecho algo malo, no significa tener que hacerle daño. Dar bofetadas, pegar, ridiculizar o gritar a un niño de cualquier edad hace más mal que bien. Éstos son algunos de los argumentos en que se basa esta afirmación:

1. Aunque es posible que el castigo físico frene la mala conducta momentáneamente, también transmite la idea de que es correcto pegar y gritar a cuando uno está molesto o enfadado. Piense en la madre abofeteando a su hijo mientras le grita: "Te dije que no le pegaras a nadie". Absurdo, ¿verdad? Pero también es trágicamente habitual y tiene consecuencias igualmente trágicas: los niños a quienes se les pega a menudo suelen acabar pegando a los demás.

2. Los castigos físicos pueden hacerle mucho daño a un niño. Si una nalgada no parece surtir efecto, muchos padres pegan más y más fuerte conforme se sienten más frustrados y enfadados.

3. El castigo físico hace que el niño se enfade con el padre. Por lo tanto, en lugar de fomentar la autodisciplina, aumenta las probabilidades de que el niño intente desquitarse volviéndose a portar mal pero sin dejarse sorprender.

4. Los castigos físicos permiten que el niño reciba una forma muy extrema de atención. Aunque sean desagradables—y hasta dolorosos—le transmiten al niño el mensaje de que captó interés. Si el padre o la madre suelen estar demasiado ocupados para prestarle atención a su hijo, este tipo de castigos pueden fomentar, en lugar de frenar, la mala conducta.

Por lo tanto, si ni gritar ni pegar es recomendable, ¿qué enfoque debemos adoptar? Por difícil que sea, la mejor forma de reaccionar ante el mal comportamiento de un niño tan pequeño es aislarlo durante un período de tiempo breve. Sin atención, sin juguetes, sin diversión. Esta estrategia, conocida como "pausa obligada", consiste en lo siguiente:

1. Usted le ha dicho a su hijo que no abra la puerta del horno, pero él se empeña en seguir haciéndolo.

2. Sin levantar la voz, vuélvale a decir con firmeza: "No. No abras la puerta del horno", y cárguelo de espaldas a usted.

3. Vacíe el corral y métalo dentro. Después, abandone la habitación.

4. Espere un minuto o dos, o hasta que deje de llorar, antes de volver a su habitación.

El fundamento de esta técnica—o de cualquier otra forma de disciplina—es la consistencia y la tranquilidad. Por muy dificil que sea, intente reaccionar inmediatamente cada vez que su hijo se salte una norma *importante*, pero no se deje dominar por el enfado. Si usted es como la mayoría de los padres, no lo conseguirá el cien porciento de las veces. De todos, modos, un desliz ocasional no lo va a echar todo a perder. Lo importante es que intente ser lo más consistente posible.

Cuando sienta que está empezando a perder el control, respire profundamente, cuente hasta diez y, si es posible, pida a otra persona que se haga cargo del niño mientras usted sale de la habitación. Dígase a sí mismo que usted es el adulto y que debería ser más sensato que un niño de pequeño. Usted *sabe* que a esta edad su hijo no trata de fastidiarlo o avergonzarlo a propósito, por lo que más vale que deje su ego a un lado. A fin de cuentas, cuanto más disciplinado sea usted consigo mismo, más éxito tendrá a la hora de impartir disciplina a su hijo.

## Cómo reaccionar ante una rabieta

Mientras usted se esfuerza en fijar las normas y reglas a la que su hijo o hija se debe atener, él está intentando convertirse en el dueño de su propio destino. Por lo tanto, es inevitable que choquen de vez en cuando. El primer anticipo de estos enfrentamientos lo tendrá cuando su hijo de poco más de un año sacuda la cabeza y diga con énfasis "¡No!" cuando usted le pida que haga algo. Al aproximarse su segundo compleaños, sus protestas se pueden convertir en gritos y o en rabietas completas, en las que se tirará al suelo, apretará los dientes con fuerza, dará patadas, alaridos, puñetazos contra el suelo y hasta es posible que se quede momentáneamente sin respiración. Por mucho que a usted le cueste tolerar estas "representaciones", son formas normales (y hasta saludables) de afrontar los conflictos a esta edad.

## Nuestra posición

La Academia Americana de Pediatría se opone tajantemente a golpear a un niño. Si a un padre se le escapa sin querer una palmada, más adelante le deberá explicar a su hijo por qué lo hizo, es decir, la conducta específica que lo provocó y lo enfadado que estaba. Así mismo, debería disculparse ante su hijo por haber perdido el control, pues esto suele ayudar a los niños pequeños a entender y aceptar que les hayan pegado.

Intente ver la situación desde el punto de vista de su hijo. Como cualquier niño de esta edad, cree que el mundo gira a su alrededor. Está intentando por todos los medios ser independiente y la mayor parte del tiempo usted aplaude su fortaleza y su asertividad. Sin embargo, de tanto en tanto, cuando está intentando hacer algo que realmente desea hacer, usted lo aleja de su objetivo y le insta a que haga otra cosa. Él no puede entender por qué usted actúa de ese modo, ni tampoco puede explicarle con palabras lo molesto que se siente. La única forma que tiene de expresar su frustración es a través de las rabietas.

Por lo tanto, estos estallidos son casi inevitables y será el temperamento de su hijo el que marcará el tono de la mayoría de ellos. Si su hijo es adaptable, es de fácil trato, suele ser positivo y fácil de distraer, es posible que nunca llegue a gritar y a dar patadas. En lugar de ello, probablemente hará gestos de desagrado, dirá que no, o simplemente, se irá en la dirección opuesta a la que usted le ha indicado. La oposición sigue estando ahí, pero es de baja intensidad. Sin embargo, si su hijo ha sido muy activo, acaparador e insistente desde que era bebé, probablemente pondrá la misma intensidad en sus rabietas. Usted necesitará recordarse a sí mismo una y otra vez que esto no es ni bueno ni malo, y que no tiene nada que ver con lo buen o mal padre que usted sea. Su hijo no está intentando fastidiarle conscientemente, sino que está atravesando por una fase normal de su desarrollo que pronto (aunque probablemente no tan pronto como usted desearía) pasará.

## *Cómo evitar las rabietas*

**(Véase también *Rabietas*, página 575)**

En lo que respecta al tema de la disciplina, usted tiene algunas ventajas sobre su hijo. En primer lugar, usted *sabe* que inevitablemente van a haber conflictos entre ambos (hasta es posible que pueda predecir qué situaciones los van a desencadenar), por lo que puede planificar su estrategia con antelación para evitar posibles fricciones.

Siga las siguientes indicaciones para reducir al máximo las rabietas de su hijo, tanto en cantidad como en intensidad. Asegúrese de que todas las personas que cuidan del niño entienden y siguen consistentemente estas pautas.

1. Cuando le pida a su hijo que haga algo, utilice un tono de voz amistoso y plantee su petición como una invitación en lugar de como una orden. También puede ayudar bastante el decir "por favor" y "gracias".
2. No reaccione de forma desproporcionada cuando su hijo diga "no". Durante bastante tiempo es posible que diga "no" automáticamente ante *cualquier* petición o instrucción que se le dé. A esta edad, ¡hasta es posible que diga no a un pastel o a un helado! Lo que en el fondo le quiere decir su hijo es algo parecido a "Quiero tener el control de la situación, por lo tanto diré que no hasta que vea que la cosa va en serio". En lugar de poner el grito en el cielo, responda al reto oculto de su hijo repitiendo la petición con calma y claridad. No lo castigue nunca por decir que "no".
3. Elija bien sus batallas. Su hijo no tendrá una rabieta a menos que usted lo presione, por lo tanto no lo presione a menos que lo que esté en juego merezca la pena. Por ejemplo, que esté bien sujeto en

Probablemente le costará menos afrontar los berrinches de su hijo si piensa en ellos como "actuaciones teatrales". Esto le ayudará a recordar qué es lo que tiene que hace para detenerlos: básicamente, eliminar al público. Puesto que usted es el único público que le importa realmente a su hijo, salga de la habitación donde se encuentra él. Si él lo sigue, utilice la "pausa obligada" y métalo en su corral. En el caso de que se ponga a dar patadas o a morder durante la rabieta, aplique inmediatamente la "pausa obligada". Aunque es normal que su hijo intente exteriorizar su frustración dando rienda suelta a este tipo de conductas superagresivas, usted no puede permitirlo.

su asiento cuando van en el auto es algo prioritario, pero conseguir que se coma las arvejas antes que la compota de manzana no lo es. Por lo tanto, aunque él diga que "no" a todo, usted debería decir "no" sólo cuando sea absolutamente necesario.

4. No le permita elegir cuando sólo haya una opción y no haga tratos. Hay cuestiones, como el baño, la hora de acostarse o el no cruzar la calle solo, que son innegociables. No debe prometerle a su hijo una galleta extra o un paseo por el parque por el hecho de respetar estas normas. Los sobornos sólo le enseñarán a su hijo a saltarse la norma cada vez que usted olvide de darle la recompensa acordada.

5. Déle a elegir siempre que sea posible. Déjele que decida qué pijama quiere ponerse, qué cuento quiere que le lea, con qué juguete le apetece jugar. Si usted estimula su independencia en estos ámbitos, será mucho más fácil que le obedezca en las cuestiones realmente importantes.

6. Evite las situaciones que pueden desencadenar una rabieta. Si su hijo siempre monta una escenita en el supermercado, déjelo con la niñera cuando tenga que ir de compras. Si alguno de sus compañeros de juego siempre le saca de quicio, sepárelos durante varios días o semanas y vea si mejora la dinámica a medida que crecen.

7. Refuerce la buena conducta con elogios y atención. El simple hecho de sentarse a su lado mientras él mira tranquilamente un libro, puede servir para demostrarle que usted aprueba lo que hace.

8. Tenga sentido del humor. Aunque no es una buena idea reírse de su hijo mientras éste grita y da patadas durante sus "actuaciones", puede ser muy terapéutico reírse y hablar de ello con amigos y otros miembros de la familia cuando él no pueda oírles.

No cabe duda de que, cuando las rabietas ocurren fuera de casa, cuesta mucho más mantener la calma. Si usted está en un lugar público, no puede dejar a su hijo e irse a otra habitación. Y, puesto que usted se sentirá azorado y avergonzado, es bastante fácil que se le escape una palmada. Pero, esto no va a funcionar mejor fuera de casa que en casa y, además, tiene el inconveniente añadido de hacer que a los ojos de los demás *usted* parezca todavía peor que su hijo. Por lo tanto, en lugar de dejar que se le vaya la mano o que el niño se salga con la suya—comportamientos que sólo conseguirían perpetuar las rabietas—llévelo al baño o métalo en el auto para que pueda acabar su actuación lejos de los demás espectadores. A veces, cuando hay público presente, un abrazo fuerte e inmovilizador, acompañado de una voz tranqulizadora, puede ayudar a calmar a un niño.

Cuando la rabieta haya pasado o la "pausa obligada" haya llegado a su fin, no le dé más vueltas a lo ocurrido. Si lo que desencadenó la rabieta fue una petición que usted le hizo a su hijo, repítasela con voz calmada. Si mantiene la compostura y la determinación, su hijo pronto se dará cuenta de que sus "actuaciones teatrales" son una pérdida de tiempo, tanto para usted como para él.

Por otra parte, es posible que en algunas de sus rabietas más extremas su hijo se quede sin respiración. A veces esto puede durar lo suficiente como para que el niño llegue a desmayarse durante un período de tiempo breve. Este tipo de episodios puede causar pánico, pero el niño recuperará la conciencia al cabo de 30 a 60 segundos. Si esto le ocurre, limítese a mantener a su hijo en un lugar seguro y protegido, e intente no reaccionar desproporcionadamente, puesto que así sólo conseguirá reforzar este comportamiento. Si no se refuerzan, este tipo de conductas suelen desaparecer en poco tiempo.

## Relaciones familiares

Puesto que su hijo está tan centrado en sí mismo puede resultar fastidioso para los hermanos mayores. No sólo sigue acaparando el tiempo y la atención de sus padres, sino que cada vez invade más el territorio de sus hermanos y utiliza sus pertenencias. Y cuando intenten echarlo, es posible que reaccione con una de sus rabietas. Aun en el caso de que el hermano mayor fuera tolerante y cariñoso con él cuando era bebé, es probable que ahora manifieste cierto antagonismo—por lo menos de vez en cuando.

Será más fácil mantener la paz si establece normas para proteger el derecho a la intimidad del hermano mayor y cada día pasa un rato a solas con él. Independientemente de la edad que tengan, *todos* sus hijos necesitan su cariño y su atención. Ya sea que se estén preparando para el picnic del jardín infantil, planeando un trabajo para segundo grado, entrenándose para el equipo de fútbol de la escuela intermedia, o intentando concertar una cita para la fiesta de clausura del curso, sus demás hijos le necesitan tanto como el pequeño.

Si su hijo de poco más de un año es el hermano mayor, probablemente la rivalidad será mucho más intensa. (Véase *Rivalidad entre hermanos*, página 661). A esta edad, los celos normales se exacerban debido al egocentrismo y a la falta de la capacidad de razonamiento necesaria para afrontarlos. A pesar de su deseo de independencia, su hijo muchas veces querrá volver a ser "el bebé de la casa" y no estará dispuesto a esperar su turno.

Es importante que empiece a preparar a su hijo antes de que nazca su hermanito. Percibirá cambios cuando usted lleve poco tiempo de embarazo, por lo tanto, no intente ocultárselo. Cuando se lo pregunte, explíquele que el bebé está en camino, pero no haga énfasis en que va a tener un hermanito (o hermanita). De lo contrario, esperará encontrarse con un compañero de juegos en lugar de con un bebé. Así mismo, no hable con demasiada insistencia sobre el nacimiento del nuevo bebé con mucho tiempo de antelación; a los niños de esta edad sólo les preocupa lo que ocurre en el futuro inmediato.

Por muy tentador que le parezca enseñar a su hijo a usar el inodoro antes de que nazca su hermanito—para no tener que cambiar pañales por doble partida—si lo debe presionar demasiado para conseguirlo, no merece la pena. (Véase el Capítulo 1, página 20). Es bastante probable que su esfuerzos se vuelvan en su contra y el estrés adicional haga que su hijo mayor se resienta todavía más con el bebé. Si la llegada del bebé implica algún cambio en la rutina diaria de su hijo mayor, como mudarlo de habitación, hágalo con suficiente antelación. Cuanta menos tensión sienta su hijo en estos momentos, mejor irán las cosas para todos.

Cuando llegue el bebé, haga todo lo posible por incluir a su hijo mayor en las actividades relacionadas con su cuidado. Aunque no cabe duda de que no podrá dejarlo a solas con el bebé, invítele a "ayudar" cuando lo cambie, lo alimente, lo bañe, o lo vista. Aproveche los momentos en que el bebé esté dormido para estar a solas con su hijo mayor e insista en lo importante que es, tanto para usted como para el bebé.

También es importante que usted acepte que no va a poder satisfacer las necesidades de todos sus hijos al mismo tiempo, sobre todo si no tiene ayuda. Cuando se sienta especialmente agobiada, "divida y vencerá". Por ejemplo, si tiene dos hijos, deje a uno de ellos con su pareja, un familiar o un buen amigo mientras usted se encarga del otro. Si es posible, intente que estas personas saquen de casa al hermano mayor y lo lleven a algún sitio especial, aunque sólo sea a un parque o al zoológico. Si consigue que los hermanos se puedan "desconectar" el uno del otro de vez en cuando, habrá menos rivalidad y todo el mundo estará más tranquilo.

## Nuestra posición

La Academia Americana de Pediatría recomienda administrar dos dosis de la vacuna combinada contra el sarampión, las paperas y la rubéola (MMR). La primera dosis debe administrarse entre los 12 y los 15 meses y la segunda entre los 4 y los 6 años. El objetivo de la primera dosis es aumentar la inmunidad en los niños en edad preescolar no vacunados que viven en áreas de alto riesgo y el de la segunda evitar que estas enfermedades se extiendan en la población escolar y universitaria.

# Atención a las vacunas

Entre los doce y los quince meses su hijo tendrá que ponerse la dosis de refuerzo de la vacuna Hib. Esta vacuna ayuda a prevenir la meningitis, la neumonía y otras infecciones provocadas por la bacteria *Haemophilus influenzae* tipo b. Durante estos meses, también se le debe administrar la primera dosis de la vacuna contra el sarampión, las paperas y la rubéola (MMR). Así mismo, entre los doce y los dieciocho meses, también se le deben poner las siguientes vacunas:

- La cuarta dosis de la vacuna DTPa o la DTP (se puede administrar a partir de los doce meses, pero se recomienda hacerlo entre los quince y los dieciocho)
- La tercera dosis de la vacuna contra la poliomielitis.
- La vacuna contra la varicela, si su hijo no ha tenido esta enfermedad.

# Cuestiones de seguridad

## Seguridad en la cuna

- Coloque el colchón de la cuna en la posición más baja posible.
- No deje en la cuna del niño objetos que podría apilar para encaramarse y salir de la cuna.
- Si su hijo aprende a salir de la cuna, cámbielo a una cama baja.
- Coloque la cuna lejos de cortinas y cables eléctricos.
- Retire de la cuna los gimnasios, móviles o cualquier otro objeto colgante.

## Seguridad con los juguetes

- No le dé a su hijo ningún juguete que tenga que enchufarse a la corriente eléctrica.
- No le dé ningún juguete motorizado en el que se pueda montar.

## Seguridad en el agua

- No deje nunca a su hijo, *ni siquiera por pocos segundos*, dentro o cerca de cualquier recipiente o lugar que contenga agua, sin supervisarlo. Esto incluye tinas, piscinas o piscinitas, estanques de peces, *whirlpools*, lagos y playas.

## Seguridad en el auto

- El lugar más seguro para que cualquier niño viaje en auto es el asiento trasero.
- No deje nunca que su hijo se salga de su asiento de seguridad mientras el auto esté en marcha.
- No deje nunca a su hijo solo dentro del auto, ni aunque esté cerrado con llave y estacionado a la entrada de su casa.

## Seguridad en casa

- Coloque mallas o rejas en todas las ventanas que su hijo pueda abrir.
- Asegúrese de que todos los enchufes de la casa están protegidos con tapas de seguridad y todos los armarios que contienen productos de limpieza peligrosos tienen pestillos de seguridad.
- Si tiene algún arma de fuego en casa (lo que no es recomendable si tiene niños), téngala descargada y guárdela bajo llave y fuera de la vista. Guarde las municiones bajo llave en un lugar distinto.

## Seguridad fuera de casa

- Agarre siempre a su hijo de la mano en los lugares donde haya tráfico.
- Coloque cercas o cualquier otro tipo de barrera para que el niño no pueda salir de su área de juegos, a fin de mantenerlo alejado del tráfico, piscinas o cualquier otro peligro potencial.
- Asegúrese de que la superficie del área de juegos está cubierta de césped, arena, virutas de madera o algún otro material mullido y no abrasivo.

# 11

# De los dos a los tres años

Durante el tercer año de vida, su hijo o hija irá adentrándose en la etapa preescolar. Su crecimiento físico y su desarrollo motor se harán más lentos, pero tendrá grandes progresos en el ámbito intelectual, social y emocional. Su vocabulario aumentará, tratará de ser más independiente del resto de la familia y—a raíz del descubrimiento de que la sociedad tiene ciertas normas que debe respetar—empezará a adquirir cierto autocontrol.

Todos estos cambios serán un verdadero reto emocional tanto para su hijo como para usted. Después de todo, estamos hablando de "los terribles dos años", una etapa en la que la palabra que siempre estará en boca de su hijo es "no". Este período le parecerá un constante tira y afloja entre lo mucho que su hijo sigue dependiendo de usted y su necesidad de afirmar su independencia. Su hijo deambulará entre estos dos extremos, aferrándose literalmente a usted cuando tenga que

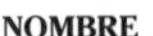

**Niñas: de Dos A Dieciocho Años**
**Crecimiento corporal**
**Percentiles del NCHS***

**NOMBRE**____________________ **EXPEDIENTE #**____________________

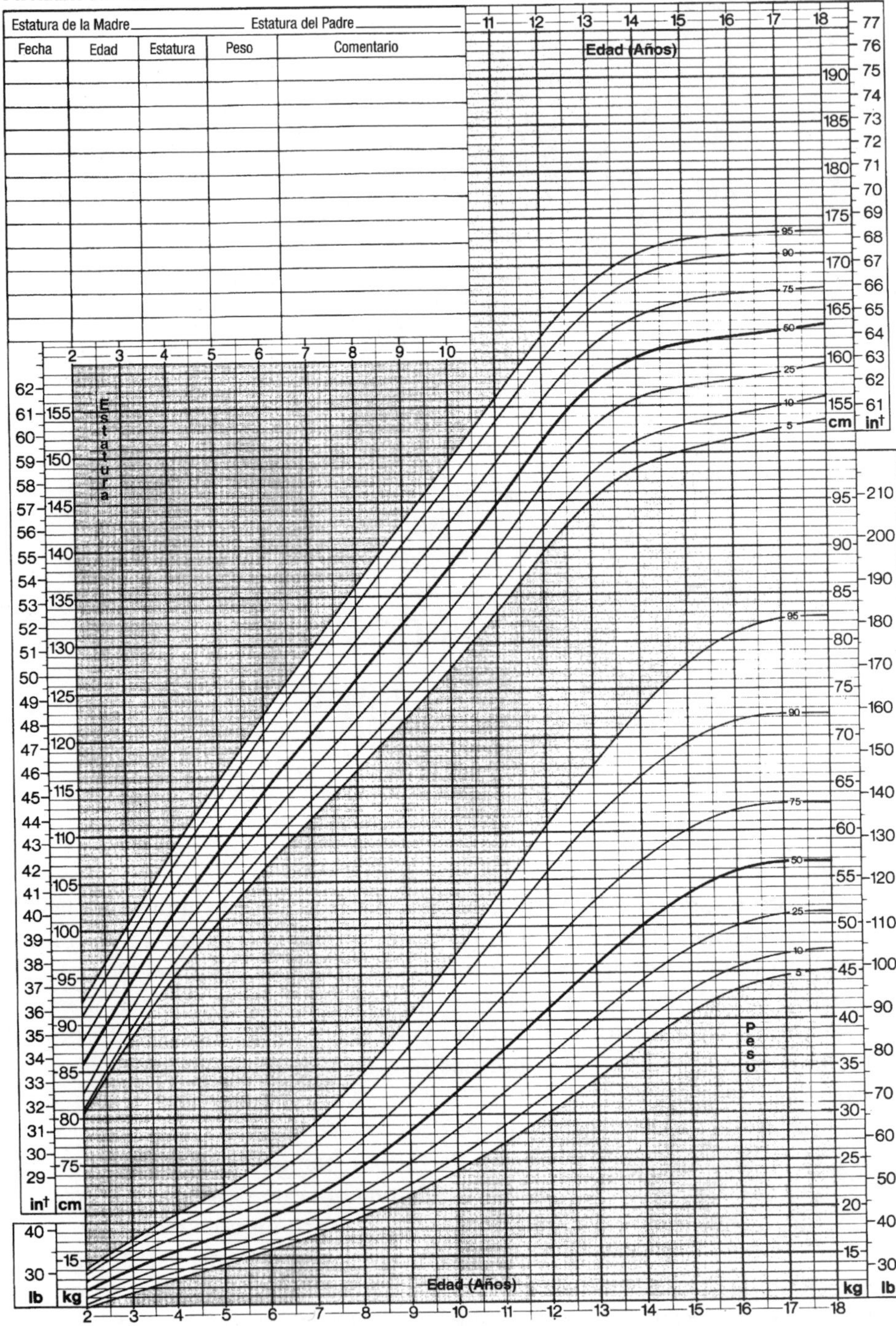
Estatura de la Madre
Estatura del Padre
Fecha
Edad
Estatura
Peso
Comentario
Edad (Años)
Estatura
Peso
in†
cm
lb
kg
95
90
75
50
25
10
5

Pie: * Adaptado de: Hamill PVV, Drizd, TA, Johnson CL, Reed RB, Roche AF, Moore WM: *Physical growth: National Center for Health Statistics Percentiles*. (Crecimiento Corporal: Percentiles del Centro Nacional de Estadísticas Sanitarias) AM J CLIN NUTR 32: 607-629, 1979. Datos procedentes del *National Center for Health Statistics* (NCHS). Hyattsville. Maryland.

†in=pulgadas

Impreso con la autorización
de Ross Laboratories

**Niñas: Prepubescentes**
**Crecimiento corporal**
**Percentiles del NCHS***

NOMBRE ________________ EXPEDIENTE # ____________

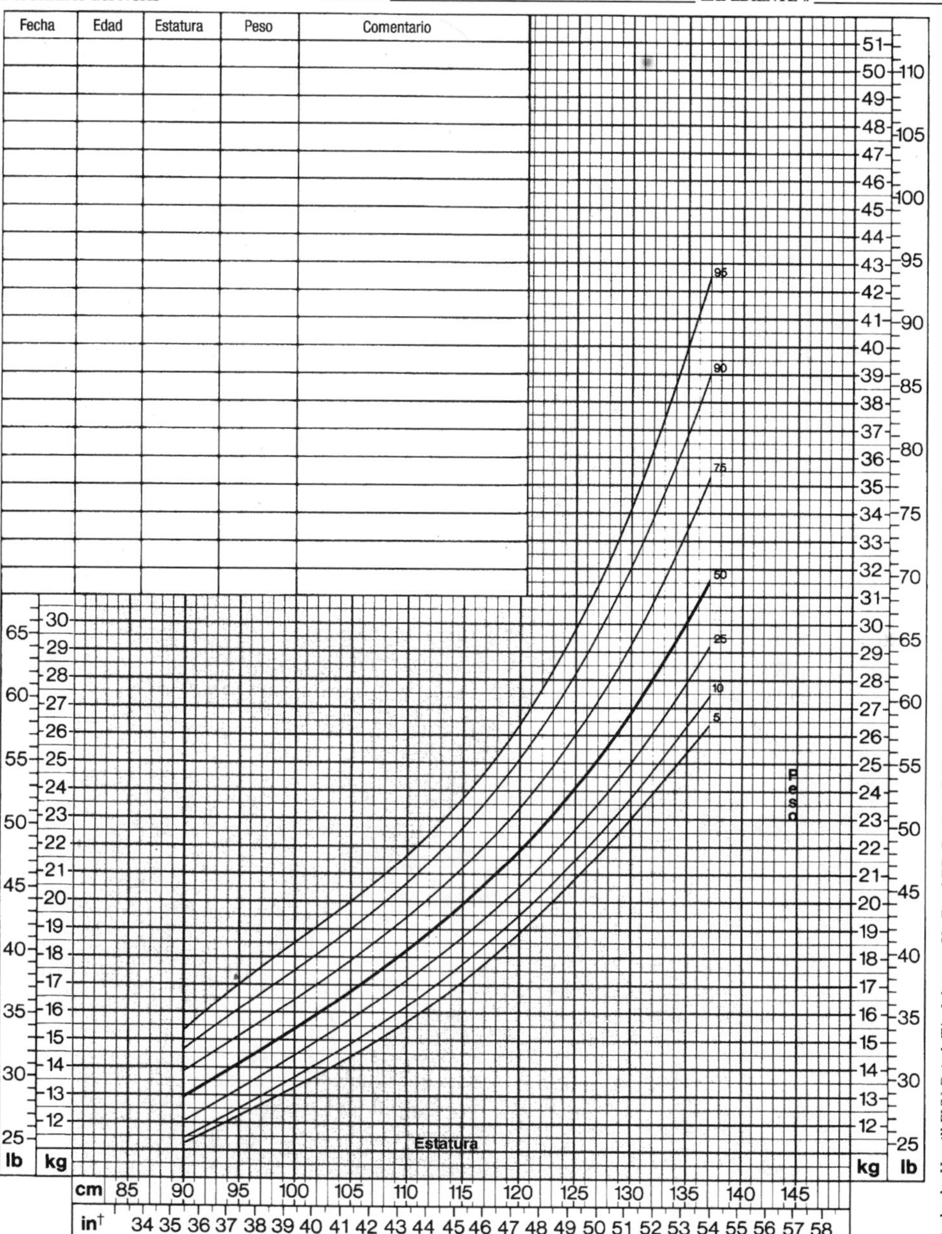


Pie: * Adaptado de: Hamill PVV, Drizd, TA, Johnson CL, Reed RB, Roche AF, Moore WM: *Physical growth: National Center for Health Statistics Percentiles.* (Crecimiento Corporal: Percentiles del Centro Nacional de Estadísticas Sanitarias) AM J CLIN NUTR 32: 607-629, 1979. Datos procedentes del *National Center for Health Statistics* (NCHS). Hyattsville. Maryland.



†in=pulgadas

**Niños: De dos a dieciocho años**
**Crecimiento corporal**
**Percentiles del NCHS***

**NOMBRE**  **EXPEDIENTE #** ____________

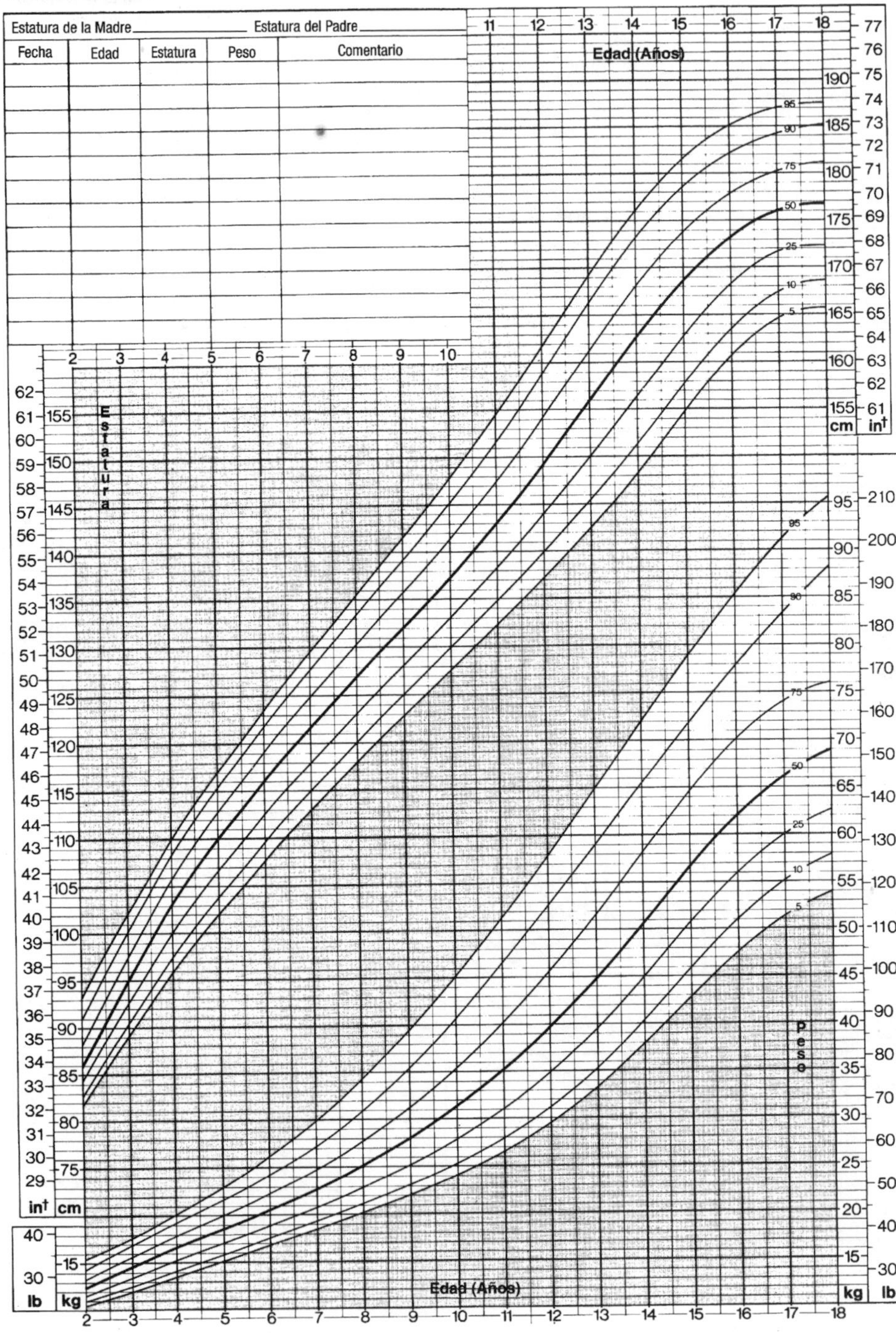

Estatura de la Madre ____________ Estatura del Padre ____________

| Fecha | Edad | Estatura | Peso | Comentario |
|---|---|---|---|---|
| | | | | |



Pie: * Adaptado de: Hamill PVV, Drizd, TA, Johnson CL, Reed RB, Roche AF, Moore WM: *Physical growth: National Center for Health Statistics Percentiles.* (Crecimiento Corporal: Percentiles del Centro Nacional de Estadísticas Sanitarias) AM J CLIN NUTR 32: 607-629, 1979. Datos procedentes del *National Center for Health Statistics* (NCHS). Hyattsville. Maryland.



†in=pulgadas

Impreso con la autorización de Ross Laboratories

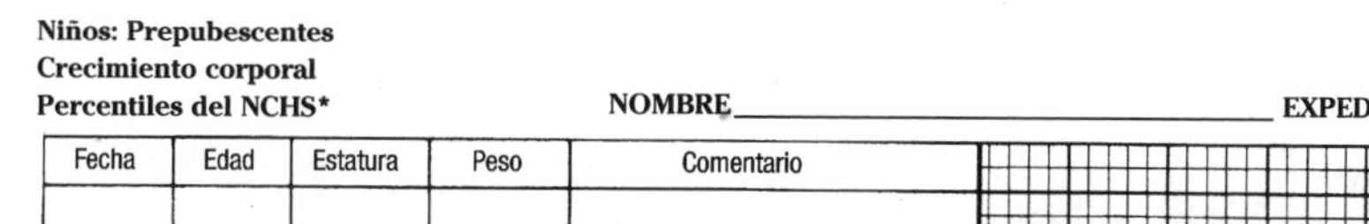

**Niños: Prepubescentes**
**Crecimiento corporal**
**Percentiles del NCHS***

NOMBRE______________________ EXPEDIENTE #______________

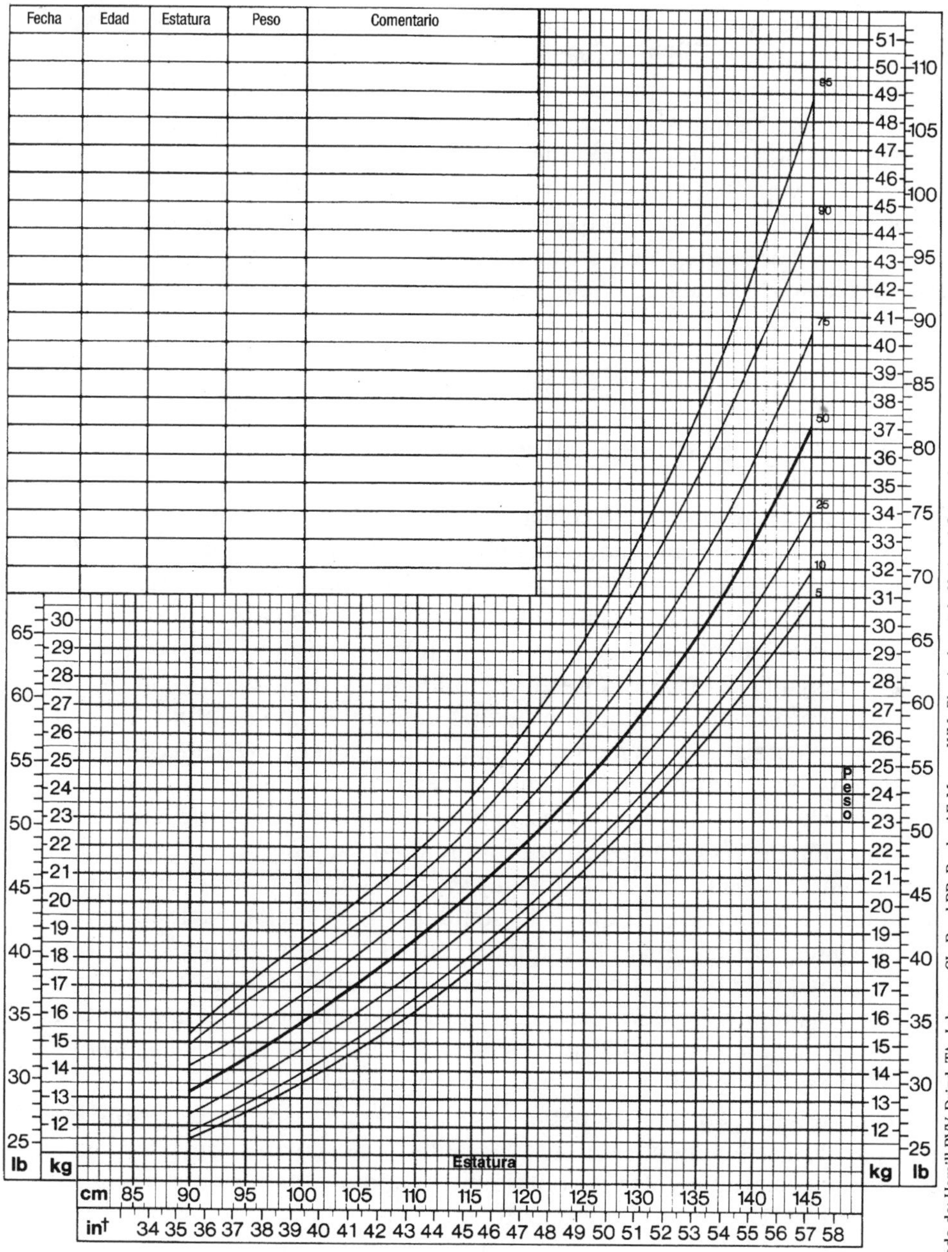

| Fecha | Edad | Estatura | Peso | Comentario |
|---|---|---|---|---|
| | | | | |
| | | | | |
| | | | | |
| | | | | |
| | | | | |
| | | | | |
| | | | | |
| | | | | |
| | | | | |
| | | | | |
| | | | | |
| | | | | |
| | | | | |
| | | | | |
| | | | | |
| | | | | |
| | | | | |
| | | | | |
| | | | | |
| | | | | |

95
90
75
50
25
10
5
peso
Estatura
lb 25 30 35 40 45 50 55 60 65
kg 12 13 14 15 16 17 18 19 20 21 22 23 24 25 26 27 28 29 30 31 32 33 34 35 36 37 38 39 40 41 42 43 44 45 46 47 48 49 50 51
lb 25 30 35 40 45 50 55 60 65 70 75 80 85 90 95 100 105 110
cm 85 90 95 100 105 110 115 120 125 130 135 140 145
in† 34 35 36 37 38 39 40 41 42 43 44 45 46 47 48 49 50 51 52 53 54 55 56 57 58

Pie: * Adaptado de: Hamill PVV, Drizd, TA, Johnson CL, Reed RB, Roche AF, Moore WM: *Physical growth: National Center for Health Statistics Percentiles.* (Crecimiento Corporal: Percentiles del Centro Nacional de Estadísticas Sanitarias) AM J CLIN NUTR 32: 607-629, 1979. Datos procedentes del *National Center for Health Statistics* (NCHS). Hyattsville. Maryland.



†in=pulgadas

marcharse y corriendo en la dirección opuesta cuando usted quiera que le obedezca.

Puede ocurrirle que empiece a añorar al bebé que se dejaba arrullar y al mismo tiempo presionar a su hijo a que se porte como un "niño mayor". No es de extrañar que de vez en cuando pierdan la paciencia el uno con el otro.

Pero si usted asume y acepta estos cambios, la vida será mucho más fácil para ambos durante los agitados años que se avecinan. Dependiendo en gran parte de cómo responda a su hijo—animándolo y respetándolo, valorando sus logros, dándole cariño y protección—él aprenderá a sentirse a gusto consigo mismo, capaz y especial. Estos sentimientos le ayudarán, cuando más adelante tenga que ir a la escuela y conocer gente nueva. Y, lo que es más importante, le ayudarán a sentirse orgulloso de sí mismo como persona.

## Crecimiento y desarrollo

### Aspecto físico y crecimiento

Aunque el crecimiento de su hijo o hija se hará más lento durante el segundo y el tercer año, seguirá experimentando una importante transformación física de bebé a niño. El cambio más espectacular será el de sus proporciones corporales. Cuando era un lactante, su cabeza era relativamente grande y sus brazos y piernas cortos. Pero ahora el crecimiento de la cabeza de su hijo se hará mas lento, pasando de crecer ¾ de pulgada (2 cm) durante el segundo año, a sólo 1¼ pulgada (2 a 3 cm) en los próximos diez años. Al mismo tiempo, aumentará de estatura, sobre todo debido a que sus piernas, y, en menor medida su tronco, crecerán más deprisa. Con estos cambios en su ritmo de crecimiento, el tronco y las piernas de su hijo parecerán mucho más proporcionados. Si mide la "talla sentado" de su hijo, podrá tener una noción de los cambios en la proporción de su cuerpo.

La "talla sentado" es la distancia que hay entre la parte superior de la cabeza de una persona y la superficie en que está sentada. En un recién nacido, representa el 70 por ciento de la longitud total del cuerpo, sobre todo por el tamaño desproporcionadamente grande de su cabeza. Pero, alrededor de los dos años, la talla sentado disminuye hasta representar aproximadamente el 60 por ciento de la estatura total, disminuyendo al 57 por ciento hacia los tres años, y al 52 por ciento hacia los trece o catorce años.

La grasa que tenía su hijo de bebé, responsable de su aspecto regordete, irá desapareciendo gradualmente durante los años pre-escolares. Su hijo pasará de tener un 22 por ciento de grasa corporal con un año de edad, a un porcentaje que oscilará entre el 12 y el 16 por ciento cuando cumpla cinco años. También comprobará que sus brazos y piernas se hacen más esbeltos y su cara menos redonda. Y hasta las almohadillas de grasa que le recubrían los arcos de los pies y que daban la impresión de que tenía los pies planos, desaparecerán.

Su postura también cambiará durante este período. Su aspecto rechoncho e infantil se debía en parte a su postura, sobre todo a su prominente abdomen y a la curvatura hacia dentro de la espalda inferior. Pero, conforme vaya aumentando su tono muscular y vaya adquiriendo una postura más erecta, parecerá más esbelto y fuerte.

Su hijo seguirá creciendo constantemente, aunque a un ritmo más lento. Durante esta etapa, los niños crecen un promedio de 2 y ½ pulgadas (6 cm) cada año y ganan unas 4 libras (dos kilogramos). Represente la estatura y el peso de su hijo en las gráficas de crecimiento de las páginas 322 a 325 para comparar su tasa de crecimiento con el promedio de su grupo de edad. Si usted percibe un retraso *muy pronunciado* en el patrón de crecimiento de su hijo, coménteselo al pediatra. Probablemente le dirá que no debe preocuparse demasiado, puesto que algunos niños completamente sanos no crecen tan deprisa como sus compañeros durante el segundo y el tercer año. Por lo común la tasa de crecimiento de estos niños se normaliza hacia el tercer año, aunque es posible que no alcancen la estatura correspondiente a su edad sino hasta la adolescencia. Así mismo, debido a que la tasa de crecimiento se hace más lenta, estos niños suelen entrar a la pubertad más tarde. Aunque es posible que tengan "el estirón" de la adolescencia algo más tarde de lo habitual, la mayoría de estos niños acaban teniendo una estatura normal cuando se hacen adultos.

En casos menos frecuentes el estancamiento en el crecimiento durante la primera infancia y la etapa preescolar puede ser el síntoma de un problema de salud crónico, como una enfermedad renal o hepática o una infección recurrente. En raras ocasiones este retraso del proceso de crecimiento se debe a problemas hormonales o a complicaciones gastrointestinales debidas a enfermedades crónicas. El pediatra tendrá en cuenta todo esto cuando examine a su hijo.

Recuerde que a partir de los dos años los niños de la misma edad empiezan a presentar mayores diferencias en cuanto a estatura y peso, por lo que no tiene ningún sentido comparar las medidas de su hijo con las de otros niños de la misma edad. Mientras mantenga su ritmo individual de crecimiento, no hay por qué preocuparse.

No se sorprenda si su hijo come menos de lo que cree que debería comer. A esta edad, los niños no necesitan consumir tantas calorías porque están creciendo más lentamente. A pesar de que coma menos, su hijo puede ester bien alimentado si le ofrece una variedad de alimentos saludables.

## Movimiento

A esta edad le parecerá que su hijo se la pasa corriendo, saltando y escalando. Su margen de atención, que nunca ha sido muy largo, ahora será todavía más corto. Intente empezar un juego con su hijo, e inmediatamente cambiará a otro distinto. Oriéntelo en una dirección, e inmediatamente girará hacia otra. Desde luego, el "exceso" de energía que tendrá su hijo a lo largo del tercer año de vida le obligará a usted a estar en constante trajín. Pero, consuélese: esta actividad exacerbada le permitirá a su hijo fortalecer los músculos y mejorar la coordinación.

Durante los próximos meses, su hijo empezará a correr con mayor suavidad y coordinación. También aprenderá a patear y a dirigir el movimiento de un balón, a subir y bajar escaleras por su cuenta agarrándose a la barandilla, y a sentarse sin problemas en sillas de tamaño infantil. Con un poco de ayuda, hasta es posible que pueda pararse en un solo pie.

Si observa como camina su hijo, verá que ya ha abandonado el andar patoso, con las piernas abiertas y los pies aparentemente planos, substituyéndolo por un paso similar al del adulto, apoyándose primero en el talón y luego en las puntas de los pies. Todos estos avances le permitirán dominar su cuerpo y sus desplazamientos, pudiendo andar hacia atrás y girar en esquinas que no sean demasiado cerradas.

***Hitos relacionados con el movimiento hacia el final de este período:***

- **Aprende a treparse**
- **Sube y baja escaleras, alternando los pies**
- **Patea una pelota**
- **Corre bien**
- **Pedalea en triciclo**
- **Se puede agachar sin caerse**

También podrá hacer otras cosas mientras se desplaza, como utilizar las manos, hablar y mirar a su alrededor.

No se preocupe por buscarle a su hijo actividades que le ayuden a desarrollar sus habilidades motoras. Probablemente lo hará por su cuenta. Cuando usted se quiera unir a la diversión, tenga en cuenta que a los niños de esta edad les encanta que los lleven sobre los hombros, revolcarse sobre colchonetas, deslizarse por toboganes poco pendientes y montarse con ayuda en balancines. Cuanto más ejercicio hagan, mejor.

Si es posible, reserve un rato al día para que su hijo salga a jugar, correr, y explorar. Así evitará muchos desastres dentro de casa—¡y también muchos

***Hitos relacionados con la manipulación hacia el final de este período:***

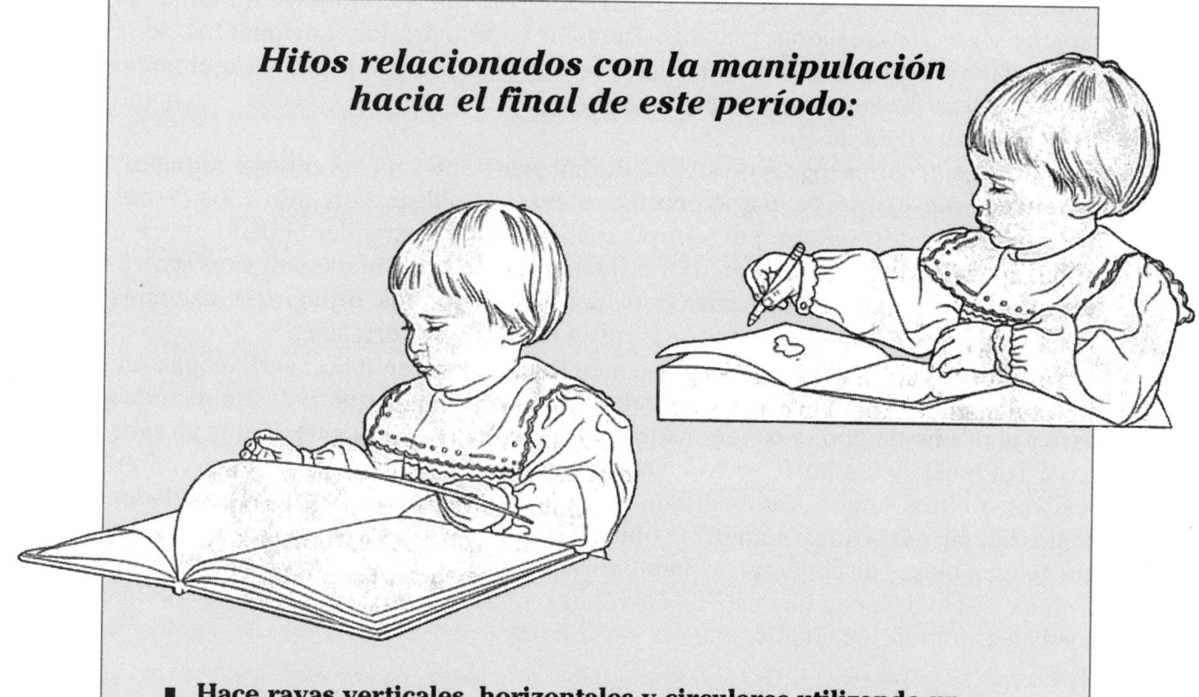

- **Hace rayas verticales, horizontales y circulares utilizando un lápiz o creyón**
- **Pasa las hojas de un libro de una en una**
- **Construye torres de más de seis bloques**
- **Coge un lápiz utilizando el agarre que se usa para escribir**
- **Enrosca y desenrosca tapas de frascos, tornillos y tuercas**
- **Gira manijas que rotan**

ataques de nervios! Además es más seguro que un niño de esta edad corra al aire libre que golpearse contra las paredes y los muebles de la casa. Llévelo a jugar en el jardín, al parque, o cualquier otro lugar que resulte accesible y seguro para él. Pero no olvide que, puesto que el autocontrol y el sentido común de su hijo todavía están mucho menos desarrollados que sus habilidades motoras, usted debe estar pendiente de él y considerar su seguridad y la prevención de posibles lesiones como prioridades absolutas.

## Habilidades manipulativas

A los dos años, su hijo o hija podrá manipular objetos pequeños con facilidad. Podrá pasar las hojas de un libro, construir torres de seis bloques, quitarse los zapatos y abrir cremalleras grandes. También coordinará los movimientos de la muñeca, los dedos y la palma de la mano con tal destreza que podrá girar el pomo de una puerta, desenroscar la tapa de un frasco, beber en vaso con una sola mano y desenvolver un caramelo.

Uno de los mayores logros de su hijo durante este año será aprender a "dibujar". Dele un creyón y observe lo que ocurre: colocará el pulgar a un lado y los demás dedos al otro y después, un poco torpemente, intentará extender el dedo índice o medio hacia la punta del creyón. Por muy ineficaz que pueda parecer este agarre, le dará a su hijo el control suficiente para producir sus primeras creaciones artísticas, describiendo "majestuosas" rayas circulares y verticales.

Afortunadamente, cuando su hijo juegue a algo tranquilo, será capaz de concentrarse mucho más que a los dieciocho meses, cuando quería "estar en todas partes al mismo tiempo". Su margen de atención es más largo y, puesto que ya sabe pasar las hojas de un libro, se convertirá en un participante activo cuando miren revistas o libros juntos. También empezará a manifestar interés por actividades como dibujar, construir y manipular objetos. Por lo tanto, los bloques y los juegos que tengan piezas de conectar, le mantendrán ocupado durante largos períodos de tiempo. Y si lo deja con una caja de creyones o pintura de dedos, podrá dar rienda suelta a sus impulsos creativos.

## Desarrollo lingüístico

Cuando cumpla dos años, su hijo o hija no sólo entenderá la mayor parte de lo que usted le diga, sino que también hablará utilizando un creciente vocabulario de cincuenta palabras o más. Durante su tercer año de vida, su hijo pasará de las frases de dos o tres palabras ("Toma jugo", "Mamá quiere galleta") a frases de cuatro, cinco y hasta seis palabras ("¿Papi, dónde está la pelota?", "Lucas está en mis piernas"). También empezará a utilizar pronombres (Yo, tú, mi, nosotros, ellos) y a entender el concepto de "mío" ("Quiero mi taza", "Veo a mi mamá"). Fíjese cómo utilizará el lenguaje para expresar sus necesidades y deseos fisicos y emocionales, así como para describir ideas y dar información.

Aunque es humano comparar las habilidades verbales de un hijo con las de otros niños de su misma edad, trate de evitarlo. A esta edad, hay mayores variaciones en el área del desarrollo lingüístico que en cualquier otra área. Mientras que algunos preescolares parecen ir mejorando paulatinamente, otros progresan de una forma muy irregular. Y algunos niños son, por naturaleza, más habladores que otros. Esto no significa que los niños más verbales sean necesariamente más listos o más maduros que los más callados, ni tampoco significa que tengan un vocabulario más rico. De hecho, es posible que un niño callado sepa la misma cantidad de palabras pero sea más selectivo a la hora de emplearlas. Por norma general, los niños empiezan a hablar más tarde que las niñas, pero esta diferencia, como la mayoría de las que hemos mencionado, tienden a desaparecer cuando se acercan a la edad escolar.

Sin necesidad de recibir ningún tipo de enseñanza formal, simplemente escuchando y practicando, su hijo dominará muchas de las principales reglas gramaticales al momento de entrar a la escuela. Usted le puede ayudar a ampliar su vocabulario y a mejorar sus habilidades lingüísticas convirtiendo la lectura en una parte de la rutina diaria. A esta edad, su hijo ya puede seguir el argumento de un relato y entender y recordar muchas ideas y fragmentos de información. No obstante, puesto que le seguirá costando estarse quieto durante mucho rato, los libros o cuentos que le lea deben ser cortos. Para mantener su atención, elija libros que fomenten algún tipo de actividad, como, por ejemplo, tocar, señalar y nombrar

### *Hitos relacionados con el lenguaje hacia el final de este período*

- **Sigue instrucciones de dos o tres pasos**
- **Reconoce e identifica el nombre de casi todos los objetos de uso común**
- **Entiende la mayoría de las oraciones**
- **Entiende las relaciones espaciales ("dentro", "fuera", "debajo")**
- **Construye oraciones de cuatro y cinco palabras**
- **Sabe decir su nombre, su edad y su sexo**
- **Utiliza pronombres (yo, tú, mi, nosotros, ellos) y plurales**
- **Los desconocidos entienden la mayoría de las palabras que dice**

objetos o repetir ciertas frases. Cuando su hijo se acerque al final del tercer año, conforme sus habilidades lingüísticas vayan progresando, empezará a disfrutar con las rimas, los juegos de palabras y los chistes, que juegan con el lenguaje repitiendo sonidos divertidos o utilizando frases sin sentido.

En algunos niños, no obstante, el proceso de adquisición del lenguaje no tiene lugar con tanta facilidad. De hecho, uno de cada diez a quince niños tiene problemas de comprensión o de expresión. En algunos casos estas dificultades se deben a deficiencias auditivas o intelectuales o bien a la escasa estimulación verbal que han recibido en casa. Sin embargo, en la mayoría de los casos se desconoce la causa de tales dificultades. Si el pediatra sospecha que su hijo tiene problemas de lenguaje, primero examinará a fondo su capacidad auditiva y, en caso necesario, le remitirá a un pediatra especializado o a un patólogo del lenguaje. La detección temprana de los trastornos del lenguaje o de las deficiencias auditivas es algo fundamental, pues sólo con el tratamiento adecuado se puede evitar que tales problemas interfieran con el aprendizaje en otras áreas. Si no se diagnostica el problema y no se interviene adecuadamente, el niño podría tener muchos problemas con el aprendizaje escolar.

## Desarrollo cognoscitivo

Piense en cuando su hijo o hija era bebé. En aquel entonces aprendía sobre el mundo que le rodeaba a través de sus sentidos, tocando, mirando, manipulando y escuchando. Pero ahora su proceso de aprendizaje se ha hecho mucho más complejo e "interno". Su dominio del lenguaje cada vez es mayor y está empezando a formarse imágenes mentales de cosas, acciones y conceptos. También está empezando a solucionar problemas de modo mental, utilizando la técnica de ensayo-error en lugar de tener que manipular objetos *físicamente*. Así mismo, conforme las habilidades intelectuales y la memoria de su hijo se expanden, empezará a entender conceptos temporales simples, tales como "Puedes jugar *después* de comer".

Su hijo también está empezando a entender las relaciones entre los objetos. Por ejemplo, cuando le dé juegos de clasificación y rompecabezas sencillos, será capaz de agrupar objetos de formas similares. También empezará a entender que los números sirven para contar objetos, sobre todo el número 2. Y, al ir mejorando su comprensión de los conceptos de causa y efecto, cada vez le interesarán más los juguetes de cuerda y le gustará prender y apagar luces y aparatos de uso doméstico.

También se dará cuenta de que los juegos de su hijo cada vez son más complejos. Lo más notorio es que empezará a combinar varias actividades distintas creando secuencias lógicas. En lugar de cambiar de un juego o juguete a otro al azar, puede coger una muñeca, meterla en la cama y arroparla. O puede intentar dar de comer a varias muñecas, una detrás de otra. Durante los años que se avecinan, su hijo combinará actividades simuladas en secuencias cada vez

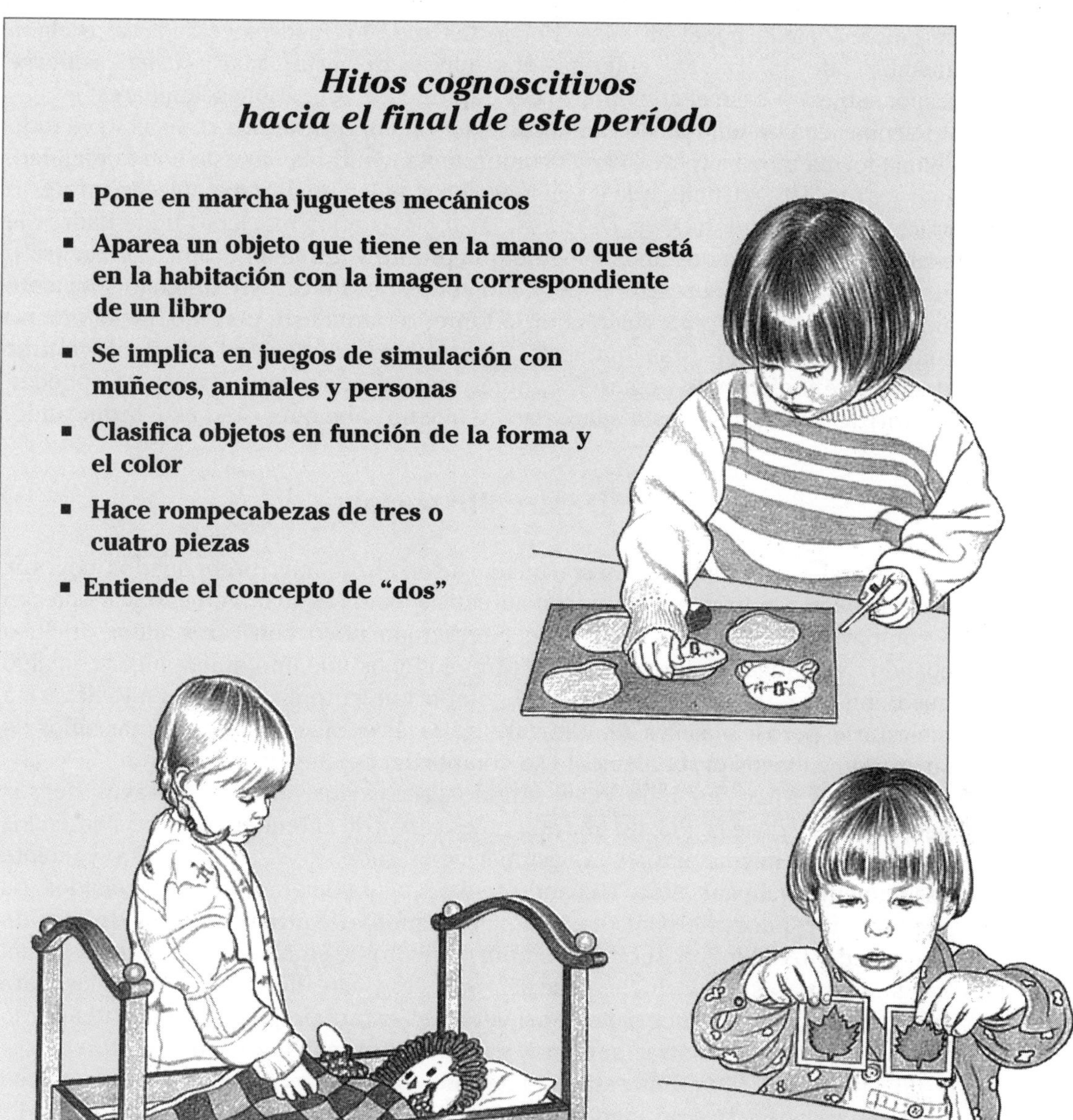


más largas y elaboradas, representando la mayor parte de sus rutinas diarias, desde despertarse por la mañana hasta, bañarse y acostarse.

Si tuviéramos que señalar la principal limitación intelectual que caracteriza a un niño de esta edad, sería la idea de que todo cuanto ocurre en su mundo es el resultado de algo que él ha hecho. Al pensar de este modo, le resultará muy difícil entender sucesos como la muerte, el divorcio o la enfermedad, sin creer que él desempeñó algún papel en ellos. Por lo tanto, si los padres se separan o algún miembro de la familia enferma, los niños de esta edad suelen sentirse responsables. (Véase el comentario del Capítulo 22, "Cuestiones familiares")

Razonar con un niño de dos años suele ser difícil. Después de todo, él lo ve todo de una forma muy simple. Todavía confunde a menudo la fantasía con la realidad, a no ser que esté participando en un juego de simulación. Por ejemplo, en un relato precioso de Selma Fraiberg: *The Magic Years* (Los años mágicos) unos padres le explican a su hijo de dos años y medio que pronto volarán a Europa. Con un gesto de preocupación en el rostro, el pequeño contesta: "Pero..., yo no tengo suficiente fuerza en los brazos para volar". Por lo tanto, durante este período, tenga mucho cuidado con las palabras que elija. Comentarios que usted puede encontrar graciosos e inofensivos—como "Si comes más helados, vas a explotar"—pueden aterrorizar a un niño de esta edad, puesto que no sabe que usted está bromeando.

## Desarrollo social

Por naturaleza, los niños de esta edad suelen estar muy preocupados con sus propias necesidades y hasta pueden actuar de forma egoísta. A menudo se niegan a compartir algo que les interesa e interactúan poco con otros niños, incluso cuando están jugando uno al lado de otro, a menos que uno quiera jugar con algo que tiene otro. Habrá veces en que el comportamiento social de su hijo llegará a molestarle, pero si observa atentamente, se dará cuenta de que los demás niños de su grupo de juegos probablemente se comportan del mismo modo.

A los dos años, un niño ve el mundo casi exclusivamente a través de sus necesidades y deseos. Puesto que aún no es capaz de entender cómo se sienten los demás en la misma situación, asumen que todo el mundo piensa y siente exactamente igual que ellos. Y, cuando se dan cuenta de que están equivocados, tal vez no son capaces de controlarse. Por este motivo, no tiene demasiado sentido que usted intente influir sobre el comportamiento de su hijo con preguntas como: "¿Qué sentirías si te lo hicieran a ti"? Guárdese este tipo de comentarios para cuando su hijo tenga unos siete años; entonces estará preparado para entender lo que piensan y sienten otras personas y para actuar teniéndolo en cuenta.

Puesto que su hijo o hija está tan centrado en sí mismo, es posible que a usted le preocupe que esté demasiado mimado o que pueda llegar a perder el control. Es muy posible que, sus temores sean infundados y que esta fase pase con el tiempo. Los niños muy activos y agresivos, que empujan y se imponen a los demás, suelen ser tan "normales" como los niños callados y tímidos que nunca parecen exteriorizar sus sentimientos ni pensamientos.

Paradójicamente, a pesar de lo centrado que está en sí mismo, muchos de sus juegos los dedicará a imitar los gestos y las actividades de otras personas. Imitar y "hacer de cuenta" son los juegos favoritos de los niños de esta edad. Por lo tanto, cuando su hijo de dos años acueste a su osito de peluche o dé de comer a un muñeco, es posible que le oiga utilizar exactamente las misma palabras y el tono

## *Hitos sociales hacia el final de este período*

- Imita el comportamiento de los adultos y de sus compañeros de juego
- Manifiesta afecto espontáneamente hacia sus compañeros de juego habituales
- Es capaz de esperar su turno en un juego
- Entiende los conceptos de "mío" y "tuyo"

de voz que usa usted cuando le dice que es hora de acostarse o que se coma la verdura. Por mucho que su hijo se resista a seguir sus instrucciones en otras ocasiones, cuando adopta el papel de padre, ¡le imita a la perfección! Los juegos de simulación permiten que los niños se hagan una idea de cómo se siente uno en el papel de otro, lo que constituye un buen entrenamiento para sus futuros intercambios sociales. También permiten que usted se dé cuenta de lo importante que es ser un buen modelo, al comprobar que los niños suelen hacer lo que hacen los adultos, no lo que éstos predican.

## *Mantener a raya las rabietas*

La frustración, el enfado y las rabietas son inevitables en cualquier niño de dos años. Como padre, debe permitir que su hijo exteriorice sus emociones, pero, al mismo tiempo, debe ayudarle a expresar su enfado de formas que no sean violentas ni abiertamente agresivas. He aquí algunas sugerencias:

1. Cuando vea que su hijo se está empezando a enfadar, intente dirigir su atención y su energía hacia una actividad distinta y más aceptable.
2. Si no consigue distraerlo, ignórelo. Cada vez que usted reacciona ante cualquiera de las explosiones de su hijo, no hace otra cosa que recompensar un comportamiento negativo dedicándole más atención. Hasta reñirlo, castigarlo o intentar razonar con él pueden fomentar la conducta no deseada.
3. Si están en un lugar público y el comportamiento de su hijo le avergüenza, limítese a sacarlo de allí sin discutir ni hacer demasiados aspavientos. Espere a que el niño se calme antes de reanudar sus actividades.
4. Si la rabieta implica pegar, morder o cualquier otro comportamiento que pueda lastimar a alguien, usted no puede ignorarlo. Pero reaccionar de un forma exagerada tampoco le servirá de nada. En lugar de ello, dígale a su hijo inmediatamente, con claridad y voz calmada, que no debe comportarse así, lléveselo y déjelo a solas durante unos minutos. A esta edad los niños no

La mejor forma de que su hijo aprenda a relacionarse con la demás gente es darle muchas oportunidades para que vaya "ensayando". Por lo tanto, no permita que su comportamiento relativamente antisocial le desanime hasta el punto de dejar de llevarlo a jugar con otros niños. Al principio, puede ser sensato limitar la cantidad de niños que integran el grupo a sólo dos o tres. Y, aunque usted tendrá que supervisar sus actividades de cerca para que ninguno se haga daño o se enoje demasiado, debe dejar que jueguen a su manera lo máximo posible. Lo que necesitan es aprender a jugar *unos con otros*, no con los padres de otros.

pueden entender explicaciones complicadas; por lo tanto, no intente razonar con él. Basta con que se asegure de que entiende qué es lo que ha hecho mal y le imponga el castigo que merece inmediatamente. Si deja que pase una hora, su hijo no relacionará el castigo con "el crimen cometido". (Véase *Rabietas*, página 575).

5. No utilice nunca los castigos físicos para disciplinar a un niño. Al hacerlo, le trasmitirá el mensaje de que la agresión es una forma adecuada de responder cuando las cosas no son como uno habría deseado.

6. Controle lo que su hijo o hija ve por televisión. (Véase *Televisión*, página 571). Los preescolares pueden comportarse de forma más agresiva si ven programas violentos por televisión.

## *Hiperactividad*

Desde el punto de vista de un adulto, muchos niños de dos años son "hiperactivos". Pero, es perfectamente normal que un niño de esta edad prefiera correr, saltar y encaramarse a todas partes que andar despacio o estarse sentado tranquilamente. También es posible que hable tan deprisa que cueste entenderlo, y es posible que a usted le preocupe su corto margen de atención. Tenga paciencia. Lo más probable es que este exceso de energía vaya remitiendo conforme su hijo se aproxime a la edad escolar.

Mientras el nivel de actividad de un niño sea elevado, tendrá más sentido que sean los padres los que intenten adaptarse a él que forzar al niño a que baje el ritmo y se tranquilice. Si su hijo es "un terremoto", modifique sus expectativas en consonancia. No espere que se esté quieto en una largo reunión comunitaria o en un restaurante. Si se lo lleva de compras, prepárese a ir al ritmo de su hijo, no al suyo. En general, evite colocarlo en situaciones que lo hagan sentirse recluido, en las que probablemente ambos acaben frustrados. Déle muchas oportunidades para que "queme" su exceso de energía participando en juegos que impliquen correr, saltar, trepar, patear o lanzar pelotas.

Sin una guía firme, la energía de un niño muy activo puede transformarse fácilmente en un comportamiento agresivo o destructivo. Para evitarlo, establezca normas claras y sensatas y aplíquelas consistentemente. También puede fomentar un comportamiento más calmado elogiando a su hijo cuando juegue tranquilamente o se pase más de unos pocos minutos seguidos mirando un libro. También puede ser efectivo de mantener las rutinas de la comida, el baño, la siesta y la hora de acostarse lo más regulares posible, para que el día del niño esté claramente estructurado.

Un número reducido de niños en edad preescolar tienen problemas de hiperactividad y déficit de atención que persisten más allá de la etapa preescolar. Estos problemas sólo requerirán un tratamiento especial en el caso de que interfieran con el rendimiento académico o con las relaciones sociales del niño. (Véase *Hiperactividad y problemas de concentración*, página 567). Si usted sospecha que su hijo tiene dificultades en estos ámbitos, pídale al pediatra que lo evalúe para saber si existe un problema que requiera intervención médica.

## Desarrollo emocional

Es muy difícil adaptarse a los altibajos que suele tener un niño de dos años. Puede estar feliz y contento y, en cosa de segundos, mostrarse decaído y lloroso, a menudo sin ningún motivo aparente. Sin embargo, estos cambios de humor forman parte del proceso de crecimiento. Son manifestaciones de los cambios emocionales que están teniendo lugar en su interior conforme lucha por controlar sus acciones, sus impulsos, sus sentimientos y su cuerpo.

A esta edad, su hijo o hija quiere explorar el mundo en busca de aventuras. Por lo tanto, se pasará la mayor parte del tiempo poniendo a prueba límites: los de usted, los de él mismo y los de su entorno. Lamentablemente, todavía le faltan

***Hitos emocionales hacia el final de este período***

- **Expresa el afecto abiertamente**
- **Expresa una gran variedad de emociones**
- **Con tres años, se separa fácilmente se sus padres**
- **Protesta cuando se introducen cambios importantes en su rutina**

## *Alertas de desarrollo*

Los hitos de desarrollo citados en este libro le darán una idea general de los cambios que puede esperar, pero no se preocupe si su hijo sigue un patrón ligeramente distinto. De todos modos, en el caso de que presentara algunos de los siguientes síntomas, que pueden indicar la existencia de un retraso del desarrollo en niños de esta edad, debe informar al pediatra.

- Se cae frecuentemente y le cuesta subir y bajar escaleras
- Apenas se le entiende cuando habla, o babea constantemente
- No sabe construir torres de más de cuatro bloques
- Tiene dificultades para manipular objetos pequeños
- Con tres años cumplidos, no sabe copiar un círculo
- No sabe comunicarse utilizando frases cortas
- No se implica en juegos de simulación
- No entiende instrucciones simples
- Apenas se interesa por los demás niños
- Tiene dificultades *extremas* para separarse de su madre

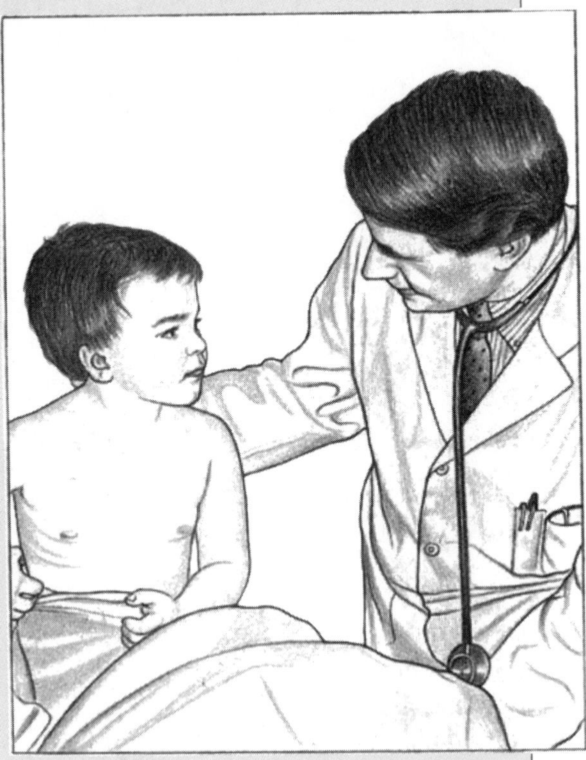

muchas habilidades para conseguir todo lo que necesita sin poner en peligro su integridad física, por lo que a menudo será preciso que usted lo proteja.

Cuando se pasa de la raya y usted lo aleja de su objetivo, a menudo reacciona con enfado y frustración, a veces con una rabieta o un ataque de furia. Hasta es posible que intente desquitarse pegando, dando patadas y mordiendo. A esta edad, su hijo apenas controla sus impulsos emocionales, por lo que su rabia y frustración suelen estallar de golpe, en forma de llantos, gritos y golpes. Es la única forma que tiene de afrontar las dificultades que le plantea la vida. Hasta es posible que se haga daño o se lo haga a otra persona sin querer. No olvide que estos son los "terribles dos años".

¿Le ha contado alguna vez algún familiar o una niñera que su hijo nunca se porta mal mientras lo cuidan? No es nada raro que un niño de esta edad sea un ángel cuando usted no esté, pues con la demás gente no tiene suficiente confianza para poner a prueba sus límites.

Pero, cuando esté con usted, su hijo intentará probar cosas que pueden ser peligrosas o difíciles, porque sabe que, si se mete en problemas, usted lo rescatará.

Independientemente de cuál fuera la forma concreta de protestar que utilizaba su hijo hacia el final del primer año, seguirá utilizándola durante algún tiempo. Por ejemplo, cuando usted esté por dejarlo con la niñera, puede enfadarse y tener una rabieta anticipando la separación. O puede empezar a gimotear y agarrársele literalmente a las piernas. O es posible que simplemente se ponga triste y silencioso. Sea cual sea su comportamiento, trate de no reaccionar de forma desproporcionada, riñéndolo o castigándolo. La mejor táctica es prometerle antes de marcharse que volverá y, cuando vuelva, elogiarlo por ser tan paciente y portarse bien mientras usted está fuera. Puede consolarse pensando que las separaciones serán menos problemáticas cuando su hijo cumpla tres años.

Cuanto más seguro y confiado de sienta su hijo, más independiente será y mejor se portará. Usted puede fomentar estos sentimientos positivos animándolo a que se comporte con más madurez. Para lograrlo, fíjele y hágale respetar *consistentemente* unos límites razonables que le permitan explorar y dar rienda suelta a su curiosidad natural pero que excluyan las conductas peligrosas o antisociales. Con estas directrices, su hijo empezará a darse cuenta de qué es aceptable y qué no lo es. Como ya hemos dicho, la clave está en la consistencia. Elógielo cada vez que juegue con otro niño sin que haya peleas, o siempre que coma, se vista o se desvista solo. Si ve que usted se siente orgulloso de sus logros, él empezará a sentirse del mismo modo.

Junto con su creciente autoestima, su hijo también desarrollará una imagen de sí mismo como alguien que se comporta de cierto modo—el modo que usted haya fomentado—y las conductas negativas desaparecerán.

Puesto que los niños de esta edad suelen expresar una gran variedad de emociones, esté preparado para todo, desde el deleite hasta la rabia.

De todos modos, si cree que su hijo es muy pasivo o retraído, está siempre triste e insatisfecho y reclama constantemente su atención, debe comentárselo al pediatra. Podrían ser síntomas de una depresión, provocada ya sea por algún tipo

## *Ejemplo de un menú diario para un niño de dos años*

Este menú está pensado para un niño de dos años que pese aproximadamente 27 libras (12.5 Kg)

1 cucharada = ½ onza (15 cc)

1 cucharadita = ⅓ de cucharada (5 cc)

1 taza = 8 onzas (240 cc)

**DESAYUNO**

¾ de vaso de leche al 2%

½ taza de cereal enriquecido con hierro o un huevo

½ taza de jugo de cítrico o tomate o ⅓ de taza de melón o fresas

½ tostada

½ cucharadita de margarina

1 cucharadita de jalea

**A MEDIA MAÑANA**

2 cucharadas de queso crema

4 *galletas*

½ vaso de jugo

de estrés o por algún problema de origen biológico. Si el pediatra sospecha que el niño puede estar deprimido, probablemente les remitirá a un profesional de la salud mental para que lo evalúe.

# Cuidados básicos

## Alimentación y nutrición

Con dos años, su hijo o hija debe hacer tres comidas principales al día y merendar entre comidas una o dos veces al día. A esta edad ya puede comer lo mismo que el resto de la familia. Sus avances en las destrezas verbales y sociales le permitirán participar activamente en las comidas familiares.

Afortunadamente, ahora su hijo come de una forma relativamente "civilizada". A los dos años sabía utilizar la cuchara, beber del vaso con una mano y comer cosas que se pueden coger con las manos. A los tres años, aparte de esto, debería saber utilizar el tenedor y comer por si solo, derramando algo de comida entre el plato y

**ALMUERZO**

½ vaso de leche al 2%

½ sándwich—1 rebanada de pan integral, 1 cucharadita de margarina o dos cucharaditas de aderezo para ensalada, y 1 onza de carne

2 a 3 palitos de zanahoria o 2 cucharadas de otro tipo de verdura u hortaliza

1 galleta de avena pequeña (½ onza)

**A MEDIA TARDE**

½ vaso de leche al 2%

½ manzana (en rodajas), 3 dátiles, ⅓ taza de uvas (partidas), o ½ media naranja.

**COMIDA**

½ vaso de leche al 2%

2 onzas de pollo o carne

⅓ taza de pasta, arroz o papas

2 cucharadas de verdura

1 cucharadita de margarina o dos cucharaditas de aderezo para ensaladas

la boca sólo de vez en cuando. De todos modos, aunque su hijo *pueda* comer correctamente, todavía está aprendiendo a masticar y a tragar eficazmente, y es posible que engulla literalmente la comida cuando se muera de ganas de irse a jugar. Por este motivo, el riesgo de atragantamientos es alto. De ahí que se deban evitar aquellos alimentos que, en el caso de ser tragados enteros, puedan bloquear las vías respiratorias: salchichas ó "hot dogs" (a menos que sean rebanadas a lo largo y luego a lo ancho), nueces (sobre todo maní), caramelos redondos y duros, uvas enteras, cucharadas de mantequilla de maní, zanahorias enteras crudas, cerezas enteras con hueso y tallos de apio crudos sin cortar.

Idealmente, su hijo debería comer alimentos pertenecientes a cada uno de los siguientes cuatro grupos:

1. Carne, pescado pollo y huevos
2. Leche, queso y otros derivados lácteos
3. Frutas y verduras
4. Cereales, papas, arroz, y productos elaborados con harina

De todos modos, no se preocupe si la dieta de su hijo no se ajusta a este ideal. Muchos niños de esta edad se niegan a comer algunos alimentos, o insisten en comer sólo uno o dos de sus alimentos favoritos durante largos períodos de tiempo. Cuanto más se enfrente con su hijo por sus preferencias alimenticias, más se le opondrá. Como ya dijimos, si le ofrece una variedad de alimentos y deja la elección en sus manos, acabará consumiendo de forma natural una dieta equilibrada. Es posible que le apetezcan más los alimentos saludables si puede comerlos por su cuenta. Por lo tanto, intente ofrecerle alimentos que se pueden comer con las manos (como fruta o verdura cruda, excepto zanahorias y apio), en lugar de alimentos cocinados, que obligan a utilizar cubiertos.

**Suplementos dietéticos.** Los niños de esta edad que siguen una dieta equilibrada raras veces necesitan tomar suplementos vitamínicos. Sin embargo, si su hijo come muy poca cantidad de carne, cereales enriquecidos con hierro o verduras ricas en hierro, probablemente necesitará un suplemento de hierro. Tomar demasiada leche (más de un litro al día) puede interferir con el proceso de absorción de hierro, aumentando el riesgo de una deficiencia de este elemento. A esta edad, su hijo debería beber entre 16 y 32 onzas de leche al día. Esto aporta la cantidad de calcio necesaria para el crecimiento óseo sin interferir con el proceso de absorción del hierro ni reducir el apetito.

## La dentición y la higiene dental

Cuando su hijo o hija tenga aproximadamente dos años y medio, debe tener todos los dientes temporales o de leche, incluyendo los segundos molares, que suelen salir entre los veinte y los treinta meses. Los dientes definitivos probablemente no empezarán a substituir a los de leche hasta que cumpla seis o siete años, aunque es posible que salgan un poco antes o un poco después.

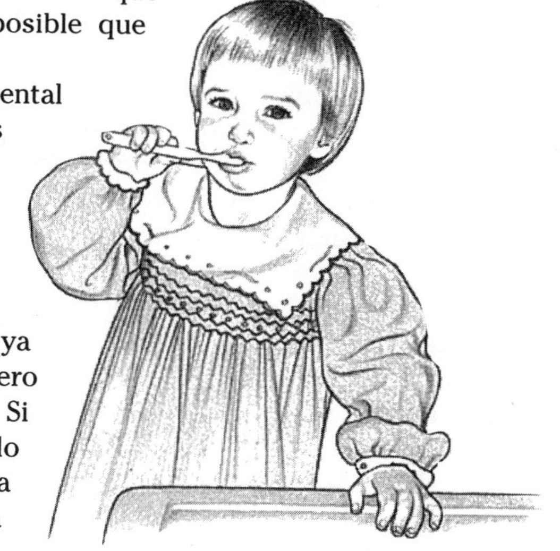

Como puede imaginar, el problema dental número uno entre los preescolares son las caries. Aproximadamente el 8 por ciento de los niños de dos años tienen una o más caries, y a los tres años esta cifra se acerca al 60 por ciento. Muchos padres creen que las caries no son importantes cuando afectan a los dientes de leche, ya que, al fin y al cabo, éstos se van a caer. Pero ésta es una asunción muy arriesgada. Si los dientes de leche se pierden demasiado pronto debido a las caries o a alguna infección, los dientes permanentes todavía no estarán preparados para substituirlos. Cuando ocurre esto, los demás dientes de leche modifican su posición en la mandíbula para rellenar los espacios vacíos. Cuando, al fin, empiezan a salir los dientes definitivos, no tienen suficiente espacio.

La mejor forma de proteger los dientes de su hijo es ayudándole a adquirir buenos hábitos dentales. Con su guía, adoptará rápidamente una buena higiene bucal como parte integrante de su rutina diaria. A los dos años, su hijo debe lavarse los dientes por lo menos una vez al día, preferentemente antes de acostarse. Sin embargo, aunque tenga las mejores intenciones y ponga mucho interés, no tendrá ni el control ni la concentración necesarios para lavarse los dientes él solo. Usted deberá supervisarlo y ayudarle para que el cepillo retire toda la placa dental, los depósitos pegajosos de bacterias que se acumulan en los dientes, y que causan las caries.

Asegúrese de que el cepillo de dientes de su hijo sea de cerdas suaves de nilón, con múltiples salientes. Ponga poca pasta en el cepillo ya que es difícil evitar que un niño de esta edad se trague parte de la misma. Además, un exceso de flúor puede provocar manchas permanentes en los dientes. Si no le gusta el sabor de una pasta, pruebe con otra o utilice sólo agua durante cierto tiempo. Cepillar y enjuagar bien los dientes es más importante que utilizar pasta.

Usted oirá todo tipo de consejos sobre la mejor forma de cepillarse los dientes: de arriba hacia abajo, de delante hacia atrás o en círculos. Lo cierto es que la dirección no importa demasiado. Lo importante es limpiar cada diente a fondo, por abajo y por arriba, por delante y por detrás. Aquí es donde encontrará la mayor resistencia por parte de su hijo, que probablemente se concentrará sólamente en los dientes anteriores, que son los que más se ven. En tal caso, puede ser efectivo jugar a “encontrar el diente escondido”.

Aparte de la higiene, la dieta desempeñará un papel fundamental en la salud dental de su hijo. Y, por supuesto, el azúcar es el malo de la película. Cuantas más veces y por más tiempo se expongan los dientes de un niño a los efectos nocivos del azúcar, más probabilidades tendrá de contraer caries. Esto significa que un pedazo enorme de pastel no le hará daño a su hijo si se lava los dientes después de comérselo; sin embargo, los dulces pegajosos, los chicles y las frutas secas, cuyo azúcar permanece mucho rato en la boca, pueden ser muy perjudiciales. Es aconsejable evitar estos dulces "pegajosos", sobre todo entre comidas.

Hacia el final de este año, o cuando a su hijo ya le hayan salido todos los dientes de leche, deberá llevarlo por primera vez al dentista. En esta primera visita, el dentista le examinará la dentadura y le dará la primera lección de higiene dental. También comprobará si los dientes han salido correctamente y si el niño tiene algún problema dental. Es posible que le aplique tópicamente una solución de flúor para proporcionarle una protección extra contra las caries. Si viven en un área en la que el agua no está tratada con flúor, es posible que el dentista también le recete gotas o comprimidos masticables que lleven flúor.

## Aprender a usar el inodoro

Cuando su hijo o hija cumpla dos años, probablemente usted estará ansioso por enseñarle a usar el inodoro. La presión por alcanzar esta meta puede ser particularmente fuerte si usted quiere llevar a su hijo a un jardín infantil o a una guardería que no recibe niños con pañales. De todos modos, debe tener en cuenta que si lo presiona antes de que *él* esté preparado, puede alargar innecesariamente

**Durante las primeras semanas, deje que su hijo se siente en el orinal completamente vestido mientras usted le explica qué es, para qué sirve y cómo se utiliza.**

el proceso. Las investigaciones médicas indican que muchos de los niños a los que se les intenta enseñar a usar el inodoro antes de que cumplan dieciocho meses no consiguen dominar completamente la cuestión hasta que tienen cuatro años. Sin embargo, la mayoría de los que empiezan a aprender alrededor de los dos años usan el inodoro sin problemas alrededor de su tercer cumpleaños.

Es probable que los intentos de enseñar a su hijo a usar el inodoro no tengan éxito hasta que supere el negativismo y la resistencia propios de esto edad. Es necesario que sea *él quien quiera* dar ese gran paso. Su hijo estará listo para el "entrenamiento" cuando parezca deseoso de complacerle a usted y de imitarle y, al mismo tiempo, de ser más independiente. La mayoría de niños llegan a este punto entre los dieciocho y los veinticuatro meses, pero también puede ocurrir un poco más tarde.

En cuanto su hijo esté preparado para iniciar el proceso de aprendizaje, las cosas marcharán bien siempre y cuando usted mantenga una actitud relajada y paciente. Elógielo por sus logros y no se le ocurra mencionar los errores que cometa. El castigarlo o hacerlo sentir mal cuando tenga un "percance", sólo conseguirá añadir un estrés innecesario al proceso, lo que dificultará el avance.

¿Cómo debería empezar la enseñanza? La mejor forma es dejarle que vea cómo utilizan el inodoro otros miembros de la familia de su mismo sexo (Observar a personas del otro sexo simplemente podría confundirle). La primera meta debería ser enseñarle a evacuar en el inodoro. Tenga en cuenta que cuando se evacua, muchas veces se orina, por lo que al principio a su hijo le costará separar ambas cosas. Sin embargo, en cuanto aprenden a evacuar, muchos niños (sobre todo las niñas) enseguida aprenden a orinar en el inodoro. Los niños suelen aprender a orinar sentados y luego pasan a hacerlo de pie, sobre todo cuando comprueban que es así como lo hacen los "niños mayores".

El primer paso del entrenamiento consiste en adquirir una sillita-orinal y colocarla ya sea en la habitación del niño o en el baño más cercano. A continuación, haga lo siguiente:

1. Durante las primeras semanas, deje que su hijo se siente en el orinal completamente vestido mientras usted le explica qué es, para qué sirve y como se utiliza.

2. En cuanto se sienta cómodo, deje que pruebe a sentarse sin llevar puestos los pañales. Enséñele cómo mantener los pies firmemente apoyados en el suelo, pues esto será importante cuando tenga que evacuar. Haga que el orinal sea parte de su rutina cotidiana y que gradualmente lo utilice para sentarse varias veces al día.

3. Cuando se haya habituado a esta rutina, intente quitarle los pañales mientras está sentado en la sillita-orinal, dejando que el contenido del pañal caiga dentro del orinal para que compruebe cuál es su verdadera función.

4. En cuánto su hijo comprenda en qué consiste el proceso, probablemente le interesará más utilizar el orinal correctamente. Para animarlo a que lo haga, déjele jugar cerca de la sillita-orinal sin llevar puestos los pañales para que así la pueda utilizar cuando lo necesite. Al principio se olvidará y tendrá algunos "percances", pero no le demuestre su decepción. En lugar de ello, espere a que utilice el orinal correctamente y recompénsele mostrando su entusiasmo y elogiándolo.
5. Cuando empiece a utilizar el orinal con regularidad, substituya durante el día los pañales corrientes por unos pantaloncitos de entrenamiento. En este punto, la mayoría de los varoncitos aprenden rápidamente a orinar en el inodoro imitando a sus padres o a sus hermanos mayores. Es posible que tanto los niños como las niñas aprendan directamente a utilizar el inodoro si se coloca un asiento reductor sobre la tapa.

Como pasa con la mayoría de los niños, su hijo probablemente tardará más tiempo en controlar los esfínteres mientras duerme. De todos modos, trate de animarlo a usar el inodoro también por la noche o antes de hacer la siesta, e insistir todavía más si ya ha empezado a utilizar el inodoro regularmente durante el día. El mejor enfoque consiste en instar a su hijo a que use el orinal justo antes de acostarse y en cuanto se despierte. También es conveniente ponerle pantaloncitos de entrenamiento en vez de pañales corrientes durante la siesta o por la noche. Sin duda su hijo tendrá más de un percance, pero si coloca un plástico debajo de la sábana que cubre al colchón, las consecuencias serán menores. Dígale a su hijo que todos los niños tienen este tipo de accidentes y elógielo cada vez que haga la siesta o duerma una noche entera sin mojar la cama. Dígale también que, si se despierta por la noche y necesita usar el inodoro, puede o hacerlo él solo o llamarle a usted para que le ayude.

Su meta debe ser convertir este proceso en lo más positivo, natural y relajado posible para que su hijo no tenga miedo de usar el inodoro por su cuenta. Si su hijo sigue orinándose consistentemente por las noches o a la hora de la siesta un año después de haber aprendido a usar el inodoro, coménteselo al pediatra.

## Sueño

Entre los dos y los tres años de edad su hijo o hija dormirá de nueve a trece horas diarias. La mayoría de los niños de esta edad hacen sólo una siesta de dos o tres horas después de almorzar, pero algunos siguen haciendo dos siestas cortas en lugar de una. Otros no duermen nada en absoluto durante el día. A menos que su hijo esté irritable habitualmente y parezca muy cansado durante el día por falta de sueño, no tiene ningún sentido forzarlo a hacer una siesta.

A la hora de acostarse, es posible que su hijo se vuelva algo rígido con el ritual de las buenas noches. Sabe que cuando llega determinada hora, se pone el pijama, se lava los dientes, usted le lee un cuento, se abraza a su manta, muñeco o peluche favorito y, después de recibir su beso de buenas noches, se va a dormir. Si usted modifica en lo más mínimo esta rutina, es posible que su hijo se queje y hasta le cueste conciliar el sueño.

Sin embargo, aunque haya una rutina totalmente predecible, algunos niños de esta edad se resisten a irse a dormir. Si siguen durmiendo en la cuna, se pondrán a llorar en cuanto se queden solos o incluso saldrán de la cuna en busca de mamá y papá. Si ya han hecho la transición de la cuna a la cama, se levantarán una y otra vez insistiendo en que no están cansados (aún cuando estén completamente agotados) o pidiendo que se les deje participar en lo que esté haciendo el resto de la familia. Esto se debe, en parte, al negativismo típico de esta edad—esto es, la tendencia a negarse a hacer cualquier cosa que mamá o papá quieran que haga—y, en parte, a la persistente ansiedad de separación. A pesar de su deseo de independencia, siguen sintiéndose intranquilos cuando mamá y papá están fuera del alcance de su vista, sobre todo si se quedan solos en un cuarto oscuro.

Para que su hijo tenga la sensación de que controla la situación, deje que sea él quien haga la mayor cantidad de elecciones posibles a la hora de acostarse, como qué pijama se va a poner, qué cuento quiere que le lean, y con qué peluche quiere dormir. Así mismo, deje una lamparita de noche encendida en su habitación (probablemente estará más tranquilo si puede ver un poco de luz) y déjele que se duerma con algún objeto que le transmita seguridad (Véase *Objetos de transición*, página 268), para ayudarle a afrontar la ansiedad de separación. Si a pesar de todo se pone a llorar en cuanto usted salga de la habitación, déle diez minutos para ver si es capaz de tranquilizarse solo antes de volver a su habitación para echarle un

**Cuando llegue la hora de dormir, prepare a su hijo o hija para que pueda conciliar el sueño fácilmente, jugando con él a algo tranquilo o leyéndole un cuento que le guste.**

vistazo; si vuelve a llorar, espere otros diez minutos y repita el proceso. No lo riña ni lo castigue, pero tampoco refuerce su comportamiento dándole algo de comer o quedándose con él.

En algunos casos, estas "batallas nocturnas" no son más que una forma de llamar la atención. Si su hijo se levanta noche tras noche y va en su búsqueda, vuélvalo a meter en la cama sin dilación y dígale: "Es hora de dormirse". No lo riña ni le diga nada más y salga de la habitación en cuanto esté acostado. Probablemente le pondrá a prueba, levantándose una y otra vez durante muchas noches seguidas; pero, si usted mantiene la calma y es consistente, su hijo acabará dándose cuenta de que con eso no va a conseguir nada y empezará a acostarse con una actitud mejor.

Algunas veces su hijo se despertará en medio de una pesadilla. Las pesadillas son bastante frecuentes en niños de esta edad, puesto que aún no distinguen con claridad entre realidad y ficción. Si oyen un relato de miedo o ven escenas violentas por televisión, muchas veces estas imágenes se fijan en su mente y más adelante aparecen en forma de pesadillas. Y, si recuerdan haber soñado con un "monstruo", es probable que crean que el monstruo es real.

Cuando su hijo se despierte en medio de una pesadilla, la mejor forma de actuar es abrazarlo y tranquilizarlo. Deje que le hable sobre el sueño, si puede, y quédese con él hasta que se haya calmado lo suficiente como para volverse a dormir.

Su hijo tendrá pesadillas más a menudo cuando esté ansioso o tenso. Si tiene sueños desagradables muy a menudo, intente averiguar qué es lo que le preocupa para mitigar su ansiedad. Por ejemplo, si empieza a tener más pesadillas justo después de iniciar el proceso de aprendizaje para usar el inodoro, disminuya la presión y déle la oportunidad de ensuciarse pintando con los dedos o de jugar un poco con la comida. Así mismo, intente hablar con él, en la medida de lo posible, sobre los temas que le preocupan. Algunas de sus ansiedades pueden estar relacionadas con el hecho de separarse de usted, el tiempo que pasa en el jardín infantil, o algún cambio que puede haber tenido lugar en su casa. El hablar a veces ayuda a evitar que el estrés se acumule.

Como precaución general para evitar las pesadillas, seleccione cuidadosamente los programas de televisión que vea su hijo, y no le deje ver televisión justo antes de acostarse. Hasta los programas que considera más inofensivos, pueden contener imágenes que podrían asustar a un niño de esta edad. Durante el resto del día, déjele ver sólo programas educativos o sobre la naturaleza apropiados para su edad. Y no le permita ver programas violentos de ningún tipo, incluyendo muchos dibujos animados.

Cuando llegue la hora de acostar a su hijo, prepárelo para dormir jugando con él a algo tranquilo o leyéndole un cuento que le guste. Poner música suave también puede ayudarle a conciliar el sueño, y dejar encendida una lamparita de noche puede darle seguridad en caso de que se despierte.

## Disciplina

¿Cuál es el reto más importante al que tiene que enfrentarse un padre durante este año y los que se avecinan? Sin lugar a dudas, la disciplina. Como podrá comprobar, su hijo o hija aprenderá a controlar sus impulsos de una forma muy gradual. Entre los dos y los tres años todavía tratará de salirse con la suya mediante rabietas empujones, codazos y protestas. La mayoría de sus reacciones son impulsivas: él no planea comportarse así, pero, no puede evitarlo. Ya sea que lo haga consciente o inconscientemente, su hijo se comporta de este modo para saber cuáles son sus propios límites y los de usted.

La estrategia que usted adopte para fijar e impartir esos límites es algo muy personal. Algunos padres son bastante estrictos y castigan a sus hijos cuando se saltan cualquier norma; otros son más permisivos y prefieren razonar a castigar. Sea cuál sea el enfoque que usted elija, debe ajustarse al temperamento de su hijo así como a sus propios criterios para que surta efecto y usted pueda aplicarlo consistentemente. Encontrará otras recomendaciones útiles en el próximo recuadro: *Algunas reglas de oro para la disciplina del pre-escolar*, página 352.

## Preparar a su hijo para la escuela

El Kindergarten se considera el inicio "oficial" de la escolarización. Sin embargo, muchos niños entran en contacto con el mundo escolar mucho antes, cuando empiezan a ir a guarderías o jardines infantiles que aceptan a niños desde los dos o tres años. En estos centros no se pretende iniciar una formación académica propiamente dicha, sino ayudar a los niños a acostumbrarse a la idea de estar fuera de casa durante cierto tiempo del día y de aprender en grupo. También les ofrecen la oportunidad de mejorar sus habilidades sociales, al poder estar y jugar con otros niños y adultos, y de entrar en contacto con normas más formales que las que tienen que respetar en casa. Estos centros son especialmente recomendables para aquellos niños que no tienen la oportunidad de relacionarse con otros niños o adultos, así como para los que tienen facultades extraordinarias o problemas de desarrollo y, por lo tanto, podrían beneficiarse de una atención especial.

Aparte de los beneficios que una guardería o un jardín infantil puede reportarle a su hijo, estos centros también pueden ayudarle a satisfacer algunas de las necesidades que usted tiene. Quizás deba reincorporase al trabajo o vaya a tener otro hijo. O tal vez necesite tener unas cuantas horas para usted cada día. Cuando su hijo tenga entre dos y tres años, la separación puede ser positiva para ambos.

Si antes no solía pasar mucho tiempo lejos de su hijo, es posible que se sienta triste o culpable por tener que separarse de él. También puede sentir celos si su hijo establece un fuerte vínculo con alguno de sus maestros, sobre todo si—en uno de sus enfados—le da por decir que le gusta más su maestra que usted. Pero, acéptelo: usted sabe que no puede ser reemplazada por ningún maestro, del mismo

## *Algunas reglas de oro sobre la disciplina del pre-escolar*

Independientemente de que usted sea un defensor de la disciplina más estricta o de que se tome este tema con más tranquilidad, las siguientes guías le pueden ayudar a diseñar una estrategia de disciplina que a largo plazo será beneficiosa tanto para usted como para su hijo.

1. Fomente y recompense siempre la buena conducta, aparte de castigar la mala conducta. Cuando pueda elegir, decídase siempre por la opción más positiva. Por ejemplo, supongamos que su hijo de dos años va directo hacia la estufa; intente distraerlo en lugar de esperar a que se meta en problemas. Y cuando compruebe que él solo ha elegido hacer algo aceptable en vez de algo que no está permitido, felicítelo por haber tomado la decisión correcta. Al demostrarle que se siente orgulloso de él, le hará sentirse a gusto consigo mismo y fomentará que se porte bien en el futuro.
2. Establezca normas que ayuden a su hijo o hija a controlar sus impulsos y a comportarse correctamente en sociedad sin coartar su deseo de independencia. Si impone unas normas demasiado restrictivas, su hijo podría tener miedo de explorar por su cuenta o de probar nuevas habilidades.
3. Tenga siempre en cuenta el nivel de desarrollo de su hijo a la hora de fijarle límites y no espere cosas que están por encima de sus posibilidades. Por ejemplo, un niño de dos o tres años no puede controlar el impulso de tocar cosas que le atraen. Por lo tanto, no es realista esperar que no toque los artículos expuestos en el supermercado o en una tienda de juguetes.
4. Aplique castigos adaptados al nivel de desarrollo de su hijo. Por ejemplo, si decide enviar a su hijo de dos años a su habitación por haberse portado mal, no lo deje allí más de cinco minutos; si lo

modo que la vida escolar de su hijo nunca podrá reemplazar a la vida familiar. Estas nuevas relaciones contribuirán a que su hijo entienda que hay muchas personas que pueden cuidar de él, *aparte* de su familia. Ésta es una importante lección que debe aprender conforme se va preparando para entrar en el mundo, mucho más grande de la escuela primaria.

deja más tiempo se olvidará de por qué está allí. Si prefiere razonar con él en lugar de castigarlo, háblele utilizando palabras sencillas y concretas. No utilice nunca argumentos hipotéticos como "¿Qué sentirías si yo te hiciera lo mismo?" Ningún preescolar puede entender este tipo de razonamientos.

5. No modifique las normas o los castigos al azar. Así sólo conseguirá confundir a su hijo. Conforme vaya creciendo, es natural que usted espere un comportamiento más maduro. Pero, cuando usted modifique alguna norma, hágaselo saber y explíquele por qué. Por ejemplo, cuando su hijo tenía dos años, usted podía tolerar que le halara la ropa cuando quería que le hiciera caso, pero, cuando cumpla cuatro, es posible que prefiera que se dirija a usted de una forma más madura. Cuando decida cambiar una norma, explíqueselo a su hijo antes de empezar a aplicarla.
6. Asegúrese de que todos los adultos que viven en su casa y las demás personas que vayan a cuidar de su hijo entiendan las normas y los castigos que se deben utilizar para disciplinarlo. Si un padre dice que algo está bien y el otro lo prohíbe, el niño está condenado a vivir confundido. Al final, descubrirá que puede salirse con la suya poniendo a un padre contra el otro, lo que les complicará la vida a todos, tanto ahora como en el futuro. La mejor forma de evitar este tipo de "batallas" es presentar un frente unido.
7. Recuerde que usted es un modelo fundamental para su hijo. Cuanto más coherente y sensato sea su comportamiento, más probabilidades habrá de que el comportamiento de su hijo refleje esas cualidades. Si, contrariamente, usted le pega cada vez que se salta una norma, le trasmitirá con su ejemplo que es correcto resolver los problemas utilizando la violencia.

Cuando sienta punzadas de tristeza, celos o culpabilidad, piense en que estas separaciones estructuradas ayudarán a su hijo a adquirir mayor independencia, experiencia y madurez; al tiempo que le permitirán a usted tener más tiempo para cultivar sus intereses y satisfacer sus necesidades. A fin de cuentas, estas separaciones fortalecerán el vínculo que usted mantiene con su hijo.

## *La extinción*

La extinción es un procedimiento disciplinario de modificación de conducta que resulta sumamente eficaz con niños de dos y tres años de edad, aunque puede seguir siendo útil durante la etapa escolar. La idea consiste en ignorar *sistemáticamente* al niño cada vez que viola una norma. Lógicamente, este procedimiento sólo se debe utilizar para erradicar conductas molestas o indeseables y no en casos de comportamientos peligrosas o destructivos, ya que éstos requieren el enfoque directo e inmediato que ya hemos explicado.

Para aplicar la "extinción" proceda del siguiente modo:

1. Primero defina bien la conducta indeseada. ¿Grita en público para llamar la atención? ¿Se pega a usted y no la deja hacer absolutamente nada? Sea muy específico a la hora de delimitar la conducta y las circunstancias en que aparece.
2. Tenga en cuenta la frecuencia con la que el niño realiza la conducta indeseada y cómo suele reaccionar usted. ¿Intenta tranquilizarlo? ¿Deja lo que tiene entre manos y le presta atención? Si es así, usted está perpetuando involuntariamente la conducta indeseada.
3. Siga registrando la frecuencia de la conducta indeseada después de empezar a ignorarla. Recuerde que la clave está en la consistencia. Aunque todo el mundo en el supermercado esté mirándoles, *no* le demuestre a su hijo que le ha oído gritar. Simplemente continúe con lo que tenía entre manos. Al principio, es posible que su hijo aumente la frecuencia y la intensidad de sus "representaciones" para ponerle a prueba, pero, al final, se acabará dando cuenta de que la cosa es en serio.
4. Cuando su hijo se porte bien en una situación en la que suele portarse mal, no se olvide de elogiarlo. Si, en lugar de gritar cuando usted se niega a comprarle una golosina, le habla en un tono de voz normal, elógielo por demostrar tanta madurez.
5. Si usted consigue que la mala conducta se extinga durante cierto tiempo pero luego vuelve a aparecer, inicie el proceso de nuevo. Probablemente la segunda vez no tardará tanto tiempo en erradicar la conducta no deseada.

**Las guarderías y jardines de infancia son especialmente recomendables para aquellos niños que no tienen la oportunidad de relacionarse con otros niños o adultos.**

Idealmente, todas las guarderías y jardines infantiles deben ofrecer a los niños un entorno seguro y estimulante, supervisado por adultos que estén pendientes de los niños y que les traten afectuosamente. Lamentablemente, no todos los centros satisfacen estos requisitos. ¿Cómo puede distinguir entre un buen y un mal centro? He aquí algunos de los aspectos que debe tener en cuenta:

1. La escuela debe tener unas metas con las que usted esté de acuerdo. Un buen centro preescolar debe incluir, entre sus prioridades, ayudar a los niños a adquirir independencia y confianza en sí mismos y a desarrollar sus habilidades sociales. Tenga mucho cuidado con los programas que prometen enseñar habilidades académicas o "aceleran" el desarrollo intelectual. Desde un punto de vista evolutivo, la mayoría de los preescolares no están preparados para recibir una enseñanza formal y, si se les exige demasiado, sólo se consigue predisponerlos negativamente contra el aprendizaje. Si usted sospecha que su hijo *está preparado* para asumir mayores retos intelectuales, pídale al pediatra que evalúe su capacidad intelectual o que lo remita a un especialista en desarrollo infantil. Si la evaluación confirma sus sospechas, busque un centro que estimule la curiosidad natural y el talento de su hijo sin presionarlo.

2. Si su hijo tiene necesidades especiales—como dificultades auditivas o del lenguaje, o algún otro problema de desarrollo o de conducta—póngase en contacto con el director de educación especial del sistema escolar local para que lo refiera a un programa apropiado en su zona de residencia. Muchos programas locales carecen de la infraestructura para proporcionar terapia o

## *Programas para niños con problemas potenciales de aprendizaje*

Algunos de los niños que fracasan de forma recurrente a la hora de alcanzar las etapas de desarrollo propias de su edad tienen mayores probabilidades de tener problemas de aprendizaje cuando empiecen a ir a la escuela. El diagnóstico temprano y la intervención apropiada pueden prevenir la aparición de este tipo de problemas, al tiempo que ayudan a los padres a afrontar las dificultades diarias que pueden presentarse. (Véase *Hiperactividad y problemas de concentración*, página 567).

Si el pediatra comparte sus preocupaciones y el maestro del niño (una inestimable fuente de información) está de acuerdo, probablemente se le sugerirán otras evaluaciones profesionales. Pero no se alarme. Un problema de aprendizaje sólo es una dificultad que puede experimentar cualquier niño al intentar aprender información nueva. Puede tratarse simplemente de algún problema con la lectura o para entender el lenguaje hablado.

Las leyes federales (Acta de Individuos con Disabilidades Educativas [IDEA]), estimula el establecimiento de servicios financiados por el estado para bebés y preescolares que necesitan ayuda especial para promover su desarrollo temprano y prepararlos para la escuela. Mientras que la forma exacta en que esta ley ha sido puesta en acción varia de estado en estado, la mayoría de los estados brindan servicios a niños que tengan por lo menos tres años de edad, y algunos ofrecen programas a edades más tempranas. Un niño puede ser referido a estos programas por los padres, el pediatra, un maestro o cualquier adulto interesado en el niño. La recomendación de brindarle asistencia al niño se basa en sus propias necesidades y en la disponibilidad de programas. La mayor parte de estos servicios comprenden algún tipo de guardería o de jardín infantil especializado. (Véase también el Capítulo 19, Discapacidades que afectan el desarrollo).

consejeria especializada, por lo que es posible que un niño con necesidades especiales sienta que se le "deja atrás" o que está "fuera de lugar".

3. Busque programas que tengan clases relativamente pequeñas. Los niños de dos o tres años se adaptan mejor a clases de diez niños o menos y deben ser supervisados de cerca. Los niños de cuatro años pueden estar en clases hasta de veinte individuos y no necesitan una supervisión tan directa.

4. Los maestros y ayudantes deben tener una buena formación en desarrollo o educación infantil. No se fíe demasiado de un centro en el que el personal se renueva constantemente. Esto no sólo refleja la escasa capacidad de la directiva para seleccionar al personal, sino que dificulta encontrar información sobre los maestros que trabajan allí.

5. Asegúrese de que está de acuerdo con los métodos disciplinarios. El establecimiento de límites debe ser firme y consistente, sin coartar la necesidad de explorar del niño. Las normas deben tener en cuenta el nivel evolutivo de los niños y los maestros deben apoyar, animar y ser afectuosos con los alumnos, sin limitar su creatividad e independencia.

6. Deben permitirle ir a ver a su hijo a cualquier hora. Aunque el hecho de que los padres entren y salgan puede alterar la rutina cotidiana, esta actitud abierta trasmite una sensación de consistencia y demuestra que la escuela no tiene nada que ocultar.

7. Tanto las aulas como el patio o el jardín deben estar "a prueba de niños" (véase el Capítulo 13 sobre cuestiones de seguridad). Siempre debe haber una adulto presente que sepa aplicar las técnicas de primeros auxilios, incluyendo la reanimación cardio-pulmonar (respiración boca a boca y estimulación cardíaca para reanimar a una persona cuando deja de respirar o le deja de latir el corazón) y cómo se debe proceder en caso de atragantamiento.

8. Debe haber una política clara sobre cómo actuar en caso de enfermedad. Cuando un niño tenga fiebre, lo mejor es aislarlo. Así mismo, si un niño presenta síntomas de una enfermedad infecciosa, se le debe mandar a casa lo antes posible.

9. La higiene es muy importante para evitar el contagio de enfermedades infecciosas. Asegúrese de que haya lavamanos adaptados a la estatura de los preescolares y que se les pida a los niños que se laven las manos cuando es conveniente, sobre todo después de usar el inodoro. Si la escuela acepta a niños que todavía lleven pañales, debería disponer de un área completamente aislada donde realizar el cambio de pañales para controlar el contagio de enfermedades infecciosas.

10. Asegúrese de que está de acuerdo con la ideología general del programa. Averigüe con anticipación qué efecto tiene la ideología sobre el programa académico y decida si es lo que su familia busca. Muchos centros preescolares dependen de iglesias, sinagogas u otras organizaciones religiosas. Generalmente los niños no tienen que ser miembros de ninguna congregación para asistir a estos centros, pero es posible que sean expuestos a ciertos ritos religiosos de esa fé.

Para obtener más información sobre guarderías y jardines infantiles, véase el Capítulo 14.

### *Estimulación del crecimiento cerebral: el tercer año*

- **Fomente los juegos creativos, de construcción y de dibujo. Déle a su hijo o hija el tiempo y los utensilios que necesite para que aprenda divirtiéndose.**
- **Sea sensible a su ritmo y a su estado de ánimo. Aprenda a leer las señales que le envía y respóndale tanto cuando se sienta molesto como cuando esté contento. Anímelo y apóyelo, utilizando una disciplina firme cuando sea preciso, pero sin gritarle, pegarle ni zarandearle; déle normas claras y consistentes.**
- **Sea cálido y afectivo con su hijo. Déle abrazos, besos y caricias para trasmitirle una sensación de seguridad y bienestar.**
- **Hable con su hijo o cántele mientras lo viste, lo baña, lo alimenta, juega o pasea con él o van en auto, utilizando un lenguaje adulto. Háblele lentamente y con claridad y déle tiempo para que le pueda contestar. Intente no contestarle con el típico "ajá", limitándose a asentir, porque se dará cuenta de que no le está escuchando; en lugar de ello, alargue las frase de su hijo.**
- **Léale algo cada día. Elija libros que inciten a tocar y señalar, y léale rimas, poemas y cuentos infantiles.**
- **Si usted habla una lengua distinta a la del lugar donde vive, utilícela en casa.**
- **Facilite a su hijo instrumentos musicales de juguete (pianos, tambores, etc.)**

# Relaciones familiares

## Un nuevo bebé

Si usted decide tener otro bebé por esta época, lo más probable es que su hijo o hija reciba la noticia con bastante disgusto. Después de todo, a esta edad todavía no entiende el concepto de compartir, se trate de tiempo, objetos o afecto, y lo último que desea es que alguien distinto de él se convierta en el centro de atención.

La mejor forma de reducir al mínimo los celos es empezar a preparar a su hijo con varios meses de antelación. Deje que su hijo le acompañe a comprar la ropa y el equipo del bebé. Si en su hospital se dan clases de preparación para hermanos, matricule a su hijo para que asista durante el último mes de embarazo. Así podrá

- **Ponga música suave, tranquila y melódica para que su hijo la escuche.**
- **Escuche y responda a las preguntas de su hijo.**
- **Pase tiempo a solas con su hijo cada día.**
- **Déle a su hijo la opción de elegir siempre que sea posible (¿Mantequilla de maní o queso? ¿La camiseta amarilla o la roja?).**
- **Ayude a su hijo a utilizar palabras para describir sus emociones y expresar sus sentimientos y sensaciones, como felicidad, alegría, enfado y miedo**
- **Limite el tiempo dedicado a ver televisión o vídeos; evite los dibujos animados violentos. Supervise todos los programas que vea su hijo y coméntelos con él. No utilice la televisión a modo de niñera.**
- **Fomente las experiencias sociales fuera de casa, llevando a su hijo a un jardín infantil o a sesiones de juego.**
- **Asegúrese de que todas las personas que van a cuidar de su hijo, aparte de velar por su salud, entienden lo importante que es darle cariño.**
- **Pase un rato cada día jugando en el suelo con su hijo.**
- **Elija bien a la niñera de su hijo: que sea una persona preparada, atenta, afectiva y que sepa tratar a los niños y velar por su seguridad. Hable con ella frecuentemente e intercambien ideas sobre el cuidado de los niños.**

ver dónde nacerá su hermanito y dónde estará usted durante el posparto. Comente con él cómo serán las cosas cuando haya un nuevo miembro en la familia y cómo podrá ayudar a su hermanito. (Véase *Prepare a los hermanitos para la llegada del nuevo bebé*, página 20).

Cuando el bebé ya esté en casa, anime a su hijo mayor a ayudarle en las tareas relacionadas a su hermanito y a jugar con él, pero, sobre todo, no lo fuerce. Si se muestra interesado, encárguele alguna tarea que le ayude a sentirse como "el hermano mayor", como botar los pañales sucios o recoger los juguetes que utiliza el bebé a la hora del baño.

Y, cuando usted esté jugando con el bebé, invítelo a unirse al juego y muéstrele cómo cargar y llevar en brazos a su hermanito. De todos modos, asegúrese de que entiende que no puede cogerlo a menos que esté presente usted u otro adulto. No olvide dedicar un tiempo especial a estar a solas con sus hijos mayores.

## La adoración por el hermano mayor

¿Tiene su hijo algún hermano o hermana mayor? Si es así, durante la etapa preescolar probablemente empezará a manifestar una gran admiración por su hermano mayor. A los ojos de su hijo, su hermano mayor "lo hace todo bien". Es un modelo perfecto, alguien que es fuerte e independiente pero sigue jugando como un niño.

Este tipo de relación entre hermanos tiene sus pros y sus contras. Su hijo pequeño probablemente irá detrás de su hermano mayor como un perrito. Esto probablemente le dará a usted cierta libertad y probablemente los dos se lo pasarán muy bien juntos durante un tiempo. Pero antes o después, su hijo mayor querrá recuperar su libertad, lo que provocará ciertas decepciones—y quizás lágrimas y mal comportamiento—en el más pequeño. De todos modos, de usted depende que esta dependencia con respecto a su hermano mayor no se prolongue excesivamente. Si usted no toma cartas en el asunto, es posible que la relación entre ambos hermanos se deteriore.

Si su hijo mayor tiene ocho años o más, probablemente ya tendrá una vida bastante independiente, con amigos y actividades fuera de casa. Si usted lo dejara, su hijo pequeño se convertiría en la sombra de su hermano. Sin embargo, usted no se lo debe permitir, a no ser que el hermano o hermana mayor también lo desee o usted vaya a ir con ellos para que el pequeño no canse demasiado al mayor. Si el hermano mayor tiene la edad suficiente como para hacer de niñero/a, el compensarlo de algún modo por cuidar de su hermanito mientras usted está fuera evitará muchos resentimientos.

**Si el hermano se muestra interesado, encárguele alguna tarea que le ayude a sentirse como "el hermano mayor".**

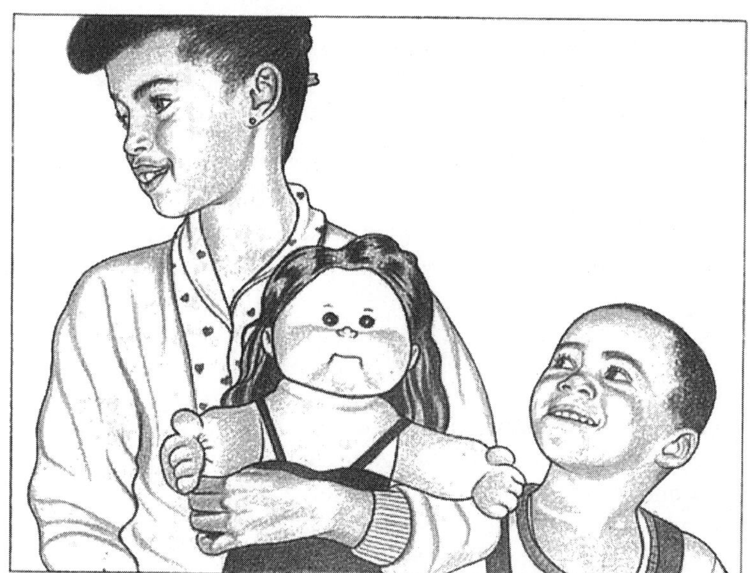

**A los ojos de un niño de dos años, su hermano mayor lo hace todo bien.**

Las tensiones y la rivalidad ente hermanos son inevitables, pero si se logra que haya un equilibrio saludable entre camaradería e independencia, el vínculo fraterno contribuirá al crecimiento personal y a la autoestima de ambos. A través de su hermano mayor, su hijo pequeño incorporará los valores familiares con más facilidad y se hará una idea lo que significa ser "un niño mayor". Su hijo o hija mayor, por su parte, descubrirá lo que significa ser un héroe en su propia casa.

No cabe duda de que ser un modelo para un hermano pequeño es una gran responsabilidad, y, si usted se lo comenta a su hijo mayor, es posible que sus palabras provoquen una clara mejora en su comportamiento. Sin embargo, si usted considera que su hijo mayor es una mala influencia para el pequeño y no hay forma de que corrija su comportamiento, no tendrá más remedio que separarlos cuando el mayor se porte mal. De lo contrario, el pequeño pronto empezará a imitar al mayor y enseguida adoptará sus malos hábitos. Aunque debe asegurarse de que su hijo pequeño entiende la diferencia entre lo que significa "portarse bien" y "portarse mal", no se le ocurra avergonzar al hermano mayor castigándolo delante del pequeño.

## La visita al pediatra

A partir de los 24 meses, su hijo debe ir al pediatra una vez al año para un chequeo general. Aparte de los exámenes que le realizaron en las primeras visitas, pueden ser necesarias las siguientes pruebas:

- *Un análisis de sangre:* para comprobar el nivel de plomo en sangre.

- *Un análisis de orina:* para determinar si tiene alguna infección o alguna enfermedad renal o metabólica. Si los resultados son normales, estos análisis probablemente no se repetirán en ulteriores visitas, a no ser que el niño tenga síntomas de una infección en el aparato urinario o de algún otro problema asociado. Sin embargo, algunos pediatras prefieren analizar el nivel de azúcar y de proteínas que hay en la orina en cada chequeo regular.
- *La prueba cutánea de la tuberculina:* se puede aplicar anualmente, dependiendo del riesgo de contagio y de lo que recomienden las autoridades sanitarias.

## Atención a las vacunas

Cuando tenga dos años cumplidos, a su hijo o hija le deben haber puesto la mayor parte de las vacunas infantiles recomendadas. Éstas incluyen la serie contra la hepatitis B y la serie contra la Hib, que permite prevenir las enfermedades provocadas por la bacteria *Haemophilus influenzae* tipo b, así como las primeras tres dosis de la vacuna contra la poliomielitis, las primeras cuatro dosis de DTPa o DTP, la primera dosis de la vacuna contra sarampión, paperas y rubéola (MMR) y la vacuna contra la varicela.

Recuerde que tiene que ponerle a su hijo una dosis de refuerzo de la vacuna DTPa o DTP, de la poliomielitis y de la MMR cuando empiece a ir a la escuela, entre los cuatro y los seis años. En caso contrario, coménteselo a su pediatra.

## Cuestiones de seguridad

Su hijo ahora puede correr, saltar, y andar en triciclo. Su curiosidad natural le llevará a explorar muchas cosas nuevas, incluyendo lugares peligrosos. Lamentablemente, su autocontrol y sus recursos para salir de situaciones peligrosas no están plenamente desarrollados, por lo que todavía necesita que le supervisen muy de cerca. (Para más información sobre cuestiones de seguridad, véase el Capítulo 13)

### Caídas

- Cierre con llave las puertas de lugares peligrosos y esconda las llaves.
- Coloque portones de seguridad en las escaleras y protectores en las ventanas.

## Quemaduras

- No permita que el niño se acerque a los electrodomésticos de la cocina, planchas o calentadores de piso.
- Coloque tapas de seguridad en todas las tomas de corriente.

## Intoxicaciones

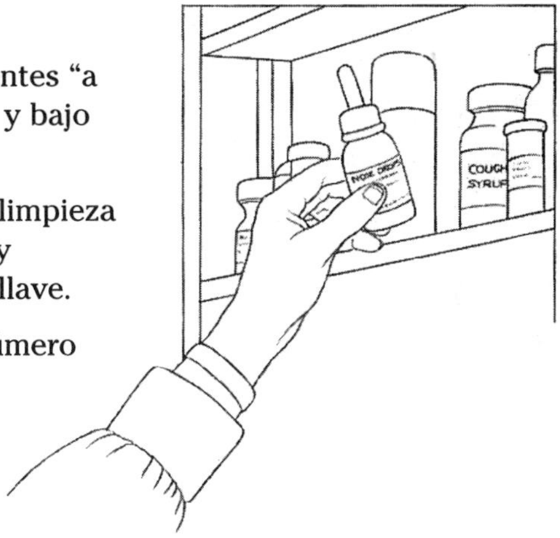

- Guarde todas las medicinas en recipientes "a prueba de niños", fuera de su alcance y bajo llave.
- Conserve sólo aquellos productos de limpieza y medicinas que utilice regularmente y guárdelos en un armario cerrado con llave.
- Coloque al lado de cada teléfono el número del centro de envenenamiento y del servicio de urgencias más cercano.
- Mantenga jarabe de Ipecacuana accesible (Véase el Capítulo 13 sobre cuestiones de seguridad).

## Seguridad en el auto

- Supervise atentamente lo que hace su hijo cuando esté jugando a la entrada de su casa o cerca de una calle.
- Utilice un asiento de seguridad debidamente aprobado colóquelo correctamente en el auto.

# 12

# De tres a cinco años

Cuando su hijo o hija cumpla tres años, los “terribles dos años” habrán terminado oficialmente y empezarán los “años mágicos”—una etapa en la que el mundo de su hijo estará dominado por la fantasía y la más vívida imaginación. Habiendo dejado atrás la etapa de la primera infancia, será cada vez más independiente y, al mismo tiempo, se relacionará más con otros niños. Ésta es una edad perfecta para empezar a llevar a su hijo a un centro preescolar o a algún grupo de juego, en los que podrá mejorar sus destrezas y a la vez aprender a ser sociable.

Durante los dos próximos años su hijo madurará en muchos ámbitos, entre los que se incluyen el cuidado de su propio cuerpo y el uso del inodoro. Puesto que ahora controla su cuerpo mucho mejor, podrá participar en juegos y deportes más organizados. También dominará las principales normas lingüísticas y habrá adquirido un vocabulario impresionante, que aumentará diariamente conforme vaya experimentando con las palabras. Además, el lenguaje desempeñará un papel muy importante en su comportamiento, puesto que podrá expresar sus deseos y sentimientos verbalmente en lugar de hacerlo a través de acciones como quitarle cosas a los demás, pegar o llorar. La mejor forma de guiarlo en el camino hacia la autodisciplina durante estos años es ayudarle a utilizar conjuntamente todas estas habilidades de tal modo que se sienta confiado de sí mismo y capaz.

Su relación con su hijo cambiará espectacularmente durante este período. Desde un punto de vista emocional, ahora su hijo es capaz de verle como una persona separada de él, con unos sentimientos y unas necesidades que está empezando a intuir. Cuando su hijo le vea triste, es posible que le ofrezca su consuelo o que intente ayudarle a solucionar sus problemas. Si usted se enfada con alguien, es posible que su hijo diga que "él también odia" a esa persona. A esta edad, su hijo desea complacerle con todas sus fuerzas y sabe que para ello debe hacer ciertas cosas y comportarse de cierto modo. Pero, al mismo tiempo, quiere complacerse a sí mismo, por lo que a menudo le propondrá tratos. "Si yo hago esto por ti, ¿tú harás lo otro por mí?" En los momentos en que usted sólo quiera que se porte bien, estas propuestas le pueden parecer muy irritantes, pero son un síntoma saludable de la creciente independencia de su hijo y de su sentido de la justicia.

Cuando cumpla cinco años, su hijo ya estará listo para empezar a ir oficialmente a la escuela, el principal "trabajo" de la infancia. El poder dar un paso tan grande significa que ya es capaz de atenerse a los límites establecidos por la escuela y por la sociedad en general y que tiene suficientes habilidades para asumir retos cada vez más complejos. También significa que puede separarse de usted sin problemas y hacer cosas por su cuenta. Ahora su hijo no sólo es capaz de compartir y de preocuparse por los demás, sino que también ha aprendido a valorar la amistad—tanto de otros niños como de adultos—fuera de su propia familia.

## Crecimiento y desarrollo

### Aspecto físico y crecimiento

Durante este período su hijo o hija seguirá perdiendo grasa y ganando masa muscular, lo que le dará un aspecto más maduro y fuerte. Sus brazos y piernas se volverán más esbeltos y el tronco más estrecho y huesudo. Algunos niños aumentan de estatura antes de ganar peso y masa muscular, por lo que durante cierto tiempo se ven delgados y frágiles. Pero esto no significa que no estén sanos ni que les pase algo malo; dejarán de estar tan delgados de forma gradual, conforme se desarrollen sus músculos.

Durante este período, el ritmo de crecimiento de su preescolar disminuirá de forma gradual. Ganará un promedio de 5 libras (2.3 Kg) y 3½ pulgados (8.9 cm) durante el tercer año, y sólo 4½ libras (2 Kg) y 2½ pulgadas (6.4 cm) durante el quinto. Mida a su hijo cada seis meses y represente sus medidas en las gráficas de crecimiento de las páginas 222 a 225. Si está ganando peso más deprisa que

## ¿Cómo medir a su hijo?

Aunque durante la etapa preescolar es posible que su hijo o hija sólo vaya al pediatra una vez al año, probablemente usted preferirá medirlo y pesarlo cada seis meses. Puesto que para medirlo con precisión necesitará su colaboración, lo mejor es que convierta el proceso en algo especial. En primer lugar, establezca un sitio fijo para efectuar las mediciones. Por ejemplo, puede comprar una cinta métrica adhesiva y pegarla en la pared o en una puerta. Estas cintas suelen estar ilustradas y tienen espacios donde anotar la edad del niño y la fecha de la medición junto a la medida. También puede utilizar el marco de una puerta o una pared. Sin embargo, si usted va a hacer un seguimiento de cómo va creciendo su hijo con el paso de los años, tenga cuidado de no pintar encima cuando haga reformas en casa. Puede ser muy divertido, tanto para usted como para el pequeño, observar la secuencia de mediciones y ver cómo ha ido aumentando de estatura.

Para efectuar la medición, pídale a su hijo que se ponga de espaldas a la pared con las plantas de los pies apoyadas completamente en el suelo. Debe estar bien derecho, mirando directamente hacia adelante para mantener la cabeza completamente recta. Para hacer la marca en la pared correctamente, justo a la altura del límite superior de la cabeza del niño, utilice una regla, un libro o cualquier otra superficie plana y estable.

estatura, es posible que esté engordando demasiado, o, si su estatura no aumenta del todo en seis meses, es posible que tenga algún problema de crecimiento. En tal caso, coménteselo al pediatra.

El rostro de su hijo también madurará durante estos años. Su cráneo se alargará ligeramente y la mandíbula inferior se hará más pronunciada.

Al mismo tiempo, la mandíbula superior se ensanchará a fin de que puedan salir los dientes definitivos. Como resultado de este proceso, la cara de su hijo se agrandará y sus rasgos faciales se harán más distintivos.

## De los tres a los cuatro años

### Movimiento

Con tres años, su hijo o hija ya no necesita concentrarse en la mecánica de ponerse de pie, andar, correr o saltar. Ahora sus movimientos son bastante ágiles, ya sea que se desplace hacia delante, hacia atrás, o suba y baje escaleras. Cuando camina, adopta una postura mucho más erguida que antes, con los hombros hacia atrás y el estómago sostenido hacia dentro mediante unos músculos abdominales más firmes. Camina apoyando primero el talón y luego las puntas de los pies y sus pasos son regulares, tanto en longitud, como en anchura y velocidad. Y se ha convertido en un as del triciclo.

Sin embargo, no todo le resulta tan fácil. Su hijo todavía tiene que esforzarse a conciencia para ponerse de puntillas, pararse sobre un pie, levantarse estando en cuclillas y atrapar una pelota al aire. Pero, si mantiene los brazos extendidos hacia adelante, puede atrapar una pelota grande y tirar una pelota pequeña con una sola mano y relativamente fácil.

A esta edad, es posible que su hijo sea tan activo como cuando tenía dos años, pero probablemente le interesarán juegos más estructurados. Por lo tanto, en lugar de correr sin rumbo fijo o de cambiar constantemente de actividad, probablemente se pasará un largo rato andando en triciclo o jugando en la arenera. También le gustarán los juegos activos, como jugar a perseguirse o a la pelota con otros niños.

Su hijo parecerá estar en constante movimiento la mayor parte del tiempo. Ello se debe a que utiliza su cuerpo para expresar ideas o sentimientos que todavía no puede comunicar a través del lenguaje. El mover su cuerpo también le ayudará a entender muchas palabras y conceptos completamente nuevos para él. Por ejemplo, si usted le habla de un avión, es posible que abra los brazos y empiece a "volar" por la habitación. Aunque este nivel de actividad puede resultarle algo molesto, forma parte del proceso de aprendizaje de todo niño y de su necesidad de divertirse.

Puesto que el autocontrol, el sentido común y la coordinación de su hijo todavía dejan bastante que desear, la supervisión de un adulto sigue siendo esencial para evitar posibles lesiones. Sin embargo, es un error estar pisándole los talones todo el tiempo. Unos cuantos chichones y moretones son inevitables e incluso

### *Hitos relacionados con el movimiento hacia el final de este período*

- **Salta y se para en un solo pie hasta por cinco segundos seguidos**
- **Sube y baja escaleras sin necesidad de apoyarse en la barandilla**
- **Patea la pelota hacia adelante**
- **Tira la pelota con las manos hacia arriba**
- **Atrapa pelotas al rebote la mayoría de las veces**
- **Se desplaza hacia adelante y hacia atrás con agilidad**

necesarios para que un niño pueda descubrir sus propios límites físicos. Por lo general, podrá dejarlo jugar a solas en su habitación. Jugará a su propio ritmo, probando actividades que están dentro de sus posibilidades. Sin embargo, debe estar muy pendiente cuando juegue con otros niños, cuando esté cerca de máquinas o equipos peligrosos y cuando haya tráfico. Cuando esté con otros niños, es posible que se inciten entre ellos a hacer cosas que están por encima de sus posibilidades, mientras que el tráfico, las máquinas y los equipos representan un verdadero desafío a su incipiente capacidad de predicción. Su hijo todavía no puede anticipar las consecuencias de acciones como ir a coger una pelota en medio del tráfico o meter la mano entre los radios de la rueda de su triciclo, por lo que usted deberá protegerlo en este tipo de situaciones.

## Habilidades manipulativas

A los tres años su hijo o hija irá adquiriendo tanto el control muscular como la concentración que necesita para dominar muchos movimientos de precisión. Notará que ahora su hijo puede mover los dedos de la mano tanto independiente como conjuntamente, lo que significa que, en lugar de coger el creyón con el puño, ya puede agarrarlo como lo hacen los adultos, colocando el pulgar a un lado y los demás dedos en el otro. Podrá dibujar un cuadrado, copiar un círculo y garabatear a sus anchas.

Puesto que su percepción espacial ha mejorado bastante, ahora es mucho más sensible a las relaciones espaciales que mantienen los objetos entre sí, por lo que en sus juegos colocará sus juguetes con sumo cuidado y controlará la forma de coger utensilios y herramientas para realizar tareas específicas. Esta sensibilidad y control incrementados le permitirán construir torres de nueve o más bloques, comer sin casi derramar, verter agua de una jarra a un vaso (con ambas manos), desabrochar botones y hasta abrochar botones grandes.

Así mismo, mostrará un gran interés por descubrir lo que puede hacer con diferentes materiales y utensilios, como tijeras, plastilina, pintura y creyones. Ya es lo suficientemente hábil como para manipular todos estos objetos y empezará a experimentar con ellos para crear cosas nuevas. Al principio, se limitará a jugar aleatoriamente con los materiales, quizás dándose cuenta de lo que ha hecho sólo al final del proceso. Por ejemplo, al observar uno de sus garabatos, puede darse cuenta de que parece un perro. Pero pronto invertirá el proceso y decidirá qué es lo que quiere hacer *antes* de ponerse manos a la obra. Este cambio de enfoque, le obligará a desarrollar una mayor precisión en sus movimientos y en la forma de usar las manos.

Entre las actividades tranquilas que pueden ayudar a su hijo a mejorar sus habilidades manipulativas figuran:

- Construir torres con bloques
- Hacer rompecabezas (de cuatro o cinco piezas grandes)
- Jugar con tableros de clavijas
- Ensartar cuentas grandes de madera
- Pintar con creyones y tizas
- Hacer castillos de arena
- Verter agua en recipientes de tamaños variados
- Vestir y desnudar muñecas con ropas que tengan cremalleras grandes, botones a presión y cordones

También puede estimular a su hijo a usar las manos enseñándole a usar algunas de las herramientas que utilizan los adultos. Le encantará poder usar un destornillador "de verdad", un martillo ligero, un batidor de huevos o las herramientas de jardinería. Lógicamente, usted deberá supervisar atentamente lo que vaya haciendo, pero, si deja que su hijo le ayude en su oficio, le sorprenderá lo mucho que es capaz de hacer por su cuenta.

## Desarrollo lingüístico

Con tres años, su hijo o hija debe tener un vocabulario activo de trescientas palabras o más. Será capaz de construir frases de cinco o seis palabras e imitar la mayor parte de los sonidos del habla adulta. Habrá ocasiones en que no parará de hablar, lo que tal vez le desespere a usted. Pero esto es esencial para que el niño aprenda nuevas palabras y experimente con ellas.

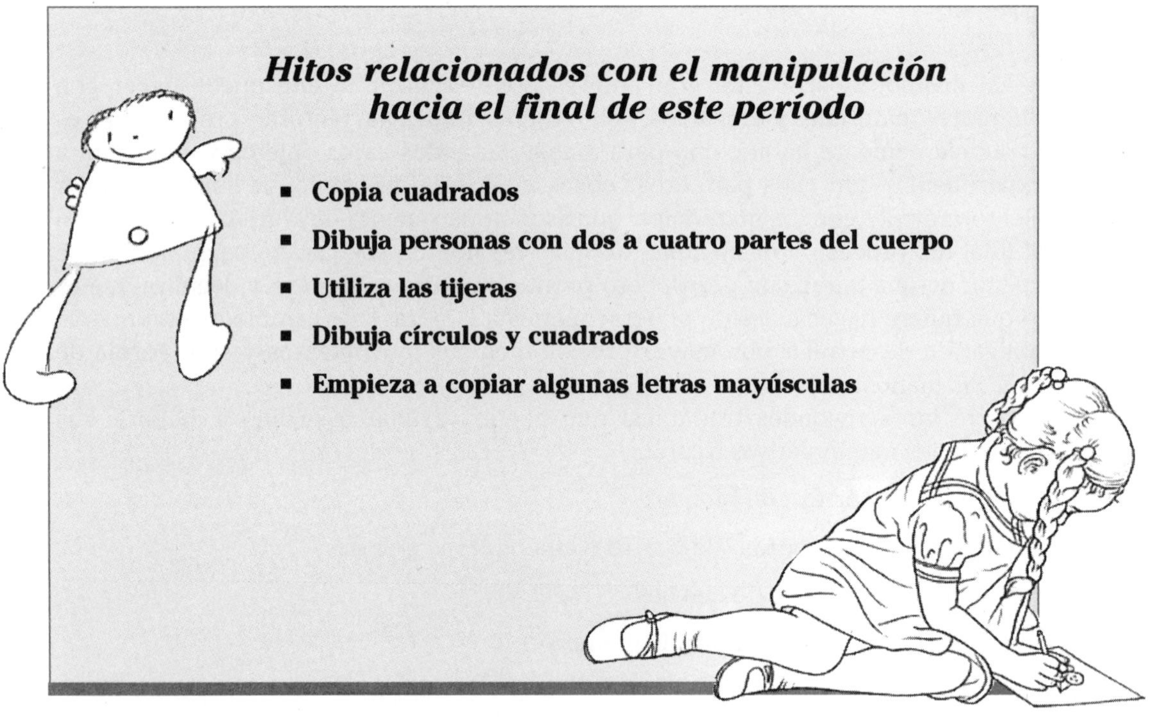

### *Hitos relacionados con el manipulación hacia el final de este período*

- **Copia cuadrados**
- **Dibuja personas con dos a cuatro partes del cuerpo**
- **Utiliza las tijeras**
- **Dibuja círculos y cuadrados**
- **Empieza a copiar algunas letras mayúsculas**

El lenguaje le permite expresar sus pensamientos y, cuanto mejor hable y entienda lo que le dicen, más herramientas tendrá para pensar, crear y explicar cosas.

Usted comprobará que su hijo o hija utiliza el lenguaje para entender y participar de las cosas que ocurren a su alrededor. Por ejemplo, podrá nombrar la mayoría de objetos familiares, y si no sabe el nombre de algo, le preguntará espontáneamente "¿Qué es esto?". Usted puede ayudarle a ampliar su vocabulario enseñándole nuevas palabras sin que él se lo pida. Por ejemplo, si señala un auto y dice, "Auto

**Si su hijo le pregunta "¿Por qué el perro no puede hablar conmigo?", usted puede aprovechar la ocasión para invitarlo a profundizar en el tema ofreciéndole un libro sobre perros.**

grande", usted puede contestarle: "Sí, es un auto grande de color gris. Mira cómo brilla". O, si le está ayudando a hacer un ramo de flores, puede describirle las flores que vaya cogiendo: "Ésta es una preciosa margarita blanca y amarilla y esto es un geranio rosado".

También puede enseñarle a utilizar palabras para describir cosas e ideas que no se pueden ver. Por ejemplo, cuando le esté describiendo al "monstruo" de su sueño, pregúntele si estaba enfadado o contento. Pregúntele de qué color era,

## *Hitos relacionados con el lenguaje hacia el final de este período:*

- **Entiende los conceptos de "igual" y "diferente"**
- **Domina algunas de las reglas gramaticales básicas**
- **Construye oraciones de cinco a seis palabras**
- **Habla con la claridad suficiente para que lo entiendan los desconocidos**
- **Cuenta historias**

## *El tartamudeo*

Muchos padres experimentan ansiedad cuando comprueban que su hijo tartamudea, a pesar de que casi nunca hay motivo para preocuparse. De hecho, es bastante habitual que los niños repitan sonidos de tanto en tanto o duden entre varias palabras cuando tienen dos o tres años de edad. La mayoría ni siquiera se dan cuenta de que están hablando incorrectamente y superan el problema del tartamudeo sin ningún tipo de ayuda especial. Sólo cuando este tipo de problemas persiste durante un tiempo prolongado (más de dos o tres meses) e interfiere con el proceso comunicativo se consideran casos de tartamudeo propiamente dicho.

Aproximadamente uno de cada veinte niños en edad preescolar tartamudea en cierta medida, existiendo una mayor incidencia de este trastorno entre los varones. Se desconoce la causa. Algunos niños tienen dificultades para aprender el ritmo y el tiempo normal del habla, pero la mayoría no presenta problemas médicos ni evolutivos asociados. El tartamudeo suele aumentar cuando el niño está ansioso, cansado, enfermo, o cuando está demasiado excitado e intenta hablar demasiado deprisa. Algunos niños tartamudean cuando están aprendiendo demasiadas palabras a la vez. Otras veces, lo que ocurre es que el pensamiento del niño va "por delante" de las palabras, lo que hace que

dónde vivía y si tenía amigos. Así, no sólo le estimulará a utilizar palabras para expresar lo que piensa, sino también a superar el miedo que le producen esas imágenes extrañas y terroríficas.

Con tres años, su hijo todavía está aprendiendo a utilizar pronombres como "Yo", "Me", "Mi", "Mío" y "Tú". Por muy simples que parezcan, estas palabras se refieren a ideas difíciles de aprender, puesto que indican dónde acaba el cuerpo, las pertenencias o la autoridad de uno y dónde empiezan los de otra persona. Y, para complicar todavía más las cosas, estos términos cambian en función de quién sea la persona que esté hablando.

A menudo utilizará su propio nombre en lugar de decir "yo", "me" o "mi". Y cuando hable con usted, le llamará "Mamá" o "Papá", en lugar de "tú". Si usted intenta corregirle (por ejemplo, diciéndole, "Di 'Yo quiero una galleta'"), sólo conseguirá confundirle, porque creerá que usted se está refiriendo a usted mismo. En lugar de ello, utilice correctamente los pronombres al hablar. Por ejemplo, a media frase pierda el hilo de lo que estaba diciendo y, al repetir un sonido o una palabra, consigue recuperarlo.

Cuanto más se frustre un niño por el hecho de tartamudear, más tartamudeará. Por lo tanto, el mejor enfoque es ignorar el tartamudeo. Escuche a su hijo o hija cuando le hable, pero no lo corrija. Así mismo, usted puede darle un buen ejemplo hablando correctamente y sin prisas y utilizando un lenguaje simple cuando le hable. Si su hijo tartamudea, también puede ser conveniente reducir un poco el ritmo de todas las actividades domésticas, incluyendo la velocidad a la que habla *usted*. Trate de dedicar un rato al día a jugar y hablar con su hijo. Usted puede elevar su autoestima elogiándolo por todas las actividades que hace *correctamente* y evitando llamarle la atención por el hecho de tener dificultades para expresarse. Con este tipo de apoyo, la mayoría de los niños que tartamudean suelen superar este problema antes de empezar a ir a la escuela.

Si el tartamudeo es muy grave, suele ser recomendable la terapia del habla, para evitar que el problema se vuelva crónico. Si su hijo repite frecuentemente palabras, sonidos o partes de palabras, es muy consciente del problema y manifiesta síntomas claros de tensión (como muecas o movimientos faciales espasmódicos), informe al pediatra. Coméntele también cualquier antecedente de tartamudeo que haya en su familia. Probablemente le remitirá a un especialista en trastornos del lenguaje.

dígale, "Quiero que vengas" en lugar de "Mamá quiere que vengas". Así, no sólo le enseñará a usar correctamente las palabras, sino que también contribuirá a que su hijo le vea como una persona que tiene otras características aparte de desempeñar el rol de madre.

A esta edad, su hijo debe hablar con suficiente claridad como para que un desconocido lo entienda. De todos modos, es posible que todavía pronuncie incorrectamente hasta la mitad de los sonidos del habla.

Por ejemplo, los errores más frecuentes que se consideran dentro de la evolución normal son la substitución de *d* por *r*; *ll* por *i*; *r* por *d*; y *ss* por *x*. Así mismo, las dobles consonantes, como *pl* o *tr*, se reducen a un solo fonema: "lobo" en lugar de "globo"; "ten" en lugar de "tren". Los fonemas inversos, como *mp* o *st*, se omiten prolongando la siguiente consonante: "cappo" en lugar de "campo"; "pato" en lugar de "pasto". Y, por último, se reducen los diptongos: "gapo" en lugar de "guapo"; "tene" en lugar de "tiene".

## Desarrollo cognoscitivo

Durante el cuarto año de vida, su hijo o hija se pasará gran parte del día cuestionando todo lo que ocurre a su alrededor. Le encantará preguntar "¿Por qué tengo que...?", y escuchará atentamente sus respuestas, siempre que sean sencillas y vayan al grano. No piense que tiene que explicar detalladamente el fundamento de cada norma; su hijo todavía no puede entender ese tipo de razonamientos ni le interesa. Si intenta mantener una conversación "seria" con su hijo/a, notará que su mirada se pierde en el vacío o se dirige a algo más interesante, como un juguete que está al otro extremo de la habitación o un camión que pasa por la calle. Decirle que haga algo simplemente "por tu propio bien" o "para que no te hagas daño" tendrá mucho más sentido para él que una explicación detallada.

Los "porqués" más abstractos que le pregunte su hijo pueden ser más difíciles de responder, sobre todo porque es posible que le haga cientos de estas preguntas en un día, y también porque habrá algunos "porqués" que, sencillamente, no tienen respuesta (o usted la desconoce). Si su hijo le pregunta, "¿Por qué brilla el sol?" o "¿Por qué el perro no puede hablar conmigo?", puede contestarle que no lo sabe, o invitarlo a que lo averigüen juntos en libros sobre el sistema solar o sobre perros. Procure tomarse en serio las preguntas de su hijo. Así le ayudará a adquirir nuevos conocimientos, alimentará su curiosidad y le enseñará a pensar con más claridad.

Cuando su hijo se enfrente a problemas de aprendizaje específicos, comprobará que su forma de razonar es todavía bastante unilateral. No es capaz de ver una cuestión desde dos perspectivas distintas, ni de resolver problemas que exigen tener en cuenta más de un factor al mismo tiempo. Por ejemplo, si usted coge dos vasos idénticos llenos de agua y vierte el contenido de uno en un recipiente bajo y ancho y el del otro en un recipiente largo y angosto, probablemente su hijo le dirá que el recipiente alto contiene más agua que el angosto. Aunque vea los dos vasos iguales desde el principio y observe cómo usted vierte su contenido en los recipientes, seguirá opinando lo mismo. Según su lógica, el recipiente más alto es "más grande" y, por lo tanto, tiene que contener más líquido. Alrededor de los siete años los niños consiguen entender que, para solucionar un problema hace falta considerar varios aspectos al mismo tiempo.

Cuando su hijo tenga aproximadamente tres años, su sentido del tiempo se hará mucho más preciso. Conocerá muy bien su propia rutina diaria e intentará imaginarse las rutinas de los demás. Por ejemplo, puede esperar emocionado la llegada del cartero cada día y sorprenderse de que el recogedor de basura sólo venga una vez a la semana. Entenderá que ciertos acontecimientos especiales, como los días festivos y los cumpleaños, ocurren de vez en cuando, pero, aunque pueda decir cuántos años tiene, todavía no tendrá una idea clara de lo que dura un año.

Aunque es humano intentar medir los progresos intelectuales de un hijo, evite sobre valorar o desestimar la capacidad de razonamiento de su hijo si no le han hecho ninguna prueba formal de inteligencia.

## *Hitos cognoscitivos hacia el final de este período*

- **Nombra correctamente algunos colores**
- **Entiende el concepto de contar y es posible que sepa algunos números**
- **Enfoca los problemas considerando solamente un punto de vista**
- **Empieza a tener un sentido más preciso del tiempo**
- **Sigue instrucciones de tres pasos**
- **Recuerda partes de cuentos**
- **Entiende el concepto de igual/diferente**
- **Se implica en juegos de simulación**

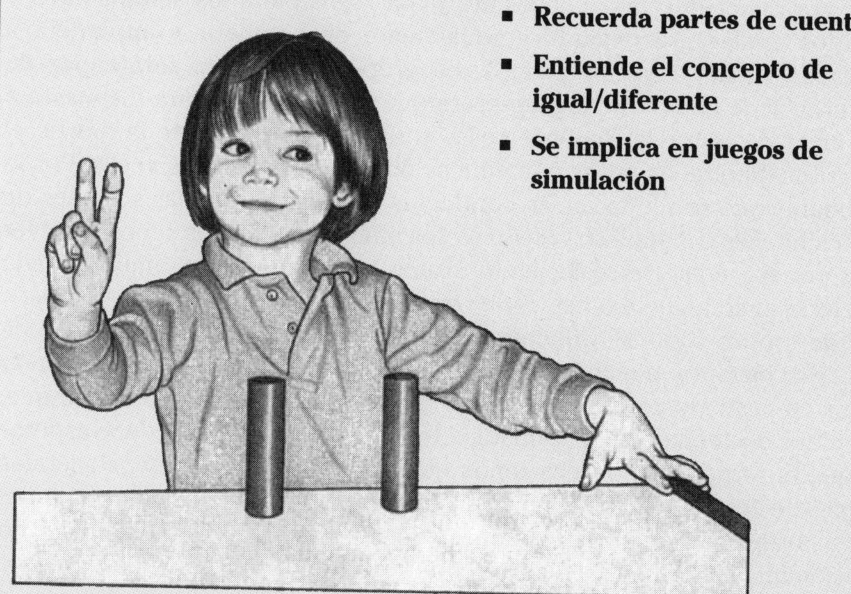

Es fácil que un padre crea que su hijo de tres años, simpático, alegre y hablador, es brillante mientras que otro que con la misma edad es callado, calmado y apenas se relaciona, no es tan inteligente. Esto puede o no ser cierto, pero la única forma de saberlo es pedirle a un profesional que los evalúe. Todos los pediatras están familiarizados con este tipo de evaluaciones y hay algunos que las realizan ellos mismos, mientras que otros prefieren remitir al niño a un psicólogo especializado. Por lo tanto, si usted cree que su hijo es superdotado o bien que está un poco retrasado, pida información al pediatra sobre este tipo de evaluaciones. Si se confirman sus sospechas, quizás desee matricular a su hijo o hija en un centro especial adaptado a sus necesidades y habilidades individuales.

## Desarrollo social

Cuando tenga tres años, su hijo será mucho menos egoísta que cuando tenía dos. Tampoco dependerá tanto de usted; otro síntoma de que su sentido de identidad está mucho más desarrollado. Ahora jugará *con* otros niños, relacionándose con ellos en vez de limitarse a jugar a su lado. En este proceso, su hijo irá descubriendo que no todo el mundo piensa como él y que cada uno de sus compañeros de juego tiene muchas cualidades únicas, algunas agradables y otras no. También comprobará que empieza a manifestar ciertas preferencias por jugar con algunos niños, forjando sus primeras relaciones de amistad. En este proceso descubrirá que él también tiene cualidades especiales que lo hacen agradable a los demás, una revelación que será un buen acicate para su autoestima.

Hay aún más buenas noticias sobre el desarrollo social de su hijo a esta edad: conforme se vaya haciendo más consciente y más sensible a los sentimientos y acciones de los demás, irá dejando gradualmente de competir y aprenderá a cooperar cuando juegue con sus amigos. En grupos reducidos, será capaz de esperar su turno y de compartir juguetes, aunque no siempre estará dispuesto a hacerlo. En lugar de tratar de quitarle cosas a los demás mediante la fuerza, el llanto y los gritos, pedirá las cosas con educación la mayoría de las veces. Por lo tanto, es probable que se reduzcan las conductas agresivas y que las sesiones de juego sean mucho más tranquilas. A menudo, los niños de tres años saben resolver sus disputas por su cuenta, estableciendo turnos para que todo el mundo pueda jugar con determinado juguete o haciendo "tratos".

Sin embargo, sobre todo al principio, es importante fomentar este tipo de cooperación. Por ejemplo, puede sugerirles que "utilicen palabras" para resolver sus conflictos en lugar de acciones agresivas. Así mismo, puede recordarles que, cuando dos niños deciden compartir un juguete por turnos, cada uno debe esperar a que le toque el turno. Cuando dos niños quieran el mismo juguete, sugiérales formas simples de llegar a una solución. Por ejemplo, uno puede dedicarse a pintar, o a jugar con otra cosa mientras espera su turno. Este tipo de soluciones no siempre funcionan, pero merece la pena intentarlo. También puede ayudar a su hijo proporcionándole las palabras que necesita para expresar sus deseos y sentimientos a fin de que no se sienta frustrado. Por encima de todo, enséñele a través de su propio ejemplo a afrontar pacíficamente los conflictos. Si usted tiene un carácter explosivo, intente controlar sus reacciones en presencia del niño. De lo contrario, cuando esté bajo estrés su hijo acabará imitando su forma de comportarse.

De cualquier manera, es posible que haya momentos en que el enfado y la frustración de su hijo se materialicen en agresiones físicas. Cuando ocurra esto, deténgalo para que no le haga daño a nadie, y, si no se tranquiliza, aléjelo de los demás niños. Hable con él sobre sus sentimientos e intente averiguar por qué está tan alterado. Hágale saber que usted entiende y acepta sus sentimientos, pero deje bien claro que atacar físicamente a otro niño *no* es una forma adecuada de expresar las emociones.

## *Hitos sociales hacia el final de este período:*

- Le atraen las experiencias nuevas
- Coopera con otros niños
- Juega a "Papás y a Mamás"

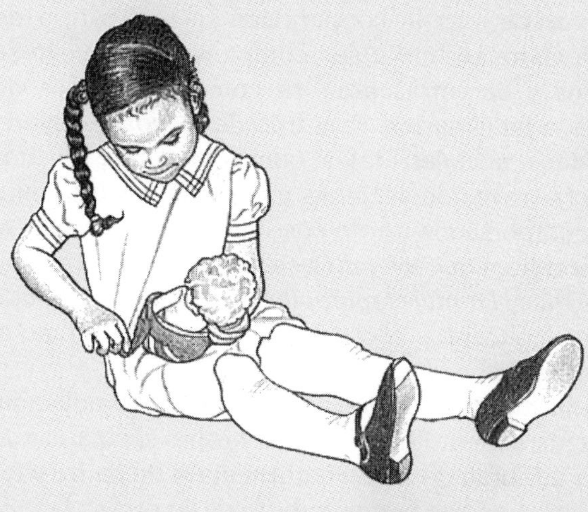

- Cada vez tiene mayor capacidad de inventiva en el juego simbólico

- Se viste y se desnuda por su cuenta
- Negocia soluciones a conflictos
- Mayor independencia

Ayúdele a ver las cosas desde el punto de vista del otro niño, recordándole cómo se sintió cuando alguien le pegó o le gritó a él en el pasado, y después sugiérale formas más pacíficas de resolver los conflictos. Por último, una vez que su hijo haya entendido qué es lo que ha hecho mal, pídale que se disculpe con el otro niño. Sin embargo, el limitarse a decir "lo siento" tal vez no sea suficiente para corregir una conducta indeseable. Su hijo también necesita entender *por qué* se está disculpando. Es posible que todavia no lo pueda entender del todo, pero, cuando tenga cuatro años este tipo de explicaciones empezarán a tener sentido para él.

De hecho, el tipo de cosas que más les interesan a los niños de esta edad permitirá que haya pocas peleas. Con tres años, los niños se pasan la mayor parte del tiempo fantaseando, lo que favorece más la cooperación que otro tipo de juegos. Como probablemente habrá visto, su hijo y sus compañeros de juego se asignarán roles los unos a los otros y se enfrascarán en complejos juegos de simulación, utilizando objetos reales o imaginarios. Este tipo de juegos les ayuda a desarrollar importantes habilidades sociales, tales como turnarse, prestar atención a los demás, comunicarse (a través de acciones y expresiones así como de palabras), y reaccionar ante el comportamiento de sus compañeros. Además, estos juegos tienen otro beneficio: permiten que los niños se metan en el papel que desean representar—incluyendo *He-man, La mujer maravilla, Superman* o *el hada madrina*—lo que les ayuda a explorar conceptos sociales más complejos, como el poder, la riqueza, la compasión, la crueldad y la sexualidad.

Al observar cómo se comporta su hijo o hija en estos juegos de simulación, usted comprobará que está empezando a identificarse con su propio sexo. Cuando juegan a "Mamás y Papás", los niños adoptan de modo natural el rol de padre y las niñas el de madre, reflejando las diferencias que han percibido en su propia familia y en el mundo que les rodea. A esta edad los varoncitos pueden sentirse fascinados por su padre, sus hermanos mayores u otros chicos del vecindario, mientras que las niñas lo harán por sus madres, hermanas mayores y otras chicas mayores.

Las investigaciones han puesto de manifiesto que muy pocas de las diferencias evolutivas y del comportamiento que suelen distinguir a un niño de una niña, están determinadas *biológicamente*. Por ejemplo, un niño preescolar promedio tiende a ser más agresivo, mientras que las niñas suelen ser más verbales. Sin embargo, a esta edad, la mayoría de características relacionadas con el rol sexual se deben a la influencia del entorno familiar y cultural. Incluso si ambos padres trabajan fuera de casa y comparten equitativamente las tareas domésticas, los niños seguirán viendo modelos convencionales de rol masculino y femenino en programas de televisión, revistas, libros, avisos publicitarios y lo que ven en las familias de sus amigos y vecinos. Es posible, por ejemplo, que su hija tienda más a jugar con muñecas debido a la publicidad sobre juguetes, los regalos de familiares bienintencionados y los comentarios de aprobación de otros niños y adultos. A los niños, sin embargo, se les incita a que se olviden de las muñecas (aunque a la mayoría les encantan durante la primera infancia), y se orienten hacia juegos más bruscos y hacia el deporte. A las niñas que prefieren este tipo de juegos se les dice que actúan como varones, "chicazos", mientras que a los niños se les dice que son fuertes y asertivos. No es nada raro que los niños sepan percibir la connotación, de aprobación o desaprobación, que subyace en estos rótulos y que modifiquen su comportamiento en consonancia. De ahí que, cuando un niño o una niña empieza a ir al kinder, su identidad sexual suele estar bastante establecida.

A esta edad, los niños suelen llevar el proceso de identificación sexual hasta los extremos. Las niñas insisten en llevar ropa femenina, pintarse las uñas e ir maquilladas a la escuela o al parque. Los niños, por su parte, manifiestan una asertividad que raya en el descaro y pasean sus armas de juguete por todas partes. Esta forma de comportarse refuerza su sentido de ser un hombre o una mujer.

A medida que su hijo adquiere una identidad sexual en estos primeros años, experimentará actitudes y comportamientos propios de ambos sexos. No hay ningún motivo para coartar estos impulsos, a no ser que impliquen rechazar u oponerse a parámetros culturales firmemente asentados. Por ejemplo, si su hijo se empeña en llevar vestido todos los días, usted podría persuadirlo suavemente de que no lo haga. Si continúa insistiendo, será mejor que se lo comente al pediatra.

También es posible que su hijo imite algunas conductas que los adultos consideran sexuales, como, por ejemplo, el coqueteo. Si un niño es muy teatral y expresivo, es posible que sus "seductoras" miradas y movimientos desconcierten a sus padres. No obstante, la seducción sólo está en la mente del adulto, no en la del niño. A esta edad, los niños no tienen intenciones sexuales maduras y esta forma teatral de comportarse no es más que un juego de imitación, así que no debe ser un motivo de preocupación. Sin embargo, en el caso de que su hijo o hija imite abiertamente comportamientos sexuales propiamente dichos, podría deberse a que o bien ha presenciado este tipo de actos, o bien ha sido objeto de abusos sexuales, por lo que es recomendable hablar con el pediatra.

## Desarrollo emocional

A esta edad, la vívida imaginación de un niño le permite explorar y familiarizarse con una gran variedad de emociones, desde amor y dependencia, hasta enfado, protesta y miedo. No sólo será capaz de adoptar distintas identidades, sino que a menudo atribuirá cualidades y emociones propias de los seres vivos a objetos inanimados, tales como un árbol, un reloj, un camión, o la luna. Pregúntele por qué la luna sale por la noche, por ejemplo, y le contestará algo parecido a: "Para saludarme".

Esté preparado para que, de vez en cuando, su hijo o hija le presente a alguno de sus amigos imaginarios. A algunos niños los compañeros imaginarios les duran, hasta seis meses y otros los cambian varias veces al día, mientras que hay niños que nunca tienen amigos imaginarios o que prefieren tener animales imaginarios. No debe preocuparse ni pensar que el hecho de que su hijo se invente estos amigos-fantasma es un síntoma de que se siente solo o de que tiene problemas emocionales; de hecho sólo se trata de una forma muy creativa de ensayar distintas actividades, conversaciones, conductas y emociones.

## *Hitos emocionales hacia el final de este período:*

- **Ve "monstruos" por todas partes**
- **Se ve a sí mismo como una persona completa, que tiene cuerpo, mente y sentimientos**
- **A menudo confunde la fantasía con la realidad**

También notará que a lo largo del día su hijo pasará repetidamente de la fantasía a la realidad y viceversa. A veces, se meterá tanto en la situación simulada que no sabrá dónde acaba exactamente la fantasía y dónde empieza la realidad. También es posible que las experiencias que viva mientras juegue "traspasen" las fronteras de la realidad. Por ejemplo, una niña puede sentarse una día a la mesa convencida de que es la Cenicienta y otro día puede ponerse a llorar después de escuchar un cuento de fantasmas que cree que es de verdad.

Aunque es importante tranquilizar a un niño de esta edad cuando está asustado o preocupado por algún suceso imaginario, hay que procurar no ridiculizarlo ni reírse de él.

Estas manifestaciones son parte de una etapa normal y necesaria del proceso de desarrollo y, por lo tanto, no deben coartarse. Por encima de todo, nunca amenace a su hijo con "encerrarlo si no se acaba la comida" o "dejarlo solo en casa si no se da prisa". Se tomará sus palabras al pie de la letra y es posible que pase el resto del día—o incluso más tiempo—completamente a terrorizado.

De vez en cuando, únase a los juegos de su hijo o hija. Al hacerlo, es posible que le ayude a encontrar nuevas formas de expresar sus emociones y hasta de solucionar sus problemas. Por ejemplo, le puede sugerir que "lleve la muñeca a la escuela" para ver qué sentimientos le despierta el hecho de tener que ir a la guardería.

Sin embargo, no insista en participar en las fantasías de su hijo si él no quiere. Gran parte de la diversión reside precisamente en el hecho de que es él quien controla sus dramas imaginarios. Por lo tanto, si usted propone alguna idea, quédese en un segundo plano y déjelo todo en sus manos. Si le pide que desempeñe determinado papel, intente no llevar la voz cantante. Deje que en el mundo imaginario sea él quien lleve la batuta.

De vuelta a la vida real, hágale saber a su hijo que usted está orgulloso de su nueva independencia y creatividad. Hable con él, escuche lo que le dice, y demuéstrele que tiene en cuenta sus opiniones. Déjele elegir siempre que sea posible: qué quiere comer, qué ropa quiere llevar, a qué quiere jugar. Esto le hará sentirse importante y le ayudará a aprender a tomar decisiones. No obstante,

## *Alertas sobre el desarrollo*

Puesto que cada niño sigue su propia pauta evolutiva, es imposible saber exactamente en qué momento su hijo dominará completamente determinada habilidad. Los hitos del desarrollo citados en este libro le darán una idea general de los cambios que puede esperar a medida que su hijo vaya creciendo, pero no se preocupe si sigue un patrón ligeramente distinto. De todos modos, en el caso de que presentara algunos de los siguientes síntomas, que pueden indicar la existencia de un retraso del desarrollo en niños de esta edad, informe al pediatra.

- No sabe tirar una pelota por el aire
- No puede saltar en un mismo sitio
- No sabe correr en triciclo
- No sabe coger un creyón para pintar entre el pulgar y los demás dedos
- Tiene dificultades para garabatear
- No puede apilar cuatro bloques
- Sigue aferrándose o echándose a llorar cuando se van sus padres
- No manifiesta ningún tipo de interés por los juegos que implican relacionarse con otros niños
- Ignora a los demás niños
- Ignora a la gente ajena a la familia
- No se implica en juegos simbólicos
- Se resiste a vestirse, dormirse o usar el inodoro por su cuenta
- Estalla sin ningún tipo de autocontrol cuando se enfada o se disgusta
- No sabe copiar un círculo
- No construye frases de más de tres palabras
- No utiliza “me/mi” ni “tú” correctamente

simplifíquele las opciones. Por ejemplo, cuando vayan a un restaurante, redúzcale el menú a dos o tres platos. Si no, se agobiará con tantas opciones y es muy posible que se bloquee por completo. (Llevarlo a una heladería que ofrece veinte sabores distintos de helados puede ser una verdadera agonía si no le limita sus opciones.)

¿Cuál es el mejor enfoque? A pesar de lo que acabamos de decir, una de las mejores formas de fomentar la independencia de su hijo consiste en controlar todas las facetas importantes de su vida y, al mismo tiempo, darle cierta libertad. Hágale saber que usted sigue siendo el que lleva la batuta, y que no espera que sea él quien tome las decisiones importantes. Por ejemplo, si un amigo lo incita a que se suba a un árbol, y él tiene miedo, puede ser muy reconfortante para él que usted diga "no", para evitarle tener que admitir sus temores. Conforme vaya dominando sus ansiedades y se vaya responsabilizando cada vez más de sus propias decisiones, usted podrá otorgarle paulatinamente un mayor control. Mientas tanto, lo importante es que su hijo se sienta seguro y protegido.

## De los cuatro a los cinco años

Antes de que usted se dé cuenta, el niño de tres años relativamente tranquilo que tenía en casa se convertirá en un generador de energía, motivación, ganas de dominar la situación, beligerancia y comportamiento errático. Es posible que todo esto le recuerde las tribulaciones que le hizo pasar cuando cumplió dos años, pero ahora su hijo va a tomar una dirección muy distinta. Aunque le puede parecer que va de un lugar a otro sin rumbo fijo, de hecho está aprendiendo de todas estas experiencias. Al final se acabará tranquilizando (justo cuando usted creía que no iba a poder soportarlo ni un día más), y, conforme se acerque a su quinto cumpleaños, se irá transformando en un niño mucho más calmado y seguro de sí mismo.

Entre tanto, ésta será una edad bastante difícil. Cada día habrá un nuevo reto que afrontar. Los altibajos emocionales de los niños de esta edad les hacen parecer seguros y presuntuosos en un momento dado, e inseguros y llorones al cabo de un minuto. Además, los niños de esta edad están muy apegados a la rutina y se resisten al cambio por miedo a no saber cómo actuar. Esta resistencia ante la novedad es una manifestación de la inseguridad que sienten.

El carácter errático de su comportamiento también se pondrá de manifiesto en su forma de hablar. A los niños de esta edad les encanta decir palabrotas y observar la expresión de sus padres cuando las dicen. Utilizan las palabras más para provocar una reacción que por cualquier otro motivo así que no se exalte demasiado por este motivo.

Esa máquina generadora de energía que es su hijo todavía tiene una idea muy limitada de lo que significa la palabra "propiedad". A sus ojos, todo les pertenece. Pero esto no significa que los niños de cuatro años sean ladrones o mentirosos; simplemente creen que todo es suyo.

Durante este año también le llamará la atención el tremendo caudal de ideas fantasiosas que ocuparán la mente de su hijo y saldrán por su boca. Hablar sobre los "monstruos" que vio en la escuela o el "dragón" que le ayudó a cruzar la calle, es el pan de cada día en la vida de un niño de cuatro años. Es el reflejo de que a esta edad los niños están intentando distinguir entre fantasía y realidad y sus fantasías a veces se descontrolan un poco. Este tipo de comportamientos y reflexiones ayudarán a su hijo a sentar unas bases sólidas a medida que ingresa al mundo escolar.

## Movimiento

Su hijo o hija tiene ahora la coordinación y el equilibrio de un adulto. Obsérvelo y verá que camina armónicamente, con pasos largos y seguros, sube y baja escaleras sin necesidad de cogerse a la barandilla, se pone de puntillas, gira sobre sí mismo y se columpia solo. También tiene la suficiente fuerza muscular para realizar actividades desafiantes, como dar volteretas o hacer saltos de longitud. Resulta difícil saber quién está más emocionado con sus progresos: usted o él.

En su deseo de ponerse a prueba para ver lo capaz e independiente que es, su hijo a menudo intentará correr delante de usted cuando van de paseo. Sin embargo, sus habilidades motoras seguirán estando a años luz de su sentido común, por lo que usted le tendrá que recordar constantemente que le espere y le dé la mano para cruzar la calle. También tendrá que vigilarlo de cerca cuando esté cerca del agua. Aunque sepa nadar, probablemente no lo hará bien ni tendrá la resistencia suficiente. Y si, llegara a caerse al agua, es muy probable que se asuste tanto que se olvide de lo que tiene que hacer para mantenerse a flote. Por lo tanto, *nunca* lo deje solo en una piscina o en el mar.

### *Hitos relacionados con la motricidad hacia el final de este período*

- **Se para en un sólo pie durante diez segundos o más**
- **Salta, da volteretas**
- **Se columpia, trepa**
- **Es posible que sepa brincar alzando un pie y luego otro**

## Habilidades manipulativas

A esta edad, las habilidades manipulativas y la coordinación bimanual están casi completamente desarrollados. Como resultado, su hijo o hija empezará a ser capaz de cuidarse por sí mismo. Ahora ya sabe lavarse los dientes y vestirse con poca ayuda y hasta es posible que sepa atarse los cordones de los zapatos.

Fíjese en que ahora utiliza las manos con mucho más cuidado y precisión al dibujar. Primero decide qué quiere dibujar y luego se pone manos a la obra. Es posible que las figuras humanas que dibuja no tengan cuerpo y que las piernas les salgan de la cabeza. Pero ahora ya les hará ojos, nariz, boca y, lo más importante de todo, considerará que son personas.

Al controlar mucho más los movimientos de las manos, a su hijo cada vez le llamarán más la atención el dibujo y las manualidades en general. Entre sus actividades preferidas pueden figurar:

- Escribir o dibujar, aguantando la hoja de papel con una mano y cogiendo el lápiz o el creyón con la otra
- Trazar o copiar figuras geométricas, como una estrella o un diamante
- Juegos de mesa
- Pintar con pincel y con los dedos
- Moldear con plastilina
- Recortar y pegar
- Hacer construcciones complejas con muchos bloques

### *Hitos relacionados con la manipulación hacia el final de este período*

- **Copia triángulos y otras figuras geométricas**
- **Dibuja personas con cuerpo**
- **Escribe varias letras**
- **Se viste y se desnuda sin ayuda**
- **Utiliza tenedor, cuchara y (a veces) cuchillos de mesa**
- **Habitualmente hace sus necesidades por su cuenta**

Este tipo de actividades no sólo le permitirán poner en práctica y perfeccionar muchas de sus habilidades emergentes, sino también descubrir el placer de crear. Además, la sensación de éxito que experimentará con estas actividades contribuirá a elevar su autoestima. Es posible que usted note que su hijo está especialmente dotado para hacer determinada actividad, pero a esta edad no es conveniente encaminarlo en una u otra dirección. Limítese a ofrecerle una gran variedad de opciones para que pueda experimentar y ejercitar sus habilidades. Él mismo se encargará de encaminarse hacia lo que más le guste.

## Desarrollo lingüístico

Cuando su hijo o hija tenga aproximadamente cuatro años, sus habilidades lingüísticas estarán en pleno proceso de expansión. Ahora será capaz de pronunciar la mayoría de los sonidos de la lengua española, aunque quizás aún tenga algunas dificultades con la doble 'r' o con la combinación de dos o tres consonantes, sonidos que no pronunciará perfectamente hasta que tenga cinco o seis años.

Su hijo tendrá un vocabulario de unas 1500 palabras, y éste aumentará en otras mil a lo largo de este año. Ahora ya puede contar historias elaboradas utilizando frases relativamente complejas, de hasta ocho palabras. Y hablará no sólo sobre las cosas que le ocurrieron y las cosas que querría que le ocurrieran, sino también sobre sus sueños y fantasías.

No se sorprenda, de todos modos, si algunas de las palabras que utiliza *no* son precisamente las que a usted le gustaría escuchar. Después de todo, acaba de aprender lo poderosas que pueden ser las palabras y se dedicará a explorar con

## *El aprendizaje de la lectura*

¿Manifiesta su hijo algún interés por aprenderse los nombres de las letras? ¿Ojea libros y revistas por propia iniciativa? ¿Le gusta garabatear con un lápiz o un bolígrafo? ¿Escucha atentamente cuando le lee un cuento? Si la respuesta a todas estas preguntas es afirmativa, probablemente su hijo está preparado para empezar a aprender los aspectos más básicos de la lectura. Si la respuesta es negativa, probablemente le ocurre como a la mayoría de niños y tardará uno o dos años más en adquirir las habilidades lingüísticas, perceptivas y de memoria necesarias para iniciar el aprendizaje formal de la lectura.

Aunque es cierto que algunos niños de cuatro años desean sinceramente aprender a leer y empiezan a reconocer algunas palabras escritas de uso habitual, no tiene ningún sentido forzar a un niño si todavía no está preparado para este aprendizaje. Aunque usted logre enseñarle a su hijo a leer precozmente, es muy probable que esta "ventaja" desaparezca cuando entre a la escuela. El nivel de lectura de la mayoría de los "lectores precoces" se equipara al de los demás niños en el segundo o el tercer grado de la enseñanza primaria.

El factor crucial que determina si un alumno tendrá o no éxito en el terreno académico no es lo mucho que se le instó a aprender precozmente, sino su propio entusiasmo por el aprendizaje. Esta pasión no se le puede inculcar a un niño forzándole a aprender a leer cuando

entusiasmo este poder, tanto para lo bueno como para lo malo. Por lo tanto, si su hijo es como la mayoría de niños de esta edad, a veces será extremadamente mandón, pudiéndoles pedir a usted y a su pareja, por ejemplo, que "se callen la boca" o a un compañero de juego que "venga *inmediatamente*". Para contrarrestar esta tendencia, enséñele a utilizar las palabras "por favor" y "gracias". Pero también analice el modo en que usted y los demás adultos de la familia se dirigen al niño o se hablan entre sí. Existe la posibilidad de que su hijo no esté haciendo más que repetir muchas de las órdenes que oye a menudo en su entorno.

A esta edad probablemente su hijo o hija también aprenderá a decir una que otra mala palabra. Desde su punto de vista, este tipo de palabras que tienen mucho poder. Los adultos las dicen cuando están disgustados o exaltados y, cuando él mismo las usa, provocan alguna reacción. ¿Cuál es la mejor forma de frenar este comportamiento? En primer lugar, sea un buen modelo y esfuércese en no utilizar estas palabras delante del niño, incluso cuando esté bajo estrés. Y en segundo lugar, haga oídos sordos cuando las diga su hijo. Lo más probable es que no tenga la más mínima idea de lo que significan; es la energía que parecen trasmitir lo que le llama la atención.

programas de aprendizaje precoz *interfieren* con el entusiasmo natural del niño al forzarlo a concentrarse en tareas para las que todavía no está preparado.

Por lo tanto, ¿cuál es el mejor enfoque para enseñarle a un niño a leer? Deje que sea su hijo o hija quien fije el ritmo y que disfrute con sus actividades. No lo agobie con demasiadas letras, números, colores, formas y palabras. En vez de ello, estimule su curiosidad natural y su tendencia a explorar las cosas por sí mismo. Léale libros que le gusten, pero no le obligue a aprenderse de memoria las palabras. Procúrele experiencias educativas, pero, sobre todo, asegúrese de que, además de educativas, sean divertidas.

Cuando su hijo esté preparado para aprender a leer, usted dispondrá de muchas herramientas para ayudarle: programas educativos que se emiten por televisión, juegos, canciones, y hasta programas de computadora. Pero no espere que estas herramientas hagan solas todo el trabajo. Usted tendrá que implicarse. Por ejemplo, si a su hijo le gusta ver *Plaza Sésamo* o cualquier otro programa educativo, véalo con él para estar seguro de que es adecuado para su nivel evolutivo. Si está jugando en la computadora, asegúrese de que el nivel es apropiado para su edad. Si el juego es demasiado difícil, su hijo se sentirá frustrado y gran parte de su entusiasmo inicial se desvanecerá. Un aprendizaje activo en un ambiente cálido y de apoyo, es la clave del éxito.

Cuando su hijo o hija se disguste, es posible que use palabras para insultar a alguien. No cabe duda de que los insultos son preferibles a la violencia física, pero, no obstante, es lógico que a usted le desagraden. De todos modos, conviene que recuerde que, cuando su hijo insulta a alguien, él también está disgustado. Si dice: “Te odio”, lo que en el fondo quiere decir es: “Estoy muy enfadado, y quiero que me ayudes a ordenar mis sentimientos”. Si se enfada con él y le grita sólo conseguirá que se sienta todavía más dolido y confundido. Por lo tanto, en lugar de ello, mantenga la calma y dígale que usted sabe que no le odia. Hágale saber que tiene todo el derecho del mundo a enfadarse y hable sobre los acontecimientos que provocaron la explosión. Intente proporcionarle las palabras que le permitan expresar lo que siente.

Si el insulto es suave, la mejor respuesta será probablemente una broma. Por ejemplo, supongamos que le llama “bruja fea”, usted se puede reír y contestarle: “Y ahora estoy preparando un delicioso potaje de alas de murciélago y ojos de rana. ¿Quieres probarlo?” Este tipo de humor es una forma excelente de atajar el enfado del niño y, de paso, también el suyo.

**_Hitos relacionados con el lenguaje hacia el final de este período:_**

- **Recuerda partes de historias o cuentos**
- **Habla en oraciones de más de cinco palabras**
- **Utiliza el tiempo futuro**
- **Explica historias o cuentos más largos**
- **Sabe decir su nombre y su dirección**

De todos modos, habrá ocasiones en que no hará falta que su hijo diga nada ofensivo para que usted pierda la paciencia; su constante cháchara puede sacarle fácilmente de quicio.

Una forma de lidiar con esas situaciones es intentar redirigir la energía verbal de su hijo. Por ejemplo, en lugar de permitir que siga repitiendo secuencias de sílabas o palabras sin sentido, enséñele una rima o canción o léale algún poema. Así le enseñará a prestar más atención a las palabras que dice y a valorar más la lengua escrita.

## Desarrollo cognoscitivo

Cuando tenga aproximadamente cuatro años su hijo o hija empezará a descubrir muchos de los conceptos básicos que en la escuela le enseñarán de una forma más sistemática. Por ejemplo, ahora sabe que el día se divide en mañana, tarde y noche, y que hay distintas estaciones. Cuando entre a kinder, es posible que ya sepa el nombre de algunos días de la semana y que los días tienen horas y minutos. También es posible que sepa los rudimentos de los números, el alfabeto, las relaciones de tamaño (grande *versus* pequeño) y los nombres de algunas figuras geométricas.

Hay muchos libros para niños que ilustran muy bien todos estos conceptos, pero no se sienta presionado a acelerar las cosas. Su hijo no va a tener ninguna ventaja por el hecho de aprender estos conceptos un poco antes, y, si se siente presionado ahora, es muy probable que se resista al aprendizaje formal de la escuela.

El mejor enfoque consiste en ofrecerle al niño una gran variedad de oportunidades de aprendizaje. Por ejemplo, está es una edad perfecta para empezar a ir a parques zoológicos y museos, si todavía no lo ha hecho. Muchos museos tienen secciones diseñadas específicamente para los niños, donde pueden experimentar activamente el proceso de aprendizaje.

Al mismo tiempo, es importante que respete las preferencias de su hijo y que fomente sus intereses y talentos especiales. Si, por ejemplo, le gusta mucho la pintura, llévelo a museos y galerías de arte o inscribalo en una clase de pintura para preescolares. Así mismo, si conoce a algún pintor, lleve a su hijo o hija a hacerle una visita para que vea cómo es un estudio. O, si le interesan las máquinas y los dinosaurios, llévelo al museo de historia natural, ayúdele a construir maquetas de dinosaurios y facilítele juegos de montaje y construcción para que pueda diseñar sus propias máquinas.

Independientemente de cuáles sean los intereses concretos de su hijo, puede ayudarle a encontrar las respuestas a sus preguntas y a ampliar sus horizontes mediante libros. A esta edad, es importante que descubra el placer de aprender para que, cuando empiece la educación formal, esté bien motivado.

También notará que aparte de formularle preguntas sobre cuestiones prácticas, su hijo le planteará preguntas "universales" sobre diversos temas, como el origen del mundo, la muerte y la composición del sol y del cielo. En esta etapa usted puede escuchar la clásica pregunta de "¿Por qué es azul el cielo?" Como le ocurre a muchos padres, probablemente a usted le costará bastante contestar este tipo de preguntas, sobre todo si tiene que utilizar un lenguaje sencillo al alcance de su pequeño. En lugar de inventarse las respuestas, es preferible acudir a libros infantiles que tratan sobre este tipo de cuestiones. En su biblioteca local le pueden aconsejar qué libros son los más apropiados para la edad de su hijo o hija.

## *Hitos cognoscitivos hacia el final de este período*

- **Puede contar diez objetos o más**
- **Sabe el nombre de por lo menos cuatro colores**
- **Tiene una mayor noción del tiempo**
- **Sabe cosas sobre los objetos caseros que se usan a diario (dinero, comida, electrodomésticos)**

## Desarrollo social

Con cuatro años, su hijo ya tendrá una vida social activa y varios amigos, y hasta es posible que tenga un "mejor amigo" (generalmente, aunque no siempre, de su mismo sexo). Lo deseable es que tenga amigos en el vecindario o en el jardín infantil, que pueda ver regularmente. Pero... ¿y si su hijo no va al jardín infantil y no vive cerca de otras familias con niños? ¿Y si los hijos de los vecinos son demasiado pequeños o demasiado mayores para él? En tal caso, lo mejor es que organice sesiones de juego con otros niños de su edad. Los parques, los patios de recreo y los programas de actividades para pre-escolares ofrecen excelentes oportunidades para que su hijo conozca a otros niños.

Cuando su hijo o hija haya encontrado varios compañeros de juego con los que parezca llevarse bien, usted puede tratar de fomentar sus relaciones sociales. Anímelo a que invite a sus amigos a casa. Es importante que desee "alardear" de su casa, de su familia y de sus pertenencias delante de sus amigos. Esto le ayudará a establecer un sentido de orgullo propio, necesario para tener una autoestima elevada. Sobra decir que, para que se despierte este sentimiento de orgullo en su hijo, su casa no tiene que ser lujosa ni estar llena de juguetes caros; basta con que sea cálida y acogedora.

También debe tener en cuenta que a esta edad los amigos de su hijo no son sólo compañeros de juego, sino que influyen activamente sobre su forma de pensar y de comportarse. Su hijo desea desesperadamente ser como ellos, aunque para ello

### *Hitos sociales hacia el final de este período:*

- **Desea agradar a los amigos**
- **Desea ser como sus amigos**
- **Es más fácil que se atenga a las normas**
- **Le gusta cantar, bailar y actuar**
- **Es más independiente y hasta es posible que quiera visitar al vecino de al lado por su cuenta**

tenga que saltarse las normas y los parámetros que usted ha intentado inculcarle desde que nació. Ahora se está dando cuenta de que hay otros valores y opiniones, aparte de los que se contemplan en su casa, y es bastante probable que ponga a prueba este descubrimiento, pidiéndole cosas que nunca le había pedido antes, como determinados juguetes, comidas, ropas o permiso para ver ciertos programas de televisión.

No se desespere si la relación con su hijo o hija cambia radicalmente a raíz de sus nuevas amistades. Es posible, por ejemplo, que le conteste mal por primera vez. Cuando usted le pida que haga algo que no quiere hacer, es probable que le diga que "cierre el pico" o incluso que llegue a insultarle o utilizar palabras soeces. Por mucho que le cueste aceptarlo, este cambio de actitud es, de hecho, un síntoma positivo, ya que indica que su hijo está aprendiendo a desafiar a la autoridad y a poner a prueba los límites de su independencia.

De nuevo, la mejor forma de afrontar estas situaciones es expresar su desaprobación y comentar con el niño qué es lo que siente o lo que quiere decir realmente. Cuanto más exagerada sea su reacción, más contribuirá a perpetuar la conducta no deseada. Pero si el enfoque "suave" no parece surtir efecto y su hijo sigue contestarle mal, lo mejor es enviarlo a su cuarto o a una esquina (véase la página 408).

Debe tener en cuenta que, a pesar de que a esta edad su hijo está explorando los conceptos de bueno y de malo, todavía tiene un sentido muy limitado de la moralidad. Por lo tanto, cuando obedece una norma, no significa que entiende o está de acuerdo con su contenido sino que, con toda probabilidad, lo hace para evitar el castigo. En su mente, lo que cuenta no son las intenciones sino las consecuencias. Por lo tanto, cuando rompe algo valioso, probablemente asume que se ha portado mal, independientemente de que lo haya hecho o no a propósito. Sin embargo, alguien tendrá que enseñarle la diferencia que hay entre una acción involuntaria y el hecho de portarse mal deliberadamente.

Para ayudarle a establecer esta diferencia, usted deberá distinguir entre él—como persona—y su comportamiento. Cuando haga o diga algo que se merece un castigo, asegúrese de que entiende que se le está castigando por un acto concreto que ha cometido, no porque *él* es malo. En lugar de decirle que *es un niño malo*, explíquele bien lo que ha hecho mal, separando a la persona del acto en sí. Por ejemplo, si su hijo se está metiendo con su hermano pequeño, explíquele que no está bien molestar a los demás, en lugar de decirle: "Eres un mal hermano". Cuando haga algo mal sin querer, intente tranquilizarlo y dígale que sabe que ha sido sin querer. Intente no mostrarse demasiado afectado, o su hijo pensará que usted está molesto con él en lugar de con lo que ha hecho.

También es importante que le asigne tareas que usted sabe que puede asumir, y que le elogie cuando las haga bien. Ya está preparado para empezar a asumir ciertas responsabilidades, como ayudar a poner la mesa o a ordenar su habitación. Cuando salgan a pasear en familia, dígale al pequeño que espera que se porte bien, y felicítelo si lo hace. Aparte de responsabilidades, déle muchas oportunidades para jugar con otros niños, y dígale lo orgulloso que se siente de él cuando comparte algo con un compañero de juegos o ayuda un niño más pequeño.

## Desarrollo emocional

Como cuando tenía tres años, la vida imaginativa de su hijo o hija seguirá siendo muy activa durante el cuarto año. Sin embargo, ahora empezará a distinguir entre realidad y ficción, y sabrá pasar de una a otra casi sin confundirse.

Conforme sus juegos de simulación vayan siendo más elaborados, es posible que en ellos aparezca alguna forma de violencia. Simular una guerra, una lucha contra un dragón, e, incluso, jugar a perseguirse contienen ciertas dosis de violencia. Algunos padres prohíben las pistolas de juguete pero se encuentran con que los niños acaban fabricando sus propias armas con trozos de cartón utilizando el índice para apuntar y disparar mientras dicen "bang-bang". Pero no hay que darle demasiada importancia a este tipo de actividades. *No* son ninguna prueba de que el niño sea "violento". A esta edad, los niños no tienen la más mínima idea de lo que significa matar o morir. Para ellos, las armas de juguete sólo son una forma inocente y divertida de competir con sus amigos y elevar su autoestima.

Si usted quiere tener una prueba de la creciente confianza en sí mismo que está adquiriendo su hijo, escuche el modo en que habla con los adultos. En lugar de retraerse, como hacía cuando tenía dos o tres años, ahora probablemente se mostrará, hablador, amistoso y curioso. También es probable que sea más consciente de los sentimientos de los demás—sean adultos o niños—y que disfrute haciendo feliz a la gente. Cuando vea que alguien se ha hecho daño o está triste, manifestará interés y preocupación. Lo más probable es que sienta deseos de abrazar o besar a la persona, ya que eso es lo que más le reconforta a *él* cuando tiene dolor o está triste.

### *Hitos emocionales hacia el final de este período*

- **Toma conciencia de su sexualidad**
- **Distingue la realidad de la ficción**
- **A veces es demandante y otras cooperativo**

A esta edad, más o menos, es posible que su hijo empiece a manifestar un ávido interés por los aspectos básicos de la sexualidad, tanto la suya como la del sexo opuesto. Es posible que le haga preguntas sobre los genitales, los órganos reproductores y de dónde vienen los niños.

Es posible que quiera saber por qué el cuerpo de un niño y el de una niña son distintos. Cuando su hijo o hija le haga este tipo de preguntas, déle una explicación simple pero correcta. No entre en demasiados detalles e intente no mostrarse abochornada o excesivamente seria. Un niño de cuatro años no necesita conocer los pormenores de una relación sexual, pero debe sentirse libre de poder hacer preguntas a sus padres, sabiendo que va a obtener respuestas directas, claras y correctas.

Junto con este creciente interés por la sexualidad, probablemente su hijo también juegue con sus propios genitales y hasta es posible que manifieste interés por los genitales de otros niños. Éstas no son actividades sexuales propiamente dichas, sino meras manifestaciones de una curiosidad completamente normal que no merece regaños ni castigos.

¿En qué punto deben establecer los padres los límites de este tipo de exploraciones? Esto es algo que debe decidir la familia. Posiblemente lo mejor sea no darle excesiva importancia, puesto que, a esta edad, si se hacen con moderación, esta exploraciones son normales. Por otro lado, los niños tienen que aprender qué está y qué no está socialmente aceptado. Por lo tanto, usted puede transmitirle a su hijo que:

- El interés por sus órganos genitales es algo sano y natural.
- Desnudarse y jugar con los órganos sexuales en público no está socialmente aceptado.
- Nadie, incluyendo a sus mejores amigos y parientes, pueden tocarle sus "partes íntimas". La excepción a esta norma la constituyen los médicos y las enfermeras durante los exámenes médicos, o sus propios padres cuando intenten encontrar el origen de algún dolor o molestia que tenga en los genitales.

A esta misma edad, su hijo o hija empezará a sentirse fascinado por el padre del sexo opuesto. Es muy probable que una niña de cuatro años compita con su madre por la atención de su padre, y que un niño lo haga por la de su madre. Este tipo de comportamiento, conocido como edípico, forma parte del desarrollo normal de la personalidad a esta edad, y desaparecerá por si solo con el tiempo si los padres están a la altura de las circunstancias. No hay ningún motivo para que se sientan amenazados o celosos.

### *Alertas sobre el desarrollo*

Puesto que cada niño sigue su propia pauta evolutiva, es imposible saber exactamente en qué momento su hijo dominará completamente determinada habilidad. Los hitos del desarrollo citados en este libro le darán una idea general de los cambios que puede esperar a medida que su hijo vaya creciendo, pero no se preocupe si su hijo sigue un patrón ligeramente distinto. De todos modos, en el caso de que presentara algunos de los siguientes signos, que pueden indicar la existencia de un retraso del desarrollo en niños de esta edad, infórmelo al pediatra.

- Es extremadamente tímido o miedoso
- Es extremadamente agresivo
- No puede separase de sus padres sin causar grandes problemas
- Se distrae fácilmente; es incapaz de concentrarse en una actividad durante más de cinco minutos
- Manifiesta poco interés en jugar con otros niños
- Apenas se relaciona con la gente en general, o sólo lo hace superficialmente
- Utiliza muy poco la fantasía o la imitación en sus juegos
- Parece triste o abatido la mayor parte del tiempo

# Cuidados básicos

## Alimentación y nutrición

Es importante que su hijo o hija tenga una actitud sana ante la comida. Lo ideal sería que a esta edad ya hubiera dejado de utilizar el hecho de comer o de no comer como una forma de desafío, y que no confundiera la comida con el amor o el afecto. Generalmente, aunque no siempre, los niños de esta edad comen como respuesta natural ante la sensación de hambre y las comidas son para ellos una experiencia social gratificante.

A esta edad, su hijo también ya debe ser una buena compañía a la hora de las comidas y estar preparado para adquirir buenos modales. A partir de los cuatro años, aproximadamente, dejará de coger el tenedor y la cuchara cerrando el puño,

- No se participa activamente en las cosas
- Evita a otros niños y adultos, o se queda completamente al margen
- No expresa una gran variedad de emociones
- Tiene dificultades para comer, conciliar el sueño o usar el inodoro por su cuenta
- No distingue entre realidad y ficción
- Está más pasivo que de costumbre
- No entiende órdenes de dos pasos que contienen preposiciones ("Pon la taza sobre la mesa"; "Saca la pelota de debajo del sofá")
- No sabe decir correctamente su nombre y apellidos
- No utiliza el plural ni el pasado apropiadamente al hablar
- No habla sobre lo que hace durante el día
- No puede construir torres de entre seis y ocho bloques
- No coge correctamente un creyón
- Le cuesta trabajo quitarse la ropa
- No puede lavarse los dientes
- No puede lavarse ni secarse las manos

y pasará a hacerlo como los adultos. Con la instrucción adecuada, también podrá aprender a usar el cuchillo. A partir de este momento, podrá enseñarle otros modales, como no hablar con la boca llena, limpiarse con la servilleta y no coger nada del plato de otra persona. Aunque es importante explicarle estas normas, es mucho más importante darle buen ejemplo, puesto que un niño se comporta tal y como ve que se comporta el resto de la familia. También adquirirá más fácilmente buenos modales si en su casa hay la costumbre de comer en familia. Por lo tanto, convierta por lo menos una comida diaria en un momento de reunión familiar, y pídale a su hijo que le eche una mano, sea poniendo la mesa o ayudándole a preparar algún plato.

Independientemente de que a su hijo o hija le guste comer más o menos, tendrá preferencias específicas por determinados alimentos, y es posible que ellas cambien de un día para otro. Por muy irritante que le parezca el que su hijo

## *¿Cuánto es suficiente?*

A muchos padres les preocupa que sus hijos no estén comiendo lo "suficiente". Aquí tiene unas indicaciones para saber si su hijo come suficiente pero no demasiado.

1. Ofrézcale cantidades reducidas y déle más sólo si lo pide. He aquí algunas cantidades "a la medida" de un niño de esta edad.

   4 a 6 onzas de leche o jugo
   ½ taza de requesón o yogur
   2 onzas de carne de hamburguesa
   1 tostada
   4 cucharadas de verdura
   ½ taza de cereal
   2 onzas de pollo
   1 cucharadita de margarina

2. No le deje picar demasiadas veces entre comidas, y ofrézcale alimentos sanos en lugar de refrescos, dulces, repostería o alimentos salados o grasosos. Picar entre comidas no sólo quita el apetito para las comidas principales sino que también fomenta la formación de caries. Para minimizar el riesgo de formación de caries y evitar que su hijo consuma demasiadas calorías, ofrézcale cosas nutritivas, tales como:

   fruta y jugos de frutas
   palitos de zanahoria, apio o pepino
   yogur
   tostadas y *galletas de soda*
   sándwiches pequeños
   galletas de avena
   panecillos de salvado
   queso

3. No utilice nunca la comida como una forma de recompensar la buena conducta.

4. Asegúrese de que su hijo tiene hambre o sed cuando le pida comida o bebida. Si lo que quiere, en el fondo, es su atención,

desprecie un alimento que le encantaba hace sólo dos días, es mejor que no haga de ello una montaña. Déjele que se coma los demás alimentos que tiene en el plato u ofrézcale alguna otra cosa.

Siempre y cuando elija alimentos que no sean excesivamente dulces, grasos o salados, no se oponga. De todos modos, anímelo a probar alimentos nuevos ofreciéndole pequeñas cantidades, en lugar de insistir para que se coma todo un plato lleno de algo a lo que no está habituado.

abrácelo, háblele o juegue con él, pero no utilice la comida como un sustituto de la atención.

5. No le deje comer mientras juega, escucha un cuento o ve la televisión. Si se alimenta de este modo, es fácil que siga comiendo sin darse cuenta a pesar de estar lleno.
6. Aprenda cuál es la cantidad de calorías que contienen los distintos alimentos y controle la cantidad de calorías que consume su hijo/a en un día promedio. Un niño de entre cuatro y cinco años debería consumir de 900 a 1800 calorías diarias o unas 40 calorías por libra de peso.
7. Si el patrón de alimentación de su hijo o hija es inconsistente, no se preocupe. Habrá días que comerá todo lo que cae en sus manos y otros en que rechazará todo. Cuando se niegue a comer, es posible que no tenga hambre porque el día anterior estuvo menos activo que de costumbre. También considere la posibilidad de que su hijo esté utilizando la comida como una forma de ejercer control. Sobre todo en los días en que esté muy negativo, se resistirá a cualquier intento de hacerle comer. Cuando ocurra esto, no lo fuerce. Tenga la seguridad de que hasta en los días de mayor negativismo no va a morirse de hambre y, si llegara a perder peso, sería muy poco. De todos modos, si comprueba que su hijo está muy desganado durante más de una semana o presenta otros síntomas de enfermedad, como fiebre, náusea, diarrea o pérdida de peso, consulte al pediatra.
8. Limite el consumo de leche. La leche es un alimento importante, sobre todo por su contenido de calcio. Sin embargo, si su hijo toma demasiada leche, puede perder el apetito para comer otros alimentos que también son importantes. Su hijo necesita tomar aproximadamente medio litro de leche (16 onzas) cada día para satisfacer sus necesidades de calcio.

Los anuncios de televisión pueden ser un verdadero obstáculo para que su hijo adquiera buenos hábitos alimentarios. Algunas investigaciones han puesto de manifiesto que los niños que ven más de veintidós horas de televisión a la semana tienen mayores probabilidades de acabar siendo obesos. Los niños de esta edad son muy receptivos a los anuncios de caramelos, chocolatinas y cereales azucarados, sobre todo si han estado en otras casas donde se comen tales

## *Ejemplo de un menú diario para un preescolar*

Este menú está pensado para un niño de cuatro años que pese aproximadamente 36 libras (16.5 Kg)

1 cucharada = ½ onza (15 cc)

1 cucharadita = ½ de cucharada (5 cc)

1 taza = 8 onzas (240 cc)

**DESAYUNO**

½ vaso de leche al 2%

½ taza de cereal

½ vaso de jugo de cítrico o tomate o ⅓ taza de melón o fresas

**A MEDIA MAÑANA**

½ vaso de leche al 2%

½ taza de banano

1 rebanada de pan integral

1 cucharadita de margarina

1 cucharadita de jalea

**ALMUERZO**

¾ vaso de leche al 2%

½ sándwich—2 rebanadas de pan integral, 1 cucharadita de margarina o dos cucharaditas de aderezo para la ensalada y 1 onza de carne o queso

¼ taza de verdura u hortalizas

**A MEDIA TARDE**

1 cucharadita de mantequilla de maní

1 rebanada de pan integral o 5 galletas de soda

½ vaso de jugo de fruta

**COMIDA**

¾ vaso de leche al 2%

2 onzas de carne, pescado o pollo

½ taza de pasta, arroz o papas

½ taza de verdura

1 cucharadita de margarina o dos cucharaditas de aderezo para la ensalada

productos. Para combatir estas "malas influencias", mantenga su casa lo más "limpia" posible. Llene la despensa de productos bajos en sal, azúcar y grasas, y reserve los dulces para ocasiones especiales. Así mismo, controle el tiempo que su hijo pasa frente al televisor y los anuncios que vé. Al final, se acabará acostumbrando a comer alimentos saludables, lo que le hará menos susceptible a caer en la tentación de consumir cosas dulces, saladas o grasosas. (Véase La *televisión*, página 571)

**Suplementos dietéticos.** Los niños de esta edad que siguen una dieta equilibrada raras veces necesitan tomar suplementos vitamínicos. De todos modos, si su hijo es extremadamente selectivo y se niega a consumir una dieta equilibrada, pregúntele al pediatra si necesita tomar algún complejo vitamínico.

## Más allá del "entrenamiento"

Al acercarse a los tres años de edad la mayoría de niños ya saben usar el inodoro, aunque hayan aprendido a hacerlo en una sillita-orinal en vez de en un inodoro como tal. Sin embargo, a partir de ahora, puesto que pronto van a empezar a ir a la escuela, tendrán que acostumbrarse a utilizar el inodoro, tanto en casa como fuera.

El primer paso de este proceso consiste en colocar el orinal cerca de la taza del inodoro, para que el niño se acostumbre a "ir al baño". Cuando ya "domine" completamente el uso del orinal, adquiera un asiento de inodoro para colocarlo en el mismo, así como una caja estable o un taburete para que el pequeño se pueda subir y bajar del inodoro por su cuenta. Así, también tendrá una superficie donde apoyar los pies mientras lo esté utilizando. Una vez haya hecho completa y voluntariamente la transición del orinal al inodoro, retire el primero del baño.

Los varoncitos suelen sentarse en el inodoro para orinar durante el "entrenamiento", pero, cuando tienen entre cuatro y cinco años, empiezan a imitar a sus padres, amigos o hermanos mayores, e intentan orinar de pie. Cuando su hijo esté aprendiendo a orinar de este modo, asegúrese de que levanta el asiento del inodoro antes de orinar. Prepárese a limpiar más de la cuenta alrededor de la taza, puesto que la puntería de su hijo dejará bastante que desear durante algún tiempo. (Advertencia: asegúrese de que el asiento del inodoro

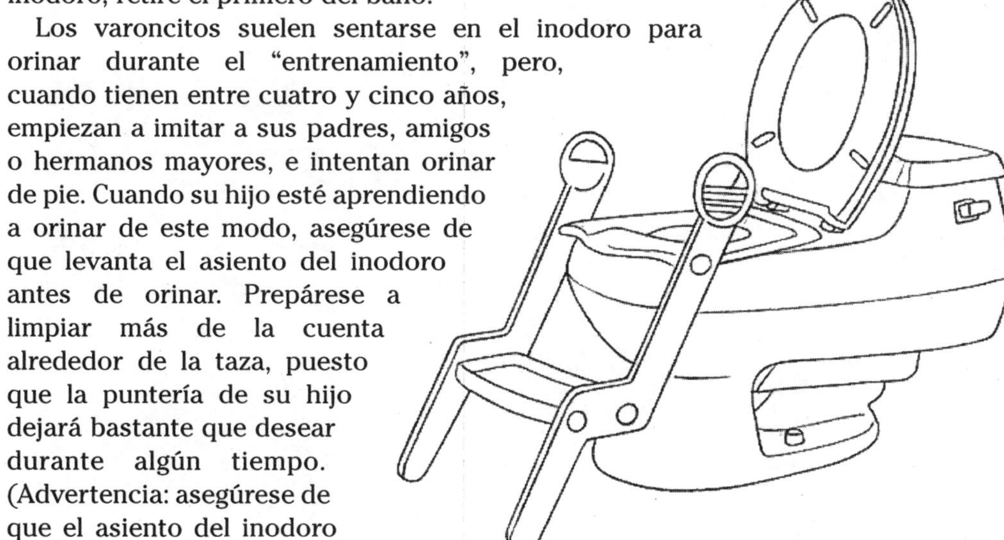

se aguanta bien después de levantarlo; muchos niños han resultado lastimados al caer el asiento).

Cuando esté con su hijo fuera de casa, enséñele a reconocer las señales que indican donde están los baños públicos y anímelo a utilizarlos cuando lo necesite. Al principio tendrá que acompañarle y ayudarle, pero, cuando cumpla cinco años debe sentirse lo suficientemente seguro como para arreglárselas por su cuenta. De todos modos, siempre que sea posible debería acompañarlo al baño un adulto o un niño mayor, o, por lo menos, esperarlo en la puerta.

Su hijo o hija también tendrá que aprender que a veces conviene ir al inodoro cuando haya uno cerca, incluso *antes* de sentir la necesidad imperiosa de orinar o evacuar. Así, las salidas y sobre todo los viajes en auto serán más llevaderos. A veces, sin embargo, es posible que su hijo necesite ir al baño pero no haya ninguno disponible, por lo que usted tendrá que enseñarle a orinar al aire libre. Esto no representa ningún problema para los niños, pero las niñas tendrán que aprender a ponerse en cuclillas y separar las piernas para no mojarse la ropa ni los pies. Usted puede ayudarla demostrándole cómo debe colocarse y sosteniéndola mientras está de cuclillas.

Durante todo el proceso arriba descrito, usted tendrá que ayudar a su hijo o hija, tanto en casa como afuera. Su ayuda no se limitará exclusivamente al hecho de limpiarlo después de orinar o evacuar, sino a ayudarle a quitarse la ropa y volvérsela a poner correctamente. Sin embargo, antes de que empiece a ir a la escuela, su hijo debe saber hacer todo el proceso por su cuenta. Para una niña, esto implica enseñarle a limpiarse de delante hacia atrás, sobre todo después de evacuar, puesto que, si las heces entran en contacto con la uretra o la vagina, podrían provocar infecciones en el aparato urinario o en la vagina. Los niños tienen

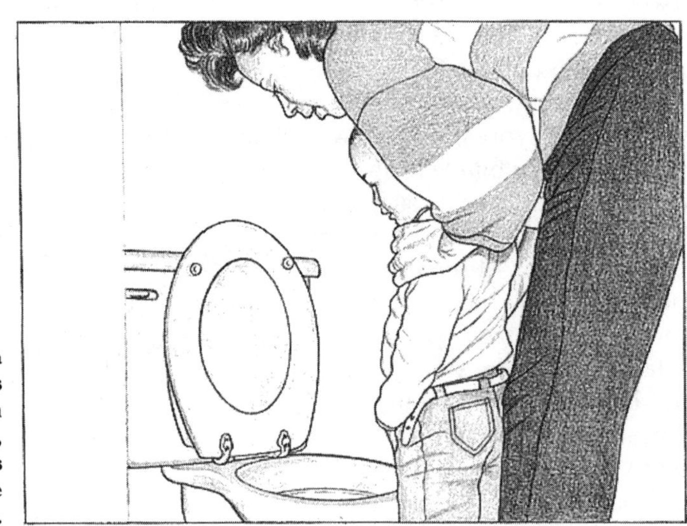

**Durante la etapa preescolar, los varoncitos empiezan a copiar a sus padres, amigos o hermanos mayores, poniéndose de pie para orinar.**

que aprender a bajarse los pantalores (si son de cintura elástica) o a abrirse la bragueta (en el caso de que tengan).

Para facilitar las cosas al máximo, vista a su hijo o hija con ropas que se puedan abrir, bajar o quitar sin ayuda. A pesar de que los "overoles", por ejemplo, pueden ser prácticos por otros motivos, a los niños pequeños les suele costar mucho ponérselos y quitárselos sin ayuda. Para los niños de ambos sexos, lo más cómodo es llevar pantalones con cintura elástica. En el caso de las niñas, una falda o un vestido con interiores elásticos también puede ser conveniente.

## Mojar la cama

Cuando están aprendiendo a usar el inodoro, todos los niños mojan la cama de vez en cuando. Incluso si su hijo lleve a varios días seguidos sin orinarse por la noche, es posible que vuelva a las andadas, quizás como reacción ante el estrés o algún cambio que haya tenido lugar en su vida. Cuando esto ocurra, no haga de ello una montaña. Simplemente, vuelva a ponerle por un tiempo los pantaloncitos de entreramiento por las noches. En cuanto disminuya el estrés, es posible que deje de mojar la cama. De todos modos, si sigue haciéndolo, coménteselo al pediatra.

La mayoria de los niños que mojan la cama de forma recurrente, nunca han sido consistentes en mantenerse secos. Algunos de ellos tienen la vejiga demasiado pequeña, incluso con cuatro o cinco años de edad, por lo que no pueden estarse una noche entera sin orinar. En otros casos, el problema obedece a que el niño necesita más tiempo para aprender a controlar la vejiga.

Si su hijo o hija se orina en la cama consistentemente, lo más probable es que el problema vaya desapareciendo a medida que madure. A esta edad, no es conveniente darle ningún medicamento ni tampoco castigarlo o ridiculizarlo. El pequeño no moja la cama a propósito. Limitar la cantidad de líquido ingerido o despertarlo para que vaya al inodoro probablemente tampoco ayudará demasiado, pero transmitirle el mensaje de que estos "percances" no tienen importancia, probablemente le ayudará a sentirse menos avergonzado. Así mismo, asegúrese de que entiende que el hecho de mojar la cama no es culpa suya y que probablemente dejará de hacerlo en cuanto crezca un poco más. Si en su casa hay una larga historia familiar de este tipo de episodios, hágaselo saber al pequeño para que no se sienta tan culpable.

Si su hijo sigue mojando la cama después de cumplir cinco años, es posible que su pediatra le recomiende algún tipo de tratamiento. Véase *Mojar la cama*, página 688.

Si un niño que ya llevaba seis meses o incluso más tiempo yendo al inodoro sin problemas, empieza a orinarse en la cama, es posible que haya una causa física o emocional subyacente. Si tiene estos percances tanto por el día como por la noche, se le escapan gotas de orina constantemente o se queja de dolor o escozor al orinar, es posible que tenga alguna infección en el aparato urinario o algún otro problema médico. En cualquier caso, llévelo al pediatra lo antes posible.

## Sueño

Para muchos padres, la hora de acostar a sus hijos es el momento más temido del día, y generalmente por un buen motivo: a menos que estén muy cansados, los niños de esta edad suelen resistirse a meterse en la cama. Este momento resulta particularmente problemático si el niño tiene hermanos mayores que se pueden quedar despiertos hasta más tarde. El hermano pequeño sentirá que se le "hace de lado" y temerá "perderse de algo" mientras los demás miembros de la familia siguen levantados. Este tipo de sentimientos son totalmente comprensibles y no hay ningún inconveniente en tener cierta flexibilidad al respecto. Pero recuerde que un niño de esta edad necesita dormir entre diez y doce horas cada noche.

La mejor forma de preparar a su hijo o hija para que concilie el sueño, es leerle un cuento. Cuando termine de leerle y le haya dado el beso de buenas noches, no deje que "le enrede" ni que le pida que se quede con él hasta que se duerma. Tiene que aprender a dormirse por su cuenta. Así mismo, no le deje participar en juegos muy movidos justo antes de acostarse, puesto que podría excitarse demasiado. Cuanto más tranquila y calmada sea la actividad que realice antes de acostarse, menos le costará conciliar el sueño.

La mayoría de los niños de esta edad duermen bien por las noches, pero a menudo se despiertan y echan un vistazo a su alrededor antes de volverse a dormir. De todos modos, es posible que algunas noches su hijo tenga sueños muy vívidos que le hagan despertarse súbitamente. En estos sueños suelen reflejarse algunas de las vivencias del día. En los sueños también es posible detectar

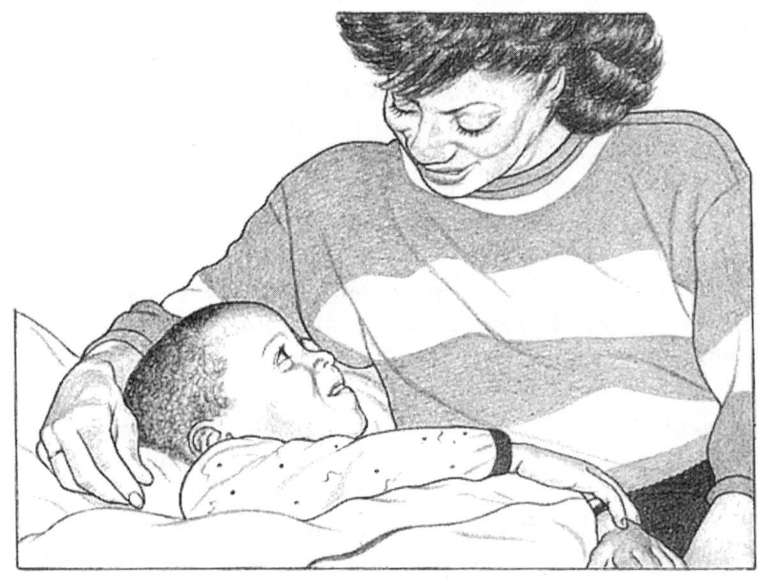

**A menos que estén muy cansados, los preescolares suelen resistirse a meterse en la cama.**

vestigios de impulsos, emociones agresivas, o temores que sólo salen a la superficie a través de los sueños.

Cuando su hijo cumpla cinco años, o algo más tarde, entenderá mejor que estas imágenes sólo son sueños, pero, hasta que llegue ese momento, necesitará que alguien le tranqulice diciéndole que no son reales. Así que, cuando se despierte a media noche asustado y llorando, consuélelo, hable del sueño y quédese a su lado hasta que se calme. Para su tranquilidad, piense que sólo se trata de una pesadilla, no de un problema grave.

Para ayudar a su hijo a superar estos miedos, puede leerle cuentos sobre el acto de dormir y los sueños. Al comentar estos cuentos, el niño entenderá que todo el mundo sueña y que no tiene por qué tener miedo de sus sueños. Hay muchos cuentos clásicos sobre este tema a en su librería más cercana, que pueden serle de gran ayuda. Sin embargo, asegúrese de que estos cuentos no asustan al pequeño.

Es posible que alguna vez encuentre a su hijo en la cama, aparentemente despierto y muy alterado, quizás gritando y temblando, con los ojos abiertos de par en par y completamente aterrorizado. Si usted intenta tranquilizarlo, no reaccionará. En estos casos, su hijo, ni está despierto ni tiene una pesadilla: usted estará presenciando un "terror nocturno". Este misterioso y angustioso comportamiento que aparece durante el sueño, es común durante la etapa preescolar y los primeros años escolares. Típicamente, el niño concilia el sueño sin problemas, pero aproximadamente al cabo de una hora, abre los ojos de par en par en actitud de terror. Es posible que tenga alucinaciones, señale objetos imaginarios, dé patadas en el aire, agite los brazos, llore y, generalmente, parezca inconsolable. Lo único que puede hacer usted en estos casos es cargarlo para evitar que se haga daño. Intente tranquilizarlo diciéndole cosas como: "Todo va bien. Mamá y papá están contigo". Al cabo de entre diez a treinta minutos, el niño

## *Cómo distinguir entre una pesadilla y un terror nocturno*

A veces puede ser difícil saber si un niño está teniendo una pesadilla o un terror nocturno. Esta tabla puede serle de gran ayuda.

| | **Pesadilla** | **Terror nocturno** |
|---|---|---|
| ¿Qué es? | Un sueño que provoca mucho miedo seguido de un despertar completo | Un despertar sólo parcial desde una fase de sueño muy profundo |
| ¿Cuándo se percata usted del fenómeno? | Cuando ya ha pasado y su hijo, se despierta, y le habla sobre él | Mientras está teniendo lugar y el niño grita y se mueve agitadamente. Después se tranquiliza. |
| Momento en que ocurre | En la segunda mitad de la noche, cuando los sueños son más vívidos | Generalmente al cabo de entre una y cuatro horas de acostarse |
| Aspecto y comportamiento del niño | El niño llora y está muy asustado después de despertarse | Se sienta, se agita, hace movimientos extraños. Llora, grita, gime, habla. Tiene los ojos abiertos de par en par, el ritmo cardíaco acelerado y está sudoroso. El miedo y la confusión desaparecen cuando el niño se despierta |
| Reactividad | En cuanto se despierta, el niño se da cuenta de su presencia y se tranquiliza al verle | El niño no parece darse cuenta de su presencia y puede, incluso, intentar apartarle, gritando y agitándose todavía más si usted intenta inmovilizarlo |
| Volver a conciliar el sueño | Es posible que al niño le cueste volver a conciliar el sueño por lo asustado que está | Vuelve a conciliar el sueño rápidamente sin llegar a despertarse por completo |
| Recuerdo de la experiencia | Suele recordar lo que ha soñado y puede hablar sobre ello | No recuerda nada de lo que ha soñado ni tampoco la agitación y los gritos |

Adaptado de *Solve You Child's Sleep Problems* (Cómo solucionar los problemas de sueño de su hijo), de Richard Feber, M.D.

se tranquilizará y volverá a dormirse. A la mañana siguiente no se acordará de nada.

Algunos niños tienen terrores nocturnos sólo una vez en la vida, mientras que otros tienen varios episodios de este tipo. De todos modos, lo que no es habitual es que un niño tenga terrores nocturnos recurrentes y frecuentes durante un período de tiempo prolongado. Si estos episodios son muy frecuentes, las medicinas para el sueño que le prescriba el pediatra pueden ayudar, pero la mejor estrategia suele ser simplemente esperar a que remitan. Estos terrores desaparecerán por si solos a medida que crece el niño.

Pero, ¿y en aquellos casos en que usted está seguro de que su hijo no tiene ni una pesadilla ni un terror nocturno, pero se despierta por la noche y le llama? Limítese a decirle que todo va bien, arrópelo y déjelo solo. No recompense la conducta de despertarse a media noche dándole de comer o llevándoselo con usted a su habitación.

## Disciplina

Cuando tenga cuatro años, su hijo o hija tendrá relativamente bajo control sus reacciones emocionales impredecibles, pero todavía no sabrá controlar sus deseos de desafiar a la autoridad. Por lo tanto, a esta edad, es posible que desobedezca intencionadamente las normas familiares, que le conteste, le grite e, incluso, le insulte. A menudo se portará mal sólo por fastidiarle. Por muy irritante o embarazoso que le parezca este comportamiento, muy pocas veces es el síntoma de un trastorno emocional y, si usted lo toma con tranquilidad, probablemente desaparecerá a comienzos de la etapa escolar.

Esto no significa que usted tenga que dejar que su hijo le controle y le intimide. Lo crea o no, esto no es lo que él desea. Muy al contrario, lo que espera es que usted lo detenga cuando se pase de la raya, del mismo modo que asume que usted le protegerá si hace algo peligroso. Por lo tanto, debe enseñarle qué comportamientos son aceptables y cuáles inaceptables. La única forma de que aprenda a fijarse sus propios límites más adelante es que usted le fije ahora unos límites razonables.

A la hora de decidir los límites a establecer, conviene que tenga en cuenta que muchas de las estrategias que utilizó cuando su hijo era más pequeño siguen siendo útiles ahora. Continúa siendo importante recompensar la conducta deseable más a menudo que castigar la conducta indeseable, y evitar los castigos físicos. Y sigue siendo fundamental corregir la mala conducta interviniendo inmediata y consistentemente en vez de esperar y dejar que su hijo se olvide de lo que ha hecho mal.

A esta edad, su hijo es mucho más consciente que antes de cuándo se porta mal. Durante la primera infancia actuaba sobre todo por curiosidad, intentando encontrar y poner a prueba sus propios límites; ahora, como preescolar, su comportamiento será mucho menos inocente. Un niño de tres años, al enterarse de

## *"Pausa obligada"*

Aunque no se puede ignorar un comportamiento peligroso o destructivo, hay casos en que es mejor utilizar la "pausa obligada". Esta técnica resulta especialmente eficaz con niños de tres y cuatro años, que generalmente saben cuándo han hecho algo realmente grave y entienden por qué se les castiga.

Para aplicar la "pausa obligada", proceda del siguiente modo:

1. Defina el comportamiento que quiere erradicar y registre su frecuencia de ocurrencia. Los castigos sólo deben aplicarse cuando el niño hace *intencionadamente* algo que sabe que está prohibido.
2. Avise a su hijo que, si continua así, lo castigará.
3. Reserve una zona para aplicar la "pausa obligada", preferentemente una habitación que no contenga juguetes, televisión ni cualquier otra distracción—en otras palabras, una habitación que sea lo más aburrida posible. Si no dispone de una habitación con estas características, puede usar una silla orientada de cara a la pared en un corredor o en una habitación donde no haya nadie.
4. Cuando su hijo haga algo que sabe que se castiga con una "pausa obligada", envíelo inmediatamente a la zona reservada para tal propósito y dígale cuánto tiempo tendrá que permanecer allí. Cinco minutos suelen bastar. Deje un despertador o un cronómetro a la vista para que él mismo pueda controlar el tiempo.
5. Si llora o grita, vuelva a poner el cronómetro a cero. Si abandona la zona reservada para al "pausa obligada", vuélvalo a llevar allí y empiece a contar el tiempo desde ese momento.
6. Utilice la "pausa obligada" cada vez que su hijo viole esa norma en concreto. Así mismo, siempre que usted se dé cuenta de que su hijo la está respetando, felicítelo por su buen comportamiento.

que su madre está embarazada o de que sus padres se van a separar, por ejemplo, puede reaccionar haciendo deliberadamente algo que sabe que no está permitido. Es posible que no entienda las emociones que le están llevando a saltarse las normas, pero no cabe duda de que sabe que se las está saltando.

Para frenar este tipo de conductas, ayude a su hijo a expresar sus emociones a través de las palabras en lugar de a través de actos violentos, o desagradables. Si

## *Mentir*

Mentir, a esta edad, es algo bastante habitual. Los preescolares pueden mentir por diversas razones. A veces lo hacen por miedo al castigo, o porque se dejan llevar por la imaginación, o tal vez porque están imitando una conducta que han visto hacer a los adultos. Antes de castigar a su hijo o hija por no decir la verdad, asegúrese de que usted entiende sus motivos.

Si miente para evitar el castigo, es posible que haya violado alguna de las normas de la casa. Por ejemplo, es posible que rompiera algo que está prohibido tocar, o quizás fue demasiado brusco y lastimó a alguno de sus compañeros de juego. En cualquier caso, no cabe duda de que cree que lo que ha hecho es una ofensa más grave que el hecho de mentir. Si usted quiere que confiese, debe ayudarle a entender que mentir es una falta más grave. Por lo tanto, guárdese el enfado y el castigo más severo para cuando su hijo se empeñe en ocultar la verdad y, cuando sospeche que ha hecho algo malo, en lugar de acusarlo directamente, dígale algo como: "Esto está roto. ¿Me pregunto cómo ocurrio?" Si confiesa, mantenga la calma y castíguelo con menos dureza que si siguiera ocultando la verdad. De este modo, la próxima vez le dará menos miedo confesar.

Inventarse historias no es exactamente lo mismo que mentir. Se trata simplemente de la manifestación de la productiva e incansable imaginación de su hijo que no perjudica a nadie. Sólo se convertirá en un problema si usted—o su hijo—dejan de saber distinguir entre realidad y ficción. Aunque inventarse una historia fantasiosa no es algo que merezca un castigo, sí merece una lección. Explíquele a su hijo el cuento de "Pedro y el lobo" y hágale entender lo peligroso que puede ser inventarse cosas falsas. (Por ejemplo, ¿y si estuvieras enfermo o te hubieras hecho daño y yo no supiera si creerte o no?) Trasmítale que lo mejor para su propio bien es que diga la verdad.

Si su hijo o hija miente porque le está imitando a usted, la mejor forma de erradicar ese comportamiento es modificar el ejemplo que usted le da. Cuando le oye decir "mentiras piadosas", tal vez no entienda que usted lo hace por cuestiones de tacto o para no herir los sentimientos de alguien. Lo único que sabe es que usted no está diciendo la verdad, y es muy probable que deduzca que él también puede mentir libremente. Usted puede intentar explicarle la diferencia que hay entre una mentira piadosa y una mentira propiamente dicha, pero la más probable es que el pequeño no entienda sus argumentos. Obtendrá mejores resultados modificando su modo de actuar delante de él.

una niña le dá una patada a su madre, esta puede decirle: “¡No más! Estás enfadada. ¿Dime qué pasa?” Si, después de esta intervención, la niña sigue comportándose así, lo mejor será mandarla a su cuarto o a una esquina.

A veces su hijo no sabrá por qué está enfadado y usted tendrá que ayudarle a descubrirlo. Aunque esto puede ser un verdadero reto para su paciencia, puede estar seguro de que merece la pena. Generalmente, verá las cosas mucho más claras si analiza la situación desde el punto de vista del pequeño. La madre embarazada que acabamos de describir, por ejemplo, puede sugerirle a su hija: “Estás enfadada por el bebé, ¿verdad?” Este enfoque le resultará mucho más eficaz si usted anima a su hijo o hija a que le hable habitualmente sobre sus problemas y sentimientos.

## Preparar a su hijo para kindergarten

El kindergarten es un importante punto de inflexión en la vida de un niño. Aunque haya pasado por la experiencia de ir a una guardería o un jardín infantil, cuando empiece a ir a la escuela se esperará de él que sea más maduro e independiente y tendrá que asumir más responsabilidades. Además, la escuela como tal suele ser mucho más grande que las guarderías o los jardines infantile típicos y su medio social es mucho más complejo y confuso. Aunque su clase puede tener unas dimensiones y una cantidad de alumnos similar a la clase del jardín infantil, es posible que su hijo o hija pase alguna parte del día mezclándose con niños mayores de otras clases. Por lo tanto, tendrá que estar preparado emocionalmente no sólo para realizar las tareas que le van a exigir en kindergarten, sino también para el desafío que supone ser un niño pequeño en un colegio grande.

**La entrada al kinder es un importante punto de inflexión en la vida de un niño.**

Conforme su hijo se acerque a la edad escolar, usted debe empezar a prepararlo. Explíquele cómo cambiará su rutina diaria cuando empiece a ir a la escuela hágala partícipe de la elección de la ropa que necesitará para entrar a la escuela. También puede ser conveniente pasar por la escuela de vez en cuando e incluso entrar al que será su salón de clase para que sepa con antelación con qué se va a encontrar cuando llegue el momento de la verdad.

Muchas escuelas abren sus puertas antes de que empiecen las clases, lo que permite que los padres lleven a sus hijos y les presenten a sus futuros maestros.

Todos estos preparativos contribuyen a alimentar el entusiasmo de los niños y a disminuir la ansiedad asociada al hecho de tener que dar un paso tan grande como éste.

Antes de empezar a ir a la escuela, su hijo deber someterse a una revisión médica detallada (en muchos estados es obligatorio). El pediatra le evaluará la vista, el oído y el desarrollo global, y comprobará si le han administrado todas las vacunas y refuerzos necesarios. (Véase el Capítulo 27 "Vacunas", particularmente el itinerario de vacunaciones especificado en la página 70) En función de las leyes vigentes en cada estado y de las probabilidades de exposición o riesgo, es posible que le administren la prueba de la tuberculina y le manden a hacer otros análisis.

La mayoría de las escuelas permiten que los niños se matriculen en kindergarten basándose en la edad que tienen, generalmente fijando un punto de corte muy rígido. Por ejemplo, si su hijo o hija cumple cinco años el 31 de diciembre, es posible que le permitan matricularlo con sólo cuatro años, pero si su cumpleaños es el 1 de enero, tendrá que esperar hasta el próximo otoño. Aunque este enfoque es adecuado para la mayoría de los niños, no es perfecto. Las tasas de desarrollo son tan variables que un niño puede estar preparado para empezar a ir a la escuela con sólo cuatro años, mientras que otro puede no estarlo hasta que tenga cinco años cumplidos.

Si no sabe si su hijo está preparado para entrar a la escuela y lo lleva a una guardería o a jardín infantil, hablar con los maestros del niño puede ser de gran ayuda. Allí han visto cómo se relaciona con otros niños, y pueden decirle si está preparado para afrontar la experiencia de asistir a una clase más estructurada. Las pruebas para determinar su nivel de desarrollo también pueden ayudarle a tomar esta decisión. El pediatra podrá ayudarle a coordinar la administración de dicha prueba.

Este tipo de pruebas también pueden ser de gran ayuda si sospecha que su hijo está adelantado para su edad, y usted desea que empiece a ir a la escuela antes de lo habitual.

Muchas escuelas públicas realizan evaluaciones iniciales de forma sistemática para determinar si los preescolares están preparados para empezar a ir a la escuela. Las pruebas se suelen hacer en la misma escuela durante el verano, antes de que empiece el año escolar. Así mismo, es posible que el personal de enfermeria de la escuela se encargue de reunir información sobre el estado de salud del niño, comprobando que sus vacunaciones esten al día y, quizás, examinándole también la vista y la audición.

A menos que tenga algún motivo para sospechar que su hijo o hija va a tener problemas para adaptarse a la escuela, lo mejor puede ser dejarle un período de prueba cuando empiecen las clases. Así mismo, si al final del año existen dudas sobre el progreso del niño, se debe considerar seriamente la posibilidad de que repita curso. Esta decisión se tomará en función de su capacidad para aprender y para seguir instrucciones y rutinas, así como el modo que tenga de relacionarse con los demás niños y con su maestro/a.

## *Actividades al viajar en auto*

Si usted consigue que los viajes en auto sean divertidos, su hijo los soportará mejor. He aquí algunas sugerencias para ayudarle a entretenerse.

- Háblele sobre los paisajes que vayan viendo. Pregúntele qué ve por la ventana. Señálele cosas interesantes. Cuando sepa el nombre de varios colores, formas, letras o números, pídale que los identifique en las señales de tráfico y los avisos de la calle. Si es usted quien lleva el volante ¡no se olvide de que no debe apartar los ojos de la carretera!
- Lleve en el auto varios libros de ilustraciones y juguetes pequeños y déjelos en un lugar accesible para el niño.
- Lleve varias cintas de canciones o cuentos infantiles en el auto. Póngalas y anime a su hijo a que cante sus canciones favoritas.
- Para los viajes largos, lleve una caja con juguetes y materiales apropiados para la edad de su hijo, como libros de pintar o de actividades, creyones, hojas de papel, calcomanias, muñecos de papel, cuentas para ensartar, un Viewmaster® o un Etch-A-Sketch®. (No deje que su hijo utilice tijeras en el auto; podrían ser peligrosas en caso de un frenazo).
- Haga paradas por lo menos cada dos horas para descansar. Así, podrán estirar las piernas, tal vez picar algo de comer e ir al baño.
- Si su hijo suele marearse cuando va en auto, puede darle una dosis adecuada de Dramamine® media hora antes de iniciar el viaje (Véase *Mareos provocados por el movimiento*, página 695)

El viaje resultará más agradable y cómodo si, además, todos siguen consistentemente las siguientes normas:

- No gritar, discutir, pegar, morder ni hacer ruido
- No permitir que los niños toquen las manijas de las puertas
- No dejar nunca a un niño jugar solo dentro del auto
- Tener consideración hacia las demás personas que viajan en el auto

## Viajar con un preescolar

Conforme su hijo crezca y se vuelva más activo, será más complicado viajar con él. Se moverá constantemente en el asiento y podrá protestar y quejarse a voz en grito cuando usted insista en que se esté quieto. Por su propia seguridad, usted deberá mantenerse firme, pero, si le proporciona suficientes distracciones, probablemente el pequeño acabará superando la inquietud inicial. Los trucos concretos que conviene utilizar para viajar con niños de esta edad dependen del medio de transporte utilizado.

**En auto.** Incluso en los desplazamientos más cortos, su hijo debe ir sentado en un asiento de seguridad o en un asiento elevador (Véase *Asiento de seguridad para el auto*, página 442, para elegir el modelo adecuado). La mayoría de los choques de auto ocurren a menos de 5 millas de casa y a velocidades inferiores a las 25 millas por hora, así que no debe haber ninguna excepción. Si su hijo protesta, no ponga en marcha el auto sino hasta que esté, bien sujeto. Si, mientras conduce, se sale del asiento deténgase y vuelva a hacer lo mismo.

**En avión.** Cuando tenga que viajar en avión con un niño pequeño, informe siempre a la compañía aérea con antelación. Así, podrán sentarles juntos y es posible que la compañía le pueda ofrecer un menú especial para niños si usted lo solicita cuando haga las reservas. Una ventaja de viajar en avión es que el niño podrá estirar las piernas cuando se apague la indicación de "AbróchＡrse los cinturones".

**Incluso en los viajes más cortos, su hijo debe ir sentado en su asiento de seguridad o en un asiento elevador.**

### *Trucos para mantener seguros a los niños en el avión*

- Asegúrese de que el asiento de seguridad de su hijo o hija está aprobado por la FAA. Compruebe que la etiqueta dice que es apto para uso en vehículos de motor y aviones.
- Compruebe las medidas del asiento. Un asiento cuyo ancho no supere las 16 pulgadas se puede colocar en la mayoría de los asientos de avión. Sin embargo, ya que los asientos de los aviones tienen anchos variables, aún quitándole los apoyabrazos, un asiento de seguridad de más de 16 pulgadas de ancho difícilmente podrá instalarse correctamente en el asiento de un avión.
- No olvide de informarse sobre la política que tiene la compañía aérea sobre cómo deben viajar los niños pequeños. Muchas compañías permiten que los niños de menos de dos años ocupen un asiento vacío sin pagar pasaje y otras ofrecen precios reducidos para estos casos. De todos modos, la única forma de asegurarse de que va a poder colocar el asiento de seguridad de su hijo en un asiento es adquirir un pasaje para él (sea rebajado o a precio completo).
- Cuando adquiera el pasaje para su hijo o hija, reserve un asiento adyacente al suyo. El asiento de seguridad debe colocarse siempre junto a una ventana y lejos de las salidas de emergencia, para que, no pueda bloquear su acceso.
- Si tiene que hacer escala y cambiar de avión, puede ser muy complicado transportar el equipaje, el asiento de seguridad del niño y al niño por el aeropuerto. Muchas compañías aéreas ofrecen a los padres personal de apoyo para que les ayuden en estos casos, siempre que soliciten la ayuda con suficiente antelación.

Éste es el mejor antídoto contra la inquietud, ¡sobre todo si se encuentra a otro preescolar por el pasillo!

Para mantener al niño entretenido mientras está en su asiento, lleve consigo un surtido de libros o juguetes como el que llevaría si hicieran un viaje en auto. Así mismo, algunas compañías aéreas ofrecen a los niños materiales para realizar distintas actividades. Pídale información al auxiliar de vuelo.

Todos, los asientos fabricados a partir de 1985 estan rotulados y certificados para uso en vehículos de motor y aviones. La FAA *(Federal Aviation Administration)* considera que la mayoría de los asientos de seguridad permiten evitar lesiones en caso de turbulencia, pero no son eficaces si el avión llega a estrellarse. Los asientos que se orientan en el sentido opuesto al de la marcha, son los únicos que dan buenos resultados en estos casos. Los asientos mixtos que se utilizan orientando al niño en el sentido de la marcha permiten que la cabeza se desplace demasiado hacia adelante. Por otra parte, el diseño de los asientos y los cinturones de los aviones no permite que los asientos de seguridad se instalen correctamente, sobre todo si se vuela en clase turista. Los asientos elevadores no deben utilizarse para viajar en avión, ya que el respaldo de los asientos suele doblarse hacia adelante debido al movimiento del pasajero que ocupa el asiento posterior. Estos problemas están siendo evaluados actualmente por la *FAA*, y probablemente se propondrán nuevas leyes y recomendaciones al respecto.

## La Visita al Pediatra

Su hijo debe ser examinado por el pediatra una vez al año. Puesto que ahora es capaz de seguir instrucciones y comunicarse mejor, se le podrán realizar algunas evaluaciones que antes no se le podían hacer. Concretamente, su madurez permitirá evaluarle mejor la vista y el oído.

**Audición.** Cuando tenga aproximadamente cuatro años su hijo o hija se expresará lo suficientemente bien como para describir distintos sonidos. Se podrá evaluar a fondo su capacidad auditiva, utilizando tonos de distintas frecuencias. Esta revisión se debe repetir cada dos años.

**Visión.** Cuando tenga tres o cuatro años su hijo entenderá instrucciones y cooperará lo suficiente como para que le puedan hacer pruebas formales de visión. A esta edad su agudeza visual debería ser de 20/40 o mejor, aumentando hasta 20/30 alrededor de los cinco años. Si no llega a este nivel, debe ser visto por un oftalmólogo.

## Atención a las vacunas

A esta edad su hijo debe recibir una dosis de la vacuna DTPa. Este refuerzo se debe administrar cuando hayan pasado entre dos años y medio y tres años y medio desde que se le administró la cuarta dosis de la serie inicial de la misma vacuna. Puesto que la cuarta dosis de la serie inicial suele ponerse entre los quince y los dieciocho meses, la siguiente dosis debe administrarse entre los cuatro y los seis años. En algunos estados se exige que los niños reciban una dosis de refuerzo de la "triple vírica" (MMR) antes de empezar a ir a la escuela, por lo que es recomendable pedir información al pediatra. La cuarta dosis de la poliomielitis también se debe administrar entre los cuatro y los seis años.

## Cuestiones de seguridad

### Vigile las caídas desde:

- Estructuras como toboganes y pasamanos.
- Triciclos: evite los que se vuelquen fácilmente y los que sean demasiado altos para su hijo/a.
- Escaleras: no retire todavía las rejas de seguridad para ascender a las escaleras.
- Ventanas: no retire todavía los protectores de las ventanas.

### Quemaduras

- No deje fósforos ni encendedores al alcance de su hijo.

## Choques de tráfico

- No deje que su hijo ande en triciclo por la calle o cerca del tráfico; no le permita que baje en triciclo por la entrada de la casa.
- Cuando vayan en auto, coloque a su hijo en un asiento elevador y sujételo bien con el cinturón de seguridad.

## Ahogamientos

- No deje nunca a su hijo solo cerca del agua, aunque se suponga que sabe nadar.

13

# Protección ante los peligros

La vida diaria está llena de peligros disfrazados para un niño: objetos puntiagudos, muebles inestables, bordes cortantes, grifos de agua caliente, ollas puestas sobre estufas encendidas, bañeras de agua caliente, piscinas y calles con mucho tráfico. Como adultos, hemos aprendido a movernos con tanta soltura en este "campo minado" que ya no percibimos unas tijeras y una estufa como amenazas potenciales. Ése es precisamente el problema. Para proteger a su hijo o hija de los peligros que va a encontrar tanto fuera como dentro de su casa, hay que ver el mundo tal y como lo ve el pequeño, teniendo en cuenta que todavía no sabe distinguir entre caliente y frío ni entre puntiagudo y romo.

Garantizar la integridad física y la salud de su hijo es la principal—e interminable—responsabilidad de un padre. Actualmente las lesiones no intencionales son la primera causa de muerte entre los niños de más de un año. Cada año, un millón de niños tienen que recibir atención médica por este motivo. Entre cuarenta y cincuenta mil sufren lesiones permanentes—y casi 7000 niños menores de 15 años fallecen por esta causa.

Como es de esperar, los choques de auto son responsables de un gran número de las lesiones y muertes que afectan a esta población. Pero muchos niños son víctimas de equipos diseñados específicamente para ellos. Hace poco, las caídas desde sillas para comer en un lapso de tan sólo 12 meses llevaron a 9000 niños al hospital. Cada año los juguetes infantiles ocasionan más de 165,000 lesiones lo suficientemente graves como para requerir tratamiento hospitalario de emergencia. Y hasta las cunas provocan más de 50 muertes anuales.

Estas estadísticas son sombrías, pero se pueden prevenir. En el pasado, las lesiones se conocían como "accidentes", porque parecían ser imprevistas e inevitables. Actualmente, sabemos que las lesiones no se producen al azar, sino que siguen patrones distintivos. Al conocer y entender estos patrones, los padres pueden tomar precauciones para prevenir todas estas lesiones, o al menos gran parte de las mismas.

## Por qué se lesionan los niños

Todas las lesiones infantiles implican la combinación de tres elementos: factores relacionados con el niño, el objeto que provoca la lesión y el entorno en que tiene lugar. Para garantizar la seguridad de su hijo o hija, hay que tener en cuenta todos esos factores.

Empecemos por el niño. La edad que tenga influirá notablemente sobre el tipo de protección que necesita. Un bebé de tres meses sentado en su asiento de seguridad necesita una supervisión bien distinta a la que requiere un niño de 10 meses que acaba de aprender a ponerse de pie o un preescolar que se encarama en todas partes. Por lo tanto, en cada nueva etapa de la vida de su hijo usted deberá replantearse cuáles son los peligros que amenazan su integridad física y qué puede hacer para eliminarlos. A medida que su hijo crezca, usted deberá preguntarse repetidamente: ¿Cuánto puede alejarse y con qué velocidad se desplaza? ¿Hasta qué altura llega? ¿Qué objetos le llaman más la atención? ¿Qué puede hacer hoy que era incapaz de hacer ayer? ¿Qué podrá hacer mañana que hoy todavía no puede hacer?

Durante los primeros seis meses de la vida de un niño, se puede garantizar su seguridad simplemente no dejándolo nunca solo en situaciones potencialmente peligrosas. Pero, en cuanto aprenda a desplazarse, él mismo se encargará de buscarse sus propios peligros, primero "rodando" hasta el extremo de la cama, después arrastrándose hasta lugares donde no debería estar y más adelante buscando activamente nuevas cosas que tocar y probar.

Cuando su hijo empiece a tener cierta independencia de movimientos, con seguridad usted le dirá "No", cada vez que se acerque a algo potencialmente peligroso, pero es muy probable que no entienda el significado de su mensaje. Muchos padres encuentran extremadamente frustrante la etapa comprendida

**Su curiosidad lo llevará a abrir la puerta del congelador, el botiquín o el armario que hay debajo del fregadero.**

entre los seis y los dieciocho meses, puesto que a esta edad los niños no parecen captar las advertencias. Aunque usted le diga veinte veces al día que no se acerque al inodoro, en cuanto le dé la espalda, volverá allí. De todos modos, usted debe tener en cuenta que a esta edad su hijo no le desobedece para fastidiarle. Simplemente su memoria todavía no es lo suficientemente madura como para que la próxima vez que se sienta atraído por el objeto o la actividad prohibida pueda recordar sus advertencias. Lo que parece terquedad no es más que una manifestación de la curiosidad de su hijo por poner a prueba la realidad una y otra vez, la forma normal de aprender que tienen los niños de esta edad.

El segundo año también es muy peligroso para un niño porque sus habilidades físicas exceden con creces su capacidad para entender las consecuencias de sus acciones. Aunque el sentido común de su hijo aumentará, ni su capacidad para anticipar el peligro ni su autocontrol estarán todavía lo suficientemente desarrollados como para hacerlo detener cuando tenga entre manos algo que le interesa. En este sentido, hasta las cosas que no pueda ver le llamarán la atención, por lo que su curiosidad le llevará a abrir la puerta del congelador, el botiquín o el armario que hay debajo del fregadero—para tocar cosas y quizás para probarlas.

Los niños pequeños son excelentes imitadores, por lo que es muy fácil que intenten tomarse la medicina como hace mamá, o jugar con la navaja de afeitar como hace papá. Lamentablemente, su noción de la relación causa-efecto no está tan desarrollada como sus habilidades motoras. Sí: su hijo puede darse cuenta de que la plancha se le ha caído en la cabeza y le ha hecho daño porque ha estirado del cable *después* de que esto ocurra, pero su capacidad para *anticipar* consecuencias todavía está a muchos meses de distancia.

Progresivamente, entre los dos y los cuatro años, su hijo irá adquiriendo un mayor sentido de sí mismo como una persona capaz de conseguir que ocurran cosas. Por ejemplo, aprieta el interruptor y se enciende la luz. Aunque esta forma de pensar, a la larga, le permitirá evitar situaciones peligrosas, a esta edad estará tan centrado en sí mismo que sólo será capaz de ver la parte de la acción que le competa a él. Un niño de dos años al que se le escapa la pelota al centro de la calle sólo pensará en recuperarla, no en el peligro potencial de que lo atropelle un auto.

El peligro que entraña esta forma de pensar es evidente. Si, a esto se suma lo que los expertos denominan "pensamiento mágico", consistente en creer que los propios deseos y expectativas controlan todo lo que ocurre en el mundo, los riesgos se multiplican. Un niño de cuatro años, por ejemplo, puede encender un fósforo porque quiere "recrear" la fogata que vio por televisión la noche anterior. Probablemente no se le ocurrirá que puede provocar un incendio, pero, en el caso de que lo hiciera, él descartaría esa posibilidad porque esa no es su idea de lo que *debe* ocurrir.

Este tipo de pensamiento, mágico y centrado en sí mismo, es completamente normal a esta edad. Precisamente por eso debe estar doblemente pendiente de la seguridad de su hijo hasta que supere esta etapa. Usted no puede asumir que su hijo de dos a cuatro años entiende que sus acciones pueden tener consecuencias negativas para él o para otras personas. Por ejemplo, puede tirarle arena a un compañero de juegos en parte para que el otro se lo pase bien y en parte porque él *quiere* divertirse. Así mismo, le costará bastante entender que su compañero no lo encuentre divertido.

Por todos estos motivos, usted debe establecer y hacer respetar consistentemente una serie de normas relacionadas con la seguridad durante la etapa preescolar. Explique el motivo que hay detrás de cada norma: "No puedes tirar piedras porque lastimarías a tus amigos", "No te salgas de la acera porque te podría atropellar un auto". Pero no espere que estas razones persuadan a su hijo. Repita la norma en voz alta cada vez que su hijo esté a punto de saltársela, hasta que entienda que los comportamientos que amenazan su seguridad *siempre* serán inaceptables. Para recordar las normas de seguridad más básicas la mayoría de los niños necesitan que cada norma se les repita varias veces. Por lo tanto, tenga paciencia.

La personalidad de su hijo o hija también lo hará más o menos vulnerable. Las investigaciones médicas demuestran que los niños que son muy activos y extremadamente curiosos son los que más se lesionan. En ciertas etapas de desarrollo es bastante probable que su hijo/a sea testarudo y agresivo, no se pueda concentrar y se frustre con facilidad, características, todas ellas, que propician las lesiones. Por lo tanto, si se percata de que su hijo está teniendo un mal día o está atravesando una fase especialmente difícil, esté pendiente: es precisamente en estos momentos cuando es más probable que se salte las normas de seguridad, incluso las que habitualmente suele respetar.

Puesto que usted no puede modificar la edad que tiene su hijo, y puede influir muy poco sobre su temperamento, la mayor parte de sus esfuerzos para evitar lesiones deberán centrarse en los objetos y el entorno donde se mueva el niño. Al crear un ambiente del que se eliminen los peligros potenciales más importantes, usted podrá darle a su hijo la libertad que necesita para explorar.

Algunos padres creen que no hace falta poner la casa "a prueba de niños" porque no piensan quitarle la vista de encima a su hijo. Y, de hecho, con una vigilancia constante, la mayoría de las lesiones se *pueden* evitar. Pero ni el padre más cuidadoso del mundo puede estar encima de su hijo constantemente. La mayoría de las lesiones no ocurren cuando los padres están en su mejor momento y pendientes del niño, sino cuando están bajo estrés. Las siguientes situaciones son las que se asocian más frecuentemente con percances caseros:

- Hambre y cansancio (es decir, aproximadamente una hora antes de la comida)
- Embarazo de la madre
- Enfermedad o muerte en la familia
- Cambio de niñera
- Tensión entre los padres
- Cambios en la rutina diaria, como vacaciones o una mudanza.

*Todas* las familias pasan por este tipo de situaciones en algun momento u otro. Si pone su casa "a prueba de niños" eliminará o reducirá las probabilidades de que se produzcan percances domésticos, de tal modo que, incluso si usted se distrae momentáneamente—por ejemplo, por el timbre del teléfono ó la puerta, es menos probable que su hijo encuentre situaciones en que se haga daño.

En las siguientes páginas encontrará consejos para reducir al mínimo los peligros que pueden acechar a su hijo tanto dentro como fuera de casa. No pretendemos asustarle, sino alertarle sobre ciertos riesgos—muy especialmente sobre aquellas situaciones aparentemente inofensivas—para que usted pueda tomar las precauciones pertinentes a fin de garantizar la seguridad de su hijo y, *al mismo tiempo,* darle la libertad que necesita para crecer sano y feliz.

## Seguridad en casa

### De habitación en habitación

Su estilo de vida y la distribución de su casa determinarán qué habitaciones deben estar "a prueba de niños". Examine cada habitación en la que pueda entrar su hijo o hija (en la mayoría de las familias suele ser toda la casa). Puede ser tentador excluir el comedor formal o la sala de estar porque permanece cerrada cuando no se utiliza. Pero no olvide que las habitaciones prohibidas serán las que su hijo más querrá explorar en cuanto crezca lo suficiente. Cualquier área de la casa que no esté a "prueba de niños" exigirá mayor vigilancia por su parte, incluso si suele estar cerrada o clausurada.

Por lo menos, la habitación de su hijo debe ser un lugar lo más seguro posible.

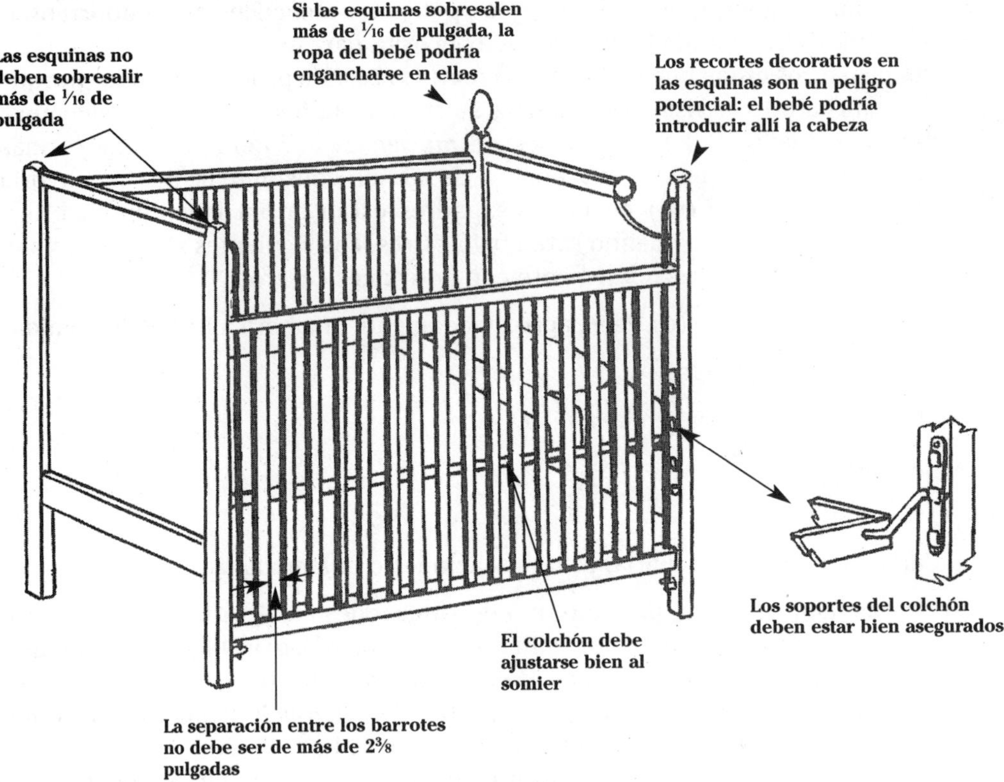


## La habitación del bebé

**Cunas.** La mayor parte del tiempo que su hijo o hija pase en la cuna estará desatendido. Por ello, debe ser un entorno lo más seguro posible. Las caídas son la causa más habitual de lesiones, a pesar de que son las más fáciles de prevenir. Existen más probabilidades de que un niño se caiga de la cuna cuando el colchón se coloca demasiado alto o cuando la barandilla lateral se deja bajada.

Si usted utiliza una cuna nueva o fabricada a partir de 1990, ésta debe satisfacer los actuales requisitos de seguridad. Si tiene pensado utilizar una cuna de segunda mano, compruebe si cumple los criterios que figuran a continuación.

- La máxima separación entre los barrotes de la cuna debe ser de 2⅜ pulgadas, para que la cabeza del bebé no quede atrapada entre los barrotes.
- No debe haber ningún hueco en la cabecera ni en los pies de la cuna, de tal modo que el bebé no pueda meter la cabeza.
- Si la cuna tiene salientes puntiagudos en las esquinas, desatorníllelos o córtelos. Si la ropa del bebé se enganchara en los salientes, podría estrangularse.

- Todos los tornillos, tuercas y cerrojos de la cuna deben estar bien ajustados para evitar que la cuna quede floja. En caso contrario, la actividad del bebé podría hacer que la cuna se desplome, quedando éste atrapado en su interior, con la posibilidad de sufrir asfixia.
- Cuando monte la cuna, inspecciónela bien y después revísela semanalmente, a fin de detectar posibles roturas, piezas que falten, juntas abiertas, o bordes cortantes. No utilice ninguna cuna a la que le falte o tenga rota alguna pieza. No intente reponer esas piezas con otras que no correspondan a ese modelo. En lugar de ello, solicite los repuestos pertinentes al fabricante.

Muchas cunas antiguas se pintaron con productos que llevaban plomo. Si un bebé chupa o mordisquea la barandilla de una cuna pintada con este tipo de productos (algo bastante habitual), podría intoxicarse. Como medida de precaución, lije la pintura vieja y vuelva a pintar la cuna utilizando esmalte de alta calidad. Deje que la cuna se seque en una habitación bien ventilada. A continuación, coloque una franja de plástico (de venta en la mayoría de las tiendas de artículos para bebés) sobre la parte superior de las barandillas laterales.

Puede evitar otros peligros relacionados con la cuna siguiendo las siguientes indicaciones:

1. Si compra un colchón nuevo, quítele los envoltorios de plástico, pues el bebé podría asfixiarse con éstos. Si le pone al colchón un forro grueso de plástico, asegúrese de que se ajusta bien. Los forros con cremallera son los más recomendables.
2. En cuanto su bebé aprenda a sentarse, baje el colchón de la cuna para que no pueda caerse al apoyarse o asomarse por la barandilla o al intentar impulsarse hacia fuera. Cuando aprenda a ponerse de pie, coloque el colchón en la posición más baja posible. La mayoría de las caídas de la cuna tienen lugar cuando los bebés intentan saltar fuera de ella; por lo tanto, su hijo tendrá que pasar a dormir a otra cama cuando mida 35 pulgadas o la altura de la barandilla de la cuna sea inferior a tres cuartos de la altura del niño.
3. Cuando la barandilla lateral de la cuna esté completamente bajada, debe quedar, como mínimo, 4 pulgadas por encima del colchón, incluso si éste está colocado en la posición más alta. Asegúrese de que el soporte que mantiene la barandilla subida está bien fijo para que el niño no pueda bajarlo de forma accidental. Cuando su hijo esté en la cuna, tenga siempre la barandilla subida.
4. El colchón debe ajustarse bien a la cuna para que el bebé no pueda caerse en el hueco que queda entre el colchón y el lateral de la misma. Si usted puede introducir más de dos dedos entre el colchón y los laterales de la cuna, cambie el colchón por otro que se ajuste mejor.
5. Revise la cuna periódicamente para asegurarse de que no haya bordes cortantes o abrasivos en las partes metálicas, ni roturas o astillas en las de madera. Si ve marcas de dientes en la barandilla, cubra la madera con una franja plástico (de venta en la mayoría de las tiendas de artículos para bebés).

6. Mientras su hijo sea un infante, rodee el interior de la cuna con protectores. Asegúrese de que estén bien atados, con un mínimo de 6 cordeles o correas, para que no se caigan. Para evitar posibles estrangulamientos, no utilice cordeles de más de seis pulgadas de longitud.
7. En cuanto su hijo aprenda a ponerse de pie, retire los protectores, así como todos los juguetes, cojines o peluches que sean lo suficientemente grandes como para que el bebé los pueda utilizar como escalones para saltar fuera de la cuna.
8. Si cuelga un móvil encima de la cuna del bebé, asegúrese de que queda bien fijo. Cuélguelo suficientemente alto para que su hijo no pueda estirar de él y retírelo de la cuna cuando el niño empiece a ponerse a gatas o a sentarse o bien cumpla cinco meses, lo que ocurra antes.
9. Los gimnasios deben retirarse de la cuna en cuanto el niño aprenda a ponerse a gatas. Aunque estos gimnasios están diseñados para fomentar la capacidad de coger y estirar, los bebés pueden enredarse al caer encima de ellos.
10. Para prevenir caídas más graves, no coloque la cuna—ni cualquier otra cama infantil—al lado de una ventana.

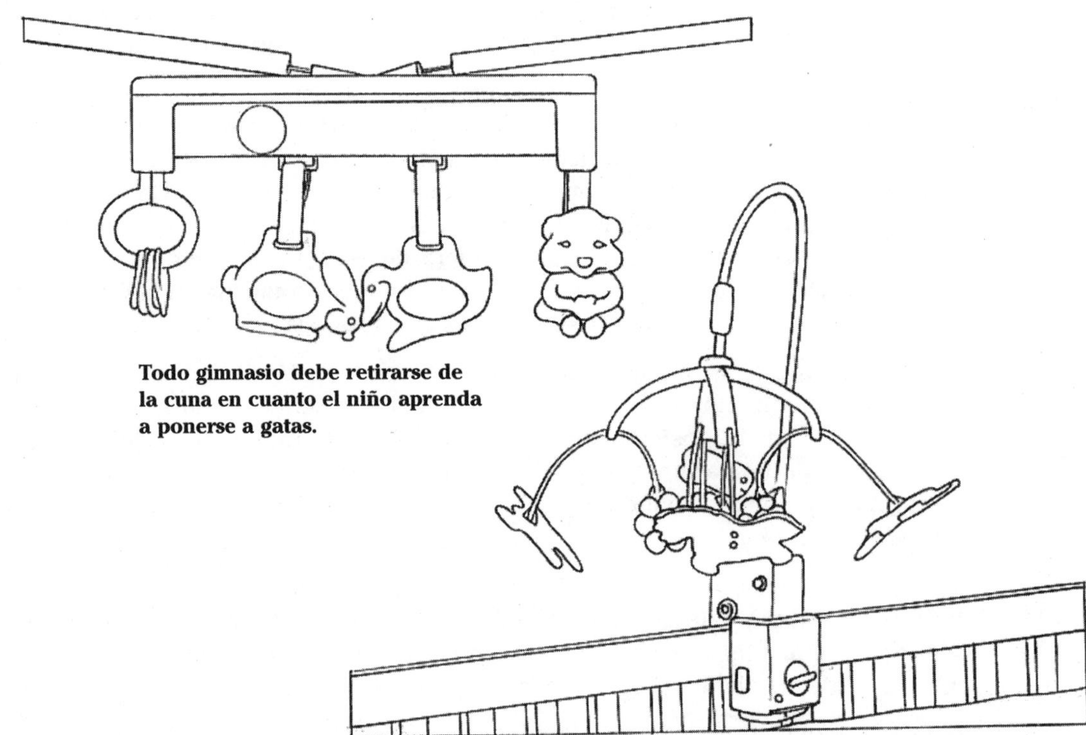

**Todo gimnasio debe retirarse de la cuna en cuanto el niño aprenda a ponerse a gatas.**

**Cuelgue el móvil a una altura que no permita que el bebé lo agarre.**

**Literas.** Aunque a los niños les encantan, las literas implican ciertos riesgos: el niño que ocupa la litera superior puede caerse, y el que ocupa la inferior puede sufrir lesiones si la litera superior se desploma. Las literas pueden estar diseñadas o montadas incorrectamente, provocando desajustes estructurales peligrosos. O, si el colchón no se ajusta lo suficientemente bien, el niño podría quedar atrapado. Si, a pesar de esta advertencia decide utilizar literas, tome las siguientes precauciones:

1. Coloque las literas en una esquina de la habitación, para que quede contra dos paredes. Así conseguirá una mayor sujeción y bloqueará dos de los cuatro lados por donde podrían producirse las caídas.
2. No permita que un niño menor de seis años duerma en la litera de arriba. No tendrá la coordinación necesaria para subir y bajar con seguridad o evitar caerse.
3. El colchón de la litera debe ajustarse bien a la cama para que el niño no se pueda caer en el hueco que queda entre aquél y el armazón de la litera, pudiendo quedar atrapado y/o sufrir asfixia.
4. Coloque una escalerita para ascender a la litera superior. Por las noches, deje encendida una lamparita que ilumine la escalera.
5. Coloque una baranda de seguridad en la litera superior. La separación entre la barandilla y la baranda de seguridad no debe ser de más de 3½ pulgadas. Asegúrese de que el niño que ocupa la litera superior no se puede caer en ese hueco cuando el colchón está comprimido por el peso de su cuerpo. Si metiera la cabeza debajo de la baranda de seguridad, podría asfixiarse o estrangularse. Es posible que necesite utilizar un colchón más grueso para evitar esto.
6. Compruebe el estado de los soportes que aguantan el colchón de la litera superior. Las barras o listones deben ir directamente debajo del colchón y estar bien sujetos por ambos extremos. Un colchón que se apoye solamente en el armazón de la litera o en unos soportes flojos podría desplomarse sobre la litera inferior.
7. Si usted convierte las literas en dos camas individuales, compruebe que no queda suelto ningún clavo, clavija, tornillo o similares.
8. Para evitar posibles caídas o desplomes, no permita que los niños salten, o se revuelquen encima de ninguna de las literas.

**Cambiadores.** Aunque los cambiadores facilitan el proceso de vestir al bebé y cambiarle de pañales, las caídas desde una superficie tan alta pueden provocar lesiones muy graves. No confíe sólo en su capacidad para vigilar al bebé; tenga también en cuenta las siguientes recomendaciones.

1. Elija un cambiador estable que tenga una baranda de 2 pulgadas de alto rodeando los cuatro costados.
2. La superficie del cambiador debe ser ligeramente cóncava, de tal modo que la parte central sea ligeramente más baja que el resto.
3. No confíe la seguridad de su hijo sólo a una correa de seguridad. *No deje nunca a un niño solo en un cambiador, ni siquiera por un momento aunque esté sujeto por una correa de seguridad.*
4. Compruebe que tiene a mano los talcos y todo lo necesario para cambiarle el pañal al bebé para que así no tenga que dejarlo solo mientras va a buscar algo. Nunca le permita jugar con el envase de talco mientras lo cambia. Si se llegara a abrir, podría inhalar partículas de polvo, lo que podría ser nocivo para sus pulmones.
5. Si utiliza pañales desechables, guárdelos lejos del alcance del niño. Cuando le ponga el pañal, cúbralo con alguna pieza de ropa. Si un pañal se rasga, existe el riesgo de que el bebé se trague un trozo de plástico y se asfixie.

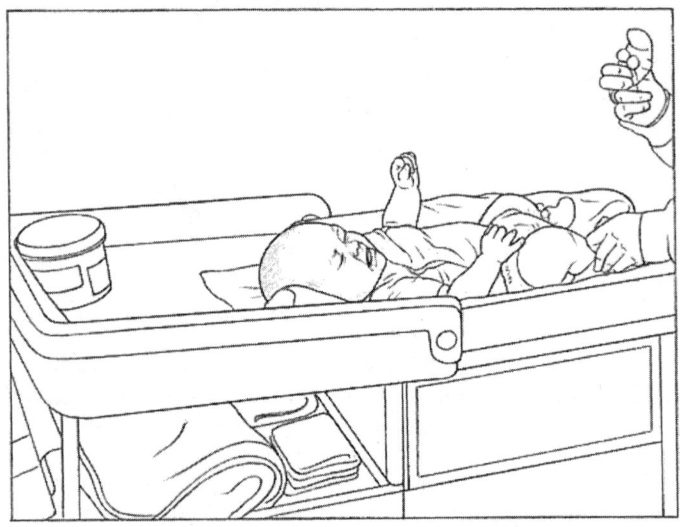

## La cocina

La cocina es una habitación tan peligrosa para los niños pequeños, que algunos expertos recomiendan que no se les deje entrar allí. Es un norma difícil de hacer respetar, ya que los padres suelen pasar bastante tiempo allí y a la mayoría de niños pequeños no les gusta perderse de nada. Probablemente lo más realista sea eliminar los principales peligros tomando las siguientes precauciones.

1. Guarde los detergentes, la lejía, la cera de muebles, el jabón para vajilla y otros productos peligrosos en un armario alto y fuera de vista. Si tiene que guardar algunos productos de limpieza en el armario que hay debajo del fregadero, coloque un cierre "a prueba de niños" que se quede trabado automáticamente al cerrar la puerta del armario (la mayoría de ferreterías y grandes tiendas disponen de este tipo de cierres). Nunca transfiera sustancias tóxicas a recipientes cuyo aspecto sugiera que contienen algún producto comestible.
2. Guarde los cuchillos, tijeras y otros utensilios puntiagudos separados de los útiles de cocina "inofensivos" y dentro de un cajón cerrado con pestillo. Guarde los aparatos que contengan partes o piezas cortantes, como el procesador de alimentos, fuera del alcance del niño o en un armario cerrado con llave.
3. Desenchufe los electrodomésticos cuando no se estén utilizando para que su hijo no pueda ponerlos en marcha. No deje cables eléctricos al alcance de su hijo, pues podría estirar de ellos y tirarse encima algún aparato pesado.
4. Cuando cocine, gire siempre los mangos de las ollas hacia adentro, para que su hijo no pueda cogerlos ni halarlos. Si tiene que desplazarse llevando algún líquido caliente—una taza de café, una olla llena de sopa—compruebe dónde está su hijo para evitar chocar con él.
5. Si tiene un horno de gas, coloque los mandos en la posición de apagado y, si son fáciles de sacar, quitelos mientras no se utilice el horno, para que su hijo no pueda "encenderlo". Si los mandos no son fáciles de sacar, haga lo posible para que su hijo no tenga acceso al horno.
6. Guarde los fósforos en un lugar fuera del alcance y de la vista de los niños.
7. No caliente los biberones en el microondas. Los microondas calientan de forma irregular y, por lo tanto, es posible que se formen burbujas de leche lo suficientemente calientes como para quemar la boca de un bebé. Además, se han descrito casos de explosión de biberones inmediatamente después de sacarlos del microondas por sobrecalentamiento.
8. Tenga un extintor de incendios en la cocina. (Si su casa tiene varios pisos, coloque un extintor en un lugar visible de cada piso).

## El baño

La mejor manera de evitar percances en el baño es convertirlo en una habitación completamente vedada a su hijo o hija, a no ser que vaya acompañado de un adulto. Esto puede implicar tener que colocar un pestillo en la puerta a la altura de los adultos para que el niño no pueda entrar solo. Asegúrese también de que cualquier pestillo o cerrojo que haya en la puerta del baño puede abrirse desde *fuera*, por si su hijo se quedara encerrado accidentalmente.

Las siguientes recomendaciones le permitirán evitar percances cuando su hijo utilice el baño:

1. Los niños se pueden ahogar en tan solo unas cuantas pulgadas de agua, por lo tanto, *no deje nunca a un niño pequeño solo en la tina, ni siquiera por un momento*. Si no es capaz de ignorar el timbre o el teléfono, envuelva a su hijo en una toalla y lléveselo con usted mientras contesta al teléfono o abre la puerta. Las sillitas para el baño y los aros fijadores son utensilios diseñados para ayudar a estabilizar al niño durante el baño, pero no sirven para prevenir posibles ahogamientos.
2. Coloque franjas antideslizantes en el fondo de la tina y un forro acolchado sobre el grifo para que el niño no se lastime al golpearse la cabeza contra él.
3. Acostúmbrese a bajar la tapa del inodoro. Un niño curioso que quiera jugar con el agua podría perder el equilibrio y caerse dentro.
4. Para evitar posibles quemaduras gradúe el calentador de su casa a menos de 120° fahrenheit (49° centígrados). Cuando su hijo ya pueda abrir los grifos por su cuenta, enséñele a abrir siempre primero el grifo del agua fría.
5. Guarde todas las medicinas en recipientes cerrados con tapas de seguridad. Recuerde, de todos modos, que estas tapas no son irrompibles. Por lo tanto, guarde todas las medicinas y cosméticos en un armario cerrado con *llave*. No guarde la pasta de dientes, el jabón, el champú, y otros productos de uso habitual en el mismo armario con las medicinas. En cambio, guárdelos en un armario alto equipado con pestillas de seguridad.
6. Si usted utiliza algún aparato eléctrico en el baño, como un secador de pelo o una maquinilla de afeitar, no se olvide de desenchufarlo cuando deje de utilizarlo. Sería aún mejor utilizarlos en una habitación en la que no puedan entrar en contacto con el agua. El electricista puede instalarle interruptores especiales para el baño (con circuito de toma de tierra), que reducen la probabilidad de electrocución cuando un aparato se cae en un lavamanos o en una tina llena de agua.

## Garajes y sótanos

Los garajes y sótanos son lugares donde se suelen guardar herramientas y productos químicos potencialmente letales. Es recomendable que estos recintos estén cerrados con llave para impedir siempre su acceso a niños. Para reducir al mínimo los riesgos en aquellas ocasiones en que los niños entran a estos recintos, se recomienda:

1. Guardar las pinturas, barnices, disolventes, pesticidas y abonos en un armario cerrado con llave. Asegúrese de que estos productos se guardan en sus recipientes originales correctamente etiquetados.

2. Guarde las herramientas en un lugar fuera del alcance de los niños. No olvide desenchufar los aparatos eléctricos después de usarlos.
3. No permita que su hijo juegue cerca de la puerta del garaje o su entrada ni por donde transitan autos.
4. Si la puerta de su garaje es de cierre automático, compruebe que su hijo no está cerca antes de abrirla o cerrarla. Mantenga el mando fuera del alcance y de la vista de los niños. Asegúrese de que el mecanismo automático que hace devolver la puerta funciona correctamente.
5. Si, por algún motivo, usted requiere conservar una nevera o un congelador viejo, quítele la puerta para que su hijo no se quede encerrado en caso de que se meta dentro.

## Todas las habitaciones

Hay algunas normas de seguridad y de prevención que son aplicables a *todas* las habitaciones de la casa. Las siguientes recomendaciones para evitar los peligros domésticos más habituales protegerán, no sólo a los niños pequeños, sino a toda la familia.

1. Instale detectores de humo por toda la casa, revíselos mensualmente para asegurarse de que funcionan bien y cámbieles las pilas una vez al año. Diseñe un plan de desalojo de la casa y practíquelo con su familia para que, en caso de incendio, todos sepan cómo actuar (Véase *Quemaduras*, página 510).
2. Coloque clavijas de seguridad en todos los enchufes que no se utilicen para impedir que su hijo meta los dedos o algún juguete dentro de los agujeros. Si no hay forma de mantenerlo alejado de los enchufes, cubra todos los enchufes que no se utilicen con tapas de plástico y asegure bien las clavijas de seguridad de los enchufes en uso.
3. Para evitar resbalones, alfombre las escaleras siempre que sea posible y compruebe que la alfombra está bien sujeta y los bordes no queden sueltos. Cuando su hijo esté aprendiendo a gatear y caminar, coloque rejas de seguridad en la parte superior e inferior de las escaleras. Evite las rejas plegables tipo acordeón, ya que un niño puede engancharse un brazo o el cuello entre los pliegues.
4. Hay algunas plantas de interior que pueden ser perjudiciales para la salud. En el servicio de información toxicológica más cercano puede solicitar un listado o una descripción de las plantas que debe evitar (Véase *Intoxicaciones*, página 530).
5. Inspeccione constantemente el suelo en busca de objetos pequeños que un niño podría tragarse fácilmente, como monedas, botones, cuentas, alfileres y clavos. Esto será particularmente importante si alguna persona de la familia tiene una afición que implica manipular objetos pequeños.

6. Si su casa tiene parquet o suelo de madera, no permita que su hijo corra en calcetines. Los calcetines hacen que los suelos resbaladizos sean aún más peligrosos.

7. Tense y fije bien los cordones de las persianas y cortinas a una base o soporte, o átelos a una escuadra colgada de la pared para que estén fuera del alcance de los niños. Si los deja demasiado flojos, su hijo podría estrangularse con ellos.

8. Tenga cuidado con las puertas de las habitaciones. Las puertas de cristal son particularmente peligrosas, puesto que es muy fácil chocar con ellas; por lo tanto, téngalas siempre abiertas, fijándolas con algún seguro, si es posible. La puertas de vaivén pueden tumbar a un niño pequeño y las que se plegan son muy propicias para pillar dedos. Por lo tanto, si en su casa tiene alguna puerta de este tipo, considere la posibilidad de quitarla o cambiarla por otra hasta que su hijo tenga la edad para entender cómo funciona.

9. Asegúrese de que los muebles de su casa no tienen bordes cortantes ni esquinas puntiagudas con los que su hijo se pueda hacer daño si se cae encima de ellos (las mesas bajas son especialmente peligrosas). Si es posible, aleje estos muebles de las zonas de mayor uso, sobre todo cuando su hijo esté aprendiendo a caminar. Puede tambien comprar protectores especiales para esquinas y bordes de muebles.

10. Compruebe la estabilidad de los accesorios altos, como lámparas de pie y estanterías. Si parecen inestables, fíjelos mejor a la pared o colóquelos detrás de otros muebles, para que su hijo no los pueda volcar.

11. Si es posible, abra siempre las ventanas por la parte de arriba. Si no tiene más remedio que hacerlo desde abajo, coloque barras o mallas que sólo pueda abrir un adulto o un niño mayor. Nunca coloque junto a una ventana sillas, sofás, mesas bajas o cualquier otro objeto al que un niño se pueda subir.

12. Nunca deje bolsas de plástico por el suelo ni guarde la ropa o los juguetes del niño en este tipo de bolsas. Las bolsas de la tintorería son particularmente peligrosas. Hágales un nudo antes de tirarlas para que su hijo no pueda meterse dentro o ponérselas en la cabeza.

13. Piense en los peligros potenciales que puede implicar para su hijo todo lo que usted tira al bote de la basura. Cualquier bote que contenga objetos peligrosos—como cuchillas de afeitar usadas, pilas o comida pasada—deberá tener una tapa de seguridad “a prueba de niños”.

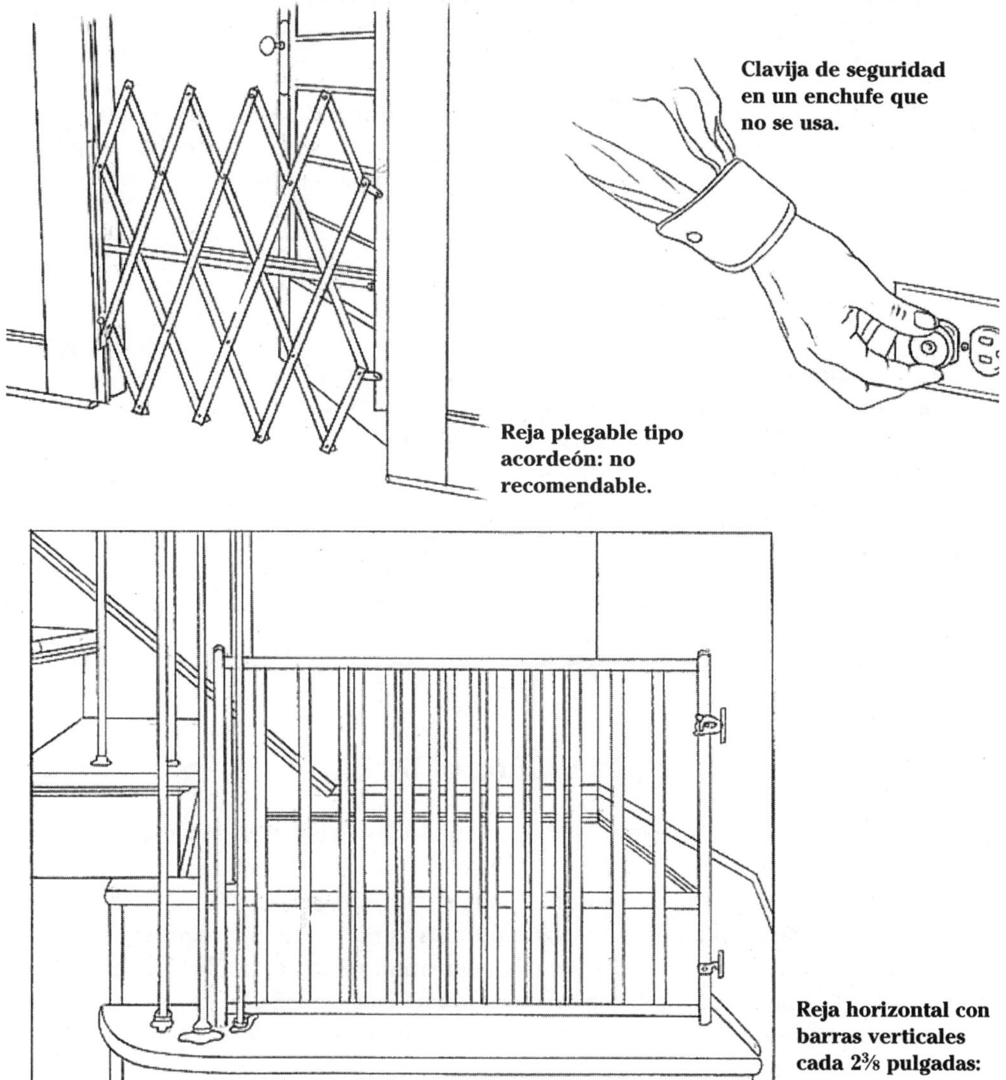

**Clavija de seguridad en un enchufe que no se usa.**

**Reja plegable tipo acordeón: no recomendable.**

**Reja horizontal con barras verticales cada 2⅜ pulgadas: segura.**

**14.** Para evitar posibles quemaduras, revise todas las fuentes de calor de la casa. Las chimeneas, los hornos de leña y las estufas de gas o petróleo deben aislarse con una malla para impedir que los niños los toquen. Compruebe lo calientes que pueden llegar a ponerse los calentadores eléctricos, los radiadores y hasta las rendijas de la calefacción mientras estén funcionando. Quizás también convenga colocarlos en lugares que estén fuera del alcance de su hijo.

15. Si usted tiene un arma de fuego en casa (algo que se debe evitar en lo posible), guárdela descargada y bajo llave. Guarde, también bajo llave, las municiones en un lugar distinto.

16. El alcohol puede ser muy tóxico para un niño pequeño. Guarde todas las bebidas alcohólicas en un armario cerrado con llave y *recuerde vaciar de inmediato* los vasos que han quedado a medio beber.

### Nuestra posición

La Academia Americana de Pediatría está completamente a favor de las leyes que respaldan el control de armas. Consideramos que las pistolas, revólveres, escopetas de aire comprimido y armas de fuego que se utilizan para atacar, deben ser prohibidas.

Hasta que se prohiba la tenencia de pistolas, recomendamos regular la venta de municiones, poner restricciones a los dueños de armas y reducir el número de licencias. No debería haber armas de fuego en ningún lugar frecuentado por niños.

## Equipo para el bebé

Durante los últimos veinte años la Comisión de Seguridad en los Productos de Consumo *(Consumer Product Safety Commission)* ha realizado una intensa labor para establecer parámetros que garanticen la seguridad de los artículos para niños e infantes. Puesto que muchos de estos parámetros empezaron a regir a comienzos de la década de 1970, hay que verificar la seguridad de los articulos hechos antes de esa fecha. Las siguientes pautas le ayudarán a seleccionar el equipo más seguro para su bebé, sea nuevo o usado, y a utilizarlo correctamente.

### Sillas para comer

Las caídas son el peligro más grave que entrañan las sillas para comer. Para reducir el riesgo de caídas:

1. Seleccione una silla con una base lo suficientemente ancha para que no pueda volcarse en el caso de que alguien choque contra ella.

2. Si se trata de una silla plegable, compruebe que el seguro queda bien puesto cada vez que la coloque.

3. Sujete bien al niño con el cinturón de seguridad cuando lo siente en la silla. No le deje nunca ponerse de pie encima de la silla.

4. No coloque la silla cerca de un mostrador o de una mesa. El niño podría impulsarse contra estas superficies y volcar la silla.

5. Nunca deje a un niño pequeño sentado en una silla para comer sin la supervisión de un adulto, ni permita que niños mayores se suban a la silla o jueguen con ella, ya que podrían volcarla.

6. Las sillas portátiles de abrazadera, que se enganchan en las mesas, no son un buen sustituto de las sillas de piso. Pero, si piensa utilizar este modelo cuando esté de viaje o para comer fuera de casa, adquiera una que se acople bien a la mesa. Asegúrese de que la mesa es suficientemente pesada para soportar el peso del niño. Compruebe también que el niño no pueda tocar los soportes de la mesa con los pies. Si los empuja con fuerza, podría llegar a desenganchar la silla.

## Sillitas reclinables

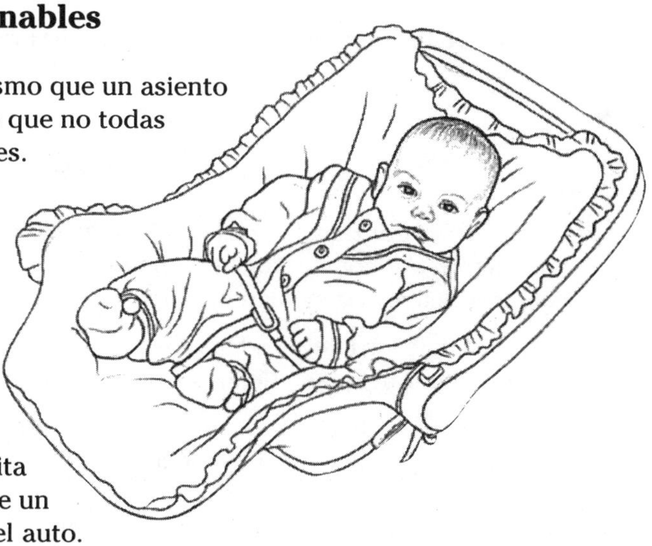

Una sillita reclinable no es lo mismo que un asiento de seguridad para el auto, por lo que no todas sus regulaciones son equiparables. Elíjala con cuidado. Fíjese en las recomendaciones sobre el peso especificadas por el fabricante del modelo y no siga utilizando el mismo modelo cuando el niño supere dicho peso. Aquí tiene algunas recomendaciones más.

1. Nunca utilice una sillita reclinable como sustituto de un asiento de seguridad para el auto. Las sillitas reclinables están diseñadas con la idea de mantener al bebé un poco erguido y así poderlo alimentar con mayor facilidad.

2. Asegure al niño con el arnés y las correas cuando lo siente en ella.

3. Elija una sillita cuya estructura sea lo suficientemente cóncava para que el bebé quede bien acomodado. La base debe ser ancha para que sea más difícil que se vuelque.
4. Verifique que la base de la sillita esté cubierta con un material antideslizante. Si no es así, corte tiras de goma y péguelas en la base para prevenir que se resbale sobre una superficie lisa.
5. Al transportar al bebé en la sillita, póngale las correas y sostenga la misma por *debajo* del armazón con ambos brazos. Aunque algunas sillitas tienen asas, si coge una sillita exclusivamente por el asa, existe la posibilidad de que se vuelque, en caso de que el peso del bebé se distribuya de forma irregular. Incluso llevando a un bebé bien sujeto con las correas, el peso de su cabeza puede hacer que se caiga de la sillita.
6. Las lesiones más graves relacionadas con estas sillitas son las que se producen cuando los bebés se caen desde una superficie elevada. Por lo tanto, no es recomendable colocar la sillita sobre una superficie que esté por encima del nivel del suelo. Incluso estando en el suelo, un bebé muy activo podría volcarla, por lo que ésta debería dejarse siempre sobre una superficie alfombrada, cerca de un adulto y lejos de muebles de esquinas puntiagudas. Estas sillitas también se pueden volcar cuando se dejan sobre superficies mullidas, como una cama o un sofá; éstos no son lugares recomendables para colocarlas.
7. Nunca deje a un niño dentro de una sillita reclinable encima del techo de un auto.

## Corrales

Muchos padres utilizan el corral como un lugar seguro donde dejar al bebé cuando no pueden estar constantemente pendientes de él. No obstante, los corrales pueden ser peligrosos en algunas circunstancias. Para prevenir percances:

1. Nunca deje los laterales bajados. Si un bebé se cae dentro de la bolsa formada por la red que queda floja, podría enredarse en ella e, incluso, asfixiarse.
2. En cuanto su hijo o hija aprenda a sentarse solo, retire todos los objetos o juguetes que cuelguen de lado a lado del corral para que no se pueda enredar en ellos.

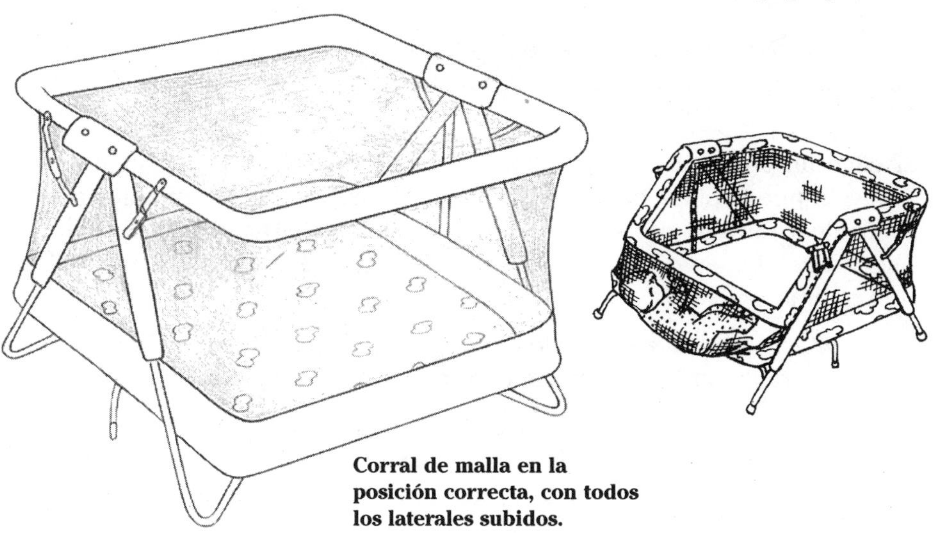

**Corral de malla en la posición correcta, con todos los laterales subidos.**

3. En cuanto su hijo aprenda a ponerse de pie, retire todas las cajas y juguetes grandes que podría utilizar para treparse y salir.
4. Cuando les están saliendo los dientes, muchos niños arrancan a mordiscos el vinilo o el plástico que recubre la barra superior del corral, por lo que se debe revisar periódicamente en busca de desgarrones o huecos. Si los desgarrones son pequeños, podrá repararlos con cinta adhesiva de tela; pero, si se trata de huecos grandes, tal vez sea preferible cambiar la barra.
5. Si piensa utilizar un corral fabricado antes de 1974, compruebe que la malla no esté rota y que los agujeros tienen menos de ¾ de pulgada de ancho. Si se trata de un corral de madera, las barras verticales no deben tener una distancia mayor a 2⅜ pulgadas entre una y otra para que el bebé no pueda meter la cabeza entre ellas.
6. Los cercados circulares tipo acordeón son muy peligrosos, ya que los niños pueden meter la cabeza por los agujeros en forma de rombo y las aberturas en forma de V que quedan en el extremo superior. Nunca deje al bebé en este tipo de recintos, sea en el interior o el exterior.

## Andadores

*La Academia Americana de Pediatría no recomienda el uso de andadores.* Los andadores se anuncian para niños que ya puedan sentarse sin problemas, pero que todavía no tienen la estabilidad necesaria para caminar. Los andadores están implicados en más de 28,000 lesiones anuales en los EE.UU. La AAP recomienda utilizar aparatos estáticos. Evite los saltadores o columpios que se cuelgan de las puertas. Así mismo, algunos "andadores" no tienen ruedas, ni ruedas plegables o sólo permiten movimientos de rotación.

Si, a pesar de todo, piensa utilizar un andador, tome las siguientes precauciones y recuerde que, incluso en las mejores circunstancias, los andadores provocarán lesiones.

1. Si elige un andador con armazón en forma de X, tenga en cuenta que el armazón puede pillar dedos pequeños. Compruebe que el andador tiene un seguro para evitar que se pueda plegar mientras el niño lo está utilizando. Asegúrese también de que los muelles, en caso de haberlos, tengan cubiertas protectoras.
2. Para evitar posibles vuelcos, los andadores deben tener por lo menos seis ruedas. Para garantizar la máxima estabilidad, la base de las ruedas debe ser más anchas y largas que la altura de la silla.
3. Los andadores sólo deben utilizarse sobre superficies planas y lisas, donde no haya alfombras o cambios de nivel que podrían hacerlos volcar.
4. Compruebe que todas las rejas de seguridad de las escaleras estén bien colocadas antes de poner al niño en el andador.
5. Nunca deje a un niño en un andador sin supervisión.

## Chupetes

Los chupetes mal diseñados pueden hacer que el niño se atragante con una pieza suelta. Para garantizar la seguridad de su hijo:

1. No utilice la mamadera de un biberón para hacer un chupete "casero". Si el bebé succiona muy fuerte, la mamadera podría salirse de la arandela y asfixiarlo.
2. Elija chupetes que no puedan desmontarse. Los que están hechos con una sola pieza de plástico son particularmente seguros. Si tiene dudas al respecto, pídale consejo al pediatra.
3. La pieza redonda de plástico que separa la mamadera del asa de seguridad debe tener por lo menos 1½ pulgadas de diámetro, para que el bebé no se pueda meter el chupete entero en la boca. Así mismo, debe ser de plástico duro y tener agujeros para la ventilación.
4. Después de recoger el chupete y entregárselo a su hijo por enésima vez, puede sentirse tentado a atárselo a la mano o colgárselo alrededor del cuello. No lo haga. El riesgo de estrangulamiento es demasiado alto.
5. Los chupetes se estropean con el paso del tiempo. Revíselos periódicamente para comprobar si la goma está descolorida o desgastada. Si es así, repóngalo.

## Cajas y baúles para juguetes

Los baúles para juguetes son peligrosos por dos motivos: la tapa se puede caer encima del niño cuando éste meta la cabeza para buscar un juguete y, el niño puede quedar atrapado dentro del baúl. Si es posible, guarde los juguetes del niño en estanterías abiertas para que los pueda coger fácilmente. Pero, si decide usar un baúl para guardar los juguetes:

1. Elija uno que no tenga tapa o que tenga una tapa liviana que se pueda quitar o bien con puertas corredizas.
2. Si el baúl tiene una tapa con bisagras, asegúrese de que tiene un soporte en la bisagra que permite que la tapa se sostenga en cualquier ángulo. Si el baúl no dispone de este mecanismo, póngale uno o quítele la tapa.
3. Seleccione un baúl con bordes redondos o, si no, fórrelo con algún material acolchado para que su hijo no pueda lastimarse si cae contra el baúl.

4. A veces los niños se quedan atrapados dentro del baúl de los juguetes. Por lo tanto, compruebe que el baúl tiene agujeros de ventilación o hay suficiente espacio entre la tapa y los lados para que pueda entrar el aire. No bloquee los agujeros pegando el baúl contra la pared. Compruebe también que la tapa se puede abrir desde dentro.

## Juguetes

La mayoría de los fabricantes de juguetes se esfuerzan por construir juguetes seguros, pero no siempre saben anticipar el uso—debido o indebido—que puede hacer un niño de sus productos. Si su hijo resulta lastimado por un producto que no siga los requisitos de seguridad o desea reportar una lesión causada por un producto, llame a la línea gratuita del Consumer Product Safety Commissión: 1-800-638-CPSC (el número para las personas con dificultades auditivas o de lenguaje es 1-800-638-8270). La Comisión mantiene un expediente de quejas y ordena la retirada de juguetes peligrosos, así que su llamada telefónica podría proteger también a otros niños. También puede comunicarse con la Comisión a través del Internet: Info@cpsc.gov ó http://www.cpsc.gov. Adicionalmente, la línea telefónica gratuita y la página de Internet son valiosos recursos para obtener información acerca de retirada de productos o advertencias a consumidores. Al elegir o usar un juguete, siga siempre las siguientes recomendaciones:

1. Déle a su hijo o hija juguetes que sean apropiados para su edad y sus capacidades. Las indicaciones de los fabricantes pueden ayudar, pero debe ser usted quien decida si su hijo está o no preparado para utilizar un juguete determinado. Recuerde que la edad especificada en el empaque se incluye con fines educativos, no de seguridad.

2. Los sonajeros—probablemente el primer juguete que tenga su hijo—deben tener por lo menos 1⅝ pulgadas de ancho. La boca y la garganta de un lactante son muy flexibles, por lo que, un sonajero más pequeño, podría causar atragantamiento.

3. Todos los juguetes deben estar fabricados con materiales resistentes para que no puedan romperse o hacerse añicos incluso si un niño los tira o les da golpes.

4. Examine los juguetes que tengan pitos para comprobar que estos no se pueden desprender.

5. Antes de darle un peluche o una muñeca a su hijo, compruebe que la nariz y los ojos están bien fijos. Quítele todos los lazos. No permita que su hijo se lleve a la boca un chupete o cualquier otro accesorio que venga con una muñeca y que sea lo suficientemente pequeño como para que se lo pueda tragar.

6. Tragarse o inhalar partes pequeñas de un juguete representa un peligro importante para un niño pequeño. Examine cuidadosamente los juguetes antes de dárselos a su hijo, en busca de piezas que le podrían caber en la boca y en la garganta. Busque juguetes cuyo empaque diga que son aptos para niños de menos de tres años, ya que estos juguetes deben seguir parámetros federales que exigen que no tengan piezas pequeñas que puedan tragarse o inhalarse.
7. Los juguetes de los hermanos mayores que contengan piezas pequeñas deben guardarse en lugares a los que los niños pequeños no tengan acceso. Insista a los hermanos mayores que recojan sus juguetes y todas sus piezas cuando acaben de jugar.
8. No deje que su hijo juegue con un globo: podría inhalarlo si intenta inflarlo. En el caso de que se reviente un globo, recoja y tire todos los pedazos.
9. Para prevenir quemaduras y electrocuciones, no dé a un niño menor de diez años juguetes que tengan que enchufarse a la corriente eléctrica. En lugar de ello, cómprele juguetes que funcionen con pilas.
10. Los juguetes mecánicos se deben inspeccionar cuidadosamente en busca de engranajes, muelles y bisagras en los que se pudiera enganchar un dedo, o un mechón de pelos o la ropa del niño.
11. Para evitar cortaduras, examine todos los juguetes antes de comprarlos en busca de bordes cortantes o piezas puntiagudas. Evite los juguetes que tengan piezas de vidrio o plástico rígido, que podrían hacerse añicos.
12. No permita que su hijo juegue con juguetes muy ruidosos incluyendo muñecos con pitos demasiado fuertes. Los niveles de ruido de 100 decibelios o más—el que hace una pistola de perdigones a corta distancia—pueden lesionar el oído.
13. Los juguetes que lanzan algún tipo de proyectil no son adecuados para niños, ya que es muy fácil que provoquen lesiones oculares. No le dé nunca a su hijo/a un arma de juguete que lance algo a no ser que sea una pistola de agua.

## Seguridad fuera de casa

Aunque usted cree un entorno completamente seguro dentro de casa, su hijo también pasará mucho tiempo fuera de ella, donde el entorno resulta algo más difícil de controlar. Lógicamente, su supervisión personal será la mejor protección. Sin embargo, incluso con la mejor de las supervisiones, un niño sigue estando expuesto a muchos riesgos. La información que figura a continuación le indicará cómo eliminar muchas de estas amenazas y reducir el peligro de que su hijo resulte lesionado.

## Asiento de seguridad para el auto

Los choques de auto son la primera causa de muerte en los niños y adolescentes de entre uno y diecinueve años. Muchas de estas muertes podrían haberse evitado si los niños hubieran ido bien sujetos. Contrariamente a lo que piensa mucha gente, el regazo de un padre es, de hecho, el lugar más peligroso para que un niño pequeño viaje en auto. En caso de un choque, lo más probable es que el padre no pueda sujetar al niño. Pero, incluso en caso de que pudiera hacerlo, el cuerpo del adulto lo aplastaría cuando fuera impelido contra el parabrisas. Lo único que puede hacer para que su hijo viaje seguro en auto es adquirir, colocar y usar correctamente un asiento diseñado específicamente a tal efecto.

Asiento de seguridad para bebés pequeños

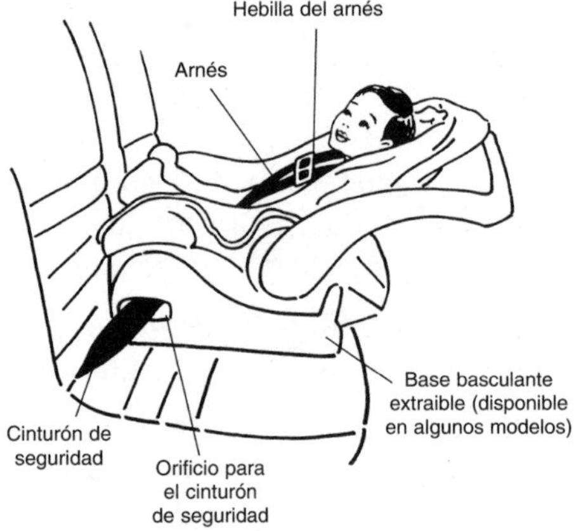


Asiento de seguridad convertible

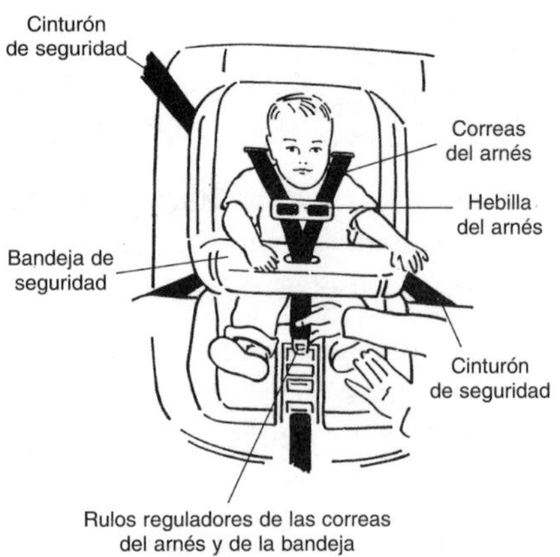


Asiento elevador para uso con cinturón transversal

Asiento elevador con protector frontal

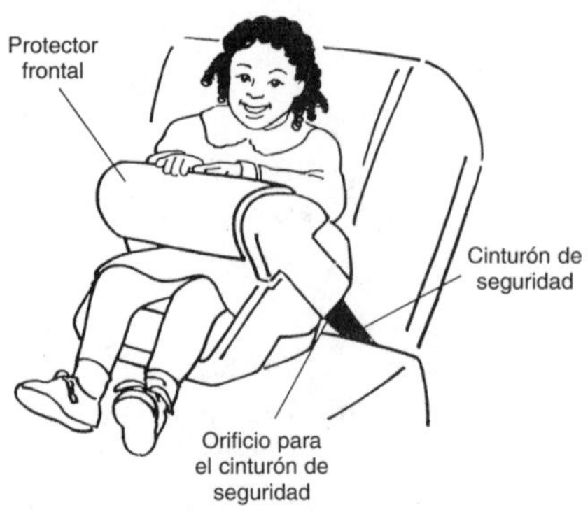

Los asientos de seguridad se exigen por ley en todos los cincuenta estados y territorios. Lamentablemente, estudios recientes demuestran que muchos padres no utilizan los asientos de seguridad correctamente. El error más habitual consiste en colocar un asiento que debe orientarse en el sentido opuesto al de la marcha en un asiento delantero provisto de *bolsas de aire*, o bien en orientar el asiento incorrectamente, o en no sujetar bien al niño al arnés del asiento. Así mismo, algunos padres se abstienen de usar el asiento de seguridad en los trayectos cortos.

No son conscientes de que la mayoría de los choques fatales ocurren a menos de 5 millas de casa y a velocidades inferiores a las 25 millas por hora. Por todos estos motivos, las niños siguen corriendo peligro. No basta con tener un asiento de seguridad; hay que utilizarlo correctamente y en todas las ocasiones.

## Elección del modelo

Aquí tiene algunas recomendaciones que pueden ayudarle a tomar una decisión.

1. Todos los asientos de seguridad que se venden hoy en día deben seguir pautas federales de seguridad. No utilice un asiento fabricado antes de 1981, año en que estas regulaciones entraron en vigor. La tabla de las páginas 445 a 453, describe algunos de los asientos que hay en el mercado. Para obtener una lista más detallada, incluyendo precios, consulte con su pediatra o escriba a: American Academy of Pediatrics, Shopping Guide, 141 Northwest Point Boulevard, P.O. Box 927, Elk Grove Village, Illinois 60009.
2. Cuando vaya en auto con un niño pequeño utilice siempre un asiento de seguridad, sin excepción, incluso en su primer viaje del hospital a casa. Adquiera el asiento antes de que nazca el niño.
3. Lea atentamente las instrucciones de uso del asiento y de su vehículo y pruebe a instalarlo en el auto con antelación.
4. Con bebés pequeños o de poco peso al nacer es mejor utilizar asientos sin protector frontal, por lo menos durante los primeros meses, puesto que se ajustan mejor al cuerpo del bebé. Es posible que los niños con problemas específicos de salud o condiciones médicas necesiten otros dispositivos de seguridad. Los niños prematuros se deben observar después de ser colocados en el asiento antes de abandonar el hospital para determinar si la posición semi reclinada les provoca problemas respiratorios. Es posible que en estos casos el pediatra recomiende utilizar un portabebés debidamente probado en el que el bebé pueda ir acostado. Siempre que sea posible, cuando un bebé prematuro viaje en auto debe ir un adulto a su lado para observar su respiración. Sin embargo, no coloque nunca un asiento que debe orientarse en el sentido opuesto al de la marcha en un asiento delantero provisto de *bolsas de aire*.

5. Compruebe que el asiento se puede instalar correcta y fácilmente en el asiento de su auto. El diseño de los cinturones de seguridad y los asientos y la posición de los asientos de algunos coches no son compatibles con este tipo de asiento para infantes.
6. Elija un asiento en el que las correas del arnés sean fáciles de ajustar una vez instalado en el auto; es más probable que usted utilice un asiento que sea fácil de usar.
7. Para información en torno a las necesidades especiales para transportar niños prematuros o pequeños, la Academia Americana de Pediatría recomienda el video "Special Delivery: Safe Transportation of Premature and Small Infants". Para ordenarlo, envíe $50.00 a: "Automotive Safety for Children Program, Riley Hospital for Children, 575 West Drive, Room 004, Indianapolis, Indiana 46202-5225.

## Cómo colocar el asiento de seguridad en el auto

1. Los asientos traseros son el lugar más seguro para que viaje un niño. Las sillas que deben orientarse en el sentido opuesto al de la marcha nunca deben colocarse en un asiento delantero provisto de *bolsas de aire*.
2. Siga al pie de la letra las instrucciones que acompañan al asiento y consulte también las instrucciones del vehículo para colocar correctamente el mismo.
3. Introduzca el cinturón de seguridad del vehículo por los orificios adecuados del asiento. Compruebe que el cinturón quede bien ajustado. Los cinturones de seguridad de algunos autos permiten que el pasajero se mueva libremente incluso después de haberlos abrochado. Si su auto tiene este tipo de cinturones, deberá utilizar una hebilla para que el cinturón quede bien fijo. La mayoría de los asientos infantiles para el coche que se fabrican actualmente se venden con este tipo de hebillas. Lea atentamente las instrucciones que vienen con el asiento para saber cómo se debe colocar la hebilla.

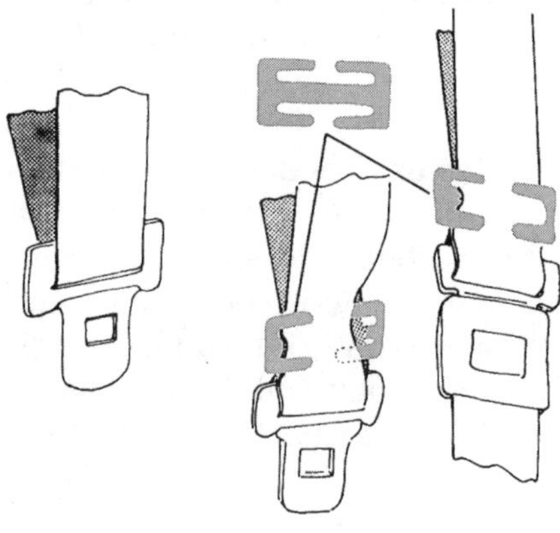

**Hebilla colocada para impedir el desplazamiento del cinturón de seguridad**

## Guía de compras de asientos de seguridad para automóviles

Todos los productos listados cumplen con la actual Norma 213 de Seguridad del "Federal Motor Vehicle".

**Los asientos de seguridad para bebés pequeños** pueden usarse desde el nacimiento hasta un peso de 20 libras o mínimo un año de edad. La ventaja de utilizar estos asientos de seguridad es que son pequeños, portátiles y se acomodan bien al recien nacido. La desventaja es que deben reemplazarse por un asiento convertible cuando el bebé ya no quepa, lo que sucede generalmente antes del año de edad. Cuando utilice un asiento para bebés pequeños, asegúrese de que fue fabricada para ser usado en vehículos. Nunca use un cargador de bebés en vez de un asiento para auto. **Recuerde que los asientos para bebés pequeños siempre se usan mirando hacia la parte de atrás del automóvil.**

| Fabricante/ Nombre | Tipo de arnés | Características | Rango de Precios |
|---|---|---|---|
| **Asientos Para Bebés Pequeños** | | **(Nacimiento hasta 20 lbs, a no ser que se especifique algo diferente)** | |
| Britax Rock-a-tot | 3 Puntos | Para uso hasta 22 lbs | $79 a 89 |
| Century Assura 565 Series | 3 Puntos | Indicador de reclinación correcta | $29 a 39 |
| Century Assura Premiere | 3 Puntos | Base más pequeña desmontable para acomodarse a sillas de auto curvas. Ranuras acolchadas en las correas, adaptables a la mayoría de los cinturones actuales de los autos. Indicador de reclinación correcta. | $49 a 59 |
| Century Smart Fit | 3 Puntos | Base más pequeña desmontable para acomodarse a sillas de auto curvas. Ranuras acolchadas en las correas, adaptables a la mayoría de los cinturones actuales a la mayoría de los cinturones actuales de los autos. Indicador de reclinación correcta. También disponible con paseador. | $60 a 70 |
| Cosco Arriva | 3 Puntos | Para uso hasta 22 lbs. Algunos modelos vienen con base desmontable. Algunos modelos tienen indicador de reclinación correcta. También disponible con paseador. | $35 a 55 |

| | | | |
|---|---|---|---|
| Cosco Dream Ride Plus | 3 Puntos | Puede usarse como camita de auto en el lado del pasajero si tiene bolsa de aire. Úselo de lado como camita y mirando hacia atrás como sillita de auto. Se convierte en columpio mecedor. | $59 |
| Cosco TLC | 3 Puntos | | $20 a 25 |
| Cosco Turnabout | 3 Puntos | Para uso hasta 22 lbs. Algunos modelos vienen con base desmontable. Algunos traen indicador de reclinación correcta. El sistema de correas se adapta automáticamente.También disponible con paseador. | $55 a 75 |
| Evenflo Joy Ride | 3 Puntos | Con ajustador de correas localizado en el compartimento detrás de la sillita. También disponible con paseador. | $25 a 45 |
| Evenflo On My Way | 3 Puntos | Base desmontable. Puede usarse sin la base. También disponible con paseador. | $55 a 65 |
| Evenflo Travel Tandem | 3 Puntos | Base desmontable. Puede usarse sin la base. Ajustador de correas localizado en el compartimento detrás de la sillita. | $45 a 55 |
| Gerry Guard with Glide | 3 Puntos | Para uso hasta 22 lbs. Puede usarse como columpio. Debe modificarse para poder usarse como sillita para automóvil. | $50 a 55 |
| Gerry Secure Ride | 3 Puntos | Para uso hasta 22 lbs. | $40 |
| Kolcraft Infant Rider | 3 Puntos | | $50 a 60 |
| Kolcraft Rock'n Ride | 3 Puntos | Para uso hasta 18 lbs. La altura de las correas no es ajustable. | $30 a 35 |
| Kolcraft Travel About | 3 Puntos | Base desmontable. Puede usarse sin la base. | $60 a 70 |

**Los asientos de seguridad convertibles** pueden usarse hasta aproximadamente 40 libras de peso. Estas se usan mirando hacia atrás para los bebés y mirando hacia adelante para los niños pequeños. Los bebés deben colocarse mirando hacia la parte de atrás del automóvil hasta que pesen 20 lbs y tengan un año de edad. La ventaja de los asientos convertibles es que pueden usarse por más tiempo. Las desventajas es que son más voluminosas que los asientos de bebés, menos portátiles y pueden no servir en forma adecuada para bebes recién nacidos.

Los asientos convertibles vienen con tres tipos de correas: **Correas de 5 puntos**—Cinco tiras: Dos en los hombros, dos en las caderas y una en la entrepierna; **Protección en T**—Una protección acolchada triangular o en forma de T, sujetada a las correas de la espalda, la cual encaja con una hebilla en la sillita en la parte de la entrepierna; **Protección en forma de bandeja o arriba de la cabeza**—una protección acolchada, en forma de bandeja, que se desliza hacia abajo alrededor del niño.

Para recién nacidos pequeños las protecciones están normalmente muy arriba o muy lejos del cuerpo para que quede acomodado correctamente. Las correas de 5 puntos se acomodan mejor al recién nacido por que puede ajustarse bien.

**Cada modelo tiene un modo correcto de colocación de las correas cuando el asiento mira hacia atrás o hacia adelante.** En modelos diferentes, la colocación de las correas varía. No trate de adivinar cómo se hace. Para proteger a su bebé o niño siga exactamente las instrucciones de su sillita.

| Fabricante/ Nombre | Tipo de Correas | Características | Rango de Precios |
|---|---|---|---|
| **Asientos Convertibles** | | **(Recién nacido hasta aproximadamente 40 lbs)** | |
| Babyhood Baby Sitter | 5 Puntos | | $89 a 99 |
| Britax Freeway | 5 Puntos | Sillita únicamente para niños de 20 a 40 lbs. No puede usarse mirando hacia atrás para bebés. Tiene incorporado un cierre en forma de abrazadera en vez de un sujetador. Reclinación ajustable. | $159 a 169 |
| Century 1000 STE, 1500 Prestige | 5 Puntos | Mirando hacia atrás hasta 20 lbs. La hebilla de la entrepierna es ajustable. | $49 a 75 |
| Century 2000 STE, 2500 Prestige | Protección en T | Mirando hacia atrás hasta 20 lbs. La posición de la entrepierna es ajustable. | $59 a 85 |
| Century 3000 STE, 3500 Prestige | Protección en bandeja | Mirando hacia atrás hasta 20 lbs. La hebilla de la entrepierna es ajustable. El modelo Prestige tiene la protección ajustable. | $59 a 89 |

| | | | |
|---|---|---|---|
| Century Smart Move | 5 Puntos o Protección en bandeja | Mirando hacia atrás hasta 30 lbs. Reclinación completa para recién nacidos y bebés de bajo peso al nacer. En caso de un choque de frente se mueve a una posición vertical dando mayor protección. | $109 a 139 |
| Cosco Olympian | Protección en T. Protección en Bandeja | Mirando hacia atrás hasta 22 lbs. Protección de bandeja ajustable. Sistema de correas ajustable automáticamente | $80 a 100 |
| Cosco Regal Ride | 5 Puntos, Protección en T o Bandeja | Mirando hacia atrás hasta 22 lbs. | $65 a 85 |
| Cosco Touriva | 5 Puntos, Protección en T o Bandeja | Mirando hacia atrás hasta 22 lbs. | $40 a 60 |
| Early Development Guardian Comfort | 5 Puntos, Protección en T o Bandeja | Mirando hacia atrás hasta 20 lbs. Correas diseñadas en forma similar a los cinturones de los autos, se bloquean ante un impacto. Reclinación ajustable. | $80 a 100 |
| Early Development Guardian Folder | 5 Puntos Protección en T o Bandeja | Mirando hacia atrás hasta 20 lbs. La sillita se puede doblar para viajes o para guardarla. Disponible con ajuste manual o automático de cinturón. Reclinación ajustable. El modelo en bandeja tiene protección ajustable. | $90 a 120 |
| Early Development Guardian Express | 5 Puntos, | Mirando hacia atrás hasta 20 lbs. Ajuste manual del cinturón. | $50 a 60 |
| Evenflo Champion | Protección en bandeja | Mirando hacia atrás hasta 20 lbs. Correa adicional disponible. | $50 a 70 |
| Evenflo Medallion | 5 Puntos o Protección en bandeja | Mirando hacia atrás hasta 22 lbs. Acceso delantero al cinturón del carro para mayor facilidad en la instalación. El modelo en bandeja tiene protección ajustable. | $110 a 160 |
| Evenflo Scout | 5 Puntos o Protección en T | Mirando hacia atrás hasta 20 lbs. Correa adicional disponible. | $39 a 60 |
| Evenflo Trooper | 5 Puntos o Protección en bandeja | Mirando hacia atrás hasta 20 lbs. Protección ajustable. Correa adicional disponible. | $60 a 70 |

| | | | |
|---|---|---|---|
| Evenflo Ultara I | Protección en bandeja | Mirando hacia atrás hasta 20 lbs. Protección ajustable. Correa adicional disponible. | $80 a 100 |
| Evenflo Ultara V | 5 Puntos | Mirando hacia atrás hasta 20 lbs. Reclinación ajustable. Correa adicional disponible. | $80 a 100 |
| Gerry One-Click | Protección en bandeja | Mirando hacia atrás hasta 22 lbs. Sistema de correas ajustable automáticamente. Correa adicional disponible. | $80 a 90 |
| Gerry Pro-Tech | 5 Puntos | Mirando hacia atrás hasta 22 lbs. Correa adicional disponible. | $60 a 65 |
| Kolcraft Auto-Mate | 5 Puntos | Mirando hacia atrás hasta 20 lbs. Ajustador de correas localizado en ambos lados de la silla. | $50 a 60 |
| Kolcraft Performa | Protección en bandeja | Mirando hacia atrás hasta 20 lbs. Ajustador de correas localizado en ambos lados de la silla. | $50 a 70 |
| Kolcraft Secure Fit | Protección en bandeja | Mirando hacia atrás hasta 20 lbs. Protección ajustable en tres posiciones. Ajustador de correas localizado en ambos lados de la silla. | $60 a 80 |
| Renolux Formula | 5 Puntos | Mirando hacia atrás hasta 20 lbs. Reclinación ajustable. Apoyo de cabeza desmontable. | $No disponible |
| Safeline Sit'n Stroll | 5 Puntos | Mirando hacia atrás hasta 25 lbs. Se convierte en paseador. | $159 a 169 |

**Los asientos incorporados al automóvil,** cuando están disponibles, se pueden utilizar en vez de los asientos convertibles que miran de frente. Cada vez más autos y camionetas tienen incorporadas estas sillitas para niños. La mayor ventaja es que elimina los problemas de instalación. Sin embargo, siga siempre las instrucciones para cada aparato. Los límites del peso del niño pueden variar. Recuerde mantener siempre bien ajustados los cinturones y las correas.

| Fabricante/ Nombre | Tipo de Correas | Características | Rango de Precios |
|---|---|---|---|
| **Chalecos y Asientos Empotradas** | | **(Pesos de 20 a 25 lbs o superiores)** | |
| E-Z-On Vest | 4 Puntos | Chaleco para 25 lbs o más. Se debe instalar en el auto una correa especial. | $74 a 90 |
| Little Cargo Travel Vest | 5 Puntos | Chaleco para 25 a 40 lbs. Sistema simplificado de correa-hebilla. El cinturón del regazo de carro se sujeta al chaleco mediante presión con una chapa acolchada. | $39 a 49 |
| Chrysler Built-in Seats | 5 Puntos | Sillas para 20 a 65 lbs. En los mini-van hay la opción de dos sillas incorporadas; una silla opcional en la mayoría de los automóviles sedán. | $100 a 200 |
| Ford Built-in Seats | 5 Puntos | Para 20 a 60 lbs. Dos sillas opcionales en las mini-vans Aerostar, Windstar y Villager; una silla opcional en las Explorer, Escort y Tracer. | $135 a 240 |
| General Motors Built-in Seats | Varía con el modelo del automóvil | Sillas opcionales en el mini-van Chevrolet Lumina, Astro Van, Lumina, Monte Carlo, GEO Prizm, GMC Safari Van, Oldsmobile Silhouette y el Pontiac Transport. | $No disponible |

**Los asientos elevadores ó "Booster"** están diseñados para niños que ya son muy grandes para las convertibles. **No utilice estos asientos para niños con peso menor de 40 lbs. aunque tengan una etiqueta que indique su uso para pesos menores.**

**Utilice un asiento elevador "Booster" de cinturón si su auto tiene ambos cinturones, el del ragazo y el del hombro.** La silla "Booster" levanta a su niño de forma que los cinturones se pueden acomodar apropiadamente. Esto ayudará a proteger la cabeza y el torso del niño. Asegúrese de mantener bien ajustado el cinturón del regazo y que quede en posición baja a lo largo de la cadera del niño. Asegúrese que el cinturón del hombro quede plano en el hombro y alejado del cuello y de la cara.

**Si su auto sólo tiene el cinturón del regazo, debe utilizar un asiento de elevación con protección ó "Shield Booster".** Este tipo de asiento no da tanta protección a la parte superior del cuerpo como las de colocación de cinturón, pero son mejores que usar sólo el cinturón del regazo. Muchas de estas sillas permiten remover la protección, de forma que pueden ser utilizadas como sillas de cinturón en carros que sí tienen ambos cinturones, el del regazo y el del hombro.

| Fabricante/ Nombre | Elevadores "Boosters" | Características | Rango de Precios |
|---|---|---|---|
| **Sillitas Elevadoras** | | **(Usela después de que la sillita convertible le quede pequeña al niño)** | |
| Basic Comfort 2 in 1 | Colocación de cinturón/ espaldar alto | Para niños de 30 a 70 lbs. Debe usarse con ambos cinturones del auto, el del regazo y el del hombro. Espaldar desmontable. | $50 |
| Britax Cruiser | Colocación de cinturón/ espaldar alto | Para niños de 30 a 60 lbs. Debe usarse con ambos cinturones del auto, el del regazo y el del hombro. Apoyo de cabeza ajustable. | $79 |
| Britax Star Riser/Comfy | Colocación de cinturón/ espaldar alto | Para niños de 30 a 80 lbs. Silla de dos piezas. El "Star Riser" debe usarse con ambos cinturones del auto, el del regazo y el del hombro. "Comfy" es el apoyo opcional de espalda y cabeza. El apoyo para la cabeza es ajustable. | $59 cada parte |
| Century Breverra Classic | Colocación de cinturón/ espaldar alto | Para niños de 30 a 40 lbs utilice protección de 5 puntos con cinturon de regazo. Para niños de 30 a 60 lbs desmonte la protección cuando use ambos cinturones del auto, el del regazo y el del hombro. | $49 a 59 |
| Century Breverra Contour | Colocación de cinturón/ espaldar alto | Para niños de 30 a 40 lbs utilice protección de 5 puntos con cinturones de regazo. Para niños de 30 a 60 lbs desmonte la protección cuando use ambos cinturones del auto, el del regazo y el del hombro. Acceso delantero al cinturón del automóvil para facilitar la instalación. | $69 a 79 |
| Century Breverra Premiere | Colocación de cinturón/ espaldar alto | Para niños de 30 a 40 lbs utilice protección de 5 puntos con cinturones de regazo. Para niños de 30 a 60 lbs desmonte la protección cuando use ambos cinturones del auto, el del regazo y el del hombro. | $59 a 69 |

| | | | |
|---|---|---|---|
| Downunder Design Kangaroo | Colocación de cinturón/ espaldar alto | Debe usarse únicamente con automóviles que tengan ambos cinturones, el del regazo y el del hombro. | $80 a 90 |
| Early Development Guardian Double-up Booster | Colocación de cinturón/ espaldar alto | Para niños de 30 a 60 lbs. Debe usarse con automóviles que tengan ambos cinturones, el del ragazo y el del hombro. La base permite dos alturas diferentes. | $45 |
| Gerry 2-in-1 2-in-1 Deluxe | Colocación de cinturón/ espaldar alto | Para niños de 22 a 40 lbs utilice correas de 5 puntos con cinturón de ragazo. Para niños de 30 a 60 lbs desmonte la protección cuando use ambos cinturones del auto, el del regazo y el del hombro. Reclinación ajustable. | $75 a 90 |
| Gerry Belt Right | Colocación de cinturón/ espaldar alto | Para niños de 30 a 60 lbs. Debe usarse con automóviles que tengan ambos cinturones, el del regazo y el del hombro. | $50 |
| Gerry Evolution | Colocación de cinturón/ espaldar alto | Para niños de 20 a 40 lbs utilice correas de 5 puntos con cinturón de regazo. Para niños de 30 a 60 lbs quite las correas si usa ambos cinturones, el del regazo y el del hombro. | $54 a 60 |
| Jupiter Komfort Rider | Colocación de cinturón/ espaldar alto | Para niños de 30 a 60 lbs. Debe usarse con ambos cinturones del auto, el del regazo y el del hombro. | $80 |
| Basic Comfort Booster | Colocación de cinturón/ espaldar bajo | Para niños de 40 a 70 lbs. La unidad es sólo la base. Debe usarse con ambos cinturones del auto, el del regazo yel del hombro. | $19 |
| Evenflo Booster Car Seat | Colocación de cinturón/ espaldar bajo | Para niños de 40 a 60 lbs. La unidad es sólo la base. Debe usarse con amboscinturones del auto, el del regazo y el del hombro. | $20 a 25 |
| Cosco Grand Explorer/ Adventurer | Protección | La protección debe usarse para niños de 30 a 40 lbs si el auto sólo tiene cinturones de regazo. La protección se abre hacia la derecha o hacia la izquierda. Para niños de 40 a 60 lbs, úselo sin protección, como elevador de colocación de cinturón, cuando utilice ambos cinturones, el del regazo y el del hombro. | $20 a 35 |

| | | | |
|---|---|---|---|
| Evenflo SideKick | Protección | La protección debe usarse para niños de 30 a 40 lbs si el auto sólo tiene cinturones de regazo. La protección se abre hacia la derecha o hacia la izquierda. Para niños de 40 a 60 lbs, úselo sin protección, como elevador de colocación de cinturón, cuando utilice ambos cinturones, el del regazo y el del hombro. | $20 a 30 |
| Gerry Double Guard | Protección | La protección debe usarse para niños de 30 a 40 lbs si el auto sólo tiene cinturones de regazo. La protección se abre hacia la derecha o hacia la izquierda. Para niños de 30 a 60 lbs, úselo sin protección, como elevador de colocación de cinturón, cuando utilice ambos cinturones, el del regazo y el del hombro. | $50 a 60 |
| Gerry Super Shield | Protección | La protección debe usarse para niños de 30 a 40 lbs si el auto sólo tiene cinturones de regazo. La protección se abre hacia la derecha o hacia la izquierda. Para niños de 30 a 60 lbs, úselo sin protección como elevador de colocación de cinturón, cuando utilice ambos cinturones, el del regazo y el del hombro. | $35 a 40 |

**Pueden existir asientos de seguridad para auto que no se encuentran en estas listas. Los productos listados aquí están actualizados sólamente hasta el día de la publicación. Recuerde: Para obtener la última información sobre asientos de seguridad para niños, noticias sobre seguridad, cambios o repuestos, llame a Auto Safety Hotline at teléfono (800) 424-9393**

**Asiento de seguridad convertible -orientado en el sentido de la marcha.**

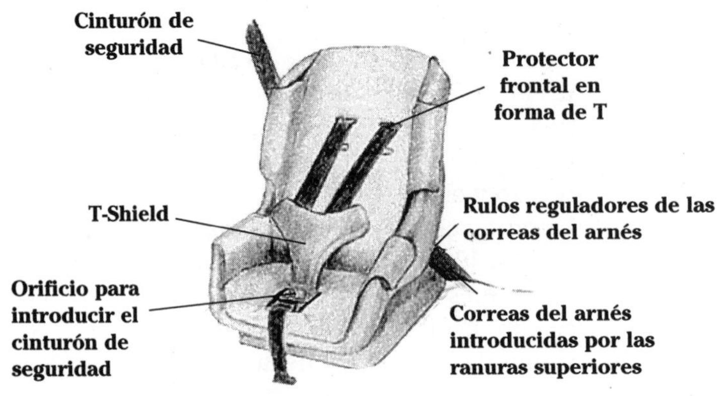


4. Los asientos para bebés pequeños deben orientarse en el sentido opuesto al de la marcha. Cuando su hijo pese más de 20 libras y tenga un año de edad, podrá llevarlo en un asiento convertible adecuado para su peso orientado en el sentido de la marcha.

5. Ajuste las correas del asiento al tamaño del cuerpo de su hijo. Las correas de los hombros deben introducirse en sus respectivas ranuras, justo por encima de los hombros del niño. Así mismo, las correas deben estar estiradas y no dobladas ajustándose bien al cuerpo del niño. La correa de la entrepierna debe mantenerse corta.

## Recomendaciones sobre el uso del asiento de seguridad

1. El asiento de seguridad ofrecerá una protección adecuada sólo si se emplea cada vez que el niño va en el auto, sin excepción. Si tienen dos autos, compre dos asientos o cambie cada vez el asiento al auto donde vaya a viajar su hijo. Si va a alquilar un auto, infórmese de si dispone de *bolsas de aire* de seguridad para el copiloto. En tal caso, nunca coloque un asiento orientado en el sentido opuesto al de la marcha en el asiento delantero. El lugar más seguro para que un niño viaje en auto es el asiento trasero.

2. La mayoría de los niños atraviesan una fase en la que protestan cada vez que se les coloca en el asiento de seguridad. Cuando le ocurra esto, dígale a su hijo con firmeza que no pondrá el auto en marcha hasta que todo el mundo esté bien sentado y completamente sujeto. Después, actúe en consecuencia.

## *Seguridad en torno a las bolsas de aire*

- No coloque *nunca* a un lactante en el asiento delantero de un vehículo provisto de *bolsas de aire* de seguridad.
- El lugar más seguro para que bebé o un niño (incluso de edad escolar) viaje en auto es el asiento trasero.
- Los bebés que pesen menos de 20 libras o que tengan menos de un año *siempre* deben viajar en un asiento de seguridad colocado en el asiento trasero y orientado en el sentido opuesto al de la marcha.

- Todo niño debe ir bien asegurado en un asiento de seguridad, un asiento elevador o sujeto a cinturones de seguridad que se adapten a su tamaño.
- Para garantizar la protección de los pasajeros, todos deben llevar siempre el cinturón de seguridad correctamente colocado.
- Si en una situación de emergencia un niño *se ve obligado a* ir en el asiento delantero, desplace el respaldo de su asiento hacia atrás todo lo que pueda para alejarlo lo máximo posible de la *bolsa de aire*.

**Para obtener más información, llame a la línea NHTSA Auto Safety Hotline al 1-800-424-9393.**

## *Sugerencias para que su hijo esté contento y seguro en la carretera*

Por mucho que usted insista en el uso del asiento protector y en llevar puesto el cinturón de seguridad, es posible que su hijo o hija, a medida que crece, se niegue a aceptar este tipo de restricciones. Aquí tiene algunas sugerencias para tenerlo ocupado y contento—aparte de seguro—mientras viajan en auto.

### Desde el nacimiento hasta los nueve meses

- Para la comodidad del recién nacido o del bebé de pocos meses, coloque toallas enrolladas a ambos lados de su cuerpo para evitar que se resbale o se incline hacia los lados.
- Coloque una toallita enrollada entre la correa de la entrepierna y el cuerpo del bebé, para evitar que éste se escurra hacia adelante.
- Si al bebé se le cae la cabeza hacia adelante, incline un poco el asiento hacia atrás colocando un cojín o una toalla doblada debajo de la parte anterior de la base del asiento.

### De los nueve a los veinticuatro meses

- A los niños de esta edad les encanta subirse a todas partes y es bastante probable que intenten desesperadamente salirse del asiento. Si éste es el caso de su hijo, recuerde que se trata de una fase pasajera y, con voz calmada pero firme, insistale en que debe seguir sentado en su asiento mientras el auto esté en marcha.

3. Asegúrese de que las correas de sujeción del arnés están bien pegadas al cuerpo del niño. Vista a su hijo con ropas que permitan colocarle las correas entre las piernas. Cuando lo saque del asiento, deje las correas sueltas y ajústelas según el grosor de la ropa que lleve puesta el niño.
4. Cuando haga mucho calor y estacione el auto en un lugar donde dé el sol, cubra el asiento de seguridad con una toalla. Antes de sentar al niño, toque el plástico y las partes metálicas del asiento con la mano para asegurarse de que no están calientes.

- Entretenga a su hijo hablando y cantando con él mientras conduce el auto. Sin embargo, no llegue al extremo de distraerse de su función como conductor.

## De los veinticuatro a los treinta y seis meses

- Convierta el viaje en auto en una experiencia de aprendizaje, hablando con su hijo sobre las cosas que ven por la ventana. Pero no se distraiga demasiado si usted es quien conduce.
- Anime a su hijo a que le ponga el cinturón de seguridad a su peluche o muñeca preferida y hable sobre lo seguro que irá ahora que lleva puesto el cinturón de seguridad.

## Preescolares

- Hable sobre las conductas que promueven la seguridad como un comportamiento propio de "niños mayores", y elogie a su hijo cuando se ponga el cinturón voluntariamente.
- Estimule a su hijo a que lleve puesto el cinturón de seguridad proponiéndole juegos de simulación, como hacer ver que es un astronauta, el comandante de un avión o un piloto de carreras.
- Explíquele por qué es importante utilizar el asiento de seguridad: "Si tenemos que frenar de golpe, las correas evitarán que te golpees la cabeza"
- Enséñele libros y dibujos con mensajes de seguridad.
- Cuando vaya en auto, lleve *siempre* puesto el cinturón de seguridad y compruebe que los demás pasajeros también lo llevan puesto.

5. Por muy poco tiempo que piense estar fuera del auto, nunca deje a un bebé ni a un niño solo en el auto. Es posible que se enfríe o se acalore demasiado si la temperatura exterior es extrema o que se aterrorice cuando se dé cuenta de que está solo. Un niño solo en un auto es un perfecto candidato para un secuestro y un niño mayor puede caer en la tentación de jugar con cosas peligrosas como el encendedor o la palanca de cambios, lo que podría provocarle lesiones graves.

6. Póngase siempre el cinturón de seguridad. Además de dar un buen ejemplo, reducirá las probabilidades de sufrir lesiones o de fallecer en un choque en un 60 por ciento.

7. Utilice un asiento convertible hasta que su hijo pese demasiado, substituyéndolo por un asiento elevador o "booster" en cuanto las orejas del niño sobresalgan por fuera del respaldo. Los asientos elevadores que proporcionan la mejor protección son los que sujetan al niño con un arnés o los que combinan ambos cinturones de seguridad (hombros y caderas). Los asientos elevadores que sólo constan de un protector frontal almohadillado sin arnés son convenientes, pero protegen mucho menos. De todos modos, son mejores que limitarse a ponerle al niño un cinturón poco ajustado.

8. Cuando su hijo pese demasiado para utilizar el asiento elevador, asegúrese de que use *siempre* el cinturón de seguridad correctamente. Cerciórese de que los cinturones de seguridad se adjustan correctamente al niño. El cinturón de los hombros debe ir a través del hombro y el del regazo debe ajustarse a las caderas. Los cinturones de seguridad están diseñados para que se acoplen al cuerpo de un adulto. Por lo tanto, si el cinturón que debe ir a la altura de los

## Nuestra posición

Los cincuenta estados y territorios americanos exigen que los niños viajen en asientos de seguridad para auto. La Academia Americana de Pediatría insiste además en que, al salir del hospital, todo recién nacido vaya en un asiento de seguridad para infantes. La AAP ha establecido una serie de indicaciones sobre cómo se debe llevar en auto a un recién nacido de bajo peso. Estas recomendaciones incluyen llevar al bebé en un asiento de seguridad orientado en el sentido opuesto al de la marcha y envuelto en un material mullido o almohadillado. Cuando el niño crezca, se recomienda usar un asiento convertible.

Cuando vayan en auto, los infantes y niños pequeños siempre deben ir sentados en asientos de seguridad diseñados específicamente a tal efecto, preferentemente en el asiento trasero por ser el más seguro. No coloque nunca un asiento de seguridad que debe orientarse en el sentido opuesto al de la marcha en un asiento delantero provisto de *bolsa de aire*. Un infante o un niño pequeño no debe ir nunca sentado en el regazo de un adulto mientras viaja en auto. Con los niños mayores, recomendamos seguir utilizando dispositivos de seguridad adaptados a su tamaño, junto con los cinturones del automóvil, tanto si van en los asientos traseros como en el delantero.

hombros le pasa a un niño por la garganta, o el que debe ir a la altura de las caderas lo hace sobre el estómago, significa que todavía es demasiado pequeño para sujetarse solamente con los cinturones de seguridad, por lo que debería seguir viajando en un asiento elevador. En lo que se refiere al cinturón de seguridad, también debe tener en cuenta lo siguiente:

- No deje nunca que el cinturón de los hombros quede debajo del brazo o de la espalda del niño.
- Si su auto dispone sólo de un cinturón de caderas, compruebe que el niño lo lleva muy ajustado y en una posición baja, es decir, sobre las caderas, no sobre el estómago.

## Mochilas porta-bebés

Las mochilas porta-bebés, tanto las que se llevan delante como las que se llevan detrás, están de moda entre los padres, a pesar de que a la mayoría de los bebés les quedan pequeñas cuando cumplen tres meses. Para la comodidad y seguridad de ambos siga las siguientes indicaciones al elegir y usar una mochila porta-bebés.

1. Lleve a su hijo con usted cuando vaya a comprar la mochila para podérsela probar. Compruebe que le sostiene bien la espalda y que los agujeros de las piernas son lo suficientemente pequeños como para que el bebé no se pueda escurrir hacia abajo. Elija una mochila de material resistente.
2. Si elige una mochila que se lleva en la espalda, asegúrese de que el armazón de aluminio está recubierto por un material acolchado, para que su hijo no se pueda hacer daño si se da algún golpe contra el mismo.
3. Revise el estado de la mochila periódicamente en busca de roturas o rasgaduras en las costuras y junto a los corchetes o las cremalleras de los cierres.
4. Cuando lleve puesta una mochila de espalda, no se olvide de que, si tiene que recoger algo del suelo, deberá agacharse flexionando las rodillas, no la cintura. De lo contrario, su hijo podría salir despedido hacia adelante por encima de su cabeza y usted podría lastimarse en la espalda.
5. Es difícil que los niños de más de cinco meses se queden quietos mientras van en una mochila de espalda. Por lo tanto, no se olvide nunca de utilizar las correas de sujeción para garantizar la seguridad de su hijo. Algunos niños colocan los pies contra el armazón de la mochila, modificando la distribución del peso. Insístale a su hijo en que se siente correctamente antes de empezar a andar.

## Cochecitos y paseadores

Puesto que los cochecitos se les quedan pequeños a los niños tan pronto, muchos fabricantes han sacado al mercado cochecitos convertibles que más adelante se pueden transformar en paseadores. Antes de adquirir uno, compruebe si cumple con todos los requisitos de seguridad y tome las siguientes precauciones:

1. Si coloca protectores o cuelga juguetes en el cochecito, asegúrelos bien para que no se puedan caer encima del bebé y retírelos en cuanto su hijo aprenda a sentarse o a ponerse a gatas.
2. Si el cochecito es plegable, asegúrese de que su hijo no puede accionar el mecanismo que permite plegarlo mientras está dentro del cochecito. Este mecanismo debe quedar completamente trabado antes de colocar al niño en el cochecito.
3. En cuanto su hijo o hija aprenda a sentarse por su cuenta deje de utilizar el cochecito, puesto que a partir de este momento las caídas serían mucho más frecuentes. Si debe seguir utilizando el cochecito por algún motivo, o si su hijo es extremadamente activo, asegúrelo con un arnés y fije el arnés a ambos lados del cochecito para que su hijo no pueda inclinarse hacia afuera mientras pasean.
4. Tanto los cochecitos como los paseadores deben tener frenos fáciles de accionar. Utilice el freno cada vez que se detenga y asegúrese de que su hijo no pueda tocar a la palanca de freno. Los frenos que bloquean dos ruedas proporcionan mayor seguridad.
5. Elija un paseador que tenga la base amplia, para que no pueda volcar.
6. Los dedos de un niño pueden quedar atrapados entre los ejes que aguantan la capota del paseador. Por lo tanto, mantenga a su hijo a una distancia prudencial cuando lo abra o lo cierre.

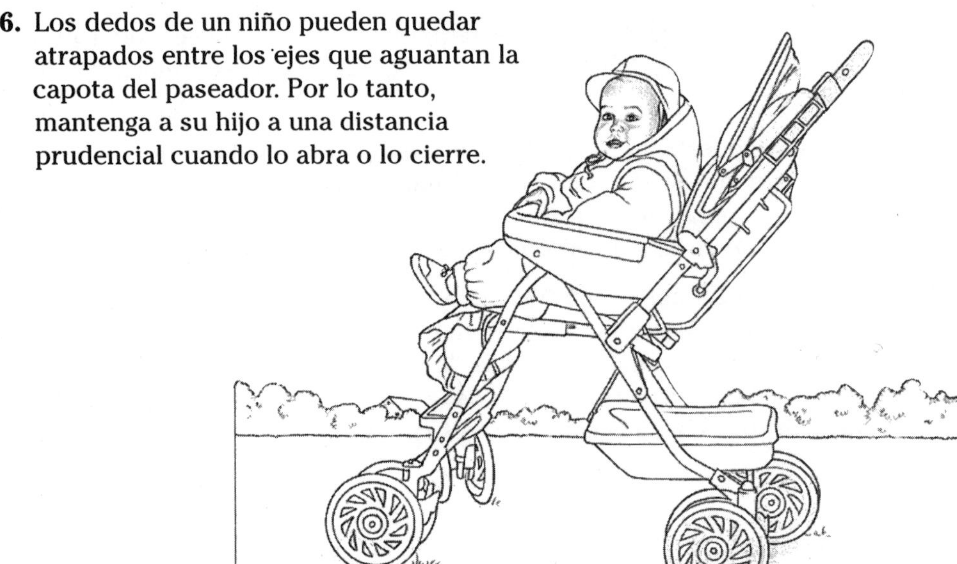

7. No cuelgue bolsas llenas u otros objetos de las manijas del paseador puesto que su peso podría hacer que se volcara hacia atrás. Si dispone de una cesta para llevar cosas, compruebe que está colocada bien baja y cerca de las ruedas posteriores.
8. El paseador debe tener un cinturón de seguridad y un arnés que se le debe poner al niño siempre que se le saque a pasear. Si se lleva a un bebé pequeño, es conveniente enrollar varias mantas para usarlas a modo de amortiguadores a ambos lados de la sillita.
9. Nunca deje a su hijo solo en un cochecito ni en un paseador.
10. Si va a adquirir un paseador con doble asiento, compruebe que el soporte para los pies cubre el área donde van a sentarse ambos niños. Si tiene dos soportes separados, el pie de uno de los niños puede quedar enganchado entre uno y otro soporte.

## Seguridad en el carrito de compras

Se estima que cada año se producen más de veinticinco mil lesiones relacionadas con los carritos de compras. En la mayoría están implicados niños de menos de cinco años y las lesiones más frecuentes son fracturas, conmociones cerebrales y lesiones internas.

El diseño de los carritos de compras hace posible que se vuelquen cuando un niño se sienta en la parte supuestamente diseñada para ese fin. Mientras el diseño de los carritos de compras no se modifique, hay que tener en cuenta que los asientos, sean añadidos o empotrados, no evitarán que un niño se caiga si no se le sujeta bien. Así mismo, el diseño de estos asientos tampoco impide que el carrito se vuelque incluso si el niño está bien sujeto. Por lo tanto, nunca deje a su hijo a solas en un carrito de compras.

## Bicicletas y triciclos

Si a usted le gusta andar en bicicleta, probablemente se habrá planteado la posibilidad de comprar un asiento cargador para colocarlo en la parte de atrás de su bicicleta. Es importante tener en cuenta que incluso con el mejor de estos asientos y el mejor casco del mercado, su hijo puede estar expuesto a sufrir lesiones graves. Esto puede ocurrir simplemente por perder el control de la bicicleta en una superficie irregular o resbaladiza, o al chocar con otro vehículo. Es mucho más sensato que espere a que su hijo aprenda a andar en bicicleta para que puedan pasear juntos.

Cuando su hijo deje de ser un bebé, querrá tener su propio triciclo y, en cuanto lo tenga, se verá expuesto a numerosos peligros. Por ejemplo, un niño montado en un triciclo queda tan bajo, que un conductor que va en reversa no lo alcanza a ver.

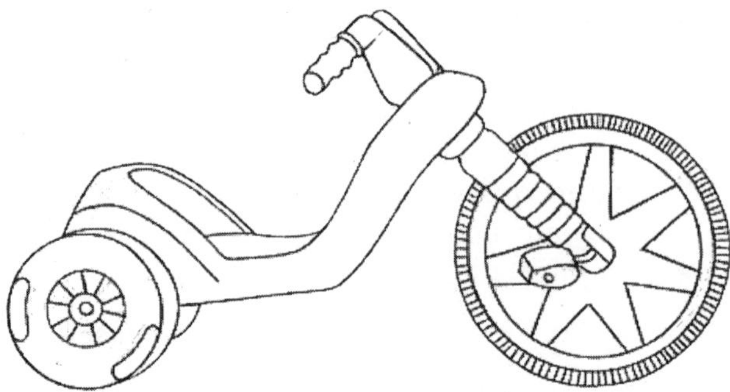

Pero aprender a montar en triciclo y luego en bicicleta es casi una parte esencial del proceso de hacerse mayor. Aquí tiene unas cuantas recomendaciones para reducir los riesgos que pueden amenazar la seguridad de su hijo.

1. No le compre un triciclo a su hijo hasta que esté físicamente preparado para montarlo. En la mayoría de los casos esto ocurre alrededor de los tres años de edad.
2. Cómprele un triciclo que sea bajo y que tenga ruedas grandes. Este tipo de triciclos son más seguros por que es más difícil que se vuelquen.
3. Los triciclos sólo deben usarse en lugares apropiados para tal fin. No permita que su hijo vaya en triciclo cerca de o donde hay vehículos o de una piscina.
4. Generalmente, los niños no tiene el equilibrio ni la coordinación muscular necesarios para montar en una bicicleta de dos ruedas hasta aproximadamente los siete años de edad. La mayoría de los niños pueden empezar a hacer sus pinitos en una bicicleta con ruedecitas laterales a partir de los seis años, no antes. *Para proteger a su hijo de posibles lesiones en la cabeza, asegúrese de que siempre lleva puesto un casco protector. Busque una etiqueta que dice "Snell Approved" o "Meets ANSI Z90.4 Standard" dentro del casco o en la caja.*
5. Si debe llevar a su hijo en bicicleta, nunca lo coloque en la parte de atrás antes de que cumpla un año. Los niños que tienen la edad suficiente (entre doce meses y cuatro años) para sentarse solos y cuyo cuello es lo suficientemente fuerte como parar llevar un casco ligero, pueden ir en un sillín acoplado a la parte trasera de la bicicleta.
6. Los sillines acoplados a la parte trasera de la bicicleta deben cumplir los siguientes requisitos:
   a. estar bien sujetos sobre la rueda trasera;
   b. tener protectores laterales para evitar que las manos o los pies del niño queden atrapados entre los radios de las ruedas.

c. tener un respaldo alto y un arnés resistente que sujete al niño por los hombros y por las caderas para evitar que se caiga en caso de que se duerma.

7. Todo niño que va como pasajero en una bicicleta debe llevar un casco ligero para evitar o reducir la posibilidad de lesiones craneales.

8. El niño debe ir bien sujeto en el sillín con un arnés resistente.

9. No lleve nunca a un niño sentado en el manubrio ni coloque un sillín sobre él para que se siente.

## Parques de recreo

Desde el columpio más sencillo instalado en el jardín de la casa, hasta el aparato más sofisticado del parque, es indudable que los equipos de recreación infantil tienen muchos factores positivos a su favor. Estos equipos estimulan a los niños a poner a prueba y expander sus habilidades fisicas. Sin embargo, implican algunos riesgos inevitables. Estos riesgos se pueden reducir al mínimo cuando las instalaciones están bien diseñadas y se les dan a los niños una serie de normas básicas sobre su uso correcto. He aquí algunas recomendaciones que le pueden ayudar a seleccionar las mejores instalaciones recreativas para su hijo.

1. Compruebe que el suelo que hay debajo de los columpios, balancines y pasamanos está cubierto de arena, aserrín o una cubierta de caucho, y que estas superficies estén en buen estado. Una caída de cabeza sobre asfalto o cemento puede ser fatal, incluso desde una altura de solo unas cuantas pulgadas.

2. Las estructuras de madera deben ser de madera tratada a prueba de las inclemencias del tiempo para que no se astillen. Examine las superficies periódicamente para asegurarse de que están lisas.

3. Inspeccione periódicamente el estado de las instalaciones, en busca de juntas sueltas, cadenas abiertas que puedan soltarse y bisagras oxidadas. Si se trata de una instalación metálica, verifique que no haya piezas oxidadas ni bordes cortantes. Si detecta alguno de estos desperfectos en el patio o el jardín de su casa cúbralos con caucho o algún otro material mullido. Si se trata de un parque público informe a las autoridades pertinentes.

4. Compruebe que los columpios están fabricados con un material blando y flexible. Insista a su hijo que se siente en el centro del asiento, cogiéndose a las cuerdas con ambas manos. No permita que dos niños se monten en el mismo columpio a la vez. Enseñe a su hijo a no ponerse detrás o delante de un columpio cuando lo esté utilizando otra persona.

5. Asegúrese de que su hijo o hija se sube a los toboganes utilizando las escaleras en lugar de la superficie deslizante. No permita que los niños se empujen unos a otros en las escaleras ni que se tiren por el tobogán varios a la vez. Enseñe a su hijo a salir del tobogán en cuanto llegue al suelo. Si el tobogán ha estado expuesto al sol por mucho tiempo, tóquelo para ver si la superficie está demasiado caliente antes de que lo utilice su hijo.
6. No permita que los niños de menos de cuatro años se trepen a equipos que sean más altos que ellos (como un pasamanos) sin supervisión directa.
7. Cuando su hijo tenga entre tres y cinco años, sólo deberá montarse en un balancín con otros niños de edad y peso comparables al suyo. Los niños de menos de tres años no tienen la suficiente coordinación para usar este tipo de instalaciones.
8. Los niños menores de cinco años deben jugar en equipos separado de los niños mayores.

## El patio

Si tiene un patio en su casa, éste puede convertirse en un magnífico lugar para su hijo, siempre que elimine de él los peligros potenciales. Aquí tiene algunas sugerencias para garantizar la seguridad de su hijo.

1. Si su patio no tiene una cerca divisoria, enséñele a su hijo cuáles son los límites del área de juegos. Siempre debe haber una persona supervisando al niño cuando juega afuera.
2. Compruebe si hay plantas peligrosas en el jardín. Entre la población preescolar, las plantas son unas de las principales causas de envenenamiento. Si tiene alguna duda sobre la toxicidad de alguna planta en concreto, llame al servicio de información toxicológica y solicite una lista de las plantas tóxicas más habituales en su área. Si encuentra alguna de esas plantas, arránquela o, rodéela con una cerca para que su hijo no pueda acceder a ella.
3. Enseñe a su hijo a no arrancar ni llevarse a la boca nada de las plantas, por muy apetitosas que parezcan, sin su permiso. Esto es especialmente importante si deja que su hijo le eche una mano en el huerto, donde hay productos comestibles.
4. Si utiliza pesticidas o herbicidas para el césped o las plantas del jardín, lea atentamente las instrucciones de uso. No permita que su hijo juegue en un jardín tratado con estos productos hasta que hayan transcurrido cuarenta y ocho horas.

5. No utilice una segadora eléctrica cuando su hijo esté cerca. Podrían saltar palitos o piedras que podrían lastimar al niño. No deje nunca que su hijo se monte en una cegadora de conducir aunque sea usted quien la esté manejando.

6. Cuando cocine al aire libre, póngale una malla al asador para que su hijo no pueda tocarlo y explíquele que se calienta tanto como la estufa de la cocina. Mantenga los asadores que funcionan con gas fuera del alcance de su hijo para que no pueda mover los botones. Compruebe que el carbón esté frío antes de tirarlo a la basura.

7. A un niño de menos de cinco años no se le debe permitir cruzar la calle solo y no debe jugar cerca del tráfico sin que lo supervise un adulto.

## Seguridad en el agua

El agua es uno de los mayores peligros con que puede toparse un niño. Un niño pequeño se puede ahogar en unas cuantas pulgadas de agua, incluso si ha ido a clases de natación. Aunque hay muchos cursos de natación disponibles, la Academia Americana de Pediatría no los recomienda para niños menores de cuatro años. Hay dos motivos:

1. Es posible que usted se confíe y sea menos prudente al creer que su hijo ya sabe nadar.

2. Los niños pequeños que se sumergen repetidamente en el agua pueden tragar tanta agua que pueden llegar a intoxicarse. Esto puede provocarles convulsiones, *shock* y hasta la muerte.

Si decide inscribir a su hijo en un curso de natación antes de que cumpla cuatro años, sobre todo si se trata de un curso al que también pueden asistir los padres, lo mejor es que se lo plantee como una oportunidad de jugar con su hijo en el agua. Asegúrese de que el curso que elija siga las pautas establecidas por la YMCA nacional. Entre otras cosas, estas pautas prohíben que los niños pequeños se sumerjan completamente en el agua y recomienda que los padres participen en las clases. Cuando su hijo cumpla cuatro años, tal vez quiera que aprenda a nadar para que se sienta más cómodo y tranquilo cuando vaya a una piscina. De todos modos, no olvide que hasta un niño que ya sabe nadar necesita una supervisión constante. Cuando su hijo esté cerca del agua, siga estas normas básicas de seguridad:

1. Tenga mucho cuidado con acumulaciones pequeñas de agua con que se podría topar su hijo, como, por ejemplo, estanques, acequias o drenajes, fuentes, pozos, regaderas—y hasta el balde que utiliza para lavar el auto. Los niños se sienten atraídos por lugares y objetos como estos, por lo que necesitan una supervisión constante para no caerse dentro.

2. Cuando un niño esté dentro del agua, incluso en una piscina infantil, siempre deberá haber un adulto supervisándolo, preferiblemente una persona que sepa cómo hacer CPR (Véase *Resucitación cardiopulmonar y respiración boca a boca,* página 512) Las piscinas inflables se deben vaciar y plegar después de cada sesión de juegos.
3. Establezca y haga respetar normas de seguridad relacionadas con el agua, como no correr cerca de la piscina y no empujarse dentro del agua.
4. No permita que su hijo utilice juguetes inflables, colchones o flotadores para mantenerse a flote. Podrían desinflarse de golpe o su hijo se podría resbalar o escurrir y hundirse.
5. Verifique que en cualquier piscina a la que vaya su hijo están claramente delimitadas las zonas hondas y llanas. No permita que su hijo se lance de clavado en la parte llana de la piscina.
6. Si usted tiene piscina en casa, ésta debe estar completamente rodeada por una cerca de 5 pies de altura y con cierre automático. Tenga *siempre* la cerca cerrada con llave. Asegúrese de que su hijo no la puede abrir ni saltar por encima de la cerca.
7. Si su piscina tiene una cubierta protectora de plástico, retírela completamente antes de permitir que su hijo se meta en la piscina. No le deje andar sobre la cubierta; el agua podría acumularse sobre ella, haciéndola tan peligrosa como la misma piscina. Además, su hijo se podría deslizar a la piscina, y quedar atrapado debajo de la cubierta.
8. Instale un timbre de seguridad cerca de la piscina que se pueda activar estirando de una cadena o apretando un botón. Si es posible, tenga un teléfono en la zona de la piscina, junto con los números de teléfono que se deben marcar en caso de urgencia.

## Nuestra posición

La Academia Americana de Pediatría insiste en que los padres nunca deben dejar ni por un momento a sus hijos solos cerca de lugares que contengan agua, como lagos o piscinas, ni cerca de recipientes que contengan agua, como una bañera. En el caso de que haya una piscina en casa, las cubiertas de plástico rígido no son sustituto de una cerca que rodee completamente la piscina, ya que no suelen utilizarse apropiada ni consistentemente. Los padres deben aprender las técnicas de reanimación cardiopulmonar y tener cerca de la piscina los teléfonos y el equipo necesario (como chalecos salvavidas) en caso de urgencia.

9. Los hidromasajes y los baños calientes son peligrosos para los niños pequeños, pues es fácil que se ahoguen o se calienten demasiado. No permita que un niño de esta edad utilice este tipo de instalaciones.

10. Cuando vayan en barco, su hijo debe llevar puesto siempre un chaleco salvavidas. Para saber si un chaleco es de la talla de su hijo, compruebe si, una vez hinchado y abrochado, no se lo puede quitar por la cabeza tirando de él hacia arriba. Si el niño tiene menos de cinco años, sobre todo si no sabe nadar, también debe llevar un collar flotador para que, en caso de que cayera al agua, pudiera mantener el cuello erguido y la cara fuera del agua.

11. No es recomendable que los adultos beban alcohol mientras nadan. Representa un peligro tanto para ellos como para los niños que tengan a su cargo.

## Seguridad en torno a los animales

Los niños tienen más probabilidades que los adultos de ser mordidos por un animal doméstico, incluyendo la mascota de la familia. Y las probabilidades aumentan cuando nace un bebé en una casa donde vivía previamente una mascota. En tales circunstancias, se debe observar cuidadosamente la reacción del animal y no dejarlo nunca a solas con el recién nacido. Al cabo de un período de "habituación" de dos o tres semanas, lo más normal es que el animal acabe por ignorar al bebé e, incluso, llegar a disfrutarlo. Sin embargo, es más sensato estar pendiente cuando el animal está cerca del bebé, por muy bien que parezcan llevarse.

Si usted tiene la idea de adquirir un animal doméstico para que le haga compañía a su hijo, espere a que éste sea lo suficientemente mayor para poder colaborar en el cuidado del animal—generalmente cuando tenga entre cinco y seis años. A los niños pequeños les cuesta bastante distinguir entre un animal y un juguete, por lo que es bastante fácil que se lleven alguno que otro mordisco por haberles molestado o hecho daño sin querer. Recuerde que usted es el mayor responsable de la seguridad de su hijo cuando éste se relacione con cualquier animal. Por lo tanto, tome las siguientes precauciones:

1. Elija como mascota un animal de fácil trato. Un animal adulto suele ser una buena elección, ya que los cachorros suelen morder más y tienen demasiada energía. Evite animales adultos que se hayan criado en casas en las que no había niños.

2. Trate a su mascota con cariño y respeto para que aprenda a disfrutar de la compañía de los humanos. Por ejemplo, no le ponga a un perro una correa o una cadena muy apretada o demasiado corta, ya que el hecho de sentirse privado de libertad podría volverlo ansioso o agresivo.

3. No deje nunca a un niño pequeño a solas con un animal. La mayoría de los mordiscos tienen lugar cuando el niño y la mascota están jugando acaloradamente y el niño no se da cuenta de que el animal se está excitando demasiado.
4. Enséñele a su hijo o hija que no debe acercar el rostro al animal.
5. No permita que su hijo fastidie a la mascota halándole la cola o quitándole un hueso o un juguete. Asegúrese de que no molesta al animal cuando está durmiendo o comiendo.
6. Vacune a todos los animales domésticos que tenga en casa—tanto gatos como perros—contra la rabia.
7. Aténgase a las ordenanzas municipales en lo que respecta a los lugares en que está permitido o no llevar animales domésticos y a la obligación de llevarlos con correa. Asegúrese de que siempre hay alguien supervisando lo que hace su mascota.
8. Entérese de qué vecinos tienen perros para que su hijo conozca a los animales con los que probablemente tendrá contacto. Enséñele a su hijo cómo saludar a un perro: primero debe quedarse quieto mientras se deja olfatear y después extender la mano lentamente hacia el animal y acariciarlo suavemente.
9. Enséñele a su hijo a no entrar en los jardines o patios donde haya perros con aspecto amenazante. Enséñele el aspecto que tiene un perro peligroso: cuerpo tenso, cola levantada, dientes a la vista, ladrido histérico, posición de acecho, mirada fija.
10. Enséñele a su hijo a quedarse quieto cuando se le acerque o le persiga un perro desconocido. Dígale que no corra, ni se monte en la bicicleta, ni le dé patadas o le haga gestos amenazantes. Lo mejor es ponerse de cara al perro e irse retirando lentamente.
11. Para evitar mordiscos de animales salvajes, cuando vea un animal que parezca estar enfermo o herido o que se comporta de forma extraña, informe al departamento de salud. No intente coger al animal ni acogerlo en su casa. Enséñele a su hijo que no debe acercarse a los animales que no están domesticados.

Cuando planifique el modo de garantizar la seguridad de su hijo, recuerde que los niños cambian constantemente. Es probable que las estrategias que protegían a su hijo cuando sólo tenía un año resulten inadecuadas en los meses y años venideros, cuando se vuelva más fuerte, más curioso y más seguro de sí mismo. Revise periódicamente su casa y los hábitos de su familia para estar seguro de que siguen siendo apropiados para la edad de su hijo.

# 14

# Ayuda para cuidar de su hijo

¿Quién cuidará de su hijo o hija mientras usted está fuera de casa? Es muy posible que en algún momento deba plantearse esta pregunta. Ya sea que necesite que alguien cuide de su hijo durante unas cuantas horas a la semana o durante nueve horas al día, es importante confiar plenamente en la persona con quien va a dejar a su hijo. Encontrar a la persona adecuada puede ser todo un reto. Este capítulo le brinda una serie de sugerencias para facilitarle la búsqueda y ayudarle a tomar esta difícil decisión. También ofrece una serie de recomendaciones para prevenir, reconocer y resolver los problemas que puedan presentarse después de hacer la elección.

La parte más crucial del proceso de selección consiste en evaluar el carácter y las habilidades de las candidatas (muchas de las personas que se dedican a cuidar niños son mujeres, pero no todas). Si no se trata de alguien de su familia, es posible que sólo pueda ver a esa persona

**Nunca confíe el cuidado de su hijo a una persona hasta que le haya visto relacionarse con él y con otros niños.**

unas cuantas veces antes de dejarla a solas con su hijo. Sin embargo, usted deseará confiar en ella como si se tratara de un miembro de su familia.

Aunque es imposible estar totalmente seguro de alguien en estas circunstancias, usted puede aprender bastante sobre la forma de proceder de la niñera observándola mientras está con su hijo durante uno o varios días y pidiendo referencias en los lugares donde haya trabajado previamente. No confíe el cuidado de su hijo a una persona hasta que la haya visto relacionarse con su hijo y con otros niños y tenga confianza en sus habilidades y dedicación.

## Cualidades que debe buscar en la persona que cuidará de su hijo: Sugerencias para la primera infancia y la etapa preescolar

**(Para lactantes, véase el capítulo 6, página 175)**

La mayoría de los niños dan lo máximo de sí mismos cuando están con adultos cálidos y afectivos, que les apoyan y les ayudan a encontrar soluciones, al tiempo que los protegen de tomar decisiones que podrían lastimarlos gravemente. En la siguiente lista encontrará algunos de los aspectos en que debe fijarse al evaluar a las posibles candidatas. Estas indicaciones son aplicables tanto para los empleados de una guarderia así como para niñeras y maestras de preescolar y de los primeros años escolares. También es conveniente que las tenga en mente cuando juegue con su hijo o supervise a un grupo de niños.

Una buena niñera debe:

- Escuchar atentamente a los niños y observar su comportamiento.
- Establecer unos límites razonables para los niños y hacerlos respetar consistentemente.
- Explicar a los niños por qué ciertas cosas no están permitidas y ofrecerles alternativas aceptables.
- Saber afrontar situaciones difíciles cuando surjan y antes de que estén fuera de control.
- Cumplir las promesas que hace a los niños.
- Unirse a los juegos de los niños sin interferir.
- Estimular a los niños a que propongan cosas y tengan sus propias ideas antes de hacer ninguna sugerencia.
- Recompensar los esfuerzos de los niños y aliviar sus "penas" con gestos afectivos como un abrazo o una caricia.
- Charlar con los niños de modo natural sobre lo que están haciendo.
- Ayudar a los niños a animarse mutuamente y a compartir sus logros.
- Animar a los niños a completar proyectos, aunque tarden más tiempo del que se había programado en un principio.
- Limitar las conversaciones entre adultos en presencia de los niños.
- Respetar las ideas y decisiones de los niños.
- Evitar darle a elegir a un niño cuando sólo hay una opción posible.
- Dejar que los niños cometan sus propios errores y que aprendan de ellos (siempre que no implique algún tipo de peligro).

## ¿Qué tipo de ayuda?

Aparte de las recomendaciones *generales* que acabamos de mencionar, es importante que identifique sus propias necesidades y deseos *específicos*. Entre las preguntas que debe formularse figuran las siguientes:

- ¿Dónde quiero que esté mi hijo durante el día? ¿En casa? ¿En la casa de otra persona? ¿En un jardín infantil o guardería? Si ha de ser fuera de casa, ¿en qué zona me iría mejor?
- ¿Cuántos días y horas a la semana necesito que alguien cuide de mi hijo?
- ¿Cómo llevaré a mi hijo al centro o a la casa donde van a hacerse cargo de él si está lejos de casa?

- ¿Qué tipo de arreglos debo hacer con antelación? ¿Qué haré cuando el niño esté enfermo o cuando la niñera no esté disponible por enfermedad o motivos personales? ¿Cómo me organizaré los días de fiesta? ¿Y en vacaciones? ¿Y durante el verano?
- Siendo realista, ¿cuánto puedo permitirme pagar?
- ¿De que tamaño quiero que sea el programa al que vaya mi hijo?
- ¿Qué preparación me gustaría que tuviera la persona que va a cuidar de mi hijo?
- ¿Cómo quiero que se le imparta disciplina?
- ¿Qué otras condiciones contribuirían a que me quede tranquila al dejar a mi hijo a solas con alguien?

Aproximadamente la mitad de los padres encuentran ayuda para cuidar de sus hijos dentro de la misma familia, ya sea compartiendo la responsabilidad con la pareja o dejando al niño con algún pariente durante las horas de trabajo. Generalmente ésta es la mejor solución, puesto que el niño conoce a la persona que lo va a cuidar. Si usted tiene amigos o familiares que viven cerca de su casa con quienes podría dejar a su hijo, antes que nada, piense si se sentirá cómodo dejando al niño en sus manos y si ellos estarían dispuestos a cuidar del niño ya sea de modo regular o cuando se presente la necesidad. También debe tener en cuenta que, en lo posible, lo justo es pagar este tipo de servicios, lo que además servirá de estimulo para el familiar que va a quedarse a cargo del niño.

Otras opciones posibles son que la niñera vaya a su casa o bien llevar a su hijo a la casa de otra persona o a una guardería. Sus recursos económicos, la edad y las necesidades de su hijo, así como sus propias ideas sobre cómo se debe criar a un niño le ayudarán a tomar la mejor decisión.

## Cuidado en el hogar

Si usted tiene que reincorporarse al trabajo cuando su hijo o hija todavía es un lactante, la mejor elección será probablemente que una persona vaya a su casa para cuidar del bebé y, tal vez, ayudar un poco con los oficios domésticos. Esta persona puede ir cada día a su casa o bien vivir con ustedes. Para encontrar a posibles candidatas puede pedir referencias a sus amigos, buscar en la sección de clasificados de los periódicos o poner un anuncio (sobre todo en revistas para padres) o acudir a una agencia de niñeras.

Para ser niñera no hace falta tener una licencia, por lo que es importante comprobar las referencias que le den las candidatas. Cuando tenga una candidata, pídale información sobre su trayectoria laboral durante los últimos cuatro o cinco años y hable con todas las familias en las que haya trabajado. No tema hacer preguntas personales y detalladas, que le permitan averiguar si se trata de una persona digna de confianza. Así mismo, pregúntele cómo enfoca el tema de la disciplina, los horarios, la alimentación y la forma de consolar y tranquilizar a un niño, para ver si "encaja" con su hijo y con su propio estilo educativo.

La persona por la que se decida terminará formando parte de su familia, así que debe elegir a alguien que respeta sus valores, sus creencias y su forma de vida. En lo posible, intente que todos los miembros de la familia participen en el proceso de elección y establezca un período de prueba antes de comprometerse de forma definitiva.

El hecho de que la niñera se desplace hasta su casa tiene ventajas e inconvenientes.

**Ventajas**

1. Su hijo está en un entorno conocido y recibe atención y cuidados individualizados.
2. No se ve expuesto a las enfermedades ni al comportamiento negativo de otros niños.
3. Cuando el niño se enferme, usted no tendrá que faltar al trabajo ni hacer un arreglo especial para que alguien más lo cuide.
4. La niñera también puede ayudarle con algunas de las tareas domésticas. Si son éstas sus expectativas, déjelo en claro desde el principio.
5. No tendrá que preocuparse por el tema del transporte (a menos que quiera que la niñera se lleve a su hijo de paseo o excursión.)

**Inconvenientes**

1. Es posible que sea difícil encontrar a una persona dispuesta a aceptar el salario y todo lo que implica trabajar en una casa ajena, o que usted encuentre prohibitivo lo que suelen cobrar las niñeras cualificadas.
2. Puesto que la niñera será su empleada, deberá cumplir con los requisitos de salario mínimo, seguro social y deducción de impuestos. (Si usted contrata los servicios de una agencia de niñeras por horas, aunque probablemente le saldrán más caras las horas, no tendrá que cumplir con los requisitos gubernamentales ni deducción de impuestos por su cuenta.
3. La presencia de una niñera puede alterar la vida familiar, quitándoles intimidad, sobre todo si se queda a dormir en su casa. Además, es posible que "traiga" sus problemas y preocupaciones a casa, lo que le quitará a usted parte del tiempo y la energía que tanto necesita.
4. Puesto que la niñera estará a solas con su hijo la mayor parte del tiempo, usted no tiene forma de saber lo bien que está haciendo su trabajo.
5. Usted dependerá completamente de la confiabilidad de su niñera. Si se enferma, tiene problemas familiares, encuentra un trabajo mejor o quiere tomarse unos días de fiesta sin previo aviso, usted tendrá que buscar a toda prisa un substituto.

## Cuidado en otra casa de familia

Muchas personas se ofrecen a cuidar a grupos pequeños de niños en su propia casa, a menudo mientras cuidan a sus propios hijos o nietos. Algunas incluso ofrecen cuidado en las noches o cuidado para niños con necesidades especiales. Este tipo de servicio suele ser menos costoso y más flexible que los que ofrecen las guarderías. En las casas que ofrecen cuidado para pocos niños no se suele aceptar a más de seis niños y suele haber sólo una persona a cargo de ellos. Las casas que ofrecen cuidado para grupos grandes pueden aceptar hasta doce niños al mismo tiempo y contar con un mínimo de dos personas responsables.

Algunas de las personas que ofrecen este tipo de servicios tienen la debida certificación y licencia. Las regulaciones en este sentido pueden variar de estado en estado y las autoridades locales pueden dar información al respecto. Así mismo, la Academia Americana de Pediatría facilita información general sobre los requisitos básicos que deben cumplir tanto las casas de particulares que se ofrecen para cuidar niños como los centros de preescolar (guarderías y jardines de infancia). (Si desea que se le facilite esta información, envíe su solicitud a: *American Academy of Pediatrics, Dept. C-Child Care, 141 Northwest Point Boulevard, P.O. Box 927, Elk Grove Village, Illinois 60009.)*

Sin embargo, la mayoría de casas particulares no tienen un permiso oficial. Por este motivo, debe tener mucho cuidado a la hora de comprobar las referencias y certificaciones antes de tomar una decisión.

Esta opción tiene las siguientes ventajas e inconvenientes:

**Ventajas**

1. En una buena casa de familia donde se cuidan niños debe haber una buena proporción adulto-niño. Si algunos de los niños son lactantes, el número total de niños no debería superar los tres.
2. Su hijo o hija tendrá todas las comodidades que supone el hecho de estar en una casa y podrá participar en muchas tareas y actividades similares a las que realiza en su propia casa.
3. Probablemente en la casa habrá más niños, por lo que su hijo tendrá más oportunidad de socializar que si estuviera en casa a solas con la niñera.
4. Las casas particulares suelen ser muy flexibles, por lo que generalmente es fácil llegar a arreglos especiales para colmar las necesidades e intereses de cada niño.

**Inconvenientes**

1. Usted no puede observar qué pasa con su hijo cuando está allí. Mientras que en algunas casas se organizan actividades adecuadas y estimulantes para los niños, en otras se utiliza la televisión como niñera—incluso dejando que los niños vean programas que no son apropiados para su edad—mientras los adultos se dedican a las tareas domésticas. (Tenga en cuenta que si la niñera va a su casa para cuidar de su hijo puede hacer exactamente lo mismo.)
2. Puede ser difícil encontrar referencias sobre casas particulares concretas.
3. Muchas de las personas que trabajan en casas particulares no están cualificados ni cuentan con la supervisión ni los consejos de otros adultos.

Para obtener los teléfonos de las casas particulares que se ofrecen a cuidar niños en su localidad, póngase en contacto con la agencia que las regula o utilice los servicios de una agencia de referencia local. Pregunte en la agencia si las casas que se anuncian en los periódicos, revistas o carteleras de anuncios de su barrio tienen los permisos en regla. Llame a Child Care Aware al 1-800-424-2246 para averiguar cuál es la agencia de referencias sobre cuidado para niños más cercana a su casa.

Las referencias que le den los padres que tengan hijos de una edad similar al suyo también pueden ayudarle a tomar la decisión.

**En una casa particular su hijo podrá participar en muchas de las tareas y actividades que realiza en su propia casa.**

Antes de llegar a un acuerdo con una familia que cuida niños:

- Pida referencias y analice detalladamente todos los permisos, acreditaciones e informes de inspección que tengan (si es que tienen alguno).
- Hable con los padres que lleven a sus hijos allí o que lo hayan hecho en el pasado y pregúnteles cómo valorarían la experiencia.
- Entérese de cuántos niños (incluyendo los hijos del responsable, si los tiene) están habitualmente en la casa en diferentes momentos del día y días de la semana.
- Pregunte qué medidas se toman en el caso de que la persona responsable o algún otro miembro de la familia caiga enfermo.
- Pregunte a la persona responsable cómo actuaría en una situación de emergencia en que estuviera implicado alguno de los niños o ella misma.
- Asegúrese de que tanto la persona encargada de cuidar a los niños, como las instalaciones (si tiene una licencia de funcionamiento) cumplan con los requisitos básicos de salud y seguridad, tales como los parámetros nacionales estipulados por la Academia Americana de Pediatría. Si su pediatra no dispone de esta lista de requisitos, puede ayudarle a conseguirla. (Véase también el apartado *La elección definitiva,* página 478).

## Centros de cuidado infantil

Las guarderías también se conocen como centros de cuidado infantil o de desarrollo del niño. Muchos de estos centros abren de 6 ó 7 A.M. a 6 P.M., cubriendo, por lo tanto, las necesidades de la mayoría de los padres que trabajan fuera de casa. Estos centros suelen tener grupos de diez niños o más y a veces están ubicados en iglesias, centros comunitarios o escuelas. La mayoría de ellos están autorizados para cuidar a niños de entre dos años y medio y seis años, pero muchos aceptan también a lactantes. Un creciente número de centros participan en programas acreditados. Para obtener más información sobre la acreditación de centros, escriba a The National Association for The Education of Young Children, 1509 16th Street NW, Washington, D.C., 20036-1426.

Los centros de cuidado infantil están en rápida expansión en los Estados Unidos. Existen diversas modalidades de centros y cada uno tiene sus propias características, fortalezas y debilidades.

**Las cadenas de centros de cuidado infantil.** Se han convertido en una industria nacional en proceso de expansión. Las cadenas más extensas ofrecen una amplia variedad de actividades y programas que satisfacen tanto las necesidades de los niños como las de los padres (programas de desarrollo infantil, currículos estructurados, dirección centralizada). Debido a la marcada centralización de la dirección, es difícil que cuenten con las características distintivas que se pueden encontrar en los centros de tipo individual.

**Centros privados independientes.** Generalmente se trata de centros pequeños que cuentan con escaso personal. Generalmente no reciben subvenciones de iglesias u otras fuentes, por lo que dependen completamente de sus ingresos para pagar al personal y reportar algún beneficio al propietario. Puesto que estos centros generalmente los han montado una o varias personas con vocación y dedicación, pueden ser bastante buenos—siempre que estos individuos se impliquen activamente en el día a día del centro. Lamentablemente, estos centros no siempre mantienen altos niveles de calidad, debido a la movilidad del personal y/o a los cambios de propietario.

**Centros sin ánimo de lucro.** Generalmente dependen de iglesias, sinagogas, centros comunitanos, universidades u organizaciones como YMCA o YWCA. Es posible que disfruten de fondos públicos, lo que les permite ofrecer precios más reducidos a las familias con menos poder adquisitivo. Todas las ganancias se reinvierten en el centro, beneficiando directamente a los niños. Sin embargo, estos centros también están sujetos a cambios poco recomendables motivados por las exigencias de las organizaciones que los subvencionan. Muchos también dependen de la participación activa de los padres para recaudar fondos y para ayudar con otros aspectos del funcionamiento del centro.

Llevar a su hijo a un centro de cuidado infantil también presenta ventajas e inconvenientes:

**Ventajas**

1. Puesto que los centros de cuidado infantil son más fáciles de controlar y regular, generalmente existe más información sobre ellos que sobre las demás opciones.
2. Muchos centros tienen programas muy bien estructurados, diseñados para satisfacer las necesidades evolutivas de los niños.
3. En la mayoría de los centros hay varias personas a cargo de los niños, por lo que usted no dependerá de la disponibilidad de una sola persona.
4. El personal de estos centros suele estar más supervisado que en las demás opciones.
5. Generalmente es posible dejar al niño sólo por algunas horas al día o algunos días a la semana, en función del horario laboral de los padres.

**Inconvenientes**

1. Las regulaciones sobre el funcionamiento de los centros de cuidado infantil son muy variables. Los requisitos que deben cumplir estrictamente los centros públicos o subvencionados no siempre se cumplen en los centros privados. Además, en algunos estados, los centros que dependen de la iglesia están eximidos de cumplir hasta con los requisitos más mínimos. Para ahorrarse dinero en salarios, la directiva puede contratar a personal menos cualificado de lo que sería aconsejable para cuidar de lactantes y niños pequeños.
2. Los buenos centros suelen tener largas listas de espera debido a la gran demanda existente.
3. Puesto que en un centro de cuidado infantil, aunque haya más personal que en las demás opciones, también hay más niños, es posible que su hijo reciba un trato menos individualizado.

Los centros de cuidado infantil por lo común aparecen en el directorio telefónico o pueden identificarse llamando a su agencia local de sanidad o de bienestar social. Muchas comunidades tienen agencias de recursos y referencias que ayudan a los padres a encontrar el cuidado apropiado para sus hijos. Para ubicar una agencia de recursos y referencias cerca del lugar donde vive, llame a Child Care Aware al 1-800-424-2246. Pídale a su pediatra o a otros padres que le recomienden uno de los centros que aparecen en la lista.

## La elección definitiva

Para optar por una u otra posibilidad, usted necesitará conocer todas las reglas y formas de actuar que repercutirán sobre su hijo. Si el programa que elija es lo suficientemente formal como para disponer de un manual impreso, éste puede responder a muchas de sus preguntas. Si no es así, pregunte al director lo siguiente (algunas preguntas se adaptan al caso de niñeras o cuidado en una casa de familia):

1. ¿Qué requisitos se exigen al personal del centro? A ser posible, los miembros del personal deberían tener por lo menos dos años de formación universitaria, haber pasado una revisión médica y haberse puesto las vacunas básicas. Lo ideal es que tengan experiencia en el campo del desarrollo infantil y que tengan hijos. Los directores por lo común deben tener un título universitario o muchos años de experiencia, lo cual los acreditará como expertos, tanto en el ámbito del cuidado de los niños como en el administrativo.
2. ¿Cuál es la proporción adulto-niño? Aunque hay niños que necesitan recibir una atención personalizada mientras que otros funcionan bastante bien con

Cuanto más pequeño sea el niño, más adultos deberá haber en cada grupo.

una supervisión menos directa, la norma general que se debe seguir es: cuanto más pequeño sea el niño, más adultos deberá haber en cada grupo. A cada niño se le debería asignar un adulto que se responsabilice de él.

¿Qué tamaño tienen los grupos? Generalmente, los grupos más pequeños ofrecen más oportunidades para que los niños interactuen y aprendan los unos de los otros.

Aquí tiene las proporciones niño-adulto y los tamaños grupales ideales para cada categoría de edad:

| Edad | Proporción niño/adulto | Tamaño del grupo |
|---|---|---|
| Nacimiento a 12 meses | 3:1 | 6 |
| 13 a 24 meses | 3:1 | 6 |
| 25 a 30 meses | 4:1 | 8 |
| 31 a 35 meses | 5:1 | 10 |
| 3 años | 7:1 | 14 |
| 4 años | 8:1 | 16 |
| 5 años | 9:1 | 18 |
| 6 años | 10:1 | 20 |

3. ¿Hay cambios de personal con mucha frecuencia? En caso afirmativo, esto podría indicar que hay problemas de funcionamiento interno. En el caso ideal, la mayoría del personal debería llevar varios años en el centro. Lamentablemente, puesto que generalmente se pagan salarios bastante bajos, la movilidad del personal suele ser considerable.

4. ¿Cuáles son las metas del programa? Algunos centros están muy organizados e intentan enseñar nuevas destrezas o cambiar o moldear el comportamiento de los niños. Otros tienen una filosofía más relajada e insisten en ayudar a cada niño a desarrollarse a su propio ritmo. Y hay otros que se encuentran en un punto intermedio. Primero decida qué es lo que quiere para su hijo y asegúrese de que el programa que elija se ajusta a sus expectativas. Evite los centros que no ofrecen atención ni apoyo personalizado. Generalmente esto es lo que ocurre cuando los grupos son grandes y el personal escaso.

5. ¿Cuál es el procedimiento de admisión? Los buenos centros suelen pedir información sobre los antecedentes del niño. Prepárese para contestar preguntas muy concretas sobre las necesidades individuales de su hijo, su nivel evolutivo y su estado de salud. También es posible que le pregunten cómo enfoca la educación de su hijo y de los demás niños de la familia. Debería dudar de la idoneidad de un centro a cuya dirección no le interesen este tipo de cuestiones.

6. ¿La persona o personas que van a cuidar de su hijo disponen de una licencia válida y de un certificado médico actualizado? ¿Se exige que los niños matriculados cumplan todos los requisitos sanitarios e inmunológicos? El centro debería controlar que los niños matriculados lleven al día el calendario de vacunaciones y programar revisiones médicas periódicas a todos los niños y miembros del personal.

7. ¿Cómo se actúa en caso de enfermedad? Si algún niño o miembro del personal contrae una enfermedad contagiosa (no un mero resfriado, sino enfermedades más importantes como, por ejemplo, la varicela o la hepatitis), se debería informar puntualmente a todos los padres. El centro también debe tener una política muy clara en lo que se refiere a un niño enfermo. Es importante que sepa cuándo debería dejar a su hijo en casa por motivos de salud y cómo reaccionará el centro si se enferma durante el día.

8. ¿Cuál es el costo? ¿Cuál es el precio de la matrícula? ¿Cada cuánto deberá pagar cuotas? ¿Qué cubre el precio exactamente? ¿Tendrá que pagar igual a pesar de que su hijo falte dal centro cuando esté enfermo o cuando se vaya de vacaciones?

9. ¿En qué consiste un día típico en el centro? Lo deseable es que se alternen momentos de actividad física con momentos de tranquilidad y reposo. Algunas actividades deberían hacerse en grupo y otras de forma individual. Debería haber un horario establecido para las comidas principales y

meriendas. Aunque es conveniente que haya cierta organización, también debe haber espacio para el juego, la improvisación y los acontecimientos especiales.

10. ¿En qué medida espera la directiva que los padres de los niños se involucren en el centro? Algunos centros insisten mucho en la colaboración de los padres mientras que otros apenas los tienen en cuenta. Un buen centro debería, por lo menos, tener en cuenta sus opiniones y permitirles visitar a su hijo cuando quieran. *Descarte* cualquier centro que cierre las puertas a los padres, aunque sólo sea durante una parte del día.

11. ¿Cuáles son las normas generales de funcionamiento? Un centro bien organizado debería tener unas normas claramente establecidas en lo que se refiere a:

- Horario de funcionamiento
- Transporte de los niños
- Salidas y excursiones
- Comidas y meriendas
- Administración de medicinas y primeros auxilios
- Evacuaciones en situaciones de emergencia
- Notificación cuando un niño falte
- Cierre por causas metereológicas
- Expulsiones
- Material y equipo que deben suministrar los padres
- Celebraciones especiales
- Cómo ponerse en contacto con el personal por el día o por la noche
- Exclusiones temporales por motivos de salud

Una vez disponga de esta información básica, debería inspeccionar el edificio, el patio y los alrededores mientras el centro está abierto para ver cómo interactúan los miembros del personal con los niños. La primera impresión es muy importante, puesto que influirá sobre la actitud que usted tendrá para con el centro. Si comprueba que se trata a los niños con cariño y calidez, probablemente se sentirá bien de dejar a su hijo o hija allí. Pero, si ve a un empleado pegándole a un niño, probablemente reconsiderará seriamente la posibilidad de dejar a su hijo en ese centro, aunque ésa sea la única forma de maltrato que perciba.

Intente observar la rutina diaria del centro, cómo se estructura el día y qué actividades se organizan para los niños. Fíjese en cómo se prepara la comida y cuántas veces se da de comer a los niños. Fíjese también en la frecuencia con la que se lleva a los niños al baño o se les cambian los pañales. Mientras recorre el centro, compruebe también si se cumplen las siguientes normas básicas de salud y seguridad.

- El local y las instalaciones están razonablemente limpios (sin coartar el juego de los niños)
- Hay mucho material para jugar y está en buen estado
- El material es adecuado para el nivel evolutivo de los niños
- Se supervisa de cerca a los niños cuando se encaraman a sitios altos, se revuelcan, juegan con cubos (que pueden tirarse los unos a los otros) o con otros juguetes que pueden ser peligrosos.
- Existen áreas de juego seguras, tanto en el interior como al aire libre, para realizar actividades que permiten ejercitar los músculos diariamente. El suelo de estas áreas está cubierto de material que sirva para amortiguar posibles caídas y las instalaciones se ajustan a los parámetros de la Comisión para la Seguridad de los Productos de Consumo.
- El área donde se guardan y preparan los alimentos está claramente separada del baño y del área donde se cambian los pañales.
- El sitio donde se cambian los pañales se limpia y se esteriliza después de cada uso.

**Mientras se pasee por el centro, compruebe si se cumplen las normas básicas de salud y seguridad.**

- Hay lavamanos al lado de los inodoros, del lugar donde se cambian los pañales y del lugar donde se prepara la comida y para uso tanto de los niños como del personal del centro.
- Deberían evitarse las sillitas-orinal, puesto que favorecen la transmisión de gérmenes que provocan diarreas.
- Los niños están supervisados constantemente por un adulto, incluso mientras hacen la siesta.
- Los miembros del personal encargados del cambio de pañales o de ayudar a los niños a usar el inodoro se lavan bien las manos después de cambiar o de ayudar a algún niño. Si es posible, estas personas no preparan ni sirven la comida a los niños.

Cuando esté convencido de que un centro puede ofrecerle a su hijo un ambiente seguro, cálido y saludable, déjele probar cómo se siente en él mientras usted está presente. Observe cómo se relaciona con las personas que lo cuidan y compruebe que todo el mundo está cómodo con la nueva situación.

## Cómo forjar una buena relación con la persona que cuidará de su hijo

Por el bien de su hijo o hija, usted necesita establecer una relación positiva con la persona o personas que lo cuidarán mientras usted está fuera de casa. Cuanto mejor se lleve con ellas, más a gusto se sentirá su hijo cuando estén juntos. Cuanto más comunicación haya entre ustedes, más continuidad habrá en el tipo de trato y de cuidados que recibirá su hijo a lo largo del día.

Una buena forma de entablar y cultivar esta relación es hablar con esa persona —aunque sea durante un rato—cada vez que deje o recoja a su hijo. Si a su hijo le pasa algo emocionante o desagradable a primera hora de la mañana, es posible que afecte al comportamiento del niño durante el resto del día, por lo que la persona que va a cuidar de él debería ser informada. Así mismo, cuando vaya a recogerlo, le deberían informar sobre cualquier cosa importante que le haya ocurrido al niño durante el día, desde un cambio en la consistencia de las deposiciones o un cambio de apetito, hasta una nueva forma de jugar o el hecho de que haya dado sus primeros pasos. Así mismo, si le parece que su hijo está cayendo enfermo, debería comentarlo con la persona responsable de cuidar de él y decidir qué hacer en caso de que los síntomas se agraven.

Es posible que surja cierta rivalidad entre usted y la persona encargada de cuidar de su hijo por recibir su afecto y controlar su comportamiento. Por ejemplo, es posible que tenga que escuchar frases como: "¡Qué curioso, conmigo nunca se porta así!". No le dé demasiada importancia, los niños suelen reservar sus peores comportamientos para cuando están con aquellas personas a quienes les tienen más confianza.

Si usted tiene un trato de camaradería con las personas que cuidan de su hijo, éstas sentirán que usted las respeta y posiblemente pondrán más entusiasmo a la

## *Lista de comprobación*

Puede utilizar esta lista para evaluar la idoneidad de una persona o centro de cuidado infantil. Idealmente todas las respuestas deben ser afirmativas aunque siendo realistas, siempre habrá algunas respuestas negativas. Analice detenidamente las preguntas contestadas con un "no" y reflexione sobre cuan importantes son para usted.

### Para todos los niños

*La persona que va a cuidar de su hijo:*

1. ¿Parece ser una persona con quien usted podría entablar una relación franca y abierta?
2. ¿Da la impresión de que le gustan los niños? ¿Le parece que le gustará a su hijo?
3. ¿Coincide con usted en lo que se refiere al modo en que se debe cuidar y educar a un niño? ¿Respeta los valores religiosos y culturales de su familia?
4. ¿Aporta materiales y propone actividades adecuadas para fomentar el aprendizaje y el crecimiento del niño?
5. ¿Fomenta hábitos higiénicos saludables, tales como lavarse las manos antes de comer?
6. ¿Domina las técnicas básicas de primeros auxilios?
7. ¿Puede dedicar suficiente tiempo a cada uno de los niños que están a su cargo?
8. ¿Intenta que cada niño se sienta bien consigo mismo?
9. ¿Se toma su tiempo para hablar con usted sobre su hijo con regularidad?
10. ¿Se hace chequeos médicos y la prueba de la tuberculina regularmente?

*El centro o la casa particular:*

1. ¿Tiene los permisos al día?
2. ¿Está bien situado con respecto a su casa o lugar de trabajo?
3. ¿Tiene siempre las puertas abiertas a los padres?
4. ¿Dispone de suficiente espacio, tanto interior como al aire libre, para que los niños puedan moverse libremente y, al mismo tiempo, estén seguros y protegidos?

5. ¿Dispone de suficiente personal para satisfacer las necesidades de todos los niños?
6. ¿El equipo utilizado está limpio y bien conservado? ¿Es suficientemente seguro y apropiado para la edad que tienen los niños?
7. ¿Tiene suficiente luz? ¿Está lo suficientemente caldeado y ventilado?
8. ¿Tiene una política clara sobre cómo actuar en caso de enfermedad? ¿Existe un área separada para cuidar de los niños enfermos? (No es imprescindible que el centro disponga de un área completamente aislada, pero sí un lugar tranquilo para descansar)
9. ¿Cumple con las normas básicas de salud y seguridad? Entre ellas deben figurar las siguientes:

- Superficies acolchadas en los lugares donde puedan producirse caídas desde cierta altura, sea en el interior o al aire libre
- Un botiquín o enfermería con material para primeros auxilios
- Detectores de humo y suficientes salidas de emergencia para poder evacuar rápidamente el local en caso de incendio
- Radiadores y calentadores debidamente cubiertos
- Mallas o barras resistentes en las ventanas, que no estén al nivel del suelo

- Clavijas de seguridad en todos los enchufes
- Un lugar para guardar las medicinas y otras sustancias tóxicas fuera del alcance de los niños y, a ser posible, bajo llave.

*Hay oportunidades para:*

1. ¿Jugar tranquila y activamente tanto afuera como adentro?
2. ¿Jugar individualmente y en grupo?
3. ¿Utilizar libremente materiales y equipos que fomentan la adquisición y perfeccionamiento de nuevas habilidades y destrezas?
4. ¿Aprender a relacionarse con los demás y a compartir?
5. ¿Aprender sobre distintas culturas a través del arte, la música y los juegos?

## Si su hijo es todavía un bebé o aún no ha cumplido los tres años

*La persona que va a cuidar de su hijo:*

1. ¿Disfruta arrullando a su hijo?
2. ¿Colma adecuadamente las necesidades físicas de su hijo, alimentándole y cambiándole los pañales cuando es preciso?
3. ¿Pasa bastante tiempo cargando al bebé, hablando y jugando con él?
4. ¿Ayuda al bebé a encontrar cosas interesantes que mirar, tocar y oír?
5. ¿Coopera con usted para enseñarle a su hijo a usar el inodoro?
6. ¿Ofrece un entorno seguro para su hijo, si éste está empezando a andar o a gatear?

*El centro o la casa particular:*

1. ¿Tiene rejas de seguridad colocadas en la parte inferior y superior de las escaleras?
2. ¿Hay asientos especiales en los inodoros o inodoros diseñados especialmente para niños pequeños y que sean fáciles de limpiar? (Deberían evitarse las sillitas-orinal, puesto que es difícil mantenerlas limpias y favorecen la transmisión de enfermedades infecciosas)
3. ¿Dispone de un área reservada para el cambio de pañales?

4. ¿Tiene cunas con colchones estables y cubiertos de un forro grueso de plástico?
5. ¿Tiene una cuna y ropa de cama para cada bebé?

*Hay oportunidades para:*

1. ¿Gatear y explorar sin incurrir en riesgos?
2. ¿Jugar con objetos y juguetes que estimulan los sentidos del tacto, la vista y el oído (como móviles, sonajeros, gimnasios, juguetes de encajar, pelotas y bloques)?

## Si su hijo es un preescolar (entre los tres y los cinco años)

*La persona que va a cuidar de su hijo:*

1. ¿Organiza diversas actividades para el niño?
2. ¿Participa en esas actividades?
3. ¿Establece límites sensatos y fomenta la independencia del niño?
4. ¿Reconoce la importancia del juego y la creatividad?
5. ¿Tiene paciencia y acepta la individualidad de su hijo?

*El centro o la casa particular:*

1. ¿Tiene lavamanos accesibles para los niños al lado de los inodoros?
2. ¿Dispone de instalaciones recreativas seguras y resistentes, tanto en el interior como al aire libre?
3. ¿Tiene un área para jugar al aire libre rodeada por una cerca que se puede cerrar con llave?
4. ¿Tiene un salón adecuado para jugar?
5. ¿Juguetes y material educativo?

*Hay oportunidades para:*

1. ¿Participar en juegos de simulación utilizando objetos y disfraces?
2. ¿Que cada niño pueda elegir sus propias actividades durante parte del día?
3. ¿Hacer excursiones cortas?

Si, después de completar esta lista de comprobación, sigue teniendo dudas sobre a quién puede confiar el cuidado de su hijo, comente sus preocupaciones con el pediatra.

hora de cuidar de su hijo. Aquí tiene algunas formas de fomentar una buena relación diaria con la persona que cuida de su hijo:

- Enséñele algo que su hijo haya hecho o cuéntele cosas que haya dicho o hecho que sean particularmente divertidas o interesantes. Dígale que compartir este tipo de información es importante para usted y anímela a hacer lo mismo para que haya un intercambio de información.
- Respétela y trátela con educación.
- Facilítele material y propóngale proyectos especiales para que los desarrolle con su hijo, tanto individualmente como con otros niños.
- Contribuya a que el día empiece bien quedándose un rato con su hijo mientras la niñera o el niño se "vayan instalando". Por ejemplo, si usted lleva a su hijo a una guardería, ayúdele a quitarse el abrigo o la chaqueta y espere a que se implique en alguna actividad o en algún juego con otros niños. Si la niñera viene a su casa, espere a que se haya implicado en alguna actividad con su hijo antes de irse. Asegúrese de que su hijo sepa siempre que usted se va, diciéndole adiós antes de marcharse. No alargue demasiado las despedidas ni tampoco se limite a "desaparecer".
- Ayude a la niñera a programar y realizar actividades especiales con su hijo.

Periódicamente es recomendable que tengan conversaciones más largas para comentar cualquier problema que surja y planificar posibles cambios en la rutina diaria. Intente programar estas conversaciones para cuando usted no tenga afán de irse ni distracciones. Si es posible, organice las cosas para que otra persona se haga cargo de su hijo mientras dura la conversación. Tómense el tiempo suficiente

**Cuanto mejor se lleve usted con la persona que cuida de su hijo, más a gusto se sentirá él cuando estén los tres juntos.**

para que puedan tratar todos los hechos y opiniones que ambas tengan en mente y se puedan poner de acuerdo sobre objetivos y formas concretas de actuar.

A la mayoría de los padres les resulta mucho más fácil mantener este tipo de conversación si preparan una lista de temas para comentar. También ayuda bastante empezar la conversación comentando alguna cosa que hace la niñera que usted valora positivamente y, después, pasar a hablar de las cuestiones que le preocupan. Después de dar sus opiniones, pregúntele qué opina ella y escúchela atentamente. Recuerde que, en lo que a la forma de criar a un niño se refiere, hay pocas cosas que estén estrictamente bien o mal y en la mayoría de las situaciones hay varios enfoques "adecuados". Por lo tanto, intente adoptar una actitud abierta y flexible. Acabe la conversación dejando en claro el plan de actuación específico y fijando la fecha de la próxima reunión. Ambas se sentirán mejor si acaban la conversación con algo en concreto, aunque sea decidir que continuarán con el mismo curso de acción durante uno o dos meses más.

## Cómo resolver los conflictos que surjan con la persona que cuida de su hijo

Supongamos que usted ha elegido cuidadosamente el centro o la persona que se encargará de cuidar de su hijo o hija. ¿Significa esto que sus problemas se han acabado? Probablemente no.

Siempre que dos o más personas comparten la responsabilidad de cuidar y educar a un niño, hay posibilidades de que se presenten conflictos. En la mayoría de los casos los desacuerdos pueden resolverse simplemente hablando sobre el tema. Es posible que se dé cuenta de que el conflicto, en el fondo, obedecía a un malentendido o a una interpretación incorrecta de alguna situación. Sin embargo, habrá veces, sobre todo si hay varias personas implicadas en el conflicto, en que tendrá que adoptar un enfoque más estructurado para resolver las cosas. Seguir una estrategia paso a paso, tal y como se explica a continuación, puede ayudarle bastante:

1. Defina el problema con claridad. Averigüe qué personas están implicadas, pero evite culpar a alguien. Por ejemplo, supongamos que su hijo ha mordido a varios niños en la guardería. Averigüe a qué niños ha mordido y qué miembros del personal estaban presentes. Pregúnteles qué fue exactamente lo que vieron antes de decidir que el problema le compete sólo a su hijo. Quizás alguien lo provocó. Quizás usted pueda sugerir una forma alterna de actuar en el caso de que se repitiera el incidente.

2. Escuche las ideas de todos para encontrar posibles soluciones.

3. Pónganse de acuerdo sobre un plan de actuación en el que se especifiquen con claridad las obligaciones de todo el mundo—usted incluído—y fijen el período de aplicación del plan.

## *Consejos para hacer más llevaderas las separaciones*

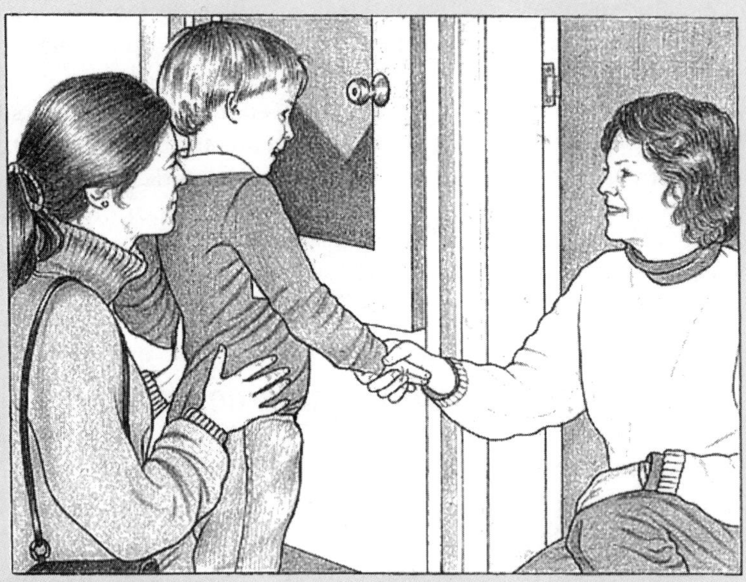

Empezar un nuevo día es todo un reto: usted tiene que alimentar y vestir a toda la familia y conseguir salir de casa con suficiente tiempo para llevar a su hijo o hija a la guardería y llegar al trabajo puntualmente. El momento más duro de todos es cuando usted tiene que separarse de su hijo. Las separaciones siempre son difíciles, independientemente de la edad que tenga un niño, pero resultan especialmente problemáticas durante los dos primeros años de vida. A continuación encontrará algunas recomendaciones para que este difícil ritual matutino resulte más llevadero para ambos.

| Etapa de desarrollo de su hijo | Su respuesta |
|---|---|
| ***De 0 a 7 meses.*** Durante sus primeros meses de vida, su hijo o hija necesita primordialmente amor, consuelo y tener satisfechas las necesidades físicas. | Aunque durante esta etapa es posible que a usted le cueste mucho separarse de su hijo, generalmente a los bebés de esta edad no les cuesta demasiado acostumbrarse a estar con la persona que los cuida habitualmente en casi cualquier entorno. Durante el período de habituación inicial, usted debería quedarse con el niño y la niñera durante aproximadamente una hora. Cuando hayan pasado una o dos semanas, podrá acortar su tiempo de permanencia. |
| ***De 7 a 12 meses.*** En esta etapa suele aparecer la ansiedad de separación. Es posible que su hijo se empiece a resistir a quedarse con alguien que no sea de la familia. El hecho de estar en un lugar desconocido, como una guardería, también puede alterarlo bastante. | Si es posible, no deje a su hijo a solas con una niñera por primera vez ni lo matricule en ninguna guardería durante esta etapa. Si ya lleva algún tiempo yendo a uno de estos centros o quedándose en casa con la niñera, alargue un poco el tiempo antes de despedirse del niño. Establezca un ritual de despedida que sea breve, quizás implicando al juguete preferido de su hijo. Sobre todo, sea consistente de un día para otro. |
| ***De 12 a 24 meses.*** En esta etapa la ansiedad de separación alcanza su pico máximo y su hijo tendrá mayores dificultades para asumir su partida. Es posible que no crea que usted va a volver y que llore o se aferre a usted cuando usted trata de irse. | Sea comprensiva, pero firme y persistente. Una vez se haya ido, no vuelva a aparecer a menos que esté dispuesta a quedarse con su hijo o a llevárselo con usted. |

4. Contemple qué puede fallar en el plan diseñado y decida cómo podrían evitarse o resolverse esos problemas en caso de que surjan.

5. Ejecute el plan.

6. Fijen una fecha para volverse a reunir y decidir si el plan está funcionando. Si no es así, reinicie el proceso, planteándose de nuevo qué cambios conviene hacer.

## Cómo actuar cuando su hijo se enferma

Si su hijo o hija es como todos los demás, se enfermará de tanto en tanto, independientemente de que lo lleve o no a un centro de cuidados infantiles. En la mayoría de los casos se tratará de un simple resfriado o de otra infección de las vías respiratorias, que son más habituales entre principios del otoño y finales de la primavera. Habrá momentos en que su hijo contraerá una infección tras otra y se pasará semanas enfermo. Si tanto el padre como la madre trabajan fuera de casa a jornada completa, esta situación se puede convertir en un verdadero problema.

Es posible que los responsables de la guardería envíen a un niño a casa por el mero hecho de estar levemente enfermo, y con un buen motivo. Un niño enfermo puede convertirse en un foco de contagio para sus compañeros. Además, es posible que necesite cuidados y atenciones especiales, que la mayoría de las guarderías no están en condiciones de ofrecer.

En algunos estados hay regulaciones que exigen a los centros enviar a un niño a casa cuando está enfermo. Esto tiene sentido, sobre todo cuando el niño tiene fiebre y presenta síntomas como estornudos, tos, vómitos o diarrea, ya que éstas son precisamente las principales vías de contagio de las enfermedades infecciosas.

Sin embargo, las enfermedades del aparato respiratorio son contagiosas justo antes de que aparezca ningún síntoma. Cuando alguien se da cuenta de que un niño está enfermo, es bastante probable que ya haya contagiado a otro compañero y el hecho de que se quede en casa no permitirá evitar la transmisión de la enfermedad. Sin embargo, muy pocas guarderías aceptan la responsabilidad de cuidar a niños enfermos a no ser que se trate de algo muy leve.

Lo ideal sería que usted se pudiera quedar en casa con su hijo cuando esté enfermo. Pero, si usted trabaja a jornada completa, esto será bastante difícil. Hable con su superior con suficiente antelación para ver si es posible que usted se pueda quedar en casa con su hijo cuando esté enfermo. Puede proponerle llevarse trabajo a casa, si es factible, o buscar con anticipación un compañero que pueda substituirla en caso necesario.

Si ni usted ni su pareja pueden faltar al trabajo cuando su hijo esté enfermo, tendrán que hacer algún arreglo especial cuando se dé esta circunstancia. Probablemente lo mejor será que el niño esté en un entorno conocido y con una persona conocida. Si le pide a un familiar que se quede con él o contrata a una niñera, asegúrese antes de que esa persona sabe qué es lo que le pasa al niño y cómo debe tratar la enfermedad.

Si su hijo tiene que tomar algún medicamento, deje escritas con mucha claridad las instrucciones de la administración. Explíquele a la persona que lo va a cuidar por qué se le da la medicina, cómo se debe conservar y administrar (dosis y periodicidad), qué efectos secundarios puede provocar y cómo debería actuar en el caso de que el niño presentara alguno de ellos. Explíquele que las medicinas no se deben "disfrazar" como si fueran alimentos ni describirse como golosinas. En lugar de ello, al niño se le tiene que explicar para qué sirve la medicina y por qué necesita tomársela. Pídale a la persona que se vaya a quedar con el niño que anote las horas exactas a las que le ha dado el medicamento al niño. Si deja a su hijo en una guardería o una casa particular es posible que le pidan que firme un documento dando su consentimiento para que su hijo reciba la medicación.

En algunas comunidades, hay servicios que se especializan en el cuidado de niños levemente enfermos. Entre dichos servicios figuran:

## Programas de carácter doméstico

1. Hogares particulares que están equipados para atender a niños tanto enfermos como sanos. Si un niño se enferma, puede continuar asistiendo a la casa en que lo cuidan, pero en lo posible se le restringe a un área específica.
2. Hogares particulares que sólo cuidan a niños enfermos. Algunos están asociados con centros de cuidado infantil.
3. Agencias o centros de cuidado infantil que disponen de personal para ir a cuidar al niño en su propia casa.

## Programas ubicados en un centro infantil

1. Centros regulares de cuidado infantil que tienen personal entrenado para cuidar a niños enfermos dentro de las mismas instalaciones, pero aparte de los niños que están sanos.
2. Centros que ofrecen un cuarto separado para niños enfermos con personal asignado.
3. Centros de cuidado infantil que están dedicados específicamente a atender a niños enfermos.

En los programas para niños enfermos, el personal ajusta el nivel de actividad a la habilidad que tiene cada cual de participar, y los niños reciben mucha atención y cariño. Estos programas deben prestar especial atención a la higiene tanto en bien del personal como de los niños. Las instalaciones y el equipo, sobre todo los juguetes, deben limpiarse a fondo y con frecuencia. En algunos casos, dependiendo de la naturaleza de la enfermedad, se necesita disponer de juguetes desechables. Cada uno de estos centros debe contar con un pediatria y un asesor de salud pública a los que se pueda llamar en caso necesario.

# Control de enfermedades infecciosas en los centros de cuidado infantil

Siempre que hay varios niños juntos, aumenta el riesgo de contagio de enfermedades. Los bebés y los niños pequeños son especialmente vulnerables, puesto que tienden a meterse las manos y los juguetes en la boca, facilitando, de este modo, el proceso de contagio.

En un centro de cuidado infantil es imposible que todos los objetos y juguetes se mantengan en perfectas condiciones de higiene. Sin embargo, hay algunas prácticas y precauciones que pueden ayudar a controlar el contagio. Las vacunas, por ejemplo, pueden reducir drásticamente los brotes de enfermedades infecciosas graves. Estos centros deben exigir que los niños reciban (a las edades adecuadas) las vacunas contra difteria, tétanos, tos ferina, poliomielitis, sarampión, paperas, rubéola, *Haemophilus influenzae* tipo b, hepatitis B, varicela y tal vez la de influenza. Así mismo, se debe comprobar el estatus inmunológico del personal del centro y, en caso de duda, se les deben administrar las vacunas pertinentes.

Además de exigir que los niños cumplan el calendario de vacunaciones sistemáticas, los centros de cuidado infantil deben ser extremadamente cuidadosos con la higiene. Los niños deben tener fácil acceso a los lavamanos. Así mismo, se les debe recordar que se laven las manos (e incluso ayudarlos a hacerlo) después de usar el inodoro. El personal debe hacer lo mismo después de cambiar pañales, ayudar a los niños a usar el inodoro o sonarles la nariz, y antes de tocar la comida. Si en un centro coinciden lactantes, niños pequeños que todavía llevan pañales y niños que ya saben usar el inodoro, cada grupo debe tener un área separada con su propio lavamanos. El local y los equipos deben limpiarse por lo menos una vez al día. Los cambiadores, los sanitarios, los lavamanos y cualquier objeto que pueda entrar en contacto con la boca de los niños debe lavarse, rociarse o impregnarse con una solución desinfectante y dejarse secar.

Como padre, usted también puede contribuir a controlar el contagio de enfermedades en el centro al que vaya su hijo no dejándole asistir cuando tenga una enfermedad infecciosa o que requiera una atención especial. (El centro debe dar guías para que los padres sepan cuándo deben actuar de este modo). También debe informar al responsable del centro cuando a *cualquier* miembro de su familia se le diagnostique una enfermedad grave que sea contagiosa, y solicitar que, cuando algún niño del centro contraiga una enfermedad de este tipo se alerte a todos los padres.

Enséñele a su hijo los hábitos adecuados de higiene para que tenga menos probabilidades de contribuir al contagio de enfermedades. Y, por último, infórmese sobre las enfermedades que son más frecuentes entre los preescolares para saber qué esperar y cómo reaccionar en caso de que alguno de los niños del centro de su hijo las contraiga. Entre estas enfermedades, se incluyen las siguientes:

## Resfriados, gripe y otras infecciones de las vías respiratorias

Las infecciones más frecuentes están provocadas por los virus que producen los síntomas de los resfriados o de la gripe o que terminan en infecciones de oído. Puesto que los infantes matriculados en centros de cuidado infantil entran en contacto con mucha gente cuando aún son muy pequeños, estos suelen contraer este tipo de infecciones a una edad más temprana que los que se quedan en casa. Sin embargo, en cuanto el niño entra en la etapa de la primera infancia, el riesgo de contraer este tipo de enfermedades en un centro de cuidado infantil que cumpla los requisitos de higiene básicos, disminuye considerablemente. Las infecciones provocadas por la bacteria *Haemophilus influenzae* tipo b representan una importante excepción. Las mismas son entre dos y tres veces más frecuentes en los niños que asisten a centros de cuidado infantil. Afortunadamente la probabilidad de que un niño contraiga esta enfermedad se puede reducir administrándole las diferentes dosis de la vacuna correspondiente a partir de los dos meses de edad.

## Diarrea

Los trastornos gastrointestinales son menos frecuentes que las infecciones respiratorias. En promedio, un niño tiene entre uno y dos episodios de diarrea al año. Este tipo de enfermedades se contagian fácilmente en los centros de cuidado infantil y casas particulares que carecen de hábitos higiénicos adecuados en lo que a lavarse las manos, cambiar y manipular pañales y preparar la comida se refiere. De todos modos, incluso cuando el personal es muy cuidadoso, un sólo niño infectado puede contagiar a todos los demás.

Si su hijo tiene diarrea, consulte al pediatra o al personal del centro para saber cómo debe actuar. Si tiene una diarrea leve, probablemente bastará con que se quede en casa un par de días para minimizar las probabilidades de contagio. Pero, si se sospecha que puede tener algo más grave, se le deberán practicar diversas pruebas para identificar la causa (bacteria, virus o parásito) antes de que el niño regrese al centro. (Véase *Diarrea,* página 544)

## Infecciones oculares y cutáneas

El impétigo, los piojos, el empeine, la sarna humana, el herpes labial y la conjuntivitis son problemas bastante frecuentes entre los niños. Estas infecciones que afectan a la piel y a las mucosas se pueden contagiar simplemente tocando a una persona en el área afectada. Afortunadamente no son enfermedades graves, pero son desagradables y molestas. El personal del centro al que lleve a su hijo debe informarle a los padres si alguno de los niños contrae alguna de estas infecciones, para que puedan estar pendientes de la aparición de algún síntoma. Si se presenta algún síntoma de infección, póngase en contacto con el pediatra para que éste puede emitir un diagnóstico y aplicar el tratamiento pertinente. (Véase *Infecciones oculares,* página 644; *Sarna,* página 747; *Impétigo,* página 739; *Tiña,* página 745; *Herpes simple,* página 626; *Piojos,* página 737)

## Hepatitis

Si un niño que va a una guardería contrae la hepatitis A, una infección viral que afecta al hígado, es fácil que la contagie a otros niños y miembros del personal. En los lactantes y los niños pequeños, la mayoría de las infecciónes suelen ser asintomáticas o bien provocar síntomas leves y poco específicos. Los niños mayores pueden presentar solo fiebre baja, náusea, vómitos, diarrea o ictericia (color amarillento en la piel). Sin embargo, los adultos que contraen la enfermedad usualmente confrontan estos mismos problemas pero en mayor magnitud. La transmisión de la hepatitis puede ser controlada administrando inyecciones de gammaglobulina, pero es posible que algunos miembros del personal o algunos padres contraigan la infección antes de que se detecte el problema. Por lo tanto, siempre que se le diagnostique hepatitis A a alguien remotamente relacionado con la guardería, se debe alertar a los padres y al personal del centro y consultar a un médico para decidir la mejor forma de evitar la propagación de la enfermedad. (Véase *Hepatitis,* página 551). Ahora existe una vacuna contra la hepatitis A. Se recomienda administrar esta vacuna a las personas que van a realizar ciertos viajes internacionales o que tienen trabajos de alto riesgo, como por ejemplo, en centros de cuidado infantil.

## Citomegalovirus (CMV)

El citomegalovirus suele provocar síntomas leves en niños y adultos, y los primeros a menudo no presentan ningún síntoma en absoluto. Sin embargo, este virus es peligroso para cualquier mujer embarazada que no sea inmune, puesto que puede provocar malformaciones congénitas en el feto. Esta infección se trasmite fácilmente al entrar en contacto directo con fluidos corporales (lágrimas, orina, saliva). Afortunadamente, la mayoría de mujeres adultas son inmunes a esta enfermedad. De todos modos, si una mujer que está embarazada lleva a su hijo a la guardería o trabaja en uno de estos centros, tendrá más probabilidades de exponerse al citomegalovirus, por lo que debería consultar a su médico obstetra.

## VIH (Virus del SIDA) y Hepatitis B

El virus VIH (virus del SIDA) y el virus de la hepatitis B provocan infecciones crónicas serias. La infección provocada por el VIH, cuando se desarrolla como SIDA propiamente dicho, constituye una enfermedad fatal. Los niños que están infectados por alguno de estos dos virus generalmente han sido contagiados por sus madres durante el embarazo o el parto. Un niño infectado sólo puede contagiar estos dos virus a otro niño a través del intercambio de sangre. Puesto que esto no es algo que suele presentarse en los centros de cuidado infantil, los niños portadores de estos virus no representan ningún peligro para sus compañeros. Para garantizar que no se transmitan estas graves enfermedades, el personal de los centros debe llevar guantes protectores cuando tenga que curar cualquier herida, y lavar y desinfectar todas las superficies o ropas que hayan entrado en contacto con la sangre.

## Prevención y manejo de lesiones en centros de cuidado infantil

Muchas de las lesiones que ocurren en las casas y en las guarderías son previsibles y, por lo tanto, evitables. Aunque la dirección y el personal del centro son los mayores responsables, usted puede ayudarles a identificar riesgos potenciales en las instalaciones y en las prácticas de los profesores o monitores. Por ejemplo, usted puede pasearse por el centro haciendo "inspecciones de seguridad", para comprobar que las instalaciones y el material están en buenas condiciones e identificar y reducir posibles riesgos.

La seguridad dentro y cerca de los autos, tanto para los niños como para los adultos, es de particular importancia. El centro debe tener un área claramente delimitada y lo suficientemente amplia para que los padres puedan estacionar el auto cuando dejen o pasen a recoger a sus hijos. Tanto esta área como el trayecto que vaya del estacionamiento a la entrada del edificio deben estar debidamente resguardados para que los padres y los niños no se mojen cuando llueva mientras colocan a sus hijos en sus asientos de seguridad y los aseguran con los arneses y cinturones. En la carretera, junto al centro, deberían haber señales de tráfico (en ambos sentidos de la marcha) indicando que hay niños cerca. Si alguien pasa por su domicilio a recoger a su hijo para llevarlo a la guardería en auto, asegúrese de que lo sienta y lo asegura correctamente. El conductor debe comprobar que todo el mundo está bien sentado y bien sujeto antes de poner el auto en marcha y que todo el mundo ha salido del auto antes de cerrar las puertas en el estacionamiento. También conviene dejar bien claro que sólo se permitirá que un niño abandone el centro si pasa a recogerlo un adulto conocido.

Si el lugar al que va su hijo tiene piscina, compruebe que cumplan los requisitos de seguridad. Cualquier piscina, lago, riachuelo o estanque frecuentado por niños debería ser revisado periódicamente por las autoridades sanitarias. Si la piscina está dentro del edificio o cerca del mismo, debería estar rodeada por una cerca a prueba de niños que mida por lo menos cinco pies de altura y cuya puerta pueda cerrarse con llave. Por razones de higiene, las piscinitas portátiles deben evitarse.

## *Seguridad de camino a la guardería*

Si usted se turna con otras mamás para transportar a los niños a la guardería, debe ser tan responsable de cada uno de ellos como del suyo propio. Esto significa comprobar que todo el mundo está bien sentado y bien sujeto, no sobrecargar el auto, corregir a los niños que desobedezcan las reglas básicas de seguridad y comprobar que su seguro cubre a todos los pasajeros. Además, tanto usted como los otros conductores, deben tomar las siguientes precauciones:

- Recoger o dejar a los niños deteniendo el auto junto a la acera o a la entrada de la guardería.
- Si es posible, pida a los padres de los demás niños que se encarguen de acomodarlos en el auto y ponerles el cinturón de seguridad, así como de sacarlos cuando los lleve de vuelta a casa.
- Cuando deje a los niños en la guardería, hágalo bajo la supervisión directa de algún miembro del personal.
- Coloque todos los objetos duros, como juguetes o loncheras en el suelo del vehículo.
- Cierre y póngale el seguro a todas las puertas del auto, pero sólo después de comprobar que las manos y las pies de los niños no corren peligro de ser atrapados.
- Abra las ventanas de los pasajeros sólo unas cuantas pulgadas, y controle con el seguro todas las puertas y ventanas desde el asiento del conductor si es posible.
- Recuerde a los niños las reglas básicas de seguridad y buena conducta que deben respetar cuando estén dentro del auto antes de ponerlo en marcha.
- Planifique la ruta a seguir con antelación para ahorrar tiempo y evitar situaciones difíciles.
- Deténgase si algún niño pierde el control o se porta mal. Si algún niño crea problemas continuamente, deje de transportarlo hasta que mejore su comportamiento.
- Lleve consigo los teléfonos de contacto de los padres de cada niño por si hubiera una emergencia.
- Idealmente, el auto debe estar equipado con un extintor y un botiquín de primeros auxilios.

# Cuidado para niños con necesidades especiales

Si su hijo tiene algún trastorno del desarrollo o una enfermedad crónica, no permita que esto le impida asistir a un centro de cuidado infantil. De hecho, el que una persona cualificada cuide de él durante parte del día puede ser extremadamente positivo para él, al tiempo que le permite a usted descansar un poco. Mas aún, es posible que su hijo saque más provecho que otros niños del contacto social, el ejercicio físico y la diversidad de experiencias que podrá tener con un grupo de niños.

Para usted también será beneficioso el tiempo que su hijo pase en un centro de cuidado infantil. Atender a un niño discapacitado consume mucho tiempo y energía y desgasta mucho desde un punto de vista emocional. También puede resultar costoso, lo que suele implicar que ambos padres tengan que trabajar fuera de casa. El reto es encontrar un buen centro, que, al tiempo que fomenta las actividades normales que suelen practicar todos los niños, sepa colmar las necesidades especiales de su hijo.

Desde que se aprobó la Enmienda al Acta de Educación de Niños con Impedimentos en 1986, se exige a todos los estados que diseñen programas de educación especial para preescolares (de tres a cinco años de edad) con deficiencias en el desarrollo. Otra parte de dicha acta también le da a los estados la opción de diseñar programas especiales de educación para bebés y niños pequeños con impedimentos o demoras en el desarrollo. Los padres deben consultar con su pediatra o con el Departamento de Educación o de Salud para saber qué programas de intervención temprana tienen a su disposición.

La mejor forma de empezar es preguntarle al pediatra si su hijo está capacitado para asistir a un centro de cuidado infantil y, si la respuesta es positiva, pedirle referencias sobre varios de ellos. A veces, sólo habrá una opción posible, pero a menudo, sobre todo si vive en una ciudad grande, tendrá varios centros para elegir. El centro que elija debe cumplir con los mismos requisitos básicos de otros programas de cuidado infantil (resumidos en el Recuadro de las páginas 500 a 501) y, además, los que figuran a continuación:

1. El centro debe incluir, en la medida de lo posible, niños con y sin enfermedades crónicas y discapacidades. Entablar relaciones con compañeros que siguen la pauta evolutiva típica ayuda a los niños con problemas a sentirse más relajados y más seguros de sí mismos y a tener más autoestima. Este enfoque integrador también beneficia a los niños "normales" al enseñarles a ver más allá de las diferencias superficiales, educándolos en las sensibilidad y el respeto por todo el mundo.

2. El personal debe estar especialmente adiestrado para proporcionar el tipo de cuidados que necesita su hijo.

## *Lista de comprobación para la inspección de seguridad*

La próxima vez que se dé un paseo por la guardería de su hijo o hija, utilice la siguiente lista para determinar si el centro está limpio y en buenas condiciones y si es lo suficientemente seguro. Si detecta algún problema en alguno de los puntos de la lista, coménteselo al director o a algún miembro del personal y haga un seguimiento para comprobar si se resuelve el problema.

### Interior: en todo tipo de centros

- El suelo es liso, está limpio y no es resbaladizo.
- Los lugares a donde se pueden encaramar los niños están sobre superficies mullidas que permiten amortiguar los impactos.
- Las medicinas, productos de limpieza y herramientas están fuera del alcance de los niños.
- El botiquín de primeros auxilios está debidamente equipado y no está al alcance de los niños.
- Las paredes y los techos están limpios y en buen estado, sin pintura descascarada ni agrietamientos.
- Los niños están siempre bajo la supervisión de algún adulto.
- Todos los enchufes están protegidos con clavijas de seguridad a prueba de niños.
- Las lámparas e interruptores eléctricos están en buen estado, sin que haya cables sueltos ni deshilachados.
- Los radiadores están fuera del alcance de los niños o cubiertos para que los niños no los puedan tocar.
- El calentador está graduado a menos de 120° Fahrenheit (92° Celsius) para evitar posibles quemaduras.
- No hay plantas tóxicas ni animales que puedan transmitir enfermedades (como tortugas de agua o iguanas).
- Los botes de basura están bien tapados.
- Las salidas están claramente delimitadas y son de fácil acceso.
- Está prohibido fumar en las instalaciones de cuidado infantil.
- Hay mallas en todas las ventanas.

## Exterior: en todo tipo de centros

- En el suelo no hay basura, objetos cortantes ni excrementos de animales.
- Los equipos recreativos están bien anclados en el suelo, no están oxidados, ni tienen astillas, bordes cortantes o esquinas puntiagudas.
- No hay ningún equipo recreativo que tenga más de 6 pies de altura.
- Los asientos de los columpios son ligeros y flexibles y no tienen ganchos abiertos ni en forma de S.
- Los toboganes o chorreras tienen bordes redondeados y una zona plana al final para reducir la velocidad. Los peldaños de las escaleras son anchos, planos y estables, con barandillas para cogerse.
- Los toboganes metálicos están resguardados del sol.
- Las areneras permanecen cubiertas mientras no se utilizan.
- Hay barreras a prueba de niños en los accesos a áreas peligrosas.
- El suelo del área de juegos está cubierto por unas 12 pulgadas de viruta, plástico, trozos de goma u otro material que permita absorber los impactos en aquellas zonas donde es más fácil que se produzcan caídas (por ejemplo, debajo de las barras metálicas y los toboganes)

## Centros para niños de menos de tres años

- Los juguetes no están oxidados ni picados, y no contienen plomo ni piezas pequeñas que podrían romperse fácilmente (El peso o la ductibilidad del material puede dar pistas sobre si contiene o no plomo).
- Las sillas para comer tienen bases amplias y correas de seguridad.
- A los niños no se les deja pasearse con el biberón en la mano ni tampoco llevárselo a la cama.

**Si su hijo tiene algún trastorno del desarrollo o alguna enfermedad crónica, no permita que esto le prive de la experiencia de ir a un centro de cuidado infantil.**

3. El programa debe contar por lo menos con el asesoramiento de un médico que esté al día en el desarrollo de procedimientos adecuados para satisfacer las necesidades especiales de los niños matriculados en el centro.
4. Se debe estimular a los niños a ser independientes hasta donde sus capacidades se lo permitan, garantizando al mismo tiempo su seguridad. Sólo se les deben prohibir aquellas actividades que podrían resultar peligrosas o que el médico haya vetado explícitamente.
5. Los programas deben ser suficientemente flexibles para que se puedan adaptar a ligeras diferencias en las habilidades de los niños. Esto puede implicar, por ejemplo, tener que modificar el material o las instalaciones para que las puedan utilizar los niños que tengan problemas motores o deficiencias visuales o auditivas.
6. El centro debe disponer de actividades, instalaciones y equipos especiales que permitan satisfacer las necesidades especiales de estos niños, tales como tratamientos respiratorios para niños con asma. El equipo debe estar en buenas condiciones y el personal debe saber utilizarlo correctamente.
7. El personal debe estar informado sobre el estatus médico y de desarrollo de cada niño. Si un niño padece de una enfermedad crónica, el personal debe saber identificar sus síntomas y determinar cuándo necesita recibir atención médica.

8. El personal debe saber cómo ponerse en contacto con el médico de cada niño en caso de urgencia y debe estar cualificado para poder administrarle los medicamentos necesarios.

Éstas son recomendaciones muy generales. Puesto que las necesidades especiales varían tanto de un niño a otro, es imposible indicarle con mayor precisión cómo elegir el mejor centro para su hijo en concreto. Si no puede decidirse por un centro de entre todos los que le ha sugerido el pediatra, lo mejor es que hable con él nuevamente y le comente sus dudas. El pediatra le ayudará a tomar la mejor decisión para su hijo.

Sean cuáles sean las necesidades especiales de su hijo o hija, decidir con quién va a dejarlo en su ausencia será una de las decisiones más difíciles que tendrá que tomar como madre o padre. La información que acaba de leer puede serle útil. De todos modos, no olvide que usted conoce a su hijo mejor que nadie. Por lo tanto, básese en sus necesidades y en sus impresiones a la hora de elegir o de cambiar de centro.

# PARTE II

# 15

# Emergencias

La información y las recomendaciones de este capítulo, como, por ejemplo, los procedimientos de primeros auxilios en caso de atragantamiento y de resucitación cardio pulmonar, cambian constantemente. Para obtener información actualizada sobre estos procedimientos, consulte a su pediatra o a otro profesional de la salud calificado.

Es raro que un niño se enferme gravemente de repente. Basándose en los síntomas de su hijo o hija, debe ponerse en contacto con su pediatra en busca de consejo. Si se tratan a tiempo los síntomas de una enfermedad, puede evitarse que ésta empeore o que se convierta en una emergencia.

*Una emergencia es aquella circunstancia en que usted cree que una lesión o enfermedad seria amenaza la vida de su hijo o podría dejarle secuelas permanentes. En tal caso, un niño necesita recibir inmediatamente tratamiento médico de emergencia. Pregúntele al pediatra con antelación cómo debe actuar en caso de una verdadera emergencia.*

Muchas emergencias implican lesiones repentinas. Las causas más comunes de este tipo de lesiones son:

- Choques de bicicleta o de auto, caidas u otros impactos violentos
- Envenenamientos
- Quemaduras o inhalación de humo
- Atragantamientos
- Ahogamientos
- Armas de fuego u otro tipo
- Electrocuciones

Otras situaciones de emergencia pueden deberse a enfermedades médicas o lesiones. Usted puede saber que se encuentra frente a una emergencia cuando su hijo presente alguno de los siguientes síntomas:

- Se comporta de una forma extraña o está mucho más retraído y adormilado que de costumbre.
- Dificultad al respirar
- Sangramiento que no para
- La piel o los labios se le ponen azules o morados (o grises, en los niños de piel morena)
- Tiene convulsiones y pierde la conciencia (ataque epiléptico)
- Pérdida de la conciencia
- Dientes flojos o rotos u otras lesiones importantes en la cara o la boca
- Dolor en aumento o dolor intenso y persistente
- Una herida o quemadura profunda o grande en tamaño
- Pérdida de conciencia, estado de confusión, dolor de cabeza intenso o vómitos repetidos *después de un trauma a la cabeza*
- Falta de respuesta cuando usted le habla

Si su hijo o hija ingiere algo que pueda ser venenoso o los medicamentos de otra persona, llame inmediatamente al pediatra o al centro de envenenamiento, aunque no presente ningún signo o síntoma.

*No dude en pedir ayuda siempre que crea que la vida de su hijo corre peligro o si está gravemente herido.*

## En caso de una verdadera emergencia

- Mantenga la calma
- Si es necesario y usted sabe cómo hacerlo, aplique las técnicas de resucitación cardiopulmonar.
- Si necesita ayuda inmediata, llame al 911. Si no hay servicio de 911 en su area, llame al servicio local de ambulancias. Si no lo consigue, llame a la consulta del pediatra y deje bien claro que se trata de una emergencia.
- Si hay hemorragia, aplique presión continua sobre la herida con un trozo de ropa limpia.
- Si su hijo tiene convulsiones, colóquelo sobre una superficie alfombrada, gírele la cabeza hacia un lado y quédese a su lado hasta que llegue ayuda.

Cuando lleguen a la sala de emergencia, no olvide dar el nombre del pediatra de su hijo al personal, para que pueda colaborar con el equipo de emergencia y facilitarles información adicional sobre el niño. Lleve consigo cualquier medicamento que esté tomando su hijo, así como evidencia de vacunaciones. Lleve también las sustancias que sospeche podrían ser tóxicas o los medicamentos que su hijo haya ingerido.

## Teléfonos de emergencia importantes

Tenga a mano los siguientes números telefónicos. Puede pegarlos en el teléfono o cerca del mismo:

- Su teléfono y dirección
- El del pediatra de su hijo
- El del servicio de emergencias (ambulancias) (911 la mayoría de las veces)
- El de la Policía (911 la mayoria de las veces)
- De los bomberos (911 la mayoría de las veces)
- Del centro de Envenenamiento
- Del hospital
- Del dentista

Es importante que las niñeras sepan dónde están los teléfonos de emergencia. Si tiene el servicio 911 en su área, asegúrese de que tanto la niñera como sus niños mayores sepan como marcar el 911. Compruebe también que saben dar la dirección y el teléfono de su casa, ya que el operador del servicio de emergencias solicitará esta información. Deje siempre a mano un teléfono donde puedan localizarle cuando esté fuera de casa.

*Recuerde, para emergencias médicas, llame siempre al 911, al servicio de ambulancias o a su pediatra. Si su hijo está gravemente enfermo o herido será más seguro transportarlo por el servicio de emergencias médicas.*

# Mordeduras

## Mordeduras de animal

La mayoría de los padres asumen que es más probable que su hijo sea mordido por un animal desconocido o salvaje, cuando, de hecho, la mayoría de las mordeduras proceden de animales que el niño conoce, incluyendo la mascota de la familia. Aunque las heridas suelen ser menores, a veces los mordiscos pueden provocar heridas graves, desfigurar la cara y ocasionar problemas emocionales.

El uno por ciento de las visitas a centros de emergencias pediátricas durante el verano son debidas a mordeduras, sea de animales o de humanos. En los Estados Unidos se estima que anualmente tienen lugar 4.7 millones de mordeduras de perros, 400,000 de gato, 45,000 de serpientes y 250,000 de humanos. La incidencia de infecciones por mordeduras de gato supera el 50 por ciento, y las infecciones por mordeduras de perro o humanos oscila entre el 15 y el 20 por ciento.

## Tratamiento

Si su hijo está sangrando por una mordida de animal, aplique presión firme y continua sobre el área afectada durante cinco minutos o hasta que cese la hemorragia. A continuación, lave la herida suavemente con abundante agua y jabón y consulte al pediatra.

Si la herida es profunda o usted no logra frenar la hemorragia, siga aplicando presión sobre el área afectada y llame al pediatra para averiguar a dónde debe llevar a su hijo para que reciba el tratamiento adecuado. Si la herida es tan grande que no se juntan los bordes, probablemente hará falta suturarla. Esto facilita de la cicatrización, pero, también aumenta el riesgo de infección, por lo que es probable que el médico le recete antibióticos de forma preventiva.

Avise al pediatra si su hijo es mordido por un animal y esto le causa una herida por pequeña que parezca. El médico comprobará si su hijo está vacunado contra el tétanos (véase el Itinerario de vacunaciones de la página 70) o si se le debe proteger contra la rabia. Estas dos enfermedades pueden contagiarse a través de mordeduras de animal.

La rabia es una enfermedad de origen viral que un animal infectado puede contagiar a un humano. Provoca fiebre alta, dificultad para tragar, convulsiones y, al final, la muerte. Afortunadamente la rabia es una enfermedad poco común hoy día, al punto que en los Estados Unidos sólo se han identificado cinco casos anuales desde 1960. De todos modos, puesto que es una enfermedad grave y su incidencia ha aumentado en animales, el pediatra examinará la herida para determinar el riesgo de su hijo de contraer esta enfermedad. El riesgo depende en gran medida del animal y de las circunstancias en que se produjo el mordisco. Las mordeduras de animales salvajes, como murciélagos, zorrillos, mapaches y zorros son mucho más peligrosas que las de animales domésticos, como perros y gatos, sobre todo si están vacunados. El estado de salud del animal es importante, por lo que, si es posible, se debe capturar al animal para que lo examine un veterinario. *No destruya al animal.* Incluso si alguien lo ha matado, se puede analizar el cerebro para ver si tenía la rabia; llame inmediatamente al pediatra para que le indique cómo debe proceder.

Si el riesgo de rabia es elevado, el pediatra le pondrá a su hijo inmediatamente las inyecciones pertinentes para prevenirla. Si la mordedura es de un gato o de un perro doméstico que está sano, el pediatra observará la herida durante diez días, utilizando el tratamiento contra la rabia sólo si el animal presenta algún síntoma de la enfermedad. Si le muerde un animal salvaje, se considera como un factor de riesgo y generalmente se sacrifica al animal para analizarle el cerebro en busca de infección.

Como cualquier herida, una mordida se puede infectar. Informe inmediatamente al pediatra si observa alguno de los siguientes signos de infección.

- Pus o supuración en la herida
- El área que rodea la herida está hinchada y adolorida (Normalmente esta área se verá enrojecida durante dos o tres días, lo que no debe ser motivo de alarma)
- Vetas rojas que parecen extenderse hacia afuera de la herida
- Ganglios linfáticos inflamados cerca de la herida

(Véase también *Seguridad en torno a los animales,* página 467)

Es posible que el pediatra le recete antibióticos, al niño si éste presenta:

- Heridas de gravedad moderada o severa
- Heridas perforadas, sobre todo si afectan huesos, tendones o articulaciones
- Mordeduras en la cara
- Mordeduras en la mano o el pie
- Mordeduras en el área genital
- Heridas en un niño inmunodeprimido o que no tiene bazo

El pediatra deberá volver a examinar al niño dentro de cuarenta y ocho horas, para inspeccionar la herida en busca de síntomas de infección.

## Mordeduras humanas

Con frecuencia los niños son mordidos por sus hermanos o compañeros de juegos. Si su hijo es mordido por otra persona, debe llamar al pediatra inmediatamente para describirle la gravedad de la herida, sobre todo si los dientes han perforado la piel del niño o si la herida es lo suficientemente profunda como para requerir puntos.

No olvide lavar la herida cuidadosamente con abundante agua y jabón antes de ir al pediatra. Éste comprobará las vacunaciones de su hijo para saber si tiene la de hepatitis B y tétanos y evaluará el riesgo de que contraiga otras infecciones. Si el mordisco es superficial, bastará con lavar la herida con agua y jabón, vendarla y darle seguimiento. (Para más información sobre Enfado, agresión y mordiscos véase el Capítulo 17, página 565).

# Quemaduras

Las quemaduras se dividen en tres categorías según su gravedad. Las quemaduras de primer grado son las más leves y causan enrojecimiento y quizás una ligera inflamación de la piel (como la mayoría de las quemaduras solares). Las quemaduras de segundo grado causan inflamación considerable y ampollas. Las quemaduras de tercer grado pueden tener un aspecto blanquecino o chamuscado y provocan lesiones graves no sólo en las capas más superficiales de la piel sino también a niveles más profundos.

Las quemaduras graves que afectan a la población infantil pueden ser provocadas por múltiples causas, entre las que se incluyen la exposición al sol, al agua hirviendo, al fuego, la electricidad y los productos químicos. Las quemaduras graves pueden provocar lesiones y cicatrices permanentes.

## Tratamiento

El tratamiento *inmediato* de una quemadura debe consistir en lo siguiente:

1. Sumerja lo antes posible la herida en agua templada. No dude en verter agua templada sobre la quemadura para enfriar el área afectada y, así, mitigar el dolor. *No utilice hielo.*
2. Humedezca inmediatamente cualquier trozo de ropa que siga ardiendo o humeando con agua templada y, después, retire la ropa del área afectada, a menos que esté pegada a la piel. En tal caso, corte el máximo de ropa posible.
3. Si el área afectada no está exudando, cúbrala con gasa estéril.
4. Si el área afectada está exudando, cúbrala con gasa estéril pero dejando la gasa holgada sobre la piel y busque

atención médica de inmediato. Si no dispone de gasa estéril, cubra la herida con un paño o una toalla limpia.

5. No ponga mantequilla, grasa ni talco sobre una quemadura. Todos estos "remedios caseros" pueden, de hecho, agravar la lesión.

Si la quemadura no es superficial o el dolor y enrojecimiento persisten durante más de unas pocas horas, consulte al pediatra. Todas las quemaduras eléctricas o que afecten a las manos, la boca o los genitales deben recibir atención médica inmediata. Los productos químicos que provocan quemaduras pueden ser absorbidos a través de la piel y provocar otros síntomas. Llame al pediatra o al centro de envenenamiento después de lavar la zona afectada (para tratar los casos en que un producto químico entre en contacto con los ojos, véase *Sustancias tóxicas en el ojo,* página 533).

Si el médico considera que la quemadura no es muy grave, es posible que le enseñe a limpiarla y curarla en casa utilizando pomadas y vendajes. Aún así, en los siguientes casos es necesario hospitalizar el niño:

- Si las quemaduras son de tercer grado
- Si se ha quemado un diez por ciento del cuerpo o más
- Si la quemadura afecta a la cara, las manos, los pies, los genitales o a una articulación móvil
- Si el niño es muy pequeño o nervioso y, por lo tanto, difícil de tratarlo en casa

Cuando esté tratando una quemadura en casa, observe si se inflama, enrojece, supura o huele mal. Éstos son síntomas de infección y, en tal caso, debe verla un médico.

## Prevención

En el Capítulo 13, "Protección ante los peligros", se dan guías para proteger a su hijo del fuego u otras fuentes de calor mientras está en casa. Para protegerlo aún más, he aquí algunas recomendaciones adicionales:

- Coloque detectores de humo en los dormitorios, pasillos que conducen a los dormitorios, cocina y sala; *por lo menos* debe haber un detector de humo en cada piso. Revise su estado con regularidad. Cambie las baterias periódicamente.
- Haga simulacros de incendio con su familia. Asegúrese que todos saben cómo evacuar la casa en caso de incendio.
- Tenga varios extintores a mano y compruebe que funcionan bien.
- Enseñe a sus hijos cómo salir de una habitación gateando si ésta se llena de humo. (Al desplazarse por el piso evitarán inhalar el humo).
- Si su casa tiene dos pisos o más, instale una escalera de emergencia, y enseñe a sus hijos a utilizarla. Si vive en un edificio de varios pisos, enseñe a sus hijos dónde están las salidas de emergencia y asegúrese de que entienden que no debe utilizar el ascensor en caso de incendio (Éste puede quedarse atrapado entre dos pisos o abrirse en un piso donde hay fuego)
- Fijen un lugar para encontrarse después de la evacuación, para comprobar que nadie se ha quedado dentro de la casa.
- Enseñe a sus hijos a **detenerse, tirarse al suelo** y **rodar** en caso de que la ropa se les prenda en fuego.
- Guarde bajo llave cualquier líquido inflamable.
- Gradúe la temperatura del calentador a menos de 120° Farenheit, 49° centígrados.

- No utilice cables de extensión inadecuados o viejos ni equipos eléctricos que estén en malas condiciones.
- Guarde los fósforos y encendedores fuera del alcance de los niños
- Evite los petardos y fuegos artificiales.

## Resucitación cardiopulmonar y respiración boca a boca

Leer sobre la resucitación cardiopulmonar no es suficiente para aprender la técnica. *La Academia recomienda fuertemente a todos los padres o cualquier persona responsable del cuidado de uno o varios niños que asistan a un curso básico sobre resucitación cardiopulmonar y primeros auxilios en caso de atragantamiento.* Si usted tiene piscina o vive cerca del agua, es imprescindible que obtenga esta preparación. Póngase en contacto con la sede local de la Cruz Roja para saber dónde y cuándo se imparten cursos autorizados de primeros auxilios.

La resucitación cardiopulmonar puede salvar la vida de su hijo si su corazón deja de latir o él deja de respirar por cualquier motivo: choques, ahogamientos, envenenamiento, atragantamientos, inhalación de gases, asfixia, infecciones de las vías respiratorias o sospecha de Síndrome de Muerte Súbita del Lactante (SMSL). El procedimiento tiene mayor probabilidad de éxito si se interviene tan pronto como el corazón deje de funcionar o el niño deje de respirar. Las siguientes señales de alarma le pueden alertar de que probablemente es necesario realizar este tipo de intervención:

- El niño no responde y no parece respirar eficazmente
- Dificultad extrema para respirar (como si un cuerpo extraño estuviera bloqueando el paso del aire)
- Labios o piel morados junto con dificultad marcada al respirar
- Respiración rápida, entrecortada y forzada (haciendo ruido o contrayendo los músculos que hay entre las costillas al respirar)
- Respiración sibilante severa
- Babea o le cuesta mucho tragar, y respira con dificultad
- Palidez extrema

Si su hijo presenta cualquiera de estos síntomas y hay alguna otra persona presente, pídale que llame al servicio de emergencias médicas mientras usted inicia los pasos que se explican a continuación. Si está solo, siga estos pasos inmediatamente después de gritar o **pedir ayuda.**

**Primer paso. Evalúe rápidamente el estado de su hijo.**
¿Está inconsciente? Agítelo, debe golpecitos o gritele como si intentara despertarlo. Asuma que está inconsciente si no reacciona después de intentarlo tres veces.

¿Está respirando? Coloque la oreja directamente sobre la boca del niño y escuche atentamente. Si está respirando con dificultad, llévelo inmediatamente a un servicio de emergencia mientras va comprobando que sigue respirando. Si no oye nada, observe si el pecho del niño sube y baja.

**Segundo paso. Si su hijo no respira, colóquelo boca arriba sobre una superficie estable y plana.**
Si sospecha que se ha lesionado el cuello o la columna vertebral (lo que es posible si ha sufrido una caída o un choque), muévalo con cuidado para que no se le

doble el cuello. Si se encuentra al niño boca abajo, sosténgale el cuello para que no se le doble al darle la vuelta.

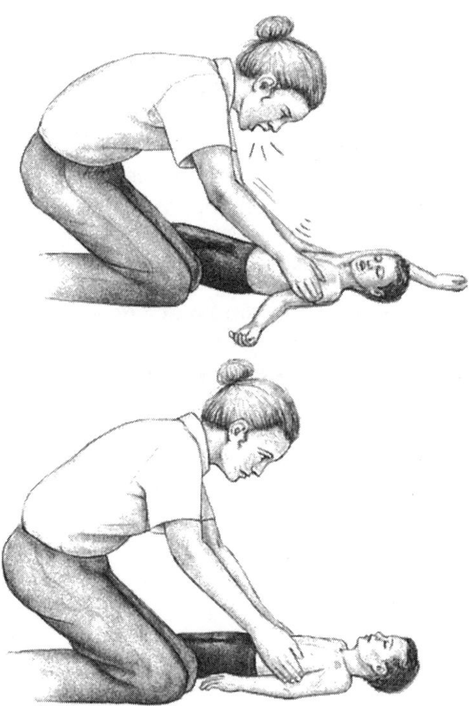

**Tercer Paso. Despeje las vías respiratorias levantando suavemente la barbilla del niño.**
Tenga cuidado con tirar demasiado la cabeza hacia atrás, pues, al hacerlo, podría bloquear el paso del aire en un infante o un niño pequeño. Para evitar que la lengua bloquee la parte posterior de la garganta, levante suavemente la barbilla con una mano mientras aprieta suavemente sobre la frente con la otra mano. Una buena forma de despejar las vías respiratorias es levantar la barbilla empujando hacia arriba sobre el ángulo que forma la mandíbula. En algunos casos, esto será suficiente para que el niño vuelva a respirar por sí sólo. Si no es así, mírele dentro de la garganta para ver si hay algún objeto extraño o algún trozo de comida bloqueando el paso del aire. Si es así, siga las instrucciones del apartado "Atragantamientos" (página 515).

**Cuarto Paso. Si su hijo sigue sin respirar y no parece haber ningún objeto bloqueándole el paso de aire dele respiración boca a boca.**

1. Inspire profundamente
2. Si se trata de un bebé, coloque su boca sobre la nariz y la boca del bebé, procurando que haya un acoplamiento lo más firme posible. Si el niño es mayor, apriételes los orificios nasales y coloque su boca completa sobre la del niño.
3. Inicie el proceso con dos ventilaciones de salvamento, insuflándole al niño suficiente cantidad de aire como para que se levante un poco el pecho. Entonces haga una pausa, retirando su boca de la del niño para que el aire pueda salir, y vuelva a insuflarle aire. *Si se trata de un bebé, tenga cuidado en no*

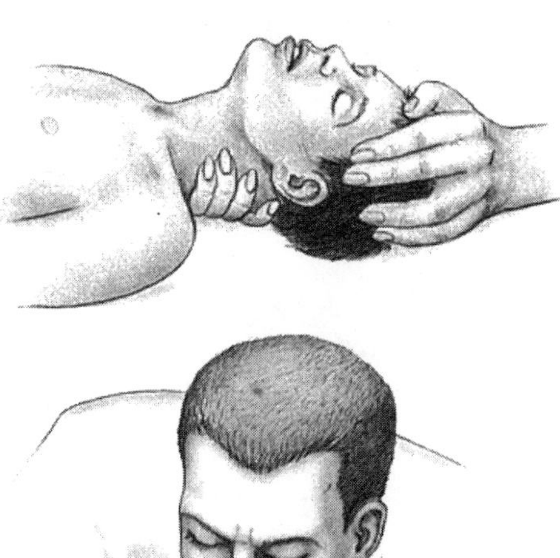

*soplar demasiado fuerte, pues podría ser peligroso.* Si le parece que no entra *nada* de aire en el pecho del niño, probablemente el paso del aire sigue bloqueado, por lo que tendrá que repetir el tercer paso.

4. Si el pecho del niño se infla cuando usted le insufla aire por la boca, siga haciéndolo a un ritmo de aproximadamente una ventilación cada tres segundos (veinte por minuto), hasta que empiece a respirar por sí solo.
5. Es fácil que un niño que deje de respirar vomite, lo que complica el proceso de resucitación. Si no hay sospechas de una lesión en el cuello, gírelo hacia un lado para que salga el vómito. Limpiar bien la boca y la garganta con una toalla absorbente (si no se hace con demasiada fuerza para evitar empujar el vómito hacia la tráquea) o utilizar algún dispositivo de succión (como una pera o una jeringuilla) puede ayudar.

**Quinto paso. Tómele el pulso al niño después de las dos ventilaciones de salvamento.**
Si se trata de un bebé de menos de un año, búsquele el pulso en la arteria que pasa por la cara interna del brazo justo encima del codo (véase ilustración). Si se trata de un niño mayor, tómele el pulso en la arteria que pasa por el cuello, justo debajo del hueso de la mandíbula. Si el corazón está latiendo, usted debe sentir el pulso al tocar suavemente estos puntos con los dedos. No apriete fuerte.

**Sexto Paso. Si el niño no tiene pulso, asuma que el corazón ha dejado de latir, y empiece el masaje cardíaco para que la sangre pueda llegar a los órganos vitales.**
Proceda del siguiente modo (con el niño boca arriba sobre una superficie estable y plana)

1. Si se trata de un infante, coloque dos o tres dedos en el hueso del esternón un dedo más abajo de la línea de los

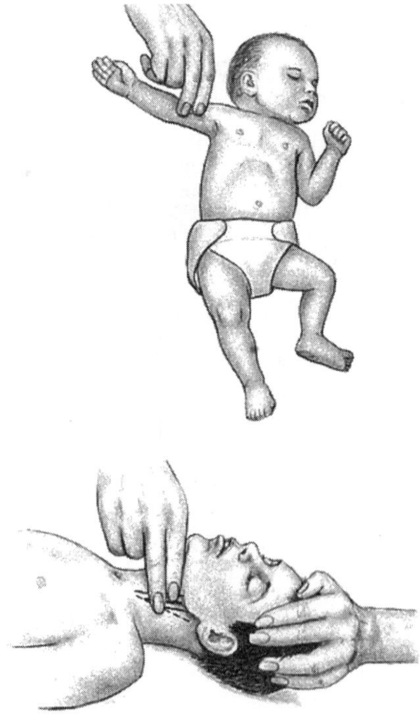

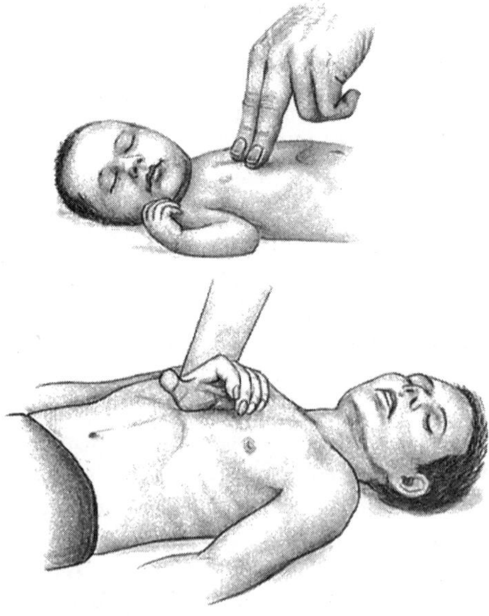

pezones. Presione entre ½ a 1 pulgada, a un ritmo de unas 100 veces por minuto. *Tenga cuidado en no apretar demasiado.*

Si se trata de un niño mayor, coloque el borde de la mano que está en contacto con la muñeca sobre el tercio inferior del esternón. Presione, comprimiendo entre 1 a 1½ pulgadas, a un ritmo de unas 80 a 100 veces por minuto.

2. Después de cinco compresiones, vuelva a insuflar aire al niño según se describe en el paso 4. Continúe alternando cinco compresiones una respiración hasta que sienta el pulso en la arteria, indicativo de que el corazón ha vuelto a bombear.

**Séptimo paso. Solicite atención médica urgente**

Si usted está a solas con el niño, llame al servicio de emergencia inmediatamente o al cabo de un minuto de practicarle la resucitación cardiopulmonar. No olvide dar la dirección y el número telefónico del que está llamando. Cuando lleguen los paramédicos evaluarán el estado del niño y lo tratarán apropiadamente.

## Atragantamientos

El atragantamiento ocurre cuando una persona inhala algo que no es aire, y esto conlleva el bloqueo total o parcial de las vías respiratorias. En niños el atragantamiento ocurre comunmente cuando, al beber, el líquido se les va "por el otro lado". En estos casos, tosen, silban, jadean, y tienen arcadas, hasta que la tráquea queda libre; pero, este tipo de atragantamiento no suele ser peligroso.

Los atragantamientos se convierten en algo peligroso cuando el niño traga o inhala un objeto—generalmente un trozo de comida—que bloquea el paso del aire hacia los pulmones. Si le ocurre esto a su hijo, no podrá hablar y su rostro adquirirá un color que irá del rojo carmesí al azul.

Esto es una emergencia que exige primeros auxilios inmediatamente. No hay tiempo para llamadas; usted debe actuar en el acto. Si hay alguien más con usted, pídale que se encargue de pedir ayuda médica mientras usted actúa.

### Cómo reaccionar

La forma de reaccionar ante un incidente de este tipo depende del estado y de la edad del niño.

**Un niño de cualquier edad, que tose pero que no es capaz de respirar ni de hablar**

Toser es una forma natural de expulsar de la garganta elementos extraños. En lugar de intentar cualquier maniobra que podría agravar la obstrucción, deje que su hijo tosa. Sobre todo, no intente sacarle el objeto metiéndole los dedos en la boca; al hacerlo, podría empujarlo todavía más hasta bloquear la tráquea por completo.

**Un niño de menos de un año que no puede respirar y se pone morado.**

En estas circunstancias, hay que actuar inmediatamente. Los órganos internos de un bebé son frágiles, por lo tanto, actúe con *suavidad* y siga los siguientes pasos: (No utilice la maniobra de Heimlich recomendada para niños mayores y adultos.)

1. Colóquese al bebé sobre el antebrazo, boca abajo y con la cabeza a un nivel más bajo que el tronco, de tal modo que la cabeza y el cuello estén bien sujetos. Apoye el antebrazo sobre el muslo para tener mayor estabilidad.

Si se trata de un bebé grande o que pesa bastante, puede ser mejor colocárselo boca abajo directamente sobre el regazo o sobre el muslo, de tal modo que la cabeza quede a un nivel más bajo que el tronco y bien sujeta.

2. Déle rápidamente cinco golpecitos en la espalda, entre los omóplatos, utilizando el borde de la mano que está en contacto con la muñeca.

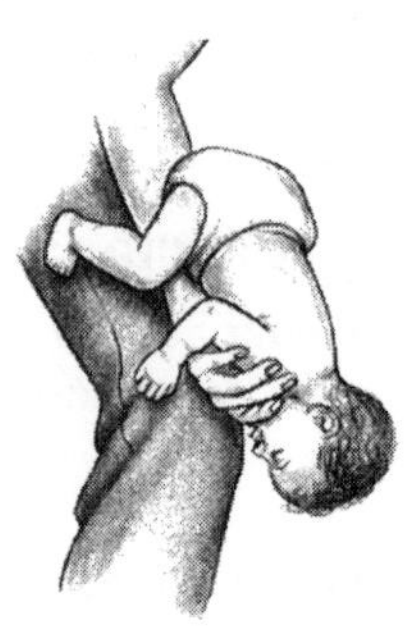

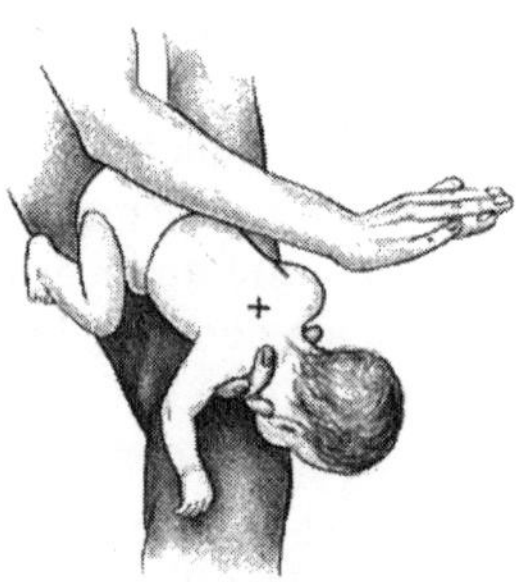

3. Si el niño sigue sin respirar, colóquelo boca arriba sobre una superficie estable y plana, y hágale un masaje cardíaco, presionando cinco veces seguidas rápidamente sobre el esternón *empleando sólo dos dedos.*

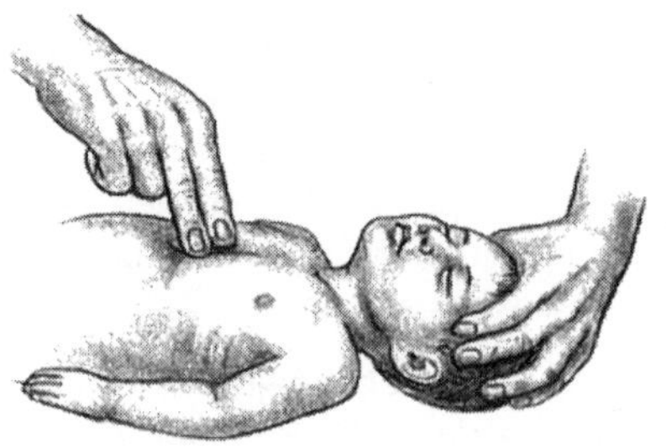

4. Si todavía no respira, abra el paso del aire utilizando la técnica de elevación de lengua y mandíbula antes descrita e intente ver el cuerpo extraño. No intente extraer el objeto a menos que lo vea. Pero, si lo ve, tire de él con el dedo.

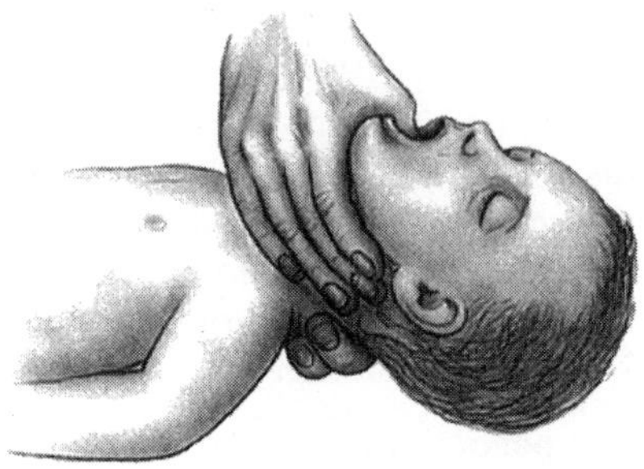

5. Si el niño no empieza a respirar por su cuenta, insúflele aire dos veces utilizado la técnica de la respiración boca a boca o boca a boca-nariz (véase el paso 4 de la página 514).

6. Llame al servicio de emergencias médicas y siga repitiendo los pasos 1 al 5.

### Un niño de más de un año que no puede respirar y se pone morado

**Primer paso.** Abrace al niño por detrás, a la altura de la zona inferior de la caja torácica, y ejecute una serie de hasta cinco compresiones abdominales bruscas (maniobra de Heimlich), hasta que el niño expulse el cuerpo extraño.

- Si el niño es pequeño, colóquelo boca arriba. A un niño mayor se le puede tratar mientras permanece de pie o mientras está sentado o acostado.
- Arrodíllese a los pies del niño, si está en el piso, o póngase de pie al nivel de sus pies si está sobre una mesa.
- Coloque el borde de la mano que está en contacto con la muñeca en el centro de su cuerpo, entre el ombligo y la caja torácica, y ponga la otra mano encima de la primera.
- Presione la cavidad abdominal empujando varias veces seguidas hacia dentro y hacia arriba. Si el niño es pequeño, el empuje debe hacerse con *suavidad.*

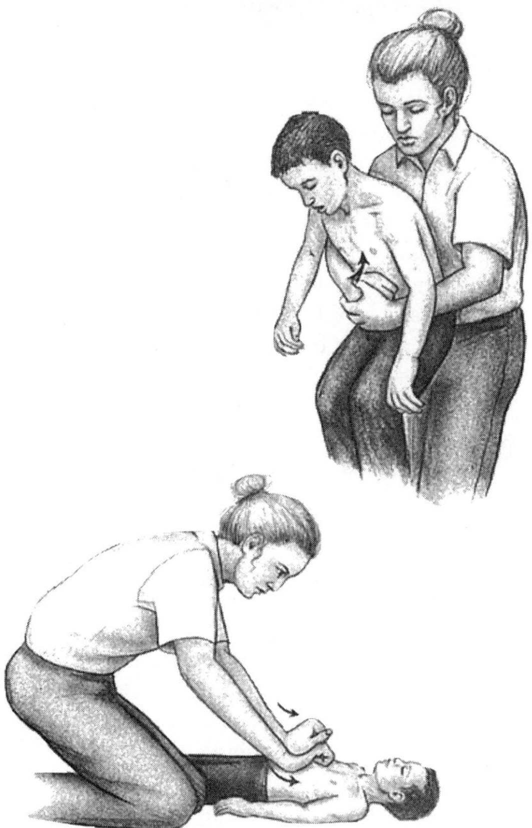

**Segundo paso.** Si el objeto extraño no es expulsado al realizar la maniobra de Heimlich, ábrale la boca utilizando la técnica de elevación de lengua y mandíbula; esto evita que la lengua bloquee la garganta, y puede aliviar la obstrucción. Si divisa el objeto, tire de él con los dedos. Si intenta hacerlo sin ver el objeto, es posible que sólo consiga empeorar la obstrucción. Por lo tanto, no lo intente a menos que pueda ver el objeto que bloquea el paso del aire.

**Tercer paso.** Si el niño no empieza a respirar, dele respiración boca a boca (véase el cuarto paso de la página 514). Si no tiene éxito, repita otra serie de cinco compresiones abdominales.

**Cuarto paso.** Llame al servicio de emergencias médicas y siga repitiendo los pasos 1 al 3.

Si el equipo de emergencias médicas llega antes de que su hijo haya empezado a respirar, repetirán los pasos arriba descritos. Si no tienen éxito, llevarán al niño al hospital, donde recibirá otros tratamientos (como, por ejemplo, intubación).

Un niño que vuelve a respirar por su cuenta al cabo de dos o tres minutos, probablemente no quedará con ninguna secuela. Sin embargo, cuanto más tiempo pase sin oxígeno, mayor será el riesgo de lesión cerebral o muerte. Afortunadamente, la mayoría de los atragantamientos no dejan secuelas y ni siquiera son lo suficientemente graves como para requerir atención médica.

A veces, un atragantamiento va seguido de tos persistente, jadeo, sibilancias, salivación excesiva o dificultades para tragar o respirar. En estos casos, lo más probable es que algún objeto extraño esté bloqueando parcialmente el paso del aire, probablemente en la parte más baja de la via respiratoria. Sí es así, esto podría provocar problemas respiratorios continuos, irritación y, tal vez, neumonía. Si persisten los síntomas, informe al pediatra, quien podría ordenar otras pruebas, como, por ejemplo, una radiografía. Si en la radiografía se ve que el niño ha aspirado algo, es posible que lo hospitalicen para extraerle quirúrgicamente el objeto inhalado. (Esto suele hacerse bajo anestesia, introduciendo un instrumento especial por la boca del paciente hasta los pulmones.)

## Prevención

Los atragantamientos constituyen la principal causa de muerte no intencional en bebés de menos de un año, y el peligro es significativo hasta los cinco años. Pregunte al pediatra cómo se pueden prevenir los atragantamientos y cómo se debe actuar en caso de que ocurran. Véase también el Capítulo 13, "Protección ante los peligros".

Objetos como imperdibles o monedas, provocan atragantamientos, pero la comida es responsable de la mayoría de estos incidentes. Hay que estar particularmente pendiente durante el período en que el niño empieza a probar nuevos alimentos alrededor de un año de edad. Éstas son otras recomendaciones para evitar atragantamientos.

- No le dé a niños pequeños alimentos duros y de superficie resbaladiza (como maní) que se deben masticar utilizando los molares. Este movimiento de masticación no llega a ser dominado sino hasta los cuatro años de edad aproximadamente. A un niño no se le debe dar maní sino hasta los siete años o más.
- Corte los alimentos en trozos pequeños e insístale a su hijo en que mastique bien antes de tragar.
- No deje que su hijo coma mientras juega o corre. Enséñele que debe masticar y tragar la comida antes de hablar o reírse.
- Evite darle a su hijo alimentos de formas redondeadas, como salchichas, "hot dogs", zanahorias, tallos de apio, uvas enteras y caramelos duros. Todos estos alimentos pueden alojarse en su garganta.
- Los niños pequeños no deben mascar chicles.

Puesto que los niños pequeños se lo llevan todo a la boca, los objetos pequeños no comestibles también provocan muchos atragantamientos. Tenga en cuenta las indicaciones sobre la edad al seleccionar juguetes, pero fíese de su propia intuición en lo que respecta a su hijo. Según las normas del gobierno, los juguetes para niños de menos de tres años no pueden contener piezas de menos de 1¼ pulgadas de diámetro ni de menos de 2¼ pulgadas de longitud. Si los hermanos mayores tienen juguetes con piezas pequeñas, manténgalos fuera del alcance de su hijo pequeño. Así mismo, tenga en cuenta que los siguientes objetos están asociados con atragantamientos:

- Globos desinflados o trozos de globos. Los niños pueden inhalar la goma al intentar inflarlos.
- Polvos de talco. No deje que su hijo juegue con el talco mientras usted le cambia los pañales.
- Objetos extraídos del bote de basura. Tenga cuidado especial con las arandelas de las latas de bebidas y las cáscaras de huevo.
- Imperdibles. Compruebe que están bien cerrados y fuera del alcance del niño cuando no se utilicen.

- Monedas. No dé nunca a un niño pequeño una moneda o cualquier otro objeto de tamaño similar como recompensa.

A pesar de estas precauciones, un atragantamiento puede ocurrir en cualquier momento. Es importante que se familiarice con los procedimientos de primeros auxilios, a fin de que sepa reaccionar adecuadamente en caso necesario. Si tiene alguna duda al respecto, podría matricularse en un curso de primeros auxilios autorizado, como los que imparte la American Heart Association o la Cruz Roja, o ver un vídeo explicativo, como los editados por la Academia Americana de Pediatría.

Para recibir una Guía de Recursos para los padres, envíe un sobre grande con sello y etiqueta de envío a:

Academia Americana de Pediatría
Attn: Dept C-PRG
P.O. Box 927
Elk Grove Village, Illinois 60009-0927

## Cortes y rasguños

La inquietud y curiosidad natural de su hijo o hija le llevarán a darse golpes, cortes y rasguños. Los gritos y llantos que suelen acompañar a estos incidentes pueden sembrar el pánico en el corazón de un padre, pero la reacción del niño seguramente será mucho más intensa de lo que corresponde a la gravedad de la lesión. En la mayoría de los casos, el único tratamiento necesario consistirá en limpiar la herida y consolar al niño (o quizás darle un beso en el chichón o moretón sin importancia).

### Rasguños

La mayoría de las lesiones leves en niños pequeños consisten en rasguños o rozaduras, lo que significa que las capas más externas de la piel se han "rasgado" literalmente. Si la rozadura abarca un área muy grande, es posible que dé la impresión de sangrar mucho, pero la cantidad de sangre que se suele perder es muy reducida. El único tratamiento recomendable es limpiar el área afectada, ya que podría infectarse. Primero, la herida debe lavarse sólo con agua, para eliminar restos de suciedad, y después más a fondo, con agua templada y jabón. Generalmente deben evitarse el yodo y otras soluciones antisépticas puesto que sus efectos son limitados y suelen añadir dolor y malestar.

La mayoría de las abrasiones cicatrizan rápidamente sin tratamiento, y este tipo de remedio natural es el mejor. Las rozaduras grandes y/o que exuden, deben cubrirse con una gasa estéril (libre de gérmenes), de venta en farmacias. Puede utilizar un vendaje adhesivo o una gasa fijada con esparadrapo o con un vendaje de gasa. La esterilidad de las gasas estará garantizada mientras no se abra o se moje el envoltorio. Si la herida afecta a un dedo de la mano o del pie, debe tener cuidado de no apretar demasiado el vendaje, ya que podría cortar la circulación.

Algunas gasas están hechas de materiales especiales que impiden que se peguen a la herida, pero la mejor forma de evitar estas adherencias es aplicar una pomada antibiótica sobre la herida antes de cubrirla con la gasa. La herida se debe examinar diariamente, cambiando el vendaje en ese momento o bien cuando se vea sucio o húmedo. Si la gasa se pega a la herida, humedézcala con un poco de agua tibia.

Una vez se ha formado la costra, no es necesario ni recomendable cubrir la herida. En la mayoría de los casos, bastará con cubrir la herida durante dos o tres días, pero es posible que su hijo se resista a que le quite el vendaje, ya que los niños pequeños llevan los vendajes como si fueran insignias o medallas. No pasa nada si mantiene el área con un vendaje holgado, siempre que la gasa se mantenga seca y limpia y que usted examine la herida diariamente.

Si no consigue limpiar bien una herida, empieza a supurar, se enrojece el área adyacente o el niño se queja de dolor o tiene fiebre, llame al pediatra. Éstos son síntomas de que la herida pudo haberse infectado. Si es preciso, el médico utilizará anestesia local para evitar que el niño sienta demasiado dolor mientras inspecciona y limpia la suciedad que usted no pudo eliminar. Si la herida se ha infectado, probablemente le recetará antibióticos por vía oral o en forma de pomada.

## Cortaduras, laceraciones y hemorragias

Una cortadura es una herida que afecta a la piel y el tejido subcutáneo. Puesto que se trata de una herida más profunda, es fácil que provoque problemas, como hemorragias, e incluso que se lesionen nervios y tendones. Las siguientes recomendaciones le ayudarán a frenar las hemorragias importantes y a evitar otros problemas, como las cicatrices, cuando su hijo se haga una herida.

1. **Aplique presión.** Casi todas las hemorragias pueden detenerse aplicando presión directa sobre el área afectada con un paño o una toalla limpia durante cinco minutos. El error más frecuente consiste en dejar de apretar para echarle un vistazo a la herida. Esto puede agravar la hemorragia o contribuir a que se forme un coágulo que puede dificultar el control de la hemorragia. Si la herida continua sangrando después de presionar durante cinco minutos, vuelva a aplicar presión y llame al médico para pedirle ayuda. No intente hacer un torniquete en un brazo o una pierna a menos que domine la técnica, puesto que éste puede provocar lesiones graves si se deja puesto por demasiado tiempo.
2. **Mantenga la calma.** Ver sangre asusta a mucha gente, pero en estos momentos hay que tratar de controlarse. Así usted tomará mejores decisiones y ayudará a su hijo, al mantener la calma. Recuerde que al aplicar presión directa puede cortar hasta las hemorragias más fuertes mientras llega ayuda. Los cortes relativamente superficiales en la cabeza y la cara sangran mucho más que en otras partes del cuerpo debido a que son zonas muy irrigadas por capilares superficiales. En estas situaciones es particularmente importante mantener la calma y aplicar una presión directa sobre la zona afectada para controlar la hemorragia.
3. **Consulte al médico si la cortadura es grave.** Independientemente de lo mucho (o poco) que sangre una cortadura, si es profunda o mide más de ½ pulgada (1.2 cm) de largo, llame al médico. Los cortes profundos pueden lesionar tendones y nervios incluso cuando, desde fuera, la herida no parece seria. Los cortes largos y profundos y los que afectan a la cara, el pecho y la espalda son más propensos a dejar cicatrices desagradables. En estos casos, si la herida se cierra correctamente, utilizando puntos o grapas, dejará menos marca. Si no está seguro de si es necesario poner puntos, llame al médico y pídale consejo. Para evitar una cicatriz desagradable la sutura debe hacerse antes de que pasen ocho horas desde que se produjo la herida.

   Usted mismo puede curar los cortes poco profundos, siempre y cuando pueda hacer que los bordes se junten solos o con la ayuda de un vendaje “mariposa” y que no haya habido pérdida de sensibilidad. De todos modos, si existe alguna posibilidad de que algún objeto extraño, como, por ejemplo, un poco de suciedad o un trozo de cristal, se haya quedado dentro de la herida, lleve al niño al médico. Es posible que su hijo no le deje examinar un corte porque le duele mucho. Sin embargo, el pediatra podrá aplicarle anestesia local, si lo considera oportuno, para examinarle la herida más a fondo.

4. **Limpie y vende la herida.** Si usted se siente capacitado para curar la cortadura, lave la herida con agua y examínela detenidamente para asegurarse de que queda bien limpia, aplique una pomada antibiótica y cúbrala con una gasa estéril. Es fácil subestimar la gravedad de una cortadura, por lo que, incluso si decide tratarla por su cuenta, no dude en llamar al pediatra para pedirle consejo. Si la zona que rodea al corte se inflama, enrojece, empieza a supurar o sangra de forma recurrente, consulte al pediatra lo antes posible.

   Los antisépticos como el betadine, el mercurocromo o el alcohol no son necesarios y aumentan el malestar para el niño. Si su hijo está al día en sus vacunaciones, probablemente no hará falta que le pongan la inyección del tétanos. De todos modos, si su hijo no tiene el refuerzo del tétanos en los últimos cinco años, es posible que el pediatra recomiende administrarle una dosis de refuerzo.

### Prevención

Es casi imposible que un niño curioso y activo no se haga rasguños y cortes menores, pero usted puede tomar varias acciones para reducir estos incidentes y minimizar su gravedad. Guarde los objetos potencialmente peligrosos, como cuchillos afilados, objetos de cristal fáciles de romper y armas de fuego fuera del alcance de su hijo o hija. Cuando sea lo bastante mayor para usar cuchillos y tijeras, enséñele a cogerlos adecuadamente e insista en que no lo haga de otro modo. Revise periódicamente su casa, el garaje y el jardín. Si encuentra algún objeto potencialmente peligroso porque su hijo ha crecido y podría intentar cogerlo, guárdelo en un lugar fuera de su alcance.

Véase también el Capítulo 13, “Protección ante los peligros”.

## Ahogamientos

Los niños se ahogan por dos motivos: por caer en aguas demasiado profundas, o porque quedan atrapados mientras tienen la cara sumergida. En niños pequeños esto puede pasar incluso en pocas pulgadas de agua. La respuesta natural ante estas situaciones es aterrorizarse, forcejear y dejar de respirar o aguantar la respiración. Cuando, al final, el niño no aguanta más y tiene que respirar, inhala agua y se ahoga. El ahogamiento se refiere a las muertes provocadas por inhalación de agua. Cuando se rescata al niño antes de morir, nos referimos a este episodio como casi-ahogamiento.

### Cómo actuar

En cuanto su hijo esté fuera del agua, compruebe si respira. Si no lo hace, inicie la resucitación cardiopulmonar inmediatamente (véase páginas 512 a 515). Si hay alguien más con usted, pídale que llame a emergencias médicas, pero no pierda un tiempo precioso buscando a alguien ni intentando sacar el agua inhalada de los pulmones del niño. En lugar de ello, concéntrese en la resucitación cardiopulmonar hasta que el niño respire por sí solo y tenga entre ochenta y cien pulsaciones por minuto. Es muy probable que, durante el proceso de reanimación, el niño vomite parte del agua que ha tragado. Usted no debe interrumpir la resucitación para pedir ayuda hasta que el niño vuelva a respirar con normalidad y haya recuperado el pulso. Cuando lleguen los paramédicos, le administrarán oxígeno y, si es necesario, seguirán con la resucitación cardiopulmonar. Entonces podrá llamar al pediatra para que le dé instrucciones.

Todo niño que haya estado a punto ahogarse debe tener una evaluación médica completa, aunque parezca estar bien. Si dejó de respirar, tragó agua o estuvo inconsciente, debe permanecer bajo observación por lo menos durante veinticuatro horas para comprobar que no se lesionó el sistema nervioso o respiratorio.

El tiempo que tarde un niño en recuperarse después de haber estado a punto de ahogarse dependerá del tiempo que haya estado sin recibir oxígeno. Si estuvo bajo del agua por poco tiempo, probablemente se recuperará por completo. Pero, si permaneció mucho rato bajo del agua, es posible que la falta de oxígeno deje secuelas en los pulmones, el corazón y el cerebro. Si un niño no responde rápidamente a la resucitación cardiopulmonar, probablemente tendrá más secuelas que si reacciona de forma inmediata. De todos modos, debe seguir intentándolo, puesto que la resucitación cardiopulmonar ha permitido revivir literalmente a niños aparentemente sin vida o que habían estado sumergidos en aguas muy frías durante largos períodos de tiempo.

### Prevención

Los niños menores de tres años y los que sufren de retraso mental o epilepsia son particularmente propensos a ahogamientos, pero cualquier niño corre peligro si se le deja jugar en el agua o cerca de la misma sin la debida supervisión. Incluso un niño que sepa nadar puede ahogarse en áreas llanas si se asusta o se pone nervioso. Por lo tanto, no deje nunca que un niño de cualquier edad nade sin supervisión y esté muy pendiente cuando haya niños pequeños jugando en las inmediaciones de una piscina, un lago, un río o similares.

Sin embargo, los sitios donde se nada no representan el único peligro de que un niño se ahogue. Por ejemplo, la exploración de un inodoro o un cubo de agua por un niño pequeño, puede desencadenar una tragedia. No deje nunca cubos llenos de agua donde su hijo pueda acercarse. Vacíe o cubra con un plástico las piscinitas cuando deje de utilizarlas. Vacíe prontamente todo envase grande de agua. Cierre la tapa del inodoro y, si su hijo es muy activo y curioso, cierre el baño con pestillo. No deje cubos con ni siquiera unas pocas pulgadas de agua o detergente cerca de un niño pequeño. No deje nunca a un niño menor de cuatro años cerca de una bañera que se está llenando ni dentro de una bañera llena de agua. (Para más información sobre y la seguridad en el agua, véase la página 465.)

## Electrocuciones

Cuando el cuerpo humano entra en contacto directo con una fuente de electricidad, la corriente pasa a través de él, provocando lo que conocemos como electrocución. Dependiendo del voltaje de la corriente y la duración del contacto, la descarga puede provocar desde un leve malestar hasta lesiones graves e, incluso, la muerte.

Los niños pequeños, sobre todo durante la primera infancia, se electrocutan al morder cables eléctricos o introducir objetos metálicos, como tenedores o cuchillos, en enchufes o aparatos eléctricos que no están protegidos. Estas lesiones también pueden ocurrir al usar incorrectamente juguetes, utensilios o aparatos eléctricos, o cuando una corriente eléctrica entra en contacto con el agua en que está parado o sentado un niño. Los relámpagos son responsables de aproximadamente una quinta parte de los casos de electrocución. Los árboles de navidad y las luces que se les ponen también representan un riesgo.

## Cómo actuar

Si su hijo o hija se electrocuta con algún aparato eléctrico, lo primero que debe hacer *siempre* es desconectar el aparato. En muchos casos, bastará con desenchufarlo o apretar el botón correspondiente. Si esto resulta imposible, puede cortar el cable de la corriente eléctrica, *pero no lo haga con sus propias manos,* puesto que usted tambien podría electrocutarse. En su lugar, utilice un hacha con mango de madera o tijeras especiales para cortar cables que tengan un buen aislamiento. A veces bastará con alejar el cable eléctrico del niño, utilizando un palo seco, una revista o periódico enrollado, una cuerda, un abrigo o cualquier otro objeto grueso y seco que no sea conductor, como, por ejemplo, un trozo de madera.

Si no puede alejar el cable del niño, intente apartar al niño del cable. De nuevo, *no toque al niño directamente con las manos* mientras permanezca pegado a la corriente eléctrica, ya que su cuerpo actuaría como conductor, trasmitiéndole la electricidad. En su lugar utilice algún material que no sea conductor, como la goma, o cualquiera de los arriba descritos. *(Alerta:* Ninguno de estos métodos es completamente seguro a menos que desconecte la electricidad.)

En cuanto haya cortado la corriente eléctrica (o haya conseguido separar al niño), examine su respiración, pulso, color de la piel, y capacidad de respuesta. Si ha dejado de respirar o respira de forma muy rápida e irregular, utilice inmediatamente las técnicas de resucitación cardiopulmonar (véase la página 512) y pida a alguien que solicite atención médica de emergencia. Así mismo, evite mover innecesariamente al niño, puesto que con una electrocución seria, es posible sufrir fracturas de la espina dorsal.

Si el niño está consciente y la electrocución ha sido leve, observe si tiene alguna quemadura, sobre todo si el lugar que entró en contacto con la corriente fue la boca. A continuación, llame al pediatra. Las electrocuciones pueden provocar lesiones internas que a veces son difíciles de detectar sin realizar un examen médico. Por este motivo, todos los niños que pasen por este tipo de experiencia deben ir al médico.

En la oficina del pediatra, se curarán y vendarán las quemaduras sufridas. El pediatra podría solicitar una serie de pruebas para comprobar si hay algún órgano interno afectado. Si el niño tiene quemaduras graves o signos de lesión cerebral y/o cardíaca, deberá ser hospitalizado.

## Prevención

La mejor forma de evitar lesiones relacionadas con la electricidad es cubrir todos los enchufes, asegurarse de que todos los cables están en buen estado y bien aislados y procurar que siempre haya un adulto supervisando al niño si se encuentra en un área expuesta a riesgos eléctricos. Los aparatos eléctricos pequeños ubicados cerca de una bañera o piscina resultan especialmente peligrosos. (Véase también el Capítulo 13, Protección ante los peligros).

# Lesiones en las puntas de los dedos

Los niños se lastiman los dedos con frecuencia, generalmente debido a que se los pillan con puertas. A menudo, son los mismos padres los que cierran las puertas, sin darse cuenta de que los dedos del niño corren peligro. El niño, o bien no percibe el peligro potencial, o bien no consigue mover la mano a tiempo para evitar el daño. Los niños también se hacen daño al jugar con martillos u otros objetos pesados.

Debido a que los dedos son tan sensibles en cuanto su hijo se haga daño se lo hará saber de inmediato. A menudo, el área afectada se hinchará y se pondrá morada, y puede estar cortado o sangrar un poco. La piel, el tejido debajo de la piel y la base de la uña—así como el hueso subyacente y la zona de crecimiento óseo—pueden verse afectados. Si hay sangre debajo de la uña, ésta se pondrá negra o negra-azulada y la presión del hematoma le provocará dolor.

## Tratamiento en casa

Si la punta del dedo está sangrando, lávela con agua y jabón y cúbrala con una venda suave y estéril. Una bolsa de hielo o sumergir el dedo en agua fría puede mitigar el dolor y reducir la inflamación.

Si la hinchazón es leve y su hijo se siente bien, puede dejar que el dedo se cure solo. Pero esté pendiente de si hay aumento de dolor, inflamación, enrojecimiento o supuración, o si el niño tiene fiebre entre veinticuatro y setenta y dos horas de haberse lesionado. Éstos pueden ser síntomas de una infección, por lo que debe informar al pediatra.

Si el dedo se hincha mucho, tiene una herida profunda, tiene sangre debajo de la uña o parece estar roto, llame al médico inmediatamente. Y no intente nunca enderezar un dedo roto.

## Tratamiento profesional

Si su médico sospecha que hay una fractura, le ordenará una radiografía. Si confirma la fractura o se ve afectada la base de la uña—en la zona de crecimiento de la misma—es posible que sea preciso consultar a un ortopeda. Un dedo roto puede enderezarse utilizando anestesia local. Si la base de la uña se ha visto afectada, se debe intervenir quirúrgicamente para prevenir deformaciones al crecer. Si hay mucha sangre debajo de la uña, es posible que el pediatra la drene haciendo un pequeño orificio en la uña, para aliviar el dolor.

Aunque es posible que un corte profundo requiera puntos, a menudo basta con colocar varias tiras estériles adhesivas sobre la herida. Cuando hay una fractura debajo de un corte, se considera una fractura "abierta", y existe la posibilidad de que se infecte el hueso. En tal caso, el médico recetará antibióticos. Dependiendo de la edad del niño y de su estatus de vacunación, es posible que el médico ordene un refuerzo de tétanos.

(Véase también *Fracturas,* en la próxima sección)

# Fracturas

Aunque el término *fractura* suena serio, simplemente es otra forma de referirse a un hueso roto. Como recordará de su propia infancia, las fracturas son frecuentes en los niños. De hecho ocupan la cuarta posición entre las lesiones más comunes en menores de seis años. Las caídas son responsables de la mayoría de las fracturas a esta edad, pero las fracturas más graves son provocadas por choques de autos.

Un hueso roto en un niño es diferente a un hueso roto en un adulto, ya que los huesos jóvenes son más flexibles y tienen un recubrimiento más grueso, lo que les permite absorber mejor un golpe. Las fracturas infantiles *muy pocas veces* requieren cirugía. Normalmente sólo requieren inmovilización, usualmente mediante un yeso.

La mayoría de las fracturas que sufren los niños son "de tallo verde": el hueso se dobla como si fuera una rama tierna y se rompe sólo por un lado; o bien "por torsión": el hueso se tuerce y se debilita sin llegar a romperse por completo. Una fractura "doblada" se refiere a un hueso que se ha doblado pero no roto, algo relativamente común en menores. Las fracturas "completas", en las que el hueso se parte literalmente, también ocurren en la población infantil.

Puesto que los huesos de su hijo aún están en proceso de formación, puede sufrir otro tipo de fracturas que no se da en adultos. Se trata de fracturas que afectan la zona de crecimiento óseo en los extremos del hueso. Estas zonas regulan el crecimiento futuro. Si esta parte no sana bien después de una fractura, el hueso puede crecer torcido o hacerlo a un ritmo más lento que los demás huesos del cuerpo. Desafortunadamente, la repercusión de la fractura sobre el crecimiento óseo puede no ser visible sino hasta pasado un año, o incluso más, desde que tuvo lugar la lesión. Por esto, las fracturas en estas zonas deben seguirse de cerca durante doce a dieciocho meses posteriores a la lesión para comprobar que no han perjudicado el crecimiento óseo.

Las fracturas también se clasifican como "no desplazadas", cuando los trozos fracturados siguen en el lugar que les corresponde, o "desplazadas", cuando los extremos están separados o han perdido la alineación. En las fracturas "abiertas" o "compuestas", el hueso está expuesto a través de la piel, mientras que en las fracturas "cerradas", la piel está intacta.

## Signos y síntomas

No es fácil saber si un hueso está roto, sobre todo si el niño es demasiado pequeño para describir lo que siente. Por lo común, las fracturas se asocian a inflamación y a intenso dolor e incapacidad para mover la extremidad afectada. Sin embargo, el hecho de que su hijo pueda mover un hueso, no descarta que lo tenga roto. Siempre que sospeche que puede haber una fractura, informe al pediatra inmediatamente.

## Tratamiento en casa

Hasta que su hijo pueda ser evaluado por el pediatra o en la sala de emergencia, improvise un cabestrillo o un entablillado casero utilizando un periódico o una revista enrollada para proteger la extremidad afectada de movimientos innecesarios.

No le dé nada de beber a su hijo por vía oral ni para mitigar el dolor sin antes consultar al pediatra, pero, si su hijo es mayor, puede colocar sobre la lesión una bolsa de hielo o una toalla fría para mitigar el dolor. El frío extremo puede lesionar la piel de un bebé o de un niño pequeño, por lo que no debe utilizar hielo con niños menores de tres años.

Si su hijo se ha roto la pierna, no intente moverlo sin ayuda. Pida una ambulancia, coloque al niño en una postura cómoda y deje que sea el personal paramédico quien se encargue de transportarlo.

Si parte de la lesión está abierta y sangra, o si el hueso ha atravesado la piel, presione firmemente sobre la herida (véase *Cortaduras, laceraciones y hemorragias,* página 520); cúbrala con una gasa limpia, a ser posible, estéril. No intente colocar el hueso en su sitio. Después de que la herida haya sido tratada, observe si el niño tiene fiebre para detectar una posible infeccion.

## Tratamiento profesional

Después de examinar la fractura, el médico ordenará una radiografía para determinar la gravedad del daño. Si sospecha que la zona de crecimiento óseo está afectada o si los huesos están fuera de su sitio, será necesario consultar a un ortopeda.

Puesto que los huesos de los niños se curan bien y deprisa, todo lo que se necesita en caso de una fractura leve es un yeso, un entablillado de fibra de vidrio o, simplemente, un cabestrillo para inmovilizar. Si es una fractura desplazada, el ortopeda tendrá que realinear los huesos. Esto puede hacerse mediante una "reducción cerrada", en la cual el cirujano manipulará los huesos hasta que estén alineados y después le colocará un yeso bajo anestesia local o general. La "reducción abierta" es un procedimiento quirúrgico que se realiza en la sala de operaciones, pero muy pocas veces es necesario practicarlo en niños. Después de la reducción, el niño tendrá que llevar yeso hasta que el hueso haya soldado, lo que en los niños suele ocurrir aproximadamente en la mitad de tiempo que en los adultos, o incluso más deprisa, dependiendo de la edad. Algo bueno de los huesos jóvenes es que no es preciso que los huesos estén perfectamente alienados. Mientras estén más o menos en el lugar adecuado, los huesos se irán remodelando conforme vayan creciendo. El pediatra puede ordenar radiografías periódicas mientras dura el proceso de sanación, para asegurarse de que los huesos esten soldando correctamente.

Generalmente, la colocacion de un yeso produce alivio o, por lo menos, reduce el dolor. Si el dolor aumenta, su hijo pierde la sensibilidad en la zona enyesada o se le ponen los dedos morados o pálidos, llame inmediatamente al médico. Estos son síntomas de que la extremidad se ha inflamado y necesita más espacio dentro del yeso. Si el yeso está muy ajustado, la inflamación podría presionar excesivamente los nervios, los músculos y los vasos sanguíneos, y provocar lesiones permanentes. Para reducir la presión, el médico puede hacer una abertura de separación, abrir una ventana en el yeso, o cambiarlo por otro de mayor tamaño.

También debe informar al médico si el yeso se rompe, se moja o parece demasiado holgado. Si no se ajusta bien, no mantendrá el hueso alineado en la posición adecuada para que suelde correctamente.

Cuando un hueso se rompe, es habitual que, durante la sanación, se forme un callo en el lugar de la fractura. Sobre todo si se trata de la clavícula, es posible que tenga un aspecto extraño. Aunque no hay ningún tratamiento para reducir el callo, éste, no es permanente. El hueso se irá remodelando hasta adquirir su forma normal en pocos meses.

## Lesiones en la cabeza/ Contusión

El que su hijo se dé golpes en la cabeza de vez en cuando es algo casi inevitable. Es muy posible que esto le preocupe, sobre todo si su hijo todavía es un bebé, pero la ansiedad que usted experimente probablemente será mayor que el chichón que se haga el niño. La mayoría de las lesiones de en la cabeza son menores y no suelen causar problemas. De todos modos, es importante que sepa distinguir entre una lesión importante que requiere atención médica y una que sólo requiere unos pocos mimos.

Si su hijo sufre una breve pérdida de conciencia después de un golpe fuerte en la cabeza, se dice que ha tenido una contusión. Una contusión no implica que se haya lesionado el cerebro, pero sí implica que los centros cerebrales que regulan la conciencia se han visto afectados momentáneamente.

## Tratamiento

Si el golpe en la cabeza ha sido leve, el niño seguirá estando alerta y despierto después del incidente y su color será normal. Probablemente llorará, debido al dolor momentáneo y al susto, pero el llanto no debe prolongarse por más de diez minutos y, después, el niño debe volver a la normalidad.

En ocasiones, una herida sin importancia en la cabeza puede provocar una leve sensación de mareo, náuseas y dolor de cabeza y es posible que el niño vomite una o dos veces. De todos modos, si la herida no parece importante, no es profunda ni sangra mucho (en caso contrario podría requerir atención médica; véase *Cortaduras, laceraciones y hemorragias,* página 520), usted podría tratarla en casa. Limítese a lavar el corte con agua y jabón. Si le ha salido un moretón, colóquele compresas frías. Si lo hace inmediatamente después de la lesión, conseguirá reducir la inflamación.

Aunque la lesión parezca poco importante, usted debe observar a su hijo durante las primeras veinticuatro o cuarenta y ocho horas por si apareciera algún signo indicativo de una lesión más grave. Aunque es *poco común,* los niños pueden desarrollar lesiones cerebrales serias a raíz de golpes aparentemente sin importancia que no causan problemas obvios inmediatos. Cuando ocurren lesiones cerebrales éstas suelen estar provocadas por hemorragias internas, cuyos síntomas suelen manifestarse al cabo de uno o dos días del incidente. Si su hijo presenta alguno de los siguientes síntomas, consulte al pediatra inmediatamente:

- Parece excesivamente adormilado o letárgico durante las horas en que habitualmente está despierto, o no hay forma de despertarlo cuando duerme por la noche. (Usted debe intentar despertarlo la primera noche una o dos veces si se ha dado un golpe fuerte en la cabeza.)
- Tiene un dolor de cabeza persistente que no desaparece ni siquiera dándole acetaminofén, o vomita más de una o dos veces. El dolor de cabeza y los vómitos son frecuentes después de un golpe en la cabeza, pero generalmente son leves y sólo duran unas horas.
- Está marcada y/o constantemente irritable. Si su hijo es muy pequeño y no puede explicar lo que siente, esto podría indicar que tiene un fuerte dolor de cabeza.
- Si percibe algún cambio significativo en la capacidad mental, coordinación, capacidad sensorial o fuerza de su hijo, debe acudir inmediatamente al médico. Entre los cambios que pueden darse cabe señalar: debilidad en piernas y brazos, andar torpe, dificultad al hablar, cruzar los ojos o problemas de la vista.
- Al cabo de un rato de haber recuperado la conciencia, vuelve a perderla, o tiene convulsiones o empieza a respirar de forma irregular. Éstos son síntomas de disfunción de la actividad cerebral y posiblemente de una lesión cerebral grave.

Si su hijo pierde la conciencia en *cualquier momento* después de darse un golpe en la cabeza, debe informar al pediatra. Si el niño no recupera la conciencia al cabo de unos minutos, necesitará *atención médica inmediata.* Pida ayuda y siga los siguientes pasos.

1. Mueva a su hijo lo menos posible. *Si sospecha que puede haberse lesionado el cuello, no intente moverlo. El cambiar la posición del cuello podría empeorar aún más la lesión.* Una sola excepción: muévalo si se encuentra en un lugar peligroso donde podría sufrir más lesiones (por ejemplo, cerca del fuego o al borde de un precipicio).
2. Compruebe si respira. Si no respira, aplique las técnicas de resucitación cardiopulmonar. (véase la página 512.)

3. Si está sangrando mucho de una herida en la cabeza, aplique presión directa utilizando un trozo de tela limpio.
4. Siempre es mejor llamar a una ambulancia, para que el personal especializado se encargue de manipular y transportar al niño que intentar llevarlo usted mismo al hospital.

La pérdida de conciencia a consecuencia de un golpe en la cabeza puede durar de unos pocos segundos a varias horas. Si usted no está presente durante el incidente y al encontrar a su hijo, no sabe si ha perdido o no la conciencia, avise al pediatra. (Un niño mayor que haya sufrido una contusión, puede decir que no recuerda lo que ocurrió justo antes o después del incidente).

La mayoría de niños que pierden la conciencia durante varios minutos son internados en un hospital para observación. La hospitalización es inevitable en menores con lesiónes cerebrales graves, asociadas a respiración irregular y/o a convulsiones. Afortunadamente, gracias a los cuidados intensivos de la pediatría moderna, muchos niños con lesiones graves en la cabeza—incluyendo los que están inconscientes durante varias semanas—acaban recuperándose completamente.

## Intoxicación por plomo

Durante los dos primeros años de vida, su hijo atravesará una fase en la que se lo llevará todo a la boca. Masticará literalmente sus juguetes, probará el sabor de la arena y probará la comida del gato ante la más mínima oportunidad. Por poco que le agrade esto, pocas cosas le resultarán realmente peligrosas, siempre que mantenga las sustancias tóxicas y objetos cortantes o punzantes fuera del alcance del niño. Sin embargo, el plomo es una sustancia peligrosa que su hijo podría consumir sin usted darse cuenta.

Contrario a la creencia popular, la intoxicación por plomo no es provocada por morder lápices o clavarse sus puntas. El mal llamado "plomo" de los lápices no es más que grafito completamente inofensivo y la pintura que recubre la madera tampoco contiene plomo. Las intoxicaciones por plomo *suelen producirse* cuando una persona chupa o come algo pintado con pintura que contiene plomo o suciedad contaminada, respira el plomo contenido en el aire o bebe agua procedente de tuberías con plomo o soldadas con plomo.

El plomo estaba permitido en la pintura doméstica hasta el año 1977, por lo que se puede encontrar en las paredes y los marcos de puertas y ventanas de muchas casas antiguas. Con el paso del tiempo, la pintura se desconcha y se va desprendiendo en forma de polvo. Los trozos de pintura desconchada son una tentación irresistible para un niño pequeño, que se los llevará a la boca y probablemente se los comerá por curiosidad. Incluso aunque no se coma directamente este material, el plomo contenido en el polvo puede impregnar las manos del niño y acabar en su boca cuando coma otras cosas o se chupe los dedos. A veces la pintura antigua que contenía plomo se ha cubierto con una o varias capas finas de pintura nueva. Esto puede dar una falsa sensación de seguridad, puesto que la pintura de la capa inferior puede seguir desconchándose junto con la de las capas más superficiales.

En los Estados Unidos, aproximadamente 4 millones de niños tienen niveles inaceptables de plomo en la sangre. El vivir en la ciudad, ser pobre y de raza negra o hispana, son factores de riesgo que aumentan las probabilidades de tener un nivel demasiado elevado de plomo en la sangre. Pero hasta los niños que viven en zonas rurales o en familias acomodadas pueden correr riesgo.

Si un niño consume plomo regularmente, esta sustancia se le irá acumulando en el organismo. Aunque es posible que los efectos pasen desapercibidos durante cierto tiempo, a la larga pueden acabar afectando a muchos órganos importantes, incluyendo el cerebro. Intoxicación leve puede provocar problemas de aprendizaje y una intoxicación más grave puede provocar retraso mental y físico permanente. El plomo también puede provocar problemas intestinales, anemia, deficiencias auditivas y hasta baja estatura. (Véase *Dolor abdominal,* página 535)

## Prevención

Usted puede asegurarse de que su hijo no consuma plomo eliminando la pintura con plomo de su casa. Si vive en una casa que se construyó después del año 1977, no hay motivo de alarma, ya que a partir de este momento las leyes federales limitaron la cantidad de plomo que podía contener la pintura. En el caso de que viva en una casa antigua que no se ha pintado recientemente, lo más recomendable es que vuelva a pintarla. Sobre todo, repare grietas y raspe bien todos los desconchados y restos de pintura de paredes, techos y marcos antes de empezar a pintar. Es conveniente que encargue la reparación y pintado a un equipo especializado en la eliminación de pintura con plomo. Todas las superficies con pintura de plomo deben sellarse, cubrirse o rasparse. Si se va a raspar, la habitación, debe permanecer cerrada, para evitar que el polvo producido se extienda por toda la casa. Lo más seguro es pasar los días que dure el proceso de reparación fuera de casa.

Si, por algún motivo, usted no puede pintar su casa, manténgala lo más limpia posible e intente controlar la cantidad de polvo contenido en el aire lavando el piso y las superficies con algún producto rico en fosfatos. Este tipo de detergentes suelen venderse en las ferreterías.

En una vivienda alquilada el propietario es responsable del mantenimiento, lo que incluye las reparaciones y la pintura. Si usted sospecha que los niveles de plomo del edificio donde vive son insalubres y el propietario no responde, informe al Departamento de Salud de su comunidad. Un representante inspeccionará la casa y, en el caso de que detecte niveles nocivos de plomo, usted tendría legalmente el derecho de obligar al propietario a subsanar el problema.

También puede hacer que su hijo sea menos susceptible a intoxicarse con plomo controlando que lleve una dieta equilibrada y baja en grasas. El calcio y el hierro, en particular, reducen la cantidad de plomo absorbida por el intestino.

## Tratamiento

Los niños intoxicados con plomo no suelen presentar síntomas hasta que empiezan a ir a la escuela y tienen dificultades académicas. Algunos hasta pueden ser muy activos debido a los efectos del plomo. Por este motivo, la única forma de saber si su hijo ha sido expuesto al plomo es hacerle un análisis de sangre anualmente durante sus primeros años de vida, sobre todo si pertenece a alguno de los grupos de riesgo señalados.

La prueba de cernimiento utilizada más frecuentemente para detectar intoxicación por plomo se realiza a partir de unas gotas de sangre obtenidas mediante un pequeño pinchazo en la yema del dedo. Si los resultados de esta prueba indican que el niño ha sido expuesto a niveles de plomo excesivos, se realiza una segunda prueba utilizando una mayor cantidad de sangre, extraída en esta ocasión, de una vena del brazo. Esta prueba es mucho más precisa y permite medir el nivel exacto de plomo en la sangre.

Los niños que tienen niveles altos de plomo se suelen tratar con un fármaco que se pega al plomo en la sangre y aumenta considerablemente la capacidad del organismo para eliminarlo. El tratamiento puede requerir hospitalizar al niño y ponerle una serie de inyecciones. Últimamente se prefiere administrar nuevos fármacos por vía oral en clínicas ambulatorias.

Algunos niños intoxicados con plomo requieren varios cursos de tratamiento, y todos necesitan meses de seguimiento detallado. Si la intoxicación ha sido grave, es posible que las secuelas obliguen a llevar al niño a una escuela especial y/o a terapia. Todavía no se sabe si el tratamiento puede corregir las consecuencias de una intoxicación leve, pero de lo que no hay duda es que evitan mayores problemas.

## Intoxicaciones

La mayoría de los niños que tragan alguna sustancia tóxica *no* quedan con secuelas permanentes, sobre todo si reciben un tratamiento inmediato. Si usted cree que su hijo se ha intoxicado, mantenga la calma y actúe con prontitud.

Usted debe sospechar que su hijo ha ingerido una sustancia tóxica si lo encuentra con un pote abierto o vacío de alguna de estas sustancias, sobre todo si lo ve actuar de un modo extraño. Esté pendiente de los siguientes síntomas de intoxicación.

- Manchas sospechosas en la ropa
- Quemaduras en labios o boca
- Babea más de lo habitual o la boca le huele raro
- Vómitos o náuseas inexplicables
- Retortijones no asociados a fiebre
- Dificultad para respirar
- Cambios repentinos en el comportamiento, tales como somnolencia, irritabilidad o nerviosismo
- Convulsiones o pérdida de la conciencia (sólo en casos muy graves)

### Tratamiento

Siempre que su hijo ingiera una sustancia venenosa, avise al pediatra. De todos modos, el centro de envenenamiento le proporcionará la información y la guía *inmediata* que necesitará si descubre que su hijo ha ingerido una sustancia tóxica. Estos centros, funcionan las veinticuatro horas del día y cuentan con personal especializado que le indicará cómo actuar en cada caso. Tenga siempre a mano, por ejemplo, en la primera hoja de su libreta

### Nuestra posición

El plomo provoca lesiones cerebrales graves—cuyos efectos son en gran medida irreversibles—incluso a concentraciones relativamente bajas. La Academia Americana de Pediatría es partidaria de hacer pruebas de cernimiento de plomo a todos los niños, así como de promover la concesión de fondos para proyectos que permitan eliminar el plomo de los entornos frecuentados por niños.

de teléfonos, el número del centro de envenenamiento más cercano. Tambien péguelo cerca de cada uno de los teléfonos de la casa, junto con otros números telefónicos de emergencia. *En caso de que no encuentre el número del centro de envenenamiento en una situación de emergencia, llame al 911.*

La forma de actuar dependerá del tipo de sustancia ingerida. Si usted sabe exactamente qué es lo que ha ingerido el niño, el personal del centro de envenenamiento le dará instrucciones específicas a seguir. De todos modos, antes de hacer la llamada, siga los pasos que figuran a continuación.

**Ingestión de sustancias tóxicas**

Antes que nada, aleje la sustancia del niño. Si todavía le queda algo en la boca, haga que lo escupa o sáqueselo de la boca con los dedos. Guarde este material, junto con cualquier otra prueba que ayude a determinar qué se tragó.

A continuación, compruebe si presenta alguno de los siguientes síntomas:

- Dolor de garganta fuerte
- Babeo excesivo
- Dificultades para respirar
- Convulsiones
- Somnolencia excesiva

Si detecta alguno de estos síntomas, obtenga ayuda de emergencia de inmediato, llamando a una ambulancia o pidiéndole a alguien que los lleve a la sala de emergencia más cercana. Lléve el recipiente que contenía la sustancia ingerida, así como los restos que hayan quedado para que el médico sepa exactamente qué es lo que se ha tragado el niño. *No intente provocarle el vómito al niño, pues podría empeorar las cosas, y no siga las instrucciones que figuran en la etiqueta del producto sobre cómo actuar en caso de intoxicación,* puesto que es posible que estén anticuadas o sean incorrectas.

Si su hijo no presenta síntomas tan graves, llame al centro de envenenamiento. Para que puedan ayudarle, deberá darles la siguiente información:

- Su nombre y número telefónico
- Nombre, edad y peso de su hijo. Si tiene una enfermedad seria o está tomando algún medicamento, no olvide mencionarlo.
- Nombre de la sustancia que se tragó el niño. Léalo de la etiqueta del recipiente y, si es preciso, deletréelo. Si la etiqueta contiene los ingredientes, léalos también. Si su hijo ha ingerido una medicina que se compró con receta, pero el nombre no figura en la etiqueta, facilite el nombre y el número de teléfono de la farmacia donde la compró, así como la fecha y el número de la receta. Intente describir la pastilla o cápsula y mencione cualquier número o letra impresos en la superficie. Si su hijo se ha tragado otro tipo de sustancia, como, por ejemplo, una planta, descríbala lo más detalladamente posible para ayudar en su identificación.
- Cuánto tiempo hace que su hijo se tragó la sustancia (o que usted lo encontró) y la cantidad que cree que ha ingerido.

Si la sustancia es muy tóxica o si su hijo es muy pequeño, probablemente le pedirán que le haga vomitar y/o que lo lleve inmediatamente a la Sala de Emergencia más cercana para ser evaluado. En caso contrario, le darán instrucciones para que usted mismo trate a su hijo en casa.

Si le piden que le provoque el vómito a su hijo, déle la dosis recomendada (véase el recuadro anterior) de jarabe de ipecacuana *(téngalo siempre a mano).* Anímelo a que beba un vaso de agua. Si no vomita al cabo de veinte minutos, repita la dosis *una vez.* Coja un cubo o palangana grande y, cuando el niño empiece a vomitar, colóqueselo en el regazo con la

## *Ponga su casa a prueba de sustancias tóxicas*

- Guarde las medicinas en un armario cerrado con llave y que esté fuera del alcance de su hijo. No guarde la pasta de dientes en el mismo armario.
- *Guarde* las medicinas en frascos bien cerrados y "a prueba de niños". Deshágase de cualquier medicina en cuanto remita la enfermedad para la que fue recetado.
- No tome medicinas delante de un niño pequeño. Podría intentar imitarle. No le diga nunca a un niño que una medicina es una golosina para conseguir que se la tome.
- Cada vez que le dé una medicina a su hijo revise la etiqueta para asegurarse de que le da la medicina adecuada a la dosis adecuada. Es más fácil equivocarse en la oscuridad, así que encienda la luz cuando tenga que darle alguna medicina a su hijo a media noche.
- Lea las etiquetas de todos los productos de limpieza antes de comprarlos, elija el que sea menos tóxico para cada función y compre sólo los productos que vaya a necesitar inmediatamente.
- Guarde todos los productos peligrosos dentro de un armario cerrado con llave y que esté fuera del alcance de su hijo. No guarde los detergentes ni otros productos de limpieza debajo del fregadero o del lavamanos a menos que estén dentro de un armario provisto de cierre de seguridad.
- Nunca llene con productos tóxicos los envases (botellas de bebidas, latas o vasos) que antes contenían productos comestibles.
- No ponga nunca el auto en marcha dentro de un garaje cerrado. No descuide el mantenimiento de las estufas de carbón, gas o madera. Si huele a gas en su casa y comprueba que todos los mandos de la cocina o del calentador están en la posición de apagado, cierre la llave de paso del gas, abandone la casa y llame a la compañía.
- Tenga siempre a mano un frasco de jarabe de ipecacuana. (Guárdelo con las demás medicinas, fuera del alcance de su hijo). Se trata de un producto que se puede comprar sin receta médica en la mayoría de farmacias. Utilícelo solamente cuando se lo diga el pediatra o se lo recomienden en el centro de envenenamiento. **Las dosis recomendadas son las siguientes: para niños de entre un mes y un año—consulte al pediatra; para niños de entre un año y diez años ½ onza (una cucharada o tres cucharaditas ó 15 ml) seguidas de dos vasos de agua.**
- Pegue el número del centro de envenenamiento, junto con otros números telefónicos de emergencia al lado de cada uno de los teléfonos de la casa. Si tiene niñera, asegúrese de que sabe dónde están estos números y cómo debe utilizarlos.

cabeza a un nivel más bajo que las caderas. Recoja lo que vomite para que, en caso necesario, se puede analizar. Conserve el vómito a menos que el pediatra o el personal del centro de envenenamiento le diga que puede deshacerse de él. Si su hijo sigue vomitando dos horas después de haber tomado el jarabe, o presenta alguno de los síntomas de intoxicación arriba descritos, póngase en contacto con el pediatra.

*En algunos casos, el vomitar puede ser peligroso, por lo tanto, no haga vomitar a un niño a menos que el pediatra o el personal del centro de envenenamiento se lo indique.* Los ácidos fuertes (como los detergentes para inodoros) o los álcalis fuertes (como la lejía, los limpiadores de horno o tuberías o los detergentes para lava platos) pueden quemar la garganta, por lo que, provocárle el vómito, solo agravará la lesión. En tales casos, probablemente le recomendarán que le haga beber abundante leche o agua. Además, a veces la inducción del vómito puede interferir con la administración oral de carbón activado o de un antídoto.

**Sustancias tóxicas en la piel**
Si su hijo se derrama una sustancia química peligrosa en la piel, quítele rápidamente la ropa y lave el área afectada con agua templada, no caliente. Si el área parece haberse quemado, siga aclarándola durante por lo menos quince minutos por mucho que el niño proteste. A continuación, llame al centro de envenenamiento para que le aconsejen cómo debe actuar a continuación. No le ponga al niño pomadas ni grasa.

**Sustancias tóxicas en el ojo**
Antes que nada, lave bien el ojo del niño. Manténgaselo abierto sujetándole el párpado mientras dirige un chorro directo de agua templada sobre la comisura interna del ojo afectado. Un niño pequeño, ofrecerá resistencia, por lo que necesitará que otro adulto sujete al niño mientras usted le lava el ojo. Si está usted solo con el niño, envuélvalo fuertemente en una toalla y apriételo contra usted con un brazo para que, con la mano que le quede libre, pueda sujetarle el párpado mientras le vierte el chorro de agua. Siga lavándole el ojo durante quince minutos. A continuación, llame al centro de envenenamiento para que le orienten cómo actuar a continuación. No utilice baños oculares, gotas ni pomadas. Si el dolor continua o sospecha que la lesión puede ser grave, solicite asistencia médica de emergencia inmediatamente.

**Intoxicación por inhalación de gases**
En una casa, la mayoría de las intoxicaciones por inhalación de gases

## Nuestra posición

La creciente conciencia sobre los factores ambientales que amenazan la salud de los niños, ha contribuido a que el gobierno federal apruebe dos leyes respaldadas por la AAP sobre los pesticidas y la limpieza de las aguas. La Academia también apoya los esfuerzos federales para reducir y eliminar el radón, el asbesto y el plomo del medio ambiente y para fomentar tanto la educación de la población como las investigaciones sobre temas de salud ambiental.

están provocadas por poner en marcha un automóvil dentro de un garaje cerrado, los escapes de gas, y las estufas (de gas, carbón o madera) mal mantenidas o encendidas en lugares con poca ventilación. Si su hijo inhala algún gas tóxico, sáquelo al aire libre inmediatamente. Si respira, llame al centro de envenenamiento para obtener mayor orientación. Si ha dejado de respirar, aplique las técnicas de resucitación cardiopulmonar (véase la página 512) y no se detenga hasta que el niño vuelva a respirar por su cuenta o le releve otra persona. Si es posible, dígale a alguien que pida ayuda médica de emergencia; si está solo, aplique las técnicas de resucitación cardiopulmonar durante un minuto y, después, haga usted mismo la llamada.

## Prevención

Los niños pequeños, sobre todo los que tienen entre uno y tres años, se intoxican mayormente en el entorno doméstico, al manipular o ingerir fármacos, productos de limpieza, plantas, cosméticos, pesticidas, pinturas o disolventes. Estas situaciones ocurren porque llevarse cosas a la boca y comprobar cómo saben es una de las formas naturales de explorar el entorno que tienen los niños de esta edad y también porque suelen imitar a los adultos sin entender lo que están haciendo.

La mayoría de las intoxicaciones ocurren cuando los padres están distraídos. Si usted está enfermo o bajo mucho estrés, es posible que no esté tan pendiente de su hijo como en otras ocasiones. La actividad que suele preceder a la hora de la cena, cuando el día está a punto de acabar, provoca tantos lapsos en la vigilancia paterna que esta hora se conoce en los centros de envenenamiento como "la hora arsénica".

La mejor forma de evitar intoxicaciones es guardar todas las sustancias tóxicas bajo llave y en un lugar que esté fuera del alcance de su hijo, para que no tenga acceso a ellas ni siquiera cuando usted no esté pendiente de él. Así mismo, cuando lleve a su hijo de visita o de compras a lugares que no están "a prueba de niños", no le quite la vista de encima. Preste especial atención al visitar otras casas o la casa de los abuelos, donde poner la casa a "prueba de niños" no ha sido una prioridad.

(Véase también el Capítulo 13, "Protección ante los peligros".)

# 16

# Aparato digestivo

## Dolor abdominal

Los niños de todas las edades sufren de dolor abdominal de vez en cuando, pero, cuando se trata de un infante, la causa de este tipo de dolor suele ser distinta a la de un niño mayor. Asi mismo, varía la forma en que reaccionan los niños de distintos grupos de edad. Un pre-escolar puede apretarse el abdomen con las manos y decir que le duele la barriga, mientras que un bebé de pocos meses demostrará su malestar llorando, moviendo las piernas o teniendo ventosidades (que suelen ser aire tragado). También puede vomitar o eructar excesivamente.

Afortunadamente, la mayoría de los dolores abdominales desaparecen por sí solos y no suelen ser serios. De todos modos, si el dolor continua o empeora durante un período de tres a cinco horas, el niño tiene fiebre o un fuerte dolor de garganta, o usted detecta un cambio drástico en su apetito o su nivel de energía, informe inmediatamente al pediatra. Estos síntomas podrían ser la manifestación de un trastorno más serio.

### Causas más comunes del dolor abdominal durante la infancia

1. **Cólicos.** Suelen darse en bebés de entre diez días y tres meses de edad. Aunque nadie sabe exactamente cuál es su causa, los cólicos suelen producir contracciones intensas y espasmódicas de los intestinos que probablemente son las que provocan el dolor que experimenta el bebé. El malestar suele ser mayor a últimas horas de la tarde y primeras de la noche, y puede ir acompañado de llanto inconsolable, agitar de piernas, ventosidades e irritabilidad general (Véase el Capítulo 7: "El segundo y tercer mes").

   ¿Cómo debe reaccionar? Probablemente lo mejor que puede hacer es ensayar diversos enfoques (para más detalles, véase la página 162).

2. **Estreñimiento.** Muchas veces se culpa al estreñimiento del dolor abdominal, pero éste es un problema bastante raro en un infante. Los bebés mayores que ya han empezado a consumir sólidos a veces están estreñidos, y es posible que experimenten dolor abdominal al evacuar. Si su hijo parece tener este tipo de problemas, ensaye lo siguiente:

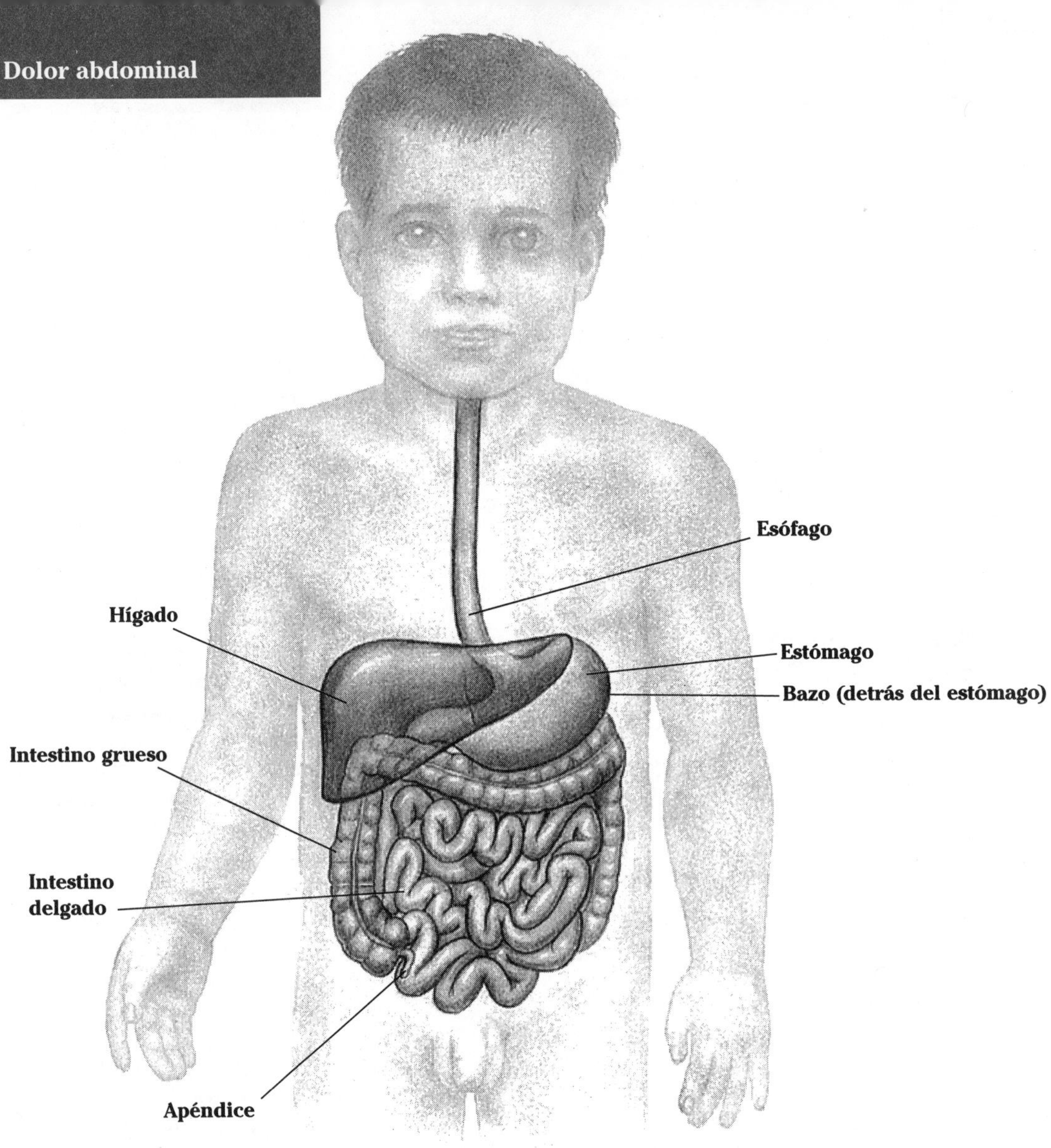

**Tracto Gastrointestinal/Abdomen**

- Añádale un poco más de agua en la dieta.
- Reduzca los alimentos astringentes, como el arroz y los bananos.
- Añada una cucharadita de jarabe de Karo a la leche de fórmula.

Si no consigue gran cosa, consulte la sección sobre *Estreñimiento* (página 542) y pida consejo al pediatra.

No le dé nunca a un niño un laxante ni cualquier otro tipo de ablandador de las heces sin consultarlo antes con el pediatra.

3. **Intususcepción.** Otra posible, aunque poco frecuente, causa de dolor abdominal durante la infancia, sobre todo durante el primer año, es la intususcepción. Se trata de una invaginación del intestino en sí mismo

que provoca un bloqueo asociado a dolor intenso. El bebé llorará de forma repentina e intermitente apretando las piernas contra el estómago. Estos episodios irán seguidos de períodos sin dolor en los que el bebé estará tranquilo.

Es importante reconocer esta causa de dolor abdominal y comentarla de inmediato al pediatra. Éste querrá evaluar personalmente a su hijo y tal vez solicite una radiografía especial denominada enema de aire o de bario. A veces, mediante esta prueba, no sólo se consigue hacer el diagnóstico sino también desbloquear el intestino. Si el enema no logra desbloquear el intestino, hay que realizar una intervención quirúrgica de emergencia para solucionar el problema.

4. **Infecciones virales o bacterianas.** Las infecciones que afectan al intestino suelen cursar con vómitos y/o diarreas. La gastroenteritis infecciosa suele provocar dolor abdominal. Si el pediatra sospecha que su hijo tiene una infección intestinal, hará un cultivo de sus heces y, en caso de detectar bacterias, le recomendará el tratamiento adecuado. Las infecciones virales se curan sin necesidad de tratamiento en aproximadamente una semana.

## Causas del dolor abdominal en niños mayores

1. **Estreñimiento.** Se trata de una causa bastante común de dolor abdominal en este grupo de edad. El estreñimiento puede pasar desapercibido si el niño evacua un poco cada día, mientras se le van acumulando las heces en el colon. Cuando las heces se endurecen y se produce una impacción, el niño no puede evacuar y empieza a quejarse de dolor, sobre todo en la parte inferior del abdomen. Los niños que consumen mucha “comida rápida” están predispuestos a tener este tipo de problemas. Comente esto con el pediatra. El primer enfoque del tratamiento consiste en aumentar la cantidad de fibra en la dieta del niño, pero, como cada caso es único, no se puede generalizar. Lo mejor es que usted y el pediatra lleguen a una solución hecha a la medida de su hijo.

2. **Infecciones del tracto urinario.** Este tipo de infecciones también pueden ocurrir durante la infancia, pero a esa edad pocas veces produce dolor abdominal. Las infecciones del tracto urinario son mucho más frecuentes en las niñas de entre tres y cinco años. Causan molestias en la vejiga, dolor y escozor al orinar y, a veces, hacen que el niño orine más a menudo y que moje la cama. Aún asi, este tipo de infección no suele producir fiebre.

   Si su hijo o hija se queja de alguno de estos síntomas, llévelo al pediatra, quien lo examinará así como su orina. Si tiene una infección, le recetará antibióticos que eliminarán tanto la infección como el dolor abdominal. (Véase *Infecciones del tracto urinario.*)

3. **Infecciones provocadas por estreptococos.** Las infecciones de garganta provocadas por la bacteria estreptococo del grupo A son bastante frecuentes en niños de más de dos años. Los síntomas incluyen dolor de garganta y fiebre. Es posible que también produzcan vómitos y dolor de cabeza. El pediatra querrá examinar a su hijo y tal vez hacerle un cultivo de la garganta. Si el cultivo da positivo para el estreptococo—lo que suele tardar unas veinticuatro horas en saberse, aunque muchos médicos ahora utilizan un método que suministra resultados en menos de una hora—su hijo deberá tomar antibióticos. (Véase también *Dolor de garganta,* en la página 629.)

4. **Apendicitis.** Se trata de un trastorno poco común en niños de menos de cinco años. Cuando ocurre, el primer síntoma suele consistir en quejas sobre un dolor *constante* en la parte central del abdomen. Más adelante, el dolor se desplaza hacia abajo y hacia la derecha y es posible que vaya acompañado de náuseas, un poco de fiebre e, incluso, de vómitos. Si su hijo tiene dolor abdominal y alguno de estos últimos síntomas, informe enseguida el pediatra. Éste querrá verle inmediatamente y hasta es posible que le pida que lleve al niño a emergencia para que le hagan un análisis de sangre y una radiografía. Si resulta que tiene apendicitis, se le debe extirpar el apéndice lo antes posible (Véase *Apendicitis,* página 539, para más detalles.)

5. **Intoxicación por plomo.** Estas intoxicaciones suelen ocurrir durante la primera infancia en niños que viven en casas antiguas donde se utilizaron pinturas con un elevado contenido en plomo. Es fácil que un niño menor de tres años se lleve a la boca y se coma el polvo y los trozos de pintura que se van desconchando de marcos y paredes. El plomo se almacena en el organismo y puede provocar graves problemas de salud. Los síntomas de una intoxicación por plomo incluyen:

- Dolor abdominal
- Estreñimiento
- Irritabilidad (el niño está intranquilo, agitado e inquieto)
- Aletargamiento (el niño está adormilado, no tiene ganas de jugar, tiene poco apetito)
- Convulsiones

Si su hijo está expuesto a pinturas que contienen plomo, o usted sabe que ha comido trozos de pintura desconchada y presenta alguno de los anteriores síntomas, llame al pediatra. Este ordenará un análisis de sangre y le indicará cómo debe proceder. (Véase también *Intoxicación por plomo,* página 528.)

6. **Infecciones intestinales (gastroenteritis)** Los virus son los principales causantes de las infecciones intestinales y de los dolores asociados con las mismas. Sin embargo, las infecciones intestinales también pueden ser provocadas por bacterias o parásitos (organismos de mayor tamaño que los virus y bacterias que suelen vivir en aguas o alimentos insalubres). Este tipo de infecciones suelen cursar con retortijones abdominales, diarrea y/o vómitos. (Véase *Diarrea,* página 544, y *Vómitos,* página 561.) El dolor suele durar un día o dos y después desaparece. Una excepción la constituye el parásito Giardia lamblia, que puede producir dolores periódicos y recurrentes no localizados en una parte específica del abdomen. El dolor puede persistir por una semana o más y provocar una pérdida importante de apetito y peso. El tratamiento adecuado permite curar tanto la infección como el dolor abdominal asociado.

7. **Alergia a la leche.** Se trata de una reacción a las proteínas de la leche que provoca retortijones. (Véase *Alergia a la leche,* página 557.)

8. **Problemas emocionales.** A veces, los problemas emocionales causan dolores abdominales sin ninguna otra causa obvia. Aunque es raro que ocurra en niños menores de cinco años, puede darse en niños pequeños que están bajo mucho estrés. La primera pista de este tipo de afección consiste en que el dolor suele ser intermitente durante un período de tiempo de más de una semana. Además, el dolor no se asocia a ningún otro síntoma (como fiebre,

vómitos, diarrea, tos, somnolencia, dolor de garganta, debilidad, síntomas de gripe o síntomas del tracto urinario). También es posible que en la familia haya antecedentes de este tipo de condición. Por último, es posible que el niño se comporte de forma distinta a lo habitual, mostrándose más retraído o ruidoso que de costumbre o con dificultades para expresar sus sentimientos. Si detecta estos síntomas, averigüe si hay algo que le preocupa al niño, sea en casa o en la escuela, o si tiene problemas con un hermano, pariente o amigo. ¿Perdió recientemente a un amigo o a una mascota? ¿Se han separado usted de su pareja? ¿Ha habido algún fallecimiento en la familia?

El pediatra puede sugerirle formas de propiciar el diálogo y ayudar a su hijo a expresar sus sentimientos. Podría recomendarle que utilice sus juguetes o juegos para exteriorizar lo que le preocupa. Si su hijo necesita ayuda profesional, pídale al pediatra que le recomiende algún psiquiatra o psicólogo.

## Apendicitis

El apéndice es una estructura estrecha y hueca en forma de dedo que está unida al intestino grueso. Aunque en los humanos no desempeña ninguna función, puede provocar problemas graves cuando se inflama. Debido a su ubicación, esto ocurre con bastante facilidad; por ejemplo, un trozo de comida o de excreta puede quedar atrapada en su interior, lo que hará que se hinche, se infecte y empiece a doler. Esta inflamación—denominada apendicitis—es más frecuente a partir de los seis años, pero puede ocurrir en niños más pequeños.

Una vez infectado, el apéndice se debe extirpar. En caso contrario, podría perforarse, haciendo que la infección se extienda por la cavidad abdominal. Puesto que este problema puede poner en peligro la vida de una persona, es importante que usted sepa identificar sus síntomas para poder llamar al pediatra en cuanto aparezcan. En orden de aparición, los síntomas son los siguientes:

1. **Dolor abdominal:** Suele ser la primera queja del niño. Casi siempre el dolor se experimenta primero alrededor del ombligo. Pasadas varias horas, conforme la infección va empeorando, es posible que el dolor se haga más intenso en la zona inferior derecha del abdomen. Algunas veces, si el apéndice no está en el lugar habitual, el dolor puede aparecer en alguna otra parte del abdomen o, incluso, en la espalda. También se pueden presentar síntomas propios del tracto urinario, como aumento de la frecuencia de la micción o escozor.

   Incluso cuando el apéndice se encuentra en la posición habitual y el dolor se concentre en la zona derecha inferior del abdomen, es posible que la inflamación irrite también uno de los músculos que conectan el abdomen con la pierna, haciendo que el niño cojee o ande encogido.

2. **Vómitos.** Después de varias horas de dolor, pueden aparecer vómitos. Es importante recordar que en la apendicitis, *el dolor abdominal precede a los vómitos,* no al revés. Los dolores abdominales a consecuencia de vómitos son frecuentes en infecciones virales, como la gripe.

3. **Pérdida de apetito.** La perdida de apetito aparece poco después del inicio del dolor.

4. **Fiebre.** La apendicitis puede cursar con fiebre, aunque no muy alta (entre 100° y 101° Farenheit, 38° y 38.5° centígrados).

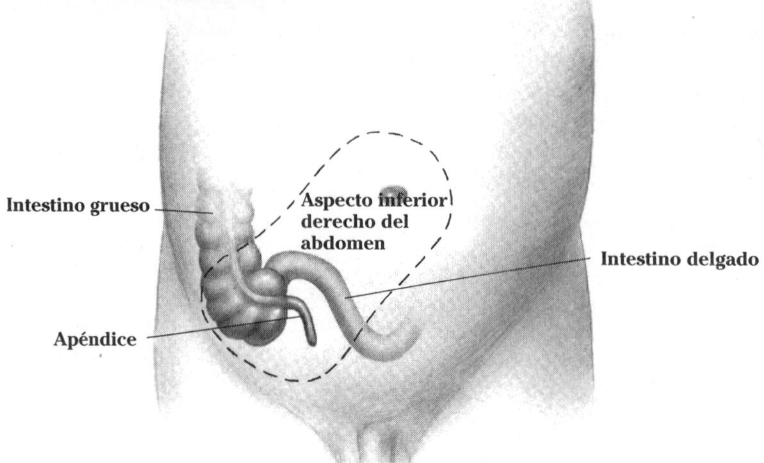


Lamentablemente, los síntomas de la apendicitis a veces quedan ocultos por un proceso infeccioso, viral o bacteriano previo. En tales casos, la diarrea, las náuseas, los vómitos y la fiebre pueden aparecer antes que el típico dolor de apendicitis, dificultando el diagnóstico.

También es posible que, de repente, el niño deje de tener dolor, lo que puede hacer pensar que todo va bien. Desafortunadamente, la desaparición del dolor puede significar que ¡el apéndice se ha perforado! Aunque es posible que dolor desaparezca por varias horas, éste es precisamente el momento de mayor peligro. La infección se extenderá al resto del abdomen, lo que agravará el estado del niño, le subirá la fiebre y será preciso hospitalizarlo para intervenirlo quirúrgicamente y administrarle antibióticos por vía intravenosa. En estos casos, la recuperación es mucho más lenta y pueden haber más complicaciones que cuando la apendicitis se diagnostica y se trata a tiempo.

## Tratamiento

Detectar los síntomas de apendicitis no siempre es fácil, sobre todo si el niño es menor de tres años y no puede decir dónde le duele, ni si el dolor se ha desplazado hacia la parte derecha inferior del abdomen. Por este motivo, es mejor actuar pronto si se sospecha que el dolor o el malestar de un niño es más intenso o parece "distinto" de lo habitual. Aunque la mayoría de niños que se quejan de dolor abdominal no tienen apendicitis, éste es un diagnóstico que sólo un médico está capacitado para hacer. Por lo tanto, si su hijo tiene dolor durante más de una o dos horas, acompañado de náuseas, vómitos, pérdida del apetito y fiebre, informe al pediatra inmediatamente. Si él no está seguro de si se trata de apendicitis, es posible que prefiera tener a su hijo bajo observación durante varias horas, sea dentro o fuera del hospital. Durante este período es posible que a su hijo le hagan pruebas complementarias, como análisis de sangre y radiografías, para poder hacer un mejor diagnóstico. Si las pruebas sugieren que el niño tenga apendicitis, se le intervendrá quirurgicamente lo antes posible.

En casi todos los casos el tratamiento consiste exclusivamente en extirpar el apéndice quirúrgicamente. A veces, aunque raramente, el tejido que recubre los intestinos puede estar recubriendo también el apéndice, siendo este tejido el que contiene la infección. Esto hace que sea difícil extirpar el apéndice sin que se extienda la infección, por lo que se suelen administrar antibióticos, combinándolo a veces con drenaje del área infectada mediante la colocación de un tubito. Pero, ya que la inflamación puede recurrir incluso después de la infección inicial, el apéndice también se suele extirpar.

## Enfermedad celíaca

La enfermedad celíaca es un problema que provoca malabsorción—es decir, una falla de los intestinos en la absorción de los nutrientes. La causa es una reacción inmune al gluten (la proteína presente en el trigo, el centeno, la cebada y quizás la avena) que tiene lugar en el intestino. Esta reacción estimula al sistema inmune a atacar y lesionar las paredes internas del intestino, evitando, de este modo, que los nutrientes sean absorbidos por el organismo. El resultado es que, los alimentos que pasan por el intestino sólo son digeridos a medias. Los síntomas asociados son dolor abdominal en forma de retorcijones, heces malolientes, diarrea, pérdida de peso, irritabilidad y sensación continua de malestar generalizado.

### Tratamiento

Cuando el médico haya descartado las demás causas de problemas digestivos, probablemente recomendará una biopsia de intestino—es decir, extraer una muestra de tejido intestinal para examinarlo en el laboratorio. Generalmente, esto se hace introduciendo un tubo pequeño por la boca hasta el intestino delgado, de donde se extrae el tejido.

Si se constata que las paredes interiores del intestino están lesionadas, se diseñará una dieta libre de gluten para su hijo. Esto significa que tendrá que dejar de comer trigo, centeno, cebada y, tal vez, avena. El pediatra le dará una lista completa de los alimentos que debe evitar, pero, además, usted deberá leer todas las etiquetas de los productos que le dé a su hijo, puesto que la harina de trigo es un ingrediente de muchos productos. Puesto que el arroz y sus derivados no contienen gluten, probablemente éste se convertirá en un elemento fundamental en la dieta de su hijo.

Cuando su hijo parezca haberse normalizado, le volverán a hacer una biopsia de intestino. Si las paredes parecen estar bien, se introducirá temporalmente una pequeña cantidad de gluten en su dieta y después es posible que le practiquen una tercera biopsia. Si reaparecen los síntomas de sensibilidad, se confirmará el diagnóstico de enfermedad celíaca.

Es posible que su hijo no tolere el azúcar de la leche durante varios meses después de la biopsia. En tal caso, aparte de los productos que contengan gluten, deberá eliminar temporalmente la leche y sus derivados de la dieta del niño. Durante este período, es posible que le recomienden leche tratada con enzimas, para que llegue al intestino predigerida. También es posible que el niño necesite tomar algún suplemento vitamínico y mineral.

Si su hijo tiene la enfermedad celíaca, tendrá que seguir una dieta libre de gluten durante el resto de su vida, evitando completamente el trigo, el centeno, la cebada y, tal vez, la avena.

(Véase también: *Malabsorción,* página 555; *Diarrea*, página 544; *Anemia,* página 756; *Alergia a la leche,* página 557.)

## Estreñimiento

Como ocurre en los adultos, no todos los niños evacuan igual. Por ello, a veces resulta difícil saber si un niño está estreñido. Un niño puede pasar dos o tres días sin evacuar y no estar estreñido, mientras que otro puede evacuar con relativa frecuencia y tener dificultad al evacuar. Por lo general, debe sospechar que su hijo está estreñido cuando detecte los siguientes síntomas:

- En un recién nacido: evacuaciones firmes menos de una vez al día
- En un niño mayor: heces duras y compactas, pasando entre tres y cuatro días sin evacuar
- A cualquier edad, heces duras y secas asociadas a dolor al evacuar
- Dolor abdominal que desaparece o se mitiga después de una deposición abundante
- Sangre en las heces y/o en el ano
- Ensuciarse de excrementos entre deposiciones

El estreñimiento suele ocurrir cuando los músculos al final del intestino grueso se estrechan, evitando que las heces pasen con normalidad. Cuanto más tiempo permanecen allí las heces, más duras y más secas se vuelven, siendo cada vez más difícil que pasen sin provocar dolor. Puesto que las deposiciones resultan dolorosas, es de esperar que el niño aguante las ganas de evacuar, posponiendo conscientemente el momento de hacerlo, lo que agrava aún más el problema.

La tendencia al estreñimiento se ve en familias. Puede empezar en la infancia y mantenerse como una tendencia durante el resto de la vida, empeorando si no se establecen buenos hábitos de evacuación o si el niño tiende a aguantar las ganas de evacuar para evitar el dolor asociado. La tendencia a retener heces se suele desarrollar entre los dos y los cinco años, durante la fase en que el niño empieza a ser independiente, a controlar los esfínteres y a usar el inodoro. Los niños mayores pueden tener reparos para evacuar fuera de casa en un baño que no le resulta familiar. Esto también puede provocar estreñimiento o acentuarlo.

Si su hijo tiende a retener heces puede acabar haciendo deposiciones tan abundantes que su recto se acabe dilatando demasiado. Es posible que al final no sienta la necesidad de defecar hasta que las heces sean demasiado voluminosas para salir sin la ayuda de un enema, un laxante u otro tratamiento. En algunos casos, se produce pérdida de líquido por el ano alrededor de la deposición. Estas pérdidas, parecen diarrea cuando ensucian la ropa interior. Esto indica que el recto deber ser vaciado por un médico y que el niño debe ser readiestrado para adquirir unos buenos hábitos de eliminación.

### Tratamiento

Los episodios leves u ocasionales de estreñimiento pueden resolverse siguiendo estas indicaciones:

Si su hijo tiene entre seis y doce meses y ha empezado a tomar leche de vaca hace poco, vuelva a la fórmula original. Esto puede solucionar el problema, puesto que la fórmula suele ser menos astringente que la leche de vaca. Es raro que un niño que lacta esté estreñido, pero, en el caso de que ocurra, probablemente se debe a algún motivo distinto de la dieta. *No* substituya la leche materna por fórmula a menos que se lo diga el pediatra.

Si su hijo ya ingiere alimentos sólidos y está estreñido, es recomendable que le dé una mayor cantidad de fibra al día. Incluya ciruelas (frescas y pasas), albaricoques, uvas pasas, verduras con elevado contenido en fibra (como los guisantes, las judías, el brécol), cereal y pan integral. Aumentar el consumo diario de agua también puede ayudar.

En casos más graves, es posible que el pediatra le prescriba al niño un laxante suave o un enema. Siga las instrucciones al pie de la letra. Nunca le dé un laxante a su hijo sin el visto bueno del pediatra.

## Prevención

Los padres deben familiarizarse con el patrón de eliminación de sus hijos y con el volumen y la consistencia de sus deposiciones. Así, les resultará más fácil saber cuándo están estreñidos y evaluar la gravedad del problema. Si el niño no evacua regularmente una vez al día o cada dos días, o lo pasa mal al evacuar, probablemente usted debe ayudarle a adquirir unos buenos hábitos de eliminación. Esto se puede conseguir dándole una dieta adecuada y estableciendo una rutina de eliminación regular.

En los niños que todavía no utilizan el inodoro, la mejor forma de evitar el estreñimiento es darles una dieta de elevado contenido en fibra. La cantidad de fibra debe ir aumentando conforme el niño va creciendo.

Si el niño ya sabe usar el inodoro, se le debe enseñar a sentarse cada día un rato en el baño después del desayuno. Se le puede dar un libro, un rompecabezas o un juguete para que, al estar ocupado, se pueda relajar. Se le debe sugerir quedarse sentado hasta que evacue o hasta que hayan pasado unos quince minutos. Si tiene éxito, se le elogiará; si no, se le animará con frases positivas. La meta es que, al final, vaya al baño él solo, sin que se lo tengan que sugerir sus padres.

Si la combinación de una dieta rica en fibras y la rutina de sentarse regularmente en el baño no surte efecto, es posible que el niño esté reteniendo heces conscientemente. En estos casos, es preciso consultar al pediatra. El supervisará el uso de productos para ablandar las heces, laxantes o supositorios, de ser necesarios. En ocasiones, el estreñimiento resulta tan pertinaz que tanto el niño como la familia se ven afectados. Llega un momento en que prácticamente todas las conversaciones familiares giran en torno a las deposiciones del niño. Afortunadamente, existen programas de modificación de conducta para afrontar este tipo de situaciones.

Por lo común la retención empieza aproximadamente cuando el niño está aprendiendo a utilizar el inodoro. El niño se resiste a expulsar las heces en el orinal o en el inodoro y las retiene. Las heces se acumulan y le duele al expulsarlas. El niño asocia el hecho de evacuar con el dolor y empieza a retener las heces para evitar el dolor. La situación puede evolucionar hacia un terror obsesivo. En estos casos extremos, hay que limpiar el recto utilizando un enema o supositorios. Una vez vaciado el recto, es recomendable administrar productos para ablandar las heces, como el aceite mineral, para evitar que el niño retenga heces voluntariamente. Puesto que evacuar dejará de ser doloroso, el niño empezará a ir al baño sin miedo. Este tratamiento puede aplicarse durante meses y, cuando las deposiciones del niño se hayan normalizado, la dosis de aceite se puede ir reduciendo paulatinamente. Una dieta alta en fibra y unos hábitos de eliminación regulares deben continuar siendo parte de su rutina diaria.

# Diarrea

Las deposiciones de su hijo variarán en frecuencia y consistencia dependiendo de su edad y su dieta. Un recién nacido que lacta puede hacer hasta doce deposiciones pequeñas al día, mientras que para el segundo o tercer mes puede pasar un día entero sin evacuar. La mayoría de los niños menores de un año producen unas 5 onzas de evacuación al día, mientras que las de un niño mayor pueden llegar hasta 7 onzas. La mayoría de los niños de 2 años evacuan sólo una o dos veces al día con deposiciones más grandes que las de niños pequeños. Aún así, si su hijo evacua más a menudo y menos voluminosamente, puede ser completamente normal, sobre todo si toma mucho jugo y alimentos ricos en fibra, como el salvado y las ciruelas.

Una evacuacion blanda de vez en cuando no es motivo de preocupación. De todos modos, si las heces de su hijo cambian de consistencia *repentinamente,* haciéndose más sueltas e incluso acuosas y aumenta la frecuencia de las mismas, significa que su hijo tiene diarrea.

La diarrea ocurre cuando la cubierta interior del intestino sufre algún tipo de lesión. El que las heces sean más blandas de lo habitual significa que los nutrientes ingeridos no han sido digeridos o absorbidos apropiadamente por el intestino. Tambien, el tejido lastimado tiende a filtrar líquido. Aparte de líquido, con la diarrea se pierden sales y minerales. Estas pérdidas se ven agravadas si el niño ingiere alimentos o refrescos con azúcar, puesto que el azúcar que no se absorbe, atrae más líquido, agravando la diarrea.

Cuando el cuerpo pierde demasiada agua y sales, se deshidrata. Esto se puede evitar si se compensan las pérdidas con cantidades adecuadas de líquidos y sales, tal y como se describe en el apartado de *Tratamiento.*

El término médico para la inflamación intestinal es *enteritis.* Cuando este problema va acompañado o precedido de vómitos, lo que es bastante común, significa que la inflamación afecta también al estómago. En tales casos se denomina *gastroenteritis.*

Los niños que tienen diarreas de origen viral (véase el recuadro de la página 545) también suelen tener vómitos, fiebre e irritabilidad (véase *Vómitos,* página 561; y "Fiebre", Capítulo 23). Sus deposiciones suelen ser verde-amarillentas y muy acuosas. (Si ocurren tan a menudo como cada hora, lo más probable es que sean completamente líquidas). Si las heces son de un color rojo o negruzco, es posible que contengan sangre. El sangrado puede deberse al daño en las paredes internas del intestino o simplemente a una irritación del recto causada por la elevada frecuencia de las deposiciones. De todos modos, si usted detecta sangre en las heces de su hijo o éstas adquieren un color inusual, debe comentárselo al pediatra.

## Tratamiento

No hay ningún medicamento para tratar las infecciones virales que constituyen la principal causa de diarreas en infantes. Los medicamentos para tratar la diarrea sólo deben recetarse para algunos tipos de infección provocadas por bacterias o parásitos, que son mucho menos comunes. Cuando el pediatra sospeche que la diarrea es de origen bacteriano o parasitario, le pedirá que recoja una muestra de heces para analizarla en el laboratorio. También es posible que le mande otras pruebas complementarias.

Los medicamentos para frenar la diarrea que se pueden adquirir sin receta médica no se recomiendan para niños menores de dos años, y deben utilizarse con precaución en niños mayores, ya que suelen agravar las lesiones intestinales y, en el caso de

## *Causas de diarrea*

En los niños pequeños, la mayoría de las lesiones intestinales que producen diarrea suelen estar provocadas por unos virus denominados *enterovirus*.

Otras causas son:

- Bacterias (Salmonela, *Shigella, E. coli, Campylobacter*)
- Infecciones parasitarias *(Giardia)*
- Alergias a la leche u otro alimento
- Efectos secundarios de medicamentos orales (sobre todo antibióticos)
- Envenenamiento por alimentos (hongos, mariscos o alimentos contaminados)
- Infecciones externas al tracto gastrointestinal, como las que afectan al aparato urinario, al tracto respiratorio, incluso, al oído medio (Si el niño tiene que tomar antibióticos para tratar estas infecciones, la diarrea podría agravarse)
- Infecciones por rotavirus

que haya una infección, no frenan la pérdida de agua y sal. En lugar de ello, hacen que tanto el líquido como las sales permanezcan *en el interior* del intestino. Cuando ocurre esto, un niño puede deshidratarse sin que nadie se dé cuenta de ello y sin presentar necesariamente pérdida de peso, puesto a que la diarrea *parece* haber desaparecido. Por este motivo, antes de darle a su hijo cualquier medicamento contra la diarrea, hable con el pediatra.

### Diarrea leve

Si su hijo tiene un poco de diarrea pero no presenta síntomas de deshidratación (véase el recuadro de la página 546), no tiene fiebre alta, está activo y tiene apetito, no hace falta que introduzca ningún cambio en su dieta y puede seguir dándole el pecho o la fórmula. No debe ponerle a dieta de liquidos claros que sólo contenga bebidas dulces (jugos, soda, Jell-O), puesto que el azúcar que contienen podría empeorar la diarrea.

Si su hijo, aparte de un poco de diarrea, tiene vómitos, póngalo a dieta con alguna de las soluciones electrolíticas que hay en el mercado. El pediatra le recomendará que le dé a su hijo este tipo de productos para que mantenga los niveles normales de agua y sales hasta que desaparezcan los vómitos. En la mayoría de los casos, bastará con mantener la dieta durante uno o dos días. Cuando remitan los vómitos, podrá volver a la dieta habitual poco a poco.

*No le dé nunca leche hervida (sea entera o desgrasada) a un niño que tenga diarrea. Al hervir la leche, parte del agua se evapora, haciendo que el resto quede con una concentración peligrosamente elevada de sales y minerales (De hecho, ni siquiera se le debe dar leche hervida a un niño sano).*

### Diarrea grave

Si su hijo tiene deposiciones acuosas cada una o dos horas o, incluso, más a menudo o presenta síntomas de deshidratación (véase el recuadro a continuación), consulte al pediatra. Es posible que éste le recomiende que no le dé alimentos sólidos al niño durante por lo menos veinticuatro horas y que evite darle líquidos dulces (refrescos, jugos de frutas o bebidas endulzadas artificialmente), bebidas con un elevado contenido de sal

## *Signos y síntomas de deshidratación (Pérdida significativa de agua corporal)*

La parte más importante del tratamiento de la diarrea consiste en evitar la deshidratación. Esté pendiente de los siguientes signos de deshidratación para informar al pediatra inmediatamente en cuanto los detecte.

**Deshidratación leve a moderada**

- Juega menos de lo habitual
- Orina con menos frecuencia (moja menos de seis pañales al día)
- Tiene la boca seca y pegajosa
- Al llorar, produce menos lágrimas
- Hundimiento de las fontanelas (si se trata de un infante o de un niño de menos de dos años)

**Deshidratación grave** (aparte de los síntoma antes señalados):

- Muy inquieto
- Somnolencia excesiva
- Ojos hundidos
- Manos y pies fríos y pálidos
- Piel arrugada
- Pasa varias horas sin orinar

(caldos envasados) y bebidas con muy bajo contenido de sal (como agua o té). Probablemente le pedirá que le dé exclusivamente una solución electrolítica comercializada, que contiene la proporción ideal de minerales y sal. (Véase la tabla de la página 547). Los niños que lactan se tratan del mismo modo, salvo si es una diarrea muy leve, en cuyo caso se les puede seguir dando el pecho.

Si su hijo tiene diarrea y a usted le preocupa que llegue a deshidratarse, no le dé ningún alimento, incluyendo leche, y llame al pediatra para que le dé instrucciones. *Lleve inmediatamente a su hijo al pediatra o al servicio de emergencia más cercano si cree que está moderada o severamente deshidratado.* Mientras tanto, puede darle alguna solución electrolítica.

Cuando la deshidratación es severa, es preciso hospitalizar al niño para rehidratarlo por vía intravenosa. En casos leves, basta con darle una solución electrolítica siguiendo las indicaciones del pediatra. En la tabla de la página 547 figuran las cantidades aproximadas de esta solución que se debe administrar.

Cuando el niño lleve entre doce y veinticuatro horas a dieta de solución electrolítica, y la diarrea esté disminuyendo, puede empezar a ampliar progresivamente su dieta, introduciendo alimentos suaves, como compota de manzana, peras, bananas y gelatina. Es mejor no introducir la leche hasta uno o dos días después, a no ser que se trate de un bebé pequeño que aún no come alimentos sólidos. En ese caso sele puede dar fórmula menos concentrada, diluida a la mitad. Si lactaba, puede combinar la lactancia con la solución electrolítica.

Conforme la diarrea se mitiga, los niños mayores pueden empezar a comer alimentos suaves como arroz, tostadas, papas hervidas y cereales, en pequeña cantidad. Mientras tanto, se les puede seguir dando la solución electrolítica.

Generalmente no es necesario mantener al niño a dieta por más de veinticuatro horas, puesto que necesitará alimentarse

## Fluído oral estimado y necesidades electrolíticas en función del peso corporal

| Peso corporal (en libras) | Cantidad mínima diaria requerida de fluidos en onzas* | Solución electrolítica** necesaria en caso de diarrea leve en onzas por cada 24 horas |
|---|---|---|
| 6 a 7 | 10 | 16 |
| 11 | 15 | 23 |
| 22 | 25 | 40 |
| 26 | 28 | 44 |
| 33 | 32 | 51 |
| 40 | 38 | 61 |

* NOTA: Ésta es la cantidad *mínima* de líquido que debe consumir un niño normal. La mayoría de los niños beben más que esto.

** Para saber qué soluciones electrolíticas disponibles en el mercado, consulte con el pediatra o el farmacéutico.

para reponer fuerzas. Cuando vuelva a darle alimentos sólidos, es posible que las heces del niño sigan siendo blandas, pero esto no significa que las cosas vayan mal. Lo importante es que el niño se vea activo, tenga apetito, orine a menudo y desaparezcan los síntomas de deshidratación. Si observa esta reacción, puede estar seguro de que su hijo está mejorando.

Si la diarrea dura más de dos semanas (diarrea crónica) puede ser síntoma de un problema intestinal más serio. Si la diarrea persiste durante mucho tiempo, el pediatra solicitará que le hagan diversas pruebas para determinar su causa y asegurarse de que el niño esté bien nutrido. Si la desnutrición se convierte en un problema, probablemente el pediatra le recomendará una dieta o una leche especial.

Si su hijo toma demasiados líquidos, sobre todo jugos o bebidas endulzadas, es posible que desarrolle un trastorno conocido como "diarrea del bebé". Este trastorno, caracterizado por deposiciones blandas y sueltas de carácter recurrente, no debe afectar el apetito ni el crecimiento del niño ni provocar deshidratación. Aunque este tipo de diarrea no es un trastorno serio, es posible que el pediatra le recomiende reducir la cantidad de jugos y bebidas dulces que consume su hijo. Cuando el niño tiene sed que no se satisface con la dieta usual y con la leche, puede darle agua.

Cuando la diarrea se asocia a otros síntomas, es posible que se deba a un problema médico más grave. Informe inmediatamente al pediatra si la diarrea se presenta con alguno de los siguientes síntomas:

- Fiebre durante más de veinticuatro o cuarenta y ocho horas
- Heces sanguinolentas
- Vómitos durante más de doce o veinticuatro horas
- Vómitos de color verde, teñidos de sangre o con un aspecto que recuerda al café molido

- Abdomen distendido (como si estuviera hinchado)
- Negativa a comer y a beber
- Dolor abdominal intenso
- Erupciones o ictericia (piel y ojos amarillentos)

Si su hijo padece alguna otra afección crónica o se medica regularmente, debe informar al pediatra si tiene diarrea por más de veinticuatro horas sin mejoría, o si le ocurre otra cosa que a usted le preocupe.

## Prevención

Las siguientes recomendaciones le ayudarán a disminuir las probabilidades de que a su hijo le dé diarrea:

1. La mayoría de las diarreas infecciosas se contagian a través del contacto directo mano-boca después de exponerse a material fecal contaminado. Esto es más común en los niños que aún no usan el baño. Fomente hábitos de higiene personal (por ejemplo, lavarse las manos después de ir al baño o después de cambiar pañales y antes de comer) y otras medidas sanitarias, tanto en su casa como en el centro preescolar al que lleve a su hijo.
2. Evite que su hijo beba leche sin pasterizar o que coma cualquier alimento que podría estar contaminado. (Véase: intoxicación por alimentos, más abajo).
3. Evite el uso innecesario de medicamentos, sobre todo antibióticos.
4. Si es posible, déle el pecho a su hijo durante la infancia.
5. No deje que su hijo beba cantidades ilimitadas de jugo o bebidas dulces.

(Véase también *Alergia a la leche,* página 557; *Vómitos,* página 561; *Enfermedad celíaca,* página 541; *Dolor abdominal,* página 535; *Malabsorción,* página 555.)

# Intoxicación por alimentos

La intoxicación por el consumo de alimentos ocurre al ingerir alimentos contaminados por bacterias. Los síntomas son prácticamente idénticos a los de la "gripe intestinal": retortijones, náuseas, vómitos, diarrea y fiebre. Pero, si tanto su hijo como las demás personas que comieron lo mismo presentan esta sintomatología, es más factible que se trate de una intoxicación que de una gripe. Las bacterias que provocan estas intoxicaciones no pueden verse ni olerse, y no tienen un sabor en especial, por lo que su hijo no sabe cuándo las está ingiriendo. Estos organismos incluyen:

**Estafilococo** *(Staphylococcus aureus)*
Esta bacteria es la principal causa de las intoxicaciones por alimentos. Suele provocar infecciones en la piel, en forma de forúnculos o vesículas, y se contagia cuando una persona afectada manipula los alimentos. En condiciones ambientales óptimas (100° Farenheit o 37.5° centigrados) la bacteria se multiplica y produce un veneno (toxina) que no se puede destruir con las prácticas de cocina habituales. Los síntomas empiezan a manifestarse entre una y seis horas después del consumo del alimento contaminado y el malestar suele durar aproximadamente un día.

**Salmonelosis**
La salmonella (hay varios tipos) es otra de las principales causas de intoxicación por alimentos en los Estados Unidos. Los productos que suelen estar más contaminados son la carne cruda (incluyendo el pollo), los huevos crudos o a medio cocinar y la leche no pasterizada. Afortunadamente, la salmonela puede eliminarse cocinando bien los alimentos. Los síntomas de la salmonelosis comienzan entre dieciséis y cuarenta y

ocho horas después del consumo del alimento contaminado y pueden durar entre dos y siete días.

***Clostridium perfringens***

*Clostridium perfringens (C. perfringens)* es una bacteria frecuente en el suelo, las aguas de alcantarilla y los intestinos de los animales, incluyendo al hombre. Generalmente pasa del organismo infectado al alimento, donde se multiplica y produce su toxina. *C. perfringens* se suele encontrar en los comedores y cafeterías escolares, puesto que crece en los alimentos que se cocinan en grandes cantidades y se dejan calientes durante bastante tiempo a temperatura ambiente. Los alimentos más afectados son carnes, aves, salsas, platos hechos a la cazuela, pescado, guisos y burritos de frijoles. Los síntomas de esta intoxicación empiezan entre ocho y veinte horas después del consumo y pueden durar de uno a varios días.

**Botulismo**

Se trata de una intoxicación de carácter letal causada por la bacteria *Clostridium botulinum.* Aunque esta bacteria se encuentra normalmente en el suelo y el agua, es extremadamente raro que provoque enfermedad puesto que necesita unas condiciones muy especiales para multiplicarse y producir su toxina. *Clostridium botulinum* se reproduce mejor en ausencia de oxígeno y cuando se dan determinadas condiciones químicas. Esto permite explicar el hecho de que crezca en productos enlatados o en conserva incorrectamente preparados o en productos vegetales poco ácidos, como las judías verdes, la remolacha, el maíz y los guisantes. La miel también puede contaminarse y esto suele provocar una enfermedad grave, sobre todo en niños menores de un año.

El botulismo ataca al sistema nervioso y provoca visión doble, párpados caídos y dificultad para tragar y respirar. También puede provocar vómitos, diarrea y dolor abdominal. Los síntomas se presentan al cabo de entre dieciocho y treinta y seis horas y pueden durar varias semanas o meses. Sin el tratamiento adecuado, el botulismo puede provocar la muerte. Incluso con tratamiento, puede dejar secuelas en el sistema nervioso.

**Criptosporidiasis**

En casos bastante raros, la diarrea acuosa, la fiebre baja y el dolor abdominal pueden ser provocados por una infección causada por el *Cryptosporidium.* Se trata de una enfermedad de particular preocupación en niños inmunodeprimidos.

Otras causas de intoxicación por alimentos son la ingesta de hongos venenosos, de productos hechos con pescado contaminados, y de alimentos con condimentos especiales. Los niños pequeños no suelen comer este tipo de alimentos, por no ser de su agrado. Aún así, sigue siendo importante que usted conozca estos riesgos. Si su hijo presenta síntomas gastrointestinales fuera de lo común y existe *la más remota posibilidad* de que haya ingerido algún alimento contaminado, llame al pediatra.

## Tratamiento

En la mayoría de las intoxicaciones provocadas por alimentos, lo único que debe hacerse es limitar el consumo de comidas y bebidas durante cierto tiempo y el problema suele resolverse por sí sólo. Un infante puede aguantar de tres a cuatro horas sin ingerir nada, mientras que un niño mayor puede aguantar hasta seis u ocho horas. Si el niño sigue vomitando o la diarrea no disminuye de forma significativa durante el período de ayuno, llame a su pediatra.

Informe también al pediatra en los siguientes casos:

- Presenta síntomas de deshidratación: labios secos; llanto sin lágrimas; ojos hundidos; piel gomosa al tacto; falta de apetito; reducción en la orina; somnolencia; irritabilidad.
- Tiene diarrea sanguinolenta.
- Tiene diarrea continua con gran cantidad de agua, o diarrea alternada con estreñimiento.
- Ingirió hongos venosos.
- De repente, se siente débil, entumecido, confuso, intranquilo, o tiene sensaciones de hormigueo, se comporta como si estuviera borracho, tiene alucinaciones o le cuesta respirar.

Informe al médico sobre los síntomas que presenta el niño e indíquele qué alimentos ha comido recientemente y cuál era su procedencia. El tratamiento que recomiende el pediatra dependerá del estado del niño y del tipo de intoxicación. Si está deshidratado, le recomendará reemplazo de líquidos. A veces, resulta útil administrar antibióticos, pero sólo si se conoce el organismo. Los antihistamínicos pueden ayudar, si la enfermedad se debe a una reacción alérgica a algún alimento, toxina o condimento. En el caso de que su hijo contraiga botulismo, será hospitalizado y recibirá cuidados médicos intensivos.

## Prevención

La mayoría de las intoxicaciones se pueden evitar con las siguientes precauciones:

### Limpieza

- Tenga especial cuidado cuando manipule carne o aves crudas. Después de limpiarla, lávese bien las manos y todas las superficies que hayan estado en contacto con la carne con agua caliente y jabón antes de empezar a prepararla.
- Lávese siempre las manos antes de hacer la comida o después de usar el baño o cambiar los pañales a su hijo.
- Si tiene algún corte abierto, una herida o una úlcera en las manos, póngase guantes para preparar la comida.
- No prepare comida cuando esté enfermo, sobre todo si tiene náuseas, vómitos, retortijones o diarrea.

### Selección de los alimentos

- Examine atentamente las latas y conservas (sobre todo conservas caseras) en busca de signos de contaminación. Fíjese si los vegetales están en un líquido lechoso (debe ser transparente), si los botes de vidrio tienen alguna grieta, si las tapas están sueltas o si las latas y/o las tapas están abombadas. *No consuma ningún alimento enlatado que presente cualquiera de estos signos. Ni siquiera los pruebe. Tírelos a la basura para que nadie los pueda comer* (Métalos primero en una bolsa de plástico y luego envuélvalos en papel de periódico.)
- Compre la carne y los mariscos en lugares de confianza.
- No utilice leche de vaca no tratada (sin pasterizar) ni queso elaborado a partir de leche no tratada.
- No coma carne cruda.
- No le dé miel a un niño menor de un año.

### Preparar y servir la comida

- No deje platos precocinados (sobre todo si son feculentos), carnes cocinadas o curadas, ni ensaladas que lleven queso, mayonesa o embutidos fuera de la nevera durante más de dos horas (sobre todo en verano).

- No deje la carne a medio cocinar para acabar de hacerlo más adelante.
- No prepare la comida de un día para otro a menos que la congele o la meta en la nevera inmediatamente después de prepararla. (Métala directamente en la nevera sin esperar a que se enfríe)
- Asegúrese que todos los alimentos están bien cocidos. Utilice un termómetro de carne cuando tenga que cocinar piezas grandes, como un pavo, y haga varios cortes antes de servirla para comprobar que está suficientemente cocida.
- Cuando tenga que recalentar un plato, tápelo bien y caliéntelo bien.

Tambien podria escribir al Departamento de Agricultura Federal, Washington, D.C. 20250, o entrar en contacto a través de la internet a http://www.usda.gov. El departamento tiene un sin número de folletos y material útil, incluyendo algunos relacionados con la Cocina a la parrilla y cómo preparar pavo para las festividades.

## Hepatitis

La hepatitis es una inflamación del hígado que en los niños casi siempre es de origen viral. Es posible que algunos niños no presenten síntomas mientras que otros presentan fiebre, ictericia (piel amarilla), pérdida del apetito, náuseas y vómitos. Existen por lo menos cinco tipos de hepatitis, dependiendo el virus que las provoque:

1. Hepatitis A, también denominada hepatitis infecciosa o ictericia epidémica
2. Hepatitis B, también denominada hepatitis sérica o ictericia por transfusión
3. Hepatitis que no es ni tipo A ni tipo B, también denominada hepatitis C
4. Hepatitis D, o hepatitis provocada por el virus Delta, que causa enfermedad en personas aguda o crónicamente enfermas con la hepatitis B
5. Hepatitis E, provocada por un virus identificado recientemente

En los Estados Unidos se dan aproximadamente 400,000 casos anuales de hepatitis. Cerca de la mitad son del tipo B, el cuarenta por ciento son del tipo A y prácticamente todos los demás son del tipo C (ni A ni B).

Los niños, sobre todo de bajo nivel socio-económico tienen la mayor incidencia de hepatitis A. Aún así, puesto que la enfermedad muchas veces no produce síntomas, es posible que pase desapercibida.

La hepatitis A se puede contagiar de una persona a otra o a través de agua o alimentos contaminados. Generalmente, cuando una persona está infectada por la hepatitis A, sus heces contienen el virus. Por ello, la enfermedad se puede transmitir, tanto en casa como en los centros preescolares, si no se lavan las manos después de ir al baño o cambiar pañales. El beber agua contaminada por heces humanas infectadas o ingerir mariscos crudos de aguas contaminadas son otras de las posibles vías de contagio. Un niño con hepatitis A, manifestará síntomas entre dos y seis semanas desde el contagio. La enfermedad suele desaparecer al cabo de un mes de su inicio.

Mientras que la hepatitis A rara vez se transmite a través de la sangre, el semen o la saliva, la hepatitis B se contagia a veces a través de estos fluidos corporales. Actualmente la incidencia de la hepatitis B es mayor entre la población adolescente, los adultos jóvenes y los recién nacidos cuyas madres estaban infectadas. Cuando una mujer embarazada tiene hepatitis B, sea en la forma aguda o crónica, puede transmitir la enfermedad a su hijo en el momento del parto.

El uso de agujas estériles y desechables y las pruebas de cernimiento a que se somete la sangre y los productos derivados de ella, han eliminado casi por completo el riesgo de contraer esta enfermedad en hospitales y consultorios médicos.

La mayoría de los casos de hepatitis adquirida por transfusión no son del tipo ni A ni B.

Hay por lo menos dos virus que provocan estos tipos de hepatitis y suelen causar tan sólo síntomas leves, con un comienzo gradual de fatiga e ictericia. En muchos casos esta forma de hepatitis dura meses, y hasta años, pudiendo provocar lesiones hepáticas serias e, incluso, la muerte. Más frecuente en adultos que en niños, este tipo de hepatitis se ha convertido en el tipo de hepatitis que más se suele contraer a través de transfusiones.

El virus Delta parece ser un virus incompleto o defectuoso que se transmite por vías similares a las de la hepatitis B. Este virus sólo infecta a personas afectadas por la forma aguda o crónica de la hepatitis B.

## Signos y síntomas

Su hijo podría tener hepatitis sin que usted se entere, puesto que muchos niños afectados presentan muy pocos o ningun síntoma. En algunos niños los únicos síntomas son malestar general y fatiga que dura varios días. En otros puede aparecer fiebre seguida de ictericia (la esclerótica, esto es, la parte blanca de los ojos, adquiere un color visiblemente amarillo). Esta ictericia se debe al aumento de bilirrubina (un pigmento amarillo) en la sangre con motivo de la inflamación del hígado.

Con la hepatitis B, es más raro que aparezca fiebre, pero el niño puede tener náuseas, pérdida del apetito, vómitos, dolor abdominal y malestar, aparte de ictericia.

Si usted sospecha que su hijo tiene ictericia, informe al pediatra. Este solicitará que le hagan un análisis de sangre para determinar la causa del problema. También debe informar al pediatra siempre que los vómitos o el dolor abdominal duren más de unas pocas horas o si el malestar, la pérdida del apetito o las náuseas continúan por más de un par de días. Todos estos síntomas podrían indicar que el niño ha contraído la hepatitis.

## Tratamiento

No hay ningún tratamiento específico para la hepatitis. Como ocurre con la mayoría de las infecciones de origen viral, las defensas del organismo suelen acabar venciendo al agente infeccioso. Aunque no hace falta que limite rígidamente la dieta o el nivel de actividad de su hijo, probablemente tendrá que hacer ajustes, en función del apetito y del nivel de energía del niño. Evite darle aspirinas y acetaminofén, debido a su toxicidad potencial en casos de disfunción hepática. Así mismo, en el caso de que su hijo tome medicamentos regularmente, el pediatra debe revisar las dosis, para evitar posibles intoxicaciones en el caso de que el hígado no fuera capaz de metabolizar las dosis habituales.

La mayoría de los niños con hepatitis no tienen que ser hospitalizados. De todos modos, si la pérdida del apetito y los vómitos son tan marcados que interfieren con la ingesta de líquido, existiendo riesgo de deshidratación, es posible que el pediatra recomiende hospitalización. Si su hijo está muy adormilado, no le responde o empieza a delirar, debe ponerse en contacto con el médico inmediatamente, pues estos síntomas pueden indicar un empeoramiento de la enfermedad y, en tal caso, sería conveniente internar al niño.

La gran mayoría de los niños que contraen hepatitis se recuperan por completo. La cirrosis (cicatrización del hígado) es una posible secuela, pero sólo en casos severos. La muerte es extremadamente rara. La hepatitis A no deja ninguna infección crónica como secuela, pero alrededor del 10 por ciento de las personas que contraen hepatitis B se convierten en portadores crónicos del virus. Un porcentaje mucho más elevado de los bebés que nacen de madres que tenían la forma aguda o crónica de la hepatitis B durante el embarazo se convierten en portadores crónicos del virus, si no se les vacuna correctamente contra la hepatitis B. Los portadores crónicos del virus de la hepatitis B tienen más probabilidades de padecer cáncer de hígado en el futuro. Así mismo, la mayoría de las personas que contraen la hepatitis C acaban desarrollando problemas hepáticos crónicos. Las madres infectadas pueden trasmitir el virus a sus hijos. Actualmente existen vacunas contra la hepatitis A. Estas vacunas, que fueron autorizadas en 1995, se recomiendan a aquellas personas que viajen a ciertos países y a los adultos que trabajen en lugares de alto riesgo, como guarderías y hospitales.

## Prevención

La medida preventiva más eficaz contra la hepatitis es lavarse bien las manos antes de comer y después de usar el baño, por lo que los niños deben aprender desde pequeños estos hábitos básicos de higiene. Si lleva a su hijo a una guardería, verifique que los miembros del personal se laven las manos después de cambiar los pañales a los niños y antes de darles la comida.

La hepatitis no se trasmite por el mero hecho de estar en la misma escuela o habitación que una persona infectada ni tampoco por conversar con ella, darle la mano o jugar un juego de mesa. El contagio sólo se puede producir cuando hay contacto directo o indirecto con la sangre, otros fluidos corporales o excresiones de una persona infectada. Esto puede ocurrir al besarse en la boca chupar el mismo juguete o compartir comida o utensilios.

Si se entera de que su hijo ha estado con una persona que tenía hepatitis, debe ponerse en contacto inmediatamente con el pediatra, quien determinará si su hijo corre algún riesgo. Si existe el riesgo de infección, probablemente el médico le administrará una inyección de gammaglobulina o la vacuna contra la hepatitis, en función del virus implicado.

Antes de salir de viaje al extranjero con su hijo, pídale información al pediatra sobre el riesgo de contraer la hepatitis en los países que tiene pensado visitar. En algunos casos, es conveniente ponerse inyecciones de gammaglobulina y/o la vacuna contra la hepatitis A.

Actualmente se recomienda que todos los recién nacidos, niños y adolescentes estén vacunados contra la hepatitis B (véase el itinerario de vacunación en la página 70).

# Hidrocele (Hidrocele comunicante, Hernia del infante)

Durante el desarrollo intrauterino, los testículos de los fetos de sexo masculino crecen dentro de la cavidad abdominal, descendiendo a través de un canal (denominado canal inguinal) hasta el escroto conforme se va aproximando el momento del parto.

Cuando tiene lugar este movimiento de descenso, la capa que recubre la pared abdominal (el peritoneo) se desplaza junto con los testículos, formando una bolsa que conecta los testículos con la cavidad abdominal. Una vez ha cumplido su función, el canal inguinal suele cerrarse. Si no lo hace, el líquido que suele rodear los órganos abdominales descenderá por el canal hasta el escroto. Esto recibe el nombre de hidrocele comunicante.

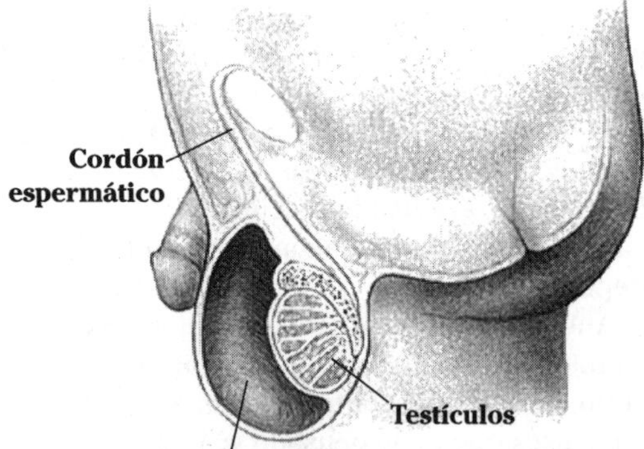


Cerca de la mitad de los varoncitos recién nacidos tienen este problema, pero suele desaparecer durante el primer año sin necesidad de tratamiento. Aunque es más frecuente en recién nacidos, el hidrocele también se puede formar durante la infancia, habitualmente asociado a hernia (véase más abajo).

Si su hijo tiene un hidrocele, probablemente no le dolerá, pero usted y/o él se darán cuenta de que un lado del escroto está más hinchado que otro. En los infantes o los niños pequeños la hinchazón disminuye por la noche o cuando el niño está acostado o descansando. Cuando está muy activo o llora mucho, el escroto aumenta de volumen, y vuelve a disminuir cuando el niño se tranquiliza. El pediatra hará el diagnóstico definitivo utilizando una luz brillante y observando la bolsa del escroto a contraluz, donde podrá identificar el líquido alrededor del testículo.

Si su bebé nace con hidrocele, el pediatra lo examinará en cada visita hasta que tenga aproximadamente un año. El niño no tiene por que experimentar ningún dolor en el escroto o el área circundante. Si parece tener esta área adolorida o molestias, náuseas o vómitos inexplicables, llame al médico enseguida. Estos síntomas pueden deberse a que una porción de intestino ha entrado en el área escrotal junto con líquido abdominal. (Véase *Hernia inguinal,* más abajo.) Si esto ocurre y el intestino queda atrapado dentro del escroto, es posible que su hijo tenga que ser operado de inmediato para liberar el intestino y cerrar la abertura que hay entre la pared abdominal y el escroto.

Si el hidrocele persiste después del año, probablemente el pediatra aconsejará que se le practique una intervención similar. En esta operación relativamente sencilla, se aspirará el líquido del interior del escroto y se cerrará la abertura que lo une con la cavidad abdominal.

## Hernia inguinal

Si percibe un pequeño bulto en la zona de la ingle de su hijo o un agrandamiento del escroto, es posible que se trate de una hernia inguinal. Este trastorno, que aparece en cinco de cada cien niños y que afecta más a los varones occurre cuando una pequeña porción de intestino “se cuela” por una abertura ubicada en la parte baja de la pared abdominal.

Las hernias infantiles se deben a que las aberturas normales del peritoneo no se cierran bien antes del parto. El peritoneo es una especie de bolsa que rodea los órganos contenidos en la cavidad abdominal. Antes del nacimiento, esta bolsa presenta dos proyecciones alargadas

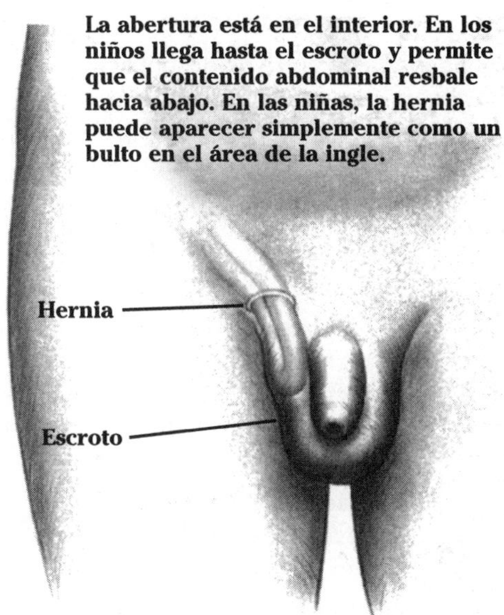


que atraviesan la pared muscular y que en los niños desembocan en el escroto, junto a los testículos, mientras que en las niñas lo hacen junto a los labios de la vulva. Normalmente estas proyecciones se separan del resto del peritoneo antes del parto, dando lugar, en los niños, a unas bolsas que protegen a los testículos en el interior del escroto. Cuando estas extensiones no se cierran bien antes del parto, una porción de intestino puede "colarse" a través de las aberturas en la zona de la ingle o del escroto, provocando una hernia. Si la abertura es muy pequeña y sólo deja pasar líquido, recibe el nombre de hidrocele (véase la página 553).

La mayoría de las hernias no provocan molestias y usted o el pediatra, probablemente la descubrirán al detectar el bultito. Aunque estas hernias deben operarse, no se trata de una intervención de emergencia. De todos modos, si usted la detecta en su hijo, debe informar al médico, quien es probable que le aconseje acostar al niño y elevarle las piernas. Con esto a veces se consigue que el bulto desaparezca. No obstante, el médico querrá evaluar personalmente al niño lo antes posible.

En raras ocasiones, se produce lo que recibe el nombre de "estrangulamiento": una porción de intestino, después de salir a través del canal inguinal se hincha y no puede retroceder. En este caso, la cavidad actúa como una especie de argolla que "estrangula" al intestino, que continua hinchándose, provocando inflamación y dolor. (El área afectada es muy sensible al tacto y, al tocarla, es posible que el niño se queje). Las hernias estranguladas requieren atención médica inmediata.

## Tratamiento

Cuando a un niño se le diagnostica una hernia, ésta debe operarse cuanto antes, incluso si se trata de una hernia no estrangulada. Aunque sea una hernia unilateral (que sólo afecta a un lado), es posible que el cirujano desee comprobar el estado del otro lado, ya que la hernia bilateral es relativamente frecuente.

Si la hernia produce dolor, lo más probable es que esté estrangulada. En estos casos, usted debe informar inmediatamente al pediatra. Es posible que éste consiga liberar el trozo de intestino estrangulado, pero, aun así, el niño deberá ser intervenido lo antes posible. Si el intestino sigue estrangulado, deberá practicarse una intervención de emergencia para evitar que el intestino sufra lesiones permanentes.

# Malabsorción

Hay niños que, a pesar de tener una dieta equilibrada, están desnutridos. El motivo puede ser la malabsorción, es decir, la incapacidad del organismo para extraer los nutrientes procesados por el sistema digestivo e incorporarlos al torrente sanguíneo.

Normalmente la digestión transforma los nutrientes en partículas pequeñas que pasan al torrente sanguíneo a través de las paredes del intestino, para llegar luego a todas las células del cuerpo. Si las paredes del intestino están afectadas debido a una infección viral o bacteriana o a la presencia de parásitos intestinales, es posible que no cumplan correctamente su función de absorción. En estos casos, los nutrientes serán eliminados a través de las heces.

La malabsorción suele afectar a niños completamente normales durante uno o dos días en los casos graves de gripe estomacal o intestinal. Rara vez se prolonga por más tiempo. De todos modos, si persisten dos o más de los siguientes síntomas, informe al pediatra.

## Signos y síntomas

Entre los signos y síntomas de malabsorción, cabe mencionar los siguientes:

- Dolor abdominal y vómitos
- Deposiciones frecuentes, abundantes, blandas y mal olientes
- Mayor susceptibilidad a contraer infecciones
- Pérdida de grasa y masa muscular
- Aumento de moretones y fracturas
- Erupciones cutáneas secas y escamosas
- Cambios de personalidad
- Retraso del proceso de crecimiento y ganancia de peso (puede pasar desapercibido durante varios meses)

No todos los niños que tienen problemas de absorción presentan esta sintomatología. Algunos simplemente comen más para compensar los nutrientes que están perdiendo. En otros, las paredes del intestino se recuperan tan deprisa que los niños apenas tienen molestias. En estos casos, la malabsorción no debe ser motivo de alarma.

## Tratamiento

Cuando un niño sufre de desnutrición, la malabsorción es sólo una de las causas posibles. La desnutrición puede deberse a que no consume suficiente cantidad de los alimentos adecuados, o a algún problema digestivo que no permite que el organismo digiera bien los alimentos. También puede deberse a una combinación de estos problemas. Antes de decidir el curso del tratamiento a seguir, el pediatra deberá determinar la causa de la desnutrición. Para ello, necesitará reunir información de diversas fuentes:

- Puede pedirle una lista del tipo y cantidad de alimentos que ingiere su hijo.
- Puede analizar la capacidad que tiene el niño para digerir y absorber nutrientes específicos. Por ejemplo, puede darle al niño una solución que contenga el azúcar de la leche (lactosa) y después medir el nivel de hidrógeno que exhala al respirar.
- Puede pedirle que recoja muestras de heces para analizarlas. Las personas sanas sólo pierden a través de las heces una parte reducida de la grasa que consumen diariamente. El detectar demasiada grasa en las heces, es un indicio de malabsorción.
- Puede recoger una muestra del sudor del niño o "prueba del sudor" para determinar si tiene fibrosis quística (véase la página 758). Se trata de una enfermedad que se asocia a anomalías en el sudor y a la falta o escasez de ciertas enzimas que son necesarias para la digestión.
- En algunos casos, el pediatra pedirá a un especialista que le extraiga al niño una muestra de tejido de la pared intestinal (biopsia). El tejido será examinado al microscopio a fin de detectar posibles signos de infección, inflamación a algún otro tipo de alteración.

Normalmente estas pruebas se realizan antes de iniciar cualquier tratamiento, pero si el niño está muy enfermo, será necesario hospitalizarlo para alimentarlo artificialmente mientras se le hace el diagnóstico.

Cuando el pediatra sepa que el motivo de la desnutrición es la malabsorción, intentará identificar la causa específica del problema. Si se debe a una infección, probablemente la tratará con antibióticos. Si se debe a que el intestino es demasiado activo, le recetará fármacos que permitan contrarrestar ésto para que los nutrientes permanezcan más tiempo en el intestino y se puedan absorber mejor.

A veces no es posible identificar la causa de la malabsorción. En estos casos, se suele recomendar modificar la dieta del niño, introduciendo alimentos nutritivos y fáciles de tolerar y absorber.

## Alergia a la leche

Todos hemos oído hablar de niños alérgicos a la leche de vaca. Aún así, se trata de un problema poco frecuente. Sólo uno de cada 100 niños presenta una verdadera intolerancia a la leche. Este problema suele manifestarse durante los primeros meses de vida, cuando el sistema digestivo del lactante está todavía bastante inmaduro.

Si hay antecedentes familiares de alergias, el niño tendrá más probabilidad de presentar este problema. Si se le da fórmula de leche de vaca desde el principio, esta probabilidad aumentará aún más. Darle el pecho a un niño permite retrasar, e incluso, a veces, evitar, la aparición de este tipo de alergia. En contadas ocasiones, un bebé muy sensible puede presentar alergia a la leche aun siendo amamantado, debido a que los productos lácteos consumidos por la madre le pueden llegar a través de la leche materna.

Los síntomas de la alergia a la leche pueden aparecer prácticamente en cualquier momento, desde unos minutos hasta varias horas después de consumir el producto, pero los síntomas más graves suelen presentarse durante la primera media hora. Los más habituales son:

- Cólico: intranquilidad, agitación y llanto inconsolable, que generalmente alteran el patrón de sueño. (Véase *Cólico,* página 535.)
- Vómitos y/o diarrea. (Véase páginas 561 y 544.)

Síntomas menos frecuentes:

- Estreñimiento (Véase la página 542)
- Hemorragias en el tracto digestivo

Si la alergia afecta al sistema respiratorio, es posible que el bebé también tenga la nariz tapada o secreciones nasales, tos, sibilancias o dificultad para respirar. La alergia también puede provocar eccema, inflamación, urticaria, picor, o erupciones alrededor de la boca y en las mejillas, debido al contacto con la leche. (Véase *Eccema,* página 732, *Urticaria,* página 738, *Tos,* página 587.)

Si usted sospecha que su hijo puede ser alérgico a la leche, informe al pediatra y no olvide comentarle si hay antecedentes familiares de alergias. Lleve *inmediatamente* a su hijo a la consulta del médico o al servicio de emergencia más cercano en caso de que:

- Tenga dificultad respiratoria
- Se ponga azul
- Esté extremadamente pálido o débil
- Tenga una urticaria generalizada por todo el cuerpo
- Se le hinche la cara y el cuello
- Haga diarrea sanguinolenta

## Tratamiento

Si el pediatra sospecha que su hijo es alérgico a la leche, primero eliminará por completo los productos lácteos de su dieta durante cierto tiempo para ver si se produce alguna mejoría. En caso afirmativo, es posible que el pediatra haga una prueba para confirmar la alergia y evaluar su gravedad, reintroduciendo de forma controlada la leche en la dieta del niño. Así podrá comprobar si los síntomas disminuyen o desaparecen al eliminar la leche y si vuelven a aparecer al reintroducirla. *Este tipo de pruebas debe realizarse con precaución y bajo supervisión médica.* Un lactante alérgico a la leche puede enfermar rápidamente, incluso si tan sólo toma una cantidad reducida de leche.

El pediatra puede recetarle diversos medicamentos para tratar los síntomas de la alergia a la leche. Estos incluyen antihistamínicos, descongestionantes y antiasmáticos (si el niño jadea). De todos modos, el tratamiento principal deberá consistir en eliminar la leche y sus derivados de la dieta del niño (o de la dieta de la madre, en el caso de que ésta le esté lactando). Al eliminar la leche durante un período de tiempo suficientemente largo, la mayoría de los niños acaban superando la alergia. Un niño tiene el 50 por ciento de probabilidades de superar la alergia cuando tenga un año, el 75 por ciento a los dos años, y el 85 por ciento a los tres o cuatro. Esta alergia raras veces se prolonga hasta la adolescencia.

Mientras persista, los niños afectados deben dejar de consumir queso, yogur, helados y fórmula elaborada con leche de vaca, así como cualquier producto o plato que contenga leche. Usted también deberá buscar en las etiquetas de los productos el nombre de los siguientes ingredientes: *caseína, caseínato y suero.* Éstos son productos derivados de la leche que también deberá evitar. Un infante alimentado con biberón necesitará tomar un substituto de la fórmula hecha con leche de vaca, como, por ejemplo, la leche de soya. Si también es sensible a las proteínas de la soya (algunos lactantes son alérgicos tanto a la leche como a la soya), el médico le recomendará algún otro substituto. Algunos niños sensibles toleran la leche evaporada diluida, puesto que el proceso de calentamiento utilizado en su elaboración altera algunas de las proteínas de la leche. La leche de cabra no debe utilizarse como substituto debido a su similitud con la leche de vaca. Los niños mayores, que pueden ingerir una variedad de alimentos sólidos ricos en calcio, no suelen necesitar ningún substituto.

Si usted le da el pecho a su hijo y éste desarrolla una alergia a la leche de vaca, usted deberá dejar de consumir leche y derivados lácteos (al tiempo que empieza a tomar suplementos de calcio y vitaminas). Cuando destete a su hijo, retrase todo lo que pueda el momento de darle leche de vaca y désela al principio con mucha precaución y siempre bajo la supervisión del pediatra.

Es posible que tenga la tentación de "romper" la dieta cuando desaparezcan los síntomas de la alergia. ¡No lo haga! Si le da a su hijo incluso pequeñísimas cantidades de leche o derivados lácteos, es posible que siga teniendo síntomas leves o reacciones alérgicas aparentemente asintomáticas y hasta podría llegar a adquirir alergias a otros alimentos. Así mismo, actuando de este modo usted podría prolongar la alergia a la leche y reducir la probabilidad de que su hijo acabe superándola.

No nos cansamos de enfatizar la importancia de eliminar por completo la leche y sus derivados de la dieta de un niño alérgico a leche. Si se ignora la alergia, ésta podría asociarse a complicaciones potencialmente graves, entre ellas: deshidratación por vómitos o diarrea, pérdida de peso por diarrea crónica, anemia provocada por hemorragias intestinales, eccema infectado, graves dificultades respiratorias y, de forma ocasional, una inflamación de los pulmones similar a la neumonía recurrente. La peor de las complicaciones posibles, el *shock* anafiláctico agudo, es poco frecuente, pero puede ser fatal.

### Prevención

En resumen, el lactar un infante es la mejor forma de prevenir que desarrolle una alergia a la leche. Sobre todo si su familia tiene historial de alergias, usted debe intentar lactar a su hijo el máximo tiempo posible, preferentemente hasta que tenga seis meses o más. Mientras tanto, usted debe minimizar o tal vez eliminar los productos lácteos de su propia dieta. Y, cuando empiece a darle comida sólida a su bebé, deberá introducir los nuevos alimentos de forma gradual, uno cada semana o dos semanas, vigilando la aparición de los síntomas de alergia mencionados.

Si no puede amamantar a su bebé, su pediatra le ayudará a seleccionar la mejor fórmula.

## Lombrices (Oxiuros)

El gusano que más suele infectar el aparato digestivo de los niños, el *Enterobius vermicularis*—popularmente conocido como "lombrices"—es inofensivo. Estos tienen un aspecto desagradable y pueden provocar picor y, en las niñas, secreciones vaginales, pero es raro que causen problemas más graves. Las lombrices crean más problemas sociales que médicos en los niños afectados y sus familias.

Las lombrices se contagian fácilmente de un niño a otro mediante la transferencia de sus huevos. La lombriz madura, que vive en el tracto intestinal y cerca de la zona anal, pone sus huevos en la piel que rodea al ano y en las nalgas del niño. El niño infectado puede llevarse accidentalmente los huevos diminutos con la mano, al rascarse o al limpiarse el ano después de evacuar, o puede dejar los huevos en la taza del inodoro. Si el niño no se lava las manos después de evacuar, puede transferirlos a su propia boca o a cualquier cosa que toque, incluyendo las manos o la boca de otra persona.

Otros niños se contagian al entrar en contacto con las manos del niño infectado o con objetos que haya tocado este último. Los huevos llegan al sistema digestivo cuando el niño se mete las manos en la boca o se lleva a la boca algún objeto contaminado.

Una vez tragados, los huevos permanecen en el intestino delgado incubándose. Una vez nacen, las lombrices se desplazan hasta el intestino grueso, donde maduran y se aparean. La hembra deposita sus huevos cerca del ano y el ciclo de treinta y cinco días se vuelve a repetir. De todos modos, si los huevos depositados no son ingeridos, el proceso finaliza en este punto.

Su hijo probablemente se dará cuenta de que tiene lombrices por la noche, cuando las lombrices adultas desciendan desde el recto hasta el ano. El desplazamiento provoca irritación y, a veces, picores intensos. Si las lombrices llegan al área vaginal, pueden provocar molestias y secreciones. De todos modos, en muchos niños las lombrices no provocan ninguna molestia y sólo se detectan en el caso de que se vea a las lombrices adultas mientras depositan los huevos.

Las lombrices adultas son de un color gris-blanquecino y como un hilo, con una longitud de entre ¼ a ½ pulgada. Es posible que usted las vea sobre la piel que rodea el ano de su hijo o que el pediatra o usted mismo pueda recoger algunas de ellas y/o sus huevos colocando alrededor del ano la parte pegajosa de una tira adhesiva de celofán. La tira se examina al microscopio para confirmar el diagnóstico.

### Tratamiento

Las lombrices tienen un tratamiento muy sencillo. Basta una dosis de un medicamento oral y repetirlo al cabo de una o dos semanas. El medicamento hace que las lombrices adultas sean expulsadas al evacuar. Algunos pediatras recomiendan tratar a todo los miembros de la familia, puesto que alguno de ellos puede ser portador a pesar de no tener ningún síntoma.

### Prevención

Es difícil prevenir las lombrices, pero estas recomendaciones pueden ayudar:

- Enseñe a su hijo que debe lavarse las manos después de usar el baño.
- Pídale a la niñera o al personal de la guardería que lave los juguetes frecuentemente, sobre todo si se han detectado lombrices en otros niños.
- Enséñele a su hijo a lavarse las manos después de jugar con su mascota (perro o gato), pues estos animales pueden llevar los huevecillos en el pelo.

## Síndrome de Reye

El Síndrome de Reye es una enfermedad poco común pero muy grave que suele darse en niños de entre tres y doce años. Puede afectar a todos los órganos del cuerpo, pero sobre todo al cerebro y al hígado. La mayoría de los niños que sobreviven a este síndrome no quedan con secuelas. Aún así, esta enfermedad puede provocar daño cerebral permanente e, incluso, la muerte.

El Síndrome de Reye siempre va precedido de una infección viral, como la gripe o la varicela. Sin embargo, sólo afecta a una cantidad reducida de los niños que contraen estas enfermedades. Por lo tanto, debe haber algún otro factor implicado, aparte de la infección. Aunque nadie sabe a ciencia cierta cuál es la segunda causa, existen tres teorías:

1. Una reacción inusual a medicamentos comunes, como la aspirina, que se suelen administrar en casos de infección viral.
2. Una toxina venenosa que se libera en el interior del organismo mientras el niño susceptible está pasando una enfermedad viral.
3. Cambios químicos provocados por la infección viral que se producen en el organismo de un niño particularmente susceptible.

Puesto que hay muchos niños que tomaron aspirinas cuando tenían una infección de origen viral antes de verse afectados por el Síndrome de Reye, la primera teoría es la más aceptada en la actualidad.

### Signos y síntomas

Siempre que su hijo tenga una infección viral, fíjese si presenta el siguiente patrón de síntomas típico del Síndrome de Reye.

1. Su hijo ha contraído una infección viral, como la gripe, una infección que afecta a las vías respiratorias altas o la varicela, pero parece estar mejorando y la fiebre está empezando a remitir.
2. Entonces empieza a vomitar repetida y frecuentemente—cada una o dos horas—durante un período de tiempo que puede oscilar entre veinticuatro y treinta y seis horas.
3. Durante el período de vómitos presenta variaciones en el estado de conciencia. Puede estar sumamente aletargado o

adormilado y, de golpe, pasar a un estado de agitación, enfado e ideación delirante. Después es posible que atraviece un estado confusional e, incluso, que pierda por completo la capacidad de respuesta.

4. Si la enfermedad sigue su curso, existe gran probabilidad de que el niño tenga convulsiones y caiga en un coma profundo.

*En cuanto tenga la más mínima sospecha de que la enfermedad de su hijo se ajusta a este patrón, llame al pediatra.* Si el pediatra no se encuentra, lleve a su hijo a la sala de emergencia más cercana. Es muy importante diagnosticar la enfermedad lo antes posible. Un niño con Síndrome de Reye deber ser hospitalizado y, en algunos casos, será conveniente trasladarlo a un centro especializado en el tratamiento de este trastorno. El diagnóstico se hace analizando una muestra de sangre y de líquido cefalo-raquídeo. Puesto que hay otras enfermedades que pueden presentar una sintomatología similar a la del Síndrome de Reye, a veces es preciso examinar al microscopio una muestra de tejido extraído del hígado. Si es así, se le hará una biopsia de higado introduciendo una aguja a través de la piel anestesiada.

### Prevención

Puesto que se desconoce la causa exacta de este síndrome, es difícil prevenirlo. Sin embargo, desde que la comunidad médica hizo público un aviso en contra del uso de aspirina en caso de infección viral, el número de casos de este síndrome ha disminuido de forma considerable. Por tal motivo, insistimos en que *no debe darle a un niño o a un adolescente aspirina o cualquier otro medicamento que contenga aspirina cuando tenga una infección de origen viral, sobre todo si se trata de la gripe o la varicela.* Si desea darle algo para baja la fiebre o aliviar el malestar, déle acetaminofén o ibuprofen (véase la página 768). El ibuprofen sólo puede utilizarse con niños de seis meses en adelante; y nunca se le debe dar a un niño que esté deshidratado o que esté vomitando continuamente.

## Vómitos

Puesto que muchas enfermedades infantiles comunes causan vómitos, puede contar con que su hijo tendrá este problema varias veces durante la infancia. Por lo general los vómitos remiten rápidamente sin requerir tratamiento, pero esto no facilita las cosas en el momento en que aparecen. La sensación de no poder hacer nada, combinada con el miedo de que pueda ser algo grave y el deseo de mitigarle el dolor al niño, pueden ponerle tenso y ansioso. Para que, dado el momento, usted sepa mantener la calma, infórmese bien sobre las causas de los vómitos y sobre cómo actuar cuando ocurren.

En primer lugar, hay una diferencia entre vomitar y regurgitar. Vomitar consiste en expeler violentamente el contenido del estómago por la boca. Regurgitar (algo que hacen sobre todo los infantes menores de un año) consiste en botar el contenido del estómago por la boca de forma pasiva y frecuente al eructar.

Los vómitos tienen lugar cuando los músculos abdominales y del diafragma se contraen fuertemente mientras el estómago está relajado. Este acto reflejo se desencadena cuando el "centro del vómito" del cerebro es estimulado por:

- Los nervios del estómago y el intestino, cuando el tracto gastrointestinal está irritado o inflamado debido a una infección o un bloqueo
- Sustancias químicas del torrente sanguíneo (por ejemplo, ciertos medicamentos)

- Visiones u olores desagradables
- Estímulo de las células sensoriales del oído medio (vómitos provocados por el mareo)

Las causas de los vómitos y las regurgitaciones varían en función de la edad. Durante los primeros meses de vida, por ejemplo, la mayoría de los infantes regurgitan pequeñas cantidades de leche, generalmente durante la hora posterior a la toma. Se trata simplemente, del movimiento de reflujo de la comida procedente del estómago, que asciende a través del esófago y sale por la boca. Ocurrirá con menos frecuencia si se hace eructar al niño y no se le deja jugar activamente inmediatamente después de las tomas.

La regurgitación suele disminuir conforme el bebé va madurando, pero puede persistir de forma suave hasta que tenga entre diez y doce meses. El regurgitar no es algo grave y no interfiere con el proceso normal de ganancia de peso. (Véase *Regurgitaciones,* página 122).

Los vómitos pueden ocurrir de forma ocasional durante el primer mes. Sin embargo, si aparecen repetidamente o son muy violentos, debe informar al pediatra. Podría ser un problema de alimentación sin importancia, pero también podría ser el síntoma de algún trastorno más grave.

Entre las dos semanas y los cuatro meses de edad, los vómitos violentos y persistentes pueden ser provocados por un engrosamiento del músculo que hay a la salida del estómago. Esta alteración, denominada *estenosis hipertrófica del píloro,* evita que la comida pase al intestino y requiere atención médica inmediata. Generalmente es preciso intervenir quirúrgicamente para ensanchar el área estrecha. El síntoma más típico de este trastorno son los vómitos proyectiles entre quince y treinta minutos después de comer, o incluso antes. Si detecta este síntoma, llame al pediatra cuanto antes.

Algunas veces, las regurgitaciones aumentan durante las primeras semanas o los primeros meses en lugar de disminuir, es decir, aunque no se trate de vómitos violentos, ocurren constantemente. Esto ocurre cuando los músculos de la parte inferior del esófago están demasiado distendidos y permiten que el contenido del estómago ascienda hasta la boca. Generalmente esto se puede controlar siguiendo estas indicaciones:

1. Espese la leche del niño añadiéndole pequeñas cantidades de cereal.

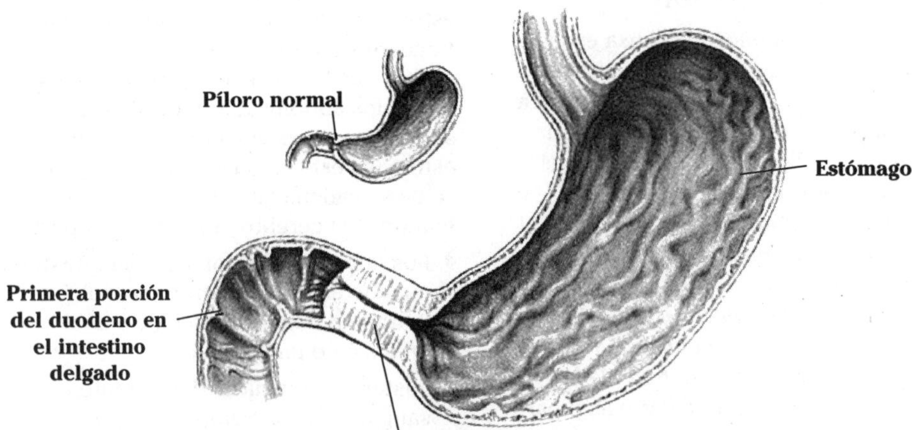

2. Evite el exceso de alimentación.
3. Hágale eructar frecuentemente.
4. Después de cada toma, no mueva al bebé y déjelo en posición vertical durante por lo menos treinta minutos. Si esto no funciona, puede probar a colocar al bebé en una postura prono o prono-elevada (prono con la cabeza levantada).

Pasados los primeros meses de vida, la causa más habitual de los vómitos son las infecciones estomacales o intestinales. Los virus son los agentes infecciosos más frecuentes, pero algunas veces las responsables son las bacterias o, incluso, los parásitos. Estas infecciones también pueden causar fiebre, diarrea y, a veces, náuseas y dolor abdominal. Suelen ser contagiosas por lo que, si su hijo las contrae existen bastantes probabilidades de que algunos de sus compañeros de clase o de juegos también estén infectados.

En algunas ocasiones, ciertas infecciones que no son del aparato digestivo pueden provocar vómitos. Entre ellas figuran las del aparato respiratorio, el aparato urinario (véase página 687), la otitis media (véase página 618), y la neumonía (véase página 593), así como la meningitis (véase página 693), la apendicitis (véase página 539), y el Síndrome de Reye (véase página 560). Algunas de estas enfermedades requieren tratamiento médico inmediato. Por lo tanto, es importante que usted sepa identificar los síntomas que siguen a continuación, sea cual sea la edad que tenga su hijo, y llamar al pediatra en caso de detectarlos.

- Sangre o bilis (un líquido de color verdoso) en los vómitos
- Dolor abdominal intenso
- Vómitos violentos y repetidos
- Abdomen muy hinchado
- Aletargamiento o irritabilidad exacerbada
- Convulsiones
- Síntomas de deshidratación, incluyendo: boca seca, ausencia de lágrimas, hundimiento de los "puntos blandos" (fontanelas), disminución de la micción
- Incapacidad para beber cantidades apropiadas de líquido
- Vómitos continuos durante más de veinticuatro horas

## Tratamiento

En la mayoría de los casos, los vómitos remiten sin necesidad de tratamiento médico. Nunca debe darle a su hijo un medicamento, ya sea con o sin receta médica, a no ser que el pediatra se lo recete específicamente para tratar el tipo de vómitos que presenta el niño.

Cuando su hijo tenga vómitos, coloquelo echado sobre el estómago o el costado. Así habrá menos probabilidades de que inhale el vómito, lo que podría obstruirle las vías respiratorias altas o, incluso, permitir que el vómito llegara a los pulmones.

Si su hijo vomita continuamente, usted deberá hacer lo posible por evitar que se deshidrate (*deshidratación* es el término que se usa cuando el cuerpo pierde tanta agua que deja de funcionar eficazmente). Si se llega a límites extremos, la deshidratación puede ser grave e, incluso, poner en peligro la vida. Para evitar que esto pueda ocurrirle a su hijo, asegúrese que ingiere suficiente líquido para compensar el fluído perdido a través de los vómitos. Si también vomita este líquido, llame al pediatra.

Durante las primeras veinticuatro horas de cualquier enfermedad que curse con vómitos, no permita que su hijo ingiera sólidos y hágale beber mucho líquido, como agua, agua azucarada (media cucharadita [2.5 cc] de azúcar por cada 4 onzas de agua), paletas, agua con gelatina (una cucharadita de gelatina [5 cc] por cada 4 onzas de agua), o, preferentemente, una solución electrolítica (pregúntele al pediatra cuál es la mejor). Los líquidos no sólo ayudan a evitar la deshidratación, sino que, además, es menos probable que provoquen vómitos que los alimentos sólidos.

Éstas son algunas recomendaciones sobre cómo darle líquidos a su hijo *después* de un episodio de vómitos:

1. Espere entre dos y tres horas desde el último episodio de vómitos y déle entre 1 y 2 onzas de agua fresca cada media hora o cada hora por cuatro ocasiones.
2. Si no vomita el agua, déle alternadamente unas 2 onzas de solución electrolítica y unas 2 onzas de algún otro líquido claro cada media hora.
3. Si sigue sin vomitar luego de dos tomas seguidas, añada la fórmula o leche a la mitad diluida (dependiendo de la edad), y vaya aumentando la cantidad, de 3 a 4 onzas cada tres o cuatro horas.
4. Cuando el niño lleve entre doce y veinticuatro horas sin vomitar, vuelva a darle gradualmente su dieta habitual, pero siga ofreciéndole mucho líquido.

En la mayoría de los casos, bastará con que su hijo se quede en casa y esté a dieta líquida durante doce a veinticuatro horas. Normalmente el pediatra no le recetará ningún fármaco para tratar los vómitos.

Si su hijo tiene también diarrea (véase página 544), pídale al pediatra instrucciones sobre cómo debe darle líquidos y reintroducir los sólidos en su dieta.

Si el niño no tolera líquidos claros y los síntomas se agravan, informe al pediatra. Éste lo examinará y tal vez solicite que le hagan análisis de sangre y orina y/o radiografías para poder emitir un diagnóstico. En algunas ocasiones, puede ser necesario hospitalizar al niño.

# 17

# Comportamiento

## Enfado, agresión y mordiscos

Todos nos enfadamos o tenemos deseos de agredir a alguien de vez en cuando. A los niños les pasa lo mismo. Estos impulsos son normales y hasta saludables. Durante la primera infancia y la etapa preescolar es normal que un niño no tenga el autocontrol necesario para expresar su enfado de forma pacífica. En lugar de controlarse, es probable que explote y que llegue a pegar o morder en señal de frustración. Cuando esto ocurre, su hijo o hija, necesita que usted tome el control y le ayude a adquirir el sentido común, la autodisciplina y otras herramientas necesarias para expresar sus sentimientos de forma aceptable.

Aunque es normal que un niño tenga algún arranque de vez en cuando, no es normal que tenga frecuentes ataques de rabia en los que intente agredir a los demás o lastimarse a sí mismo. La mayoría de los niños se enfadan sólo cuando se les provoca. A menos que estén cansados o en tensión, generalmente se les puede distraer o consolar y lograr que olviden su enfado. Pueden llorar, argumentar o gritar, pero solo acuden a la violencia cuando se sienten muy frustrados.

Hay niños que son muy susceptibles, fáciles de ofender y que se enfadan rápidamente. Muchos de estos niños han sido tensos y marcadamente activos desde el nacimiento. Suelen ser bebés difíciles de tranquilizar y consolar. Durante la etapa preescolar muestran signos de violencia con otras niños, con adultos y hasta con animales. Suelen explotar de golpe y sin motivo aparente, son quisquillosos y estan irritables constantemente. Incluso cuando hacen daño a alguien en uno de sus arranques, rara vez piden perdón, y no se sienten responsables de lo que hicieron. En lugar de ello, culpan a los demás por "hacerlos enfadar", como si así pudieran excusar su conducta.

Es posible que, si su hijo está atravesando una etapa de preocupación, cansancio o estrés, tenga este tipo de explosiones por corto tiempo. Pero, si continúa por más de unas pocas semanas, coménteselo al pediatra. Si esto se convierte en un patrón usual de conducta por más de tres meses a seis meses, debe considerarse un problema grave.

Esta forma extrema de comportamiento agresivo puede conllevar a graves problemas sociales y emocionales si no se detiene a tiempo. El niño acaba quedándose sin amigos, lo que le hace estar más tenso e irritable, y llega a perjudicarlo seriamente en su autoestima. Siempre existe el peligro de que se haga daño a sí mismo o a otros y los problemas se multiplicarán cuando entre a la escuela. A partir de este momento, su comportamiento agresivo podrá hacer que lo suspendan o expulsen de la escuela. Al tener baja la autoestima, es fácil que acabe volviéndose destructivo, abuse de las drogas y del alcohol, sea más propenso a lesiones e, incluso, intente suicidarse.

Nadie sabe cuál es la causa exacta de este trastorno de conducta. Puede depender de la constitución biológica del niño, del ambiente familiar, o de una combinación de ambos factores. En muchos casos, otros miembros de la familia se comportan de forma violenta y el ambiente familiar es tenso y estresante. Aún así, en algunos casos no es posible encontrar una explicación al comportamiento del niño.

## Cómo actuar

La mejor forma de evitar que su hijo o hija se comporte de forma agresiva es brindarle, durante la primera infancia y la etapa preescolar, un ambiente familiar estable, que transmita afecto y seguridad, con una disciplina consistente y una supervisión constante. Es importante que todas las personas que lo cuidan se pongan de acuerdo sobre las normas que el niño debe respetar, y que sepan cómo reaccionar en caso de que las desobedezca. Siempre que falte a una norma importante, se le debe corregir *de inmediato* para que entienda exactamente lo que ha hecho mal.

Su hijo todavía tiene poco control sobre sus actos. Necesita que usted le enseñe que no puede dar patadas, pegar ni morder a los demás cuando se enfada, sino que debe expresar lo que siente mediante palabras. Es importante que aprenda a distinguir entre un insulto real y uno imaginario y entre lo que significa defender sus derechos o atacar a otros por rabia.

La mejor forma de enseñar esta lección es supervisar de cerca el comportamiento del niño cuando discuta con otros niños. Si los desacuerdos no son importantes, usted puede permanecer al margen y dejar que resuelvan el conflicto por su cuenta. Sin embargo, debe intervenir cuando lleguen a las manos y sigan peleándose incluso después de llamarles la atención, o cuando vea que alguno de ellos ha perdido el control y le está pegando o mordiendo al otro. Separe a los niños y manténgalos alejados el uno del otro hasta que se calmen. Si la pelea ha sido muy violenta, quizás convenga poner fin a la sesión de juegos. Deje en claro que no importa "quién fue el que empezó". No hay excusa que valga cuando se intenta lastimar a otro.

Ayude a su hijo a afrontar la rabia sin acudir a la violencia. Enséñele a decir "no" con firmeza y determinación, a ceder y a hacer tratos en lugar de pelearse. Con su ejemplo, enséñele que argumentar con palabras es más eficaz—y más civilizado—que utilizar la fuerza bruta. Elógielo y dígale "que ya es grande" cuando vea que usa estas tácticas en lugar de pegar, dar patadas o morder.

Controle su propia conducta delante de su hijo. Una de las mejores formas de enseñarle la "no violencia" es demostrándole que usted sabe controlarse. Si expresa su enfado de una forma serena, seguramente su hijo seguirá su ejemplo. Si le castiga, no se sienta culpable ni se disculpe. Si su hijo capta que usted se está debatiendo internamente se convencerá a sí mismo de que actuó correctamente y que fue usted quien hizo "mal". Aunque castigar a un hijo no es agradable, es parte necesaria del hecho de ser padre y no es motivo para sentirse culpable. Su hijo debe saber cuándo hace mal para poder responsabilizarse de sus actos y asumir las consecuencias.

### Cuándo acudir al pediatra

Si su hijo o hija lleva varias semanas comportándose de forma más agresiva de lo usual, y usted no sabe cómo afrontar la situación, consulte al pediatra. Otras señales de alarma son:

- Se lesiona a sí mismo o lesiona a los demás (marcas de dientes, moretones, arañazos, golpes en la cabeza)
- Le agrede a usted o a otros adultos
- Lo mandan a casa de la escuela o sus compañeros lo sacan del juego
- Usted teme por la seguridad de quienes se relacionan con él

El síntoma más alarmante es la frecuencia de las explosiones. A veces, los niños con trastornos de conducta pueden pasar hasta una semana sin tener ningún incidente, e incluso pueden ser encantadores durante ese período, pero pocos pueden pasar un mes entero sin meterse en problemas.

Su pediatra le puede sugerir formas de disciplinar a su hijo y determinar si realmente tiene o no un trastorno de conducta. De ser así, usted no podrá resolver el problema por su cuenta y lo más probable es que se les refiera a un profesional de salud mental.

El pediatra o el profesional de salud mental los entrevistará a ambos y probablemente observe al niño en diversas situaciones (en casa, en la guardería, relacionándose con adultos y con otros niños). Es posible que les recomiende un programa de modificación de conducta. No todos los métodos funcionan en todos los casos, por lo que es probable que tenga que probar diversas técnicas y pasar por varias evaluaciones. En cuanto encuentren varias formas de fomentar la conducta deseada e inhibir la conducta no deseada, podrán utilizarlas para establecer un enfoque que funcione fuera y dentro del hogar. El progreso puede ser lento, pero este tipo de programas suele tener éxito si se inicia justo cuando el trastorno empieza a manifestarse.

(Véase también *Rabietas,* en la página 575, y los apartados sobre *Disciplina* de los capítulos 9 al 12.)

## Hiperactividad y problemas de concentración

Casi todos los niños tienen días en que parecen "hiperactivos", pero la verdadera "hiperactividad" es un trastorno que afecta a sólo 1 de cada 20 niños menores de 12 años. Los niños hiperactivos se mueven mucho, les cuesta conciliar el sueño y no pueden permanecer sentados tranquilamente por más de unos cuantos minutos. Se distraen fácilmente, son muy impulsivos y les cuesta mucho mantener la atención. Los médicos denominan a este trastorno, que combina la hiperactividad con el distraimiento, "Trastorno por déficit de atención con hiperactividad" o TDAH (ADHD por sus siglas en inglés).

Durante la primera infancia, es fácil que usted piense que su hijo tiene síntomas de hiperactividad, pero si lo compara con otros niños de su edad, probablemente se notará que es completamente normal. Cuando tienen entre dos y tres años los niños suelen ser muy activos e impulsivos y tienen un corto margen de atención. Todos los niños parecen hiperactivos o fáciles de distraer en ocasiones—por ejemplo, cuando están cansados, excitados porque van a hacer algo "especial" o preocupados por el hecho de estar en un lugar desconocido o entre extraños.

Los niños realmente hiperactivos, son visiblemente *más* activos, se distraen *más* fácilmente y son *más* impulsivos que los demás niños de su edad. Y lo más importante: estos niños nunca parecen estar tranquilos y su comportamiento no mejora con el paso del tiempo.

Aunque la mayoría de ellos tienen una inteligencia normal, pueden tener problemas de aprendizaje, puesto que no son capaces de mantener la atención ni de seguir las instrucciones escolares por completo. También les cuesta mucho más controlar sus impulsos y emociones, concentrarse y prestar atención. Suelen ser más habladores, más emotivos, más exigentes y más desobedientes que los demás niños de su edad. Suelen comportarse de forma inmadura durante la infancia y la adolescencia y pueden tener problemas en la escuela, con los amigos, y, a veces, con la ley. Sin apoyo ni tratamiento, los niños realmente hiperactivos suelen acabar con su autoestima, ingrediente imprescindible para tener una vida satisfactoria y productiva.

Nadie sabe exactamente cuál es la causa de la hiperactividad. A veces puede asociarse a situaciones tales como el haber nacido prematuramente o haber padecido alguna enfermedad que provocó una lesión en el cerebro o en el sistema nervioso, como meningitis, encefalitis o síndrome alcohólico fetal. Aún así, la mayoría de los niños hiperactivos no han sido prematuros ni han tenido ninguna de estas enfermedades y la mayoría de quienes contraen estas enfermedades no se vuelven hiperactivos. Muchos niños que padecen este trastorno tienen parientes cercanos con problemas similares, lo que sugiere que se trata de un trastorno con un componente genético. Así mismo, los niños tienen cuatro veces más probabilidades que las niñas de padecerlo. En parte, esto se debe a que los niños suelen madurar más despacio que las niñas en estas áreas de conducta, pero nadie sabe exactamente a qué se debe la diferencia. Aunque se ha especulado mucho sobre la posibilidad de que ciertos alimentos y aditivos puedan provocar esta condición, las extensas investigaciones que se han hecho no han permitido demostrar esta relación de forma concluyente.

Sea cuál sea la causa de la hiperactividad, no hay duda de que el modo de educar y disciplinar a un niño influye considerablemente sobre la gravedad del trastorno y sobre la forma como lo afronta el niño. Los niños cuyos padres tienen problemas mentales y/o que los maltratan, suelen tener problemas más graves que los que tienen padres emocionalmente sanos y que los educan con amor y una disciplina firme y consistente.

## Cuándo acudir al pediatra

El observar a su hijo y a otros niños de su edad durante varios días o semanas es la mejor forma de determinar si el niño es o no hiperactivo. Si lleva a su hijo a un jardín infantil, los miembros del personal constituyen una valiosa fuente de información. Ellos le pueden informar sobre cómo se porta su hijo cuando está en grupo y si actúa de un modo acorde con su edad.

Entre los síntomas específicos de hiperactividad figuran:

- Dificultad para prestar atención en actividades que interesan a otros niños de su edad
- Dificultad para seguir instrucciones simples
- Sale corriendo hacia la calle repetidamente, interrumpe los juegos de otros niños y no respeta los límites permitidos ni considera las consecuencias de sus actos
- Actividad innecesariamente exacerbada: corre, salta, lo toca todo, sin períodos de descanso
- Explosiones emocionales repentinas, como llanto, insultos, golpes o actitud inapropiada de frustración.

- Persistencia de la mala conducta a pesar de que se le llama la atención repetidamente

Si usted u otras personas detectan tres o más de estas señales de forma recurrente, consulte al pediatra. Éste querrá evaluar personalmente a su hijo para descartar cualquier causa física. A continuación le hará un examen a fondo o referirá su caso a un psicólogo o psiquiatra infantil. La evaluación de la hiperactividad suele constar de tres fases consecutivas. En primer lugar, el médico o el terapeuta le hará preguntas sobre el comportamiento actual y pasado de su hijo y es posible que pida información sobre el niño al personal del jardín infantil a fin de identificar algun patrón de comportamiento que se haya mantenido a lo largo del tiempo y en distintos contextos. A continuación, las evaluaciones de desarrollo determinarán si su hijo tiene un desarrollo físico y mental acorde con su edad. Por último, se observará a su hijo en una sesión de juegos para determinar si su desarrollo socio-emocional es adecuado para la edad.

Si la evaluación realizada sugiere que su hijo es hiperactivo, es probable que el médico o terapeuta le recomiende aplicar ciertas técnicas de disciplina e incluso puede aconsejarle que lo lleve a un centro preescolar especial. A menos que el comportamiento de su hijo sea totalmente ingobernable, no le recetará medicación por sus efectos secundarios en niños menores y debido a que en ocasiones es incierto emitir un diagnóstico de hiperactividad en niños menores de cinco años. Durante la primera infancia y la etapa preescolar los niños cambian tan de prisa y tan drásticamente, que lo que en un momento puede parecer un problema de conducta, es posible que desaparezca en pocos meses. Por este motivo, muchos médicos prefieren hacer un seguimiento de estos niños durante varios meses e incluso durante varios años antes de recetar algún fármaco para tratar el deficit de atención.

Los medicamentos que se utilizan para tratar este trastorno sólo se recetan en casos severos y no se recomienda administrar los mismos a niños menores de tres años.

Si su hijo es hiperactivo, es probable que usted haya oído hablar de tratamientos alternativos. Mientras algunos de estos tratamientos todavía no han sido validados, otros han demostrado ser ineficaces. Entre las terapias controversiales que podrían resultar eficaces en algunos casos figuran:

- La terapia de juego. Este enfoque ayuda al niño a superar sus inhibiciones y ansiedades. Sin embargo, éstos no son los problemas medulares de los niños con hiperactividad.
- Ejercicios físicos especiales. Generalmente tienen como meta mejorar la coordinación motriz e incrementar la tolerancia a los estímulos. La mayoría de los niños hiperactivos tienen problemas en estos ámbitos, pero estos problemas no son la *causa* del desorden.

Aunque estos ejercicios pueden beneficiar a los niños hiperactivos, parece ser que funcionan sobre todo porque hacen que los padres presten más atención a sus hijos y esto contribuye a elevar su autoestima.

- Dietas especiales. Se basan en el supuesto de que ciertos alimentos fomentan el comportamiento indeseable. Cada dieta tiene en cuenta un tipo distinto de alimentos o sustancias, como aditivos artificiales, azúcar, alimentos alergénicos más comunes (maíz, nueces, chocolate, mariscos, trigo) Aunque estas dietas apenas están validadas científicamente, muchos padres están convencidos de que ayudan. La mayoría de estas dietas son saludables y no le hacen daño a un niño, a menos que sus hábitos alimentarios se conviertan en una fuente de conflictos familiares, o a menos que se utilicen *en lugar* de otros

**Disciplina eficaz**

| Conducta del niño | | Su respuesta |
|---|---|---|
| | *Eficaz* | *Constructiva* |
| **Rabieta** | Ignorarla | Comentar el incidente cuando el niño se haya tranquilizado |
| **Sobreexcitación** | Distraer al niño con otra actividad | Hablar sobre su comportamiento cuando el niño se haya tranquilizado |
| **Pegar o morder** | Alejarlo inmediatamente de la situación cuando se dé la conducta o esté a punto de darse | Hablar con el niño sobre las consecuencias de sus acciones (dolor, destrucción, sentimientos negativos...). Enviarlo a su habitación ("time-out") después de llamarle la atención |
| **Falta de atención** | Establecer contacto ocular para captar su atención | Bajar las expectativas (pídale que le escuche mientras le relata un cuento de 3 minutos en lugar de uno de diez; no insista en que permanezca sentado en la iglesia durante largo tiempo); |
| **Negativa a recoger sus juguetes** | No permitirle que vuelva a jugar hasta que haya acabado de recogerlo todo | Enséñele a recoger los juguetes y ayúdele a hacerlo; elógielo cuando finalice la tarea. |

métodos para modificar su comportamiento. Ninguna dieta aislada puede solucionar el problema de la hiperactividad.

Entre los tratamientos que pueden resultar peligrosos y, por lo tanto, deben evitarse, figuran:

- La terapia de megavitaminas
- Suplementos vitamínicos y minerales especiales

## Cómo actuar

Si su hijo o hija presenta síntomas de hiperactividad, es posible que no sea capaz de controlar su propia conducta. La excitación y prisa por hacer las cosas pueden predisponerlo a tener lesiones frecuentes y a comportarse de forma destructiva. Usted tendrá que ayudarle a controlarse y a prestar atención a lo que está haciendo.

Para disciplinar a un niño hiperactivo, usted debe responder tanto "eficaz" como "constructivamente". Si sus reacciones son "eficaces", el comportamiento de su hijo mejorará; si, además, son "constructivas", le ayudarán a elevar su autoestima y a ser más responsable. En la página anterior hay algunos ejemplos de respuestas eficaces y constructivas a algunos problemas de conducta comunes entre niños hiperactivos.

Es importante responder de inmediato siempre que su hijo se porte mal, y que se asegure de que todas las personas que lo cuidan reaccionan del mismo modo. Los castigos dolorosos, como las nalgadas o cachetadas es pueden frenar la mala conducta temporalmente, pero no fomentan el autocontrol. Al contrario, este enfoque le transmite a un niño que es correcto hacerle daño a otra persona. Los métodos de disciplina no violentos y basados en el amor son mucho más eficaces a largo plazo.

## La televisión

Su hijo probablemente verá su primer programa de televisión cuando sea sólo un bebé y, cuando tenga tres años, ya tendrá varios programas favoritos. Si usted tiene un televisor y una videocasetera, puede estar seguro de que estos se convertirán en una parte importante de la vida de su hijo y le enseñará muchas cosas, unas buenas y otras malas.

La Academia Americana de Pediatria recomienda que los niños menores de dos años no vean televisión. Durante la etapa preescolar su hijo se puede beneficiar enormemente de programas educativos, como *Plaza Sésamo,* documentales para niños sobre temas de naturaleza y programas de música o bailes. Aunque los programas de televisión educativos, no substituyen la lectura o el juego, pueden enriquecer la vida de su hijo. Tales programas le permiten a su hijo entrar en contacto con las letras, los números y otras experiencias que no podría tener de otra forma.

Lamentablemente, la mayoría de los programas de televisión no son recomendables para niños pequeños. Incluso en el caso de que su hijo sólo vea dibujos animados, será testigo de cómo sus personajes se pegan, se insultan o se hacen daño de alguna u otra forma a una frecuencia aproximado de veinte veces por hora. Generalmente, estos actos violentos no tienen ninguna razón de ser y las víctimas pocas veces sienten dolor o quedan con heridas permanentes. Tanto los héroes como los "malvados" se atacan mutuamente con armas letales y reaparecen como si nada, dispuestos a seguir luchando. El mensaje que reciben los niños es que la violencia es una forma aceptable de afrontar los problemas y que, en el fondo, no le hace daño a nadie. Esto los estimula a ser más agresivos y los desanima a oponerse cuando ven a otras personas agrediéndose físicamente. Los niños que ven muchas horas de violencia televisiva a la semana pueden volverse insensibles a la violencia y empezar a ver el mundo como un lugar aterrador.

La televisión también expone a los niños al sexo y al consumo de drogas y alcohol cuando todavía no están preparados para entender este tipo de situaciones. Las telenovelas, los programas que se emiten a las horas de mayor audiencia, los vídeos musicales y muchos otros programas permiten invariablemente que los niños vean a gente practicando o hablando sobre sexo, consumiendo o vendiendo drogas, fumando o bebiendo alcohol. A menudo estas acciones se presentan como si fueran cosas divertidas y emocionantes que hacen todos los adultos. Su hijo no verá cómo la gente se enferma, queda embarazada sin desearlo o muere debido a estas acciones, y saldrá con un visión distorsionada sobre cómo debe afrontar estas situaciones en su propia vida.

Además, muchos de los mensajes de la televisión perpetuán mitos y estereotipos asociados a ciertos roles sexuales y raciales que influenciarán pobremente al niño.

Los niños suelen creer lo que se les dice y no entienden el concepto de "publicidad". Del mismo modo que un niño cree que los personajes de los dibujos animados son reales, cree también que al niño del anuncio realmente le encantan los cereales azucarados que se está comiendo, y que los juguetes que salen por televisión son en la vida real tan grandes y funcionan tan bien como los presentan por televisión. Los dibujos animados inspirados en juguetes están especialmente diseñados para que resulten atractivos y aumenten el deseo de los niños de tener toda la gama completa de estos personajes.

Además, el bombardeo constante de productos al que se verá sometido su hijo le creará necesidades completamente ficticias, y es posible que acabe creyendo que debe adquirir constantemente nuevas pertenencias. Usted podrá experimentar la presión publicitaria en carne propia cada vez que vaya de compras con su hijo y éste le suplique que le compre algo que "tiene que tener" porque lo vió por televisión.

Los anuncios de alimentos también pueden tener un impacto indeseable sobre los hábitos alimenticios de su hijo. Muchos de estos anuncios fomentan el consumo de alimentos muy azucarados o muy salados, como cereales, refrescos, galletas u otros productos para picar entre comidas. Menos del 5 por ciento de los anuncios sobre productos alimenticios que se emiten por televisión en un día cualquiera son de alimentos saludables, como frutas y verduras. El resultado es que su hijo acaba teniendo una visión completamente distorsionada de lo que debe comer. Cuanto más anuncios vea más "chucherías" le pedirá y menos le interesarán los alimentos saludables.

Los niños que ven mucha televisión tienen más probabilidades de volverse obesos que los que son físicamente más activos. Una de las razones es que los anuncios fomentan el hábito de picar entre comidas y de seleccionar alimentos que engordan. Otra razón es que gran parte del tiempo que pasan sentados delante del televisor lo podrían dedicarlo, a jugar activamente y a quemar calorías.

Todos los niños necesitan jugar activamente, no sólo por los beneficios del ejercicio físico, sino también para tener un desarrollo mental y social adecuado. El ver televisión es una acción pasiva. No le ayuda a un niño a adquirir las habilidades, facultades y experiencias más importantes que necesita a esta edad, como la comunicación, creatividad, fantasía, sentido común y placer de experimentar. Cuanto más tiempo pase su hijo pegado al televisor, menos tiempo podrá dedicar a otras actividades mucho más enriquecedoras.

## Cómo actuar

Hay niños y familias que saben aprovechar sabiamente los beneficios de la televisión y minimizar sus efectos negativos. Un enfoque adecuado consiste en hacer un uso limitado e inteligente de la televisión y entender cómo funciona la programación y los anuncios de televisión. Si usted no hace un esfuerzo consciente por controlar lo que su hijo ve por televisión, ésta podría convertirse en una de las peores influencias de su vida.

Para muchos niños pequeños la televisión no es más que un substituto de los amigos, las niñeras, los maestros e, incluso, los padres. Es la forma más sencilla de entretenerse y fácilmente puede convertirse en un hábito, a menos que se establezcan límites.

Por norma general, un niño mayor de dos años no debe ver más de una o dos horas de televisión al día. Esto es fácil de hacer respetar cuando el niño es pequeño, pero a medida que se hace mayor y más independiente, cada vez le resultará más difícil. Por lo tanto, lo mejor es empezar pronto. Si su hijo no tiene la oportunidad de ver mucha televisión, no podrá adquirir un hábito que más adelante será difícil de erradicar. Los padres deben ayudar a sus hijos a elegir los programas que pueden ver. Cuando termine el programa seleccionado, se debe apagar televisor.

La mejor forma de conseguir que su hijo se "despegue" del televisor es distraerlo con otra cosa. Invítelo a que se una a usted en actividades divertidas y constructivas, tales como leer, jugar a cartas o en el patio, pintar, ayudarle a preparar la cena, hacer torres o ir a ver a un amigo. Elógielo cuando se divierta sin depender de la televisión y déle un buen ejemplo limitando el tiempo que usted dedica a ver la televisión. No utilice la televisión como una recompensa ni su prohibición como un castigo. Así, sólo conseguirá que a su hijo le parezca todavía más atractiva.

Si estas tácticas no surten efecto y su hijo o hija prende la televisión en cuanto usted le da la espalda, probablemente tendrá que utilizar medidas más drásticas, como retirar el televisor o instalar algún sistema de control que sólo permita sintonizar ciertos canales. Muy pronto todos los televisores nuevos llevarán un "v-chip" que permitirá controlar los programas que el pueda ver.

Incluso una o dos horas de televisión al día pueden ser perjudiciales para su hijo, si ve programas violentos o inadecuados. Enséñele a planificar los programas que va a ver. Ayúdele a elegir programas que fomentan el buen comportamiento en lugar de la violencia. Si le prohíbe ver un programa en concreto, déle una explicación clara y concisa para que entienda el porqué. Así mismo, asegúrese de que apague el televisor en cuanto acabe el programa que había elegido para que no pueda "engancharse" al siguiente programa. No permita que la televisión se convierta en la niñera de su hijo. Planifique semanalmente con su hijo los programas que va a ver, eligiéndolos con cuidado. Sea un buen modelo. Si usted está pegado al televisor toda la tarde, puede estar seguro de que su hijo no aprenderá a controlar el uso de la televisión.

Para que su hijo saque el mayor partido a los programas de televisión, véalos con él. Hasta un "mal programa" puede resultar educativo si lo comentan mientras lo ven. Hágale entender que la violencia que ve en la pantalla no es real y que, en el caso de que lo fuera, los personajes resultarían gravemente heridos. Explíquele que lo que pasa en las películas es algo inventado y que los personajes son actores que representan papeles imaginarios. Critique a los personajes que beben alcohol, fuman, consumen drogas o van en carro sin el cinturón de seguridad. Si su hijo sabe lo que usted desaprueba de esos personajes, empezará a reflexionar sobre su comportamiento y a cuestionarlo en vez de aceptarlo automáticamente. Cuestione los estereotipos negativos o falsos de cualquier tipo: sexuales, étnicos, religiosos o culturales. Esto puede ser una lección sumamente efectiva. Un padre inteligente puede utilizar hasta un mal programa de televisión para enseñar y trasmitir valores positivos a sus hijos.

Mientras ve televisión con su hijo, puede aprovechar la ocasión para educarlo sobre la publicidad. Enséñele que los anuncios no son lo mismo que los programas y que el único objetivo de la publicidad es conseguir que él desee tener algo que no tiene. Ésta no es una lección fácil para un preescolar, pero si le explica cuál es la diferencia entre un alimento "saludable" y otro "no saludable" y entre un juguete de buena y de mala calidad, le ayudará a ser un televidente más crítico. Instarle a que se fije en el anuncio de un producto que él ya ha probado y no le ha gustado, le puede ayudar a entender lo engañosa que puede ser la publicidad.

Usted también puede contribuir a mejorar la programación infantil poniéndose en contacto directamente con las cadenas de televisión, patrocinadores o programadores. Hágales llegar sus quejas y preferencias. Si hay un programa que le gusta especialmente, hágaselo saber a los programadores, ya que los programas de calidad suelen tener audiencias reducidas y su apoyo como televidente puede contribuir a que se siga emitiendo.

Únase a grupos o asociaciones que trabajan para mejorar la programación o en contra de la violencia televisiva en su localidad, únase a coaliciones comunitarias para diversas campañas, y exija que en las escuelas eduquen a los niños en la evaluación critica de los medios de comunicación.

Otros medios de comunicación, como la música de rock, los vídeos musicales, las películas de cine, los juegos de vídeo o de computadora, y el Internet, plantean a las familias los mismos retos que la televisión. Al dedicar más tiempo a la computadora o a escuchar música, absorben más lecciones importantes, aunque no siempre adecuadas, sobre la violencia, la sexualidad, el abuso de sustancias, las relaciones y el mundo en general. Los padres deben estar informados sobre los medios de comunicación que consumen

## Nuestra posición

Aunque la Academia Americana de Pediatría no considera que la televisión sea la única responsable de la violencia que hay en nuestra sociedad, consideramos que la violencia televisiva tiene un efecto innegable sobre la conducta de los niños y fomenta el uso de la violencia para resolver conflictos. El hecho de que la violencia que los niños ven por televisión no se asocie a consecuencias negativas y la rapidez con que parecen resolver sus problemas los personajes que la utilizan, aumentan las probabilidades de que la violencia esté entre la primeras estrategias a las que un niño suele acudir, en lugar de entre las últimas.

Tanto los padres como los encargados de la programación tienen que asumir la responsabilidad de los programas que ven los niños. Instamos encarecidamente a los padres a que limiten el tiempo que les dejen ver la televisión a sus hijos, a que supervisen los programas que ven y a que vean la televisión con ellos para ayudarles a aprender de lo que están viendo.

La Academia Americana de Pediatría apoya por completo las iniciativas legislativas para mejorar la calidad de la programación infantil.

La meta principal de los anuncios de televisión dirigidos a la población infantil es “venderle a los niños” productos—desde juguetes hasta “comida para picar”. Los niños pequeños no saben distinguir entre un programa de televisión y un anuncio, ni tampoco acaban de entender que los anuncios se hacen para venderles algo (a ellos a o sus padres).

La televisión también es culpable de distorsionar muchos aspectos de la realidad, como las drogas, el alcohol, el tabaco, la sexualidad, las relaciones familiares y los roles sexuales.

sus hijos y establecer límites, ver o escuchar los programas con ellos y hablar sobre su contenido y sus personajes. Sólo las familias y los niños que tengan una buena educación en torno a los medios de comunicación, estarán en condiciones para hacer frente a la influencia negativa de los mismos y aprovechar sus beneficios.

## Rabietas

Las rabietas no son agradables ni para usted ni para su hijo, pero forman parte de la vida normal en la mayoría de los preescolares. La primera vez que a su hijo le dé por gritar y dar patadas porque no puede salirse con la suya, usted puede sentir enfado, frustración, humillación y hasta miedo. Es posible que hasta se pregunte qué es lo que ha hecho mal para que su hijo sea tan insoportable. No se preocupe: usted no es responsable de ese comportamiento y las rabietas no son el síntoma de ningún trastorno emocional o de personalidad grave. Casi todos los niños pequeños tienen una rabieta de vez en cuando, sobre todo cuando tienen entre dos y tres años de edad. Pero, si se saben llevar, las rabietas suelen disminuir en frecuencia e intensidad en torno a los cuatro o cinco años.

Durante la etapa de desarrollo en que los niños están empezando a separarse de sus padres, el "no" es una expresión completamente normal y comprensible, si se tiene en cuenta que están luchando por conquistar su emergente independencia. Las rabietas suelen ser una forma de expresar la frustración. Los preescolares están deseosos de tomar el control. Quieren ser más independientes de lo que les permiten sus habilidades y no reconocen sus propios límites. Quieren ser quienes toman las decisiones, pero no saben mediar ni afrontar la decepción o que los restrinjan. Tampoco saben expresarse bien con palabras, por lo que, en lugar de ello, exteriorizan su enfado y su frustración llorando o aislándose y, a veces, teniendo rabietas. Aunque estas "exhibiciones" emocionales sean desagradables, no suelen ser peligrosas.

Generalmente se puede anticipar cuándo un niño va a tener una rabieta. Justo antes, el niño puede parecer más taciturno o irritable que de costumbre, y ni los cariños ni el hecho de jugar con él conseguirán mitigar su desazón. A continuación, intentará hacer algo que está por encima de sus capacidades o pedirá algo que no puede tener. Empezará a quejarse y a gimotear e insistirá una y otra vez. No se le podrá contentar ni distraer con nada y, al final, empezará a llorar. Conforme el llanto se intensifica, empezará a agitar los brazos y a dar patadas en el aire. Es posible que se tire al suelo y que contenga la respiración—algunos niños son capaces de hacerlo hasta que se ponen morados o se desmayan. Por mucho que estos "ataques" asusten a un padre, generalmente la respiración se normaliza en cuanto el niño se desmaya y la recuperación es rápida y total. (Véase también el recuadro de la página 570.)

No le extrañe si su hijo o hija sólo tiene rabietas cuando usted está presente. La mayoría de niños actúan de este modo delante de sus padres o de algún otro familiar y raramente en presencia de extraños. Las rabietas también son una forma de poner a prueba los límites que usted le impone, algo que no osaría hacer con alguien a quien no conoce tan bien como a usted. Cuando se pasa de la raya y usted le pone control, responderá con una rabieta. No es que su hijo quiere hacerle la vida imposible a propósito ni que prefiera a los extraños. Paradójicamente, sus estallidos ocasionales son una señal de su confianza en usted.

Estas explosiones emocionales actúan a modo de válvulas de escape. De ahí que, poco después de tener una rabieta, el niño suele acabar tan agotado que es habitual que se quede dormido. Cuando se despierta, suele estar calmado y se comporta de forma tranquila y complaciente. Sin embargo, si el niño está enfermo o hay tensión a su alrededor, es posible que la frustración vuelva a aparecer. Los niños que están enfermos o ansiosos, que son muy temperamentales, o que no duermen lo suficiente o viven en familias donde hay mucha tensión, suelen tener rabietas con más frecuencia.

## Prevención

Es difícil impedir que su hijo tenga rabietas de vez en cuando, pero usted puede contribuir a disminuir su frecuencia evitando que esté demasiado cansado o ansioso y que tenga frustraciones innecesarias. Su hijo tendrá poca tolerancia si no le deja tiempo para estar tranquilo, sobre todo si está enfermo o ansioso o si ha tenido un día más activo de lo habitual. Aunque no llegue a conciliar el sueño, el acostarse durante quince o veinte minutos puede ayudarle a recuperar energías, lo que reduce las probabilidades de que tenga una rabieta provocada por el agotamiento. Los niños que no hacen la siesta suelen tener más rabietas, por lo que es recomendable que un niño tenga un período de descanso al día. Si su hijo se resiste, usted puede acostarse a su lado o bien leerle un cuento, pero no le deje jugar o hablar demasiado.

Los niños cuyos padres no saben fijarles límites o por el contrario son demasiado estrictos, suelen tener rabietas más intensas y más frecuentes que los hijos cuyos padres enfocan la disciplina de modo equilibrado. Por norma general, lo mejor es establecer pocos límites y ser bien consistentes al cumplirlos. Cuente con que su hijo le va a decir "no" muchas veces al día. Necesita autoafirmarse y no sería normal que nunca intentara llevarle la contraria. Usted puede dejar que se salga con la suya cuando lo que esté en juego no tenga demasiada importancia, por ejemplo, si quiere andar despacio en vez de hacerlo deprisa o se niega a quitarse el pijama antes de desayunar. Pero, cuando intente cruzar la calle sin darle la mano, usted deberá imponerse, aun cuando para ello tenga que retenerlo físicamente. Sea afectuoso, pero firme, y reaccione de la misma forma *cada vez* que su hijo viole una norma. Su hijo no puede aprender la lección a la primera, por lo que, si quiere cambiar su comportamiento, tendrá que repetir muchas veces este tipo de escenas. Así mismo, asegúrese de que todos los adultos que cuidan de su hijo le hacen respetar las mismas normas y siguen el mismo enfoque disciplinario.

## Cómo actuar

Cuando su hijo tenga una rabieta, lo más importante es que usted mantenga la calma. Si usted suele explotar cuando se enfada, es lógico que su hijo imite su comportamiento. Si usted le grita para intentar tranquilizarlo, probablemente sólo conseguirá empeorar las cosas. Un ambiente sereno reducirá el nivel general de estrés y conseguirá que tanto usted como su hijo se sientan mejor y más capaces de controlar la situación. De hecho, a veces, coger al niño con suavidad o distraerlo con comentarios del tipo "¿Qué estará haciendo ahora el gatito?" o "Me parece que sonó el timbre de la puerta" pueden servir para interrumpir conductas como aguantar la respiración antes de que el niño llegue a desmayarse. (Véase también el recuadro de la página 570.)

A veces, si usted siente que está empezando a perder el control, el sentido del humor puede salvar la situación. Transforme una discusión acalorada sobre si su hijo quiere o no bañarse en una carrera hasta el baño. Suavice su petición de "cómete la cena" haciendo una mueca divertida. A no ser que su hijo esté extremadamente cansado o irritable, es más fácil que esté dispuesto a obedecer si usted suaviza un poco la disciplina con estas pequeñas chanzas. Además, al actuar así, *usted* también se sentirá mejor.

Algunos padres se sienten culpables cada vez que les dicen "no" a sus hijos. Se esfuerzan demasiado por explicarles las normas, o se disculpan por el hecho de tener que aplicarlas. Hasta un niño de dos o tres años es capaz de percibir la duda en el tono de la voz, e intentará aprovecharse de ello. Si un padre tiende a ceder, el niño hará más rabietas cuando no logre su propósito. No hay motivo para lamentarse ni para disculparse por el hecho de hacer cumplir una norma. Si actúa de este modo, sólo conseguirá que las cosas sean más difíciles para su hijo. Esto no significa que usted tenga que ser duro con su hijo, ni que tenga derecho a tratarlo mal; simplemente debe dejar bien clara su postura. Conforme el niño vaya creciendo, usted le podrá ir dando explicaciones simples y breves sobre las normas, pero no dé explicaciones demasiado largas, ya que sólo conseguirá confundirlo.

Cuando le pida a su hijo que haga algo en contra de su voluntad, échele una mano con lo que tenga que hacer. Si le pide que recoja sus juguetes, ofrézcase a ayudarle. Si le dice que no tire la pelota contra las ventanas, enséñele hacia dónde la *puede* tirar. Si le recuerda que no puede tocar la puerta del horno caliente, sáquelo de la cocina o quédese a su lado para asegurarse de que le hace caso. (Nunca deje a un niño de dos o tres años solo en una habitación después de haberle dado una orden dirigida a garantizar su seguridad.)

## Cuándo acudir al pediatra

Aunque es normal que un niño en edad preescolar tenga una rabieta de vez en cuando, estas explosiones deberían suavizarse y ocurrir con menos frecuencia a partir de los tres años y medio. Entre una rabieta y otra, el niño debe parecer normal y sano. Bajo ningún concepto, el comportamiento del niño debe causar daño al mismo niño o a terceras personas ni destruir la propiedad. Si las explosiones son muy intensas, frecuentes y prolongadas, podría tratarse de un síntoma temprano de un trastorno emocional.

Consulte al pediatra si su hijo presenta alguna de las siguientes señales de alarma:

- Las rabietas persisten o se intensifican a partir de los cuatro años.
- El niño se lesiona a sí mismo o lesiona a terceras personas, o bien destruye propiedades ajenas.
- Las rabietas van acompañadas de pesadillas frecuentes, desobediencia extrema, volver a orinarse cuando ya usaba el baño, dolores de cabeza o de estómago, mal humor constante, negativa a comer o a irse a la cama, ansiedad o dependencia extremas.
- El niño aguanta la respiración hasta llegar a desmayarse durante las rabietas.

Si su hijo aguanta la respiración y se desmaya, probablemente será mejor que se lo comente al pediatra. Probablemente querrá examinarlo para determinar si los desmayos tienen alguna causa física, como, por ejemplo, la epilepsia (véase la página 698). El pediatra también le puede dar algunas recomendaciones sobre cómo disciplinar a su hijo y sugerirle que busque el apoyo de un grupo u asociación de padres. Si el pediatra considera que las rabietas que tiene su hijo pueden obedecer a un trastorno emocional grave, le remitirá a un psiquiatra infantil, a un psicólogo o a un centro de salud mental.

# Chuparse el dedo

No se preocupe por el hecho de que su hijo o hija empiece a chuparse el pulgar o algún otro dedo. Se trata de un hábito muy común en los bebés y que tiene un efecto calmante y relajante. Algunos expertos afirman que nueve de cada diez niños se chupan el dedo en algún momento durante los primeros meses de vida. En gran parte es una manifestación de los reflejos normales de búsqueda y de succión que tienen todos los lactantes. De hecho, hay pruebas de que los bebés se chupan el pulgar y otros dedos incluso antes de nacer, y algunos presentan esta conducta inmediatamente después del parto.

Puesto que la succión es un reflejo normal, chuparse el pulgar o algún otro dedo puede considerarse un hábito completamente normal. Sólo debe ser motivo de preocupación si se prolonga durante demasiado tiempo o si la persistencia del hábito empieza a deformar la boca o la alienación de los dientes del bebé. Más de la mitad de los niños que se chupan el pulgar dejan de hacerlo alrededor de los seis o siete meses de edad. A veces, los niños pequeños, sobre todo cuando se sienten más vulnerables, se chupan el pulgar de forma ocasional incluso hasta los ocho años de edad. Chuparse el pulgar consistentemente después de cumplir cinco años puede provocar alteraciones estructurales en el paladar o en la alineación de los dientes. Es en este momento es cuando usted y el dentista del niño podrían empezar a preocuparse. También es cuando a su hijo le pueden empezar a afectar los comentarios hirientes de sus compañeros de juego, hermanos y parientes. Si esto le preocupa, consulte al pediatra.

## Tratamiento

Antes de iniciar cualquier tratamiento, es importante descartar la posibilidad de que la persistencia del hábito se deba a problemas graves de carácter emocional o relacionados con el estrés. Así mismo, su hijo debe querer erradicar el hábito y participar de lleno en el tratamiento. Estos tratamientos suelen estar diseñados para aquellos niños que siguen chupándose el dedo después de los cinco años.

Las técnicas que se suelen utilizar en estos casos empiezan con recordatorios suaves sobre todo durante las horas de vigilia. Sus amigos o familiares pueden sugerirle que le dé un chupete al niño, pero no hay pruebas de que esto sirva de nada, ya que lo único que se consigue es substituir un hábito de succión por otro.

Si estos recordatorios no surten efecto y su hijo sigue queriendo erradicar el hábito, es posible que el pediatra le recomiende utilizar algún estímulo “aversivo” (desagradable) que le recuerde al niño que no debe chuparse el dedo en cuanto empiece o vaya a hacerlo. A tal efecto, se puede impregnar el dedo de una sustancia amarga, cubrirlo con una tirita o con un capuchón (un cilindro de plástico ajustable) o bien colocarle un dispositivo en el codo que le impida doblarlo para que no se pueda acercar el dedo a la boca. De todos modos, antes de utilizar cualquiera de estos métodos, se los debe explicar a su hijo. Si le provoca ansiedad o tensión excesivas, debe interrumpir el tratamiento. En algunos casos muy raros en que el hábito de chuparse el dedo está provocando graves alteraciones en la alienación de los dientes y las técnicas descritas no parecen surtir efecto, algunos dentistas optan por colocar un aparato en la boca del niño que no permite que el pulgar o cualquier otro dedo ejerza presión sobre el paladar o los dientes. De hecho, la colocación de este aparato hace que el hecho de meterse el dedo en la boca resulte tan incómodo que los niños suelen dejar de intentarlo.

Tenga presente que su hijo podría ser uno de los pocos niños que, por uno u otro motivo, parecen incapaces de dejar de chuparse el dedo. Lo más seguro es que la mayoría de estos niños dejen de chuparse el dedo durante las horas de vigilia en cuanto empiezan a ir a la escuela. Esto se debe a la presión del grupo. Es posible que estos mismos niños sigan chupándose el dedo para conciliar el sueño o para calmarse cuando están muy nerviosos. De todos modos, aparte de que generalmente lo harán cuando no los vean nadie, esto no les puede hacer ningún daño, ni emocional ni físico. Presionar demasiado a un niño para frenar este tipo de conductas probablemente le hará más mal que bien, e incluso estos niños, tarde o temprano, suspenden el hábito por si mismos.

# 18

# Pecho y pulmón

## Asma

Si su hijo tiene tos o emite una especie de silbido al respirar, es posible que tenga asma, un trastorno del aparato respiratorio que afecta a los tubos bronquiales.

Los bronquiolos son unos conductos muy estrechos que conectan los tubos principales (bronquios) con las zonas del pulmón donde tiene lugar el intercambio de oxígeno y dióxido de carbono durante la respiración. Estos tubos están rodeados por unos músculos de fibra lisa que son muy sensibles. Al estimularlos, estos músculos se contraen, lo que provoca que los pequeños conductos por donde pasa el aire se estrechen aún más. Además, la capa que recubre el interior de estos tubos (membrana mucosa) se hincha e inflama y produce un exceso de fluído protector denominado *mucus*. La inflamación de las vías respiratorias es el aspecto primordial de esta enfermedad. Esta inflamación provoca que la vía de paso de aire sea más reactiva, lo que causa contracciones en los músculos lisos que rodean los tubos bronquiales. Esto conlleva a un estrechamiento de la vía de paso del aire, con la consecuente emisión del sonido sibilante característico del asma durante la exhalación.

Muchas cosas pueden desencadenar una crisis asmática, pero en niños menores de cinco años, los ataques se producen mayormente luego de una infección respiratoria de origen viral, que inflama el recubrimiento de los tubos bronquiales, lo cual estimula a los músculos que los rodean.

Otros de los factores que pueden desencadenar un ataque de asma son:

- Agentes contaminantes, como humo del tabaco o gases que emanan de pinturas sintéticas.
- Alérgenos, como polen, esporas, pelo de algunos animales, ácaros, polvo y cucarachas.
- Hacer ejercicio en algunos niños
- Inhalar aire frío
- Algunos medicamentos

Otros desencadenantes menos frecuentes son:

- Estrés y problemas emocionales
- Infección de los senos nasales
- Reacciones alérgicas a ciertos alimentos

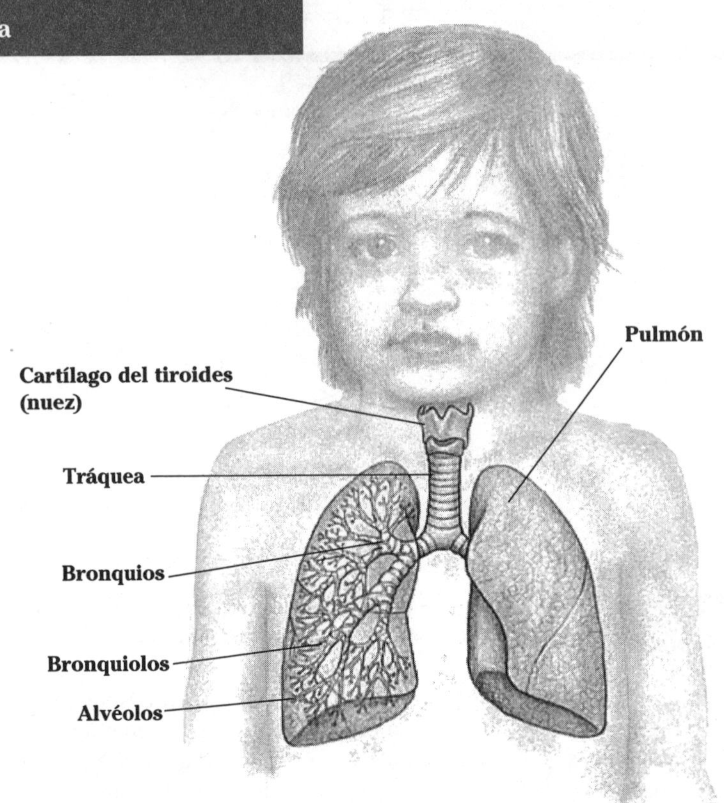


**Pecho y pulmónes**

- Lesiones en las vías respiratorias (por ejemplo, en niños a quienes se les ha colocado un tubo endotraqueal o que hayan inhalado previamente humo de tabaco)

## Signos y síntomas

Si su hijo tiene un ataque de asma desencadenado por una infección de las vías respiratorias altas, el principal síntoma que tendrá será una tos que empeorará por las noches, al hacer ejercicio, o al entrar en contacto con algún irritante (como humo de tabaco) o con un alergéno (cómo pelo de animal, polvo o cucarachas).

Emitirá una especie de silbido al exhalar. Conforme el ataque avance es posible que el sonido disminuya, puesto que cada vez entrará y saldrá menos aire.

Si el ataque es muy fuerte, el niño empezará a respirar muy deprisa, su ritmo cardíaco se acelerará, y es posible que vomite. En casos muy graves, parecerá que las paredes del pecho se le hunden en cada respiración, las uñas y los labios se le pondrán azules, se sentirá muy cansado, se moverá muy lentamente y toserá constantemente. *Un ataque tan grave requiere atención médica inmediata.*

La mayoría de los niños con asma tienen una enfermedad crónica. Pueden tener tos durante el día (o la noche), asociada a ejercicio físico, o al exponerse a determinados agentes; o es posible que el médico oiga silbidos o "pitos" al auscultarlos (sobre todo cuando se les pide que saquen el aire con fuerza) incluso en ausencia de síntomas. En los niños mayores, el asma se puede detectar mediante pruebas que analizan la función pulmonar.

## Cuándo acudir al pediatra

Si su hijo tiene asma, es importante saber cuándo requiere atención médica inmediata. Por regla general, debe llamar al pediatra si:

- El niño tiene *seria* dificultad para respirar y parece que va empeorando, sobre todo si empieza a respirar muy rápido, las paredes del pecho se le hunden al inspirar y hace una especie de gemido al expirar.
- Los ojos o las puntas de los dedos se le ponen azules, la piel parece haberse oscurecido, o está muy agitado, extremadamente letárgico o confundido.
- Le duele el pecho, el cuello o la garganta.

Aunque probablemente sin tanta urgencia, usted también debe contactar al pediatra si:

- El niño tiene fiebre o una tos o sibilancias persistentes que no responden a la medicación prescrita.
- Lo vomita todo, por lo que no se le puede dar medicación por vía oral.
- Tiene dificultad para hablar o dormir debido a la sibilancia, la tos o a lo mucho que le cuesta respirar.
- Se está medicando con teofilina y este fármaco le produce efectos secundarios como náuseas, vómitos, pérdida de apetito, dolor de cabeza, hiperactividad o temblores.
- Tiene que faltar a la escuela.

## Tratamiento

El asma siempre tiene que tratarse bajo la supervisión de un médico. Las metas del tratamiento son:

1. Si es posible, eliminar los factores que desencadenan los ataques, incluyendo irritantes como humo de tabaco o sustancias a las que el niño sea alérgico (alergénos).
2. Controlar las sibilancias y normalizar la función pulmonar.
3. Diseñar, junto con el pediatra, un "plan de acción" para responder ante un ataque de asma severo, reduciendo, de este modo, la necesidad de acudir a un servicio de urgencias o de hospitalizar al niño.
4. Conseguir que su hijo crezca y se desarrolle con normalidad y que participe al máximo posible en las actividades propias de su edad.
5. Reducir la frecuencia y la gravedad de los ataques.
6. Evitar al máximo que el niño pierda clases.
7. Conseguir que el niño duerma bien por las noches.
8. Minimizar el uso de medicamentos y reducir las probabilidades de que el niño sufra sus efectos secundarios adversos.
9. Reducir el uso de los servicios de emergencia.

Teniendo estas metas en mente, el pediatra recetará a su hijo medicinas, en el caso de que sea necesario, o quizás refiera el caso a un especialista para que le examine a fondo la función pulmonar. El pediatra también le ayudará a planificar un programa de tratamiento en el hogar específico para su hijo. Probablemente el programa incluirá aprender a usar la medicación y diseñar un plan de acción para eliminar del hogar los irritantes y alergénos.

Si el asma de su hijo parece tener una base alérgica importante, probablemente el pediatra les referirá a un alergista pediátrico o un neumólogo pediátrico para que evalúe a fondo la alergia y la función pulmonar del niño. Es posible que el alergista recomiende ponerle al niño vacunas para reducir su sensibilidad a los alergénos que desencadenan las crisis asmáticas. Esto conlleva inyectar regularmente una forma diluída de las sustancias alergénicas, entre las que se suele incluir el polvo, las esporas, los ácaros y el polen. Así mismo, cuando sepa qué es lo que provoca las crisis, podrá disminuir su frecuencia, evitando exponer al niño a tales sustancias.

El tipo de medicación prescrita dependerá del tipo de asma que tenga su hijo:

- Si los síntomas son esporádicos, probablemente el pediatra le recetará un fármaco de acción rápida que permita ensanchar las vías respiratorias (un broncodilatador) para que lo utilice cuando tengan lugar las crisis. Estos fármacos se administran, bien por vía oral o bien mediante inhaladores.
- Si se trata de un asma recurrente o crónica, probablemente el pediatra le recetará un medicamento para que el niño lo tome diariamente y así controlar a largo plazo la condicion. Puede recetarle un broncodilatador, esteroides para inhalar, cromoglicato sódico, que se puede inhalar utilizando un nebulizador o en forma de polvos finos, u otros medicamentos nuevos en el mercado como los modificadores de leucotrienos. Es posible que, para que estos fármacos hagan efecto tengan que pasar varias semanas. El cromoglicato y la inhalación de esteroides reducen la inflamación de las vías respiratorias y la reactividad al igual que los nuevos medicamentos. Los broncodilatadores actúan ensanchando directamente los bronquíolos.
- Para las crisis más agudas, probablemente el pediatra le recetará, además, otros fármacos, como los corticosteroides (cortisona) y broncodilatadores de acción rápida.

## Prevención

La forma más eficaz de evitar que su hijo tenga ataques de asma es:

- Seguir al pie de la letra las instrucciones del pediatra a la hora de medicar al niño. *No deje de medicarlo demasiado pronto,* no le dé la medicación menos frecuentemente de lo que le corresponde, ni cambie a otro medicamento o a otro tratamiento sin comentárselo al pediatra. Si usted no entiende por qué se le está dando algún medicamento a su hijo, pídale al pediatra que se lo explique.
- Mantener al niño alejado de aquello que desencadena el ataque de asma, como, polvo, humo, polen, ciertos animales domésticos y ciertos alimentos. Llevar un diario de cuándo ocurren los ataques y qué es lo que los precede puede ayudarle a identificar los causantes. Si es posible, aprenda a anticipar las crisis. Si su hijo suele tener ataques asmáticos cuando contrae infecciones virales, empiece a darle la medicación contra el asma cuando presente los primeros síntomas de infección. El tratamiento debería consistir en fármacos antiinflamatorios (esteroides), junto con un broncodilatador. No espere a que aparezca la tos y la sibilancia para empezar a medicarlo. El momento más fácil y mejor para tratar una crisis asmática es en sus fases iniciales, antes de que se intensifique.

## Bronquiolitis

La bronquiolitis es una infección que afecta a los bronquiolos, los tubulos pequeños que hay al final de los bronquios, en el pulmón. Afecta sobre todo a los infantes. (Nota: el término *Bronquiolitis* se confunde a veces con bronquitis, que es una infección de los bronquios, dos tubos mucho más grandes que van desde la tráquea hasta los pulmones.)

La bronquiolitis casi siempre es de origen viral y mayormente provocada por el virus respiratorio sincitial (VRS [RSV por sus siglas en inglés]). Otros virus que pueden provocar este trastorno son el parainfluenza, el influenza, el virus del sarampión y el adenovirus. La infección causa inflamación, lo que, a su vez, bloquea el paso del aire a través de los pulmones. La mayoría de los adultos y muchos niños infectados por el VRS sólo presentan síntomas de un resfriado común. Sin embargo, cuando se trata de un infante, es más fácil que la infección desemboque en una bonquiolitis. Ello se debe a que sus vías respiratorias son más pequeñas y estrechas, por lo que es más fácil que se bloqueen cuando se infectan y se inflaman.

Casi la mitad de los niños que pasan una bronquiolitis durante la infancia acaban desarrollando asma en el futuro. No sabemos por qué estos niños son más propensos, pero es como si la infección del VRS fuera el primer desencadenante de la reacción de las vías respiratorias que caracteriza al asma.

El VRS es la principal causa de bronquiolitis entre los meses de octubre y marzo. Durante los demás meses, este trastorno suele desencadenarse a partir de infecciones provocadas por otros virus.

El VRS se contagia a través del contacto directo con las secreciones de personas infectadas. Se propaga en las familias, en los centros de preescolar y en los hospitales. Lavarse las manos a conciencia puede ayudar a evitar la propagación.

### Signos y síntomas

En los infantes la bronquiolitis empieza manifestándose como una infección de las vías respiratorias altas (un resfriado): nariz moqueante, tos leve, y, a veces, fiebre. Al cabo de uno o dos días, la tos se hace más fuerte, el niño empieza a respirar más deprisa y con mayor dificultad:

- Es posible que dilate las ventanas de la nariz y que contraiga los músculos que hay debajo de la caja torácica, al esforzarse para que pueda entrar y salir más aire de los pulmones.
- Utilizará los músculos que hay entre las costillas (los intercostales) y sobre la clavícula para poder respirar mejor.
- Al respirar, es posible que emita un sonido ronco y tense los músculos abdominales.
- Cada vez que espira, emite un sonido sibilante agudo, que se denomina resuello o sibilancia.
- Es posible que le cueste ingerir fluidos, porque, al tener tanta dificultad para respirar, no chupa ni traga bien.

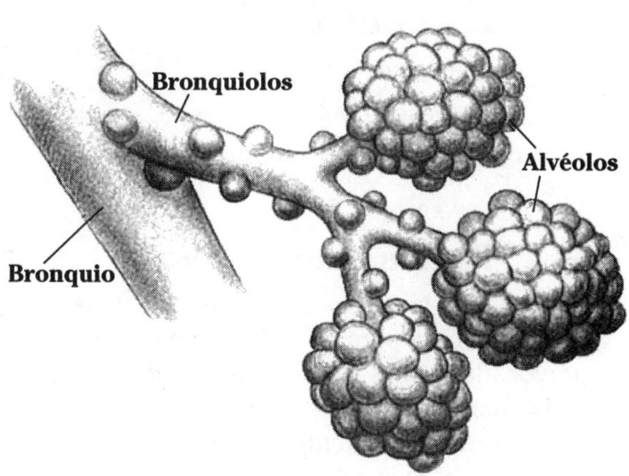

- Conforme aumenten las dificultades para respirar, es posible que se le pongan los labios y las puntas de los dedos de color morado. Esto indica que el paso del aire está tan bloqueado que no le llega suficiente oxígeno a la sangre.

*Si su bebé presenta cualquiera de estos síntomas, indicativos de que tiene mucha dificultad para respirar, o tiene fiebre durante más de tres días (o simplemente tiene fiebre, si se trata de un bebé de menos de tres meses), llame al pediatra inmediatamente.*

También debe llamar al pediatra si su hijo presenta cualquiera de los siguientes síntomas de deshidratación, que también pueden aparecer junto con la bronquiolitis.

- Boca seca
- Consumo de una cantidad de líquido inferior a la normal
- Llanto sin lágrimas
- Reducción en la frecuencia de la micción

*Si su hijo padece cualquiera de los siguientes trastornos, informe al pediatra en cuanto usted tenga la sospecha de que tiene bronquiolitis.*

- Fibrosis quística
- Enfermedades cardíacas congénitas
- Displasia broncopulmonar (presente en algunos infantes quienes recibieron respiración asistida por un ventilador cuando eran recién nacidos)
- Inmunodeficiencia
- Órganos trasplantados
- Un cáncer tratado con quimioterapia

## Tratamiento en casa

No hay ningún medicamento que se pueda utilizar en casa para tratar las infecciones provocadas por el VRS. Lo único que puede hacer durante la fase inicial de la enfermedad es intentar mitigar los síntomas del resfriado. Por ejemplo, puede utilizar un humidificador, una aspirador nasal y quizás alguna solución salina suave que le recete el pediatra para destaparle la nariz a su hijo. (Véase el tratamiento de *Resfriados/infecciones de la vías respiratorias altas,* en la página 616.) Asegúrese también de que el bebé toma mucho líquido para que no se deshidrate. (Véase *Diarrea,* en la página 544.) Es posible que prefiera beber líquidos poco densos, en lugar de leche, sea materna o de fórmula. Debido a las dificultades respiratorias, también es posible que coma o chupe más despacio y que no tolere muy bien los sólidos.

## Tratamiento profesional

Si su hijo tiene dificultades respiratorias de carácter leve o moderado, es posible que el pediatra utilice un broncodilatador (un fármaco que ensancha las vías respiratorias) antes de recurrir a la hospitalización. Al parecer, estos fármacos ayudan a un número reducido de pacientes.

Desafortunadamente, algunos niños con bronquiolitis tienen que ser hospitalizados, sea por dificultad respiratoria o por deshidratación. Los problemas respiratorios se tratan con oxígeno y fármacos broncodilatadores, que se inhalan periódicamente. Algunas veces se utiliza otro fármaco, denominado teofilina. La deshidratación se trata poniendo al niño a una dieta especial de líquidos o bien administrándoselos por vía intravenosa.

Recientemente, se ha desarrollado un tratamiento de la bronquiolitis consistente en inyectar anticuerpos del VRS. Aunque es un tratamiento aún controvertido, se está utilizando con niños hospitalizados gravemente afectados, puesto que puede ser eficaz. Controversialmente, también, se han utilizado agentes antivirales inhalados en algunos pacientes de alto riesgo.

En casos muy raros, cuando el niño no responde a ninguno de estos tratamientos, se le debe ayudar a respirar con una máquina de respiración asistida (respirador). Ésta suele ser una medida temporal, para ayudar al niño hasta que su cuerpo sea capaz de hacer frente a la infección.

### Prevención

La mejor forma de proteger a su bebé de la bronquiolitis es mantenerlo alejado de los virus que la pueden provocar. Siempre que sea posible, sobre todo cuando su hijo aún es un lactante, evite que entre en contacto directo con cualquier niño o adulto que esté en las primeras fases de una infección respiratoria, que son las más contagiosas. Si su hijo va a alguna guardería donde puede haber algún niño infectado, asegúrese de que el personal del centro se lava las manos a conciencia y frecuentemente.

## Tos

La tos casi siempre se debe a una irritación de las vías respiratorias. Cuando las terminaciones nerviosas de la garganta, la tráquea o los pulmones perciben la irritación, se desencadena un reflejo que hace que el aire sea expulsado violentamente a través de la boca en forma de tos.

La tos suele asociarse a enfermedades que afectan al aparato respiratorio como resfriados/infecciones de las vías respiratorias altas (véase la página 615), bronquiolitis (véase la página 585), gripe (véase la página 591), crup (véase la página 589) o neumonía (véase la página 593). Si la tos va acompañada de fiebre, irritabilidad o problemas para respirar, lo más probable es que el niño haya contraído alguna de estas infecciones.

En gran medida, la ubicación de la infección determinará el tipo de tos: una irritación de la laringe (caja laríngea), como el crup, provoca una tos que suena como el ladrido de un perro o de una foca; una irritación que afecta a las vías respiratorias de mayor amplitud, como la tráquea o los bronquios, se asocia a una tos más grave y rasposa, que empeora por las mañanas.

Una tos crónica o persistente no asociada a fiebre puede deberse a que su hijo haya inhalado accidentalmente un objeto pequeño, como un cacahuete, que esté alojado en la tráquea o los pulmones (véase *Atragantamientos,* página 515). Las alergias también pueden cursar con tos crónica, debido a que la mucosidad que gotea por la parte posterior de la garganta provoca una tos seca y difícil de frenar, sobre todo por las noches. Un niño que tose sólo por las noches es posible que tenga una forma leve de asma (véase la página 581)

A veces, la tos se debe a una irritación temporal, como, por ejemplo, a la inhalación de los gases que emanan de una pintura que se está secando, al humo del tabaco o a un insecticida. En estos casos, la tos desaparecerá en cuanto se elimine el estímulo irritante. En situaciones bastante raras, el niño seguirá teniendo una tos seca y periódica mucho después de que se elimine el agente que la provocó en un principio. Aunque esto puede ser molesto (más para usted que para el niño), la tos casi siempre termina por desaparecer. De todos modos, si se convierte en un hábito, el pediatra le puede indicar cómo erradicarla.

### Cuándo acudir al pediatra

Todo lactante menor de dos meses que tenga tos, debe ser visto por el pediatra. Si se trata de un lactante de más edad o de un niño mayor, consulte al pediatra si:

- La tos dificulta la respiración del niño.

- La tos parece dolorosa, persistente y va acompañada de quejidos, vómitos o piel morada o azulada.
- La tos persiste más de una semana.
- La tos aparece de repente y se asocia a fiebre.
- La tos empieza después de que el niño se atragante con un trozo de comida a algún otro objeto (véase *Atragantamientos,* página 515).

El pediatra intentará determinar la causa de la tos. La mayoría de las veces será el síntoma de un resfriado o de una gripe, y el pediatra le recomendará simplemente mucho descanso. Es posible que también le recete algún medicamento para tratar los síntomas, en el caso de que sean lo suficientemente graves.

Cuando la tos esté provocada por algún otro problema médico, como una infección bacteriana o asma, será preciso tratar el trastorno subyacente para que remita la tos. A veces, cuando la causa de la tos crónica no está clara, es preciso practicar pruebas complementarias, como radiografías, la prueba de la tuberculosis (véase la página 594), o punciones dérmicas para detectar posibles alergias.

## Tratamiento

El tratamiento de la tos depende de qué la provoca. Pero sea cual sea la causa de tos, siempre es buena idea darle al niño mucho líquido para evitar que se deshidrate. Aumentar el nivel de humedad del aire con un humidificador o un vaporizador también puede ayudar a atenuar la tos, sobre todo por la noche.

Los humidificadores de agua fría suelen ser tan eficaces como los vaporizadores de agua caliente y son mucho más seguros sí llegan a volcarse. De todos modos, no olvide limpiar bien cada mañana el aparato con agua y detergente, para que no se convierta en un campo de cultivo para la proliferación de hongos y bacterias nocivos.

Las toses nocturnas, sobre todo las que se asocian a alergia o a asma, pueden ser muy molestas, puesto que ocurren cuando todos intentan dormir. En algunos casos, resulta efectivo elevar un poco la cabecera de la cama para que la cabeza del niño quede por encima del nivel del pecho. Los medicamentos contra la tos, que contienen antihistamínicos o descongestionantes, también pueden brindar alivio. Si la tos nocturna es de origen asmático, convendrá utilizar un broncodilatador.

Aunque la mayoría de los fármacos contra la tos se pueden adquirir sin receta médica, su composición varía mucho. Por lo tanto, es mejor pedirle al pediatra que le recomiende un producto en concreto, así como la dosis y frecuencia de las tomas adecuadas para su hijo. La mayoría de los jarabes para la tos contienen una combinación de los siguientes componentes:

- Expectorantes: disminuyen la densidad de las secreciones que se segregan en el interior de las vías respiratorias para que se puedan expulsar con más facilidad. El más utilizado es la guaifenesina.
- Descongestivos: contraen los vasos sanguíneos que recubren las paredes internas de las vías respiratorias, lo que permite reducir la cantidad de mucosidad producida. Los nombres genéricos de las dos sustancias más utilizadas son la fenilefrina y la seudoefedrina.
- Antihistamínicos: reducen las secreciones y la inflamación de las membranas mucosas cuando la causa es de tipo alérgico. Las dos sustancias más utilizadas son la clorfenamina y la bronfenamina.
- Supresores de la tos: inhiben el reflejo de la tos.

Aunque las cantidades de descongestivos y antihistamínicos contenidas en la mayoría de los productos que se venden sin receta médica suelen ser seguras para los adultos, en un niño pequeño pueden provocar efectos secundarios adversos, como somnolencia, irritabilidad, alucinaciones y aumento de la presión sanguínea. Por lo tanto, sólo deben administrarse a un niño bajo supervisión médica.

## Crup (Laringotraqueobronquitis aguda)

El crup es una inflamación de la laringe y la tráquea que conlleva un estrechamiento de las vías aéreas, justo debajo de las cuerdas vocales, lo que, aparte de dificultar la respiración, la hace ruidosa.

Existen dos tipos de crup:

*Crup espasmódico:* asusta más porque suele aparecer de repente a media noche. El niño se acuesta con un resfriado leve y se despierta al cabo de una a tres horas, con graves dificultades para respirar.

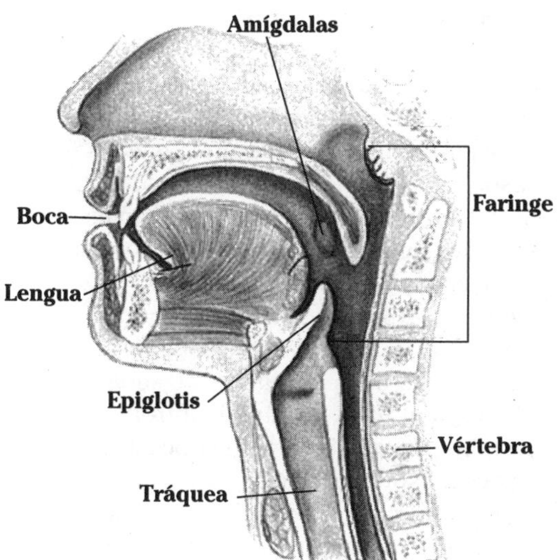


También puede tener la voz ronca y una tos muy característica, que suena como el ladrido de un perro o de una foca (véase la página 587). Este tipo de crup suele deberse a una infección leve de las vías respiratorias altas (véase la página 615) o a una alergia (véase la página 623).

*Crup vírico:* está provocado por una infección de origen viral que afecta a la laringe y a la tráquea. Este trastorno suele empezar con un resfriado, que va evolucionando de forma gradual hacia una tos de tipo ladrido. Puesto que las vías respiratorias se inflaman y aumentan las secreciones, la respiración del niño se vuelve ruidosa y dificultosa, trastorno que recibe el nombre de "estridor". Algunos niños desarrollan fiebre tan alta como de 104° Farenheit (40° centigrados), pero la mayoría no presenta tanta fiebre.

El mayor peligro radica en que la tráquea continúe inflamándose, estrechándose cada vez más las vías respiratorias, primero dificultando y después imposibilitando la respiración. Puesto que el niño se cansará mucho debido al esfuerzo que tiene que hacer para respirar, es posible que deje de comer y de beber. También puede estar demasiado agotado para toser, aunque el estridor se oirá cada vez más cuando respire.

El crup puede ocurrir en cualquier momento del año, pero se da más frecuentemente entre los meses de octubre y marzo. Algunos niños pequeños son más vulnerables a este trastorno y lo contraen cada vez que tienen una enfermedad respiratoria. El crup afecta sobre todo a niños de seis meses a tres años de edad. En niños mayores de tres años, al tener una tráquea de mayor tamaño, es menos probable que su inflamación interfiera con el proceso respiratorio.

## Tratamiento

Si su hijo se despierta a media noche con síntomas de crup espasmódico, llévelo al baño, cierre la puerta y abra el grifo de la ducha o de la bañera en la posición más caliente posible para que la habitación se llene de vapor. Siéntese con su hijo e inhalen el aire caliente y húmedo de quince a veinte minutos. Esto le ayudará al niño a respirar con más facilidad, aunque seguirá teniendo la tos "de perro" típica del crup.

Durante el resto de la noche y durante las tres o cuatro noches siguientes, coloque un vaporizador o un humidificador en la habitación del niño. A veces, puede haber varios episodios de tos espasmódica, sea en la misma noche o a la siguiente. En tal caso, vuelva a llevar a su hijo al baño y repita el tratamiento a base de vapor. El vapor casi siempre es provechoso, pero, si no parece surtir efecto, lo mejor es sacar al niño al aire libre durante varios minutos. El hecho de inhalar el aire frío y húmedo de la noche le desentumecerá las vías respiratorias, ayudándole a respirar más libremente.

Si el crup que tiene su hijo es de origen viral, el vapor también le ayudará, pero los resultados no serán tan notorios.

*No intente* abrir el paso del aire metiéndole a su hijo los dedos en la garganta. La obstrucción se debe a la inflamación de un tejido que está fuera de su alcance. Además, al meterle los dedos en la garganta podría alterar más al niño, entorpeciendo aún más su respiración. Por el mismo motivo, no intente provocarle el vómito. Si llegara a vomitar, aguántele bien la cabeza en una posición baja y después vuélvalo a llevar rápidamente a la habitación llena de vapor.

Con cualquier tipo de crup, llame enseguida al pediatra incluso si ocurre a media noche. Así mismo, fíjese en la respiración de su hijo. Llévelo al servicio de emergencias más cercano *inmediatamente* si:

- Emite un sonido sibilante que aumenta de intensidad con cada respiración.
- No puede hablar por falta de aire.
- Parece estar esforzándose mucho para conseguir respirar.

Si se trata de crup espasmódico, el pediatra le preguntará si el niño respira mejor después de aplicarle el tratamiento de vapor. Algunos médicos recetan descongestionantes para el crup espasmódico porque consideran que reducen los problemas que surjan en noches posteriores.

Para tratar el crup de origen viral, algunos médicos recetan esteroides para reducir la inflamación de la garganta o para acortar la enfermedad. Aunque su efectividad todavía no está completamente validada, un tratamiento a base de esteroides durante cinco días o menos no tiene por qué hacerle daño al niño.

Los antibióticos no sirven para tratar el crup, puesto que se trata de un trastorno de origen viral o alérgico. Los jarabes contra la tos no sirven puesto que no actúan sobre la laringe o la tráquea, que es donde está localizada la infección. Además, al frenar la tos, pueden impedir que el niño expulse las secreciones provocadas por la infección.

En los casos más graves de crup, que son bastante raros, la dificultad respiratoria no permite que llegue suficiente oxígeno a la sangre. En estos casos, es probable que el médico decida hospitalizar al niño para poderle administrar oxígeno. También lo alimentarán por vía intravenosa y le administrarán las medicinas que necesite mediante un aerosol. A veces, para evitar que la inflamación de la laringe y la tráquea obstruya el paso del aire, le introducirán un tubo por la nariz o por la boca hasta la tráquea. Este tratamiento puede provocar una ronquera temporal en el niño cuando se le retire el tubo, pero generalmente no deja secuelas a largo plazo.

## Gripe/Influenza

La gripe es una enfermedad provocada por un virus que afecta al aparato respiratorio. Hay tres tipos diferentes de virus de la gripe: el influenza A, B y C. Las típicas epidemias de gripe están causadas por el virus de la influenza A o por el B. Así mismo, cada uno de estos virus tiene distintas cepas o variedades, por lo que cada año el virus que provoca la mayoría de los casos de gripe es ligeramente distinto. Por este motivo, las personas que son especialmente susceptibles a contraer la enfermedad o de tener complicaciones en caso de padecerla deben vacunarse contra la gripe cada año.

Usted puede sospechar que su hijo tiene la gripe si presenta los siguientes síntomas:

- Subida repentina de la fiebre (generalmente por encima de los 101° Farenheit ó 38.3° centígrados)
- Temblores y escalofríos asociados a la fiebre
- Cansancio o fatiga extremos
- Dolor muscular
- Tos seca

Al cabo de unos días, el dolor de garganta, la nariz tapada y la tos continua se convertirán en los síntomas más notorios. La gripe puede durar una semana o aún más. Un niño con un resfriado común (véase *Resfriados/infecciones de las vías respiratorias altas,* página 615) suele tener menos fiebre, la nariz moqueante y sólo un poco de tos. Cuando un niño tiene la gripe —como ocurre con un adulto—se encuentra mucho peor, más molesto y más enfermo que cuando está simplemente resfriado.

El virus de la gripe se contagia de una persona a otra mediante el contacto directo; por las partículas del virus que llegan a través del aire (por ejemplo, al toser) o por medio de objetos que están contaminados, por ejemplo, por las secreciones nasales de la persona infectada. Cuando hay un brote de gripe, generalmente durante los meses de invierno, se suele extender más rápidamente en las escuelas y los centros de preescolar. Los adultos que trabajan en estos centros también contraen la enfermedad y se convierten en otro foco de contagio. El virus es mucho más contagioso durante los primeros días de la enfermedad.

Afortunadamente, en un niño sano, la gripe no trae complicaciones graves. Hay indicios de que la gripe se ha complicado si su hijo se empieza a quejar de que le duele el oído o de que tiene la cara y la cabeza muy congestionadas, o si la fiebre y la tos persisten. En algunas ocasiones la gripe desemboca en infección de oído (véase la página 618), sinusitis (véase la página 700) o neumonía (véase la página 593), en cuyo caso se debe consultar al pediatra.

En casos muy raros existe el riesgo de desarrollar el síndrome de Reye a raíz de una infección gripal (véase la página 560). Sin embargo, la incidencia de este síndrome ha disminuido significativamente desde que se sabe que puede estar relacionado con el consumo de aspirinas cuando se tiene una enfermedad viral y desde que se ha reducido el uso de este medicamento para tratar los síntomas de la gripe y la varicela.

Los niños que parecen correr más riesgo de tener complicaciones con la gripe son los que padecen trastornos médicos de carácter crónico, como: enfermedades cardíacas, enfermedades pulmonares, inmunodeficiencias, trastornos sanguíneos o malignidades. Puesto que estos niños pueden contraer la forma más grave de la enfermedad y tener complicaciones, en lo posible deben mantenerse alejados de personas que tengan gripe y se deben tomar precauciones especiales para protegerlos del contagio. Deben vacunarse cada año así como las personas que vivan con ellos.

## Tratamiento

Todo niño que se sienta mal necesita cariño y mucha ternura. Además, necesita descanso, beber mucho líquido y comidas ligeras, fáciles de digerir. Si coloca un vaporizador en su habitación, conseguirá una atmósfera más húmeda, lo que, teniendo en cuenta que sus membranas mucosas están inflamadas, le ayudará a respirar mejor.

Si su hijo se siente mal porque tiene fiebre, el acetaminofén o el ibuprofen, administrado en dosis adecuadas (teniendo en cuenta el peso y la edad del niño; véase el Capítulo 23) aliviarán su malestar. El ibuprofen sólo puede administrarse a niños de seis meses en adelante; pero, nunca se le debe dar a un niño deshidratado o que esté vomitando continuamente. *Es extremadamente importante no darle aspirina a ningún niño que tenga la gripe o que se sospeche que la tenga. Se ha constatado que, cuando se administran aspirinas durante un brote de gripe, aumenta el riego de desarrollar el Síndrome de Reye.*

## Prevención

Puesto que la gripe es una enfermedad contagiosa, el primer paso a seguir para disminuir las probabilidades de que los miembros de la familia contraigan la enfermedad es practicar y enseñar buenos hábitos de higiene. Si, por ejemplo, uno de sus hijos tiene la gripe, siga estas recomendaciones para evitar su contagio.

- Evite besar al niño afectado en la boca o cerca de la boca, aunque mientras dure la enfermedad necesitará muchos besos y abrazos.
- Enséñele a su hijo que no debe toser ni estornudar sin taparse la boca o la nariz con un pañuelo de papel, e indíquele cómo debe deshacerse del mismo.
- Asegúrese de que tanto usted como cualquier otra persona encargada de cuidar del niño se lava las manos después de atenderlo.
- Lave los utensilios que utilice su hijo con agua caliente y jabón o en el lavaplatos.
- No permita que otros miembros de la familia usen el mismo vaso que el niño enfermo ni ningún otro utensilio. Nunca deben compartir el cepillo de dientes.
- Utilice vasos de papel desechables en el baño y en la cocina.

Actualmente existen vacunas contra la gripe que se consideran seguras, eficaces y con efectos adversos minimos. Sin embargo, puesto que la mayoría de los niños toleran la gripe bastante bien, la vacuna se suele recomendar sólo en aquellos niños—o adultos—que tienen mayores probabilidades de presentar complicaciones. A partir de los seis meses de edad, es recomendable que se les administre la vacuna de la influenza a los siguientes grupos de niños:

- Niños con enfermedades pulmonares crónicas
- Niños con enfermedades cardíacas importantes
- Niños que están recibiendo un tratamiento que deprime el sistema inmune (para tratar algún cáncer)
- Niños con anemia falciforme o alguna otra hemoglobinopatía

Hay otros niños de alto riesgo que también podrían beneficiarse de la vacunación, como los diabéticos, los que tienen enfermedades crónicas renales o metabólicas, los que son portadores del VIH, y los que han estado durante mucho tiempo bajo tratamiento con aspirinas, como, por ejemplo, los niños que tienen artritis reumatoide.

Aunque la vacuna se asocia a pocos efectos secundarios, es preciso tener en cuenta que se usan huevos en su elaboración. Si un niño o un adulto ha tenido previamente una reacción alérgica grave a los huevos, o a algún producto elaborado con huevos, se le debe hacer una prueba cutánea antes de ponerle la vacuna. Si ésta confirma la hipersensibilidad al huevo, no se le debe poner la vacuna.

Actualmente existen medicamentos antivírales para tratar las infecciones provocadas por la gripe. La medicación debe iniciarse durante las primeras cuarenta y ocho horas en que se contrae la enfermedad. Así mismo, para los niños crónicamente enfermos, la prevención es muy importante. Si no se les ha aplicado la vacuna y se ven expuestos al contagio, el uso de medicinas antivirales antes de que contraigan la enfermedad, puede atenuar la intensidad de la misma.

## Neumonía

La palabra *neumonía* significa "infección del pulmón". Aunque este tipo de infección era extremadamente peligrosa en el pasado, la mayoría de los niños que la contraen hoy en día se recuperan sin problemas si reciben la atención médica adecuada.

La mayoría de las neumonías se contraen después de una infección de las vías respiratorias altas. Típicamente, los virus que provocan estas infecciones (el virus respiratorio sincitial [VRS]), el de influenza, de la parainfluenza, el adenovirus), bajan al pecho y, allí, provocan la neumonía. Otros virus, como los relacionados con el sarampión, la varicela, el herpes, la mononucleosis infecciosa y la rubéola—pueden desplazarse desde distintos lugares del cuerpo hasta los pulmones, donde también pueden provocar neumonía.

La neumonía también puede estar provocada por una infección bacteriana. Algunas de estas infecciones se contagian a través de la tos o del contacto directo con la saliva o las mucosidades de personas infectadas. Así mismo, si una infección viral debilita el sistema inmune de un niño, es posible que algunas bacterias que en condiciones normales serían inocuas empiecen a proliferar en los pulmones, añadiéndose, de este modo, una segunda infección a la primera.

Los niños cuyas defensas están debilitadas debido a otra enfermedad, como la fibrosis quística, el asma o el cáncer (o por la quimioterapia utilizada en el tratamiento del cáncer), tienen más probabilidades de contraer neumonías, así como los niños cuyas vías respiratorias o cuyos pulmones son, en cierto modo, anormales.

Puesto que la mayoría de las neumonías son de origen viral o bacteriano, se contagian de una persona a otra. De ahí que sean más frecuentes en otoño, invierno y principios de primavera, cuando los niños pasan más tiempo en interiores, en proximidad o contacto con otros niños. La probabilidad de que un niño contraiga una neumonía *no* depende de la ropa que lleve, de la temperatura del aire que le rodea ni del hecho de que se exponga al aire fresco cuando esté enfermo.

### Signos y síntomas

Como muchas infecciones, la neumonía suele producir fiebre, que, a su vez, provoca sudoración, escalofríos, rubor y malestar general. El niño puede perder el apetito y estar más decaído que de costumbre. Si se trata de un bebé o un niño pequeño, es posible que se vea pálido y sin fuerzas, y que llore más de lo habitual.

Puesto que la neumonía también puede provocar problemas respiratorios, es posible que se asocie a síntomas más específicos:

- Tos (véase la página 587).
- Respiración rápida y dificultosa

- Mayor movilidad de los músculos que participan en la respiración (entre y debajo de las costillas y sobre las clavículas)
- Ensanchamiento de las ventanas de la nariz
- Jadeo o sibilancias
- Labios y/o uñas morados, indicativos de un aporte insuficiente de oxígeno

Aunque generalmente es posible emitir un diagnóstico de neumonía a partir de los síntomas, a veces es necesario hacer radiografías para determinar la gravedad de la afectación pulmonar.

### Tratamiento

Cuando la neumonía es de origen viral, no hay ningún tratamiento específico aparte del reposo y las medidas habituales para tratar la fiebre. No deben administrarse supresores de tos, que contengan codeína o dextrometorfano, puesto que el niño necesita toser para eliminar el exceso de secreciones provocadas por la infección. Las neumonías virales suelen durar pocos días, aunque la tos puede persistir durante varias semanas. Generalmente, no hace falta administrar medicación.

Puesto que suele ser difícil determinar cuándo una neumonía es de origen viral o bacteriano, es posible que el pediatra recete antibióticos. Todos los antibióticos deben tomarse durante todo el período recomendado y a las dosis indicadas por el médico. Si su hijo mejora al cabo de unos días, usted puede tener la tentación de dejar de darle el antibiótico antes de tiempo, pero es posible que todavía permanezcan algunas bacterias, por lo que la infección podría reactivarse.

Si sospecha que su hijo tiene neumonía, debe llevarlo al pediatra cuanto antes. En la consulta, el pediatra comprobará si el niño presenta alguna de las siguientes señales de alarma, indicativas de que la infección está empeorando o se está extendiendo.

- La fiebre persiste durante más de dos o tres días a pesar de administrar antibióticos
- Dificultades respiratorias
- Síntomas de infección en otras partes del cuerpo: articulaciones inflamadas y enrojecidas, dolor de huesos, rigidez de cuello, vómitos

(Véase también: Capítulo 23, “Fiebre”; *Resfriados/infecciones de las vías respiratorias altas,* página 615; *Asma,* página 581.)

## Tuberculosis

La tuberculosis es una infección bacteriana de carácter crónico que suele afectar a los pulmones. Aunque es mucho menos frecuente hoy en día que hace algunas décadas, ha reaparecido durante los últimos años, en parte debido a la epidemia del SIDA y a los efectos del flujo migratorio. Los niños menores de dos años son los más susceptibles a contraer esta infección. A partir de esta edad, la vulnerabilidad disminuye hasta los trece años, momento en que parece aumentar de nuevo, aunque en menor medida.

La tuberculosis se suele contagiar cuando un adulto infectado tose. El niño inhala los gérmenes del aire y contrae la infección (Es raro que los niños que tienen tuberculosis contagien a otras personas, puesto que sus secreciones mucosas suelen contener muy pocas bacterias y su tos es relativamente ineficaz.)

Afortunadamente, la mayoría de los niños expuestos a la bacteria de la tuberculosis no llegan a enfermarse. Cuando los gérmenes llegan a los pulmones, el sistema inmune los ataca y evita que la infección continúe extendiéndose. Los niños que reaccionan de este modo desarrollan un tipo de infección totalmente asintomática que se detecta sólo por una prueba de tuberculina positiva. Esto no significa que el niño tenga tuberculosis activa, pero, como se explica más adelante, deberá recibir tratamiento para evitar que la enfermedad llegue a manifestarse activamente. En un número reducido de niños, la infección a veces progresa, provocando fiebre, fatiga, irritabilidad, tos persistente, debilidad, respiración rápida y dificultosa, sudores nocturnos, ganglios linfáticos inflamados, pérdida de peso y retraso del crecimiento.

En un número muy reducido de niños (sobre todo lactantes), la infección de la tuberculosis se extiende a través del torrente sanguíneo, afectando prácticamente a todos los órganos del cuerpo. Esto exige un tratamiento mucho más complejo y, cuanto antes se inicie, mejor será el resultado.

Los signos y síntomas de la tuberculosis infantil pueden ser difíciles de identificar. A menudo, la única forma de saber que un niño se ha visto expuesto a la infección es haciéndole la prueba de la tuberculina. Si usted o el pediatra sospecha que su hijo ha sido expuesto a la enfermedad o si presenta algún síntoma de tuberculosis, éste le hará la prueba de la tuberculina. Normalmente, los niños que no tienen factores de riesgo y que viven en comunidades en las que hay pocos casos de tuberculosis no hace falta que se repitan la prueba de la tuberculina cada año. Sin embargo, a los niños que no tienen factores de riesgo pero que viven en comunidades con muchos casos de tuberculosis activa, se les debe hacer la prueba periódicamente. Así mismo, los niños que viven en comunidades de alto riesgo y que en su país de origen se les puso la vacuna BCG (anti-tuberculosis), se les debe hacer la prueba de la tuberculina. La prueba de la tuberculina consiste en inyectar en la piel gérmenes purificados e inactivados de la tuberculosis. Si ha habido infección, la zona de la piel alrededor del pinchazo enrojecerá y se inflamará. Cuando le hagan la prueba a su hijo, le pedirán que observe esta zona durante los días que sigan inmediatamente al pinchazo, ya que la reacción tarda unas cuarenta y ocho horas en aparecer. Cualquier reacción que presente su hijo debe ser examinada por el pediatra. Esta prueba determinará si el niño ha sido expuesto en el pasado a la infección, aún cuando no haya presentado ningún síntoma y su cuerpo haya vencido a la enfermedad. Si la prueba de la tuberculina da positiva, o si da negativa pero su hijo presenta síntomas que sugieren que tiene una infección activa, se le practicará una radiografía de tórax, para determinar si sus pulmones están o han estado infectados. Si la radiografía sugiere la existencia de infección activa en los pulmones, el pediatra intentará identificar la bacteria que ha provocado la tuberculosis en las secreciones mucosas o en el contenido del estómago del niño (que obtendrá introduciéndole un tubo por la nariz hasta el estómago). El objetivo de estas pruebas es determinar el tipo exacto de tratamiento que debe administrarse.

## Tratamiento

Si la prueba de la tuberculina da positiva pero el niño no presenta síntomas de tuberculosis activa (generalmente detectable mediante radiografías o analizando la saliva o el contenido gástrico), aún así se considera infectado. Para evitar que la infección se active, el pediatra le recetará un medicamento denominado isoniacida. Deberá tomarlo diariamente por vía oral durante un mínimo de nueve meses.

Si su hijo tiene tuberculosis activa, el pediatra podría recetarle una combinación de dos o más fármacos. Usted deberá darle esta medicación durante un período de tiempo que oscilará entre los seis meses y el año y medio, dependiendo de la respuesta del niño y de la gravedad de la enfermedad. Es posible que al principio sea necesario hospitalizar al niño, aunque la mayor parte del tratamiento puede aplicarse en casa. En casos graves de tuberculosis o cuando la enfermedad afecta a otros órganos aparte de los pulmones, el niño deberá permanecer más tiempo internado y tomar más medicamentos.

### Prevención

Si su hijo está infectado por la bacteria de la tuberculosis, independientemente de que presente o no síntomas, es *muy* importante intentar identificar a la persona que lo ha contagiado. Esto suele hacerse buscando posibles síntomas de tuberculosis entre todas las personas que han estado en contacto directo con el niño y aplicando la prueba de la tuberculina a todos los miembros de la familia, niñeras y personal del centro de preescolar a donde vaya el niño. Todo el que dé positivo en la prueba debe hacerse una radiografía de tórax y una revisión médica.

Si se detecta a un adulto infectado, debe hacerse todo lo posible por aislarlo de las personas no infectadas—sobre todo de los niños pequeños—hasta que reciba el tratamiento adecuado. Todos los miembros de la familia que hayan estado en contacto con esa persona suelen ser tratados con isoniacida, independientemente de los resultados que obtengan en la prueba de la tuberculina. (En las personas que den negativo en esta prueba, la medicación podrá interrumpirse si, al cabo de tres meses, el resultado sigue siendo negativo después de repetir la prueba varias veces). Pero si la prueba da positiva desde el principio o al cabo de cierto tiempo, la persona afectada deberá seguir tomando isoniacida diariamente durante un período de tiempo que oscilará entre los seis y los doce meses dependiendo de la edad. Toda persona que durante este período de tratamiento enferme o presente alguna anomalía en los pulmones detectable en radiografías deberá recibir el tratamiento que se administra en los casos de tuberculosis activa.

La tuberculosis es mucho más frecuente en las clases desfavorecidas, que son más vulnerables a las enfermedades contagiosas debido al: hacinamiento, la alimentación inadecuada y la escasa atención médica. Las personas que tienen el SIDA también son más vulnerables a esta enfermedad, debido a sus bajas defensas. Para evitar que su hijo se contagie, fomente buenos hábitos de salud, incluyendo, visitas regulares al médico y una alimentación equilibrada. Así mismo, nunca tome ni le dé a ningún otro miembro de la familia leche sin tratar (no pasterizada), puesto que ésta puede contener la bacteria que provoca un tipo de tuberculosis, aparte de otros agentes infecciosos.

Si no se trata, la tuberculosis puede permanecer en estado latente durante muchos años, manifestándose sólo durante la adolescencia, el embarazo o la adultez. Cuando se manifieste, la persona infectada, no sólo enfermará, sino que además podrá contagiar a quienes le rodeen. Por este motivo, es muy importante que, si su hijo entra en contacto con algún adulto que tenga la enfermedad, le hagan la prueba de la tuberculina y que, en caso de que dé positiva, le administren lo antes posible el tratamiento adecuado.

## Tos ferina (Pertusis)

La tos ferina (o pertusis) es muy poco frecuente hoy en día, ya que la vacuna contra la pertusis ha permitido inmunizar a muchos niños contra esta enfermedad. (La "P" de la vacuna DTP o DTPa, que se administra a todos los lactantes a partir de los dos meses, se refiere a la pertusis, mientras que la "D" se refiere a la difteria y la "T" al tétanos). Antes de que se desarrollara la vacuna, se presentaban varios cientos de miles de casos de tos ferina al año en los Estados Unidos. Ahora hay aproximadamente cuatro mil.

Esta enfermedad se denomina pertusis porque está provocada por la bacteria de este mismo nombre, que ataca las paredes internas de las vías respiratorias (los bronquios y los bronquiolos), produciendo una grave inflamación y estrechamiento de estas vías. El síntoma más llamativo es una tos muy fuerte. Si la enfermedad no se diagnostica a tiempo, la bacteria puede contagiar a las personas que conviven con el afectado a través de sus secreciones respiratorias.

En los infantes menores de un año es más probable que la tos ferina provoque problemas respiratorios graves e, incluso, que pueda llegar a poner en peligro la vida del niño. Al faltarle el aire, el bebé empezará a respirar más deprisa y más profundamente entre tos y tos. Al inspirar, (sobre todo si se trata de un lactante mayor), es posible que emita un sonido particular que recuerda a un gemido (gallo). La tos persistente diseminará las bacterias por el aire, y el bebé se convertirá en un foco de contagio.

La pertusis suele cursar con la sintomatología típica de un resfriado común durante una o dos semanas. Después la tos empeora y los niños y los bebés mayores pueden empezar a emitir los típicos gemidos de la tos ferina. Durante esta fase (que puede durar hasta dos semanas o más), es habitual que al niño le falte el aire y que la zona alrededor de la boca adquiera un tono morado. También es posible que llore, babee y vomite. Los lactantes que tienen tos ferina acaban muy débiles y agotados y suelen presentar complicaciones, como una mayor susceptibilidad a contraer otras infecciones, neumonía o convulsiones. La tos ferina puede ser letal para algunos lactantes, pero el curso habitual es que se empiecen a recuperar al cabo de entre dos y cuatro semanas. Es posible que la tos no desaparezca en varios meses y/o que vuelva a aparecer cuando, más adelante, el niño contraiga otras infecciones respiratorias.

## Cuándo acudir al pediatra

La tos ferina empieza como un resfriado común. Puede considerar la posibilidad de que su hijo ha contraído la tos ferina si se dan las siguientes circunstancias:

- El niño es un lactante al que todavía no se le ha puesto la vacuna contra la pertusis o ha estado en contacto con alguien que tiene la enfermedad o bien tos crónica.
- La tos del niño cada vez es más fuerte y frecuente, o los labios y/o las puntas de los dedos se le ponen azulados o amoratados.
- Después de los ataques de tos se queda completamente agotado; tiene poco apetito; vomita después de toser o se vé muy mal.

## Tratamiento

Si el pediatra le diagnostica tos ferina a su hijo, es posible que recomiende hospitalizarlo. (Si el niño es mayor, es más probable que lo pueda tratar en casa). Dependiendo de la edad del niño y de la gravedad de la enfermedad, el tratamiento incluirá:

- Administración de antibióticos (Si se administran durante la fase de tos activa, no acortará la duración de la enfermedad, pero contribuirá a que sea menos contagiosa)
- Seguimiento detallado, a veces en la sala de cuidados intensivos
- Administración de oxígeno y de líquidos por vía intravenosa

## Prevención

La mejor forma de proteger a su hijo de la pertusis es poniéndole la vacuna correspondiente: la DTPa (preferiblemente) o la DTP, cuando tenga dos, cuatro y seis meses de edad, y las dosis de refuerzo entre los doce y los dieciocho meses y antes de que empiece a ir a la escuela. La nueva vacuna DTPa, recientemente aprobada y conocida como "acelular", tiene menos efectos secundarios que la DTP, incluyendo menos fiebre, menos irritabilidad y probablemente menor riego de lesión cerebral. Los riesgos asociados al hecho de que su hijo contraiga la pertusis superan con creces a los efectos secundarios adversos que pueden aparecer como reacción ante la DTPa o la DTP. Por lo tanto, *la Academia Americana de Pediatría insta a los padres a que administren a sus hijos la vacuna contra la pertusis, al tiempo que estén pendientes de las reacciones que se pueden presentar (especificadas más abajo) y que conozcan las circunstancias en que no debe administrarse esta vacuna.*

Las reacciones serias ante la DTP o la DTPa que deben poner en sobreaviso tanto a los padres como al pediatra para no volver a administrar la vacuna en el futuro son:

- Reacciones alérgicas (urticaria o erupción pocos minutos después de la inyección, o shock anafiláctico)
- Trastorno agudo grave del sistema nervioso central durante los primeros siete días posteriores a la inyección que no puede explicarse por otras causas

Además, hay algunas reacciones adversas que pueden ocurrir a raíz de la administración de las vacunas DTP o DTPa que deben considerarse con precaución antes de administrar nuevas dosis. Puesto que no se ha demostrado que estas reacciones dejen secuelas permanentes, el pediatra y usted deberán sopesar cuidadosamente los beneficios de las futuras vacunaciones con el riesgo de volver a presentar tales reacciones. Las reacciones adversas que entran dentro de esta categoría incluyen:

- Fiebre alta de 105° Farenheit (40.6° centígrados) o más
- Llanto persistente y contínuo
- Un episodio de flacidez o palidez
- Llanto inusualmente agudo
- Convulsiones

*Aparte de esto, hay algunos niños a los que probablemente no se les debe administrar nunca el componente "P" de la vacuna:* Cualquier niño que tenga un trastorno neurológico progresivo o un trastorno neurológico (es decir, un trastorno que afecta al sistema nervioso) que incrementa las probabilidades de desarrollar convulsiones.

Afortunadamente, la cantidad de niños que cumplen estos criterios es muy reducida. No cometa el error de dejar de vacunar a su hijo si es normal y está sano. Los beneficios que reporta la vacuna contra la pertusis superan con creces sus posibles riesgos. Conforme la DTPa, una forma menos reactiva pero igual de eficaz de la vacuna contra la pertusis, vaya sustituyendo gradualmente a la DTP, los riesgos de la vacunación se reducirán todavía más.

19

# Discapacidades del desarrollo

Es normal que compare a su hijo o hija con otros niños de su misma edad. Si el bebé de los vecinos ya camina con sólo diez meses, mientras que el suyo apenas empieza a gatear a los trece meses, probablemente usted se preocupará. Y, si su hijo empieza a decir sus primeras palabras antes que cualquiera de sus compañeros de juego, es posible que sienta un gran orgullo. Pero por lo común, estas diferencias carecen de importancia. Cada niño se desarrolla a su propio ritmo y algunos aprenden ciertas cosas antes que otros.

Sólo cuando un bebé o un preescolar se retrasa mucho con respecto a los demás niños de su mismo grupo de edad, no alcanza las piedras angulares del desarrollo especificadas en los Capítulos 6 al 12, o pierde alguna habilidad que había adquirido previamente, hay motivos para sospechar que tiene un problema mental o físico lo suficientemente grave como para que se considere una deficiencia en el desarrollo. Las discapacidades que se pueden manifestar durante la infancia incluyen retraso mental, trastornos del lenguaje, trastornos del aprendizaje, parálisis cerebral, autismo, y discapacidades sensoriales, como pérdidas visuales o auditivas. (Algunos pediatras también incluyen a los trastornos epilépticos en esta categoría, pero un porcentaje significativo de niños que tienen epilepsia se desarrollan con normalidad).

Cada una de estas discapacidades puede variar en cuanto a severidad se refiere. Por ejemplo, un niño con una parálisis cerebral leve puede no tener ningún impedimento aparte de cierta falta de coordinación, mientras que otro afectado por la forma grave del mismo trastorno puede no ser capaz de desplazarse ni de alimentarse solo. Así mismo, algunos niños tienen varios trastornos al mismo tiempo y cada uno de ellos requiere un tratamiento distinto.

Si su hijo no parece estar desarrollándose con normalidad, se le debe hacer una evaluación médica y de desarrollo completa, y quizás consultar a un pediatra del desarrollo, que es un especialista en este campo. De este modo, el pediatra tendrá toda la información que necesita para saber si su hijo presenta realmente algún trastorno del desarrollo y, de ser así, cómo se debe tratar. Dependiendo de los resultados de la evaluación, el pediatra podría recomendar fisioterapia, terapia del lenguaje y del habla o terapia ocupacional. También podría recomendar intervención psicológica o psico-pedagógica. Usted

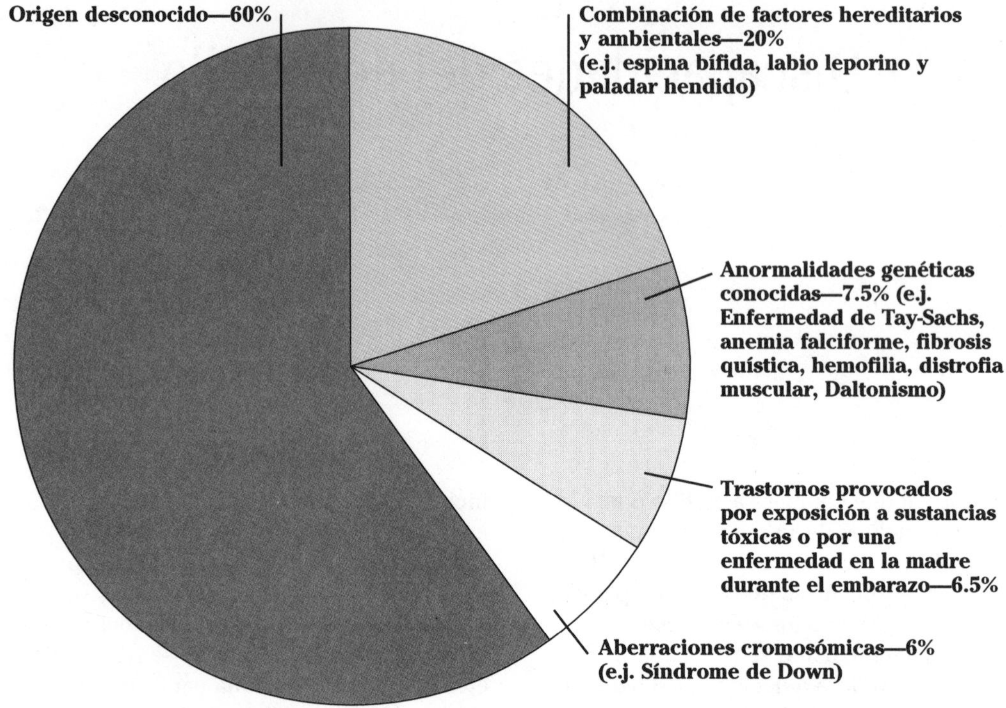


puede beneficiarse de asistir a un centro para el desarrollo del niño que esté afiliado a una escuela de medicina, ya que allí podrían ayudarle o coordinar todos los servicios. En algunos estados o ciudades estos servicios se ofrecen gratis o están parcialmente subsidiados por el gobierno. La junta de educación local puede indicarle cuál es la situación en su zona de vivienda.

Todo niño mayor de tres años que sufra alguna deficiencia en el desarrollo tiene derecho, por ley federal, a recibir educación especial ya sea en un centro escolar o preescolar. Así mismo, en algunos estados también se ofrecen programas para niños más pequeños, incluso lactantes, que presenten alguna discapacidad o corra riesgo de padecerla.

Las familias de los niños afectados por alguna discapacidad también necesitan apoyo y preparación especial. No es fácil aceptar el hecho de que un niño tenga una discapacidad. Para entender el problema al que tiene que enfrentarse el niño y cómo se le puede ayudar a desarrollar todo su potencial, cada miembro de la familia debe educarse en torno a ese problema específico y ser aconsejado sobre cómo afrontar la situación.

## Parálisis cerebral

Los niños con parálisis cerebral tienen una alteración en el área del cerebro que controla el movimiento y el tono muscular. Muchos de estos niños tienen una inteligencia normal, pero presentan dificultad en la función motora y el movimiento. La condición provoca distintos tipos de disfunciones motoras.

En función de la severidad de la condición, un niño puede ser simplemente un poco torpe o bien completamente incapaz de andar. Algunos niños presentan debilidad muscular y pobre control motor en el brazo y la pierna del mismo lado (lo que recibe el nombre de hemiparesia). Muchos tienen problemas en las cuatro extremidades, sobre todo en las inferiores (lo que recibe el nombre de diplejía). Algunos niños tienen un exceso de tono muscular (espasticidad o hipertonía), mientras que otros son anormalmente flácidos (hipotonía). En algunos el habla también está afectada.

La parálisis cerebral es mayormente causada por malformaciones o lesiones cerebrales acontecidas durante el embarazo, el parto o inmediatamente después de éste. Los nacimientos prematuros se asocian a mayor riesgo de padecer este trastorno. Un niño también puede desarrollar parálisis cerebral a partir de una ictericia neonatal severa o, más adelante en la infancia, a raíz de una lesión cerebral o alguna enfermedad que afecte al cerebro. En la mayoría de los casos se desconoce la causa.

## Signos y síntomas

Los signos y síntomas de la parálisis cerebral varían enormemente porque hay distintos tipos y grados de discapacidad. La principal pista que le puede hacer sospechar que su hijo tiene parálisis cerebral es el no alcanzar las piedras angulares del desarrollo motriz descritas en los capítulos 5 al 12 de este libro. A continuación, figuran algunas señales concretas de alarma.

### En un bebé de más de dos meses

- Se le cae la cabeza hacia atrás cuando usted lo alza estando boca arriba.
- Da la sensación de ser muy rígido.
- Da la sensación de ser muy flácido.
- Cuando lo coge en brazos para arrullarlo parece estirar la espalda y el cuello. Actúa constantemente como si hiciera fuerza para alejarse de usted.
- Cuando lo alza, se le ponen las piernas rígidas y se le cruzan como si fueran una tijera.

### En un bebé de más de seis meses

- Sigue presentando el reflejo asimétrico tónico del cuello.
- Sólo utiliza una mano para coger cosas, mientras la otra permanece con el puño cerrado.

### En un bebé de más de diez meses

- Gatea de lado, impulsándose sólo con una mano y una pierna y arrastrando las otras dos extremidades.
- Se desplaza arrastrando las nalgas o dando saltitos sobre las rodillas, pero no gatea utilizando las cuatro extremidades.

Si usted tiene alguna duda sobre el desarrollo de su hijo, coménteselo al pediatra en la próxima visita. Puesto que el ritmo evolutivo varía tanto de un niño a otro, a veces es difícil hacer un diagnóstico definitivo de parálisis cerebral leve antes de que un niño cumpla dos años. La opinión de un pediatra del desarrollo o de un neurólogo pediátrico puede ayudar. Para determinar si hay algún daño en el cerebro, puede ser recomendable practicarle al niño una Tomografía Axial Computarizada (CT Scan en inglés) o una Resonancia Magnética (MRI en inglés) de la cabeza. Incluso en los casos en que se emita un diagnóstico de parálisis cerebral temprano, es difícil predecir cuán severa será la condición a largo plazo. Sin embargo, a los tres o cuatro años, suele haber suficiente información para predecir con relativa exactitud cómo será su funcionamiento en el futuro.

## Tratamiento

Si el pediatra sospecha que su hijo tiene parálisis cerebral, le referirá a un programa de estimulación temprana. En estos programas participan educadores, fisioterapeutas, terapeutas ocupacionales, del habla y del lenguaje, enfermeras, trabajadores sociales y asesores médicos. En estos programas, aprenderá a convertirse en la maestra y la terapeuta de su hijo. Le enseñarán qué ejercicios debe practicar con el bebé, en qué posturas se encuentra más cómodo y cuáles son más beneficiosas. También le orientarán para solucionar problemas específicos, como, por ejemplo, la forma de alimentarlo. En estos programas tendrá la oportunidad de conocer a padres de otros niños que tienen problemas similares y compartir con ellos experiencias, preocupaciones y soluciones.

Lo mejor que puede hacer por su hijo es ayudarle a valerse al máximo por sí solo y a crecer sintiéndose bien consigo mismo. Cuando sea lo suficientemente mayor para entenderlo, explíquele que tiene una discapacidad y trasmítale el mensaje de que será capaz de afrontarla y triunfar en la vida. Anímelo a hacer todo lo que esté dentro de sus posibilidades, pero no le presione para que haga cosas en las que sabe que va a fracasar. Los profesionales del programa de estimulación precoz evaluarán las capacidades de su hijo y le enseñarán a fijar objetivos realistas.

No cometa el error de dejarse embaucar por curaciones milagrosas o tratamientos controversiales. Sólo conseguirá perder tiempo, energía y dinero. En lugar de ello, pídale información al pediatra o contacte alguna asociación de pacientes con parálisis cerebral para conocer los recursos y servicios disponibles en su área.

## Problemas asociados

### Retraso mental

Se ha estimado que más de la mitad de los niños con parálisis cerebral tienen problemas de funcionamiento intelectual (pensamiento, solución de problemas). Muchos entran en la categoría de retraso mental, mientras que otros tienen una capacidad intelectual media pero presentan trastornos de aprendizaje. Otros, tienen un funcionamiento intelectual completamente normal. (Véase también la página 611.)

### Convulsiones

Una de cada tres personas con parálisis cerebral tienen o podrían tener en el futuro convulsiones. (Algunos empiezan con convulsiones años después de sufrir una lesión cerebral.) Afortunadamente, las crisis se suelen controlar con medicamentos anticonvulsivantes. (Véase también la página 698.)

### Dificultades visuales

Puesto que la coordinación de los músculos oculares suele verse afectada por la lesión cerebral, más de tres de cada cuatro niños con parálisis cerebral presentan estrabismo (uno de los ojos "se les va" hacia adentro o hacia afuera), asociado o no a miopía. Si el problema no se corrige a tiempo, la visión del ojo afectado irá empeorando y, al final, podría perderla por completo. Por esto, el pediatra debe revisar periódicamente la vista a todo niño que tenga parálisis cerebral. (Véase también *Estrabismo,* página 642.)

### Acortamiento de las extremidades y escoliosis

Entre los niños que sufren de parálisis cerebral en la que un sólo lado del cuerpo se afecta, más de la mitad de ellos presentan un acortamiento del brazo y la pierna afectados. La diferencia entre ambas piernas rara vez supera las dos pulgadas, pero si observa un acortamiento, debe llevar a su hijo a un ortopeda. Dependiendo de la diferencia en longitud entre ambas piernas, es posible que el niño tenga que usar una plantilla o un tacón en el zapato de la pierna más corta. Esto se hace para evitar que, al andar, la pelvis se ladee, lo que podría provocar una deformación en la columna vertebral denominada escoliosis. A veces, para corregir una escoliosis muy pronunciada, es preciso intervenir quirúrgicamente.

**Problemas dentales**

Muchos niños con parálisis cerebral tienen más caries que el promedio de los niños. Una posible razón puede ser la dificultad que tienen al lavarse los dientes debido a sus problemas motores. Además, se ha comprobado que tienen defectos en el esmalte con mayor frecuencia que los demás niños, lo que hace que sus dientes sean más vulnerables a las caries.

**Deficiencias auditivas (Hipoacusia)**

Algunos niños con parálisis cerebral tienen una deficiencia auditiva total o parcial. Esto ocurre sobre todo cuando la causa de la parálisis cerebral es ictericia neonatal severa. Si usted comprueba que su hijo no se sobresalta ante ruidos fuertes al mes de edad, o no gira la cabeza en busca del origen de los sonidos a los tres o cuatro meses, o no dice ni una palabra a los doce meses, coménteselo al pediatra. (Véase también la página 608.)

**Problemas en las articulaciones**

En los niños con la variante espástica de la parálisis cerebral es difícil evitar las "contracturas", esto es una rigidez excesiva de las articulaciones motivada por el estiramiento desigual de los músculos. Un fisioterapeuta, un pediatra del desarrollo o un fisiatra (doctor en medicina física y rehabilitación), pueden enseñarle a estirar los músculos de su hijo para evitar contracturas. A veces es preciso utilizar abrazaderas, escayolas o medicación para mejorar la movilidad y la estabilidad de las articulaciones.

**Problemas de propiocepción (percepción del movimiento)**

Más de la mitad de los niños que tienen parálisis cerebral en un lado del cuerpo, no pueden percibir la posicion del brazo y la mano del lado afectado. (Por ejemplo, si tienen la mano relajada, son incapaces de determinar hacia adónde apuntan sus dedos). Si un niño tiene este tipo de problemas, apenas usará el brazo afectado, aunque los problemas motores sean mínimos. ¡Actuará como si no tuviera brazo! La fisioterapia y la terapia ocupacional pueden ayudar a estos niños a aprender a utilizar las partes del cuerpo afectadas, a pesar de su problema.

## Anomalías congénitas

Gracias a que la mujer recibe mejor atención médica durante el embarazo, y a los adelantos en detección temprana de las alteraciones cromosómicas y genéticas con técnicas como la amniocentesis y el análisis de las vellosidades del corion, entre otras, cada vez hay menos niños que nacen con anomalías congénitas. Aproximadamente tres de cada cien niños nacidos en los EE.UU. tienen una anomalía congénita que afecta su aspecto, su desarrollo o su funcionamiento, en algunos casos por el resto de sus vidas.

*Congénito* significa que "se nace con él", por eso al hablar de anomalías congénitas nos referimos a aquellas causadas por problemas en el desarrollo del infante antes de nacer. Hay cinco categorías de estas anomalías, agrupadas en función de la causa del trastorno.

### Aberraciones cromosómicas

Los cromosomas son las estructuras portadoras de la información genética que se trasmite de generación en generación. Normalmente, cada sujeto hereda 23 cromosomas de su padre y otros 23 de su madre, y todos ellos están contenidos en el núcleo de todas las células del cuerpo, exceptuando los glóbulos rojos. Los genes contenidos en los cromosomas determinan qué aspecto tendrá el niño, cómo se desarrollará y, hasta cierto punto, cómo funcionará en el futuro.

Cuando un niño no tiene el número normal de 46 cromosomas, o cuando le falta algún trozo de un cromosoma o tiene duplicada una parte del mismo, es posible que su aspecto y/o su forma de comportarse sean distintos a los demás niños de su edad, y también es posible que desarrolle problemas serios de salud. El *Síndrome de Down* es un ejemplo de lo que puede ocurrir cuando un niño nace con un cromosoma de más.

### Enfermedades genéticas provocadas por un único gen

A veces el número de cromosomas es normal, pero uno o varios de los genes contenidos en ellos son anormales. Algunas de estas anomalías se pueden transmitir de padres a hijos cuando sólo uno de los progenitores presenta la alteración. Esto recibe el nombre de herencia autosómica dominante.

Hay otras anomalías genéticas que sólo se pueden transmitir cuando ambos progenitores presentan el mismo gen defectuoso. (La fibrosis quística, la enfermedad de Tay-Sachs y la anemia falciforme son ejemplos de este tipo de anomalías.) En estos casos tanto el padre como la madre son normales, pero portadores del gen defectuoso, y uno de cada cuatro hijos estará afectado por la enfermedad. Esto recibe el nombre de herencia autosómica recesiva.

Hay un tercer tipo de anomalías genéticas, su herencia está ligada al sexo y generalmente sólo afectan a sujetos de sexo masculino. Las mujeres pueden ser portadoras del gen defectuoso que provoca la enfermedad, pero, aunque pueden transmitirla, no la manifiestan. (ejemplos de este tipo de herencia son la hemofilia, el daltonismo y las formas más frecuentes de distrofia muscular.)

### Factores ambientales adversos durante el embarazo

Ciertas enfermedades que afecten a la madre durante el embarazo, sobre todo durante las primeras nueve semanas de gestación, pueden provocar anomalías congénitas en el embrión o el feto, como por ejemplo, la rubéola o la diabetes. El consumo de alcohol y otras drogas también incrementa el riesgo de que el bebé nazca con anomalías, y lo mismo ocurre con ciertos fármacos y productos químicos que contaminan el aire, el agua y los alimentos. Durante el embarazo, una mujer debe consultar al médico antes de tomar cualquier medicamento.

### Combinación de factores hereditarios y ambientales

La espina bífida, el labio leporino y el paladar hendido son ejemplos de anomalías congénitas que se dan cuando se combina una predisposición hereditaria a presentar la malformación y una exposición a factores ambientales adversos durante una etapa crítica del embarazo.

### Causas desconocidas

En la mayoría de las anomalías congénitas no se concen las causas. Esto resulta particularmente preocupante para los padres que ya han tenido un hijo afectado y quieren tener más descendencia, porque no hay forma de saber si les volverá a ocurrir lo mismo. Si usted y su familia se encuentran en esta situación, pídale al pediatra que les remita a un servicio de consejería genética. Estos servicios están compuestos por equipos de expertos que le podrán aconsejar sobre la mejor forma de proceder.

## Aprender a vivir con el problema

Si su hijo nace con una anomalía congénita, sus primeras horas y días de vida serán muy difíciles para usted. Aparte de tener que aprender a aceptar a su hijo tal y como es, tendrá que sobreponerse al hecho de no tener el bebé perfecto con el que soñó durante el embarazo. Mientras tanto, sus parientes y amigos no dejarán de llamarle para escuchar la "buena noticia". Una forma de liberarse de la presión social es designar a un miembro de la familia y a un amigo para que informen a los parientes y amistades lo que le ocurre a su hijo.

Si usted tiene más hijos, tendrá que explicarles la situación lo antes posible. Es difícil predecir la reacción de los hermanos ante este tipo de noticias, pero, lo demuestren o no, muchos se sienten culpables. Es posible que durante el embarazo hayan tenido celos y sentimientos de resentimiento contra el futuro bebé e incluso pueden haber deseado secretamente que no llegara a nacer. Si es así, cuando sepan que su nuevo hermanito o hermanita tiene un problema, es posible que se consideren los responsables. Incítelos a que le hagan preguntas, respóndales utilizando un lenguaje que puedan entender, y asegúrese de explicarles que nadie tiene la culpa de lo que ha pasado.

Intente no culparse tampoco a sí misma por lo ocurrido. Exceptuando los casos en que la anomalía congénita se debe al consumo de drogas o alcohol durante el embarazo, no se puede hacer nada para evitar un trastorno de este tipo. Evite a toda costa los sentimientos de culpabilidad. La culpa sólo sirve para interferir con el amor y el afecto que usted debe sentir por el bebé, y que son importantes en estas circunstancias.

Por muy agobiada que pueda sentirse por los problemas que se le avecinan, el bebé que acaba de nacer necesita recibir todo el calor y el afecto que usted estaría dispuesta a dar a cualquier recién nacido. Es fácil olvidarse de esto durante los primeros días que siguen al parto, cuando hay que tomar tantas decisiones difíciles, se siente ansiosa y algo decepcionada. Sin embargo, en éstos momentos es de vital importancia que acaricie, cargue y acune a su hijo, tanto por el bebé como por usted misma.

## Afrontar las necesidades médicas

Hay tantas anomalías congénitas y cada una de ellas requiere tratamientos tan distintos, que sería imposible hablar de todas ellas en esta sección. En lugar de ello, nos centraremos en las necesidades médicas de dos de las anomalías congénitas más comunes: el síndrome de Down y la Espina bífida.

### Síndrome de Down

Aproximadamente uno de cada ochocientos bebés nace con Síndrome de Down. Afortunadamente, gracias a la amniocentesis, este síndrome se puede detectar antes del nacimiento. Este problema—que se debe a la presencia de un cromosoma de más—se asocia a una serie de anomalías físicas, tales como ojos "achinados", comisura interna del ojo escondida tras un repliegue cutáneo, puente de la nariz aplanado, lengua relativamente grande, e hipotonía en los músculos y ligamentos de todo el cuerpo.

El efecto principal y más grave del Síndrome de Down es el retraso mental. Prácticamente todos los niños que tienen este síndrome presentan un desarrollo más lento que un niño promedio, aunque el grado de afectación varía ampliamente de un niño a otro. Algunos tienen un desarrollo cercano al normal, mientras que otros presentan retardo severo. Aún así, aunque las personas con Síndrome de Down presentan retrasos en el desarrollo, tanto durante la infancia como durante la adolescencia y la edad adulta, la mayoría de ellos acaban aprendiendo a comer, a vestirse y a usar el baño por su cuenta. Y muchos de ellos, si reciben una educación especial, pueden aprender un oficio sencillo.

La detección temprana del Síndrome de Down es importante, puesto que muchos niños afectados presentan anomalías en el corazón, el tracto intestinal y/o la sangre, que requieren pronta atención. El diagnóstico temprano también permite que los padres se adapten a la situación y busquen apoyo e información. Una vez se sospecha la condición, un análisis de sangre permite confirmar el diagnóstico (los resultados tardan varios días). Puesto que los recién nacidos con Síndrome de Down no suelen tener problemas médicos que requieran tratamiento inmediato, la mayoría de ellos pueden ser dados de alta como a todo recién nacido.

Si usted ha tenido un hijo con Síndrome de Down, es posible que el pediatra le recomiende algún programa de intervención temprana. Si es así, debe comenzar lo antes posible. Estos programas permiten que los niños desarrollen al máximo sus potencialidades evolutivas y físicas.

Es posible que oiga hablar sobre otras "terapias" que no están validadas y, por lo tanto, no son recomendables, como el tratamiento con multivitaminas ("ortomolecular") o un sistema denominado "moldeamiento", que se centra en el comportamiento del niño. Estos enfoques acaparan la atención de los medios porque prometen grandes éxitos, pero no se han podido validar sus beneficios a largo plazo, además de que consumir dosis excesivas de vitaminas puede ser perjudicial para la salud. Estos programas son además costosos, y pueden refrasar otros métodos que sí son efectivos. Si escucha de algún tratamiento que cree que puede ayudar a su hijo, discútalo primero con su pediatra para ver cuán válido es y saber si vale la pena invertir en en el mismo.

Además del retraso en el desarrollo, un niño con Síndrome de Down puede tener problemas de salud conforme vaya creciendo. Se debe dar seguimiento detallado a su crecimiento, ya que un crecimiento muy lento y/o una ganancia excesiva de peso pueden reflejar la falta de la hormona tiroidea, un problema que afecta a muchos niños con Síndrome de Down. Incluso sin tener problemas de tiroides, es bastante probable que el niño sea más bajo y pese menos que el promedio de su edad. Algunos niños con Síndrome de Down también tienen problemas cardíacos que pueden requerir medicación o cirugía.

Otro problema, que afecta a quince de cada cien niños con Síndrome de Down, es una anomalía en los ligamentos del cuello que puede provocar lesiones graves en la médula espinal si extienden demasiado el cuello (doblándolo hacia atrás) al hacer ejercicio físico. Por esto, conviene que pregunte al pediatra si es preciso hacerle una radiografía de cuello a su hijo antes de permitirle hacer ejercicios físicos fuertes (especialmente volteretas y gimnasia). Si la radiografía presenta esta anomalía, debe limitarle las actividades físicas a aquellas que no puedan provocarle lesiones.

A pesar de todos estos problemas, cuidar y educar a un niño con Síndrome de Down puede ser muy gratificante. Estos niños suelen ser muy afectuosos, abiertos y cariñosos, y dan lo máximo de sí mismos si se les trata con amor y afecto. Como ocurre con todos los niños, cada nuevo logro, por pequeño que sea, puede convertirse en un verdadero triunfo compartido por toda la familia.

**Espina bífida**

La espina bífida tiene lugar cuando los huesos de la columna vertebral no se cierran bien durante las fases iniciales del desarrollo. La incidencia de esta anomalía es algo menor que la del Síndrome de Down: ocurre en aproximadamente uno de cada mil recién nacidos. Aún así, es la anomalía congénita físicamente incapacitante más común. Si un padre tiene un hijo con espina bífida, tendrá más probabilidades (aproximadamente una entre cien) de tener otro hijo con la misma anomalía. Esto parece obedecer al efecto combinado de factores hereditarios y ambientales. Actualmente existen pruebas de diagnóstico prenatal que permiten detectar la espina bífida en la etapa temprana del embarazo.

Un recién nacido con espina bífida parece a primera vista normal, excepto por una pequeña bolsa que sobresale de la columna vertebral. La bolsa contiene líquido cefalorraquídeo y células nerviosas afectadas que corresponden a la parte inferior del cuerpo. El recién nacido debe ser intervenido durante sus primeros días de vida para que le extirpen la bolsa y le cierren la columna vertebral. Lamentablemente, no se puede hacer gran cosa para reparar los nervios lesionados.

La mayoría de los niños que nacen con espina bífida desarrollan otros problemas más adelante, tales como:

**Hidrocefalia.** Aproximadamente setenta de cada cien niños que nacen con espina bífida acaban teniendo hidrocefalia. Esta alteración se debe a un aumento de líquido cefalorraquídeo, que es el fluido que rodea el cerebro y la médula espinal y que desempeña una función de amortiguación. Este exceso de líquido se produce porque la espina bífida bloquea la vía normal de drenaje. La hidrocefalia es un trastorno serio y, si no se trata, puede ser mortal.

El pediatra sospechará que hay hidrocefalia si la cabeza del bebé crece más de lo esperado. El diagnóstico, se confirma con una tomografía computerizada o una resonancia magnética de la cabeza. Si se confirma la hidrocefalia, el niño deberá ser operado para drenarle el líquido sobrante.

**Debilidad muscular o parálisis.** Puesto que en estos niños las células nerviosas correspondientes a la parte inferior del cuerpo están lesionadas, los músculos de las piernas pueden ser muy débiles o, incluso, estar completamente paralizados. Así mismo, suelen tener mayor rigidez en las articulaciones y en muchos casos tienen anomalías en la cadera, las rodillas y los pies. La cirugía puede corregir algunos de estos problemas y la debilidad muscular se puede tratar con fisioterapia, andadores y abrazaderas. Muchos niños con espina bífida acaban aprendiendo a ponerse de pie y algunos, incluso, llegan a andar, aunque el proceso de aprendizaje es muy largo y profundamente frustrante.

**Problemas con el control de los esfínteres.** Frecuentemente los niños con espina bífida tienen lesionadas las células nerviosas que controlan los esfínteres. Como consecuencia, estos niños tienen más infecciones de orina y presentan más problemas renales debido al flujo anormal de orina. Existen técnicas especiales para adquirir un mayor control urinario y minimizar las infecciones.

El control de las evacuaciones también resulta problemático, pero la mayoría de los niños con espina bífida lo acaban dominando. De todos modos, suele requerir mucho tiempo, paciencia, un riguroso control alimentario (para que las heces no se endurezcan demasiado) y el uso ocasional de supositorios y otros productos que estimulan la evacuación,

**Infecciones.** Los padres de los niños que tienen espina bífida e hidrocefalia o problemas del tracto urinario, tienen que estar pendientes de síntomas de infección. Afortunadamente el tipo de infecciones que suelen contraer estos niños responden bien a los antibióticos.

**Problemas sociales y educativos.** Siete de cada diez niños con espina bífida tienen trastornos del desarrollo y de aprendizaje que exigen algún tipo de educación especial. Muchos también necesitan atención psicológica y un enorme apoyo emocional para poder afrontar sus problemas médicos, educativos y sociales.

La atención médica que requiere un niño con espina bífida no la puede colmar un solo médico. Aparte de los cuidados básicos que le provee su pediatra, este trastorno exige el trabajo en equipo de neurocirujanos, ortopedistas, urólogos, expertos en rehabilitación, fisioterapeutas, psicólogos y trabajadores sociales. En algunos centros médicos hay clínicas específicamente dedicadas al tratamiento de la espina bífida, que ofrecen en un mismo lugar los servicios de todos estos profesionales. El tener a todos los miembros del equipo en un solo sitio facilita la comunicación y ofrece a los padres un mejor acceso a la información y la atención que necesiten.

## Dónde acudir

Los padres pueden obtener información y apoyo en asociaciones como los siguientes:

Congreso Nacional del Síndrome de Down
1605 Cantilly Dr.
Suite 250
Atlanta, GA 30324
(1-800-232-NDSC)

Asociación de Espina Bífida
de América
4590 McCarthur Blvd, NW
Suite 250
Washington, DC 20007-4226

Para obtener información sobre anomaliás congénitas, escribir a:

Centro de Recursos "March of Dimes"
1275 Mamaroneck Ave.
White Plaines, NY 10606

# Deficiencias auditivas (hipoacusia)

La mayoría de niños tienen pérdidas auditivas leves cuando se les acumula fluido en el oído medio en respuesta a alergias o catarros. Estas pérdidas auditivas son temporales. En muchos niños, quizás en uno de cada diez, el fluido permanece allí debido a una *infección de oído* (véase la página 618). Mientras dura la infección, no oyen tan bien como deberían y en algunas ocasiones esto provoca retraso en el habla. La perdida de audición permanente, que siempre representa una amenaza para la adquisición del habla y desarrollo del lenguaje, es mucho menos frecuente. Puede ser leve o parcial o bien completa o total.

Aunque una pérdida auditiva puede ocurrir a cualquier edad, las más perjudiciales son las que están presentes desde el nacimiento y las que se adquieren durante la lactancia o la primera infancia. Cualquier pérdida de audición durante esta etapa debe tratarse inmediatamente, puesto que afectará la capacidad de comprender el habla así como producirla. Hasta una pérdida auditiva que sólo sea temporalmente seria, si se da durante la lactancia o la primera infancia, es posible que interfiera con el aprendizaje del lenguaje oral.

Hay dos grandes tipos de sorderas: las *de conducción* o transmisión y las *neurosensoriales* o perceptivas. La sordera de conducción es cuando el déficit auditivo obedece, a una anomalía estructural que afecta al oído externo o al oído medio, o a la obstrucción del canal auditivo debido a la acumulación de fluido en el oído medio, lo que interfiere con el proceso de transmisión del sonido.

La sordera neurosensorial es cuando el déficit obedece a la existencia de alguna anomalía en el oído interno o en las células nerviosas encargadas de transmitir la información del sonido desde el oído interno hasta el cerebro. Puede estar presente al nacimiento o bien ocurrir un poco después. Si existe una historia familiar de sordera, lo más probable es que se trate de un trastorno hereditario. Si la madre contrajo durante el embarazo alguna enfermedad infecciosa, como la rubéola o el citomegalovirus, el feto podría haberse contagiado y presentar, consecuentemente sordera. El problema también puede deberse a malformaciones congénitas del oído interno. Generalmente se desconoce la causa de las sorderas neurosensoriales severas. En estos casos, la probabilidad de que tengan una base

## *Cuándo acudir al pediatra*

### *Perdida de audición—En qué fijarse*

Éstos son los signos y síntomas que deben hacerle sospechar que su hijo tiene una pérdida de audición y alertarle sobre la necesidad de ponerse contacto con el pediatra.

- No se inmuta ante ruidos fuertes y repentinos cuando tiene un mes, o no se orienta hacia la fuente del sonido cuando tiene tres o cuatro meses.
- No se da cuenta de su presencia sino hasta que le ve.
- Se pasa largas horas haciendo gárgaras y repitiendo sonidos vibrantes que se sienten en la garganta al emitirlos, en lugar de experimentar con una amplia variedad de sonidos vocálicos y consonánticos. (Véanse los apartados sobre *Desarrollo lingüístico* de los Capítulos 8 y 9.)
- Retraso en la adquisición del lenguaje. Cuesta mucho entender lo que dice, o no dice palabras aisladas, como *mamá y papá,* después de su primer cumpleaños.
- No siempre le contesta o le atiende cuando lo llama. (Este comportamiento suele interpretarse como inatención o rebeldía, pero puede obedecer a una sordera parcial.)
- Da la impresión de que oye algunos sonidos pero no otros. (Algunas pérdidas auditivas afectan sólo a los sonidos agudos; en algunos niños la pérdida auditiva sólo afecta a un oído.)
- No sólo oye mal, sino que también le cuesta aguantar la cabeza, sentarse solo o andar sin apoyarse. (En algunos niños con sordera neurosensorial la parte del oído interno que procesa la información sobre el equilibrio y el movimiento de la cabeza también está afectada.)

genética importante es elevada, aún cuando no haya antecedentes familiares. Los futuros hermanos y hermanas de este niño tienen más probabilidades de presentar este mismo problema.

La sordera se debe diagnosticar lo antes posible para que el proceso de adquisición del lenguaje—que se inicia el mismo día del nacimiento—no se vea afectado. Si usted y/o el pediatra sospecha que su hijo no oye bien, insista en que le hagan una prueba objetiva de audición lo antes posible. A pesar de que algunos médicos de cabecera y algunos pediatras pueden determinar si un niño tiene fluido acumulado en el oído medio—una de las causas más comunes de sordera—no pueden evaluar su capacidad auditiva con exactitud. Si desea obtener esta información, lleve a su hijo a un audiólogo. Tambien puede ser visto por un especialista en oído, nariz y garganta (otorrinolaringólogo).

Si su hijo tiene menos de dos años o no coopera durante la evaluación, es posible que el médico prefiera hacerle una prueba especial: los potenciales evocados de tallo cerebral, que permite evaluar la capacidad auditiva de una persona sin necesidad de que coopere. Es posible que en su localidad no haya un centro que realice este tipo de pruebas. Aun así, las consecuencias de una perdida de audición no diagnosticada pueden ser tan graves que probablemente, el pediatra le recomendará que se desplacen a otro lugar donde le puedan hacer la prueba.

## Tratamiento

El tratamiento de la sordera depende de su causa. Si se trata de una sordera de conducción leve provocada por fluído en el oído medio, probablemente el médico recomendará simplemente repetirle las pruebas al cabo de varias semanas para determinar si ha desaparecido el fluído. Administrar antihistamínicos o descongestionantes no sirve de nada en estas situaciones. Los antibióticos tienen un efecto limitado, pero suele merecer la pena probarlos durante una o dos semanas. (Véase *Infecciones de oído,* página 618.)

Si el niño no mejora durante los próximos tres meses, y sigue teniendo fluído detrás del tímpano, el pediatra referirá su caso a un otorrinolaringólogo, quien le insertará quirúrgicamente unos tubitos de ventilación en el tímpano para drenar el fluido.

Se trata de una intervención sencilla que sólo dura unos minutos, pero que requiere anestesia general, por lo que el niño permanecerá parte del día internado en el centro hospitalario o clínica donde se le opere. Incluso después de implantados los tubos, es posible que al niño se le vuelva a infectar el oído medio. Aún así, los tubos permitirán drenar parte del fluido y disminuirán el riesgo de ulteriores infecciones. Además, después de la operación, el niño oirá mejor. En estos casos los pediatras suelen recetar antibióticos a dosis bajas para disminuir la probabilidad de volver a contraer una infección de oído.

Si la sordera de conducción se debe a una malformación que afecta al oído externo o medio, es posible que el uso de un audífono permita aumentar la capacidad auditiva hasta un nivel normal o casi-normal. De todos modos, los audífonos sólo dan buenos resultados cuando se utilizan permanentemente. Si su hijo necesita usar audífono, usted deberá comprobar que lo lleva puesto y conectado todo el tiempo, sobre todo si se trata de un niño muy pequeño. Cuando crezca, puede considerarse la posibilidad de una cirugía reconstructiva.

Los audífonos no permiten recuperar completamente la capacidad auditiva en casos de sordera neurosensorial significativa, pero pueden ayudar.

La implantación de reemplazos electrónicos para el oído medio en niños y adultos con problemas auditivos ha acaparado recientemente la atención pública, pero este procedimiento todavía está en fase experimental. Como muchos, estos "implantes cocleares" ayudan a las personas con sordera severa a tomar conciencia de los sonidos. No permiten recuperar la capacidad auditiva hasta el nivel necesario para que un niño aprenda a hablar simplemente escuchando. Deberá contar con otras ayudas, como audífonos para amplificar sonidos, educación especial y consejería para los padres.

A los padres de niños con sorderas neurosensoriales les suele preocupar mucho la posibilidad de que su hijo no llegue a hablar. Lo cierto es que a cualquier niño que tenga una deficiencia auditiva se le puede enseñar a hablar, pero no todos los niños aprenden a hacerlo con claridad. Algunos niños aprenden a leer los labios, mientras que otros nunca dominan esta habilidad. Pero, tenemos que considerar que el habla es solo una forma de lenguaje. La mayoría de estos niños acaban utilizando una mezcla de lenguaje de señas y lenguaje hablado. La expresión escrita también es muy importante, puesto que constituye la base sobre la que se asienta gran parte del éxito académico y profesional. Aprender a hablar a la perfección es lo más deseable, pero no todos los sordos de nacimiento pueden conseguirlo. El lenguaje de señas es el sistema que utilizan estas personas para comunicarse entre sí y el que les permite expresarse mejor.

Si su hijo está aprendiendo lenguaje de señas, tanto usted como su familia inmediata deben aprenderlo. ¿Se le ocurre algún modo mejor de compartir su vida con su hijo? Recuerde que debe enseñarle cosas, impartirle disciplina, elogiarlo, consolarlo y reírse con él. Así mismo debe animar a los amigos y familiares a que aprendan a usar el lenguaje de señas. Es algo que requiere de mucho esfuerzo, pero que resulta sumamente divertido.

A pesar de que algunos defensores de los sordos defienden las escuelas especiales para sordos, no hay motivo para aislar a estos niños del resto de los niños sólo por su sordera. Con el tratamiento, la educación y el apoyo adecuados, este niño crecerá participando plenamente del mundo que le rodea.

## Retraso mental

El término *retraso mental* se utiliza cuando la inteligencia de un niño y su capacidad de adaptación son significativamente inferiores al promedio y esto afecta a su modo de aprender y desarrollar nuevas habilidades. Cuanto más profundo sea el retraso, más inmaduro resultará el comportamiento del niño para la edad que tiene.

A partir de los dos años, la inteligencia se mide en términos de cociente intelectual (CI). Para determinar el CI de un niño, se le plantean una serie de tareas que permiten evaluar su capacidad de resolución de problemas y otras capacidades más específicas. El CI promedio es de 100, que es la cifra que se obtiene cuando la puntuación del niño coincide exactamente con la puntuación promedio de su grupo de edad.

En algunos casos, las pruebas estándar de CI no son precisas ni fiables, porque las diferencias culturales, los problemas lingüísticos y/o las limitaciones físicas de un niño pueden influir tanto sobre su comprensión de las cuestiones formuladas como sobre su forma de contestarlas. En estos casos, se deben utilizar pruebas especiales para evaluar la capacidad de razonamiento y resolución de problemas del niño que no reflejen estas limitaciones.

## Signos y síntomas

Generalmente, cuanto más profundo es el retraso mental, más pronto se detecta. Sin embargo, a pesar de que se detecten síntomas en un niño pequeño, es difícil predecir cuál será su grado de retraso mental cuando crezca. Los niños que nacen con el Síndrome de Down, por ejemplo (véase la páginan 605), pueden variar enormemente en el grado de retraso mental, de leve a profundo.

Cuando un niño presenta un desarrollo motor lento (por ejemplo, empieza a aguantar la cabeza a los cuatro meses o a sentarse a los diez), es posible que este retraso se asocie a un retraso mental. De todos modos, éste no siempre es el caso, ni el hecho de presentar un desarrollo motor normal es garantía de que un niño tenga una inteligencia normal. Algunos niños con retraso mental leve o moderado parecen tener un desarrollo fisico completamente normal durante los primeros años. En estos casos, el primer síntoma de retraso mental suele ser un retraso en la adquisición del lenguaje o en el aprendizaje por imitación de habilidades motoras sencillas como decir adiós con la mano o hacer palmitas.

En muchos casos de retraso mental leve, el niño parece desarrollarse con total normalidad, exceptuando por el lenguaje. Más tarde, cuando alcanza la edad escolar o preescolar, empieza a tener problemas de rendimiento académico. Por ejemplo, puede tener dificultades a la hora de hacer rompecabezas, reconocer colores o contar, mientras el resto de sus compañeros dominan estas tareas. De todos modos, no debe olvidar que cada niño se desarrolla a su propio ritmo y que un niño que tenga problemas académicos no necesariamente tiene un retraso mental. Los retrasos evolutivos también pueden deberse a deficiencias auditivas, problemas de visión, trastornos del aprendizaje o problemas emocionales.

## Cuándo acudir al pediatra

Si le preocupa que su hijo pueda tener un retraso en el desarrollo (Véanse las secciones sobre *Desarrollo,* de los Capítulos 6 al 12), hable con el pediatra. Él evaluará el nivel de desarrollo del niño y le indicará si se ajusta o no al patrón normal de su edad. Si el pediatra comparte su preocupación o tiene alguna duda al respecto, lo más probable es que refiera su caso a un especialista en desarrollo, un neuropediatra o un equipo multidisciplinar de profesionales para que lo evalúen más a fondo. Si se trata de un niño mayor, podrá ser útil una evaluación por parte de un psicólogo. También es posible que el pediatra recomiende esperar un poco para ver si el ritmo de desarrollo de su hijo mejora o se acelera. Esto puede ocurrir si su hijo ha tenido una enfermedad grave o si su retraso evolutivo es leve. Si la evaluación del pediatra no disipa su preocupación, pídale que le recomiende a un especialista en desarrollo.

Si lleva a su hijo a un pediatra del desarrollo o a un neuropediatra, éste le ordenará una serie de pruebas para determinar la naturaleza y la causa del retraso. Aparte de identificar lo que va mal, estas pruebas le ayudarán a descubrir algunos de las fortalezas de su hijo, tanto físicas como en intelectuales. Después de las pruebas pertinentes, le deben dar una explicación detallada de qué es lo que le ocurre a su hijo, su causa o causas posibles (si se conocen), qué se puede hacer para ayudar al niño y qué es lo que puede esperar en el futuro. Debe tener en cuenta que, sobre todo si el retraso mental se asocia a alguna discapacidad física, como la parálisis cerebral, puede ser muy difícil hacer predicciones precisas sobre el nivel de funcionamiento general que tendrá en el futuro un niño pequeño que presente un retraso evolutivo.

## Tratamiento

El tratamiento principal de un niño con retraso mental es la educación y adiestramiento. Los individuos con retraso mental *leve* en su mayoria son capaces de hacer hasta cuarto o quinto de primaria y pueden aprender a leer y escribir, a ser relativamente independientes en las actividades cotidianas, a viajar solos y a tener un trabajo. Los adultos con retraso mental *moderado* pueden aprender a leer y escribir a un nivel de primero o segundo de primaria y a realizar las actividades básicas de la vida cotidiana, pero necesitan ayuda para transportarse y supervisión para trabajar. Aunque las personas con retraso mental *profundo o severo* no aprenden a leer ni escribir salvo en contadas excepciones y suelen requerir una supervisión constante, se les puede enseñar a comer, a vestirse y a usar el baño con ayuda. También se les puede enseñar a realizar tareas muy sencillas en centros de formación ocupacional.

Una de las preguntas que más suelen hacer los padres es: "¿Podrá mi hijo valerse por sí mismo cuando sea mayor?" La respuesta a esta pregunta varía en función del grado de retraso mental y de si el niño tiene o no otros problemas asociados.

Hoy en día, muchos adultos con retraso mental viven en casas, bien con su familia, o bien en pequeños grupos supervisados. La cantidad de casas compartidas por adultos con retraso mental ha aumentado notablemente durante los últimos años, y en los EE.UU. constituyen una presencia cada vez más aceptada. Los adultos discapacitados que residen en estas casas asisten a cursos o talleres durante el día, realizan actividades de ocio supervisadas en los fines de semana, y van a ver a sus familias durante las vacaciones.

## Prevención

Hay muy pocas causas de retraso mental que, si se tratan a tiempo, permiten evitar una discapacidad significativa. Entre las más comunes, cabe señalar los trastornos de origen metabólico, como la fenilcetonuria (PKU) y el hipotiroidismo. Si se detectan en las pruebas de cernimiento que se realizan antes de dar el bebé el alta, y se tratan adecuadamente, se puede evitar el retraso mental. Otro trastorno que, si no se detecta o se trata a tiempo, puede provocar retraso mental es la hidrocefalia (exceso de líquido en el interior del cráneo que provoca una presión intracraneal excesiva; véase la página 607). Suele tratarse drenando el líquido hacia otra parte del cuerpo para reducir la presión intracraneal y, de este modo, evitar posibles lesiones cerebrales.

Conviene evaluar la posibilidad de que el retraso mental de un niño tenga una base hereditaria, puesto que ayuda a determinar las necesidades que tendrá el niño en el futuro, y permitirá que la familia se beneficie del consejo genético en embarazos posteriores.

En muchos casos de retraso mental no hay una causa identificable y en la inmensa mayoría de los casos se podría haber hecho poco o nada para evitarlo. Por muchas promesas que le hagan, no hay ninguna forma de "curar" el retraso mental y puede perder mucha energía emocional y mucho dinero intentando dar con una. Es mucho mejor que usted invierta sus energías en aprender a aceptar y a vivir con la discapacidad que tiene su hijo, ayudándole a desarrollar al máximo sus potencialidades. Póngase en contacto con las asociaciones locales de padres de niños con retraso mental o las asociaciones de personas con discapacidades físicas para informarse sobre los programas y actividades de que se podría beneficiar tanto su hijo como su familia. Aunque el apoyo y la asistencia profesional pueden serle de gran ayuda, a largo plazo, usted será siempre el principal defensor de su hijo.

Intente no sobreproteger a su hijo, pues le haría más mal que bien. Como cualquier niño, su hijo necesita que le planteen retos para poder desarrollar al máximo todas sus potencalidades. Si usted lo protege demasiado, no le dejará ensayar cosas nuevas y limitará sus posibilidades de adquirir y practicar nuevas habilidades. Ayúdele a sacar el máximo partido de sus fortalezas. Fíjele unos objetivos realistas y anímelo a alcanzarlos. Ofrézcale su ayuda cuando la necesite, pero deje que haga él solo todo lo que esté en sus manos. Tanto él como usted se sentirán orgullosos cuando comprueben que es capaz de cumplir sus objetivos por si solo.

20

# Oído, nariz y garganta

## Resfriados/infecciones de las vías respiratorias altas

Su hijo probablemente tendrá más resfriados, o infecciones de las vías respiratorias altas, que cualquier otra enfermedad. ¡Tan sólo en los dos primeros años de vida la mayoría de los niños se resfrían entre ocho y diez veces! Y, si lleva a su hijo a la guardería o en la casa hay niños en edad escolar, hasta es posible que supere estas cifras, ya que los resfriados se contagian con gran facilidad. Esa era la mala noticia, pero ahora viene la buena: la mayoría de los resfriados se curan solos y no suelen presentar complicaciones.

Los resfriados están provocados por virus, unos organismos infecciosos extremadamente pequeños (mucho más pequeños que las bacterias). Una persona puede contagiar el virus directamente a otra persona simplemente estornudando o tosiendo a su lado. Los virus también se pueden contagiar indirectamente, del siguiente modo:

1. Un niño o un adulto infectado, al toser, estornudar o tocarse la nariz, puede transferir el virus de las vías respiratorias a la mano.
2. Luego toca la mano de una persona no infectada.
3. Ésta última se toca la nariz con la mano, introduciendo el agente infeccioso en un lugar idóneo para que crezca y se multiplique—la nariz o la garganta. Pronto presentará los síntomas del resfriado.
4. El ciclo se vuelve a repetir, y la persona recién infectada se convierte en un nuevo foco de infección.

Cuando su hijo se contagie, manifestará los siguientes síntomas:

- Secreciones nasales (primero claras y transparentes y luego más densas y obscuras)
- Estornudos
- Fiebre baja (101° a 102° Farenheit [38.3° a 38.9° centígrados]) particularmente en la noche
- Pérdida de apetito
- Dolor de garganta y quizás dificultad para tragar
- Tos
- Irritabilidad
- Ganglios ligeramente inflamados

- *Si hay pus en las amígdalas, sobre todo en niños de tres años en adelante, es posible que se deba a una infección por estreptococo* (vea página 629).

Si su hijo tiene un resfriado común sin complicaciones, los síntomas deben remitir gradualmente al cabo de tres o cuatro días.

## Tratamiento

Generalmente, no hace falta que un niño mayor vaya al médico por un simple resfriado, a menos que éste se complique. Si se trata de un niño de tres meses de edad o menor, debe llamar al pediatra al primer síntoma de enfermedad. En los infantes los síntomas del resfriado pueden ser confusos y éste se puede transformar rápidamente en una enfermedad más grave, como una bronquiolitis (véase la página 585), un ataque de crup (véase la página 589) o una neumonía (véase la página 593). Si su hijo tiene más de tres meses, llame al pediatra en el caso de que:

- La respiración ruidosa propia de un resfriado esté acompañada de un ensanchamiento de las ventanas de la nariz en cada respiración o de dificultad para inspirar y espirar.
- Labios y/o uñas azules o amoratadas.
- La mucosidad, que al principio era líquida y transparente, se vuelve densa y verdosa.
- Tos persistente durante más de una semana.
- Dolor de oído (véase *Infecciones de oído,* página 618).
- Fiebre por encima de los 102° Farenheit o 39° centígrados.
- Está demasiado adormilado o inquieto.

Es posible que el pediatra quiera ver a su hijo o bien le pida que lo observe atentamente y que le vuelva a llamar en caso de que no mejore un poco cada día o que no se recupere completamente después de una semana de estar enfermo.

Lamentablemente, no existe "cura" para el resfriado común. Los antibióticos se pueden utilizar para tratar infecciones de origen *bacteriano,* pero no tienen ningún efecto sobre los virus, por lo que lo único que puede hacer es tratar de que su hijo tenga las menores molestias posibles. Procure que descanse y beba mas líquidos de lo habitual. Si tiene fiebre, déle acetaminofén o ibuprofen. El ibuprofen se puede administrar a niños de seis meses en adelante; sin embargo, no se le debe dar nunca a un niño que esté deshidratado o vomitando continuamente. (Siga las indicaciones sobre la dosis recomendada para niños de la edad de su hijo). No le dé nunca ningún otro fármaco contra el resfriado sin antes consultarlo con el pediatra. Los medicamentos sin receta médica generalmente secan demasiado las vías respiratorias o bien espesan todavía más las secreciones nasales. Además, suelen tener efectos secundarios, como la somnolencia.

Si a un infante le cuesta chupar ó lactar debido a la congestión nasal, límpiele bien la nariz utilizando un aspirador nasal antes de cada toma. *Al usar el aspirador nasal, no olvide presionar primero la pera de goma, después introducir suavemente el extremo de la cánula por la ventana de la nariz del bebé y a continuación soltar poco a poco la pera.* La presión negativa permite aspirar la mucosidad que bloquea el paso del aire, lo que debe bastar para que su hijo pueda respirar y succionar al mismo tiempo sin problemas. Se dará cuenta de que ésta técnica funciona mejor con niños de menos de seis meses. Conforme su hijo vaya creciendo se resistirá más a que le meta la cánula en la nariz.

Si las secreciones del bebé son demasiado espesas, probablemente el pediatra le recomendará que las ablande utilizando gotas nasales de solución salina, de venta en farmacias. Utilizando un

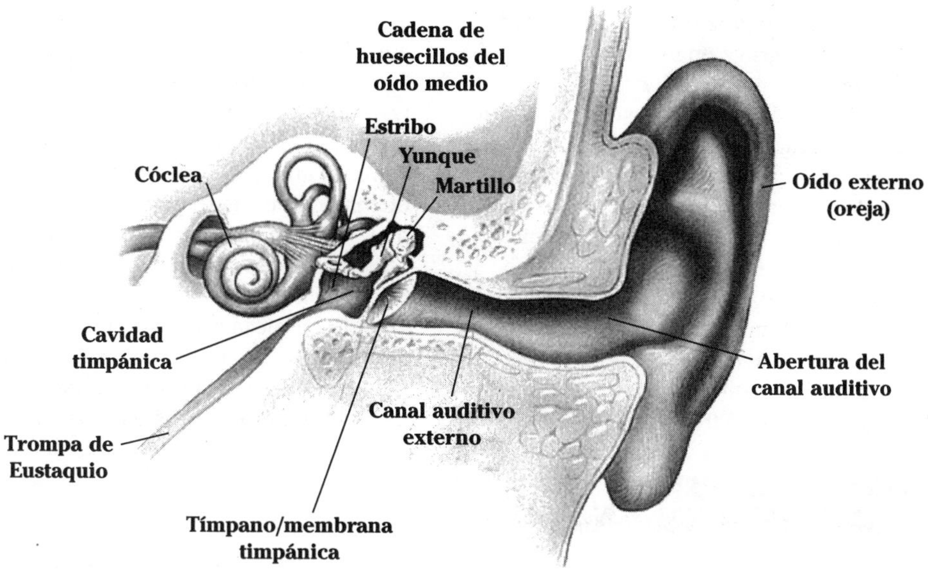


## Sección transversal del oído

cuentagotas previamente lavado con agua y jabón y bien enjuagado, deje caer dos gotitas en cada ventana unos quince o veinte minutos antes de darle el pecho o el biberón y, a continuación, succione con el aspirador nasal. *No utilice nunca gotas para la nariz que contengan algún medicamento, pues su hijo podría absorberlo en cantidades excesivas. Sólo utilice solución salina para la nariz.*

Colocar un humidificador o un vaporizador en la habitación de su hijo también contribuirá a ablandarle la mucosidad y a que pueda respirar mejor. Póngalo en un sitio que esté cerca del niño para que pueda aprovechar al máximo la humedad. No se olvide de lavar y secar a conciencia el humidificador cada día para evitar la proliferación de hongos o bacterias. *Los humidificadores de agua caliente deben evitarse ya que pueden provocar quemaduras serias.* Unas últimas palabras de aviso sobre medicamentos: *Las preparaciones que se utilizan para tratar la tos y el resfriado no se deben administrar a un niño menor de tres años a menos que las recete el pediatra.*

La tos es un mecanismo protector que permite limpiar de mucosidad la parte inferior del tracto respiratorio, y, por norma general, no hay motivo para eliminarla.

## Prevención

Si su hijo tiene menos de tres meses, la mejor forma de evitar los resfriados es mantenerlo alejado de la gente que esté resfriada. Esto es especialmente importante durante el invierno, cuando circulan muchos de los virus que provocan los resfriados. Un virus que sólo provoca un leve resfriado en un niño mayor o un adulto puede provocar una enfermedad bastante más grave en un infante.

Si su hijo va a la guardería y está resfriado, enséñele a cubrirse la boca con la mano cuando tosa, a no estornudar encima o cerca de la gente y a utilizar pañuelos de papel. De este modo, evitará que contagie a otras personas. Así mismo, si su hijo puede entrar en contacto con otros niños que estén resfriados y existe la posibilidad de mantenerlo alejado de ellos, hágalo. Enséñele también a lavarse las manos regularmente durante el día, puesto que así conseguirá frenar el contagio.

## Infecciones de oído

Durante los primeros años de vida, es bastante probable que su niño contraiga una infección de oído, cuando se resfríe. Esto se debe a que, durante los resfriados y las infecciones de vías respiratorias altas, suele acumularse fluído en el oído medio. Cuando las bacterias infectan este fluido, la infección provoca dolor de oído e inflamación del tímpano. Los médicos denominan "otitis media aguda" a este tipo de infecciones.

Dos tercios de los niños tienen por lo menos una infección de oídos al llegar a los dos años. Se trata de un problema frecuente en niños pequeños, debido a que son más susceptibles a contraer infecciones virales en las vías respiratorias altas y a que sus diminutas trompas de Eustaquio, que normalmente se encargan de drenar el fluido sobrante, no funcionan bien durante las infecciones.

Los niños menores de un año que van a guarderías y pasan mucho tiempo con otros niños tienen más infecciones de oído que los que se quedan en casa, básicamente porque se exponen a muchos más virus. Así mismo, los niños que toman solos el biberón mientras permanecen acostados boca arriba tienen más probabilidades de contraer este tipo de infección, puesto que es posible que les entre un poco de leche en la trompa de Eustaquio, obstruyendo la vía de drenaje. Los niños de ciertos grupos raciales, como los esquimales y los indios americanos, son más susceptibles a contraer este tipo de infecciones. Esto puede ser por la forma de la trompa de Eustaquio. Dos factores pueden explicar el que la probabilidad de contraer infecciones de oído decrezca cuando empieza a ir a la escuela: el crecimiento de las estructuras del oído medio disminuye la probabilidad de que se produzcan bloqueos en la vía de drenaje, y las defensas del organismo aumentan con la edad.

### Signos y síntomas

Las infecciones de oído generalmente, aunque no siempre, causan dolor. Un niño que sea lo suficientemente mayor para hablar puede quejarse de dolor de oído; un niño más pequeño puede estirarse la oreja y llora. Un lactante que tenga una infección de oído puede llorar más durante las tomas, puesto que, al succionar y al tragar, hay cambios de presión en el oído medio que pueden resultar molestos. Así mismo, al acostarse hay cambios de presion, lo que explica por qué los niños con infección de oído tienen problemas de sueño. La fiebre es otra señal de alarma; las infecciones de oído suelen cursar con fiebre alta de 100° a 104° Farenheit (entre 38° y 40° centígrados).

Es posible que al niño le salga pus o un fluído amarillo sanguinolento del oído infectado. Esta supuración indica que se ha hecho un pequeño agujero en el tímpano (denominado perforación). Estas perforaciones generalmente se curan solas y sin complicaciones; aun así, es algo que el pediatra debe conocer.

También es posible que perciba que su hijo oye menos. Esto se debe a que el fluído acumulado detrás del tímpano interfiere con el proceso de transmisión del sonido. Estas pérdidas auditivas casi siempre son temporales, recuperándose la capacidad auditiva inicial en cuanto deja de haber fluído en el oído. En ocasiones, cuando las infecciones de oído son recurrentes, es posible que se acumule fluído detrás del tímpano durante varias semanas y continúe interfiriendo con la audición. Si le parece que su hijo oye peor que antes de contraer la infección de oído, coménteselo al pediatra. Si aún le preocupa esto, solicite una evaluación por un especialista en audición.

Las infecciones de oído son más frecuentes durante la época de la influenza: invierno y principios de la primavera. Si su hijo se queja de dolor de oído en verano, sobre todo después de un día de playa o de piscina, probablemente tendrá una infección en el canal auditivo *externo* denominada infección del nadador. Este tipo de infección no afecta la capacidad auditiva, pero puede ser muy dolorosa y debe tratarse con prontitud. (Véase La *infección del nadador,* en la página 631)

## Tratamiento

Siempre que sospeche una infección de oído, póngase en contacto con el pediatra lo antes posible. Así mismo, siga los siguientes pasos para mitigar el malestar del niño.

- Si tiene fiebre, intente bajársela utilizando los procedimientos descritos en el Capítulo 23.
- Déle acetaminofén líquido a las dosis apropiadas para su edad y peso.
- No le ponga gotas para los oídos a menos que el pediatra le dé el visto bueno.

El pediatra examinará el oído de su hijo por dentro utilizando un aparato provisto de luz denominado otoscopio. Para determinar si el niño tiene líquido detrás del tímpano, probablemente colocará un tubito de goma en el otoscopio e insuflará aire suavemente dentro del oído para evaluar la sensibilidad y los movimientos del tímpano. Hay una prueba objetiva que permite determinar si hay o no líquido en la cavidad timpánica. Esta prueba permite obtener los resultados en forma de un informe impreso que recibe el nombre de timpanograma.

Si el niño tiene fiebre, el médico le hará una revisión general para determinar si le ocurre algo más aparte de la infección de oído.

Para tratar una otitis media, el médico le recetará antibióticos. Éstos se venden en forma de jarabe, comprimidos, cápsulas y hasta masticables. A veces, las gotas para los oídos permiten mitigar el dolor, pero sólo se las debe poner a su hijo si se las recomienda el pediatra. A menos que la otitis se asocie a una alergia, los antihistamínicos y los descongestionantes probablemente no servirán de nada.

Los antibióticos son el tratamiento principal de las infecciones de oído. El pediatra le indicará cuál es el patrón de administración que debe seguir (dosis y frecuencia de las tomas). Siga las indicaciones del pediatra al pie de la letra. Cuando la infección empieza a curarse, algunos niños experimentan una sensación extraña dentro del oído, como si se les hubiera destapado; no se preocupe, es una señal de que el proceso de curación sigue su curso. Al cabo de unos tres días, debe haber una clara mejoría, con la desaparición de la fiebre y el dolor.

Cuando su hijo empiece a mejorar, usted tendrá la tentación de interrumpir el tratamiento. ¡No lo haga! Es posible que aún queden algunas de las bacterias que provocaron la infección. Dejar la medicación antes de tiempo, puede volver a multiplicar las bacterias y reactivar la infección con toda su fuerza. La única forma de evitar una reactivación es medicar al niño durante todo el tiempo recomendado por el pediatra (generalmente unos diez días).

El pediatra querrá volver a ver a su hijo cuando haya completado los antibióticos para comprobar si queda fluído dentro de la cavidad timpánica. Esto puede ocurrir incluso después de haber controlado la infección. Este trastorno, denominado "otitis media con efusión", es muy frecuente; cinco de cada diez niños siguen teniendo líquido en la cavidad timpánica tres semanas después de iniciar el tratamiento. En nueve de cada diez el fluído desaparecerá en tres meses sin necesidad de tratamiento adicional.

En algunas ocasiones, las infecciones de oído no responden al primer antibiótico recetado, por lo que, si su hijo sigue teniendo fiebre o sigue quejándose de dolor de oído durante más de tres días, debe llamar al pediatra. Para determinar si el antibiótico está cumpliendo su función, el pediatra—o el otorrinolaringólogo—extraerá una muestra de fluído del interior del oído introduciendo una aguja a través del tímpano. Si el análisis de la muestra extraída revela que la infección está provocada por bacterias resistentes al antibiótico prescrito inicialmente, el pediatra le recetará otro antibiótico. En casos muy raros, la infección no remite a pesar de cambiar varias veces de antibiótico. En estos casos, puede ser necesario internar al niño en un hospital para administrarle antibióticos por vía intravenosa y drenarle el oído quirúrgicamente.

Un niño que tenga una infección de oído, ¿debe quedarse en casa? Si el niño se encuentra bien, no es necesario que se quede en casa, siempre y cuando haya alguien en la escuela o guardería que pueda darle la medicación adecuadamente. Hable con la enfermera de la escuela o con su niñera, para repasar a qué horas y qué dosis de antibiótico deben darle al niño. Compruebe también que haya una nevera en caso de que el antibiótico tenga que guardarse en un lugar frío. Los medicamentos que no tengan que estar en la nevera deben guardarse en un armario cerrado con llave y separado de otros objetos, y los frascos deben estar identificados con el nombre y apellidos del niño y la dosis y horario de administración.

Si a su hijo se le perfora el tímpano, podrá realizar prácticamente cualquier actividad, exceptuando probablemente la natación. Por norma general, volar en avión no debe suponer ningún problema.

## Prevención

Las infecciones de oído ocasionales no se pueden prevenir. En algunos niños, se asocian a alergias estacionales, como la fiebre del heno; que causa congestión, lo que bloquea el drenaje del oído medio a la garganta. Si su hijo suele contraer infecciones de oído en la época en que hay más alergias, coménteselo al pediatra. Es posible que le haga otras pruebas y/o que le recete antihistamínicos o descongestivos.

¿Y qué ocurre con los niños que salen de una infección de oído para contraer

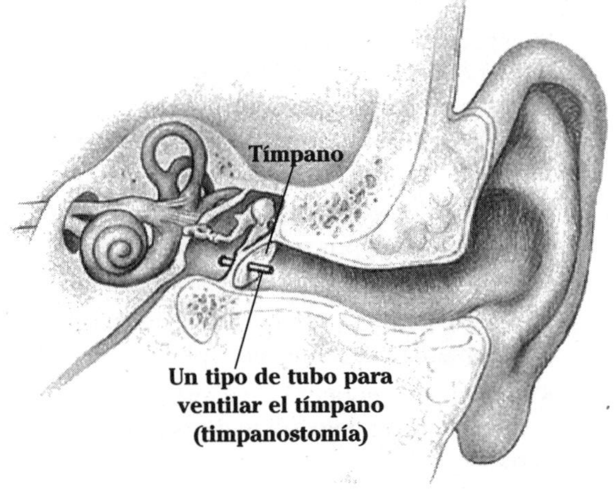

otra? Si su hijo ha tenido varias infecciones de oído seguidas, es posible que el pediatra le recete antibióticos preventivos y, así, tenga menos probabilidades de contraer otra infección. Estos antibióticos se le recetarán a una dosis baja por una o dos veces al día. Aunque durante este período se pueden contraer nuevas infecciones, éstas ocurren con mucho menos frecuencia.

Si su hijo continúa con infecciónes de oído a pesar del tratamiento preventivo, probablemente el pediatra le referirá a un especialista en oídos que quizás recomiende implantar un tubito de ventilación en el tímpano para favorecer el drenaje. Estos tubos también pueden implantarse en caso de que, después de una infección de oído, el fluído permanezca más de tres meses en la cavidad timpánica y esto afecte su audición. Una vez implantados los tubos, el niño volverá a oír bien y no volverá a acumularse fluído.

Existe cierta polémica en torno a la implantación de estos tubos, debido a que sus beneficios a largo plazo todavía no se han podido validar. Además, la implantación de los tubos exige utilizar anestesia general, lo que implica hospitalizar al niño durante varias horas o, incluso, durante una noche. Esta intervención se ha convertido en un estandar de cuidado en los siguientes casos: persistencia del fluído en la cavidad timpánica por más de tres meses asociada a pérdida auditiva, y persistencia del fluído por más de seis meses aunque no afecte la audición. No obstante, su uso aún es controversial.

En un niño mayor, la intervención se puede posponer con un seguimiento cercano de su audición, a ver si mejora con el tiempo. Si el pediatra le recomienda posponer la operación, debe hablar con él sobre el problema específico de su hijo, para que usted conozca y entienda tanto las ventajas como las desventajas de ambas opciones.

Si a su hijo le implantan los tubos de ventilación, deberá evitar que le entre agua en el oído. Bañarse, ducharse o nadar sin sumergir la cabeza no suele provocar problemas, pero es posible que el médico le pida que le ponga tapones en los oídos. Aun con tapones, no le permita sumergirse ni bucear.

Las infecciones de oído recurrentes pueden ser agotadoras, tanto para usted como para su hijo. Sin embargo, tenga la seguridad de que se trata de un problema temporal que mejorará con la edad.

## Epiglotitis

La epiglotis es un reborde de tejido situado en la parte posterior de la garganta. Normalmente evita que, al tragar, inhalemos alimentos sólidos y líquidos hacia la tráquea. En la epiglotitis, un trastorno grave pero poco habitual, esta estructura se infecta, generalmente por efecto de la bacteria *Haemophilus influenzae B.*

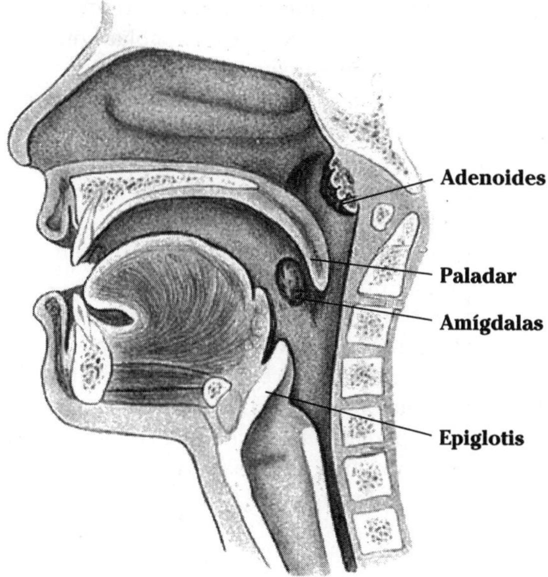

La epiglotitis puede poner en peligro la vida, porque, al inflamarse, la epiglotis puede bloquear por completo la tráquea y no permitir el paso del aire. Los niños de entre dos y seis años son los más susceptibles a contraer esta infección. Afortunadamente, es un trastorno poco frecuente en la actualidad gracias a la vacuna Hib, que evita infecciones por *Haemophilus influenzae B.*

La infección se inicia con dolor de garganta, fiebre generalmente por encima de los 101° Farenheit (38.3°C) y un profundo malestar. Al niño le dolerá mucho la garganta. Al respirar, emitirá un sonido ronco y rasposo denominado estridor. Tendrá tanto problema al tragar que empezará a babear. Probablemente no querrá acostarse y se encontrará menos molesto cuando esté sentado e inclinado hacia adelante.

## Tratamiento

Si su hijo tiene un dolor de garganta más fuerte de lo habitual, se babea o le cuesta mucho respirar, llame inmediatamente al pediatra. Puesto que la epiglotitis evoluciona muy deprisa y puede tener consecuencias muy graves, no intente tratarla en casa. Después de hablar con el pediatra, intente calmar al niño. No intente examinarle la garganta ni le obligue a acostarse. No le dé comida ni bebida, puesto que podría vomitar, lo que todavía interferiría más con la respiración.

Si lleva a su hijo al médico durante la fase inicial de la enfermedad, es posible que éste no pueda diagnosticar la epiglotitis. No dude en volverle a llamar si más adelante el dolor de garganta empeora o aparece el babeo o el estridor (respiración sonora y ronca).

Si el pediatra sospecha que su hijo tiene epiglotitis, lo enviará rápidamente a la Sala de Emergencia. Con la ayuda del anestesiólogo y del otorrinolaringólogo, el médico examinará la epiglotis del niño. Si está muy inflamada, se le administrará anestesia y se le introducirá un tubo por la nariz hasta la tráquea. De este modo, se evitará que la inflamación bloquee el paso del aire y su hijo volverá a respirar cómodamente. En casos muy graves, se tiene que practicar una traqueotomía (colocar un tubo directamente en la tráquea practicando una pequeñas incisión en el cuello para que el niño pueda respirar), pero esta práctica es rara en la actualidad. Al niño también se le administrarán antibióticos.

Todas estas decisiones tienen que tomarse deprisa y es posible que usted se sienta confuso al ver que a su hijo se le aplica un tratamiento tan drástico por lo que al principio parecía ser simplemente un dolor de garganta. Es importante que tenga en cuenta que la epiglotitis es una enfermedad que progresa deprisa y que, de no tratarse a tiempo, puede ser fatal.

## Prevención

La vacuna Hib es la mejor protección contra la bacteria que provoca la epiglotitis. Esta vacuna se debe poner a los dos, cuatro y seis meses de edad y un refuerzo entre los doce y los quince meses. De todos modos, aun cuando haya vacunado a su hijo, informe al pediatra si se entera de que su hijo se ha relacionado con algún niño infectado por la *Haemophilus influenzae B.* Es posible que éste crea conveniente tomar alguna precaución adicional.

# Fiebre del heno (Rinitis alérgica/ Conjuntivitis alérgica)

Si a su hijo le empieza a moquear la nariz y los ojos se le hinchan, se le enrojecen y le empiezan a picar sin que tenga ningún otro síntoma de resfriado o infección, probablemente está teniendo un ataque de fiebre del heno: una reacción alérgica a los irritantes o alergenos contenidos en el ambiente. Esto no provoca fiebre. El alergeno más habitual que desencadena la fiebre del heno es el polen. Si el alergeno es el polvo, el hongo o la caspa de animal, entonces recibe el nombre de rinitis alérgica.

Como las demás alergias, la fiebre del heno se suele heredar, por lo que, si usted o su pareja la padece, es más probable que a su hijo le ocurra igual. Aún así, es posible que los síntomas no aparezcan desde el principio. Las alergias respiratorias son poco frecuentes en niños menores de tres años de edad.

A veces cuesta distinguir entre un resfriado común y la fiebre del heno, porque muchos de los síntomas de ambas afecciones son idénticos. A continuación figuran algunos de los síntomas de la fiebre del heno:

- Estornudos, nariz tapada, picor en la nariz, secreción nasal (generalmente clara).
- Ojos llorosos, enrojecidos e hinchados; picor en los ojos.
- Tos.
- Un pliegue en el tope de la nariz debido al moqueo constante.
- Sangrado nasal y escoriación alrededor de la nariz (véase *Sangrados nasales,* página 627).
- Ojeras.
- Garganta constantemente enrojecida.
- Ronquidos por la noche y tendencia a respirar por la boca por tener la nariz tapada.
- Fatiga (sobre todo por no dormir bien por las noches).
- Carraspeo constante.
- Tos nocturna provocada por la mucosidad en la parte posterior de la garganta.
- Dolor de cabeza sin fiebre

Si su hijo tiene alergias nasales, esto puede allanar el terreno para otros problemas. Por ejemplo, es posible que tenga más infecciones de senos nasales y de oído (véase *Sinusitis,* página 700 e *Infecciones de oído,* página 618) o, si la alergia cursa con ojos irritados, podría ser más vulnerable a infecciones oculares (véase la página 644). Puesto que la fiebre del heno crónica también puede interferir con el sueño, es probable que el niño esté cansado e irritable, lo que, a su vez, puede provocar problemas de comportamiento.

## Tratamiento

Cuando la alergia de su hijo empiece a interferir con su patrón de sueño o con sus actividades escolares, sociales o de cualquier otro tipo, llame al pediatra. Para prevenir o tratar los síntomas, probablemente el pediatra le recetará antihistamínicos, solos o combinados con descongestionantes. Tal vez tenga que probar varios antihistamínicos (o distintas combinaciones de antihistamínico y descongestivo) hasta dar con uno que sea eficaz y que permita minimizar los efectos secundarios. (véase *Medicamentos de uso común,* página 768). Los efectos secundarios más comunes son: somnolencia, sequedad de boca, estreñimiento, pérdida del apetito y, en algunas ocasiones, cambios de conducta. A veces, algunos antihistamínicos son estimulantes en algunos niños, provocando

## Alergenos domésticos más comunes

| Alergeno | Cómo actuar |
|---|---|
| **Animales domésticos** (perros, gatos, conejillos de Indias, hámsters): No hay tal cosa como un perro o un gato que no cause alergias, aunque algunas personas son menos sensibles a unas razas que a otras. Contrario a la creencia popular, no es el pelo lo que provoca la alergia, sino la *caspa* (las escamas de la piel) que se humedecen con la saliva o la orina del animal. | No permita que entre ningún animal en casa. A menos que su hijo tenga una alergia muy fuerte, puede dejarle jugar con animales cuando esté al aire libre, pues la concentración de caspa no es tan elevada como en el interior. A la hora de elegir la próxima mascota, piense en algo como una serpiente, un lagarto, un pez o una rana. |
| **Moho** (partes de plantas que contienen esporas): el moho crece en exteriores en lugares frescos, húmedos y obscuros, como la tierra, la hierba y las hojas muertas. En interiores, se puede encontrar en sótanos húmedos, bodegas, roperos, buhardillas, colchones viejos, almohadas o sábanas insuficientemente ventiladas. También crece en cestas de mimbre que se usan como macetas, en flores secas y los árboles de navidad. | En los baños u otras habitaciones húmedas, no ponga alfombras en el suelo ni papel en las paredes. Así mismo, compruebe que los baños tienen respiraderos que funcionan correctamente. Si en alguna parte de la casa se empapa una alfombra, cámbiela o séquela completamente. Evite usar vaporizadores y humidificadores. En las habitaciones donde haya demasiada humedad, puede ser efectivo colocar un deshumidificador.<br>El moho se puede eliminar utilizando distintos tipos de desinfectantes, pero téngalos siempre, fuera del alcance de cualquier pequeño. A veces, utilizar un purificador de aire puede ayudar a eliminar las esporas y el polvo doméstico. A algunos niños el aire acondicionado les va bien, pero a otros les empeora la alergia.<br>En el exterior, pode bien los árboles y arbustos para que entre abundante luz en su casa. Si tiene huerto o jardín, utilice productos no orgánicos como abono o en cualquier otra tarea de jardinería y no deje que se acumulen las hojas muertas en el jardín. |

una marcada la actividad y/o nerviosismo. Para el tratamiento crónico de la alergia y para evitar efectos secundarios, es posible que el pediatra le prescriba un nebulizador nasal.

Es posible que tenga la tentación de utilizar algún nebulizador nasal que se venda sin receta médica para destaparle y despejarle la nariz a su hijo. ¡No lo haga! Generalmente estos productos, al cabo de varios días de uso, provocan aún *más* congestión nasal en vez de eliminarla. Paradójicamente, esta congestión puede ser más molesta y difícil de tratar que la

| Alergeno | Cómo actuar |
|---|---|
| **Polvo:** Si el pediatra le pide que elimine el polvo de su casa, no se ofenda. Todas las casas tienen polvo escondido en diversos sitios: encima y debajo de los muebles tapizados, en los colchones, cojines, muebles, almohadas, mantas, alfombras, peluches, sábanas, el aire de la calefacción insuficientemente filtrado y las plumas. El polvo doméstico, el causante de la mayoría de las alergias, lo producen los ácaros del polvo, sobre todo cuando la humedad supera el 50 por ciento. | Intente que la casa, y sobre todo la habitación de su hijo, tenga la mínima cantidad de polvo posible. Para empezar, vacíe completamente su habitación y límpiela de arriba a abajo. Elimine las alfombras y sustitúyalas por piso de madera o linóleo. Cubra las salidas de la calefacción y/o del aire acondicionado con filtros de fibra de vidrio o estopilla y limpie los calefactores semanalmente. Tenga sólo una cama en la habitación del niño y cubra la almohada, el colchón y los muelles (que deberían estar bien limpios) con cubiertas de plástico que repelan el polvo. Utilice sábanas sintéticas o de algodón, y evite los edredones y las colchas. Así mismo, fíjese en que las almohadas estén rellenas de espuma (no de plumas, puesto que atraen más el polvo). Lave siempre las sábanas y las fundas de las almohadas en agua caliente (a más de 60° centígrados). Limpie la habitación del niño a fondo por lo menos una vez a la semana y ventílele bien ese día. Mantenga las puertas y ventanas cerradas durante el resto de la semana. Para quitar el polvo, utilice un trapo húmedo o untado en aceite de muebles para evitar levantarlo.<br>La habitación en la que duerme su hijo debería ser la que contenga menos polvo de toda la casa y debería utilizarse sólo para dormir, no para jugar (no debería contener juguetes ni peluches). No deje que su hijo entre en la buhardilla, el desván o similares y sáquelo de casa cuando tenga que hacer la limpieza. Puede plantearse la posibilidad de instalar un filtro de aire en su habitación, sobre todo durante la época en que hay más alergias. |

misma alergia. Si su hijo tiene los ojos hinchados, enrojecidos e irritados, probablemente el pediatra le recetará gotas para los ojos, además del antihistamínico.

Probablemente lo mejor que puede hacer por la alergia de su hijo es eliminar de su casa todo lo que pueda provocarle alergia. Vea a la tabla de la página 624 a 625 sobre cómo evitar los alergenos domésticos más habituales.

### *Cómo se desarrollan las alergias*

Cada vez que una persona alérgica se expone a un alergeno, su sistema inmune fabrica un anticuerpo denominado IgE. Cuanta mayor cantidad de este anticuerpo genere, más alérgica será esa persona. Puede tardar semanas, meses o años en producir una cantidad importante de IgE, pero, en cuanto tenga una reserva de anticuerpos, su organismo empezará a manifestar los síntomas de la alergia. Cuando el alergeno entre en contacto con el IgE en la superficie de unas células denominadas mastocitos (localizadas en la nariz, la piel, los ojos, el tracto intestinal y los bronquios), éstas liberarán sustancias químicas,—sobre todo la histamina—que son las responsables de los síntomas de la alergia.

## Herpes simple

El herpes oral es una de las enfermedades virales más comunes durante la niñez. El herpes provoca la aparición de úlceras o ampollas en los labios (conocidas popularmente como "brasas", "costras labiales", "ampollas por el frío", o "calenturas"), así como inflamación del interior de la boca y los labios. (Mucha gente, cuando oye la palabra *herpes,* piensa en el herpes genital, una enfermedad de transmisión sexual; sin embargo, el virus que provoca las ampollas orales en niños no es el mismo.) El herpes oral es muy contagioso y se trasmite por contacto directo, generalmente a través de los besos. La mayoría de los lactantes están protegidos por los anticuerpos maternos aproximadamente hasta los seis meses de edad, pero, a partir de este momento vuelven a ser vulnerables al virus.

Cuando un niño contrae la infección por primera vez, se dice que tiene "herpes primario". Éste puede provocar dolor, inflamación y enrojecimiento de las encías con aumento de la salivación. Al cabo de uno o dos días, aparecen ampollas en la boca. Cuando éstas se abren, dejan úlceras que tardan varios días en curarse. El niño puede tener fiebre leve y dolor de cabeza, estar más irritable que de costumbre, perder el apetito y tener los ganglios linfáticos inflamados durante varios días. Aún así, muchos niños tienen síntomas tan leves que nadie se entera de que han contraído el virus.

Desafortunadamente, después de haberse contagiado, un niño se convierte en portador de por vida del virus del herpes. Esto significa que el virus, generalmente inactivo, permanece en su organismo. Sin embargo, es posible que el virus se reactive, cuando bajen las defensas durante una fase de estrés (incluyendo otras infecciones), cuando se haga alguna lesión en la boca o una quemadura solar, o tenga alguna alergia, desencadenándose una infección que recibe el nombre de "herpes secundario". Se trata de una afección similar al herpes primario pero mucho más leve y suele ocurrir durante la infancia tardía, la adolescencia o la edad adulta.

### Tratamiento

Si su hijo se queja de síntomas propios del herpes, llame al pediatra. El herpes primario no es una enfermedad grave pero es molesto. El tratamiento que se debe aplicar para mitigar el malestar incluye:

- Guardar cama y descansar
- Beber mucho líquido, sobre todo bebidas que no sean ácidas, como jugo de albaricoque o de manzana
- Acetaminofén, si se asocia a fiebre o a malestar general
- Enjuagues bucales o gárgaras con el producto que le indique el pediatra. Estos fármacos pueden tener efectos analgésicos sobre las áreas afectadas por las úlceras. Siga atentamente las instrucciones de uso que acompañen al producto
- Dieta blanda pero nutritiva

El herpes primario puede requerir la hospitalización si el niño se deshidrata.

No le ponga nunca a su hijo cremas ni pomadas que contengan esteroides (cortisona) si existe la más mínima sospecha de que puede tener un herpes. El hacerlo podría contribuir a extender la infección.

### Prevención

El virus del herpes se contagia por contacto directo. Por lo tanto, la mejor forma de evitar el contagio es no permitir que nadie que tenga lesiones en la boca o los labios bese a su hijo. Así mismo, intente que su hijo no comparta los cubiertos u otros utensilios que se usan para comer (esto es más fácil de decir que de hacer). Si su hijo contrae un herpes primario, no le deje salir de casa para que no contagie a otros niños.

## Sangrados nasales

Seguramente su hijo tendrá por lo menos un episodio de sangrado nasal—y probablemente más—durante sus primeros años de vida. Algunos preescolares sangran por la nariz varias veces a la semana. Esto no es ni anormal ni peligroso, pero puede asustar bastante. Si la sangre fluye por detrás de la nariz, garganta abajo, es posible que el niño trague mucha de esta sangre, lo que, a su vez, podría provocarle vómitos.

Hay muchas causas de sangrado nasal, la mayoría de las cuales no son graves. Empezando por las más frecuentes, cabe señalar:

- Resfriados y alergias: un resfriado o alergia provoca irritación e inflamación en el interior de la nariz, haciendo que ésta sangre de manera espontánea.
- Trauma: un niño puede tener sangrado nasal después de meterse los dedos en la nariz (por las uñas), meterse algo dentro de la nariz o sonarse con demasiada fuerza. También puede ocurrir si le tiran una pelota o algún otro objeto y le da en la nariz o se cae “de narices”.
- Ambiente seco o gases irritantes: si dentro de su casa hay muy poca humedad o vive en un clima muy seco, las mucosas que recubren las paredes internas de la nariz se pueden secar, siendo más fácil que sangren. Si un niño se ve expuesto frecuentemente a gases tóxicos (afortunadamente, algo poco habitual) también le sangrará más la nariz.
- Problemas anatómicos: cualquier anomalía estructural en el interior de la nariz puede provocar la formación de costras y hemorragias.
- Un crecimiento anómalo: el crecimiento de tejidos anómalos dentro de la nariz puede provocar sangrado. Aunque muchos de estos tejidos anómalos (generalmente pólipos) son benignos (no cancerosos), deben tratarse lo antes posible.
- Problemas de coagulación: cualquier cosa que interfiera con el proceso de coagulación normal de la sangre puede provocar sangrados nasales.

Determinados medicamentos, incluso algunos comunes como la aspirina, pueden alterar el proceso de coagulación, provocando sangrado. Algunas enfermedades de la sangre, como la hemofilia, también se asocian a hemorragias nasales.

- Enfermedades crónicas: un niño que padezca una enfermedad de carácter crónico, o que necesite que le administren oxígeno o bien que tome algún medicamento que reseca o afecta a las mucosas que recubren la nariz, puede tener mayor propensión a sangrados nasales.

## Tratamiento

Hay muchos mitos y creencias populares erróneas sobre cómo se debe tratar el sangrado nasal. A continuación, hay un listado sobre lo que se debe y no se debe hacer:

### Qué se debe hacer

1. Mantenga la calma. El sangrado nasal puede asustarnos bastante, pero pocas veces es grave.
2. Mantenga al niño sentado o de pie. Colóquele la cabeza un poco hacia adelante. Pídale que se suene con suavidad si es lo suficientemente mayor para hacerlo.
3. Apriete la mitad inferior de la nariz del niño (la parte blanda) entre el pulgar y el índice, y aguante con firmeza durante diez minutos. Si su hijo es lo suficientemente mayor, lo puede hacer él mismo. *No suelte la nariz del niño durante el proceso para comprobar si sigue sangrando.*

   Deje de apretar al cabo de diez minutos y espere a ver qué ocurre mientras el niño sigue sin moverse. Si la nariz continua sangrando, vuelva a repetir el tercer paso. Si, después de pasar otros diez minutos, persiste el sangrado, llame al pediatra o lleve a su hijo a la sala de emergencia más cercana.

### Qué *no* se debe hacer

1. No se deje dominar por el pánico. Sólo conseguirá asustar al niño.
2. No acueste al niño ni le coloque la cabeza hacia atrás.
3. No le meta un trozo algodón, gasa o pañuelos de papel dentro de la nariz para frenar la hemorragia.

Así mismo, llame al pediatra en caso de que:

- Le parezca que su hijo ha perdido mucha sangre (aunque debe de tener en cuenta que la sangre que sale por la nariz siempre da la impresión de que es "mucha sangre".)
- La sangre le salga sólo por la boca, o esté tosiendo o vomitando sangre o una sustancia de color marrón que recuerda al café molido.
- El niño esté mucho más pálido de lo habitual, sudoroso o no reaccione. Llame *inmediatamente* al pediatra y llévelo a la sala de emergencia.
- Le sangre la nariz muy a menudo y tenga la nariz tapada crónicamente. Esto podría indicar que los vasos sanguíneos que irrigan la capa que recubre las paredes internas de la nariz son muy pequeños y fáciles de romper o bien que le ha crecido algún tejido anómalo en las vías nasales.

Si el pediatra está presente cuando su hijo tiene una hemorragia nasal, probablemente aplicará el procedimiento arriba descrito. (Si la nariz está llena de coágulos, es posible que antes se los succione para limpiarla). Quizás le ponga también unas gotas nasales que contraen los vasos sanguíneos o le introduzca dentro de la nariz un algodón empapado de algún medicamento. También es posible que le examine la nariz por dentro utilizando una luz especial para determinar la causa de la hemorragia. Si identifica el vaso o vasos sanguíneos que la están provocando, los impregnará de una sustancia química (nitrato de plata) para frenar la hemorragia.

Si, después de este tratamiento, no consigue controlar la hemorragia, es posible que tenga que colocar un tapón de gasas. Esto no le gustará nada a su hijo, porque es molesto, pero quizás sea necesario. Tendrá que llevar la gasa durante por lo menos veinticuatro horas.

Si el médico cree necesario analizar en más detalle la causa de la hemorragia o comprobar que el niño no ha perdido demasiada sangre, quizás le mande un análisis de sangre. Es extremadamente raro que se necesite una transfusión para recuperar la sangre perdida con motivo de una hemorragia nasal.

## Prevención

Si su hijo tiene mucho sangrado nasal, pregúntele al pediatra sobre la convenciencia de ponerle cada día gotas de solución salina en la nariz. Esto le ayudaría si viven en un clima muy seco, sobre todo cuando tengan puesta la calefacción. Así mismo, el uso de humidificadores o vaporizadores ayuda a mantener un nivel de humedad lo suficientemente elevado para evitar que las mucosas de la nariz se resequen demasiado. También debe decirle a su hijo que no se meta los dedos en la nariz. Si suele hacerlo por las noches o mientras duerme, póngale guantes de algodón o bien calcetines en las manos cosidos a las mangas del pijama.

# Dolor de garganta (faringitis, amigdalitis)

Los términos *dolor de garganta, faringitis y amigdalitis* se suelen utilizar como si fueran sinónimos, pero no necesariamente se refieren a lo mismo. La amigdalitis es la inflamación de las amígdalas (véase *Amígdalas y adenoides,* página 635). Cuando su hijo tenga faringitis o dolor de garganta, es posible que sus amígdalas estén inflamadas, pero también es posible que la inflamación afecte a otras partes de la garganta pero *no* a las amígdalas.

Durante la lactancia, la primera infancia y la etapa preescolar, la causa más frecuente de los dolores de garganta son las infecciones virales. Cuando la infección ha sido provocada por un virus, no existe ningún tratamiento específico y el niño debe mejorar en un lapso de tres a cinco días. A menudo, los niños que tienen un dolor de garganta de origen viral están resfriados al mismo tiempo. Es posible que tengan fiebre baja, pero no suelen encontrarse muy mal.

Hay un virus particular (denominado *Coxsackie*) que actúa sobre todo durante el verano y el otoño y que suele provocar fiebre más alta, mayor dificultad para tragar y mayor malestar general. Si su hijo contrae esta infección, es posible que le salgan una o dos vesículas en la garganta, que el pediatra intentará encontrar cuando lo examine. La mononucleosis infecciosa también puede cursar con dolor de garganta, a menudo asociado a amigdalitis.

Hay faringitis que están provocadas por la bacteria *Streptococcus pyogenes.* En cierta medida, los síntomas de esta infección dependen de la edad que tenga el niño. Los lactantes pueden tener febrículas y mucosidad nasal más densa y sanguinolenta. Los niños de entre uno y tres años tienen también mucosidad más densa y sanguinolenta y fiebre. Además, suelen estar bastante irritables, pierden el apetito y se les inflaman los ganglios linfáticos del cuello. Los niños mayores con esta infección se ven más enfermos, es posible que les duela mucho la garganta, que tengan una fiebre de más de 102° Farenheit (38.9° centígrados), ganglios linfáticos del cuello inflamados y tengan pus en las amígdalas. Es importante saber distinguir entre una faringitis de origen viral y otra por estreptococo, puesto que última debe tratarse con antibióticos.

## Diagnóstico-tratamiento

Siempre que su hijo se queje de dolor de garganta persistente (no uno que desaparezca al beberse el primer vaso de jugo por la mañana), vaya o no acompañado de fiebre, dolor de cabeza, dolor de estómago, o fatiga extrema, debe llamar al pediatra. La llamada debe hacerla con carácter urgente si, además, su hijo tiene muy mal aspecto o si le cuesta mucho respirar o tiene dificultades para tragar (lo que le hace babear). Esto podría indicar que tiene una infección más grave (véase *Epiglotitis,* página 621).

El médico examinará a su hijo y es posible que le haga un cultivo de garganta, para determinar el origen de la infección. Para ello, le pasará el extremo de un aplicador cubierto con algodón por el fondo de la garganta y las amígdalas, y luego lo pasará por un medio de cultivo idóneo para que prolifere el estreptococo, en caso de que los haya. Generalmente el cultivo se examina al cabo de veinticuatro horas para ver si han crecido bacterias.

Muchas consultas pediátricas hoy día disponen de una prueba que permite obtener resultados en pocos minutos. De todos modos, si esta prueba da negativa, es preciso confirmar el resultado haciendo un cultivo. Si el resultado del cultivo sigue siendo negativo, se suele asumir que la infección es de origen viral. En estos casos los antibióticos no sirven de nada y, por lo tanto, no se deben administrar.

Si el resultado de la prueba dá positivo, el pediatra recetará un antibiótico, sea oral o inyectable. Si a su hijo le recetan un antibiótico oral, es muy importante que complete todo el tratamiento, que suele durar unos diez días, incluso aunque los síntomas empiecen a remitir o desaparezcan por completo.

Si una faringitis por estreptococo no se trata con antibióticos o no se completa el tratamiento, la infección puede empeorar o extenderse a otras partes del cuerpo, provocando problemas más graves, como una sinusitis o una infección de oído (véase *Infecciones de oído,* página 618 y *Sinusitis,* página 700). Si no se trata adecuadamente, esta infección puede provocar fiebre reumática, una enfermedad que afecta a las articulaciones y al corazón.

## Prevención

La mayoría de las infecciones de garganta son contagiosas y se trasmiten a través del aire o de las gotitas de saliva que se expelen al hablar, por lo que tiene sentido que usted mantenga a su hijo alejado de las personas que presenten síntomas de infección. Sin embargo, la mayoría de la gente puede contagiar la infección antes de que aparezcan los primeros síntomas, por lo que, de hecho, no hay ninguna forma de evitar que su hijo contraiga la enfermedad.

En el pasado, cuando un niño tenía faringitis recurrentes, se le extirpaban las amígdalas para evitar ulteriores infecciones. En la actualidad, no obstante, esta intervención, denominada amigdalectomía, no se practica tan a menudo (véase *Amígdalas y adenoides,* página 635). Incluso en los casos más complicados, cuando el niño tiene dolores de garganta de origen bacteriano recurrentes, el tratamiento con antibióticos suele ser la mejor solución (véase también *Ganglios inflamados,* página 633).

## La infección del nadador (Otitis externa)

Se trata de una infección que afecta a la piel del canal auditivo externo y que ocurre frecuentemente después de practicar la natación o alguna otra actividad acuática en la que se puede meter agua en los oídos. La infección surge porque la humedad presente en el canal auditivo externo permite la proliferación de ciertas bacterias y, al mismo tiempo, reblandece la piel que recubre dicho canal (como ocurre con la piel cubierta por un vendaje húmedo, que adquiere un aspecto blanquecino e inflamado). Las bacterias invaden la piel reblandecida y, allí, se multiplican.

Los niños que juegan en aguas templadas o calientes durante mucho rato son más susceptibles de contraer esta infección. Sin embargo, por motivos que no están claros, algunos niños tienden más que otros a este tipo de infecciones. Los lactantes, por ejemplo, rara vez contraen esta infección, mientras que los niños de entre uno y cinco años la contraen bastante a menudo, sobre todo durante el verano. A cualquier edad, las lesiones que afecten al canal auditivo (abuso de aplicadores de algodón "Q Tips"), y trastornos como el eccema (véase la página 732) y la seborrea (véase la página 731), pueden aumentar el riesgo a contraer la infección del nadador.

Si se trata de una infección leve, su hijo sólo se quejará de que le pica el oído o de que lo tiene tapado, o—si es demasiado pequeño para explicarlo—probablemente se meterá el dedo en la oreja o se la frotará con la mano. Estos síntomas pueden evolucionar hacia un dolor sordo, que puede empezar en cualquier momento entre cinco horas y seis días desde que el agua entró en el oído. En este momento, la abertura del canal auditivo puede estar inflamada y ligeramente enrojecida y, si usted aprieta en ese punto o estira suavemente de la oreja, el niño se quejará.

En casos más graves de infección del nadador el dolor se hace intenso y constante y el niño puede llorar y apretarse la oreja. El más leve movimiento, incluso masticar, le dolerá mucho. Es posible que el canal auditivo se inflame tanto que prácticamente quede bloqueado y que salga pus o una sustancia blanquecina por la oreja. También pueden aparecer fiebre baja. En infecciones más graves, el enrojecimiento y la inflamación puede extenderse más allá del canal auditivo, afectando a toda la oreja.

Ya que esta infección no afecta al oído medio ni a las estructuras que intervienen en la audición, cualquier pérdida auditiva que se produzca debido al bloqueo motivado por la inflamación será sólo temporal. Es raro que la infección se extienda hacia estructuras más profundas. Si esto llegara a ocurrir, puede ser muy serio y debe aplicarse un tratamiento más intensivo.

### Tratamiento

Si su hijo se queja de dolor de oído y usted sospecha que puede tener la infección del nadador, llame a su pediatra. Aunque no se trata de una afección grave, debe ser evaluada y tratada por el médico. Lamentablemente, es difícil para un padre detectar si un hijo pequeño tiene una infección del nadador, una otitis media, o algún otro trastorno. Por lo tanto, no intente nunca tratar a su hijo sin contar con el visto bueno del pediatra.

Hasta que el pediatra pueda ver a su hijo, puede darle acetaminofén y ponerle calor en el área afectada (compresas calientes, una almohadilla eléctrica, una bolsa de agua caliente), para mitigar el dolor. Si éste es muy fuerte y el niño es lo bastante mayor, también le puede dar algún medicamento que lleve codeína, pero consulte siempre al pediatra antes de darle a su hijo cualquier medicamento que no sea acetaminofen.

No se le ocurra meterle aplicadores ("Q tips") ni otro objeto dentro del oído a fin de mitigarle el picor o de ayudar al drenaje; al hacerlo, sólo conseguirá lesionar todavía más la piel y favorecer la proliferación de bacterias.

Dicho sea de paso, utilizar aplicadores de algodón para limpiar los oídos a un niño puede provocarle infecciones en el canal auditivo. Al pasar el extremo del aplicador contra la piel que recubre el canal puede irritarla y llevarse la capa de cerumen que la protege de la humedad y las bacterias.

En la consulta, el pediatra le examinará el oído a su hijo y después es posible que limpie el pus o la suciedad que se haya acumulado dentro del oído con motivo de la infección. En los casos más leves, es posible que éste sea el único tratamiento necesario, pero lo más probable es que el pediatra le recete gotas para el oído para usar de cinco a siete días. Las gotas combatirán la infección y, por lo tanto, reducirán la inflamación, lo que ayudará a mitigar el dolor. Para que las gotas cumplan eficazmente su función, deben ponerse correctamente. He aquí cómo debe hacerlo:

1. Acueste al niño sobre un costado de tal modo que el oído afectado quede arriba.
2. Vierta las gotas de tal modo que caigan justo al lado de la abertura del canal auditivo externo, para que el aire pueda ir saliendo conforme las gotas van entrando en el canal. Puede mover suavemente el oído para ayudar a que las gotas se vayan introduciendo por la abertura.
3. Mantenga a su hijo en esta postura de dos o tres minutos para asegurarse de que las gotas penetren bien en el oído.
4. Póngale gotas a su hijo tres o cuatro veces al día durante el período que le indique el médico. En ocasiones también le recetarán antibióticos orales.

Si el canal auditivo está demasiado inflamado para que puedan entrar las gotas, es posible que el pediatra utilice una "mecha"—un trocito de algodón o de material esponjoso que absorbe el fármaco para verterlo después dentro del canal. En estos casos, usted tendrá que resaturar

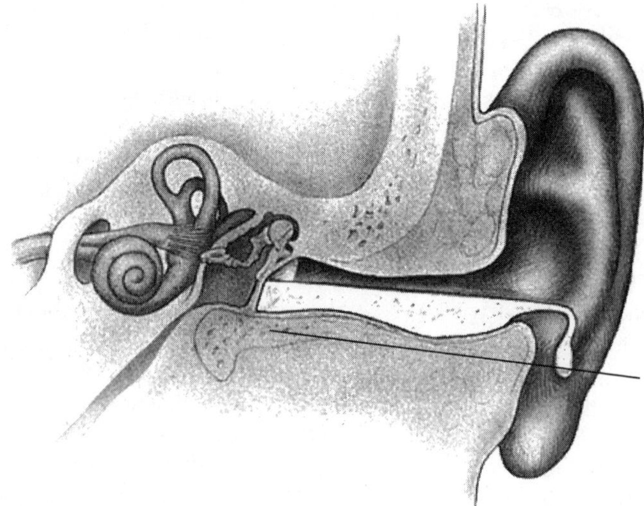

**Canal auditivo externo inflamado**

esta mecha con gotas siguiendo el mismo procedimiento.

Es muy raro que una otitis externa se complique tanto que sea necesario hospitalizar al niño para administrarle antibióticos y analgésicos intravenosos.

Mientras dure el tratamiento, no debe permitir que su hijo practique la natación o cualquier otra actividad acuática. Aún así, podrá ducharse o bañarse diariamente y lavarse el pelo, siempre que usted le seque después bien las orejas con el extremo de una toalla o un secador (puesto a baja intensidad o lo suficientemente lejos de la oreja del niño). Una vez seco, vuelva a ponerle gotas. La infección del nadador no es contagiosa, por lo que no hará falta que su hijo se quede en casa, siempre que alguien se encargue de ponerle las gotas cuando le corresponda.

### Prevención

No es necesario tratar de prevenir que su hijo contraiga la infección del nadador, a menos que la haya contraído frecuente y/o recientemente. Si éste es el caso, limite su tiempo en el agua a menos de una hora. Cuando salga del agua, séquele bien las orejas con el extremo de una toalla limpia o pídale que agite la cabeza. Sus orejas deben permanecer secas durante por lo menos veinte minutos antes de dejarle meterse en el agua otra vez.

Como medida preventiva, muchos pediatras recomiendan gotas de ácido acético para los oídos. Existen distintos tipos y algunos requieren receta médica. Estas gotas son preferibles a las gotas "caseras". Se suelen poner en la mañana, después de nadar, y al acostarse. Los tapones de oídos y los gorros de baño a veces ayudan a evitar este tipo de infecciones.

Hay una forma más de evitar que su hijo contraiga la infección del nadador— siguiendo el consejo que le dio su abuela: "No te metas nada dentro de la oreja." Esto también sirve para su hijo. No caiga en la tentación de limpiarle las orejas por dentro, sea con los dedos, un aplicador de algodón o cualquier otra cosa. El pediatra le enseñará cómo puede eliminar el exceso de cera aspirando con una pera o utilizando algún producto para ablandarla.

## Ganglios inflamados

Los ganglios linfáticos (o nódulos linfáticos) son parte importante del sistema de defensas del organismo contra infecciones y enfermedades. Estos ganglios contienen unas células, denominadas linfocitos, que actúan como barreras contra los agentes infecciosos. Los linfocitos fabrican unas sustancias denominadas anticuerpos que destruyen o inmovilizan las células invasoras o las sustancias nocivas. Cuando los ganglios linfáticos se inflaman o aumentan de tamaño significa que ha aumentado la cantidad de linfocitos debido a una infección u otra enfermedad y que estos se están movilizando para producir más anticuerpos. En casos muy raros, si un ganglio sigue inflamado, sobre todo durante mucho tiempo y la inflamación no se asocia a enrojecimiento ni a dolor, puede indicar la existencia de un tumor.

Si su hijo tiene un ganglio inflamado, usted lo podrá percibir tocándolo y hasta es posible que pueda ver la inflamación. Usualmente duelen al palparlos. Probablemente, si examina las áreas cercanas, podrá identificar la herida o la infección responsable de la inflamación. Por ejemplo, una infección de garganta puede provocar inflamación de los ganglios linfáticos del cuello, y, una herida en el brazo, puede inflamar los ganglios linfáticos de la axila. Una enfermedad generalizada, como algunas infecciones virales, puede provocar la inflamación de varios ganglios. Normalmente, puesto que los niños contraen más infecciones virales que los adultos, es más fácil que tengan los ganglios linfáticos inflamados, sobre todo los del cuello.

## Tratamiento

En la mayoría de los casos, los ganglios inflamados no indican nada serio. La inflamación suele remitir en cuanto cesa la enfermedad que la provocó. Los ganglios retornan a su tamaño normal a lo largo de las próximas semanas.

No obstante, debe llamar al pediatra si su hijo presenta alguno de los siguientes síntomas:

- Ganglios inflamados y doloridos durante más de tres días.
- Fiebre superior a los 101° Farenheit (38.3° centígrados).
- Ganglios inflamados por todo el cuerpo.
- Ganglios que aumentan de tamaño muy deprisa, o enrojecimiento de la piel que los recubre.

Como con cualquier infección, si su hijo tiene fiebre y malestar, le puede dar acetaminofén en la dosis adecuada, teniendo en cuenta la edad y el peso del niño, hasta que lo pueda ver el pediatra. Cuando llame, probablemente el doctor le hará algunas preguntas para intentar determinar la causa de la inflamación, por lo que, si usted "investiga" antes un poco, podrá contestar mejor. Por ejemplo, si los ganglios inflamados están en la zona del cuello o la mandíbula, vea si el niño tiene las encías hinchadas o doloridas, y pregúntele si le duele la garganta o la boca. Coméntele al pediatra si su hijo ha estado jugando con animales, (sobre todo gatos) o ha frecuentado zonas boscosas. Fíjese si tiene algún arañazo reciente, marcas de garrapatas, alguna picadura de insecto o algún aguijón clavado que se haya podido infectar.

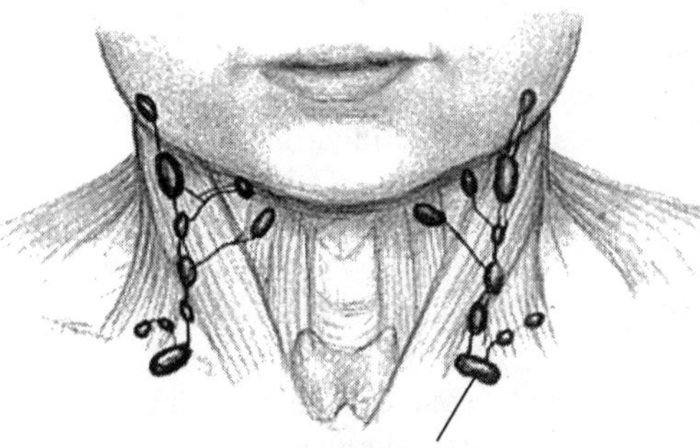

**Ganglios linfáticos cervicales**

El tratamiento de un ganglio inflamado depende de la causa. Si hay una infección bacteriana, en la piel o tejidos cercanos, los antibióticos combatirán la infección y los ganglios se irán deshinchando gradualmente. Si la infección afecta al mismo ganglio, además de los antibióticos, convendrá utilizar compresas calientes para localizar la infección y después realizar un drenaje quirúrgico. En estos casos, se hará un cultivo del material obtenido para determinar la causa exacta de la infección. Esto ayudará al médico a elegir el antibiótico apropiado.

Si el pediatra no logra averiguar la causa de la inflamación, o los ganglios no mejoran a pesar del tratamiento de antibióticos, será preciso realizar otras pruebas. Por ejemplo, si el niño tiene fiebre, una faringitis (no provocada por estreptococos), está muy débil y tiene los ganglios inflamados (aunque no enrojecidos ni doloridos), la causa podría ser mononucleosis infecciosa. Hay pruebas que permiten confirmar el diagnóstico de esta enfermedad. Cuando la causa de la inflamación no esté clara, es posible que el pediatra decida hacerle al niño la prueba de tuberculina.

Si la causa de la inflamación se desconoce aún, es posible que el médico crea conveniente hacer una biopsia (extraer un trocito de tejido del ganglio)

### *Causas más habituales de la inflamación de un ganglio*

- La inflamación de los ganglios linfáticos de la parte central o lateral del cuello suele deberse a infecciones de garganta, generalmente provocadas por virus o bacterias (véase *Dolor de garganta*, página 629). Algunas veces, la inflamación de un ganglio en la parte posterior del cuello puede indicar que hay (o ha habido) una infección en el cuero cabelludo. En ocasiones, un ganglio inflamado en el área del cuello se puede confundir con las paperas (véase la página 697). Sin embargo, las paperas se suelen asociar a inflamación de las glándulas parótidas, ubicadas en las mandíbula, en el ángulo frente a la oreja, no en el cuello.
- La inflamación de los ganglios debajo de la mandíbula, puede indicar una infección en la mejilla, las encías o un diente.
- Aunque una ligera inflamación de los ganglios en la parte posterior de la cabeza suele ser normal, también puede indicar, sobre todo si están muy inflamados y doloridos, que el niño tiene una enfermedad o infección viral.
- Cuando solamente se inflaman los ganglios de la ingle, generalmente se debe a una infección en la pierna.
- La inflamación de los ganglios de la axila suele indicar que hay una infección en el brazo o la mano del mismo lado.
- Si hay ganglios inflamados por todo el cuerpo, la causa más habitual es una enfermedad generalizada, como muchas infecciones virales.
- Los arañazos de gato también pueden provocar inflamación de los ganglios linfáticos que estén cerca de la herida o, incluso, lejos, dependiendo la ubicación del arañazo.
- La inflamación de los ganglios que hay sobre la clavícula puede indicar la existencia de una infección e incluso un tumor en la zona torácica, por lo que deberían ser examinados por un médico lo antes posible.

y examinarlo al microscopio. En casos bastante raros esto puede indicar la existencia de un tumor o bien una infección provocada por hongos, en cuyo caso se debe aplicar un tratamiento especial.

## Prevención

Las únicas inflamaciones de ganglios que se pueden prevenir son las provocadas por una infección bacteriana en los tejidos adyacentes. Limpiar bien las heridas (véase *Cortes y rasguños,* página 519) e iniciar pronto el tratamiento con antibióticos si se sospecha infección, es la única forma de evitar la inflamación de los ganglios linfáticos adyacentes.

# Amígdalas y adenoides

Si le mira la garganta a su hijo, verá una masa rosada de forma oval a cada lado. Son las amígdalas. Éstas producen anticuerpos durante los períodos en que el cuerpo está combatiendo una infección. Las adenoides no se pueden ver, a menos que utilice un espejo de dentista, puesto que están ubicadas entre la parte posterior de la nariz y la garganta. Si las adenoides o las amígdalas aumentan de tamaño, pueden causar dificultad para respirar y tragar.

Aunque la inflamación de las adenoides es frecuente en preescolares y niños pequeños, nadie sabe por qué aumentan de tamaño. A veces el engrosamiento se asocia a resfriados o alergias recurrentes. Hay niños que nacen con adenoides engrosadas o bien les aumentan de tamaño durante el primer año sin que haya ningún indicio de infección recurrente.

Si su hijo tiene las amígdalas inflamadas, usted lo podrá saber simplemente mirándole la garganta o escuchando cómo habla. La voz le cambiará un poco, como si estuviera hablando con algo grande dentro de la garganta—¡que es precisamente lo que ocurre! Si le mira la garganta, verá que tiene la amígdalas engrosadas y, tal vez, más rojas de lo habitual.

No es fácil saber cuándo las adenoides están inflamadas. Es posible que su hijo se queje de tener la nariz tapada o menos olfato que de costumbre, o es posible que usted se dé cuenta de que respira por la boca. Pero la mayoría de los niños que tienen adenoides engrosadas no se quejan porque están acostumbrados a ello. Exceptuando algunos casos extremos, la inflamación de las adenoides no suele provocar problemas de salud.

La obstrucción nasal ocasional debido a la inflamación de las adenoides no debe ser motivo de preocupación. Los síntomas suelen desaparecer en cuanto remite la infección o la reacción alérgica. Sin embargo, la inflamación *persistente* de las adenoides puede acabar convirtiéndose en un problema. Usted puede sospechar que su hijo tiene una inflamación persistente de adenoides si:

- Suele respirar casi siempre por la boca en vez de hacerlo por la nariz.
- Tiene una voz nasal: habla como si tuviera la nariz tapada (fañoso).
- Respira sonoramente por el día y ronca por la noche.
- Por las noches, deja de respirar momentáneamente una o varias veces mientras ronca o respira haciendo mucho ruido. (Este trastorno, denominado "apnea del sueño", rara vez despierta al niño.)

En casos extremos, el niño puede tener tal dificultad respiratoria que esto interfiera con el intercambio normal de oxígeno y dióxido de carbono en los pulmones. Esto es algo raro, pero muy importante de diagnosticar. Si su hijo tiene serias dificultades para respirar, está adormilado durante el día y le falta energía a pesar de haber dormido lo suficiente, coménteselo al pediatra.

## Tratamiento

Si su hijo tiene síntomas de agrandamiento de las amígdalas o de las adenoides, y no parece mejorar en varias semanas, coménteselo al pediatra. Si éste cree que el agrandamiento es significativo, recomendará uno de los siguientes cursos de acción:

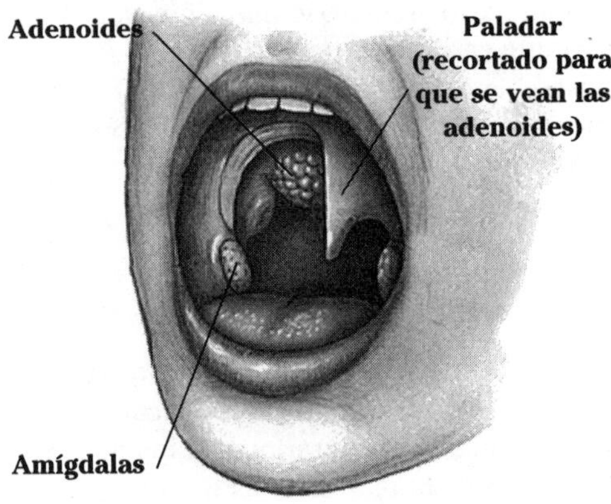

### Observar y esperar

Si usted acaba de detectar los síntomas, probablemente el médico pospondrá cualquier tratamiento hasta estar seguro de que, efectivamente, hay un problema que conviene tratar. A menudo las amígdalas o las adenoides disminuyen de tamaño sin necesidad de tratamiento. Aun así, cuanto más dure la inflamación, más probabilidades habrá de que sea necesario aplicar un tratamiento.

### Administrar antibióticos

Es posible que el pediatra decida recetarle antibióticos a su hijo para combatir la infección que pueda estar provocando la inflamación.

### Cirugía (Amigdalectomía y adenoidectomía)

Aunque ambas intervenciones se practicaban (a menudo simultáneamente) casi de forma rutinaria en el pasado y siguen siendo las operaciones más frecuentes en la población infantil, no fué sino hasta hace muy poco que se pudo estudiar su efecto a largo plazo. A la luz de los resultados obtenidos en investigaciones recientes, los médicos hoy en día son más conservadores a la hora de recomendar este tipo de tratamiento.

*La Academia Americana de Pediatría recomienda la cirugía sólo en las siguientes circunstancias:*

1. Cuando, debido a la inflamación de las adenoides o las amígdalas, el niño tiene las vías respiratorias tan obstruídas que el intercambio de dióxido de carbono y oxígeno que tiene lugar en los pulmones no puede realizarse con normalidad. (Una señal de que esto ocurre es que el niño deje de respirar durante varios segundos mientras duerme.) Si sospecha que a su hijo le ocurre esto, debe ser evaluado a fondo.
2. Si su hijo tiene las amígdalas tan agrandadas que tiene serias dificultades para tragar o respirar, o ambas cosas a la vez. (Esto justifica tanto la amigdalectomía como la adenoidectomía.)
3. Si el agrandamiento de las adenoides provoca serias molestias al respirar y distorsión del habla severa. (Se recomienda una adenoidectomía.)

*Consideramos que la cirugía sería razonable pero no "urgente" en las siguientes circunstancias:*

1. Si el niño tiene siete episodios de dolor de garganta severo acompañado de infección provocada por estreptococos u otros síntomas de enfermedad importante en un año; o cinco episodios anuales durante dos años seguidos; o tres episodios anuales durante tres años seguidos. Por "síntomas de enfermedad importante" entendemos: fiebre de 101° Farenheit (38.3° centígrados) o más alta, ganglios linfáticos del cuello inflamados o doloridos, o una capa de pus en las amígdalas o la garganta. (véase *Dolor de garganta,* página 629, *Ganglios inflamados,* página 633)
2. Si hay una infección lo suficientemente grave como para provocar un cúmulo de pus (un absceso) alrededor de las amígdalas o detrás de ellas.
3. Evidencia de amigdalitis por un período de seis meses a pesar del tratamiento con antibióticos.
4. Las amígdalas o los adenoides están tan agrandadas que el niño tiene dificultad para tragar o respirar, o bien respira frecuentemente por la boca o ronca mucho por las noches (asociado o no a episodios ocasionales de apnea del sueño).

5. Ganglios linfáticos cervicales (los que están debajo del ángulo de la mandíbula inferior) crónicamente inflamados (durante un mínimo de seis meses) a pesar del tratamiento con antibióticos.

6. Infecciones de oído (véase la página 618) recurrentes incluso después de haberle implantado tubos de ventilación. (Esto justificaría una adenoidectomía.)

# 21

# Ojos

Su hijo depende de la información visual que va recogiendo para desarrollarse durante la infancia. Si no ve bien, es posible que tenga problemas para aprender y para relacionarse con el mundo que le rodea. Por ello, es importante detectar cualquier problema en la vista lo antes posible. Muchos de estos problemas pueden corregirse si se tratan a tiempo, pero, resultan mucho más difíciles de solucionar si se dejan pasar.

A su hijo deben examinarle los ojos al nacer para detectar problemas que podrían estar presentes desde el nacimiento. Posteriormente, será examinado en cada una de las visitas periódicas. Si en su familia hay antecedentes de enfermedades o anomalías importantes de los ojos, es posible que el pediatra refiera su caso a un oftalmólogo (un médico especialista en ojos) para un examen inicial a fondo y, si lo juzga conveniente, revisiones periódicas de seguimiento.

Si un niño es prematuro, será evaluado para detectar un trastorno que puede poner en peligro su vista denominado "retinopatía del prematuro"; un trastorno que afecta sobre todo a bebés que han recibido oxígeno por tiempo prolongado durante los primeros días de vida. El riesgo es mayor en los niños que son muy prematuros y de bajo peso al nacer. Aunque este trastorno no se puede prevenir, en la mayoría de los casos, si se detecta pronto, puede tratarse con éxito. Todos los neonatólogos están conscientes del riesgo de la retinopatía y orientan a los padres sobre la necesidad de hacerle evaluaciones oftalmológicas a sus bebés. Los padres de niños prematuros deben saber que sus hijos tienen mayor probabilidad de tener astigmatismo, miopía y estrabismo y, por lo tanto, deben evaluarse periódicamente a lo largo de la infancia.

¿Cuánto vé un recién nacido? Hasta hace relativamente poco se creía que veían muy poco; sin embargo, investigaciones recientes indican que, incluso durante las primeras semanas de vida, un bebé puede ver luces y sombras y es capaz de percibir visualmente el movimiento. Ve los objetos lejanos muy borrosos y la distancia focal óptima es de 8 a 15 pulgadas, lo que equivale más o menos a la distancia que separa los ojos del bebé de los de la madre mientras lo está amamantando o dándole el biberón.

Hasta que su bebé aprenda a utilizar los dos ojos a la vez, puede dar la impresión que éstos se mueven al azar, vagando sin sentido. Estos movimientos al azar deben

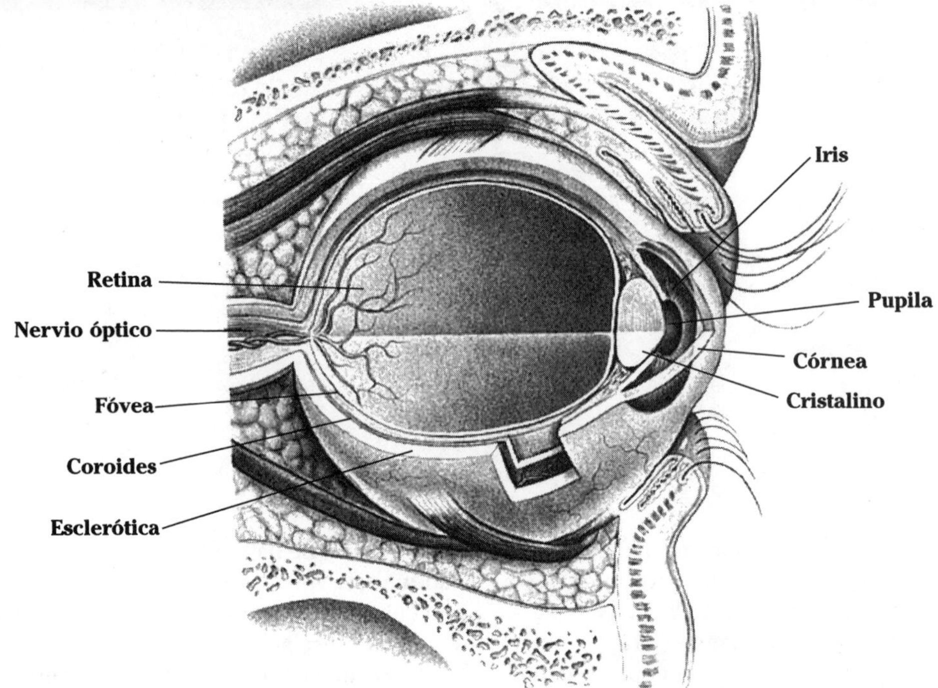


**El ojo**

ir disminuyendo hacia los dos o tres meses. A los tres meses, su hijo seguramente será capaz de enfocar los ojos en rostros y objetos cercanos y podrá seguir con la mirada la trayectoria de un objeto cercano en movimiento. A los cuatro meses, su hijo deberá utilizar la vista para detectar objetos cercanos, que probablemente intentará tocar o agarrar. A los seis meses, podrá identificar y distinguir los objetos visualmente.

Durante el segundo año de vida, la visión se desarrolla rápidamente, de tal modo que la agudeza visual de un niño promedio de dos años es de aproximadamente 20/60. Entre los dos y los cinco años, alcanzará una agudeza visual de aproximadamente 20/25, y entre los siete y los nueve años su agudeza visual se equipará con la de los adultos (20/20).

Cuando un niño cumple 14 años, su sistema visual y de coordinación visomotora está completamente desarrollado. A estas alturas, muchos problemas oculares y visuales ya no se pueden revertir ni corregir. Por ello es tan importante detectar y tratar tempranamente este tipo de problemas y que el pediatra examine la vista de su hijo en cada visita.

Si en las visitas rutinarias el pediatra comprueba que la vista de su bebé se está desarrollando con normalidad, es posible que no haga falta hacerle ninguna otra prueba formal de visión sino hasta que tenga tres o cuatro años. A esta edad, la mayoría de los niños son capaces de seguir instrucciones y de describir lo que ven, por lo que las pruebas resultan más fiables. Es posible que el pediatra utilice la prueba de la E u otra prueba similar para estimar la agudeza visual de su hijo en términos objetivos. Puesto que a esta edad un niño debe tener una agudeza visual de 20/40, cualquier hallazgo por debajo de esta cifra se debe evaluar por un oftalmólogo para determinar la causa de la deficiencia visual.

El cernimiento visual que le haga el pediatra a su hijo también permitirá detectar cualquier enfermedad ocular y evaluar la alienación de los ojos para asegurarse de que ambos funcionan al unísono.

## Recomendaciones para el cernimiento visual

Un buen cernimiento visual es fundamental para identificar trastornos que podrían comprometer la visión del niño. La Academia Americana de Pediatría recomienda hacer el cernimiento en cuatro etapas:

1. **En la sala de recién nacidos:** Antes de ser dado de alta, todo recién nacido debe ser evaluado por un pediatra u oftalmólogo, para detectar infecciones, defectos estructurales, cataratas o glaucoma. Todo niño con múltiples problemas médicos, que sea prematuro y/o a quien se le ha administrado oxígeno, debe ser examinado por un oftalmólogo.
2. **A los seis meses.** El pediatra debe aprovechar la visita de seguimiento para evaluar la alineación visual del bebé (que ambos ojos funcionen conjuntamente)
3. **A los tres o cuatro años.** Todos los niños de esta edad deben ser examinados por el pediatra. Éste debe evaluar su agudeza visual y comprobar que no presente ninguna anomalía que podría afectar el proceso de aprendizaje. En caso de detectar alguna anomalía, debe referir el caso a un oftalmólogo.
4. **A partir de los cinco años:** El pediatra debe revisar la vista de sus pacientes anualmente, si esto no es realizado en la escuela o por otras organizaciones. Se debe evaluar tanto la agudeza visual como otras funciones oculares.

## Cuándo acudir al pediatra

Los exámenes visuales rutinarios permiten detectar problemas oculares ocultos, pero ocasionalmente es posible que usted note ciertos signos que indican que su hijo tiene problemas en la vista o alguna anomalía en los ojos. Informe al pediatra en caso de que su hijo presente alguno de los siguientes síntomas de alerta:

- Enrojecimiento, inflamación, costras o supuración persistentes (durante más de veinticuatro horas) en ojos o párpados
- Lagrimeo excesivo
- Sensibilidad extrema a la luz (fotofobia)
- Los ojos se van hacia un lado o se le cruzan, o bien no los mueve al unísono
- Lleva la cabeza ladeada de una forma extraña
- Se pone bizco frecuentemente
- Se le caen los párpados
- Pupilas de tamaño desigual
- Se frota continuamente los ojos
- Los ojos le "bailan" o "brincan"
- No puede ver objetos a menos que los tenga cerca
- Lesión ocular (véase la página 648).
- Córnea turbia

También debe llevar a su hijo al pediatra si se queja de alguno de los siguientes síntomas:

- Visión doble
- Dolores de cabeza frecuentes
- Mareos
- Náuseas después de realizar alguna tarea que exige ver de cerca (leer, ver la televisión)
- Visión borrosa
- Picor, escozor o ardor en los ojos

- Dificultades con la visión en color

Dependiendo de los síntomas que presente su hijo, el pediatra lo examinará para determinar si tiene alguno de los problemas de la vista o de otro tipo que se comentan a continuación.

## Problemas de visión que requieren lentes correctores

### Miopía

La incapacidad para ver objetos lejanos con claridad es el problemas visual más frecuente en niños pequeños. Este rasgo hereditario se detecta ocasionalmente en recién nacidos, sobre todo si son prematuros, pero se detecta con más frecuencia a partir de los dos años.

Contrariamente a la creencia popular, leer mucho, leer con poca luz o llevar una alimentación inadecuada no puede provocar ni aumentar la miopía. Generalmente, este defecto se debe a que el globo ocular es más alargado de lo usual. Menos frecuentemente, se debe a una anomalía en la forma de la córnea o del cristalino.

El tratamiento de la miopía consiste en usar lentes correctores (espejuelos o lentes de contacto). Tenga en cuenta que, si su hijo crece deprisa, lo mismo ocurrirá con sus ojos, por lo que es posible que le tenga que cambiar los lentes cada seis meses. La miopía suele aumentar deprisa durante los primeros años y luego se estabiliza a partir de la adolescencia.

### Hipermetropía

Éste trastorno se debe a que el globo ocular es más corto de lo normal, lo que dificulta que el cristalino enfoque objetos próximos. La mayoría de los niños nacen hipermétropes, pero, conforme van creciendo, sus globos oculares se alargan y la hipermetropía se corrige. Muy pocas veces es necesario usar lentes o lentes de contacto, a menos que sea una hipermetropía muy marcada. Si a su hijo le molestan o le duelen los ojos o tiene frecuentes dolores de cabeza después de leer mucho rato seguido, es posible que tenga una hipermetropía marcada, por lo que debe ser evaluado por el pediatra u oftalmólogo pediátrico.

### Astigmatismo

El astigmatismo se debe a una curvatura anómala de la superficie de la córnea y/o del cristalino. Si su hijo tiene astigmatismo, verá las cosas borrosas, tanto de cerca como de lejos. El astigmatismo puede corregirse con gafas o lentes de contacto.

## Estrabismo

El estrabismo es una alineación incorrecta de los ojos causada por un desequilibrio en los músculos que controlan los movimientos oculares.

Es normal que los ojos de un recién nacido se muevan al azar y se crucen. Sin embargo, en pocas semanas aprende a mover ambos ojos a la vez y debe dejar de cruzarlos al cabo de pocos meses. Si su hijo sigue cruzando los ojos o si no mira en la misma dirección con ambos ojos (por ejemplo, uno mira para un lado, para arriba o para abajo), los músculos que controlan los movimientos oculares pueden estar más débiles en un lado que en otro. Este trastorno, denominado *estrabismo,* no permite que ambos ojos enfoquen simultáneamente en el mismo punto.

Si su hijo nace con estrabismo, es importante realinearle los ojos lo antes posible para que pueda enfocar con ambos ojos a la vez. Los ejercicios oculares no bastan para conseguir esto, por lo que el tratamiento suele incluir el uso de gafas, gotas oculares o cirugía.

Si un niño tiene que operarse, la intervención se suele practicar entre los seis y los dieciocho meses de edad. La cirugía suele ser eficaz y segura, aunque es bastante común que un niño necesite más de una cirugía. Aún después de la intervención, es posible que el niño siga teniendo que usar gafas.

Algunos niños parecen tener estrabismo debido a la estructura de su cara, pero sus ojos están perfectamente alineados. Estos niños suelen tener el puente de la nariz poco pronunciado y gruesos pliegues cutáneos a lo largo de la nariz, denominados *epicanto,* que deforman el aspecto de los ojos. Esto se conoce como *seudoestrabismo* (o falso estrabismo). La visión de estos niños es normal y conforme van creciendo y el puente de la nariz se les hace más prominente, pierden el aspecto seudoestrábico.

Debido a la importancia del diagnóstico y el tratamiento temprano del estrabismo, si usted sospecha que los ojos de su bebé no están alineados, debe comentárselo al pediatra, quien le indicará si en efecto hay algún problema.

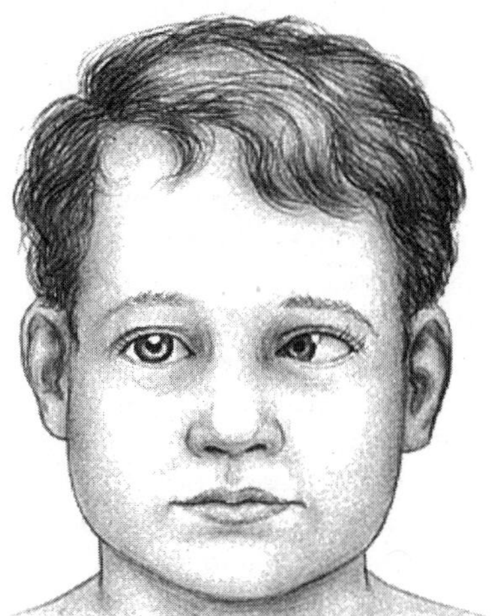

**El ojo izquierdo mirando hacia adentro.**

El estrabismo puede estar presente desde el nacimiento (estrabismo congénito) o bien desarrollarse durante la infancia (estrabismo adquirido). El estrabismo también puede desarrollarse a raíz de otros problemas, como una lesión ocular o cataratas. La aparición repentina de estrabismo en un niño debe reportarse de inmediato al pediatra. Aunque se trata de algo muy raro, podría indicar la presencia de un tumor o algún otro problema serio del sistema nervioso. En cualquier caso, es importante diagnosticar y tratar el estrabismo lo antes posible. Si no se trata a tiempo, es posible que el niño nunca llegue a utilizar ambos ojos conjuntamente (visión binocular); y, si no utiliza ambos ojos al mismo tiempo, es probable que uno de ellos acabe volviendose "vago" o ambliópico.

## Ambliopía

La ambliopía es un problema ocular relativamente común donde un niño tiene un ojo con el que no ve bien o que ha sufrido alguna lesión, y empieza a utilizar el otro ojo de forma casi exclusiva. El ojo afectado se relaja y se debilita aún más. Por norma general, el problema debe diagnosticarse y tratarse cuando el niño tenga tres años para que, al cumplir seis, su vista se haya normalizado. Si la situación persiste por mucho tiempo, (más allá de los cinco o seis años), podría perder la visión en el ojo que no usa permanentemente.

Una vez el oftalmólogo corrija los problemas que afectan al ojo "vago", el niño tendrá que llevar un parche sobre el ojo "bueno" por cierto tiempo. Esto le forzará a usar y a fortalecer el ojo que se había vuelto "vago". Este tratamiento se prolongará lo necesario hasta conseguir que el ojo débil funcione al máximo de su potencial. Esto puede significar semanas, meses o, incluso, hasta que el niño tenga nueve años o más. Como alternativa al parche, el oftalmólogo puede recetarle gotas oculares para impedir que el ojo "bueno" vea con claridad, forzándole, de este modo, a utilizar más el ojo ambliópico.

## Infecciones oculares

Si lo blanco del ojo de su hijo y la cara interna del párpado inferior están rojos, probablemente ha contraído una *conjuntivitis.* Este término se utiliza para referirse a la inflamación de la conjuntiva, una capa fina que recubre la parte externa del globo ocular y el interior de los párpados. Esta inflamación puede deberse a una infección, pero también puede obedecer a otras causas, como una irritación, una reacción alérgica u, ocasionalmente, a una enfermedad más grave. Suele producir lagrimeo y supuración, que es la forma que tiene el cuerpo de curar o remediar la situación.

Si a su hijo se le ponen los ojos rojos, debe llevarlo al pediatra lo antes posible. El médico le diagnósticará, le recetará los medicamentos necesarios y le indicará a usted cómo limpiarle los párpados. *Nunca le ponga gotas oculares que estén abiertas o que se le recetaron a otra persona. Podría provocarle lesiones importantes.*

Los recién nacidos pueden tener infecciones oculares serias debido a bacterias presentes en el canal del parto. Por este motivo, a todo recién nacido se le pone unguento o gotas en los ojos antes de que salgan de la sala de partos. Este tipo de infección debe tratarse lo antes posible para evitar complicaciones serias. Las infecciones que se contraen después del período perinatal pueden tener mal aspecto, debido al enrojecimiento del ojo y al fluido amarillento que se segrega, y pueden ser molestas para el niño, pero raras veces son serias. Pueden estar provocadas por virus, ó a veces, por bacterias, y el tratamiento más habitual consiste en aplicarle antibióticos al niño por vía tópica (gotas oculares recetadas por el pediatra).

Las infecciones oculares duran hasta una semana y pueden ser contagiosas. Exceptuando el momento del lavado ocular y la administración de gotas o pomadas, debe evitar el contacto directo con los ojos de su hijo o sus secreciones hasta que le haya aplicado la medicina por varios días y el enrojecimiento haya aclarado. Lávese bien las manos antes y después de tocar el área afectada. Si su hijo va regularmente a una guardería o a un jardín infantil, debe quedarse en casa hasta que ya no tenga los ojos rojos.

## Problemas de los párpados

**Caída del párpado superior (Ptosis).** Aunque puede afectar a ambos ojos, la ptosis suele presentarse en un sólo un ojo. Se detecta porque el párpado superior parece más pesado o abultado, o en casos más leves, el ojo afectado se vé mas pequeño que el otro. Un niño puede nacer con ptosis o desarrollarla más adelante. La ptosis puede ser parcial, haciendo que los ojos se vean ligeramente asimétricos; o total, haciendo que el ojo del párpado afectado esté completamente cubierto. Si el párpado afectado cubre completamente la abertura pupilar o su peso provoca una deformación de la córnea (astigmatismo), representará una amenaza para el desarrollo normal de la visión, por lo que debe corregirse lo antes posible. Si la visión no está amenazada, la intervención quirúrgica, de ser necesaria, debe posponerse hasta que el niño tenga cuatro o cinco años, cuando el párpado y los tejidos circundantes están más desarrollados y pueden obtenerse mejores resultados estéticos.

La mayoría de las **marcas de nacimiento** y o crecimientos en los párpados de un recién nacido o niño pequeño son benignos; aún así, puesto que suelen aumentar de tamaño durante el primer año, a veces preocupan a los padres. La mayoría no son graves y no afectan la vista del niño. Muchos disminuyen de tamaño a partir del primer año y acaban desapareciendo por completo sin necesidad de tratamiento. Sin embargo, debe informar al pediatra de cualquier irregularidad para que pueda evaluarla y darle seguimiento.

Algunos niños nacen o desarrollan **tumores** que pueden afectar la visión. Sobre todo los tumores de piel relativamente planos y de color rojizo (hemangiomas) que afectan al párpado superior, aumentan las probabilidades de tener glaucoma en el futuro (caracterizado por el aumento en la presión interior del globo ocular). Todo niño que presente este tipo de mancha debe ir periódicamente al oftalmólogo.

Las pequeñas manchas oscuras, o lunares, que tienen los bebés en los párpados o en lo blanco del ojo no suelen causar problemas ni es preciso extirparlas. Una vez evaluadas por el pediatra, sólo deben ser motivo de preocupación si cambian de forma, tamaño o color.

Los abultamientos pequeños, duros y de color carne, que aparecen en los párpados del niño o debajo de las cejas, suelen ser **quistes dermoides.** Se trata de tumores no cancerígenos presentes desde el nacimiento. Un dermoide no se vuelve canceroso aunque no se extirpe. No obstante puesto que suelen aumentar de tamaño durante la pubertad, en la mayoría de los casos es preferible extirparlos durante la edad preescolar.

Hay otros dos problemas oculares—los **calacios** y los **orzuelos**—que son frecuentes pero no serios. Un calacio es un quiste provocado por la infección de una glándula sebácea, generalmente en la cara interna del párpado. Puede provocar infección e inflamación del párpado. Un orzuelo es una infección de origen bacteriano de las células alrededor de las glándulas sudoríparas o los folículos pilosos del *borde* del párpado. Si su hijo presenta alguno de estos problemas, pídale consejo al pediatra. Probablemente le dirá que aplique compresas calientes directamente sobre el párpado durante veinte o treinta minutos tres o cuatro veces al día hasta que desaparezcan los síntomas de infección. Es posible además que quiera examinar a su hijo antes de recetarle un tratamiento adicional, como antibióticos en pomada o gotas.

Una vez su hijo haya tenido un calacio o un orzuelo, se vuelve más propenso a los mismos. Cuando un niño tiene calacios recurrentes, es conveniente a veces raspar los párpados para reducir la proliferación de bacterias y abrir los poros de las glándulas sebáceas.

El **impétigo** es una infección bacteriana muy contagiosa que puede afectar los párpados. El pediatra le indicará cómo limpiar las costras que se forman en los párpados, y le recetara una pomada ocular y un antibiótico oral.

## Problemas de lagrimeo

Las lágrimas son fundamentales para mantener una buena visión, haciendo que los ojos estén lubricados y limpios de partículas, polvo, u otras sustancias que podrían lesionarlos o interferir con la visión normal. El denominado sistema lagrimal mantiene la producción continua y la circulación de las lágrimas; el parpadeo permite diseminar las lágrimas por la superficie del ojo antes de que drenen hacia la nariz.

El sistema lagrimal se desarrolla de forma gradual durante los primeros tres o cuatro años de vida. Por ello, aunque un recién nacido produce suficientes lágrimas para lubricar el ojo, tendrán que pasar entre siete y ocho meses para que pueda "llorar lágrimas de verdad".

La obstrucción del conducto lagrimal, algo común en recién nacidos y niños pequeños, puede provocar lo que aparentemente puede parecer un lagrimeo excesivo en uno o ambos ojos, debido a que las lágrimas, en vez de drenar hacia la nariz y la garganta, caerán por las mejillas. En los recién nacidos, la obstrucción de este conducto suele obedecer a que la membrana que lo recubría al nacer no desaparece. El pediatra le indicará cómo masajear el conducto. Es posible que también le recomiende compresas calientes y, en caso de que haya infección, gotas o una pomada antibiótica. También le enseñará cómo limpiar las secreciones utilizando compresas húmedas. Hasta que no se abra el conducto, persistirá la infección y, es posible que llegue a afectar partes más profundas del sistema lagrimal. En estos casos, se debe tener un seguimiento cercano para evitar una infección más seria.

A veces, una membrana o un pequeño quiste puede provocar la inflamación o la obstrucción del conducto lagrimal. Cuando esto ocurre y los métodos descritos no surten efecto, es posible que el oftalmólogo decida abrir el saco y el ducto lagrimal quirúrgicamente para drenarlos. Desafortunadamente, a veces es preciso repetir varias veces este proceso.

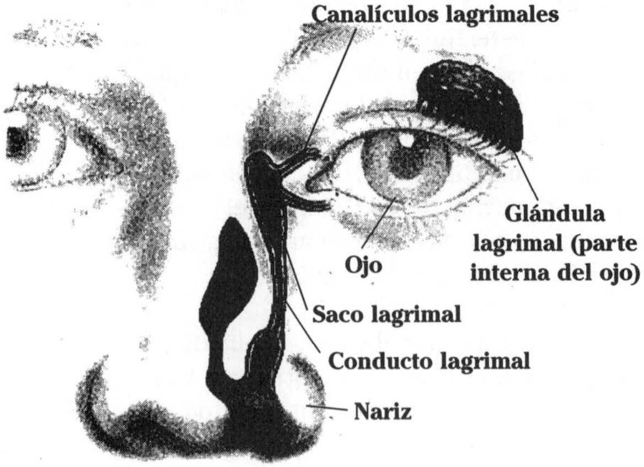

En casos muy raros, los ojos del bebé no producen lágrimas en absoluto. Esto hará que la superficie ocular se inflame y segregue un fluido pegajoso. Si persiste la sequedad ocular, el niño necesitará gotas para lubricarle los ojos y evitar posibles lesiones.

## Cataratas

Aunque creemos que las cataratas son una enfermedad que afecta a las personas mayores, también pueden darse en infantes y en niños pequeños. Éstas son un trastorno en el que el cristalino, el tejido transparente dentro del ojo que actúa a modo de lente haciendo que los rayos de luz converjan en la retina, se vuelve opaco. Aunque raras, las cataratas congénitas son una de las principales causas de pérdida de vision y ceguera que afectan a la población infantil.

Las cataratas suelen aparecer como un reflejo blanquecino en el centro de la pupila. Si un bebé nace con una catarata que bloquea por completo el paso de la luz, se le tendrá que extirpar quirúrgicamente el cristalino afectado para que su visión pueda desarrollarse con normalidad. La mayoría de los oftalmólogos pediátricos recomiendan que la intervención se realice durante el primer mes de vida. Una vez extirpado el cristalino, el niño deberá ponerse lentes de contacto o bien espejuelos. A partir de los dos años, se recomienda la colocación de un lente interno. Además, la rehabilitación visual del ojo afectado usualmente implica utilizar un parche hasta que el ojo del niño haya madurado por completo (hasta los nueve años o más).

En algunas ocasiones, el bebé nacerá con una pequeña catarata que inicialmente no impedirá que su visión se desarrolle con normalidad. Este tipo de cataratas no

### *Prevención de las lesiones oculares*

Nueve de cada diez lesiones oculares se pueden evitar, y casi la mitad ocurren en el hogar. Para minimizar el riesgo de este tipo de lesión en su familia, siga las siguientes medidas de seguridad:

- Guarde todos los productos químicos potencialmente peligrosos (detergentes, amoníaco, aerosoles, pegamentos y cualquier otro producto de limpieza) lejos del alcance de su hijo.
- Elija los juguetes de su hijo con cuidado. Fíjese que no tengan partes cortantes o puntiagudas, sobre todo si su hijo es demasiado pequeño para entender los riesgos potenciales asociados.
- No permita que su hijo juegue con dardos, perdigones o escopetas de aire comprimido.
- Enséñele a su preescolar cómo se cogen las tijeras y los lápices. Si es demasiado pequeño para utilizarlos, no le permita cogerlos.
- No permita que su hijo se acerque, cuando usted utilice la cortadora de césped, pues podrían salir piedras u otros objetos despedidos y hacerle daño.
- No deje que su hijo se acerque mientras usted está encendiendo un fuego o usando alguna herramienta. Si quiere que le observe mientras usa herramientas, pídale que se ponga gafas protectoras.
- Dígale a su hijo que no mire directamente al sol, ni siquiera cuando lleve puestas gafas de sol. Al hacerlo, podría sufrir lesiones graves y permanentes en los ojos.
- Nunca permita que su hijo se acerque a los fuegos artificiales.
- Nunca deje aun niño mirar directamente un eclipse.

suelen requerir tratamiento; sin embargo, deben seguirse de cerca para asegurarse de que no crecen tanto como para interferir con la visión normal. Incluso las cataratas que son demasiado pequeñas como para representar una amenaza al desarrollo normal de la visión, pueden provocar ambliopía secundaria, que deberá ser tratada por el oftalmólogo.

En la mayoría de los casos, no es posible determinar la causa de las cataratas en infantes. Pueden deberse a una tendencia heredada de los padres, a un trauma ocular o a una infección provocada por un virus, como la rubéla y la varicela, o por algún otro microorganismo, como la toxoplasmosis. Para proteger a su futuro bebé de cataratas y de otros trastornos graves, la mujer embarazada debe evitar exponerse a enfermedades infecciosas durante el embarazo. Además, como precaución adicional contra la toxoplasmosis, debe evitar manipular excrementos de gato o comer carne cruda, ya que ambos pueden contener los microorganismos que provocan la enfermedad.

## Glaucoma

El glaucoma es un trastorno ocular grave provocado por el aumento de la presión intraocular. Puede deberse bien a un exceso de producción del fluido contenido en el interior del globo ocular, o bien a un defecto en el drenaje. Si la presión intraocular permanece muy alta durante demasiado tiempo, puede lesionar el nervio óptico, provocando pérdida de visión.

Aunque un niño puede nacer con glaucoma, es algo bastante raro; lo más común es que lo desarrolle más adelante. Cuanto antes se diagnostique y se trate, hay más probabilidad de evitar pérdidas de visión permanente. Si detecta en su hijo alguno de los siguientes síntomas, llame al pediatra cuanto antes.

- Lagrimeo excesivo
- Sensibilidad extrema a la luz (El niño se tapará los ojos con una manta o hundirá la cabeza en la almohada para protegerse de la luz).
- Intenso parpadeo (apretar mucho los ojos al cerrarlos)
- Ojos muy turbios o aparentemente saltones
- Mayor irritabilidad

El glaucoma debe tratarse quirúrgicamente a fin de abrir una vía alterna que permita que el fluido del ojo vaya saliendo. A todo niño que sufra de este trastorno se le debe controlar muy de cerca la presión intraocular durante toda la vida para evitar que la córnea y el nervio óptico sufran lesiones.

# Lesiones oculares

Cuando entra polvo o cualquier otra partícula en un ojo, las lágrimas se encargan de arrastrarlo y limpiarlo. Si esto no ocurre o si se produce alguna lesión que afecta al ojo del niño, llame al pediatra o llévelo al servicio de emergencia más cercano después de seguir las recomendaciones que figuran a continuación.

## Productos químicos en el ojo

Lávele bien el ojo con agua durante quince minutos, asegurándose de que el agua entra de lleno en el ojo. Después lleve al niño a la sala de emergencia.

## Partículas grandes dentro del ojo

Si la partícula no es expulsada con las lágrimas ni con un lavado ocular, o si el niño se sigue quejando de dolor en el ojo dos horas después del incidente, llame al pediatra. Él le extraerá el objeto o, si es necesario, le referirá a un oftalmólogo. A veces, los objetos que entran en los ojos hacen pequeñas heridas en la córnea (abrasiones corneales). Éstas resultan bastante dolorosas pero se curan rápidamente con pomadas oculares y parches. Las lesiones en la córnea también pueden ser causadas por golpes u otras lesiones al ojo.

## Cortes en los párpados

Los cortes pequeños y superficiales suelen curarse fácil y rápidamente, pero los cortes profundos y extensos requieren atención médica urgente, y a menudo, puntos. (Véase *Cortes y Rasguños,* página 519.) Incluso si el corte parece pequeño o superficial, examínelo bien para ver si afecta al borde del párpado o al conducto lagrimal. En caso afirmativo, llame enseguida al pediatra para que le indique cómo actuar.

## Ojos morados

Para reducir la hinchazón, aplique frío sobre el área afectada durante diez a veinte minutos. A continuación, consulte al médico para asegurase de que no hay ninguna lesión interna.

# 22

# Cuestiones familiares

## Adopción

Si está por adoptar un niño o acaba de hacerlo, es probable que experimente sentimientos encontrados. Junto a la emoción y el entusiasmo, es comprensible que tenga temores y ansiedades. A las parejas que traen un hijo al mundo les ocurre lo mismo, solo que ellos tienen nueve meses para prepararse.

El tener un pediatra comprensivo, que transmita confianza y apoyo le será de gran ayuda cuando tenga que empezar a "ejercer de padre". Incluso antes de que el niño llegue a casa, el médico puede ayudarle a entender sus propios sentimientos. Si va a adoptar a un niño del extranjero, el pediatra le orientará sobre algunas cuestiones médicas especiales que podrían surgir.

Una vez el niño esté en casa, debe llevarlo al pediatra lo antes posible para comprobar que no tiene ningún problema médico. Las visitas futuras deben programarse teniendo en cuenta la edad y las necesidades médicas del niño. Además, usted podría hacer varias visitas adicionales durante el primer año a fin de tener más recursos para afrontar los problemas y preocupaciones que pudieran surgir mientras se empieza a entablar una relación. Los padres adoptivos tienen que enfrentar algunos asuntos que los padres naturales no tienen que plantearse. Entre éstos se incluyen:

### ■ *¿Cómo y cuándo debo decirle a mi hijo que es adoptado?*

Su hijo debe saber la verdad en cuanto sea capaz de entenderla, lo que probablemente ocurrirá entre los dos y cuatro años. Es importante adaptar la información al nivel de madurez del niño, para que pueda entenderla. Por ejemplo: "Tus padres te querían mucho, pero sabían que no podían hacerse cargo de ti. Por eso buscaron a alguien a quien también le gustaban mucho los niños pequeños pero que no podía tener bebés". Cuando crezca y haga preguntas más concretas, sea sincero con él, pero no le obligue a conocer aquella información que podría hacerlo sentir incómodo o confuso.

### ■ *¿Debo estar preparado para encontrarme con algún problema en especial?*

Los niños adoptados no tienen más problemas ni problemas diferentes que los demás niños de la misma edad y trasfondo.

Aún así, si usted adopta a un niño que ya es mayor, necesitará conocer su pasado al máximo para poder ofrecerle todo el apoyo y la comprensión que necesite.

- ***¿Debó explicar a la gente que mi hijo es adoptado?***

Si alguien se lo pregunta, responda directa y sinceramente. Sin embargo, no le dé demasiadas vueltas al tema ni se detenga en detalles si su hijo está cerca, pues podría hacerlo sentir incómodo.

- ***¿Y si quiere conocer a sus "verdaderos" padres?***

Deje que su hijo le comente sus sentimientos y deseos y dígale que le ayudará a buscar a sus padres si aún quiere cuando sea mayor conocerlos. No le fuerce a buscarlos ni intente quitarle esa idea de la cabeza si es importante para él o ella. Cuando sea mayor, explíquele cualquier circunstancia especial, como las leyes estatales o el deseo explícito de los padres biológicos de permanecer en el anonimato, para que entienda lo difícil que puede ser encontrarlos.

El pediatra puede ayudarle a dar respuestas más detalladas a ésta y otras preguntas que pueden surgir en el seno de una familia adoptiva.

## Negligencia y maltrato de menores

Los periódicos están tan llenos de noticias sobre maltrato a niños, que usted se preguntará hasta qué punto su hijo está seguro. Aunque es un error volverse sobreprotector y asustar demasiado al niño, es importante estar consciente de los riesgos reales y familiarizarse con los síntomas del maltrato y el abuso. En los EE.UU. se denuncian más de 2.5 millones de casos de maltrato infantil al año. De ellos, el 35 por ciento se refiere a abuso físico, el 15 por ciento a abuso sexual y el 50 por ciento a negligencia.

El maltrato infantil es frecuente. Las investigaciones indican que una de cada cuatro niñas y uno de cada ocho niños se verá sometido a abuso sexual antes de cumplir dieciocho años. Uno de cada veinte niños es objeto de maltrato físico cada año. El abuso sexual incluye tocarle al niño o niña, inapropiadamente, los genitales, así como hacer exposiciones deshonestas frente a un niño. El maltrato físico incluye lesionar el cuerpo de un niño, sea quemándolo, golpeándolo o infringiéndole cualquier otro tipo de daño (cortes, magulladuras, huesos rotos...) Puesto que un moretón indica que ha habido rotura de tejido y vasos sanguíneos, todo método de disciplina que deje marcas se debe considerar inapropiado.

La negligencia incluye el desatención física (privar a un niño del alimento, ropa y cobijo o cualquier otra necesidad de carácter físico), la desatención emocional (privar a un niño del afecto, amor y consuelo que necesita) y la desatención médica (privar a un niño de cuidado médico).

En su mayoría el maltrato ocurre dentro de la familia, siendo a menudo los responsables los padres del niño u otros parientes que también fueron objeto de maltrato en su niñez. La negligencia y el maltrato son más comunes en familias que viven en la pobreza y en padres adolescentes y/o alcohólicos o drogadictos. Aunque han aumentado los casos de maltrato fuera del hogar, sigue siendo cierto que los principales responsables suelen ser personas conocidas y habitualmente encargadas de cuidar de los niños, en lugar de extraños.

## Signos y síntomas

No siempre es fácil reconocer a un niño maltratado. Los niños que han sufrido abusos, suelen tener miedo a contarlo porque creen que les echarán la culpa o que no les creerán. Además, los padres tienden a pasar los síntomas por alto, porque no quieren enfrentarse a la realidad. Esto es un grave error. Un niño que ha sido maltratado necesita recibir apoyo y tratamiento especial lo antes posible. Cuanto más tiempo dure el abuso o tenga que afrontar la situación él solo, menos probabilidades tendrá de recuperarse por completo.

La mejor forma de identificar los síntomas de maltrato es estar pendiente de cualquier cambio inexplicable en el cuerpo o el comportamiento de su hijo. No le haga a su hijo un examen "formal" a menos que tenga motivos fundados para sospechar maltrato, pues podría atemorizarlo, pero siga indagando si detecta alguno de los siguientes síntomas:

**Maltrato físico**

- Cualquier lesión (moretones, quemaduras, fracturas, lesiones en la cabeza o el abdomen) que no se pueda explicar.

**Abuso sexual**

- Comportamiento retraído y temeroso (pesadillas, depresión, miedos, intentos de escaparse de casa.)
- Dolor abdominal, mojar la cama, infecciones de orina, dolor o hemorragias en los genitales, enfermedades de transmisión sexual.
- Comportamiento sexual extremo, inapropiado para la edad del niño.

**Maltrato emocional**

- Pérdida repentina de la confianza en sí mismo.
- Dolores de cabeza o de estómago que no se pueden explicar por causas médicas.
- Miedos anormales, pesadillas.
- Intentos de escaparse de casa.

**Negligencia emocional**

- No gana peso (sobre todo en los lactantes).
- Comportamiento excesivamente cariñoso y dependiente.
- Voracidad extrema y robo de comida.

## Consecuencias a largo plazo

En la mayoría de los casos, los niños que son objeto de maltrato o negligencia sufren más emocional que físicamente. Un niño que reciba maltratos físicos de forma reiterada puede acabar deprimiéndose, intentar suicidarse, aislarse por completo o volverse extremadamente violento. Conforme vaya haciéndose mayor, es posible que empiece a abusar del alcohol y otras sustancias, intente escaparse de casa, se oponga a la autoridad o infrinja maltratos a otros. Cuando sea adulto, puede presentar disfunción sexual o problemas matrimoniales, depresión e intentos de suicidio.

No todas las víctimas de maltrato presentan reacciones tan extremas. Generalmente, cuanto más pequeño es el niño, más se prolonga el abuso, y entre más cercana sea la relación que mantiene el niño con la persona que le maltrata, más serias serán las repercusiones emocionales.

## Pida ayuda

Si sospecha que su hijo está siendo objeto de abuso, pida ayuda inmediatamente a través del pediatra o de la agencia local de protección de menores. Los médicos tienen la obligación legal de informar a las autoridades sobre cualquier sospecha de

## *Ayuda para cuidar de los niños y abuso infantil*

Los medios de comunicación difunden noticias espeluznantes sobre maltrato a niños en centros de cuidado infantil. Como consecuencia, muchos padres se resisten a dejar a sus hijos en manos de personas que no pertenecen a la familia. Lo cierto es que el maltrato es extremadamente raro en estos centros. Lo más habitual es que estos centros sean precisamente el lugar donde suelen encontrar apoyo los niños que sufren maltrato en otro lugar.

De todos modos, para estar más tranquilo y reducir al mínimo las posibilidades de que su hijo sea maltratado, inspeccione a fondo el centro al que lo piensa llevar antes de matricularlo y haga visitas sin previo aviso cuando empiece a ir al centro. (Si las visitas de los padres están restringidas, no matricule a su hijo en ese centro.) Aún así, puesto que las visitas de los padres pueden interrumpir el curso normal de las actividades y distraer a los niños, intente quedarse al margen lo máximo posible. Si le resulta imposible pasar por el centro de su hijo personalmente, pídale a otro adulto (un pariente, un buen amigo) que lo haga en su lugar de vez en cuando. Así mismo, es aconsejable que hable con los padres de otros niños que vayan al mismo centro de su hijo para compartir sus experiencias y preocupaciones.

¿Cómo puede saber si su hijo está siendo maltratado en el centro preescolar o en cualquier otro sitio? Estando pendiente a cualquier cambio inexplicable en su aspecto o comportamiento. Fíjese sobre todo en:

- Cualquier lesión o herida que no se pueda explicar
- Lesiones repetidas, incluso si parecen accidentales
- La persona encargada de cuidar del niño da explicaciones contradictorias sobre el origen de las lesiones del niño

maltrato o negligencia. Así mismo, el pediatra detectará y tratará cualquier lesión que tenga el niño, le recomendará un terapeuta y proporcionará la información necesaria para investigar el caso. Es posible que este tenga que testificar en corte, si es necesario, para proteger legalmente al niño o para cursar una acusación contra algún sospechoso de abuso sexual. Rara vez se cursan acusaciones criminales en casos de abuso físico leve, pero es altamente probable en situaciones de abuso sexual.

Si su hijo ha sido abusado, se beneficiará de que lo lleve a un profesional de salud mental. Es posible que éste sugiera que usted y otros miembros de la familia reciban ayuda psicológica para que puedan darle al niño el apoyo emocional que necesita. Si algún miembro de su familia es el responsable del abuso, él también deberá acudir a la consulta de un profesional de la salud mental.

Si su hijo ha sido abusado, es posible que usted sea la única persona que pueda ayudarle. No hay ninguna justificación para

- Moretones con la forma de una mano; quemaduras de aspecto sospechoso, marcas de cuerdas, cinturones o similares en el cuerpo
- Moraduras, infecciones y hemorragias en la zona anal o genital
- Un niño que hace tiempo que sabe usar el inodoro empieza a tener "accidentes" inexplicables
- Comportamiento abiertamente sexual e inapropiado para un niño. (Tenga cuidado con no confundir la curiosidad y las ganas de experimentar con el propio cuerpo, completamente normales, con algo mucho más siniestro; tenga en cuenta que los niños de tres y cuatro años suelen masturbarse y les interesa mucho la sexualidad; véase la página 294.)

Sobre todo, si su hijo ha estado yendo tranquilamente a la guardería durante cierto tiempo y, de repente, empieza a resistirse, intente buscar posibles explicaciones—pero no sospeche automáticamente lo peor. Este cambio de actitud puede no ser más que el reflejo de un cambio en desarrollo completamente normal. Entre los siete y los nueve meses, por ejemplo, la mayoría de los bebés empiezan a asustarse de repente ante los desconocidos, y un desconocido puede ser cualquier persona que no sea su madre o su padre. Entre los trece y los dieciocho meses, la mayoría de los niños experimentan la denominada ansiedad de separación, y montan verdaderas escenas cuando tienen que alejarse de sus padres. Si no puede explicar de una forma razonable las reticencias de su hijo a ir a la guardería, pida consejo al pediatra del niño antes de poner en marcha una investigación en el centro.

Por último, fíjese en el modo que su hijo tiene de jugar y hablar. Los cuentos que explica, los dibujos que hace, las fantasías que representa, todo ello refleja sus experiencias más recientes, sus intereses y sus miedos. Si le ha pasado algo desagradable, es posible que aparezca en sus juegos, incluso aunque no se lo pueda explicar a usted de ningún otro modo. Aprenda a leer ese lenguaje particular.

retrasar el momento de reportar sus sospechas. Con negar el problema sólo conseguirá empeorar las cosas, permitiendo que persista el maltrato y disminuyendo las probabilidades de que su hijo llegue a recuperarse completamente.

## La prevención del maltrato

La causa principal del maltrato en niños infantil en el seno de la familia suele ser los sentimientos de aislamiento, estrés y frustración de los padres. Éstos necesitan apoyo e información para cuidar y educar a sus hijos responsablemente. Necesitan que alguien les enseñe a afrontar sus propios sentimientos de frustración y enfado para que no los vuelquen sobre sus hijos. También necesitan la amistad y la compañía de otros adultos que les escuchen y les ayuden en los momentos difíciles. Los grupos de apoyo suelen ser el primer paso para luchar contra el aislamiento y la frustración que puede sentir un padre.

Implicarse activamente y supervisar de cerca las actividades de su hijo es la mejor forma de evitar el maltrato físico o sexual fuera de casa. Cualquier escuela o centro preescolar debe tener siempre las puertas abiertas a los padres, de tal modo que éstos puedan visitar a sus hijos sin ningún tipo de restricción y sin previo aviso. Se debe permitir que los padres colaboren en las clases de forma voluntaria y se les deben informar sobre cualquier cambio de personal. Así mismo, los padres deben escuchar atentamente lo que les cuenten sus hijos sobre sus experiencias fuera de casa e investigar en el caso de que se quejen de maltrato o tengan un cambio de comportamiento inexplicable.

Aunque usted no desea asustar a su hijo, puede enseñarle algunas normas básicas de seguridad sin intimidarlo. Enséñele a no relacionarse con extraños, a no alejarse de usted en "territorio desconocido", a decir "no" cuando alguien le pida que haga algo en contra de su voluntad, y a que siempre que alguien le haga daño o algo que le haga sentirse incómodo se lo cuente a usted. Déjele bien claro que no va a tener problemas por contar si ha recibido maltrato. Insista en que usted necesita saberlo todo para poder protegerlo y en que él se sentirá mejor después de contarlo. En vez de enseñarle que está rodeado de peligros, transmítale la idea de que es fuerte y capaz, y que siempre puede contar con usted.

## Divorcio

En los Estados Unidos más de un millón de niños se ven implicados anualmente en casos de divorcio. Aún los niños que han vivido largos años de infelicidad y conflictos paternos, pueden encontrar los cambios que siguen al divorcio más difíciles que ninguno de los cambios que han tenido anteriormente. Como mínimo, los niños tienen que acostumbrarse a vivir separados de uno de sus padres (generalmente el padre), o, en el caso de que se opte por la custodia compartida, a dividir sus vidas entre dos hogares. Debido a los cambios económicos que suelen surgir, es posible que también tengan que cambiarse a una casa más pequeña o a otro vecindario. Si la madre era ama de casa antes, tal vez tenga que buscarse un trabajo fuera de casa. Y aunque no sea éste el caso, el estrés y la depresión que suelen acompañar a un divorcio pueden hacer que la madre esté menos receptiva y sea menos afectiva con sus hijos.

Nadie puede predecir cómo se van a afectar los niños con un divorcio. La respuesta de un hijo ante el divorcio dependerá de su sensibilidad, del tipo de relación que mantenga con cada uno de sus padres y de la habilidad de estos últimos para cooperar y satisfacer las necesidades emocionales del niño durante el proceso de divorcio. En cierta medida también dependerá de la edad del niño. A grandes rasgos, usted puede anticipar cómo reaccionará su hijo ante el divorcio, en función de la edad de este.

*Los niños menores de dos años* suelen presentar comportamientos propios de etapas previas (lo que recibe el nombre de regresión). Pueden volverse más apegados, dependientes y frustrarse con más facilidad. Es posible que se nieguen a irse a dormir, y que empiecen a despertarse por las noches.

*Los niños entre tres y cinco años* también pueden presentar conductas de carácter regresivo, pero, además, es probable que sientan que ellos son los culpables de la ruptura matrimonial. A esta edad, los niños no acaban de entender que sus padres tienen sus propias vidas, independientes de la suya. Ellos creen que están en el centro del universo familiar y, por lo tanto, se culpan de que éste se desmorone. Los niños suelen volverse más agresivos y desafiantes con las madres; las niñas pueden volverse inseguras y dejar de confiar en los hombres. Cuanto menos contacto tenga el hijo con el padre que no obtenga la custodia y más tensas sean las relaciones entre los excónyuges después del divorcio más extrema será la reacción.

La reacción de su hijo ante el divorcio probablemente será más intensa durante la ruptura e inmediatamente después de ésta. Conforme vaya creciendo, probablemente seguirá dándole vueltas al pasado para lograr entender por qué motivo se separaron sus padres. Es posible que la sensación de pérdida le dure mucho tiempo, resultándole especialmente dolorosa durante las vacaciones o en las ocasiones especiales, como los cumpleaños u otras celebraciones familiares.

La mayoría de los hijos de padres divorciados desean desesperadamente que sus padres vuelvan a vivir juntos. Aún así, es peor si los padres intentan reconciliarse repetidamente y vuelven a romper, que si la primera ruptura es definitiva. Cuando los padres actúan de forma indecisa, es fácil que los hijos se sientan confusos, inseguros y recelosos.

En casos bastante raros, el comportamiento y la autoestima de los niños mejora después del divorcio de sus padres. A veces esto se debe a que los padres, una vez liberados de la tensión y la infelicidad que les provocaba un matrimonio disfuncional, pueden darles a sus hijos el afecto y la atención que necesitan. A veces se debe a que el divorcio permite poner fin a una situación de maltrato físico o emocional. De todos modos, incluso los niños que han sido objeto de maltrato por parte de uno de sus progenitores siguen deseando fervientemente merecer el amor de ese padre y que se vuelva a restaurar la unidad familiar.

## ¿Cómo pueden los padres ayudar a sus hijos durante el divorcio?

Los niños son un espejo de las emociones de sus padres. Si éstos están enfadados, deprimidos o se comportan violentamente durante el proceso de separación, es fácil que los niños absorban estos sentimientos negativos y que éstos acaben volviéndose en su contra. Si los padres de un niño discuten sobre el niño o éste oye su nombre en alguna de sus disputas, estará más convencido aún de que él es el culpable. Sin embargo, un ambiente de secretos y silencio tampoco le ayudarán a sentirse mejor y, de hecho, es probable que intensifiquen la tensión y la tristeza que embarga el ambiente familiar. La mejor forma de enfocar las cosas es ser sincero con sus propios sentimientos y esforzarse en ser afectivo con su hijo y trasmitirle seguridad. Su hijo tendrá que aceptar que sus padres han dejado de quererse—y usted no tienen por qué simular lo contrario delante de él—pero es importante de que entienda y *sienta* que sus padres lo siguen queriendo como siempre.

Si su hijo todavía no ha cumplido dos años, no podrá trasmitirle este mensaje con palabras. Deberá hacerlo a través de las acciones. Cuando esté con su hijo, intente dejar a un lado sus penas y preocupaciones y concéntrese en las necesidades del niño. Mantenga la rutina diaria lo más consistente posible y no le exija demasiado a su hijo ni espere que haga ningún cambio importante (como aprender a usar el baño, pasar de la cuna a la cama, adaptarse a una nueva niñera o cambiar de habitación). Al principio, intente ser comprensivo y paciente si su hijo presenta alguna conducta regresiva, pero si este patron persiste después del divorcio, cuando ya se haya establecido una nueva rutina, pida consejo al pediatra.

Si su hijo es mayor, necesita sentir que *tanto su padre como su madre* se preocupan por él y que son capaces de dejar a un lado sus diferencias por su bienestar. Esto significa que ambos deben participar activamente en la vida del niño. En el pasado, después del divorcio la mayoría de los padres iban desapareciendo progresivamente de la vida de sus hijos al concederse la custodia usualmente a la madre. Sin embargo, hoy en día, tanto las leyes como los psicólogos están intentando corregir este patrón, en parte distinguiendo entre la custodia física y la custodia legal. De esta manera, aunque sólo uno de los padres tenga la *custodia física* del niño, la *custodia legal* puede ser compartida, lo que significa que ambos padres seguirán implicados en las decisiones referentes a la educación, la salud y otras necesidades básicas del niño. El niño usualmente puede ver regularmente al padre que no tiene su custodia física. También es posible que ambas custodias, la física y la legal, sean compartidas. Esta opción tiene la ventaja de que permite que ambos padres sigan plenamente implicados en la vida del niño. Aun así, esto trae algunos inconvenientes. Los niños, sobre todo los menores de diez años, pueden sentirse divididos entre dos casas, dos grupos de amigos y dos rutinas distintas. A muchos padres que tienen la custodia compartida de sus hijos les cuesta mucho tomar decisiones cotidianas sobre programación de actividades, cumpleaños, clases especiales y hasta sobre la tarea escolar. A menos que ambos padres se comprometan plenamente para que funcione, este acuerdo puede provocar muchos conflictos, confusión y estrés. Lo importante es que el acuerdo de custodia elegido dé prioridad a las necesidades emocionales y de desarrollo del niño.

Independientemente de cuál sea el acuerdo de custodia, tanto usted como su excónyuge seguirán desempeñando un papel fundamental en la vida de su hijo. Intenten apoyarse mutuamente en estos roles. Eviten al máximo criticarse el uno al otro delante del niño. Su hijo necesita saber que le está permitido querer tanto a su padre como a su madre. También necesita sentir que está seguro con cualquiera de los dos y que no hay lugar para secretos ni para sentimientos de culpabilidad. Si no puede haber cooperación entre usted y su excónyuge, por lo menos sean tolerantes con las rutinas, las normas y los planes del otro, incluso si tienen ciertas reservas al respecto. En estas circunstancias, la discusión que usted tenga con su excónyuge por la cantidad de horas de televisión que puede ver su hijo o por lo que debe comer pueden hacerle más daño al niño que la televisión o la comida en sí mismas. Si es preciso, coméntele a su excónyuge lo que le preocupa cuando el niño no esté delante. Si un niño escucha cómo un padre intenta minar la autoridad del otro, puede acabar pensando que no puede confiar en ninguno de ellos o que no puede expresar abiertamente sus sentimientos. Esta atmósfera de hostilidad puede impedir que el niño disfrute cuando esté con cada uno de sus padres.

Cuando su hijo cumpla cuatro o cinco años, su mundo se ampliará, pasando a incluir nuevos amigos y nuevas actividades, tanto en la escuela como en el vecindario, y tendrá ideas más complejas sobre cuál es su lugar en el mundo. Usted debe comentar con su excónyuge cómo se comporta y de qué habla cuando está con cada uno de ustedes. Aunque se hayan divorciado, siguen compartiendo la responsabilidad de cuidar y educar a su hijo y necesitan colaborar para solucionar cualquier problema de comportamiento o emocional que pudiera surgir. Estén especialmente pendientes de cualquier síntoma de baja autoestima, decaimiento, depresión o mal humor, o si el niño empieza a disculparse o a autocriticarse en exceso. Esto podría indicar que se está culpando a sí mismo por el divorcio. Si es así y no hay forma de convencerlo de que él no tiene la culpa de lo que ha pasado, hable con el pediatra. Es posible que le recomiende llevar al niño a un psicólogo, un psiquiatra o algún otro profesional de la salud mental.

Si usted se siente muy deprimido y sin fuerzas después del divorcio y no parece encontrar la forma de volver a encauzar su vida, no podrá ofrecerle a su hijo el apoyo, el amor y el consuelo que necesita y que a usted le gustaría darle. Por el bien de todos, busque ayuda psicólogica cuanto antes.

Si su divorcio está cargado de tensiones y conflictos, usted puede temer que los enfrentamientos persistan y que su hijo no se recupere nunca. Aunque es cierto que algunas de las repercusiones emocionales del divorcio sobre un niño pueden ser permanentes, su hijo tendrá la oportunidad de crecer sano y feliz si recibe el amor, el afecto y el apoyo que necesita de sus padres y demás personas encargadas de cuidar de él.

(Véase también *Familias de un solo padre,* página 663; *Formación de una nueva familia,* página 666.)

## Reacciones de duelo

Perder a un padre es una de las cosas más traumáticas que le pueden ocurrir a un niño, y el duelo es la reacción natural. Un niño puede tener una reacción de duelo no sólo ante la muerte de un padre, sino también si éste contrae una enfermedad grave y/o crónica o si sus padres se divorcian. (Incluso si sigue manteniendo el contacto con ambos padres después del divorcio, puede añorar la familia que una vez tuvo). Los niños también pueden tener reacciones de duelo ante la pérdida de un hermano, un abuelo, una niñera muy querida o una mascota.

### La pérdida de un padre

Para un niño pequeño, la pérdida de uno de sus padres es algo incomprensible que desencadena una tremenda crisis. Los niños menores de cinco años no pueden entender la permanencia de la muerte. Por este motivo, la primera fase del duelo suele ser un período de protesta y de esperanza por la vuelta del padre perdido. Muchos niños acuden a la fantasía para conseguir que esto ocurra, imaginándose al padre fallecido en situaciones y lugares familiares.

En cuanto el niño empieza a darse cuenta de que su padre se ha ido para siempre, llega la desesperanza. Los lactantes, con sus limitadas habilidades comunicativas, suelen expresar su desesperación llorando, perdiendo el apetito y mostrándose inconsolables. Si la pérdida del padre ocurre durante la primera infancia, el niño llorará, estará más irritable y menos cooperativo que de costumbre y es posible que presente conductas regresivas. Los niños de más edad suelen reaccionar aislándose; un preescolar puede volverse taciturno y mostrar menos creatividad y entusiasmo en sus juegos. Cuanto más angustiados y distantes estén los demás miembros de la familia, mayor será la desesperación del niño.

Al final, el niño superará su desesperación y volverá a recuperar la confianza en los demás. Esto no significa que se haya olvidado de su padre o que no lo eche de menos. A lo largo de toda su vida, habrá momentos en que volverá a tener, de forma consciente o inconsciente, sentimientos de pérdida y de duelo, sobre todo en los cumpleaños y festividades, en celebraciones especiales como una graduacaión y cuando esté enfermo. En estos momentos es posible que el niño exprese su tristeza y reclame al padre perdido.

Si el padre fallecido era del mismo sexo que el niño, es posible que entre los cuatro y los siete años de edad, momento en que el niño estará luchando por entender su propia identidad sexual, se reactiven sus sentimientos de pérdida y duelo. En el mejor de los casos, estas reactivaciones serán breves y positivas y no le afectarán grandemente. Pero si persisten durante mucho tiempo y parecen crea problemas, coméntelo al pediatra.

## La pérdida de un hermano

Perder un hermano también es una experiencia devastadora para un niño. Aunque no le afecte tanto como la pérdida de un padre, puede costarle más superarla, ya que muchos niños, incluso los que son lo suficientemente mayores como para entender por qué murió su hermano, sienten que, de algún modo, ellos tienen la culpa de lo ocurrido. Estos sentimientos de culpa pueden intensificarse si los padres, completamente destrozados por lo ocurrido, se encierran en sí mismos y se alejan del niño.

El niño es testigo de cómo sus padres pasan por la misma agonía que él habría pasado si los hubiera perdido a ellos. Primero presenciará el golpe inicial y la anestesia emocional, seguido de la negación y más tarde del enfado y la rabia por lo ocurrido. A lo largo de todo este proceso es fácil que perciba alusiones de culpabilidad en las palabras y expresiones de sus padres. Por ejemplo, puede interpretar que sus padres le dedicaron un tiempo y unas atenciones que deberían haberse reservado para el hermano fallecido.

La madre puede sentirse impelida a hablar sobre el hijo desaparecido, cómo murió y qué podría haber hecho para evitarlo. Es posible que el niño desee consolarla mientras intenta asimilar lo ocurrido. Al darse cuenta de que, por mucho que se esfuerce, no consigue alegrarla, su autoestima y su seguridad en sí mismo pueden verse afectadas. Si el padre reacciona inconscientemente como hacen muchos hombres, aislándose del resto de la familia, volviéndose irritable e intentando llenar el vacío que ha dejado el hijo fallecido con distracciones y ocupaciones fuera de casa, el niño puede sentirse solo y rechazado.

En una casa en que la madre siente la necesidad intensa de hablar sobre el hijo desaparecido mientras el padre evade el tema, es difícil que ambos cónyuges se den mutuamente el apoyo que necesitan para superar un trance como éste. Como resultado, es fácil que el matrimonio se resienta. El niño, sintiendo la tensión que se respira en casa con la misma intensidad que el duelo por el hermano desaparecido, puede acabar asumiendo que él es el culpable tanto de los conflictos que hay entre sus padres como de la desaparición de su hermano.

Ante la muerte de un hijo, toda la familia puede beneficiarse de consejería profesional. El pediatra le puede recomendar un terapeuta familiar cualificado, un psicólogo o un psiquiatra para que les ayude a enfrentar la pena y a restablecer la unidad familiar.

## Cómo ayudar a su hijo a enfrentar el duelo

Mientras usted está en duelo por la muerte de su pareja o de uno de sus hijos, es fácil que descuide las necesidades del otro niño. Las siguientes recomendaciones pueden ayudarle a darle a su hijo el amor, el consuelo y la confianza que necesita durante y después de este duro trance:

1. Intente mantener la rutina diaria de su hijo la máximo. Pida a las personas que su hijo aprecia y en las que confía—parientes, niñeras, maestras del preescolar—que estén con él cuando usted no pueda estar a su lado.

2. Explíquele las cosas con calma y teniendo en cuenta su nivel de comprensión y sus posibles sentimientos de culpa. Déle explicaciones sencillas pero verdaderas. No invente cuentos de hadas que sólo conseguirán confundirlo y darle falsas esperanzas. Si su hijo tiene más de tres años, asegúrele que nada de lo que él hizo o pensó provocó la muerte de la persona querida y que nadie está enfadado con él. Para estar seguro de que ha entendido lo que le ha explicado, pídale que se lo repita.
3. Déjese ayudar por sus seres queridos. Es difícil dedicarle a un hijo toda la atención y darle todo el apoyo que necesita cuando se está sumido en la desesperación. Sus mejores amigos y familiares pueden ayudarle mucho, proporcionándole a su hijo el cariño y el apoyo que necesite cuando se sienta solo y perdido. Si ha perdido un hijo, es muy importante que usted y su pareja intenten apoyarse mutuamente en lugar de aislarse el uno del otro.
4. Esté dispuesto a hablar sobre la pérdida durante semanas, meses y años. Aunque parezca que su hijo se ha recuperado de la pérdida antes que usted, el duelo permanecerá latente en él durante años—y probablemente, de forma inconsciente, durante el resto de su vida. Su hijo necesitará su apoyo y su comprensión para ir asimilando la pérdida. Conforme vaya creciendo, probablemente le hará preguntas cada vez más sofisticadas sobre las circunstancias y las causas de la muerte del ser querido. Por muy doloroso que pueda ser para usted recordar los hechos, intente contestarle franca y directamente. Cuanto mejor consiga entender lo ocurrido, más fácil le resultará estar en paz con el pasado.

## ¿Debe asistir un niño pequeño al funeral de un ser querido?

La conveniencia de que un niño pequeño asista o no al funeral de una persona muy allegada es algo que depende de su nivel de comprensión, su madurez emocional y su deseo explícito de participar en la ceremonia. Si parece estar muy asustado y ansioso, o no logra entender el sentido de la ceremonia, lo más sensato es que no asista. Por otra parte, si parece capaz de controlar sus respuestas y desea estar presente para despedirse de la persona fallecida, asistir al funeral puede servirle de consuelo y ayudarle superar la pena.

Si decide llevar a su hijo al funeral, prepárele para lo que allí verá. Así mismo, arregle las cosas para que alguien familiar pueda llevarse al niño en el caso de que tenga que abandonar el funeral. De este modo, usted también tendrá mayor libertad para satisfacer sus propias necesidades emocionales durante la ceremonia.

Si usted considera que es mejor que su hijo no asista al funeral, puede organizar más adelante una visita menos formal a la tumba del ser querido. Aunque esto también puede resultar estresante para el niño, probablemente le ayudará a entender mejor lo ocurrido.

## Cuándo buscar ayuda profesional

Poco después de la muerte de un ser querido, puede ser conveniente, hablar con el pediatra de su hijo. Éste, con la experiencia y conocimientos que tiene, aparte de indicarle qué le puede decir al niño y cómo se lo debe decir, le informará sobre cómo se puede sentir y comportar su hijo durante los meses que se avecinan.

No se puede saber cuánto tiempo tardará un niño en superar la pena. Posiblemente su hijo presentará síntomas de recuperación de forma gradual, habiendo primero horas, luego días y al final semanas en que actuará prácticamente igual que antes del fallecimiento. Si no empieza a tener breves períodos de normalidad cuando hayan pasado entre cuatro y seis semanas o a usted le parece que la desesperación inicial es demasiado intensa o dura demasiado tiempo, hable con el pediatra.

Aunque es normal que un niño eche de menos a un padre o un hermano desaparecido de vez en cuando, no es normal que la tristeza obscurezca todas las facetas de su vida durante años. Si su hijo piensa y/o habla constantemente sobre la muerte, de tal modo que el duelo le domina constantemente e interfiere con su vida social y emocional, debe llevarlo a un profesional de salud mental. El pediatra puede recomendarle uno.

Su hijo también necesita que *usted* vuelva gradualmente a funcionar con normalidad. Después de perder a su pareja o a un hijo, puede costarle meses volver a la rutina cotidiana y todavía más superar sus sentimientos de angustia y tristeza. Si ya ha pasado un año desde el fallecimiento y usted todavía no ha podido normalizar su vida o si el duelo ha dado paso a la depresión, debe buscar ayuda profesional. Tanto usted como su hijo se beneficiarán de ello.

## Familias con uno o dos hijos

La mayoría de las parejas hoy en día planifican tener sólo uno o dos hijos, mientras que en los años sesenta solían pensar en tres o más hijos. Entre los motivos de este cambio cabe señalar la tendencia a retrasar la edad del matrimonio, un mayor énfasis en la carrera laboral femenina, métodos anticonceptivos más efectivos y el incremento del costo que supone criar y educar a un hijo.

Una familia reducida tiene algunas ventajas innegables:

- Cada niño recibe mayores atenciones paternas y se beneficia de más ventajas educativas, lo que suele revertir positivamente sobre su autoestima.
- Los niños que crecen en familias reducidas suelen tener mejores resultados académicos y mayores logros personales que los que crecen en familias numerosas.
- Los costos financieros del mantenimiento doméstico son menores.
- Es más fácil que los padres puedan compaginar la vida laboral con la familiar.
- El nivel de estrés general es menor porque suelen haber menos conflictos y menos rivalidades.

De todos modos, las familias reducidas también tienen algunos inconvenientes, sobre todo si son familias de hijo único. Cuando se vuelcan todas las expectativas, esperanzas y miedos en un solo niño, es fácil que los padres se vuelvan sobreprotectores y lo mimen demasiado incluso sin darse cuenta. Es posible que el niño tenga pocas oportunidades para relacionarse con otros niños o para desarrollar un sentido de independencia. Es posible que sus padres le presionen demasiado para que tenga éxito en la vida o, contrariamente, que le brinden tanta atención que acabe volviéndose egocéntrico e indisciplinado.

Si usted tiene sólo uno o dos hijos, es posible que esté demasiado pendiente de ellos y los proteja demasiado. Esto puede dificultar su proceso de separación con respecto a usted, lo que puede impedir que entablen relaciones con sus iguales. De hecho, es posible que a usted le ocurra lo mismo. Aquí tiene algunas recomendaciones que le ayudarán a dominar estos sentimientos conforme su hijo vaya madurando:

- Asegúrese de que las expectativas que tiene sobre su hijo se ajustan a la edad que tiene. Relaciónese con otras familias que tengan hijos de la misma edad que el suyo y vea cómo los tratan sus padres: cuándo los protegen, cuándo los dejan actuar por su cuenta; cómo les imparten disciplina; qué responsabilidades les dan y similares.
- Cultive su vida social como pareja (o su vida social como individuo, si no tiene pareja). Pasar varias horas cada día lejos de su hijo les ayudará a ambos a desarrollar una identidad individual. Cuanto antes establezca esta rutina de reservarse un "tiempo personal" (por lo menos una vez a la semana, incluso cuando su hijo sea todavía un lactante), menos les costará aceptar el hecho de que su hijo tenga una personalidad cada vez más definida conforme se vaya haciendo mayor
- Permita que su hijo conozca y entable relación con otros adultos de confianza, que pueden cuidar de él, e inclúyalo en actividades en que participen otras familias.
- Déle a su hijo la oportunidad de jugar con otros niños de su edad, sea en grupos de juego o llevándolo a un centro de preescolar.
- Si le preocupa la salud o el desarrollo de su hijo, pida consejo al pediatra lo antes posible. No permita que crezcan sus ansiedades y no limite la vida de su hijo con preocupaciones infundadas.

## Rivalidad entre hermanos

Si usted tiene más de un hijo, la rivalidad entre hermanos es casi inevitable. La competencia entre hermanos en una familia es algo natural. Todos los niños quieren recibir la atención y el amor de sus padres, por lo que es normal que cada uno de sus hijos crea que merece recibir todo su amor. Ninguno de ellos desea compartirle con nadie; de ahí que, cuando se den cuenta de que no tienen ninguna otra opción, es lógico que se pongan celosos e, incluso, que sean agresivos con sus hermanos.

En los niños pequeños, la rivalidad entre hermanos suele crear más conflictos cuando se llevan entre un año y medio y tres años. Esto se debe a que todavía dependen mucho de sus padres y aún no han establecido relaciones consolidadas con otros niños ni adultos. Pero aunque dos hermanos se lleven nueve años o más, el hermano mayor seguirá necesitando la atención y el afecto de sus padres. Si el hermano mayor tiene la sensación de que se le está haciendo de lado o se le está rechazando, es fácil que culpe al bebé. Por norma general, cuantos más años tenga el hermano mayor, menos celoso estará del bebé. Los celos suelen ser especialmente intensos cuando el hermano mayor está atravesando la etapa preescolar en el momento en que nace el segundo hijo.

Habrá días en que usted estará convencido de que sus hijos se odian, pero estas explosiones emocionales son temporales. A pesar del resentimiento, los hermanos suelen tenerse un profundo afecto. A usted le costará bastante darse cuenta de esto, pues probablemente sus hijos se reservarán sus peores comportamientos para los momentos en que usted esté presente, en los que competirán directamente por su atención. Cuando usted no esté delante, probablemente serán buenos amigos. Conforme crezcan y disminuya su necesidad de competir por su atención, el afecto mutuo superará probablemente los celos que sienten el uno por el otro. Es raro que la rivalidad entre hermanos se prolongue durante la edad adulta.

## Qué puede esperar

Usted puede percibir los primeros indicios de rivalidad entre hermanos aun antes de que nazca su segundo hijo. Cuando el hermano mayor le vea preparar el ajuar o comprar las cosas del bebé, es posible que él también quiera recibir algún regalo. Quizás le pida que le vuelva a poner los pañales o a tomar el biberón "como hará el bebé". Si se da cuenta de que usted está preocupado por el bebé, es posible que se porte mal para atraer su atención.

Este comportamiento inusual o regresivo puede continuar después del nacimiento del bebé. Es posible que su hijo mayor llore más de lo habitual, se vuelva más apegado y dependiente, o, simplemente, se aísle por completo. Quizás le dé por imitar al bebé, pida su sabanita vieja y su chupete o, incluso, quiera volver a lactar. Los niños en edad escolar suelen demostrar un gran interés por el bebé, pero, al mismo tiempo, es posible que se vuelvan más agresivos o empiecen a portarse mal para llamar la atención. Independientemente de la edad, los hermanos suelen intentar atraer más la atención de sus padres cuando éstos están dedicándose activamente al bebé—por ejemplo, mientras lo está bañando o dándole el biberón.

Cuando su hijo pequeño crezca y adquiera mayor mobilidad, surgirán las primeras disputas por los juguetes y otras posesiones del hermano mayor. El hermano menor irá directo a coger lo que se le antoje, sin preocuparle de quién es, mientras el hermano mayor vigilará atentamente sus pertenencias. Si el hermano menor pone un pie en territorio prohibido, lo más probable es que el hermano mayor reaccione de forma desproporcionada.

A veces, sobre todo cuando ambos hermanos se lleven muchos años, el mayor aceptará y protegerá al más pequeño. De todos modos, conforme el pequeño vaya creciendo y adquiriendo nuevas habilidades (en el ámbito académico, deportivo, o social), es posible que el hermano mayor se sienta amenazado e incluso se avergüence por el hecho de "ser superado" por el pequeño. Es posible que se vuelva más agresivo o susceptible y establezca una relación de competencia con el hermano menor. También es posible que el hermano menor tenga celos debido a los privilegios, logros y habilidades del hermano mayor, así como al trato ventajoso que se le irá otorgando conforme vaya madurando. A menudo es difícil saber cuál de los dos hermanos está contribuyendo más a la rivalidad.

## ¿Cómo deben actuar los padres?

Es importante que los padres no reaccionen de forma desproporcionada ante los celos entre hermanos, sobre todo si el hermano mayor está atravesando la etapa preescolar. Los sentimientos de resentimiento y frustración son algo totalmente comprensible—a ningún niño le gusta tener que compartir el afecto paterno. El hermano mayor necesita tiempo para darse cuenta de que sus padres no lo quieren menos por el mero hecho de haber tenido otro hijo.

Si su hijo mayor empieza a imitar al bebé, no se le ocurra ridiculizarlo ni castigarlo. Sea indulgente y comprensivo con él. Hasta puede dejarle que satisfaga ocasionalmente sus fantasías, permitiéndole beber unos sorbos del biberón o meterse en la cuna o en el corral del bebé. Aún así, no lo haga más de una o, como mucho, dos veces, y no refuerce este comportamiento dedicándole más atención. Hágale saber que no necesita portarse como un bebé para merecer su aprobación, su amor o su afecto. Elógielo cuando se porte como un "niño mayor", y déle muchas oportunidades para que pueda ser el "hermano mayor". No le costará mucho tiempo darse cuenta de que es mejor actuar con madurez que comportarse como un bebé.

Si su hijo mayor tiene entre tres y cinco años, trate de reducir al mínimo los conflictos que puedan surgir por espacio, reservando un área segura y protegida para el hermano mayor donde no pueda entrar el pequeño. Si separa las pertenencias del hermano mayor de los juguetes y objetos que se pueden compartir, disminuirán los enfrentamientos.

Es natural que un padre compare a sus hijos entre sí, pero no lo haga delante de ellos. Cada niño es especial y se le debe tratar como tal. Las comparaciones hacen que un niño se sienta inevitablemente inferior a otro. Si, por ejemplo, un padre afirma: "Tu hermana es mucho más ordenada que tú", el niño que escucha la afirmación puede resentirse tanto con el padre como con su hermana, y es posible que reaccione volviéndose todavía más desordenado.

Cuando sus hijos discutan, lo mejor que puede hacer es quedarse al margen. Si no se inmiscuye, probablemente acabarán solucionando sus diferencias. Si se implica en la disputa, puede verse tentado a tomar partido por uno de ellos, haciendo que uno se sienta como el vencedor y el otro como el vencido. Incluso si intentan implicarle en sus disputas, haga todo lo posible por ser imparcial y pídales que solucionen sus diferencias ellos solos. En vez de culpar sólo a uno de ellos, insista en que *ambos* son responsables, tanto de implicarse en la disputa como de ponerle fin.

Lógicamente, si la situación se complica y llegan a las manos, usted deberá intervenir, sobre todo si hay mucha diferencia de edades, ya que el hermano mayor podría hacerle daño al pequeño. En estos casos, lo primero que debería hacer es proteger al pequeño. Asegúrese de que el hermano mayor entiende que usted no va a tolerar que abuse de su fuerza. Si se llevan muchos años, o hay motivos para sospechar que podría estallar la violencia, vigílelos de cerca cuando estén juntos. Evitar la violencia siempre es mejor que castigarla después, ya que esto suele alimentar, en lugar de mitigar, los sentimientos de rivalidad del hermano mayor.

Es importante que los padres pasen tiempo a solas con cada uno de sus hijos. No siempre es fácil encontrar el equilibrio, pero si de repente su hijo mayor empieza a pasarse de la raya, podría indicar que necesita que usted le dedique más tiempo.

Si su hijo mayor se vuelve extremadamente agresivo o a usted le parece que la situación se le está escapando de las manos, consulte al pediatra. Él podrá determinar si se trata de un caso normal de rivalidad entre hermanos o de un problema más serio que requiere atención especial. El pediatra también puede sugerirle formas de suavizar las tensiones y, si lo cree conveniente, remitirle a un profesional de la salud mental.

(Véase también *Prepare a los hermanitos para la llegada del nuevo bebé,* en el Capítulo 1, página 20.)

## Familias de un solo padre

Las familias de un solo padre cada vez son más frecuentes. La mayoría de los hijos de padres divorciados están por lo menos varios años viviendo sólo con uno de sus padres. Un número creciente de niños viven hoy día con uno de sus padres, ya que éstos nunca se han casado, y un número reducido de niños viven parte de la infancia con uno de sus progenitores debido al fallecimiento del otro.

Desde el punto de vista del padre, ser el único adulto de la casa tiene sus ventajas. Puede educar al niño teniendo en cuenta sólo sus propias creencias, principios y normas, sin que surjan conflictos ni haga falta solucionar diferencias de pareceres.

Así mismo, en las familias monoparentales, los padres suelen establecer vínculos más estrechos con sus hijos. Si es el padre el que vive con los hijos, éste suele ser mucho más afectivo e implicarse mucho más activamente en su vida que la mayoría de los padres que viven en familias en las que están presentes ambos progenitores. Los niños que crecen en familias monoparentales suelen ser más maduros e independientes, porque tienen que asumir antes más responsabilidades.

No obstante, "sacar adelante" a un hijo estando solo no va a ser nada fácil, ni para usted ni para el niño. Generalmente, implica disponer de menos ingresos y, por lo tanto, tener que acostumbrarse a un nivel de vida más bajo. Si no puede permitirse pagar una niñera o una guardería, probablemente le costará mucho compaginar el trabajo con el cuidado de los niños. (Véase el Capítulo 14: Ayuda temporal para cuidar de su hijo). Si no puede contar con la ayuda de ninguna otra persona para compartir la responsabilidad de educar a sus hijos y llevar la casa, es muy probable que se aísle socialmente. Y, cuando esté bajo estrés, es fácil que sus hijos perciban y compartan ese estrés. Es fácil que usted llegue a casa bien cansado y tenga tantas cosas en la cabeza que sea difícil apoyar emocionalmente a sus hijos e impartir disciplina de forma consistente. Esto puede provocar ansiedades y problemas de conducta en los niños. La ausencia del padre del mismo sexo también puede generar algunos problemas, al limitar el tiempo que los niños están expuestos a un modelo del rol.

Aquí tiene algunas recomendaciones para que pueda satisfacer sus propias necesidades emocionales, al tiempo que les proporciona a sus hijos la guía que necesitan:

- Aproveche todos los recursos de ayuda disponibles para a cuidar de sus hijos. Utilice como guía las indicaciones del Capítulo 5 sobre distintos tipos de ayuda temporal para cuidar de su hijo.
- Conserve al máximo su sentido del humor. Intente ver el lado positivo o divertido de los retos y sorpresas que le vaya deparando la vida.
- Por el bien de su familia y del suyo propio, cuídese. Hágase revisiones médicas periódicas, aliméntese bien y descanse, duerma lo suficiente y haga ejercicio.
- Resérve un período de tiempo para tomarse un respiro y desconectarse de sus hijos. Relájese con sus amigos. Vaya al cine. Cultive sus aficiones. Haga cosas que le interesen a *usted.* Tenga su propia vida social al margen de la de sus hijos.
- No se sienta culpable por el hecho de que su hijo tenga un solo padre. Hay muchas familias en la misma situación y lo más probable es que vayan en aumento. Usted no "le ha hecho esto" a su hijo y no necesita expiar ninguna culpa ni mimarlo más como compensación. Sentirse culpable y actuar movido por la culpabilidad no beneficiará a nadie.
- No vea problemas donde no los hay. Muchos niños crecen sanos y felices en familias monoparentales mientras que otros tienen graves problemas en familias en las que viven ambos progenitores. El hecho de no vivir en pareja no implica que deba tener más problemas con sus hijos ni más dificultades para solucionarlos.
- Establezca límites firmes pero razonables para sus hijos y hágalos respetar. Los niños se sienten más seguros y se comportan de una forma más sensata y responsable cuando se les fijan límites claros y consistentes. Modifique esos límites conforme sus hijos demuestren que son capaces de asumir más reponsabilidades.

- Reserve un tiempo cada día para hacer algo a solas con cada uno de sus hijos—jugar, conversar, leer, ayudarles con las tareas, o ver televisión juntos.
- Elogie a menudo a su hijo, demostrándole un afecto genuino y un apoyo incondicional y positivo.
- Créese una red de apoyo lo más extensa posible. Cultive las relaciones con parientes y amigos y entérese de qué recursos y servicios pueden ayudarle en el cuidado de sus hijos. Cultive también las relaciones con otra familias que, aparte de poderle informar sobre actividades en las que podría participar su hijo (partidos de fútbol, acontecimientos culturales), estarán deseosas de intercambiar con usted servicios de niñera.
- Dialogue con familiares de confianza, amigos y profesionales de la salud, como el pediatra de su hijo, sobre el comportamiento y el desarrollo de su niño, así como de sus relaciones familiares.

## Menor contacto con parientes

Hasta hace solo unas generaciones, la mayoría de familias constaban de un padre, una madre y varios hijos, con los abuelos y quizás los tíos y primos viviendo cerca e, incluso, en la misma casa. Las mujeres se encargaban de cuidar de los niños y de los quehaceres domésticos mientras que los hombres trabajaban fuera de casa. En muchos sentidos, esta fórmula funcionaba bastante bien: había muchos adultos que podían cuidar de los niños. Los padres contaban con una red de apoyo sumamente estable, y el rol de cada uno estaba claramente delineado. Los niños eran los que salían más beneficiados, pues mantenían muchas relaciones sociales y recibían el afecto de muchos adultos.

Sin embargo, las familias extendidas ya no son tan frecuentes hoy día. Debido a las obligaciones laborales y al deseo de ascender en el mundo del trabajo, son muy pocas las parejas jóvenes que se quedan a vivir cerca de sus padres o parientes más cercanos.

Al faltarles este contacto regular con su familiares, tanto los padres como los niños necesitan crearse una red alterna de apoyo. Entablar relaciones de amistad con otras familias y participar de diversos grupos comunitarios puede ayudar a llenar el vacío creado por la falta de lazos familiares. Para muchas familias, las actividades religiosas son una buena fuente de apoyo y de amistades. Otros servicios comunitarios, como las actividades que organizan las asociaciones de vecinos o de jóvenes, también pueden contribuir a colmar estas necesidades.

Incluso en el caso de que su familia esté muy dispersa geográficamente, haga lo posible por afianzar el sentido de unidad familiar en su hijo manteniendo el contacto por teléfono o por correo. Anime a su hijo a que haga dibujos para sus parientes y, cuando aprenda a escribir, a que les envíe sus propias cartas. Intercambien fotografías y vayan incluyéndolas en el álbum de fotos de su hijo, que irá creciendo con él. Si dispone de una grabadora o de una cámara de vídeo, haga grabaciones de su familia y envíelas a sus parientes para mantener el contacto.

La idea es establecer un equilibrio entre los vínculos más estrechos e íntimos que se dan en el interior del núcleo familiar y otros contactos y significativos con personas que no pertenecen a la familia inmediata. Este tipo de relaciones familiares permitirá que, cuando crezca, su hijo pueda incorporar valores importantes en su propia forma de vida. El hecho de que su familia cultive estos valores de unidad familiar contribuirá a afianzar su importancia a los ojos de su hijo.

## Formacion de una nueva familia

El que un padre vuelva a casarse puede ser una verdadera bendición, tanto para él como para su niño—al permitir restablecer la estructura, estabilidad y seguridad que perdieron con el divorcio, la separación o la muerte del otro cónyuge. Volver a formar una familia suele ser beneficioso desde un punto de vista económico. Además, el nuevo padre que pase a formar parte de la familia puede convertirse en un buen modelo de rol para los hijos del mismo sexo.

Aún así, formar una nueva familia implica muchos reajustes y puede crear muchas tensiones para todos. Si al niño se le presenta al "padrastro" como un substituto del padre ausente, la lealtad hacia el padre biológico puede llevarle a cerrarse y a rechazar por completo al recién llegado. Así mismo, entre padrastros e hijastros suelen surgir celos, y es fácil que se establezca una relación de competencia por el amor de la persona responsable de que tengan que vivir en la misma casa. Por ejemplo, si un niño siente que su padrastro se está entrometiendo entre su madre y él, probablemente lo rechazará, y es posible que empiece a portarse mal para atraer la atención de su madre. La situación todavía se complica más cuando los dos padres que contraen matrimonio tienen hijos de matrimonios anteriores y se espera que éstos no sólo acepten a sus padrastros sino que se lleven bien con sus hermanastros. Con el tiempo, la mayoría de estas familias consiguen solucionar sus conflictos, pero, para ello, es preciso que los adultos pongan mucho de su parte, sean pacientes, y busquen ayuda profesional en el caso de que surjan problemas graves

Por muy difícil que pueda parecer la transición al principio, intente tener presente que las relaciones entre padrastros e hijastros generalmente se van desarrollando de forma gradual, durante un período de tiempo que puede durar de uno o varios años, en lugar de unas cuantas semanas o meses.

El apoyo del padre biológico que no vive con el hijo es un factor fundamental en el desarrollo de unas relaciones saludables dentro de la segunda familia. Si el tipo de relación que mantiene aquél con el niño fomenta el rechazo al padrastro, es posible que el niño se resienta y se sienta culpable cuando se conecte emocionalmente con este último. El hecho de que los tres (o cuatro) adultos implicados se comuniquen abiertamente puede contribuir a minimizar estos sentimientos de culpabilidad en el niño, así como la confusión que pueda experimentar por tener que adaptarse a los valores y expectativas de varios adultos. Por este motivo, cuando un niño tiene que pasar tiempo en dos casas distintas, organizar reuniones de vez en cuando a las que, si es posible, asistan todos los adultos implicados puede ser de gran ayuda. Dialogar en torno a normas, valores y horarios le trasmitirá al niño el mensaje de que las personas implicadas en su educación son capaces de conversar tranquilamente y respetarse mutuamente, y consideran su salud y su educación como una prioridad.

En una atmósfera de respeto mutuo entre padres biológicos y padrastros, el niño podrá beneficiarse de las ventajas antes mencionadas del hecho de ser parte de una nueva familia. De nuevo, podrá vivir en un hogar completo: con un padre y una madre. El padre que se ha vuelto a casar probablemente estará más contento y podrá colmar mejor las necesidades afectivas de su hijo. Conforme el niño vaya creciendo, la relación que mantenga con su

### *Sugerencias para las "Segundas familias"*

Conseguir que la transición de una familia monoparental a una "segunda familia" se realice con éxito requiere un gran esfuerzo y mucha sensibilidad por parte de los dos adultos implicados: el padre biológico y el padrastro. Aquí tiene algunas recomendaciones que le pueden ayudar:

- Informe a su excónyuge que va a volver a casarse e intenten cooperar para hacer la transición lo más llevadera posible para su hijo. Deje bien claro que el hecho de contraer matrimonio no tiene por qué modificar el rol que desempeña su excónyuge en la vida de su hijo.
- Déle tiempo a su hijo para que vaya conociendo a su futuro padrastro o madrastra (y a sus futuros hermanastros, en el caso de que los haya) antes de que tengan que empezar a vivir juntos. De este modo, el ajuste mutuo será más fácil para todos y mitigará gran parte de la ansiedad que el nuevo matrimonio pueda provocar en los niños.
- Esté pendiente de cualquier indicio de conflicto, y trabajen juntos para resolver los conflictos que surjan lo antes posible.
- Usted y su nueva pareja deberían decidir conjuntamente que esperan del niño, qué límites le fijarán y cómo le impartirán disciplina.
- Tanto usted como su nueva pareja deberán asumir todas las responsabilidades que implica la paternidad. Esto significa que *ambos* deberán dedicarle atención y ser afectuosos con su hijo y que ambos tendrán autoridad sobre él. Si ambos deciden conjuntamente cómo van impartirle disciplina y se apoyan mutuamente en las decisiones y acciones relacionadas con este tema, al padrastro le costará menos ejercer su autoridad sin miedo a la desaprobación o al resentimiento.
- Si su excónyuge sigue visitando a su hijo, estas visitas deben seguirse realizando de forma organizada de tal modo que no se conviertan en una fuente de conflictos.
- Intente que tanto su excónyuge como su nueva pareja participen en las decisiones importantes que afecten al niño. Si es posible, organice reuniones para que los tres intercambien ideas y preocupaciones; de este modo, trasmitirán a su hijo el mensaje de que los adultos intentan solucionar sus diferencias por su bien.
- Sea receptivo a los deseos y preocupaciones que pueda tener su hijo sobre el rol que debe desempeñar en la nueva familia. Respete su nivel de madurez y comprensión cuando, por ejemplo, le ayude a decidir cómo quiere llamar a su padrastro, o cuando le presente a los demás miembros de su nueva familia.

padrastro o madrastra le proporcionará apoyo, habilidades y nuevos puntos de vista. Estos beneficios, añadidos a las ventajas económicas asociadas al hecho de volver a formar parte de una familia completa puede ampliar notablemente las oportunidades del niño.

## Gemelos

El tener gemelos significa mucho más que tener dos bebés al mismo tiempo, y es un reto que vas más alla de tener el doble de trabajo y de gratificaciones. Es bastante común que los gemelos nazcan antes de tiempo, por lo que tienden a pesar menos que un recién nacido promedio, y es bastante probable que tengan que ir al pediatra más a menudo. Por otra parte, para alimentarlos, ya sea a través de la lactancia materna o por formula, tendrá que utilizar estrategias especiales, sobre las que le podrá aconsejar el pediatra. (Véase el Capítulo 4)

### Criar gemelos

Desde el principio, es importante que reconozca que sus hijos son dos individuos diferentes. Si se trata de gemelos idénticos, es fácil que los trate como si formaran una unidad, vistiéndolos con la misma ropa, comprándoles los mismos juguetes y dedicándoles la misma atención. Pero, por muy parecidos que sean físicamente, emocionalmente son distintos y, para poder crecer como individuos felices y seguros, necesitan que usted reconozca y acepte sus diferencias. Como dijo cierta vez un gemelo, "No somos gemelos. ¡Sólo somos hermanos que celebramos el cumpleaños el mismo día!"

Tanto los gemelos idénticos como los fraternos pueden desarrollar una relación de competencia o bien de dependencia conforme vayan creciendo. A veces, un gemelo se erige en el líder y otro en el seguidor. Sea cual sea el tipo de relación que establezcan, la mayoría de los gemelos mantienen relaciones muy intensas desde el principio, básicamente porque pasan mucho tiempo juntos.

Si usted tiene más hijos aparte de los gemelos, éstos provocarán todavía más rivalidad que cualquiera de los demás hermanos. Consumirán gran parte de su tiempo y de su energía y atraerán mucho la atención de los amigos, familiares e incluso de los desconocidos en la calle. Usted puede contribuir a que los hermanos mayores acepten a los gemelos y, al mismo tiempo, beneficiarse de la situación, ofreciéndoles "recompensas dobles" por ayudarle a cuidar de ellos. De este modo, fomentará su participación en las tareas relacionadas con el cuidado de los bebés. También es importante que reserve parte de su tiempo para estar a solas con cada uno de los hermanos mayores y realizar algunas de sus actividades preferidas.

Conforme sus hijos vayan creciendo, sobre todo si son gemelos idénticos, es posible que prefieran jugar los dos solos, haciendo que los demás hermanos se sientan excluídos. Para evitar que los gemelos establezcan un vínculo tan exclusivo, incítelos a que jueguen individualmente (no como una unidad) con otros niños. También puede jugar usted, o la niñera, con uno de ellos mientras el otro lo hace con otro hermano o con un amigo.

Es posible que los gemelos no sigan exactamente el mismo patrón evolutivo que el resto de los hermanos o que los demás niños de su edad. Algunos gemelos da la impresión de que "se dividen el trabajo", de tal modo que, mientras uno se concentra en las habilidades motoras, el otro perfecciona sus habilidades sociales y comunicativas. Puesto que pasan tanto tiempo juntos, muchos gemelos se comunican mejor entre sí que con el resto de la gente. Aprenden a "leer" los gestos y las expresiones faciales del otro y, a veces,

### *Gemelos: idénticos versus fraternos*

**Los gemelos idénticos** proceden del mismo huevo. Siempre son del mismo sexo y se parecen mucho físicamente. Sin embargo, cada uno tiene su personalidad individual, su estilo y su temperamento. Los padres suelen esperar que actúen y evolucionen de forma similar conforme vayan creciendo. Debido a su gran semejanza, pueden desarrollar vínculos sumamente estrechos, llegando incluso a excluir a otros miembros de la familia en cierta medida.

**Los gemelos fraternos** proceden de dos huevos distintos fertilizados al mismo tiempo. Pueden o no ser del mismo sexo y no son idénticos ni en aspecto, ni en temperamento o comportamiento. Debido a estas diferencias, no suelen establecer relaciones tan intensas como los gemelos idénticos.

| Característica | Idénticos | Fraternos |
|---|---|---|
| Sexo | Idéntico | Idéntico o diferente |
| Aspecto | Idéntico | Gran parecido, pero no idénticos |
| Placenta | Una | Dos |
| Bolsa del Corión* | Una o dos | Dos |
| Saco amniótico** | Uno o dos | Dos |
| Grupo sanguíneo | Idéntico | Puede ser el mismo |

* La membrana celular más externa que rodea al embrión
**Saco que contiene el feto

hasta llegan a crear su propio lenguaje, que sólo ellos pueden entender. (Esto suele ocurrir sobre todo entre gemelos idénticos)

Al entretenerse tanto estando juntos, es posible que no estén muy motivados a aprender cosas sobre el mundo que les rodea. Este patrón evolutivo único no representa ningún problema, pero hace que sea todavía más importante separar a los gemelos de vez en cuando y exponerlos individualmente a otros niños y situaciones de juego y de aprendizaje.

A los gemelos no siempre les gusta que los separen, sobre todo si tienen unos hábitos de juego firmemente establecidos y lo que más les gusta es estar juntos. Por ello, es importante empezar a separarlos de vez en cuando lo antes posible. Si se resisten mucho, intente un enfoque gradual, pidiendo a niños o adultos que estén bien familiarizados con ellos que jueguen separadamente con cada uno de ellos en la misma habitación o área de juegos. Ser capaces de separarse será cada vez más importante conforme los niños se aproximen a la edad escolar. En el jardín infantil la mayoría de los gemelos pueden estar juntos en la misma clase, pero muchas escuelas primarias prefieren que vayan a clases separadas.

Por mucho que usted aprecie las diferencias individuales de sus gemelos, no hay duda de que en ocasiones los percibirá como unidad. Esto no tiene nada malo, puesto que es claro que tienen muchas cosas en común y están destinados a tener una identidad doble, como individuos y como gemelos. Ayudarles a entender y a aceptar el equilibrio entre estas dos identidades es uno de los retos más difíciles que deberá afrontar como padre de gemelos. El pediatra puede aconsejarle sobre cómo debe afrontar los problemas especiales que pueden surgir. También le puede recomendar libros de autoayuda sobre cómo educar gemelos y referirle a organizaciones que ayudan a padres en partos múltiples

## Cuando la madre trabaja fuera de casa

Hoy en día, más de la mitad de las madres en los Estados Unidos que tienen niños pequeños trabajan fuera de casa, mientras que en los años setenta era sólo el 30 por ciento. Esta situación representa la norma más que la excepción. Las mujeres han ingresado al mercado laboral no sólo para satisfacer el deseo de tener una carrera sino también por motivos estrictamente económicos. Más de la cuarta parte de los niños viven en familias monoparentales, siendo la madre la proveedora del sustento. Un 80% de los esposos de mujeres trabajadoras generan ingresos inferiores a $30,000 al año. Para muchos de los niños de estas familias, la alternativa al hecho de que la madre trabaje fuera de casa es la pobreza.

En algunas familias, la mujer continúa trabajando por no dejar una carrera que lleva años desarrollando. La mayoría de los empresarios no ven con buenos ojos que una madre tome tiempo para criar a sus hijos pequeños. Si estas mujeres dejan de trabajar durante uno o dos años, es probable que pierdan algunos beneficios laborales que habían conseguido o que tengan que dejar pasar ciertas oportunidades de promoción.

Conforme hay más mujeres en el mercado laboral, cada vez son más los niños cuidados por adultos que no son sus padres. A veces los familiares asumen esta responsabilidad, otras veces una persona ajena a la familia hace de niñero de los niños, y otras los padres llevan a los niños a una guardería o jardín infantil. Cuando la madre trabaja fuera de casa, la probabilidad de que un niño vaya a un centro preescolar aumentan por cinco. Es más probable que los infantes y niños pequeños asistan a centros de cuidado si su mamá trabaja fuera de casa. Sin embargo, la mayoría de los niños entre tres y cinco años asisten a estos centros, independiente de si su madre trabaja fuera o no. Esto se debe a que los padres, deseando que sus hijos tengan el mejor comienzo posible en la escuela, los inscriben en estos programas.

Todavía hay gente que piensa que una “buena madre” es la que deja de trabajar para quedarse en casa con sus hijos. Sin embargo, nadie ha podido demostrar científicamente que los niños se perjudiquen por el hecho de que su madre trabaje fuera de casa. Lo que influye sobre el desarrollo de un niño es la cantidad de estrés que hay en la familia, cómo acepta la familia el hecho de que la madre trabaje fuera y la calidad del cuidado que reciba el niño. Un niño que esté emocionalmente equilibrado, al que se le quiera y se le cuide crecerá sin problemas independientemente de que la madre trabaje o no fuera de casa.

Una madre que pueda equilibrar exitosamente tanto su trabajo como su rol de madre, es un excelente modelo para su hijo. Los hijos de estas madres suelen convertirse en adultos independientes, responsables y orientados al logro. En la mayoría de familias en las que la madre trabaja fuera de casa, todos los miembros desempeñan un rol activo en las tareas domésticas. Los niños suelen cuidarse mutuamente y ayudarse de distintas formas. El padre, además de "traer dinero a casa", colabora en las tareas domésticas y en el cuidado de los niños. Esto hace que se sienta más apegado a sus hijos y que apoye emocionalmente más a su esposa. Estas ventajas resultan todavía más evidentes si la madre se siente valorada y apoyada por sus amigos, familiares y compañeros de trabajo.

Cuando la madre no quiere trabajar fuera de casa o su marido no desea que lo haga, pueden surgir problemas. Si la mujer trabaja sólo porque necesita el sueldo, es posible que lo haga en algo que no le gusta. En estos casos, deberá hacer lo posible por no traer la insatisfacción y la frustración a casa, puesto que probablemente afectará a las relaciones familiares. El mensaje que pueden acabar asimilando sus hijos es que trabajar es desagradable y mina, en lugar de elevar la autoestima.

Las relaciones familiares también se pueden afectar si ambos padres quieren trabajar pero sólo uno encuentra trabajo. También pueden haber problemas si hay competitividad o resentimiento entre los padres porque uno gana mucho más dinero que el otro. Este tipo de conflictos pueden perjudicar la relación de pareja y hacer que los niños se sientan amenazados e inseguros. Si ambos padres trabajan fuera, la necesidad de comunicación y apoyo mutuo es todavía mayor.

Incluso cuando no hay este tipo de problemas, una familia en la que ambos padres trabajan debe afrontar una serie de situaciones que no afectan a otras familias. Los padres pueden sentirse tan agobiados por las obligaciones familiares y laborales que es posible que apenas les quede tiempo para llevar una vida social. Ambos padres deberían participar en las tareas domésticas y en el cuidado de los niños, para que ninguno se resienta por el hecho de tener que asumir la mayor parte de las responsabilidades. Los padres suelen faltar al trabajo entre nueve y doce días cada año para cuidar de sus hijos cuando están enfermos llevarlos a citas o cuidarlos o cuando les falle la niñera.

La decisión de una mujer de reincorporase al trabajo después de tener un hijo debe hacerse teniendo en cuenta tanto sus propias necesidades como las de los demás miembros de la familia. Si usted se está planteando la posibilidad de reincorporase al trabajo, no lo haga antes de que su hijo tenga tres o cuatro meses, para que le dé tiempo a establecer el vínculo materno-filial inicial. Tómese su tiempo para prepararse y preparar a los demás miembros de su familia a fin de que su reincorporación sea lo menos traumática y estresante posible. Si es posible, la reincorporación no debe coincidir con ningún otro cambio importante que afecte a la vida familiar, como un traslado, un cambio de colegio, una enfermedad o la muerte de un miembro de la familia. Así mismo, organice con antelación el tema de quién va a quedarse con su hijo y asegúrese de que se trata de una persona de confianza.

Como cualquier madre que trabaja fuera de casa, usted lamentará el hecho de no poder pasar más tiempo con su hijo, sobre todo si todavía es muy pequeño. Puede preocuparle que pueda perderse alguno de los hitos fundamentales de su proceso de desarrollo, como sus primeros pasos o sus primeras palabras. Hasta es posible que esté celosa del tiempo que pasa su hijo a solas con la persona que le cuida. Estos sentimientos son normales, pero debe intentar distinguir entre sus propias necesidades y deseos y las preocupaciones relacionadas con la salud y el bienestar de su hijo.

Los primeros años de la vida de un niño son muy importantes para moldear su personalidad futura, pero esto no significa que la madre sea la única persona que puede influir en este proceso. De hecho, dejar a un niño pequeño a cargo de una persona distinta de su madre tiene ventajas indudables para el niño. Los niños que pasan tiempo regularmente con personas que no son sus padres suelen ser un poco más independientes. Así mismo, un buen centro de preescolar, que ofrezca un ambiente estimulante, cálido y afectuoso, prepara a los niños, tanto social como intelectualmente, para la experiencia de ir a la escuela.

Todo padre desea que su hijo tenga el mejor principio posible. Lamentablemente, los centros de calidad suelen ser muy caros y escasos. Muchos padres se gastan una gran porción de su salario en ofrecer una atención de calidad a sus hijos y, aún así, siguen sin estar satisfechos. Las familias con escasos recursos económicos no pueden permitirse el lujo de llevar a su hijos a centros de preescolar de calidad y suelen cambiar de niñera o de centro bastante más a menudo que las familias de clase media o alta.

Encontrar un buen centro o una persona preparada para que cuide de su hijo es muy importante. Los criterios de calidad dependerán del tipo de ayuda para cuidar de su hijo que usted prefiera. Aun así, los padres pueden mejorar la calidad de un centro implicándose activamente en él. Usted puede visitar a menudo el centro a donde lleva a su hijo y hablar extensamente con los maestros y monitores. Puede contribuir en la obtención de fondos y donativos, ofrecerse como voluntario o colaborar con el personal del centro para ofrecer a los niños actividades más estimulantes. También puede ayudar el hecho de continuar en casa algunas de las actividades iniciadas en el centro para que el resto de la familia pueda participar en ellas, y, durante los fines de semana, intentar mantener al máximo el horario que sigue su hijo durante el resto de la semana.

El participar activamente en el centro preescolar de su hijo no sólo contribuirá al bienestar de niño sino también a reducir sus sentimientos de culpa o las dudas que pudiera tener sobre el hecho de trabajar fuera de casa. Mantener una buena relación con las personas que cuidan de su hijo así como tener un servicio de cuido de calidad, permitirá que muchas de sus preocupaciones desaparezcan. Así mismo, cuando pueda estar con su hijo, debe aprovechar el tiempo al máximo y dedicarle una atención de calidad para compensar el tiempo que no pueden pasar juntos. Cuanto más participen los padres en los diversos aspectos de la vida de su hijo, aunque no puedan estar físicamente a su lado, más cerca de ellos se sentirán y mejores padres serán.

El estar en buenas manos mientras sus padres trabajan fuera de casa le ayuda a un niño a crecer y fomenta su desarrollo físico, social e intelectual. El pediatra de su hijo desea que el niño crezca y se desarolle en un entorno que a su vez le apoye a usted como persona y como padre. Si desea obtener más información sobre cómo elegir el tipo de ayuda temporal para cuidar de su hijo que más le convenga, pídale al pediatra consejo o algún folleto informativo que trate sobre este asunto (véase también el Capítulo 14).

# 23

# Fiebre

La temperatura corporal normal de su hijo variará con la edad, la actividad y la hora del día. Los lactantes suelen tener una temperatura corporal más elevada que los niños mayores, y todo el mundo tiene la temperatura corporal más alta durante las últimas horas de la tarde y más baja entre las doce de la noche y las primeras horas de la mañana. Generalmente, una temperatura rectal de 100° Farenheit (37.8° centígrados) o inferior, o una temperatura oral de 99° Farenheit (37.2° centigrados) o menos, se consideran normales, mientras que lecturas superiores se consideran fiebre.

La fiebre por si sola no puede considerarse una enfermedad. De hecho, suele ser una señal de que el cuerpo está luchando contra la infección. La fiebre estimula las defensas del cuerpo, como los glóbulos blancos, que atacan y destruyen a bacterias invasoras. Aún así, la fiebre puede hacer que su hijo se sienta mal, aumente su necesidad de ingerir líquidos y le acelere el pulso y la respiración.

Las enfermedades de las vías respiratorias, como crup, neumonía, infecciones de oído, gripe, resfriados fuertes y faringitis suelen cursar con fiebre. También puede haber fiebre en las infecciones del aparato digestivo o urinario y en diversas enfermedades de origen viral.

En niños entre seis meses y cinco años de edad la fiebre puede desencadenar *convulsiones febriles,* que suelen aparecer durante las primeras horas de la enfermedad. El niño puede tener un aspecto raro por un rato, después se pone rígido, empieza a retorcerse y vira los ojos hacia arriba. Permanecerá sin reaccionar durante un período de tiempo breve y es posible que se le ponga la piel un poco más oscura de lo normal. Estos episodios no suelen durar más de tres a cuatro minutos y es posible que pasen en cuestión de segundos, pero, a un padre asustado, le pueden parecer eternos. Tranquiliza saber que las convulsiones febriles casi siempre son inofensivas, aunque conviene informar al pediatra al respecto lo antes posible.

Un problema raro pero serio que se confunde fácilmente con la fiebre son las enfermedades relacionadas con la exposicion al calor o *termoplejía.* No se debe a ninguna infección o trastorno de origen interno, sino al calor circundante. Puede ocurrir cuando un niño está en un lugar muy caluroso, por ejemplo, una playa un día de sol en pleno verano o dentro de un auto cerrado y aparcado al sol. Dejar a un niño encerrado dentro de un auto provoca varias muertes al año; no deje nunca a un niño solo dentro de un auto cerrado, ni siquiera por unos pocos minutos. La termoplejía también puede ocurrir si se abriga demasiado a un bebé en un clima cálido y húmedo. En estas circunstancias, la temperatura corporal le puede subir hasta niveles peligrosos (sobre 105° Farenheit [más de 40.5° centígrados]), por lo que se le debe bajar con baños templados, ventilación o colocando al niño en un lugar fresco. Después de bajarle la temperatura, se debe llevar al niño al pediatra o a un servicio de emergencia para que lo examinen. La *termoplejía* es una afección que necesita tratamiento de emergencia.

Siempre que crea que su hijo tiene fiebre, póngale el termómetro. (Véase *¿Cuál es el mejor termómetro?* en la página 676). Limitarse a poner la mano en la frente (o utilizar tiras cutáneas para medir la fiebre) no son métodos precisos, sobre todo si el niño tiene escalofríos. Si su hijo es menor de tres años, tómele la temperatura con un termómetro rectal de mercurio (Véase *Cómo tomar la temperatura rectal,* en la página 64). Si el niño es mayor, probablemente cooperará lo suficiente como para que pueda tomarle la temperatura oral, pero asegúrese de que el termómetro permanece en su sitio por lo menos durante dos minutos.

## Cuándo acudir al pediatra

Si su hijo tiene *dos meses o menos* y tiene una temperatura rectal de 100.2° Farenheit (37.9° centígrados) o más, llame al pediatra de inmediato. *Es indispensable hacerlo.* El médico tendrá que evaluar al bebé para poder descartar la posibilidad de que tenga una infección o enfermedad grave.

También deberá informar al pediatra si su hijo tiene entre tres y seis meses de edad y una temperatura de 101° Farenheit (38.3° centígrados) o más, o si tiene más de seis meses y una temperatura de 103° Farenheit (39.4° centígrados) o más. Una

### Límites Máximos de la Temperatura Normal

| Método de medición | Tiempo de medición | Tres años o menos | Más de tres años |
|---|---|---|---|
| Temperatura rectal (termómetro de mercurio) | 2 minutos | 100.4°F (38°C) | 100°F (37.8°C) |
| Temperatura oral (termómetro de mercurio) | 2 minutos | 99.5°F (37.5°C) | 99°F (37.2°C) |
| Temperatura rectal (termómetro digital) | 1 minuto | 100.4°F (38°C) | 100°F (37.8°C) |
| Temperatura oral (termómetro digital) | 1 minuto | 99.5°F (37.5°C) | 99°F (37.2°C) |

temperatura tan elevada puede indicar una infección o deshidratación, que podría requerir tratamiento médico. Sin embargo, en la mayoría de los casos, la decisión de llamar al pediatra dependerá también de otros síntomas asociados, como dolor de garganta, dolor de oído o tos. Si su hijo tiene más de un año, come y duerme bien y tiene ganas de jugar, tal vez no es preciso que llame al médico inmediatamente. Puede esperar a ver si le baja la fiebre, por si sola o bien utilizando alguno de los métodos descritos más adelante. Si su hijo continúa con fiebre durante más de veinticuatro horas, lo mejor es llamar al médico, incluso si no hay ninguna otra queja o síntoma.

Si, al subirle la fiebre, su hijo empieza a comportarse como si delirara (parece asustado, tiene alucinaciones, habla de forma extraña), llame al pediatra, sobre todo si es la primera vez que le ocurre algo así. Este comportamiento inusitado probablemente remitirá en cuanto le baje la fiebre, pero es posible que el pediatra quiera ver al niño para asegurarse de que estos síntomas se deben a la fiebre en lugar de a algo más grave, como una inflamación cerebral (encefalitis).

## Dosis recomendadas de acetaminofén

Las dosis pueden repetirse cada cuatro horas, pero no deben administrarse más de cinco veces en veinticuatro horas. (Nota: mililitro se abrevia ml; 5 ml equivalen a 1 cucharadita [cdta]. No use cucharas caseras que pueden variar en tamaño.)

| Edad | Peso | Gotas (80 mg/0.8 ml) | Jarabe (160 mg/5 ml) | Tabletas masticables (80 mg) |
|---|---|---|---|---|
| 0 a 3 meses | 6 a 11 lbs. (2.7 a 5 Kg.) | 0.4 ml | — | — |
| 4 a 11 meses | 12 a 17 lbs. (5.5 a 7.7 Kg.) | 0.8 ml | ½ cdta | 1 tab |
| 1 a 2 años | 18 a 23 lbs. (8.2 a 10.5 Kg.) | 1.2 ml | ¾ cdta | 1 tab y medio |
| 2 a 3 años | 24 a 35 lbs. (10.9 a 15.9 Kg.) | 1.6 ml | 1 cdta | 2 tabs |
| 4 a 5 años | 36 a 47 lbs. (16.3 a 21.4 Kg.) | 2.4 ml | 1 cdta y media | 3 tabs |

**No recomendamos administrar aspirinas para tratar la fiebre.**

## ¿Cuál es el mejor termómetro?

### MERCURIO

**Instrucciones de uso:** Agite el termómetro hasta que marque menos de 96° Farenheit (35° centígrados). A continuación, limpie el bulbo con alcohol o con agua y jabón y enjuáguelo con agua templada.

**Rectal** (para niños de menos de tres años): Ponga un poco de lubricante, por ejemplo, vaselina, en el extremo del bulbo. Coloque al bebé sobre una superficie plana y estable, estirado boca abajo o de lado con las rodillas flexionadas, e introduzca con suavidad aproximadamente una pulgada del termómetro por la abertura anal. Mantenga el termómetro en esta posición de dos a tres minutos.

**Oral** (para niños de cinco años en adelante): Coloque suavemente la punta del termómetro debajo de la lengua del niño y mantenga el termómetro en esta posición de dos a tres minutos.

Si su hijo se acaba de tomar una bebida fría o caliente, espere por lo menos quince minutos antes de ponerle el termómetro a fin de obtener una lectura más precisa.

**Axilar** (para niños de tres meses en adelante): Coloque el bulbo del termómetro oral o rectal en la axila del niño y apriétele el brazo contra el pecho. Espere de cuatro a cinco minutos antes de retirárselo.

**Ventajas:**
- Económico
- Muy preciso

**Inconvenientes:**
- Se rompe con facilidad
- Las cifras son pequeñas y de difícil lectura
- Los niños inquietos no pueden estar sin moverse el tiempo necesario para que el termómetro registre.

Si su hijo tiene convulsiones febriles, debe ser visto por el pediatra lo antes posible, sobre todo si es la primera vez que esto le ocurre, o si el episodio es más grave o dura más de lo habitual. Es preciso determinar si las convulsiones se deben a la fiebre y no a otro trastorno más grave, como la meningitis (véase la página 693).

## Tratamiento en casa

Si un niño tiene fiebre menor de 101° Farenheit (38.3° centígrados), generalmente no necesita ningún tratamiento, a menos que el niño se sienta mal o tenga historial de convulsiones febriles. Incluso la fiebre alta no es peligrosa si el niño no tiene historial de

### DIGITAL

**Instrucciones de uso:** Limpie el termómetro con alcohol o con agua y jabón y enjuáguelo con agua templada. Enciéndalo y coloque el sensor debajo de la lengua del niño, hacia la parte posterior de la cavidad bucal. Mantenga el termómetro en esta posición durante un minuto aproximadamente (hasta que oiga el *bip* electrónico). El termómetro digital también se puede colocar en el recto habiéndolo lubricado, o bien en la axila.

**Ventajas:**
- De fácil lectura
- Indica que ya ha marcado la temperatura con un *bip*

**Inconvenientes:**
- Funciona con pilas
- Los niños muy inquietos no pueden estar sin moverse estan el tiempo necesario para que el termómetro registre

### TIMPÁNICO

**Instrucciones de uso:** Introduzca suavemente el extremo del termómetro en el canal auditivo. Enciéndalo y obtendrá la lectura en pocos segundos.

**Ventajas:**
- Muy rápido
- Fácil de usar con niños inquietos o que esten incómodos

**Inconvenientes:**
- Para obtener una lectura precisa se debe colocar correctamente en el canal auditivo
- Funciona con pilas
- Costo más elevado

Extraído de *Healthy Kids,* Junio/Julio 1996 © K III *Communications.* Reimpreso con autorización.

convulsiones o alguna enfermedad crónica. Es más importante observar su comportamiento. Si duerme y come bien y si tiene ganas de jugar probablemente no necesitará ningún tratamiento. Pero si se siente mal debido a la fiebre, puede tratársela de las siguientes formas.

## Medicación

Hay varios medicamentos que bajan la fiebre, al bloquear el mecanismo que la provoca. Entre estos fármacos, denominados antipiréticos, se incluye acetaminofén, ibuprofen y aspirina. Los tres son igual de eficaces para bajar la fiebre. *Sin embargo, puesto que la aspirina puede provocar o estar asociada a efectos secundarios adversos como molestias estomacales, hemorragias intestinales o (más importante aún) el Síndrome de Reye* (*véase la página 560*)*, no recomendamos su uso para tratar la fiebre.* El ibuprofen puede utilizarse en niños de seis meses en adelante; aún así, nunca se le debe dar a un niño que esté deshidratado y/o que haya tenido vómitos recurrentes.

Idealmente, la dosis de acetaminofén debe depender del peso del niño, no de su edad. La dosis de ibuprofen debe depender tanto de la temperatura corporal base como del peso del niño, no de la edad que tenga (Véase las dosis recomendadas en la tabla de la página 679). Sin embargo, las dosis especificadas en los envases de acetaminofén (que suelen calcularse en función de la edad) son en principio seguras y eficaces, a menos que el niño sea muy pesado o muy delgado para su edad.

No olvide leer y seguir las instrucciones de uso antes de administrarle a su hijo cualquier medicamento.

Para asegurarse de que su hijo toma la dosis adecuada, es importante seguir las instrucciones de la etiqueta al pie de la letra. El acetaminofén puede estar contenido en varios medicamentos que se venden sin receta médica, como las medicinas para el resfriado. Lea atentamente las etiquetas de todos los medicamentos para asegurarse de que su hijo no está tomando varias dosis del mismo medicamento. Por norma general, no medique nunca a un niño de menos de dos años con acetaminofén u otro medicamento sin el visto bueno del pediatra.

**Baños templados**

En la mayoría de los casos, darle a un niño acetaminofén o ibuprofen por vía oral es la mejor forma de bajarle la fiebre. Aún así, en algunos casos es posible que usted quiera combinar este tratamiento con baños de esponja, o bien limitarse a usar este último tratamiento.

Es preferible dar baños de esponja templados que administrar acetaminofén si:

- Su hijo es alérgico o no tolera los fármacos antipiréticos (algo muy raro).

Es recomendable *combinar* los baños de esponja con el acetaminofén o el ibuprofen si:

- La fiebre está incomodando mucho al niño.
- La fiebre supera los 104° Farenheit (40° centígrados).
- Tiene historial de convulsiones febriles o bien hay antecedentes familiares de este tipo de episodios.
- Está vomitando y probablemente no retendrá el medicamento.

La forma de proceder es la siguiente: coloque a su hijo en el lugar donde suele bañarlo (bañera o bañerita), pero ponga sólo entre 1 y 2 pulgadas de agua a una temperatura fresca que oscile de 85° a 90° Farenheit, o de 29.4° a 32.3° centígrados. Si usted no tiene un termómetro de baño, compruebe la temperatura del agua con la cara interna de la muñeca: debe estar ligeramente tibia. No utilice agua fría, pues incomodará al niño y podría provocarle escalofríos, lo que, a su vez, podría hacer que suba más la fiebre. Siente al niño en la bañerita pues así estará más cómodo que estirado. Entonces, con una toallita o esponja limpia, vaya vertiéndole chorritos de agua sobre el tronco, los brazos y las piernas. El agua se evaporará y enfriará el cuerpo del niño. Mantenga la habitación a 75° Farenheit ó 23.9° centígrados, y siga mojando a su hijo con agua hasta que le baje la fiebre a un nivel aceptable. (Véase la tabla de límites máximos de la temperatura normal de la página 674). *Nunca le eche alcohol al agua. Éste puede ser inhalado o absorbido a través de la piel, lo que puede provocar graves trastornos, como el coma.*

Normalmente los baños tibios bajan la fiebre pasados treinta a cuarenta y cinco minutos. Si su hijo se resiste a que le vierta agua limítese a dejarlo jugar en el agua sentado en la bañera. Si el estar ahí lo pone peor, será mejor que lo saque del agua aunque la fiebre no le haya bajado. Recuerde que la fiebre como tal, si no es muy alta (menos de 102° Farenheit ó 38.9° centígrados) no es perjudicial.

**Otras recomendaciones para tratar la fiebre baja**

- Mantenga la habitación del niño a una temperatura agradable y vístalo con ropa fresca.
- Hágale beber mucho líquido (agua, jugos de frutas diluidos).
- Evite darle alimentos muy grasosos o difíciles de digerir, ya que la fiebre reduce la actividad del estómago y los alimentos se digieren más despacio. No hay ningún motivo para que deje de

## Dosis recomendadas de ibuprofen

Las dosis pueden repetirse cada seis a ocho horas, pero no debe administrarse más de cuatro veces en veinticuatro horas. (Nota: mililitro se abrevia ml; 5 ml equivalen a 1 cucharadita [cdta]. No use cucharas caseras que puedan variar de tamaño.

| Edad* | Peso** | Gotas (40 mg/1.5 ml) | Jarabe (100 mg/5 ml) | Tabletas masticables (50 mg) |
|---|---|---|---|---|
| 6 a 11 meses | 12 a 17 lbs. (5.5 a 7.7 Kg.) | — | — | — |
| 1 a 2 años | 18 a 23 lbs. (8.2 a 10.5 Kg.) | — | — | — |
| 2 a 3 años | 24 a 35 lbs. (10.9 a 15.9 Kg.) | 2 goteros | 1 cdta | — |
| 4 a 5 años | 36 a 47 lbs. (16.3 a 21.4 Kg.) | — | 1 cdta y media | 3 tabs |

* Aviso: Las edades se facilitan sólo a modo de orientación. Las dosis deberían basarse en la temperatura corporal base y el peso.
** El peso provisto corresponde con la dosis exacta y es representativo de la gama de edades especificadas.

**No recomendamos administrar aspirinas para tratar la fiebre**

darle la cantidad de leche que bebe habitualmente.

- Si hace calor en la habitación del niño o se siente el aire cargado, ponga en marcha un ventilador para que circule el aire.
- Su hijo no tiene que permanecer en su habitación o en la cama por el hecho de tener fiebre. Puede estar levantado y pasearse por la casa, pero no es recomendable que corra ni que haga esfuerzos excesivos.
- Si la fiebre es síntoma de una enfermedad muy contagiosa (como la varicela), mantenga a su hijo alejado de otros niños pequeños y de personas de edad avanzada.

**Cómo tratar las convulsiones febriles**
Si su hijo tiene un episodio de convulsiones febriles, actúe inmediatamente para evitar posibles lesiones:

- Colóquelo en el suelo o en la cama, lejos de cualquier objeto cortante, puntiagudo o duro.
- Gírele la cabeza hacia un lado para que la saliva o los vómitos le puedan salir por la boca.
- No le meta nada en la boca; la lengua no le bloqueará las vías respiratorias.
- Si el episodio es muy grave (dificultad para respirar, atragantamiento, piel morada, una convulsión detrás de otra) o dura más de dos o tres minutos, llame al servicio de emergencias.

24

# Aparato Uro-Genital

## Sangre en la orina (Hematuria)

Si la orina de su hijo es de color rojo, anaranjado o marrón, es posible que contenga sangre. El término médico que se utiliza para referirse a este trastorno es *hematuria.* Lo pueden provocar múltiples causas, incluyendo lesiones, inflamaciones o infecciones que afectan al tracto urinario. La hematuria también puede estar provocada por ciertos problemas médicos, como defectos en el proceso de coagulación de la sangre, exposición a sustancias tóxicas, algunos trastornos hereditarios y ciertas anomalías en el sistema inmune.

A veces, la cantidad de sangre presente en la orina es tan reducida que es posible que no haya un cambio de color apreciable, pero el pediatra podrá detectarla realizando una prueba química. En algunas ocasiones la orina de su hijo será de color rojizo debido a algo que ha comido o tragado. La remolacha, las moras, algunos colorantes de alimentos, la fenolftaleína (una sustancia química a veces contenida en los laxantes), y algunos medicamentos como el piridio (que se usa para el dolor al orinar) y la rifampicina, hacen que la orina adquiera una tonalidad rojiza o anaranjada. Siempre que usted crea que el cambio de color no se debe al consumo de alguna de estas sustancias o el cambio de color persista por más de veinticuatro horas sin causas justificables, llame al pediatra.

### Tratamiento

El pediatra le preguntará si su hijo ha sufrido alguna lesión o ha comido algo que puede haber provocado el cambio de color. Examinará al niño, comprobando sobre todo si le ha subido la tensión arterial, tiene molestias en la zona renal, o se le ha inflamado alguna parte del cuerpo (sobre todo las manos, los pies y el área alrededor de los ojos), lo que podrían sugerir la existencia de problemas en el tracto urinario. El médico también le pedirá una muestra de orina del niño para analizarla.

Si no detecta ninguna infección en el tracto urinario, el pediatra solicitará que le hagan a su hijo un análisis de sangre, radiografías y tal vez otras pruebas para

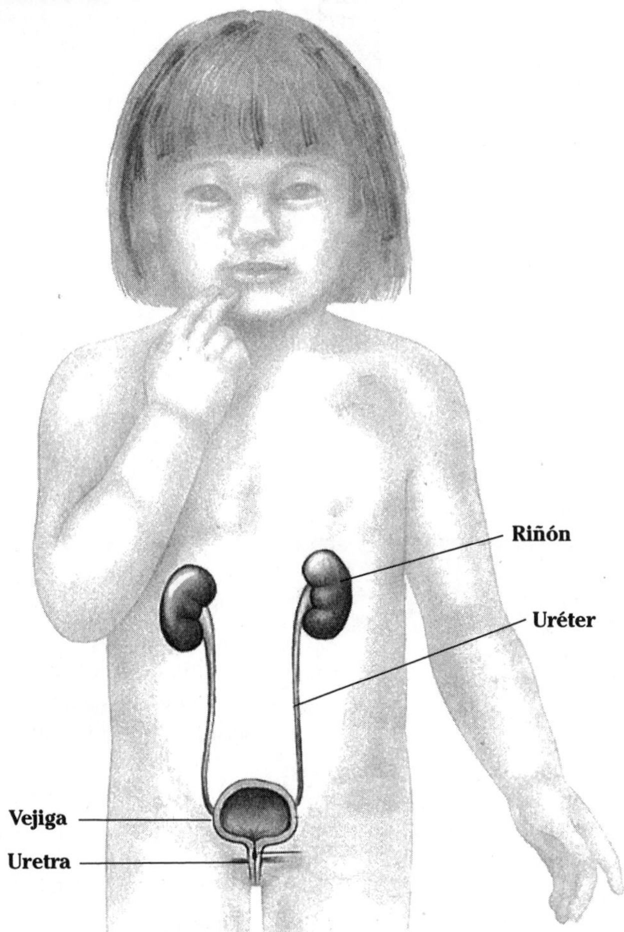


**Aparato uro-genital**

ver cómo le funcionan los riñones, la vejiga y el sistema inmune. Si ninguna de las pruebas practicadas permite identificar la causa de la hematuria y ésta persiste, podría referir su caso a un nefrólogo, quien le mandará pruebas complementarias para poder emitir un diagnóstico. (A veces estas pruebas implican tomar una muestra de tejido renal y examinarlo al microscopio. Este tejido se puede obtener mediante cirugía o bien mediante la denominada biopsia con aguja).

Una vez el pediatra sepa cuál es la causa de la hematuria, podrá iniciar el tratamiento. Éste puede consistir simplemente en reposo, un cambio de dieta, o tomar ciertos medicamentos, como la cortisona o algún fármaco que influya sobre el sistema inmune. Independientemente de cuál sea el tratamiento prescrito, su hijo deberá volver a la consulta regularmente para que le repitan las pruebas de orina, los análisis de sangre y le evalúen la presión. Esto es necesario para asegurarse de que no está desarrollando una enfermedad renal crónica, que, a largo plazo, podría provocar un fallo renal. Si es preciso intervenir quirúrgicamente para corregir la hematuria, el pediatra les referirá a un urólogo pediátrico.

## Hipospadia

Generalmente, en los niños de sexo masculino el orificio a través del cual sale la orina (el meato) está ubicado en la punta del pene. En casos muy raros y por causas desconocidas, este orificio puede estar en la cara inferior del pene, una anomalía conocida como *hipospadia.*

Puesto que la hipospadia implica una malformación de la piel que recubre el pene, el niño puede tener erecciones anormales y problemas sexuales cuando sea adulto. Es posible que debido a esta posición, la orina salga hacia abajo, y, en casos muy raros, se pueden producir bloqueos mientras se orina. Sin embargo, uno de los motivos principales para corregir la hipospadia es prevenir los problemas psicológicos que podrían surgir si los demás niños se dieran cuenta del aspecto anormal del pene del niño afectado.

### Tratamiento

Si el pediatra detecta una hipospadia en un recién nacido, probablemente propondrá posponer la circuncisión hasta que haya consultado a un urólogo. Esto se debe a que la circuncisión dificulta la intervención que se tiene que hacer para corregir una hipospadia.

Es posible que una hipospadia leve no requiera tratamiento alguno, pero las de grado moderado o severo exigen intervención quirúrgica. La operación puede practicarse tan pronto como a los seis meses y tan tarde como a los dieciocho meses, pero generalmente se recomienda realizarla cuando el niño tenga aproximadamente un año. Muy a menudo, la intervención se puede hacer de forma ambulatoria. En algunos casos más severos, es preciso realizar varias intervenciones para corregir completamente la malformación. Después de la intervención, la función urinaria y sexual de su hijo será completamente normal y el pene tendrá un aspecto prácticamente normal.

## Adherencias labiales

Normalmente, los pliegues de la piel (labios) que rodean la entrada de la vagina están separados. En casos bastante raros crecen pegados, de tal modo que obstruyen total o parcialmente la abertura vaginal. Esta anomalía, que recibe el nombre de adherencias labiales, suele ocurrir durante los primeros meses de vida o, menos frecuentemente, más adelante, si este área se inflama e irrita constantemente. En estos casos, la causa más frecuente suele ser la dermatitis del pañal, el contacto con detergentes duros o el uso de pantaloncitos de fibras sintéticas. Generalmente las adherencias labiales no causan ningún síntoma, pero pueden crear dificultades a la hora de orinar y aumentar la susceptibilidad a contraer infecciones urinarias. Si el orificio vaginal está completamente cerrado, lo más probable es que se acumule orina y secreciones vaginales detrás de la obstrucción.

### Tratamiento

Si le parece que la entrada de la vagina de su hija está total o parcialmente cerrada, informe al pediatra. Él la examinará y le indicará si es preciso aplicar algún tratamiento.

Al principio, el médico intentará separar suavemente los labios. Si el tejido que los une es muy fino, la entrada de la vagina se abrirá simplemente ejerciendo una leve presión.

Si el tejido que conecta los labios es demasiado grueso, probablemente el

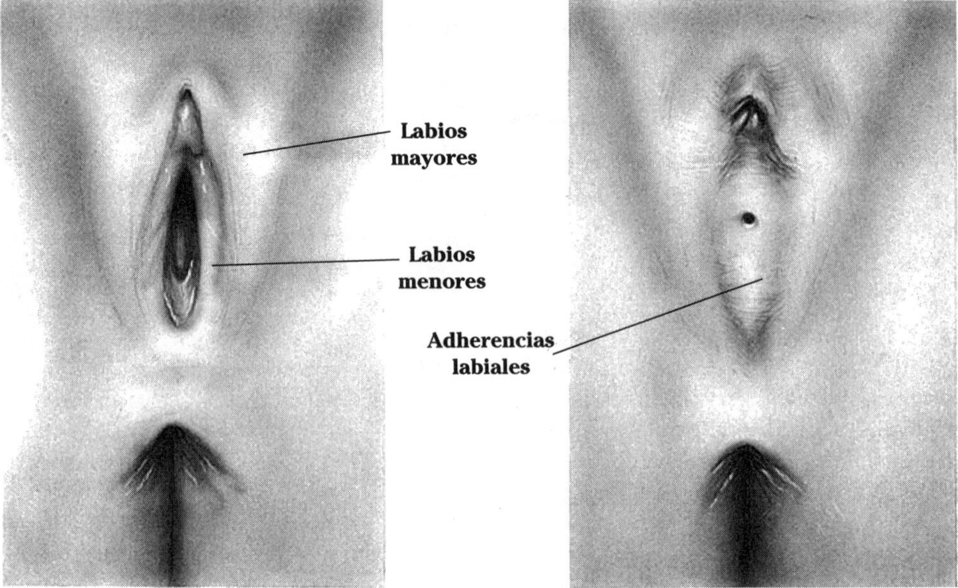


Labios normales

Labios con adherencias

médico le recetará una pomada que contiene la hormona femenina, estrógeno, para que se la ponga a su hija sobre los labios mientras va estirando suavemente de ellos para separarlos. Una vez separados, deberá seguir aplicando la pomada durante un período breve de tiempo (de tres a cinco días) hasta que la piel de ambos lados haya curado por completo.

En algunas ocasiones, los labios se vuelven a unir en cuanto se deja de aplicar la pomada. De todos modos, las adherencias labiales desaparecen definitivamente en la pubertad. En casos muy raros, las adherencias (el tejido que crece entre los labios y que los mantiene pegados) son tan gruesas que bloquean completamente la salida de la orina. En estos casos raros, es preciso separarlos quirúrgicamente. Esto es algo que sólo puede hacer un médico.

## Estenosis meatal

El meato urinario es el orificio del pene por donde sale la orina. A veces, sobre todo en los niños circuncidados, la irritación recurrente del glande provoca la proliferación de tejido de cicatrización alrededor del meato, haciéndolo más estrecho. Esta estrechez, denominada estenosis meatal, puede desarrollarse en cualquier momento de la infancia, pero es más frecuente entre los tres y los siete años. Aún así, se trata de un trastorno relativamente raro.

Los niños con estenosis meatal, al tener el orificio de salida de la orina más estrecho, tardan más en orinar y les cuesta más vaciar completamente la vejiga. Aunque es algo poco habitual, este trastorno puede asociarse a infecciones de orina recurrentes. La estenosis meatal es muy rara en las niñas.

## Tratamiento

Si usted nota que, su hijo emite un chorrito muy fino al orinar, le duele o le cuesta mucho esfuerzo, o bien gotea o salpica mucha orina, coménteselo al pediatra. La estenosis meatal no es un trastorno grave, pero debe examinarla un pediatra para saber si es preciso intervenir quirúrgicamente. La operación es menor y generalmente se hace bajo anestesia local. El niño puede tener pequeñas molestias después de la intervención, pero éstas deben desaparecer al cabo de poco tiempo.

## Prevención

Evitar la irritación provocada por algunos pañales, detergentes y la ropa interior húmeda y áspera puede ayudar a prevenir este trastorno.

# Testículos no descendidos (criptorquidia)

En los fetos de sexo masculino, los testículos se desarrollan, dentro del abdomen durante el embarazo. Conforme se va acercando el momento del parto, van descendiendo a través de un conducto (el canal inguinal) hacia el escroto. En un número reducido de niños, sobre todo los que nacen antes de tiempo, uno o ambos testículos no descienden al momento de nacer. En muchos de estos niños el descenso se completa durante los primeros nueve meses de vida. Sin embargo, en algunos de ellos, los testículos nunca llegan a descender.

Todos los niños tienen los testículos en una posición elevada en ciertas circunstancias, por ejemplo, cuando están sentados en agua fría. Aún así, en circunstancias normales, los testículos deben estar bajos y dentro del escroto.

Generalmente se desconoce la causa de que los testículos permanezcan en una posición alta. Sin embargo, en algunos niños, los factores citados a continuación pueden haber desempeñado un papel importante:

- Es posible que la madre o los testículos del mismo niño no segregaran suficientes hormonas para estimular su proceso madurativo.
- Es posible que hubiera alguna anomalía en la respuesta de los testículos a una segregación normal de hormonas.
- Pudo haber un bloqueo físico que no permitió el descenso.
- En algunos casos, el problema obedece a algún producto hormonal que estuvo consumiendo la madre durante el embarazo (uno de los motivos por los que se desaconseja tomar este tipo de productos durante el embarazo).

Si a su hijo no le han descendido los testículos, tendrá el escroto pequeño y aparentemente poco desarrollado. Si solamente tiene un testículo no descendido, probablemente el escroto se verá asimétrico (lleno por un lado y vacío por el otro). Si un niño tiene ambos testículos dentro del escroto a veces, pero en ciertas circunstancias (por ejemplo, cuando tiene frío o está excitado) están ausentes del escroto, se dice que tiene testículos "retráctiles". Esta anomalía suele corregirse por sí sola conforme el niño va madurando.

Un testículo no descendido puede torcerse y, en el proceso, es posible que no le llegue suficiente sangre, provocando dolor en la región inguinal y/o en el área escrotal. Si la situación no se corrige, el testículo puede resultar gravemente lesionado de forma permanente. Por lo tanto, si su hijo tienen un testículo no descendido y empieza a quejarse de dolor en la zona inguinal o escrotal, llame inmediatamente al pediatra.

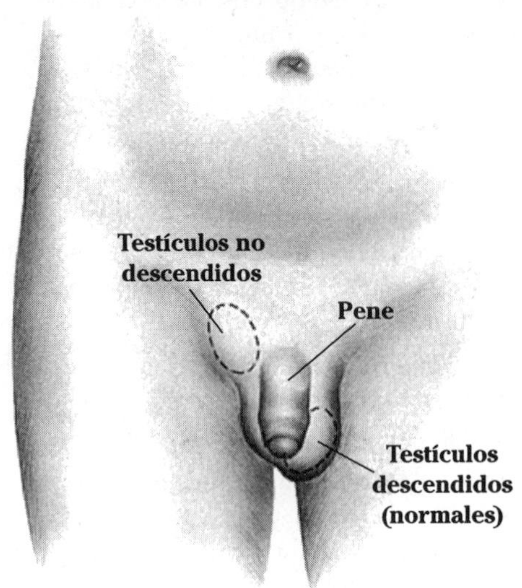


Los testículos no descendidos se deben reevaluar en cada revisión médica. Si todavía no han descendido cuando el niño tenga uno o dos años, se deberá iniciar el tratamiento.

## Tratamiento

Los testículos no descendidos se pueden tratar con inyecciones de hormonas y/o cirugía. Cuanto más bajos estén los testículos, más probable será que las inyecciones de hormonas surtan efecto. Generalmente, aunque no siempre, se empieza con el tratamiento hormonal; si no funciona, se opta por la vía quirúrgica. A veces, también se detecta una hernia inguinal (véase la página 553), que puede ser corregida a la vez.

Si su hijo sigue teniendo los testículos altos después de cumplir dos años, tendrá más probabilidades de ser infértil (no poder tener hijos). También tendrá una probabilidad ligeramente incrementada de tener tumores en los testículos cuando sea adulto, sobre todo si éstos permanecen en una posición anómala. Afortunadamente, si se interviene pronto y eficazmente, todas estas complicaciones se pueden evitar.

# Válvulas uretrales

La orina sale de la vejiga a través de un conducto denominado uretra, que en los varoncitos pasa a través del pene. Durante las primeras fases del desarrollo fetal, hay unas pequeñas válvulas a la entrada de la uretra que bloquean el paso de la orina. Estas válvulas normalmente desaparecen por completo antes del nacimiento, y, de este modo, la orina pude fluir libremente y salir por el meato. Sin embargo, en algunos niños estas válvulas persisten después del nacimiento y pueden provocar problemas al interferir con el flujo normal de la orina. Se le denominan *válvulas uretrales posteriores.*

A menudo estas válvulas se pueden detectar con ultrasonidos en las ecografías que se practican durante el embarazo, pero muchas veces no se descubren hasta después del parto, cuando el pediatra se da cuenta de que la vejiga del recién nacido está distendida o engrosada. Otras de las posibles señales de alarma son el goteo contínuo de orina o un flujo débil al orinar. Si usted detecta estos síntomas en su hijo, informe al pediatra inmediatamente.

Las válvulas uretrales posteriores requieren atención médica inmediata para evitar infecciones graves en el aparato urinario o daño a los riñones. Si la obstrucción es muy severa, la orina puede volver a ascender a través de los uretéres (los conductos que conectan la vejiga con los riñones), creando una presión que puede lesionar gravemente los riñones.

## Tratamiento

Si un niño tiene una obstrucción de orina debido a la existencia de válvulas uretrales posteriores, es posible que el pediatra le pase un tubito a través del pene hasta la vejiga para atenuar temporalmente la presión motivada por la acumulación de líquido. A continuación, solicitará varias radiografías de vejiga y riñones para confirmar el diagnóstico y determinar si las partes más altas del tracto urinario han sufrido alguna lesión. Finalmente, un urólogo se encargará de extirpar las válvulas quirúrgicamente.

## Infecciones del tracto urinario

Las infecciones del tracto urinario son bastante habituales en la población infantil, sobre todo en las niñas. Generalmente están provocadas por bacterias que entran por la uretra, aunque también pueden deberse a bacterias procedentes de otras partes del cuerpo que han sido transportadas por el torrente sanguíneo hasta los riñones. Conforme las bacterias se van desplazando por el tracto urinario, pueden provocar infecciones en distintas partes del mismo. El término *infecciones del tracto urinario* engloba las siguientes infecciones específicas:

Uretritis—infección de la uretra

Cistitis—infección de la vejiga

Pielonefritis—infección de la pelvis renal y los riñones

El área que se infecta más a menudo es la vejiga (cistitis). Generalmente, la cistitis se debe a bacterias que entran en el aparato urinario al contaminarse la uretra por el contacto con las heces. La uretra es muy corta en las niñas, lo que permite que las bacterias lleguen fácilmente a la vejiga. Por este motivo, las niñas tienen más infecciones de orina que los niños.

La cistitis puede provocar dolor en la parte baja del abdomen, molestias al orinar, sangre en la orina, aumento de la frecuencia de la micción y fiebre. Las infecciones de las partes altas del tracto urinario (los riñones) provocan un dolor abdominal más generalizado y fiebre más alta, pero es menos probable que se asocien a molestias al orinar o a aumento de la frecuencia de la micción.

Las infecciones del tracto urinario deben tratarse con antibióticos lo antes posible, por lo que, si sospecha que su hijo ha contraído una, debería informar al pediatra lo antes posible. Si su hijo sólo presenta síntomas vagos o poco específicos que no se pueden explicar, también le debe hacer un análisis de orina, puesto que los síntomas podrían deberse a una infección del tracto urinario de carácter crónico. Incluso en el caso de que su hijo no presente ningún síntoma en absoluto, se le debe hacer periódicamente un análisis de orina, de acuerdo con el calendario recomendado por la Academia (véanse las páginas 66 a 67) y, a los niños mayores, se les debe evaluar además la presión en cada revisión rutinaria.

### Diagnóstico/Tratamiento

El pediatra le tomará la presión a su hijo y lo examinará para determinar si tiene molestias abdominales que podrían indicar que tiene una infección en el tracto urinario. El médico le preguntará lo que ha comido y bebido su hijo, puesto que hay algunos alimentos que pueden irritarlo, provocando síntomas similares a los que causan este tipo de infecciones (sobre todos las bebidas que contienen jugos cítricos, gas y cafeína). El médico también preguntará si hay alguna otra persona en la familia que tienda a tener infecciones de orina, puesto que esto podría sugerir la existencia de alguna anomalía hereditaria que haría que su hijo fuera especialmente susceptible a este tipo de problemas.

El pediatra también le pedirá una muestra de orina de su hijo. Ésta no puede entrar en contacto con ningún agente contaminante, por lo que usted deberá asegurarse de recogerla correctamente.

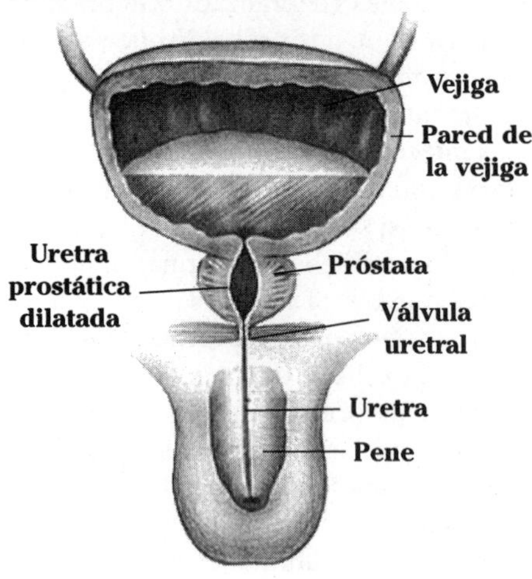


En primer lugar, utilice agua y jabón para limpiar el orificio uretral (si el niño no está circuncidado, retráigale el prepucio). Entonces, deje que el niño orine un poco antes de empezar a recoger la orina en el envase que le habrá facilitado el médico. De este modo, la orina arrastrará cualquier bacteria que pudiera haber quedado alrededor del orificio de la uretra, lo que evitará la contaminación de la muestra. (Los lactantes deben lavarse del mismo modo, pero con ellos se tienen que utilizar unos colectores especiales que se colocan en el pene o a la entrada de la vagina).

La muestra de orina se analizará al microscopio en busca de células sanguíneas o bacterias y se harán una serie de cultivos para identificar las bacterias que pueda contener. Si se sospecha que el niño tiene una infección, se iniciará inmediatamente un tratamiento con antibióticos, aunque es posible que, después de obtener los resultados definitivos del cultivo (al cabo de por lo menos cuarenta y ocho horas), sea conveniente cambiar de antibiótico.

Los antibióticos se suelen recetar durante un período de diez a catorce días. Al cabo de varios días, el pediatra le puede pedir que le lleve otra muestra de orina para evaluar la eficacia del tratamiento. Si no parece estar surtiendo efecto, cambiará de antibiótico. Si parece eficaz, mantendrá el mismo tratamiento.

*Asegúrese de que se hijo se toma todas las dosis prescritas durante el tiempo prescrito, a pesar de que el malestar desaparezca al cabo de pocos días.* En caso contrario, las bacterias volverían a proliferar, provocando más infecciones y lesiones serias en el aparato urinario. Una vez completado el tratamiento, el pediatra le pedirá que recoja una tercera muestra de orina, para asegurarse de que la infección se ha curado completamente y que ya no quedan restos de bacterias.

La mayoría de los especialistas actuales creen que, después de que un niño tenga una infección importante en el aparato urinario, se le debe practicar una serie de pruebas complementarias (como, por ejemplo, una ecografía o una radiografía de riñón). Es posible que el pediatra también crea conveniente practicarle otras pruebas para analizar la función renal. Si los resultados obtenidos sugieren que su hijo tiene alguna anomalía estructural que se debe corregir, le recomendará que lo lleve a un cirujano uro-genital.

## Mojar la cama (enuresis)

Después de que un niño ya haya aprendido a usar el baño (generalmente entre los dos y los cuatro años), es bastante normal que de vez en cuando se orine mientras está durmiendo y moje la cama. Esto puede ocurrir tan a menudo como dos o tres veces a la semana al principio de este período, pero irá disminuyendo gradualmente hasta desaparecer por completo cuando el niño tenga alrededor de cinco años.

En la mayoría de los casos, la mejor forma de afrontar estos incidentes es considerarlos como algo natural y poco importante. No le vuelva a poner pañales a su hijo y no lo regañe ni castigue. Esta situación suele deberse a que la vejiga del niño no es lo suficientemente grande como para contener toda la orina que produce durante la noche, o porque todavía no ha aprendido a despertarse ante la señal que indica que la vejiga está llena.

Algunos niños siguen mojando la cama por las noches después de cumplir cinco años. En términos médicos esto se denomina *enuresis nocturna.* Afecta a uno de cada diez niños de más de cinco años. Los niños de sexo masculino representan dos tercios de la población afectada y suelen tener una historia familiar de enuresis (generalmente el padre es el afectado). Aunque se desconoce la causa de que este trastorno tenga mayor incidencia en el sexo masculino, es posible que obedezca a que las niñas adquieren el control de sistema neuro-muscular de aviso nocturno de que la vejiga está llena antes que los niños. El hecho de mojar la cama *no se* suele asociar a otros problemas físicos o emocionales.

Un número mucho más reducido de niños de cinco años en adelante se orinan durante el día, y un número todavía más reducido son incapaces de retener la orina tanto por el día como por la noche. Cuando la incontinencia afecta tanto de día como de noche, generalmente suele deberse a un problema que afecta a la vejiga o a los riñones.

Si su hijo se orina sólo por las noches, es posible que se deba a las siguientes causas:

- Retraso en la adquisición de la capacidad de despertarse ante la señal de que la vejiga está llena
- Infecciones en el tracto urinario o irritación de la uretra debido a los baños de burbujas, el jabón utilizado para bañarlo o, en muy pocas ocasiones, sensibilidad o intolerancia a ciertos alimentos
- Anomalías estructurales en el aparato urinario, como, por ejemplo, una vejiga anormalmente pequeña, una obstrucción parcial del cuello de la vejiga o un defecto en los músculos que deben contraerse para retener la orina
- Estreñimiento, que puede provocar una presión excesiva sobre la vejiga procedente del recto
- Un síntoma temprano de diabetes mellitus (véase la página 760), infección de orina (véase la página 687) o problemas emocionales provocados por alguna preocupación o por el estrés. Esto es especialmente probable si el niño empieza a mojar la cama después de llevar seis meses durmiendo completamente seco.

## Cuándo mojar la cama representa un problema

Cuando su hijo esté empezando a aprender a usar el baño, es normal que tenga algunos “percances”. Por lo tanto, no hay ningún motivo para preocuparse si al niño se le escapa la orina durante los primeros seis meses o el primer año después de aprender a usar el baño. Aún después de un año de utilizar el baño consistentemente, es normal tener algún percance ocasional. Aún así, éstos deben disminuir, de tal modo que, cuando tenga unos seis años, sólo se le debe escapar la orina durante el día de forma ocasional y quizás un poco más frecuentemente mientras duerma. Si su hijo se sigue orinando a menudo, o si usted percibe alguno de los siguientes síntomas, consulte al pediatra:

- Moja la ropa interior, el pijama y las sábanas a pesar de usar regularmente el baño
- Le cuesta mucho esfuerzo orinar, hace un chorrito de orina muy fino o goterea mucho después de orinar

- Orina turbia o rosa, o deja manchas de sangre en la ropa interior o en el pijama.
- Área genital enrojecida e irritada.
- Esconde la ropa interior para ocultar que se le ha escapado la orina.
- Se le escapa la orina tanto de día como de noche

## Tratamiento

El hecho de que un niño moje la cama de vez en cuando o tenga percances con la orina durante el día mientras se esté riendo, haciendo un esfuerzo físico o, simplemente, demasiado enfrascado en sus juegos es perfectamente normal hasta que el niño tenga unos cinco años, y no debería ser motivo de preocupación. Por muy molestos que puedan ser para usted y bochornosos para el niño, estos episodios deben desaparecer sin tratamiento. Probablemente no hará falta hacerle al niño una evaluación médica a fondo. Aún así, el pediatra querrá que usted le responda a las siguientes preguntas:

- ¿Hay antecedentes de enuresis en la familia?
- ¿Con que frecuencia orina su hijo y a qué horas?
- ¿Cuándo tienen lugar los “percances”?
- ¿A su hijo se le suele escapar la orina cuando está muy activo, o cuando está preocupado o bajo estrés?
- ¿Su hijo suele tener más “percances” después de consumir bebidas ricas en cafeína, grandes cantidades de agua o alimentos muy salados?
- ¿Ha detectado algo raro en la forma de orinar de su hijo o en el aspecto de su orina?

Si el pediatra sospecha que su hijo pueda tener algún problema médico, probablemente le pedirá una muestra de orina para determinar si tiene una infección de orina (véase la página 687). Si la tiene, la tratará con antibióticos y es posible que esto solucione la enuresis. De todos modos, las infecciones son una causa poco frecuente de enuresis.

Si hay indicios que sugieran que la enuresis se debe a algo más que a un retraso en el desarrollo de la respuesta adecuada ante una vejiga llena, el pediatra solicitará más pruebas, como, por ejemplo, radiografías de la vejiga y de los riñones. En el caso de detectar alguna anomalía, le recomendará llevar al niño a un urólogo pediátrico.

Si no es posible identificar ninguna causa física de la enuresis en un niño que tenga más de cinco años, y este problema está afectando la vida familiar, es posible que el pediatra le recomiende seguir un programa de tratamiento en el hogar. El programa variará en función de que a su hijo se orine por el día o sólo mientras duerme.

### Tratamiento de la enuresis diurna cuando el niño ya sabe usar el baño

1. Para evitar las irritaciones en el área genital, no utilice detergentes fuertes para lavar la ropa interior del niño o productos que hagan muchas burbujas para bañarlo. Así mismo, utilice jabones suaves a la hora del baño y póngale al niño vaselina para proteger las zonas irritadas del agua y de la orina.
2. Elimine de la dieta del niño alimentos muy diuréticos (que estimulan la producción de orina) y fomentan las irritaciones:
   - Demasiada agua
   - Bebidas que contienen cafeína
3. Evite que el niño esté estreñido (véase página 542).
4. Inste a su hijo a que retenga la orina un poco más cada vez que tenga ganas de orinar a fin de aumentar la capacidad de su vejiga.

### Tratamiento de la enuresis nocturna después de los cinco años

El siguiente programa suele funcionar, pero debe comentarlo con el pediatra antes de aplicarlo.

1. Explíquele el problema a su hijo, insistiendo en que usted entiende lo que le ocurre y sabe que él no tiene la culpa.
2. Disuádalo de beber grandes cantidades de líquido antes de acostarse.
3. Pídale que vaya al baño antes de acostarse.
4. Intente despertar a su hijo para que orine justo antes de que *usted* se acueste, si el niño lleva durmiendo una hora o más. (Si tiene el sueño muy profundo, puede costarle bastante despertarlo.)
5. Felicítelo cuando se despierte "seco", pero no lo castige cuando amanezca mojado. Esto es fundamental, puesto que se trata de algo que es muy emocional para ambos.

Si su hijo sigue mojando la cama cuando pasen de uno a tres meses de haber aplicado este plan, es posible que el pediatra le recomiende utilizar un dispositivo con alarma incorporada, que avisa cuando el niño moja la cama. La alarma se activa en cuanto al niño se le empieza a escapar la orina, despertándolo para que se pueda levantar y acabar de orinar en el baño. Si este sistema se utiliza consistentemente y siguiendo las indicaciones del pediatra, el condicionamiento funciona con éxito en un porcentaje de casos que oscila entre el cincuenta y el setenta y cinco por ciento.

Si el sistema de alarma no soluciona el problema al cabo de tres a cuatro meses de utilizarlo, es posible que el pediatra le recete al niño alguna medicación, pero esto debe ser el último recurso. Aunque la medicación puede ser eficaz, también puede tener efectos secundarios adversos, como aceleración del ritmo cardíaco, intranquilidad y cambios en la presión sanguínea.

## Si no funciona ningún tratamiento

Un número reducido de niños con enuresis no responden a ningún tratamiento. Aún así, prácticamente todos acaban superando el problema en la adolescencia. Sólo uno de cada cien adultos moja la cama de forma persistente. Hasta que su hijo no supere este problema, necesitará un gran apoyo de su familia y es posible que le haga bien hablar con el pediatra o con algún profesional de salud mental sobre este tema. De todos modos, su hijo debe entender que él puede seguir haciendo algo para solucionar el problema y debe seguir intentando aumentar la capacidad de su vejiga y evitar consumir bebidas que estimulan la producción de orina. Puesto que la enuresis nocturna es un problema bastante habitual, hay bastante publicidad sobre aparatos y programas de tratamiento, algunos de los cuales hasta se pueden comprar por correo. Sin embargo, debe ser cauto, puesto que muchos de ellos prometen curaciones milagrosas. El pediatra de su hijo es la persona idónea para darle consejos fiables, y usted debe pedirle su opinión antes de pagar o iniciar cualquier programa de tratamiento.

# 25

# Cabeza, cuello y sistema nervioso

## Meningitis

La meningitis es una inflamación de las meninges, los tejidos que recubren el cerebro y la médula espinal. A veces la inflamación afecta al mismo cerebro. La meningitis es una enfermedad seria y poco habitual. Aún así, cuando ocurre, afecta sobre todo a niños menores de cinco años. Si se diagnostica a tiempo y se trata adecuadamente, un niño con meningitis tiene muchas probabilidades de vencer la enfermedad con éxito y sin complicaciones.

El tipo más serio de meningitis es la de origen bacteriano (están implicados varios tipos distintos de bacterias). Los niños menores de dos años tienen más probabilidades de contraer esta enfermedad. También hay meningitis de origen viral y otras provocadas por hongos y parásitos. La meningitis viral no suele ser muy grave, excepto cuando afecta a lactantes de menos de tres meses de edad.

Las bacterias que provocan la meningitis se encuentran a menudo en la boca y la garganta de niños sanos, pero esto no implica necesariamente que estos niños vayan a adquirir la enfermedad. Esto sólo ocurre cuando las bacterias entran en el torrente sanguíneo.

Todavía no sabemos exactamente por qué algunos niños contraen la meningitis y otros no, pero sabemos que ciertos grupos de niños tienen más probabilidades de contraer la enfermedad que otros. Éstos son:

- Los bebés, sobre todo menores de dos meses de edad puesto que su sistema inmune todavía no ha madurado lo suficiente, y es más fácil que las bacterias penetren en el torrente sanguíneo
- Los niños que tienen infecciones de los senos nasales recurrentes
- Los niños que han sufrido recientemente una lesión en la cabeza de carácter grave o una fractura de cráneo
- Los niños a los que se les acaba de practicar una intervención quirúrgica en el cerebro
- Los niños con quemaduras graves que se pueden infectar crónicamente
- Los niños con ciertos trastornos crónicos, como fibrosis quística, cáncer, anemia falciforme o enfermedades que requieren cuidados respiratorios contínuos o la administración de sustancias por vía intravenosa

Cuando no había antibióticos (medicinas que permiten combatir las infecciones bacterianas), el 90 por ciento de los niños que contraían la meningitis fallecía. Del diez por ciento que sobrevivía, a la mayoría les quedaban secuelas permanentes, como sordera, retraso mental o crisis convulsivas. Hoy en día, el pronóstico es mucho mejor. Si la meningitis se diagnostica y se trata a tiempo, el 70 por ciento de los niños afectados se recupera sin ningúna complicación. Incluso si se presenta alguna complicación, ésta suele ser de carácter leve y de poca duración. Aún así, las pérdidas auditivas siguen siendo una secuela importante, frecuente y persistente.

La meningitis tiene que detectarse temprano y tratarse enérgicamente para poderla curar. Por eso es muy importante que informe al pediatra inmediatamente si su hijo presenta alguno de los siguientes signos.

*Si su hijo tiene menos de dos meses:* La presencia de fiebre, pérdida del apetito, apatía o aumento de la irritabilidad y del llanto, es motivo más que suficiente para llamar al pediatra. A esta edad, los síntomas de la meningitis pueden ser muy sutíles y difíciles de detectar; por lo tanto, es mejor avisar pronto y equivocarse, que llamar demasiado tarde.

*Si su hijo tiene entre dos meses y dos años:* Ésta es la franja de edad en la que hay más probabilidades de contraer la meningitis. Esté pendiente de síntomas como fiebre, náuseas, vómitos, pérdida del apetito, agitación o somnolencia excesiva. (La agitación puede ser extrema, y el sueño tan profundo que puede resultar imposible despertar al niño.)

*Si su hijo tiene entre dos y cinco años:* Además de los síntomas arriba descritos, un niño de esta edad que contraiga la meningitis se puede quejar de dolor de cabeza, dolor de espalda, o rigidez de nuca. También puede sentir fastidio al ver luces brillantes.

## Tratamiento

Si, después de evaluar a su hijo, el pediatra sospecha que puede tener meningitis, solicitará que le hagan un análisis de sangre para comprobar si hay indicios de infección bacteriana, y una punción lumbar para extraerle líquido cefalorraquídeo. Este procedimiento implica introducir una aguja especial en la parte baja de la espalda para extraer una muestra de líquido. Si se detecta alguna infección en el líquido extraído, se confirmará el diagnóstico de meningitis. En tal caso, su hijo deberá ser hospitalizado para que le administren antibióticos por

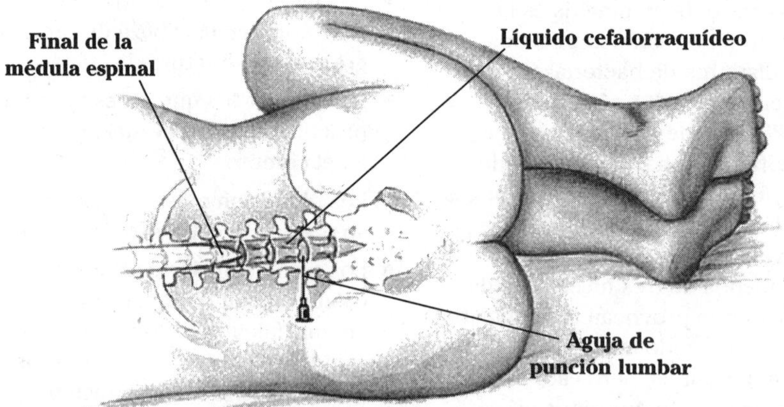


**Leyenda: La punción lumbar se realiza en el espacio entre las vértebras que hay debajo de la médula espinal, para que la aguja no pueda lesionar la médula.**

vía intravenosa y para tenerlo bajo observación por si surgen complicaciones. Durante los primeros días de tratamiento, es posible que su hijo no pueda beber ni comer; por este motivo, aparte de los antibióticos, le administrarán fluídos por vía intravenosa, a fin de proporcionarle las medicinas y nutrientes que necesita. En ciertos tipos de meningitis, el tratamiento debe prolongarse de siete a veintiún días, dependiendo de la edad del niño y de la bacteria concreta que haya provocado la infección.

## Prevención

Hoy en día, algunos tipos de meningitis de origen bacteriano se pueden prevenir con vacunas y antibióticos. Pregúntele al pediatra sobre los siguientes aspectos:

**Vacuna contra la Hib (Haemophilus influenzae tipo B)**
Esta vacuna reduce las probabilidades de que un niño sea infectado por la bacteria *Haemophilus influenzae* tipo b. La vacuna se administra en forma de inyección, a partir de los dos meses de edad. (Véase el apartado “Atención a las vacunas” del Capítulo 10, página 318).

**Vacuna contra el neumococo**
Esta vacuna ayuda a prevenir algunas infecciones provocadas por la bacteria neumococo. Recientemente se ha recomendado su uso en todo niño menor de 23 meses, como parte del itinerario regular. En niños de 24 a 59 meses de edad se estima que una dosis de la vacuna puede ser beneficiosa, especialmente en niños de alto riesgo. Esto es, los que estén inmunodepremidos, tienen anemia falciforme, ciertos problemas renales u otros trastornos crónicos. Consulte a su pediatra.

**Rifampicina y Ceftriaxone**
Si su hijo se ha visto expuesto—sea en casa o en la guardería—a un niño con meningitis provocada por las bacterias *Haemophilus influenzae* o el meningococo, se le debe administrar antibióticos para evitar que se infecte. En algunos casos, los adultos que se ven expuestos (a través del contacto íntimo) a alguien que tenga una meningitis de origen bacteriano también deben tomar medicamento durante cierto tiempo. El pediatra le indicará con qué frecuencia y por cuánto tiempo debe medicar al niño. Si su hijo presenta alguno de los síntomas de la meningitis, aunque esté tomando la medicina, llame al pediatra inmediatamente.

# Mareos provocados por el movimiento

El mareo ocurre cuando el cerebro recibe señales conflictivas procedentes de las partes del cuerpo encargadas de percibir el movimiento: el oído interno; los ojos; y las células nerviosas de los tobillos, rodillas y otras articulaciones. En circunstancias normales, estas tres zonas del cuerpo envían al cerebro señales congruentes entre sí. Pero, cuando estas señales son incongruentes—por ejemplo, cuando usted observa un movimiento rápido en una pantalla de cine, sus ojos perciben el movimiento, pero el oído interno y las articulaciones no—el cerebro, puede poner en marcha una respuesta que puede provocarle mareo. Lo mismo ocurre cuando un niño está sentado tan bajo en el asiento del auto en marcha que no puede ver el exterior. Su oído interno percibe el movimiento, pero sus ojos y sus articulaciones no.

Los primeros síntomas de mareo suelen consistir en molestias digestivas (náuseas), sudor frío, fatiga y pérdida de apetito; después vienen los vómitos. Es posible que un niño pequeño no sepa describir las náuseas con palabras, pero lo demostrará poniéndose pálido y revolviéndose en el asiento, bostezando y llorando. Después perderá el interés por la comida (hasta por sus platos favoritos) y, al final, vomitará.

No sabemos por qué algunos niños se marean mucho más que otros, pero probablemente se debe a su mayor sensibilidad a la respuesta del cerebro ante la recepción de información incongruente sobre el movimiento. Esta respuesta, aunque puede verse potenciada por las experiencias negativas que se han tenido en viajes anteriores, suele mejorar con la edad.

Los mareos son más frecuentes en el *primer* vuelo o el primer viaje en barco, o cuando el movimiento es muy intenso, como, por ejemplo, cuando hay muchas curvas, el mar está muy picado o hay turbulencias aéreas. El estrés o la ansiedad también pueden desencadenar este problema o empeorarlo.

## Cómo actuar

Si su hijo empieza a manifestar síntomas de mareo, lo mejor que puede hacer es detener la actividad que lo está provocando. Si ocurre mientras van en auto, frene lo antes posible en un lugar seguro y deje que su hijo salga del vehículo y estire las piernas. Si tienen que hacer un viaje largo, es posible que deba parar a menudo, pero comprobará que esto merece la pena. Si su hijo se marea en un columpio o un tiovivo, detenga el movimiento cuanto antes y baje al niño al suelo.

Esto probablemente asustará e intranquilizará a su hijo, así que trate de calmarlo. De lo contrario, lo que se supone que debe ser una experiencia divertida, acabará convirtiéndose en una experiencia temida. Lo más importante es que no se enfade con el niño, pues él no puede controlar lo que le pasa. Exprésele su apoyo, o el niño podría negarse a viajar en el futuro o podría tener una rabieta la próxima vez que le pida que se meta en el auto o se suba a un barco o a un avión.

Puesto que la mayoría de los mareos infantiles ocurren en el auto, se han ideado muchas medidas preventivas. Aparte de parar a menudo durante el viaje, puede ensayar las siguientes estrategias:

- Coloque a su hijo en un asiento de seguridad. Si el niño pesa más de 18 libras (8 Kg) y puede sostenerse sentado (a partir de los 7 a 9 meses), oriente el asiento en el sentido de la marcha. No permita que el niño se mueva dentro del auto (algo que no se debe permitir estrictamente por cuestiones de seguridad).
- Si su hijo no ha comido nada en tres horas déle algo *ligero* antes de iniciar el viaje, ya sea en auto, barco o avión. Así mitigará la sensación de vacío y las punzadas de hambre que suelen añadirse a los síntomas del mareo.
- Intente centrar la atención de su hijo en algo distinto al mareo, como escuchar la radio, cantar o hablar.
- Pídale que mire a través de la ventana en lugar de distraerse con libros o juguetes.

Si nada de esto surte efecto, pare el auto y pídale que se acueste de espaldas durante varios minutos (siempre con el cinturón de seguridad puesto), y que cierre los ojos. Un paño frío en la frente también puede atenuar los síntomas.

Si van a salir de viaje y su hijo se ha mareado en viajes anteriores, es posible que prefiera darle algún medicamento contra el mareo antes de salir, para evitar problemas. Algunos de estos medicamentos se venden sin receta médica, pero hable con el pediatra antes de dárselos a su hijo. Aunque estos medicamentos suelen evitar los mareos, generalmente tienen efectos adversos, como somnolencia (lo que significa que, cuando lleguen al destino, es posible que su hijo esté demasiado adormilado para disfrutarlo), sequedad de boca y nariz y visión borrosa. Menos frecuentemente, pueden provocar salpullido, cambios en la presión sanguínea, náuseas y vómitos. Algunos niños se excitan en lugar de adormilarse con estos medicamentos. Los parches contra el mareo nunca deben utilizarse con niños pequeños.

Aunque ocurre pocas veces, los vómitos y el escaso consumo de líquidos que suelen acompañar al mareo pueden provocar deshidratación (véase la página 546). Si le parece que su hijo se está empezando a deshidratar, llévelo a la consulta médica o la sala de emergencia más cercana.

Si su hijo presenta los síntomas propios del mareo sin haberse movido ni desplazado—sobre todo si además le duele la cabeza, oye o ve mal, tiene dificultades para andar o hablar o la mirada perdida—informe al pediatra. Podrían ser síntomas de algo distinto al mareo provocado por el movimiento.

## Paperas

Las paperas son una infección viral que provoca una inflamación de las glándulas salivales, encargadas de producir los jugos digestivos de la boca. Gracias al desarrollo de la vacuna contra paperas, sarampión y rubéola (MMR), que se administra entre los doce y los quince meses de edad, con una dosis de refuerzo a los cuatro años o poco después, la mayoría de los niños de hoy nunca sufrirán esta enfermedad. En el caso de que no le haya puesto la vacuna a su hijo, debe saber identificar los síntomas de las paperas y distinguirla de otras dolencias similares.

La glándula parótida, ubicada delante de la oreja y sobre el ángulo de la mandíbula, es la más afectada por las paperas. Sin embargo, también pueden verse afectadas otras glándulas salivales situadas en la cara y a su alrededor. Aunque las paperas no siempre hacen que se hinche la cara, una vez que el niño se vea infectado por el virus, quedará inmune al mismo.

Contrariamente a lo que cree mucha gente, no se puede tener paperas más de una vez.

El virus de las paperas se suele contagiar cuando una persona infectada salpica gotitas de saliva al toser. Si un niño inhala las partículas expulsadas, el virus pasará del sistema respiratorio al torrente sanguíneo y se instalará en sus glándulas salivales.

En este punto, el virus suele provocar la inflamación de las glándulas a los lados de una o ambas mejillas. Es posible que el niño también tenga fiebre de tres a cinco días y se quejará cuando le toquen el área inflamada, al abrir la boca y al comer, sobre todo si se trata de alimentos que estimulan mucho la producción de saliva. También puede tener náuseas, vómitos ocasionales, dolor de cabeza, debilidad general y falta de apetito.

Aparte de la inflamación de las glándulas salivales, también puede haber inflamación y dolor de las articulaciones y, en los niños de sexo masculino, la inflamación puede afectar a los testículos. En casos extremadamente raros, el virus puede provocar inflamación de los ovarios en las niñas e inflamación del cerebro.

Varios días antes de que la inflamación de las glándulas resulte evidente, el niño

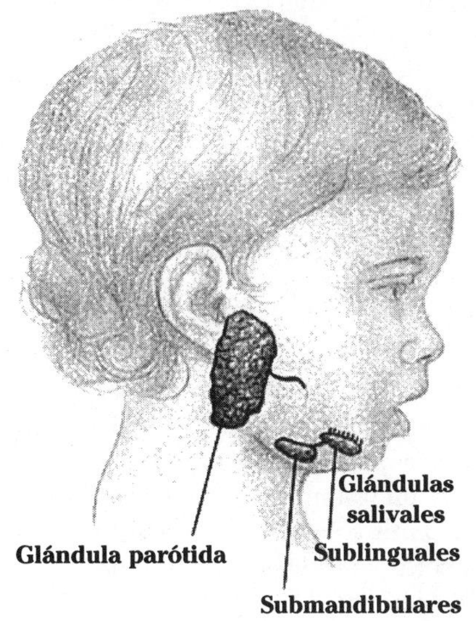

podrá contagiar la enfermedad a otras personas. Seguirá siendo contagioso hasta que la inflamación remita por completo—esto es, durante por lo menos diez días desde la aparición del primer síntoma de inflamación.

Es importante saber que la inflamación de las glándulas salivales puede estar provocada por otras infecciones aparte de las paperas. Esto permite explicar por qué muchos padres creen que sus hijos han tenido esta enfermedad varias veces. Si su hijo está vacunado contra las paperas o ya las turo y se le inflaman las mejillas, consulte al pediatra para determinar la causa.

### Tratamiento

No hay un tratamiento específico para las paperas, aparte de intentar que el niño esté lo menos molesto posible, procurándole descanso, muchos líquidos y acetaminofén para bajarle la fiebre. Aunque es probable que un niño con paperas no quiera tomar nada, es conveniente tener cerca un vaso de agua o de un jugo de frutas que no sea cítrico e instarlo a que tome sorbos frecuentemente. A veces, las compresas calientes sobre la zona inflamada puede mitigar temporalmente el dolor.

Los alimentos sólidos y difíciles de digerir pueden intensificar el dolor, ya que estimulan la producción de saliva. En cambio, déle a su hijo alimentos blandos, que no sean cítricos, y que sean fáciles de masticar y tragar, para exigir el mínimo esfuerzo a las glándulas salivales.

Si el estado de su hijo empeora o tiene alguna complicación, como dolor de testículos, fuerte dolor de estómago o apatía extrema, póngase en contacto con el pediatra lo antes posible. Probablemente querrá examinar al niño para ver si necesita un tratamiento médico especial. No obstante, es extremadamente raro que las paperas se asocien este tipo de complicaciones.

## Convulsiones, crisis convulsivas y epilepsia

Una convulsión es un cambio repentino y temporal del movimiento del cuerpo o del comportamiento provocado por impulsos eléctricos cerebrales anómalos. Dependiendo del tipo de músculos que se vean afectados por los impulsos eléctricos, la convulsión puede provocar rigidez o relajación extrema, pudiendo dar la impresión de que la persona se ha quedado paralizada. A veces, las crisis convulsivas reciben el nombre de "ataques". Los términos *convulsión y crisis convulsiva* se suelen utilizar indistintamente.

Las crisis convulsivas generalizadas (denominadas *gran mal*), esto es, las que afectan a todo el cuerpo, son las más impresionantes, y producen movimientos rápidos y violentos y, en ocasiones, pérdida de conciencia. A veces empiezan con movimientos focales (que implican sólo una parte del cuerpo) y después se generalizan a todo el cuerpo. Aproximadamente el cinco por ciento de las personas tienen convulsiones en algún momento durante su infancia. En contraste, los ataques menores (denominados crisis de ausencia o "petit mal"—pequeño mal) son episodios momentáneos (de uno a dos segundos de duración) en los que a la persona se le queda la mirada perdida o fija en el vacío. Ocurren sobre todo en niños pequeños y pueden ser tan sutíles que es posible que pasen desapercibidos hasta que empiecen a repercutir sobre el rendimiento escolar.

Las *convulsiones febriles* (crisis convulsivas provocadas por la fiebre) ocurren en tres a cuatro de cada cien niños menores de cinco años. Es raro que ocurran después de los cinco años y la mitad de los niños que tienen una crisis de este tipo no vuelven a tener otra. Una convulsión febril puede causar reacciones tan leves como el poner momentáneamente los ojos en blanco o las piernas rígidas, o bien ser tan dramática como una convulsión generalizada, agitando y retorciendo todo el cuerpo. Las convulsiones febriles suelen durar menos de cinco minutos y generalmente el niño vuelve enseguida a la normalidad.

El término *epilepsia* se utiliza para describir crisis convulsivas recurrentes durante un período largo de tiempo. A veces, se conoce la causa de los ataques recurrentes (epilepsia sintomática) y a veces no (epilepsia idiopática). Entre los trastornos que pueden provocar la epilepsia, cabe mencionar anomalías en la composición química de la sangre, lesiones cerebrales provocadas por infección o traumatismo e intoxicación por plomo (véase la página 528).

Algunos niños tienen episodios repentinos en los que dejan de respirar, se desmayan, hacen muecas o retuercen todo el cuerpo, y presentan problemas de sueño inusuales. Pueden ocurrir sólo una vez o repetirse durante un período de tiempo limitado. Aunque se pueden parecer a la epilepsia o a las crisis convulsivas propiamente dichas, no lo son y requieren un tratamiento distinto.

## Tratamiento

La mayoría de las crisis convulsivas desaparecen solas y no requieren tratamiento médico inmediato. Si su hijo tienen un ataque, deberá protegerlo para que no se haga daño. Colóquelo en una posición semisentada o estírelo sobre un costado con las caderas en un nivel más alto que la cabeza para que no se atragante en el caso de que llege a vomitar.

Si la convulsión dura más de dos o tres minutos, es mucho más severa de lo habitual (dificultad para respirar, atragantamiento, piel azulada, varios ataques seguidos), llame para pedir ayuda de emergencia. Sin embargo, *no deje al niño solo.* Cuando el ataque haya pasado, llame al pediatra inmediatamente para que examine al niño en su consulta o bien en la sala de emergencias más cercana. Si su hijo está tomando medicinas anticonvulsivas, llame también al pediatra, puesto que podría significar que es preciso reajustar la dosis del medicamento.

Si su hijo tiene fiebre, el pediatra comprobará si hay alguna infección. Si no tiene fiebre y se trata de su primera crisis convulsiva, el médico intentará identificar otras causas posibles. A tal efecto, le preguntará si hay antecedentes familiares de este tipo de ataques o de epilepsia o si el niño ha sufrido recientemente alguna lesión en la cabeza. Evaluará al niño y es posible que solicite que le hagan un análisis de sangre, radiografías y un electroencefalograma (EEG), que mide la actividad eléctrica cerebral. A veces hay que practicar una punción lumbar para obtener una muestra de líquido cefalorraquídeo a fin de identificar si la causa de las convulsiones es una meningitis (véase la página 693). Si no logra identificar la causa de las convulsiones, probablemente el pediatra consultará su caso a un neurólogo pediátrico, es decir, un pediatra especializado en los trastornos del sistema nervioso.

Si su hijo ha tenido convulsiones febriles, probablemente el médico simplemente le pedirá que le controle la fiebre dándole acetaminofén y baños tibios. Sin embargo, si la fiebre está provocada por una infección de origen bacteriano, probablemente le recetará un antibiótico. Si la causa de las convulsiones es una infección seria, como la meningitis (inflamación de la membrana que recubre el cerebro), el niño tendrá que ingresar en un hospital para recibir el tratamiento adecuado.

Si las convulsiones están provocadas por un desequilibrio en la cantidad de azúcar, calcio o magnesio que hay en la sangre, es posible que sea preciso hospitalizar al niño a fin de identificar la causa y corregir el desequilibrio. Si se le diagnostica epilepsia, probablemente le recetarán fármacos anticonvulsivantes. Cuando se sigue correctamente la pauta de administración de estos fármacos, casi siempre se pueden controlar los ataques completamente. Mientras se medique, su hijo tendrá que hacerse análisis de sangre periódicamente, para evaluar la cantidad de fármaco en sangre. Es posible que también tenga que hacerse electroencefalogramas con regularidad. Generalmente, los pediatras recomiendan seguir con la medicación hasta que el niño no tenga convulsiones durante uno o dos años.

Por mucho que pueda asustarnos la presencia de una convulsión, es alentador saber que la probabilidad de tener otra disminuye con el tiempo. (Sólo uno de cada cien adultos tiene convulsiones alguna vez). Lamentablemente, aún hay muchos malentendidos y confusiones sobre las crisis convulsivas y la epilepsia. Si usted tiene un hijo afectado por este tipo de problemas, es importante que los profesores y amigos del niño sepan en qué consiste exactamente este trastorno. Si necesita ayuda o información, hable con el pediatra o póngase en contacto con alguna asociación relacionada con la epilepsia.

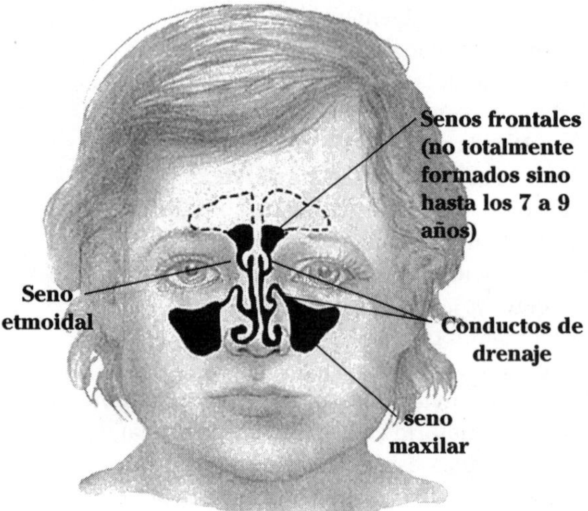


## Sinusitis

La sinusitis es la inflamación de uno o más de los senos nasales, esto es, las cavidades óseas que hay alrededor de la nariz. Suele ocurrir a raíz de una infección viral que afecta a las vías respiratorias altas o de una reacción alérgica en niños de más de dos años de edad. La condición causa inflamación del tejido que recubre la nariz y los senos nasales. La inflamación obstruye el conducto que normalmente permite que los senos drenen hacia la parte posterior de la nariz, por lo que se llenan de fluido. Aunque sonarse y absorber la mucosidad son respuestas naturales ante la obstrucción, pueden empeorar las cosas, ya que pueden facilitar que las bacterias de la parte posterior de la nariz asciendan hasta los senos nasales. Puesto que, al estar obstruidos, los senos no podrán drenar, las bacterias proliferarán en su interior, provocando una infección.

Hay varios síntomas de sinusitis, que indican la necesidad de llamar al pediatra:

- Persistencia de los síntomas de un resfriado o de una infección de las vías respiratorias altas, incluyendo tos y mucha descarga nasal, durante más de diez días, sin ninguna mejoría. La mucosidad puede ser densa y amarilla o bien líquida y blanquecina, y la tos suele estar presente de día y de noche. A veces, los niños que tienen sinusitis se levantan por la mañana con el área que rodea los ojos inflamada. Así mismo, es posible que un preescolar que tenga sinusitis tenga mal aliento y síntomas de resfriado persistentes. (Sin embargo, el hecho de que un niño tenga mal aliento también puede deberse a que se ha metido algo en la nariz, tiene malestar en la garganta o, simplemente, ¡no se ha lavado los dientes!)

- El niño tiene un resfriado muy fuerte acompañado de fiebre alta y mucosidad densa y amarillenta. Es posible que se levante por las mañanas con los ojos hinchados y que tenga un fuerte dolor de cabeza (si es lo bastante mayor, dirá que lo siente sobre o detrás de los ojos).

En casos muy raros una infección de senos nasales se puede extender a los ojos o, incluso, al sistema nervioso central (el cerebro). El niño tendrá los ojos hinchados durante todo el día, no solo en la mañana. En estos casos, se debe llamar al pediatra de inmediato. Si su hijo tiene un dolor de cabeza muy fuerte, fotofobia (sensibilidad extrema a la luz) o cada vez está más irritable, es posible que la infección haya afectado al sistema nervioso central. Esto se trata de un trastorno serio que requiere atención médica inmediata.

## Tratamiento

Si el pediatra sospecha que su hijo tiene sinusitis, le recetará un antibiótico que por lo general se debe tomar durante un lapso de catorce a veintiún días. En cuanto el niño empiece a medicarse, los síntomas deben empezar a remitir bastante deprisa. En la mayoría de los casos la mucosidad se vuelve más líquida y la tos va mejorando a lo largo de una semana o dos. *Pero, aunque el niño parezca haber mejorado, deberá seguir tomando los antibióticos durante el tiempo indicado por el médico.*

Por otro lado, si su hijo no presenta ninguna mejoría al cabo de dos a tres días de medicación, es posible que el pediatra le haga algunas pruebas complementarias. Dependiendo de los resultados, es posible que decida cambiarle la medicación o bien añadirle otro fármaco para que lo tome durante más tiempo.

# Tortícolis

La tortícolis es un trastorno que hace que un niño tenga el cuello doblado hacia un lado o en otra posición extraña. Es posible que lleve la cabeza ladeada y que, cuando se acueste estirado boca abajo, apoye siempre el mismo lado de la cara en el colchón. Esto puede motivar que se achate un lado de la cabeza y que la cara parezca asimétrica. Si no se trata, la tortícolis puede provocar una deformación facial permanente, asimetría facial y craneal y limitación de los movimientos de la cabeza.

La tortícolis puede estar provocado por distintas causas:

**Tortícolis muscular congénita**
Se trata de la causa más frecuente en niños menores de cinco años. Se debe a una lesión en el músculo que conecta el esternón, el cuello y la cabeza (el esternocleidomastoideo). La lesión puede tener lugar durante el parto (sobre todo en partos de nalgas y en partos primerizos difíciles), pero también puede ocurrir

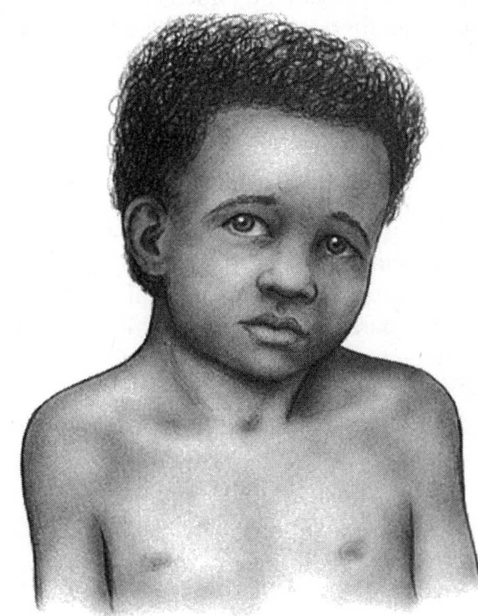

durante el embarazo. Sea cuál sea la causa, este trastorno suele detectarse durante las primeras seis u ocho semanas de vida, cuando el pediatra se da cuenta de que el bebé tiene un bultito en el lado del cuello donde se produjo la lesión. Como reacción, el músculo se contrae y hace que la cabeza quede ladeada.

**Síndrome de Klippel-Feil**

En este trastorno, que también es congénito, el cuello está doblado debido a una anomalía en los huesos de la parte superior de la columna vertebral. Los niños afectados por este síndrome pueden tener el cuello corto y grueso, implantación baja del pelo y muy poca movilidad en el cuello.

**Tortícolis provocado por lesión o inflamación**

Este tipo de tortícolis es más propio de niños mayores, de hasta nueve y diez años. Se debe a una inflamación del cuello que puede estar provocada por una infección de las vías respiratorias altas, un dolor de garganta, alguna lesión o cualquier otro factor. La inflamación, por algún motivo desconocido, hace que el tejido que rodea la parte alta de la columna vertebral se distienda, permitiendo que las vértebras se salgan de su posición habitual. Cuando ocurre esto, los músculos se contraen, haciendo que la cabeza quede ladeada.

## Tratamiento

Cada tipo de tortícolis requiere un tratamiento ligeramente distinto. Es importante aplicar el tratamiento lo antes posible para solucionar el problema antes de que provoque deformaciones permanentes.

El pediatra explorará el cuello de su hijo y es posible que solicite radiografías de la zona afectada para identificar la causa del problema. Es posible que también solicite radiografías o sonogramas de las caderas, puesto que muchos niños que nacen con tortícolis muscular congénita tienen luxación de cadera. Si el médico considera que es tortícolis muscular debido a una lesión del músculo esternocleidomastoideo al momento de nacer, le orientará para que inicie un programa de ejercicios con el fin de ir estirando poco a poco los músculos del cuello. El médico le enseñará lo que tiene que hacer para mover suavemente la cabeza del niño en el sentido opuesto al de la inclinación. Estos ejercicios deben hacerse varias veces al día, aumentando el recorrido de forma gradual conforme el músculo se vaya estirando.

Al dormir, debe ponerle boca arriba o de lado, con la cabeza orientada en el sentido opuesto al del lado afectado. Cuando este despierto, colóquelo de tal modo que las cosas que quiera mirar (a través de la ventana, un móvil, ilustraciones, gente) estén en el lado donde tiene la lesión. De este modo, estirará el lado del músculo acortado mientras intenta mantener lo que le interesa dentro de su campo de visión. Esta estrategia tan simple cura este tipo de tortícolis en la gran mayoría de los casos, evitando la cirugía.

Si el problema no se puede corregir con ejercicios ni con cambios posturales, el pediatra consultará su caso a un ortopeda. En algunos casos, puede ser necesario extirpar quirúrgicamente la parte del músculo lesionada.

Si la tortícolis de su hijo no es de tipo muscular congénito y las radiografías no permiten detectar ninguna anomalía en la columna vertebral, podría ser conveniente aplicar otros tratamientos, entre los que se incluyen reposo, uso de collarines, tracción, aplicación de calor sobre el área afectada, medicación y, muy raramente, cirugía.

# 26

# Corazón

## Arritmias

El latido o ritmo del corazón se mantiene gracias a un pequeño circuito eléctrico formado por los nervios que hay en las paredes del corazón. Cuando el circuito funciona correctamente, el latido del corazón es bastante regular, pero, cuando hay algún problema en el circuito, pueden ocurrir arritmias o irregularidades en la forma de latir del corazón. Algunos niños vienen al mundo con anomalías en este sistema, pero las arritmias también pueden ser provocadas por infecciones o desequilibrios en la composición química de la sangre.

El latido del corazón de su hijo presentará cierta variabilidad *normal.* La fiebre, el ejercicio físico, el llanto o cualquier otra actividad vigorosa hacen que el corazón se acelere y lata más deprisa. (Por ello, el ritmo cardíaco de una persona se suele evaluar en situación de reposo). Y, cuanto más pequeño sea un niño, más deprisa laterá su corazón aun en reposo. Conforme crezca, el ritmo irá haciéndose más lento de forma natural. Por ejemplo, un ritmo de 130 latidos por minuto es normal para un recién nacido, pero excesivo para un niño de seis años en reposo. Un ritmo de entre 50 y 60 pulsaciones por minuto puede ser completamente normal en un adolescente atlético, pero es anormalmente lento para un bebé.

Incluso en los niños sanos, puede haber variaciones en el ritmo cardíaco, incluyendo aquellos cambios que ocurren sólo a consecuencia de la misma respiración. Estas fluctuaciones normales se denominan *arritmias sinusales* y no requieren evaluación ni tratamiento. No son el síntoma de ningún problema cardíaco.

Los llamados "latidos prematuros", son otra irregularidad que no requiere ningún tipo de tratamiento. Si alguna vez le ocurre esto a su hijo, es posible que éste le diga que "el corazón le ha dado una voltereta". El pediatra comprobará si la irregularidad desaparece cuando el niño hace ejercicio; si es así, descartará que pueda tener una enfermedad cardíaca.

Si el pediatra le dice que su hijo tiene una arritmia, puede significar que su corazón late más deprisa de lo normal (taquicardia), muy deprisa (flúter), deprisa y de forma irregular (fibrilación), más despacio de lo normal (bradicardia), o que se "salta latidos" (extrasístoles). Aunque las arritmias propiamente dichas no son muy frecuentes, cuando ocurren puede ser

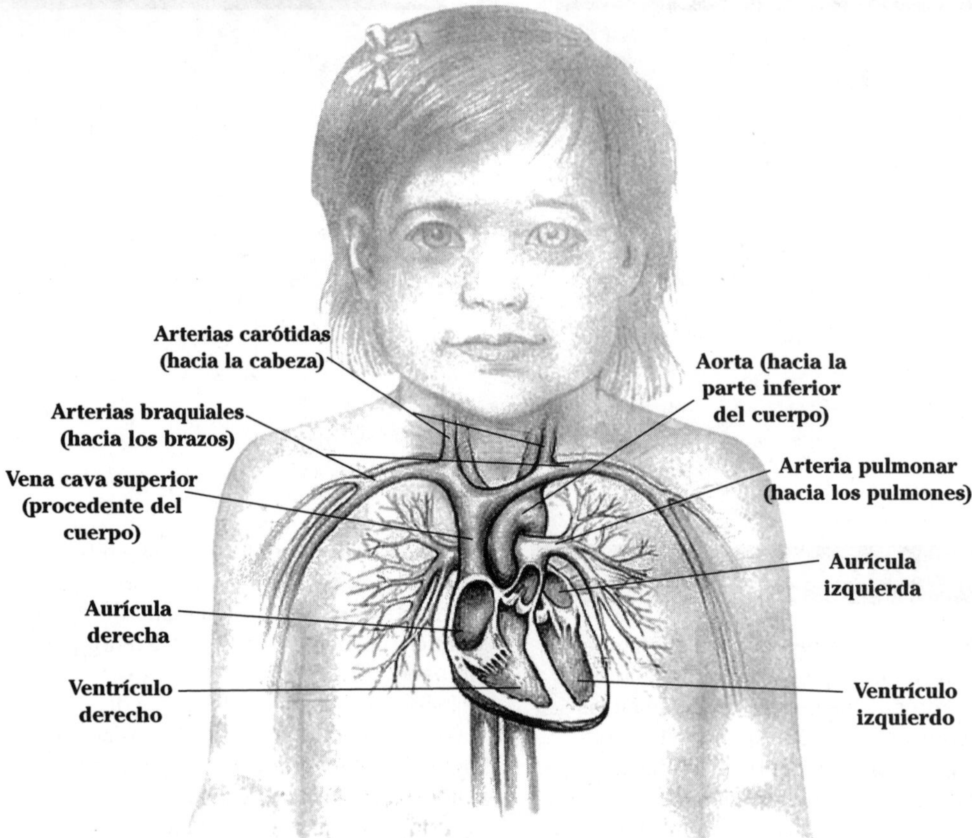


**El corazón**

graves, provocando desmayos e incluso fallo cardíaco. Afortunadamente, responden bien a medicamentos, por lo que es importante detectarlas lo antes posible.

## Signos y síntomas

Si su hijo tiene una arritmia propiamente dicha, probablemente el pediatra la descubrirá durante una revisión rutinaria.

De todos modos, si usted detecta alguno de los síntomas que figuran a continuación, comuníquese con el pediatra inmediatamente:

- Su bebé se pone pálido y apático de repente; su cuerpo está flácido.
- El niño se queja de que "el corazón le palpita muy deprisa", a pesar de no estar haciendo ejercicio físico.
- Le dice que se siente mal, débil o mareado.
- Pierde el conocimiento o se desmaya.

Es *poco probable* que su hijo llegue a presentar alguno de estos síntomas, pero, si lo hace, el pediatra le mandará varias pruebas y quizás consulte con un cardiólogo pediátrico. Durante el proceso de evaluación, es posible que el médico le haga a su hijo un electrocardiograma (ECG), para determinar si se trata de una arritmia sinusal completamente inofensiva o de una arritmia propiamente dicha. Un ECG, de hecho, sólo es una grabación de los impulsos eléctricos que hacen que lata el corazón y facilita al médico información detallada sobre cualquier irregularidad.

A veces, las irregularidades en los latidos del corazón son impredecibles, y, por lo tanto, no se ponen de manifiesto durante el ECG. En estos casos, es posible que el cardiólogo sugiera que el niño lleve instalada una grabadora especial donde se le irán grabando los latidos del corazón durante uno o dos días. Durante este período, el pediatra pedirá a los padres que anoten los síntomas que vaya presentando y las actividades que vaya realizando. Comparando las grabaciones del aparato y los registros de los padres, se podrá emitir un diagnóstico. Por ejemplo, si el niño se queja de una especie de "aleteo" en el corazón y empieza a marearse a las 2:15 P.M.—y el ECG indica que el corazón empezo a latir más deprisa de golpe en ese mismo momento—se podría emitir un diagnóstico de taquicardia.

Algunas veces, las arritmias aparecen sólo cuando el niño hace ejercicio. En estos casos, el cardiólogo le hará una prueba de esfuerzo, consistente en ir registrando los latidos del corazón mientras el niño pedalea en una bicicleta estática o corre en una máquina de ejercicio.

## Soplo cardíaco

Técnicamente, un soplo cardíaco es simplemente un sonido que se oye entre los dos latidos del corazón. Normalmente, cuando el médico ausculta a un niño, oye algo parecido a lob-dob, lob-dob, lob-dob. La mayoría de las veces, el período entre el lob y el dob y el dob y el lob es silencioso. Si se produce algún sonido durante este período, se dice que el niño tiene un soplo. Aunque la palabra es poco tranquilizadora, los soplos son *extremadamente* comunes, y a veces normales.

Los soplos que se detectan durante la edad preescolar y escolar casi siempre acaban siendo inofensivos. No necesitan ningún tipo de tratamiento y el sonido acaba desapareciendo. Estos niños tienen soplos "normales", también denominados "funcionales" o "inocentes", provocados simplemente por el flujo de la sangre a través del corazón.

Si su hijo tiene este tipo de soplo, probablemente se lo detectarán cuando tenga entre uno y cinco años de edad en alguna de las revisiones médicas rutinarias. El médico escuchará atentamente para determinar si se trata de un soplo "normal" o de uno que puede indicar la existencia de algún problema. Por lo común con tan sólo escuchar atentamente cómo suena y determinar su ubicación en el pecho o en la espalda, es posible saber de qué tipo de soplo se trata. Si el pediatra tiene alguna duda, consultará a un cardiólogo pediátrico para estar seguro, pero generalmente no hace falta hacer pruebas adicionales.

En raras ocasiones, el sonido que oirá el pediatra le sugerirá que se trata de algo más que el ruido que hace la sangre al fluir normalmente a través del corazón. Si sospecha que el sonido puede reflejar alguna anomalía cardíaca, referirá el caso a un cardiólogo pediátrico que le hará al niño pruebas específicas que permitan emitir un diagnóstico preciso.

Los soplos cardíacos que se oyen durante los primeros seis meses de vida *no* suelen ser funcionales o inocentes, por lo que deben ser examinados por un especialista. Éste observará los cambios de coloración que se produzcan en la piel del bebé y las dificultades al respirar o comer que pueda tener. Es posible que le haga varias pruebas complementarias, como radiografías de tórax, un ECG y un ecocardiograma. El ecocardiograma utiliza las ondas sonoras para crear una imagen del interior del corazón. Si todas las pruebas dan resultados normales, entonces se concluirá que el bebé posiblemente tiene un soplo funcional, pero es probable que tanto el cardiólogo como el pediatra, quieran examinar regularmente al bebé para estar completamente seguros.

## Tratamiento

Los soplos funcionales no requieren ningún tratamiento ni son motivo para excluir al niño de los deportes o de cualquier otra actividad física. Las únicas personas que necesitan saber que el niño tiene este soplo son los padres, el niño y el médico de cabecera (así como cualquier médico que lo trate en un servicio de urgencias o en otra circunstancia). No hace falta que lo informe en la escuela, pues alguien podría malinterpretar sus palabras, creer que el niño tiene algún problema cardíaco, e intentar excluírlo de las actividades físicas. Por el mismo motivo, cuando llene un formulario sobre el estado de salud de su hijo, sea para la escuela o algún campamento, si el niño tiene un soplo funcional, escriba "normal" en la parte referida al corazón. Si hay un punto específico en el que se pregunta por posibles soplos, escriba también "normal".

Los soplos cardíacos funcionales suelen desaparecer durante la adolescencia. No sabemos por qué desaparecen, como tampoco sabemos porque aparecen en un principio. Entre tanto, no se preocupe por el hecho de que se oiga menos en una visita y se vuelva a oír con fuerza en la siguiente. Esto puede significar simplemente que el ritmo al que latía el corazón de su hijo en ambas visitas era ligeramente distinto. Lo más probable es que el soplo acabe desapareciendo.

# Hipertensión (Presión arterial alta)

Solemos pensar en la hipertensión o la tensión alta como un problema que afecta a los adultos. Pero, de hecho, se trata de un trastorno que puede aparecer a cualquier edad, incluso durante la lactancia. Cinco de cada cien niños tienen la presión más alta de lo normal, aunque sólo uno de cada cien tiene una hipertensión médicamente significativa.

El término tensión o presión sanguínea, de hecho, se refiere a dos medidas distintas: a) la presión sanguínea *sistólica* es la presión máxima alcanzada en las arterias cuando el corazón bombea sangre hacia afuera para que se dirija al resto del cuerpo; y b) la presión sanguínea *diastólica* es la presión mínima alcanzada en las arterias cuando el corazón se relaja para recibir sangre *entre* dos latidos consecutivos. Si cualquiera de las dos medidas supera significativamente los límites establecidos para un individuo sano de la misma edad y sexo, se dice que la persona es hipertensa.

La hipertensión es más frecuente entre la población de raza negra que entre la de raza blanca. También es más propia de ciertas áreas del mundo; por ejemplo, es muy rara en los esquimales de Alaska, pero afecta hasta al 40 por ciento de la población japonesa adulta. En muchos casos, la hipertensión se desarrolla con la edad. Por ello, es posible que su hijo no tenga síntomas de hipertensión cuando sea un lactante, pero desarrolle el trastorno conforme vaya haciéndose mayor.

En la mayoría de los casos se desconoce la causa. Sin embargo, cuando la hipertensión es *severa,* suele ser el síntoma de algún otro trastorno grave, como una enfermedad renal o anormalidades del corazón, del sistema nervioso o del sistema endocrino (glandular).

Afortunadamente, la presión sanguínea, por sí sola, rara vez provoca problemas serios en los niños, y se puede controlar simplemente introduciendo cambios en la dieta, con medicación o combinando ambos tratamientos. Sin embargo, si no se trata y se permite que un niño sea hipertenso durante muchos años, el hecho

## *Alimentos de elevado contenido en sodio (sal)*

**(Más de 400 miligramos/ración)**

**Condimentos**—Caldos, ablandadores de carne salados, especias saladas (como la sal sazonada, la sal de ajo y la sal de cebolla), salsa de soya.

**Tentenpiés (Snacks)**—Galletas saladas, "pretzels", papas fritas y palomitas de maíz ("popcorn").

**Alimentos preparados**—La mayoría de los platos precocinados congelados y las sopas enlatadas y deshidratadas.

**Alimentos de origen vegetal**—Cualquier alimento de origen vegetal en salmuera, aliño o adobo, como las aceitunas, pepinillos ("pickles"), col envasada ("sauerkraut"), y jugos de vegetales, como el de tomate.

**Quesos**—Alimentos elaborados con queso, algunos tipos de queso, como el americano, el "blue cheese", el requesón ("cottage") y el parmesano.

**Carnes**—Cualquier carne ahumada, curada o adobada, como la cecina de vaca ("corned beef"), la tocineta ("bacon"), la carne y el pescado desecados, el jamón, las carnes frías, y las salchichas

## *Alimentos de bajo y moderado contenido en sodio (sal)*

**(Menos de 400 miligramos/ración)**

**Condimentos**—Especias sin sal añadida, como el ajo o la cebolla en polvo y las especias "naturales", como el orégano, el tomillo, el eneldo, la canela, etc. Salsas como la mayonesa, la mostaza, la salsa de pimienta picante y el *catsup.*

**Verduras**—Cualquier verdura fresca, congelada o enlatada, sobre todo las que no tienen sal añadida.

**Frutas y jugos**—Jugos de frutas, y todas las frutas frescas, enlatadas, congeladas y deshidratadas.

**Productos elaborados con cereales y harinas**—Pasta, pan, arroz, cereales hervidos, la mayoría de los cereales para el desayuno, los pasteles bizcochos y galletas.

**Lácteos**—Leche, yogur, natillas, púdings, helados.

**Carnes y otros alimentos ricos en proteínas**—Carne fresca, pescado, huevos, nueces sin sal, judías secas y guisantes.

de que el corazón esté sometido continuamente a una presión excesiva puede acabar provocando un fallo cardíaco. Así mismo, el estrés al que se ven sometidos los vasos sanguíneos del cerebro puede hacer que estallen, provocando una hemorragia cerebral. Así mismo, a largo plazo la hipertensión produce cambios en las paredes de los vasos sanguíneos que pueden provocar lesiones en los riñones, los ojos y otros órganos. Por este motivo, si el pediatra de su hijo le diagnostica hipertensión, es importante que siga sus consejos al pie de la letra.

## Tratamiento

En la mayoría de las revisiones rutinarias de su hijo, le tomarán la presión. Es así como suele detectarse la hipertensión. La mayoría de las veces, este problema no provoca ningún síntoma apreciable, pero cualquiera de los siguientes síntomas puede asociarse a hipertensión:

- Dolor de cabeza
- Sensación de mareo
- Falta de aliento
- Anomalías en la vista
- Fatiga

Si el pediatra constata que su hijo es hipertenso, solicitará que le hagan una serie de pruebas para ver si tiene algún problema médico subyacente, entre las que se incluirá un análisis de sangre y otro de orina. A veces, también le harán radiografías especiales para estudiar cómo llega la sangre a los riñones. Si, como ocurre en la mayoría de los casos, no es posible detectar ninguna causa médica de la hipertensión, el pediatra emitirá un diagnóstico de hipertensión *esencial.* (En términos médicos, la palabra *esencial* significa que no se ha podido identificar la causa del trastorno).

¿Qué indicaciones le dará el médico? El primer paso para bajar la tensión es limitar la cantidad de sal que se ingiere. No usar el salero en la mesa y eliminar las comidas saladas suele bastar para tratar una hipertensión leve, y ayuda a controlar hipertensiones más graves. También deberá tener cuidado a la hora de comprar alimentos enlatados y precocinados, puesto que la mayoría de estos alimentos contienen mucha sal. Lea atentamente las etiquetas para asegurarse de que los alimentos que compra tienen muy poca sal añadida o nada en absoluto.

Es posible que el pediatra también sugiera que su hijo haga más ejercicio.

La actividad física regula la presión sanguínea y, por lo tanto, permite reducir la hipertensión. En las personas obesas, perder peso también puede ayudar a bajar la tensión, además de tener otros beneficios.

Si el pediatra comprueba que su hijo tiene la tensión alta, la querrá volver a evaluar cada seis meses para asegurarse de que no va en aumento. Si le sigue subiendo la tensión, es posible que, aparte del cambio de dieta y el ejercicio, le mande medicación. Hay muchos tipos distintos de fármacos para tratar la hipertensión, que actúan en distintas partes del cuerpo. Al principio, es posible que el pediatra le recete un diurético, un fármaco que aumenta la producción de orina y, por lo tanto, la eliminación de sal (sodio), antes de probar medicamentos más fuertes. Si con esta medicación no consigue bajarle la tensión, probablemente le recetará un "antihipertensivo". Inicialmente el pediatra recetará al niño sólo un medicamento, pero, si sigue sin poder controlarle la tensión, añadirá otros fármacos.

En cuanto la tensión de su hijo pueda ser controlada con la dieta y/o la medicación, es posible que tenga la tentación de dejarle tomar más sal o de suspenderle la medicina porque el problema parece estar resuelto. Si actúa de este modo, la hipertensión volverá; por lo tanto, insistimos en que siga al pie de la letra las instrucciones que le dé el pediatra.

### Prevención

Es muy importante detectar la hipertensión lo antes posible. Por este motivo, a su hijo le deben tomar la presión por lo menos una vez al año.

Los niños con sobrepeso son más propensos a la hipertensión (y a otros problemas de salud). Por este motivo, controle la cantidad de calorías que consume su hijo y anímelo a hacer mucho ejercicio.

También es recomendable no usar mucha sal en la dieta de su hijo incluso si no es hipertenso. No existen pruebas concluyentes de que el consumo de sal provoque hipertensión, pero de lo que no cabe duda es de que su hijo no necesita más sal de la que de por sí tienen los alimentos. Además, si se habitúa a comer salado, le costará mucho más prescindir de la sal si en el futuro desarrolla hipertensión.

## Enfermedad de Kawasaki

La enfermedad de Kawasaki es un trastorno extraño y grave cuya causa se desconoce. Aún así, hay algunos investigadores que creen que está provocado por un virus o una bacteria. Entre los síntomas de esta enfermedad cabe señalar:

- Fiebre, generalmente bastante alta, con una duración mínima de cinco días y que no responde al tratamiento con antibióticos. Para poder diagnosticar esta enfermedad, deberá estar presente este síntoma.

Además, en el caso típico, también deben aparecer cuatro de los siguientes síntomas:

- Erupción por todo el cuerpo o parte de él, a menudo más grave en la zona que cubre el pañal, sobre todo en los lactantes de menos de seis meses.
- Enrojecimiento e inflamación de las palmas de las manos y las plantas de los pies y/o desquebrajamiento de la piel que hay alrededor de la base de las uñas.
- Labios enrojecidos, hinchados y cortados y/o lengua afambruesada
- Ojos enrojecidos e hinchados, sobre todo la esclerótica (parte blanca)
- Ganglios linfáticos inflamados, especialmente en un lado del cuello.
- Irritabilidad o apatía. Los niños con la enfermedad de Kawasaki suelen estar más intranquilos o más adormilados que de costumbre. También se pueden quejar de que les duele el estómago, la cabeza y las articulaciones.

En la enfermedad de Kawasaki se produce una inflamación de los vasos sanguíneos que, en algunos casos, afecta a las arterias del corazón (arterias coronarias). Esta inflamación debilita las paredes de los vasos sanguíneos afectados. En la mayoría de los casos, los vasos sanguíneos recuperan su forma habitual al cabo de varios meses, pero en algunos casos siguen muy débiles y pueden llegar a hincharse, provocando aneurismas (evaginaciones llenas de sangre).

Esta enfermedad es más frecuente en Japón y Corea y en personas de ancestro coreano o japonés, pero se puede dar en cualquier grupo racial y parte del mundo. En los Estados Unidos, por ejemplo, se dan más de tres mil casos anuales, sobre todo entre los lactantes de más de seis meses y los preescolares.

La enfermedad de Kawasaki no parece ser contagiosa. Es extremadamente raro que dos niños que viven en la misma casa contraigan la enfermedad. Así mismo, no se trata de una enfermedad que se propague en las guarderías o jardines infantiles, donde los niños están en contacto diariamente. Aunque se trata de una enfermedad que se puede presentar en forma de brotes, siendo más virulenta en invierno y a principios de la primavera, se desconoce su causa. En los Estados Unidos, el grupo de edad que más se suele afectar es el comprendido entre los seis meses y los cinco años. Algunas pruebas sugieren que la enfermedad de Kawasaki puede estar provocada por algún agente infeccioso, como una bacteria o un virus todavía no identificado. Aún así, a pesar de la intensa labor de investigación que se está llevando a cabo, no se ha conseguido aislar ningún virus, bacteria o toxina como agente causante de la enfermedad. No hay ninguna prueba específica que permita el diagnóstico. Éste se emite a partir de los síntomas antes mencionados y excluyendo otras posibles enfermedades.

## Tratamiento

Al no conocerse su causa, la enfermedad de Kawasaki se puede tratar pero no prevenir. Si se diagnostica a tiempo, la administración de grandes dosis de gamaglobulinas (una mezcla de anticuerpos humanos) por vía intravenosa permite minimizar el riesgo de formación de aneurismas. Aparte de las gamaglobulinas, el niño debe tomar aspirinas, primero a dosis muy altas, y después, una vez haya remitido la fiebre, a dosis más bajas. La aspirina permite reducir la tendencia que tiene la sangre a coagularse en los vasos sanguíneos lesionados. Aunque es correcto tratar la enfermedad de Kawasaki con aspirinas, la administración de aspirinas en niños para tratar trastornos menores (como un resfriado común) se ha asociado a una enfermedad grave denominada Síndrome de Reye. Consulte siempre al pediatra antes de darle aspirina a su hijo.

# 27

# Vacunas

Hasta el presente existen vacunas para proteger a su niño de once enfermedades infantiles importantes: poliomielitis, sarampión (página 743), paperas (página 697), rubéola (página 735), varicela (página 729), tos ferina (pertussis, página 596); difteria, tétanos, infecciones por el Haemophilus (meningitis, página 693 y epiglotitis, página 621), hepatitis B e infecciones por el Pneumococo (página 76). Todas estas enfermedades pueden dejar secuelas importantes o, incluso, provocar la muerte, por lo que su hijo debe estar inmunizado contra ellas. También existen vacunas contra la influenza, la rabia, y la hepatitis A, que se administran en circunstancias especiales.

Cuando a una persona se le pone una vacuna, se le inocula una parte atenuada (debilitada) o muerta de un agente infeccioso, a fin de estimular al organismo para que produzca anticuerpos contra dicho agente. Estos anticuerpos lo protegerán en el futuro contra la enfermedad en caso de que entre en contacto con el germen que la provoca.

Algunos niños necesitan protegerse contra el virus de la influenza (vacuna contra la gripe) o el virus de la rabia (vacuna contra la rabia). La vacuna contra neumococo se recomienda para todo niño menor de 24 meses, y en aquellos mayores de dos años con problemas en su sistema inmune o a alto riesgo de infección. El pediatra le indicará si es necesario vacunar a su hijo. Exceptuando la forma oral de una de las vacunas contra la poliomielitis, todas las vacunas son inyectables.

La Academia Americana de Pediatría recomienda el itinerario de vacunación que aparece en la página 70. Por favor, consulte esa página para obtener información más detallada.

## Efectos secundarios

Todas las vacunas tienen efectos secundarios potenciales. A continuación, se mencionan los mismos.

**Difteria, Tétanos y Tos ferina (administradas conjuntamente en una sola vacuna)**

Los efectos secundarios de las porciones contra la difteria y el tétanos son similares: dolor e inflamación en la zona del pinchazo y, en raras ocasiones, erupción durante las veinticuatro horas siguientes. La porción contra la tos ferina provoca calor, enrojecimiento y dolor en el área del pinchazo en aproximadamente la mitad de los niños. También puede provocar fiebre e irritabilidad. Se han descrito casos de inflamación del cerebro consecuente a la administración de la vacuna, aunque se trata de algo tan raro (1 de cada 110,000 vacunaciones) que no se sabe a ciencia cierta si la inflamación está provocada por la vacuna en sí misma o por alguna otra sustancia o infección.

Los posibles efectos secundarios y complicaciones, se deben sopesar con el hecho de que la enfermedad en sí causa muchas más complicaciones que la vacuna que la previene. Hay un nuevo tipo de vacuna anti-tos ferina que no utiliza la bacteria muerta completa sino sólo una parte de la misma. Recibe el nombre de "acelular" y se identifica por las siglas DTPa. Se debe administrar a infantes a partir de los dos meses de edad (primera dosis) y provoca menos reacción.

**Poliomielitis**

La vacuna oral contra la poliomielitis (OPV), no exige pinchar al niño—lo que siempre es una ventaja. Aunque la OPV contiene el virus de polio atenuado, en raras ocasiones puede provocar cuadros de parálisis en niños inmunodeprimidos. También puede provocar cuadros de este tipo en personas que no sean inmunes y que estén en contacto con niños a quienes se les haya administrado la forma oral de la vacuna (el virus está presente en las heces del niño al poco tiempo de la vacunación). De todos modos, las probabilidades de que esto ocurra son bajísimas. Si su hijo es alérgico a los antibióticos neomicina y estreptomicina, es probable que el pediatra le recomiende la forma oral de la vacuna, ya que estos antibióticos se utilizan en la preparación de la forma inyectable.

La forma inyectable de la vacuna contra la poliomielitis (IPV) apenas se asocia a efectos secundarios, exceptuando una leve inflamación en la zona del pinchazo. La IPV no puede provocar cuadros de parálisis. Si su hijo o alguien que está habitualmente en contacto con él tiene el sistema inmune debilitado, debido a alguna enfermedad como el cáncer o el SIDA, se le debe administrar exclusivamente la forma inyectable de la vacuna. Esta recomendación también es válida para aquellos niños que, por el hecho de tener cáncer o alguna una enfermedad crónica, se estén sometiendo a radioterapia o quimioterapia o a un tratamiento a largo plazo a base de esteroides.

Aunque al presente solo se recomienda la forma inyectable de esta vacuna, si un niño recibió dos dosis de la forma inyectable y dos dosis de la forma oral (patrón combinado), su hijo podría haberse beneficiado de las ventajas de ambas vacunas—excelente protección contra la poliomielitis con menos pinchazos y menor riesgo de presentar un cuadro de parálisis.

**Sarampión, Paperas y Rubéola (MMR)**

Las vacunas contra el sarampión, las paperas y la rubéola se suelen administrar conjuntamente, en una misma inyección. La porción contra el sarampión a veces provoca una leve erupción en la piel y fiebre, entre cinco y doce días después del pinchazo. Rara vez provoca inflamación en la zona de la mandíbula, como si el niño tuviera paperas leves. La vacuna contra la rubéola a veces provoca dolor e inflamación de las articulaciones o, muy raramente, inflamación de los nervios de los brazos y las piernas.

**Haemophilus Influenzae Tipo B (Hib)**

El área del pinchazo puede inflamarse y estar adolorida y enrojecida. Esto ocurre en un número muy reducido de casos (uno de cada sesenta y siete). También pueden aparecer febrículas.

**Varicela**
Las reacciones adversas a la vacuna de la varicela suelen ser leves e incluyen: enrojecimiento, dolor, endurecimiento e inflamación del área del pinchazo; cansancio; intranquilidad; fiebre; y náuseas. También puede aparecer una erupción de granitos o vesículas en el área del pinchazo o, poco frecuentemente, en otras partes del cuerpo. Esta reacción puede ocurrir hasta un mes después del pinchazo y puede durar varios días.

**Influenza**
Las nuevas vacunas apenas tienen efectos secundarios, salvo que la zona del pinchazo puede estar un poco adolorida; las reacciones febriles son poco frecuentes.

**Rabia**
Las nuevas vacunas apenas tienen efectos secundarios en los niños y basta con administrar una serie de cinco pinchazos.

## Tratamiento de los efectos secundarios

Antes de ponerle alguna vacuna a su hijo, el pediatra debe repasar con usted las reacciones que puede provocar y cómo se deben tratar. Por regla general, la fiebre se trata con acetaminofén. Si aparecen reacciones locales en la zona del pinchazo, probablemente el pediatra le recomiende compresas frías para mitigar los sintomas.

Si su hijo tiene una reacción que le incomoda durante más de cuatro horas, informe al pediatra para que los anote en el historial clínico del niño y le indique el tratamiento adecuado.

## Niños que no deben ponerse ciertas vacunas

Éstas son vacunas que no provocan reacciones severas en la mayoría de los niños. Sin embargo, hay casos en que no se deben administrar.

**Difteria y Tétanos**
Si su hijo tuvo una reacción severa (urticaria, erupción petequial o *shock* anafiláctico) con una dosis previa de la vacuna, no debe revacunarlo. Si tuvo fiebre de 105° Farenheit (40.5° centígrados) o más, se desmayó o tuvo un colapso después de administrarle la primera dosis, deberá considerarlo con mucho cuidado antes de administrarle una nueva dosis que contenga los mismos componentes.

**Tos ferina**
Si su hijo ha tenido convulsiones *antes* de ponerse la DTP (o la DTPa), es posible que el pediatra prefiera retrasar el momento de administrarle el componente P o Pa de esta vacuna hasta que sepa cuál es la causa de este tipo de episodios y pasen por lo menos seis meses de no tener convulsiones. Si su hijo tuvo una reacción adversa seria a una dosis previa de la vacuna contra la tos ferina, debe considerarlo con mucho cuidado antes de administrarle una nueva dosis y tal vez deba sustituirla por DT Pediátrico. Las reacciones adversas serias incluyen fiebre alta de 105° Farenheit (40.5° centígrados o más), convulsiones, gritos o llanto persistente y agudo, y colapso. Las reacciones adversas severas (contraindicaciones), que deben alertarle tanto a usted como al pediatra de que no se le debe administrar al niño ninguna dosis más de la vacuna DTP, incluyen las reacciones alérgicas y/o una inflamación del cerebro inexplicable durante los siete días consecutivos al pinchazo.

**Varicela**
Aunque la vacuna contra la varicela no causa problemas en la mayoría de niños, hay ciertos sectores de la población, como los niños inmunodeprimidos o las mujeres embarazadas, que tienen mayor riesgo de desarrollar problemas graves y, por lo tanto, no deben ponérsela. El pediatra le indicará si su hijo pertenece a alguna de las categorías de alto riesgo y, por lo tanto, no se le debería administrar la vacuna contra la varicela.

**Sarampión, Paperas**
Puesto que estas dos vacunas contienen una pequeña cantidad de proteínas extraídas del huevo, hay opiniones encontradas sobre si se le deben o no administrar a un niño sano que sea muy alérgico al huevo. En estos casos, el pediatra siempre tiene la opción de consultar a un especialista en alergias o en el sistema inmune para que le aconseje, si es conveniente vacunar al niño. Se recomienda administrar dos dosis de estas vacunas antes de la adolescencia (entre los once y los doce años).

**Rubéola**
Todos los niños sanos que no sean muy alérgicos a la neomicina deben ponerse dos dosis de esta vacuna antes de la adolescencia. No debe administrarse a mujeres que estén embarazadas, pero el hecho de que sus hijos se pongan la vacuna no representa ninguna amenaza para el embarazo.

**Rabia**
No hay ningún motivo para no administrar esta vacuna cuando sea conveniente.

**Influenza**
Las vacunas contra la gripe se elaboran con proteínas extraídas del huevo, por lo que no se deben administrar a aquellos niños alérgicos al huevo.

**Haemophilus Influenzae Tipo B (Hib)**
No hay ningún motivo para no administrar esta vacuna, a menos que su hijo sea alérgico o no tolere uno o más de sus componentes. El pediatra le ayudará a determinar esta cuestión.

**Vacunas elaboradas con virus vivos (polio, sarampión, paperas, rubéola y varicela)**
A un niño inmunodeficiente o inmunodeprimido no se le debe administrar ninguna vacuna elaborada con virus vivos atenuados. Pero, puesto que el hecho de contraer la enfermedad del sarampión es más peligroso para un niño infectado por el VIH que ponerse la vacuna contra el sarampión, estos niños pueden ponerse la MMR (pero no la forma oral de la vacuna contra la poliomielitis ni la vacuna contra la varicela). A estos niños se les puede administrar la forma inactivada (inyectable) de la vacuna de polio (IPV).

## *Cartilla personal de vacunaciones*

Lleve un registro de las vacunas que vá recibiendo su hijo, en esta cartilla. Anote la fecha de cada vacunación. Si necesita más copias indíqueselo a su pediatra o solicite algunas a la Academia Americana de Pediatría.

| | DTPa o DTP | Polio | Triple vírica MMR | Hepatitis B | Hib | Tétanos-Difteria | Varicela | Neumococo |
|---|---|---|---|---|---|---|---|---|
| Nacimiento | : | : | : | : | : | : | : | |
| 1 a 2 meses | : | : | : | : | : | : | : | |
| 2 meses | : | : | : | : | : | : | : | |
| 4 meses | : | : | : | : | : | : | : | |
| 6 meses | : | : | : | : | : | : | : | |
| 6 a 12 meses | : | : | : | : | : | : | : | |
| 12 a 15 meses | : | : | : | : | : | : | : | |
| 15 meses | : | : | : | : | : | : | : | |
| 15 a 18 meses | : | : | : | : | : | : | : | |
| 4 a 6 años | : | : | : | : | : | : | : | |
| 11 a 12 años | : | : | : | : | : | : | : | |
| 14 a 16 años | : | : | : | : | : | : | : | |

# 28

# Problemas músculo-esqueléticos

## Artritis

La artritis es una inflamación de las articulaciones que produce hinchazón, enrojecimiento, calor y dolor. Aunque solemos creer que esta enfermedad es algo propio de la gente mayor, algunos niños tambien la padecen. Hay cuatro grandes tipos de artritis infantil:

**Sinovitis de cadera**
Se trata del tipo de artritis más común en niños. Aparece de repente y desaparece después de un período de tiempo breve, sin dejar secuelas importantes. La causa más probable es un virus.

**Infección bacteriana**
Cuando una bacteria infecta una articulación, el niño puede empezar a cojear (si la articulación afectada es la cadera, la rodilla o el tobillo). También puede tener fiebre y sentir dolor al mover dicha articulación. Si su hijo presenta estos síntomas, llévelo al pediatra inmediatamente. La infección bacteriana de la cadera puede ser un trastorno grave y debe diagnosticarse y tratarse adecuadamente con carácter de urgencia.

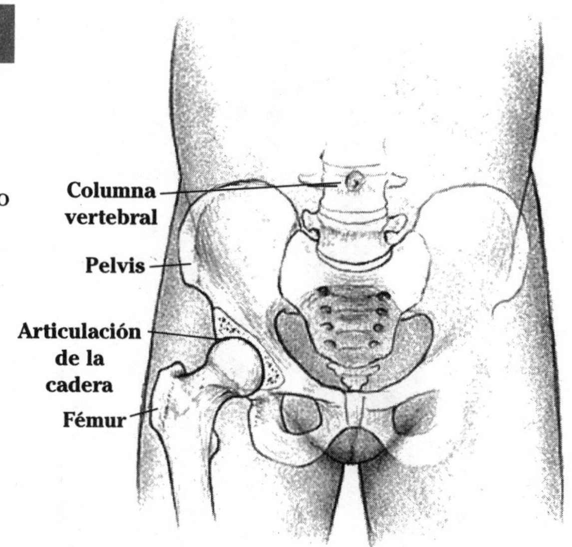


**Enfermedad de Lyme**
Se trata de una infección trasmitida por las garrapatas que puede provocar una forma de artritis conocida como "artritis de Lyme" (porque fue diagnosticada por primera vez en un niño de Old Lyme, Connecticut). La enfermedad empieza con la aparición de una erupción alrededor de la picada de la garrapata.

Luego, aparecen cambios similares en otras partes del cuerpo. Más adelante,

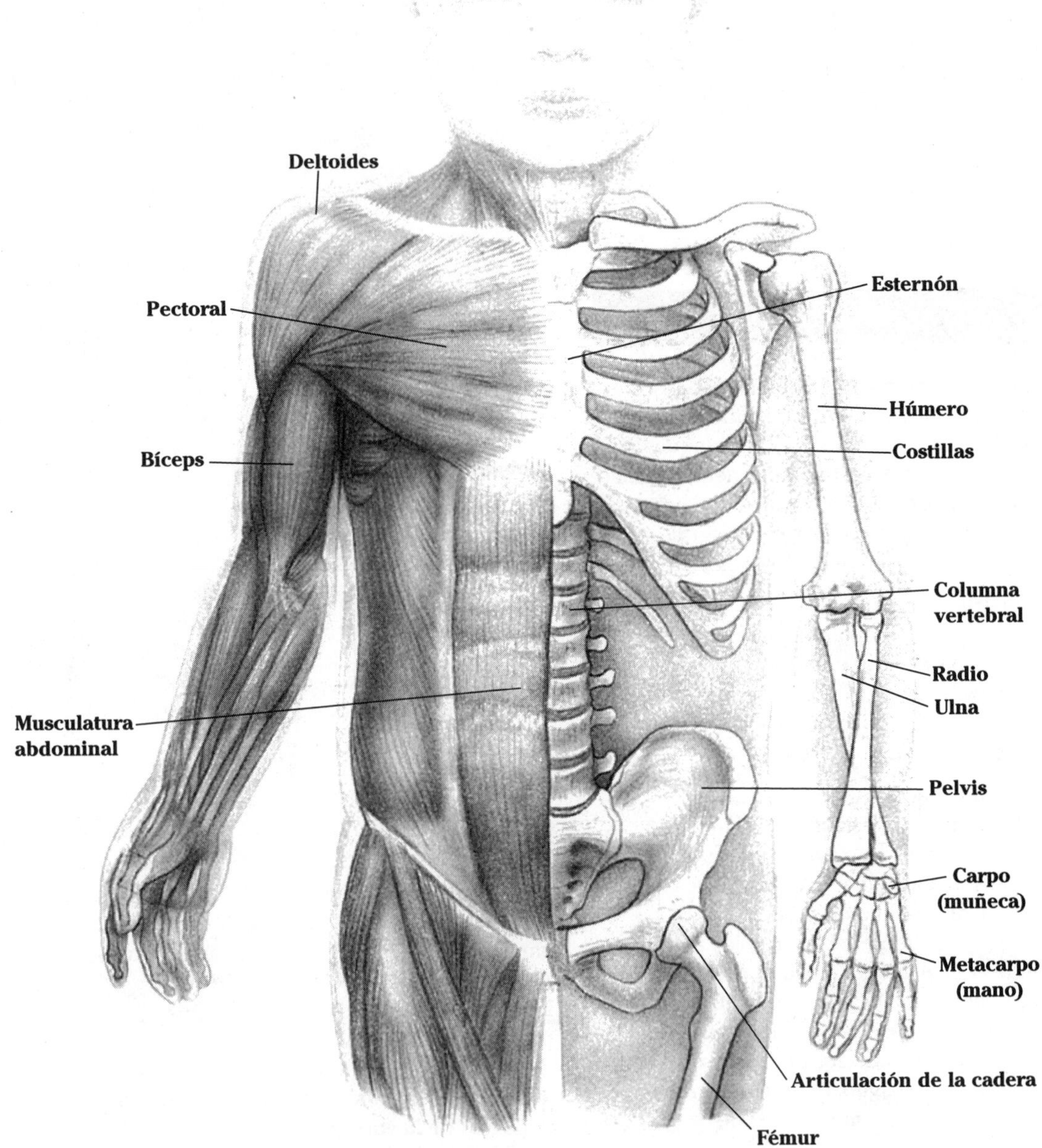


Sistema músculo-esquelético

## Cómo quitar una garrapata

1. Limpie el área con suavidad utilizando una esponja o una bolita de algodón mojada en alcohol.
2. Utilizando unas pinzas, unas tenazas o directamente con los dedos (protegiéndolos con un pañuelo de papel o un pañito), coja la garrapata lo más cerca posible de la boca del animal y de la piel del niño.
3. Realizando un movimiento suave pero decidido, tire de la garrapata hacia arriba y hacia afuera. Asegúrese de que la garrapata esté muerta antes de deshacerse de ella. (Conserve la garrapata en el caso de que el departamento de salud de su localidad esté interesado en analizarla).
4. Una vez extraída la garrapata, limpie a fondo la zona de la picada, con alcohol u otro agente desinfectante.

el niño presenta dolor de cabeza, fiebre, escalofríos, y dolores musculares. Semanas o meses después desarrollará la artritis. Aunque esta infección puede ser bastante incapacitante, tiende a durar un período limitado de tiempo. Desde que se descubrió, se ha detectado en otras partes del mundo. Si se diagnostica antes de que pase un mes desde el momento de la picada, el tratamiento a base de antibióticos suele ser eficaz. A los niños que tienen la enfermedad de Lyme crónica y con recaídas, a veces resulta útil administrarles dosis elevadas de antibióticos.

**Artritis reumatoidea juvenil**
Es el tipo más común de artritis crónica (de curso largo) que puede afectar a un niño. Lamentablemente, puede dejar secuelas permanentes. Se trata de una enfermedad desconcertante, que suele ser difícil de diagnosticar y que a los padres les cuesta bastante comprender.

Si su hijo presenta alguno de los síntomas abajo descritos, particularmente fiebre inexplicable, rigidez persistente de las articulaciones o dolor e inflamación en las articulaciones, llame al pediatra. Todos estos síntomas podrían deberse a una artritis.

La artritis reumatoidea juvenil se da más a menudo en niños de tres a seis años o durante la pubertad. Es raro que empiece antes de que el niño tenga un año o después de que cumpla dieciséis. Aunque esta enfermedad puede ser incapacitante, con el tratamiento adecuado la mayoría de los niños se recuperan completamente, y suele desaparecer después de la pubertad.

Aunque la causa exacta de la artritis crónica juvenil todavía se desconoce, probablemente se debe a la combinación de varios factores. Los investigadores creen que esta enfermedad puede desencadenarse o estar relacionada con una infección viral en niños que tienen una anomalía en el sistema inmune (o de defensas). En un niño no susceptible, el virus probablemente provocará sólo una enfermedad leve y de curso breve. Pero en algunos niños el sistema inmune reacciona de forma desproprocionada ante la infección, sobre todo en las zonas de las articulaciones. Es esta reacción desproporcionada la que provoca la inflamación y el dolor en las articulaciones.

Los síntomas, el pronóstico y las secuelas de esta enfermedad varían según el tipo concreto de artritis reumatoidea juvenil contraída. Por ejemplo, la artritis reumatoidea juvenil sistémica, aparte de provocar fiebre y dolor en las articulaciones, puede afectar a los órganos internos. Cuando esta enfermedad afecta a los órganos internos, el niño puede presentar inflamación de la membrana que recubre el corazón (pericarditis), del músculo del corazón (miocarditis), de la membrana que recubre los pulmones (pleuritis) o de los mismos pulmones (neumonía). Mucho menos frecuentemente, la inflamación puede afectar al cerebro y a las membranas que lo recubren (meningoencefalitis).

Hay otros dos tipos de artritis crónica juvenil: la pauciarticular (sólo afecta a una o dos articulaciones) y la poliarticular (afecta a muchas articulaciones). La primera puede asociarse a inflamación ocular, lo que a su vez puede provocar glaucoma o cataratas. La artritis pauciarticular es la forma de artritis crónica juvenil más común y suele afectar sobre todo a niñas pequeñas. También es la que tiene el mejor pronóstico y la que deja menos secuelas.

Se están haciendo grandes avances en el tratamiento de la artritis reumatoidea juvenil, y en la mayoría de los casos la enfermedad se puede controlar completamente. La meta del tratamiento consiste en reducir la inflamación. Al principio, se solían recetar aspirinas (ésta era una de las pocas indicaciones para darle aspirinas a un niño), porque se trata de un fármaco antiinflamatorio seguro y barato. Aún así, tiene algunos efectos secundarios adversos, como la irritación de las paredes internas del estómago. Así mismo, debido a su asociación con el Síndrome de Reye (véase la página 560), en el caso de que el niño contrajera la varicela o alguna enfermedad de tipo gripal, debía interrumpirse inmediatamente el tratamiento. Por ello, hoy día, es posible que el pediatra le recete alguno de los nuevos antiinflamatorios no esteroideos. Al igual que la aspirina, son fármacos de acción rápida, pero es menos probable que provoquen efectos secundarios adversos aunque son mucho más caros.

Si se trata de una artritis crónica juvenil grave y progresiva, probablemente el pediatra le recetará algún otro fármaco de acción lenta y en ocasiones se tendrá que recurrir a medicamentos que regulen la respuesta inmune.

Aunque la artritis reumatoidea juvenil no se puede prevenir, es posible frenar el avance de la enfermedad. A veces los padres deberán hacer cosas bastante difíciles, como forzar al niño a ejercitarse cuando le duele todo el cuerpo. Es algo imprescindible, pues si un niño con artritis crónica permanece inactivo, el dolor y la deformidad aumentan.

La artritis crónica juvenil exige una gran capacidad de adaptación, tanto para el niño como para el resto de la familia. Si toda la familia trabaja en equipo, se reducirán significativamente las probabilidades de que el niño quede con secuelas permanentes. Si necesita ayuda, el pediatra le indicará cómo contactar a organizaciones y asociaciones que pueden ayudarle.

## Tratamiento

El tratamiento varía según el tipo concreto de artritis que tenga el niño. Puede incluir medicación, ejercicio, fisioterapia o inmovilización. Sea cual sea el tipo de tratamiento que prescriba el pediatra para el caso concreto de su hijo, es fundamental que usted siga todos los pasos al pie de la letra. A veces puede costarle mucho, sobre todo cuando su niño tiene dolor, pero es importante no desistir a fin de evitar ulteriores sufrimientos y deformidades.

Si a su hijo le han diagnosticado una artritis infecciosa, probablemente el pediatra le recetará antibióticos durante cierto tiempo. Las infecciones bacterianas de cadera deben tratarse inmediatamente mediante punción en la articulación, drenaje quirúrgico y administración de antibióticos por vía intravenosa.

Si a su hijo le han diagnosticado una sinovitis de cadera, probablemente el tratamiento recomendado será guardar cama, y, en algunos casos, tracción (estirar suavemente la articulación utilizando un sistema de pesas y poleas). La enfermedad de Lyme, si se diagnostica a tiempo (antes de que haya pasado un mes desde la picada de la garrapata), se trata con antibióticos. Si la artritis es severa, probablemente le recetarán también otros medicamentos para controlar la inflamación y el dolor hasta que el trastorno desaparezca gradualmente por sí solo.

## Piernas arqueadas y rodillas juntas

Si su hijo tiene entre uno y tres años y parece que las piernas se le curvan hacia afuera a la altura de las rodillas, probablemente no hay por qué inquietarse. Mire a su alrededor y notará que pocos niños de esta edad tienen las piernas completamente rectas. De hecho, muchos niños de uno a dos años de edad tienen las piernas arqueadas, y es bastante normal que los niños de tres a seis años tengan las rodillas juntas, lo que conocemos como "zambos". Es posible que un niño no tenga las piernas completamente rectas sino hasta que cumpla nueve o diez años.

Las piernas arqueadas y las rodillas juntas generalmente sólo son variaciones que entran dentro de lo normal y no requieren tratamiento alguno. Lo más habitual es que las piernas se vayan enderezando, de tal modo que, cuando el niño sea un adolescente, tenga un aspecto completamente normal. Llevar zapatos especiales u otros correctores o hacer ejercicios de piernas no sirve de nada y, de hecho, puede perjudicar el desarrollo físico del niño y provocarle problemas emocionales.

En contadas ocasiones, las piernas arqueadas y las rodillas juntas son el resultado de una enfermedad. La artritis, las lesiones en la zona de crecimiento óseo de las rodillas (véase *Fracturas,* página 524), las infecciones, los tumores y el raquitismo pueden provocar cambios en la curvatura de las piernas. A continuación, se mencionan algunos síntomas que indican que las piernas arqueadas o juntas a nivel de rodilla, pueden deberse a un problema grave:

- La curvatura es extrema.
- Sólo se afecta una pierna.
- La curvatura *aumenta* a partir de los dos años.
- El niño sigue teniendo las rodillas bien juntas aún después de cumplir siete años.
- Además, el niño es anormalmente bajo para su edad.

Si su hijo presenta alguno de estos síntomas, comuníquese con el pediatra, quien determinará la causa exacta de la deformidad y prescribirá el tratamiento adecuado. En algunos casos el pediatra referirá el caso a un ortopeda pediátrico para una evaluación y para realizar una posible cirugía correctiva.

## Lesiones de codo

La luxación de codo, también conocida como "el codo de las niñeras" o "pronación dolorosa", es una lesión bastante común entre los niños de menos de cuatro años. Ocurre cuando el tejido blando que rodea al codo "se cuela" dentro de esta articulación y queda atrapado en su interior. Esto ocurre cuando la articulación es lo suficientemente laxa como para que los huesos que suelen estar en contacto se separan ligeramente al estirar completamente el brazo (por ejemplo, cuando se intenta levantar o columpiar a un niño estirándolo de los brazos, o cuando se cae sobre el brazo extendido). El tejido adyacente resbala dentro del espacio creado por el estiramiento y queda aprisionado cuando la articulación vuelve a su posición normal.

En la pronación dolorosa, el codo no se suele inflamar, pero su hijo se quejará de dolor. Es posible que lleve el brazo pegado al cuerpo, con el codo ligeramente doblado y la palma de la mano orientada hacia el tronco. Si usted intenta enderezarle el brazo o girarle la palma de la mano, el niño se resistirá debido al dolor.

## Tratamiento

No intente tratar este tipo de lesiones por su cuenta, ya que el dolor de codo puede deberse a otro problema como una fractura. En lugar de ello, lleve al niño al pediatra lo antes posible, después de hacerle un cabestrillo con un trozo de tela suave, por ejemplo, un pañuelo. No le dé comida, agua ni ningún analgésico, a menos que lo indique el médico.

El médico explorará el área afectada, para ver si está hinchada o adolorida o si hay limitación de movimiento. Si se sospecha que puede tener alguna lesión distinta a la pronación dolorosa, le mandará una radiografía. Si no hay fractura, el médico manipulará con cuidado la articulación para liberar el tejido atrapado. Aunque esta manipulación produce algo de dolor mientras se realiza, su hijo debería sentir alivio casi de inmediato. En raras ocasiones, el médico recomendará que el niño lleve el brazo en cabestrillo durante dos o tres días para que se le vaya curando el tejido blando afectado, sobre todo si transcurrieron varias horas entre el momento en que se produjo la luxación y el momento de la manipulación.

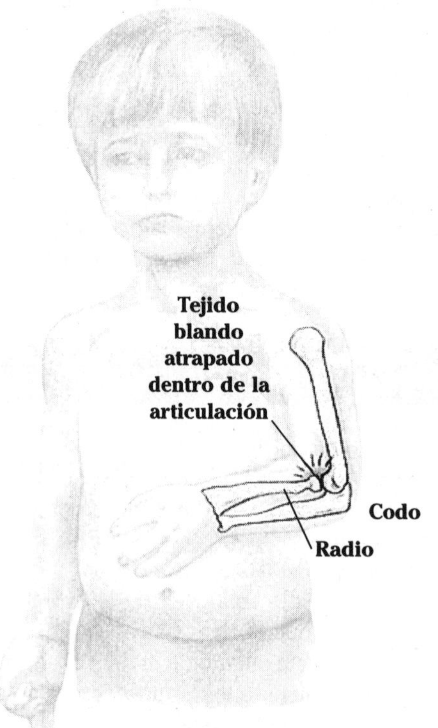


## Prevención

La pronación dolorosa se puede evitar cargando a un niño pequeño correctamente. Cójalo por las axilas o por el tronco. *No estire de él ni intente levantarlo cogiéndolo por las manos o las muñecas,* ni lo columpie cogiéndolo por los brazos.

# Pies planos

En algún momento entre el primero y el segundo año, se dará cuenta de que los pies de su hijo apenas tienen arco. Estos "pies planos", que es posible que su hijo siga teniendo durante años, se deben a que los huesos de los niños son muy flexibles, lo que hace que los pies se les aplanen cuando se ponen de pie. Además, los niños pequeños tienen almohadillas de grasa en la cara interna de los pies que ocultan los arcos. Usted podrá ver los arcos de los pies si lo coge por las axilas y lo levanta de puntillas, pero desaparecerán en cuanto los pies vuelvan a soportar el peso de su cuerpo. Además, los pies de los niños pequeños tienden a orientarse hacia afuera, de modo que la parte interna del pie soporta más peso que la externa, lo que les confiere un aspecto todavía más plano.

Estos "pies planos" normales suelen desaparecer hacia los seis años, cuando los pies pierden flexibilidad y los arcos se hacen más evidentes. Solamente uno o dos de cada diez niños seguirá teniendo los pies planos durante la etapa adulta. Sin embargo, si los pies del niño son flexibles, no hay motivo para preocuparse ni para iniciar un tratamiento. De hecho, todos los zapatos especiales, plantillas y ejercicios para corregir los pies planos que se anuncian en el mercado suelen provocar más problemas que los pies planos como tal. Si un niño no tiene arcos en los pies, estos tratamientos no le permitirán desarrollarlos.

Hay otros tipos de "pies planos" que sí responden al tratamiento. Por ejemplo, un niño puede tener muy rígido el tendón

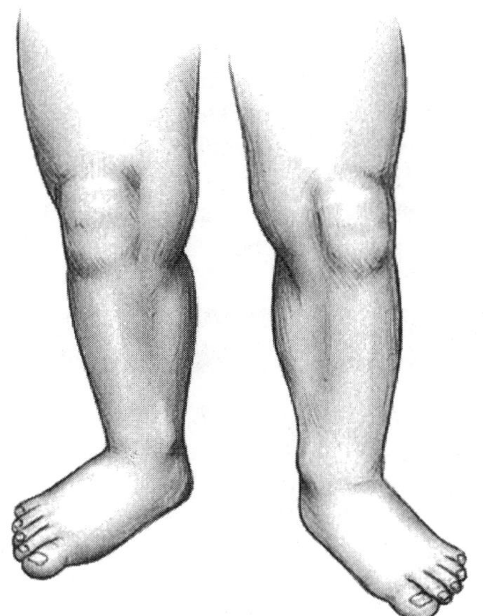

del talón (el "tendón de Aquiles"), lo cual puede limitarle los movimientos de los pies. Esta rigidez puede provocar pies planos, pero generalmente este problema se puede tratar con unos ejercicios de estiramiento especiales que permiten alargar el tendón.

En contadas ocasiones, el niño puede tener los pies planos y completamente rígidos, un trastorno que, sin lugar a dudas, puede crear problemas. A estos niños les cuesta mucho mover los pies hacia arriba y hacia abajo o de un lado a otro desde la articulación del talón. Esta anomalía puede causar dolor, aunque esto no suele ocurrir sino hasta la adolescencia, y, si no se trata, puede acabar provocando artritis. Los pies planos rígidos son poco frecuentes en los lactantes y niños muy pequeños, pero es un problema que conviene evaluar y tratar cuanto antes. Si su hijo se queja de dolor o molestias en los pies, tiene marcas de presión en la cara interna de los mismos y/o los pies muy rígidos o con escasa movilidad (tanto en sentido lateral como ascendente y descendente), llévelo al pediatra. Si le diagnostica pies planos rígidos, probablemente referirá su caso a un ortopeda pediátrico para que lo trate, lo que puede implicar una intervención quirúrgica.

## Cojera

Un niño puede cojear por motivos tan simples como el hecho de llevar una piedra dentro del zapato, tener una ampolla en el pie o un tirón muscular. Pero la cojera también puede ser el síntoma de un problema más grave, como un hueso roto o una infección, por lo que se debe examinar con sumo cuidado para asegurarse de que no obedece a ningún problema importante.

Algunos niños cojean desde que empiezan a dar sus primeros pasos. Entre las causas de la cojera precoz cabe señalar las lesiones neurológicas (por ejemplo, parálisis cerebral; véase la página 600). Estas cojeras se deben evaluar lo antes posible, puesto que, cuanto más se posponga el tratamiento, más difícil será corregirlas.

Cuando un niño ya ha aprendido andar correctamente, el hecho de que de repente empiece a cojear se puede deber a:

- Una fractura leve
- Una lesión o una inflamación de cadera (sinovitis)
- Una luxación congénita de cadera no diagnosticada previamente
- Infección en un hueso o en una articulación

Los niños de uno a tres años pueden sufrir fracturas (véase la página 524) debido a percances corrientes como, por ejemplo, resbalarse en un suelo recién encerado o saltar desde un escalón o un columpio. A veces, el niño sabrá explicar cómo ocurrió la lesión, pero los niños hacen tantas cosas al cabo del día que tal vez no recuerden qué fue exactamente lo que ocurrió. Es posible que la niñera o un hermano mayor resuelva el misterio.

Los problemas de cadera que provocan cojera a esta edad suelen obedecer a infecciones virales que afectan a la articulación y deben ser evaluados por un pediatra. Cuando un niño tiene una infección en una articulación, lo más probable es que tenga fiebre, así como la articulación inflamada y enrojecida. Si la infección afecta a la articulación de la cadera, el niño tendrá la pierna flexionada a ese nivel, estará muy irritable y se resistirá a mover la cadera y la pierna en cualquier dirección.

A veces los bebés nacen con la cadera luxada, lo que en contadas ocasiones puede pasar desapercibido hasta que el niño empiece a andar. Puesto que tendrá una pierna más larga que la otra, el niño tendrá una cojera evidente y persistente.

## Tratamiento

Si usted sabe que la cojera de su hijo se debe a una lesión de poca importancia, como una ampolla, un corte, una astilla o una torcedura leve, basta con que usted mismo lo trate según el caso. Sin embargo, la mayoría de las cojeras provocadas por otras causas deberán ser evaluadas y tratadas por el pediatra.

Si su hijo está empezando a dar sus primeros pasos y cojea, el pediatra debe verlo lo antes posible. Si un niño de más edad que andaba correctamente empieza a cojear, puede posponer la llamada veinticuatro horas, puesto que muchos de estos problemas desaparecen de la noche a la mañana.

Para emitir un diagnóstico, es posible que sea preciso hacerle al niño varias radiografías, bien sea de la cadera o de la pierna entera. Esto es especialmente conveniente si se sospecha que el niño tiene una luxación congénita de cadera. Si hay infección, se iniciará inmediatamente un tratamiento con antibióticos. (Esto implicará hospitalizar al niño, si la infección afecta al hueso o a la articulación). Si el niño tiene un hueso roto o luxado, se lo inmovilizarán o le pondrán un yeso, probablemente después de consultar a un ortopeda pediátrico. Si se comprueba que el niño tiene una luxación congénita de cadera, se referirá el caso inmediatamente al ortopeda, ya que el tratamiento adecuado, que puede implicar una inmovilización especial o la colocación de un corrector, no debe posponerse.

# Pies varos

Si los pies de un niño apuntan hacia adentro, se dice que tiene los pies varos. Es un problema muy habitual, que puede afectar a uno o a ambos pies, y puede tener diversas causas.

## Pies varos durante la lactancia

Esto usualmente es debido a que la parte delantera del pie apunta hacia adentro, y es lo que llamamos *metatarsus adductus* (véase la figura 1). Puede obedecer a la postura que adoptaba el feto cuando estaba dentro del útero o a otras causas.

Usted puede sospechar que su hijo tiene este problema si:

- Cuando usted observa al lactante desde abajo mientras descansa, comprueba que la parte delantera de los pies se orienta hacia adentro.
- La parte externa de los pies del lactante (opuesta al dedo gordo) presenta una curvatura que recuerda a una media luna.

Generalmente esta anomalía tiene poca importancia y suele resolverse por sí sola antes de que el niño cumpla un año. A veces es más grave y va acompañada de otras malformaciones en el pie, especialmente envolviendo el talón, lo que hace que todo el pie esté torcido hacia adentro. Este trastorno exige llevar al niño a un ortopeda para iniciar un tratamiento temprano mediante un yeso o férula.

## Pies varos durante la niñez temprana y la etapa preescolar

Si se da cuenta de que su hijo tiene pies varos durante el segundo año, lo más probable es que este problema se deba a que el hueso de la pantorrilla (la tibia) está torcido. Este trastorno recibe el nombre de *torsión tibial interna* (véase la figura 2). Si su hijo tiene de tres a cinco años y tiene pies varos, lo más probable es que se deba a que el hueso del muslo (el fémur) está torcido. Este trastorno recibe el nombre de *torsión femoral media.* Ambos trastornos suelen tener una base hereditaria.

Si a usted le parece que el trastorno que tiene su hijo es lo suficientemente grave como para afectar negativamente su forma de andar o de correr, pídale al pediatra que examine al niño.

## Tratamiento

Algunos expertos consideran que un lactante de menos de seis meses de edad no necesita ningún tratamiento para corregirle los pies varos. Aún así, en casos severos, puede ser recomendable colocar lo antes posible un yeso durante un período de tiempo breve. En los casos en que haya opiniones contradictorias, lo mejor es seguir las recomendaciones del pediatra del niño. Al parecer, la mayoría de los niños que tienen pies varos durante los primeros meses suelen acabar superando este problema sin necesidad de tratamiento.

Si su hijo sigue teniendo pies varos después de cumplir seis meses, o si tiene los pies muy rígidos y le cuesta mucho enderezarlos, es posible que el médico recomiende ponerle una serie de yesos durante un período de tiempo comprendido entre las tres y la seis semanas. Así mismo, lo más probable es que refiera su caso a un ortopeda pediátrico. La meta principal del tratamiento es corregir el trastorno antes de que el niño empiece a andar.

Durante la primera infancia los pies varos se suelen corregir por si solos, pero si le parece que su hijo anda con dificultad debido a la torsión de la tibia, lo mejor es que se lo comente al pediatra y, probablemente, que lleve al niño al ortopeda. Colocarle al niño abrazaderas por la noche, algo que se hacía mucho en el pasado, no se ha demostrado que sea un tratamiento eficaz.

Si su hijo sigue teniendo los pies marcadamente varos después de cumplir nueve o diez años, es posible que sea preciso intervenirlo quirúrgicamente para corregírselos.

Puesto que los pies varos suelen corregirse solos, es muy importante que no se fíe de ningún "tratamiento" alternativo no recomendado por el pediatra, como zapatos correctores, ejercicios, elevadores del arco, plantillas, o manipulaciones de espalda. Todo estos tratamientos, aparte de que no permiten corregir el problema, son perjudiciales porque interfieren con el desarrollo normal del juego y la locomoción, y hasta es posible que provoquen deformidades. Además, un niño que lleve abrazaderas se verá obligado a afrontar innecesariamente el sufrimiento emocional asociado a la ridículización de sus compañeros.

## Torceduras

Una torcedura es una lesión que afecta a los ligamentos que conectan los huesos entre sí. Las torceduras ocurren cuando un ligamento se estira o se tuerce demasiado o se rompe. Las torceduras son muy raras en los niños pequeños, puesto que sus ligamentos suelen ser más resistentes que los huesos, que están todavía en proceso de formación, y que los cartílagos. Por lo tanto, la parte por donde crece el hueso puede separarse o rasgarse antes de que se produzca ninguna lesión en los ligamentos.

Sin lugar a dudas, la torcedura que predomina en niños pequeños es la de tobillo, seguida de las de rodilla y muñeca. En una torcedura leve (primer grado), el ligamento simplemente se estira excesivamente. Las torceduras más graves pueden implicar un desgarramiento parcial del ligamento (segundo grado) o un desgarramiento total del mismo (tercer grado).

Los síntomas de una torcedura en un niño son bastante parecidos a los de una fractura: dolor, hinchazón alrededor de la articulación e incapacidad para andar, soportar peso o doblar la articulación afectada.

Si sospecha que su hijo se ha hecho una torcedura, llame al pediatra. Probablemente éste querrá evaluar personalmente al niño. Si el dolor es muy intenso o la hinchazón marcada o le preocupa que el niño pueda tener una fractura, probablemente le sugerirá llevarlo al ortopeda. Éste, a su vez, probablemente le tomará una radiografía especial para saber si la lesión afecta a los ligamentos o al hueso.

Cuando se diagnostica una torcedura, generalmente se inmoviliza la articulación con un vendaje elástico o una férula. Si la torcedura afecta a las extremidades inferiores es posible que el niño tenga que llevar muletas para evitar que fuerce continuamente el ligamento afectado. Si la lesión ha sido muy grave, quizás convenga inmovilizarlo con un yeso.

La mayoría de las torceduras de primer grado se curan en unas dos semanas y no dejan ninguna secuela. Algunas torceduras de tercer grado, sobre todo las que afectan a los ligamentos de la rodilla, pueden requerir cirugía. Si a su hijo le sigue doliendo la articulación o bien la hinchazón persiste o recurre, debe llamar al pediatra. Ignorar estos síntomas, a largo plazo, podría hacer la lesión más seria y mucho más incapacitante.

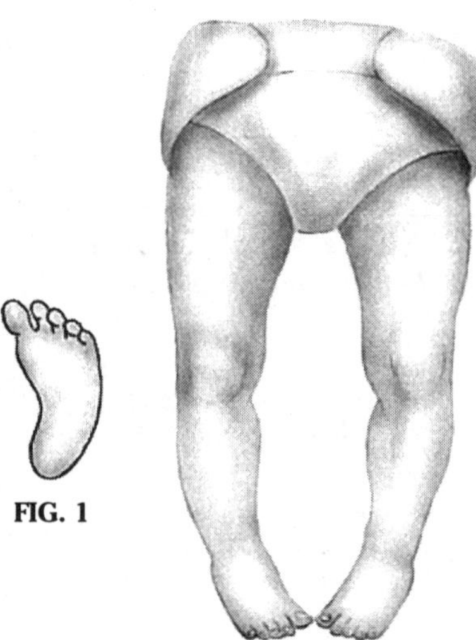

FIG. 1

FIG. 2

# 29

# Piel

## Marcas de nacimiento y hemangiomas

### Manchas oscuras al nacer (nevos o lunares)

El nevo o lunar puede ser congénito (presente desde el nacimiento) o adquirido. Está constituido por unas células del mismo nombre que se parecen a las que confieren el color obscuro a la piel. Por ello se trata de manchas de color marrón obscuro o negro.

#### Lunares congénitos

Son pequeñas manchas presentes desde el nacimiento y relativamente frecuentes (aparecen en uno de cada cien niños de raza blanca). Suelen crecer con el niño y normalmente no provocan problemas. No obstante, en contadas ocasiones estos lunares evolucionan hacia un tipo grave de cáncer de piel (melanoma), generalmente durante o después de la adolescencia. Por lo tanto, aunque no tiene sentido que se *preocupe* ahora por estas manchas, es buena idea que las observe y que el pediatra las examine regularmente por si cambiaran en apariencia (color, tamaño o forma). El pediatra podría recomendarle visitar un dermatólogo, quien podría extirparlas y/o dar seguimiento cercano de las mismas.

Existe un tipo de nevo congénito mucho más serio, cuyo tamaño puede variar desde unos pocos centímetros hasta el espacio que ocupa este libro. Puede ser plano o elevado, tener o no vello (aunque también puede haber vello en las manchas pigmentadas de tamaño reducido), y llegar a cubrir por completo un brazo o una pierna. Afortunadamente es muy poco frecuente (sólo ocurre en uno de cada veintemil nacimientos). Sin embargo, es mucho más probable que evolucione a un melanoma que los lunares de menor tamaño, por lo que es recomendable llevar al niño al dermatólogo cuanto antes.

#### Lunares o nevos adquiridos

La mayoría de las persona de raza blanca desarrollan entre diez y treinta lunares a lo largo de su vida. Suelen desarrollarse a partir de los cinco años y a veces antes. El lunar *adquirido* rara vez es motivo de preocupación. Aun así, si a su hijo le sale uno más grande que una goma de borrar, de forma irregular o con muchos colores, debe examinarlo el pediatra.

Una nota final: la mayoría de los lunares adquiridos son pecas. Suelen aparecer entre los dos y los cuatro años, se encuentran sobre todo en las partes del cuerpo que están expuestas al sol y suelen aparecer más en unas familias que en otras. Suelen oscurecerse y aumentar de tamaño durante el verano, mientras que en invierno se ven mucho menos. No representan ningún peligro y no deben ser motivo de preocupación.

## Marcas de vasos sanguíneos en la piel (Hemangiomas)

Su bebé de pocos meses tiene un bultito rojo que le sobresale en la frente y que está aumentando de tamaño muy deprisa y una mancha plana de color rojo obscuro en el brazo. Su aspecto no es demasiado agradable, pero, ¿se trata de algo peligroso?

Los hemangiomas son marcas de nacimiento que aparecen cuando un área de la piel recibe un aporte anómalo de sangre. Esto hace que el tejido afectado aumente de tamaño durante varias semanas o meses y adquiera un tono rojo-azulado. Cuando el problema afecta sólo a los capilares (los vasos sanguíneos de menor tamaño), la marca recibe el nombre de hemangioma capilar ("hemangioma en forma de fresa"). Cuando afecta a vasos sanguíneos de mayor tamaño, el hemangioma puede ser de otro tipo y tener un aspecto distinto.

### Hemangioma plano (Picotazo de cigüeña)

Estas manchas, muy habituales en los recién nacidos, suelen aparecer en los párpados y en la parte posterior del cuello. Generalmente desaparecen durante los primeros meses de vida y carecen de importancia.

### Hemangioma capilar

Los hemangiomas capilares también son bastante habituales, encontrándose en por lo menos dos de cada cien recién nacidos. Aunque a veces no se detectan al nacer, se desarrollan durante el primer mes a modo de un crecimiento rojo de textura rugosa. Pueden aparecer en cualquier parte del cuerpo, pero son más frecuentes en la cabeza, el cuello y el tronco. Generalmente un niño tiene sólo un hemangioma capilar, pero en algunas ocasiones pueden haber varios hemangiomas repartidos por todo el cuerpo.

Si a su hijo le sale un hemangioma capilar, pídale al pediatra que lo examine para que pueda seguir su curso desde el principio. Durante los primeros seis meses de vida los hemangiomas suelen crecer rápidamente lo que puede asustar bastante. Sin embargo, pronto dejan de aumentar de tamaño y casi siempre desaparecen cuando el niño tiene unos nueve años.

A menudo, el aspecto de estas marcas de nacimiento desagrada tanto a los padres que se empeñan en extirpárselos al bebé inmediatamente. Sin embargo, puesto que la inmensa mayoría de éstos disminuye progresivamente de tamaño durante el segundo o tercer año, suele ser mejor dejarlos tal y como están. Las investigaciones demuestran que, cuando este tipo de hemangiomas se dejan sin tratar, tienen pocas complicaciones o problemas estéticos. Contrariamente, los que se tratan, sea con medicación o cirugía, pueden desarrollar más complicaciones y cambios de aspecto indeseables.

A veces, los hemangiomas tienen que tratarse o extirparse—básicamente cuando afectan áreas adyacentes a estructuras vitales, como los ojos, la garganta o la boca; cuando están creciendo más deprisa de lo habitual; o cuando es probable que sangren mucho o que se infecten. Estas circunstancias poco comunes requieren una evaluación cuidadosa y tratamiento por parte del pediatra y el dermatólogo.

Aunque es algo muy raro, un niño puede tener muchos hemangiomas en la cara y en el tronco superior. En estos casos, es posible que también tenga hemangiomas en algunos órganos internos. Si el pediatra de su hijo sospecha algo similar, probablemente necesitará hacerle otras pruebas.

### Manchas tipo vino de oporto

Las manchas tipo vino de oporto son malformaciones planas de pequeños vasos sanguíneos, generalmente presentes al nacer y que aumentan de tamaño conforme el niño va creciendo. Son de color rojo intenso o morado y suelen aparecer en la cara o las extremidades (generalmente sólo en un lado del cuerpo). A diferencia de los hemangiomas capilares, estas manchas rara vez desaparecen aunque a veces se desvanecen un poco. A pesar de ello, pocas veces provocan problemas. En algunas ocasiones, no obstante, si afectan a los párpados superiores o a la frente, existe la posibilidad de que haya algún problema en las estructuras cerebrales subyacentes (Síndrome de Sturge-Weber). O, si afecta al área que hay alrededor del ojo, existe la posibilidad de que ese ojo desarrolle glaucoma (ver página 647).

Las manchas tipo vino de oporto se deben examinar de vez en cuando a fin de determinar si han cambiado de tamaño, ubicación o color. Si a su hijo le disgusta mucho tener este tipo de marcas de nacimiento, existe la posibilidad de utilizar un maquillaje especial para taparlas. El tratamiento con láser ha tenido éxito en muchos casos, pero los demás tipos de cirugía no suelen ser recomendables. (Véase también *El bebé recién nacido,* ver página 128).

## Varicela

La varicela es una de las enfermedades más comunes de la niñez. Esta infección, altamente contagiosa, provoca una erupción en forma de vesículas, que pica y puede cubrir la mayor parte del cuerpo. Aparte de la erupción, también suele presentarse fiebre baja.

Si a su hijo le contagian el virus de la varicela, la erupción puede tardar entre diez y veintiún días en aparecer. Las pequeñas vesículas, que pueden tener un área enrojecida a su alrededor, aparecen primero en el tronco y el cuero cabelludo y después se extienden a la cara y las extremidades. Normalmente, las vesículas se secan, se convierten en costras y después se curan, pero pueden dejar pequeñas ulceraciones que, si el niño se las rasca y se infectan, pueden dejar cicatriz. La piel también se puede obscurecer un poco alrededor de algunas vesículas, pero este cambio de color desaparecerá gradualmente conforme vaya remitiendo la erupción.

### Tratamiento

Es posible que recuerde, de su propia infancia, lo mucho que puede picar la varicela. Intente disuadir a su hijo de que se rasque, pues las lesiones se le podrían infectar. El acetaminofén (administrado a la dosis adecuada para la edad y el peso de su hijo) puede mitigar el malestar y bajar la fiebre. Cortarle bien las uñas de las manos y bañarlo diariamente con agua y jabón puede ayudar a evitar infecciones bacterianas secundarias. Los baños de avena, de venta en farmacias (sin receta médica), también ayudan a mitigar el picor. El aciclovir, un fármaco que sólo se adquiere con receta médica, también disminuye la gravedad de los síntomas, si se administra durante las primeras veinticuatro horas de la enfermedad. Este medicamento, aunque no es necesario para todo paciente, es especialmente útil en niños con eccema (un trastorno de la piel) o asma y en los adolescentes.

*No le dé a su hijo aspirina ni cualquier otro medicamento que contenga aspirina o salicilatos cuando tenga la varicela.* Estos productos aumentan el riesgo de padecer el Síndrome de Reye (véase la página 560), una enfermedad seria que afecta al hígado y al cerebro. Si usted tiene duda sobre los fármacos que le puede dar a su hijo en estas circunstancias, pida consejo al pediatra.

Entre otras cosas, el pediatra no necesitará ver al niño a menos que tenga fiebre de más de 102° Farenheit o 38.9° centígrados, o la fiebre dure más de cuatro días. De todos modos, si el área afectada por la erupción se pone muy roja, caliente y dolorosa, debe informar al pediatra; esto podría indicar una infección bacteriana que se debe tratar con antibióticos y fármacos especiales para mitigar el picor. En el caso de que su hijo presente alguno de los síntomas del Síndrome de Reye o de encefalitis: vómitos, nerviosismo, confusión, convulsiones, falta de respuesta, aumento en somnolencia, o pérdida del equilibrio, llame *inmediatamente* al pediatra.

Un niño está contagioso entre uno o dos días antes de que aparezca la erupción hasta las veinticuatro horas posteriores a la aparición de la última lesión (lo que suele ser entre cinco y siete días). Aun así, sólo se pueden contagiar aquellas personas que no hayan tenido varicela anteriormente, por lo que, si los amigos de su hijo ya han pasado la varicela y él se encuentra bien, no hay problema en que juegue con ellos aun si la erupción está en pleno auge. Sin embargo, deberá mantenerlo alejado de aquellos niños que no hayan tenido la varicela o sobre los que haya alguna duda al respecto. Una vez se recupere, su hijo será inmune a la varicela durante el resto de su vida.

## Prevención

Se recomienda administrar la vacuna de varicela a todo niño sano, entre doce y dieciocho meses de edad, si no ha pasado previamente la enfermedad. A los niños menores de trece años que no hayan tenido varicela y no se les haya puesto la vacuna, también se les debe administrar una dosis de la misma. Durante los primeros doce meses de vida, la única forma de proteger a su hijo de la varicela es evitar exponerlo al contagio. Evitar la exposición es especialmente importante en los recién nacidos, sobre todo si son prematuros, ya que en ellos la condición puede ser más severa. La mayoría de los bebés cuyas madres tuvieron varicela son inmunes a la enfermedad durante los primeros meses de vida. Los niños susceptibles que padezcan enfermedades que afectan al sistema inmune (como el cáncer), y/o se estén medicando con cortisona, también deben mantenerse alejados de las fuentes de contagio. En caso de que se expongan al contagio, es recomendable administrarles un medicamento especial para hacerlos inmunes a la enfermedad durante un período limitado. Es importante tener presente que, puesto que la vacuna de la varicela es una vacuna de virus vivo, los niños inmunodeprimidos no presentarán una respuesta normal a la vacuna y, por lo tanto, no son candidatos para recibirla.

## Costra láctea y dermatitis seborreica

A su precioso bebé de un mes le ha salido una especie de costra escamosa y enrojecida en el cuero cabelludo. Usted está preocupado y se pregunta si tal vez no debe lavarle el pelo tan a menudo. También detecta cierto enrojecimiento en los pliegues del cuello, las axilas y detrás de las orejas. ¿De qué se trata y qué debe hacer?

Cuando la erupción afecta sólo al cuero cabelludo, recibe el nombre de "costra láctea". Pero, aunque suele empezar con la aparición de escamas y el enrojecimiento del cuero cabelludo, también puede afectar más adelante en las demás áreas que acabamos de mencionar. Puede extenderse a la cara y al área del pañal y, en estos casos, los pediatras lo denominan dermatitis seborreica (porque afecta a áreas que tienen una gran concentración de glándulas sebáceas). La dermatitis seborreica es una condición de la piel, no infecciosa y es un tipo de eccema muy habitual en los lactantes; suele empezar durante las primeras semanas de vida y va desapareciendo gradualmente durante un período de semanas o meses. A diferencia de la dermatitis atópica o de la dermatitis por contacto (véase la página 732), no suele provocar molestias ni picor.

¿Cuál es la causa de esta erupción? Nadie lo sabe con exactitud. Aun así, no cabe duda de que está influenciada por los cambios hormonales que acompañan al embarazo y que estimulan a las glándulas sebáceas. Probablemente la sobreactivación de estas glándulas es la que provoca la aparición de escamas y el enrojecimiento.

### Tratamiento

Si la dermatitis seborreica de su hijo sólo afecta al cuero cabelludo (y, por lo tanto, sólo tiene "costra láctea"), puede tratarla usted mismo. No tema lavarle la cabeza; de hecho debe hacerlo (utilizado un champú suave para bebés) más a menudo que de costumbre. Esto, y el cepillarle el pelo con suavidad, contribuirá a eliminar las escamas.

A muchos padres les gusta utilizar aceite mineral o aceite de bebé pero esto no es efectivo, ya que fomenta la formación de escamas en el cuero cabelludo, sobre todo sobre la fontanela posterior. Si usted quiere utilizar aceite, póngale muy poca cantidad, masajee las escamas y después lávele el pelo con champú y cepílleselo. Los champús especiales para tratar la dermatitis seborreica (champús antiseborreicos, que contienen sulfuro y ácido salicílico al dos por ciento) generalmente eliminan las escamas más deprisa, pero, puesto que pueden ser irritantes, no debe utilizarlos sin consultar al pediatra. Es posible que éste también le recete algún otro fármaco para tratar las escamas y el enrojecimiento.

Si, lavándole el pelo a menudo, no consigue reducir la costra láctea o la erupción se extiende por la cara y los pliegues del cuello, llame al pediatra. Éste probablemente le recetará un champú más fuerte para disolver las escamas y una crema o loción que contenga cortisona. Las cremas que contienen un uno por ciento de hidrocortisona constituyen el tratamiento más habitual.

Una vez desaparezcan las escamas, ¿cómo evitar que vuelvan a aparecer? Casi siempre, bastará con lavarle frecuentemente el pelo al niño con un champú suave para bebés. En algunos casos, hace falta utilizar un champú especial, pero deje que sea el pediatra quien tome la decisión. Así mismo, una vez su hijo cumpla un año, el trastorno no volverá a aparecer sino hasta la pubertad.

A veces, en las zonas afectadas aparece una sobreinfección por hongos, sobre todo en las áreas que contiene pliegues de piel, más que en el cuero cabelludo. En estos casos, la piel se enrojece mucho y pica bastante. Si le ocurre esto a su hijo, probablemente el pediatra le recetará una crema específica contra hongos, que puede contener nistatina. La crema debe aplicarse en pequeñas cantidades sobre el área afectada tres o cuatro veces al día, frotando bien.

Tenga la seguridad de que la dermatitis seborreica no es una infección grave. Tampoco se trata de ninguna reacción alérgica a algo que usted está utilizando ni se debe a una falta de higiene. Desaparecerá sin dejar cicatriz ¡y su bebé volverá a ser hermoso!

## Eccema (Dermatitis atópica y dermatitis por contacto)

El término *Eccema* se utiliza para describir una gran variedad de condiciones de la piel. Usualmente se presenta con la piel enrojecida, que se vuelve húmeda y exuda y, algunas veces, se llena de pequeñas vesículas llenas de líquido. Cuando el eccema se hace crónico (persiste durante mucho tiempo), la piel se vuelve gruesa, seca y escamosa.

Hay dos tipos principales de eccema: la dermatitis atópica y la dermatitis por contacto.

### Dermatitis atópica

La dermatitis atópica suele afectar a infantes y niños que tienen alergias o un historial familiar de alergias o eccema, aunque el problema no siempre es de origen alérgico. La dermatitis atópica suele desarrollarse en tres fases diferentes. La primera ocurre entre los dos y los seis meses de edad, con picor, enrojecimiento y la aparición de pequeñas vesículas en las mejillas, la frente o el cuero cabelludo. La erupción puede extenderse más adelante a los brazos y el tronco. Aunque la dermatitis atópica a menudo se confunde con otros tipos de dermatitis, sobre todo con la dermatitis seborreica, el intenso picor y la ausencia de alergias previas son pistas que sirven para hacer el diagnóstico. En muchos casos, la erupción desaparece o mejora cuando el niño tiene de dos a tres años de edad.

La segunda fase de este trastorno suele ocurrir cuando el niño tiene de cuatro a diez años, y se caracteriza por la aparición, en la cara y el tronco, de una erupción elevada, a modo de escamas, y que pican. Suele haber más escamas y menos supuración que en la primera fase, por lo que la piel adquiere un aspecto más rugoso. Las zonas más afectadas suelen ser los pliegues que se forman en la cara interna de los codos, detrás de las rodillas, y en las muñecas y tobillos. Este tipo de eccema produce mucho picor y generalmente la piel se seca mucho.

La tercera fase, caracterizada por áreas de piel seca, de aspecto escamoso y que pican, suele empezar en torno a los doce años y en algunas ocasiones perdura durante la etapa adulta.

### Dermatitis por contacto

La dermatitis por contacto ocurre cuando la piel entra en contacto con una sustancia irritante. Este problema puede aparecer a raíz del contacto repetido con sustancias irritantes, como jugos cítricos, baños de burbujas, jabones fuertes, ciertos alimentos o medicinas, o telas ásperas. Así mismo, uno de los irritantes más comunes es la saliva del mismo niño. La dermatitis por contacto no pica tanto como la dermatitis atópica y generalmente desaparece en cuanto se elimina el irritante.

Hay otra forma de dermatitis por contacto que se desarrolla cuando la piel del niño entra en contacto con alguna sustancia a la que es alérgico. Entre las sustancias más comunes cabe señalar:

- Ciertos aditivos y sabores articificales contenidos en pastas de dientes o enjuagues bucales (Provocan una erupción alrededor de la boca).
- Tintes y pegamentos utilizados para fabricar zapatos (Provocan una erupción en el empeine y las puntas de los dedos de los pies).
- Tintes para la ropa (Provocan erupciones en las zonas donde más aprieta la vopa y donde se suda más).
- Prendas de níquel o corchetes de pantalones o de otras prendas de ropa.
- Plantas, sobre todo la hiedra, el zumaque y el *Rhus diversiloba*.
- Fármacos, como las pomadas o cremas que contienen neomicina.

Este tipode la erupción suele aparecer varias horas después del contacto (en el caso de la hiedra, al cabo de entre uno y tres días). Provoca picor leve y hasta es posible que se asocie a aparición de pequeñas vesículas.

## Tratamiento

Si su hijo tiene una erupción con aspecto de eccema, el pediatra tendrá que examinarla para poder emitir un diagnóstico y recetarle el tratamiento adecuado. En algunos casos, creerá conveniente consultar el caso a un dermatólogo pediátrico.

Aunque no hay cura para la dermatitis atópica, generalmente se puede controlar y suele desaparecer al cabo de varios meses o años. El tratamiento más eficaz consiste en evitar que la piel se reseque demasiado y aparezca el picor. A tal efecto:

- Evite los baños calientes largos y frecuentes que tienden a resecar la piel.
- Utilice cremas o lociones hidratantes con regularidad y frecuencia para reducir la sequedad y el picor.
- Evite ropas ásperas o irritantes (tejidos de lana o rugosos).
- Si hay exudación o mucho picor, coloque compresas tibias sobre el área afectada y, a continuación, adminístrele la medicación que le haya recetado el pediatra.

Usualmente el pediatra le recetará una pomada o loción para controlar la inflamación y mitigar el picor. Estos productos suelen contener cortisona, y sólo deben utilizarse bajo la supervisión de un médico. Además, es posible que el pediatra le recete otras lociones o aceites. Es importante que continúe aplicando el tratamiento durante el período que le indique el pediatra. Si deja de aplicarlo demasiado pronto, el trastorno podría reaparecer.

Aparte del tratamiento tópico, es posible que su hijo necesite tomar algún antihistamínico por vía oral para mitigar el picor y/o antibióticos, en el caso de que se le infectara la piel.

El tratamiento de la dermatitis alérgica por contacto es similar, aunque es posible que, en este caso, el dermatólogo o alergista desee identificar la causa de la erupción explorando el historial clínico detallado del niño y haciéndole una prueba de parches cutáneos. Esta prueba se realiza colocando pequeños parches de los irritantes más comunes (alergénos) sobre la piel del niño. Si ésta se enrojece y le empieza a picar, en el futuro deberá evitar la sustancia contenida en el parche.

Si su hijo presenta cualquiera de los siguientes síntomas, informe al pediatra:

- La erupción empeora y no responde al tratamiento.
- El niño tiene fiebre y/o presenta síntomas de infección (como vesículas, costras amarillentas, dolor o supuración)
- La erupción se extiende o aparecen más erupciones.

## Quinta enfermedad (Eritema infeccioso)

Las mejillas sonrosadas suelen considerarse un signo de buena salud, pero si a su hijo le aparecen de repente unas marcas de un rojo intenso en las mejillas que sobresalen y están calientes, es posible que haya contraído una enfermedad de origen viral denominada quinta enfermedad. Como ocurre con tantas otras enfermedades de la niñez, esta se transmite de una persona a otra. El virus específico que provoca esta enfermedad pertenece a la familia de los parvovirus. Una vez infecta a una persona, puede tardar de cuatro a catorce días en provocar síntomas.

Se trata de una enfermedad leve, y la mayoría de los niños se sienten bien aun con la erupción activa. Sin embargo, a veces va acompañada de síntomas leves de resfriado: dolor de garganta, dolor de cabeza, ojos enrojecidos, fatiga, fiebre baja o picor. En casos raros se asocia a dolor en las rodillas y las muñecas. El proceso puede ser más severo en niños que presentan anomalías en la hemoglobina o en los glóbulos rojos, como ocurre en la anemia falciforme, y en los niños que tienen cáncer.

La erupción suele aparecer inicialmente en las mejillas, dando la impresión de que el niño ha recibido una buena bofetada. Durante los próximos días, aparece una erupción rosácea y de escaso relieve en brazos, tronco, muslos y nalgas, con un patrón reticulado. La fiebre suele estarausente o ser baja. Al cabo de entre cinco y diez días, la erupción desaparece, empezando por la cara, después los brazos, el tronco, y finalmente las piernas. Curiosamente, la erupción puede reaparecer brevemente al cabo de varias semanas o meses, sobre todo si el niño se calienta mucho al darse un baño, hacer ejercicio o tomar el sol.

Los adultos que padecen esta enfermedad es posible que sólo tengan inflamación y rigidez transitoria en las articulaciones en ausencia de fiebre y de erupción.

### Tratamiento

Aunque la quinta enfermedad no suele ser grave en la mayoría de los casos, puede confundirse con una erupción que sí lo es. Su aspecto puede imitar las erupciones que provocan ciertos fármacos, por lo que es importante que informe al pediatra sobre los medicamentos que está tomando su hijo. Cuando le describa los síntomas por teléfono, es posible que el médico sospeche que su hijo tiene quinta enfermedad, pero probablemente querrá evaluar personalmente al niño para estar seguro.

No existe ningún tratamiento específico para la quinta enfermedad, pero se puede aplicar un tratamiento sintomático. Por ejemplo, si el niño tiene más de 102° Farenheit (38.9° centígrados)—lo que es bastante raro en esta enfermedad—, o molestias leves, puede darle acetaminofén. Si los síntomas catarrales interfieren con el sueño o la alimentación, pídale al pediatra que le recete algún descongestionante. El picor se puede mitigar con antihistamínicos. Así mismo, si el niño presenta nuevos síntomas, se empieza a encontrar peor o le sube mucho la fiebre, vuelva a llamar al pediatra.

La quinta enfermedad es contagiosa mientras se está en los síntomas catarrales que preceden a la erupción. Cuando aparece la erupción, ya no es contagioso. De todos modos, por norma, siempre que su hijo tenga una erupción o fiebre, debe mantenerlo alejado de otros niños hasta que el médico emita un diagnóstico. A modo de precaución, debe esperar a que le baje la fiebre y se encuentre bien para dejarle jugar con otros niños. Así mismo, debe mantener a su hijo apartado de cualquier mujer embarazada (sobre todo durante el primer trimestre de embarazo) hasta que desaparezca la erupción, puesto que el virus que provoca esta enfermedad en raras ocasiones puede provocar malformaciones en el feto si la futura madre contrae la enfermedad durante el embarazo.

## Rubeóla ó Sarampión Alemán

Aunque muchos de los padres de hoy tuvieron la rubéola o sarampión alemán durante su infancia, actualmente es una enfermedad relativamente poco común, gracias al desarrollo de la vacuna contra el virus que la provoca. De todos modos, incluso cuando era bastante frecuente, la rubéola solía ser una enfermedad de carácter leve.

La rubéola cursa con fiebre (entre 100° a 102° Farenheit [37.8° y 38.9° centígrados]), inflamación de los ganglios linfáticos (sobre todo en la parte posterior del cuello y en la base del cráneo) y erupción. Ésta, que puede variar desde elevaciones minúsculas del tamaño de una cabeza de alfiler a una erupción irregular de color rojo, es elevada y suele aparecer primero en la cara. En dos o tres días se extiende por el cuello, el pecho y el resto del cuerpo conforme va desapareciendo de la cara.

Una vez infectado por el virus de la rubéola, un niño tardará entre catorce y veintiún días en manifestar los síntomas de la enfermedad. El período contagioso de la enfermedad abarca desde varios días antes de la erupción hasta cinco o siete días después de dicha aparición. Por tratarse de una enfermedad leve, pasa desapercibida aproximadamente en la mitad de los niños que la contraen.

Antes de que se desarrollara la vacuna contra la rubéola, esta enfermedad solía aparecer en forma de brotes epidémicos con una periodicidad de seis a nueve años. Desde que se introdujo la vacuna, en 1968, no ha vuelto a haber ningún brote significativo. Aun así, todavía se dan casos de esta enfermedad a una escala mucho más reducida. Cada año, un grupo de adolescentes no vacunados y susceptibles contraen la enfermedad. Afortunadamente, exceptuando la fiebre, el malestar general y el dolor ocasional en las articulaciones, estas pequeñas epidemias apenas tienen consecuencias.

La situación es muy diferente cuando la rubéola infecta a una mujer no vacunada durante los primeros tres meses de embarazo. En estos casos, puede provocar malformaciones graves e irreversibles en el feto. Los bebés que nacen con esta forma de rubéola (rubéola congénita) pueden presentar problemas oculares (cataratas, glaucoma, ojos pequeños), anomalías cardíacas, sordera, retraso mental profundo, y otros problemas producto del daño al sistema nervioso central.

### Cómo actuar

Si el pediatra le diagnostica rubéola a su hijo, usted puede contribuir a aliviar el malestar dándole líquidos y acetaminofén, si tiene fiebre, y dejándole reposar en la cama (si está fatigado). Manténgalo alejado de otros niños y adultos, a menos que sepa que son inmunes. Como regla general, los niños que contraen la rubéola no deben ir a la guardería ni participar en actividades grupales durante los siete días posteriores a la aparición de la erupción. Se debe tener un cuidado especial en evitar que se acerquen a mujeres embarazadas.

Si a su hijo se le diagnostica rubéola congénita, el pediatra le informará sobre la mejor forma de afrontar los problemas complejos y difíciles asociados a este trastorno. Los bebés que nacen con rubéola congénita suelen ser contagiosos durante el año *que sigue* al nacimiento y, por lo tanto, no deben ir a la guardería ni participar en ninguna actividad grupal, donde podrían contagiar a otros niños o adultos susceptibles.

### Cuándo acudir al pediatra

Si su hijo tiene fiebre, le sale una erupción y se siente mal, coménteselo al pediatra. Si se le diagnostica rubéola, siga las indicaciones arriba descritas para tratarla y evitar el contagio.

### Prevención

Administrar la vacuna correspondiente es la mejor forma de evitar la condición. La vacuna contra la rubéola se suele poner junto con las vacunas contra el sarampión y las paperas, en un sólo pinchazo que se denomina vacuna "triple vírica" (MMR) y que se administra cuando el niño tiene entre doce y quince meses de edad. Se deben administrar dosis de refuerzo posteriormente (véase el Capítulo 27, "Vacunas".)

Además de los niños, otras personas que deben ponerse la vacuna contra la rubéola son:

- Las niñas o mujeres que no se hayan puesto previamente las dos dosis de la vacuna y que sepan que no están embarazadas ni van a estarlo durante los próximos tres meses
- El personal de los centros preescolares
- Estudiantes universitarios
- El personal militar
- El personal del área de la salud

La vacuna contra la rubéola tiene relativamente pocos efectos secundarios adversos. A veces puede aparecer una ligera erupción, febrículas y dolor de articulaciones a partir de la primera a latercera semana que sigue al pinchazo. (El dolor de articulaciones es mucho menos habitual con la nueva versión de la vacuna) *A un niño se le puede poner la vacuna a pesar de que su madre esté embarazada en ese momento.* Sin embargo, una mujer embarazada no inmunizada nunca debe vacunarse. Así mismo, deberá evitar por todos los medios entrar en contacto con cualquier niño o adulto infectado por el virus. Después de dar a luz, debe ponerse inmediatamente la vacuna.

## Pérdida de pelo (Alopecia)

Casi todos los bebés pierden parte o la totalidad del pelo con el que nacen. Esto *no* es nada anormal; de hecho, es lo habitual. El pelo de bebé se cae para que pueda crecer el pelo maduro. Por lo tanto, la pérdida de pelo durante los primeros seis meses no es motivo de preocupación.

Bastante a menudo, los bebés pierden pelo debido al roce del cuero cabelludo contra el colchón o al hábito de golpearse la cabeza contra el mismo. Conforme van adquiriendo mayor movilidad y pasan más tiempo sentados, o bien cuando superan el hábito de golpearse la cabeza, el problema se soluciona por si solo.

En casos muy raros, los bebés pueden nacer con alopecia (calvicie) congénita, que puede aparecer sola o junto con algunas anomalías en las uñas y los dientes. Más adelante, la alopecia infantil puede deberse a medicamentos, a lesiones en el cuero cabelludo o a problemas médicos o nutricionales.

A un niño mayor también se le puede caer el pelo si estira demasiado de él al peinarlo, al cepillarle el pelo o al hacerle trenzas. Algunos niños (de menos de cuatro años) se tuercen el pelo sin darse cuenta para tranquilizarse y, al hacerlo, pueden llegar a arrancárselo. Otros (generalmente de más edad), se estiran del pelo conscientemente, pero niegan hacerlo; esto suele asociarse a estrés emocional, por lo que debe discutirse con el pediatra.

También conviene que conozca un trastorno denominado *alopecia areata,* relativamente común en niños y adolescentes y que parece obedecer a una reacción "alérgica" al propio pelo. En este trastorno, el niño pierde pelo en un área circular del cuero cabelludo, que se queda completamente calva. Generalmente, cuando afecta a un área reducida del cuero cabelludo el pronóstico es bueno y la recuperación suele ser total. Pero, cuando está muy extendido por el cuero cabelludo, persiste o empeora, se tienen que aplicar cremas y hasta inyecciones de esteroides en las zonas afectadas. Lamentablemente, si la pérdida de pelo afecta a un área muy extensa, puede costar mucho conseguir que vuelva a crecer.

Puesto que la alopecia y la pérdida de pelo pueden ser el síntoma de problemas médicos o nutricionales subyacentes, usted debe informar al pediatra de perdida de cabello que ocurra después de que su hijo cumpla seis meses. El médico examinará el cuero cabelludo del niño, determinará la causa y prescribirá un tratamiento. A veces, es necesario referirlo a un dermatólogo pediátrico.

## Piojos

Tener *piojos en la cabeza* es algo bastante común en niños pequeños que suelen jugar en grupo, compartir ropas o gorros o, simplemente, estar en contacto cercano. Aunque suele ser embarazoso, afortunadamente los piojos no son un problema médico grave. Como padre debe saber que prácticamente cualquiera que tenga hijos en centros preescolares o en la escuela, ha recibido una nota informando de que hay algún niño con piojos en la clase. Antes los piojos eran más propios de la edad escolar, pero ahora, puesto que cada vez son más los niños que van a guarderías y jardines infantiles, el problema se ha extendido a la etapa preescolar.

Generalmente, los padres se dan cuenta de que su hijo tiene piojos porque empieza a tener fuerte picor en la cabeza. Al examinar el cuero cabelludo del niño, es posible que detecte pequeñas motas blancas en el pelo o el cuello que es fácil confundir con caspa o seborrea. La caspa se presenta en forma de hojuelas de mayor tamaño mientras que los piojos tienen el aspecto de puntitos más pequeños que generalmente están pegados a las hebras de pelo. Si los examina detenidamente, hasta es posible que los vea moverse a lo largo del pelo. Tambien, el picor suele ser mucho más intenso cuando se tienen piojos que cuando se tiene seborrea o caspa.

Estos síntomas pueden indicar la presencia de los piojos que típicamente se encuentran en la cabeza, *Pediculus humanus capitis,* y de sus huevos o liendres. Si detecta este problema en su hijo, no reaccione de forma desproporcionada. Se trata de un problema muy común y *no* es indicativo de su falta de higiene. Es simplemente el resultado de llevar a su hijo a lugares donde se relaciona con otros niños.

Si su hijo tiene piojos es porque los contrajo de otra persona. Lo más probable es que lo hiciera al compartir peines, cepillos, gorros u otras prendas de ropa.

## Tratamiento

Una vez nota que su hijo tiene piojos, podrá aplicarle diversos tratamientos. Hay tres productos eficaces para tratar los piojos:

- Permetrina (NIX), aplicada en forma de enjuague durante diez minutos.
- Lindano (Kwell, Scabene), aplicado en forma de champú durante cuatro minutos. *Este producto es altamente tóxico y no se debe utilizar en lactantes.* Se recomienda en aquellos casos en que los demás productos resultan ineficaces o no se toleran bien.
- Productos elaborados con piretrina natural (A200, RID), aplicados durante cuatro minutos a modo de champú.

La permetrina presenta algunas ventajas comparándola con los demás productos, pero lo mejor es que le pregunte al pediatra cuál es el que él recomienda.

Los productos elaborados con piretrina se pueden adquirir sin receta médica. Tanto la permetrina como la piretrina parecen tener menos toxicidad potencial. Generalmente, sólo hace falta aplicar una vez el tratamiento con productos con permetrina. Sin embargo, suele ser preciso repetir el tratamiento a base de lindano o piretrina al cabo de entre siete y diez días, cuando ya hayan eclosionado los huevos residuales.

Los padres deben estar conscientes de que los productos utilizados para exterminar los piojos son insecticidas potencialmente peligrosos y, por lo tanto, deben utilizarse siguiendo las instrucciones al pie de la letra.

Independientemente de cual sea el producto utilizado, es importante que use un peine fino para retirar los restos de huevos, los piojos y las larvas que hayan sobrevivido al tratamiento. En algunos casos, apenas hará falta retirar nada. Para evitar la reinfección, también deberá lavar las sábanas y toda la ropa que llevaba puesta su hijo (los gorros y sombreros suelen ser los principales culpables) durante las cuarenta y ocho horas que precedieron al momento en que usted se dió cuenta de que el niño tenía piojos. Lave toda la ropa con agua caliente o en seco, si lo prefiere. Los peines y cepillos se pueden lavar con un champú anti-piojos o bien dejarlos en remojo en agua caliente. Las temperaturas superiores a los 128.3° Farenheit (53.5° centígrados) durante cinco minutos son letales tanto para los piojos como para sus huevos.

Por otra parte, si su hijo tiene piojos, usted debe informar a la escuela o al centro preescolar donde lo lleve. Si su pequeño torbellino de tres años tiene piojos, puede estar seguro de que alguno de sus compañeros de grupo también los tiene. Puesto que los piojos son muy contagiosos, *es posible que los demás miembros de la familia también se tengan que tratar* y que sea preciso lavar las sábanas y la ropa de toda la familia.

# Urticaria

Si su hijo tiene una erupción que le pica, consistente en áreas de ronchas rojizas y que sobresalen, con el área central de un color más pálido, en ausencia de escamas o piel seca, probablemente le ha salido una urticaria. Esta reacción alérgica puede aparecer en todo el cuerpo o sólo en una parte reducida, como por ejemplo, la cara. La ubicación puede cambiar, pudiendo aparecer y desaparecer en distintas partes del cuerpo, a menudo en cuestión de horas.

Entre las principales causas de las urticarias, cabe señalar la alergia a:

- Ciertos alimentos (bayas, queso, nueces, huevos, leche, aceite de sésamo, mariscos).
- Medicamentos, de venta con y sin receta médica. (La penicilina y la aspirina son dos culpables frecuentes).

- Polen de los árboles, césped, helechos
- Ciertas plantas
- Reacción ante una infección (denominada urticaria infecciosa)
- Agua fría
- Picaduras de abejas u otros insectos

En la mayoría de los casos, es difícil identificar la causa.

## Tratamiento

Los antihistamínicos administrados por vía oral permiten mitigar el picor. Muchos de ellos se pueden comprar sin receta médica, pero usted debe pedirle al pediatra que le recomiende uno. Es posible que tenga que utilizar el medicamento durante tres días seguidos y tan a menudo como cada cuatro o seis horas. Aplicar compresas frías sobre el área afectada también puede ayudar a reducir la inflamación o el picor.

Si en la reacción alérgica también están implicadas partes internas del cuerpo, es posible que sea preciso aplicar otros tratamientos. Si su hijo tiene respiración sibilante o le cuesta mucho esfuerzo tragar, se le tiene que aplicar un tratamiento de emergencia. Probablemente el médico le recetará un antihistamínico más fuerte y hasta es posible que le tenga que inyectar adrenalina para frenar la reacción alérgica. Si la alergia que ha provocado la urticaria también provoca graves dificultades respiratorias, el pediatra le ayudará a conseguir un *kit* de emergencia para que pueda atender a su hijo en el caso de que la reacción alérgica se repita en el futuro.

## Prevención

Para evitar que vuelva a aparecer la urticaria, el médico intentará determinar qué es lo que ha provocado la reacción alérgica. Si la erupción afecta sólo a un área reducida de la piel, probablemente obedecerá a algo que su hijo ha tocado (las plantas y los jabones son los principales culpables). Pero si se extiende por todo el cuerpo, probablemente se deberá a algo que ha comido o inhalado.

Generalmente el momento en que aparece la urticaria da algunas pistas sobre qué es lo que puede haber provocado la reacción alérgica. Por ejemplo, ¿Suele aparecer después de las comidas?; ¿Es más frecuente durante ciertas estaciones o cuando el niño frecuenta determinados lugares? Si logra identificar un patrón específico, deberá modificar la rutina para ver si el niño mejora. Tendrá que tener en cuenta todos los alimentos que consume su hijo, incluyendo los que antes ingería sin problemas. A veces, las urticarias aparecen cuando un niño consume grandes cantidades de un alimento al que sólo es ligeramente alérgico.

Una vez identificada la causa del problema, intente mantener a su hijo lo más alejado posible de ella. Si sabe con antelación que su hijo se va a ver expuesto a la sustancia que le provoca la reacción alérgica, lleve consigo un antihistamínico. Si su hijo es alérgico a las picaduras de insectos, tenga siempre a mano un *kit* para tratar picaduras (véase *Picaduras de insectos,* página 740.)

# Impétigo

El impétigo es una infección bacteriana contagiosa que afecta a la piel y que suele aparecer alrededor de la nariz, la boca y las orejas. A menudo está provocada por el estreptococo, que también es responsable de la infección de garganta por estreptococo y de la fiebre escarlatina, o por estafilococos.

Si el causante de la infección es el estafilococo, la erupción consiste en vesículas llenas de un fluido casi transparente. Éstas se rompen con facilidad, dejando tras de sí un área plana y brillante sobre la que enseguida se forma una costra de color miel. Sin embargo, el estreptococo rara vez provoca la aparición de vesículas, pero sí de costras y úlceras que afectan a áreas extensas de la piel.

### Tratamiento

Hasta que pueda llevar a su hijo al pediatra, limpie bien la erupción con agua y jabón. Puede utilizar un jabón dermatológico suave, pero no se fíe de los medicamentos que se venden sin receta médica a no ser que se los recomiende expresamente el pediatra.

El impétigo debe tratarse con antibióticos, pero es posible que el pediatra prefiera identificar antes la bacteria concreta que lo provoca para saber el medicamento específico que debe recetarle. Para ello, tendrá que abrir una vesícula o levantar una costra para analizar una muestra del material en ellas contenido. Si se trata de una infección provocada por estreptococos, probablemente le recetará penicilina, pero si la erupción ha sido provocada por estafilococos, le recetará otro antibiótico. En cualquier caso, medique a su hijo durante el curso de tratamiento completo, pues, si no, el impétigo podría reaparecer.

Otra cosa a considerar es que el impétigo es contagioso hasta que desaparece la erupción o hasta que se llevan dos días de tratamiento a base de antibióticos y ha habido una clara mejoría. Por lo tanto, mientras el impétigo sea contagioso, su hijo debe evitar entrar en contacto con otros niños y usted debe evitar tocarle la erupción. Si usted u otro miembro de la familia entra en contacto con el área afectada, debe lavarse a fondo, con agua y jabón la parte afectada. Además, mantenga las toallas o toallitas de baño, del niño separadas de las de los demás miembros de la familia.

### Prevención

Las bacterias que provocan el impétigo crecen en las pequeñas aberturas de la piel (cortes, rasguños...), por lo que la mejor forma de evitar que su hijo contraiga esta infección es manteniendo las uñas bien cortas, romas y limpias, y enseñándole a no rascarse cuando tenga la piel irritada. Cuando se haga un arañazo, lávelo con agua y jabón y aplique sobre él una pomada antibiótica. Así mismo, tenga cuidado en no utilizar toallas que haya usado alguien que tenga una infección activa en la piel.

Cuando la causa del impétigo es una infección por estreptococos, puede asociarse a una complicación bastante grave, aunque rara, denominada glomerulonefritis. Esta enfermedad puede lesionar los riñones, provocando el paso de sangre a la orina y una subida de la presión sanguínea.

## Picaduras de insectos

La reacción de su hijo ante la picadura de un insecto dependerá de su sensibilidad al veneno del insecto que le pique. Aunque la mayoría de los niños tienen sólo reacciones leves, los que son alérgicos al veneno de ciertos insectos pueden presentar síntomas graves que requieren un tratamiento urgente.

### Tratamiento

Aunque las picaduras de insecto pueden ser molestas, generalmente empiezan a desaparecer al cabo de un día y no hace falta llevar al niño al médico. Para mitigar el picor que suelen provocar las picaduras de tábanos, moscas, mosquitos, pulgas y chinches, lo mejor es aplicar un poco de hielo o una loción de calamina sobre el área afectada, evitando las áreas alrededor de los ojos o en los genitales. Si a su hijo le pica una abeja o una avispa, moje un a toalla en agua fría y presione sobre el área de la picadura para mitigar el dolor y la inflamación. Llame al pediatra antes de utilizar cualquier otro tratamiento, incluyendo pomadas o cremas que contengan antihistamínicos o cualquier remedio casero, como bicarbonato de soda, ablandador de carnes, jugo de tabaco, amoníaco o vinagre. Si el picor es muy fuerte, es posible que el médico le recete alguna pomada que contenga cortisona o antihistamínicos orales.

Si su hijo se topa con un enjambre de abejas, aléjelo de allí lo antes posible. Al picar, las abejas emiten una feromona que transmite una señal de alarma a los demás miembros de la colmena, lo que aumenta las probabilidades de que la víctima reciba más picaduras.

Es importante extraer el aguijón rápida y completamente. El retirar el aguijón inmediatamente después de la picadura evitará que gran parte del veneno que contiene sea bombeado hacia el interior del cuerpo. Si el aguijón se puede ver a simple vista, retírelo frotando suavemente la superficie de la piel en sentido horizontal, utilizando una tarjeta de crédito o bien la uña del dedo. También puede extraer el aguijón tirando de él con unas pinzas o directamente con los dedos. Las picaduras de abeja y de mosquito pueden hincharse más al cabo de dos o tres días.

Mantenga las uñas de su hijo bien cortas, romas y limpias, para evitar al máximo una infección por rasguños al rascarse. Si, a pesar de todo, la picadura se infecta, la zona se pondrá más roja e inflamada. En algunos casos es posible que usted detecte varias líneas enrojecidas o un fluido amarillento alrededor de la picadura. Pídale al pediatra que examine la picada que parezca haberse infectado, puesto que es posible que necesite antibióticos.

*Pida ayuda médica inmediatamente si su hijo presenta cualquiera de los siguientes síntomas después de que le pique un insecto.*

- Dificultad para respirar
- Debilidad, colapso o pérdida de la conciencia
- Urticaria o picores por todo el cuerpo
- Inflamación extrema alrededor de los ojos, los labios o el pene, que dificulta la visión, la alimentación o la micción.

## Prevención

Algunos niños que no tienen ninguna alergia conocida pueden presentar reacciones alérgicas graves ante las picadas de determinados insectos. Si usted cree que su hijo es propicio a las alergias, coménteselo al pediatra. Es posible que le recomiende ponerle una serie de inyecciones de hiposensibilización. Además, le recetará un kit especial para que lo tenga a mano en caso de que al niño le picara algún insecto.

Es imposible evitar *todas* las picadas de insecto, pero usted puede minimizarlas siguiendo las indicaciones que figuran a continuación:

- Evite lugares donde los insectos anidan o suelen reunirse, como los cubos de basura y los vertederos, las aguas estancadas, los alimentos sin cubrir, o los huertos y jardines floridos.
- Si sabe que su hijo va a frecuentar un lugar donde hay muchos insectos, póngale pantalones largos y camiseta de manga larga.
- Evite vestir a su hijo con ropas que tengan colores vivos y brillantes o dibujos de flores, pues atraen a los insectos.
- No utilice jabones perfumados, perfumes o lacas, pues también atraen a los insectos.

| Insecto/Ambiente | Características de la picada | Comentarios |
|---|---|---|
| **Mosquitos**<br>Agua (piscinas, lagos, estanques) | Sensación de pinchazo seguida de picor y formación de una elevación roja y con una marca de picada pequeña en el centro | Los mosquitos se sienten atraídos por los colores brillantes, el sudor y los olores dulces como las colonias, los jabones perfumados y los champús. |
| **Moscas**<br>Alimentos, desperdicios, heces | Un crecimiento prominente que duele y pica. Puede convertirse en pequeñas vesículas | La picada suele desaparecer al cabo de un día, pero puede durar más. |
| **Pulgas**<br>Grietas del suelo, alfombras, pelo de animales domésticos | Protuberancia pequeña que recuerda a una urticaria. Se ven en grupo, donde más aprieta la ropa (cintura, nalgas) | Es más probable que sea un problema en casas donde hay animales domésticos. |
| **Chinches**<br>Grietas de las paredes, suelo, rendijas de los muebles, colchones | Protuberancias rojas rodeadas de una vesícula y que pican. Generalmente dos o tres seguidos | Los chinches suelen picar por las noches y son menos activos en climas fríos. |
| **Hormigas**<br>Pastos, prados, hierba, césped y parques | Ardor y dolor inmediatos e inflamación de hasta más de un centímetro. Fluído turbio en el área de la picada | Las hormigas suelen atacar a los intrusos. Algunos niños reaccionan teniendo dificultad para respirar, fiebre y molestias digestivas. |
| **Avispas y Abejas**<br>Flores, arbustos, zonas de picnic, playas | Dolor inmediato seguido de inflamación | Algunos niños tienen reacciones alérgicas graves, como dificultad para respirar e hinchazón de todo el cuerpo. |
| **Garrapatas**<br>Áreas boscosas | Es posible que no se note, por estar escondida entre el pelo | No intente extraer una garrapata utilizando cerillas, cigarrillos encendidos o removedor de esmalte. Coja la garrapata por la parte de la cabeza con firmeza utilizando unas pinzas. Tire de ella con suavidad y asegúrese de no dejar ninguna parte de la misma adherida a la piel del niño. |

Los repelentes de insectos se pueden adquirir sin receta, pero deben usarse con precaución, sobre todo en lactantes y niños pequeños. El producto más eficaz es el DEET (dietiltoluamida). Los repelentes apropiados para niños no deben tener más de un 10 por ciento de DEET, ya que esta sustancia química puede ser nociva al absorberse a través de la piel.

La concentración de DEET varía considerablemente de un producto a otro, por lo que conviene leer las etiquetas de los productos antes de comprarlos. Los repelentes son eficaces para evitar las picadas de mosquitos, garrapatas, pulgas, ácaros de la siega y moscas, pero apenas tienen efecto sobre los insectos con aguijón, como las avispas, la abejas y los abejorros. Contrario a lo que se cree, tomar antihistamínicos constantemente durante la época en que los insectos están más activos no evita las reacciones alérgicas ante las picadas.

La tabla de la página 742 contiene información sobre las picaduras de insecto más frecuentes.

# Sarampión

Gracias a la vacuna contra el sarampión, hoy en día esta enfermedad es relativamente infrecuente en los países desarrollados. En 1996, sólo ocurrieron trescientos casos de sarampión en los EE.UU. Aun así, la gente sigue contrayendo esta enfermedad. Si su hijo no ha tenido sarampión ni se ha vacunado contra el mismo, podría contraerlo si se viera expuesto al virus que lo provoca. Éste se contagia a través de las gotitas que expulsan las personas infectadas al hablar o al respirar. Toda persona que inhale estas gotitas y no sea inmune a la enfermedad puede contraerla.

## Signos y síntomas

Durante los primeros ocho a doce días que siguen al contagio, es probable que su hijo no presente ningún síntoma; esto se conoce como el período de incubación. Luego desarrollará una enfermedad que puede parecer un resfriado común, con tos, secreciones nasales y ojos enrojecidos (conjuntivitis; véase la página 644). La tos puede ser severa a veces y le durará aproximadamente una semana, y probablemente el niño se sentirá muy mal.

Entre el primer y el tercer día de enfermedad, los síntomas catarrales se agravarán y la fiebre puede subir hasta 103° a 105° Farenheit o 39.4° a 40.5° centígrados. La fiebre persistirá hasta dos o tres días después de que haya aparecido la erupción.

La erupción suele aparecer del segundo al cuarto día de enfermedad. Suele empezar por la cara y el cuello, extendiéndose a continuación por el tronco y después por las extremidades. Empieza en forma de granitos muy pequeños de color rojo, que pueden aparecer agrupados formando ronchas de mayor tamaño. Si su hijo tiene granitos pequeños de color blanco dentro de la boca, cerca de los molares, significa que pronto le va a salir la erupción. Ésta le durará entre cinco y ocho días y, cuando desaparezca, es posible que la piel se le pele un poco.

## Tratamiento

Aunque no existe ningún tratamiento antiviral autorizado para el sarampión en los Estados Unidos, es importante que el pediatra examine al niño para determinar si, efectivamente, tiene sarampión. Muchas condiciones pueden empezar del mismo modo que el sarampión, y, además, esta enfermedad se puede complicar (por ejemplo, con una neumonía). Por ello el pediatra querrá seguirle de cerca. Cuando llame al pediatra, descríbale bien la erupción y la fiebre para que contemple la idea de que tiene sarampión. Cuando lleve a su hijo a la consulta del pediatra, éste le pedirá que lo separe de los demás pacientes para que no los contagie.

Su hijo podrá contagiar la enfermedad desde varios días antes de la aparición de la erupción hasta que remita tanto la fiebre como la erupción. Mientras tanto, no debe salir de casa (excepto para llevarlo a la consulta del pediatra) y deberá mantenerlo alejado de las personas que no sean inmunes a la enfermedad.

Mientras esté en casa, asegúrese de que su hijo bebe mucho líquido y déle acetaminofén a la dosis adecuada para controlar la fiebre. La conjuntivitis que suele acompañar a esta enfermedad hace que al niño le duelan los ojos cuando se vea expuesto a la luz; por lo que es aconsejable mantener su habitación en la penumbra durante los primeros días de la enfermedad.

A veces, el sarampión se complica con infecciones bacterianas. Las más frecuentes incluyen infección de garganta por estreptococos (véase la página 629), neumonía (véase la página 593) e infecciones de oído (véase la página 618). Todas ellas deben ser examinadas por el pediatra y usualmente requieren tratamiento de antibióticos

## Prevención

Casi todos los niños que reciben dos dosis de la vacuna "triple vírica" (MMR, contra el sarampión, la rubéola y las paperas) después de cumplir un año, son inmunes al sarampión de por vida. (véase el Capítulo 27, Vacunas). Hasta un cinco por ciento de los niños no responde adecuadamente a la dosis inicial de la vacuna. Por este motivo, se recomienda administrar una dosis de refuerzo, a los cinco años de edad o bien cuando el niño inicie la enseñanza secundaria (entre los once y los doce años), en función de la norma vigente en cada estado. El pediatra le indicará qué es lo mejor para su hijo.

Si su hijo ha estado en contacto con alguien que tenía el sarampión, o si alguien de la familia está pasando esta enfermedad, informe al pediatra. Los siguientes pasos pueden ayudarle a evitar que su hijo caiga enfermo:

1. Si todavía no a cumplido un año o tiene el sistema inmune debilitado, se le puede dar un tipo de inmunoglobulina (gammaglobulina) hasta seis días después de la exposición. Esto le puede proteger de la infección, pero no le proporcionará inmunidad para el futuro.
2. Si el niño está sano y tiene más de un año, todavía se le puede poner la vacuna. La vacuna puede ser efectiva si se administra antes de que hayan pasado setenta y dos horas desde la exposición al virus, y *proporciona* inmunidad a largo plazo. Si al niño ya se le ha puesto una dosis de la vacuna contra el sarampión y ha pasado por lo menos un mes desde la primera inyección, se le puede inyectar la segunda dosis.
3. Un lactante de entre seis y once meses de edad puede ser vacunado contra el sarampión, si está expuesto a la enfermedad, reside en una comunidad en la que la exposición es altamente probable o si se desata una epidemia de sarampión.

# Hiedra, zumaque y *Rhus diversiloba*

("Poison Ivy", "Poison Oak", "Poison Sumac")

Entrar en contacto con la hiedra, el zumaque o el *Rhus diversiloba* es una causa bastante común de erupciones cutáneas en niños durante la primavera, el verano y el otoño. La erupción obedece a una reacción alérgica al aceite que contienen estas plantas. Puede aparecer desde pocas horas de haber entrado en contacto con la planta hasta tres días después, y empieza en forma de vesículas que producen picor intenso.

Contrario a la creencia popular, no es el fluído contenido en las vesículas lo que hace que la erupción se vaya extendiendo. La erupción se extiende debido a que pequeñas cantidades de aceite que permanecen adheridas a las uñas del niño, a su ropa o al pelo de algún animal doméstico entran en contacto con otras partes de su cuerpo. La erupción no se podrá contagiar a menos que el aceite que la provoca entre en contacto con la piel de otra persona.

La hiedra es un tipo de hierba, con tres hojas de color verde y un tallo rojizo en el centro y crece como una parra en todas las regiones de Estados Unidos a excepción del suroeste. El zumaque es un arbusto que tiene entre siete y trece hojas, agrupadas de dos en dos a lo largo del tallo central. No es tan abundante como la hiedra y crece sobre todo en las zonas pantanosas del rio Mississippi. El *Rhus diversiloba,* o "Poison Oak," es un arbusto que crece en zonas costeras. Las tres plantas producen el mismo tipo de reacción alérgica en la piel, denominada dermatitis por contacto (véase *Eccema,* en la página 732).

## Tratamiento

Tratar la reacción alérgica a la hiedra—la causa más frecuente de las dermatitis por contacto—es bastante sencillo.

- La prevención es el mejor enfoque. Aprenda a identificar la planta y enséñele a su hijo a evitarla.
- Si se produce el contacto, lave la ropa que llevaba puesta el niño con agua y jabón. Lave también con abundante agua y jabón la zona de la piel donde se produjo el contacto durante por lo menos diez minutos.
- Si la erupción es poco importante, aplique loción de calamina de tres a cuatro veces al día para mitigar el picor. Evite los productos que contengan antihistamínicos o anestésicos, puesto que pueden desencadenar reacciones alérgicas.
- Para reducir la inflamación se puede aplicar alguna pomada que contenga hidrocortisona al uno por ciento.
- Si la erupción es severa o afecta a un área muy extensa del cuerpo o a la cara, es probable que el pediatra prefiera tratar al niño con esteroides orales. En este caso, el tratamiento debe durar unos diez días reduciéndose la dosis de manera específica según recomendación del pediátra. Usted debe seguir al pie de la letra las indicaciones que le dé el pediatra sobre el patrón de administración. Este tratamiento sólo se aplica a los casos más severos. Así mismo, si su hijo presenta alguno de los síntomas que figuran a continuación, debe ponerse en contacto con el pediatra:
- Erupción severa que no responde a los tratamientos arriba descritos
- Cualquier indicio de infección, como, vesículas, enrojecimiento o supuración
- Una nueva erupción o sarpullido
- La cara está severamente afectada
- Fiebre

# Tiña

Si su hijo tiene una placa redondeada escamosa en el pecho o en un lado de la cabeza, donde parece estar perdiendo pelo, es posible que haya contraído una infección contagiosa denominada *tiña*. En inglés se la conoce como "ringworm".

Este trastorno está provocado por un hongo. La infección suele cursar con la aparición de placas escamosas de forma oval o redondeada que, conforme van creciendo, van perdiendo las escamas en la parte central mientras prevalecen en los bordes.

Cuando afecta al cuero cabelludo, casi siempre se contagia de una persona a otra, pero si a un niño le aparece en alguna otra parte del cuerpo, lo más probable es que se la haya contagiado un perro o un gato.

El primer síntoma de la infección cuando afecta a una parte del cuerpo distinta de la cabeza es la aparición de placas de piel escamosas y muy rojas. Es posible que no adquieran un aspecto circular hasta que midan media pulgada de diámetro y suelen dejar de crecer cuando miden una pulgada. Su hijo puede presentar sólo una placa escamosa o un conjunto de ellas en un lado del cuerpo, pero probablemente no tendrá más de veinte y sólo le producirán leves molestias y picor.

Cuando afecta a la cabeza, la tiña empieza del mismo modo que en le resto del cuerpo, pero, conforme va creciendo, el niño puede ir perdiendo pelo en el aérea afectada. Algunos tipos de tiña dejan marcas muy difuminadas, por lo que se confunden fácilmente con caspa o la costra láctea. De todos modos, la costra láctea solamente aparece en los lactantes y la caspa rara vez aparece antes de la adolescencia, por lo que, si su hijo tiene continuamente escamas en la cabeza y ya ha cumplido un año, lo más probable es que tenga la tiña, por lo que debe comentárselo al pediatra.

## Tratamiento

Si la tiña afecta sólo a un área corporal, puede tratarse con pomadas que se venden sin receta médica para esta afección, y recomendadas por su pediatra. Los productos utilizados más a menudo son el tolnaftato, el miconazol y el clotrimazol. Se aplica una pequeña cantidad de pomada sobre el área afectada dos o tres veces al día durante por lo menos una semana, cuando debe apreciarse cierta mejoría. Si hay varias áreas afectadas o si la irritación parece empeorar con el tratamiento, coménteselo al pediatra. Probablemente le mandará un tratamiento más fuerte y, si se trata de un caso de tiña severa, le recetará un fungicida oral. Deberá tomar la medicación durante varias semanas para aclarar la infección.

Si el área afectada es la cabeza, es posible que el pediatra le recomiende utilizar un champú especial para lavarle el pelo a su hijo. Si hay alguna posibilidad de que otros miembros de la familia hayan contraído la misma infección, deben lavarse el pelo con el mismo champú e ir al médico para les haga un diagnóstico.

## Prevención

Puede evitar esta infección aprendiendo a identificar y a evitar a los animales domésticos portadores de la misma. Busque en sus gatos y perros áreas escamosas, sin pelo o que parezcan picarles y llévelos al veterinario para que puedan recibir el tratamiento adecuado. Cualquier miembro de la familia que presente síntomas de tiña debe recibir tratamiento

# Roséola infantil (exantema súbito)

Su bebé de diez meses no parece estar muy enfermo, pero, de repente, le sube la fiebre hasta alcanzar entre 102° Farenheit (38.9°centígrados) y 105° Farenheit (40.5° centígrados). La fiebre alta le dura entre tres y siete días y, durante los cuales, tiene menos apetito, diarrea leve, un poco de tos, nariz mocosa, y parece más irritable y adormilado que de costumbre. Así mismo, tiene los párpados superiores ligeramente hinchados o caídos. Al final, *después de que le haya bajado la fiebre,* le sale por el tronco una erupción rosada, elevada. "¡Oh, no!"—se dice; "¡Tiene el sarampión!". Pero la erupción se extiende sólo por la parte superior de los brazos y el cuello y desaparece al cabo de veinticuatro horas. ¿Cuál es el diagnóstico? Lo más probable es que se trate de una enfermedad denominada roséola—una condición viral contagiosa. Es más frecuente en niños de menos de dos años. Su período de incubación es de entre siete y catorce días. La pista más significativa para el diagnóstico es que la erupción aparece *después* de que baja la fiebre.

### Tratamiento

Siempre que a su hijo le suba la fiebre hasta 102° Farenheit (38.9° centígrados) o más, llame al pediatra, aún cuando no presente ningún otro síntoma de enfermedad. Si el médico sospecha que la fiebre se debe a la roséola, le sugerirá formas de controlar la fiebre y le pedirá que le vuelva a llamar, en el caso de que el niño empeore o si la fiebre alta le dura más de tres o cuatro días. Si el niño parece estar muy enfermo, el médico le mandará un contaje de sangre, análisis de orina y otras pruebas.

Puesto que la mayoría de las enfermedades que cursan con fiebre son contagiosas, lo mejor es que mantenga a su hijo alejado de otros niños, por lo menos hasta que el pediatra le indique que ya no hay peligro de contagio. Si el pediatra le diagnostica roséola, no permita que juegue con otros niños hasta que desaparezca la erupción.

Mientras persista la fiebre, vista a su hijo con ropas frescas y déle acetaminofén a la dosis apropiada para su edad y su peso. (Véase el Capítulo 23, "Fiebre"). Si le sube la fiebre a más de 104° Farenheit (40° centígrados), probablemente los baños de esponja con agua fresca le ayudarán a sentirse mejor. No se preocupe si su hijo pierde apetito y anímelo a beber mucho líquido. En cuanto desaparezca la erupción, podrá reemprender todas sus actividades con normalidad.

Aunque esta enfermedad pocas veces es seria, conviene saber que, al principio, cuando la fiebre empieza a subir muy deprisa, existe la posibilidad de que aparezcan convulsiones (véase *Convulsiones, crisis convulsivas y epilepsia,* en la página 698). Las convulsiones pueden aparecer aunque usted haga lo adecuado para controlar la fiebre. Por este motivo, y aunque las convulsiones que provoca la roséola suelen ser de poca importancia y escasa duración, es importante que usted sepa cómo debe actuar en caso de que aparezcan.

## Sarna

La sarna está provocada por un ácaro microscópico que habita en las capas más superficiales de la piel, donde deposita sus huevos. La erupción resultante es, de hecho, una reacción alérgica al cuerpo del ácaro, sus huevos y sus excreciones. Cuando el ácaro se introduce en la piel, la erupción suele tardar entre dos y cuatro semanas en aparecer.

En los niños mayores, la erupción generalmente aparece en forma de pequeñas vesículas llenas de líquido, que pican y que dejan una especie de marca rojiza en la piel. En los lactantes, las lesiones suelen estar más dispersas y aparecen sobre todo en las palmas de las manos y las plantas de los pies. Debido a las marcas que se hacen los niños al rascarse, a las costras y a las infecciones secundarias, la causa de esta molesta erupción suele ser difícil de identificar.

Según la leyenda, cuando las tropas de Napoleón tuvieron sarna, se podía oír cómo se rascaban los soldados ¡a más de una milla de distancia! Por exagerada que pareza esta anécdota, ilustra dos puntos claves que conviene que recuerde si su hijo coge sarna: pica mucho y es sumamente contagiosa. La sarna sólo se contagia de una persona a otra, pero el contagio es extremadamente fácil. Si algún miembro de la familia contrae sarna, lo más probable es que los demás miembros también se acaben contagiando.

La sarna puede aparecer en prácticamente cualquier parte del cuerpo, incluyendo entre los dedos. Es raro que un niño mayor o un adulto tenga sarna en las palmas de las manos, las plantas de los pies, la cabeza o la cara, pero en los bebés puede ocurrir. A las mujeres adultas, la sarna les suele salir alrededor de los pechos y, en las personas adultas, independientemente del sexo, en los genitales, las axilas, los brazos, las muñecas, el diafragma y la parte baja de las nalgas.

## Tratamiento

Si se da cuenta de que su hijo (y posiblemente otros miembros de la familia) se rasca constantemente, llame al pediatra. Éste examinará la erupción y es posible que extraiga una muestra de piel del área afectada para analizarla al microscopio a fin de poder identificar ácaros o huevos de ácaro. Si le diagnostica sarna, el médico le recetará alguno de los medicamentos antisarna disponibles en el mercado. La mayoría son lociones que se aplican por todo el cuerpo y se enjuagan al cabo de varias horas. Aunque generalmente basta con aplicar el tratamiento una sola vez, es posible que tenga que repetirse. Algunos expertos opinan que toda la familia debe recibir tratamiento, incluso los miembros que no tienen la erupción. Cualquiera que viva bajo el mismo techo, que se haya quedado a dormir o una niñera frecuente, debe recibir tratamiento.

Para prevenir infecciones secundarias por rascarse, cortele bien las uñas a su hijo, y, si el picor es muy intenso, pidale al pediatra que le recete una antihistamínico o cualquier otro medicamento para mitigar el picor. Si las heridas que se ha hecho el niño al rascarse parecen haberse infectado, informe al pediatra. Es posible que le recete un antibiótico u otro tratamiento.

Después del tratamiento, el picor puede continúar por dos a cuatro semanas ya que es una reacción alérgica. Si persiste por más de cuatro semanas, llame al pediatra, pues es posible que el niño haya vuelto a coger sarna o la infección se haya reactivado y haga falta repetir el tratamiento.

Por último, existe cierta controversia sobre la posibilidad de contraer la sarna al entrar en contacto con ropa de vestir o de cama infectada. La evidencia sugiere que se trata de algo poco probable. Aùn así, si tiene duda, lave la ropa de vestir y de cama de su hijo con agua caliente. No es necesario que descontamine la habitación del niño ni la casa entera, puesto que los ácaros sólo pueden vivir en la piel de las personas.

# Fiebre escarlatina

Cuando su hijo tenga una infección de garganta provocada por estreptococos (véase la página 629), tiene una probabilidad entre veinte de presentar también una erupción conocida como fiebre escarlatina. Al principio, la escarlatina cursa con dolor de garganta, fiebre alta entre 101° a 104° Farenheit (38.2° a 40° centígrados) y dolor de cabeza. Estos síntomas dan paso durante las próximas veinticuatro horas a una erupción de color rojo a veces asociada a picor, que cubre el tronco, los brazos y las piernas. La erupción es algo elevada, por lo que su tacto puede recordar al papel de lija fino. La piel de la cara incluso, adquiere un color rojizo, con un área pálida, alrededor de la boca. El enrojecimiento desaparecerá al cabo de tres a cinco días, y las partes del cuerpo más afectadas por la erupción (cuello, axilas, ingles y dedos de manos y pies) se pelarán. Es posible que al principio el niño tenga la lengua blanquecina, y que después se le ponga colorada y tenga molestias abdominales.

### Tratamiento

Siempre que su hijo se queje de dolor de garganta, llame al pediatra, sobre todo si va acompañado de fiebre o erupción. El médico lo examinará y tal vez haga un cultivo para determinar la presencia del estreptococo. Si detecta la presencia de esta bacteria, le recetará un antibiótico (probablemente penicilina), sea en forma inyectable u oral. Si su hijo toma el antibiótico por vía oral, es extremadamente importante que siga el curso completo de diez días de tratamiento, pues un tratamiento más corto puede provocar una reactivación de la enfermedad.

La mayoría de los niños con infecciones por estreptococos responden rápidamente a los antibióticos. La fiebre, el dolor de garganta y el dolor de cabeza suelen remitir en unas veinticuatro horas. Sin embargo, la erupción no suele desaparecer hasta pasados entre tres y cinco días.

Si el estado de su hijo no mejora con el tratamiento, informe al pediatra. Si otros miembros de la familia empiezan a tener fiebre y dolor de garganta—asociadas o no a erupción—, también deben ir al médico y se les debe hacer un cultivo para determinar si han contraído estreptococos.

Si no se trata, la escarlatina (al igual que la infección de garganta por estreptococos) puede llevar a sinusitis, infección de oído, inflamación de los ganglios linfáticos del cuello y a la formación de pus en las amígdalas. La complicación más seria de esta infección es la fiebre reumática, que produce dolor articular y, a veces, inflamación, y lesiones cardíacas. En raras ocasiones la infección de garganta por estreptococos o la escarlatina, pueden desembocar en una glomerulonefritis, enfermedad que puede lesionar los riñones, provocando el paso de sangre a la orina y una subida de la presión sanguínea.

## Quemaduras solares

Aunque las personas de piel morena suelen tolerar mejor el sol, nadie, independientemente de cuál sea su constitución, es inmune a las quemaduras solares y a los trastornos asociados las mismas. Los niños, en particular, deben protegerse de los efectos perjudiciales de los rayos del sol. Como cualquier otra quemadura, las provocadas por el sol dejan la piel enrojecida, caliente y adolorida. En casos graves, se pueden formar ampollas, y puede haber fiebre, escalofríos y sensación de malestar general.

De todos modos, no hace falta que su hijo se queme para sufrir los efectos perjudiciales del sol. Los efectos de la exposición al sol se van acumulando a lo largo del tiempo, por lo que hasta una exposición moderada durante la infancia puede contribuir a la formación de arrugas, al endurecimiento de la piel y hasta al desarrollo de un cáncer de piel en el futuro. Así mismo, hay algunos medicamentos que, si se combinan con la exposición al sol, pueden desencadenar reacciones adversas, y algunos trastornos médicos hacen que las personas sean más vulnerables a los efectos nocivos del sol.

## Tratamiento

Los síntomas de las quemaduras solares suelen aparecer de entre seis a doce horas desde la exposición y suelen doler más durante las primeras veinticuatro horas. Si, después de exponerse al sol, su hijo tiene la piel roja, caliente y adolorida, podrá tratarlo usted mismo. Póngale paños fríos sobre el área afectada o bien báñelo en agua templada. También puede darle acetaminofén para mitigar el dolor. (Compruebe siempre la dosis según su edad y su peso).

Si le han salido ampollas, le ha subido la fiebre o tiene escalofríos, dolor de cabeza o malestar general, llame al pediatra. Las quemaduras solares graves deben tratarse como cualquier otra quemadura grave, y, en el caso de que abarquen un área muy extensa, es posible que sea preciso hospitalizar al niño. Además, las ampollas podrían infectarse, lo que se debe tratar con antibióticos.

A veces, las quemaduras solares graves y extensas pueden provocar deshidratación (véase *Diarrea,* página 544, para los síntomas de deshidratación) y desmayo (insolación). En estos casos, se debe llevar al niño a la sala de emergencia más cercana.

## Prevención

Muchos padres creen erróneamente que el sol sólo es peligroso cuando es bien brillante. Sin embargo, no son los rayos de luz visibles, sino los rayos ultravioletas invisibles, los realmente peligrosos. De hecho, es posible que su hijo se vea más expuesto a los rayos ultravioletas en días nublados o con bruma, puesto que no tendrá tanta sensación de calor y, por lo tanto, pasará más tiempo al aire libre. Así mismo, los efectos del sol son más perjudiciales a mayor altitud. Llevar un buen gorro o una sombrilla no garantiza una protección absoluta, puesto que los rayos ultravioletas rebotan en la arena, el agua, la nieve y muchas otras superficies lisas.

Intente mantener a su hijo resguardado de los rayos ultravioletas durante las horas en que más pega el sol (entre las 10 A.M. y las 4:00 P.M.). Si no es posible, siga las siguientes indicaciones:

- Utilice siempre una crema con filtro solar en climas catidos para proteger a su hijo de los efectos nocivos de los rayos ultravioletas. Todo niño deben ponerse una crema con un factor 15 de protección, como mínimo. Aplique la crema media hora antes de la exposición al sol. Muchas cremas solares son resistentes al agua, pero, incluso éstas se deben aplicar cada tres o cuatro horas si se pasa mucho tiempo en el agua. Lea atentamente las instrucciones de uso.
- Vista a su hijo con ropas frescas de algodón, pero póngale camisetas de manga larga y pantalones largos.
- Utilice una sombrilla o algo similar cuando vayan a la playa para que su hijo pueda estar a la sombra.
- Póngale una gorra con una amplia visera.

(Véase también *Quemaduras,* página 510)

# Verrugas

Las verrugas están provocadas por un virus—el papilomavirus. Se trata de protuberancias de la piel que pueden ser de color amarillo, canela, grisoso, negro o marrón. Aparecen más frecuentemente en las manos, pies, rodillas y cara, pero pueden darse en cualquier parte del cuerpo. Cuando aparecen en la planta del pie, los médicos las denominan verrugas plantares. Aunque las verrugas pueden ser contagiosas, raramente aparecen en los niños menores de dos años.

## Tratamiento

El pediatra le explicará cómo debe tratar las verrugas de su hijo. A veces, le recomendará utilizar algún producto elaborado con ácido salicílico, que se vende sin receta médica. Así mismo, si su hijo presenta alguno de los síntomas que figuran a continuación, es posible que prefiera referir su caso a un dermatólogo:

- Verrugas múltiples y recurrentes
- Una verruga en la cara o la zona genital
- Verrugas grandes, profundas y dolorosas en la planta del pie (verrugas plantares)
- Verrugas que preocupan, desagradan o molestan particularmente al niño.

Algunas verrugas desaparecen por sí solas. Otras se pueden eliminar utilizando determinados productos. De todos modos, cuando se tienen verrugas múltiples y/o recurrentes o verrugas plantares profundas, a veces es preciso extirparlas quirúrgicamente mediante raspado, cauterización o congelación. Aunque la extirpación quirúrgica suele dar buenos resultados, a veces es dolorosa y puede dejar cicatriz. El tratamiento con láser puede ayudar. Cuanto antes se trate una verruga, mayores serán las probabilidades de que se cure definitivamente, aunque siempre existe la posibilidad de que reaparezca incluso después de un tratamiento que inicialmente tuvo éxito.

Si una verruga vuelve a aparecer, limítese a tratarla de nuevo con el mismo procedimiento que siguió la primera vez, o tal y como le indique el pediatra. No espere a que aumente demasiado de tamaño, o empiece a ser dolorosa o a extenderse.

# 30

# Enfermedades y condiciones crónicas

## Cómo afrontar un problema de salud crónico (a largo plazo)

Solemos pensar en la infancia como en una etapa rebosante de salud y alegría. Sin embargo, algunos niños tienen que afrontar problemas de salud de carácter crónico. (Con el término *crónico,* nos referimos a condiciones que duran por lo menos tres meses o que requieren por lo menos un mes de hospitalización). Aunque la mayoría de los problemas crónicos infantiles son de carácter leve, cualquier enfermedad o discapacidad que se prolongue resulta estresante tanto para el niño como para la familia.

El tratamiento médico específico de muchas condiciones crónicas se comenta en diversas partes de este libro (Véase el Índice). La información que sigue a continuación tiene como fin ayudar a los padres a afrontar los retos prácticos y emocionales que se presentan al tener un hijo con una enfermedad o discapacidad crónica.

### Buscar ayuda

Si su hijo nace con un problema médico grave o desarrolla un trastorno médico crónico durante los primeros años de vida, usted tendrá que afrontar grandes tensiones y tomar varias decisiones:

- El aceptar que su hijo no está completamente sano desencadenará en usted sentimientos de decepción, culpa y miedo ante el futuro. Al intentar afrontar estos sentimientos, es posible que experimente cambios bruscos e inexplicables de ánimo, que irán desde la esperanza hasta la desesperación y la depresión.
- Tendrá que seleccionar un equipo de profesionales médicos que atienda a su hijo.
- Quizás tenga que tomar decisiones sobre tratamientos e intervenciones quirúrgicas.
- Deberá asumir la responsabilidad de darle a su hijo ciertos medicamentos, enseñarle a utilizar aparatos o equipos especiales y colaborar en la aplicación de tratamientos especiales.

- Se esperará que usted invierta gran parte de su tiempo, energía y dinero para que su hijo pueda recibir el mejor tratamiento posible dandole a la vez todo su apoyo emocional.
- Al intentar adaptar su forma de vida para poder satisfacer las necesidades de su hijo sin descuidar las del resto de la familia, deberá afrontar decisiones difíciles, algunas de las cuales implicarán llegar a soluciones intermedias.

Para evitar sentirse agobiados, es saludable que los padres seleccionen a un profesional de la salud que coordine los servicios que el niño necesita. Esta persona puede ser su pediatra u otro profesional de la salud que participe del tratamiento. Debe ser alguien que conozca bien a su familia, con quien se sientan a gusto y que esté dispuesto a dedicarles el tiempo necesario para responder a sus preguntas y trabajar con otros médicos y terapeutas que participen en el tratamiento de su hijo.

No todas las necesidades especiales de su hijo serán de carácter médico. Podría requerir educación especial, consejería u otro tipo de terapias. Probablemente su familia necesite recibir ayuda económica o asistencia del gobierno para afrontar esta situación. La persona encargada de coordinar el tratamiento médico de su hijo también puede orientarlos para conseguir este tipo de subvenciones, pero, la mejor forma de garantizar que su hijo y su familia obtengan los servicios y ayudas que necesitan, es que usted conozca los recursos disponibles y las leyes vigentes sobre servicios especiales para niños con enfermedades o discapacidades de carácter crónico. Así mismo, también debe conocer qué puede hacer si los servicios recibidos no satisfacen las necesidades de su hijo.

## Compaginar las necesidades de la familia y del niño

Al principio, el niño con necesidades especiales acaparará toda su atención, dejándole poco tiempo para el resto de la familia o para sus amistades. Aunque esto es normal, todo el mundo sufrirá, a menos que usted encuentre un modo de restaurar el equilibrio y la rutina en la vida familiar. Ni el niño enfermo ni el resto de la familia se beneficiarán si el problema de salud se convierte en el centro sobre el cual gira toda la vida familiar. A largo plazo el cuidado del niño con necesidades especiales debe convertirse en una parte de la rutina familiar y no en el centro de la misma.

Si hay que hospitalizar al niño, es importante que regrese, a la rutina familiar y social cuanto antes, no sólo por el bien de la familia, sino también por la salud y bienestar del niño. Cuanto más tiempo se le trate como a un "paciente", en lugar de como a un niño en proceso de crecimiento, más problemas sociales y emocionales tendrá en el futuro. Aunque es natural intentar proteger a un niño enfermo, la sobreprotección puede hacer las cosas aún más difíciles a la hora de adquirir la autodisciplina que necesitará para ir madurando. Así mismo, si usted tiene más hijos, no espere que respeten las normas que les imponga si usted permite que el niño enfermo o discapacitado las viole.

Su hijo necesita su estímulo, más que su protección. En lugar de focalizarse en lo que no puede hacer, intente centrarse en lo que *puede* hacer. Si le da la oportunidad de participar en actividades con otros niños de su edad, probablemente le sorprenderá lo que es capaz de lograr.

Establecer esta sensación de normalidad en la vida familiar resulta especialmente difícil cuando la condición de su niño es incierta. Puede empezar a aislarse de sus amistades por lo mucho que le preocupa su hijo, y abstenerse de la vida social por temor a que el niño no pueda asistir. Si se deja llevar por estos sentimientos, acabará sintiéndose resentido; por lo tanto, haga todo lo posible por evitarlo. Incluso en el caso de que exista la posibilidad de que el estado de su hijo empeore de repente, asuma ese riesgo y programe salidas especiales, invite amigos a casa y contrate una niñera de vez en cuando para poder tener una noche libre. Tanto usted como su hijo se beneficiarán a largo plazo si usted adopta este enfoque.

## Recomendaciones especiales

Las siguientes sugerencias le pueden ayudar a afrontar más efectivamente el problema de su hijo.

- Siempre que sea posible, ambos padres deben participar en cualquier discusión o decisión sobre el tratamiento del niño. Con mucha frecuencia los niños acuden al médico con sus madres, y éstas luego tienen que explicarles a los padres todo lo que se dijo. Esto puede impedir que los padres formulen algunas de las preguntas que les inquietan y que se enteren de todas las opciones posibles.
- No se sienta ofendido si el médico del niño le hace preguntas personales sobre la vida familiar. Cuanto más sepa sobre su familia, más le podrá ayudar a cuidar de su hijo. Por ejemplo, si su hijo es diabético, es posible que tenga que seguir un horario de comidas y un régimen especial, y el pediatra podría sugerirle formas de compaginarlos con los del resto de la familia. O, si su hijo necesita utilizar una silla de ruedas, le puede pedir información sobre su casa para sugerirle los lugares donde podrían colocar rampas. Si usted tiene alguna duda o reticencia sobre las sugerencias del médico, hágaselo saber para que puedan diseñar conjuntamente un plan de acción aceptable para todos.
- Recuerde que, aunque tanto usted como el médico desean mantener una actitud positiva ante la condición de su hijo, usted debe ser honesto con respecto a la misma. Si considera que las cosas no van bien, dígalo. Su hijo depende de usted para que hable por él y para que trabaje junto al médico a fin de ajustar el tratamiento o encontrar la mejor solución posible.
- Hable sobre el problema de su niño abierta y honestamente, tanto con él como con los demás miembros de la familia. Si no le dice a su hijo la verdad, es posible que se sienta engañado, lo que puede provocarle sentimientos de soledad y rechazo. Además, podría imaginarse que le pasa algo mucho peor de lo que tiene en realidad. Por lo tanto, hable con él con franqueza y escúchele para comprobar que ha entendido lo que le ha explicado. Conteste a sus preguntas con un lenguaje claro y sencillo.
- Pida ayuda a sus amigos y familiares. No pretenda asumir por su cuenta toda la presión que la condición de su hijo le causa. Si permite que sus amigos le ayuden a colmar sus propias necesidades emocionales, usted podrá colmar mucho mejor las necesidades de su hijo.
- Recuerde que su hijo necesita que lo quieran y valoren como individuo. Si permite que los problemas médicos oculten los sentimientos que usted siente hacia él como persona, podrían interferir con el vínculo de afecto y confianza que debe haber entre ambos. No permita que la preocupación le impida relajarse y disfrutar de su hijo.

# Anemia

La sangre contiene varios tipos distintos de células. Las más numerosas son los glóbulos rojos, que se encargan de absorber oxígeno en los pulmones y distribuirlo por todo el cuerpo. Estas células contienen hemoglobina, un pigmento rojo que lleva el oxígeno a los tejidos y se lleva el producto de deshecho, el dióxido de carbono. Cuando los glóbulos rojos tienen una cantidad insuficiente de hemoglobina, esto limita la capacidad para llevar oxígeno a las células del cuerpo, lo que es necesario para funcionar y crecer. El trastorno resultante se conoce como anemia.

La anemia puede deberse a cualquiera de las siguientes razones:

1. Demora en el proceso de producción de glóbulos rojos.
2. Destrucción masiva de glóbulos rojos.
3. Escasez de hemoglobina en los glóbulos rojos.

La mayoría de los niños pequeños que tienen anemia padecen este trastorno debido a que sus dietas son insuficientes en hierro, lo que se conoce como anemia ferropénica. El hierro es necesario para la producción de hemoglobina. La escasez de hierro hace que los glóbulos rojos no tengan suficiente hemoglobina. Un lactante de pocos meses puede desarrollar una anemia ferropénica si empieza a tomar leche de vaca demasiado pronto, sobre todo si no consume un suplemento de hierro o alimentos ricos en hierro. La deficiencia se debe a que la leche de vaca contiene muy poco hierro y los intestinos absorben una parte muy reducida del mismo. Además, la leche de vaca en un lactante de menos de seis meses, puede irritarle los intestinos, lo que causará pequeñas pérdidas de sangre a través de las heces. Esto provoca una reducción en la cantidad de glóbulos rojos, lo que causa anemia.

Otras deficiencias nutricionales, como la deficiencia de ácido fólico, también pueden provocar anemia, pero se trata de algo poco frecuente. Es más común en niños que toman leche de cabra, la que contiene muy poco ácido fólico.

A cualquier edad, la anemia puede deberse a una pérdida excesiva de sangre. En casos raros, un recién nacido con los problemas de coagulación puede tener una hemorragia importante debido a la circuncisión o a una herida y como consecuencia padecer de anemia. Puesto que la vitamina K favorece el proceso de coagulación y los recién nacidos suelen tener una cantidad insuficiente de la misma, usualmente se les pone una inyección de vitamina K inmediatamente después del parto.

A veces, los glóbulos rojos tienden a destruirse con facilidad. Este trastorno se conoce como anemia hemolítica y puede obedecer a alteraciones en la superficie de los glóbulos rojos o a otras anomalías en el interior o el exterior de estas células.

Existe una condición causada por una anomalía en la estructura de la hemoglobina, que recibe el nombre de anemia falciforme, y afecta sobre todo a la población de raza negra. Este trastorno puede ser muy grave y se asocia a "crisis" frecuentes y a menudo a hospitalizaciones recurrentes.

Por último, algunas deficiencias enzimáticas también pueden alterar la función de los glóbulos rojos, haciéndolos más vulnerables y aumentando su susceptibilidad a ser destruidos.

## Signos y síntomas

Las personas anémicas suelen tener la piel ligeramente pálida, lo que se aprecia sobre todo en la escasa coloración de los labios, la capa que recubre el interior de los párpados (la conjuntiva) y las uñas.

Los niños anémicos también pueden estar irritables, sentirse débiles y cansarse con facilidad. Los niños que tienen una anemia severa tienen dificultad respiratoria, el ritmo cardíaco acelerado y las manos y los pies hinchados. Si la anemia persiste, ésta puede interferir con el proceso de crecimiento normal. Es fácil que un bebé con anemia hemolítica desarrolle ictericia (color amarillento), aunque muchos recién nacidos que tienen ictericia no son anémicos.

Si su hijo presenta alguno de los síntomas que acabamos de describir, o si usted sospecha que no está ingiriendo suficiente hierro, consulte al pediatra. En la mayoría de los casos la anemia puede diagnosticarse con un simple análisis de sangre.

Algunos niños, a pesar de no ser anémicos, tienen una deficiencia de hierro. Estos niños pueden tener poco apetito, estar irritables, nerviosos e inatentos, lo que puede provocar un retraso del crecimiento y/o escaso rendimiento escolar. Estos problemas cesarán en cuanto empiecen a ingerir suficiente hierro. Otro síntoma asociado a falta de hierro que puede no estar relacionado con una anemia es la tendencia a comer cosas extrañas, como hielo, tierra o almidón. Esta conducta se denomina *pica.* No es perjudicial en sí misma, a menos que el material ingerido sea tóxico (como el plomo). Generalmente la conducta mejora con la edad y al tratar la anemia, aunque en los niños con retraso del crecimiento esto puede persistir.

Los niños con anemia falciforme pueden tener fiebre sin causa aparente; además, se les pueden hinchar las manos y los pies y son extremadamente susceptibles a contraer infecciones. Si en su familia hay antecedentes de anemia falciforme, solicite que le hagan a su hijo los análisis pertinentes.

## Tratamiento

Puesto que hay tantos tipos de anemia, es importante identificar la causa *antes* de iniciar cualquier tratamiento. No intente tratar a su hijo con vitaminas, hierro u otros suplementos nutritivos, ni tampoco medicamentos sin receta médica, a no ser que se lo indique el pediatra. Esto es muy importante, porque estos tratamientos podrían enmascarar la verdadera causa del problema y retrasar el diagnóstico.

Si la anemia se debe a una falta de hierro, se le recetará un medicamento que contenga hierro. Estos se venden en forma de gotas, para infantes, o bien en líquido o tabletas para niños mayores. El pediatra le indicará por cuánto tiempo debe seguir tomando hierro su hijo mediante el seguimiento de análisis de sangre que le hará regularmente. No suspenda el medicamento sino hasta que el pediatra le diga que ya no es necesario.

A continuación, algunos consejos relacionados con los medicamentos de hierro:

- Es mejor que el niño no tome el hierro junto con la leche, puesto que ésta bloquea el proceso de absorción.
- La vitamina C potencia la absorción de hierro, por lo que tal vez prefiera darle a su hijo un vaso de jugo de naranja inmediatamente después del medicamento.
- Puesto que el hierro en forma líquida puede manchar los dientes de un color gris-negruzco, dígale a su hijo que trague el medicamento deprisa y enjuáguele la boca con agua después de tomarlo. También puede lavarle los dientes inmediatamente después de cada toma. Aunque las manchas que deja el hierro en los dientes son poco atractivas, no son permanentes.
- Los medicamentos que contienen hierro hacen que las heces adquieran un color negro intenso. Esto no debe preocuparle.

*Precauciones especiales:* Los medicamentos que contienen hierro son extremadamente tóxicos si se toman en cantidades excesivas. (El hierro es una de las principales causas de intoxicación en niños menores de cinco años) *Guarde éste y cualquïer otro medicamento fuera del alcance de los niños.*

## Prevención

Las anemias ferropénicas u otras anemias de origen nutricional son fáciles de prevenir. Basta con darle a su hijo una alimentación equilibrada y tomar las siguientes precauciones.

- Si su hijo es todavía un lactante, no le dé leche de vaca sino hasta que haya cumplido un año.
- Si ha optado por la lactancia materna, cuando empiece a introducir sólidos en la dieta de su hijo, déle alimentos enriquecidos con hierro. Hasta que llegue ese momento, su hijo obtendrá todo el hierro que necesita de la leche materna. Si decide seguir alimentando a su hijo sólo con leche materna después de que cumpla cuatro meses, es recomendable que le dé algún suplemento de hierro. Tenga en cuenta que al introducir alimentos sólidos con poco contenido de hierro en la dieta de su hijo, disminuirá la cantidad de esta sustancia que pueda absorber de la leche.
- Si decide alimentar a su bebé con fórmula, dele una enriquecida con hierro.
- Asegúrese de que su hijo, una vez crezca, siga una dieta equilibrada y tome alimentos que contengan hierro. Muchos granos y cereales están enriquecidas con hierro (lea las estiquetas). Otros alimentos ricos en hierro son las yemas de huevo, las hortalizas, las frutas amarillas, la carne roja, las papas, los tomates, la melaza y las uvas pasas.

Así mismo, para aumentar la cantidad de hierro consumido, incluya la pulpa en los jugos de frutas y cocine las papas con piel.

# Fibrosis quística

La fibrosis quística es una enfermedad hereditaria caracterizada por la alteración de las secreciones de ciertas glándulas. Las glándulas sudoríparas y las células glandulares de los pulmones y el páncreas suelen ser las más afectadas, pero también puede afectar a los senos nasales, el hígado, los intestinos y los órganos reproductivos. Aunque se han hecho grandes progresos en el tratamiento de esta enfermedad y sus síntomas, todavía no tiene curación. Hoy en día, la esperanza de vida de los niños que nacen con fibrosis quística es más alta que en el pasado.

Para que un niño desarrolle la enfermedad, ambos padres tienen que ser portadores del gen que la causa. En los Estados Unidos, una de cada veinte personas de raza blanca es portadora del gen defectuoso y aproximadamente uno de cada 1,600 bebés nace con la enfermedad. La enfermedad es mucho menos frecuente en los afro-americanos (uno de cada 17,000 recién nacidos), y todavía más rara en los asiáticos.

Durante los últimos años se ha detectado una anomalía genética en muchos pacientes con fibrosis quística y, conforme avanzan las investigaciones, se van detectando nuevas mutaciones asociadas a esta enfermedad. Actualmente disponemos de las herramientas necesarias para hacer cernimiento y detectar casos de esta enfermedad. Así mismo, las familias con antecedentes de fibrosis quística pueden beneficiarse de las técnicas de diagnóstico prenatal y de consejería genética. Puesto que se trata de una enfermedad de pobre pronóstico, es algo que las familias de alto riesgo deben considerar.

## Signos y síntomas

La fibrosis quística no siempre se puede diagnosticar al momento del nacimiento o durante los primeros meses de vida. Los signos y síntomas varían dependiendo de la gravedad del caso y de los órganos afectados. Esta variabilidad se cree que depende de la cantidad de mutaciones en el gen defectuoso. Aun así, algo común en todos los niños con fibrosis quística es que secretan una cantidad excesiva de sal al sudar. Esto puede provocar la formación de cristales de sal sobre la piel, lo que hace que, al besarlos, sepan salados.

La fibrosis quística a menudo (aunque no siempre) afecta seriamente a los pulmones, haciendo que la mucosidad de las vías respiratorias sea más densa de lo normal y cueste más expulsarla. Un niño con fibrosis quística es probable que tenga una tos persistente que se agravará cuando esté resfriado. Puesto que las secreciones de los pulmones permanecen en las vías respiratorias durante más tiempo de lo normal, es fácil que se infecten, aumentando la probabilidad de que estos niños contraigan neumonías y bronquitis.

Muchos niños con fibrosis quística tienen deficiencia en las enzimas del páncreas que participan en el proceso digestivo. Por ello, no digieren bien las grasas ni las proteínas, lo que produce unas heces abundantes y malolientes. Estos niños crecen más lentamente y tienen bajo peso.

Usted puede sospechar que su hijo tiene fibrosis quística si sufre de muchas neumonías (véase la página 593), tiene heces abundantes y malolientes, y no crece o gana peso como debiera. El médico le ordenará una prueba del sudor para evaluar la cantidad de sal que pierde al sudar. Los niños con fibrosis quística pierden grandes cantidades de sal de este modo.

Para confirmar el diagnóstico, tal vez sea preciso hacer dos o más pruebas adicionales, puesto que los resultados de la prueba del sudor no siempre son determinantes. Si a su hijo le diagnostican fibrosis quística, el pediatra le ayudará a obtener la ayuda médica especializada que necesitará para hacer frente a la enfermedad.

## Tratamiento

El tratamiento de la fibrosis quística depende de cuáles sean los órganos afectados por la enfermedad (piel, pulmones, aparato digestivo) y de la severidad de la afectación. En general, la meta consiste en:

1. Reducir las secreciones de los pulmones.
2. Reemplazar las enzimas ausentes o insuficientes.
3. Reducir o contrarrestar la pérdida de sal.
4. Tratar a tiempo y enérgicamente las infecciones pulmonares, que en estos niños ocurren con más frecuencia.

## La carga emocional de la fibrosis quística

Puesto que la fibrosis quística es una enfermedad hereditaria, muchos padres se sienten culpables de haberla transmitido a su hijo. Pero este problema no es *culpa* de nadie, por lo que lo mejor es canalizar sus energías en tratar lo mejor posible la enfermedad del niño. Trabaje de cerca con el médico y los terapeutas del niño y no se deje engañar por publicidad engañosa sobre "panaceas" y "curaciones garantizadas". Si oye hablar de un nuevo tratamiento de la fibrosis quística, pídale información al pediatra o al centro especializado en fibrosis quística a donde lo lleve antes de gastar dinero ensayándolo.

También es importante que críe a su hijo tal y como lo habría hecho si no hubiera tenido esta enfermedad. No hay motivo para limitar sus metas educativas, académicas o laborales. Muchos niños con fibrosis quística se convierten en adultos productivos. Su hijo necesita amor y disciplina y usted debe fomentar su crecimiento y ayudarle a establecer sus límites.

Afrontar las exigencias físicas y emocionales que impone esta enfermedad es muy duro, tanto para el niño afectado como para su familia, por lo que es importante que cuenten con el máximo apoyo posible. Pídale al pediatra que le ponga en contacto con los centros, grupos y asociaciones de padres relacionados con la fibrosis quística. La Fundación para la Fibrosis Quística puede ayudarle. Escribales a: 6931 Arlington Road, Bethesda, Maryland 20814.

## Diabetes mellitus

La diabetes mellitus ocurre cuando células especializadas del páncreas (una glándula que está detrás del estómago) no producen una cantidad suficiente de la hormona denominada insulina. La insulina permite que el organismo metabolice las proteínas, grasas y azúcares de los alimentos para poder fabricar tejidos y producir y almacenar energía. En las personas que no tienen diabetes se produce suficiente insulina para digerir lo que comen, pero en las personas con diabetes, al producir una cantidad insuficiente de insulina o nada en absoluto, los nutrientes no se digieren con normalidad y permanecen en el torrente sanguíneo sin que el organismo los pueda aprovechar. Sin una fuente de energía, las células reaccionan como si el organismo estuviera en ayunas. Para poder alimentar a las células, el hígado fabrica azúcar a partir de las reservas de proteínas y grasas acumuladas en el organismo. Esto provoca pérdida de peso y debilidad, ya que, al no poder obtener la energía que necesitan, los músculos empiezan a perder volumen. El cuerpo intenta deshacerse del exceso de azúcar en la sangre produciendo más orina. Por ello es que las personas diabéticas orinan más y suelen tener mucha sed, ya que tienen que compensar el líquido perdido a través de la orina. Sin la insulina, la grasa se descompone en cetonas, que también se excretan a través de la orina.

En la actualidad no hay forma de prevenir la diabetes. La tendencia a desarrollar esta enfermedad es hereditaria, aunque muchos niños con diabetes tipo 1 (provocada por la falta de insulina) no tienen parientes cercanos que padezcan la enfermedad. La destrucción de las células encargadas de fabricar insulina se debe a un proceso en el que el cuerpo percibe a estas células como invasoras y pone en marcha una respuesta inmune contra ellas. Este proceso autoinmune se inicia años antes de que aparezca el primer síntoma. El desencadenante del proceso puede ser por un virus o algún otro factor ambiental.

La diabetes tipo 1 es muy distinta a la diabetes tipo 2 (no provocada por falta de insulina). Esta última es mucho más común, ya que afecta a más del 90 por ciento de los adultos diabéticos. Puesto que este tipo de diabetes es muy diferente al que afecta a la población infantil, las recomendaciones a los adultos que padecen diabetes tipo 2 no son aplicables a los niños que padecen diabetes tipo 1.

La diabetes puede aparecer en cualquier momento, incluso durante el primer año de vida. El diagnóstico se suele retrasar en los lactantes y los niños pequeños hasta que están muy enfermos, porque a esta edad los síntomas de diabetes no son los suficientemente específicos. Por este motivo, es importante que informe inmediatamente al pediatra si su hijo presenta alguno de los siguientes síntomas:

- No crece o no gana peso con normalidad.
- Pérdida de peso asociada a aumento del apetito y de la cantidad de alimento ingerido o bien a pérdida del apetito (más frecuente en los niños pequeños).
- Tiene mucha más sed que de costumbre.
- Orina más de lo habitual. Un niño que ya había aprendido a usar el baño empieza a tener "accidentes", o un bebé necesita cambios de pañal más a menudo.
- Síntomas de deshidratación (véase la página 546).
- Dermatitis del pañal severa que no responde al tratamiento habitual.
- Vómitos persistentes, sobre todo si van acompañados de debilidad o somnolencia.

Si lleva a su hijo al médico porque presenta alguno de estos síntomas, asegúrese de que le hacen un análisis de orina para determinar si ésta contiene azúcar. Esta prueba tan sencilla ayuda en un posible diagnóstico de diabetes y permite evitar un deterioro ulterior que podría tener consecuencias desastrosas.

## Tratamiento

Cuando se confirma el diagnóstico de diabetes, se inicia inmediatamente un tratamiento a base de inyecciones de insulina. Si el niño no necesita que le inyecten fluidos por vía intravenosa por la deshidratación o vómitos, la mayoría de especialistas no consideran necesaria la hospitalización. Un equipo de profesionales le enseñará a toda la familia a vivir con esta enfermedad. Usted aprenderá a medir el nivel de glucosa en la sangre de su hijo pinchándole el dedo y a ponerle inyecciones de insulina por lo general dos veces al día en un comienzo. En la medida en que usted acepte y sea capaz de realizar con normalidad estos procedimientos básicos, ayudará a su hijo a adaptarse al tratamiento con un mínimo de ansiedad y miedo. Cuando su hijo tenga siete u ocho años, ya podrá desempeñar un papel activo en el tratamiento de su enfermedad y, cuando tenga once años, es posible que ya sepa ponerse las inyecciones de insulina y realizar los análisis de sangre bajo la supervisión de un adulto.

Los niños diabéticos no necesitan seguir una dieta especial, pero hay que procurar que lleven una dieta equilibrada y coman regular y frecuentemente. Tienen exactamente las mismas necesidades nutricionales que los demás niños para crecer y desarrollarse, con la única salvedad de que no pueden saltarse comidas y no deben posponerlas demasiado. Sus comidas principales deben ser igual en tamaño y contenido en terminos de hidratos de carbono y proteínas. Puesto que las insulina se absorbe constantemente, estos niños necesitan comer más a menudo, siendo conveniente que tomen meriendas entre comidas y antes de acostarse. También necesitan comer más si hacen más ejercicio físico que de costumbre, puesto que la actividad física potencia el efecto de la insulina.

Una buena dieta para un niño diabético de cualquier edad es exactamente la misma que para cualquier otro niño. Debe incluir muchos hidratos de carbono complejos, como pan integral, pasta, papas y judías, guisantes, alimentos integrales, como la harina de avena o el salvado, y verduras y frutas frescas, y no más del 30 por ciento de la calorías de origen graso. Las grasas deben ser en su mayoría no saturadas, como el aceite líquido. Los alimentos dietéticos especiales para diabéticos son un gasto innecesario y algunos de ellos, como los que sustituyen el azúcar por grasa, hasta pueden ser perjudiciales.

Merendar entre comidas es importante para mantener un aporte constante de alimentos, para que la insulina cumpla su función y no se desarrolle hipoglucemia (azúcar baja). Entre las meriendas recomendables estan la fruta, galletas de queso o de mantequilla de maní, yogur, galletas de cereales, galletas "wafer" de vainilla, y barras de granola en el caso de que el niño vaya a hacer mucho ejercicio físico. Estos alimentos también se pueden utilizar para tratar síntomas leves de hipoglucemia. Entre los postres recomendables para todos los miembros de la familia figuran la fruta fresca, yogures o pudines con bajo contenido en grasas y pasteles de frutas.

El personal de la guardería o escuela donde asiste el niño debe estar informado acerca de la condición del niño, saber que necesita meriendas y poder identificar los síntomas de hipoglucemia.

El permitir que su hijo participe lo máximo posible en su propio cuidado, le transmitirá cierta sensación de control. A un niño menor de tres años se le puede dejar que elija el dedo donde prefiere que le pinche para obtener la muestra de sangre o dónde quiere que le ponga la inyección de insulina. Los padres deben afrontar el tratamiento con total naturalidad y, al mismo tiempo, ser cálidos y afectivos con él. Sugerimos que todos los adultos de la familia compartan la responsabilidad de las muestras de sangre y las inyecciones. Un niño de entre cuatro y siete años puede colaborar en la lectura de los niveles de azúcar en la sangre y en la preparación de las inyecciones. Los niños de esta edad tienden a pensar que la diabetes es un castigo por algo que han hecho; por ello conviene que los padres insistan en que nadie tiene la culpa y que no se les está castigando por nada.

El apoyo emocional es importante para toda la familia. Usted puede obtenerlo—y aprender más sobre la enfermedad—poniéndose en contacto con: Fundación de Diabetes Juvenil (432 Park Avenue South, New York, NY 10016) y la Asociación Americana de Diabetes (1660 Duke Street, P.O. Box 257, Alexandria, VA 22314).

Cuanto más informado esté sobre la diabetes y con más naturalidad afronte la enfermedad, más probabilidades habrá de que su hijo haga lo mismo. Con el tratamiento existente hoy en día, es posible controlar la enfermedad al punto de reducir considerablemente el riesgo de complicaciones y permitir que los niños afectados puedan crecer y llevar vidas productivas y satisfactorias.

## Retraso del crecimiento/ fallo ponto estatural

Si representa gráficamente el peso y la estatura de su hijo, debe percibir una tendencia ascendente, aunque habrá momentos en que el aumento de peso apenas será apreciable y hasta es posible que pierda un poco con motivo de alguna enfermedad. No es normal que un niño deje de crecer o pierda peso, exceptuando la pérdida que se produce durante los primeros días de vida. Una pérdida de peso es una señal de que el niño no está comiendo lo suficiente y/o está enfermo. El término médico que recibe este trastorno es *retraso del crecimiento.* Aunque puede ocurrir en niños mayores que están gravemente enfermos o desnutridos, es más habitual y mucho más peligroso durante el período de crecimiento activo que abarca los tres primeros años de vida.

Si se deja que el problema persista por un tiempo prolongado, se puede convertir en algo grave. Ganar peso de modo consistente es especialmente importante durante la lactancia y la primera infancia porque indica que el niño se está alimentando bien y está recibiendo los cuidados adecuados para desarrollarse con normalidad desde el punto de vista físico, mental y emocional.

Generalmente, cuando un niño deja de crecer se debe a un problema nutricional que no le permite obtener todas las calorías que necesita. Si se trata de un recién nacido, es posible que sea demasiado inquieto para comer todo lo que necesita, o, en el caso de que tome el pecho, es posible que no esté obteniendo suficiente leche al mamar. Algunos niños necesitan más alimento del que les pueden proporcionar sus padres. Estos problemas se deben detectar y tratar temprano para evitar secuelas a largo plazo o permanentes.

A veces el retraso del crecimiento apunta a un problema médico. Un bebé puede nacer con una infección trasmitida por su madre durante el embarazo o puede tener algún problema hormonal, una alergia o un problema digestivo que no le permite absorber bien los nutrientes. Enfermedades como las cardíacas, la diabetes, (página 760) y la fibrosis quística (página 758) pueden interferir en el proceso de crecimiento normal. Si alguno de estos trastornos está presente, su hijo necesitará una dieta especial además de tratamiento médico.

## Cuándo acudir al pediatra

Representar periódicamente las medidas de su hijo en una gráfica y compararlas con el patrón normal, es la mejor forma de saber si está creciendo bien. Si no gana peso, no aumenta de estatura o no se desarrolla con normalidad por cualquier motivo, consulte al pediatra. Éste medirá y evaluará personalmente al niño, preguntará sobre su dieta y el modo en que come y revisará su historial médico en busca de alguna enfermedad que pueda contribuir al retraso del crecimiento. El médico querrá saber exactamente cuándo dejó su hijo de ganar peso y le formulará preguntas sobre cualquier incidente o acontecimiento que podría haber contribuido a este problema. También es posible que el pediatra quiera ver comer o mamar al niño para determinar qué cantidad de alimento consume en cada toma y cómo se relaciona con la comida. A veces puede ser necesario hospitalizar al niño durante un período breve para observarlo.

Si el pediatra identifica algún problema físico que puede haber motivado el retraso del crecimiento, le recomendará el tratamiento pertinente. Si no consigue identificar una causa física, buscará posibles problemas emocionales o sociales, particularmente dentro de su familia. Este tipo de problemas pueden influir negativamente sobre el apetito de un niño y/o alterar el consumo y digestión de los alimentos. Una vez se detecten problemas de este tipo, la terapia individual o familiar podría ser parte del tratamiento.

# Infección provocada por el VIH y el SIDA

Todo el que haya leído algún periódico o visto algún noticiero de televisión durante los últimos años tiene que haber oído hablar de la infección provocada por el VIH (Virus de la Inmunodeficiencia Humana), que frecuentemente desemboca en la enfermedad del SIDA (Síndrome de Inmunodeficiencia Adquirida).

Los adolescentes y adultos pueden adquirir el virus por el contacto sexual. En los países industrializados la trasmisión heterosexual ha aumentado notablemente y actualmente las relaciones heterosexuales constituyen el principal factor de riesgo para la población femenina. El uso de drogas intravenosas constituye cada vez una vía menos frecuente de contagio y la contaminación de la sangre y otros productos derivados de la sangre ocurre muy raramente en los Estados Unidos, debido a los estrictos controles a que se someten estos materiales.

Los niños suelen contraer la infección al ser contagiados por sus madres, sea en el útero (al atravesar el virus la placenta), durante el parto (al entrar en contacto con la sangre y fluidos corporales de la madre) o al ingerir leche materna infectada. El porcentaje de hijos de madres infectadas por el VIH no tratadas que desarrolla la infección del VIH oscila entre el 13 y el 39 por ciento. Tratar a la madre y al recién nacido con zidovudina (AZT) disminuye las probabilidades de que el bebé desarrolle la infección del VIH a sólo uno de cada diez bebés, en lugar de uno de cada cuatro o cinco bebés no tratados.

Cuando una persona es contagiada por el virus VIH, éste permanece en su organismo de por vida. La persona que ha contraído la infección puede estar años sin presentar ningún síntoma de enfermedad. El SIDA se desarrolla sólo cuando el virus VIH mina las defensas de la persona infectada, proceso que puede tardar meses o años. Los niños usualmente suelen empezar a manifestar síntomas de estar infectados por el VIH alrededor de los dos años, pero la edad media en la que se manifiesta el SIDA es alrededor de los cinco años.

Los lactantes infectados por el VIH, al principio parecen estár sanos, pero los problemas van apareciendo de forma gradual. Por ejemplo, su peso y estatura no aumentan como lo esperado durante los primeros seis meses de vida. Tienen frecuentes episodios de diarrea o infecciones de piel de carácter leve. Los ganglios linfáticos de cualquier parte del cuerpo pueden estar inflamados y suelen tener infecciones persistentes en la boca (hongo, candida). El hígado y el bazo pueden presentar un aumento de tamaño.

Todos los síntomas mencionados son altamente sugestivos de infección por el VIH. Eventualmente, si la infección progresa y va minando las defensas, se desarrollaran las infecciones y cánceres relacionados con el SIDA. La más frecuente de estas infecciones, la neumonía por *pneumocystis carinii* (PCP) cursa con fiebre y dificultad para respirar. Esta neumonía afecta sobre todo a lactantes entre tres meses de edad y un año. Es posible evitar la infección administrando antibióticos, y actualmente se recomienda administrar antibióticos preventivos a todos los niños de madres infectadas por el VIH a partir de las seis semanas de vida. Antes de interrumpir el tratamiento, el médico deberá determinar si el bebé está o no infectado por el virus.

## Cuidados que debe recibir un niño infectado por el VIH

Existe abundante información que demuestra que los niños portadores del VIH deben recibir los mismos mimos y juegos que cualquier otro niño. La infección del VIH no se puede contagiar por el mero hecho de abrazarle. De ahí que estos niños deban ir, como cualquier otro niño, a guarderías o jardines de infancia y asistir a sesiones de juego. El personal del centro debe aprovechar todas las oportunidades para ayudarles a sentirse iguales a los demás niños. A menudo, las circunstancias de estos niños les obligan a vivir en situaciones o ambientes que no son precisamente los más idóneos para el crecimiento y el desarrollo. Debemos hacer todo lo posible por contrarrestar estos factores negativos. Tenemos la obligación de contribuir a que tengan un panorama positivo en la vida.

En un niño con VIH, las infecciones más comunes pueden provocar enfermedades devastadoras. Aún así, estos niños deben ir al centro preescolar o a la escuela cuando estén en condiciones de hacerlo. Si se ven expuestos a enfermedades contagiosas como la varicela, sus padres deben e ser informados y éstos, a su vez, deben comentarlo al pediatra. Llame inmediatamente al médico si el niño tiene fiebre, le cuesta respirar, tiene diarrea, problemas para tragar o la piel irritada o si se ha visto expuesto a alguna enfermedad contagiosa. De hecho, debe buscar ayuda médica aun ante cambios mínimos en su estado de salud, ya que el niño con VIH tiene dificultad para combatir incluso enfermedades leves.

Siempre que su hijo necesite atención médica, no olvide informar al personal que le atiende que está infectado por el VIH para que pueda diagnosticarlo y tratarlo adecuadamente y administrarle correctamente las vacunas.

Actualmente existen varios fármacos anti-retrovirales autorizados para su uso en niños. Entre ellos cabe señalar la zidovudina (AZT), la didanosina (ddi), y la lamivudina (3TC). Hay otros que están en proceso de prueba y aprobación. Estos agentes bloquean la replicación del virus y se ha demostrado que fomentan el crecimiento y el desarrollo neuronal al tiempo que retrasan el avance de la enfermedad. Es fundamental que su médico sepa lo antes posible que el bebé está infectado por el VIH para que se le administre el tratamiento anti-retroviral siguiendo las indicaciones que le dé el pediatra. En la actualidad se está trabajando intensamente en el desarrollo de nuevos tratamientos y es posible que en el futuro la supresión completa del virus se convierta en una realidad. Hay sin embargo ciertas guías específicas para el manejo de niños infectados con VIH.

## Cómo vacunar a un niño de una madre infectada por el VIH

El pediatra de su hijo dispone de información actualizada sobre qué vacunas deben o no administrarsele a un niño con VIH. A continuación, un breve resumen de las recomendaciones vigentes en la actualidad:

Los niños infectados con el VIH (infecciones de hongo bucales, infecciones menores recurrentes, ganglios linfáticos agrandados, hígado o bazo agrandados, o con infección generalizada), así como niños con VIH asintomático, deben ponerse las siguientes vacunas a las edades recomendadas habitualmente:

- DTPa (difteria, tétanos y tos ferina acelular)
- IPV (vacuna contra el virus de la poliomielitis inactivada), nunca la OPV
- Hepatitis B
- Hib *(Haemophilus influenzae* tipo b)
- Los niños infectados por el VIH deben recibir la vacuna triple vírica (MMR), a menos que estén gravemente inmunodeprimidos. El pediatra sabrá si conviene o no inyectarle esta vacuna a su hijo.
- Los niños infectados por el VIH no deben recibir la vacuna contra la varicela. Esta recomendación se está estudiando actualmente, por lo que podría cambiar.
- Los niños infectados por el VIH deben ponerse, además, la vacuna contra el neumococo y la gripe (influenza). Los niños no infectados por el VIH que vivan en una casa donde haya niños o adultos infectados no deben recibir la vacuna OPV, puesto que podrían expulsar el virus a través de las heces e infectar a otros miembros de la familia más vulnerables.

La varicela y el sarampión pueden ser enfermedades serias para un niño con VIH. Si se viera expuesto a estas infecciones, se debe informar al pediatra para que le administre inmunoglobulina especial por vía endovenosa.

A veces, los padres de niños infectados por el VIH ocultan el diagnóstico a sus parientes, para evitar que esta información provoque rechazo. Sin embargo, la mayoría de las familias suelen reaccionar muy bien en estos casos, apoyando a los padres y asumiendo la responsabilidad del cuidado de sus hijos cuando aquéllos necesiten asistencia.

## Si usted está embarazada

A todas las mujeres embarazadas se les debe proporcionar información actualizada sobre el VIH y se les debe hacer la prueba para determinar si están o no infectadas por este virus. Hacer el diagnóstico a tiempo es importante para la salud de la madre, y, además, el tratamiento puede reducir las probabilidades de trasmisión del virus al hijo.

## En el salón de clase

Las actividades que se desarrollan rutinariamente en un salón de clase no suponen riesgo para la trasmisión del VIH. Este virus no se trasmite por contacto casual. No se transmite a través del aire, por el tacto, o por los asientos de los inodoros. Prácticamente todos los niños con el VIH pueden asistir regularmente a la escuela.

Aunque no existen pruebas de contagio del VIH en centros escolares o preescolares, la facilidad con que se trasmiten otras enfermedades infecciosas en estos centros exige la adopción de medidas higiénicas estrictas para tratar la sangre, las heces y otros fluidos corporales. La forma estándar de actuar en caso de pérdida de fluidos corporales consiste en lavar inmediatamente la piel expuesta al fluido con agua y jabón. La superficies sucias deben lavarse con un desinfectante como el cloro (disuelto en agua una parte en diez). Siempre que sea posible, se deben utilizar pañuelos y toallitas desechables. Así mismo, se recomienda el uso de guantes cuando haya que entrar en contacto con sangre, razón por la cual todo centro escolar o preescolar debe disponer de guantes. También es importante que se laven a fondo las manos después del cambio de pañales. Además, se debe insistir en que los niños se laven bien las manos después de utilizar el baño y antes de comer, y lo mismo debe hacer el personal antes de preparar la comida.

También es importante que las escuelas incluyan el tema del SIDA en su currículo. Todos los niños deben conocer los factores de riesgo para contraer esta infección a través de relaciones sexuales o uso de drogas intravenosas. Se les debe enseñar cómo evitar el contacto con la sangre u otros fluidos corporales que podrían estar contaminados por el VIH. Y se les debe dejar muy en claro que el VIH no se puede contagiar a través del contacto piel a piel.

## Nuestra Posición

La Academia Americana de Pediatría está a favor de legislaciones y politicas de la administración pública que buscan eliminar cualquier forma de discriminación basada en la prueba del VIH.

- **El SIDA en las escuelas:** La mayoría de niños infectados por el VIH deben asistir a la escuela o a centros preescolares sin ninguna restricción, con la aprobación de su pediatra.
- **Legislación sobre el SIDA:** Mientras la cantidad de niños, adolescentes y mujeres jóvenes infectadas por el VIH siga creciendo, la Academia continuará apoyando la asignación de fondos federales para investigación sobre el SIDA y para centros y servicios especializados en la atención de personas infectadas por el VIH y sus familias.
- **La prueba del SIDA.** La Academia Americana de Pediatría recomienda incluir la prueba del SIDA y educación sobre esta enfermedad en los análisis rutinarios que se realizan a toda mujer embarazada, siempre y cuando se cuente con su consentimiento informado. Todas las mujeres deben recibir información sobre el VIH como parte integrante de un programa educativo global de salud. La Academia también recomienda que se haga la prueba del SIDA a todo *recién nacido* cuya madre no se haya hecho dicha prueba.

## Medicamentos de uso común

| Antibióticos | Indicaciones | Efectos secundarios |
|---|---|---|
| Penicilina V. | Infección de garganta por estreptococos; protección contra la fiebre reumática y la endocarditis bacteriana | Reacciones alérgicas |
| Penicilina G. Benzatinica | Infección de garganta por estreptococos; protección contra la fiebre reumática y la endocarditis bacteriana; gonorrea | Inflamación y dolor en la zona del pinchazo; reacciones alérgicas |
| Amoxicilina | Infecciones del tracto urinario, oído y senos nasales; gonorrea | Heces blandas; erupciones cutáneas; reacciones alérgicas |
| Augmentin® | Alternativa a la amoxicilina | Erupciones cutáneas; reacciones alérgicas |
| Azitromicina | Infecciones de oído | Molestias estomacales |
| Biaxin® | Infecciones en general | Molestias estomacales |
| Dicloxacilina | Infecciones (sobre todo el impétigo) provocadas por estreptococos | Reacciones alérgicas |
| Cefalexina (Keflex®) | Alternativa a la amoxicilina para infecciones del tracto urinario | Reacciones alérgicas; heces blandas |
| Eritromicina/ Sulfisoxazol (Pediazole®) | Alternativa a la amoxicilina para infecciones de oído y de senos nasales | Alergia; erupciones cutáneas; molestias estomacales |
| Lorabid® | Infecciones de la piel | Molestias estomacales; alergia |
| Sulfisoxazol (Gantrisin®) | Infecciones de oído y del tracto urinario | Alergia; erupciones cutáneas |
| Trimetoprim/ Sulfametoxazol (Bactrim®, Septra®) | Infecciones del tracto urinario y de oído | Alergia; erupciones cutáneas; náuseas, vómitos |

| **Antibióticos** | **Indicaciones** | **Efectos secundarios** |
|---|---|---|
| Eritromicina (Ilosone®, E-mycin®, Pediamycin®) | Alternativa a la penicilina V; Neumonía por micoplasma; enfermedad del legionario; impétigo; infecciones por clamidia | Náuseas, vómitos; heces blandas; dolor abdominal |
| Rifampicina (Rifadin®, Rimactane®) | Prevención de la meningitis provocada por *Haemophilus influenzae* B y meningococos | Orina rojiza o anaranjada |

| **Productos para los oídos** | **Indicaciones** | **Efectos secundarios** |
|---|---|---|
| Gotas de ácido acético (Vosol®) | Infecciones del oído externo | Ninguno |
| Polimixina B + Neomicina + Hidrocortisona en gotas o en suspensión (Cortisporin Otic®) | Infecciones del oído externo | Ninguno |
| **Productos para los ojos** | | |
| Pomada de Eritromicina (0.5%) (Ilotycin®) | Conjuntivitis | Ojos hinchados |
| Gentamicina en gotas (0.3%) (Garamycin®) | Conjuntivitis | Ojos hinchados |
| Sulfacetamida en gotas (10%) (Sulamyd®) | Conjuntivitis | Ojos hinchados |
| **Analgésicos** | | |
| Aspirina | Dolor en general; inflamación. **No la utilice para bajar la fiebre provocada por cualquier infección** | Muchos—sobre todo molestias estomacales; zumbido en los oídos; reacciones alérgicas |

| | Indicaciones | Efectos secundarios |
|---|---|---|
| Acetaminofen (Tylenol®, Tempra®, Liquiprin®, Panadol®) | Dolor en general; fiebre | Ninguno a la dosis adecuada |
| Ibuprofeno (Motrin®, Advil®) | Dolor en general; fiebre; inflamación | Molestias estomacales |
| Codeína | Dolor en general | Vértigos; cambios en comportamiento, como hiperactividad |
| **Productos para el resfriado común** | | |
| Actifed® | Resfriado común; infecciones de las vías altas | Irritabilidad; alteraciones del sueño; somnolencia |
| Dimetapp® | Resfriado común; infecciones de las vías altas | Irritabilidad; alteraciones del sueño; somnolencia |
| Triaminic® | Resfriado común; infecciones de las vías altas | Irritabilidad; alteraciones del sueño; somnolencia |
| Rondec® | Resfriado común; infecciones de las vías altas | Irritabilidad; alteraciones del sueño; somnolencia |
| Jarabe de Difenidramina (Benadryl®) | Reacciones alérgicas; picores; mareo; fiebre del heno | Somnolencia |
| Hidroxicina (Atarax®) | Reacciones alérgicas; picores; mareo; fiebre del heno | Somnolencia |
| Guaifenesina (Robitussin®) | Tos | Somnolencia |
| **Productos para tratar problemas gastrointestinales** | | |
| Antiácidos (Tums®, Rolaids®, Gelusil®, Maalox®, otros) | Ardor de estómago; flatulencia | Vértigos; estreñimiento |
| Colace® | Reblandecedor de heces | Diarrea |
| Aceite mineral | Reblandecedor de heces | Diarrea |

| | Indicaciones | Efectos secundarios |
|---|---|---|
| Dulcolax® | Laxante | Diarrea |
| Senokot® | Laxante | Diarrea |
| Jarabe de Ipecacuana | Vaciar el estómago mediante vómitos después de ingerir una sustancia tóxica | Aletargamiento; diarrea; vómitos persistentes |
| Carbón vegetal | Neutralizar la ingestión de sustancia tóxicas | Heces negras |
| **Productos para la piel y el pelo** | | |
| Pomada de bacitracina | Infecciones dérmicas | Ninguno, si se utiliza correctamente |
| Sulfadiacina argéntica | Quemaduras | Decoloración de la piel |
| Piretrina/Piperonito/ Butoxide (RID®) | Piojos | Ninguno, si se utiliza correctamente |
| Lindano (Kwell®) | Piojos | Puede ser tóxico; siga correctamente las instrucciones de uso y consulte al médico |
| Permethrin (Elimite®, Nix®) | Piojos | Puede causar picor, erupción; puede utilizarse en niños pequeños |

# Índice

*Las páginas correspondientes a ilustraciones y tablas aparecen en cursiva.*